Schriften zum Unternehmens- und Kapitalmarktrecht

herausgegeben von den Direktoren
des Instituts für Unternehmens- und Kapitalmarktrecht
der Bucerius Law School in Hamburg

Jörn Axel Kämmerer, Karsten Schmidt und Rüdiger Veil

23

Marcus P. Lerch

Anlageberater als Finanzintermediäre

Aufklärungspflichten über monetäre Eigeninteressen von Finanzdienstleistern in Beratungskonstellationen

Mohr Siebeck

Marcus P. Lerch, geboren 1985; Studium der Rechtswissenschaften an der Bucerius Law School (Hamburg) und an der Columbia University (New York), LL.B. 2010; 2011–2014 wissenschaftlicher Mitarbeiter am Alfried Krupp-Lehrstuhl für Bürgerliches Recht, Deutsches und Internationales Unternehmens- und Wirtschaftsrecht und am Institut für Unternehmens- und Kapitalmarktrecht an der Bucerius Law School; 2015 Promotion; seit 2014 Referendariat beim Hanseatischen Oberlandesgericht Hamburg.

Gedruckt mit Unterstützung der Johanna und Fritz Buch Gedächtnis-Stiftung

ISBN 978-3-16-154017-2
ISSN 2193-7273 (Schriften zum Unternehmens- und Kapitalmarktrecht)

Die Deutsche Nationalbibliothek verzeichnet diese Publikation in der Deutschen Nationalbibliographie; detaillierte bibliographische Daten sind im Internet über *http://dnb.dnb.de* abrufbar.

Das Buch wurde von Gulde-Druck in Tübingen gesetzt, auf alterungsbeständiges Werkdruckpapier gedruckt und von der Buchbinderei Spinner in Ottersweier gebunden.

In Dankbarkeit
meiner Familie
gewidmet

Vorwort

Die vorliegende Arbeit wurde von der Bucerius Law School im Frühjahrstrimester 2015 als Dissertation angenommen und ist auf dem Stand von Juli 2014. Später veröffentlichte Entscheidungen und Literatur jüngeren Datums konnten noch vereinzelt in den Fußnoten berücksichtigt werden. Das Promotionsverfahren wurde mit der mündlichen Prüfung am 17. Februar 2015 abgeschlossen.

Ich bin in der glücklichen Situation, dass ich an dieser Stelle mehreren Personen für die Unterstützung bei meinem Promotionsvorhaben danken darf. Zuvörderst zu nennen ist mein verehrter Doktorvater Prof. Dr. Rüdiger Veil. Das nicht nur wegen der herausragenden Betreuung während der Entstehung dieser Dissertation, sondern auch im Hinblick auf die in vielerlei Hinsicht lehrreiche, bereichernde und schöne Zeit an seinem Lehrstuhl und Institut für Unternehmens- und Kapitalmarktrecht. Stellvertretend für das liebe Team danke ich meinem langjährigen Bürokollegen Herrn Philipp Koch – die vielen guten Gespräche und Diskussionen waren mir eine große Freude.

Prof. Dr. Matthias Jacobs danke ich für die Übernahme des Zweitgutachtens.

Für den Gedankenaustausch über die ökonomischen Teile der Dissertation, besonders betreffend das Derivategeschäft, bin ich Herrn Marc Laubenheimer zu Dank verpflichtet.

Wertvolle Anregungen während der Entstehung dieser Arbeit habe ich von Frau Dr. Franziska Eisermann und Frau Dr. Janina Keßler erhalten und danke ihnen dafür sehr herzlich. Neben Frau Dr. Eisermann haben die mühsame Durchsicht (von Teilen) des fertigen Manuskripts Frau Dr. Clara Lienicke, Frau Walburga Lerch, Frau Kerstin Stiehler und Herr Jörg Ahrenstedt übernommen. Ich bin ihnen allen sehr dankbar.

Der Johanna und Fritz Buch Gedächtnis-Stiftung danke ich für die großzügige Förderung der Veröffentlichung dieser Dissertation.

Im Laufe dieses Jahres soll die Dissertation mit dem Förderpreis der Stiftung Kapitalmarktforschung für den Finanzstandort Deutschland ausgezeichnet werden.

Meine Familie – insbesondere meine Eltern und Großeltern – hat mich auf meinem bisherigen Weg auf jede nur denkbare Weise unterstützt. Ihr ist diese Arbeit in Dankbarkeit gewidmet.

Hamburg, im August 2015 Marcus P. Lerch

Inhaltsübersicht

Vorwort VII
Inhaltsverzeichnis XI
Abkürzungsverzeichnis XXXI

Einführung 1

§ 1 Einleitung 1

1. Kapitel: Grundlagen 7

§ 2 Begrifflichkeiten 7
§ 3 Anlageberater als Finanzintermediäre und ihre Kunden 15
§ 4 Zusammenfassung der wesentlichen Ergebnisse aus Kapitel 1 104

2. Kapitel: Entwicklung zum gegenwärtigen Stand der Rechtsprechung und dessen Legitimationsgrundlage 106

§ 5 Aufklärungspflichten über monetäre Eigeninteressen anlageberatender Finanzintermediäre nach Konzeption der Rechtsprechung 107
§ 6 Rechtliche Legitimation der Aufklärungspflichten über monetäre Eigeninteressen nach Konzeption der Rechtsprechung 245
§ 7 Zusammenfassung der wesentlichen Ergebnisse aus Kapitel 2 305

3. Kapitel: Aufklärungspflichten über monetäre Eigeninteressen im Dualismus aufsichtsrechtlicher Regulierung und privatrechtlicher Vereinbarung 306

§ 8 Überlegungen zur ökonomischen Notwendigkeit von Aufklärungspflichten über monetäre Eigeninteressen 307
§ 9 Rechtliche Anknüpfungspunkte für situationsübergreifende, interessenkonfliktbedingte und vergütungsbezogene Aufklärungspflichten 320
§ 10 Aufklärungspflichten und ihre Durchsetzung bei Beratungsverträgen. . 328
§ 11 Aufklärungspflichten und ihre Durchsetzung bei absatzbegleitender Beratung 366

§ 12 Das Verhältnis der Beratungsmodelle und der aus ihnen folgenden Pflichten zueinander 442
§ 13 Zusammenfassung der wesentlichen Ergebnisse aus Kapitel 3 445

4. Kapitel: Fazit 446

§ 14 Konsequenzen der Untersuchungsergebnisse 446
§ 15 Ausblick 453
§ 16 Zusammenfassung der wesentlichen Ergebnisse in Thesenform 457

Schaubild 1 487
Schaubild 2 488

Literaturverzeichnis 489
Entscheidungsverzeichnis 523
Sachverzeichnis 531

Inhaltsverzeichnis

Vorwort VII
Inhaltsübersicht IX
Abkürzungsverzeichnis XXXI

Einführung 1

§ 1 Einleitung 1

A. Problemaufriss 1
B. Gang der Untersuchung 5

1. Kapitel: Grundlagen 7

§ 2 Begrifflichkeiten 7

A. Anleger als Kunden der beratenden Finanzintermediäre 7
B. Kapitalanlagen, Investments und Finanzprodukte 8
C. Aufklärung, Information und Beratung 8
I. Aufklärung und Information 8
II. Aufklärung und Beratung 10
D. Beratung und Vermittlung 11
E. Finanzdienstleister und Finanzdienstleistungen 12
F. (Innen-)Provisionen, „Kick-Backs“ und Margen 13
I. Margen 13
II. Provisionen 13

§ 3 Anlageberater als Finanzintermediäre und ihre Kunden 15

A. Die Notwendigkeit von Finanzintermediation 16
I. Bedeutung und Funktionen des Finanzmarkts 16
II. Intermediation als Strukturbestandteil des Finanzmarkts . . . 17
1. Vermittlung von Finanzgeschäften 17
2. Spezielle Transformationsleistungen 18
3. Informationstransformation 18
B. Die Rolle der Banken 20
I. Aufgaben der Banken im Finanzmarkt 20

II. Informationsasymmetrien als Erklärung der Bankenexistenz . 21
1. Informationskosten als Teil der Transaktionskosten 21
2. Informationsasymmetrien 21
3. Konsequenzen für die Finanzmarktregulierung 23
III. Vermittlungstätigkeiten, insbesondere Anlageberatung 23
1. Vermittlung, Marktzutritt und „Effektengeschäfte“ im weiten Sinne 23
2. Anlageberatung 26
IV. Eigengeschäfte und Eigenhandel 27
1. Handeln auf eigene Rechnung und eigenes Risiko 27
2. Verknüpfung mit Anlageberatung 29
V. Verdienstmöglichkeiten der Banken 29
1. Begrenzte Relevanz der Verdienstmöglichkeiten im „klassischen Bankgeschäft“ 29
2. Verdienstmöglichkeiten bei regelmäßig beratungsrelevanten Geschäften 31
a) Provisionen 31
aa) Agios, Platzierungsprovisionen und volumenabhängige Einmalzahlungen 32
bb) Zuführungsprovisionen 33
cc) Bestandspflegeprovisionen und sonstige laufende Provisionen 34
dd) Rabatte als Provisionen? 34
ee) Soft Commissions 35
b) Honorare 35
c) Handelsmargen und „anfängliche negative Marktwerte“ 36
aa) „Reguläre“ Margen 36
bb) Besondere Marge in Form eines anfänglichen negativen Marktwerts? 37
(1) Anfängliche Marktwerte als Ausdrucksform von Margen 37
(2) Besonderheiten im Vergleich zu „herkömmlichen Margen“? 38
(a) Zur Relevanz von hedge-Geschäften der Bank 39
(b) Das Erfordernis eines anfänglichen Marktwerts von „null“? 40
(c) Überwiegende Verlustwahrscheinlichkeit aufgrund eines negativen Marktwerts? 42
(d) Zwischenergebnis 43
d) „Wettgewinne”? 44
aa) Aleatorische Wertpapiergeschäfte, Termingeschäfte und Finanzderivate 44
(1) Allgemeines zum Glücksspiel 44

(2) Zertifikate 46
(a) Allgemein zur rechtlichen Qualifikation . . . 46
(b) Zertifikate als Wetten 47
(c) Zertifikate als Spiele 48
(3) Zinsswaps 52
(4) Zinswährungsswaps 54
(5) Kreditderivate, insbesondere Credit Default Swaps (CDS) 55
(6) Optionen und Optionsscheine 57
bb) Margenrealisierung für die Bereitstellung von Marktzugang 57
cc) Zwischenfazit 58
3. Sonstige, potentiell im Beratungszusammenhang stehende Dienstleistungen 60
a) Depotgebühren 61
b) Kontoführungsgebühren 61
VI. Zusammenfassung 61
C. Die Rolle der freien Finanzvermittler und -berater 63
I. „Freie“ Anlagevermittlung und -beratung 63
1. Aufgaben und Tätigkeiten 63
2. Verdienstmöglichkeiten 65
II. Bindungen der „freien“ Anlagevermittler und -berater 66
D. Anleger, Kunden und Verbraucher 67
I. Die Rolle der Anleger 69
II. Das Anleger- bzw. Kundenleitbild 69
1. Das Leitbild vom verständigen bzw. vernünftigen Anleger 69
2. Das Leitbild vom durchschnittlichen Anleger 70
3. Das Leitbild vom Verbraucher-Anleger 71
a) Der Anleger als Verbraucher 71
b) Verbraucherleitbild 73
III. Vorgaben des Schutzmodells für die Leitbildkonturierung? . . 74
1. Nationale Rechtsprechung 74
2. Europarechtliche Einflüsse auf das Anleger- und Verbraucherleitbild 75
3. Der Kundenbegriff im WpHG 78
4. Zwischenfazit 79
IV. Friktionen mit der behavioral finance-Forschung? 80
1. Das bisherige Modell 80
2. Eingeschränkte Rationalität 81
3. Verhaltensanomalien 82
a) Rahmungseffekt („framing“) 83
b) Selbstüberschätzung („overconfidence“) 83
c) Wahrscheinlichkeitsanomalie, Repräsentativitäts- und Verfügbarkeitsheuristiken 84

d) Rückschaufehler („hindsight bias“) 85
e) Ankereffekt („anchoring“) 85
f) Komplexe Risikobeurteilung und Herdenverhalten . . . 86
g) Information overload 86
h) Zwischenfazit 87
4. Berücksichtigung im Rahmen des schutzkonzept-immanenten Kundenleitbilds? 88
a) Auswirkungen auf das Kundenleitbild? 88
b) Relevanz für die Auslegung unbestimmter Rechtsbegriffe? 89
c) Behavioral finance im Informationsmodell? 90
5. Zwischenergebnis 92
V. Zwischenfazit und Folgen für die weitere Bearbeitung 94
1. „Mindestrationalität“ als Untergrenze des Schutzmodells . 94
2. Irrelevanz der Verbrauchereigenschaft eines beratenen Anlegers 95
3. Rationalitätsannahme trotz behavioral finance-Forschung 95
4. Eigenverantwortung des Anlegers ist dem Schutzmodell immanent 98
E. Risiken für Kunden (beratender) Finanzintermediäre 99
I. Allgemeine Risiken bei der Kapitalanlage 99
II. Risiken durch Finanzintermediation 100
1. Allgemeine Kundenrisiken bei der Finanzintermediation . 100
2. Spezielle Kundenrisiken bei der Finanzintermediation durch Beratung 101
a) Informationsrisiken 101
b) Interessenkonflikte 102
aa) Interessenkonflikte aufgrund Drittinteressen 102
bb) Interessenkonflikte aufgrund Eigeninteressen 104
(1) Eigeninteressen jenseits unmittelbarer Vergütungsinteressen 104
(2) Eigeninteressen aufgrund unmittelbarer Vergütungsinteressen 105
c) Informationsasymmetrien 106
3. Bewertung der Risiken bei der beratungsbasierten Finanzintermediation 108
F. Fazit 109

§ 4 Zusammenfassung der wesentlichen Ergebnisse aus Kapitel 1 110

2. Kapitel: Entwicklung zum gegenwärtigen Stand der Rechtsprechung und dessen Legitimationsgrundlage 113

§ 5 Aufklärungspflichten über monetäre Eigeninteressen anlageberatender Finanzintermediäre nach Konzeption der Rechtsprechung 114

A. Aufklärung über monetäre Eigeninteressen in der Rechtsprechung des BGH 115
I. BGH, Urt. v. 19.12.2000, Az.: XI ZR 349/99 (Kick-Back-I) 115
1. Sachverhalt 115
2. Entscheidung 115
3. Einordnung 116
II. BGH, Urt. v. 14.3.2003, Az.: V ZR 308/02 117
1. Sachverhalt 117
2. Entscheidung 117
3. Einordnung 118
III. BGH, Urt. v. 12.2.2004, Az.: III ZR 359/02 (Innenprovisionen-I) 118
1. Sachverhalt 118
2. Entscheidung 119
3. Einordnung 120
IV. BGH, Urt. v. 1.3.2004, Az.: II ZR 88/02 121
1. Sachverhalt 121
2. Entscheidung 121
3. Einordnung 121
V. BGH, Urt. v. 28.7.2005, Az.: III ZR 290/04 (Innenprovisionen-II) 122
1. Sachverhalt 122
2. Entscheidung 122
3. Einordnung 123
VI. BGH, Urt. v. 19.12.2006, Az.: XI ZR 56/05 (Kick-Back-II) . . 123
1. Sachverhalt 123
2. Entscheidung 124
3. Einordnung 124
VII. BGH, Urt. v. 22.3.2007, Az.: III ZR 218/06 (Innenprovisionen-III) 125
1. Sachverhalt 125
2. Entscheidung 126
3. Einordnung 126
VIII. BGH, Urt. v. 25.9.2007, Az.: XI ZR 320/06 (Innenprovisionen-IV) 127
1. Sachverhalt 127
2. Entscheidung 127
3. Einordnung 127

IX. BGH, Beschl. v. 20.1.2009, Az.: XI ZR 510/07 (Kick-Back-III) . . . 128
1. Sachverhalt . . . 128
2. Entscheidung . . . 128
3. Einordnung . . . 129
X. BGH, Urt. v. 12.5.2009, Az.: XI ZR 586/07 (Kick-Back-IV) . . . 130
1. Sachverhalt . . . 130
2. Entscheidung . . . 130
3. Einordnung . . . 131
XI. BGH, Urt. v. 27.10.2009, Az.: XI ZR 338/08 (Kick-Back-V) . . . 131
1. Sachverhalt . . . 131
2. Entscheidung . . . 131
3. Einordnung . . . 132
XII. BGH, Urt. v. 15.4.2010, Az.: III ZR 196/09 (Freier Anlageberater-I) . . . 133
1. Sachverhalt . . . 133
2. Entscheidung . . . 133
3. Einordnung . . . 134
XIII. BGH, Beschl. v. 29.6.2010, Az.: XI ZR 308/09 (Kick-Back-VI) 135
1. Sachverhalt . . . 135
2. Entscheidung . . . 135
3. Einordnung . . . 135
XIV. BGH, Beschl. v. 16.12.2010, Az.: III ZR 127/10 (Freier Anlageberater-II) . . . 136
1. Sachverhalt . . . 136
2. Entscheidung . . . 136
3. Einordnung . . . 136
XV. BGH, Urt. v. 3.3.2011, Az.: III ZR 170/10 (Freier Anlageberater-III) . . . 136
1. Sachverhalt . . . 136
2. Entscheidung . . . 137
3. Einordnung . . . 138
XVI. BGH, Beschl. v. 9.3.2011, Az.: XI ZR 191/10 (Kick-Back-VII) . . . 138
1. Sachverhalt . . . 138
2. Entscheidung . . . 139
3. Einordnung . . . 141
XVII. BGH, Urt. v. 22.3.2011, Az.: XI ZR 33/10 (Swap-Urteil) . . . 141
1. Sachverhalt . . . 141
2. Entscheidung . . . 142
3. Einordnung . . . 143
XVIII. BGH, Urt. v. 5.5.2011, Az.: III ZR 84/10 (Freier Anlageberater-IV) . . . 145
1. Sachverhalt . . . 145
2. Entscheidung . . . 145

XIX. BGH, Beschl. v. 19.7.2011, Az.: XI ZR 191/10 (Kick-Back-VIII) 145
XX. BGH, Beschl. v. 24.8.2011, Az.: XI ZR 191/10 (Kick-Back-IX) 146
1. Sachverhalt und Entscheidung 146
2. Einordnung 147
XXI. BGH, Urt. v. 20.9.2011, Az.: II ZR 277/09 147
1. Sachverhalt 147
2. Entscheidung 148
3. Einordnung 148
XXII. BGH, Urt. v. 20.9.2011, Az.: II ZR 4/10 149
1. Sachverhalt 149
2. Entscheidung 149
3. Einordnung 149
XXIII. BGH, Urt. v. 27.9.2011, Az.: XI ZR 182/10 (Lehman-I) 150
1. Sachverhalt 150
2. Entscheidung 150
3. Einordnung 152
XXIV. BGH, Urt. v. 27.9.2011, Az.: XI ZR 178/10 (Lehman-II) 155
XXV. BGH, Urt. v. 10.11.2011, Az.: III ZR 245/10 (Freier Anlageberater-V) 155
1. Sachverhalt 155
2. Entscheidung 156
XXVI. BGH, Urt. v. 19.1.2012, Az.: III ZR 48/11 (Freier Anlageberater-VI) 156
1. Sachverhalt 156
2. Entscheidung 156
3. Einordnung 157
XXVII. BGH, Urt. v. 8.5.2012, Az.: XI ZR 262/10 (Kick-Back-X) . . . 157
1. Sachverhalt 157
2. Entscheidung 157
3. Einordnung 158
XXVIII. BGH, Urt. v. 26.6.2012, Az.: XI ZR 316/11 (Lehman-III) . . . 158
1. Sachverhalt 158
2. Entscheidung 158
3. Einordnung 160
XXIX. BGH, Urt. v. 26.6.2012, Az.: XI ZR 259/11 (Lehman-IV) . . . 162
XXX. BGH, Urt. v. 26.6.2012, Az.: XI ZR 355/11 (Lehman-V) 162
1. Sachverhalt und Entscheidung 162
2. Einordnung 163
XXXI. BGH, Urt. v. 26.6.2012, Az.: XI ZR 356/11 (Lehman-VI) . . . 164
XXXII. BGH, Urt. v. 19.7.2012, Az.: III ZR 308/11 (Freier Anlageberater-VII) 164
1. Sachverhalt 164
2. Entscheidung 164
3. Einordnung 165

XXXIII. BGH, Urt. v. 11.9.2012, Az.: XI ZR 363/10 (Kick-Back-XI) . . 166
1. Sachverhalt 166
2. Entscheidung 166
3. Einordnung 167
XXXIV. BGH, Urt. v. 16.10.2012, Az.: XI ZR 367/11 (Lehman-VII) . . 167
1. Sachverhalt 167
2. Entscheidung 167
3. Einordnung 168
XXXV. BGH, Urt. v. 16.10.2012, Az.: XI ZR 368/11 (Lehman-VIII) . . 169
XXXVI. BGH, Urt. v. 6.12.2012, Az.: III ZR 307/11 (Freier Anlageberater-VIII) 169
1. Sachverhalt 169
2. Entscheidung 169
XXXVII. BGH, Urt. v. 18.4.2013, Az.: III ZR 225/12 (Freier Anlageberater-IX) 170
1. Sachverhalt 170
2. Entscheidung 170
XXXVIII. BGH, Urt.v. 17.9.2013, Az.: XI ZR 332/12 (Lehman-IX) 170
1. Sachverhalt 170
2. Entscheidung 171
3. Einordnung 171
XXXIX. BGH, Urt. v. 24.9.2013, Az.: XI ZR 204/12 (Kick-Back-XII) . 172
1. Sachverhalt 172
2. Entscheidung 173
3. Einordnung 174
XL. BGH, Urt. v. 3.6.2014, Az.: XI ZR 147/12 (Innenprovisionen-V) 175
1. Sachverhalt 175
2. Entscheidung 175
3. Einordnung 176
B. Differenzierungsmöglichkeiten zur Systematisierung der Rechtsprechung 178
I. Telos der Aufklärungspflicht 178
1. Schutz vor Interessenkollisionen 178
a) Interessenkollisionen beruhend auf dem Umsatzinteresse 179
b) Besonders schwerwiegende Interessenkollisionen 180
aa) Qualifizierung durch Täuschung 181
bb) Qualifizierung durch Einstrukturierung eigener Gewinninteressen 184
(1) Die Ratio des Swap-Urteils 184
(2) Übertragbarkeit des Swap-Urteils auf andere komplexe Produkte? 188
(3) Übertragbarkeit des Swap-Urteils auf andere spekulative Produkte? 189

cc) Qualifizierung durch zusätzliche verdeckte Umsatzinteressen . . . 190
c) Weitere, „interessenkonfliktnahe" Argumentationsstränge . . . 192
aa) Gefährdungssituation . . . 192
bb) Vertrauen und Neutralität . . . 192
cc) Schmiergeldähnlichkeit, Anrüchigkeit und Treuebruch . . . 194
dd) Berücksichtigung von Drittinteressen . . . 195
d) Zwischenergebnis . . . 196
2. Schutz vor Falschangaben . . . 197
3. Täuschung über Herausgabepflicht der Vergütung . . . 197
4. Werthaltigkeitsschutz . . . 198
5. Herbeiführung von Markttransparenz . . . 199
6. Aufklärungspflicht aufgrund „kapitalanlagerechtlichen Transparenzgebots" . . . 201
7. Tauglichkeit der Telosargumentation zur Differenzierung . . . 202
a) Zur Werthaltigkeitsargumentation . . . 202
b) Zur Interessenkonfliktargumentation . . . 203
aa) „Allgemeiner" Interessenkonflikt als Auslöser . . . 203
bb) Täuschung über die Neutralität . . . 204
cc) Einstrukturierung nicht erkennbarer eigener Gewinninteressen . . . 207
dd) Zusätzliche Umsatzinteressen . . . 210
ee) Aufsichtsrechtlich geprägtes, kapitalanlagerechtliches Transparenzgebot . . . 210
8. Zwischenergebnis . . . 211
II. Offensichtlichkeit . . . 212
1. Ergänzung der teleologischen Argumentation . . . 212
2. Tauglichkeit des Offensichtlichkeitskriteriums zur Differenzierung . . . 216
III. Innenprovisionen, Rückvergütungen und Margen . . . 217
1. Die Differenzierung von Innenprovisionen und Rückvergütungen . . . 218
a) Rückvergütungen . . . 219
aa) Die Entwicklung der Definition . . . 219
bb) Die einzelnen „Tatbestandsmerkmale" . . . 219
(1) Quelle (nicht aus dem Anlagevermögen; regelmäßig umsatzabhängig) . . . 219
(2) Zahlungsweg („Rückfluss") . . . 222
(3) Bank als Empfängerin . . . 223
(4) Zahlung „hinter dem Rücken des Anlegers" / Drei-Personen-Verhältnis . . . 224

(5) Nicht erkennbares „besonderes Interesse“ der Bank . . . 226
(6) Zwischenergebnis . . . 226
b) Innenprovisionen . . . 227
aa) Innenprovisionen nach Auffassung des XI. Zivilsenats . . . 227
bb) Abweichende Auffassungen . . . 228
c) Rechtsprechungsänderung des XI. Zivilsenats? . . . 230
d) Zu Aufklärungsmodalitäten bei Rückvergütungen und Innenprovisionen . . . 233
2. Margen . . . 236
3. Sonstige Vertriebsprovisionen . . . 236
4. Tauglichkeit der Differenzierung zur rechtssicheren Kategorisierung . . . 236
IV. Art des Produkts . . . 238
V. Rechtsgrundlage der Aufklärungspflicht . . . 239
VI. Anzahl der beteiligten Personen . . . 240
VII. Bindungen des Finanzintermediärs . . . 241
1. Die unterschiedlichen Bindungen und ihre Unterscheidungskraft . . . 241
2. Die Sinnhaftigkeit der Differenzierung . . . 242
a) Dauernde Geschäftsbeziehung . . . 242
b) Zu erwartende Quersubventionierung / entgeltliche Geschäftsbesorgung . . . 243
c) Typisierende Betrachtung durch den III. Zivilsenat . . . 246
d) Der Umgang mit „outgesourcter“ Bankberatung als Kristallisationspunkt . . . 248
e) Zwischenergebnis . . . 251
VIII. Art der Aufklärung . . . 251
IX. Zusammenfassung . . . 252
1. Taugliche Differenzierungskriterien zur Darstellung der Rechtsprechung . . . 252
2. Gegenwärtiges Rechtsprechungskonzept im Überblick . . . 252
C. Fazit: Uneinheitliches und nicht kohärentes System . . . 254

§ 6 Rechtliche Legitimation der Aufklärungspflichten über monetäre Eigeninteressen nach Konzeption der Rechtsprechung . . . 256

A. Aufklärungspflichten aus Beratungsvertrag . . . 256
I. Der Beratungsvertrag als dogmatischer Schlüssel . . . 256
1. Anerkannte Fälle von selbständigen Beratungsverträgen . . . 256
a) Steuerberater . . . 256
b) Rechtsanwälte . . . 257
c) Die Unterscheidbarkeit der angeführten Berater von Finanzberatern . . . 257

2. Übernahme von Beratungspflichten als Hilfskonstruktion im Schuldrecht 258
3. Beratungskonstellationen ohne selbständige Beratungspflichten 259
4. Der selbständige Beratungsvertrag im Finanzberatungsrecht („Bond"-Urteil) 262
a) Der Beratungsvertrag in seiner Konturierung durch das Bond-Urteil 263
aa) Zustandekommen eines Anlageberatungsvertrags . 263
(1) Sachverhalt aus BGH (Bond), Urt. v. 6.7.1993, Az.: XI ZR 12/93 263
(2) Ausführungen zum Vertragsschluss 263
bb) Pflichten aus dem Anlageberatungsvertrag 266
b) Rechtsnatur und normative Anknüpfung 267
c) Vergütungsbezogene Aufklärungspflichten im „Bond-System" 269
aa) Anlegergerechte Beratung und vergütungsbezogene Aufklärungspflichten 270
bb) Objektgerechte Beratung und vergütungsbezogene Aufklärungspflichten 270
(1) Allgemeine Risiken 270
(2) Spezielle Risiken 271
(a) Uneindeutige Positionierung der Rechtsprechung 271
(b) Uneinigkeit in der Literatur 272
(c) Erforderliche Differenzierung 272
cc) Zwischenergebnis 274
d) Der Anlageberatungsvertrag: legitime „Konstruktion" oder Fiktion? 274
aa) Das Erfordernis eines beidseitigen Rechtsbindungswillens 274
(1) Die Interessenlagen der Beratungsparteien . . . 275
(a) Interessen des Kunden 276
(b) Interessen des beratenden Finanzintermediärs 278
(c) Zwischenergebnis 280
(2) Rechtsprechungskriterien zur Annahme eines Anlageberatungsvertrags 281
(a) Beratung hinsichtlich einer konkreten Anlageentscheidung 281
(b) Fachkenntnis des Beratenden 282
(c) Eigenes wirtschaftliches Interesse des Beratenden 282
(d) Grundlage wesentlicher Entschlüsse („erhebliche Bedeutung") 283

(e) Kumulation der Kriterien bzw. Verwertung bei der Auslegung 284
(f) Zwischenergebnis 285
bb) Zur Relevanz von § 675 Abs. 2 BGB 286
cc) Zwischenergebnis 287
e) Der Beratungsvertrag als Reaktion auf Besonderheiten der Finanzberatung? 288
II. Die Vermeidung vertragswidriger Interessenkonflikte 291
1. Herkunft und Begründung der Pflicht durch den BGH . . . 291
2. Die partielle Systembedingtheit der relevanten Interessenkonflikte 292
3. Relevanz einer dogmatisch alternativen Begründung 293
III. Dogmatische Schwierigkeiten und Wertungswidersprüche . . 293
1. Vermischte Pflichtenkreise 294
2. Gewinnerzielungsinteresse im „Zwei-Personen-Verhältnis" 294
3. „Hauseigene Produkte" und Konzernkonstellationen 295
a) Die Beschränkung des Anlageprogramms auf „hauseigene Produkte" 295
b) Der Umgang mit Konzernkonstellationen 297
4. Differenzierung freier und bankgebundener Berater 298
5. Vertypisierter, objektiver Maßstab vs. Einzelfallbetrachtung 299
6. Aufklärung, offenkundige Eigeninteressen und der Pflichtverletzungsvorwurf 300
a) Aufklärung bei reduzierter Werthaltigkeit des Investments 300
b) Beseitigung der Vertragswidrigkeit durch Aufklärung / Offenkundigkeit 301
7. Der Pflichtenumfang in Abhängigkeit sonstiger Verträge . 303
a) Grundsatz der getrennten Behandlung von verschiedenen Verträgen 303
b) Erforderliche Margenaufklärung bei selbständigen Beratungsverträgen 303
c) Korrekturbedürftigkeit dieses Ergebnisses? 305
aa) Die Position der Rechtsprechung 306
bb) Erklärungsansätze zur Interdependenz der Verträge in der Literatur 307
(1) Der Vergleich mit dem „normalen" Verkäufer . . 307
(2) „Anbahnungscharakter" der Beratung 309
(3) Die Gegenleistung des Anlegers als Maß zur Pflichtenkonturierung 309
(4) Verknüpfung über Kausalitätsgesichtspunkte . . 310
(5) Offenkundigkeitsgesichtspunkte 310
(6) Zwischenergebnis 311

8. Haftung trotz Abschluss des Investments bei Drittanbietern? 311
9. Die Berücksichtigung von Betriebsgeheimnissen 312
VI. Zwischenergebnis 313
B. Aufklärungspflichten aus Auskunftsvertrag 313
I. Ausgangslage 313
II. Rechtsnatur und normative Anknüpfung 314
III. Vergütungsbezogene Aufklärungspflichten 314
IV. Zum Zustandekommen des Auskunftsvertrags 315
V. Zwischenergebnis 318
C. Fazit 318

§ 7 Zusammenfassung der wesentlichen Ergebnisse aus Kapitel 2 318

3. Kapitel: Aufklärungspflichten über monetäre Eigeninteressen im Dualismus aufsichtsrechtlicher Regulierung und privatrechtlicher Vereinbarung 321

§ 8 Überlegungen zur ökonomischen Notwendigkeit von Aufklärungspflichten über monetäre Eigeninteressen 322

A. Der Zweck vergütungsbezogener Aufklärungspflichten 322
I. Aufklärung und Ökonomie 322
II. Marktineffizienzen und Aufklärungspflichten 323
1. Preisunsicherheit 324
2. Qualitätsunsicherheit 325
a) Finanzberatung als Vertrauensgut 325
b) Die Finanzberatung als Markt für Zitronen („market for lemons") 326
c) Die Gefahr opportunistischen Verhaltens 327
III. Rechtfertigung vergütungsbezogenen Vertrauensschutzes . . . 328
1. Asymmetrische Informationskosten 328
2. Produktivität der Information über monetäre Eigeninteressen 329
3. Vorliegen einer Vertrauensprämie 330
4. Opportunismusprämie übersteigt Vertrauensprämie 331
IV. Vergütungsbezogene Aufklärungspflichten als „Ausgleich" für Qualitätsbewertungsprobleme? 331
V. Grenzen des Informationsmodells und Folgerungen 333
B. Ergebnis der ökonomischen Überlegungen 334

§ 9 Rechtliche Anknüpfungspunkte für situationsübergreifende, interessenkonfliktbedingte und vergütungsbezogene Aufklärungspflichten 335

A. Beratungsvertrag, culpa in contrahendo und Aufsichtsrecht 335

B. Anknüpfung an das „Grundgeschäft" . . . 335
I. Ausgangslage und generelle Zweifel . . . 335
II. Differenzierung nach Art des Grundgeschäfts . . . 336
1. Grundgeschäfte mit dem Berater als Vertragspartner des Anlagegeschäfts . . . 336
2. Kommissionsverträge als Grundgeschäfte . . . 337
3. Maklergeschäfte als Grundgeschäfte . . . 337
C. Anknüpfung an das „Deliktsrecht" . . . 339
D. Anknüpfung an Verfassungsrecht und „höhere Prinzipien" . . . 340
I. Aufklärungspflichten und Verfassungsrecht . . . 340
II. Aufklärung als Verbraucherschutz? . . . 341
III. Aufklärung aufgrund eines Anlegerschutzprinzips? . . . 341
IV. Offenlegung als Ausgleich für Marktunzulänglichkeiten? . . . 342

§ 10 Aufklärungspflichten und ihre Durchsetzung bei Beratungsverträgen . 342
A. Zum fiktionslosen Zustandekommen von Beratungsverträgen . . . 342
I. Die Relevanz eines besonderen Beratungsentgelts . . . 342
1. Vorliegen einer gesonderten Vergütung für die Beratung . . 342
a) Auswirkungen auf die Kundeninteressen . . . 343
b) Auswirkungen auf die Beraterinteressen . . . 343
2. Fehlen einer gesonderten Vergütung für die Beratung . . . 344
II. Sonstige für einen Beratungsvertrag sprechende Indizien . . . 346
1. Der Außenauftritt der Finanzintermediäre . . . 346
a) Werbung mit Beratung / Selbstbezeichnung als Berater . . . 346
b) Herausstellen der Unabhängigkeit und andere Spezifikationen . . . 347
c) Stellungnahme zur Relevanz des Außenauftritts . . . 347
2. Intensität der Beratung . . . 351
3. Vertrauensbeziehung zwischen Kunde und Intermediär . . 351
4. Wissensvorsprung . . . 352
5. Rollenüberschreitung . . . 352
6. Negativindizien . . . 353
III. Zwischenergebnis . . . 354
B. Aufklärungspflichten aus Auftrags- bzw. Geschäftsbesorgungsrecht . . . 356
I. Aufklärungspflichten aus Auskunfts- und Rechenschaftspflichten . . . 356
II. Aufklärungspflichten aufgrund Herausgabepflichten? . . . 358
C. Grundsatz: Aufklärungspflicht über alle (monetären) Eigeninteressen . . 359
I. Konsequenzen aus der alleinigen Fremdinteressenwahrnehmung . . . 359
II. Zur erforderlichen Zustimmung des Kunden . . . 361
1. Monetäre Eigeninteressen als mittelbares Beratungshonorar? . . . 361

2. Zustimmung des Kunden nach vollumfänglicher Aufklärung . . . 362
III. „Zustimmung“ durch Allgemeine Geschäftsbedingungen . . . 364
1. Zur Absenkung des Pflichtenprogramms durch AGB bei Beratungsvertragsschluss . . . 364
2. „Genehmigung“ pflichtwidriger Empfehlungen durch „später unterbreitete“ AGB . . . 365
D. Kongruenz zum HABG und zur MiFID bzw. MiFID II . . . 365
I. Honoraranlageberatungsgesetz (HABG) . . . 365
1. Der Honorar-Anlageberater nach dem WpHG . . . 366
a) Anwendungsbereich . . . 366
b) Besondere Pflichten nach dem HABG . . . 366
2. Der Honorar-Finanzanlagenberater nach der GewO . . . 367
II. MiFID und MiFID II . . . 368
E. Folgefragen für den Haftungsprozess bei Aufklärungspflichtverletzungen . . . 369
I. Verschuldensaspekte . . . 370
1. Das Verschulden des Finanzdienstleisters . . . 370
2. Mitverschulden des Anlegers . . . 371
II. Der Schaden des Beratungskunden (§ 249 Abs. 1 BGB) . . . 372
III. Die Kausalität zwischen Pflichtverletzung und Schaden . . . 374
1. Ausgangspunkt der herrschenden Meinung: Der Kunde in Beweisnot . . . 374
2. Die „Vermutung aufklärungsrichtigen Verhaltens“ . . . 375
a) Der Inhalt der Vermutung . . . 375
b) Eine Frage der haftungsausfüllenden Kausalität . . . 375
c) Folgen für den Haftungsprozess . . . 376
aa) Keine Grundlage für die Annahme eines Anscheinsbeweises . . . 376
bb) Die Vermutung als Beweistlastumkehr bei selbständigen Beratungsverträgen . . . 378
cc) Die Widerlegung der Vermutung durch den Berater . . . 379
F. Zwischenergebnis . . . 381

§ 11 Aufklärungspflichten und ihre Durchsetzung bei absatzbegleitender Beratung . . . 382

A. Aufklärungspflichten aus culpa in contrahendo (§§ 311 Abs. 2 und 3, 241 Abs. 2 BGB) . . . 382
I. Zur Herleitung von Aufklärungspflichten aus culpa in contrahendo . . . 382
II. Die Voraussetzungen der c.i.c. im Kontext der Finanzberatung 382
1. Allgemeine Voraussetzungen der c.i.c. . . . 382
a) § 311 Abs. 2 BGB . . . 383
b) § 311 Abs. 3 BGB . . . 384

2. C.i.c. und Finanzberatung . . . 384
a) Finanzberatung mit anschließendem Grundgeschäft . . 384
b) Finanzberatung ohne anschließendes Grundgeschäft („reine Beratung“) . . . 384
aa) Antizipiertes Grundgeschäft wird nicht abgeschlossen . . . 384
bb) Reine Beratungskonstellation ohne antizipiertes Grundgeschäft . . . 385
(1) Eigenhaftung des Beraters nach § 311 Abs. 3 BGB . . . 385
(a) Eigenes wirtschaftliches Interesse? . . . 385
(b) Inanspruchnahme besonderen Vertrauens? . . 386
(c) Vertrauen aufgrund eines besonderen Berufsbildes? . . . 387
(2) Geschäftsähnlicher Kontakt nach § 311 Abs. 2 Nr. 3 BGB . . . 388
3. Zwischenergebnis . . . 389

III. Anknüpfungspunkte zur Konturierung des Pflichtenkreises . . 390
1. Vorvertragliche Aufklärungspflichten . . . 390
2. Aufklärungspflichten im „beratungsvertragsfreien“ Finanzrecht . . . 390
a) Fallgruppen im Kreditgeschäft . . . 390
b) Vergleich mit Beratungskonstellationen im Anlagegeschäft . . . 391
aa) Konkreter Wissensvorsprung . . . 391
bb) Schaffung eines Gefährdungstatbestands . . . 391
cc) Interessenkonflikte . . . 392
dd) Rollenüberschreitung . . . 392
c) Bewertung der Vergleichsergebnisse . . . 393

IV. Zwischenergebnis . . . 394

B. Interessenkonfliktbedingte Aufklärungspflichten im Aufsichtsrecht . . . 394

I. Gesetzlich angeordnete Aufklärungspflichten . . . 394
1. Wertpapierhandelsgesetz (WpHG) . . . 394
a) Anwendungsbereich . . . 394
b) Interessenkonfliktvermeidung . . . 395
aa) § 31 Abs. 1 Nr. 2 WpHG . . . 395
bb) § 31d WpHG . . . 396
c) Kostentransparenz . . . 397
2. Gewerbeordnung (GewO) und Finanzanlagenvermittlungsverordnung (FinVermV) . . . 398
a) Anwendungsbereich . . . 398
b) Interessenkonfliktvermeidung . . . 399
aa) § 17 FinVermV . . . 399
bb) § 13 Abs. 5 FinVermV . . . 399
c) Kostentransparenz . . . 399

3. Weitere Vorschriften zur Kostentransparenz 400
a) Vermögensanlagengesetz (VermAnlG) 400
b) Investmentgesetz (InvG) und Kapitalanlagegesetzbuch (KAGB) 400
c) Generell: Kostenangaben in Prospekten 401
II. Zwischenergebnis 401
C. Aufklärungspflichten bei der Anlageberatung aus c.i.c. 402
I. Erforderliche Neukonturierung des Pflichtenkreises 402
II. Die zivilrechtliche Relevanz der Wohlverhaltenspflichten . . . 403
1. Zwingende Berücksichtigung aufgrund (teilweiser) europäischer Herkunft? 403
a) Argumente gegen eine zwingende zivilrechtlich Bedeutung (Überblick) 403
aa) Die MiFID als aufsichtsrechtliche Richtlinie mit aufsichtsrechtlicher Umsetzung 403
bb) Die Relevanz der Harmonisierungsintensität des Unionsrechts 406
b) Das Harmonisierungsniveau der MiFID und der MiFID-DRL 407
aa) MiFID 409
bb) MiFID-DRL 411
cc) Auswirkungen der MiFID II 412
c) Zwischenergebnis 412
2. Sinnhaftigkeit einer zivilrechtlichen Orientierung an Wohlverhaltenspflichten 413
a) Die Rechtsnatur der Wohlverhaltenspflichten 413
aa) Die Wohlverhaltensregeln als Aufsichtsrecht 414
bb) Die Wohlverhaltensregeln als Zivilrecht 414
cc) Die Wohlverhaltensregeln als Normen mit „Doppelnatur“ 415
dd) Stellungnahme 415
b) Fakultative Orientierung am Aufsichtsrecht („Ausstrahlungswirkung“). 418
aa) Die Adressierung desselben Problemkreises 419
bb) Die gegenseitige Bezugnahme des Zivil- und Aufsichtsrechts 420
cc) Rechtssicherheit vor dem Hintergrund des Unionsrechts 421
dd) Individualanlegerschutz durch Wohlverhaltensregeln 422
ee) Effizienzsteigerung aufgrund Pflichtenvereinheitlichung 423
ff) Ausgestaltung berufsrechtlicher Standards durch Wohlverhaltensregeln 424

gg) Argumente gegen eine Orientierung am Aufsichtsrecht . . . 424
c) Konsequenz . . . 425
3. Methodische Umsetzung . . . 426
III. Zur Ermittlung des Umfangs und der Reichweite vergütungsbezogener Aufklärungspflichten aus c.i.c. . . . 427
1. Zum Erfordernis der Auslegung des gesetzlichen Tatbestand-Modells . . . 427
2. Gegenüberstellung des Tatbestandsmodells und des status quo der Rechtsprechung . . . 429
a) Erfasste monetäre Eigeninteressen als „Zuwendungen" . . . 429
aa) Zuwendungen von dritter Seite . . . 429
bb) Originäre Eigeninteressen . . . 431
(1) Provisionen vergleichbare Positionen . . . 431
(2) Provisionen nicht vergleichbare Positionen . . . 433
b) Erfasste Finanzintermediäre . . . 433
c) Erfasste Tätigkeiten der Intermediäre . . . 434
d) Aufklärungsumfang . . . 434
e) „Auffangmöglichkeit" durch Interessenwahrungspflicht? . . . 435
3. Klärung der Zweifelsfragen durch den EuGH . . . 436
4. Zwischenergebnis . . . 437
D. Folgefragen für den Haftungsprozess auf Grundlage der c.i.c.-Pflichten . . . 438
I. Gemeinsamkeiten mit der beratungsvertraglichen Haftung . . . 438
II. Unterschiede zur beratungsvertraglichen Haftung . . . 439
1. Keine Anwendung der Kausalitätsvermutung . . . 439
2. Der „Verlust einer Chance" als jedenfalls eingetretener „Mindestschaden" . . . 441
a) Vermeidung einer „Alles-oder-Nichts-Lösung" . . . 441
b) Der „Verlust einer Chance" als Schadensposition . . . 442
aa) Herkunft der Figur . . . 442
bb) Zur Anwendung auf Fälle fehlerhafter Aufklärung über monetäre Eigeninteressen . . . 443
(1) Fallgruppenvergleich . . . 443
(2) Argumente für eine Anwendung in Anlageberatungsfällen . . . 444
(3) Argumente gegen eine Anwendung in Beratungskonstellationen . . . 444
(a) Irrelevante Einwände . . . 444
(b) Die Gefahr der Haftungsausuferung . . . 445
(c) Widersprüche zum deutschen Haftungsrecht . . . 445
(d) Schwierigkeiten bei der Bewertung von Chancen . . . 446
(4) Stellungnahme . . . 446

cc) Zwischenergebnis 449
c) Auswirkungen auf Kausalitätsfragen 450
d) Bemessung der Schadenshöhe 450
3. Der Geschäftsabschluss bei Dritten 451
E. Die deliktsrechtliche Bedeutung des Aufsichtsrechts 452
I. Praktische Relevanz 452
1. Zu den Auswirkungen auf den Kreis der potentiell Ersatzpflichtigen 452
2. Ausdehnung des schadensersatzrechtlich sanktionierten Pflichtenkreises 453
II. Aufsichtsrechtliche Normen als Schutzgesetze 453
1. Voraussetzungen der Anerkennung einer Norm als Schutzgesetz 453
2. Wohlverhaltensrechtliche Aufklärungspflichten als Schutzgesetze 454
3. Zurechnungsproblematik 456
a) Keine umfassende deliktische Zurechnung für fremdes Handeln 456
b) Folgen für interessenkonfliktbezogene Wohlverhaltenspflichten 457
F. Beratungshaftung als private enforcement des Aufsichtsrechts 458
I. Befund 458
II. Bewertung 459
1. Private enforcement als Säule der Kapitalmarktregulierung 459
2. Baustein im Rahmen der Europäisierung des Kapitalmarkt- und Finanzmarktrechts 460
3. Sinnvolle Ergänzung des public enforcements durch die BaFin 461
III. Erleichterte Durchsetzung nach der Reform des KapMuG? . . 462
G. Zwischenergebnis 464

§ 12 Das Verhältnis der Beratungsmodelle und der aus ihnen folgenden Pflichten zueinander 464

A. Mögliche Überschneidungen im Anwendungsbereich 464
B. Ausstrahlungswirkung bei vertraglicher Beratung 464
I. Unabdingbarkeit des Aufsichtsrechts 464
II. Aufsichtsrechtliche Pflichten als zivilrechtliche Untergrenze . 465
1. Keine c.i.c.-Haftung bei Abschluss eines selbständigen Beratungsvertrags 465
2. Aufsichtsrechtliche Vorgaben als Ergänzung des beratungsvertraglichen Pflichteninhalts 465

§ 13 Zusammenfassung der wesentlichen Ergebnisse aus Kapitel 3 467

4. Kapitel: Fazit 469

§ 14 Konsequenzen der Untersuchungsergebnisse 469

A. Zur Kompatibilität mit dem „Rechtsprechungskonzept“ 469
I. Kompatibilität hinsichtlich Aufklärungspflichten 469
1. Beratungsverträge 469
2. Orientierung am Aufsichtsrecht 469
II. Kompatibilität bezüglich sonstiger Beratungspflichten 470
B. Stärkung von Privatautonomie und Eigenverantwortung 471
C. Rechtssicherheit 473
D. Rückführung von Streitigkeiten auf wesentliche Anlagekriterien 474
E. Beitrag im Rahmen der Europäisierung des Finanzmarktrechts 475

§ 15 Ausblick 476

§ 16 Zusammenfassung der wesentlichen Ergebnisse in Thesenform 480

Kapitel 1 480
Kapitel 2 482
Kapitel 3 484
Kapitel 4 486

Schaubild 1 487
Schaubild 2 488

Literaturverzeichnis 489
Entscheidungsverzeichnis 523
Sachverzeichnis 531

Abkürzungsverzeichnis

a.A.	andere(r) Ansicht
a.a.O.	am angegebenen Ort
a.E.	am Ende
a.F.	alte Fassung
ABl.	Amtsblatt
Abs.	Absatz
AcP	Archiv für die civilistische Praxis
AER	American Economic Review
AEUV	Vertrag über die Arbeitsweise der Europäischen Union in der Fassung der Bekanntmachung vom 9.5.2008, ABl. Nr. C 115 S. 47
AG	Aktiengesellschaft; Die Aktiengesellschaft (Zeitschrift)
AGB	Allgemeine Geschäftsbedingungen
AG-Report	Aktiengesellschafts-Report (Sonderteil der AG)
AIFM-RL	Richtlinie 2011/61/EU des Europäischen Parlaments und des Rates vom 8.6.2011 über die Verwalter alternativer Investmentfonds und zur Änderung der Richtlinien 2003/41/EG und 2009/65/EG und der Verordnungen (EG) Nr. 1060/2009 und (EU) Nr. 1095/2010, Abl. L 174/1
AktG	Aktiengesetz vom 6.9.1965 (BGBl. I S. 1089); Einführungsgesetz vom 6.9.1965 (BGBl. I S. 1185)
Alt.	Alternative
Anh.	Anhang
AnlSVG	Anlegerschutz- und Funktionsverbesserungsgesetz
Anm.	Anmerkung
Art.	Artikel / Artikel (Mehrzahl)
Az.	Aktenzeichen
BaFin	Bundesanstalt für Finanzdienstleistungsaufsicht
BAG	Bundesarbeitsgericht
BAGE	Entscheidungen des Bundesarbeitsgerichts (Amtliche Sammlung)
BankR-Komm.	Bankrechts-Kommentar
BAWe	Bundesaufsichtsamt für den Wertpapierhandel
BB	Betriebs-Berater (Zeitschrift)
BeckOK	Beck'scher Online-Kommentar
Begr.	Begründer / Begründung
begr.	begründet
Beschl.	Beschluss
BG	Schweizerisches Bundesgericht
BGB	Bürgerliches Gesetzbuch v. 18.8.1896 (RGBl. S. 195)
BGBl.	Bundesgesetzblatt

BGE	Entscheidungen des Schweizerischen Bundesgerichts (Amtliche Sammlung)
BGH	Bundesgerichtshof
BGHSt	Entscheidungen des Bundesgerichtshofs in Strafsachen (Amtliche Sammlung)
BGHZ	Entscheidungen des Bundesgerichtshof in Zivilsachen (Amtliche Sammlung)
BKR	Zeitschrift für Bank- und Kapitalmarktrecht
BMELV	Bundesministerium für Ernährung, Landwirtschaft und Verbraucherschutz
BörsG	Börsengesetz in der Bekanntmachung vom 9.9.1998 (BGBl. I S. 2682)
BR-Drucks.	Bundesrats-Drucksache
BT-Drucks.	Bundestags-Drucksache
BVerfG	Bundesverfassungsgericht
bzw.	beziehungsweise
c.i.c.	culpa in contrahendo
CCZ	Corporate Compliance Zeitschrift
CDS	Credit Default Swap
CESR	Committee of European Securities Regulators
CFD	Contract for Difference
CFL	Corporate Finance Law (Zeitschrift)
CLN	Credit Linked Notes
CMS	Constant Maturity Swap
CONSOB	Commissione Nazionale per le Società e la Borsa
d.h.	das heißt
DB	Der Betrieb (Zeitschrift)
DDV	Deutscher Derivate Verband
ders.	derselbe
dies.	dieselbe(n)
Diss.	Dissertation
DM	Deutsche Mark
DRL	Durchführungsrichtlinie
DStR	Deutsches Steuerrecht (Zeitschrift)
E	Entwurf
e.V.	eingetragener Verein
EBOR	European Business Organization Law Review
ECFR	European Company and Financial Law Review
Ed.	Edition
EG	Europäische Gemeinschaft / Erwägungsgrund / Erwägungsgründe
EGBGB	Einführungsgesetz zum Bürgerlichen Gesetzbuch v. 18.8.1896 (RGBl. S. 604)
EGGVG	Einführungsgesetz zum Gerichtsverfassungsgesetz vom 27.1.1877 (RGBl. S. 77)
EL	Ergänzungslieferung
EMRK	Europäische Konvention zum Schutz der Menschenrechte und Grundfreiheiten v. 4.11.1950 (BGBl. 1952 II S. 685)
EONIA	Euro OverNight Index Average

ESMA	European Securities and Markets Authority
EStG	Einkommensteuergesetz 1997 in der Bekanntmachung vom 16.4.1997 (BGBl. I S. 821)
etc.	et cetera
EuGH	Europäischer Gerichtshof
EURIBOR	Euro Interbank Offered Rate
EUV	Vertrag über die Europäische Union in der Fassung des Vertrags von Lissabon vom 13.12.2007, ABl. Nr. C 306, S. 1
EWiR	Entscheidungen zum Wirtschaftsrecht
EWS	Europäisches Wirtschafts- und Steuerrecht (Zeitschrift)
f.	folgende
F.A.Z.	Frankfurter Allgemeine Zeitung
FamFG	Gesetz über das Verfahren in Familiensachen und in den Angelegenheiten der freiwilligen Gerichtsbarkeit vom 17.12.2008 (BGBl. I S. 2586)
ff.	folgende (Mehrzahl)
FG	Festgabe
FinDAG	Gesetz über die Bundesanstalt für Finanzdienstleistungsaufsicht vom 22.4.2002 (BGBl. I S. 1310)
FinVermV	Verordnung über die Finanzanlagenvermittlung vom 2.5.2012 (BGBl. I S. 1006)
Fn.	Fußnote
FRUG	Gesetz zur Umsetzung der Richtlinie über Märkte für Finanzinstrumente und der Durchführungsrichtlinie der Kommission vom 16.7.2007 (BGBl. I S. 1330)
FS	Festschrift
FTD	Financial Times Deutschland
GbR	Gesellschaft bürgerlichen Rechts
GewO	Gewerbeordnung in der Fassung der Bekanntmachung vom 22.2.1999 (BGBl. I S. 202)
GG	Grundgesetz für die Bundesrepublik Deutschland vom 23.5.1949 (BGBl. S. 1)
ggf.	gegebenenfalls
GmbH	Gesellschaft mit beschränkter Haftung
GS	Gedächtnisschrift
GVG	Gerichtsverfassungsgesetz in der Bekanntmachung vom 9.5.1975 (BGBl. I S. 1077)
GWB	Gesetz gegen Wettbewerbsbeschränkungen in der Fassung der Bekanntmachung vom 26.6.2013 (BGBl. I S. 1750, berichtigt S. 3245)
GWR	Gesellschafts- und Wirtschaftsrecht (Zeitschrift)
Gz.	Geschäftszeichen
h.M.	herrschende(r) Meinung
HABG	Honoraranlageberatungsgesetz
Halbs.	Halbsatz
Harv. L. Rev.	Harvard Law Review
Hdb.	Handbuch
Hdb. des FA-BKR	Handbuch des Fachanwalts Bank- und Kapitalmarktrecht
Hervorh.	Hervorhebung
HGB	Handelsgesetzbuch vom 10.5.1897 (RGBl. S. 219)

Hk	Handkommentar
Hrsg.	Herausgeber
i.E.	im Ergebnis
i.H.v.	in Höhe von
i.S.d.	im Sinne des
i.S.v.	im Sinne von
i.V.m.	in Verbindung mit
insb.	insbesondere
InsO	Insolvenzordnung vom 5.10.1994 (BGBl. I S. 2866)
InvG	Investmentgesetz vom 15.12.2003 (BGBl. I S. 2676)
J. Consum. Policy	Journal of Consumer Policy
J. of Fin.	Journal of Finance
J.I.B.L.R.	Journal of International Banking Law and Regulation
JPE	Journal of Political Economy
Juris	Juristisches Informationssystem
jurisPR-BKR	Juris PraxisReport Bank- und Kapitalmarktrecht
JZ	Juristenzeitung
KAGB	Kapitalanlagegesetzbuch vom 4.7.2013 (BGBl. I S. 1981)
Kap.	Kapitel
KapMuG	Gesetz über Musterverfahren in kapitalmarktrechtlichen Streitigkeiten vom 19.10.2012 (BGBl. I S. 2182); zuvor vom 16.8.2005 (BGBl. I S. 2437)
KID	Key Information Document
KIID	Key Investor Information Document
KMRK	Kapitalmarktrechtskommentar
Komm	Kommentar
KommJuR	Kommunaljurist (Zeitschrift)
KWG	Gesetz über das Kreditwesen in der Bekanntmachung vom 9.9.1998 (BGBl. I S. 2776)
l. Sp.	linke Spalte
LG	Landgericht
LIBOR	London Interbank Offered Rate
lit.	litera
LKV	Landes- und Kommunalverwaltung (Zeitschrift)
LMK	Lindenmaier-Möhring, Kommentierte BGH-Rechtsprechung
Ltd.	Limited
m.w.N.	mit weiteren Nachweisen
MAH BKR	Münchener Anwalts-Handbuch Bank- und Kapitalmarktrecht
MDR	Monatsschrift für deutsches Recht; Zeitschrift für die Zivilrechts-Praxis
MiFID	Richtlinie 2004/39/EG des Europäischen Parlaments und des Rates vom 21.4.2004 über Märkte für Finanzinstrumente, zur Änderung der Richtlinien 85/611/EWG und 93/6/EWG des Rates und der Richtlinie 2000/12/EG des Europäischen Parlaments und des Rates und zur Aufhebung der Richtlinie 93/22/EWG des Rates, ABl. L 145/1
MiFID II	Richtlinie 2014/65/EU des Europäischen Parlaments und des Rates vom 15. Mai 2014 über Märkte für Finanzinstrumente sowie zur Änderung der Richtlinien 2002/92/EG und 2011/61/EU, ABl. L 173/349
MiFID-DRL	Richtlinie 2006/73/EG der Kommission vom 10.8.2006 zur Durchführung der Richtlinie 2004/39/EG des Europäischen Parlaments und des Rates in

	Bezug auf die organisatorischen Anforderungen an Wertpapierfirmen und die Bedingungen für die Ausübung ihrer Tätigkeit sowie in Bezug auf die Definition bestimmter Begriffe für die Zwecke der genannten Richtlinie, ABl. L 241, S. 26
MiFIR	Verordnung (EU) Nr. 600/2014 des Europäischen Parlaments und des Rates vom 15. Mai 2014 über Märkte für Finanzinstrumente und zur Änderung der Verordnung (EU) Nr. 648/2012, ABl. L 173/84
Mio.	Million(en)
Mod. L. Rev.	Modern Law Review
Mrd.	Milliarde(n)
MünchKomm	Münchener Kommentar
n.F.	neue Fassung
NJ	Neue Justiz (Zeitschrift)
NJOZ	Neue Juristische Online-Zeitschrift
NJW	Neue Juristische Wochenschrift
NJW-RR	Neue Juristische Wochenschrift, Rechtsprechungsreport
Nr.	Nummer
Num.	Number
NVersZ	Neue Zeitschrift für Versicherung und Recht
NZG	Neue Zeitschrift für Gesellschaftsrecht
NZM	Neue Zeitschrift für Miet- und Wohnungsrecht
o.ä.	oder ähnlich
o.V.	ohne Verfasser
ÖBA	BankArchiv, Zeitschrift für das gesamte Bank- und Börsenwesen
OGH	Oberster Gerichtshof (Österreich)
OJ	Official Journal
OJLS	Oxford Journal of Legal Studies
OLG	Oberlandesgericht
OTC	Over-the-counter
p.a.	per annum
PIB	Produktinformationsblatt
PRIP	Packaged Retail Investment Products
ProdHaftG	Produkthaftungsgesetz vom 15.12.1989 (BGBl. I S. 2198)
QJE	The Quarterly Journal of Economics
r. Sp.	rechte Spalte
Rev. Econ. Stud.	The Review of Economic Studies
RG	Reichsgericht
RGBl.	Reichsgesetzblatt
RGZ	Entscheidungen des Reichsgerichts in Zivilsachen (Amtliche Sammlung)
RL	Richtlinie
Rn.	Randnummer
Rs.	Rechtssache
Rspr.	Rechtsprechung
S.	Seite; Satz
s.	siehe
S.A.	Société Anonyme
s.o.	siehe oben

Slg.	Sammlung der Rechtsprechung des Gerichtshofs und des Gerichts (amtlich)
SoBedWp	Sonderbedingungen für Wertpapiergeschäfte, gültig ab 1.11.2007
sog.	sogenannt(e) / sogenannter
Stan. J. L. Bus. & Fin.	Stanford Journal of Law, Business & Finance
StGB	Strafgesetzbuch vom 15.5.1871 (RGBl. S. 127); letzte Neufassung in der Bekanntmachung von 13.11.1998 (BGBl. I S. 3322)
str.	streitig
SubsProt	Subsidiaritätsprotokoll, ABl. 2010 C 83/206
test	Stiftung Warentest, test (Zeitschrift)
U. Chi. L. Rev.	The University of Chicago Law Review
u.a.	und andere / unter anderem
UKlaG	Gesetz über Unterlassungsklagen bei Verbraucherrechts- und anderen Verstößen in der Fassung der Bekanntmachung vom 27.8.2002 (BGBl. I S. 3422, berichtigt S. 4346)
UNIDROIT	International Institute For The Unification Of Private Law
Univ. Diss.	Universitäts-Dissertation
Univ. Hab.	Universitäts-Habilitation
Unterabs.	Unterabsatz
Urt.	Urteil
UWG	Gesetz gegen den unlauteren Wettbewerb in der Fassung der Bekanntmachung vom 3.3.2010 (BGBl. I S. 254)
v.	vom / von
Var.	Variante
Verf.	Verfasser
VerkProspG	Wertpapier-Verkaufsprospektgesetz in der Fassung der Bekanntmachung vom 9.9.1998 (BGBl. I S. 2701)
VermAnlG	Gesetz über Vermögensanlagen vom 6.12.2011 (BGBl. I S. 2481)
VermVerkProspV	Verordnung über Vermögensanlagen-Verkaufsprospekte vom 16.12.2004 (BGBl. I S. 3464)
vgl.	vergleiche
VIB	Vermögensanlagen-Informationsblatt
Vol.	Volume
Vorbem.	Vorbemerkung
VuR	Verbraucher und Recht (Zeitschrift)
VVG	Gesetz über den Versicherungsvertrag vom 23.11.2007 (BGBl. I S. 2631)
VVR	Richtlinie 2002/92/EG des Europäischen Parlaments und des Rates vom 9.12.2002 über Versicherungsvermittlung, ABl. L 9/3
VwGO	Verwaltungsgerichtsordnung in der Bekanntmachung vom 19.3.1991 (BGBl. I S. 686)
wistra	Zeitschrift für Wirtschafts- und Steuerstrafrecht
WM	Wertpapier-Mitteilungen, Teil 4, Zeitschrift für Wirtschafts- und Bankrecht
WpDRiL	Richtlinie 93/22/EWG des Rates vom 10.5.1993 über Wertpapierdienstleistungen, ABl. Nr. L 141 vom 11/06/1993 S. 0027

WpDVerOV	Verordnung zur Konkretisierung der Verhaltensregeln und Organisationsanforderungen für Wertpapierdienstleistungsunternehmen vom 20.7.2007 (BGBl. I S. 1432)
WpHG	Wertpapierhandelsgesetz in der Bekanntmachung vom 9.9.1998 (BGBl. I S. 2708)
WpHGMaAnzVO	Verordnung über den Einsatz von Mitarbeitern in der Anlageberatung, als Vertriebsbeauftragte oder als Compliance-Beauftragte und über die Anzeigepflichten nach § 34d des Wertpapierhandelsgesetzes vom 21.12.2011 (BGBl. I S. 3116)
WuB	Entscheidungssammlung zum Wirtschafts- und Bankrecht
z.B.	zum Beispiel
ZBB	Zeitschrift für Bankrecht und Bankwirtschaft
ZEuP	Zeitschrift für Europäisches Privatrecht
ZGR	Zeitschrift für Unternehmens- und Gesellschaftsrecht
ZHR	Zeitschrift für das gesamte Handelsrecht und Wirtschaftsrecht
Ziff.	Ziffer
ZIP	Zeitschrift für Wirtschaftsrecht
ZPO	Zivilprozeßordnung vom 30.1.1877 (RGBl. S. 83) in der Bekanntmachung vom 12.9.1950 (BGBl. S. 455)
ZRP	Zeitschrift für Rechtspolitik
zugl.	zugleich
ZVglRWiss	Zeitschrift für vergleichende Rechtswissenschaft

Herr, die Not ist groß!
Die ich rief, die Geister
werd ich nun nicht los.
(aus *J.W. Goethe*, Der Zauberlehrling)

Einführung

§ 1 Einleitung

A. Problemaufriss

Während die Finanzmarktkrise, die mit dem Zusammenbruch der amerikanischen Bank *Lehman Brothers* im September 2008 einen vorläufigen Höhepunkt erreichte, noch immer als (Staats-)Schuldenkrise fortdauert, ist der Gesetzgeber der nationalen und supranationalen Ebene vor allem damit beschäftigt, die Finanzmärkte zu regulieren.[1] Die Protagonisten der Krise geraten aber auch aus anderer Perspektive in den Fokus. In den von Anlageberatungskunden angestrengten Haftungsprozessen stehen beispielsweise die Fälle der verlustreichen *Lehman-Zertifikate*[2] oder die zur „Zinsoptimierung" angebotenen *Spread Ladder Swaps*[3] zur Entscheidung an.[4] Jede Krise zieht die Suche nach den für sie Verantwortlichen nach sich.[5] Dass dazu in jüngster Vergangenheit Banken und andere, offenbar nur am Eigeninteresse ausgerichtet handelnde Finanzdienstleister gehören, wird über breite Schichten hinweg angenommen.[6] Die Haftung für fehlerhafte Anlageberatung ist ein Ansatzpunkt,

---

[1] Zu den Reformvorhaben bezüglich der europäischen kapitalmarktrechtlichen Rahmenrechtsakte vgl. die Beiträge von *Veil/Koch*, WM 2011, 2297 ff.; *Veil*, WM 2012, 53 ff.; *Veil/Lerch*, WM 2012, 1557 ff. und 1605 ff. Auf nationaler Ebene ist u.a. auf das Gesetz über Vermögensanlagen hinzuweisen, vgl. dazu *Bußalb/Vogel*, WM 2012, 1416 ff. und *Hanten/Reinholz*, ZBB 2012, 36 ff.; vgl. ferner *Jesch/Klebeck*, BB 2011, 1866 („Regulators at the Gate").

[2] Vgl. etwa BGH (Lehman-II) BKR 2011, 508; zur Funktionsweise zweier Lehman-Zertifikate aus einem groß angelegten Vertriebsprogramm für Deutschland *Märker*, BKR 2011, 147 ff.

[3] Vgl. etwa BGH (Swap-Urteil) BGHZ 189, 13 = NJW 2011, 1949 ff.; zu deren Nutzung durch Kommunen *Hanowski*, NZG 2011, 573; *Lenenbach*, Kapitalmarktrecht², Rn. 9.297 ff.; *Wille/Fullenkamp*, KommJur 2012, 1 ff. Entgegen *Schäfer*, in: Bankrechtstag 2012, S. 65, betraf das Swap-Urteil indes keine Konstellation, in der eine Kommune beteiligt war.

[4] Vgl. auch *Grundmann*, in: FS Hopt (I), S. 61, 67 (Weltfinanzkrise sei das weltweit „am intensivsten wirkende Großereignis des Privatrechts der letzten Jahrzehnte").

[5] Vgl. *Plumpe*, Wirtschaftskrisen, S. 2; *Wagner*, DStR 2004, 1836.

[6] Vgl. *Köndgen*, in: FS Hopt (II), S. 2113; vgl. ferner beispielhaft das „Thesenpapier" von *Sigmar Gabriel*, abrufbar unter: http://www.sigmar-gabriel.de/aktuelle_themen/thesenpapier-von-sigmar-gabriel-zu-banken-und-finanzsektor---eine-minderheit-schadet-der-mehrheit--und-dem-ganzen-land (Letzter Abruf v. 20.1.2014) oder einen Bericht der *Wirtschaftswoche*, der unter der Überschrift „Verursacher der Finanzkrise, Jagd auf Goldman Sachs, Deutsche Bank & Co." steht, abrufbar unter: http://www.wiwo.de/finanzen/verursacher-der-finanzkrise-jagd-auf-goldman-sachs-deutsche-bank-und-co-/5230226.html (Letzter Abruf v. 20.1.2014); vgl. auch *Bonavita*, 13 EBOR (2012), 271, 272 („Deutsche Bank [was] often labelled as a textbook example of greedy,

die vermeintlichen Verursacher zur Verantwortung zu ziehen.[7] Es verwundert kaum, dass das erfolgversprechendste juristische Vehikel in diesem Zusammenhang darin gesehen werden kann, dem Berater mangelhafte Aufklärung vorzuwerfen. Aufklärungspflichten sind schließlich integraler Bestandteil des Anlegerschutzrechts.[8] Schwerpunktmäßig wird regelmäßig über monetäre Eigeninteressen der beratenden Finanzdienstleister gestritten.[9] Wie mit dieser Problematik umzugehen ist, beschäftigt die (höchstrichterliche) Rechtsprechung und den rechtswissenschaftlichen Diskurs seit Jahren. Auch die jüngeren Urteile haben Zustimmung[10] und deutliche Ablehnung[11] gefunden. Mitunter wurde sogar davor gewarnt, dass die Rechtsprechung eine neue Finanzkrise herauf beschwören könnte.[12] Zu konstatieren ist jedenfalls, dass trotz bereits zahlreich vorliegender höchstrichterlicher Urteile weiterhin Rechtsunsicherheit besteht.[13] Mit welchem Ziel und in welchem Umfang in verschiedenen Beratungssituationen Aufklärungspflichten über diverse monetäre Eigeninteressen existieren, bleibt weiterhin unklar. Die Fälle reichen von Vermittlungsprovisionen im Fonds-Geschäft bis hin zur (teilweise) geforderten Margenaufklärung, etwa beim Kauf von Zertifikaten oder beim Abschluss von (komplexen) Derivategeschäften.

---

solely profit-oriented actors whose behaviour led up to the global financial crises"); ferner überspitzend *Plumpe*, Wirtschaftskrisen, S. 1 („Ohne skrupellose Banker, so scheint es, wären uns die jüngsten Verwerfungen erspart geblieben.").

[7] Laut einer kleinen Anfrage der Fraktion „Bündnis 90/Die Grünen", die sich auf eine Studie des BMELV beruft, verursacht fehlerhafte Anlageberatung jährlich Schäden zwischen 20 und 30 Mrd. € allein für Verbraucher, BT-Drucks. 17/8647, S. 1; vgl. auch *Reiter/Methner*, WM 2013, 2053.

[8] Vgl. nur *Buck-Heeb*, ZHR 176 (2012), 66, 70 m.w.N.

[9] Vgl. auch *Veil*, in: Veil, Europäisches Kapitalmarktrecht², § 25 Rn. 17 („Ein bislang noch nicht gelöstes Problem ist, dass Banken bei der Anlageberatung eigene monetäre Interessen verfolgen.").

[10] Zum Swap-Urteil beispielsweise *Weller*, ZBB 2011, 191, 199.

[11] Das Swap-Urteil ablehnend *Jahn*, F.A.Z. vom 23.3.2011 („hanebüchen").

[12] Vgl. *Hanowski*, NZG 2011, 573 ff.; *Lieder*, GWR 2011, 175.

[13] Vgl. *Bausch*, BB 2011, I („[s]tringente höchstrichterliche Rechtsprechung in puncto Ertragsinteresse beratender Banken ist noch immer weit entfernt"); *Grundmann*, WM 2012, 1745 („[T]rotz der Vielzahl der – auch höchstrichterlichen – Entscheidungen [ist es] nicht gelungen, eine einheitliche, widerspruchsfreie Wertungsgrundlage zu schaffen."); *Hannöver*, in: Schimansky/Bunte/Lwowski, Bankrechts-Hdb.⁴, § 110 Rn. 72 (Schrifttum sei unüberschaubar; Rechtsprechung divergiere; viele Fragen seien offen); *Herresthal*, ZBB 2012, 89, 92 („nahezu unübersehbare[s] Schrifttum"); *Kittner*, BKR 2012, 215 („[Es ist] immer noch weitgehend unklar, ob eine erhaltene ‚*Provision*' bei Beratung, Vermittlung oder Verkauf von Vermögensanlagen aufklärungspflichtig ist [...]"); *Mann*, WM 2013, 727 (Rechtsprechung „zahlloser Instanz- und Obergerichte" weiche „teils erheblich voneinander ab"; das „Geflecht gerichtlicher Entscheidungen" sei „kaum überschaubar"); vgl. in diesem Kontext auch die Diskussion um den unvermeidlichen Rechtsirrtum bezüglich Aufklärungspflichten über monetäre Eigeninteressen, dazu *Veil*, WM 2009, 2193 ff.; jüngst aus der Rechtsprechung BGH (Innenprovisionen-V) BGHZ 201, 310 = BeckRS 2014, 14029, Rn. 22 ff.; ferner Text und Nachweise in § 5 C.

Die Fragestellung ist vielschichtig gelagert. Im Ausgangspunkt geht es um „Interessenkonflikte als Rechtsproblem".[14] Sie treten durch Informationsasymmetrien zwischen den Beratungsparteien besonders hervor. Monetäre Eigeninteressen sind aber „die Triebfeder einer kapitalistischen Wirtschaftsordnung"[15]. Rechtlich problematisch können sie deshalb grundsätzlich nur sein, wenn ein Vertragspartner sich nicht ausschließlich eigennützig, sondern auch konkret fremdnützig verhalten soll. Beratende Finanzintermediäre sind für ihre Kunden auf dem Finanzmarkt „Träger der Individualpublizität".[16] Sie fallen daher in die Kategorie der Personen, von denen fremdnütziges Verhalten erwartet wird. Bei der Beurteilung muss jedoch berücksichtigt werden, dass fremdnütziges Verhalten nicht mit altruistischem Handeln gleichgesetzt werden darf. Vielmehr kann im Wirtschaftsverkehr regelmäßig das fremdnützige Verhalten eines Teilnehmers nur gegen Entgelt erwartet werden. In den hier untersuchten Konstellationen zahlt der Leistungsempfänger – der Beratene – überwiegend nicht für die Beratungsleistung. Würde man in derartigen Fällen uneingeschränkt fremdnütziges Handeln fordern, bestünde im Ergebnis die Gefahr, Altruismus von einem Wirtschaftsteilnehmer zu verlangen.[17] Letztlich geht es also darum, Eigen- und Fremdverantwortung bei der Anlageberatung auszutarieren. Gerade im Zivilrecht kann dies jedoch keine offene, beliebig zu beantwortende Wertungsfrage sein. Ausgangspunkt für ihre Beantwortung ist die zivilrechtliche Dogmatik.[18] In der Rechtsprechung wird größtenteils auf der Grundlage konkludent geschlossener Beratungsverträge argumentiert und daraus ein bestimmter Pflichteninhalt abgeleitet. Die erheblichen Konsequenzen einer Fehlberatung[19] führen dazu, dass diese „Konstruktion" die Gemüter seit einiger Zeit erhitzt.[20] Es wird angemahnt, dass das Investitionsrisiko nicht auf den Berater abgewälzt werden dürfe.[21] Teils wird bereits davon gesprochen, dass sich ein „Haftungsautomatismus" entwickelt habe.[22]

---

[14] *Lenenbach*, Kapitalmarktrecht², Rn. 5.285. Das Thema spielt auch international eine große Rolle, s. beispielsweise zum Finanzmarktsektor in den USA und dem Vereinigten Königreich *Band*, 21 J.I.B.L.R. (2006), 677 ff. und *dies.*, 22 J.I.B.L.R. (2007), 88 ff.

[15] So treffend *Lenenbach*, Kapitalmarktrecht², Rn. 5.285.

[16] Vgl. *Ekkenga*, Anlegerschutz, S. 452 ff.; *Vogel*, Anlegerschutz, S. 31; im Duktus von *Hopt*, Kapitalanlegerschutz im Recht der Banken, S. 137, ist ein Aspekt des „Außenschutzes" von Anlegern betroffen; dazu § 3.

[17] Anders wäre das ggf. zu beurteilen, wenn man das Argument der für Banken möglichen Quersubventionierung als stichhaltig bewertet bzw. auch indirekte Zahlungen als Gegenleistung qualifizierte, zu beidem § 5 B. VII. 2. b).

[18] Vgl. *Herresthal*, ZBB 2012, 89, 91 f.; ferner *Ott*, Vorvertragliche Aufklärungspflichten im Licht des Güter- und Leistungsaustausches, S. 142, 149.

[19] Beispielhaft kann hier darauf hingewiesen werden, dass etwa die HSBC 1,3 Milliarden für Schadensersatz für mögliche Fehlberatungen zurückgestellt hat, F.A.Z. v. 31.7.12, S. 14.

[20] So *Buck-Heeb*, WM 2012, 625.

[21] Vgl. *Brandt*, Aufklärungs- und Beratungspflichten, S. 119; zum sog. „*buyer's remorse*" *Keller*, EWiR 2010, 275 (man könne sich „des Eindrucks nicht erwehren", dass es in einigen der jüngsten Fälle um schlichte Kaufreue gegangen sei).

[22] *Heusel*, ZBB 2012, 461, 465; *Leuering/ Zetzsche*, NJW 2009, 2856, 2858; es wird mitunter

Ungewissheit besteht auch darüber, welche Attribute dem Anleger bzw. Kunden zugeschrieben werden können, was sich auf das Pflichtenregime auswirken kann. Dies hängt wiederum mit der bereits angesprochenen Frage zusammen, welches Maß an Eigenverantwortung dem Anleger „zugemutet" werden soll. Ferner haben Unklarheiten bei den „tatsächlichen Grundlagen" der zu entscheidenden Fälle deren rechtliche Behandlung verkompliziert. Insbesondere im Derivategeschäft ist die Bedeutung sog. anfänglicher negativer Marktwerte umstritten, ebenso, ob solche Geschäfte „reine Wettveranstaltungen" darstellen. Beides kann Einfluss auf die Inhalte vergütungsbezogener Aufklärungspflichten haben.

Das Phänomen der potentiell durch Eigeninteressen der Berater beeinflussten Anlageberatung tritt nicht nur in Deutschland, sondern international auf.[23] Auf supranationaler EU-Ebene finden sich dazu u.a. Vorgaben in der Richtlinie über Märkte für Finanzinstrumente (MiFID)[24]. Die potentiellen Auswirkungen des Europarechts führen zu einer weiteren Dimension in der Diskussion, die nicht unberücksichtigt bleiben kann. Beispielsweise könnten die zivilrechtlichen Haftungsprozesse als Teil einer europarechtlich determinierten Kapitalmarktregulierung zu verstehen sein, die auf sog. *private enforcement* setzt.

Die Thematik befindet sich weiter im Fluss, wie sich der Judikatur des BGH und des EuGH, sowie ferner den regulatorischen Reformen (Stichwort: MiFID II[25]) entnehmen lässt. Es erscheint notwendig, der bereits umfangreichen Literatur eine weitere Arbeit zur Seite zu stellen, die monetäre Eigeninteressen unter den verschiedenen aufgezeigten Aspekten in einem breiteren Kontext in den Blick nimmt. Dabei geht es zunächst darum, Kriterien für eine etwaig eingreifende Aufklärungspflicht über Eigeninteressen *de lege lata* nach dem – sich beständig im Wandel befindlichen – Rechtsprechungskonzept herauszuarbeiten und somit einen Beitrag auf dem Weg zu mehr Rechtssicherheit zu leisten. Dies ist jedoch im Ergebnis nur unbefriedigend möglich, weshalb ein alternatives Konzept zu erarbeiten sein wird.

---

auch vom „Kick-Back-Joker" gesprochen, so *Zoller*, BB 2013, 520; vgl. ferner *Günther*, MDR 2014, 61, 66 (Kick-Back-Rechtsprechung „als Allzweckwaffe"); *Langen*, NZG 2010, 816, 817 („Kick-Back-Keule"); *Stumpf/Hettenbach*, BB 2012, 2582, 2586 (bei einer Bankenkammer des LG Frankfurt a.M. sei „aufgeschnappt" worden, dass der Anleger schon gewonnen habe, wenn Rückvergütungen vorlägen).

[23] Vgl. dazu *Moloney*, How to Protect Investors, S. 259 ff.; speziell zu *product mis-selling* im Vereinigten Königreich *Ferran*, 13 EBOR (2012), 247, 248 ff.

[24] Richtlinie 2004/39/EG des Europäischen Parlaments und des Rates vom 21. April 2004 über Märkte für Finanzinstrumente, zur Änderung der Richtlinien 85/611/EWG und 93/6/EWG des Rates und der Richtlinie 2000/12/EG des Europäischen Parlaments und des Rates und zur Aufhebung der Richtlinie 93/22/EWG des Rates, ABl. L 145/1, im Folgenden als „MiFID" bezeichnet.

[25] Richtlinie 2014/65/EU des Europäischen Parlaments und des Rates vom 15. Mai 2014 über Märkte für Finanzinstrumente sowie zur Änderung der Richtlinien 2002/92/EG und 2011/61/EU, ABl. L 173/349, im Folgenden als „MiFID II" bezeichnet.

B. Gang der Untersuchung

Die Arbeit ist in vier Kapitel unterteilt. Im ersten Kapitel werden Grundlagen behandelt. Dabei sind zunächst diverse Begrifflichkeiten und ihre Verwendung für diese Arbeit zu erläutern (§ 2). Dies ist zur Vermeidung von Missverständnissen erforderlich, da relevante Termini in Literatur und Rechtsprechung teils synonym, teils zur Abgrenzung verwendet werden. Anschließend werden die „Beratungsparteien", also Anlageberater und ihre Kunden näher dargestellt (§ 3). Entscheidend für die rechtliche Beurteilung wird sein, die Anlageberatungsleistung in das dem Finanzmarkt zugrunde liegende „Intermediärmodell" einzuordnen. Nur so lässt sich später beurteilen, ob die Berater in bestimmten Konstellationen – wie mitunter postuliert – ihre „eigentliche Rolle" verlassen haben. Einer solch allgemeinen Betrachtung muss es auch darum gehen, in welchem Rahmen sich vergütungsbezogene Aufklärungspflichten bewegen können. Das „Informationsmodell" als Schutzkonzept gibt hier Grenzen vor, an denen die untersuchte Rechtsprechung zu messen ist. Freilich ist das „Kundenschutzbedürfnis" bei der Anlageberatung real, weshalb die Risiken für Beratungskunden – ebenfalls vor dem Hintergrund der stattfindenden Finanzintermediation – zu beleuchten sein werden, bevor die Zwischenergebnisse des Grundlagenkapitels in § 4 festgehalten werden.

Das zweite Kapitel betrachtet die Entwicklung zum gegenwärtigen Stand der Rechtsprechung und bewertet diese. Zunächst wird die Rechtsprechungslage dargestellt (§ 5), wobei die verwendeten Begründungsansätze für Aufklärungspflichten herausgearbeitet werden sollen. In diesem Abschnitt werden zugleich die Legitimationsdefizite der gegenwärtigen Rechtsprechungskonzeption aufgezeigt, da sie sich als nicht wertungskonsistent systematisierbar erweist. § 6 legt den Fokus auf die von der Rechtsprechung primär herangezogene Rechtsgrundlage für Aufklärungspflichten über Eigeninteressen, den Beratungsvertrag. Das Kapitel schließt mit einer Zusammenfassung der gefundenen Ergebnisse (§ 7).

Das dritte Kapitel entwirft, basierend auf der im zweiten Kapitel herauszuarbeitenden erforderlichen Neukonzeption der Aufklärungspflichten, ein Modell, das auf einem Dualismus aufsichtsrechtlicher Regulierung und privatrechtlicher Vereinbarung basiert. In § 8 wird zunächst die Frage aufgeworfen, ob Aufklärung über monetäre Eigeninteressen vor dem Hintergrund der sonstigen Beratungspflichten in einem bestimmten Umfang (auch) ökonomisch geboten erscheint.

Anschließend werden diskutierte rechtliche Ansatzpunkte zur Herleitung von Aufklärungspflichten unter dem Gesichtspunkt gewürdigt, ob sie für eine sachverhaltsübergreifende Erfassung des Problemkreises „Interessenkollision bei der Anlageberatung" durch monetäre Eigeninteressen geeignet erscheinen (§ 9), da dieser Aspekt die gegenwärtige Rechtsprechung maßgeblich prägt und beeinflusst.

Auch nach hiesiger Konzeption kann an Beratungsverträge angeknüpft werden. § 10 konzentriert sich daher darauf, wann und wie solche Verträge zustande kommen. Einzugehen ist dann ferner auf die Ausgestaltung des Pflichtenkreises bei beratungsvertraglicher Bindung des Beraters und die Durchsetzung dieser Pflichten. Anschließend werden die verbleibenden Fälle der „absatzbegleitenden Beratung" zu beleuchten sein, bei denen die Aufklärungspflichten ihren Ursprung maßgeblich im Aufsichtsrecht haben (§ 11), die aber zivilrechtlich über die c.i.c. rezipiert werden. § 12 betrachtet das Verhältnis der beschriebenen Pflichtenkreise zueinander, bevor § 13 mit einer Zusammenfassung der gefundenen Ergebnisse das dritte Kapitel beschließt.

Ein Fazit wird im vierten Kapitel gezogen. Die Konsequenzen der Ergebnisse werden in § 14 beleuchtet. Nachdem in § 15 ein Ausblick auf die weitere Entwicklung gewagt wurde, werden die wesentlichen Ergebnisse in Thesenform zusammengefasst (§ 16).

1. Kapitel

Grundlagen

§ 2 Begrifflichkeiten

A. Anleger als Kunden der beratenden Finanzintermediäre

Der Anlegerbegriff ist nicht gesetzlich definiert, weshalb er auf verschiedene Weise verstanden werden kann. Mitunter wird an den Begriff der Kapitalanlage angeknüpft.[1] Andere argumentieren kapitalmarktrechtlich über den Wertpapierhandel,[2] wieder andere wollen auch den sog. grauen Kapitalmarkt erfassen.[3]

Die untersuchte Problematik ist aber einerseits nicht zwangsläufig auf den Kapitalmarkt beschränkt, da insbesondere die Basiswerte von Derivaten ihre Grundlage ebenso im Geld- oder Devisenmarkt haben können.[4] Andererseits ist es unerheblich, ob der Beratungskunde eine Rendite erwirtschaften will. Er kann wegen Eigeninteressen seines Beraters potentiell ebenso „schlecht beraten" sein, wenn *hedging*-Transaktionen betroffen sind.[5] Es handelt sich vorliegend um eine *finanzmarkt*rechtliche Fragestellung.[6] Dementsprechend wird als Anleger in dieser Arbeit

---

[1] Der Anleger sei „eine Person, die Geld bei einem Finanzintermediär mit dem Ziel einsetzt, eine Rendite zu erlangen", *Gemberg Wiesike*, Wohlverhaltensregeln, S. 66.

[2] Anleger seien der „Personenkreis, der in die angebotenen Wertpapiere investiert", *Grunewald/Schlitt*, Kapitalmarktrecht[3], S. 12.

[3] Anleger seien „Käufer und Verkäufer der Kapitalmarktprodukte", *Lenenbach*, Kapitalmarktrecht[2], Rn. 2.273.

[4] Deshalb wäre es auch nicht zielführend, auf den Wertpapierbegriff abzustellen, zumal nur ein Teil der untersuchten Fälle Wertpapiertransaktionen betraf. Vor allem Anteile an geschlossenen Fonds stellten früher keine Wertpapiere dar, vgl. *Lenenbach*, Kapitalmarktrecht[2], Rn. 2.268. Mit der Einführung des Vermögensanlagengesetzes im Jahr 2012 wurden geschlossene Fonds allerdings als Vermögensanlagen zu Finanzinstrumenten i.S.d. WpHG, vgl. § 2 Abs. 2b WpHG, § 1 Abs. 2 VermAnlG a.F. Heute werden sie durch das 2013 geschaffene KAGB regulatorisch erfasst, vgl. *Schnauder*, NJW 2013, 3207.

[5] Zum *hedging* § 3 B. V. 2. c) bb) (2); zu Einsatzmöglichkeiten von Derivaten § 3 B. V. 2. d).

[6] Selbst im Versicherungs(privat)recht kann sie relevant werden, was angesichts der Funktionsäquivalenz diverser Versicherungsprodukte und Kapitalanlagen nicht verwundert, vgl. etwa *Brocker*, BKR 2007, 365, 369; *Decker*, Aufklärungspflichten, S. 476 f.; *Drewes/Drewes*, in: Obst/Hintner, Geld-, Bank- und Börsenwesen[40], S. 1059; *Mülbert*, ZHR 177 (2013) 160, 201; vgl. auch *Witte/Hillebrand*, DStR 2009, 1759 f. mit Fn. 10 und 14; nun auch BGH, Urt. v. 11.7.2012, Az.: IV ZR 164/11, BGHZ 194, 39, Rn. 53, der die Aufklärungspflichten aus dem Anlagebereich anwendet, wenn eine „kapitalbildende Lebensversicherung sich bei wirtschaftlicher Betrachtung als Anlagegeschäft dar[stellt]"; ebenso OLG Frankfurt a.M., Urt. v. 5.7.2013, Az.: 24 U 131/11, NZG 2013, 1235 (Leitsatz). Die hier untersuchte Rechtsprechung geht auf den Versicherungsbereich nicht ein, ferner bestehen auch im regulatorischen Umfeld relevante Unterschiede (vgl. § 34e Abs. 3 Satz 1

jeder (potentielle) Kunde[7] eines Beraters erfasst, ohne dass es darauf ankommt, ob er mit dem Geschäft unmittelbar einen Gewinn erwirtschaften möchte.[8]

Im Übrigen ist zwischen dem Kunden- und Anlegerbegriff nicht zu differenzieren; es handelt sich um eine Frage der Perspektive: Wird vom Anleger gesprochen, betont dies seine Rolle bei der späteren „Investition". Hingegen liegt der Fokus des Kundenbegriffs auf dem Verhältnis zum beratenden Intermediär.

B. Kapitalanlagen, Investments und Finanzprodukte

Kongruent zum Anlegerbegriff, sind die Begriffe (Kapital-)Anlage und Investment weit zu verstehen.[9] Synonym kann von Finanzprodukten gesprochen werden. Letztlich geht es darum, klarzustellen, dass auch solche Geschäfte von den folgenden Ausführungen erfasst sind, in denen es nicht originär um Renditeerzielung, sondern beispielsweise um *hedging* geht. Freilich handelt es sich bei den Anlegern in den untersuchten Konstellationen größtenteils um Rendite bemühte „klassische" Kapitalanleger.[10]

C. Aufklärung, Information und Beratung

I. Aufklärung und Information

Mit dem Begriff der Aufklärung wird in der Rechtswissenschaft im weitesten Sinne die Beseitigung von Informationsasymmetrien assoziiert.[11] Im engeren Sinne wird zum Teil von „spontaner Information über entscheidungserhebliche Tatsachen" gesprochen.[12] Für den Bereich der Kundeninformation durch Finanzdienstleister zieht

---

GewO). Im Folgenden kann das Versicherungsrecht nicht weiter berücksichtigt werden, zumal die beschriebene Funktionsäquivalenz zu Kapitalanlagen nur sehr partiell gilt, vgl. *Gemberg Wiesike*, Wohlverhaltensregeln, S. 49. Vgl. zum Versicherungsrecht etwa *Schelling*, Vergütungssysteme und Interessenkonflikte, S. 284 ff.; *Tiffe*, Struktur der Informationspflichten, S. 322 ff.; ferner *Geßner*, VuR 2009, 243 ff.; außerdem *Gemberg Wiesike* a.a.O. passim, der im Kontext von Wohlverhaltenspflichten auch auf den Versicherungsmarkt eingeht.

[7] Dass auch (nur) potentielle Kunden erfasst sein sollen, ergibt sich für das Aufsichtsrecht aus § 31a Abs. 1 WpHG und den europarechtlichen Grundlagen, vgl. auch *Clouth/Seyfried*, in: Clouth/Lang, MiFID Praktikerhandbuch, Rn. 59 mit Fn. 47.

[8] *Clouth*, in: Praktikerhdb. Wertpapier- und Derivategeschäft^4, Rn. 1196, schlägt in diesem Zusammenhang vor, im Kontext der Beratung von „kundengerechter" und „produktgerechter" Beratung zu sprechen. Indes verwendet der BGH weiterhin seine Termini der „anleger- und objektgerechten" Beratung, woran sich auch die vorliegende Arbeit orientiert.

[9] Eine einheitliche Definition, was diese Begriffe genau bedeuten, liegt ohnehin weder national noch international vor, vgl. *Gemberg Wiesike*, Wohlverhaltenspflichten, S. 42.

[10] Vgl. auch *CESR*, Understanding the definition of advice und MiFID v. 19.4.2010, CESR/10–293, S. 15 Ziff. 73, wonach auch der *hedging*-betreibende Anleger „still in his capacity as an investor" handelt.

[11] *Besold*, Aufklärungspflichten bei Vertriebsprovisionen, S. 26.

[12] *Decker*, Aufklärungspflichten, S. 17; vgl. auch *Ekkenga*, in: MünchKomm HGB^2, Effektengeschäft, Rn. 249; *Siol*, in: Schimansky/Bunte/Lwowski, Bankrechts-Hdb.^{4}, § 43 Rn. 5.

sich ein ganzer Reigen von Begriffen durch Rechtsprechung, Literatur und das Gesetz.[13] Einige sehen darin bloß ein „Phänomen sprachlicher Kreativität",[14] während andere dadurch unterschiedliche Pflichteninhalte zum Ausdruck gebracht sehen wollen.[15] Häufig wird der Begriff der Information bzw. der Informationspflicht im Schrifttum verwendet,[16] der wiederum rechtlich nicht definiert ist.[17] Hier wird er synonym mit „Aufklärung" als Oberbegriff verstanden, der die weiteren Unterteilungen der Informationserteilung erfasst.[18]

Eine exakte weitere Unterteilung der Informationspflichten, sofern dies überhaupt möglich wäre,[19] ist für diese Bearbeitung entbehrlich.[20] In Frage steht jeweils die Mitteilung eines Eigeninteresses.[21] Diese Mitteilung ist aus sich heraus verständlich. Auch die Rechtsprechung und die Literatur verlangen, soweit Aufklärungspflichten bejaht werden, keine über die bloße Mitteilung hinausgehende Erläuterung dieser „relevanten Tatsache".[22] Eine konkrete Zuordnung zu einer Unterkategorie würde an der Rechtsfolge „Aufklärungspflicht" nichts ändern.[23]

---

[13] Vgl. *Brandt*, Aufklärungs- und Beratungspflichten, S. 87. Man findet die Ausdrücke Aufklärungs-, Benachrichtigungs-, Hinweis-, Offenbarungs-, Anzeige-, Mitteilungs-, Warn(ungs)-, Unterrichtungs- und Informationspflichten, s. nur *Decker*, Aufklärungspflichten, S. 17; *Lang*, Informationspflichten, S. 27; *Siol*, in: Schimansky/Bunte/Lwowski, Bankrechts-Hdb.[4], § 43 Rn. 5; vgl. auch *Tiffe*, Struktur der Informationspflichten, S. 45 ff.

[14] *Decker*, Aufklärungspflichten, S. 17.

[15] *Brandt*, Aufklärungs- und Beratungspflichten, S. 87; vgl. auch *Horn*, ZBB 1997, 139, 140 f. (Pflichten überschnitten sich teilweise; seien nicht leicht abzugrenzen; eine Unterscheidung sei aber zweckmäßig).

[16] *Besold*, Aufklärungspflichten bei Vertriebsprovisionen, S. 29 f. m.w.N.; *Hofmann*, Aufklärung und Anlageberatung, S. 62; *Möllers*, in: Kölner Komm WpHG[2], § 31 Rn. 176 ff.; *Siol*, in: Schimansky/Bunte/Lwowski, Bankrechts-Hdb.[4], § 43 Rn. 5 f.

[17] Vgl. *Tiffe*, Struktur der Informationspflichten, S. 41.

[18] Ebenso *Brandt*, Aufklärungs- und Beratungspflichten, S. 87; vgl. auch *Decker*, Aufklärungspflichten, S. 16; *Siol*, in: Schimansky/Bunte/Lwowski, Bankrechts-Hdb.[4], § 43 Rn. 3 ff.; *Tiffe*, Struktur der Informationspflichten, S. 41 ff.; ferner *Horn*, ZBB 1997, 139, 141 („Die Aufklärungspflicht [...] ist Informationspflicht."). Teilweise werden Aufklärung und Information insofern voneinander abgegrenzt, dass letztere bloßes Nichtwissen beseitige, erstere mangelndes Verständnis beheben solle, vgl. *Besold*, Aufklärungspflichten bei Vertriebsprovisionen, S. 19.

[19] Eine Kategorisierung allgemeiner bankrechtlicher Pflichten unternimmt *Hadding*, in: FS Schimansky, S. 67 ff.

[20] Vgl. auch *Besold*, Aufklärungspflichten bei Vertriebsprovisionen, S. 19; *Hofmann*, Aufklärung und Anlageberatung, S. 19; *Schefold*, in: Schimansky/Bunte/Lwowski, Bankrechts-Hdb.[4], § 116 Rn. 304 f.; vgl. aber auch infra § 3 D. IV. 4. c).

[21] Vgl. *Braun/Loy*, Richtige und vollständige Aufklärung, S. 3.

[22] Vgl. *Clouth*, in: Praktikerhdb. Wertpapier- und Derivategeschäft[4], Rn. 1192; *Horn*, ZBB 1997, 139, 141; *Lang*, Informationspflichten, S. 33.

[23] Vgl. beispielhaft *Besold*, Aufklärungspflichten bei Vertriebsprovisionen, S. 30. Dies gilt ebenso, soweit die Auskunftspflicht von der Aufklärungspflicht getrennt wird, vgl. etwa *Brandt*, Aufklärungs- und Beratungspflichten, S. 88, der eine konkrete Anfrage eines Kunden für eine Auskunft voraussetzt; *Decker*, Aufklärungspflichten, S. 18; *Horn*, ZBB 1997, 139, 140 f.

II. Aufklärung und Beratung

Die Beratung ist von der Aufklärung zu unterscheiden. Teilweise werden diese Begriffe zwar synonym gebraucht[24] oder kein kategorischer Unterschied gemacht.[25] Aufklärungs- und Beratungspflichten können jedoch sowohl bezüglich ihres Inhalts als auch ihrer Herkunft differenziert werden. Eine gegebenenfalls erforderliche Aufklärung ist unaufgefordert zu erteilen.[26] Eine Beratung ist nur aufgrund besonderer Übereinkunft[27] geschuldet.[28] Sie stellt die persönlichen Umstände des Kunden in den Mittelpunkt und führt jedenfalls aufsichtsrechtlich zu einer konkreten Empfehlung (§ 2 Abs. 3 Satz 1 Nr. 9 WpHG).[29] Anhand dieser Bewertung von (gegebenenfalls durch Nachforschung zu ermittelnden) Umständen[30] durch den Berater für den Kunden, lässt sie sich von der bloßen Aufklärung abgrenzen. Letztere stellt nämlich eine reine Mitteilung dar. Beratung ist deshalb der umfassendere Begriff, der die Aufklärung einschließt.[31] Denn das Ziel der Beratung ist die Ermöglichung einer eigenverantwortlichen Anlageentscheidung des Anlegers.[32] Die Auf-

---

[24] Vgl. *Hofmann*, Aufklärung und Anlageberatung, S. 16; *Lang*, Informationspflichten, S. 27. Zu Aufklärung und Beratung als „Paarbegriff" auch *Möllers*, in: Kölner Komm WpHG², § 31 Rn. 179 ff.; *Roth*, in: Assmann/Schütze, Hdb. Kapitalanlagerecht³, § 11 Rn. 28.

[25] *Roth*, in: Assmann/Schütze, Hdb. Kapitalanlagerecht³, § 11 Rn. 29, spricht von „Charakterisierung" in Abgrenzung zur „Kategorisierung".

[26] *Besold*, Aufklärungspflichten bei Vertriebsprovisionen, S. 28; *Lang*, Informationspflichten, S. 33; *Lange*, Informationspflichten von Finanzdienstleistern, S. 25.

[27] *Beule*, in: Assies/Beule/Heise/Strube, Hdb. des FA-BKR³, Kap. 7 Rn. 296; *Brandt*, Aufklärungs- und Beratungspflichten, S. 78 ff.; *Ellenberger*, Umfassende Anlage- und Anlegergerechte Beratung, S. 59, 61; *Lange*, Informationspflichten von Finanzdienstleistern, S. 85; *Lenenbach*, Kapitalmarktrecht², Rn. 11.143 (wobei er in Rn. 5.413 von „vorvertraglichen Beratungspflichten" spricht, dort geht es indes um Aufklärung); a.A. OLG Frankfurt a.M., Urt. v. 27.10.2010, Az.: 16 U 96/10, WM 2012, 1826, Rn. 46, das auf Beratungs*pflichten* aus *culpa in contrahendo* verweist, falls kein selbständiger Beratungsvertrag vorliege; *Roth*, in: Assmann/Schütze, Hdb. Kapitalanlagerecht³, Rn. 13, der es für möglich hält, dass sich auch Beratungs*pflichten* aus Nebenpflichten zu einem abgeschlossenen (dann § 241 Abs. 2 BGB) oder angebahnten (dann § 311 Abs. 2 BGB) Effektengeschäft herleiten lassen.

[28] Das heißt jedoch nicht, dass ohne Vertrag keine *Beratungssituation* vorliegen könnte. Es gibt dann aber keinen *Anspruch* auf Beratung (darum geht es freilich in den vorliegenden Konstellationen faktisch ohnehin nicht, sondern um die Gewährung von Schadensersatzansprüchen, vgl. schon *Canaris*, in: Staub, Komm HGB⁴, Bankvertragsrecht, Rn. 89) und daraus folgende Empfehlungen. Freilich können auch bei nicht geschuldeten Beratungen bestimmte Pflichten zu beachten sein, dazu infra § 11 C.

[29] *Beule*, in: Assies/Beule/Heise/Strube, Hdb. des FA-BKR³, Kap. 7 Rn. 296. Als Empfehlung verstehen BaFin und Deutsche Bundesbank einen Rat zu einer bestimmten Handlung, der einem „Anleger [...] als in seinem Interesse liegend" gegeben wird, *BaFin/Deutsche Bundesbank*, Gemeinsames Informationsblatt der Bundesanstalt für Finanzdienstleistungsaufsicht und der Deutschen Bundesbank zum Tatbestand der Anlageberatung, Mai 2011, S. 2.

[30] *Besold*, Aufklärungspflichten bei Vertriebsprovisionen, S. 28; *Horn*, ZBB 1997, 139, 141.

[31] *Besold*, Aufklärungspflichten bei Vertriebsprovisionen, S. 29; *Braun/Loy*, Richtige und vollständige Aufklärung, S. 3, 5; *Clouth*, Rechtsfragen der außerbörslichen Finanzderivate, S. 152; *Hofmann*, Aufklärung und Anlageberatung, S. 17.

[32] Vgl. beispielsweise *Beck*, in: Bankrechtstag 2010, S. 65, 67; *Hannöver*, in: Schimansky/Bunte/Lwowski, Bankrechts-Hdb.⁴, § 110 Rn. 55; *Lang/Balzer*, in: FS Nobbe, S. 639, 650; *Mülbert*,

klärung betrifft die Mitteilung entscheidungserheblicher Tatsachen. Deshalb müssen diese dem Beratungskunden zur Verfügung gestellt werden. In der Praxis mag es im Einzelfall bei dieser Abgrenzung Schwierigkeiten geben,[33] im Ausgangspunkt ist an ihr indes festzuhalten,[34] zumal sie sich in der Rechtsprechung wiederfindet.[35]

D. Beratung und Vermittlung

Die Anlagevermittlung ist aufsichtsrechtlich in § 2 Abs. 3 Satz 1 Nr. 4 WpHG und § 1 Abs. 1a Satz 2 Nr. 1 KWG als Wertpapierdienstleistung bzw. Finanzdienstleistung normiert. Sie erfasst die Anschaffung oder Veräußerung von Finanzinstrumenten. Nach der aufsichtsrechtlichen Definition in § 2 Abs. 3 Satz 1 Nr. 9 WpHG bzw. § 1 Abs. 1a Satz 2 Nr. 1 a KWG ist Anlageberatung die Abgabe von persönlichen Empfehlungen an Kunden oder deren Vertreter, die sich auf Geschäfte mit bestimmten Finanzinstrumenten beziehen, sofern die Empfehlung auf eine Prüfung der persönlichen Umstände des Anlegers gestützt oder als für ihn geeignet dargestellt wird und nicht ausschließlich über Informationsverbreitungskanäle oder für die Öffentlichkeit bekannt gegeben wird.

Soweit in dieser Arbeit von (Anlage- bzw. Finanz-)Beratung und Vermittlung gesprochen wird, ist aber nicht zwingend auf die aufsichtsrechtlichen Definitionen der Anlagevermittlung und -beratung abzustellen. Sollte es auf diese ankommen, wird darauf gesondert hingewiesen. Im Übrigen ist der Begriff Anlagevermittlung als Intermediationsleistung weit zu verstehen als „jede Tätigkeit, die darauf abzielt, eine andere Person dazu zu bewegen, Kapital in einem Anlageobjekt anzulegen".[36] Erfasst sind auch Bemühungen, den Anleger zum Abschluss eines sonstigen Finanzgeschäfts zu bewegen, das nicht mit einer „primären Kapitalbewegung" zu-

---

ZHR 177 (2013) 160, 190; *Sethe*, in: FS Nobbe, S. 769, 781; *ders.*, AcP 212 (2012), 80, 95. Dies sicherzustellen ist auch das Ziel der MiFID, dazu *Thieme*, Wertpapierdienstleistungen, S. 104 f.; *Veil*, in: Veil, Europäisches Kapitalmarktrecht², § 25 Rn. 4; a.A. und insoweit kaum haltbar *Hofmann*, Aufklärung und Anlageberatung, S. 84 (Ziel der Beratung sei gerade nicht die eigene Entscheidung des Kunden, sondern dass die Anlageentscheidung dem Kunden abgenommen werde. Ein Kunde, der dies wünscht, muss sich aber entgegen *Hofmann* nicht für eine Anlage*beratung*, sondern für eine Vermögens*verwaltung* entscheiden.).

[33] Vgl. dazu *Decker*, Aufklärungspflichten, S. 17; *Möllers*, in: Kölner Komm WpHG², § 31 Rn. 180; aber auch *Bachmann/Roth*, in: MünchKomm BGB⁶, § 241 Rn. 131, die aufgrund der „fließenden Übergänge" für eine einheitliche Betrachtung votieren.

[34] So auch die h.M. im Schrifttum, vgl. etwa *Besold*, Aufklärungspflichten bei Vertriebsprovisionen, S. 27; *Möllers*, in: Kölner Komm WpHG², § 31 Rn. 180 ff.; s. auch *Schefold*, in: Schimansky/Bunte/Lwowski, Bankrechts-Hdb.⁴, § 116 Rn. 304 ff.

[35] Grundlegend BGH (Bond), Urt. v. 6.7.1993, Az.: XI ZR 12/93, BGHZ 123, 126; s. auch BGH, Urt. v. 4.2.1992, Az.: XI ZR 32/91, BGHZ 117, 135 = NJW 1992, 1630, 1632; vgl. ferner *Ellenberger*, Umfassende Anlage- und Anlegergerechte Beratung, S. 59, 61; *Hofmann*, Aufklärung und Anlageberatung, S. 16 f.

[36] *Lenenbach*, Kapitalmarktrecht², Rn. 11.344; vgl. auch *Benedict*, ZIP 2005, 2129, 2133, der zutreffend darauf hinweist, dass unabhängig von Begrifflichkeiten „Berater", „Agenten", „Vertreter", „Makler", „Marktintermediäre" und „Emissionshelfer" alle Vermittler seien.

sammen hängt, etwa Swaps. Will der Anlageinteressent zugleich die besonderen Kenntnisse und Fähigkeiten des Vermittlers in Anspruch nehmen, die letzterer bewertend für den Kunden nutzt, liegt Anlageberatung vor.[37] Demnach stellt Anlagevermittlung einen Oberbegriff dar und der Anlagevermittler kann zugleich Anlageberater sein.[38] Allerdings treffen den Berater nach der Rechtsprechung im Vergleich zum (reinen) Vermittler strengere Pflichten.[39] Da nur bei einer Beratung die konkreten Umstände des jeweiligen Kunden bewertend zur Grundlage des (im weit verstandenen Sinne) Vermittlungsgesprächs gemacht werden, ist daran festzuhalten, dass sich Beratung als Teilbereich der Vermittlung abgrenzen lässt, auch wenn sich die beiden nicht gegenseitig ausschließen und die Grenzen fließend sein können.[40]

Soweit hier von „freien (Anlage-)Beratern" gesprochen wird, dient das der Feststellung, dass die betroffenen Personen nicht „bankgebunden" sind. Insoweit orientiert sich die Terminologie an der des III. Zivilsenats.[41] „Freie Berater" können ebenfalls lediglich vermittelnd tätig werden.[42]

E. Finanzdienstleister und Finanzdienstleistungen

Im Rahmen dieser Arbeit geht es um die monetären Eigeninteressen von Dienstleistern, „die Dienstleistungen im Zusammenhang mit der Transformation, Anlage und Aufnahme von Geld anbieten"[43] bzw. im beschriebenen Sinn Finanzprodukte vermitteln. Folglich sind auch alle damit betrauten Akteure *Finanzdienstleister.* Im Aufsichtsrecht finden sich nähere Unterteilungen (Kreditinstitute [§ 1 Abs. 1 Satz 1 KWG], Finanzdienstleistungsinstitute [§ 1 Abs. 1a Satz 1 KWG], Finanzunterneh-

---

[37] Vgl. *Lenenbach*, Kapitalmarktrecht², Rn. 11.346; ferner *Lampe*, Die Informationspflicht des Wertpapierdienstleistungsunternehmens, S. 365 f., zur „aufsichts- und zivilrechtlichen Anlageberatung".

[38] Vgl. auch *v. Heymann/Edelmann*, in: Assmann/Schütze, Hdb. Kapitalanlagerecht³, § 4 Rn. 6. Von einem solchen Verständnis geht auch der Verordnungsgeber der Finanzanlagenvermittlungsverordnung (FinVermV) aus, die sowohl „reine" Anlagevermittlung als auch die Anlageberatung durch „freie" Anlagevermittler und -berater erfasst, vgl. etwa § 16 Abs. 1 und 2 FinVermV.

[39] BGH, Urt. v. 13.5.1993, Az.: III ZR 25/92, NJW 1993, 1114 f.; *v. Heymann/Edelmann*, in: Assmann/Schütze, Hdb. Kapitalanlagerecht³, § 4 Rn. 2 („Anlageberatung [und] Anlagevermittlung [...] begründen unterschiedliche Rechte und Pflichten"); ferner *Brandt*, Aufklärungs- und Beratungspflichten, S. 89; *Lenenbach*, Kapitalmarktrecht², Rn. 11.347 und infra § 6 A. I. 4. a) bb) und § 6 B. III.

[40] Vgl. OLG Brandenburg, Urt. v. 25.4.2012, Az.: 4 U 63/11, Rn. 40 (Juris); OLG Köln, Urt. v. 22.3.2012, Az.: 18 U 104/11, Rn. 127 (Juris); *Harnos*, BKR 2009, 316, 321 m.w.N.; vgl. auch die weiteren Nachweise bei *Besold*, Aufklärungspflichten bei Vertriebsprovisionen, S. 31 (dort Fn. 78) zu Rechtsprechung und Schrifttum; vgl. ferner *v. Heymann/Edelmann*, in: Assmann/Schütze, Hdb. Kapitalanlagerecht³, § 4 Rn. 2; *Hilp*, Haftung bei der Vermittlung geschlossener Fonds, S. 171 f.; *Sethe*, AcP 212 (2012), 80, 103; a.A. *Besold* a.a.O. S. 31 ff. (sonst würde versucht, Beratung „weitestgehend zu vermeiden").

[41] Zur diesbezüglichen Rechtsprechung ausführlich infra § 5 B. VII.

[42] Dazu infra § 3 C. I. 1.

[43] *Gemberg Wiesike*, Wohlverhaltensregeln, S. 18; s. auch *Lange*, Informationspflichten von Finanzdienstleistern, S. 38.

men [§ 1 Abs. 3 Satz 1 KWG] und Wertpapierdienstleistungsunternehmen [§ 2 Abs. 4 WpHG]). Diese Differenzierungen sind maßgeblich für die Anwendbarkeit bestimmter aufsichtsrechtlicher Normen. So gelten beispielsweise die Wohlverhaltenspflichten der §§ 31 ff. WpHG nur für Wertpapierdienstleistungsunternehmen. Sofern es auf die aufsichtsrechtliche Qualifizierung eines Beraters ankommt, wird dies besonders kenntlich gemacht. Im Übrigen ist der Begriff „Finanzdienstleister" als Oberbegriff weit zu verstehen und erfasst alle Finanzintermediäre, die ihrem Vertragspartner vermittelnd zur Seite stehen. Darunter fallen dann Banken[44] wie auch „freie Anlageberater und -vermittler"[45].

F. (Innen-)Provisionen, „Kick-Backs" und Margen

Die in dieser Arbeit interessierenden monetären Eigeninteressen der Wertpapierdienstleister lassen sich in verschiedene Kategorien einteilen.

I. Margen

Der Berater kann im Rahmen des Vertriebs von Finanzprodukten bzw. beim Abschluss von Finanzgeschäften eine Handelsspanne („Marge") erzielen. Dies entspricht dem Grundmodell in der Marktwirtschaft. Grundsätzlich werden am Markt Geschäfte nur abgeschlossen, wenn jeder Teil dadurch seinen Wohlstand mehrt,[46] mithin *in concreto* der Finanzdienstleister ebenfalls etwas erwirtschaftet.[47] Möglich ist dies beim Verkauf von (bank-)eigenen Produkten oder solchen aus dem Eigenbestand. Beim Abschluss von Derivategeschäften, beispielsweise bei einem *Constant Maturity Spread Ladder Swap*, kann die Marge in den Produktparametern (Stichwort: negativer Marktwert) enthalten sein.[48]

II. Provisionen

Die Kapitalanlagevermittlung ist, insbesondere in „Drei-Personen-Konstellationen"[49], mit verschiedenen Kosten und Zahlungsströmen,[50] beispielsweise für Eigen-

---

[44] Für hiesige Untersuchung ist die Unterscheidung in Privat- und Volksbanken sowie Sparkassen grundsätzlich unerheblich. Insofern sind sie alle vom „Bankbegriff" umfasst.

[45] Den Begriff verwendet in diesem Sinn auch *Schwab*, BKR 2011, 450. Zur Differenzierung zwischen „freien" und „gebundenen" Intermediären näher infra § 3 C. III und § 5 B. VII.

[46] Vgl. etwa *Taghizadegan*, Wirtschaft wirklich verstehen, S. 44.

[47] Zur Gewinnmarge als „Selbstverständlichkeit" *Beule*, in: Assies/Beule/Heise/Strube, Hdb. des FA-BKR^2, Kap. 7 Rn. 262 a.E.

[48] BGH (Swap-Urteil) BGHZ 189, 13 = NJW 2011, 1949, allerdings unter Betonung der besonderen Umstände dieser Konstellation. Zum Swap-Urteil infra § 5 A. XVII.; außerdem infra § 3 B. V. 2. c) bb) zu negativen Marktwerten als „Sonderform" von Margen.

[49] Etwa Emittent, beratender Intermediär und Anleger.

[50] *Besold*, Aufklärungspflichten bei Vertriebsprovisionen, S. 33 f.

kapitalbeschaffung oder Platzierungsgarantien,[51] verbunden.[52] Aus derartigen Positionen fließen regelmäßig Teile als Vertriebsprovisionen an den Vermittler und werden ihm als Entlohnung gezahlt.[53] Sie werden mitunter als *Innenprovisionen* bezeichnet, wenn solche Zahlungen von der Anbieterseite (etwa der Fondsgesellschaft) geleistet werden.[54] Entsprechend wird von *Außenprovisionen* gesprochen, wenn sie der Erwerber der Kapitalanlage trägt.[55] Auch die sog. Kick-Backs gehören zu den Vertriebsprovisionen.[56] Definiert man sie als Provision, die ein Finanzdienstleister von der Kapitalanlagegesellschaft, deren Produkte er vermittelt hat, „zurückerhält",[57] liegen die Gemeinsamkeiten mit Innenprovisionen auf der Hand. Im Schrifttum wird davon ausgegangen, dass es sich um synonym verwendbare Begriffe handele, deren unterschiedliche Verwendung für bestimmte „Phänotypen von Provisionsvereinbarungen"[58] oder Marktsegmente[59] geläufig sei. Das deutsche Wort Rückvergütungen bzw. Retrozessionen, würde demnach ebenso in den austauschbaren Kreis der Begriffe ohne inhaltliche Differenzierung fallen.[60] Kick-Backs wären dann ein Unterfall von Innenprovisionen. Teilweise werden Kick-Backs / Retrozessionen als Synonyme von Rückvergütungen verstanden.[61]

Der Rechtsprechung des XI. Zivilsenats des BGH liegt hingegen ein eigenes Begriffsverständnis zugrunde. Differenziert wird ausdrücklich zwischen *Innenprovisionen* und *Rückvergütungen*.[62] Innenprovisionen seien nicht ausgewiesene Ver-

---

[51] Vgl. BGH (Kick-Back-V) ZIP 2009, 2380, Rn. 31, dazu infra § 5 A. XI.

[52] Vgl. beispielsweise *Hilp*, Haftung bei der Vermittlung geschlossener Fonds, S. 165f. Näher infra § 3 B. V. 2. a).

[53] *Decker*, Aufklärungspflichten, S. 2f.

[54] Vgl. *Decker*, Aufklärungspflichten, S. 4; *Wagner*, in: Assmann/Schütze, Hdb. Kapitalanlagerecht³, § 15 Rn. 165.

[55] Vgl. *Decker*, Aufklärungspflichten, S. 3; *Wagner*, in: Assmann/Schütze, Hdb. Kapitalanlagerecht³, § 15 Rn. 165.

[56] *Jooß*, WM 2011, 1260, 1265.

[57] Das passt terminologisch an sich nur, wenn der Betrag vorher „über" den Intermediär an den Anbieter geflossen war. Zu dieser Definition *Hadding*, ZIP 2008, 529; ferner *Decker*, Aufklärungspflichten, S. 6; *Gallandi*, VuR 2002, 198.

[58] *Decker*, Aufklärungspflichten, S. 7.

[59] *Besold*, Aufklärungspflichten bei Vertriebsprovisionen, S. 36 (Kick-Backs als Bezeichnung im geregelten Kapitalmarkt, Innenprovisionen auf dem „grauen" Kapitalmarkt).

[60] Vgl. *Decker*, Aufklärungspflichten S. 7.

[61] Bisweilen wird kritisiert, dass der Begriff „*Kick-Back*" eigentlich Schmiergeld meine (so *Nobbe*, WuB I G 1. – 5.10, S. 123, 125; *Sethe*, in: FS Nobbe, S. 769, 772) bzw. Rückvergütung sprachlich verfehlt sei, da der Vermittler nichts an die Kapitalanlagegesellschaft zahle (*Nikolaus/d'Oleire*, WM 2007, 2129 Fn. 5). Auch meine *Retro*zession nicht Rückabtretung im eigentlichen Sinn (*Decker*, Aufklärungspflichten, S. 6). Zu Abgrenzungsversuchen der Begriffe im Schrifttum vgl. *Decker*, a.a.O. S. 7.

[62] Die die Frage der Rückvergütungen betreffenden Urteile werden als „Kick-Back"-Urteile in Literatur und Rechtsprechung behandelt und zum Teil auch nummeriert, vgl. beispielhaft *Jordans*, BKR 2011, 456, 458ff. („Kick-Back I-XII"). Auch in dieser Arbeit werden die hauptsächlich relevanten und vielfach zu zitierenden Urteile bzw. Urteilsreihen gezählt. Die später im Einzelnen darzustellenden Urteile werden daher im Fußnotenapparat als „Kurzzitat" mit dem jeweiligen Namen geführt. Zu den vollständigen Angaben s. jeweils § 5 A.

triebsprovisionen, die aus dem Anlagevermögen gezahlt werden (etwa bei einem Fonds).[63] Um aufklärungspflichtige Rückvergütungen handele es sich bei regelmäßig umsatzabhängigen Provisionen, „die im Gegensatz zu Innenprovisionen nicht aus dem Anlagevermögen, sondern aus offen ausgewiesenen Provisionen wie zum Beispiel Ausgabeaufschlägen und Vermittlungsvergütungen gezahlt werden [...]".[64] Ob sich diese Differenzierung durch verschiedene Anlegerinteressen rechtfertigen lässt,[65] ist später näher zu untersuchen.

Der jüngste „argumentative Schwenk" der Rechtsprechung des XI. Zivilsenats führt dazu, dass der Unterscheidung für die Rechtsfolge (Aufklärungspflicht) ab dem 1.8.2014 keine Relevanz mehr zukommen wird.[66] Die Kategorisierung wurde als solche jedoch nicht aufgehoben, wie sich der „Subsumtion" unter die verschiedenenen Definitionen in der Entscheidung entnehmen lässt.[67]

All das zeigt, dass eine eindeutige Diskussion anhand von Begrifflichkeiten kaum möglich ist.[68] Hier wird deshalb auf den Terminus „Vertriebsprovisionen" als Oberbegriff zurückgegriffen, der sowohl Innenprovisionen als auch Rückvergütungen im Sinne der Rechtsprechung erfasst.[69] Zur begrifflichen Klarheit wird im Übrigen explizit kenntlich gemacht, wenn von der Position der Rechtsprechung ausgegangen wird. Auf unklare Synonyme wie „Kick-Backs" wird verzichtet.

§ 3 Anlageberater als Finanzintermediäre und ihre Kunden

Anlageberatung ist eine Intermediationsleistung. Teilweise wird Anlageberatern vorgeworfen, dass sie „ihre Rolle" verließen, wenn sie bestimmte Eigeninteressen verfolgen. Das kann nicht beurteilt werden, ohne zuvor die Anlageberatung in den Kontext der Finanzintermediation einzuordnen. Dabei wird sich zeigen, dass Intermediäre regelmäßig diverse Intermediationsleistungen am Finanzmarkt erbringen, von denen nur eine die Informationstransformation (gegebenenfalls durch Anlageberatung) darstellt (A.). Aus diesem Grund ist „die Rolle" der beratenden Finanzintermediäre auf den Finanzmärkten zu beleuchten. Einzugehen ist dazu auf ihre Tätigkeiten und die zugehörigen Verdienstmöglichkeiten. Bei einer Untersuchung der Anlageberatung würde es dem auf den Finanzmärkten vorherrschenden Intermediärmodell nicht gerecht, diese komplementären Funktionen vollständig auszublenden (B. und C.). Im individuellen Verhältnis des Kunden zum Anlageberater sind dabei – insbesondere im Rechtsprechungskonzept der Aufklärungspflichten – ge-

---

[63] BGH (Kick-Back-VII) ZIP 2011, 855, Rn. 22. Ausführlich zu den Definitionen und Begründungen in der Rechtsprechung infra § 5 B. III.

[64] BGH (Kick-Back-VII) ZIP 2011, 855, Rn. 25.

[65] So *Jooß*, WM 2011, 1260, 1265 f.

[66] BGH (Innenprovisionen-V) BGHZ 201, 310 = BeckRS 2014, 14029, Rn. 31.

[67] BGH (Innenprovisionen-V) BGHZ 201, 310 = BeckRS 2014, 14029, Rn. 16 ff.

[68] Vgl. auch kritisch *Schnauder*, jurisPR-BKR 1/2012 Anm. 1.

[69] So auch *Müller-Christmann*, in: Bankrechtstag 2012, S. 1, 5; *Wiechers*, WM 2011, 145, 153.

wisse Grundannahmen erforderlich, welche Attribute dem Anleger zuzuschreiben sind. Letztlich ist die Frage vor dem Hintergrund des Informationsmodells als Schutzkonzept zu beantworten, das aber derzeit in der Kritik steht. Darauf wird einzugehen sein (D.). Insbesondere vor dem unklaren Telos der von der Rechtsprechung angenommenen Aufklärungspflichten ist es ebenfalls nötig, die etwaigen Risiken zu beschreiben, die sich für Kunden eines (beratenden) Finanzintermediärs ergeben können (E.).

A. Die Notwendigkeit von Finanzintermediation

I. Bedeutung und Funktionen des Finanzmarkts

Unsere geldbasierte und zunehmend globalisierte Wirtschaft benötigt funktionsfähige Finanzmärkte.[70] Nur vor diesem Hintergrund lässt sich nachvollziehen, weshalb die Staaten der Welt in der jüngsten Krise solch riesige Summen aufgewendet haben, um die Funktionsfähigkeit und Stabilität des Finanzsystems zu gewährleisten.[71] Der Finanzmarkt ist Teil des Finanzsystems. Auf ihm wird Finanzkapital[72] gehandelt. Finanzmärkte können auf verschiedene Weise kategorisiert werden.[73] Eine genaue Unterteilung, wie sie zwischen Kapital-, Geld-, Devisen- und Derivatemärkten üblich ist, scheint indes aufgrund der Überlappungen schwierig.[74] Jedenfalls stellen diese Märkte gemeinsam „den Finanzmarkt" dar und Intermediation ist auf allen Teilgebieten erforderlich. Zunehmend investieren auf den Finanzmärkten breite Bevölkerungsschichten[75], sei es direkt, z.B. über Aktien oder mittelbare Investments, etwa über Pensionsfonds.[76]

---

[70] Hierbei geht es vor allem auch um bankmäßige Dienstleistungen, etwa das Halten von Kundengeldern auf Konten, die Vermittlung des bargeldlosen Zahlungsverkehrs und ausreichende Geldversorgung durch Kredite, *Wittig*, in: Kümpel/Wittig, Bank- und Kapitalmarktrecht[4], Rn. 1.04 und 1.16 ff.

[71] Vgl. *Blaurock*, JZ 2012, 226 m.w.N.

[72] Im Unterschied zu Realkapital, *Oulds*, in: Kümpel/Wittig, Bank- und Kapitalmarktrecht[4], Rn. 14.26.

[73] Z.B. nach Primär- und Sekundärmarkt, Laufzeit, gehandelten Objekten (Eigen- und Fremdkapital, Geld, Devisen und Derivate), Erfüllungszeitpunkt (Kassa und Termin), Gebiet, Organisationsgrad (hoch organisierte wie Börsen und weniger organisierte, etwa *over the counter* [OTC]) sowie nach Marktteilnehmern (Banken [*wholesale*] oder Privatanleger [*retail*]), dazu *Predota*, Finanzmärkte, S. 12; vgl. ferner *Lange*, Informationspflichten von Finanzdienstleistern, S. 41 ff.; zu den Unterteilungen auch *Veil*, in: Veil, Europäisches Kapitalmarktrecht[2], § 7 Rn. 1 ff. Der Derivatemarkt hat über strukturierte Produkte gerade auch in Deutschland Bedeutung im *retail*-Bereich erlangt, vgl. *Moloney*, How to Protect Investors, S. 35, 181 ff.

[74] *Buck-Heeb*, Kapitalmarktrecht[6], Rn. 82.

[75] Vgl. *Gemberg Wiesike*, Wohlverhaltensregeln, S. 15 f.; *Thieme*, Wertpapierdienstleistungen, S. 76; *Wittig*, in: Kümpel/Wittig, Bank- und Kapitalmarktrecht[4], Rn. 1.29

[76] Zu Pensionsfonds *Gemberg Wiesike*, Wohlverhaltensregeln, S. 53 f.

Wie alle Märkte erfüllen Finanzmärkte „allgemeine Marktfunktionen“. Erstens hat der Finanzmarkt eine *Koordinierungsfunktion*[77], das heißt er bietet einen – gegebenenfalls rein virtuellen – Platz, an dem sich Anbieter- und Nachfrageseite treffen. Zweitens wird das Angebot über die Festsetzung von Marktpreisen auf die Nachfrage aufgeteilt, was der *Allokationsfunktion* des Marktes entspricht.[78] Schließlich werden über Zugangsbeschränkungen nur bestimmte Marktteilnehmer zugelassen[79], was drittens als *Auswahlfunktion* die allgemeinen Marktfunktionen beschließt.[80] Daneben erfüllen Finanzmärkte spezielle Funktionen, die sämtlich in *Transformationsleistungen* bestehen. Es handelt sich um Liquiditäts-, Informations- und Risikotransformation, wobei sich die Liquiditätstransformation in Losgrößen- und Fristentransformation unterteilen lässt.[81] Diese speziellen, für das Funktionieren des Finanzmarkts ebenso elementaren Funktionen werden von Intermediären ausgeübt und sollen nun näher betrachtet werden.[82]

II. Intermediation als Strukturbestandteil des Finanzmarkts

1. Vermittlung von Finanzgeschäften

Ein direkter Vertragsschluss zwischen Kapitalgebern und -nehmern bleibt in der Praxis die Ausnahme.[83] Involviert sind regelmäßig Finanzintermediäre, worunter im weiteren Sinne Mittler zwischen Kapitalangebot und -nachfrage zu verstehen

---

[77] *Langer/Weber*, in: Obst/Hintner, Geld-, Bank- und Börsenwesen[40], S. 202; *Predota*, Finanzmärkte, S. 9.

[78] *Langer/Weber*, in: Obst/Hintner, Geld-, Bank- und Börsenwesen[40], S. 202; *Predota*, Finanzmärkte, S. 9.

[79] Z.B. ist nach § 19 Abs. 2 BörsG eine besondere Zulassung zum Börsenhandel erforderlich. Dies soll der Funktionsfähigkeit des Kapitalmarkts durch Sicherung von Zuverlässigkeit und Bonität der Marktteilnehmer dienen, vgl. *Wittig*, in: Kümpel/Wittig, Bank- und Kapitalmarktrecht[4], Rn. 1.11 f.

[80] *Langer/Weber*, in: Obst/Hintner, Geld-, Bank- und Börsenwesen[40], S. 203; *Predota*, Finanzmärkte, S. 10.

[81] Zu allen *Predota*, Finanzmärkte, S. 10 f; vgl. auch *Heun*, JZ 2012, 235, 236; *Sethe*, Anlegerschutz im Recht der Vermögensverwaltung, S. 120.

[82] Eine allgemeine Darstellung der Funktionen des gesamten Finanzsystems findet sich bei *Hellwig*, in: Obst/Hintner, Geld-, Bank- und Börsenwesen[40], S. 4 ff.; ferner *Fischer/Rudolph* a.a.O. S. 375 zu Transformationsfunktionen von Banken.

[83] Dies lässt sich schon aus den regelmäßig unterschiedlichen Präferenzen bezüglich Risiko, Fristen etc. zwischen Angebots- und Nachfrageseite zwanglos ableiten. Vgl. aber *Thieme*, Wertpapierdienstleistungen, S. 70, die diesen Befund (auch) darauf zurückführt, dass Märkte nur in der Theorie informationseffizient seien und notwendige Informationen nicht allen Marktteilnehmern zeitgleich und kostenlos zur Verfügung stünden. Aber auch in einem perfekt effizienten Markt würden bei informationssuchenden Marktteilnehmern zumindest beträchtliche Opportunitätskosten anfallen, da die Sammlung und Auswertung der für die Investitionsentscheidung erforderlichen und zur Verfügung stehenden Informationen nicht ohne (zumindest zeitlich) beträchtlichen Aufwand möglich erscheint.

sind.[84] Durch ihre Vermittlung zwischen den Marktseiten leisten sie einen Beitrag zur effizienten Kapitalallokation, indem sie Verkäufer und Käufer von Finanzgütern zusammenführen.[85]

2. *Spezielle Transformationsleistungen*

Bei der „klassischen Kapitalanlage" sind die gehandelten Beträge der Kapitalgeber und -nehmer in der Regel unterschiedlich groß. Diese Differenzen werden durch *Losgrößentransformation* an den Finanzmärkten ausgeglichen. So lässt sich etwa ein Großkredit durch das *pooling* mehrerer Kleinanlagen bedienen.[86] Ebenso werden unterschiedliche Zeithorizonte der Parteien durch *Fristentransformation* ausgeglichen. Dadurch wird es möglich, dass z.B. kurzfristig fällig werdende Einlagen dennoch für mittel- oder langfristige Kredite zur Verfügung stehen.[87] Portfoliobildung kann durch Diversifikation das Gesamtrisiko eines Investments reduzieren. Zusätzlich kann ein Kontrakt durch Risikoaufspaltung derart zerlegt werden, dass er dem Risikoprofil der Kapitalgeber besser entspricht, ohne dass dies für den Kapitalnehmer Auswirkungen hätte.[88] Auf diese Weise lässt sich Risiko transformieren (*Risikotransformation*[89]). Insofern kann die enorme Produktvielfalt an den Finanzmärkten, die ihrerseits Intermediationsbedarf auslöst,[90] auch darauf zurückgeführt werden, dass im Wege der beschriebenen Transformationsleistungen bestimmte Kundenpräferenzen bedient werden. Schließlich erfüllen Finanzintermediäre die Aufgabe der *Informationstransformation*, auf die gesondert einzugehen ist.

3. *Informationstransformation*

Eine effiziente Kapitalallokation erfordert, dass der Kapitalgeber jederzeit, das heißt im Vorfeld, bei und nach Abschluss eines Finanzkontrakts[91] mit relevanten Informationen versorgt ist, um so fundierte Anlageentscheidungen treffen zu kön-

---

[84] *Langer/Weber*, in: Obst/Hintner, Geld-, Bank- und Börsenwesen[40], S. 202; *Päßler*, Interessenkonflikte in der Informationsintermediation, S. 10. Vgl. auch supra § 2 D.

[85] *Predota*, Finanzmärkte, S. 2. Vgl. ferner *Meyer*, in: Marsch-Barner/Schäfer, Hdb. börsennotierte AG[3], § 8 Rn. 2; *Thieme*, Wertpapierdienstleistungen, S. 74. Ruft man sich die Auswahlfunktion des Finanzmarkts in Erinnerung, kann es schon allein deswegen erforderlich sein, einen Intermediär einzuschalten, s. supra Fn. 79.

[86] *Heun*, JZ 2012, 235, 236.

[87] *Heun*, JZ 2012, 235, 236; zu Gefahren für die Systemstabilität bei „übermäßiger Fristentransformation" *Hellwig*, Gutachten E, S. E5, E25 ff.

[88] Vgl. Abbildungen 1.3 und 1.4 bei *Predota*, Finanzmärkte, S. 11.

[89] Dazu, mit weiteren Differenzierungen zu verschiedenen Risiken, *Sethe*, Anlegerschutz im Recht der Vermögensverwaltung, S. 120 ff.

[90] Dazu *Koller*, ZBB 2007, 197, 198; vgl. auch infra Text bei und Nachweise in Fn. 427.

[91] Unter Finanzkontrakt sind Verträge zu verstehen, die Ansprüche auf gegenwärtige oder zukünftige Zahlungen darstellen, *Langer/Weber*, in: Obst/Hintner, Geld-, Bank- und Börsenwesen[40], S. 202.

nen.[92] Problematisch ist dabei für den Kapitalgeber in der Regel, dass er nicht in der Lage ist, die erforderlichen Informationen zu erhalten bzw. erhältliche Informationen richtig auszuwerten. Zwar sind beispielsweise Emittenten zu vielfältigen Veröffentlichungen verpflichtet.[93] Allein die Fülle kapitalmarktrechtlicher Publizitätsvorgaben zeigt, dass Transparenz ein zentrales Regulierungsinstrument für den Finanzmarkt ist.[94] Sie dient operationalen, institutionellen und allokativen Effizienzgesichtspunkten. Indes besteht die Gefahr, dass die Fülle der Informationen zur Unübersichtlichkeit beiträgt.[95] Insbesondere nicht professionelle Kapitalgeber, bei denen die zur Bewältigung der Informationsflut erforderliche Verarbeitungskapazität häufig nicht vorhanden ist,[96] können einem sog. *information overload*[97] unterliegen. Jedenfalls fielen bei einer eigenständigen Auswertung beträchtliche Opportunitätskosten an, wofür die hohe Zahl verfügbarer Finanzprodukte allein im europäischen Binnenmarkt nur ein Beleg ist.[98]

Die Informationstransformation als Aufgabe des Finanzmarkts und seiner Intermediäre ist nun darin zu sehen, dass Informationen die Marktteilnehmer in ihrer Gesamtheit, aber auch *als Einzelnen* erreichen sollen.[99] Im letzteren Falle geht es um die Sicherstellung von *Individualpublizität*, die von Finanzdienstleistern gewährleistet werden soll.[100] Mithin geht es um den Ausgleich von Informationsasymmetrien.[101] Die Finanzmärkte kennen besondere Informationsintermediäre, die in den unmittelbaren Abschluss von Finanzkontrakten nicht direkt einbezogen sind,

---

[92] Vgl. *Thieme*, Wertpapierdienstleistungen, S. 74; inwiefern diese rational ist, steht angesichts der Ergebnisse der *behavioral finance*-Forschung in Frage. Dazu infra § 3 D. IV.

[93] Dazu gehören die Prospektpublizität (dazu *Vokuhl*, in: Veil, Europäisches Kapitalmarktrecht², § 17), die periodische Publizität (dazu *Brinckmann* a.a.O. § 18), die Ad-hoc-Publizität (dazu *Koch* a.a.O. § 19), Beteiligungstransparenz, Veröffentlichungen zu *directors' dealings*, zur Corporate Governance sowie übernahmerechtliche Veröffentlichungspflichten (zu den letztgenannten *Veil* a.a.O. §§ 20–21 und §§ 23–24).

[94] *Brinckmann*, in: Veil, Europäisches Kapitalmarktrecht², § 16 Rn. 1; dies geht zurück auf das US-amerikanische *full-disclosure*-Prinzip der *securities regulation*, *Hopt*, ZHR 140 (1976), 201, 203 ff.; *Thieme*, Wertpapierdienstleistungen, S. 77; *Veil*, in: Veil, Europäisches Kapitalmarktrecht², § 2 Rn. 12; speziell zu Aufklärung als Regulierungsinstrument *Bonavita*, 13 EBOR (2012), 271, 274; allgemein *Wüstemann/Bischof/Koch*, Regulierung durch Transparenz, passim.

[95] *Thieme*, Wertpapierdienstleistungen, S. 77.

[96] Vgl. *Vogel*, Anlegerschutz, S. 131.

[97] Monographisch jüngst *Stahl*, *Information Overload* am Kapitalmarkt, passim; näher auch infra § 3 D. IV 3. g).

[98] Vgl. auch *Nikolaus*, Durchsetzung der Wohlverhaltens- und Organisationspflichten, S. 33.

[99] Vgl. *Vogel*, Anlegerschutz, S. 131 f.

[100] Ausführlich zum „Intermediärmodell“ *Stahl*, *Information Overload* am Kapitalmarkt, S. 80 ff.; zum ökonomischen Sinn vgl. nur *Predato*, Finanzmärkte, S. 32, Abbildung 3.1 und 3.2 und S. 40 ff. m.w.N.; unter dem Gesichtspunkt imperfekter Märkte *Hellwig*, in: Obst/Hintner, Geld-, Bank- und Börsenwesen⁴⁰, S. 14; *Thieme*, Wertpapierdienstleistungen, S. 70; vgl. auch *Hopt*, Kapitalanlegerschutz im Recht der Banken, S. 88 ff.; ferner ausführlich zur Anlageberatung „als Kern des intermediärbasierten Finanzsystems“ *Kohlert*, Anlageberatung und Qualität, S. 58 ff.

[101] Zu Informationsasymmetrien im Kapitalmarktrecht *Fleischer*, Informationsasymmetrie im Vertragsrecht, S. 548 ff.

beispielsweise Ratingagenturen[102] oder Finanzanalysten[103].[104] Insbesondere Banken nehmen über die reine Informationsintermediation hinaus weitere (Intermediations-)Aufgaben wahr,[105] was auf das Universalbankensystem zurückzuführen ist.

B. Die Rolle der Banken

I. Aufgaben der Banken im Finanzmarkt

„Die Bank“ verkörpert die prominenteste Form der Finanzintermediäre.[106] Sie übernimmt nicht nur Finanzintermediation im weiteren Sinne, sondern nimmt selbst Kapital von Kapitalgebern auf, um es an Kapitalnehmer weiterzureichen. Somit erfüllt sie auch die Definition eines Finanzintermediärs im engeren Sinne, da sie mit den Kapitalgebern und -nehmern Finanzkontrakte abschließt.[107] Die speziellen Transformationsleistungen des Finanzmarkts werden durch Finanzintermediäre wahrgenommen.[108] Banken sind insbesondere für die Risiko- und Liquiditätstransformation (also Fristen- und Losgrößentransformation) ideal geeignet.[109] Kapitalgeber führen Banken über Spar- und Termineinlagen, Anleihen oder Eigenkapital, Mittel zu, die üblicherweise über Kredite an Kapitalnehmer weitergegeben werden.[110] Es ist ebenso möglich, dass Banken keine Risiko- oder Fristentransformation betreiben, sondern unmittelbar am Markt agierende Marktteilnehmer beim Handel unterstützen, z.B. bei der Begebung einer Anleihe.[111] Je nach ausgeübter Funktion kommt der Bank also die Rolle eines Finanzintermediärs im engen wie im

---

[102] Vgl. dazu *Lerch*, BKR 2010, 402, 403.

[103] Dazu *Teigelack*, in: Veil, Europäisches Kapitalmarktrecht[2], § 26 Rn. 1.

[104] Vgl. auch *Gemberg Wiesike*, Wohlverhaltensregeln, S. 20, zu weiteren „reinen Informationsintermediären“, wie Börseninformationsdiensten und Börsenzeitschriften.

[105] Dazu sogleich infra § 3 B. I.-III.

[106] *Langer/Weber*, in: Obst/Hintner, Geld-, Bank- und Börsenwesen[40], S. 201. Erfasst sind alle Unterteilungen, also Geschäfts-, Investment- und Universalbanken, Sparkassen und Genossenschaftsbanken; zu Banken als Finanzintermediären auch *Meller*, CFL 2013, 92 ff.

[107] *Langer/Weber*, in: Obst/Hintner, Geld-, Bank- und Börsenwesen[40], S. 203; *Päßler*, Interessenkonflikte in der Informationsintermediation, S. 10.

[108] Vgl. auch *Fox*, Unternehmerische Finanzierungsentscheidungen, S. 41 ff. und supra § 3 A.

[109] Vgl. auch *Gemberg Wiesike*, Wohlverhaltensregeln, S. 21, der allerdings die Risikotransformation als kennzeichnende Transformationsleistung des Versicherungsgeschäfts nennt. Zur Risikotransformation durch Banken supra § 3 A. II. 2.

[110] Dies ist ein klassischer Teil des sog. *commercial banking*, *Langer/Weber*, in: Obst/Hintner, Geld-, Bank- und Börsenwesen[40], S. 203 ff.

[111] Dies ist der originäre Bereich des *investment banking*, vgl. *Langer/Weber*, in: Obst/Hintner, Geld-, Bank- und Börsenwesen[40], S. 205.

weiten Sinne zu.[112] Banken und Finanzmärkte erfüllen prinzipiell ähnliche Funktionen, wobei Banken zugleich *Marktteilnehmer* sind.[113]

II. Informationsasymmetrien als Erklärung der Bankenexistenz

1. Informationskosten als Teil der Transaktionskosten

Beim Abschluss von Finanzkontrakten fallen Transaktionskosten an. Ein Argument für die Bankenexistenz lässt sich aus der Verringerung dieser Kosten durch Skaleneffekte begründen.[114] Auch die Kosten der Informationsbeschaffung gehören zu den klassischen Transaktionskosten.[115] Im Bereich der Informationsbeschaffung sind die sog. *economies of scale* evident. Daneben sind durch Spezialisierung Effizienzgewinne möglich (sog. *economies of scope*).[116]

2. Informationsasymmetrien

Das Verhältnis zwischen Bank und Kunde zeichnet sich durch Informationsasymmetrien aus,[117] die indes unterschiedlich ausgerichtet sein können. So gibt es etwa bei einer Kreditbeziehung verschiedene Wissensvorsprünge des Kapitalnehmers.[118] Asymmetrische Informationsverteilungen liegen ebenso in der Beziehung zwischen Bank und Ein- bzw. Anleger vor.[119] Der Umgang mit Informationsasymmet-

---

[112] Vgl. etwa *Gemberg Wiesike*, Wohlverhaltensregeln, S. 19, der Kreditinstitute unter die Definition der (originären) Finanzintermediäre im engeren Sinn subsumiert. Als Anwendungsfall der (derivativen) Finanzintermediation im weiteren Sinn werden Effektenhändler angeführt. Allerdings treten auch Banken regelmäßig als Effektenhändler auf, § 3 B. III 1.

[113] *Fox*, Unternehmerische Finanzierungsentscheidungen, S. 82 ff.; *Predota*, Finanzmärkte, S. 3; vgl. auch *Langer/Weber*, in: Obst/Hintner, Geld-, Bank- und Börsenwesen[40], S. 206 f.; ferner *Gemberg Wiesike*, Wohlverhaltensregeln, S. 44.

[114] Etwa durch die Verringerung von notwendigen Vertragsbeziehungen am Finanzmarkt, was auf die Einschaltung von Intermediären zurückzuführen ist, *Langer/Weber*, in: Obst/Hintner, Geld-, Bank- und Börsenwesen[40], S. 208 f.; s. bereits supra § 3 A.

[115] *Langer/Weber*, in: Obst/Hintner, Geld-, Bank- und Börsenwesen[40], S. 209; daneben auch sonstige Kosten der Vertragsanbahnung und Vertragsüberwachung; vgl. allgemein zur Transaktionskostenökonomik *Fleischer*, Informationsasymmetrie im Vertragsrecht, S. 134 ff.

[116] *Langer/Weber*, in: Obst/Hintner, Geld-, Bank- und Börsenwesen[40], S. 209.

[117] Vgl. z.B. *Buck-Heeb*, WM 2012, 625, 626; *Lieder*, GWR 2011, 175; *Veldhoff*, Haftung von Kreditinstituten, S. 91 f.; zu Informationsasymmetrien bei Eigenprodukten z.B. OLG Stuttgart, Urt. v. 14.12.2011, Az.: 9 U 11/11, WM 2012, 890, 892; allgemein *Richter/Furubotn*, Neue Institutionenökonomik[4], S. 218 f.

[118] Es geht um die Wahrscheinlichkeit der Rückzahlung, die von dem Kapitalnehmer besser eingeschätzt werden kann (Qualitätsunsicherheit, vgl. *Schäfer/Ott*, Ökonomische Analyse[5], S. 542), ferner um *moral hazard*-Gesichtspunkte, dazu *Predota*, Finanzmärkte, S. 30, da Entscheidungen des Kreditnehmers weitgehend unbeobachtet vom Kreditgeber stattfinden und schließlich um die tatsächliche Rückzahlungsfähigkeit am Ende der Kreditlaufzeit (*costly state verification*). Der Kreditgeber befindet sich ex ante, ex interim und ex post im Informationsdefizit, *Langer/Weber*, in: Obst/Hintner, Geld-, Bank- und Börsenwesen[40], S. 209.

[119] Beispielhaft kann auf das Swap-Urteil verwiesen werden, bei dem auch auf die für den

rien wird durch die besonderen Eigenschaften des Objekts „Information" erschwert, da es problematisch ist, die ideale Menge an Information zu bestimmen (Gefahr des *information overload*[120]) und der Wert einer Information vom Wahrheitsgehalt abhängt, der nicht ohne weiteres erkennbar ist.[121] Ein Begründungsstrang für die Existenz von Banken stellt in diesem Kontext insbesondere auf Informationsvorteile der Kapitalnehmerseite ab.[122] Auch andere knüpfen an die Fähigkeit der Banken an, Informationsprobleme zu überwinden.[123]

Kunden *nicht erkennbare* Verschiebung des Chance-Risiko-Profils des Produkts abgestellt wurde, um eine Aufklärungspflicht zur Beseitigung des Informationsdefizits zu rechtfertigen, BGH (Swap-Urteil) BGHZ 189, 13 = NJW 2011, 1949, Rn. 29; dazu infra § 5 A. XVII. Ferner bestehen sie auch im Verhältnis der Intermediäre zur Regulierungsbehörde, vgl. *Langer/Weber*, in: Obst/Hintner, Geld-, Bank- und Börsenwesen[40], S. 209.

[120] Dazu infra § 3 D. IV. 3. g).

[121] Geht die Information auf einen Intermediär zurück, entsteht ein neues Informationsproblem, da dessen Informationen gleichermaßen mit den beschriebenen Unsicherheiten behaftet sind. Ferner ist der Informationsmarkt anfällig für die sog. *free rider*-Problematik (allgemein zum *free rider*-Problem bei öffentlichen Gütern vgl. *Mankiw/Taylor*, Economics, S. 209), da mit der Preisgabe einer Information das Informationsmonopol des Anbieters verloren geht, zu alledem *Langer/Weber*, in: Obst/Hintner, Geld-, Bank- und Börsenwesen[40], S. 210. Dem mag mit Anreizmechanismen zu begegnen sein, was hier aber nicht vertieft werden kann, vgl. dazu *Predota*, Finanzmärkte, S. 80 f.

[122] Die Begründungen basieren letztlich auf dem Modell von *Diamond,* 51 Rev. Econ. Stud. (1984), 393 ff.; ferner *Langer/Weber*, in: Obst/Hintner, Geld-, Bank- und Börsenwesen[40], S. 211 ff., wonach Informationsasymmetrien in direkten Finanzbeziehungen durch Anreizverträge oder *monitoring* aufgelöst werden müssten. Wird eine Bank als Finanzintermediär dazwischengeschaltet, werden die Kosten durch die Diversifizierung des Kreditportfolios beim Intermediär gesenkt, was auf einem verringerten Ausfallrisiko basiert. Jeder Unternehmer (Kreditnehmer) wird nur vom Intermediär überwacht, was die Gesamtmonitoringkosten senkt (sog. *delegated monitoring*). Es werden also Skalenerträge im Verhältnis Unternehmer - Bank verwirklicht. Dies ist möglich durch sog. *screening* der Unternehmerqualität, *monitoring* der Projektwahl und *monitoring* des Projektergebnisses, worauf jüngere Studien hinweisen. Ferner kann es bessere Kreditnachverhandlungsmöglichkeiten geben bzw. sind erworbene Informationen langfristig verwertbar, vgl. *Langer/Weber* a.a.O. S. 219, Abb. 44. Im Verhältnis Investor - Bank können positive Diversifikationseffekte entstehen, was aus geringeren Kosten für Anreizverträge und Vermeidung von Liquiditätsengpässen folgt. Ferner können auch Reputationsüberlegungen eine Rolle spielen, vgl. *Langer/Weber* a.a.O. S. 219, Abb. 45.

[123] *Langer/Weber*, in: Obst/Hintner, Geld-, Bank- und Börsenwesen[40], S. 220 ff., betonen die Fristentransformationsfunktion. Skizzenhaft dargestellt basieren die Überlegungen auf dem Grundmodell von *Diamond/Dybvig*, 91 JPE (1983), 401 ff. (die folgenden stark vereinfachten Ausführungen basieren maßgeblich auf *Langer/Weber* a.a.O.), das von Investoren mit unterschiedlichen Konsumwünschen – kurzfristig oder langfristig – ausgeht, die ihre eigene Präferenz jedoch erst nach der Investitionsentscheidung kennen (Auslöser für die kurzfristige Orientierung können etwa exogene Liquiditätsschocks wie Arbeitslosigkeit sein). Der Ertrag bei einem Projektabbruch nach einer „kurzfristigen Phase" entspricht dabei der Investitionssumme und läge nach einer „langfristigen Phase" höher. Jeder Investor trägt also das Risiko, zu der kurzfristig orientierten Gruppe zu gehören. Der erwartete Nutzen aller Investoren ließe sich durch eine Absicherung dergestalt erhöhen, dass die kurzfristig orientierten Investoren von den langfristig orientierten eine Zahlung erhielten, um ihr Liquiditätsrisiko abzusichern. Jedoch ist eine derartige „Versicherungslösung" nicht möglich, da es ein Informationsproblem gibt: Die eigene Präferenz ist nur dem jeweiligen Investor bekannt und er hat Anreize sich als kurzfristig orientiert auszugeben, um die Versi-

3. Konsequenzen für die Finanzmarktregulierung

Ein wesentlicher Teil der gängigen *Begründung der Bankenexistenz* beruht auf der *Überwindung von Informationsasymmetrien*. Dies entspricht der Aufgabe, die Finanzdienstleister in Beratungskonstellationen wahrnehmen. Anleger können davon profitieren, dass Banken Informationsasymmetrien zu „Dritten" beseitigen. Andererseits können dieser Informationsbündelung bei der Bank Gefahren für den Anleger entspringen.[124] Diese beiden Aspekte führen dazu, dass gerade (beratende) Banken in großem Umfang Adressat staatlicher Regulierung sind.

III. Vermittlungstätigkeiten, insbesondere Anlageberatung

1. Vermittlung, Marktzutritt und „Effektengeschäfte" im weiten Sinne

Kapitalallokation findet insbesondere über Marktplätze statt. Das kosten- und zeiteffiziente Zusammenführen von Anlegern und Kapitalnehmern wird über Vermittlungsplätze erleichtert, zu denen die Börsen gehören.[125] Durch den beschränkten Zugang zur Börse[126] werden Finanzintermediäre wie Banken benötigt, die den Handel abwickeln können.[127] In Deutschland wird der Kapitalanlagemarkt von Universalbanken beherrscht, die Finanzprodukte vermitteln.[128] Dabei wird von der Bank selbst kein Kapital transformiert. Es handelt sich also um Finanzintermediation im weiteren Sinn.[129] Dazu gehört das klassische Effektengeschäft, sofern es um „Anschaffung und Veräußerung von Wertpapieren für andere" geht.[130] Wirtschaftlicher Zweck des Effektengeschäfts ist einerseits die Kapitalaufbringung für Emittenten und andererseits die Bereitstellung von Kapitalanlagen für Anleger.[131] Das heutige

---

cherungszahlung zu erhalten. Das Projekt würde im Ergebnis vorzeitig abgebrochen. Dieses Problem wird nach dem skizzierten Modell über die Einbindung einer Bank als Intermediärin, die mit den Investoren Depositenverträge abschließt, dadurch gelöst, dass die Rückzahlung nach der kurzfristigen Phase durch die Bank (Anspruch gegen die Bank als „Versicherungsanspruch") an die Liquidierung der Investition gebunden wird. Die nach Abschluss der langfristigen Phase aus dem Projekt fließenden Erträge werden aber nur noch an die verbleibenden Investoren ausgeschüttet, sodass diese kein Interesse an einer vorzeitigen Liquidierung haben. Der Anreiz für eine „Typenfehlspezifikation" fällt also weg. Dieses Modell ist jedoch Angriffen ausgesetzt, da die skizzierte Allokation auch im Falle eines *bank run* im Gleichgewicht wäre.

[124] Dazu nochmals infra § 3 E.

[125] *Gemberg Wiesike*, Wohlverhaltensregeln, S. 44.

[126] Supra § 3 A. I.

[127] *Veil*, in: Veil, Europäisches Kapitalmarktrecht², § 25 Rn. 1.

[128] *Emmerich*, in: FS Möschel, S. 945; *Gemberg Wiesike*, Wohlverhaltensregeln, S. 59; *Hopt*, Kapitalanlegerschutz im Recht der Banken, S. 375 ff.; aber auch im Bereich der Investmentfonds, wo es keinen Zwang zur Zwischenschaltung eines Intermediärs gibt, wird der Markt überwiegend von Banken abgedeckt, s. BVI Statistik Vertriebswege von Investmentfonds, wonach 2009 Banken und Sparkassen 69 % aller Fonds vertrieben haben.

[129] *Gemberg Wiesike*, Wohlverhaltensregeln, S. 44.

[130] Vgl. § 1 Abs. 1 Satz 2 Nr. 4 KWG a.F.; vgl. dazu *Roth*, in: Assmann/Schütze, Hdb. Kapitalanlagerecht³, § 10 Rn. 1.

[131] *Starke*, in: Kümpel/Wittig, Bank- und Kapitalmarktrecht⁴, Rn. 17.4. Aus diesem Grund be-

KWG und WpHG erfassen – ohne Beschränkung auf Papiere mit Wertpapiercharakter – das Finanzkommissionsgeschäft als „Anschaffung und [bzw. oder, der Verf.] Veräußerung von Finanzinstrumenten im eigenen Namen für fremde Rechnung", vgl. § 1 Abs. 1 Satz 2 Nr. 4 KWG und § 2 Abs. 3 Satz 1 Nr. 1 WpHG.[132] Im Vordergrund steht der Handel mit Aktien und Schuldverschreibungen (*bonds*). Auch das Derivategeschäft[133] wird von Banken abgewickelt. Begrifflich werden solche Geschäfte, bei denen Leistung und Gegenleistung der Transaktion unmittelbar nachfolgen, als Kassageschäfte bezeichnet. Sofern die Erfüllung erst zu einem späteren Zeitpunkt stattfindet, spricht man von derivativen bzw. Termingeschäften.[134] Diese können über die Börse abgewickelt werden und *over-the-counter* (OTC)[135]. Der Derivatemarkt ist schwerpunktmäßig von Kreditinstituten und institutionellen Anlegern beherrscht und nicht Bestandteil des Kapitalflusses zwischen Kapitalgeber und -nehmer.[136] Daran lässt sich die Rolle der Bank als „weite Finanzintermediärin" besonders deutlich erkennen. Ihre Aufgabe als Vermittlerin ist daher primär die Gewährung von Marktzutritt.[137] Das Effektengeschäft (im beschriebenen weiten Sinn) nimmt für viele der global tätigen Banken eine zentrale Stellung ein, wobei zwischen dem *retail*-Markt mit kleineren Anlegern, dem *private banking* mit vermögenden Anlegern und dem Geschäft mit Institutionen unterschieden werden kann.[138]

---

handelt *Starke* Termingeschäfte nicht in seiner Darstellung des Effektengeschäfts. *Ekkenga* weist darauf hin, dass von professionellen Anbietern investitions- und termingeschäftliche Elemente in „Finanzinnovationen" miteinander verknüpft werden, sodass nach zeitgemäßem Verständnis der Effektenmarkt auch terminmarktlich gestützten Derivatehandel sowie sekundärmarktlich betriebenen Handel mit Kapitalanlagen erfassen sollte, in: MünchKomm HGB², Effektengeschäft, Rn. 5. In diesem Sinn wird der Begriff Effektengeschäft hier verwendet.

[132] Dies ist auf die Anpassung an den europäischen Standard bei der Erweiterten Wertpapierdienstleistungsrichtlinie, später der MiFID, zurückzuführen, dazu *Ekkenga*, in: MünchKomm HGB², Effektengeschäft, Rn. 2. Daneben wurden die Begriffe des Eigenhandels und der Anlagevermittlung eingeführt, dazu *Starke*, in: Kümpel/Wittig, Bank- und Kapitalmarktrecht⁴, Rn. 17.2.

[133] Derivate stellen Finanzinstrumente im Sinne des KWG und WpHG dar, § 1 Abs. 11 Satz 1 KWG und § 2 Abs. 2b WpHG.

[134] *v. Maltzan*, in: Obst/Hintner, Geld-, Bank- und Börsenwesen⁴⁰, S. 830 und S. 833; zur wirtschaftlichen Bedeutung von Termingeschäften *Roth*, in: Kölner Komm WpHG², § 37d, f a.F. Rn. 41 ff.

[135] Vgl. auch *Roth*, in: Kölner Komm WpHG², § 37d, f a.F. Rn. 50 ff.

[136] *Gemberg Wiesike*, Wohlverhaltensregeln, S. 45. Indes werden mittlerweile Swaps beispielsweise auch in Kreditbeziehungen eingesetzt, vgl. zu einem „kombinierten Darlehens- und Zinsswapvertrag" etwa OLG Köln, Urt. v. 18.1.2012, Az.: 13 U 232/10, BKR 2012, 203 ff. Für Großunternehmen ist der Derivatemarkt insbesondere für die Risikoabsicherung wichtig (sog. *hedging*). Zur Relevanz des Derivatebereichs für den *retail*-Markt über strukturierte Produkte vgl. *Moloney*, How to Protect Investors, S. 35, 180 ff. Begrifflich setzt sich international mittlerweile der Begriff „strukturiert" gegenüber „derivativ" durch, vgl. *Deutscher Derivate Verband*, Erläuterungen zum Fairness Kodex, Ziff. 4 der Präambel.

[137] Vgl. *Ouls*, in: Kümpel/Wittig, Bank- und Kapitalmarktrecht⁴, Rn. 14.112. Damit korrespondiert die Einordnung von Anlegern als „mittelbare Marktteilnehmer" a.a.O. Rn. 14.132. Sofern die Bank dabei auf eigenes Risiko handelt, liegen Eigenhandel oder Eigengeschäfte vor, dazu infra § 3 B. IV.

[138] Vgl. *v. Maltzan*, in: Obst/Hintner, Geld-, Bank- und Börsenwesen⁴⁰, S. 826.

Marktintermediation durch Banken wird rechtlich regelmäßig durch auftragsrechtliche Grundsätze erfasst.[139] Da die Bank häufig als Mittelsperson fungiert, sind die Konstellationen typischerweise Drei-Personen-Verhältnisse.[140] Dies spiegelt sich rechtlich dergestalt wider, dass neben dem Geschäft zwischen Bank und Kunde ein weiteres „Ausführungs(deckungs)geschäft" – gegebenenfalls ausgeführt von der Bank – erforderlich ist.[141] Die für diese Arbeit interessierende praktische Ausgestaltung des Verhältnisses Finanzdienstleister-Kunde ist in der Regel,[142] aber nicht zwingend, ein Kommissionsgeschäft (§§ 383 ff. HGB, ggf. in Verbindung mit § 406 Abs. 1 S. 1 HGB; § 2 Abs. 3 S. 1 Nr. 1 WpHG; § 1 Abs. 1 S. 2 Nr. 4 KWG[143]). Möglich ist ebenso die Ausgestaltung als Festpreisgeschäft, bei dem die Bank als Effektenverkäuferin auftritt. Dies steht dem kaufrechtlichen „Idealtypus" zumindest nahe.[144] Derivatgeschäfte sind häufig Verträge sui generis.[145]

Die Bank wird bei (reinen) Vermittlungsgeschäften, die sowohl im Auftrag von Anleger- wie auch Emittentenseite erfolgen können, als Intermediärin tätig.[146] Handelt sie im Auftrag eines Anlegers, liegt Abschlussvermittlung vor (§ 2 Abs. 3 Nr. 3 WpHG, § 1 Abs. 1a Nr. 2 KWG), also die Anschaffung und Veräußerung von Finanzinstrumenten im fremden Namen für fremde Rechnung. Vom Finanzkommissionsgeschäft unterscheidet sich die Abschlussvermittlung dadurch, dass der Abschlussvermittler im fremden Namen, der Finanzkommissionär hingegen im eigenen Namen handelt.[147] Ferner gehört dazu die Anlagevermittlung im aufsichtsrechtlichen Sinn, die als Vermittlung von Geschäften über die Anschaffung und die Veräußerung von Finanzinstrumenten definiert ist (§ 2 Abs. 3 Nr. 4 WpHG, § 1 Abs. 1a Nr. 1 KWG). Sie erfolgt typischerweise für den Kapitalsuchenden,[148] wobei die Abgrenzung zur Vermittlung im Anlegerauftrag problematisch sein kann.[149] Für Banken sind reine Vermittlungsgeschäfte eher die Ausnahme.[150] Dies liegt unter anderem daran, dass Akteure ohne Börsenzulassung ohnehin eine Bank beauftragen müssen, die dann die vermittelten Geschäfte im eigenen Namen abschließt.[151] Ferner führt

---

[139] *Ouls*, in: Kümpel/Wittig, Bank- und Kapitalmarktrecht^4, Rn. 14.134.

[140] *Roth*, in: Assmann/Schütze, Hdb. Kapitalanlagerecht^3, § 10 Rn. 41.

[141] Vgl. *Roth*, in: Assmann/Schütze, Hdb. Kapitalanlagerecht^3, § 10 Rn. 8.

[142] *Ekkenga*, in: MünchKomm HGB^2, Effektengeschäft, Rn. 85; *Starke*, in: Kümpel/Wittig, Bank- und Kapitalmarktrecht^4, Rn. 17.8.

[143] Ergänzend sind, je nach Qualifikation als dienst- oder werkvertraglich geprägte Geschäftsbesorgung, §§ 675, 611 ff. BGB bzw. §§ 675, 631 ff. BGB anwendbar, *Roth*, in: Assmann/Schütze, Hdb. Kapitalanlagerecht^3, § 10 Rn. 44.

[144] *Ekkenga*, in: MünchKomm HGB^2, Effektengeschäft, Rn. 106.

[145] Vgl. infra § 3 B. V. 2. d).

[146] Vgl. *Siol*, in: Schimansky/Bunte/Lwowski, Bankrechts-Hdb.^{4}, § 11 Rn. 2.

[147] *Fischer*, in: Schimansky/Bunte/Lwowski, Bankrechts-Hdb.^{4}, § 127 Rn. 34.

[148] Vgl. *Siol*, in: Schimansky/Bunte/Lwowski, Bankrechts-Hdb.^{4}, § 45 Rn. 4.

[149] Dazu *Ekkenga*, in: MünchKomm HGB^2, Effektengeschäft, Rn. 111.

[150] *Siol*, in: Schimansky/Bunte/Lwowski, Bankrechts-Hdb.^{4}, § 45 Rn. 4; vgl. auch *Starke*, in: Kümpel/Wittig, Bank- und Kapitalmarktrecht^4, Rn. 18.7.

[151] *Ekkenga*, in: MünchKomm HGB^2, Effektengeschäft, Rn. 112, folgert daraus, dass Anlage- und Abschlussvermittlung keine Intermediationsfunktion ausfüllen. Da sie durch ihre Tätigkeit

die bei der Abschlussvermittlung erforderliche offene Stellvertretung auch zur Offenlegung von Kundenbeziehungen, die aus wettbewerblichen Gesichtspunkten für Banken nicht wünschenswert ist.[152]

Im Bereich des OTC-Handels kann die Bank ebenfalls (reine) Vermittlungstätigkeiten übernehmen. So etwa, wenn sie Swap-Geschäfte zwischen Verwendern bzw. Verwendern und Banken arrangiert. Dies ist jedoch nur relativ selten anzutreffen und beruht häufig auf faktischen Beschränkungen.[153]

Im Ergebnis wird die Bank also auf vielerlei Weise „vermittelnd" tätig.[154] Im weiteren Sinne und häufig ergänzend zu den beschrieben Aufgaben zählt dazu die „Anlageberatung", die nun gesondert besprochen werden soll.

2. *Anlageberatung*

Die meisten Kapitalanlagen werden über Anlagevermittler und -berater vertrieben.[155] Im Beraterregister der BaFin (vgl. § 34d WpHG) sind derzeit etwa 300.000 Bankberater registriert.[156] Das Hinzuziehen eines Anlageberaters ist für den Kunden dann interessant, wenn er keine genügenden wirtschaftlichen Kenntnisse und keinen ausreichenden Überblick über wirtschaftliche Zusammenhänge hat,[157] oder aber schlicht nicht bereit ist, den erforderlichen Informationsaufwand selbst zu betreiben.[158] Regelmäßig besitzt ohnehin nur ein kleiner Teil der Kunden die erforderlichen Kenntnisse, um Anlageentscheidungen selbständig und wohlinformiert zu treffen. Deshalb ist nahezu jedes Finanzgeschäft auch Beratungsgeschäft.[159] Die *Anlageberatung* durch Banken kann eine vorgelagerte *Vermittlungstätigkeit*[160] in dem Sinne sein, dass sie der späteren Abwicklung des empfohlenen Geschäfts (etwa über eine Kommission) vorausgeht. Sie kann aber auch „alleinstehend" erbracht

---

aber dennoch zur effektiven Kapitalallokation vermittelnd beitragen, ist dem so allgemein nicht zu folgen.

[152] *Ekkenga*, in: MünchKomm HGB², Effektengeschäft, Rn. 112.

[153] *Jahn*, in: Schimansky/Bunte/Lwowski, Bankrechts-Hdb.⁴, § 114 Rn. 31.

[154] Vgl. *Drewes/Drewes*, in: Obst/Hintner, Geld-, Bank- und Börsenwesen⁴⁰, S. 1054 und Abbildung 239 (S. 1056), wo verschiedenartige Vermittlungsgeschäfte dargestellt werden.

[155] *v. Heymann/Edelmann*, in: Assmann/Schütze, Hdb. Kapitalanlagerecht³, § 4 Rn. 1. In Bezug auf Produkte des sog. grauen Kapitalmarkts auch *Nittel*, in: Assies/Beule/Heise/Strube, Hdb. des FA-BKR³, Kap. 8 Rn. 8.

[156] *Günther*, BKR 2013, 9.

[157] *v. Heymann/Edelmann*, in: Assmann/Schütze, Hdb. Kapitalanlagerecht³, § 4 Rn. 3; *Nittel*, in: Assies/Beule/Heise/Strube, Hdb. des FA-BKR³, Kap. 8 Rn. 9; vgl. auch *Gemberg Wiesike*, Wohlverhaltensregeln, S. 15 f.

[158] Vgl. dazu supra § 3 A. II. 3. und infra § 3 E. II. 2. c).

[159] Vgl. *Strenger/Bergmann*, in: Obst/Hintner, Geld-, Bank- und Börsenwesen⁴⁰, S. 914; speziell zum Kapitalanlagevertrieb *Decker*, Aufklärungspflichten, S. 474; *Tiffe*, Struktur der Informationspflichten, S. 326 mit Fn. 1193; kritisch zu dieser Annahme *Lange*, Informationspflichten von Finanzdienstleistern, S. 90; ferner *Buck-Heeb*, ZHR 176 (2012), 66, 67 m.w.N. (Anlageberatung gehöre zu den „Alltagsgeschäften").

[160] Vgl. dazu *Drewes/Drewes*, in: Obst/Hintner, Geld-, Bank- und Börsenwesen⁴⁰, S. 1055.

werden, beispielsweise wenn die Beratung nicht in den Vollzug eines bestimmten Geschäfts mündet bzw. dieses zumindest ohne Beteiligung der beratenden Bank stattfindet.[161] Denkbar ist auch, dass die Bank ein Geschäft zwar nicht „abwickelt“, es jedoch (fremd-)finanziert.[162] Unabhängig von solchen Folgefragen ist die Anlageberatung eine eigenständige Leistung, die beratenden Instituten in erheblichem Umfang Kosten verursacht.[163]

IV. Eigengeschäfte und Eigenhandel

1. Handeln auf eigene Rechnung und eigenes Risiko

Banken handeln mit Finanzinstrumenten teilweise auf eigene Rechnung und damit eigenes Risiko, was primär Anlage- und Handelszwecken dient.[164] Beispielhaft genannt werden können Eigengeschäfte mit Devisen, Geldmarktinstrumenten und Wertpapieren.[165] Der Handel mit Finanzinstrumenten (*trading*) gehörte häufig zu den wichtigsten Bereichen einer Bank,[166] allerdings findet in Folge der Finanzkrise derzeit ein Umbruch statt. Das WpHG unterscheidet zwischen Eigenhandel und Eigengeschäften (§ 2 Abs. 3 Satz 1 Nr. 2 und Satz 2 WpHG).[167] Dass der Eigenhändler auf eigenes Risiko im eigenen Namen handelt, unterscheidet ihn vom Kommissionär.[168] Die Abgrenzung zwischen Eigenhandel und Eigengeschäft hingegen erfolgt anhand des Kriteriums des *Kundenbezugs*.[169] Mit den Worten des Gesetzes stellt der Eigenhandel auf eigene Rechnung eine „Dienstleistung für andere“ dar, § 2 Abs. 3 Satz 1 Nr. 2 WpHG.[170] Beispielhaft für den Eigenhandel kann das Festpreisgeschäft bei der Effektenausführung im Sinne von Nr. 1 Abs. 3 SoBedWp angeführt werden.[171] Dieses stellt eine Alternative zur Geschäftsabwicklung im Wege der Kommission dar[172] und ist trotz der grundsätzlichen Fremdnützigkeit des Effektenge-

---

161 Die völlig selbständige Beratung ist selten, vgl. schon *Hopt*, Kapitalanlegerschutz im Recht der Banken, S. 378.

162 Die Ausweitung der Produktpalette und somit auch des Leistungsangebots der Banken lässt sich auf die steigende Konkurrenz im klassischen Bankenmarkt und auf ein steigendes Angebot an Substitutionsdienstleistungen zurückführen, *Drewes/Drewes*, in: Obst/Hintner, Geld-, Bank- und Börsenwesen[40], S. 1053 f.

163 Vgl. etwa *Beeger*, F.A.Z. v. 31.8.2012, S. 23, wonach viele Kunden maximal bereit wären, einen Stundenlohn von 100 € für Honorarberatung zu zahlen, was aber zu wenig sei.

164 *Zapotocky*, in: Obst/Hintner, Geld-, Bank- und Börsenwesen[40], S. 1076.

165 Vgl. *Zapotocky*, in: Obst/Hintner, Geld-, Bank- und Börsenwesen[40], S. 1065 ff.

166 *Zapotocky*, in: Obst/Hintner, Geld-, Bank- und Börsenwesen[40], S. 1081.

167 Auf diese Unterscheidung haben zum Teil auch Gerichte zur Herleitung von Aufklärungspflichten über Eigeninteressen abgestellt, s. beispielsweise infra § 5 A. XXIX.

168 *Kumpan*, in: Schwark/Zimmer, KMRK[4], § 2 WpHG Rn. 65.

169 *Kumpan*, in: Schwark/Zimmer, KMRK[4], § 2 WpHG Rn. 65; *Starke*, in: Kümpel/Wittig, Bank- und Kapitalmarktrecht[4], Rn. 17.6.

170 Vgl. auch *Schlüter*, Wertpapierhandelsrecht, B. Rn. 53 ff.

171 *Baum*, in: Kölner Komm WpHG[2], § 2 Rn. 159; *Kumpan*, in: Schwark/Zimmer, KMRK[4], § 2 Rn. 66; *Versteegen*, in: Kölner Komm WpHG, § 2 Rn. 134.

172 *Roth*, in: Assmann/Schütze, Hdb. Kapitalanlagerecht[3], § 10 Rn. 54.

schäfts möglich.[173] Die Bank führt indes das Effektengeschäft für den Kunden als Marktteilnehmer in einer marktwirtschaftlich verfassten Wirtschaftsordnung zugleich aus, um selbst einen Ertrag zu generieren. Dies kann – bei der Ausführung im Wege der Kommission – durch Provisionen der Fall sein.[174] Erfolgt die Ausführung durch Festpreisgeschäfte, die zivilrechtlich Kaufverträge darstellen,[175] kann die Bank bei vorteilhafter Anschaffung bzw. Veräußerung eine Marge realisieren.[176] Ein Eigeninteresse der Bank ist also auch bei fremdnützigen Effektengeschäften immer gegeben.

Im Fokus der Rechtsprechung stehen des Weiteren Swap-Geschäfte.[177] Diese stellen die Hauptgruppe der außerbörslichen (OTC) Finanztermingeschäfte dar.[178] Banken unterscheiden sich im Grundsatz nicht von anderen Swap-Verwendern.[179] Sie können sie für eigene Zwecke, aber ebenso – darin liegt eine Besonderheit – im Zusammenhang mit Kundengeschäften abschließen.[180] Wie bei der Ausführung des Effektengeschäfts als Festpreisgeschäft, handelt es sich bei Swap-Verträgen zwischen Banken und Kunden um Zwei-Personen-Konstellationen. Dies gilt auch, wenn eine Bank als bloße „Zwischenpartei" auftritt, also für ein Swap-Geschäft eine hinsichtlich Umfang und Frist geeignete Gegenpartei sucht, um so das entsprechende Risiko in einem weiteren, vom Swap mit dem Kunden *unabhängigen* Swap-Geschäft, unmittelbar „glattzustellen".[181] Denn für den Kunden ist es in Bezug auf „sein" Geschäft unerheblich, ob die Bank das entsprechende Risiko im Markt „spiegelt".[182] Unabhängig von alledem sind Eigenhandel und der unmittelba-

---

[173] *Starke*, in: Kümpel/Wittig, Bank- und Kapitalmarktrecht[4], Rn. 17.10. Das Effektengeschäft ist insofern fremdnützig, als dadurch das Bedürfnis des Bankkunden nach Erwerb/Veräußerung einer bestimmten Kapitalanlage befriedigt wird, vgl. *Ekkenga*, in: MünchKomm HGB[2], Effektengeschäft, Rn. 85 ff.; vgl. auch *Lenenbach*, Kapitalmarktrecht[2], Rn. 11.339 m.w.N.

[174] Diese sind grundsätzlich auch geschuldet, wenn sie nicht vereinbart wurden, s. §§ 396, 354 Abs. 1 HGB; dazu *Hopt*, in: Baumbach/Hopt, Handelsgesetzbuch[36], § 396 HGB Rn. 1.

[175] *Roth*, in: Assmann/Schütze, Hdb. Kapitalanlagerecht[3], § 10 Rn. 54; *Starke*, in: Kümpel/Wittig, Bank- und Kapitalmarktrecht[4], Rn. 17.10.

[176] *Baum*, in: Kölner Komm WpHG[2], § 2 Rn. 159; *Versteegen*, in: Kölner Komm WpHG, § 2 Rn. 134.

[177] Der Begriff rührt aus dem Englischen her und betrifft im weiteren Sinne „Tauschgeschäfte", ohne dass damit im Englischen eine besondere Bedeutung oder gar rechtliche Wertung verbunden wäre, *Jahn*, in: Schimansky/Bunte/Lwowski, Bankrechts-Hdb.[4], § 114 Rn. 2.

[178] *Jahn*, in: Schimansky/Bunte/Lwowski, Bankrechts-Hdb.[4], § 114 Rn. 2. Zu verschiedenen Swap-Konstellationen siehe beispielsweise *Zerey* (Hrsg.), Finanzderivate[3], passim.

[179] *Jahn*, in: Schimansky/Bunte/Lwowski, Bankrechts-Hdb.[4], § 114 Rn. 30.

[180] Vgl. *Jahn*, in: Schimansky/Bunte/Lwowski, Bankrechts-Hdb.[4], § 114 Rn. 30.

[181] Vgl. *Jahn*, in: Schimansky/Bunte/Lwowski, Bankrechts-Hdb.[4], § 114 Rn. 32.

[182] Inwiefern sich dadurch bereits für ihn ein Verlust realisiert, der darin erkennbar wird, dass sich die Bank einen ihr aus dem Geschäft zukommenden Vorteil am Markt „abkaufen" lässt, wie von der Rechtsprechung teilweise postuliert, muss später näher betrachtet werden, infra § 3 B. V. 2. c) bb) (2) (a). Vgl. BGH (Swap-Urteil) BGHZ 189, 13 = NJW 2011, 1949, Rn. 35; vgl. auch OLG Stuttgart, Urt. v. 14.12.2011, Az.: 9 U 11/11, WM 2012, 890, 893 („Der Anleger erleidet bei Abschluss eines spekulativen Swap-Vertrages mit einem negativen Marktwert *sofort* eine *Vermögenseinbuße*." [Hervorh. durch Verf.]).

re Abschluss von Finanzkontrakten mit Kunden daher im weiteren Sinne als vermittelnde Tätigkeiten, mithin Intermediationsleistungen zu begreifen.

2. Verknüpfung mit Anlageberatung

Die Verbindung von Effektengeschäft (im weiteren Sinne) und Anlageberatung kann sowohl bei der Ausführung im Wege der Kommission als auch bei einem Festpreisgeschäft vorliegen.[183] Die Rechtsprechung geht im Bereich des OTC-Handels regelmäßig von einer diese Geschäfte ergänzenden Anlageberatung aus, was an der Annahme von Anlageberatungsverträgen nach den „Bond-Grundsätzen" und daraus resultierenden Aufklärungspflichten erkennbar ist und den Intermediationscharakter unterstreicht.[184]

V. Verdienstmöglichkeiten der Banken

Ein Blick auf die Verdienstmöglichkeiten der Banken erleichtert die spätere Diskussion bezüglich aufklärungspflichtiger Eigeninteressen, zumal die Rechtsprechung den (potentiellen) Ertragsmöglichkeiten von Banken mitunter rechtliche Folgen (Stichwort: Quersubventionierung der Anlageberatung) entnimmt.

1. Begrenzte Relevanz der Verdienstmöglichkeiten im „klassischen Bankgeschäft"

Anknüpfend an die besprochenen Bankfunktionen werden Intermediationsleistungen im engeren Sinne[185] als „banktypische Kernleistungen"[186] bezeichnet. Dazu gehören das Einlagengeschäft, die Kreditvergabe[187] und die Zahlungsverkehrsleis-

---

[183] Ob und inwiefern sich anhand dieser Unterscheidung aber auch der Pflichtenkreis im Rahmen der Anlageberatung ändern sollte, bedarf näherer Untersuchung. Nach dem BGH führt die Einordnung als Festpreisgeschäft jedenfalls im Vergleich zu Kommissionsverhältnissen zu unterschiedlichen Aufklärungspflichten, vgl. etwa BGH (Lehman-I) BGHZ 191, 119 = NZG 2012, 25, Rn. 41; ausführlich zu den Differenzierungen der Rechtsprechung infra § 5 B.

[184] Vgl. etwa BGH (Swap-Urteil) BGHZ 189, 13 = NJW 2011, 1949, Rn. 19. Ausführlich zu den vergleichbaren Problemstellungen bei Kapitalanlagegeschäften und dem kundenbezogenen Derivatgeschäft *Clouth*, Rechtsfragen der außerbörslichen Finanzderivate, S. 180 ff. Soweit ersichtlich wird in der Rechtsprechung die im Rahmen von Kapitalanlagegeschäften geltende Rechtsprechung weitestgehend ohne nähere Begründung auch im OTC-Derivatebereich angewendet, vgl. etwa OLG Frankfurt a.M., Urt. v. 29.7.2009, Az.: 23 U 76/08, BKR 2009, 378, 381; OLG Stuttgart, Urt. v. 14.12.2011, Az.: 9 U 11/11, WM 2012, 890, 891; OLG Köln, Urt. v. 18.1.2012, Az.: 13 U 37/11, WM 2012, 888, 889; vgl. auch *Clouth*, in: Praktikerhdb. Wertpapier- und Derivategeschäft[4], Rn. 1190; *Hanowski*, NZG 2011, 573; *Schmitt*, BB 2011, 2824, 2825. Keine Bedenken haben *Kropf*, ZIP 2013, 401, 402; *Ruland/Wetzig*, BKR 2013, 56, 57. Zweifel werden zumindest angedeutet bei OLG Frankfurt a.M., Urt. v. 27.10.2010, Az.: 16 U 96/10, WM 2012, 1826, Rn. 45; kritisch *Faßbender* beim Bankrechtstag, zitiert nach *Walz/Leffers*, WM 2012, 1457, 1462.

[185] Dazu supra § 3 B. I.

[186] *v. Stein*, in: Obst/Hintner, Geld-, Bank- und Börsenwesen[40], S. 555.

[187] Hinsichtlich der Verdienstmöglichkeiten sind das Einlagen- und Kreditgeschäft zusammen

tungen.[188] Die hier vor allem interessierenden Konstellationen betreffen hingegen vorrangig den Bereich des Effektengeschäfts, einschließlich außerbörslicher Derivate und treten im Zusammenhang mit Finanzberatung auf.[189] Dies ist darauf zurückzuführen, dass bei typisierender Betrachtung die Informationsasymmetrien im Einlagen-[190] und Kreditgeschäft[191] im Vergleich zum Wertpapiergeschäft geringer sind. Allerdings kann beispielsweise auch ein Kreditgeschäft mit Finanzberatung zusammenfallen, insbesondere wenn das Kreditgeschäft eine empfohlene Anlage finanzieren soll.[192] Ferner ist an weitere „Mischsituationen" zu denken, z.B. wenn Konditionen eines Darlehensvertrages synthetisch verändert werden sollen.[193] Von den genannten Verknüpfungen mit der Beratung abgesehen, bedarf das „klassische Bankgeschäft" hier aber keiner gesonderten Betrachtung.

---

zu betrachten. Sie ergeben sich aus den die Einlagezinsen übersteigenden Kreditzinsen bzw. einer Anlage durch die Bank in rentableren Anleihen etc., vgl. *Gemberg Wiesike*, Wohlverhaltensregeln, S. 49.

[188] Vgl. *v. Stein*, in: Obst/Hintner, Geld-, Bank- und Börsenwesen[40], S. 555. Ferner ist hier auch der gesamte Bereich des Investmentbankings, wie *corporate* und *project finance*, das Emissionsgeschäft, *mergers and acquisitions* etc. zu verorten; s. auch *Gemberg Wiesike*, Wohlverhaltensregeln, S. 48.

[189] Jedenfalls die Finanzberatung stellt dabei eine „bankmäßige Nebenleistung" dar, *v. Stein*, in: Obst/Hintner, Geld-, Bank- und Börsenwesen[40], S. 555.

[190] *Gemberg Wiesike*, Wohlverhaltensregeln, S. 48.

[191] Aus Verbraucherschutzgesichtspunkten gibt es auch hier teilweise besondere Regelungen, die vorvertragliche Informationspflichten betreffen. Diese gehen weitgehend auf die sog. Verbraucherkredit-Richtlinie 2008/48/EG zurück, vgl. *Möller*, in: BeckOK-BGB, Ed. 31, § 491 Rn. 1 f. Im BGB finden sich besondere Pflichten insbesondere in §§ 491 ff. BGB in Verbindung mit Art. 247 EGBGB. Interessant ist im hiesigen Kontext, dass ein Darlehensvermittler, der bei Anbahnung oder Abschluss eines Verbraucherdarlehensvertrags oder eines Vertrags über eine entgeltliche Finanzierungshilfe beteiligt ist, den Verbraucher nach Art. 247 § 13 Abs. 2 Satz 1 Nr. 2 EGBGB über eventuell anfallende Provisionen und deren Höhe unterrichten und nach Nr. 3 auf seine bestehende oder nicht bestehende Unabhängigkeit hinweisen muss. Entgelte von Dritten sind nach Nr. 2 offenbarungspflichtig. Zur angesprochenen Bezeichnung als „unabhängig" kann ergänzt werden, dass Anlageberater sich nach der Neuregelung der MiFID nur noch als unabhängig bezeichnen dürfen, sofern sie bestimmte Mindestvorgaben einhalten, vgl. *Veil/Lerch*, WM 2012, 1605, 1608 f., zum Vorschlag für eine Richtlinie des Europäischen Parlaments und des Rates über Märkte für Finanzinstrumente zur Aufhebung der Richtlinie 2004/39/EG des Europäischen Parlaments und des Rates v. 20.10.2011, KOM(2011) 656 endgültig, als Ausgangspunkt der MiFID-Überarbeitung.

[192] Zur unterschiedlichen Behandlung der Beratung im Kredit- und Anlagegeschäft durch die Rechtsprechung infra § 6 A. I. 3.

[193] Etwa über die Verbindung eines Darlehensvertrages mit einem Swap, dazu *Fichtner/Hartlieb*, DB 2013, 2519, 2521. Vgl. zu einem solchen kombinierten Darlehens- und Zinsswapvertrag z.B. OLG Köln, Urt. v. 18.1.2012, Az.: 13 U 232/10, BKR 2012, 203 ff. Man könnte sich dabei die Frage stellen, inwiefern das Interesse der Bank am „Ausgang" des Swapgeschäfts [dazu infra § 5 B. I. 1. b) bb) (1)] und die Verdienstmöglichkeit über den Darlehenszins (dies ist die klassische Verdienstmöglichkeit der Bank beim Darlehen, vgl. *Pfingsten*, in: Obst/Hintner, Geld-, Bank- und Börsenwesen[40], S. 665) zusammenwirken, z.B. um Aufklärungspflichten zu begründen (Stichwort: „verstecktes zusätzliches Eigeninteresse").

2. Verdienstmöglichkeiten bei regelmäßig beratungsrelevanten Geschäften

a) Provisionen

Unter Provisionen werden allgemein Vergütungen für die Ausführung oder Vermittlung von Dienstleistungen verstanden.[194] Üblich sind sie insbesondere bei der Vermittlung und der Verwahrung von Wertpapieren sowie bei der Finanzberatung und Vermögensverwaltung. Provisionen stellen – neben Honoraren und Gebühren etc. – eine Möglichkeit für die Bank dar, ihr Gewinnstreben als Marktteilnehmerin zu befriedigen, zumal für sie im Zusammenhang mit Vermittlungs- und Absatztätigkeiten für Finanzprodukte – unabhängig von einem Vermittlungserfolg – Aufwand, etwa durch Informationsverarbeitung, Raumkosten etc., entsteht.[195] Provisionen werden auch vereinnahmt, sofern die Bank Empfehlungen nicht selbst „abwickelt" – etwa über ein nachfolgendes Finanzkommissionsgeschäft.[196] Sie knüpfen dann an das mit einem Dritten zustande kommende Finanzgeschäft an.[197]

Hinsichtlich Aufklärungspflichten können solche (Provisions-)Zahlungen als unproblematisch klassifiziert werden, die *vom Kunden unmittelbar geleistet* werden.[198] Die Bank rechnet entsprechende Positionen beispielsweise dem Wertpapierkaufpreis hinzu bzw. weist sie gesondert aus.[199] Diese Kosten sind für den Anleger nicht verborgen, mithin offensichtlich.[200] Unter den Gesichtspunkten von Interes-

---

[194] *Bestmann*, Börsen- und Finanzlexikon[6], S. 602 (Provision). Daneben werden die beim Handel anfallenden Kosten an den Kunden „durchgeleitet", etwa als Maklercourtage, Gebühren des Handelssystems und eventueller Clearingstellen, vgl. *Thieme*, Wertpapierdienstleistungen, S. 91. Durch diese Durchleitung allein kann die Bank indes keinen Eigennutzen ziehen, da die Kosten zunächst auch bei ihr selbst anfallen.

[195] *Besold*, Aufklärungspflichten bei Vertriebsprovisionen, S. 34. Aber auch die Kosten für Konzeption etc. des Initiators von Kapitalanlagen wirken sich auf die Provisionshöhe aus, a.a.O. S. 33 f.

[196] Mit Auftragsabwicklung steht dem Kommissionär ein Provisionsanspruch nach § 396 Abs. 1 S. 1 HGB zu, vgl. *Ekkenga*, in: MünchKomm HGB[2], Effektengeschäft, Rn. 533. Derartige Provisionen werden in der Regel mit einem markt- bzw. branchenüblichen oder von der Bank festgesetzten Prozentsatz vom Kaufpreis berechnet.

[197] *Gemberg Wiesike*, Wohlverhaltensregeln, S. 19. Vgl. auch *Hopt*, Kapitalanlegerschutz im Recht der Banken, S. 119, der darauf verweist, dass das Effektengeschäft im Kleinkundenbereich früher eher ein „Zuschussbereich" war, es aber zu einer „recht drastischen" Gebührenerhebung gekommen sei. Geschäfte mit anfallenden Provisionen werden für Banken umso bedeutsamer, je stärker die für das klassische Bankgeschäft entscheidende Zinsmarge unter Druck gerät, dazu *Drewes/Drewes*, in: Obst/Hintner, Geld-, Bank- und Börsenwesen[40], S. 1053. S. auch Fn. 187. Während hier später auf die möglichen provisionsbasierten Interessenskonflikte eingegangen wird, ist es interessant, dass *Gemberg Wiesike* a.a.O. S. 49, das quasi entgegengesetzte Problem beschreibt: Seien die Provisionen zu gering, könnte es für die Bank attraktiver sein, dem Kunden etwa statt eines Wertpapieres das klassische Einlagengeschäft zu empfehlen. Vgl. auch *Hopt* a.a.O. S. 120.

[198] S. Fn. 196.; vgl. insoweit auch *Hopt*, Kapitalanlegerschutz im Recht der Banken, S. 122.

[199] *Roth*, in: Assmann/Schütze, Hdb. Kapitalanlagerecht[3], § 11 Rn. 211.

[200] Die Argumentation mit Offensichtlichkeitskriterien ist problematisch, dazu infra § 5 B. II. Im beschriebenen Kontext wird der Anleger aber mit der Tatsache notwendig konfrontiert, da zu seinen Lasten eine ihn unmittelbar treffende Zahlungspflicht begründet wird.

senkollisionen und Fehlvorstellungen über die Werthaltigkeit einer Anlage[201] stehen sie entsprechend nicht im Fokus von Rechtsprechung und wissenschaftlicher Diskussion.[202]

Im Rahmen ihrer vermittelnden Tätigkeit erwirbt die Bank mitunter Aufwendungsersatzansprüche (vgl. § 670 BGB).[203] Sofern aus den darin in Rechnung gestellten (d.h. „weitergeleiteten“) Positionen Rückflüsse erfolgen, wird von „Kick-Back-Zahlungen“ gesprochen. Sie können deshalb besondere Probleme aufwerfen, weil sie für den Kunden nicht notwendig vollumfänglich ersichtlich sind.[204] Das gilt freilich unabhängig von einer etwaigen „Inrechnungstellung“ als Aufwendungsersatz auch für sonstige Provisionen, die – anknüpfend an eine Empfehlung – der Bank von Dritten zugeleitet werden.

Der Blick ist nunmehr auf die im Beratungskontext an die Bank fließende Provisionen zu richten.[205] Von dem bunten Strauß der möglichen Ausgestaltungen sollen die gebräuchlichsten kurz vorgestellt werden.[206]

aa) Agios, Platzierungsprovisionen und volumenabhängige Einmalzahlungen

Teilweise erhalten Banken für die Empfehlung bzw. Vermittlung eines Finanzprodukts *einmalige* Provisionen.[207] Diese stellen anlassbezogene Zahlungen dar, die an eine konkrete Vermittlungsleistung geknüpft sind. Letztere sind häufig zugleich auch Wertpapierdienstleistungen gegenüber Endkunden.[208] Die Provisionshöhe ist produktabhängig ausgestaltet und durch die Verhandlungen des Finanzdienstleisters mit dem Emittenten beeinflusst.[209] Beispielsweise können Banken Zuwendungen aus *Ausgabeaufschlägen (Agio)* von Investmentgesellschaften oder Emittenten

---

[201] Ausführlich zu diesen Aspekten infra § 5 B. I. 1. und 4.

[202] Vgl. auch Art. 26 Abs. 1 lit. a Richtlinie 2006/73/EG der Kommission vom 10. August 2006 zur Durchführung der Richtlinie 2004/39/EG des Europäischen Parlaments und des Rates in Bezug auf die organisatorischen Anforderungen an Wertpapierfirmen und die Bedingungen für die Ausübung ihrer Tätigkeit sowie in Bezug auf die Definition bestimmter Begriffe für die Zwecke der genannten Richtlinie, ABl. L 241, S. 26 ff (im Folgenden „MiFID-DRL“) zu *vom Kunden ausgehenden Zahlungen*; dazu *Assmann*, ÖBA 2007, 40, 50 f.

[203] Vgl. *Einsele*, Bank- und Kapitalmarktrecht², § 8 Rn. 18.

[204] Allerdings weisen die Banken ihre Kunden regelmäßig auf die abstrakte Tatsache von solchen Zahlungen und eine übliche Umfangsspanne hin, vgl. etwa die „Rahmenvereinbarung für Wertpapiergeschäfte“ der Deutschen Bank; zu dieser Rahmenvereinbarung auch *Koch*, ZBB 2013, 217, 218.

[205] Problematisch unter dem Aspekt der Interessenkollision können auch Zahlungen von Wertpapierdienstleistern *an* Dritte sein, vgl. BGH (Kick-Back-I) BGHZ 146, 235 = NJW 2001, 962, 963; *Einsele*, Bank- und Kapitalmarktrecht², § 8 Rn. 35a und infra § 5 A. I.

[206] Vgl. auch *Ekkenga*, in: MünchKomm HGB², Effektengeschäft, Rn. 511.

[207] Vgl. *Assmann*, ÖBA 2007, 40, 52; ferner *Hilp*, Haftung bei der Vermittlung geschlossener Fonds, S. 161.

[208] *Rozok*, in: Clouth/Lang, MiFID Praktikerhandbuch, Rn. 515. Dabei ist die Qualifizierung der Leistung an den Endkunden als Wertpapier(neben)dienstleistung Voraussetzung für die Anwendbarkeit der Regelungen des WpHG, dazu auch infra § 11 B. I. 1. a).

[209] *Decker*, Aufklärungspflichten, S. 115, s. auch a.a.O. S. 69.

erhalten[210] oder *Vertriebserfolgsvergütungen* aus den Verwaltungsvergütungen von Vertriebspartnern, sofern ein vorab in einer Vertriebsvereinbarung definierter *Schwellenwert* überschritten wird.[211] Neben den Ausgabeaufschlägen können weitere Provisionen von Emissionshäusern fließen, wozu *Platzierungsprovisionen* gehören.[212] Beim Erst- und Zweiterwerb von verzinslichen Wertpapieren können Vergütungen von dritter Seite anfallen,[213] ebenso bei anderen Finanzinstrumenten. Wirtschaftlich unerheblich ist, ob der Zahlungsweg „über den Dritten läuft" oder ob die Bank eine Zuwendung gegebenenfalls gleich einbehält, soweit sie Zahlungen für den Kunden abwickelt.[214]

bb) Zuführungsprovisionen

Auch *Zuführungsprovisionen* (sog. *finder's fees)*, stellen einmalige Positionen dar.[215] Sie werden gewährt, wenn eine Bank einem Finanzdienstleister Kunden zuführt, was relevant werden kann, wenn eine gewünschte Dienstleistung vom zuführenden Institut nicht angeboten wird. Denkbar ist etwa, dass eine Bank einen Vermögensverwalter empfiehlt, wobei dieser „extern" oder konzernzugehörig sein kann.[216]

---

[210] Dies kann in Ausnahmefällen bei Anteilen an Investmentfonds etwa bei der DekaBank bis zu 8 % der Anlagesumme ausmachen, s. *Deka Investmentfonds*, Allgemeine Information über Zuwendungen, Fassung November 2011. Bei Anlagezertifikaten oder strukturierten Anleihen (etwa Bonus- und Express-Zertifikaten) können diese bis zu 5 % der Anlagesumme ausmachen. Hingegen liegen die Provisionen bei strukturierten Produkten bei der Volksbank AG Investkredit bei bis zu 2 % der Anlagesumme. Dabei muss man sich vergegenwärtigen, dass Banken 86 % des *retail*-Markts für strukturierte Produkte für sich beanspruchen, *Société Générale,* The European Retail Structured Investment Product Market: Panorama and Trends (2006), S. 6, zitiert nach *Moloney*, How to Protect Investors, S. 260 (Fn. 388). Vgl. zu Zertifikaten auch *Eck*, in: Zerey, Finanzderivate[3], § 5 Rn. 7. Bei geschlossenen Fonds liegt das Agio regelmäßig zwischen 3 bis 5 % bezogen auf die Eigenkapitalbeteiligung des Zeichners. Die Gesamtvermittlungsprovisionen liegen bei den meisten Fonds zwischen 4 und 8 % bezogen auf die Nominaleinlage, bei Schiffsbeteiligungen zwischen 7 und 14 % und bei Immobilien- und Umweltfonds ebenfalls zum Teil bei über 10 %, *Hilp*, Haftung bei der Vermittlung geschlossener Fonds, S. 165 ff.; weitere Beispiele bei *Möllers/Hailer*, ZBB 2012, 178, 183 f., in denen die Agios bei Fonds für Infrastrukturprojekte zwischen 3 und 5 % lagen, bei Immobilienprojekten bei 5 %, bei Private Equity zwischen 3 und 5 % und bei Hedgefonds je nach Anlageklasse zwischen 0 und 6 %. Vgl. aus früherer Zeit *Hopt*, Kapitalanlegerschutz im Recht der Banken, S. 114, wonach als Vergütung für eine Platzierung bei Industrieobligationen die Provisionen zwischen 2 bis 3 %, bei Staatsanleihen zwischen 1,5 und 2 % und bei Aktienemissionen etwa bei 4% lagen.

[211] Vgl. *Decker*, Aufklärungspflichten, S. 118; ferner *Rozok*, in: Clouth/Lang, MiFID-Praktikerhandbuch, Rn. 520.

[212] Bei der Deutschen Bank maxblue sind dies bei Zertifikaten und strukturierten Anleihen zwischen 0,5 % und 2,0 %, *Deutsche Bank maxblue*, Informationen zu Interessenkonflikten. Weitere Beispiele bei *Möllers/Hailer*, ZBB 2012, 178, 183 f., in denen die Platzierungsprovisionen bei Fonds für Infrastrukturprojekte zwischen 5 und 9 % lagen, bei Immobilienprojekten zwischen 2,5 und 16,2 % und bei Private Equity zwischen 4,5 und 11,4 %.

[213] Bei der DekaBank bis zu 1,25 % bzw. 0,7 % des Nominalbetrags.

[214] Dazu auch infra § 5 B. III. 1. a) bb) (2).

[215] Vgl. dazu *Rozok*, in: Clouth/Lang, MiFID Praktikerhandbuch, Rn. 521.

[216] *Decker*, Aufklärungspflichten, S. 119.

cc) Bestandspflegeprovisionen und sonstige laufende Provisionen

Bestandspflegeprovisionen, die auch als *Bestandsprovisionen* bzw. *Vertriebsfolgeprovisionen* bezeichnet werden,[217] werden dafür gewährt, dass Banken im Rahmen ihrer Dienstleistungen gegenüber Kunden Leistungen und Produkte des Zuwendenden berücksichtigen,[218] insbesondere wenn bestimmte Produkte für eine gewisse Zeit im Depot eines Kunden gehalten werden.[219] Sie sind als „Betreuungsvergütung"[220] oder „nachlaufende Vermittlungsprovision" zu qualifizieren, für deren Berechnung der Kundenbestand die relevante Rechengröße darstellt.[221] Üblich sind sie z.B. bei geschlossenen Fonds und Lebensversicherungen.[222]

dd) Rabatte als Provisionen?

Banken werden als Großabnehmern von Finanzinstrumenten von den Emittenten teilweise Rabatte auf Nominalpreise eingeräumt.[223] Sie können wirtschaftlich Platzierungsprovisionen darstellen,[224] wobei letztere aber (in weiterem Umfang) zusätzlich anfallen können. Die im Verhältnis zum Kunden realisierte Differenz zwischen An- und Verkaufspreisen stellt eine Marge bzw. Handelsspanne und keine Provision dar,[225] auch wenn die Ausgestaltung als Provision ohne weiteres möglich ist und eine wirtschaftliche Vergleichbarkeit gegeben sein kann.

---

217 Vgl. *Decker*, Aufklärungspflichten, S. 117; *Ekkenga*, in: MünchKomm HGB², Effektengeschäft, Rn. 511.

218 *Assmann*, ÖBA 2007, 40, 53.

219 *Decker*, Aufklärungspflichten, S. 117. Diese machen bei Fonds der Volksbank AG Investkredit bis zu 0,6% des Gesamtvolumens aus. Bei der DekaBank können diese bei Fonds anderer Anbieter als des DekaBank-Konzerns bis zu 2,0% ausmachen; *Volksbank AG Investkredit*, Kundeninformation zu „Vorteilen"; *Deka Investmentfonds*, Allgemeine Informationen über Zuwendungen.

220 *Assmann*, ÖBA 2007, 40, 54.

221 So *Rozok*, in: Clouth/Lang, MiFID Praktikerhandbuch, Rn. 518; vgl. auch *Assmann*, ÖBA 2007, 40, 54.

222 *Rozok*, in: Clouth/Lang, MiFID Praktikerhandbuch, Rn. 518. Anders hingegen *Hilp*, Haftung bei der Vermittlung geschlossener Fonds, S. 166, wonach sie bei Investmentfonds üblich seien, nicht hingegen bei geschlossenen Fonds.

223 Vgl. *Decker*, Aufklärungspflichten, S. 123.

224 Vgl. etwa bei Deutsche Bank maxblue: „Die Höhe der Platzierungsprovision [...] beträgt zwischen 0,5% und 2,0%, wobei der Emittent der Bank teilweise einen *entsprechenden Abschlag auf den Emissionspreis* gewährt" (Hervorh. durch Verf.).

225 A.A. *Rozok*, in: Clouth/Lang, MiFID Praktikerhandbuch, Rn. 515, der die Margenvereinnahmung als einen Zahlungsweg zur Realisierung von Vertriebsprovisionen sieht. Wenn auch die wirtschaftliche Vergleichbarkeit mit Provisionsgestaltungen bei der Vereinnahmung von Margen gegeben sein mag, so charakterisiert doch die Handelsspanne das „klassische Zwei-Personen-Verhältnis", während der Fluss von Provisionen (im hiesigen Kontext) für Drei-Personen-Verhältnisse typisch ist. Den fehlenden Drittbezug benennt auch *Rozok* a.a.O. Rn. 517. Zur klaren Kategorisierung sollen in dieser Arbeit daher die Begrifflichkeiten getrennt bleiben. Ob sich aus dieser Unterscheidung im Ergebnis auch unterschiedliche Rechtsfolgen ergeben, bedarf indes näherer Untersuchung, dazu infra § 6 A. III. 7. b) und § 11 C. III. 2. a) bb) (1).

ee) Soft Commissions

Neben Geldzahlungen werden Banken weitere geldwerte Leistungen zugewendet, die als *soft commissions* bezeichnet werden. Auftreten können sie in Form diverser Unterstützungsmaßnahmen und Dienstleistungen, die kostenlos von Dritten für die Bank ausgeführt werden, wie z.B. Schulungen und Seminare oder Unterstützung im Bereich IT und Research.[226] Das Bedürfnis der Finanzdienstleister nach infrastruktureller Unterstützung wird mit der hohen Komplexität von Finanzinstrumenten und dem hohen Bedarf an aktuellen Informationen und Daten begründet.[227] Besteht ein solches Erfordernis, um die den Kunden angebotene Leistung angemessen ausführen zu können, handelt es sich im Ergebnis um ersparte Aufwendungen, da die Bank offenbar nicht auf entsprechende Leistungen verzichten kann und sie gegebenenfalls selbst finanzieren müsste. Deshalb sind *soft commissions* unter dem Gesichtspunkt der monetären Eigeninteressen gleichermaßen zu berücksichtigen.[228]

b) Honorare

Anders als etwa in den USA existiert in Deutschland keine klare Trennung zwischen Wertpapierhändlern (*broker-dealers*) und Anlageberatern (*investment advisers*).[229] Die Anlageberatung erfolgt im hiesigen Markt häufig ohne gesonderte Ausweisung bzw. Erhebung von Gebühren. Die Mehrheit der Anleger ist derzeit wohl nicht bereit, für eine Anlageberatung einen kostendeckenden Betrag aufzuwenden.[230] Dies wird dadurch kompensiert, dass anfallende Kosten im Rahmen der besprochenen Provisionen berücksichtigt werden und sich auf deren Höhe auswirken.[231]

Einige Banken bieten Anlageberatung gegen Honorar an und verzichten dafür auf (Vertriebs-)Provisionen etc. bzw. reichen diese Vorteile an ihre Kunden weiter.[232] Ein solches Beratungshonorar kann auf verschiedene Weisen berechnet wer-

---

226 *Ekkenga*, in: MünchKomm HGB², Effektengeschäft, Rn. 511; vgl. auch *Rozok*, in: Clouth/Lang, MiFID Praktikerhandbuch, Rn. 524.

227 *Rozok*, in: Clouth/Lang, MiFID Praktikerhandbuch, Rn. 524.

228 Zu dem Spezialproblem, inwiefern Informationen, die Finanzdienstleistern von Emittenten in Erfüllung gesetzlicher eigener Pflichten mitgeteilt werden (Pflichtpublikationen), als geldwerte Vorteile zu sehen sind, *Rozok*, in: Clouth/Lang, MiFID Praktikerhandbuch, Rn. 524.

229 *Gemberg Wiesike*, Wohlverhaltensregeln, S. 59; supra § 3 B. III.–IV.

230 Vgl. auch *Koller*, in: Assmann/Schneider, Komm WpHG⁶, § 31d Rn. 27; *Veil/Lerch*, WM 2012, 1605, 1609; s. aber auch BGH, Urt. v. 13.5.1993, Az.: III ZR 25/92, NJW-RR 1993, 1114, wonach der Anleger den Berater für die Beratungsleistung auch *besonders honoriere*. Finanziell ist dies jedenfalls heute nur selten der Fall. Auch der BGH argumentiert bei Banken nunmehr andersherum, wenn er betont, dass der Anleger bei Banken davon ausgehen dürfe, dass diese ihre Kosten über weitere Geschäfte („Quersubventionierung") decken. Der III. Zivilsenat hat diese vermeintliche Erwartungshaltung zur Grundlage seiner Differenzierung zwischen freien und bankgebundenen Beratern gemacht, dazu infra § 5 B. VII.

231 Vgl. *Gemberg Wiesike*, Wohlverhaltensregeln, S. 59.

232 So z.B. die Berliner Quirin Bank AG oder die Cortal Consors S.A.; nach *Moloney*, How to

den,[233] etwa nach Prozentanteilen p.a. gestaffelt nach Depotvolumen,[234] aber auch nach Stunden[235]. Denkbar sind weitere (Misch-)Formen, wie etwa die Berechnung nach Prozentzahlen des gesamten betreuten Vermögens, kombiniert mit einer jährlichen Mindestberatungsgebühr.[236] In Deutschland wird dieses Modell der Anlageberatung von den klassischen Erstbanken kaum verfolgt.[237]

c) Handelsmargen und „anfängliche negative Marktwerte"

aa) „Reguläre" Margen

Gewerbetreibende realisieren Gewinne üblicherweise über Margen bzw. Gewinn- oder Handelsspannen. Auch Banken handeln als Marktteilnehmer[238] gewinnorientiert.[239] Der „*sales*-Apparat" der Banken übernimmt die Aufgabe, die betreuten Werte „an den Mann zu bringen".[240] Übersteigen die Verkaufspreise der Finanzprodukte die Einkaufspreise bzw. „Herstellungskosten", hat die Bank eine Marge realisiert.[241] Dies gilt ebenso im OTC-Derivatebereich, in dem Banken regelmäßig un-

---

Protect Investors, S. 277, habe sich auch in Deutschland aufgrund der zunehmenden Komplexität der Finanzprodukte ein steigendes Bedürfnis nach „unabhängiger Beratung" ergeben.

[233] Vgl. auch *Vortmann*, in: Vortmann, Prospekthaftung und Anlageberatung, § 5 Rn. 77.

[234] So bei Cortal Consors, s. https://www.cortalconsors.de/euroWebDe/-?$part=nps5.parts.CmsContentDetail&externalid=denps58567419 (Abruf vom 20.1.2014).

[235] Die Stundenhonorare liegen bei ca. 100 bis 300 €, vgl. *Stiftung Warentest*, Honorarberatung, http://www.test.de/Honorarberatung-Am-besten-unabhaengig-1804931-2804931/ (Abruf vom 20.1.2014); ferner *Reiter/Methner*, WM 2013, 2053, 2058.

[236] So etwa bei der Quirin Bank AG, derzeit jährlich mindestens 900 €, sofern nicht nur eine Einmalberatung vereinbart wurde.

[237] Allgemein *Hilp*, Haftung bei der Vermittlung geschlossener Fonds, S. 165 („Dieser Vertriebsansatz [...] hat sich jedoch in Deutschland bisher noch nicht einmal ansatzweise etablieren können."); zu den Zukunftsaussichten für die Honorarberatung im deutschen Markt *Haidt*, F.A.Z. Verlagsbeilage Private Banking, März 2014, S. V3. Im Rahmen der Vermögensverwaltung bietet sich eine weitere Möglichkeit Honorare (Gebühren) zu vereinnahmen, die regelmäßig prozentual an die Anlagesumme geknüpft sind. Diese lagen zuletzt etwa zwischen 0,9% und 2,1%. Zusätzlich werden zum Teil auch Einmalzahlungen verlangt, dazu *Rottwilm*, Vermögensverwalter für jedermann. Laut F.A.Z. v. 20.12.2012, S. 21, gibt es in Deutschland 300.000 Provisionsberater, aber nur 1.500 Honorarberater. 2003 gab es gesamt 300.000 Finanzberater, von denen 1.350 auf Honorarbasis arbeiteten, *Assmann*, ZIP 2009, 2125. A.A. *Einsiedler*, WM 2013, 1109, 1110 (Honorarvereinbarung werde „häufig" abgeschlossen).

[238] Dazu supra § 3 B. I.

[239] Vgl. *Baumann/Bausch*, BKR 2011, 74, 75; *Clouth*, in: Praktikerhdb. Wertpapier- und Derivategeschäft[4], Rn. 1205; *Zapotocky*, in: Obst/Hintner, Geld-, Bank- und Börsenwesen[40], S. 1081.

[240] So plastisch *Zapotocky*, in: Obst/Hintner, Geld-, Bank- und Börsenwesen[40], S. 1082.

[241] Mit dem Begriff Marge kann in anderem Zusammenhang die Ausnutzung von Preisdifferenzen zwischen verschiedenen Handelsplätzen gemeint sein, sog. Arbitrage (*Zapotocky*, in: Obst/Hintner, Geld-, Bank- und Börsenwesen[40], S. 1082) bzw. die Kursspanne beim Nettogeschäft (*Best*, Börsen- und Finanzlexikon [Marge], S. 534).

mittelbare Vertragspartner des Kunden werden.[242] Ist die Bank Emittentin von Wertpapieren, wird regelmäßig eine Marge in die Produkte eingepreist.[243]

bb) Besondere Marge in Form eines anfänglichen negativen Marktwerts?

(1) Anfängliche Marktwerte als Ausdrucksform von Margen

In diesem Zusammenhang warf jüngst die Problematik eines aus Kundensicht sog. anfänglichen negativen Marktwerts Fragen auf.[244] Der Marktwert eines Swaps ist beispielsweise der Betrag, der bei vorzeitiger Ablösung des Geschäfts von demjenigen, für den sich ein negativer Betrag ergibt, als Ausgleich an den Vertragspartner zu zahlen ist.[245] Dass Finanzprodukte zum Marktpreis „aufgelöst" werden können, ist nicht ungewöhnlich.[246] Der anfängliche Marktwert ist dabei „derjenige in der juristischen Sekunde null der Vertragslaufzeit".[247] Der Markt- oder auch Barwert wird als sich täglich ändernde, stichtagsbezogene Bewertung der Marge der Bank durch die Marktteilnehmer beschrieben.[248] Ein (Rein-)Gewinn der Bank (Marge im engeren Sinn) wird dadurch – auch wenn er darin enthalten sein kann – indes nicht abgebildet, da im Marktwert ebenfalls Kosten etc. enthalten sind.[249] Freilich wird in den Fallkonstellationen, in denen eine Aufklärung über monetäre Eigeninteressen gefordert wird, keine Mitteilung von „Reingewinnangaben" verlangt. Insofern kann eine gegebenenfalls erforderliche Marktwertaufklärung dem Problemkreis der Aufklärung über monetäre Eigeninteressen zugeordnet werden.[250] Betont werden muss, dass dieser Marktwert vom Kunden nur dann zu entrichten ist, wenn dies mit ihm *vereinbart* wurde und das entsprechende Geschäft *vorzeitig* abgelöst wird.[251] Soweit angeführt wird, dass der Abschluss von Geschäften mit negativem Markt-

---

[242] Vgl. auch *Langen*, DB 2009, 2710, 2711; *Lenenbach*, Kapitalmarktrecht², Rn. 9.217.

[243] Laut einer Studie des Deutschen Derivate Verbands aus 2013 liegen die durchschnittlichen Emittentenmargen von Optionsscheinen bei 1,96%, von Kapitalschutzzertifikaten bei 0,73%, von Expresszertifikaten bei 0,66%, von Aktienanleihen bei 0,65%, von Bonuszertifikaten bei 0,52%, von Discountzertifikaten bei 0,50% und von strukturierten Anleihen bei 0,14% (jeweils p.a.), zitiert nach *Mohr*, F.A.Z. v. 15.11.2013, S. 26.

[244] BGH (Swap-Urteil) BGHZ 189, 13 = NJW 2011, 1949, Rn. 31.

[245] Vgl. *Wille*, KommJur 2012, 1, 3.

[246] Vgl. *Rudolf*, in: Kümpel/Wittig, Bank- und Kapitalmarktrecht⁴, Rn. 19.35.

[247] So OLG Hamm, Urt. v. 10.11.2010, Az.: 31 U 121/08, BKR 2011, 68, 73.

[248] OLG Celle, Urt. v. 30.9.2009, Az.: 3 U 45/09, DB 2009, 2707, 2710; zustimmend *Buck-Heeb*, jurisPR-BKR 5/2010 Anm. 6; wie hier auch *Bracht*, in: Schwintowski, Bankrecht⁴, § 18 Rn. 81; dagegen OLG Düsseldorf, Urt. v. 7.10.2013, Az.: I-9 U 101/12, WM 2013, 2026; *Tiedemann*, BKR 2014, 84, 85.

[249] Vgl. BGH (Swap-Urteil) BGHZ 189, 13 = NJW 2011, 1949, Rn. 35; OLG Hamm BKR 2011, 68, 73; *Grigoleit*, Bankrechtstag 2012, S. 25, 29; *ders.*, ZHR 177 (2013), 264, 296; s. auch infra § 3 B. V. 2. c) bb) und ferner § 5 B. I. 1. b) bb) (1).

[250] Vgl. *Schäfer* beim Bankrechtstag, zitiert nach *Walz/Leffers*, WM 2012, 1457, 1460; *Wille*, KommJur 2012, 1, 3 m.w.N.; s. auch *Lenenbach*, Kapitalmarktrecht², Rn. 9.282 f. (Marktwert sei mitzuteilen, Marge aber nicht); a.A. *Mülbert*, ZHR 177 (2013) 160, 185.

[251] Darauf zutreffend hinweisend OLG Frankfurt a.M., Urt. v. 29.7.2009, Az.: 23 U 76/08, ZIP

wert „*sofort* eine Vermögenseinbuße“ [Hervorh. durch Verf.] beim Anleger bewirke,[252] müsste dies gleichermaßen für alle Geschäfte gelten, die – sofern der Anleger sich unmittelbar nach Geschäftsschluss wieder von der Investition trennte – diesem die Transaktionskosten zuweisen. Zu denken ist beispielsweise an Effektenprovisionen beim Aktienkauf oder ein Agio beim Erwerb von Investmentanteilen.[253]

Für die Behandlung von Margen, die in der Gestalt von negativen Marktwerten auftreten, ist entscheidend, ob sie als „gewöhnliche Marge“ betrachtet werden können oder ob signifikante Unterschiede eine „Sonderstellung“ rechtfertigen.

(2) Besonderheiten im Vergleich zu „herkömmlichen Margen“?

Mitunter werden anfängliche negative Marktwerte deshalb als besonders konfliktträchtig angesehen, weil sie für Kunden in Kombination mit erbrachten „Wetteinsätzen“ nicht ersichtlich seien.[254] Dies stellt die Margenqualität eines etwaigen anfänglichen positiven Marktwerts aus Bankensicht aber nicht in Abrede und hängt mit dem Geschäftsmodell der Banken im Derivatehandel zusammen, was separat zu erörtern sein wird.[255]

Von herkömmlichen Margen würden sich „einstrukturierte anfängliche positive Marktwerte“ der Banken dann unterscheiden, wenn sie zugleich Ausdruck einer bereits anfänglichen „überwiegenden Verlustwahrscheinlichkeit“ des Kunden wären.[256] Dann läge es nahe, sie nach den Kriterien der sog. objektgerechten Beratung[257] unter dem Gesichtspunkt der erforderlichen Risikoaufklärung zum Gegenstand der Beratung zu machen.[258] Unter Interessenkonfliktgesichtspunkten könnte eine Sonderkonstellation vorliegen, wenn der „Gewinn des einen“ zugleich den „Verlust des anderen Teils“ darstellte.[259] Soweit die Banken unmittelbare Vertrags-

---

2009, 1708, 1710. Dies ist einer Vorfälligkeitsentschädigung ähnlich, OLG Frankfurt a.M., Urt. v. 4.8.2010, Az.: 23 U 230/08 (Juris), Rn. 67.

[252] So OLG Stuttgart, Urt. v. 14.12.2011, Az.: 9 U 11/11, WM 2012, 890, 893.

[253] So überzeugend und mit weiteren Beispielen *Clouth*, in: Praktikerhdb. Wertpapier- und Derivategeschäft[4], Rn. 1187.

[254] So insbesondere *Ellenberger*, in: Praktikerhdb. Wertpapier- und Derivategeschäft[4], Rn. 1055. Ausführlich zu dieser Argumentation infra § 5 B. I. 1. b) bb) (1); zu Banken als „Wettpartnern“ sogleich infra § 3 B. V. 2. d).

[255] Infra § 3 B. V. 2. d) bb).

[256] Dazu gesondert sogleich infra § 3 B. V. 2. c) bb) (c).

[257] Dazu infra § 6 A. I. 4. a) bb).

[258] Eine Aufklärung über den negativen Marktwert aus Risikomanagementgründen fordert OLG Stuttgart, Urt. v. 1.2.2012, Az.: 9 U 57/11, BKR 2012, 300, 302; ferner *Lenenbach*, Kapitalmarktrecht[2], Rn. 9.282 m.w.N. zur Rechtsprechung aus unteren Instanzen; *Morlin*, AG-Report 2013, R3 f.; *Roberts*, BKR 2012, 377, 379; dagegen eine Eignung der Kennziffer für das Risikomanagement verneinend *Bausch*, BKR 2012, 303, 304; *Clouth*, ZHR 177 (2013), 212, 239 mit Fn. 114; i.E. auch OLG München, Beschl. v. 29.3.2012, Az.: 5 U 216/12 (Juris), Rn. 32 (keine Aufklärungspflicht, wenn Kunden klar sei, „dass auch die Bank mit diesen Produkten Geld verdienen möchte“).

[259] So BGH (Swap-Urteil) BGHZ 189, 13 = NJW 2011, 1949, Rn. 34.

partner ihrer Kunden in Bezug auf die Investitionsobjekte werden,[260] könnte dies der Rolle der betroffenen Bank als Beraterin entgegenstehen.[261]

In diesem Zusammenhang wird als Gegenargument vorgebracht, dass über sog. *hedge*-Geschäfte die beschriebene „Gegenposition" der Bank im Verhältnis zum Kunden in den Markt weitergegeben würde.[262] Würde man das nicht als stichhaltig betrachten, dürfte der Marktwert der Geschäfte nicht unter null liegen, womit aber im Ergebnis eine unentgeltliche Leistung von der Bank erwartet würde, was „der Natur jedes kaufmännischen Unternehmens widerspräche".[263]

(a) Zur Relevanz von hedge-Geschäften der Bank

Hedge-Geschäfte zeichnen sich dadurch aus, dass bestehende Risikopositionen durch gegenläufige Geschäfte kompensiert werden.[264] Aus Bankensicht hat *hedging* damit zur Folge, dass die Entwicklung des mit dem Kunden abgeschlossenen Geschäfts für die Bank unerheblich wird, weil sie bereits zuvor ihren Zweck des Geschäftsabschlusses – *in concreto* also die Realisierung des für sie günstigen anfänglichen Marktwerts – erreicht hat.[265] Schon aus Eigenkapitalunterlegungsgründen ist es für Banken regelmäßig notwendig, offene Risikopositionen durch Gegengeschäfte zu neutralisieren.[266]

Mit einem *hedge*-Geschäft lässt sich im Ausgangspunkt kein Gewinn erzielen.[267] Der BGH hat in seinem Swap-Urteil freilich der beklagten Bank vorgeworfen, dass sie sich das dem Kunden empfohlene und von ihr strukturierte Risiko durch ein *hedge*-Geschäft „abkaufen" ließe.[268] Damit wird zugleich deutlich, dass *hedging* an sich nicht als problematisch angesehen wird, sondern nur unter der Qualifikation, dass es gerade der Abwicklung einer vermeintlich bewusst zu Lasten eines Kunden gestalteten Position dient.[269] Freilich betrifft das alle *hedge*-Geschäfte für Positionen, bei denen bereits der anfängliche Marktwert der Kundenposition negativ aus-

---

260 Dazu supra § 3 B. IV.

261 Vgl. auch infra § 6 A. III. 7. b) und § 10 C. I.

262 Zum *hedging* als Anlagemotivation von Kunden infra § 3 B. V. 2. d).

263 *Clouth*, in: Praktikerhdb. Wertpapier- und Derivategeschäft[4], Rn. 1184.

264 Vgl. *Gemberg Wiesike*, Wohlverhaltensregeln, S. 46; *Rudolf*, in: Kümpel/Wittig, Bank- und Kapitalmarktrecht[4], Rn. 19.52 (wirtschaftliche Neutralisierung); zu verschiedenen *hedging*-Strategien *Clouth*, in: Praktikerhdb. Wertpapier- und Derivategeschäft[4], Rn. 1149; *ders.*, Rechtsfragen der außerbörslichen Finanz-Derivate, S. 106 f.; *Reiner*, Derivative Finanzinstrumente im Recht, S. 58 ff.; *Rudolf*, in: Kümpel/Wittig, Bank- und Kapitalmarktrecht[4], Rn. 19.36 ff.

265 Vgl. *Reiner*, Derivative Finanzinstrumente im Recht, S. 142.

266 Vgl. *Hanowski*, NZG 2011, 575, 575; *Schäfer*, in: Bankrechtstag 2012, S. 65, 69; vgl. auch *Veldhoff*, Haftung von Kreditinstituten, S. 60.

267 *Jung*, in: Fuchs, Komm WpHG, Vor §§ 37e und 37g Rn. 5; zum Swap-Geschäft und der von der Bank übernommenen Vermittlerrolle *Lenenbach*, Kapitalmarktrecht[2], Rn. 9.283.

268 BGH (Swap-Urteil) BGHZ 189, 13 = NJW 2011, 1949, Rn. 35 f.; kritisch dazu *Clouth*, in: Praktikerhdb. Wertpapier- und Derivategeschäft[4], Rn. 1205; ferner infra § 5 B. I. 1. b) bb) (1).

269 Vgl. zu „eigenständigen Interessenkonflikten" durch *hedging* aufgrund etwaiger Auswirkungen auf Basiswerte von Zertifikaten *Veldhoff*, Haftung von Kreditinstituten, S. 260.

fällt.[270] Unmittelbare Auswirkungen auf die Kundenposition aus den relevanten Geschäften hat das *hedge*-Geschäft jedoch nicht. Richtig ist aber auch, dass durch *hedging* ein Umsatzinteresse der Bank nicht beseitigt wird, soweit sie durch dessen Abschluss eine Gewinnmarge realisiert.[271] Ein solches Umsatzinteresse ist allerdings – auch nach der Rechtsprechung – jeder unternehmerischen Tätigkeit immanent.[272] Daher ist die Annahme besonders erklärungsbedürftig, dass der Kunde im Normalfall anfängliche Marktwerte, die nicht unter null liegen, erwarten dürfe.

(b) Das Erfordernis eines anfänglichen Marktwerts von „null"?

Finanzprodukte haben einen theoretischen mathematischen Wert. Dieser hängt vom gegenwärtigen Wert der noch unbekannten zukünftigen Zahlungen ab, die entsprechend abzuzinsen sind. Bei Derivaten wird er durch die Zerlegung des Produkts in Kassainstrumente ermittelt, denen ein empirischer Wert zugeordnet werden kann. Der theoretische Wert entspricht dann der Summe der zu bezahlenden bzw. zu erlösenden Preise der entsprechenden Kassapositionen im Bewertungszeitpunkt.[273] Stehen sich zwei „Endnutzer" beispielsweise eines Swaps gegenüber, die komparative Kostenvorteile erreichen wollen,[274] ist ein solches Geschäft „fair bepreist", wenn keine Partei anfängliche Vorteile hat. Der anfängliche Barwert ist dann null.[275]

Zu berücksichtigen ist allerdings, dass Banken eine ganze Bandbreite von Geschäften anbieten, um den Kunden *Marktzugang* zu von ihnen gewünschten Positionen zu ermöglichen.[276] Im Regelfall liegt ihr Interesse daher nicht darin, eine gegenüber dem Kunden eingenommene Position bis zur Endfälligkeit zu halten, sondern eine Vergütung für ihre Wertpapierdienstleistung „Gewährung von Marktzutritt" zu realisieren. Dies ist – jedenfalls wenn keine gesonderte Vergütung gezahlt wird – nur über die Bepreisung des Produkts möglich. Bei der Preisfindung

---

[270] *Lieder*, GWR 2011, 175, 177, geht sogar davon aus, dass nur deshalb überhaupt ein *hedge*-Geschäft möglich war. Das trifft nicht zu. Richtig ist aber, dass die Bank ohne positiven Marktwert zu ihren Gunsten keinen Gewinn unabhängig von der Weiterentwicklung der übernommenen Position erwirtschaften könnte, obgleich sie eine Wertpapierdienstleistung (Eigenhandel, § 2 Abs. 3 Nr. 2 WpHG) für den Kunden erbracht hat, vgl. dazu *Hanowski*, NZG 2011, 573, 575; ferner *Zoller*, BKR 2012, 405, 406; s. aber auch *Lehmann*, JZ 2011, 749, 750 f., der anscheinend überrascht feststellt, dass die Bank durch das *hedge*-Geschäft „sogar einen Gewinn [machte]". Zu Möglichkeiten der Marktwertrealisierung *Reiner*, Derivative Finanzinstrumente im Recht, S. 61 f.; zur Gewinnrealisierung durch *hedging* OLG Köln, Urt. v. 18.1.2012, Az.: 13 U 37/11, WM 2012, 888, 890.

[271] Vgl. *Roller/Elster/Knappe*, ZBB 2007, 345, 357.

[272] Vgl. § 5 B. I. 1. a).

[273] Zur Marktwertermittlung *Reiner*, Derivative Finanzinstrumente im Recht, S. 60.

[274] *Hull*, Optionen, Futures und andere Derivate[8], S. 208 ff.; ferner infra ab § 3 B. V. 2. d) (3).

[275] Vgl. das Beispiel in *Finance Trainer*, Zinsswaps, S. 18 ff.; ferner *Clouth*, in: Praktikerhdb. Wertpapier- und Derivategeschäft[4], Rn. 1183.

[276] Vgl. nur *Clouth*, in: Praktikerhdb. Wertpapier- und Derivategeschäft[4], Rn. 1177; ferner infra § 3 B. V. 2. d) bb) und bereits supra § 3 B. I., III.-IV.; nach *Bracht*, in: Schwintowski, Bankrecht[4], § 18 Rn. 2, verliere dieser Aspekt aber zunehmend an Bedeutung.

sind Transaktionskosten (wie Vermittlungshonorare, Betriebs- und *hedge*-Kosten), sowie Abschläge, etwa für das Kreditrisiko, zu beachten.[277] Daher wird bei der Preisstellung durch die Bank eine Marge einbezogen, die derartige Kosten der Bank deckt und ihren Gewinnanteil enthält.[278] Dies drückt sich im Ergebnis dadurch aus, dass der Marktwert des Produkts für die Bank positiv, entsprechend für den Kunden negativ ist. Der Kunde erreicht die „Gewinnzone" des Geschäfts[279] also erst, wenn zuvor der negative Marktwert „verdient" wurde.[280]

Das bedeutet für die Fragestellung, dass ein Marktwert von null nicht erwartet werden darf, weil dann weder Kosten-, Risiko- noch Gewinnkomponenten in die Preisstellung einbezogen werden könnten.[281] *Grigoleit* weist zutreffend darauf hin, dass der Begriff des Marktwerts in der Rechtsprechung missverständlich ist und den *Einkaufspreis der Bank* meint, den der Anleger selbst nicht erhalten kann.[282] Soweit keine eigenständige „Marktzugangsvergütung" gezahlt wird, käme das Ge-

---

[277] *Clouth*, in: Praktikerhdb. Wertpapier- und Derivategeschäft[4], Rn. 1184; *Reiner*, Derivative Finanzinstrumente im Recht, S. 61. Festzuhalten ist auch, dass es schon allein aufgrund verschiedener Bewertungsmodelle nie nur „den einen exakten" Marktpreis gibt, *Deutscher Derivate Verband*, Erläuterungen zum Fairness Kodex, Ziff. 4.1; *Reiner* a.a.O. S. 62.

[278] Vgl. *Clouth*, in: Praktikerhdb. Wertpapier- und Derivategeschäft[4], Rn. 1205; o.V., Basisinformationen über Finanzderivate, S. 16; vgl. ferner recht lapidar OLG Frankfurt a.M., Urt. v. 29.7.2009, Az.: 23 U 76/08, ZIP 2009, 1708, 1710 („Ohne Gewinnerzielungsabsicht hätte [die Bank] das Geschäft sicherlich nicht angeboten und abgeschlossen.").

[279] Benutzt der Kunde das Produkt seinerseits zur Absicherung einer „offenen Position", ist im Idealfall auch für ihn der weitere Verlauf des Geschäfts unerheblich. Die ihm von der Bank gestellten Konditionen drücken dann im Ergebnis seine *hedge*-Kosten aus.

[280] Vgl. *Clouth*, in: Praktikerhdb. Wertpapier- und Derivategeschäft[4], Rn. 1185; o.V., Basisinformationen über Finanzderivate, S. 16. Im Ergebnis ist dies wirtschaftlich etwa einem Aktienfonds mit einem Agio vergleichbar, das ebenfalls für ein Überschreiten der Gewinngrenze „zusätzlich verdient" werden muss. Vgl. auch *Bausch*, BKR 2012, 303, 304 f.; *Grigoleit*, ZHR 177 (2013), 264, 304 (nicht anders als bei Grundstücks-, Aktien- oder Versicherungspolicekauf); *Schäfer*, in: Bankrechtstag 2012, S. 65, 70 (s. aber auch S. 75); besonders deutlich ferner *Zoller*, BKR 2012, 405, 406 („Da – wie bei jedem anderen Investment auch – die Finanzdienstleistung für den Investor nicht kostenlos zu erlangen ist, muss eine Marge der Bank eingerechnet werden, welche erst verdient werden muss, bevor das Geschäft für den Investor ertragreich verläuft."); a.A. *Roberts*, BKR 2012, 377, 378 (der Bank stünde keine Marge zu). Allerdings verkennt er die Intermediationsleistung der Bank in Gestalt der Marktzutrittseröffnung; s. auch infra § 3 B. V. 2. d) bb).

[281] Besonders deutlich OLG Hamm, Urt. v. 10.11.2010, Az.: 31 U 121/08, BKR 2011, 68, 73 f. („Dass dieser anfängliche Marktwert negativ war, weil er mit der Gewinnmarge und den Kosten der Beklagten belastet war, folgt dem Prinzip des Marktes [...]."); ferner i.E. wie hier OLG Bamberg, Urt. v. 11.5.2009, Az.: 4 U 92/08, BKR 2009, 288, 301; OLG Düsseldorf Urt. v. 29.6.2009 , Az.: 9 U 187/08 (Juris), Rn. 22; OLG Celle, Urt. v. 30.9.2009, Az.: 3 U 45/09, ZIP 2009, 2091, 2093; *Baumann/Bausch*, BKR 2011, 74, 75; *Bausch/Schwenker*, BKR 2014, 43, 44; *Clouth*, in: Praktikerhdb. Wertpapier- und Derivategeschäft[4], Rn. 1184, 1186 und 1205; *ders.*, ZHR 177 (2013), 212, 244; *Schelling*, Vergütungssysteme und Interessenkonflikte, S. 234; a.A. BGH (Swap-Urteil) BGHZ 189, 13 = NJW 2011, 1949, Rn. 38; i.E. auch OLG Stuttgart, Urt. v. 26.2.2010, Az.: 9 U 164/08, ZIP 2010, 716, 721 und OLG Stuttgart, Urt. v. 27.10.2010, Az.: 9 U 148/08, BB 2011, 139, 142, zur oben genannten abweichenden obergerichtlichen Rechtsprechung; ferner *Klöhn*, ZIP 2011, 762 (negativer Marktwert stünde Kunden zu); *Köndgen/Sandmann*, ZBB 2010, 77, 81; *Roller/Elster/Knappe*, ZBB 2007, 345, 360.

[282] *Grigoleit*, Bankrechtstag 2012, S. 25, 49; *ders.*, ZHR 177 (2013), 264, 295.

schäft mit der Bank nur zum Abschluss, wenn sie selbst an dessen *Inhalt* und nicht nur an der Ausnutzung von Konditionsvorteilen interessiert wäre.[283] Ferner ist darauf hinzuweisen, dass aufgrund der genannten Umstände eine exakte Marktwertermittlung ohnehin ausgeschlossen ist. Es handelt sich um eine Schätzung.[284]

Schließlich ist zu bedenken, dass auch der Kunde das Geschäft nicht eingeht, weil er davon ausgeht, dass die Position seines Vertragspartners den gleichen Wert wie die von ihm übernommene hätte, sondern weil er offenbar die eingenommene Position zu den ihm *ersichtlichen Konditionen* gegenüber seiner vorherigen subjektiv präferiert,[285] was insbesondere in *hedge*-Konstellationen (aus Kundensicht) denkbar ist.[286] Die Frage nach dem gleichen Wert der ausgetauschten Leistungen ist insofern unerheblich.[287]

(c) Überwiegende Verlustwahrscheinlichkeit aufgrund eines negativen Marktwerts?

Nach den obigen Ausführungen wurde deutlich, dass der anfängliche negative Marktwert des Kunden im Ergebnis die Marge des Anbieters widerspiegelt. Margen kommen in Finanzgeschäften auf vielfältige Weise zum Ausdruck, gegebenenfalls auch in Form eines negativen Marktwerts zu Lasten des Kunden.[288]

Fraglich ist, ob negativen Marktwerten zugleich eine Erfolgsprognose zu entnehmen ist, nach der eine überwiegende Verlustwahrscheinlichkeit für den Anleger bestünde.[289] Das ist zu verneinen. Zwar reicht es nicht aus, sich darauf zurückzuziehen, dass Banken nicht in die Zukunft schauen können.[290] Die modellbasierte Marktwertermittlung berücksichtigt zum Ermittlungszeitpunkt nämlich durchaus – zwangsläufig – in die Zukunft gerichtete Prognosen und Marktmeinungen.[291] Allerdings dienen die Modelle *primär* der *Bepreisung* von Derivaten und nicht einer „präzisen Prognose tatsächlicher zukünftiger Entwicklungen". Dies zeigt sich schon

---

[283] Das hängt eng mit der Frage zusammen, was das Geschäftsmodell der Bank insbesondere im OTC-Derivate-Geschäft ist, dazu sogleich infra § 3 B. V. 2. d) bb).

[284] *Greenspan*, in: Schwartz/Smith, Derivatives Handbook, S. 497 f.

[285] Vgl. schon *v. Mises*, Human Action, S. 331 und 354, wonach Preise gerade Ausdruck einer unterschiedlichen subjektiven Wertbeimessung durch die Marktakteure darstellen.

[286] Vgl. auch Fn. 279.

[287] *v. Mises*, Human Action, S. 332, zum „fairen Preis" („devoid of any scientific meaning"); vgl. zum sog. Montaigne-Irrtum, *Taghizadegan*, Wirtschaft wirklich verstehen, S. 43 f.; ferner *v. Mises*, a.a.O. S. 664 ff.; eine andere Frage ist, ob Kunden davon ausgehen, dass sie sich auf eine „faire Wette" mit ihrer Bank bei gleichen Startchancen einlassen. Auch das beschriebe den Regelfall aber unzutreffend, § 5 B. V. 2. d).

[288] Vgl. *Clouth*, in: Praktikerhdb. Wertpapier- und Derivategeschäft[4], Rn. 1187 und supra § 3 B. V. 2. c) bb) (1).

[289] So OLG Stuttgart, Urt. v. 26.2.2010, 9 U 164/08, ZIP 2010, 716, 720 f.; OLG Stuttgart, Urt. v. 27.10.2010, Az.: 9 U 148/08, BB 2011, 139, 141; in diese Richtung auch LG Düsseldorf, Urt. v. 11.5.2012, Az.: 8 O 77/11, BKR 2013, 166, Rn. 136; *Tilp*, EWiR 2010, 597.

[290] *Zoller*, BKR 2012, 405, 408.

[291] *Clouth*, in: Praktikerhdb. Wertpapier- und Derivategeschäft[4], Rn. 1181.

darin, dass teils irreale Annahmen zur Erleichterung der Preisbildung zugrunde gelegt werden, was einer exakten Zukunftsprognose naturgemäß abträglich ist.[292] Die stichtagsbezogene Marktwertermittlung ist daher für eine – aus Anlegersicht hinsichtlich der Gewinnchance relevante – Zukunfts- und Erfolgsprognose ungeeignet.[293] Insofern liegt die Relevanz des negativen Marktwerts für den Anleger darin, dass er den Betrag *bei vorzeitiger Ablösung* – einem Agio vergleichbar – erst erwirtschaften muss, bevor sich das Geschäft für ihn rentiert.[294] Eine Verlustwahrscheinlichkeit ist dem negativen Marktwert *per se* nicht zu entnehmen.[295]

(d) Zwischenergebnis

Zu den Erscheinungsformen von Margen gehören auch aus Kundensicht anfänglich negative Marktwerte. Belegt man deren (beabsichtigte) Realisierung durch *hedge*-Geschäfte mit besonderen Pflichten, überzeugt das nicht, da in Abwesenheit einer in der Praxis nicht verlangten besonderen Vergütung die Bank auf eine Berücksichtigung ihrer legitimen Vergütungsinteressen in der Preisbildung angewiesen ist.[296] Ein Automatismus, der „negative Marktwerte plus *hedge*-Geschäft" als unfaires Geschäft brandmarken würde, wäre nicht haltbar. Eine andere Frage im

---

292 *Clouth*, in: Praktikerhdb. Wertpapier- und Derivategeschäft^4, Rn. 1181; *Deutscher Derivate Verband*, Erläuterungen zum Fairness Kodex, Ziff. 4.1. Unterstellt werden ein perfekter Markt ohne Arbitragemöglichkeiten sowie dass keine Transaktions- und Absicherungskosten anfallen. Ferner wird davon ausgegangen, dass die Finanzierung zu einem Durchschnittszins erfolgt, der von der Bonität des Emittenten unabhängig ist und dass Anleger eine risikoneutrale Einstellung hätten. Vgl. zur Bewertung von Zinsswaps auch *Hull*, Optionen, Futures und andere Derivate^8, S. 213 ff., zur Risikoneutralität a.a.O. S. 330 ff. und 396 ff.

293 *Clouth*, in: Praktikerhdb. Wertpapier- und Derivategeschäft^4, Rn. 1181 und 1186; *ders.*, ZHR 177 (2013), 212, 239 f. mit Fn. 114; ferner OLG München, Beschl. v. 20.6.2012, Az.: 17 U 1392/12 (Juris), Rn. 9; *Bausch*, BKR 2012, 303, 304 f.; *ders./Baumann*, BB 2011, 146, 147; *Kropf*, ZIP 2013, 401, 404; *Ruland/Wetzig*, BKR 2013, 56, 62; *Schmieder*, WuB I G 1. – 16.12, S. 721, 723. Nach *Grigoleit*, Bankrechtstag 2012, S. 25, 29, war selbst im Sachverhalt des Swap-Urteils finanzmathematisch im Ergebnis ein positiver Saldo für den Kunden zu erwarten gewesen; vgl. ferner LG Düsseldorf, Urt. v. 11.5.2012, Az.: 8 O 77/11, BKR 2013, 166, 171, Rn. 115; a.A. OLG Düsseldorf, Urt. v. 7.10.2013, Az.: I-9 U 101/12, WM 2013, 2026, 2028 (das ergebe sich schon aus den „Gesetzen der Logik"); dezidiert polemisch gegen *Bausch* gerichtet *Roberts*, BKR 2012, 377, 378. Soweit letzterer offenbar von einer statistischen Gewissheit des negativen Marktwerts ausgeht, ist mit *Greenspan*, in: Schwartz/Smith, Derivatives Handbook, S. 497, 498, zu erwidern, dass es sich dabei ohnehin nur um eine Schätzung handeln kann. Vgl. dazu auch die Nachweise in Fn. 277.

294 Vgl. *Clouth*, in: Praktikerhdb. Wertpapier- und Derivategeschäft^4, Rn. 1185; s. bereits supra § 3 B. V. 2. c) bb) (2) (b). Nutzt der Kunde das Produkt selbst zum *hedging*, kann es sich ohnehin nicht „rentieren". Der negative Marktwert drückt dann die *hedge*-Kosten des Kunden aus.

295 *Grigoleit*, Bankrechtstag 2012, S. 25, 49 (soweit der Begriff des negativen Marktwerts suggeriere, dass der Kunde ein „schlechtes Geschäft" gemacht habe, sei dies zwar nicht ausgeschlossen, aber das sei gerade noch nicht deshalb der Fall, weil die Bank ihre Marge eingepreist habe); vgl. auch die eingängigen Beispiele bei *Clouth*, in: Praktikerhdb. Wertpapier- und Derivategeschäft^4, Rn. 1187.

296 Vgl. *Clouth*, in: Praktikerhdb. Wertpapier- und Derivategeschäft^4, Rn. 1178 mit Fn. 1417 (*hedge*-Geschäft sei „integraler Bestandteil" der Dienstleistung Finanzintermediation).

Beratungskontext ist freilich, ob das Geschäft für die vom Kunden geäußerten Bedürfnisse als „geeignet“ empfohlen werden konnte.

d) „Wettgewinne”?

Die Lektüre jüngerer Urteile betreffend OTC-Derivate suggeriert, dass es eine Frage des persönlichen Geschmacks ist, ob man sich auf derartige Geschäfte mit seiner Bank einlässt oder gleich ins Kasino geht. Danach schließe eine Bank beispielsweise eine „Zinswette“ gegen ihren Kunden als dessen „Wettgegnerin“ ab, wobei der Verlust des Kunden der Gewinn der Bank sei.[297] Dabei konstruiere die Bank, vergleichbar einer Lotterie oder Tombola, das Verhältnis von Gewinnlosen und Nieten.[298] Auch wenn gelegentlich im Zusammenhang mit der jüngsten Finanzkrise von „Kasinokapitalismus“ gesprochen wird,[299] stellt sich doch die Frage, ob ein solches Verständnis der Bankenrolle im hiesigen Kontext so verallgemeinernd zutreffend ist. Es ist daher zu untersuchen, ob es sich bei den in den Fokus der Rechtsprechung geratenen Geschäften wirklich um reine „Wettveranstaltungen“ ohne Bezug zu realen Risiken handelt bzw. ob die Bankkunden (regelmäßig Unternehmen der sog. „Realwirtschaft“) wirklich davon ausgehen und ausgehen müssen, sie „zockten“ gegen ihre Bank.

Exemplarisch sind einige der in Rede stehenden Finanzderivate und ihre Qualifizierung als Glücksspiel zu beleuchten. Es wird sich zeigen, dass Spekulation zwar ein möglicher, aber nicht der einzige Anwendungsbereich derartiger Instrumente ist.[300] Ferner ist darzulegen, dass Spekulation eine Qualifizierung als Wette/Spiel allein nicht zu tragen vermag. Anschließend ist auf die Frage einzugehen, ob Banken im Bereich der derivativen Finanzinstrumente wirklich ihre oben beschriebene Intermediärrolle verlassen, um den Kunden als Wettpartner zur Verfügung zu stehen.

aa) Aleatorische Wertpapiergeschäfte, Termingeschäfte und Finanzderivate

(1) Allgemeines zum Glücksspiel

Ausgehend von § 762 Abs. 1 Satz 1 BGB gehören Spiel und Wette zu den sog. unvollkommenen Verbindlichkeiten, d.h. Verbindlichkeiten werden durch sie nicht begründet.[301] Als Telos werden dafür die besondere Gefährlichkeit dieser Geschäf-

---

[297] BGH (Swap-Urteil) BGHZ 189, 13 = NJW 2011, 1949, Rn. 34.

[298] So ausdrücklich OLG Hamm, Urt. v. 10.11.2010, Az.: 31 U 121/08, BKR 2011, 68, 74.

[299] So etwa der Titel eines Buches des Ökonomen *Hans-Werner Sinn*.

[300] Vgl. für eine umfassendere Darstellung von „Spekulations- und Hedgegeschäften“ *Ekkenga*, Anlegerschutz, S. 325 ff.

[301] Die genaue Bedeutung der Norm ist freilich umstritten. So gibt es bereits unterschiedliche Auffassungen, ob durch Spiel- und Wettverträge überhaupt Schuldverhältnisse zustande kommen und wie der Ausschluss der Rückforderung des auf Spiel- und Wettverträge Geleisteten (§ 762

te[302] oder das Fehlen eines ernsthaften wirtschaftlichen oder sittlichen Zwecks genannt.[303] Teilweise wird auch darauf abgestellt, dass derartige Verträge von vornherein einen perplexen Vertragszweck hätten.[304] Beide, Spiel und Wette, gehören zu den aleatorischen Verträgen bzw. stellen deren „Prototypen" dar.[305] Im Zweck werden sie unterschieden. Beim Spiel, in seinen beiden Ausprägungen Glücks- und Geschicklichkeitsspiel, ginge es um die Erzielung eines Vorteils zu Lasten der anderen Teilnehmer.[306] Die Wette diene hingegen der „Bekräftigung bestimmter widerstreitender Behauptungen",[307] mit der Besonderheit, dass bereits bei Vertragsschluss objektiv feststehe, wer Recht habe.[308] Neben den beschriebenen zivilrechtlichen Wirkungen eines als Spiel oder Wette qualifizierten Geschäfts ist auf das strafrechtliche Verbot der unerlaubten (öffentlichen) Veranstaltung eines Glücksspiels in § 284 StGB hinzuweisen.[309] Sofern die Norm einschlägig ist, sind abgeschlossene Glücksspielverträge nach § 134 BGB unwirksam.[310] Da § 284 StGB ausdrücklich nur das *Glücks*spiel erfasst,[311] ist die Differenzierung der genannten aleatorischen Verträge also rechtlich von Relevanz.[312] Die Nichtigkeit derartiger Geschäfte kommt ferner nach § 138 BGB in Betracht, wenn etwa bestimmte Defizite des Vertragspartners wie Leichtsinn, Zwangslagen oder Unerfahrenheit ausgenutzt werden.[313]

Wie zu zeigen sein wird, stellt sich bei den jüngst von der Rechtsprechung behandelten Fällen vor allem die Frage, ob die entsprechenden Produkte als *Glücksspiel* zu qualifizieren sind. Zu klären ist also, ob die Beteiligten als Spieler einen Einsatz riskieren, um eine zufallsbedingte Gewinnmöglichkeit zu erhalten.[314] Ausgangspunkt der folgenden Erörterungen muss sein, dass das – auch spekulative – Eingehen von Risiken zur Gewinnerzielung dem wirtschaftlichen Handeln am Finanz-

---

Abs. 1 Satz 2 BGB) dogmatisch zu qualifizieren ist, vgl. zu alledem *Habersack*, in: MünchKomm BGB⁶, § 762 Rn. 3.

[302] *Sprau*, in: Palandt⁷³, § 762 Rn. 1.

[303] BGH, Urt. v. 29.9.1977, Az.: III ZR 164/75, BGHZ 69, 295 = NJW 1977, 2356, 2357.

[304] *Reiner*, Derivative Finanzinstrumente im Recht, S. 142.

[305] So *Reiner*, Derivative Finanzinstrumente im Recht, S. 133; vgl. auch *Köhler*, in: Schwintowski, Bankrecht⁴, § 21 Rn. 83; ob die Bezeichnung aleatorisch zugleich etwas über die Rechtsverbindlichkeit eines solchen Vertrags aussagt, ist streitig, vgl. dazu *Reiner/Schacht*, WM 2010, 337, 338 (dort Fn. 15) m.w.N.

[306] *Habersack*, in: MünchKomm BGB⁶, § 762 Rn. 7.

[307] RG, Urt. v. 28.6.1905, Az.: Rep. I. 559/04, RGZ 61, 153, 155.

[308] *Reiner*, Derivative Finanzinstrumente im Recht, S. 133, dort Fn. 250.

[309] Die Einordnung des Spiels als Glücks- oder Geschicklichkeitsspiel hängt davon ab, ob Gewinn und Verlust maßgeblich von den persönlichen Fähigkeiten der Beteiligten abhängt oder vom Zufall, vgl. BGH, Beschl. v. 29.9.1986, Az.: 4 StR 148/86, NJW 1987, 851, 852. Unter Strafe gestellt ist nur das Glücksspiel.

[310] Vgl. *Janoschek*, in: BeckOK-BGB, Ed. 31, § 762 Rn. 17.

[311] Vgl. Fn. 309.

[312] A.A. *Reiner*, Derivative Finanzinstrumente im Recht, S. 133 mit Fn. 250.

[313] Vgl. *Janoschek*, in: BeckOK-BGB, Ed. 31, § 762 Rn. 17.

[314] Vgl. *Roberts*, DStR 2010, 1082.

markt immanent ist, da der Ausgang derartiger Engagements notwendigerweise ungewiss ist.[315] Das bedeutet, dass die Klassifizierung einer Anlage als Spekulation an sich noch nicht dazu führen darf, dass solche Geschäfte als unerwünscht mit prohibitiv hohen Anforderungen an Aufklärungspflichten versehen werden, bzw. dass die privatautonome Entscheidung zur Spekulation über Gebühr erschwert wird. Man kann es kaum besser als *Plumpe* sagen: „[W]irtschaftlich gesehen ist Spekulation kein Übel, sondern ein notwendiges Moment allen wirtschaftlichen Handelns, das bei seinem Abschluss mit zukünftigem Erfolg kalkuliert und sich deshalb auf das Risiko einlässt, heute etwas zu tun, von dem man erst in der Zukunft wissen kann, ob es erfolgreich ist. Spekulation ist eine notwendige Voraussetzung dafür, dass es überhaupt zu wirtschaftlicher Entwicklung kommt [...]“.[316]

(2) Zertifikate

(a) Allgemein zur rechtlichen Qualifikation

Zertifikate sind regelmäßig Inhaberschuldverschreibungen im Sinne von § 793 Abs. 1 Satz 1 BGB.[317] Wirtschaftlich gesehen handelt es sich um eine Darlehensausreichung des Zertifikaterwerbers an den Emittenten.[318] Durch die in der Praxis auftretende verschiedenartige Ausgestaltung ist eine allgemeine Definition samt Darstellung nicht möglich.[319] In Zertifikaten lassen sich diverse Finanzmarktinstru-

---

[315] Vgl. *Reiner*, Derivative Finanzinstrumente im Recht, S. 135; *Salewski*, BKR 2012, 100, 103.

[316] *Plumpe*, Wirtschaftskrisen, S. 12. Vgl. ferner auch *Pies*, F.A.Z. v. 31.8.2012, der die Notwendigkeit von Spekulation gerade am besonders umstrittenen Bereich der Agrar-Spekulation festmacht; dazu auch das eingängige Beispiel bei *Taghizadegan*, Wirtschaft wirklich verstehen, S. 209; ferner *Lenenbach*, Kapitalmarktrecht², Rn. 1.66; *Roth*, in: Kölner Komm WpHG², § 37d, f a.F. Rn. 46; a.A. *Bode*, F.A.Z. v. 11.2.2013, S. 20, mit der Aussage, die Gegner eines Verbots müssten die Unschädlichkeit ihres Handelns nachweisen und nicht die Befürworter die Schädlichkeit. Die Verallgemeinerung einer solchen Regel, dass alles, was nicht nachweislich „gut“ ist, verboten werden müsste, ist nicht nur in höchstem Maße freiheitsfeindlich, sondern fortschrittsgefährdend, da der gegenwärtige Wissensstand zementiert würde. Siehe ferner *v. Mises*, Human Action, S. 106 und 113, wonach notwendigerweise menschliches Handeln auf Spekulation basieren muss („Every action is speculation.") und S. 250 ff., S. 329 („[S]peculation is the driving force of the market“), ferner a.a.O. S. 112 („Gambling, engineering, and speculating are three different modes of dealing with the future.“) und 585; vgl. außerdem *Taghizadegan* a.a.O. S. 206 ff. („Spekulation ist eine Möglichkeit, Ahnungen über die ungewisse Zukunft zu bewirtschaften – also menschliche Energie und Genialität darauf auszurichten, die Gegenwart auf die Zukunft vorzubereiten.“). Zu den positiven Wirkungen von Spekulationsgeschäften auf die Informationsübertragung in einer Gesellschaft bereits *v. Hayek*, 35 AER (1945), 519 ff.

[317] *Gehrlein*, in: BeckOK, Ed. 23, § 793 Rn. 9; *Köhler*, in: Schwintowski, Bankrecht⁴, § 21 Rn. 62 ff.; *Lenenbach*, Kapitalmarktrecht², Rn. 9.186; ferner *Deutscher Derivate Verband*, Fairness Kodex, Ziff. 1 Unterabs. 1; vgl. zu verschiedenen Zertifikatetypen *Lenenbach* a.a.O. Rn. 9.188 ff.; *Eck*, in: Zerey, Finanzderivate³, § 5 Rn. 22 ff.

[318] Vgl. *Eck*, in: Zerey, Finanzderivate³, § 5 Rn. 1.

[319] So auch *Salewski*, BKR 2012, 100, 101. A.a.O. werden einige Arten näher betrachtet, etwa Bonus-, Discount-, Garantie-, Reverse- und Expresszertifikate. Vgl. auch *Veldhoff*, Haftung von Kreditinstituten, S. 79 ff.; ferner kann auf die Erläuterungen auf dem Internetauftritt des Deut-

mente durch sog. *financial engineering* „verpacken".[320] Ganz allgemein kann ein Zertifikat zusammenfassend als strukturiertes Anlageprodukt beschrieben werden, das aus verschiedenen Basisinstrumenten kombiniert sein kann.[321] Als Kassageschäfte stellen Zertifikate keine Termingeschäfte nach § 2 Abs. 2 WpHG dar.[322] Dies ist von Bedeutung für die Anwendung des den Spieleinwand ausschließenden § 37e WpHG, der nur für Finanztermingeschäfte gilt.[323] Daher ist § 37e WpHG, soweit Zertifikate unter den Spieleinwand des § 762 BGB fielen, allenfalls analog anzuwenden.[324]

(b) Zertifikate als Wetten

Zunächst liegt es nahe zu fragen, ob Zertifikate nicht als Wetten zu qualifizieren sein können,[325] hat doch sogar der BGH in diesem Zusammenhang von Wetten gesprochen.[326] Entsprechend den obigen Ausführungen geht es indes in den relevanten Konstellationen nicht darum, dass Bank und Vertragspartner ihren jeweiligen Standpunkten in einem *Meinungsstreit* besonderes Gewicht verleihen wollten. Jedenfalls aber ist das *Ergebnis* des abgeschlossenen „Zertifikatgeschäfts" *nicht* bereits *im Abschlusszeitpunkt* objektiv *verifizierbar*.[327] Hinsichtlich der Auszahlungs-

---

schen Derivate Verbands (DVV) verwiesen werden, etwa http://www.deutscherderivateverband.de/MediaLibrary/Document/Derivate-Liga.pdf.

[320] *Salewski*, BKR 2012, 100, 101.

[321] *Heise*, in: Assies/Beule/Heise/Strube, Hdb. des FA-BKR³, Kap. 7 Rn. 78 f., dort als moderne Definition, in Abgrenzung zur klassischen, auf die Urkunde abstellenden, bezeichnet.

[322] BGH, Urt. v. 13.7.2004, Az.: XI ZR 178/03, BGHZ 160, 58 = ZIP 2004, 1636, 1637; *Braun/Lang/Loy*, in: Praktikerhdb. Wertpapier- und Derivategeschäft⁴, Rn. 415 f.; *Veldhoff*, Haftung von Kreditinstituten, S. 61. Vgl. auch *Salewski*, BKR 2012, 100, 102; allerdings erfasst das WpHG, anders als dort behauptet, nicht ausschließlich Termingeschäfte als Derivate, sondern auch finanzielle Differenzgeschäfte, sog. *contracts for difference* (CFD) (§ 2 Abs. 2 Nr. 3 WpHG), die mangels Fälligkeit kein Termingeschäft darstellen, dazu *Kumpan*, in: Schwark/Zimmer, KMRK⁴, § 2 WpHG Rn. 48.

[323] Darauf besonders hinweisend *Mülbert* beim Bankrechtstag, zitiert nach *Walz/Leffers*, WM 2012, 1457, 1462. Zu den Finanztermingeschäften gehören Derivate des § 2 Abs. 2 WpHG und Optionsscheine, § 37e Satz 2 WpHG.

[324] Dafür *Veldhoff*, Haftung von Kreditinstituten, S. 61. § 37e WpHG kann hinsichtlich der Qualifikation des Rechtsgeschäfts kein Argument entnommen werden, s. Text bei Fn. 351; s. beispielhaft in der Argumentation *Clouth*, Rechtsfragen der außerbörslichen Finanz-Derivate, S. 36, zu Devisentermingeschäften mit Barausgleich.

[325] Abschließend lässt sich das abstrakt nicht beurteilen. Bei den folgenden Überlegungen handelt es sich gewissermaßen um „vor die Klammer gezogene" Gesichtspunkte, die im konkreten Einzelfall zu berücksichtigen wären.

[326] BGH (Lehman-II) BKR 2011, 508, Rn. 57 („Wett- bzw. Optionscharakter des Zertifikats"); vgl. auch OLG Schleswig, Beschluss v. 27.1.2012, Az.: 5 U 70/11 (Juris), Rn. 37; *Roberts*, DStR 2011, 1231, 1233 („Wettprogramm"), vgl. auch *Brinckmann*, BKR 2010, 45, 46; *Märker*, NJOZ 2010, 524, 525.

[327] Aus diesem Grund ist auch der für die Wette als wesentlich angeführte Aspekt, den Vertragspartner für seine „falsche Auffassung" zu bestrafen, hier nicht relevant, vgl. *Habersack*, in: MünchKomm BGB⁶, § 762 Rn. 7.

bedingungen von Zertifikaten gibt es in der Praxis große Vielfalt.[328] Gemeinsam ist ihnen, dass sie in irgendeiner Form von einem Basiswert – etwa einem Aktienkurs oder -index – abhängen, dessen Entwicklung allenfalls mit gewissen Wahrscheinlichkeiten antizipiert, aber nicht exakt vorhergesehen werden kann. Wenn also im Zusammenhang mit Zertifikaten in Rechtsprechung und Literatur von Wetten gesprochen wird, bringt dies umgangssprachlich das spekulative Element dieser Finanzprodukte zum Ausdruck. Um Wetten im Rechtssinne handelt es sich bei ihnen nicht.[329]

(c) Zertifikate als Spiele

Es bleibt somit zu untersuchen, ob Zertifikate als Spiele im Rechtssinn qualifiziert werden können.[330] Wie gezeigt, wird zwischen Geschicklichkeits- und Glücksspielen differenziert. An dieser Stelle ist eine Unterscheidung indes nicht erforderlich.[331]

---

328 Zu den gängigsten Auszahlungsprofilen vgl. *Eck*, in: Zerey, Finanzderivate³, § 5 Rn. 19ff.

329 So auch *Köhler*, in: Schwintowski, Bankrecht⁴, § 21 Rn. 84 (allgemein zu Derivaten); *Salewski*, BKR 2012, 100, 103. Dabei entbehrt es nicht einer gewissen Ironie, dass *Reiner/Schacht* darauf hinweisen, dass der Begriff „Spiel" bislang eher von nichtjuristischer Seite verwendet würde, WM 2010, 337, 338. Anders hingegen, vom Glücksspiel sprechend im Zusammenhang mit *Cross-Currency*-Swapverträgen, jetzt OLG München, Beschl. v. 29.3.2012, Az.: 5 U 216/12, BKR 2012, 245 (3. Leitsatz). Deutlich auch *Lehmann*, JZ 2011, 749, 751 mit Fn. 29 (der Ausdruck „Wette" werde bewusst untechnisch und nicht im Sinne von § 762 Abs. 1 BGB verwendet).

330 Vgl. Fn. 325.

331 Zur Relevanz der Differenzierung § 3 B. V. 2. d) aa) (1). Die Klassifizierung hängt davon ab, ob die Gewinnchance maßgeblich vom Zufall (dann Glücksspiel) oder den Kenntnissen und Fähigkeiten der jeweiligen Spieler (dann Geschicklichkeitsspiel) abhängt, *Wohlers*, in: Kindhäuser/Neumann/Paefgen⁴, § 284 StGB Rn. 8, mit Nachweisen zur Rechtsprechung der BGH-Strafsenate und des Bundesverwaltungsgerichts. Zufallsabhängig ist eine Gewinnchance, wenn der den Gewinn oder Verlust bestimmende Kausalverlauf dem steuernden Einfluss der Spieler weitgehend entzogen ist (BGH, Urt. v. 7.2.1952, Az.: 3 StR 331/51, NJW 1952, 392, 393; *Wohlers* a.a.O. m.w.N. Noch enger fordert *Zoller*, BKR 2012, 405, 409, dass eine Abhängigkeit des Ergebnisses von „höherer Gewalt" vorliege. Danach wären Finanzmarktgeschäfte weitestgehend nicht zufallsabhängig, da ihre Ergebnisse Folge des Geschehens bzw. Handelns der Marktteilnehmer an den Finanzmärkten sind. Dass der Einzelne diese Kräfte nicht beeinflussen kann, mache sie aber noch nicht zur „höheren Gewalt". Für seine Auffassung verweist *Zoller* auf die Gesetzbegründung zur Einführung des § 37e WpHG. Dort heißt es, dass bei Finanztermingeschäften in der Regel der [beiderseits erforderliche] subjektive Tatbestands des Spiels fehle, obwohl Finanztermingeschäfte „zugleich den äußeren Tatbestand eines Spiels i. S. v. § 762 BGB erfüllen können", BT-Drs. 14/8017, S. 96. Daraus lässt sich gerade keine so enge Auffassung des Zufallsbegriffs ableiten.). Der BGH hat in einer Entscheidung zum Verkauf von Doppeloptionen auf Warenterminkontrakte ein Geschicklichkeitsspiel angenommen, BGH, Urt. v. 7.12.1979, Az.: 2 StR 315/79, NJW 1980, 1005, 1006. Begründet wurde dies damit, dass die Spieler die Terminmärkte selbst beobachten und nach ihrer eigenen Beurteilung, wann von den Optionen Gebrauch gemacht werden solle, ihren Gewinnanspruch beeinflussen könnten. In der Literatur wird hingegen darauf hingewiesen, dass Spiele ohne jegliche Einflussnahmemöglichkeit des Spielers ein Ausnahmefall seien, weshalb eine Abgrenzung im Ergebnis wertend vorzunehmen sei (*Wohlers* a.a.O. Rn. 9). Allein die letzten Jahre der Wirtschaftskrise mit ihren kaum vorhersehbaren Auswirkungen auf Kurse und Preise zeigen, dass eine maßgebliche Zufallsabhängigkeit im beschriebenen Sinne nicht völlig geleugnet werden kann (so *Salewski*, BKR 2012, 100, 103, die zusätzlich noch auf weitere unvorhergesehene Ereignisse wie

Soweit man mit *Veldhoff* § 37e WpHG auf Zertifikate analog anwendete,[332] wäre der Untersuchungsschritt allein dann relevant, wenn aus der Qualifikation als Spiel etwas für die Herleitung und Reichweite von Aufklärungspflichten bzw. den Umgang mit monetären Eigeninteressen gewonnen werden könnte.[333]

Bereits auf der objektiven Tatbestandsseite des Spiels ist fraglich, ob Zertifikate die Voraussetzungen erfüllen.[334] In Betracht kommt das allenfalls für die Zertifika-

---

Terroranschläge oder Naturkatastrophen hinweist). Unsicherheit besteht auch bezüglich staatlichen Handelns. Beispielsweise wurde die Insolvenz der Bank *Lehman Brothers* noch in Kauf genommen, anschließend indes ein „Rettungspaket" umgesetzt, von dem auch die verbleibenden Investmentbanken profitiert haben. „[D]ass ein großes deutsches Industrieunternehmen für Verbindlichkeiten eines beherrschten Tochterunternehmens nicht mehr aufkommen wollte", war nach der sog. Fokker-Entscheidung unvorhersehbar, BGH (Fokker), Urt. v. 9.5.2000, Az.: XI ZR 159/99, NJW-RR 2000, 1497, 1498. Stellt man mit der Rechtsprechung auf den „Durchschnittsspieler" ab (BGH, Urt. v. 18.4.1952, Az.: 1 StR 739/51, NJW 1952, 673 [Leitsatz]), bekräftigt dies, dass ein solcher in Bezug auf die genannten Phänomene regelmäßig kaum planvoll lenkend in das Geschehen eingreifen kann (dazu *Salewski* a.a.O. S. 103; *Wohlers* a.a.O.). Zutreffend weist *Zoller* a.a.O. aber darauf hin, dass eine so verstandene Zufälligkeit nicht bedeutet, dass Gewinn und Verlust bei der Kapitalanlage von „höheren Mächten", sondern vom freien Spiel der Finanzmärkte abhängen. Letztlich wäre eine Qualifikation als Geschicklichkeitsspiel daher insgesamt möglich, aber nicht zwingend.

332 *Veldhoff*, Haftung von Kreditinstituten, S. 61.

333 Davon geht etwa *Roberts*, DStR 2010, 1082 ff., aus.

334 Ein Glücksspiel liegt vor, wenn die Spieler einen Einsatz riskieren, um eine Gewinnmöglichkeit zu erhalten, deren Realisierung vom Zufall abhängt, vgl. *Roberts*, DStR 2010, 1082. Damit fallen bereits solche Zertifikate aus der Definition, in denen nur die Kuponzahlung unsicher ist, etwa sog. Garantiezertifikate, die vollen Kapitalschutz gewährleisten (vgl. zu Zertifikaten mit vollem Kapitalschutz *Eck*, in: Zerey, Finanzderivate³, § 5 Rn. 30). Bei ihnen geht es lediglich um *zusätzliche* Gewinnmöglichkeiten, sodass schon kein Einsatz des Zertifikaterwerbers vorliegt. Einen Verlust kann er schließlich mit dem Produkt nicht machen, vgl. *Salewski*, BKR 2012, 100, 103. Diese Beurteilung ändert sich richtigerweise auch nicht durch das Emittentenrisiko, das der Erwerber trägt (dazu, dass auch nicht auf die fehlende Verzinsung als Einsatz zurückgegriffen werden kann, *Mülbert/Böhmer*, WM 2006, 937, 947). Das sog. *counterparty risk* ist nämlich keine Besonderheit des Zertifikategeschäfts, sondern allen Geschäften immanent, die nicht sofort vollständig und endgültig abgewickelt werden. Das charakteristische Zufallselement ist nicht das Fortbestehen des Emittenten, sondern die Entwicklung der für das Zertifikat relevanten Basiswerte, vgl. *Salewski* a.a.O. S. 103 f. Bei den gängigen Zertifikatetypen als Kassageschäften findet eine Übertragung von Vollrecht gegen Zahlung eines Kaufpreises statt. Unter diesem Aspekt wurde in der Rechtsprechung teilweise eine Gleichstellung mit Investitionen in Aktien, Fonds, Genussscheinen oder Renten vorgenommen, bei denen sich der „Eintritt des erhofften Vermögenszuwachses als Folge einer günstigen Wertentwicklung des erlangten Rechts am Markt und damit als Ergebnis einer wirtschaftlich sinnvollen Anlageentscheidung" erweist, vgl. LG Düsseldorf, Urt. v. 1.4.2010, Az.: 11 O 493/09 (Juris), Rn. 23. Die Folge einer solchen Argumentation wäre der vollständige Ausschluss auch spekulativer Kassageschäfte (zum Begriff *Jung*, in: Fuchs, Komm WpHG, Vor §§ 37e und 37g Rn. 14) aus dem Anwendungsbereich des § 762 BGB. Ausgehend von der Darlehensfunktion von Zertifikaten wird auch ein Vergleich zum Darlehen mit veränderlichem Zinssatz (vgl. § 489 Abs. 2 BGB) gezogen, bei dem die Zinshöhe stochastischen Schwankungen unterliegt. Solche Umsatzgeschäfte sind ohne weiteres verbindlich, *Reiner/Schacht*, WM 2010, 385, 387. Ein Risikovertrag soll nur noch vorliegen können, wenn ein reales Totalverlustrisiko bestünde, wie dies etwa bei bestimmten Hebelprodukten der Fall ist (ob dies für die Qualifizierung als Risikovertrag notwendig ist, ist umstritten, vgl. *Reiner/Schacht* a.a.O. Fn. 98). Aber selbst wenn solche Risiken vorlägen, sind Situationen denkbar, in denen beide Seiten (Emittent und In-

te, die nur teilweise oder keinen Kapitalschutz bieten.[335] Diesen ist gemein, dass ihr Erfolg als Kapitalanlage ungewiss ist. Dadurch unterscheiden sie sich aber nicht von anderen Kapitalanlagen, etwa Aktienkäufen,[336] bei denen ebenfalls die Wertentwicklung der Unternehmensbeteiligung, wie auch etwaige Dividendenzahlungen nicht ex ante feststehen. Bei Aktiengeschäften wird jedoch trotz dieses „spekulativen Elements" – soweit ersichtlich – eine Qualifizierung als Spiel nicht diskutiert. Das liegt daran, dass, über die objektiven Spielelemente hinaus, nach überwiegender Auffassung *beide* Parteien *subjektiv* mit *Spielabsicht* handeln müssen.[337] Im Finanzrecht wird von Spekulation gesprochen, womit ganz allgemein das auf die Ausnutzung von Preisdifferenzen gerichtete Handeln verstanden werden kann. Eine dem Telos des Spieleinwands entsprechende Tatbestandseinschränkung lässt sich dadurch erreichen, dass eine Spielabsicht verneint wird, sofern *wirtschaftlich berechtigte* oder sonst *anerkennenswerte Zwecke* von den Parteien verfolgt werden.[338] Jedenfalls in diesen Fällen handele es sich nämlich nicht mehr um „nutzloses Tun", das zugleich mit einer Vermögensgefährdung der Beteiligten einhergeht.[339]

Mit der h.M. wäre also zu fragen, ob Zertifikate reine Spekulationsinstrumente sind bzw. anders gewendet, ob sich mit ihnen ernsthafte wirtschaftliche Interessen verfolgen lassen. In Deutschland gibt es ca. 13 Millionen Privatanlegerdepots.[340] In

---

vestor) ihre ursprünglichen jeweiligen Ziele erreichen. Dann läge zumindest kein perplexer Vertragszweck vor, was teilweise als entscheidend zur Verneinung eines Spiels im Rechtssinne angesehen wird, vgl. Fn. 338 a.E.

335 Vgl. Fn. 334.

336 Vgl. *Salewski*, BKR 2012, 100, 104.

337 Vgl. *Januschek*, in: BeckOK-BGB, Ed. 31, § 762 Rn. 5; *Roth*, in: Kölner Komm WpHG², § 37e Rn. 32. Ein Spiel liegt schon nicht mehr vor, wenn die Spielabsicht auch nur bei einer Partei fehlt, vgl. *Habersack*, in: MünchKomm BGB⁶, § 762 Rn. 5 f.; *Mülbert/Böhmer*, WM 2006, 937, 948.

338 BGH, Urt. v. 29.9.1977, Az.: III ZR 164/75, BGHZ 69, 295 = NJW 1977, 2356, 2357; *Roth*, in: Kölner Komm WpHG², § 37e Rn. 32; ferner *Januschek*, in: BeckOK-BGB, Ed. 31, § 762 Rn. 5; *Köhler*, in: Schwintowski, Bankrecht⁴, § 21 Rn. 86 ff.; *Mülbert/Böhmer*, WM 2006, 937, 947 f., mit zutreffender Einordnung der anderen Auffassung von *Habersack*, in: MünchKomm BGB⁶, § 762 Rn. 4, der davon ausgeht, dass Glücksspiel regelmäßig nur bei beiderseitiger Übernahme von Risiken und Zufallsabhängigkeit des Pflichtenprogramms vorliege, was aber nicht notwendig zu von der h.M. abweichenden Ergebnissen führen muss, vgl. *Salewski*, BKR 2012, 100, 104, dort Fn. 37. Anders auch *Reiner/Schacht*, WM 2010, 337, 340 ff., die eine vertragsimmanente Lösung über das Anknüpfen an die zwangsläufige Verlustposition einer der Spieler („Verlierer") erzielen wollen, was zu einem perplexen Vertragszweck führe.

339 Vgl. *Roberts*, DStR 2010, 1082. Dabei sprechen die besseren Gründe bereits dagegen, Spekulation als wirtschaftlich unberechtigten bzw. nicht anerkennenswerten Zweck anzusehen, vgl. Text bei und Nachweise in Fn. 316; ferner *Salewski*, BKR 2012, 100, 104.

340 Insgesamt gab es in Deutschland im März 2011 über 28 Mio. Wertpapierdepots, in denen etwa 2,1 Billionen € verwahrt wurden, *Schäfer/Lang*, in: Hdb. Vermögensverwaltung, § 1 Rn. 1, bezugnehmend auf eine Bundesbankstatistik. Allerdings ging die Anzahl bis Juni 2013 auf 24 Mio. zurück, vgl. www.zentraler-kreditausschuss.de/wertpapiervermoegen-in-deutschalnd/ (letzter Abruf vom 17.2.2014), eine jüngere Bundesbankstatistik besprechend. Die Marktkapitalisierung für strukturierte Finanzprodukte übertraf 2007 die Marke von 200 Mrd. €, *Köndgen*, in:

Zertifikaten sind etwa 100 Milliarden Euro investiert.[341] Allein in den ersten fünf Monaten des Jahres 2012 sind von den Banken 700.000 neue Zertifikate auf den Markt gebracht worden.[342] Diese beeindruckenden Zahlen legen die Vermutung nahe, dass Anleger diese Summe nicht nur „verdaddeln“, sondern durchaus einen „ernsten“ subjektiven Mehrwert durch die Anlage erzielen wollen.[343] Über Anlagezertifikate wird Privatanlegern beispielsweise Marktzugang zu sonst kaum zugänglichen Produktklassen ermöglicht.[344] Durch die verschiedenartige Ausgestaltung können insbesondere die jeweiligen Risikoneigungen der Anleger in der Geldanlage recht genau berücksichtigt werden.[345] So lassen sich z.B. im Vergleich mit Fonds Preisvorteile erzielen.[346] Ferner lassen sich Zertifikate zur Kursabsicherung einsetzen.[347] Ob angesichts dieser breiten Palette (unbestreitbar legitimer) wirtschaftlicher Zwecke, zu denen Zertifikate eingesetzt werden können, im Einzelfall ausschließlich reine Spekulationszwecke verfolgt werden, bedarf daher genauer Prüfung. Regelmäßig dürfte das nicht der Fall sein.

Letztlich wird sich ferner der Vertragspartner des Zertifikateinhabers (dies kann die Bank sein) gegen die Risiken aus dem Zertifikategeschäft absichern.[348] Jedenfalls wenn solche *hedge*-Geschäfte rechtsverbindlich sind (z.B. weil sie unter § 37e Satz 2 WpHG fallen), kann dem Emittenten gleichgültig sein, ob sich aus dem Zertifikat für ihn Zahlungspflichten ergeben.[349] Dies lässt die Spekulationsabsicht ent-

FS Hopt (II), S. 2113, 2115. Für eine detaillierte Darstellung, wie das Finanzvermögen der deutschen Haushalte (4,26 Billionen €) im Jahr 2005 verteilt war, *Schwintowski*, Neuorientierung bei den deutschen Finanzdienstleistern, S. 75 ff.

341 *Märker*, BKR 2011, 147. Die Gesamtdepotbestände der privaten Haushalte betrugen im März 2011 ca. 800 Mrd. €, *Schäfer/Lang*, in: Hdb. Vermögensverwaltung, § 1 Rn. 1.

342 *Mohr*, F.A.Z. v. 26.5.2012, S. 9. Zum Vergleich: Anfang 1959 gab es 530.000, Ende 1973 bereits 5.476.000 Depots im Inland, *Hopt*, Kapitalanlegerschutz im Recht der Banken, S. 139. Die Entwicklung zum „Massenmarkt Wertpapiergeschäft“ lässt sich an dieser Entwicklung gut ablesen. An den Zertifikatebörsen Euwax und Scoach in Stuttgart bzw. Frankfurt sind mehr als eine Million Zertifikate und Hebelpapiere zu handeln, wohingegen es 2007 erst 140.000 waren, *Mohr*, F.A.Z. v. 18.9.2012, S. 20.

343 Aufgrund der enormen Anzahl erhältlicher Produkte verbieten sich Pauschalierungen, beispielhaft *van Randenborgh*, ZRP 2010, 76, 77 („*Alle* Zertifikate (...) beinhalten ausschließlich eine Wette.“ [Hervorh. durch Verf.]); wie hier *Veldhoff*, Haftung von Kreditinstituten, S. 60.

344 Etwa im Rohstoff-Bereich oder für die sog. *emerging markets*, beispielsweise über Zertifikate auf den Emerging Markets Index (EMCI); vgl. auch *Köndgen*, in: FS Hopt (II), S. 2113, 2116 und 2120 f.

345 Vgl. etwa *Mohr*, F.A.Z. v. 18.9.2012, S. 20, wonach die Deutsche Bank allein auf den Basiswert der Daimler-Aktie 451 Bonus- und 158 Discountzertifikate, sowie 65 Aktienanleihen und 484 Optionsscheine anbietet, um möglichst viele Laufzeiten und verschiedene Risikoprofile abzubilden.

346 Zu all diesen Punkten vgl. *Eck*, in: Zerey, Finanzderivate^3, § 5 Rn. 2, 17; *Mohr*, F.A.Z. v. 26.5.2012, S. 9.

347 *Salewski*, BKR 2012, 100, 104.

348 Vgl. o.V., Basisinformationen über Termingeschäfte, S. 110. Zur Relevanz von *hedge*-Geschäften im Verhältnis Emittent und Zertifikateinhaber *Reiner/Schacht*, WM 2010, 385, 388.

349 Vgl. *Salewski*, BKR 2012, 100, 105.

fallen, wobei die Bewertung nach § 762 BGB im Zeitpunkt des Vertragsschlusses zu erfolgen hat.[350]

§ 37e WpHG lassen sich für die Qualifizierung indes keine Argumente entnehmen.[351] Zur Spiel- bzw. Spekulationsabsicht äußert sich die Norm nicht. Es ist vielmehr so, dass erst, wenn (von Amts wegen[352]) festgestellt wurde, das ein Spiel oder eine Wette vorliegt, es überhaupt darauf ankommt, ob der sog. Spieleinwand nach § 37e WpHG ausgeschlossen ist. Wenn die Voraussetzungen von § 762 BGB vorliegen, handelt es sich um ein Spiel, das gegebenenfalls nach § 37e WpHG rechtsverbindlich ist.

Wie gezeigt, liegt eine Einordnung als Spiel aber insbesondere aufgrund der regelmäßig fehlenden subjektiven Voraussetzungen üblicherweise fern. Allein auf die aleatorischen Elemente dieser Produkte lässt sich jedenfalls keine Sonderbeurteilung unter Wett- bzw. Spielgesichtspunkten stützen.[353]

(3) Zinsswaps

Zinsswaps[354] wurden in der Rechtsprechung bereits mehrfach als Glücksspiel („Zinswette") eingeordnet.[355] Bei einem Zinsswap handelt es sich um ein Terminge-

---

[350] Vgl. auch *Köhler*, in: Schwintowski, Bankrecht[4], § 21 Rn. 85; *Mülbert/Böhmer*, WM 2006, 937, 948 (jedenfalls *hedging* sei wirtschaftlich berechtigtes Interesse); *Reiner/Schacht*, WM 2010, 385, 388 („Hedging immunisiert das Gelingen des Vertrags [...] gegen vertragliche Zufallselemente."); *Spindler*, in: Langenbucher/ Bliesener/Spindler, BankR-Komm., Kap. 33 Rn. 19.

[351] A.A. *Veldhoff*, Haftung von Kreditinstituten, S. 61.

[352] *Jung*, in: Fuchs, Komm WpHG, § 37e, Rn. 2; *Roth*, in: Kölner Komm WpHG[2], § 37e Rn. 29; *Sprau*, in: Palandt[73], § 762 BGB Rn. 5a.

[353] I.E. auch *Veldhoff*, Haftung von Kreditinstituten, S. 61.

[354] Allgemein geht es bei Swaps um den einmaligen oder periodischen Austausch von Zahlungsströmen auf der Basis eines zugrundeliegenden Nominalbetrags, o.V., Basisinformationen über Finanzderivate (Stand: Juli 2008), S. 41. Bei einfachen sog. *plain vanilla*-Zinsswaps werden Zinszahlungen in (regelmäßig) derselben Währung ausgetauscht, vgl. o.V., Basisinformationen über Finanzderivate, S. 41; *Schüwer/Steffen*, in: Zerey, Finanzderivate[3], § 1 Rn. 24. Als Referenzzinssätze kommen etwa EURIBOR, LIBOR oder EONIA in Betracht, vgl. *Schüwer/Steffen* a.a.O. Ein Nominalbetrag wird bei einem Zinsswap nicht übertragen; zu zahlen sind zu den festgelegten Terminen nur die „Spitzenbeträge" (sog. *netting*), vgl. *Rudolf*, in: Kümpel/Wittig, Bank- und Kapitalmarktrecht[4], Rn. 19.133. Zinsswaps können durch Veränderung bereits getroffener Liquiditätsdispositionen Zinsbindungsfristen verändern, was im wirtschaftlichen Ergebnis zu einer Umkehr von Festzinsanlagen/-verbindlichkeiten in variabel verzinsliche Anlagen/Verbindlichkeiten führt, vgl. *Lenenbach*, Kapitalmarktrecht[2], Rn. 9.151; o.V., Basisinformationen über Finanzderivate, S. 41 f. Ihr Einsatz kann auch sinnvoll sein, um durch Ausnutzung komparativer Kostenvorteile Finanzierungskosten zu senken, *Maulshagen/Maulshagen*, BB 2000, 243, 245; vgl. auch die Beispiele bei *Lenenbach* a.a.O. Rn. 9.153 ff.; *Schäfer*, ZIP 1986, 1304.

[355] Beispielhaft BGH (Swap-Urteil) BGHZ 189, 13 = NJW 2011, 1949 (Leitsatz 2); OLG Hamm, Urt. v. 10.11.2010, Az.: I-31 U 121/08 (Juris), Orientierungssätze 1 und 2; OLG Köln, Urt. v. 18.1.2012, Az.: I-13 U 235/10 (Juris), Rn. 22; LG Frankfurt a.M., Urt. v. 2.2.2012, Az.: 3-04 O 50/10 (Juris), Rn. 51. Aus der Literatur etwa *Emmerich*, in: MünchKomm BGB[6], § 311 Rn. 120 („reine spekulative Zinswetten"); *Köndgen/Sandmann*, ZBB 2010, 77, 89; *Tilp*, EWiR 2010, 597.

schäft in Form eines Festgeschäfts.[356] Dabei verpflichten sich die Parteien zur gegenseitigen Leistung (Austausch) von Geldbeträgen. Anders als der englische Begriff vermuten ließe (Swap = Tausch), handelt es sich indes nicht um einen Tausch im Sinne von § 480 BGB.[357] Zinsswaps sind als atypische, gegenseitige Verträge im Sinne von § 320 BGB einzuordnen, deren Inhalt die *wechselseitige* Begründung von Geldschulden ist.[358]

Fraglich ist, ob § 762 BGB auf sie anzuwenden ist.[359] Dies ist zu verneinen, wenn wirtschaftlich berechtigte Zwecke verfolgt werden.[360] Auszunehmen sind daher alle Zinsswaps, die zu Absicherungszwecken verwendet werden (*hedging*).[361] Aber auch in den Fällen, in denen ein Vertragspartner – regelmäßig die Bank – von Anfang an die Glattstellung des Swaps anstrebt, liegt jedenfalls keine *beidseitige* Spekulationsabsicht vor.[362] Außerdem übernehmen beide Seiten nicht nur Risiken, sondern echte gegenseitige Pflichten (Austausch von *cashflows*), sodass objektiv nicht nur „eine Leistung" vorliegt, deren Gläubiger und Schuldner vom Zufall abhängt.[363] Selbst wenn der Swap zu Spekulationszwecken eingesetzt werden sollte, wird dies nicht selten dazu dienen, um durch zusätzliche Erträge sonstige Kosten zu reduzie-

---

356 *Clouth*, Rechtsfragen der außerbörslichen Finanzderivate, S. 40; *Köhler*, in: Schwintowski, Bankrecht⁴, § 21 Rn. 45.

357 H.M., vgl. *Clouth*, Rechtsfragen der außerbörslichen Finanzderivate, S. 44; *Jahn*, in: Schimansky/Bunte/Lwowski, Bankrechts-Hdb.⁴, § 114 Rn. 75; *Maulshagen/Maulshagen*, BB 2000, 243, 245; *Roller/Elster/Knappe*, ZBB 2007, 345, 353; *Ruland/Wetzig*, BKR 2013, 56; *Schäfer*, ZIP 1986, 1304, 1305; a.A. *Borchers*, Swapgeschäfte, S. 59 f. Hinsichtlich der Begründung dürfte entscheidend sein, dass ein Tausch nicht dem Parteiwillen entspräche, da gerade keine Forderungen ausgetauscht werden, sondern *neue Zahlungsverpflichtungen* für die Vertragsparteien entstehen, vgl. *Maulshagen/Maulshagen* a.a.O.; anders in der Begründung *Schäfer* a.a.O., wonach Geld kein individueller Wert sei und auch keine Gattungsschuld vorläge, weshalb der Anwendungsbereich von § 480 BGB nicht eröffnet sei. Mangels gegenseitiger Kapitalüberlassung stellen Zinsswaps auch keine wechselseitigen Darlehen im Sinne von § 488 BGB dar, *Jahn* a.a.O.; *Maulshagen/Maulshagen* a.a.O.; *Ruland/Wetzig*, a.a.O. S. 56. Zinsswaps setzen auch kein „Drittgeschäft" voraus, weshalb auch eine Qualifizierung als Schuld- oder Erfüllungsübernahme nach §§ 414, 415; 329 BGB nicht in Betracht kommt, *Jahn* a.a.O.; *Maulshagen/Maulshagen* a.a.O.; *Ruland/Wetzig* a.a.O.; *Schäfer* a.a.O. Leistungsgegenstand des Vertrags ist nicht die reine Zahlung einer Differenz, da dies lediglich Ergebnis des *netting* der beiderseitigen Zahlungsverpflichtungen ist. Es liegt demnach kein Differenzzahlungsvertrag im Sinne eines CFD vor, vgl. *Clouth* a.a.O. S. 45.

358 *Rudolf*, in: Kümpel/Wittig, Bank- und Kapitalmarktrecht⁴, Rn. 19.125.

359 Diskutiert wurde früher auch die Anwendbarkeit des Differenzeinwands aus § 764 BGB a.F., da Zinsswaps offene Differenzgeschäfte seien, so etwa *Schäfer*, ZIP 1986, 1304, 1306. Der Differenzeinwand wurde jedoch mit Wirkung zum 1.7.2002 aufgehoben, sodass die Problematik nunmehr allein bei § 762 BGB zu verorten ist.

360 Vgl. § 3 B. V. 2. d) aa) (2) (c).

361 Vgl. auch *Maulshagen/Maulshagen*, BB 2000, 243, 246; *Schäfer*, ZIP 1986, 1304, 1306.

362 Vgl. *Lenenbach*, Kapitalmarktrecht², Rn. 9.275 (Die Bank sei „keine echte Gegenpartei, sondern habe eine Vermittlerrolle inne.").

363 Vgl. *Roberts*, DStR 2010, 1082, 1083, der betont, dass es für Spielverträge charakteristisch sei, dass es für die Leistung „keine Gegenleistung" gibt; ferner *Habersack*, in: MünchKomm BGB⁶, § 762 Rn. 5.

ren (Stichwort: „Zinsoptimierung“[364]).[365] Im Ergebnis ist festzuhalten, dass die rechtliche Einordnung als Spiel[366] zwar möglich erscheint, regelmäßig aber nicht zutreffen wird.[367] Sofern also aus dem vermeintlichen Spielcharakter besondere Schlüsse gezogen werden sollen,[368] muss die „Spiel- und Wetteigenschaft“ im Rechtssinn im konkreten Einzelfall geprüft werden.[369]

(4) Zinswährungsswaps

Zinswährungsswaps werden in der Rechtsprechung teilweise als Wetten qualifiziert.[370] Argumentieren lässt es sich weitgehend parallel wie bei Zinsswaps. Bei Zinswährungsswaps (*cross currency*-Swaps) vereinbaren die Vertragsparteien

---

[364] Vgl. OLG Frankfurt a.M., Urt. v. 29.7.2009, Az.: 23 U 76/08, ZIP 2009, 1708, 1710 f.

[365] Vgl. *Maulshagen/Maulshagen*, BB 2000, 243, 246. Besonders stark ist dieses Argument für sich genommen freilich nicht. Schließlich ließe sich auch in einem Kasino potentiell ein erwünschter zusätzlicher Ertrag für sonstige Zwecke (z.B. der Reduzierung sonstiger Zinslasten) generieren; vgl. auch *Fichtner/Hartlieb*, DB 2013, 2519, 2521.

[366] Wetten kommen nach obigen Ausführungen ebenfalls nicht in Betracht, supra § 3 B. V. 2. d) aa) (1) und (2) (b); a.A. diesbezüglich und sichtlich bemüht die Definition der Wette „zu erfüllen“ *Jäger/Meuschke/Hartlieb*, BKR 2013, 456, 462, wonach es bei Swaps um nichts anderes ginge als widerstreitende Behauptungen zu bekräftigen; ferner *Jahn*, in: Schimansky/Bunte/Lwowski, Bankrechts-Hdb.[4], § 114 Rn. 94.

[367] Zutreffend auch *Schelling*, Vergütungssysteme und Interessenkonflikte, S. 225, wonach es ein „verbreitetes Missverständnis“ sei, dass Banken mit Wetten gegen ihre Kunden bei Swaps Gewinn erwirtschafteten. Ergänzend ließe sich gegen eine Einordnung als Wette/Spiel der Gedanke anführen, dass Zinsderivate regelmäßig keinen perplexen Vertragszweck aufweisen, da sie jederzeit glattstellbar bzw. reproduzierbar seien und deshalb die wechselseitigen Pflichten einen Marktwert unabhängig vom Eintreten des abgesicherten Risikos hätten (so auf der Basis der „Zweckverfehlungslehre“ bzw. des „Causa-Ansatzes“ *Reiner/Schacht*, WM 2010, 337, 343). Zweifelnd bezüglich der jederzeitigen Glattstellbarkeit indes *Maulshagen/Maulshagen*, BB 2000, 243, 246.

[368] So etwa *Roberts*, DStR 2010, 1082, 1084 (Unanwendbarkeit des Äquivalenzgrundsatzes bei Spielverträgen).

[369] Kritisch zur Glücksspielargumentation auch *Spindler*, in: Langenbucher/Bliesener/Spindler, BankR-Komm., 33. Kap. Rn. 187. Diese Frage erübrigt sich trotz des hier regelmäßig eingreifenden § 37e WpHG nicht, da dieser auf die rechtliche Qualifizierung keinen Einfluss hat, dazu supra Text bei Fn. 351. Der CMS-Swap, über den der BGH im Swap-Urteil zu entscheiden hatte [BGH (Swap-Urteil) BGHZ 189, 13 = NJW 2011, 1949 und infra § 5 A. XVII.], stellt ein besonders komplexes, pfadabhängiges Zinsderivat dar, vgl. detailliert dazu *de Corbavia-Perisic/Maier*, in: Zerey, Finanzderivate[3], § 3 Rn. 21 ff.; ferner *Lenenbach*, Kapitalmarktrecht[2], Rn. 9.258 ff.; o.V., Basisinformationen über Finanzderivate, S. 46. Es handelt sich bei CMS-Swaps um Sonderformen von Basisswaps (vgl. o.V., Basisinformationen über Finanzderivate, S. 44), bei denen unterschiedliche variable Zinssätze getauscht werden, mit denen sich insbesondere Markterwartungen hinsichtlich der Zinsstrukturkurve umsetzen lassen (s. das Beispiel bei *de Corbavia-Perisic/Maier* a.a.O. Rn. 24). Auch solche speziellen Zinsderivate (vgl. *Schüwer/Steffen*, in: Zerey, Finanzderivate[3], § 1 Rn. 24) sind konkret auf ihren vermeintlichen „Spiel- und Wettcharakter“ hin zu untersuchen, sollen daran rechtliche Folgen geknüpft werden.

[370] Beispielhaft OLG Stuttgart, Urt. v. 14.12.2011, Az.: 9 U 11/11 (Juris), Rn. 28; LG München, Urt. v. 13.9.2011, Az.: 34 O 26336/10 (Juris), Rn. 2, 69 und 82.

Geldbeträge in unterschiedlichen Währungen auszutauschen.[371] Zusätzlich sind die Parteien zum Austausch von Zinszahlungen auf der Grundlage der jeweiligen Nominalbeträge in den verschiedenen Währungen verpflichtet.[372] Wirtschaftlicher Hintergrund für die Verwendung von derartigen Swaps ist regelmäßig die Absicherung von Währungsrisiken.[373] Daneben lassen sich Derivate zur Spekulation über sog. *carry trades* nutzen.[374] Rechtlich stellen sie atypische gegenseitige Verträge dar.[375] Eine Klassifizierung als Spiel[376] ist bei derartigen Geschäften nicht von vornherein ausgeschlossen, aber in der Regel dürfte erneut keine *beidseitige* Spekulationsabsicht der Vertragspartner vorliegen.[377]

(5) Kreditderivate, insbesondere Credit Default Swaps (CDS)

Im Zusammenhang mit Kreditderivaten wird ebenfalls von Wetten gesprochen.[378] CDS stellen *gegenseitige Verträge sui generis* dar.[379] Im Ausgangspunkt dienen diese Produkte dem Transfer von Kreditrisiken, die aus ihrer zugrundeliegenden Kreditbeziehung herausgelöst wurden.[380] Banken treten auf dem Markt für Kredit-

---

[371] Der Austausch der Nominalbeträge am Ende der Laufzeit ist zwingend, wobei ein solcher auch am Anfang der Laufzeit üblich ist, vgl. *Jahn*, in: Schimansky/Bunte/Lwowski, Bankrechts-Hdb.[4], § 114 Rn. 4 und 76; *Köhler*, in: Schwintowski, Bankrecht[4], § 21 Rn. 51.

[372] Ansonsten würde es sich um einen Devisen- bzw. *foreign exchange*-Swap handeln, der aus einer Kombination von Devisenkassageschäft und Devisentermingeschäft besteht, vgl. *Schüwer/Steffen*, in: Zerey, Finanzderivate[3], § 1 Rn. 27. Für die Ausgestaltung gibt es verschiedene Möglichkeiten, vgl. dazu *Jahn*, in: Schimansky/Bunte/Lwowski, Bankrechts-Hdb.[4], § 114 Rn. 4; *Lenenbach*, Kapitalmarktrecht[2], Rn. 9.156 ff.

[373] Dazu *Schüwer/Steffen*, in: Zerey, Finanzderivate[3], § 1 Rn. 25, auch zur Unterteilung in Umrechnungskurs-, Transaktions- und operative Risiken.

[374] Vgl. das Beispiel in o.V., Basisinformationen über Finanzderivate, S. 52 f.

[375] *Clouth*, Rechtsfragen der außerbörslichen Finanz-Derivate, S. 23; *Jahn*, in: Schimansky/Bunte/Lwowski, Bankrechts-Hdb.[4], § 114 Rn. 76; *Maulshagen/Maulshagen*, BB 2000, 243, 247; *Ruland/Wetzig*, BKR 2013, 56. Verschiedene Auffassungen werden indes zur Frage des Dauerschuldcharakters vertreten, vgl. auch hierzu die referenzierte Literatur.

[376] Eine Wette liegt wiederum nicht vor, vgl. supra § 3 B. V. 2. d) aa) (1) und (2) (b).

[377] Ferner handelt es sich auch hier um synallagmatische Pflichten, deren Nutzen jedoch ggf. für eine oder beide Parteien (im Falle der Spekulation) noch nicht feststehen. Deshalb ist auch der Vertragszweck nicht von vornherein perplex; a.A. LG München (Fn. 370), das zwar im Tatbestand noch richtig beschreibt, dass bei einem *cross currency*-Swap Währungen *ausgetauscht* werden (Rn. 2), aber später darauf abstellt, dass bei einem solchem Geschäft „eigentlich" *keine Gegenleistung* erbracht würde (a.a.O. Rn. 69).

[378] LG Tübingen, Urt. v. 23.2.2010, Az.: 5 O 165/09 (Juris), Rn. 62; *Bayer*, Credit Default Swaps, Wetten auf Italien, Spanien und die Deutsche Bank, FTD v. 5.11.2008.

[379] *Zerey*, in: Zerey, Finanzderivate[3], § 8 Rn. 5; vgl. auch *Jahn/Fried*, in: MünchKomm InsO[3], § 104 Rn. 115; a.A. *Nordhues/Benzler* WM 1999, 461, 463, die von einer Garantie ausgehen.

[380] Vgl. *Deutsche Bundesbank*, Monatsbericht Dezember 2004, S. 43; *Köhler*, in: Schwintowski, Bankrecht[4], § 21 Rn. 67 ff.

derivate[381] als Risikoverkäufer wie auch als Risikokäufer auf.[382] Solche Derivate können von Banken eingesetzt werden, um Konzentrationsrisiken des Kreditportfolios zu reduzieren, Beschränkungen für Kreditvergaben in verschiedene Anlageklassen einzuhalten und nachgefragte, im Markt aber sonst nicht erhältliche Risikopositionen zu schaffen.[383] Neben der Kreditabsicherung bieten sich Spekulationsmöglichkeiten, indem selektiv Risiken übernommen werden.[384]

CDS lassen sich schon dann nicht als Spiel[385] qualifizieren, wenn das Geschäft zu Absicherungszwecken geschlossen wurde.[386] In Betracht käme eine Einordnung als Spiel nur, sofern beide Parteien ausschließlich zu Spekulationszwecken handelten,[387] was gerade angesichts der mannigfaltigen, wirtschaftlich sinnvollen Funktionen im Einzelfall genau zu prüfen ist.[388]

---

[381] Ein „typischer" CDS soll hier kurz vorgestellt werden (vgl. allgemein zu Kreditderivaten *Lenenbach*, Kapitalmarktrecht², Rn. 9.162 ff.): Beispielhaft ist anzunehmen, dass ein ausfallrisikobehaftetes Referenzunternehmen existiert, beispielsweise ein Emittent einer Anleihe. Ein Sicherungsgeber (*protection seller*) verspricht gegen die Zahlung einer Prämie (*credit spread*) das spezifizierte Risiko für eine bestimmte Frist insofern abzusichern, als dass er im Falle eines sog. Kreditereignisses (*credit event*) eine Zahlung in Höhe des abgesicherten Betrags an den Sicherungsnehmer (*protection buyer*) leistet. Dieser kann dann – je nach vorheriger Vereinbarung – das Referenzaktivum zum Nominalwert an den Sicherungsgeber übertragen (*physical settlement*) oder er erhält eine Differenzzahlung zwischen Nominalwert und Wiedergewinnungswert des Referenzaktivums (*cash settlement*), vgl. zur Konstruktion *Deutsche Bundesbank*, Monatsbericht Dezember 2004, S. 44 f.; *Schüwer/Steffen*, in: Zerey, Finanzderivate³, § 1 Rn. 37; vgl. auch das Beispiel bei *Läger/Schlosser* a.a.O. § 2 Rn. 7. Anders als dies in Öffentlichkeit und (Fach-)Literatur teilweise dargestellt wird, ist aber zu betonen, dass diese Produkte *keine Versicherungen* darstellen. Zwar ist ein wesentlicher Einsatzbereich die Absicherung von Kreditrisiken, jedoch ist es nicht zwingend, dass der Sicherungsnehmer dem abgesicherten Kreditrisiko zuvor überhaupt ausgesetzt war. Insofern greift die Beschreibung als „Ausfallversicherung" (so etwa *Schüwer/Steffen* a.a.O.) zu kurz bzw. ist jedenfalls missverständlich, zutreffend *Reiner/Schacht*, WM 2010, 385, 388 f.; vgl. auch *Jahn*, in: Schimansky/Bunte/Lwowski, Bankrechts-Hdb.⁴, § 114 Rn. 86; *Lenenbach*, Kapitalmarktrecht², Rn. 9.176.

[382] Vgl. *Schüwer/Steffen*, in: Zerey, Finanzderivate³, § 1 Rn. 35 a.E. Auf dem Markt für *credit default*-Swaps stellen sie die größte Teilnehmergruppe dar, *Zerey* a.a.O. § 8 Rn. 8.

[383] *Schüwer/Steffen*, in: Zerey, Finanzderivate³, § 1 Rn. 35, 38; vgl. auch *Deutsche Bundesbank*, Monatsbericht Dezember 2004, S. 47 f., wo zusätzlich die aus der aufsichtsrechtlichen Regulierung nach „Basel-II" folgenden Anreize für Banken zum Einsatz von CDS beschrieben werden. Schließlich lassen sich CDS auch zu Arbitragezwecken einsetzen.

[384] Vgl. o.V., Basisinformationen über Finanzderivate, S. 54.

[385] Zur Abgrenzung zur Wette supra § 3 B. V. 2. d) aa) (1) und (2) (b).

[386] Vgl. auch supra § 3 B. V. 2. d) aa) (2) (c).

[387] *Brandt*, BKR 2002, 243, 250.

[388] Wird ein CDS zusätzlich verbrieft, sog. *credit linked notes* (CLN), ist es für die Bank möglich, ihren Vertragszweck selbst dann zu erreichen, wenn eine offene, d.h. spekulative Risikoposition dazu führte, dass die Bank überdurchschnittliche Zinsen zahlen müsste. Von vornherein wäre der Vertragszweck somit nicht perplex, *Reiner/Schacht*, WM 2010, 385, 393 f. Ferner hätte die Bank in derartigen Konstellationen kein Kontrahentenausfallrisiko mehr, da die maximale Ausfallsumme von den Investoren der CLN eingezahlt werden, vgl. *Läger*, in: Zerey, Finanzderivate³, § 2 Rn. 8.

(6) Optionen und Optionsscheine

Schließlich wird der Abschluss von Optionsgeschäften bzw. der Optionsscheinhandel[389] in der Rechtsprechung als Wette qualifiziert.[390] Ihre Anwendungsbereiche sind vielfältig.[391] Sollen die genannten Produkte als Spiel eingeordnet werden,[392] ist wiederum im Einzelfall zu prüfen, ob ein beidseitiger Spekulationswille vorliegt. Selbst wenn dies so wäre, gilt es zu beachten, dass aufgrund der asymmetrischen Risikostruktur noch kein „unfaires Spiel" vorliegt. Diese ist Ausdruck der unterschiedlichen Positionen,[393] die über die Höhe der zu zahlenden Prämie miteinander in Einklang gebracht werden.[394]

bb) Margenrealisierung für die Bereitstellung von Marktzugang

Wenn Banken nach alledem regelmäßig nicht gegen ihre Vertragspartner „spielen", verbleibt zu klären, auf welche Weise sie in den skizzierten Geschäftsbereichen einen Ertrag erzielen. Im Ergebnis werden auch hier Vermittlungsleistungen erbracht,[395] für die Margen in die den Kunden gebotene Konditionen eingepreist wer-

---

[389] Optionen stellen bedingte Termingeschäfte dar, wobei Käufer (*long position*) gegen Zahlung einer Prämie das Recht zum Kauf (*call*) oder Verkauf (*put*) eines Basiswerts in bestimmter Menge zu einem im Voraus bestimmten Basispreis erhalten. Andersherum ist der Verkäufer (*short position*) gegen Zahlung der Prämie zum Kauf/Verkauf des Basiswerts in zuvor bestimmter Menge zum vorab bestimmten Preis verpflichtet, vgl. *Lenenbach*, Kapitalmarktrecht², Rn. 9. 128 ff.; o.V., Basisinformationen über Termingeschäfte, S. 36. Laufzeit und Basiswert (etwa Aktien, Anleihen, Devisen etc.) sind frei gestaltbar. Werden solche Rechte verbrieft, handelt es sich um Optionsscheine, die zu den Zertifikaten gehören, vgl. *Eck*, in: Zerey, Finanzderivate³, § 5 Rn. 20; *Lenenbach* a.a.O. Rn. 9.141 ff.

[390] Vgl. etwa OLG Karlsruhe, Urt. v. 22.9.2009, Az.: 8 U 233/07 (Juris), Rn. 107; LG Frankfurt a.M., Urt. v. 2.2.2012, Az.: 3-04 O 50/10 (Juris), Rn. 51.

[391] Je nach Position können sie der Fixierung von Einstiegskursen oder Absicherung von Fremdwährungsverbindlichkeiten (*long call*), der Erzielung von Zusatzerträgen bei stagnierenden Märkten (*short call*), der Absicherung gegen Kursverluste und Absicherung von Fremdwährungspositionen (*long put*) oder der Renditesteigerung (*short put*) dienen, wobei Spekulation mit allen Positionen möglich ist. Die maximalen Gewinn- und Verlustmöglichkeiten unterscheiden sich jedoch, das Risikoprofil ist mithin asymmetrisch. Vgl. zu alledem *Lenenbach*, Kapitalmarktrecht², Rn. 9.131; o.V., Basisinformationen über Finanzderivate, S. 77 ff. Zu Strategien für entsprechende Markterwartungen *v. Maltzan*, in: Obst/Hintner, Geld-, Bank- und Börsenwesen⁴⁰, S. 838 ff.

[392] Vgl. auch supra § 3 B. V. 2. d) aa) (1) und (2) (c).

[393] Vgl. *Clouth*, ZHR 177 (2013), 212, 237 f.; zu Termingeschäften mit asymmetrischem Risikoprofil auch *Roth*, in: Kölner Komm WpHG², § 37d, f a.F. Rn. 55.

[394] Vgl. auch *Köndgen/Sandmann*, ZBB 2010, 77, 90. Abgesehen davon ist es kein von der Rechtsordnung zu erzwingendes Erfordernis, dass zwischen Parteien ausgetauschte Leistungen „objektiv gleichwertig" sein müssten, vgl. etwa *v. Mises*, Human Action, S. 703 („Market prices are not expressive of equivalence, but of a divergence in the valuation of the two exchanging parties.") und supra § 3 B. V. 2. c) bb) (2) (b).

[395] Vgl. *Köhler*, in: Schwintowski, Bankrecht⁴, § 21 Rn. 15 ff.; *Lenenbach*, Kapitalmarktrecht², Rn. 9.275

den bzw. bei Fremdprodukten in der Differenz zwischen An- und Verkaufspreis enthalten sind.[396]

Derivate haben einen theoretischen mathematischen Wert, der allerdings weder Transaktionskosten noch erforderliche Abschläge berücksichtigt.[397] Die Preisstellung der Banken beinhaltet Margen, die in einem anfänglichen positiven Marktwert zu Gunsten der Bank ersichtlich werden.[398] Soweit die anbietende Bank nicht ausnahmsweise selbst spekulieren möchte,[399] entspricht es dem Regelfall, dass diese Marge realisiert wird: Die Bank hat ihre Vermittlungsleistung gegenüber dem Kunden, mithin diesem Zugang zu von ihm gewünschten Positionen zu ermöglichen, bereits erbracht.[400] Würde sie die daraus resultierenden Gegenpositionen bis zur Endfälligkeit halten, könnte dies im Ergebnis tatsächlich darauf hinauslaufen, dass ihr Erfolg mit der weiteren Entwicklung der Kundenposition zusammenhinge.[401] Im Ergebnis veränderte selbst das die Position des Kunden aber nicht.[402]

cc) Zwischenfazit

Diverse Produkte bzw. Produktkategorien werden mitunter ohne weiteres als Wetten bezeichnet. Gemeinsam ist ihnen, dass sie auch zur Spekulation eingesetzt werden können. Das ist der Grund, weshalb diese Geschäfte so häufig in Zusammenhang mit Spiel und Wette gebracht werden. Insofern können sie zwar „glücksspielähnlich" sein[403], allein das spekulative Element macht sie indes nicht zum Spiel im Rechtssinn.[404] Alle dargestellten Produkte haben im beschriebenen Sinne „legitime

---

396 Vgl. o.V., Basisinformationen über Vermögensanlagen in Wertpapieren, S. 43; *Schelling*, Vergütungssysteme und Interessenkonflikte, S. 225 f.; ferner supra § 3 B. V. 2. c) bb) und infra § 5 B. I. 1. b) bb).

397 Es handelt sich um Kosten für Strukturierung, Absicherung, *Market Making* und Abwicklung, vgl. *Deutscher Derivate Verband*, Erläuterungen zum Fairness Kodex, Ziff. 4 (insb. Ziff. 4.4); ferner § 3 B. V. 2. c) bb).

398 Zu alledem supra § 3 B. V. 2. c) bb).

399 Zu „*hedging*-Pflichten" supra Fn. 266.

400 Vgl. auch *Köndgen*, in: FS Hopt (II), S. 2113, 2117, zum Zertifikatevertrieb („The issuer's gain consists in charging a commission alone, which covers the costs of engineering the product and hedging his risk position."); dies verkennt *Roberts*, BKR 2012, 377, 378, der als Gegenleistung der Bank nur *hedging* für den Kunden oder die Ermöglichung von „Nervenkitzel" sieht und nicht die Eröffnung von Marktzutritt. Die Bank ist eben kein „Spielveranstalter"; vgl. auch *v. Mises*, Human Action, S. 116.

401 Darauf abstellend BGH (Swap-Urteil) BGHZ 189, 13 = NJW 2011, 1949, Rn. 34. Das wäre freilich anders, wenn das Geschäft von der Bank zum *hedging* eingesetzt wurde.

402 Dazu nochmals im Kontext des Swap-Urteils infra § 5 B. I. 1. b) bb) (1).

403 *K.P. Berger*, in: MünchKomm BGB^6, Vorbem. §§ 488 ff. Rn. 18; *Möslein*, ZBB 2013, 1, 9.

404 Zutreffend beschrieben von OLG Düsseldorf, Urt. v. 22.12.2011, Az.: I-6 U 201/10 (Juris), Rn. 91, im Zusammenhang mit Indexzertifikaten („[A]llein der spekulative oder gewagte Charakter eines Rechtsgeschäfts reicht für eine […] Einordnung [als unvollkommene Verbindlichkeit im Sinne von § 762 BGB, der Verf.] nicht aus, sofern die Vertragsparteien darüber hinaus […] wirtschaftliche oder sonst anerkennenswerte Ziele verfolgen."); wie hier auch *Zoller*, BKR 2012, 405, 408 f.

Anwendungsbereiche"[405], insbesondere wenn sie zu Absicherungszwecken eingesetzt werden. Teilweise werden sie in diesem Zusammenhang gar für „unverzichtbar" erklärt.[406] Insbesondere Banken wird es im Normalfall nicht darum gehen, „Wettgewinne" auf Kosten ihrer Kunden zu erzielen. Dies sieht man auch daran, dass die Kunden in der Vergangenheit mit den genannten Produkten in erheblichem Umfang Gewinne erzielt haben.[407]

Banken erbringen im besprochenen Geschäftsfeld Wertpapierdienstleistungen[408] und handeln mithin als Finanzintermediäre.[409] Sie ermöglichen ihren Vertragspartnern einen mittelbaren Zugang zum Markt, indem sie mit ihnen geschlossene Geschäfte sozusagen „spiegeln" und daraus resultierende Risiken in den Markt weitergeben, wobei sie Konditionsvorteile nutzen.[410] Letztlich handelt es sich um eine Dienstleistung, für die ein Entgelt in die Produkte eingepreist wird. Anders könnte man das allenfalls sehen, wenn die beteiligte Bank keine entsprechenden *hedge*-Geschäfte abschließt.[411] Will man dann aus der vermeintlichen Qualifizierung als Spiel bestimmte Pflichten herleiten oder konkretisieren, muss der Spielcharakter dennoch im Einzelfall geprüft und dargelegt werden.[412] Allein das spekulative Element reicht dafür nicht aus. Es wird dann maßgeblich auf die subjektive Spielabsicht des Anlegers ankommen. Selbstverständlich ist die Qualifizierung als Spiel keineswegs.[413]

Festzuhalten bleibt damit, dass die Bank regelmäßig Erträge als Gegenleistung für die Bereitstellung eines Systems zur Durchführung der beschriebenen Termin- und Derivatgeschäfte erwirtschaftet.[414] Soweit in diesem Kontext von „Wettgewinnen" gesprochen wird, beruht dies entweder auf Fehlvorstellungen in der tatsächli-

---

[405] Legitim im Sinne von außerhalb der reinen, beidseitigen Spekulation. Dazu, dass auch diese ihre Berechtigung hat, bereits supra Text und Verweis bei und in Fn. 316; ferner *Kropf*, ZIP 2013, 401, 405.

[406] So *Läger*, in: Zerey, Finanzderivate[3], § 2 Rn. 1, zu Zinsswaps als Element des (Zins-)Risikomanagements.

[407] Vgl. *Grigoleit*, Bankrechtstag 2012, S. 25, 29 (überwiegende Gewinnwahrscheinlichkeit); a.A. zu CMS-Swaps *Lenenbach*, Kapitalmarktrecht[2], Rn. 9.280 (überwiegende Verlustwahrscheinlichkeit).

[408] Vgl. *Clouth*, in: Praktikerhdb. Wertpapier- und Derivategeschäft[4], Rn. 1206.

[409] *Kropf*, ZIP 2013, 401, 405; *Ruland/Wetzig*, BKR 2013, 56, 58.

[410] Es ändert eben nichts an der Vermittlungsleistung der Bank, dass sie zugleich selbst Vertragspartnerin wird, vgl. *Lenenbach*, Kapitalmarktrecht[2], Rn. 9.283 und supra § 3 B. III.-IV.

[411] Sofern sie planmäßig *hedge*-Geschäfte abschließt, ist im Rechtssinn das Vorliegen eines Spiels mangels beiderseitiger Spekulationsabsicht bereits ausgeschlossen, supra § 3 B. V. 2. d) aa) (1) und (2) (c).

[412] Freilich ist die Empfehlung spekulativer Positionen allein nicht zwangsläufig pflichtwidrig.

[413] Vgl. *Lenenbach*, Kapitalmarktrecht[2], Rn. 9.209 („nur schwer vorstellbar, dass ein Finanztermingeschäft diese Voraussetzungen [von Spiel und Wette im Sinne von § 762 BGB, der Verf.] erfüllt"); s. aber auch *Roberts*, NJOZ 2010, 1717, 1718.

[414] Ausführlich *Clouth*, in: Praktikerhdb. Wertpapier- und Derivategeschäft[4], Rn. 1176 ff.

chen Beurteilungsgrundlage[415] oder auf fehlender Subsumtion unter die rechtlichen Voraussetzungen von Spiel und Wette.[416]

3. Sonstige, potentiell im Beratungszusammenhang stehende Dienstleistungen

In der Rechtsprechung werden rechtliche Schlüsse über die vom Kunden erwartete Offenlegung von Eigeninteressen mitunter damit begründet, dass sich an eine Beratung gegebenenfalls weitere Leistungen anschlössen, die vom Kunden vergütet würden. Auf dieser Differenzierung basiert insbesondere die Rechtsprechung des III. Zivilsenats des BGH zu Aufklärungspflichten von nicht bankgebundenen Anlageberatern.[417] Bei den erwähnten Folgevergütungen handelt es sich um Depotgebühren, Kontoführungsgebühren sowie An- und Verkaufsprovisionen für den Erwerb oder die Veräußerung von Wertpapieren.[418] Tragfähig können die erwähnten rechtlichen Schlüsse nur sein, wenn die beschriebenen Positionen die für die jeweilige Dienstleistung *und* Beratung anfallenden Kosten wenigstens decken.[419]

---

415 So auch *Bausch*, BKR 2012, 303, 304, zu den Vorstellungen des OLG Stuttgart zu Zinsswaps.

416 Vgl. *Zoller*, BKR 2012, 405, 409 („Die Nähe zu Glücksspiel [in der Rechtsprechung zu Swaps, der Verf.] ist [...] unangebracht."); vgl. ferner *Bonavita*, 13 EBOR (2012), 271, 279 zum sog. Swap-Urteil des BGH (infra § 5 A. XVII.), wonach der Wettbegriff als Werturteil („*value judgment*") zu verstehen sei. Darauf, inwiefern Werturteile eines Gerichts für die rechtliche Beurteilung eines privatautonom geschlossenen, Drittinteressen nicht beeinträchtigenden Vertrags maßgeblich sein sollen, geht *Bonavita* nicht ein; s. auch *Veldhoff*, Haftung von Kreditinstituten, S. 59; dem BGH uneingeschränkt hinsichtlich Wetteinordnung und Argumentation auf dieser Basis zustimmend hingegen *Roberts*, DStR 2011, 1231 ff.

417 Dazu infra § 5 B. VII.

418 S. etwa BGH (Freier Anlageberater-I) BGHZ 185, 185 = ZIP 2010, 919, Rn. 12. Ferner ist hier noch an die Vermögensverwaltung mit ihren gesondert zu leistenden Entgelten zu denken. Letztere fällt aber üblicherweise gerade nicht mit Anlageberatung zusammen, sondern substituiert diese und wird daher im Folgenden nicht weiter berücksichtigt, vgl. zu den Honoraren bei der Vermögensverwaltung *Sethe*, Anlegerschutz im Recht der Vermögensverwaltung, S. 81 ff.; zu An- und Verkaufsprovisionen supra § 3 B. V. 2. a). Erwähnenswert erscheint, dass neuerdings die Commerzbank eine Vermittlung an andere Banken anbietet, sollte sie selbst nicht das beste Angebot im Rahmen der Baufinanzierung machen können. Dafür erhält sie dann eine Vermittlungsgebühr. Ob diese vom Kunden direkt gezahlt wird oder ob sie als indirekte Vergütung von der Drittbank zurückfließt, ist allerdings nicht ganz klar, vgl. *Mußler*, F.A.Z. v. 5.6.2012, S. 17. Versprochen werden jedenfalls „keine extra Kosten" für den Kunden, s. https://www.baufinanzierung.commerzbank.de/de/baufinanzierung_1/home _10/produktinfos.html (letzter Abruf v. 6.11.2013).

419 Ausführlich nochmals infra § 5 B. VII.

a) Depotgebühren

Das Depotgeschäft umfasst die gewerbliche Aufbewahrung und Verwaltung von Wertpapieren durch Banken für ihre Kunden[420] gegen Depotgebühren.[421] Die Art der Berechnung kann dabei unterschiedlich ausgestaltet sein. Sie reichen von (jährlichen) Pauschal- und Mindestpreisen, über prozentual an den Depot- bzw. Kurswert anknüpfende Gebühren hin zu Preisen, die von der Anzahl der Posten im Depot abhängen. Die Gebühren werden teilweise mit gesonderten Rabatten oder Freistellungen verbunden, die an Bedingungen wie Mindestanlagesummen oder die Transaktionshäufigkeit geknüpft sind.[422]

b) Kontoführungsgebühren

Gebühren und Kosten werden üblicherweise für die Kontoführung erhoben. Im Zusammenhang mit Wertpapiergeschäften ist ein Abrechnungskonto erforderlich. Abhängig von der sonstigen Preisgestaltung lassen sich Anbieter mit kostenloser Kontoführung und solche finden, die bis zu 9,99 € im Monat[423] verlangen. Allerdings sind dann regelmäßig über die „reine Kontoführung" hinaus besondere Leistungen inklusive, z.B. kostenfreie Kreditkarten etc.

VI. Zusammenfassung

Banken erfüllen ähnliche Funktionen wie Finanzmärkte, treten aber zugleich als Marktteilnehmer auf. Wesentlich ist, dass sie im Verhältnis zum Kunden als Finanzintermediäre handeln und dabei regelmäßig in Form von Informationskosten auftretende Transaktionskosten vermindern. Allerdings ist das Verhältnis des Kunden zur Bank gleichermaßen durch Informationsasymmetrien gekennzeichnet. Banken handeln ebenso als Intermediäre, wenn sie ihren Kunden Märkte mittelbar zugänglich machen. Für diese „Bereitstellung einer Organisation zur Durchführung von

---

[420] Vgl. *Than*, in: Obst/Hintner, Geld-, Bank- und Börsenwesen[40], S. 843. Zur Verwaltung gehört dabei etwa der Einzug von Zins- und Gewinnanteilen, wie auch die Benachrichtigung des Kunden über gesetzliche oder freiwillige Umtausch- und Abfindungsangebote etc., a.a.O. S. 852 und 854; ferner *Hopt*, Kapitalanlegerschutz im Recht der Banken, S. 104 f.

[421] Vgl. dazu auch *Sethe*, Anlegerschutz im Recht der Vermögensverwaltung, S. 86 f.

[422] Vgl. *Stiftung Warentest*, Finanztest 06/2006, Depotkosten. Einige Depots waren dabei komplett kostenlos, etwa die der Citibank und bei Deutsche Bank maxblue, wobei letzteres ein Beispiel dafür ist, dass die Kostenbefreiung von bestimmten Bedingungen (etwa Transaktionshäufigkeit) abhängen kann. Die Pauschalpreise reichen, sofern sie erhoben werden, von 9,84 € bei Postbank Easytrade bis zu 29,88 € bei Deutsche Bank maxblue (ohne Befreiung). Mindestpreise reichen von 6,96 € bei der BBBank bis 19,99 € bei der Deutschen Bank (db Privatdepot Comfort). An Depot- oder Kurswerte ansetzende prozentuale Gebühren reichen von 0,14 % (Deutsche Bank, db Privatdepot Comfort; Vergünstigungen bei höherem Depotvolumen möglich) bis zu 0,174 % bei SEB. Richtet sich die Preisberechnung nach Posten im Depot, reichen diese von (mind.) 2,90 € (Sparda-Bank Berlin) bis zu 5,00 € bei der Deutschen Bank (db Privatdepot Comfort).

[423] Z.B. Deutsche Bank „Bestkonto", s. www.deutsche-bank.de.

Wertpapier- und Derivatgeschäften"[424] werden Margen und Provisionen vereinnahmt. Ferner können Banken teilweise für ihre angebotenen Leistungen Honorare verlangen und schließlich ist an geldwerte Vorteile, wie z.B. Schulungen etc. zu denken. Ihre derartigen Eigeninteressen sind teilweise offen (z.B. Honorare), aber auch indirekt (versteckt) in den jeweiligen Produkten bzw. im Rahmen der jeweiligen Banktätigkeiten zu finden (z.B. „Rückvergütungen").

Banken werden auf vielfältige Weise „vermittelnd" tätig, wozu das Handeln auf eigene Rechnung gehören kann.[425] Im OTC-Derivatebereich träfe es nicht zu, das Geschäftsmodell der Banken darin zu sehen, dass sie ihre Kunden zum Abschluss „manipulierter Wetten" bewegen wollen. Regelmäßig stellen diese Geschäfte selbst bei reiner Spekulationsabsicht des Kunden keine Glücksspiele im Rechtssinn dar. Die Dienstleistung in den mit „Glücksspiel" in Zusammenhang gebrachten Konstellationen ist in der Gewährung von Marktzugang gegen Entgelt zu sehen.[426]

Aufgrund der nahezu unüberschaubaren Anzahl potentieller Investmentmöglichkeiten sind die Kunden auf die Expertise der Bank angewiesen.[427] Demzufolge kommt es, kennzeichnend für das „Zeitalter der Finanzintermediäre", regelmäßig zu einer weitgehenden Trennung der Investitionsentscheidung als solcher von der Entscheidung, in was investiert werden soll.[428] Bindeglied ist die Anlageberatung. Sie kann ergänzend zu den genannten Geschäften, ferner vollkommen selbständig erbracht werden. Bei alledem muss berücksichtigt werden, dass die Bank als Marktteilnehmerin in einer Marktwirtschaft vordergründig handelt, um eigenes Gewinnstreben zu verwirklichen. Dies ist *per se* nicht verwerflich. Da alle beschriebenen Intermediärleistungen Kosten verursachen, ist es im Ausgangspunkt selbstverständlich, dass die Bank diese im Ergebnis nicht „gratis" anbieten wird.[429]

---

[424] So *Clouth*, Rechtsfragen der außerbörslichen Finanzderivate, S. 180; *ders.*, in: Praktikerhdb. Wertpapier- und Derivategeschäft[4], Rn. 1176 ff.; ferner *Ruland/Wetzig*, BKR 2013, 56, 58.

[425] Vgl. § 2 Abs. 3 Satz 1 Nr. 2 WpHG, wonach „Eigenhandel" gerade auch *Dienstleistung für andere* ist.

[426] So auch *Tiedemann*, BKR 2012, 426, 428 („Der Wertpapiererwerber kauft [...] auch den Marktzugang.").

[427] Vgl. etwa BGH, Urt. v. 17.2.2011, Az.: III ZR 144/10, NJW-RR 2011, 910, 911, Rn. 14, zur Vermittlung von Kapitalanlagen; ferner zum „Angewiesensein" *Clouth*, in: Praktikerhdb. Wertpapier- und Derivategeschäft[4], Rn. 1191; *ders.*, Rechtsfragen der außerbörslichen Finanz-Derivate, S. 181; *ders.*, ZHR 177 (2013), 212, 213; *Hopt*, Kapitalanlegerschutz im Recht der Banken, S. 219; *Taubert*, Informationspflichten, S. 189.

[428] *Clark*, 94 Harv. L. Rev. (1981), 561, 564 und 571. Diese ist bei der Vermögensverwaltung vollkommen entkoppelt, bei der Anlageberatung wird zumindest der „Anlagehorizont" durch die Vorschläge des Beraters regelmäßig vorstrukturiert, vgl. zum wesentlichen Einfluss der Beratung BGH, Urt. v. 14.3.2013, Az.: III ZR 296/11, BGHZ 196, 370 = BB 2013, 1039, Rn. 28 („Schlüsselposition"); ferner *Benedict*, AcP 204 (2004), 697, 700 f. („Schlüsselrolle"); *Hopt*, Kapitalanlegerschutz im Recht der Banken, S. 379.

[429] Vgl. *Eichhorn*, Umgang mit Provisionszahlungen im Wertpapiergeschäft unter MiFID, S. 175; *Theißen*, Anlageberatung: Risiko oder Chance nach MiFID?, S. 193, 194.

C. Die Rolle der freien Finanzvermittler und -berater

Aufgrund der breiten Palette von Tätigkeiten und Funktionen, die Banken im Finanzmarkt übernehmen, standen sie bisher im Zentrum der Diskussion um Aufklärungspflichten über monetäre Eigeninteressen.[430] Ein Teilbereich dieser Tätigkeiten wird ebenfalls von Nichtbanken erbracht.[431] Zur adäquaten Beurteilung eventueller rechtlicher Differenzierungen (ausführlich infra § 5 B.) ist deren Geschäftsfeld zu skizzieren.

I. „Freie" Anlagevermittlung und -beratung

1. Aufgaben und Tätigkeiten

Vermittlungsleistungen werden von Finanzvertrieben und einzelnen Vermittlern erbracht, wozu beispielhaft Darlehens-[432], Versicherungs-[433] und auch Anlagevermittlung[434] gehören. Im Vordergrund dieser Untersuchung stehen Anlagenvermittler und -berater, die Verträge zwischen Anlagegesellschaft und Kunden vermitteln. Regelmäßig werden sie vom Emittenten eingeschaltet.[435] Besonders klar tritt dies – zumindest nach der Rechtsprechung, die Anlageberatung und -vermittlung insoweit differenziert – bei der Anlagevermittlung hervor, da dort der „werbende und anpreisende Charakter der Aussagen"[436] des Vermittlers im Vordergrund stehe. Aber auch bei der „freien Beratung" tritt die Verbindung des Beraters zu einem Dritten, der diesen vergütet, nach der Rechtsprechung offen zu Tage.[437] Besonders Produkte des sog. grauen Kapitalmarkts werden über selbständige, d.h. bankunabhängige Vertriebsgesellschaften vermittelt, die über Vertriebsverträge mit den Anlagegesellschaften verbunden sind.[438] Auf dieser Selbständigkeit im Sinne einer „Bankunabhängigkeit"[439] basiert die Differenzierung von „freien" bzw. „unabhängigen" oder „allgemeinen" Anlagevermittlern und -beratern[440] zu Bankberatern. Vertriebsge-

---

430 Vgl. *Brocker/Klebeck*, ZIP 2010, 1369, 1370.

431 Vgl. auch den Marktüberblick bei *Schwintowski*, Neuorientierung bei den deutschen Finanzdienstleistern, S. 57 ff.; ferner *K. Schmidt*, Handelsrecht[6], § 35 Rn. 18 (Anlagevermittlung und -beratung seien „unverkennbar typische Bankgeschäfte im Sinne des Zivilrechts").

432 Vgl. § 34c Abs. 1 Nr. 2 GewO.

433 Vgl. § 34d Abs. 1 Satz 1 GewO.

434 Dazu bereit supra § 3 B. III. 1.

435 *Decker*, Aufklärungspflichten, S. 182.

436 BGH, Urt. v. 13.5.1993, Az.: III ZR 25/92, NJW-RR 1992, 1114, 1115; vgl. auch *Lang*, Informationspflichten, S. 54 ff.

437 Dazu ausführlich infra § 5 B. VII.

438 Vgl. zum Investmentgeschäft *Baur*, in: Assmann/Schütze, Hdb. Kapitalanlagerecht[3], § 20 Rn. 312 und 229.

439 Ausführlich infra § 5 B. VII.

440 So beispielsweise *Brocker/Klebeck*, ZIP 2010, 1369 („Rückvergütungen an ‚*unabhängige*' Anlageberater [...]"); *Nasall*, NJW 2011, 2323 („Rechtsprechung zur Haftung des *freien* Anlageberaters"); *Puszkajler*, in: Bankrechtstag 2010, S. 53, 60 (Unterschied zwischen Beratung durch Banken und *allgemeine* Anlageberater) [alle Hervorh. durch Verf.].

sellschaften können ihrerseits weitere Vertriebsgesellschaften und einzelne Vermittler einschalten,[441] die dann im direkten Kontakt mit dem Anleger stehen (sog. Strukturvertrieb).[442] Die rechtliche Ausgestaltung der Anlagevermittlerstellung variiert von der Einordnung als (Handels-)Makler[443] über selbständige Handelsvertreter (vgl. § 84 Abs. 1 Satz 1 HGB) bis hin zur freien Mitarbeiterschaft oder Anstellung bei einer Vertriebsgesellschaft.[444]

In Deutschland gibt es rund 80.000 Finanzvermittler.[445] Der Fortschritt von Informations- und Kommunikationstechnologien (Internet) konnte die Markteintrittsbarrieren für weitere, spezialisierte Finanzvertriebe zusätzlich senken.[446] Das Marktgewicht von derartigen Vermittlern hat sich entsprechend gesteigert.[447] Zu betonen ist, dass die „freien Vermittler" sowohl Vermittlung wie auch Beratung erbringen können.[448] Regelmäßig wird zwar hervorgehoben, dass der Anlagevermittler „im Lager der Anlagegesellschaft" stehe.[449] Bezeichnet er sich aber – gegebenenfalls zu Unrecht – als Anlage*berater*, reicht das aus, um ihn den strengeren Beratungspflichten zu unterwerfen.[450] Maßgeblich ist also das äußere Erschei-

---

441 Zu weiteren potentiell Beteiligten *Benedict*, AcP 204 (2004), 697, 700.

442 Vgl. *Decker*, Aufklärungspflichten, S. 183 Abb. 4.

443 Als Handelsmakler (vgl. § 93 Abs. 1 HGB) ordnet *Reuter*, in: Staudinger, Neubearbeitung 2010, § 653 BGB Rn. 228, den Anlagevermittler ein; dagegen Einordnung als Zivilmakler bei *Benedict*, AcP 204 (2004), 697, 717 f., der die Handelsmaklereigenschaft mangels Neutralität ablehnt, was er anscheinend mit der regelmäßig geringen Qualifikation der Anlagevermittler für derartige Tätigkeiten begründet.

444 Vgl. *Decker*, Aufklärungspflichten, S. 182; *Wagner*, DStR 2004, 1836, 1837 f. Festanstellungen finden sich etwa bei der Interhyp, s. www.interhyp.de unter Stellenangeboten, wo die Festanstellung besonders betont wird. Selbständige Finanzmakler finden sich z.B. bei Dr. Klein & Co. AG.

445 Vgl. Handelsblatt, http://www.handelsblatt.com/politik/deutschland/bundesrat-nord-laender-wollen-energiewende-vorantreiben/4223202.html (Abruf vom 20.1.2014). Vgl. auch *Hilp*, Haftung bei der Vermittlung geschlossener Fonds, S. 162 („unüberschaubare Anzahl neben- und hauptberuflicher Finanzvermittler in Deutschland"). Beispielhaft für Vertriebsgesellschaften können die OVB Vermögensberatung AG (mit 5.060 hauptberuflichen Vermittlern), EFS Euro-Finanz-Service AG, Bonnfinanz AG, DVAG Deutsche Vermögensberatung AG (mit 37.000 Vermittlern), Tecis Finanzdienstleistungen AG oder der AWD Allgemeine Wirtschaftsdienst Gesellschaft für Wirtschaftsberatung und Finanzbetreuung mbH (mit 4.900 Vermittlern) genannt werden. Die Anzahl der Mitarbeiter sind der F.A.Z. v. 27.11.2012 entnommen.

446 Vgl. *v. Maltzan*, in: Obst/Hintner, Geld-, Bank- und Börsenwesen[40], S. 827. So richtet sich etwa die MLP AG explizit an Akademiker (Spezialisierung nach Kunde), die Interhyp AG ist auf Immobilienfinanzierung spezialisiert (Spezialisierung nach Produkt). Vgl. auch *Schwerdtfeger*, Anlageberater werben um Frauen und Senioren, abrufbar unter http://www.wiwo.de/finanzen/vorsorge/geldanlage-anlageberater-werben-um-frauen-und-senioren/5354008.html (Abruf vom 20.1.2014).

447 *Strenger/Bergmann*, in: Obst/Hintner, Geld-, Bank- und Börsenwesen[40], S. 914.

448 Dazu bereits supra § 2 D.

449 Beispielhaft *Emmerich*, in: MünchKomm BGB[6], § 311 Rn. 138. Vgl. auch *Nittel/Knöpfel*, BKR 2009, 411, 414.

450 Vgl. BGH, Urt. v. 26.4.1991, Az.: V ZR 165/89, NJW 1991, 2556, 2557; ferner BGH, Urt. v. 4.2.1987, Az.: IVa ZR 286/80, NJW-RR 1987, 936, wo auf das „Auftreten als Anlageberater" abgestellt wird.

nungsbild aus Kundenperspektive[451] bzw. die „Beratungstätigkeit“ an sich, unabhängig davon, auf wessen Seite der Vermittler „ursprünglich“ stand. Die Abgrenzung wird dabei nicht immer eindeutig sein.[452]

2. *Verdienstmöglichkeiten*

Entsprechend dem im Vergleich zu den Banken beschränkten Tätigkeitsbereich der freien Anlageberater und -vermittler, stehen ihnen begrenzte Verdienstmöglichkeiten zur Verfügung.[453] In Betracht kommen zunächst Honorarvereinbarungen für Vermittlung und Beratung.[454] Die Modelle reichen von teilweise kostenlosen „Erstgesprächen“ über gesonderte Tarife für „Zweitmeinungen“ zu „klassischen“ stundenbasierten Sätzen.[455] Honorare stellen für den Vertragspartner offene, d.h. erkennbare Kosten dar. Freie Berater, die mit ihren Kunden keine Honorarvereinbarung abschließen, werden freilich nicht altruistisch tätig. Mangels anderer vom Kunden finanzierter Dienstleistungen scheidet die Möglichkeit einer Quersubventionierung von vornherein aus.[456] Als Einnahmequelle verbleiben Provisionen von Produktanbietern,[457] die indirekte Kosten darstellen. Für den Kunden sind sie nicht unmittelbar ersichtlich. Besonders deutlich tritt dies hervor, wenn sie dem Anlagebetrag entnommen werden, ohne gesondert ausgewiesen zu sein.

Prinzipiell unterscheiden sich aber die Vermittlung und Beratung durch „freie Berater“ und Banken bezüglich der Kosten nicht wesentlich, soweit man von einer bei Banken eventuell möglichen Quersubventionierung[458] absieht.

---

[451] So LG Berlin, Urt. v. 7.6.2011, Az.: 10 O 538/10 (Juris) (Leitsatz 1); vgl. auch BGH, Urt. v. 1.12.2011, Az.: III ZR 56/11, WM 2012, 24, Rn. 17; anders anscheinend aber die Rechtsprechung des III. Zivilsenats zur „outgesourcten Bankberatung“, dazu infra § 5 B. VII. 2. d). Soweit ein Vermittler als Berater auftritt, heißt das aber noch nicht, dass dadurch automatisch Beratungsverträge zustande kämen, dazu infra § 6 A. I. 4. d).

[452] Macht man sie zum Differenzierungskriterium dafür, ob über monetäre Eigeninteressen aufzuklären ist, erlangt sie indes „entscheidende Bedeutung“, vgl. etwa *Nittel/Knöpfel*, BKR 2009, 411, 414; ferner infra § 5 B. V.

[453] Damit ist keine quantitative Aussage verbunden. Es geht um die geringere „Bandbreite“ potentiell ertragbringender Tätigkeiten.

[454] Vgl. hierzu supra § 3 B. V. 2. b).

[455] Vgl. beispielhaft etwa die Seiten der „freien Honorarberater“ Frank Frommholz und Dirk Homeister, http://www.anlagerat.de und http://www.honorarberatung-frommholz.de (Abruf jeweils vom 4.7.2012).

[456] Ob eine solche Möglichkeit aber rechtliche Relevanz hinsichtlich einer Differenzierung besitzt, ist damit nicht gesagt; vgl. infra § 5 B. VII.

[457] Vgl. dazu supra § 3 B. V. 2. a). Die Aussage von *Gemberg Wiesike*, Wohlverhaltensregeln, S. 20, dass „[r]eine Informationsintermediäre (...) wie Anlage- oder Versicherungsberater (...) Einnahmen (...) *nicht durch Provisionszahlungen*, sondern durch den Verkauf von Informationen generier[en]“, ist insofern nicht nachvollziehbar [Hervorh. durch Verf.]. Vgl. *Buck-Heeb*, BKR 2010, 309, 315; *Emmerich*, in: MünchKomm BGB[6], § 311 Rn. 138, 141.

[458] Dass eine solche bei Banken überhaupt in Betracht kommt, ist dabei auch auf das in Deutschland anzutreffende „Universalbankensystem“ zurückzuführen. Vgl. auch *Spindler*, WM

II. Bindungen der „freien" Anlagevermittler und -berater

Auch „freie Berater" können in der Regel nicht völlig unabhängig agieren. Sie unterliegen meist tatsächlichen oder rechtlichen Zwängen. Als völlig „bindungsfrei" können allenfalls allein auf Honorarbasis arbeitende freie Berater angesehen werden, die entweder keinerlei Provisionen von Dritten annehmen oder – da Nettotarife für viele Produkte nicht erhältlich sind – derartige (Absatz-)Provisionen an den Kunden weiterleiten.[459]

Überwiegend sind sie jedoch von Provisionszahlungen abhängig, daher sind entsprechende vertragliche Bindungen mit den Produktanbietern notwendig.[460] Tritt der Berater dabei als dessen Handelsvertreter auf, so ergibt sich schon aus § 86 Abs. 1 Halbs. 2 HGB, dass er zur Wahrnehmung (auch) der Interessen des Produktanbieters verpflichtet ist. Ist er nur einem Anbieter verpflichtet, handelt es sich um einen sog. Ausschließlichkeitsvertreter.[461] Im Jahr 2010 waren 40.000 Personen vertraglich gebundene Vermittler im aufsichtsrechtlichen Sinn.[462] Regelmäßig wird eine vertragliche Vereinbarung mit mehreren Produktanbietern vorliegen, um dem Berater zu ermöglichen, auf verschiedene Produkte zurückzugreifen.[463] Er wird dann zum sog. Mehrfachvertreter.[464] An der erforderlichen Interessenwahrung ändert dies nichts. Aber auch wenn der Berater als Makler auftritt, sind vertragliche Vereinbarungen mit Produktanbietern nötig, um bei erfolgreichem Absatz eine Vergütung abzusichern. Freie Berater können ferner gesellschaftsrechtlich mit Produktanbietern verbunden sein. Der Generali-Konzern hält 40 % abzüglich 10 Aktien an der DVAG[465], AWD ist eine hundertprozentige Tochter der Swiss Life Beteiligungs GmbH, die wiederum zu 100 % der Swiss Life Holding AG gehört.[466] Nach Auffassung des BGH kann sogar ein zur Finanzgruppe einer Sparkasse gehörendes

---

2009, 1821, 1824, dazu, dass aufgrund dieses Systems Eigeninteressen der Bank nicht „schlechthin [...] auszuschalten" seien; ferner *Assmann*, ÖBA 2007, 40, 41 und supra § 3 B. I.

459 Das bedeutet aber nicht, dass bei der Honorarberatung keinerlei Interessenkonflikte vorliegen könnten, vgl. *Klein*, WM 2011, 2117, 2119; zur Überarbeitung der MiFID, die ebenfalls auf eine prominentere Rolle der Honorarberatung setzt *Veil/Lerch*, WM 2012, 1605, 1608 f.; ferner *Beenken/Schradin/Wende*, Das Honorar löst keine Provisions-Übel, F.A.Z. v. 28.4.2014, S. 16.

460 Zum Verhältnis der Finanzdienstleister zum „Produzent des Finanzinstruments" *Gemberg Wiesike*, Wohlverhaltensregeln, S. 19 f.

461 Handelt dieser im Sinne von § 2 Abs. 10 Satz 1 KWG, § 2a Abs. 2 Satz 1 WpHG „unter der Haftung" eines Kreditinstituts bzw. Wertpapierhandelsunternehmens, liegt ein sog. vertraglich gebundener Vermittler im Sinne des Aufsichtsrechts vor, sofern auch die sonstigen Voraussetzungen gegeben sind. Dies hat dann eine Verhaltenszurechnung zu diesem Institut zur Folge, vgl. *Fuchs*, in: Fuchs, Komm WpHG, § 2a Rn. 41.

462 S. Fn. 461; vgl. *Schäfer*, in: Boos/Fischer/Schulte-Mattler, KWG[4], § 2a KWG Rn. 82.

463 Vgl. *Wolf*, NVersZ 2001, 392, 394.

464 Vgl. *von Hoyningen-Huene*, in: MünchKomm HGB[3], § 84 Rn. 42. Nach *Decker*, Aufklärungspflichten, S. 182, sei nur bei einer Tätigkeit für mehrere Initiatoren von freiem Vertrieb zu sprechen, während bei der ausschließlichen Zusammenarbeit mit einem Anbieter ein Exklusivvertrieb vorläge.

465 S. *Generali Deutschland*, Konzern-Geschäftsbericht 2011, S. 211.

466 S. *Swiss Life Beteiligungs GmbH*, Jahresabschluss zum Geschäftsjahr vom 1.1.2011 bis zum

Beratungsunternehmen (100%iges Tochterunternehmen) „frei" im Sinne der Rechtsprechung zu freien Anlageberatern sein.[467] Denkt man an die Möglichkeiten gesellschaftsrechtlich vermittelter „Herrschaft", zeigt sich, dass „frei" nicht unbedacht mit „unabhängig" gleichzusetzen ist.[468]

D. Anleger, Kunden und Verbraucher

Vom unerfahrenen Kleinanleger bis hin zum mit Derivaten erfahrenen Unternehmer[469] lassen sich diverse „Anlegertypen" finden. Ein konsistentes Anlegerleitbild existiert auch deshalb nicht.[470] Ungeklärt ist insbesondere, inwiefern Erkenntnisse der *behavioral finance*-Forschung bei dessen Konturierung zu berücksichtigen sind. Mitunter liegen sie mit verhaltenswissenschaftlichen Erkenntnissen zum Verbraucherschutz auf einer Ebene.[471] Zwar scheint die skizzierte Problematik hier von geringerer Relevanz zu sein, da es um *konkrete Einzelverhältnisse* zwischen einem Anleger bzw. Kunden[472] und „seinem" Intermediär geht.[473] Allerdings wird in diesem Kontext mit *„typisierenden Kundenerwartungen"* gearbeitet, beispielsweise wenn danach gefragt wird, welche monetären Eigeninteressen für den Kunden „offensichtlich" seien. Die Typisierung bedingt eine Antwort auf die Frage nach dem Kunden- bzw. Anlegerleitbild.[474] Hierfür kommen potentiell mehrere Modelle in Betracht, wobei man die Frage anhand des Schutzkonzepts zu beantworten haben wird (dazu sogleich). Letztlich geht es um das normative Problem, in welchem Maße den Anleger eine Eigenverantwortung trifft. Die Relevanz von Typisierungen für die untersuchte Fragestellung sei an einem Beispiel verdeutlicht: Regelmäßig

---

31.12.2011; die Marke AWD könnte zukünftig zugunsten einer Marke, die auf Swiss Life verweist, aufgegeben werden, FTD v. 2.7.2012.

[467] BGH (Freier Anlageberater-VII) NZG 2012, 1072.

[468] Vgl. zur „outgesourcten" Anlageberatung durch Banken OLG Düsseldorf, Urt. v. 19.4.2012, Az.: 6 U 52/11 (Juris), Rn. 52 (Beratungstochter sei aufgrund gesellschaftsrechtlicher Bindungen „banknah"). Zur „engen Verbindung" des Beraters zu Emittenten im Konzept der unabhängigen Beratung nach MiFID II *Geier/Schmitt*, EWS 2012, 264, 266.

[469] Vgl. zu den unterschiedlichen „Erfahrungshintergründen" und Kenntnissen im Anlegerkreis *Buck-Heeb*, ZHR 176 (2012), 66, 67; *Salewski*, BKR 2012, 100, 103.

[470] *Fuchs*, in: Fuchs, Komm WpHG, Vor §§ 31 bis 37a Rn. 70; vgl. auch *Buck-Heeb*, ZHR 176 (2012), 66, 69; *dies.*, WM 2014, 385, 387f.; ferner *Moloney*, How to Protect Investors, S. 30ff., die auch auf die unterschiedlichen Bezeichnungen im EU-Recht hinweist.

[471] *Koller*, in: Assmann/Schneider, Komm WpHG^6, § 31 Rn. 5.

[472] Zum Anleger- und Kundenbegriff bereits supra § 2 A.

[473] S. *Mülbert*, ZHR 177 (2013) 160, 179; *Veil*, in: Veil, Europäisches Kapitalmarktrecht^2, § 6 Rn. 28ff.

[474] Vgl. etwa BGH (Freier Anlageberater-I) BGHZ 185, 185 = ZIP 2010, 919, Rn. 13; BGH (Lehman-I) BGHZ 191, 119 = NZG 2012, 25, Rn. 37; in diesem Sinne auch *Buck-Heeb*, ZHR 176 (2012), 66, 90f.; für eine erhebliche Bedeutung des Anlegerleitbilds für die Konkretisierung der Verhaltenspflichten auch *Fuchs*, in: Fuchs, Komm WpHG, Vor §§ 31 bis 37a Rn. 66; a.A. wohl bei *Brocker/Klebeck*, ZIP 2010, 1369, 1379. Vgl. zur Relevanz des Anlegerleitbilds für die zivilrechtliche Beziehung des Kunden zum Anlageberater auch *Eberius*, Regulierung der Anlageberatung und behavioral finance, S. 22ff.

behaupten Kläger, sie hätten ein bestimmtes Geschäft nicht abgeschlossen, wenn sie bestimmte Informationen über monetäre Eigeninteressen ihres Beraters erhalten hätten. Ginge es um konkretes Wissen eines konkreten Klägers und käme man zum Ergebnis, dass er die Information bereits kannte, wäre eine die Aufklärungspflicht entfallen lassende „Offensichtlichkeitskonstruktion" entbehrlich. Denn immer wenn der Kläger bereits im Besitz der Information war (z.B. weil sie *für ihn* „offenkundig" war), wäre eine Aufklärungspflichtverletzung nicht kausal für die Anlageentscheidung.[475] War der Kunde aber tatsächlich nicht im Besitz der relevanten Information und wird die Klage dennoch aufgrund „Offensichtlichkeit" abgewiesen, wird über das typisierende Offensichtlichkeitskriterium entweder unwiderlegbar Wissen vermutet oder dem Kläger zumindest seine Unkenntnis vorgeworfen, weshalb eine Aufklärungspflicht dann entfällt. Die Berücksichtigung von Offensichtlichkeitsargumenten ist mithin erforderlich, um einen Bereich „vorwerfbarer Unkenntnis" zu schaffen. Anders ausgedrückt lässt sich dem entnehmen, dass Kunden ein bestimmtes Wissen vorhalten müssen.[476] Eine Anlegerunkenntnis wird an einem objektivierten Maßstab gemessen,[477] der dem Kunden- bzw. Anlegerleitbild zu entnehmen ist.[478] Die Relevanz des Leitbilds ist damit enorm: Für rationale Kunden wird vieles als bekannt bzw. erkennbar gelten müssen, was beispielsweise für Verhaltensanomalien unterliegende Kunden anders sein könnte. Freilich entbindet auch ein konkretes Leitbild als übergreifender Maßstab nicht von der Ermittlung der konkret daraus folgenden (zu unterstellenden) Kenntnisse im Einzelfall.

---

[475] Vgl. in anderem Zusammenhang *Lenenbach*, Kapitalmarktrecht², Rn. 9.291.

[476] Vgl. sehr kritisch *Klöhn*, ZIP 2011, 762, 763 (bei dem Offensichtlichkeitsargument handele es sich „um ein pseudo-empirisches [...] Argument, das tatsächlich als Begründungsersatz für die normative Aussage dient, Anleger müssten bestimmte Tatsachen kennen"); *ders.*, ZIP 2011, 2244, 2245. Diese Argumentation lässt sich auch bei § 254 BGB verwenden, dazu *Bamberger*, in: Hdb. zum dt. und europ. Bankrecht², § 50 Rn. 178. Ferner *Buck-Heeb*, ZHR 177 (2013), 310, 337, dazu, dass das Anlegerleitbild bestimmte Mindestkenntnisse unterstelle.

[477] Vgl. *Buck-Heeb*, ZHR 176 (2012), 66, 92, die am Beispiel von § 276 BGB darauf hinweist, dass dem Zivilrecht die Notwendigkeit von Typisierung und daraus folgender Objektivierung von Verhaltensanforderungen nicht fremd sei.

[478] Vgl. BGH (Lehman-III) BKR 2012, 421, Rn. 19, wonach darauf nicht gesondert hingewiesen werden müsse, was „für den Kunden bei der *gebotenen normativ-objektiven Betrachtungsweise* offensichtlich" sei und Rn. 34, wonach „die Offensichtlichkeit [...] sich aus einer *typisierenden Betrachtungsweise* ergibt" [alle Hervorh. durch Verf.].

I. Die Rolle der Anleger

Anleger sind (mittelbare[479]) Marktteilnehmer.[480] Sie bestimmen das Angebots- und Nachfragepotential wesentlich mit.[481] Im Effektengeschäft stehen sie „ihrem" Intermediär entweder als Kommittent oder Käufer/Verkäufer gegenüber. Sie können ferner „unmittelbare Vertragspartner", etwa von Derivatverträgen sein. Im Verhältnis zum Intermediär sind die Anleger in all diesen Fällen Kunden, was gleichfalls gilt, wenn ausschließlich eine Beratungsleistung erbracht wird.[482]

II. Das Anleger- bzw. Kundenleitbild

1. Das Leitbild vom verständigen bzw. vernünftigen Anleger

Aufgrund der engen Bezüge bzw. Überschneidungen des Finanzdienstleistungs- und Kapitalmarktrechts, liegt zunächst ein Blick in letzteres nahe. Dort wird überwiegend auf das Leitbild des „verständigen Anlegers" zurückgegriffen.[483] Auf ihn rekurriert etwa die Vorschrift des § 13 Abs. 1 Satz 2 WpHG, der die Eignung zur Kursbeeinflussung im insiderrechtlichen Sinne definiert.[484] Ein solcher *„reasonable investor"*[485] denkt rational und verhält sich dementsprechend, um den Nutzen seiner Anlage zu optimieren. Er ist also (im ökonomischen Sinn) ein *homo oeconomicus*, der mit den Vorgängen am Kapitalmarkt vertraut ist, wozu auch die Transaktionsbedingungen gehören.[486] Er stützt seine Entscheidungen auf alle ex ante ver-

---

[479] Wenn Anleger „unmittelbar" am Markt agieren, werden die klassischen Finanzintermediäre maßgeblich auf ihre Informationstransformationsfunktion reduziert (sog. Disintermediation), vgl. *Vogel*, Anlegerschutz, S. 135 f., 147 f.; zum Begriff *Ekkenga*, Anlegerschutz, Rechnungslegung und Kapitalmarkt, S. 21. Es handelt es sich dabei um eine Wandlung von enger zu weiter Finanzintermediation infolge von *securitization* und der direkten Befriedigung von Kapitalbedarf durch Kapitalnehmer am Kapitalmarkt, vgl. *Gemberg Wiesike*, Wohlverhaltensregeln, S. 22 f.

[480] Vgl. in diesem Kontext die Ausführungen zur Rolle der Finanzintermediäre supra § 3 A.

[481] Vgl. *Oulds*, in: Kümpel/Wittig, Bank- und Kapitalmarktrecht[4], Rn. 14.132.

[482] Vgl. supra § 2 A.

[483] *Veil*, ZBB 2006, 162, 167 („Das Schutzniveau im Kapitalmarktrecht wird zunehmend durch den Begriff des verständigen Anlegers bestimmt."); eingehend auch *Klöhn*, ZHR 177 (2013), 349, 366 ff.

[484] Dies ist dort auch gemeinschaftsrechtlich so vorgegeben, dazu *Veil*, ZBB 2006, 162, 163. Im Übrigen ist der Begriff vor allem im Anwendungsbereich der Prospektpublizität, Beteiligungstransparenz, Ad-hoc-Publizität und der regelmäßigen Finanzberichterstattung relevant, dazu a.a.O. passim, zusammenfassend S. 171. Vgl. auch *Nobbe*, WM 2013, 193, 194, zum verständigen Anleger als Prospektadressat der wesentlichen Angaben nach § 20 Abs. 1 VermAnlG. Zum verständigen Anleger als Leitbild des FRUG *Möllers/Poppele*, ZGR 2013, 437, 465 f.; vgl. ferner *Eberius*, Regulierung der Anlageberatung und behavioral finance, S. 43.

[485] Vgl. Commission Directive 2003/124/EC of 22 December 2003 implementing Directive 2003/6/EC of the European Parliament and of the Council as regards the definition and public disclosure of inside information and the definition of market manipulation, OJ L339/70.

[486] *Buck-Heeb*, ZHR 176 (2012), 66, 84; *Schwark/Kruse*, in: Schwark/Zimmer, KMRK[4], § 13 WpHG Rn. 47 f.; *Veil*, ZBB 2006, 162, 163; eingehend zum *homo oeconomicus* im Sinne der „*rational choice*-Theorie" *Teigelack*, Finanzanalysen und Behavioral Finance, S. 72 ff. Vgl. auch BGH (IKB), Urt. v. 13.12.2011, Az.: XI ZR 51/10, BGHZ 192, 90 = NZG 2012, 263, 267.

fügbaren Informationen,[487] was aber nicht ausschließt, dass er Informationsdefiziten aufgrund von Informationsasymmetrien unterliegt.[488] Wird er mit Informationen „versorgt", zieht er aus ihnen rationale Schlüsse.[489]

2. Das Leitbild vom durchschnittlichen Anleger

Beispielsweise in Prospekthaftungsfällen[490] wird vom „durchschnittlichen Anleger" als Informationsadressat gesprochen.[491] Einige ordnen ihm regelungskontextbezogen die Attribute des verständigen Anlegers zu.[492] Andere gehen davon aus, dass der „verständige Anleger" anhand seiner Fähigkeiten vom „lediglich durchschnittlichen Anleger" unterschieden werden könne.[493] Der BGH nimmt an, dass es sich beim durchschnittlichen Anleger um einen Anleger handelt, „der zwar eine Bilanz zu lesen versteht, aber nicht unbedingt mit der in eingeweihten Kreisen gebräuchlichen Schlüsselsprache vertraut zu sein braucht".[494]

Unter dem Begriff des „durchschnittlichen Anlegers" werden also teilweise tatsächliche „Anlegerdefizite"[495] berücksichtigt, während der Begriff andererseits zur Ausfüllung der Typisierung, welches Wissen der verständige Anleger vorhält, herangezogen wird. Soweit im durchschnittlichen Anleger (auch) der „schutzbedürftige Typ des wirtschaftlich ungewandten, den Geheimnissen des Börsengeschehens unwissend und hilflos gegenüberstehende"[496] Anleger gesehen wird, können gege-

---

[487] EuGH (Geltl), Urt. v. 28.6.2012, Rs. C-19/11, BB 2012, 1817, Rn. 55.

[488] A.A. *Eberius*, Regulierung der Anlageberatung und behavioral finance, S. 29, der den *homo oeconimcus* als „unendlich schnell" und „allwissend" beschreibt.

[489] So erwartet der BGH etwa, dass der Anleger aus einem ihm mitgeteilten Totalausfallrisiko bei einem Zertifikat den Schluss ziehe, dass keine Einlagensicherung bestehe (Lehman-I und Lehman-II), dazu *Grundmann*, WM 2012, 1745, 1746 f.

[490] Vgl. OLG München, Urt. v. 22.5.2012, Az.: 5 U 1725/11, ZIP 2012, 2096, 2100.

[491] Etwa BGH, Urt. v. 1.3.2004, Az.: II ZR 88/02, DStR 2004, 967, 969.

[492] Vgl. *Veil*, ZBB 2006, 162, 163, zum Insiderrecht. Dies entspricht auch den europarechtlichen Grundlagen, wenn vom *„average investor"* gesprochen wird, der als ein rationaler, also verständiger Anleger aufgefasst wird, vgl. *Moloney*, 6 EBOR (2005), 341, 391 ff. (dort insb. Fn. 222, wo relevante EuGH-Rechtsprechung aufgeführt wird). Entsprechend handhabt der EuGH das von ihm zugrunde gelegte Verbraucherleitbild, da er den „verständigen Verbraucher" insoweit als „normal bzw. *durchschnittlich* informiert" betrachtet, vgl. *Piekenbrock/ Ludwig*, WM 2012, 1409, 1414.

[493] *Schwark/Kruse*, in: Schwark/Zimmer, KMRK^4, § 13 WpHG Rn. 47. Differenzierend auch *Buck-Heeb*, ZHR 176 (2012), 66, 89.

[494] BGH, Urt. v. 12.7.1982, Az.: II ZR 175/81, NJW 1982, 2823, 2824. Kritisiert als „widersprüchlich" von *Möllers/Kernchen*, ZGR 2011, 1, 13; nach *Lenenbach*, Kapitalmarktrecht^2, Rn. 11.28, können indes etwaige negative Konsequenzen der BGH-Auffassung hingenommen werden, da Finanzintermediäre den Privatanlegern die Informationen „aufbereitet darbieten". Nicht erwartet wird die Fähigkeit Bilanzen lesen zu können vom „durchschnittlichen Kleinanleger", der aber dennoch als verständig angesehen wird, BGH, Urt. v. 18.9.2012, Az.: XI ZR 344/11, BGHZ 195, 1 = WM 2012, 2147, Rn. 25 und 28.

[495] Dazu sogleich § 3 D. IV.

[496] *Hopt*, Kapitalanlegerschutz im Recht der Banken, S. 418 und 89 ff.

benenfalls auch Phänomene berücksichtigt werden, die heute unter dem Stichwort *behavioral finance* diskutiert werden.[497]

3. Das Leitbild vom Verbraucher-Anleger

a) Der Anleger als Verbraucher

Ob Kapitalanleger als Verbraucher qualifiziert werden können, ist in erster Linie für den Anwendungsbereich von an die Verbrauchereigenschaft anknüpfender Normen relevant.[498] Sofern man eine Verbraucher-Eigenschaft des Anlegers bejaht, könnte dann das einschlägige Verbraucherleitbild Auswirkungen auf Aufklärungspflichten haben.[499] Die „Leitbilddiskussion" erhält dann eine zusätzliche Komponente.

Anders als der Anlegerbegriff ist der Verbraucher gesetzlich in § 13 BGB[500] definiert als jede natürliche Person, die ein Rechtsgeschäft zu einem Zwecke abschließt, der überwiegend[501] weder ihrer gewerblichen noch ihrer selbständigen beruflichen Tätigkeit zugerechnet werden kann. Eine undifferenzierte Gleichsetzung von Anlegern und Verbrauchern stößt bereits auf Schwierigkeiten, weil Anleger auch Unternehmen sein können,[502] die unter gewissen Umständen gegebenenfalls sogar als Privatanleger im Sinne des WpHG gelten.[503] Unternehmen werden von § 13 BGB hingegen nicht erfasst. In Bezug auf natürliche Personen lässt sich aber feststellen, dass nach dem Wortlaut zunächst jeder (Privat-)Anleger als Verbraucher anzusehen ist, sofern er nicht die Schwelle zur überwiegenden gewerblichen Tätigkeit überschreitet und die Kapitalanlage nicht zum Zweck bzw. in Ausübung seiner beruflichen Tätigkeit erwirbt.[504] Teilweise wird unter verschiedenen Gesichtspunkten ver-

---

[497] Vgl. *Hopt*, Kapitalanlegerschutz im Recht der Banken, S. 418 f. Vgl. infra § 3 D. IV.

[498] Beispielsweise geht es um Regelungen über „Haustürgeschäfte", Verbraucherkredite oder entsprechende Besonderheiten des AGB-Rechts, vgl. *Edelmann*, in: Assmann/Schütze, Hdb. Kapitalanlagerecht³, § 3 Rn. 2 ff.

[499] Vgl. *Eberius*, Regulierung der Anlageberatung und behavioral finance, S. 89 f.; *Wagner*, BKR 2003, 649. Auf die Grundsatzfrage, wie sich Anlegerschutz und Verbraucherschutz zueinander verhalten, kann hier nicht eingegangen werden, dazu beispielsweise *Buck-Heeb*, ZHR 176 (2012), 66, 68 f. m.w.N.; *Vogel*, Anlegerschutz, passim; s. auch *Brenncke*, Regelung der Werbung im Bank- und Kapitalmarktrecht, S. 652, wonach mangels konkreter Leitbildvorgaben aus der MiFID bzw. MiFID-DRL das europäische Verbraucherleitbild heranzuziehen sei.

[500] Mangels kapitalmarktrechtlicher Sonderregeln ist auf § 13 BGB abzustellen, *Buck-Heeb*, ZHR 176 (2012), 66, 73.

[501] Zur Neufassung des § 13 BGB durch das Verbraucherrechte-Richtlinie-Umsetzungsgesetz *Bülow*, WM 2014, 1 ff.

[502] Vgl. dazu *Thieme*, Wertpapierdienstleistungen im Binnenmarkt, S. 76 (dort Fn. 23).

[503] Vgl. *Fuchs*, in: Fuchs, Komm WpHG, § 31a Rn. 17; *Riesenhuber*, ZBB 2014, 134, 136 f.

[504] Zutreffend *Edelmann*, in: Assmann/Schütze, Hdb. Kapitalanlagerecht³, § 3 Rn. 23; ferner *Eberius*, Regulierung der Anlageberatung und behavioral finance, S. 90; *Riesenhuber*, ZBB 2014, 134, 137; a.A. *Stahl*, *Information Overload* am Kapitalmarkt, S. 53, weil der Gesetzgeber das nicht gewollt habe und Finanzinstrumente „weder Dienstleistung noch Ware" seien. § 13 BGB stellt allerdings auf diese Eigenschaften nicht ab, sondern spricht vom *Rechtsgeschäft*, das abgeschlossen wird. Ein vermeintlich abweichender Wille des Gesetzgebers hat im klaren Wortlaut des Gesetzes

sucht, eine Trennung von Anlegern und Verbrauchern zu begründen. So verweist etwa *Wagner* darauf, dass der Kapitalanleger vor dem Hintergrund von Chancen und Risiken „in anderer Weise“ als ein Verbraucher handele, der Geschäfte für den privaten Bedarf („Konsum“) tätige.[505] Andere verweisen auf die Funktion des Verbraucherschutzes als Sonderprivatrecht für Konsumenten.[506] Im Gegensatz dazu würde der Kapitalanleger „spekulantenähnlich“ zur Gewinnmaximierung in risikobehaftete Anlagen investieren und bedürfe daher keines besonderen Schutzes.[507] Diese situative Verschiedenheit[508] könnte somit eine teleologische Reduktion möglich bzw. als zwingend geboten erscheinen lassen.[509] Die Rechtsprechung geht hingegen weitgehend von einer Gleichstellung von Verbrauchern und Privatanlegern aus,[510] da sie den Verbraucherbegriff – unter Verweis auf Entstehungsgeschichte und Schutzzweck sowie daraus folgende Grenzen zulässiger Rechtsfortbildung[511] – weit auslegt.[512] Diese Arbeit nimmt insbesondere die Rechtsprechung in den Blick. Deren Einordnung der Privatanleger als Verbraucher, die dem Wortlaut des § 13 BGB entspricht, ist für die Zwecke dieser Arbeit zu akzeptieren. Im Ergebnis macht das nach der bisherigen Rechtsprechung ohnehin keinen Unterschied.[513]

---

zumindest keinen Niederschlag gefunden. Der angeführte Verweis auf *Vogel*, Anlegerschutz, S. 147, gibt dafür ebenfalls nichts her.

505 *Wagner*, BKR 2003, 649, 651.

506 *Edelmann*, in: Assmann/Schütze, Hdb. Kapitalanlagerecht³, § 3 Rn. 5.

507 Vgl. *Edelmann*, in: Assmann/Schütze, Hdb. Kapitalanlagerecht³, § 3 Rn. 7 m.w.N.

508 Vgl. dazu *Micklitz*, in: MünchKomm BGB⁶, Vor §§ 13, 14 Rn. 14.

509 Dazu *Edelmann*, in: Assmann/Schütze, Hdb. Kapitalanlagerecht³, § 3 Rn. 8.

510 Besonders deutlich etwa BGH (Innenprovisionen-I) BGHZ 158, 110 = NJW 2004, 1732, 1734 („Der Aufklärungsbedarf für den *Anlageinteressenten* (*Verbraucher*) …“ [Hervorh. durch Verf.]); *Wagner*, BKR 2003, 649, 651.

511 Vgl. BGH, Urt. v. 8.11.2005, Az.: XI ZR 34/05, WM 2006, 81 ff.

512 So werden nicht nur geschäftsführende Gesellschafter als Verbraucher angesehen (BGH, Urt. v. 8.11.2005, Az.: XI ZR 34/05, WM 2006, 81 ff.), sondern auch die Einordnung einer Gesellschaft bürgerlichen Rechts als Verbraucher sei möglich (BGH, Urt. v. 23.10.2001, Az.: XI ZR 63/01, NJW 2002, 368 ff.). Auch eine dauerhafte Gewinnerzielungsabsicht sowie gewohnheitsmäßige Spekulation mit Wertpapieren führen nicht zu eingeschränkter Schutzwürdigkeit, ebenso wenig der Zweck, mit einer Anlage Steuervorteile zu erlangen, vgl. *Edelmann*, in: Assmann/Schütze, Hdb. Kapitalanlagerecht³, § 3 Rn. 20 m.w.N. zur Rechtsprechung.

513 Die oben genannten Gesichtspunkte, die für eine Differenzierung zwischen Anlegern und Verbrauchern sprechen, können bei der Auslegung der Sondernormen für Verbraucher dennoch eine Rolle spielen, vgl. etwa *Winneke*, BKR 2010, 321, 327, im Kontext von Widerrufsrechten für telefonisch vertriebene Zertifikate. Im Einzelfall mag die Berufung auf eine konkrete Verbraucherschutznorm gegen Treu und Glauben verstoßen (§ 242 BGB), vgl. *Edelmann*, in: Assmann/Schütze, Hdb. Kapitalanlagerecht³, § 3 Rn. 24; ferner sind auch Widersprüche zu berücksichtigen, die beispielsweise auftreten können, wenn der „Verbraucher“ zugleich Mitunternehmer im Sinne von § 15 Abs. 1 Nr. 2 EStG ist, wie dies bei Beteiligungen an geschlossenen Immobilienfonds der Fall sein kann, dazu a.a.O. Rn. 10 ff.

b) Verbraucherleitbild

Relevant ist das Verbraucherleitbild hier hinsichtlich des anzunehmenden „Erwartungshorizonts" des Verbrauchers,[514] der bezüglich der Frage, was als „offensichtlich" anzusehen ist,[515] nicht unberücksichtigt bleiben kann.

Denkbar wäre, dass der „durchschnittliche Verbraucher" geschützt werden soll. Aber auch dieser Begriff bedarf wieder der Konturierung. Im AGB-Recht wird auf diese Weise mitunter ein Schutz des Rechtsunkundigen verwirklicht.[516] Einen Wandel erfahren hat das Leitbild des „flüchtigen Durchschnittsverbrauchers" im UWG. Nunmehr wird auf den „situationsadäquat aufmerksamen Verbraucher" abgestellt, wobei aufgrund europarechtlicher Einflüsse zwischen dem „Durchschnittsverbraucher" und dem „besonders schutzbedürftigen Verbraucher" unterschieden wird.[517] Die deutsche Diskussion wird teilweise als sozialstaatsbezogen beschrieben, da alle „Modelle" einen Bezugspunkt im Sozialstaatsprinzip hätten.[518] Bezüglich des Schutzmodells stehen sich paternalistische Konstruktionen („unterlegener Verbraucher" bzw. „*homo inferior*"[519]) und solche, die die Eigenverantwortung betonen („umsichtig handelnder, mündiger Verbraucher") als Pole gegenüber.[520] Vermittelnd wird eine Position vertreten, die nicht generell rollenbezogen eine strukturelle Unterlegenheit annimmt, sondern zusätzlich eine situationsspezifische Schutzbedürftigkeit fordert, was teilweise wiederum über Vermutungen mit dem Modell des strukturell unterlegenen Verbrauchers verknüpft wird.[521] Im Rahmen der hier interessierenden Fragestellungen kann festgestellt werden, dass sich kontext- und situationsbezogen durchaus eine Schutznotwendigkeit des Verbraucher-Anlegers herausarbeiten lässt, wozu auf die Überlegungen, die allgemein den Anlegerschutz

---

514 *Micklitz*, in: MünchKomm BGB⁶, Vor §§ 13, 14 Rn. 7; vgl. ferner *Wagner*, DStR 2004, 1836, 1837. Im Übrigen ist das Verbraucherleitbild für die Auslegung verbraucherschützender Normen erheblich, *Wagner*, BKR 2003, 649, 651.

515 S. supra § 3 D. und infra § 5 B. II.

516 Zuspitzend *Micklitz*, in: MünchKomm BGB⁶, Vor §§ 13, 14 Rn. 10 („Schutz der Dummen").

517 Vgl. zu dieser Entwicklung *Micklitz*, in: MünchKomm BGB⁶, Vor §§ 13, 14 Rn. 11.

518 Vgl. dazu *Micklitz*, in: MünchKomm BGB⁶, Vor §§ 13, 14 Rn. 18, 64 und 66; ferner *Brandt*, Aufklärungs- und Beratungspflichten, S. 29 f.

519 Vgl. *Gemberg Wiesike*, Wohlverhaltensregeln, S. 69; *Fuchs*, in: Fuchs, Komm WpHG, Vor §§ 31 bis 37a Rn. 66; vgl. auch *Emmerich*, in: FS Gernhuber, S. 857, 870, der kritisiert, dass der deutsche Verbraucher als „an der Grenze zur Debilität verharrend, unmündig [und] einer umfassenden Betreuung bedürftig" charakterisiert würde, der „hilflos [...] auch noch gegen die kleinste Irreführungsgefahr geschützt werden muss".

520 Vgl. *Micklitz*, in: MünchKomm BGB⁶, Vor §§ 13, 14 Rn. 66. Die Figur des mündigen Verbrauchers wird in der Praxis auch herangezogen, um Regulierung in undurchsichtigen Märkten zu verhindern, vgl. F.A.Z. v. 18.7.2012, S. 17 (Krankenpolicen nur für *mündige Verbraucher*). Die Regierungskoalition der 16. Legislaturperiode des Deutschen Bundestags aus CDU/CSU und SPD bekannte sich zu einem „Leitbild der mündigen Verbraucher als eigenverantwortlich handelnde Konsumenten und Marktteilnehmer", dazu *Veil*, ZBB 2006, 162.

521 *Micklitz*, in: MünchKomm BGB⁶, Vor §§ 13, 14 Rn. 71 f.; vgl. auch *Eberius*, Regulierung der Anlageberatung und behavioral finance, S. 91.

durch Aufklärung rechtfertigen, zurückgegriffen werden kann.[522] Welche konkreten Fähigkeiten und Kenntnisse daraus zu entnehmen sind, bleibt freilich unklar.

III. Vorgaben des Schutzmodells für die Leitbildkonturierung?

Auf welches der soeben dargestellten Leitbilder zurückzugreifen ist, lässt sich nicht nach Belieben beantworten. Zu fragen ist vielmehr, ob dem Regelungskontext der untersuchten Fälle Hinweise entnommen werden können, die für ein bestimmtes Leitbild sprechen.[523] Aufklärungspflichten dienen der Verwirklichung von Anleger- bzw. Kundenschutz im Rahmen eines Schutzmodells, das auf Information setzt.[524] Dieses bedingt bestimmte anzunehmende Umstände, die die Anlegereigenschaften betreffen.

1. Nationale Rechtsprechung

Wenn Aufklärungspflichten überhaupt einen Sinn haben sollen, muss davon ausgegangen werden, dass der Adressat der Aufklärung in der Lage ist, ihm mitgeteilte Informationen zu beurteilen und daraus Schlüsse zu ziehen.[525] Soweit die Rechtsprechung also Aufklärungspflichten statuiert, kann sie nicht den unverständigen und zur Informationsverarbeitung unfähigen Anleger vor Augen haben. Dieser Befund lässt sich auch an der von der Rechtsprechung bei Beratungssituationen vermuteten Kausalität („aufklärungsrichtiges Verhalten") festmachen.[526] Unterstellt wird nämlich, dass der Kunde in der Lage gewesen wäre, die (nicht erteilten) Informationen zu verarbeiten und eine auf ihnen basierende eigenständige Entscheidung zu treffen. Folglich will das Aufklärungsschutzkonzept „nur" sicherstellen, dass der Kunde mit den notwendigen Informationen versorgt wird.[527] Entsprechendes gilt ebenso, wenn eine vermeintliche „Offensichtlichkeit" bestimmter Umstände darauf bezogene Aufklärungspflichten entfallen lässt.[528] Dies setzt einen folgerichtigen Umgang mit (erkennbaren) Informationen voraus. Insofern lässt sich aufgrund etwaiger Infomationsasymmetrien[529] situationsspezifisch zwar ein Schutzbedürfnis annehmen. Der gebotene Schutz findet nach dem Schutzmodell jedoch dort eine Grenze, wo der Anleger sich im Ergebnis selbst bewusst für oder gegen eine chancen- und risiken-

---

[522] Vgl. bereits supra § 3 A. und ausführlich infra § 3 E.

[523] Vgl. auch OLG Frankfurt a.M., Urt. v. 21.6.2011, Az.: 5 U 103/10, ZIP 2011, 1909, 1911; *Eberius*, Regulierung der Anlageberatung und behavioral finance, S. 33.

[524] S. die Nachweise in Fn. 559.

[525] Vgl. *Teigelack*, Finanzanalysen, S. 76, explizit so auch zu Informationen über mögliche Interessenkonflikte (im Kontext der Finanzanalyse). Dies lässt sich auch auf das Verhältnis Anleger/Berater im hier relevanten Kontext übertragen.

[526] Dazu ausführlich infra § 10 E. III. 2 und § 11 D. II. 1.

[527] Vgl. zum Anlegerschutzkonzept auch *Lenenbach*, Kapitalmarktrecht², Rn. 9.321.

[528] Dazu bereits supra § 3 D. und ausführlich infra § 5 B. II.

[529] Dazu infra § 3 E. II. 2. c).

behaftete Anlage entscheidet, wozu ihm aber die notwendigen (nicht offenkundigen) Informationen an die Hand gegeben werden sollen.[530]

Diese Annahmen sind allgemein auf *alle* Anleger bezogen und unabhängig von einer Verbrauchereigenschaft, weshalb die Rechtsprechung folgerichtig insoweit nicht näher differenziert.[531] Von der Annahme eines „aufklärungs*fähigen* Anlegers" kann man sich im Rahmen des gewählten Schutzmodells nicht lösen.

2. *Europarechtliche Einflüsse auf das Anleger- und Verbraucherleitbild*

Die Diskussion weist eine europarechtliche Komponente auf.[532] Die hier besonders interessierenden Konstellationen fallen in weiten Teilen unter die MiFID.[533] Mitunter ist der Verbraucherbegriff bzw. das zugehörige Leitbild „unionisiert".[534] Soweit das europäische Recht als „Marktverhaltensrecht"[535] konzipiert ist, setzt es einen „selbstbewussten Verbraucher" voraus, der die ihm zugedachten Aufgaben deshalb erfüllen kann, weil er mit den nötigen Ressourcen – konkret: Informationen – ausgestattet wird.[536] In der EuGH-Rechtsprechung wird daher vom „durchschnittlich informierten, aufmerksamen und verständigen Durchschnittsverbraucher" gesprochen.[537] Auch die MiFID zeigt, dass fehlendes soziales Marktgleichgewicht allein

---

530 Vgl. *Buck-Heeb*, WM 2014, 385; *Wagner*, BKR 2003, 649, 653.

531 Beispielhaft zeigt BGH, Urt. v. 8.5.2001, Az.: XI ZR 192/00, NJW 2002, 62, 63, dass der BGH auch Verbraucher von seinem (bzw. dem gesetzlichen) Schutzkonzept erfasst sieht. Dort wird – insoweit beiläufig – festgehalten, dass „§§ 31 ff. WpHG so zu interpretieren [seien], dass die Schwächen des *Verbraucherverhaltens*, insbesondere soweit sie auf unzureichender Information beruhen, nicht ausgenutzt werden dürfen" (Hervorh. durch Verf.). Vgl. auch *Gemberg Wiesike*, Wohlverhaltensregeln, S. 70, wonach ein Verbraucher, wenn er als *homo inferior* angesehen würde, durch die Informationserteilung „annähernd auf die Stufe des *homo oeconomicus* gehoben" werden solle. Insofern findet ein „Einbruch des Verbraucherschutzrechts in das Kapitalmarktrecht", so *Leuering/Zetzsche*, NJW 2009, 2856, 2860, jedenfalls insoweit nicht statt, als das Bild vom zumindest aufklärungs*fähigen* Anleger beständig bleibt. In der immer weitergehenden Begründung von Aufklärungspflichten kann man aber durchaus einen Einfall des Verbraucherschutzes in Form des verstärkten Anlegerschutzes sehen; ebenso ist auf verstärkten „sozialen Verbraucherschutz" etwa in Form von Zinsobergrenzen etc. hinzuweisen, der aber von der Entscheidungsfreiheit des Anlegers unabhängig ist, vgl. *Gemberg Wiesike*, a.a.O. S. 70.

532 Vgl. allgemein zu den EU-rechtlichen Impulsen in der „Leitbild-Diskussion" im Verbraucherkontext *Pfeiffer*, NJW 2011, 1.

533 S. Einleitung Fn. 24.

534 So *Micklitz*, in: MünchKomm BGB^{6}, Vor §§ 13, 14 Rn. 88; zum Verbraucherleitbild im Europäischen Privatrecht auch *Riesenhuber*, ZBB 2014, 134, 146.

535 Vgl. *Micklitz*, in: MünchKomm BGB^{6}, Vor §§ 13, 14 Rn. 73 ff. Auch *Wagner*, BKR 2003, 649, 652, verweist darauf, dass der EuGH bewusst ein derartiges Verbraucherleitbild entwickelt habe, da nur die Orientierung am „mündigen Verbraucher" den Marktzutritt von Marktteilnehmern aus anderen Mitgliedstaaten nicht unverhältnismäßig erschwere. Vgl. auch *Bülow*, in: FS Nobbe, S. 495, 497, zur Einordnung gestörter Vertragsparität als Marktstörung.

536 Vgl. *Micklitz*, in: MünchKomm BGB^{6}, Vor §§ 13, 14 Rn. 77; ferner *Tiffe*, Struktur der Informationspflichten, S. 347 f.; *Riesenhuber*, ZBB 2014, 134, 144 („Der weithin europäisch determinierte vertragliche Verbraucherschutz folgt nach wie vor einem Informationsmodell.").

537 Vgl. beispielsweise EuGH (Sektkellerei Kessler), Urt. v. 28.1.1999, Rs. C-303/97, Slg. 1999,

nicht schutzbegründend wirkt, da sich daraus bezüglich der maßgeblichen rechtsgeschäftlichen Entscheidungsfreiheit nichts ableiten lässt.[538] Im (die MiFID insoweit umsetzenden) WpHG wird von Kunden und geeigneten Gegenparteien gesprochen.[539] Das höchste Anlegerschutzniveau weist der „Kleinanlegerbereich" (Privatkunden) auf. Hier gilt aber ebenso das Leitbild eines – gegebenenfalls informationsbedürftigen – verständigen Anlegers.[540] Der Privatkundenbereich erfasst auch Verbraucher.[541] Da die geschützte Gruppe jedoch nicht auf Verbraucher beschränkt ist[542], wäre eine „Sonderbehandlung" nicht zu rechtfertigen. Solange das Verbraucherleitbild[543] nicht mit einem abweichenden Anlegerleitbild konfligiert, ist die Ein-

---

I-00513, Rn. 36. Damit legt der EuGH das Informationsmodell seiner Rechtsprechung zu Grunde, *Vogt*, in: FS Westphalen, S. 741, 747, i.E. befürwortend a.a.O. S. 754. Dem Leitbild des EuGH zustimmend auch *Möllers*, Die Rolle des Rechts im Rahmen der europäischen Integration, S. 39 f.; vgl. auch *Brenncke*, Regelung der Werbung im Bank- und Kapitalmarktrecht, S. 652 ff.; *Moloney*, How to Protect Investors, S. 56 f.; *Pfeiffer*, NJW 2011, 1, 2. Nach *Piekenbrock/Ludwig*, WM 2012, 1409, 1415, sei dieses Leitbild in der Mehrzahl der EU-Mitgliedstaaten in Anlehnung an den EuGH vorherrschend. Nicht überzeugend daher *Beck*, in: Bankrechtstag 2010, S. 65, 69.

[538] *Pfeiffer*, Der Verbraucherbegriff als zentrales Merkmal im europäischen Privatrecht, S. 21, 29; vgl. ferner *Bülow*, in: FS Nobbe, S. 495, 498.

[539] Dazu sogleich infra § 3 D. III. 3.

[540] *Langenbucher*, ZHR 177 (2013), 679, 684; *Mülbert*, ZHR 177 (2013) 160, 178. Auch die MiFID II setzt weiterhin auf Informationspflichten, insoweit hat das Informationsmodell weiterhin Bestand, vgl. *Buck-Heeb*, ZBB 2014, 221, 226; *Geier/Schmitt*, EWS 2012, 264, 266; *Langenbucher* a.a.O. S. 695; vgl. auch *Möllers*, in: Kölner Komm WpHG², § 31 Rn. 68 (die neuen Informationspflichten dienten dazu, dass der Anleger „eine (noch) rationalere [...] Entscheidung treffen kann"); *ders./Poppele*, ZGR 2013, 437 ff.

[541] S. supra § 3 D. II. 3. a) und so auch *Schwark*, in: Schwark/Zimmer, KMRK⁴, Vor § 31 WpHG Rn. 11 (verstünde man Anlegerschutz als Teil des Verbraucherschutzes, seien §§ 31 ff. WpHG auch Verbraucherschutz, aber nur in den „Grenzen des Gesetzes"). Vgl. auch *Buck-Heeb*, ZHR 176 (2012), 66, 73 f., die darauf hinweist, dass weder im WpHG noch in den europarechtlichen Grundlagen ein klarer Hinweis auf Verbraucherschutz enthalten sei; s. aber auch a.a.O. S. 80 f., wo die Aufnahme der §§ 31 ff. WpHG in den Katalog der Verbraucherschutzgesetze im Sinne des UKlaG behandelt wird. Neben den Anlegerschutz (EG 31, 44 MiFID) tritt der Funktionenschutz als Regulierungsziel. Zur „Wechselwirkung" zwischen Anleger- und Funktionenschutz *Schwark* a.a.O. Rn. 14. Versteht man den Anlegerschutz im beschriebenen Sinn als Verbraucherschutz, liegt die Forderung nach einer terminologischen Anpassung nahe, *Micklitz*, in: MünchKomm BGB⁶, Vor §§ 13, 14 Rn. 94. Indes steht die Rolle des Verbrauchers als „privater Konsument" beim „klassischen Verbraucherschutz" im Vordergrund, s. a.a.O. Rn. 95. Konsument ist der Kapitalanleger indes gerade nicht, *Wagner*, BKR 2003, 649, 651. *Assmann*, ÖBA 2007, 40, 54 f., versteht die Tendenz von zunehmenden zwingenden Anlegerschutzregeln, die auf das Schutzbedürfnis eher unkundiger, risikoaverser Marktteilnehmer abstellen, als eine Entwicklung vom Anleger- zum Verbraucherschutz und differenziert insofern. Ebenso *Decker*, Aufklärungspflichten, S. 478. Selbst wenn dies so wäre, wird jedenfalls im Zusammenhang mit Aufklärungspflichten einem Verbraucher dennoch die „Rationalität abverlangt", mit den mitgeteilten Informationen folgerichtig umzugehen. Indes weist *Assmann* an anderer Stelle (in: Assmann/Schütze, Hdb. Kapitalanlagerecht³, § 1 Rn. 54) darauf hin, dass gerade neue zwingende Regelungen solche, die auf Ausgleich von Informationsasymmetrien hinwirken, ersetzten.

[542] Vgl. *Vogel*, Anlegerschutz, S. 146; ferner *Veil/Teigelack*, in: Veil, Europäisches Kapitalmarktrecht², § 27 Rn. 19 (dort Fn. 51), mit dem Hinweis, dass im englischen Recht Anleger- und Verbraucherschutz gleichsinnig verstanden würden.

[543] Nach *Wagner*, DStR 2004, 1836, 1837, sei es europarechtlich zwingend, dass – sofern der

ordnung eines Anlegers (auch) als Verbraucher[544] im vorliegenden Kontext nicht problematisch.[545] Ob diese mögliche Konformität jedoch konsequent durchgehalten wird, ist durchaus zweifelhaft.[546] Wird etwa von einem Bankkunden, der sich beraten lässt, nicht erwartet, dass er erkennt, dass die Bank eigene Gewinninteressen regelmäßig auch über (Dritt-)Provisionen verfolgt,[547] ließe sich das durchaus unterschiedlich beurteilen: Ist es noch ein *verständiger* bzw. *rationaler* (Verbraucher-) Anleger, der ohne selbst seinen Intermediär zu vergüten, nicht damit rechnet, dass dieser auf anderem Weg einen Ertrag, der mit seiner Dienstleistung zusammenhängt, erzielen möchte?[548] Möglicherweise wird hier indes Wissen unterstellt, nämlich dass der Kunde die „Drittprovisionsunabhängigkeit“ seines Bankberaters aufgrund bankinterner Quersubventionierungen erwarte.[549] Wer auf letztere Weise argumentiert, wird konsequenterweise gleichfalls bei anderen Fragestellungen davon ausgehen müssen, dass die Anlegerschaft mit gewissen Marktgepflogenheiten vertraut ist.

Welche Fähigkeiten die Anleger (gegebenenfalls als Verbraucher) in Beratungskonstellationen haben (müssen), lässt sich dem Europarecht naturgemäß nicht

---

Kapitalanleger als Verbraucher eingeordnet wird – dieser entsprechend den europäischen Vorgaben für Verbraucher als „durchschnittlich informiert, aufmerksam und verständig“ zu begreifen sei.

[544] Ausdrücklich *Pfeiffer*, in: Grabitz/Hilf/Nettesheim, Recht der Europäischen Union, 52. EL, Art. 169 AEUV Rn. 29 („Verbraucher ist auch der private Anleger, wenn er Wert- und Anlagegegenstände [...] erwirbt.“); *Gemberg Wiesike*, Wohlverhaltensregeln, S. 68. Interessanterweise weist *Moloney*, How to Protect Investors, S. 39 ff., darauf hin, dass gerade unter dem Gesichtspunkt des europäischen Verbraucherleitbilds die Einordnung der Anleger als Verbraucher zu einem verminderten Schutz führen könnte, was sie auch auf die daraus folgende „Überbetonung von Aufklärung und informierten Entscheidungen“ zurückführt („[...] may risk over-emphasizing informed choice and disclosure [...]“).

[545] A.A. *Wagner*, BKR 2003, 649, der von einer „typisierten Unkenntnis“ der Verbraucher ausgeht. Indes ist im Rahmen der Grenzen des Schutzmodells sowohl für Anleger wie auch für Verbraucher feststellungsbedürftig, welche typisierte (Un-)Kenntnis anzunehmen sein soll. Dass diese für beide Gruppen unterschiedlich wäre, erscheint nicht zwingend. Im hiesigen Kontext stellt sich auch nicht in besonderer Schärfe die Frage nach einer zulässigen Differenzierung zwischen „maximalem Verbraucherschutz“ und der europäischen Linie, die sich am „mündigen Verbraucher“ orientiere, vgl. *Wagner*, BKR 2003, 649, 652, auch zu den Folgen einer eventuell europarechtswidrigen Abweichung vom Leitbild des verständigen Verbrauchers, a.a.O. S. 655. Vgl. auch *Gemberg Wiesike*, Wohlverhaltensregeln, S. 69, der ebenfalls keinen signifikanten Unterschied zwischen dem europäischen Verbraucherbegriff und dem des Privatanlegers sieht; ferner *Vogel*, Anlegerschutz, S. 147, der auf „zahlreiche Übereinstimmungen zwischen der Zielsetzung des Verbraucherschutzes und des individuellen Anlegerschutzes“ hinweist.

[546] Zweifelnd auch *Buck-Heeb*, WM 2012, 625, 632.

[547] S. beispielsweise BGH (Freier Anlageberater-I) BGHZ 185, 185 = ZIP 2010, 919, Rn. 12.

[548] Hierbei ist zu bedenken, dass die Provisionspraxis nunmehr auch in der überregionalen (Tages-)Presse Gegenstand der Berichterstattung war. Ein „verständiger Anleger“ i.S.v. § 13 Abs. 1 Satz 2 WpHG hätte dies jedenfalls zur Kenntnis genommen, vgl. *Klöhn*, in: Kölner Komm WpHG², § 13 Rn. 157; *Pawlik*, in: Kölner Komm WpHG, § 13 Rn. 87.

[549] Dazu infra § 5 B. VII.

en detail entnehmen. Allerdings muss als Untergrenze die Fähigkeit des Anlegers zur Aufnahme und Verarbeitung von Informationen vorausgesetzt werden.[550]

3. Der Kundenbegriff im WpHG

Das WpHG spricht von Kunden. Der Begriff ist in § 31a Abs. 1 WpHG definiert und erfasst alle natürlichen oder juristischen Personen, für die Wertpapierdienstleistungsunternehmen Wertpapierdienstleistungen oder Wertpapiernebendienstleistungen erbringen oder anbahnen. Der Wortlaut („anbahnen") zeigt, dass auch potentielle Vertragspartner vom Kundenbegriff erfasst sind.[551] Vor dem Hintergrund des typischerweise unterschiedlichen Schutzbedürfnisses[552] werden die Kunden in verschiedene Kundenklassen, nämlich professionelle Kunden, geeignete Gegenparteien und Privatkunden[553] eingeteilt.[554] Bei professionellen Kunden (§ 31a Abs. 2 WpHG) darf ein bestimmter Erfahrungs-, Kenntnis- und Sachstand bezüglich Anlageentscheidungen seitens des Wertpapierdienstleistungsunternehmens vorausgesetzt werden (§ 31a Abs. 2 Satz 1 WpHG), was auf ein strukturell geringeres Informationsdefizit als bei Privatanlegern zurückzuführen ist.[555] Privatkunden (§ 31a Abs. 3 WpHG) sind alle Kunden, die keine professionellen Kunden sind. Diese „Einstufungen" sind nicht unveränderlich. Es sind in gewissen Grenzen Heraufund Herabstufungen möglich.[556]

Nach dem (europarechtlich determiniertem) WpHG hängt das Kundenbild also von der Professionalität der Kunden ab.[557] Am geringsten sind die Erwartungen an die Erfahrungen, die Kenntnisse und an den Sachverstand von Privatanlegern, zu

---

550 Vgl. auch *Brenncke*, Regelung der Werbung im Bank- und Kapitalmarktrecht, S. 654; *Riesenhuber*, ZBB 2014, 134, 146; ausführlich zum „informed, rational EU investor" *Moloney*, 6 EBOR (2005), 341, 391 ff.

551 Vgl. *Koller*, in: Assmann/Schneider, Komm WpHG[6], § 31a Rn. 3, unter Verweis auf Art. 19 Abs. 2 MiFID, wonach explizit auch potentielle Kunden erfasst werden sollen (unklar in Art. 4 Abs. 1 Nr. 10 MiFID); ferner *Fuchs*, in: Fuchs, Komm WpHG, § 31a Rn. 16. Erfasst sind auch die rechtsfähigen Personengesellschaften, a.a.O. Rn. 15. Im Ergebnis auch *Buck-Heeb*, ZHR 176 (2012), 66, 71, die aber bereits davon ausgeht, dass der Kundenbegriff in Abgrenzung zum Anlegerbegriff gewählt wurde, um solche Personen zu erfassen, die letztlich kein Investment tätigen.

552 *Fuchs*, in: Fuchs, Komm WpHG, § 31a Rn. 2; *Veil*, ZBB 2006, 162, 170 f.

553 Die MiFID spricht vom Kleinanleger („retail client"), Art. 4 Abs. 1 Nr. 12 MiFID; vgl. dazu auch *Buck-Heeb*, ZHR 176 (2012), 66, 71 f.; allgemein zur Kundenkategorisierung nach der MiFID *Clouth/Seyfried*, in: Clouth/Lang, MiFID Praktikerhandbuch, Rn. 59 ff.

554 Dazu *Kasten*, BKR 2007, 261 ff.

555 Vgl. *Gemberg Wiesike*, Wohlverhaltensregeln, S. 67. Geeignete Gegenparteien (§ 31a Abs. 4 WpHG) sind „Sonderfälle" von professionellen Kunden [*Buck-Heeb*, Kapitalmarktrecht[6], Rn. 538; *Spindler*, 34 J. Consum. Policy (2011), 315, 319], bei denen einzelne Schutzvorschriften aufgrund fehlender sonst typischer Unterordnung zum Wertpapierdienstleistungsunternehmen teilweise nicht anwendbar sind, vgl. *Fuchs*, in: Fuchs, Komm WpHG, § 31a Rn. 3; *Vogel*, Anlegerschutz, S. 176 f.

556 Vgl. *Bülow*, in: FS Nobbe, S. 495, 502 („bewegliche[s] System"); *Koller*, in: Assmann/Schneider, Komm WpHG[6], § 31a Rn. 9 ff.

557 Vgl. auch *Möllers*, in: Kölner Komm WpHG[2], § 31 Rn. 6.

denen freilich gegebenenfalls kaufmännische Anleger gehören können.[558] Daher stellt sich die Frage, wie diese – wiederum als anzulegende „Untergrenze" – zu verstehen sind. Insbesondere §§ 31 ff. WpHG basieren auf dem „Informationsmodell"[559], weshalb obige Ausführungen rekapitulierend festgehalten werden können: Von einem (Privat-)Anleger ist zu erwarten, dass er zumindest insoweit rational handelt, als er in der Lage ist, Informationen aufzunehmen und zu verarbeiten. Manche Normen des WpHG sollen dem Kunden sogar ausdrücklich „vernünftige", d.h. rationale Anlageentscheidungen ermöglichen.[560] Dies gilt auch, soweit Privatanleger zugleich Verbraucher sind.[561]

4. Zwischenfazit

Aufklärungspflichten dienen der Umsetzung eines Anlegerschutzmodells, das auf Information setzt. Ein solches ist nur funktionsfähig, wenn Kunden jedenfalls in der Lage sind, Informationen aufzunehmen, zu verarbeiten und danach zu handeln, was unabhängig von einer etwaigen Verbrauchereigenschaft gilt.[562] Diese Untergrenze steht auch auf einem europäisch determinierten Fundament. In diesem Sinn ist also der Kunde bzw. Anleger als aufklärungsfähig, mithin verständig anzusehen.[563] Von ihm wird insoweit rationales Verhalten erwartet.[564]

---

[558] Kritisch *Spindler*, in: Langenbucher/Bliesener/Spindler, BankR-Komm., 33. Kap. Rn. 9.

[559] *Stahl*, *Information Overload* am Kapitalmarkt, S. 58; vgl. auch *Riesenhuber*, ZBB 2014, 134, 145; *Roth*, in: Assmann/Schütze, Hdb. Kapitalanlagerecht³, § 11 Rn. 90; ferner *Lenenbach*, Kapitalmarktrecht², Rn. 11.2 ff. zum Informationsmodell als „zentralem kapitalmarktrechtlichen Regulierungsmodell"; zum „Informationsparadigma" eingehend auch *Klöhn*, ZHR 177 (2013), 349 ff.; *Mülbert*, ZHR 177 (2013) 160, 184 ff.

[560] S. beispielsweise § 31 Abs. 3 Satz 1 WpHG, der die Mitteilung solcher Informationen fordert, auf deren Grundlage die Kunden „nach vernünftigem Ermessen [...] ihre Anlageentscheidung treffen können".

[561] Vgl. auch *Moloney*, How to Protect Investors, S. 56 ff., die beschreibt, dass die MiFID, auf der die Wohlverhaltenspflichten des WpHG maßgeblich beruhen, auf den „far-sighted, well-informed consumer" abstellt. Vgl. aber auch die andere Einschätzung bei *Brandt*, Aufklärungs- und Beratungspflichten, S. 178 f.

[562] Vgl. auch *Schelling*, Vergütungssysteme und Interessenkonflikte, S. 319 ff.

[563] Vgl. auch *Roth*, in: Assmann/Schütze, Hdb. Kapitalanlagerecht³, § 11 Rn. 90 (Aufklärungspflichten im Kapitalanlagerecht läge Bild eines mündigen Kapitalanlegers zugrunde), dort auch mit Verweis auf das Europarecht; *Schelling*, Vergütungssysteme und Interessenkonflikte, S. 303 ff.; ferner *Ott*, Vorvertragliche Aufklärungspflichten im Licht des Güter- und Leistungsaustausches, S. 142, 151; vgl. aber auch *Eberius*, Regulierung der Anlageberatung und behavioral finance, S. 42.

[564] Wie hier *Spindler*, in: Langenbucher/Bliesener/Spindler, BankR-Komm., 33. Kap. Rn. 9, der allerdings darauf hinweist, dass *behavioral finance*-Erkenntnissen „Rechnung getragen werden müsse". Ob und wie dies im Rahmen des Schutzmodells möglich ist, wird nicht weiter ausgeführt. Vgl. auch *Brenncke*, ZBB 2014, 366, 369 ff.

IV. Friktionen mit der behavioral finance-Forschung?

Nach obigen Ausführungen ist ein aufklärungsfähiger Anleger, der rational mit Informationen umgeht, vorauszusetzen. Allerdings wird in jüngeren Forschungen die Fähigkeit der Anleger (allgemeiner: der Menschen) zur korrekten Informationsverarbeitung in Frage gestellt.[565] Den Kritikpunkten ist – soweit für diese Untersuchung relevant – daher nachzugehen[566] und zu klären, ob sie *de lege lata* berücksichtigungsfähig sind.

1. Das bisherige Modell

Die Rechtsprechung und die gesetzlichen Regelungen neigen im Grundsatz einem Modell des „mündigen Anlegers" zu.[567] Einige Äußerungen auf gesetzgeberischer Ebene stellen sogar explizit auf kapitalmarktrechtliche Effizienzhypothesen ab.[568] Dem „Informationsmodell" im Sinne der *rational choice-Theorie*[569] wird letztlich immer dann gefolgt, wenn Aufklärung als Mittel der Problembewältigung alternativen Verboten vorgezogen wird. Marktversagen und Informationsasymmetrien sollen dann über Informationspflichten überwunden werden.[570] Aufsichtsrecht und Rechtsprechung basieren im Kontext der Anlageberatung auf dieser Annahme.[571] Wird etwa bei postulierten Interessenkonflikten aufgrund Rückvergütungen nicht nur eine Aufklärung über die Tatsache, dass Rückvergütungen an den Finanzintermediär fließen, gefordert, sondern ist darüber hinaus die konkrete Höhe zur Beur-

[565] Eine knappe Zusammenfassung von beschränkt rationalem Verbraucher- und Anlegerverhalten findet sich bei *Koller*, ZBB 2011, 361, 363 ff. Vgl. auch *Koch*, BKR 2012, 485 f. („Anlageberatung ist ein geradezu paradigmatisches Beispiel für [...] Phänomene begrenzter Rationalität.").

[566] Vgl. ausführlich auch *Eberius*, Regulierung der Anlageberatung und behavioral finance, S. 57 ff.

[567] Vgl. *Möllers/Poppele*, ZGR 2013, 437, 445 f.; *Roth*, in: Assmann/Schütze, Hdb. Kapitalanlagerecht³, § 11 Rn. 90; ferner *Pawlik*, in: Kölner Komm WpHG, § 13 Rn. 87; *Vogel*, in: Assmann/Schneider, Komm WpHG⁶, § 20a Rn. 86. Dies bedeutet indes noch nicht, dass *de lege lata* eine Berücksichtigung von Erkenntnissen der *behavioral finance* überhaupt nicht möglich wäre, dazu ausführlich *Teigelack*, Finanzanalysen und Behavioral Finance, S. 161 ff. und infra § 3 D. IV. 4.

[568] Anhaltspunkte finden sich in diesem Sinne auch auf europäischer Ebene, vgl. *Teigelack*, Finanzanalysen und Behavioral Finance, S. 80 ff.

[569] Eine Einführung findet sich bei *Teigelack*, Finanzanalysen und Behavioral Finance, S. 72 ff; s. auch *Buck-Heeb*, ZHR 176 (2012), 66, 70 und 73 (zum Verbraucherschutz); *Gemberg Wiesike*, Wohlverhaltensregeln, S. 69; *Schäfer/Ott*, Ökonomische Analyse³, S. 56 ff.; ferner *Stürner*, in: FS Canaris (I), S. 1489 ff., zum Informationsmodell in der „kompetitiven Marktgesellschaft", wobei er auch auf systemimmanente Schwächen eingeht.

[570] Vgl. *Spindler*, 34 J. Consum. Policy (2011), 315, 316 ff. In Einzelfällen finden sich jedoch auch Verbote, etwa das öffentliche Vertriebsverbot für „Sondervermögen mit zusätzlichen Risiken" im Sinne des bisherigen § 112 Abs. 1 InvG gem. § 112 Abs. 2 Satz 1 InvG, dazu *Teigelack*, Finanzanalysen und Behavioural Finance, S. 81. Ferner kann das „Zuwendungsannahmeverbot" in § 31d WpHG genannt werden.

[571] Vgl. *Spindler*, 34 J. Consum. Policy (2011), 315, 319 ff. und supra § 3 D. III.

teilung des „Grades" des Konflikts mitzuteilen,[572] so lässt sich dem mittelbar entnehmen, dass dem Informationsadressat sogar eine exakte Bemessung der sich für ihn aus dem mitgeteilten Sachverhalt ergebenden Konsequenzen zugetraut wird.[573] Freilich ist die Figur eines *homo oeconomicus* eine Fiktion.[574] Sie ist weder eine Beschreibung des Ist-Zustandes noch normatives Programm zur Erreichung eines solchen „Ideals". Als Modell ist sie gerade nicht in der Lage, die Realität vollständig abzubilden.[575] Soweit die Figur aber zugrunde gelegt wird, lassen sich ihr gewisse Annahmen entnehmen, die letztlich vor allem die (rechtspolitische) Frage beantwortet, welches Maß an Eigenverantwortung dem Anleger zugemutet wird. Dies zeigt, dass es „nicht damit getan ist" festzustellen, dass der *homo oeconomicus* nicht der Realität entspräche. Wer dafür plädiert, dass die mit dem Informationsmodell verbundenen Annahmen nicht mehr tragbar seien, müsste eine alternative Lösung der real existierenden und derzeit auf der beschriebenen Basis gelösten Probleme anbieten. Wer soweit nicht gehen möchte (oder kann) muss darlegen, inwieweit das derzeitige Modell gegenüber kritischen Erwägungen, die sich mitunter gegen die Grundannahmen des Modells selbst richten, „aufnahmefähig" ist.[576]

2. Eingeschränkte Rationalität

Insbesondere von der sog. „Neuen Institutionenökonomik" wird bezweifelt, dass sich Entscheidungssubjekte *jederzeit* rational verhalten. Dies wird darauf zurückgeführt, dass sich Menschen aufgrund ihrer beschränkten Fähigkeit unbegrenzt Informationen aufzunehmen und zu verarbeiten im Vergleich zu neoklassischen Annahmen stets ineffizient verhalten, was sich dann in Transaktionskosten ausdrücke, die

---

572 Vgl. etwa BGH, Urt. v. 8.5.2012, Az.: XI ZR 262/10, NJW 2012, 2427, Rn. 22; vgl. auch *Koch*, BKR 2010, 177, 183.

573 Vgl. *Möllers*, in: Kölner Komm WpHG², § 31 Rn. 156 („Erforderlich ist, dass der *Kunde* [...] *den Grad seiner Gefährdung erkennen kann.*" [Hervorh. im Original]). Zweifelnd *Assmann*, ÖBA 2007, 40, 49, da dem Anleger Kenntnisse und Information fehlen würden, um das Risiko abzuwägen. Ablehnend *Roth*, in: Assmann/Schütze, Hdb. Kapitalanlagerecht³, § 11 Rn. 93.

574 Vgl. *v. Hayek*, Die Verfassung der Freiheit⁴, S. 80; *v. Mises*, Human Action, S. 62.

575 Vgl. *Sedláček*, Ökonomie von Gut und Böse, S. 395, der fordert, dass sich die Ökonomen dieser Fiktionen bewusst sein sollen.

576 Im Folgenden ist dabei nur auf die Kritik am Analysemodell des *homo oeconomicus* einzugehen. Daneben findet sich auch Kritik, die normativ dagegen argumentiert, dass Menschen sich wie ein *homo oeconomicus* verhalten sollen, vgl. *Teigelack*, Finanzanalysen und Behavioural Finance, S. 88 f. Diese kann dahin stehen, da auch hier ein solcher „Verhaltensanspruch" nicht erhoben wird. Freilich lässt sich nicht leugnen, dass menschliches Verhalten im Ausgangspunkt darauf zurückzuführen ist, dass die eigene Situation durch konkrete Handlungen verbessert werden soll, vgl. ausführlich *v. Mises*, Human Action, S. 11 ff., was wiederum eine gewisse „berechnende Rationalität" des Handelnden voraussetzt. Insofern ist die Beschreibung menschlichen Handelns als „irrational" terminologisch unglücklich. Wenn Menschen bestimmte Mittel einsetzen, um konkrete Ziele zu erreichen, handeln sie rational. Gegebenenfalls setzen sie nicht die idealen Mittel ein, um diese Ziele zu erreichen. Dort setzten die von der Verhaltensforschung ausgemachten Anomalien an. An der Rationalität menschlichen Handelns ändern sie nichts, überzeugend schon *v. Mises* a.a.O. S. 19 ff.

zu berücksichtigen seien.[577] Das bedeute indes nicht, dass sich Individuen dann irrational verhalten, sondern, dass in schwierigen Situationen nur eine „eingeschränkte Rationalität" angenommen werden könne.[578] Die Grenzen der Rationalität seien noch nicht erkannt.[579] Eine präzise Modellierung des Konzepts ist jedoch noch nicht gelungen.[580] Aus der beschriebenen Erkenntnis lässt sich hinsichtlich des Anleger- bzw. Kundenleitbilds und damit korrespondierender Erwartungshorizonte der Anleger/Kunden konkret nichts gewinnen.

3. *Verhaltensanomalien*

Das gängige Rationalitätsmodell wird mitunter kritisiert, weil es mit zu beobachtenden Verhaltensanomalien nicht vereinbar sei. Von Bedeutung sind hier primär anlegerbezogene Anomalien. Aber auch professionelle Intermediäre scheinen nicht vor ihnen gefeit.[581] Vorgetragen wird jedoch wiederum nicht, dass Individuen *völlig irrational* handelten. Vielmehr zeige sich, dass in bestimmten Konstellationen auf bestimmte Art und Weise von (an sich zu erwartendem) rationalem Handeln abgewichen würde.[582] Begründet wird das insbesondere damit, dass Menschen bei ihrer Entscheidungsfindung häufig auf Heuristiken zurückgriffen.[583] Die folgende kurze Darstellung beschränkt sich auf solche Aspekte, die Berührungspunkte mit dem Anlegerverhalten aufweisen.[584]

---

[577] Zu Informationskosten als Teil der Transaktionskosten bereits supra § 3 B. II. 1.

[578] Zur sog. „*bounded rationality*" *Fleischer*, Informationsasymmetrie im Vertragsrecht, S. 112 f.; *Schäfer/Ott*, Ökonomische Analyse³, S. 63; vgl. auch *Blechschmidt*, Anlageverhalten aus dem Blickwinkel der Behavioral Finance, S. 13 ff.; *Kohler*, Der Beitrag der Behavioral-Finance-Theorie zur Erklärung von Finanzanomalien, S. 5, 26 f.; *Veil*, in: Europäisches Kapitalmarktrecht², § 6 Rn. 22.

[579] Als Beispiel wird der Schachspieler angeführt, der trotz an sich vollkommener Informationen nicht in der Lage ist, diese allesamt zu verarbeiten, *Richter/Furubotn*, Neue Institutionenökonomik³, S. 579.

[580] *Schäfer/Ott*, Ökonomische Analyse³, S. 63; ferner *Richter/Furubotn*, Neue Institutionenökonomik⁴, S. 290. Zu ersten Versuchen in diese Richtung *Kohler*, Der Beitrag der Behavioral-Finance-Theorie zur Erklärung von Finanzanomalien, S. 47 ff.

[581] Für eine umfassendere Darstellung kapitalmarktbezogener Verhaltensanomalien *Kohler*, Der Beitrag der Behavioral-Finance-Theorie zur Erklärung von Finanzanomalien, S. 9 ff., 33 ff.; vgl. auch *Akerlof/Shiller*, Animal Spirits, S. 9 ff., die in Teil 1 ihres Buches den Einfluss von „nicht rationalen" *animal spirits* auf wirtschaftliche Entscheidungen untersuchen. Der Begriff geht auf *J. M. Keynes* zurück, vgl. *Sedláček*, Ökonomie von Gut und Böse, S. 340 f. Kritisch und zutreffend dazu, dass auch mit entsprechenden empirischen Erwägungen das vernünftige Handeln der Menschen als solches nicht in Frage gestellt werden kann bereits *v. Mises*, Human Action, S. 67 und 185.

[582] *Schäfer/Ott*, Ökonomische Analyse³, S. 63; *Teigelack*, Finanzanalysen und Behavioural Finance, S. 89 f.; knapp auch *Zimmer*, Weniger Politik!, S. 85 ff.

[583] Vgl. ausführlich *Blechschmidt*, Anlageverhalten aus dem Blickwinkel der Behavioral Finance, S. 16 ff.; *Kohler*, Der Beitrag der Behavioral-Finance-Theorie zur Erklärung von Finanzanomalien, S. 9 ff., 12 ff.; *Veil*, in Veil, Europäisches Kapitalmarktrecht², § 6 Rn. 22.

[584] Umfangreicher jüngst monographisch *Eberius*, Regulierung der Anlageberatung und

a) Rahmungseffekt („framing")

Vollkommen rationales Verhalten müsste in „Auswahlsituationen" dazu führen, dass Präferenzen allein *am Inhalt* der Auswahlmöglichkeiten ausgerichtet sind. Es lässt sich aber beobachten, dass Entscheidungen ebenso signifikant davon abhängen, wie die Entscheidungsalternativen präsentiert werden.[585] Relevant ist das für beratene Anleger deshalb, weil sie eigene Entscheidungen auf Grundlage der ihnen präsentierten Informationen selbst treffen müssen. Zum *framing* könnten beispielsweise Erkenntnisse der sog. *prospect theory* herangezogen werden, nach der Menschen im „Gewinnbereich" eher risikoavers, im „Verlustbereich" risikofreudig handeln.[586]

b) Selbstüberschätzung („overconfidence")

Ein perfekt rationales Individuum würde die eigenen Fähigkeiten und deren Grenzen bei zu treffenden Entscheidungen zutreffend einbeziehen. Empirisch belegt ist hingegen, dass Individuen signifikant dazu neigen, sich selbst zu überschätzen.[587] Hier könnte dies beispielsweise zum Problem werden, wenn eine solche Selbstüberschätzung dazu führte, dass Finanzinstrumente erworben werden, die der Anleger nicht hinreichend versteht.[588] Bemerkenswert ist, dass dieser Effekt durch einen zunehmenden Informationsgrad mitunter verstärkt wird und bei steigender Schwierigkeit der Aufgabe sogar zunimmt.[589] Ein Investor erhält ein „Feedback" hinsichtlich seiner Anlageentscheidung nicht unmittelbar nach der Investitionsentscheidung, sondern erst durch die weitere Entwicklung und Zeitablauf. Daher wird der „Kapitalmarkt [...] [als] Anwendungsfeld *par excellence* für Überoptimismus und

---

behavioral finance, passim; s. auch die tabellarische Darstellung bei *Kohlert*, Anlageberatung und Qualität, S. 38 ff.

585 *Schäfer/Ott*, Ökonomische Analyse⁵, S. 105; vgl. auch *Klöhn*, Kapitalmarkt, Spekulation und *Behavioral Finance*, S. 95 ff; *Kohler*, Der Beitrag der Behavioral-Finance-Theorie zur Erklärung von Finanzanomalien, S. 16 f. In diesem Zusammenhang geht er auch auf geschlossene Fonds und deren systematisch von den zugrunde liegenden Werten abweichende Preise ein, was er u.a. auf *framing*-Effekte und Heuristiken zurückführt. Als Ineffizienzgrund werden dabei auch versteckte Gebühren genannt, a.a.O. S. 35; s. auch *Veil*, in Veil, Europäisches Kapitalmarktrecht², § 6 Rn. 25.

586 *Blechschmidt*, Anlageverhalten aus dem Blickwinkel der Behavioral Finance, S. 32 ff.; *Klöhn*, Kapitalmarkt, Spekulation und *Behavioral Finance*, S. 94 ff.; *Schäfer/Ott*, Ökonomische Analyse⁵, S. 107 f.; *Teigelack*, Finanzanalysen und Behavioral Finance, S. 103. Zu *prospect theory* und *framing* auch *Fleischer*, in: FS Immenga, S. 575, 583; *Veil*, in: Veil, Europäisches Kapitalmarktrecht², § 6 Rn. 25 f.

587 *Blechschmidt*, Anlageverhalten aus dem Blickwinkel der Behavioral Finance, S. 52 ff.; *Schäfer/Ott*, Ökonomische Analyse⁵, S. 105 f.; *Veil*, in Veil, Europäisches Kapitalmarktrecht², § 6 Rn. 22.

588 Problematisch ist freilich auch und erst recht die Ausgangslage, wenn schon der Intermediär ein Produkt nicht vollkommen durchschaut hat, vgl. *Spindler*, 34 J. Cons. Policy (2011), 315, 324.

589 *Kohler*, Der Beitrag der Behavioral-Finance-Theorie zur Erklärung von Finanzanomalien, S. 14 f.; vgl. auch *Teigelack*, Finanzanalysen und Behavioral Finance, S. 94 ff.

übersteigerte Urteilssicherheit" angesehen.[590] Im Kontext der beratungsbasierten Finanzintermediation müsste der Effekt indes theoretisch eingeschränkt sein, da einem Anleger von vornherein nur „geeignete" Produkte angeboten werden dürfen.[591] Allerdings kann der Berater ebenfalls dieser Anomalie unterliegen,[592] was wiederum eine Gefährdung des Intermediationskunden zur Folge haben kann.

c) Wahrscheinlichkeitsanomalie, Repräsentativitäts- und Verfügbarkeitsheuristiken

Empirisch belegt ist die Schwierigkeit von Menschen, richtig mit Wahrscheinlichkeiten umzugehen. Geringe Wahrscheinlichkeiten werden teilweise mit null gleichgesetzt.[593] Beispielsweise war die Wahrscheinlichkeit, dass die Bank *Lehman Brothers* insolvent wird, äußerst gering,[594] aber dennoch gegeben.[595] Wenn der Kunde existente Risiken (gegebenenfalls trotz Aufklärung) vernachlässigt, kann dies problematisch sein.

Verstärkend kann hinzukommen, dass Menschen leicht und schnell verfügbare Informationen bei der Beurteilung von Sachverhalten übergewichten („Verfügbarkeitsheuristik"). Welche Information leicht abgerufen werden kann, hängt auch davon ab, wie sie aufgenommen wurde (z.B. über persönliche Mitteilung oder schriftlich etc.), wie häufig sie wahrgenommen wurde, wie lange die Wahrnehmung zurückliegt und wie „hervorstechend" sie vermittelt wurde etc.[596] Es könnte also beispielsweise erheblich sein, ob über indirekte Kosten einer Anlage „nur" im Prospekt oder mündlich aufgeklärt wird.

Der Umgang mit Wahrscheinlichkeiten wird dadurch erschwert, dass bestimmte Ereignisse teilweise als „typisch" im Sinne von repräsentativ für eine gesamte Kategorie betrachtet werden, sofern die Merkmale des Einzelfalls zur Kategorie passen. Dies geschieht unabhängig von den tatsächlichen Auftrittswahrscheinlichkeiten („Repräsentativitäts-Heuristik").[597] Eine Ausprägung ist der sog. Monte-Carlo-Effekt, der besagt, dass vorschnell Muster in zufälligen Ereignisketten gesehen

---

[590] *Klöhn*, Kapitalmarkt, Spekulation und *Behavioral Finance*, S. 118.

[591] Dazu infra § 6 A. I. 4. a) bb); *Bracht*, in: Schwintowski, Bankrecht[4], § 18 Rn. 22 und ferner Text bei und Nachweise in Kapitel 3 Fn. 38.

[592] S. Fn. 588.

[593] *Schäfer/Ott*, Ökonomische Analyse[5], S. 108.

[594] Vgl. etwa BGH (Lehman-II) BKR 2011, 508, Rn. 25, wo vom „weiterhin so positiv[en]" Rating (in Rn. 30: „hervorragendes Rating") von *Lehman Brothers* gesprochen wird, weshalb ursprünglich „Zweifel an ihrer Zahlungsfähigkeit nicht aufkommen mussten".

[595] Vgl. *Hopt*, Kapitalanlegerschutz im Recht der Banken, S. 84 f. („Zusammenbrüche von [...] Banken [...] sind [...] normale Begleiterscheinungen des [...] marktwirtschaftlichen Systems.").

[596] *Klöhn*, Kapitalmarkt, Spekulation und *Behavioral Finance*, S. 108 ff.; *Kohler*, Der Beitrag der Behavioral-Finance-Theorie zur Erklärung von Finanzanomalien, S. 10; *Teigelack*, Finanzanalysen und Behavioral Finance, S. 91 ff.

[597] *Kohler*, Der Beitrag der Behavioral-Finance-Theorie zur Erklärung von Finanzanomalien, S. 11; *Teigelack*, Finanzanalysen und Behavioral Finance, S. 100 ff.

werden. Ein Beispielsfall könnte vorliegen, wenn Anleger bei einem Anlageberater eine „Erfolgssträhne" feststellen.[598]

d) Rückschaufehler („hindsight bias")

Auch sog. Rückschaufehler stehen im Kontext des problematischen Umgangs mit Wahrscheinlichkeiten. Sie liegen vor, wenn bei ex post-Beurteilungen die ex ante-Wahrscheinlichkeit, dass ein Ereignis eintreffen würde, überschätzt wird.[599] Dies kann zu einer „Das-musste-so-kommen-Attitüde"[600] führen. Relevant werden kann das z.B. in Anlegerschutzprozessen, wenn die Frage zu beurteilen ist, ob bzw. ab wann Anlageberater durch kritische Presse zu „*subprime-loans*" die Schlussfolgerung hätten ziehen müssen, dass involvierte Banken (Stichwort: *Lehman Brothers*) möglicherweise insolvenzgefährdet waren und ihre Anleihen daher kein sicheres Investment mehr darstellten.[601]

e) Ankereffekt („anchoring")

Unter dem Ankereffekt versteht man, dass neue Informationen regelmäßig subjektiv als „Initialwerte" verstanden werden, die anschließende Schätzergebnisse beeinflussen. Eine Anomalie liegt vor, weil die Initialwerte das Ergebnis zu stark beeinflussen.[602] Teilweise wird Ankerwerten – unbewusst – selbst dann noch eine Bedeutung zugemessen, wenn sie offen zufällig ermittelt wurden (etwa durch ein „Glücksrad"). In der Praxis dient der *status quo* als quasi-natürlicher Anker.[603] Der Ankereffekt könnte im hiesigen Kontext (zusammen mit *framing*[604]) ausgenutzt werden, um in bestimmter Weise auf die Anlageentscheidung des Kunden einzuwirken.

---

[598] *Klöhn*, Kapitalmarkt, Spekulation und *Behavioral Finance*, S. 105; *Kohler*, Der Beitrag der Behavioral-Finance-Theorie zur Erklärung von Finanzanomalien, S. 15.

[599] Vgl. *Klöhn*, Kapitalmarkt, Spekulation und *Behavioral Finance*, S. 117 f.; *Schäfer/Ott*, Ökonomische Analyse[5], S. 106 f.; *Teigelack*, Finanzanalysen und Behavioural Finance, S. 103; *Veil*, in Veil, Europäisches Kapitalmarktrecht[2], § 6 Rn. 26.

[600] So *Schäfer/Ott*, Ökonomische Analyse[5], S. 106.

[601] Zu Rückschaufehlern im Kontext der ersten Lehman-Entscheidungen *Veil*, WM 2009, 1585, 1589. Im Gesellschaftsrecht wurde auch zur Bewältigung von Rückschaufehlern im Rahmen der Geschäftsleiterhaftung die *business judgment rule* entwickelt, vgl. *ders.*, in: Veil, Europäisches Kapitalmarktrecht[2], § 6 Rn. 26; ferner *Brandt*, Aufklärungs- und Beratungspflichten, S. 119 ff. am Beispiel der Bond- und Fokker-Entscheidungen des BGH.

[602] Dies stellt eine Abweichung vom sog. Bayes' Gesetz dar, wonach ursprüngliche Wahrscheinlichkeitsberechnungen proportional zum Vorhersagewert neuer Informationen aktualisiert werden, *Klöhn*, Kapitalmarkt, Spekulation und *Behavioral Finance*, S. 88.

[603] Zum *anchoring Klöhn*, Kapitalmarkt, Spekulation und *Behavioral Finance*, S. 108; *Kohler*, Der Beitrag der Behavioral-Finance-Theorie zur Erklärung von Finanzanomalien, S. 12; *Schäfer/Ott*, Ökonomische Analyse[5], S. 107; *Teigelack*, Finanzanalysen und Behavioural Finance, S. 93 f.; *Veil*, in Veil, Europäisches Kapitalmarktrecht[2], § 6 Rn. 22. Zum *status-quo-bias Spindler*, 34 J. Cons. Policy (2011), 315, 323.

[604] Dazu supra § 3 D. IV. 3. a).

f) Komplexe Risikobeurteilung und Herdenverhalten

Die Finanzkrise hat gezeigt, dass selbst professionelle Marktteilnehmer und Intermediäre nicht in der Lage waren, bestimmte Risiken, denen sogar „systemische" Relevanz zugesprochen wird (etwa bei sog. *asset-backed*-Derivaten), zutreffend als solche zu erkennen und dementsprechend zu handeln.[605]

Eng damit zusammen hängt der sog. *herding*-Effekt, der besagt, dass Individuen häufig dem Massenverhalten einer bestimmten Vergleichsgruppe nachfolgen. Dadurch können die „Nachfolger" eine *free rider*-Position einnehmen, da sie von den bereits aufgewendeten Suchkosten der anderen insofern profitieren, als sie bei einer „Nachahmung" deren Verhaltens solche Aufwendungen nicht tätigen müssen. Die „ursprünglich Handelnden" werden wiederum durch die Nachfolger in ihrer Entscheidung bestätigt.[606] Problematisch wird dieses Herdenverhalten dann, wenn es nicht die Konsequenz vielfacher Risikoanalyse (durch die einzelnen Anleger) mit gleichem Ergebnis wie bei der *peer-group* darstellt, sondern daraus resultiert, dass eine Risikoanalyse unterbleibt und das „Referenzhandeln der anderen" selbst zum eigentlichen Grund für bestimmte Entscheidungen wird. Nur so kann nämlich der *free ride*-Effekt eintreten. Über Anlageberater als „professionelle Risikobeurteiler" kann sich dies mittelbar auf Anleger auswirken.[607]

g) Information overload

Auch das als *information overload* bekannte Phänomen ist im Rahmen des rationalen Umgangs mit Informationen anzusiedeln.[608] Es besagt, dass (jedenfalls nicht professionelle) Investoren in der Praxis nicht in der Lage seien, die Qualität und Masse der ihnen zur Verfügung gestellten Informationen vollständig rational auszuwerten. Daher würden Informationen teilweise ignoriert, um Transaktionskosten zu vermeiden.[609] Für diese Untersuchung höchst interessant ist eine Studie, die in einem empirischen Experiment zu dem Ergebnis kam, dass die Offenlegung von Brokerprovisionen Konsumenten derart verwirrte, dass sie direkte (also nicht vermittelte und daher provisionsfreie) Kredite bevorzugten, obwohl diese im Ergebnis nicht günstiger bzw. teilweise teurer als die durch Broker vermittelten Kredite waren.[610] Dieses Problem könnte durch Intermediation im Sinne von Ratschlägen zum „am besten passenden Produkt" überwunden werden. Problematisch kann dann

605 *Spindler*, 34 J. Cons. Policy (2011), 315, 324. Freilich kann es auch rationale Gründe geben, „Trends" zu folgen, um dadurch Profite zu erzielen. Vgl. am Beispiel des Hedgefonds-Managers *Paul Jones* etwa *Mallaby*, More Money than God, S. 130 ff. und 386 f.

606 Vgl. *Klöhn*, Kapitalmarkt, Spekulation und *Behavioral Finance*, S. 124; *Spindler*, 34 J. Cons. Policy (2011), 315, 324.

607 Vgl. *Klöhn*, Kapitalmarkt, Spekulation und *Behavioral Finance*, S. 126; *Spindler*, 34 J. Cons. Policy (2011), 315, 325.

608 Vgl. *Spindler*, 34 J. Cons. Policy (2011), 315, 321.

609 *Spindler*, 34 J. Cons. Policy (2011), 315, 322.

610 *Lacko/Pappalardo*, The Effect of Mortgage Broker Compensation Disclosures, passim.

wiederum sein, dass der Expertenrat eigenen Anreizen unterliegen kann.[611] Wären letztere aufklärungspflichtig und würden z.B. in aggregierter Form dargestellt, wäre dies eine für sich genommen einfache Information, die sofort verständlich wäre und verhaltenssteuernde Wirkung haben könnte.[612] Allerdings wäre sie zunächst nur eine von vielen Informationen, die bei einer Anlageberatung mitzuteilen sind. Sie kann daher nicht für sich alleine betrachtet werden.[613] Deshalb ist nicht auszuschließen, dass sie als Teil der den *information overload* verursachenden Informationsfülle nicht entsprechend wahrgenommen wird.

h) Zwischenfazit

Verschiedene Verhaltensanomalien von Marktteilnehmern gelten als empirisch belegt.[614] Von Bedeutung ist hier die Anfälligkeit von Anlegern für Rahmungs- und Ankereffekte und die Schwierigkeiten mit Wahrscheinlichkeiten umzugehen, wozu auch die Rückschaufehlerproblematik gehört. Diesen Effekten kann Finanzintermediation durch Beratung zum Teil dadurch entgegenwirken, dass dem Anleger von vornherein nur „passende" bzw. geeignete Produkte empfohlen werden dürfen.[615]

Andere der beschriebenen Effekte sind indes möglicherweise gerade in Beratungsfällen problematisch, etwa wenn Intermediäre sie bewusst ausnutzen wollten. Freilich muss im Ergebnis immer eine den Anforderungen an Beratungen[616] genügende Leistung seitens der Berater erbracht werden. Allerdings unterliegen professionelle Marktteilnehmer ebenfalls Verhaltensanomalien.[617] Die Intermediationsleistung könnte daher selbst ohne „bewusste Ausnutzung" von Anlegerschwächen im Ergebnis qualitativ schlecht sein. Eine erhöhte Schutzbedürftigkeit der Kunden ließe sich so mitunter zwar begründen. Fraglich ist, ob eine „Antwort" auf die beschriebenen Anomalien innerhalb eines auf Aufklärung setzenden Schutzmodells gegeben werden kann, was sogleich zu untersuchen ist.

---

[611] *Ben-Shahar/Schneider*, The Failure of Mandated Disclosure, S. 64 f.

[612] Vgl. zur „*simple information*" *Ben-Shahar/Schneider*, The Failure of Mandated Disclosure, S. 62.

[613] Vgl. dazu mit ähnlicher Einschätzung im Kontext zu „wesentlichen Anlegerinformationen" im Investmentrecht (§ 42 Abs. 2 InvG a.F.) *Buck-Heeb*, ZHR 176 (2012) 66, 78 f.

[614] Vgl. *Kohler*, Der Beitrag der Behavioral-Finance-Theorie zur Erklärung von Finanzanomalien, S. 50, der allgemein von Finanzmarktanomalien spricht und neben dem Kapital- auch den Devisenmarkt nennt, sowie den Markt für Warentermingeschäfte.

[615] Vgl. dazu auch *Klöhn*, Kapitalmarkt, Spekulation und *Behavioral Finance*, S. 143, wonach von den Gegnern der Berücksichtigung von *behavioural finance* unter anderem angeführt werde, dass Parteien, die Anomalien unterliegen, Intermediäre einschalteten.

[616] Dazu infra § 6 A. I. 4. a) bb) und Text bei und Nachweise in Kapitel 3 Fn. 38.

[617] Es geht z.B. um Herdenverhalten oder die Schwierigkeit, komplexe Risiken zutreffend zu beurteilen, vgl. *Teigelack*, Finanzanalysen und Behavioural Finance, S. 127, zu Finanzanalysten; *Klöhn*, Kapitalmarkt, Spekulation und *Behavioral Finance*, S. 133 f., zu informierten Händlern, allgemein zu Finanzintermediären (S. 146) und zu Anlageberatern (S. 179); vgl. ferner *Fleischer*, in: FS Immenga, S. 575, 583; *Moloney*, How to Protect Investors, S. 194.

4. Berücksichtigung im Rahmen des schutzkonzeptimmanenten Kundenleitbilds?

Mitunter wird bereits allgemein an der Bedeutung der *behavioral finance*-Erkenntnisse für die Rechts- und Wirtschaftswissenschaft gezweifelt, da die Anomalien als Makrophänomene nicht besonders wichtig seien. Andere sehen sie als grundlegend für die Regulierung durch zwingendes Recht an.[618] Diese Diskussion soll hier nicht geführt werden. Von Interesse ist hingegen, ob – entschiede man sich für die grundsätzliche Berücksichtigung von *behavioral finance*-Erkenntnissen – Verhaltensanomalien im Rahmen der Begründung und Konturierung von Aufklärungspflichten bereits *de lege lata* herangezogen werden können.[619]

a) Auswirkungen auf das Kundenleitbild?

Es käme zunächst in Betracht, die beschriebenen Anomalien in die Konturierung des Kunden- bzw. Anlegerleitbilds aufzunehmen.[620] Fraglich ist, was sich an den anhand des Leitbilds vorgenommenen Typisierungen[621] ändern würde, wenn der typische Kunde Verhaltensanomalien unterläge. Beispielsweise könnte die Verfügbarkeitsheuristik dafür sprechen, dass der Anleger die Information über monetäre Eigeninteressen des Intermediärs, selbst wenn er bereits in ihrem Besitz wäre (bzw. sie „offensichtlich" wäre), bei erneuter Mitteilung zumindest „besser" bei seiner Entscheidung präsent hätte. Allerdings lässt sich Typisierungskategorien wie „offensichtlich" bereits entnehmen, dass es nach dieser Konzeption nicht darum geht, dass der Informationsadressat alle Informationen in „optimaler Weise" zur Verfügung hat, sondern nur, dass er jedenfalls theoretisch in Besitz der als notwendig erachteten Informationen sein soll.[622] Wenn ein Anleger „Offensichtliches" für seine Entscheidungen nach dem bisherigen Konzept berücksichtigen muss, drückt dies seine Rationalität bzw. seine Fähigkeit, mit Informationen angemessen umzugehen,

---

618 Vgl. *Schäfer/Ott*, Ökonomische Analyse³, S. 67; s. ferner *Klöhn*, Kapitalmarkt, Spekulation und *Behavioral Finance*, S. 139 ff. Zum Teil werden die Ergebnisse der *behavioral economics* nunmehr auch aufgrund der Beliebigkeit ihrer Ergebnisse bzw. deren Abhängigkeit von den jeweiligen „Laboranordnungen" angegriffen, vgl. *Beck*, F.A.Z. v. 11.2.2013, S. 18.

619 Ausführlich *Eberius*, Regulierung der Anlageberatung und behavioral finance, S. 97 ff. Die ggf. erforderlichen Anpassungen *de lege ferenda* durch den Gesetzgeber bei künftiger Regulierung bleiben hier weitgehend unberücksichtigt. Vgl. dazu *Klöhn*, Kapitalmarkt, Spekulation und *Behavioral Finance*, S. 253 ff. und *Teigelack*, Finanzanalysen und Behavioural Finance, S. 207 ff. und S. 308, der darauf hinweist, dass eine solche Berücksichtigung zu erheblichen Umwälzungen im Anlegerschutz führen könnte.

620 Vgl. *Teigelack*, Finanzanalysen und Behavioural Finance, S. 162 ff.; *Veil*, in: Veil, Europäisches Kapitalmarktrecht², § 6 Rn. 28; *ders.*, ZBB 2006, 162, 167; s. auch *Buck-Heeb*, ZHR 176 (2012), 66, 83 ff.

621 Zur Relevanz des Leitbilds bei der hier untersuchten Fragestellung supra § 3 D.

622 Indes wird auch diese Konzeption nicht allgemein angewendet. So wurde beispielsweise von der Rechtsprechung eine Risikoaufklärung über allgemeine Risiken einer Kapitalanlage auch für langjährig erfahrene Anleger gefordert, obwohl diese die Risiken selbständig überblicken konnten, vgl. *Brandt*, Aufklärungs- und Beratungspflichten, S. 130.

aus. Wollte man hiergegen sprechenden Anomalien maßgebliche Bedeutung beimessen, müsste man die „Offensichtlichkeitsargumentation“ aufgeben, obwohl sie sich gerade aus dem Zweck des Informationsmodells (Mitteilung erforderlicher, *anders so nicht erhältlicher* Informationen) heraus begründen lässt.[623] Ferner ist nach oben beschriebenen Phänomenen keinesfalls gewiss, wie Anleger (erneut) mitgeteilte Informationen aufnehmen bzw. mit ihnen umgingen. Angesichts der (ebenfalls von der *behavioral finance*-Forschung vorgebrachten) Schwierigkeiten bei der Informationsverarbeitung lässt sich derartiges Verhalten nicht präzise vorhersagen. Die Vertreter der *behavioral finance*-Forschung haben bisher keinen Gesamtentwurf präsentieren können, auf dessen Grundlage sich ein konsistentes Anlegerleitbild konzipieren ließe.[624] Eine Berücksichtigung von Verhaltensanomalien scheint für die Konturierung des Kundenleitbilds im Rahmen eines auf Information setzenden Schutzmodells schwer vorstellbar.

b) Relevanz für die Auslegung unbestimmter Rechtsbegriffe?

Alternativ könnten Erkenntnisse der *behavioral finance*-Forschung bei der Auslegung unbestimmter Rechtsbegriffe berücksichtigt werden.[625] Im Kontext käme es z.B. in Betracht, die Risikoerläuterung aus § 31 WpHG so auszulegen, dass davon auch Verhaltensanomalien erfasst wären und über diese aufzuklären wäre.[626] Hinsichtlich einer Aufklärung über monetäre Eigeninteressen wäre fraglich, ob der Begriff der Interessenkonflikte aus § 31 Abs. 1 Nr. 2 WpHG mit Erkenntnissen der *behavioral finance* angereichert werden könnte. Wie gezeigt, werden aber eventuelle Verhaltensanomalien des Anlegers durch die Intermediation bereits berücksichtigt bzw. ändern nichts an den Anforderungen, die an die Wertpapierdienstleistung „Anlageberatung“ gestellt werden, selbst wenn man Verhaltensanomalien des Intermediärs berücksichtigen wollte. Daher würde eine Auslegung in diesem Sinne unter den beschriebenen Gesichtspunkten die Kundenposition zunächst nicht verbessern, zumal das Ergebnis einer solchen Auslegung aufgrund der ebenso aus *behavioral finance* folgenden gegenläufigen Effekte (insbesondere: defizitäre Informationsverarbeitung) unklar wäre. Selbst mit perfekt rationalen Rechtsauslegern (bzw. Richtern) ließen sich mangels eines Maßstabs für die konsistente Bestimmung von Auf-

---

623 Diese „theoretische Einbettung“ der nicht bestehenden Aufklärungspflicht über Offensichtliches ist insoweit noch unproblematisch. In der Anwendung wirft dies indes schwierige Fragestellungen bei der Feststellung auf, was als offensichtlich anzusehen ist. Im beratungsvertraglichen Kontext ist ohnehin fragwürdig, inwieweit die beschriebenen Typisierungen maßgeblich sein sollten, dazu infra § 6 A. III. 5.

624 Vgl. auch *Brandt*, Aufklärungs- und Beratungspflichten, S. 179, nachdem zwar viel dafür spräche, „auch den wirtschaftlich unvernünftig handelnden Anleger zu schützen“, indes „eine Differenzierung zwischen vernünftigen [...] und irrationalen [...] Entscheidungen praktisch nicht möglich“ sei.

625 Vgl. *Veil*, in Veil, Europäisches Kapitalmarktrecht^2, § 6 Rn. 28.; *ders.*, ZBB 2006, 162 f.

626 Vgl. *Teigelack*, Finanzanalysen und Behavioural Finance, S. 185 ff., S. 191 ff.

klärungspflichten keine gegenüber dem bisherigen Modell allgemein überlegenen Ergebnisse herbeiführen.

c) Behavioral finance im Informationsmodell?

Es gibt allgemein Grund zur Skepsis, ob das Informationsmodell mit *behavioral finance*-Gesichtspunkten sinnvoll (*de lege lata* oder *ferenda*) angereichert werden kann.[627] Ein wesentlicher Ansatzpunkt der *behavioral finance* ist die beschränkte Möglichkeit, rational mit erhaltenen Informationen umzugehen und danach zu handeln, teilweise überhaupt diesen noch irgendeinen Wert beizumessen (Stichwort: *information overload*). Es schiene daher widersprüchlich, die beschriebenen Erkenntnisse heranziehen zu wollen, um *zusätzliche* Informationspflichten zu begründen.[628] Diese sind das klassische Instrument zur Überwindung von Informationsasymmetrien von Anlegern, die im beschriebenen Sinne *rational* mit Informationen umgehen.[629] An diesem Befund änderte sich nichts, wenn man auf Verhaltensanomalien bei den Finanzintermediären abstellte. Würde man auf diese zurückgreifen, um Aufklärungspflichten zu begründen, weil sie das Anlegerschutzinstrument im Informationsmodell sind,[630] könnte das im Ergebnis eine teilweise Rückverlagerung der Informationsrisiken auf den Anleger bewirken, die zuvor durch die Einschaltung eines Intermediärs minimiert werden sollten. Die Begründung von Aufklärungspflichten mit Verhaltensanomalien wäre daher nicht überzeugend.[631] Allerdings ist auch der extreme Gegenpol, der aufgrund Verhaltensanomalien davon ausgeht, dass die Offenlegung von Informationen (konkret: über Interessenkonflik-

[627] Vgl. auch *Franck*, in: Riesenhuber, Europäische Methodenlehre², § 6 Rn. 43 (*Behavioral Finance* stehe im „Spannungsverhältnis" zum Informationsmodell).

[628] Vgl. in diesem Zusammenhang nur den Titel der Studie von *Ben-Shahar/Schneider*, The Failure of Mandated Disclosure. Optimistischer in anderem Kontext *Jackson/Burlingame*, 12 Stan. J. L. Bus & Fin., 289, 356; s. aber auch *Lacko/Pappalardo*, The Effect of Mortgage Broker Compensation Disclosures on Consumers and Competition: A Controlled Experiment, S. ES1.

[629] Vgl. *Ott*, Vorvertragliche Aufklärungspflichten im Licht des Güter- und Leistungsaustausches, S. 142, 151 und 159 („Entfällt diese Prämisse [der Rationalität, der Verf.], so werden Aufklärungspflichten von vornherein sinnlos, weil sie keine Steuerungswirkung entfalten können."); *Spindler*, 34 J. Consum. Policy (2011), 315, 318 f. und 330.

[630] Zu Aufklärungspflichten als zentralem Aspekt eines „marktrational-optimistischen Instrumentariums", das rationale Anleger/Verbraucher voraussetzt, ausführlich *Langenbucher*, ZHR 177 (2013), 679, 680 ff. und 687 ff.; ferner *Eberius*, Regulierung der Anlageberatung und behavioral finance, S. 55 f.

[631] Vgl. *Möllers/Hailer*, ZBB 2012, 178, 186 f., die im Fondsvertrieb an Privatanleger darzulegen versuchen, weshalb unter *behavioral finance*-Gesichtspunkten die Unterstützung des Marktmechanismus durch Informations- und Aufklärungspflichten nicht ausreichend sei.

te) völlig nutzlos sei,[632] ebenso wenig in das gegenwärtige Schutzmodell integrierbar, negiert er doch bereits dessen Ausgangspunkt.[633]

Teilweise wird das Swap-Urteil des BGH[634] als Schritt in Richtung einer Berücksichtigung von verhaltensökonomischen Argumentationen bei der Konturierung von Aufklärungspflichten verstanden,[635] da dort die „Kenntnis einer Information" und das „Bewusstsein des Informationsinhalts" getrennt würden. Wäre dies beabsichtigt und wäre in Zukunft das Bewusstsein des Informationsinhalts maßgeblich,[636] wäre dies eine gravierende Ausweitung des Pflichtenkreises des Aufklärungspflichtigen.[637] Es erscheint äußerst fraglich, ob dies mit den sonstigen Annahmen des Informationsmodells (insbesondere: keine Aufklärungspflicht über Offensichtliches), das den aufklärungsfähigen Kunden voraussetzt, überhaupt noch in Einklang zu bringen ist, ohne das Modell selbst grundlegend zu korrigieren.[638] Eine gesicherte Grundlage für eine solche Modifizierung der Grundannahmen steht derzeit nicht zur Verfügung. Ein „herantastendes" richterrechtliches „*trial-and-error*-Verfahren" ist schon aufgrund der damit einhergehenden Rechtsunsicherheit zu vermeiden, bedürfte aber jedenfalls als (partielle) Abkehr vom durch den Gesetzgeber vorgegebenen Schutzmodell dessen Legitimierung.[639]

---

632 *Leiser/Gadsi/Basher/Spivak*, Paradoxical effects of the disclosure of conflict of interest on the selection of a pension plan, S. 2 („[F]air disclosure of conflict of interest [...] does not help the consumer."); s. ferner infra § 8 A. V.

633 Vgl. *Ott*, Vorvertragliche Aufklärungspflichten im Licht des Güter- und Leistungsaustausches, S. 142, 159 („Eine Aufklärung über Vertragsrisiken ist juristisch wie ökonomisch nur dann sinnvoll, wenn der Partner in der Lage ist, die Informationen zu verarbeiten und auf dieser Basis rationale Entscheidungen zu treffen.").

634 Dazu infra § 5 A. VII.

635 *Bonavita*, 13 EBOR (2012), 271, 277; *Klöhn*, ZIP 2011, 762, 764; *ders.* ZIP 2011, 2244, der indes die Lehman-I-Entscheidung davon gerade wieder abrücken sieht; ferner *Koch*, BKR 2012, 485, 487f.; a.A. bezüglich dieser Einordnung *Clouth*, ZHR 177 (2013), 212, 220 und 228f.; i.E. auch *Sethe*, AcP 212 (2012), 81, 97f. („Klarstellung des Pflichtenmaßstabs").

636 Vgl. auch eingehend *Herresthal*, ZIP 2013, 1049, 1053ff.

637 Vgl. *Mülbert*, ZHR 176 (2012), 369, 376 (geforderte Aufklärung sei der Sache nach eher eine Weiterbildung).

638 In diesem Sinne auch *Grigoleit* beim Bankrechtstag, wonach eine die Informationsaufnahme garantierende Aufklärungspflicht nicht mehr über das Informationsmodell legitimiert werden könne, zitiert nach *Walz/Leffers*, WM 2012, 1457, 1459.

639 Vgl. auch *Grundmann*, WM 2012, 1745, 1747, wonach die Berücksichtigung beschränkter Rationalität zur „schrittweisen Umgestaltung des Informationsmodells" führe. Im Übrigen stünde bei einer prinzipiellen Berücksichtigung von irrationalem Anlegerverhalten keineswegs fest, dass dies aus Kundensicht immer vorteilhaft wäre. Spricht man dem Kunden etwa die Fähigkeit ab, entsprechend auf mitgeteilte Informationen zu reagieren, schiene beispielsweise die kundengünstige „Vermutung aufklärungsrichtigen Verhaltens" (dazu infra § 10 E. III. 2.) von vornherein kaum noch haltbar, dazu *Krebs*, in: Dauner-Lieb/Langen, BGB-Schuldrecht², § 311 Rn. 223; *Möllers*, in: Bankrechtstag 2012, S. 81, 90. Vgl. auch *Emmerich*, in: MünchKomm BGB⁶, § 311 Rn. 206 (aufklärungsrichtig heiße „schlicht: rational"); ferner *Eberius*, Regulierung der Anlageberatung und behavioral finance, S. 82f.; a.A. dann aber derselbe a.a.O. S. 105, da die Vermutung als „Quasi-Sanktion" zu begreifen sei. Das überzeugt nicht. Es ist nicht die Aufgabe des Schadensersatzrechts Vertragsparteien für Pflichtverletzungen zu „bestrafen".

5. Zwischenergebnis

„Den Anleger" gibt es nicht.[640] Indes gibt es immer wieder Situationen und Konstellationen, in denen es eine Rolle spielt, von welchem Leitbild typisierend auszugehen ist. Maßgeblich stehen sich Leitbilder gegenüber, die den Anleger bzw. Kunden als *homo oeconomicus* betrachten und solche, die ihn als unterlegene Partei (*homo inferior*) begreifen, was zumindest punktuell mit neueren empirischen Erkenntnissen unterlegt werden kann. Ist der Anleger zugleich Verbraucher,[641] so wird die beschriebene Diskussion gewissermaßen „verdoppelt", da dann auch ein etwaiges Verbraucherleitbild zu berücksichtigen ist. Dabei werden im Wesentlichen erneut ein auf dem *homo oeconomicus* basierendes Modell vom verständigen Verbraucher und eines, das die „Überforderung" des grundsätzlich unterlegenen Verbrauchers zum Ausdruck bringt, vertreten. Im Rahmen des Anlegerschutzes durch Information (Informationsmodell), muss im Ergebnis an den Anforderungen festgehalten werden, die sich aus der Rationalitätsannahme ergeben, weil nur dann davon ausgegangen werden darf, dass der Anleger ihm mitgeteilte Informationen „sinnvoll" einsetzt.[642] Nur dann kann man Informationen verhaltenssteuernde Wirkung beimessen.[643] Das Leitbild muss daher vom insoweit aufklärungsfähigen, d.h. verständigen Kunden ausgehen.[644] Wäre er nicht in der Lage Informationen aufzunehmen, zu bewerten und entsprechend danach zu handeln, wäre das Informationsmodell von vornherein untauglich. Nicht zwingend ist hingegen mit diesen Annahmen verbunden, dass immer von „vernünftigen Anlegerentscheidungen" auszugehen wäre.[645]

Eine Berücksichtigung von Verhaltensanomalien ist *de lege lata* nicht von vornherein ausgeschlossen. Für die hiesige Untersuchung können sie jedoch keine Berücksichtigung finden. Ein konsistentes Alternativsystem steht ohnehin nicht zur

---

640 Vgl. *Fleischer*, Gutachten F, S. F5, F21.

641 Vgl. auch *Bülow*, in: FS Nobbe, S. 495, 505.

642 Vgl. auch die zustimmende Anmerkung von *Möllers/Wenninger* zum Kick-Back-II-Urteil des BGH (dazu infra § 5 A. VI.), LMK 2007, 220857 („[Die Entscheidung, der Verf.] entspricht dem Leitbild des gut informierten Anlegers, der eine autonome Anlageentscheidung treffen soll.").

643 Vgl. auch *Franck*, in: Riesenhuber, Europäische Methodenlehre², § 6 Rn. 15 („[I]m Recht verankerte Wertungen [können] normative Verhaltensannahmen rechtfertigen", selbst wenn sie teilweise experimentell widerlegt worden sind. Dabei sei gerade das Leitbild des EuGH vom „mündigen, selbstverantwortlich am Markt agierenden Verbraucher als normatives Konstrukt zu verstehen", a.a.O. Rn. 45.); i.E. wie hier auch *Mülbert*, ZHR 177 (2013) 160, 188 („Irrationales Entscheidungsverhalten [...] lässt sich durch Aufklärungspflichten *per se* nicht oder jedenfalls nur sehr begrenzt kompensieren." [Hervorh. im Original]).

644 Vgl. zum verständigen Kunden als Adressat der Informationspflicht nach § 31d WpHG *Koller*, in: Assmann/Schneider, Komm WpHG⁶, § 31d Rn. 44. Auch der europäische Wirtschafts- und Sozialausschuss ging im Rahmen der Erarbeitung der MiFID von einem „vorausschauenden und gut unterrichteten Kunden" aus, dazu *Teigelack*, Finanzanalysen und Behavioral Finance, S. 82.

645 Vgl. *Franck*, in: Riesenhuber, Europäische Methodenlehre², § 6 Rn. 12; *Schäfer/Ott*, Ökonomische Analyse⁵, S. 98.

Verfügung[646] und es wäre der Rechtssicherheit abträglich, nur punktuell und selektiv bestimmte Anomalien berücksichtigen zu wollen.

Die *behavioral finance*-Forschung muss deshalb nicht dauerhaft ignoriert werden. *De lege ferenda* bieten sich dem Gesetzgeber Möglichkeiten auf sie zu reagieren.[647] Die Forschung ist noch im Fluss.[648] Viele der entwickelten Konzepte haben verschieden stark ausgeprägte paternalistische Tendenzen.[649] Im hiesigen Kontext könnte etwa Banken vorgeschrieben werden, nur noch auf Honorarbasis zu beraten, um den möglicherweise irrationalen Umgang mit einer Information über Interessenkonflikte zu berücksichtigen.[650] Angesichts der damit einhergehenden Freiheitsbeschränkungen dürfen derartige Reaktionen nicht leichtfertig erfolgen.[651] Außer-

---

[646] Vgl. aber auch *Blechschmidt*, Anlageverhalten aus dem Blickwinkel der Behavioral Finance, S. 57 ff.; für nicht zwingend erforderlich hält ein konsistentes Modell *Eberius*, Regulierung der Anlageberatung und behavioral finance, S. 85 f.

[647] Vgl. dazu *Veil*, in Veil, Europäisches Kapitalmarktrecht², § 6 Rn. 29; ferner *Eberius*, Regulierung der Anlageberatung und behavioral finance, S. 109 ff.

[648] Vgl. *Buck-Heeb*, ZHR 176 (2012), 66, 86 („Was aus dem Gedanken des ‚*Behavioral Law*' für die §§ 31 ff. WpHG abzuleiten sein soll, ist selbst den Vertretern dieser Lehre noch unklar"); *Franck*, in: Riesenhuber, Europäische Methodenlehre², § 6 Rn. 47.

[649] Dazu *Klöhn*, Kapitalmarkt, Spekulation und *Behavioral Finance*, S. 149 ff.; ferner *Buck-Heeb*, ZHR 177 (2013), 310, 327 f.; *dies.*, WM 2014, 385, 386; am konkreten Beispiel der Werbung *Brenncke*, Regelung der Werbung im Bank- und Kapitalmarktrecht, S. 1246 ff.; *Spindler*, 34 J. Consum. Policy (2011), 315, 327 f.; besonders deutlich außerdem *Sethe*, AcP 212 (2012), 80, 92 („Wollte man auch den irrational handelnden Anleger schützen, müsste man einen paternalistischen Ansatz ergreifen [...]."); zu den Gefahren paternalistischer Reaktionen auf *behavioral finance*-Erkenntnisse *Moloney*, How to Protect Investors, S. 77 f.; *Ott*, Vorvertragliche Aufklärungspflichten im Licht des Güter- und Leistungsaustausches, S. 142, 152 (Aufgabe der Rationalitätsprämisse stelle Prinzip der Vertragsfreiheit selbst in Frage). Hingegen hält *Köndgen*, in: FS Hopt (II), S. 2113, 2139 f., Paternalismus für unbedenklich, wenn der Anleger selbst nach Aufklärung nicht „*voluntarily and knowledgeably*" handeln könnte. Gerade dies ist indes der Vorwurf, der den Paternalisten zu machen ist: Sie maßen sich an, zu entscheiden, wann dies der Fall sei. Grundlegend zum Problem der Wissensanmaßung („*pretence of knowledge*") *v. Hayek*, Die Anmaßung von Wissen, passim. Auch der Staat handelt unter der Bedingung beschränkten Wissens, vgl. *Meessen*, ZVglRWiss 111 (2012), 273, 285.

[650] Vgl. *Spindler*, 34 J. Consum. Policy (2011), 315, 329 f.

[651] Skeptisch bezüglich einer Berücksichtigung von *behavioral finance* auch *Fleischer*, Gutachten F, S. F5, F30 f.; *ders.*, in: FS Immenga, S. 575, 586 f.; *Fuchs*, in: Fuchs, Komm WpHG, Vor §§ 31 bis 37a Rn. 68 („verträgt sich nicht mit der Privatautonomie"); *Mülbert*, ZHR 177 (2013) 160, 207; *Spindler*, 34 J. Consum. Policy (2011), 315, 331 f. („[... too] early to argue for a radical shift in paradigms from a market-orientated approach to a state-regulatory, paternalistic approach"); *Thieme*, Wertpapierdienstleistungen, S. 81 f.; *Veil*, in: Veil, Europäisches Kapitalmarktrecht², § 6 Rn. 30 (Die Rechtswissenschaft habe noch keine Antwort gefunden, wie paternalistisch die rechtliche Ordnung der Kapitalmärkte sein dürfe); zurückhaltend auch *Moloney*, 6 EBOR (2005), 341, 370. Vgl. auch *dies.*, How to Protect Investors, S. 236, wonach bereits die „*suitablity-rules*" der Anlageberatung auf Verhaltensanomalien bei den Anlegern reagierten und deshalb als paternalistisch eingeschätzt werden; vgl. ferner *Langenbucher*, ZHR 177 (2013), 679, 683; *Schelling*, Vergütungssysteme und Interessenkonflikte, S. 317; weniger Bedenken haben *Wiedemann/Wank*, JZ 2013, 340, 345.

dem liegt es nahe, dass ein künftiger Regulierer den beschriebenen – und anderen – Anomalien in gleicher Weise unterliegen würde.[652]

V. Zwischenfazit und Folgen für die weitere Bearbeitung

1. „Mindestrationalität" als Untergrenze des Schutzmodells

Das Anlegerleitbild ist im bilateralen Verhältnis Kunde - Finanzintermediär relevant. Aufklärungspflichten setzen als Teil des Informationsmodells[653] einen Anleger voraus, der in der Lage ist, ihm mitgeteilte Informationen korrekt zu verarbeiten, insoweit also *rational* zu handeln.[654] Adressat der Mitteilung im Informationsmodell ist demnach der verständige Anleger bzw. Kunde, was für den hiesigen Untersuchungsgegenstand auch europarechtlich fundiert ist.[655] Die derzeit anstehenden finanzmarktrechtlichen Reformen (unter anderem die Umsetzung der MiFID II) ändern im Ergebnis nichts daran, dass Aufklärung weiterhin als (ein) taugliches Anlegerschutzinstrument angesehen wird,[656] das der Bewältigung von Informationsasymmetrien dient. Im Übrigen zeigt die Konturierung von Pflichten anhand Kategorien wie der „Offensichtlichkeit" bestimmter Informationen, dass zwingend vorauszusetzen ist, dass der Anleger zur zutreffenden Informationswahrnehmung und -bewertung fähig ist (aufklärungsfähiger Anleger).[657]

---

[652] Vgl. etwa *Teigelack*, Finanzanalysen und Behavioural Finance, S. 231 ff.; ferner *Eberius*, Regulierung der Anlageberatung und behavioral finance, S. 76.

[653] S. dazu die Nachweise in Fn. 559.

[654] Vgl. auch *Brenncke*, Regelung der Werbung im Bank- und Kapitalmarktrecht, S. 653 f., der freilich auf S. 1235 zum Schutz der Kleinanleger ein Anlegerleitbild fordert, das vom „Rationalitätsmodell abweicht"; *Teigelack*, Finanzanalysen und Behavioral Finance, S. 83. Selbst wenn man mit *Ekkenga*, Anlegerschutz, S. 453, mit einem „Leitbild des hilfsbedürftigen Anlegers" arbeitet, muss man die beschriebene Rationalität voraussetzen.

[655] Vgl. aber auch *Fuchs*, in: Fuchs, Komm WpHG, Vor §§ 31 bis 37a Rn. 70, der darauf verweist, dass auch das Europarecht in Teilen, vor allem bei den Detailvorgaben der MiFID und MiFID-Durchführungsrichtlinie und -verordnung, paternalistische Tendenzen aufweise, diese aber durch abstrakt pauschalierende Ansätze wieder abschwäche und insofern widersprüchlich sei. Für die Zwecke dieser Arbeit ist anzumerken, dass zwischen paternalistischen, konkreten Regelungen und einer paternalistischen Auslegung bzw. Anwendung des Anlegerleitbilds zu unterscheiden ist. Es könnte sogar angedacht werden, dass dort, wo der (europäische) Gesetzgeber besonderen Schutz verankert haben wollte, er diesen situativ konkret geregelt habe. Dagegen hat er nicht das Leitbild eines *per se* überforderten, unmündigen Anlegers allgemein festgeschrieben. Für diesen wäre Aufklärung als Schutzinstrument auch nicht hilfreich, s. bereits supra Text bei und Nachweis in Fn. 633.

[656] Vgl. *Veil/Lerch*, WM 2012, 1605, 1608 f.; *Brenncke*, ZBB 2014, 366, 375; kritisch dazu *Möllers/Poppele*, ZGR 2013, 437, 448 ff. und 480 („[D]ie Leistungsfähigkeit des Informationsmodells ist ausgereizt.").

[657] Ob diese Untergrenze konsequent angewendet wird, ist eine Frage des Einzelfalls. So wird man danach beispielsweise kaum annehmen können, dass die Darstellung eines Risikos als „theoretisch unbegrenzt" verharmlosend sei (zutreffend *Lehmann*, BKR 2008, 488, 495), so aber BGH (Swap-Urteil) BGHZ 189, 13 = NJW 2011, 1949, Rn. 29.

2. Irrelevanz der Verbrauchereigenschaft eines beratenen Anlegers

Die beschriebene Untergrenze hat für Verbraucher-Anleger Bestand.[658] Hinsichtlich Aufklärungspflichten unterscheidet die Rechtsprechung nicht danach, ob eine Verbrauchereigenschaft vorliegt.[659] Auch wenn man davon ausgeht, dass Kapitalanleger zugleich Verbraucher im Rechtssinn sein können, wäre als Verbraucherleitbild der mündige Verbraucher als Marktteilnehmer heranzuziehen.[660] Bezüglich der relevanten anzulegenden Eigenschaften würde das vom heranzuziehenden Anlegerleitbild nicht abweichen und insofern keine spezielle Beurteilung der „Verbraucherberatung“ erforderlich machen.[661] Wird das Schutzniveau anhand der Professionalität differenziert, wie dies der Kundenbegriff des WpHG vorzeichnet, fallen Verbraucher in die Gruppe mit dem höchsten Schutzlevel (Privatanleger).[662] Aber auch dieser liegt das Bild des rationalen, aufklärungsfähigen Anlegers zugrunde.

3. Rationalitätsannahme trotz behavioral finance-Forschung

Die Rationalitätsannahme sieht sich aufgrund der *behavioral finance*-Forschung Kritik ausgesetzt. Ein alternatives, in sich stimmiges Modell haben deren Vertreter indes nicht vorzuweisen.[663] Eine beabsichtigte Verhaltenssteuerung durch Aufklä-

---

[658] Vgl. *Bülow*, in: FS Nobbe, S. 495, 505 („keine kapitalmarktrechtlichen Folgen"); *Ott*, Vorvertragliche Aufklärungspflichten im Licht des Güter- und Leistungsaustausches, S. 142, 152.

[659] Ferner kann hier beispielhaft auch auf *Mayen*, ehemals Richterin im XI. Zivilsenat, verwiesen werden, die in einem Beitrag mit dem Titel „Institutionalisiertes Zusammenwirken“ – Verbraucherschutz und Bankenhaftung (in: FS Nobbe, S. 399 ff.), konsequent vom *Anleger* spricht, aber auch vom *Verbraucherschutz des Anlegers* (a.a.O. S. 404).

[660] Vgl. allgemein *Moloney*, How to Protect Investors, S. 288 („Disclosure [...] is strongly associated with the empowerment model."); ferner *Buck-Heeb*, ZHR 176 (2012), 66, 95 („[...] von einem Anleger als auch von einem Verbraucher [wird] zu verlangen sein [...], dass er die ihm zur Verfügung gestellten Informationen zur Kenntnis nimmt“). Auch wenn man den Vertragsgegenstand „Kapitalanlage“ in den Blick nimmt, erschiene es konsequent, erhöhte Sorgfalt einzufordern, da es um Güter mit erheblicher, oft langfristiger „Festlegungswirkung“ für den Verbraucher geht, vgl. *Pfeiffer*, NJW 2011, 1, 4.

[661] Vgl. auch *Koller*, in: Assmann/Schneider, Komm WpHG[6], § 31 Rn. 7 („In besonderer Weise ist die Beratung [...] dem Ideal des rationalen Verbraucherverhaltens verpflichtet.“); s. aber auch *Buck-Heeb*, ZHR 176 (2012), 66, 72, wonach der Verbraucherschutz durch einen „Gedanken des Ungleichgewichts“ bezogen auf die Vertragsparität legitimiert würde, wohingegen es beim Anlegerschutz um Ungleichgewichte in Form von Informationsasymmetrien ginge. Zur möglichen Deckungsgleichheit von Anleger- und Verbraucherleitbild a.a.O. S. 84.

[662] Vgl. auch *Gemberg Wiesike*, Wohlverhaltenspflichten, S. 21 f., der auf S. 21 vom „Anleger/Verbraucher“ spricht, ohne dies weiter zu thematisieren, um auf S. 22 beide unter dem Begriff „Kunde“ zusammenzufassen; wie hier dann S. 71; a.A. *Wagner*, BKR 2007, 649, 651, der die Verbrauchereigenschaft von Kapitalanlegern verneint; ebenfalls gegen eine Gleichsetzung von Anleger- und Verbraucherschutz *Pfeiffer*, Schutz des (Klein-)Anlegers, S. 48.

[663] S. *Buck-Heeb*, ZHR 177 (2013), 310, 330. Vgl. dazu auch *Beck*, F.A.Z. v. 11.2.2013, S. 18, der die Frage nach dem Erklärungsgehalt einer Theorie aufwirft, mit der man „alles erklären“ könne, „auch das Gegenteil“. Insoweit geht es also um die fehlende Falsifizierbarkeit im *Popperschen* Sinne, vgl. *Popper*, Die offene Gesellschaft und ihre Feinde II[8], insbesondere S. 305 (Falsifizierbarkeit bestimme die Wissenschaftlichkeit einer Theorie). Dies ist ein beachtlicher Einwand, da

rungspflichten basiert auf den Annahmen des *rational choice*-Modells.[664] Die Annahme eines zwar (gegebenenfalls) aufklärungsbedürftigen, nach Informationserteilung indes „rational" handelnden Anlegers kann daher nicht aufgegeben werden.[665]

Grundsätzlich operiert damit auch der BGH, wie sich am Beispiel von Rückvergütungen demonstrieren lässt. Eine Aufklärung lässt er nämlich grundsätzlich durch Prospekt zu. Für die konkrete Art der Darstellung im Prospekt werden dabei kaum weitere Vorgaben gemacht.[666] Obwohl solche Prospekte üblicherweise einen beachtlichen Umfang haben und der klassische Privatanleger regelmäßig mit ihnen nicht vertraut sein dürfte bzw. sie in der Realität kaum vollständig lesen wird, erwartet der BGH dennoch, dass er die konkret relevante Information aus dem Prospekt „herausfiltert". Dies setzt voraus, dass er die ihm zur Verfügung gestellten Informationsmaterialien (hier: den Prospekt) auswertet, Informationen daraus erfasst, zutreffend bewertet und berücksichtigt. Deutlicher kann ein Bekenntnis zum

---

sich die *behavioral finance*-Forschung gerade auf die Empirie stützt. Zum „kritischen Rationalismus" allgemein a.a.O. S. 262 ff. Für unbeachtlich hält diesen Einwand *Brenncke*, Regelung der Werbung im Bank- und Kapitalmarktrecht, S. 1243 f., da der Gesetzgeber keine einheitliche Theorie benötige, solange Anomalien nur empirisch nachgewiesen seien. Wenn sich aber die empirisch nachgewiesenen Effekte mitunter widersprechen bzw. zu unterschiedlichen Konsequenzen führen, schiene es beliebig, wenn der Gesetzgeber nur auf einzelne Effekte reagierte. Würde er hingegen alle vermeintlich empirisch nachgewiesenen aufgreifen wollen, wäre darauf basierende Regulierung ebenso widersprüchlich wie die empirischen Ergebnisse. Überraschend scheint dann, dass *Brenncke* die Kurzinformationsblätter für strukturierte Produkte für Kleinanleger lobend als „*behavioral finance*-Reaktion" auf Verhaltensanomalien erwähnt. Diese setzen als mitgeteilte Information zwangsläufig die Fähigkeit zum rationalen Umgang mit Information voraus, dazu ausführlich supra § 3 D. IV. 4. c). Allgemein kritisch zur Empirie als Mittel der Wirtschaftswissenschaft *v. Mises*, Human Action, S. 868.

[664] Vgl. supra § 3 D. IV. 1 und 4. c); sowie *Moloney*, 6 EBOR (2005), 341, 395.

[665] Vgl. *Buck-Heeb*, ZHR 176 (2012), 66, 70 („Basis des Anlegerschutzkonzepts [durch Information, der Verf.] ist der rational, vernünftig und überlegt handelnde Anleger, der ein bestimmtes Informationsbedürfnis hat."); ferner *Decker*, Aufklärungspflichten, S. 478. Das nach ihm vermeintlich vorherrschende Modell eines „unselbständigen, ja beinahe naiven, unbedingt schützenswerten Privatanlegers" ist jedenfalls mit dem einen rationalen Umgang mit Informationen zugrunde legenden „Aufklärungsmodell" nicht vereinbar. Dies zeigt nochmals, dass die Folge eines so verstandenen Anleger- bzw. Verbraucherschutzes nicht in immer mehr Aufklärung liegen kann. Entsprechend fragt auch *Stahl, Information Overload* am Kapitalmarkt, S. 193 ff. und 244 ff., welche Konsequenzen *der Gesetzgeber* aus dem vermeintlichen Scheitern des Informationsmodells, das auf dem rationalen Anleger beruhe, ziehen sollte.

[666] Unter *behavioral finance*-Gesichtspunkten könnte man hier etwa für eine deutliche Hervorhebung, z.B. durch Unterstreichung und/oder Fettdruck etc. streiten. Spezialgesetzlich lassen sich bestimmte Vorgaben finden, wie etwa die Verpflichtung die Gesamthöhe der Provisionen bei Vermögensanlagen i.S.v. § 1 Abs. 2 VermAnlG an „hervorgehobener Stelle im Verkaufsprospekt" zu beschreiben, § 7 VermAnlG i.V.m. § 4 Satz 1 Nr. 12 VermVerkProspV. Vgl. auch BGH, Urt. v. 1.3.2004, Az.: II ZR 88/02, NJW 2004, 2228, 2229, wo „Struktur" und „Übersichtlichkeit" hinsichtlich der „weichen Kosten" gefordert wird.

Informationsmodell kaum ausfallen.[667] An diesem Maßstab wird man die Urteile des BGH bei der weiteren Untersuchung messen müssen.[668]

Die Ergebnisse der Verhaltensforschung sind nicht so eindeutig, dass ein solches Vorgehen bzw. Aufklärungspflichten als solche mangels Effizienz von vornherein zu verwerfen wären.[669] Im Übrigen sind (prohibitiv) paternalistische Regelungen *de lege ferenda* als Rechtspolitik[670] dem Gesetzgeber zu überlassen.[671] Solche stehen

[667] Vgl. etwa BGH (Kick-Back-X) BGHZ 193, 159 = NJW 2012, 2427, Rn. 20f., zur grundsätzlich möglichen Aufklärung über Rückvergütungen im Prospekt, der im konkreten Fall immerhin 101 Seiten umfasste. Der Privatanleger war im Übrigen auch Verbraucher, worauf aber im Urteil nicht eingegangen wird. Dies belegt erneut die „Nichtdifferenzierungsthese" von supra § 3 D. II. 3. a); ferner supra Fn. 489.

[668] Vgl. *Buck-Heeb*, ZHR 176 (2012), 66, 93, die unter Bezugnahme auf das Swap-Urteil des BGH (infra § 5 A. VII.) anhand der dort sehr hoch gesetzten Anforderungen an die Risikoaufklärung bei komplexen Produkten darauf hinweist, dass dort weniger auf das Informationsmodell als auf eine Präventivwirkung gesetzt wurde. Dazu sehr kritisch *Herresthal*, ZIP 2013, 1049, 1051 ff.

[669] Vgl. zu Zweifeln an der Wirksamkeit von Aufklärung *Sethe*, AcP 212 (2012), 80, 92. Die Rechtsprechung könnte, teilte sie diese Skepsis, bereits jetzt reagieren, indem sie „ungeschriebene Aufklärungspflichten" reduzieren würde. Dies ist aber nicht ersichtlich. Vielmehr wurde in der Innenprovisionen-V-Entscheidung die bisherige Rechtsprechung jüngst erneut ausgeweitet (dazu infra § 5 A. XL.).

[670] *Buck-Heeb*, ZHR 176 (2012), 66, 95.

[671] Konkret zu *behavioral finance Eberius*, Regulierung der Anlageberatung und behavioral finance, S. 108. Allgemein sehr zurückhaltend bezüglich des Anlegerschutzes durch die Rechtsprechung, der nur „Notbehelf" sei, auch *Müller-Christmann*, in: Bankrechtstag 2012, S. 1, 3. Auch *Grigoleit* weist auf die funktional bessere Eignung des Gesetzgebers zur inhaltlichen Beurteilung bestimmter Geschäfte hin, ZHR 177 (2013), 264, 307; s. ferner *Herresthal*, ZIP 2013, 1049, 1054; *Köndgen*, JZ 2012, 260, 262; a.A. *Hopt* beim Bankrechtstag, zitiert nach *Walz/Leffers*, WM 2012, 1457, 1462; vgl. auch *Möllers*, in: Kölner Komm WpHG^2, § 31 Rn. 50. Seine diesbezügliche Verantwortung nimmt der Gesetzgeber auch wahr, vgl. z.B. zum Verbot Hedgefondsanteile an Privatanleger zu vertreiben *Schwenn*, F.A.Z. v. 26.7.2012, S. 21. Diese paternalistische Regel beschränkt (insbesondere kundige) Privatanleger in ihrer (Anlage-)Freiheit und es ist daher richtig, dass darüber auf Gesetzesebene und nicht etwa durch prohibitive Anforderungen an Intermediäre durch die Rechtsprechung entschieden wird (a.A. *Köndgen/Sandmann*, ZBB 2010, 77, 95, die es begrüßen würden, wenn die Rechtsprechung den Markt für Zinsswaps „de facto schließen würde"). Zu Paternalismus auf Gesetzebene *Wallach*, BB 2012, Heft 35, S. I. Pointiert auch *Stumpf*, F.A.Z. v. 26.9.2012 (im Kontext der abstrakten Risikoerläuterung eines Beherrschungsvertrags im Prospekt: „Es drängt sich der Eindruck auf, dass ein überzogenes Verständnis des Verbraucherschutzes Maßstab bei der Entscheidungsfindung war. Rechtspolitik sollte aber nicht im Gerichtssaal betrieben werden."); *ders.*, BB 2012, 2910, 2911. Als Negativbeispiel kann auf OLG Stuttgart, Urt. v. 14.12.2011, Az.: 9 U 11/11, WM 2012, 890, 894, verwiesen werden. Im Urteil werden nahezu unerfüllbare Anforderungen an die anlegergerechte Beratung bei *cross-currency*-Swapverträgen mit Privatleuten aufgestellt. Zu dieser Einschätzung kommt auch *Bausch*, BKR 2012, 303, 307. Ob aber komplexe Finanzprodukte (für bestimmte Anlegergruppen) verboten sein sollten, wird – wie gezeigt – auf der politischen Ebene durchaus diskutiert und die Rechtsprechung sollte daher nicht eventuelle Ergebnisse vorwegnehmen oder gar konterkarieren, vgl. BT-Drucks. 17/10252 v. 4.7.2012, S. 2 zu Ziff. 3. Allgemein zum Zusammenhang von hohen Anforderungen an die Aufklärung und deren potentiell prohibitiver Wirkung *Ott*, Vorvertragliche Aufklärungspflichten im Licht des Güter- und Leistungsaustausches, S. 142, 146. Zu Produktinterventionen nach der geplanten Überarbeitung der MiFID *Cahn/Müchler*, BKR 2013, 45 ff.; ausführlich *Klingenbrunn*, Kapitalmarktrechtliche Produktverbote zugunsten von Finanzmarktstabilität, passim.

hier, zumal sie aufgrund ihrer freiheitsbeschränkenden Wirkung mit der gängigen Vorstellung von Privatautonomie kaum vereinbar sind,[672] nicht zur Debatte.[673] Die Grenzen der Privatautonomie und des gesetzgeberischen Schutzmodells, das insoweit gegenseitige Positionen zwischen Intermediär und Kunde vorab austariert hat, binden die Zivilrechtsrechtsprechung. Sollten die Grenzen des gesetzlich gewählten Schutzmodells – gegebenenfalls durch nicht privatautonom legitimierte Pflichten – überschritten werden, wird die Rechtsprechung im Ergebnis selbst finanzmarktregulierend tätig.[674]

4. Eigenverantwortung des Anlegers ist dem Schutzmodell immanent

Für die untersuchte Fragestellung ist demnach, trotz aller berechtigten Kritik im Einzelfall, ein Leitbild vom rationalen, aufklärungsfähigen Kunden zugrunde zu legen.[675] Berater müssen daher bei der Erfüllung ihrer (Aufklärungs-)Pflichten die Fähigkeiten (Wissensstand, Erfahrungen etc.) ihres konkreten Kunden als Maßstab heranziehen, aber eben nur bis zur Grenze des für diesen rationalen Kunden Offen-

---

672 Vgl. *Decker*, Aufklärungspflichten, S. 478, der davor warnt, die Rechtsordnung zum Mittel der Bevormundung zu machen und in letzter Konsequenz „jede Freiheit zu ersticken"; *Ott*, Vorvertragliche Aufklärungspflichten im Licht des Güter- und Leistungsaustausches, S. 142, 152 („Soweit aber die Prämisse aufgegeben wird, daß Marktteilnehmer – speziell Verbraucher – auf der Grundlage von ausreichenden Informationen rationale Entscheidungen treffen, wird das Prinzip der Vertragsfreiheit selbst in Frage gestellt."); *Sethe*, AcP 212 (2012), 80, 92 („Ein solcher [paternalistischer, der Verf.] Ansatz ist dem derzeitigen juristischen System, das auf Privatautonomie des Einzelnen fußt, fremd."). Diese Bedenken lassen sich auch nicht allein mit dem Argument beiseite schieben, dass die paternalistischen Regeln auch funktionsschützende Ziele verwirklichen würden, so tendenziell aber *Brenncke*, Regelung der Werbung im Bank- und Kapitalmarktrecht, S. 1233.

673 Vgl. auch *Lenenbach*, Kapitalmarktrecht², Rn. 11.58 ff., der die Konsequenzen aus den Mängeln des Informationsmodells unter „rechtspolitische Folgerungen" bespricht; ferner *Mülbert*, ZHR 177 (2013) 160, 181 („Rechtspolitik"); vgl. aber auch *Bonavita*, 13 EBOR (2012), 271, 278, nach dem bereits jede Aufklärungspflicht als solche paternalistisch sei. Richtig ist, dass es dabei auch um Anlegerschutz geht. Dieser lässt sich aber (auch) mit der Notwendigkeit dieses Anlegerschutzes für den Funktionsschutz der Märkte begründen, um einen Marktrückzug der Teilnehmer zu verhindern, vgl. infra § 11 C. II. 2. b) dd) und § 11 E. II. Vor diesem Hintergrund kann der Anlegerschutz also ein Mittel sein, den „Markt zu erhalten". Ein „solcher Paternalismus", der weiterhin die Entscheidung beim Einzelnen belässt, ist jedoch zumindest qualitativ anders, als sonstige bevormundende Vorgaben, die in bestehende Gefüge „zugunsten" einer Seite zwingend eingreifen, um ihr Vorteile zu bringen oder Nachteile zu ersparen und dies der eigentliche Zweck des Eingriffs ist.

674 Vgl. auch *Balzer* beim Bankrechtstag, zitiert nach *Breilmann/Fuchs*, WM 2013, 1437, 1443; *Edelmann*, BB 2010, 1163, 1171; *Gemberg Wiesieke*, Wohlverhaltensregeln, S. 24; *Koch*, ZBB 2014, 211, 215; *Möslein*, ZBB 2013, 1, 10.

675 Vgl. auch *Buck-Heeb*, ZHR 177 (2013), 310, 326 f. Implizit arbeitet damit z.B. auch *Kluge*, Kick-backs, S. 62 f.; s. auch *Fuchs*, in: Fuchs, Komm WpHG, Vor §§ 31 bis 37a Rn. 68 (anders sei kein geeigneter Anknüpfungspunkt für die Konkretisierung der Wohlverhaltensregeln gegeben); *Koller*, in: Assmann/Schneider, Komm WpHG⁶, § 31 Rn. 7 („In besonderer Weise ist die Beratung gemäß § 31 Abs. 4 WpHG dem Ideal des rationalen Verbraucherverhaltens verpflichtet."). Vgl. auch *Buck-Heeb*, WM 2012, 625, 632.

sichtlichen.[676] Grenzen findet die beschriebene Eigenverantwortung des Kunden erst dort, wo etwaig irrationale Phänomene vom Intermediär bewusst ausgenutzt werden, der Anleger mithin zu einer Selbstschädigung verleitet wird.[677]

E. Risiken für Kunden (beratender) Finanzintermediäre

I. Allgemeine Risiken bei der Kapitalanlage

Geht man davon aus, dass Kapitalanlagen dem Zweck dienen, Renditen zu erwirtschaften, kann es nicht überraschen, dass neben diesen Chancen einer jeden Anlage entsprechende Risiken immanent sind.[678] Risikoaspekte beeinflussen auch die Höhe eines Zinssatzes[679] bzw. die Auszahlungskonditionen. Auch bei Absicherungsgeschäften sind Risiken vorhanden. Zwar eliminiert ein Absicherungsgeschäft idealerweise die offenen Risikopositionen aus *anderen* Geschäften. Dies indes nur zu dem Preis, dass nunmehr ein zweites Geschäft (also das Sicherungsgeschäft) vorliegt, das mit den klassischen Investitionsrisiken behaftet ist. Zu diesen gehört das Kontrahentenausfallrisiko.[680] Zu den allgemeinen Gefahren wird das Konditionenrisiko[681] gezählt, d.h. dass der einzelne Anleger zumindest häufig nicht in der Lage sein wird, die Konditionen zu beeinflussen, zu denen ihm Wertpapierdienstleistungen angeboten werden.[682] Das ist – wie die anderen allgemeinen Risiken – aber keine Besonderheit eines Intermediationsverhältnisses.[683]

---

676 Vgl. auch *Rothenhöfer*, in: Schwark/Zimmer, KMRK⁴, § 31 WpHG Rn. 97, zur „Offensichtlichkeitsgrenze". Allgemeiner *Buck-Heeb*, ZHR 176 (2012), 66, 91 („Aufklärungspflicht endet dort, wo den Kunden eine Pflicht zur Selbstinformation trifft"). Dieses Anforderungsprofil kann bei beratungsvertraglicher Beratung verschärft sein, vgl. infra § 6 A. III. 5.

677 Wie hier im Ergebnis auch *Brandt*, Aufklärungs- und Beratungspflichten, S. 180; *Fuchs*, in: Fuchs, Komm WpHG, Vor §§ 31 bis 37a Rn. 69.

678 Vgl. *v. Mises*, Human Action, S. 253 („There is no such thing as a perfectly safe investment."); *Wagner*, DStR 2004, 1836, 1837 („Die Risikoimmanenz einer Kapitalanlage ist […] der Regelfall."); ferner *ders.*, DStR 2003, 1757, 1758, speziell zu Immobilienkapitalanlagen. Vgl. aber supra § 2 B. dazu, dass Renditeerzielung als Anlageziel nicht zwingend ist.

679 Zum Zusammenhang von Risiko und Rendite *Hellwig*, Gutachten E, S. E5, E37 f.; vgl. ferner *Bestmann*, Finanz- und Börsenlexikon⁶, S. 788 (Zinsfuß); *v. Mises*, Human Action, S. 536 und 539.

680 Vgl. dazu *Köhler*, in: Schwintowski, Bankrecht⁴, § 21 Rn. 21 im Kontext von Derivaten.

681 *Hopt*, Kapitalanlegerschutz im Recht der Banken, S. 144 ff.

682 So *Thieme*, Wertpapierdienstleistungen, S. 94; vgl. auch *Sethe*, Anlegerschutz im Recht der Vermögensverwaltung, S. 146.

683 Dieses Phänomen versucht das Zivilrecht etwa über die Kontrolle von Allgemeinen Geschäftsbedingungen (AGB) zu erfassen, §§ 305 ff. BGB. Diese gelten aber allgemein und nicht nur für Intermediäre.

II. Risiken durch Finanzintermediation

1. Allgemeine Kundenrisiken bei der Finanzintermediation

Je nach konkreter Intermediationsleistung kommt in Betracht, dass die *Substanzerhaltung* der Anlage von der Solvenz des Intermediärs abhängt.[684] In Beratungskonstellationen, in denen die Anlageentscheidung beim Anleger verbleibt, ist die Solvenz des Intermediärs nur mittelbar relevant, sofern dieser etwa wegen Beratungsfehlern in Regress genommen werden soll.[685]

Daneben bestehen *Abwicklungs- und Verwaltungsrisiken.* Im weitesten Sinne betreffen sie die Gefahr, dass mit fremden Geldern „Misswirtschaft" getrieben wird. Verwaltungsrisiken treten z.B. auf, wenn Kreditinstitute die Anlageentscheidung für den Anleger treffen (Vermögensverwaltung).[686] Während „grobe Fälle" heute Seltenheitswert haben, können „subtilere Praktiken" in diesem Zusammenhang genannt werden.[687] *Hopt*[688] unterteilt sie in schädigende Praktiken bei der Durchführung von Effektengeschäften, anlässlich zu tätigenden Effektengeschäften und solche ohne Zusammenhang mit Effektengeschäften. Zur ersten Gruppe gehören Verfügungen über Depots ohne Vollmacht oder Kursschnitte, wenn Kundenaufträge verzögert bearbeitet werden und das sog. *churning*, („Spesenreiterei"). Zu schädlichen Praktiken anlässlich eines für den Kunden durchzuführenden Effektengeschäfts wird das sog. Vor-, Mit- und Gegenlaufen gezählt, bei denen der Intermediär in Kenntnis der Kundenorder Eigengeschäfte durchführt, um daraus Gewinne zu erzielen.[689] Schließlich sind ohne Zusammenhang mit bestimmten Effektengeschäften allgemeine Kursmanipulationen, Insidergeschäfte und das sog. Auskaufen und Abladen im Fondsgeschäft zu nennen. Bei Beratungskonstellation stehen Abwicklungs- und Verwaltungsrisiken – von *churning* abgesehen – allerdings nicht im Vordergrund.[690]

---

[684] Vgl. *Hopt*, Kapitalanlegerschutz im Recht der Banken, S. 83 ff. (historisch gesehen sei das Substanzrisiko für den Anleger das Hauptrisiko); vgl. auch *Sethe*, Anlegerschutz im Recht der Vermögensverwaltung, S. 127 ff.; *Thieme*, Wertpapierdienstleistungen, S. 83.

[685] Sofern auch andere Leistungen mit der Beratung verknüpft sind, etwa weil eine Bank zugleich ein Konto des Anlegers führt, kann das Substanzrisiko indes in weiterem Umfang erheblich sein.

[686] Vgl. *Hopt*, Kapitalanlegerschutz im Recht der Banken, S. 137; *Sethe*, Anlegerschutz im Recht der Vermögensverwaltung, S. 134 ff.

[687] So *Hopt*, Kapitalanlegerschutz im Recht der Banken, S. 132 f.; *Thieme*, Wertpapierdienstleistungen, S. 84 ff.

[688] *Hopt*, Kapitalanlegerschutz im Recht der Banken, S. 132 ff.

[689] Vgl. dazu *Thieme*, Wertpapierdienstleistungen, S. 88 f. Hier kann auch die Effektenkreditexekution genannt werden, bei der der kreditgebende Intermediär diese Rolle nutzt, um durch gezielte Fälligstellung/Nichtverlängerung eines Kredits den Kunden zur Preisgabe von Effekten zu zwingen, *Sethe*, Anlegerschutz im Recht der Vermögensverwaltung, S. 144.

[690] A.A. *Thieme*, Wertpapierdienstleistungen, S. 85 ff., die Interessenkollisionen zu den Abwicklungs- und Verwaltungsrisiken zählt. Da die den Interessenkonflikten innewohnende Problematik maßgeblich auf Informationsasymmetrien zurückzuführen ist, liegt es indes näher, diese als

Schließlich sind *Interessenvertretungsrisiken* zu nennen, die bei der Wahrnehmung von (Anleger-)Rechten durch den Intermediär entstehen,[691] weshalb das Interessenvertretungsrisiko „untrennbar mit dem Problem des Depotstimmrechts der Banken verbunden“ sei (vgl. § 135 AktG).[692] Zwar können aufgrund der Verpflichtung des Intermediärs, bei der Stimmrechtsausübung die Interessen des Anlegers wahrzunehmen, aufgrund bestehender – eventuell sogar gegenläufiger – Eigeninteressen, ähnliche Interessenkonflikte wie in Beratungskonstellationen auftreten.[693] Jedoch geht es bei *Beratungskonstellationen* um Mithilfe des Intermediärs bei der *Anlageentscheidung des Anlegers*.[694] Insofern sind die soeben beschriebenen Situationen anders gelagert. Wenn der Intermediär nämlich selbst bestimmte Entscheidungen zu treffen befugt ist, könnte ein Schutzkonzept, dessen Ziel es ist, eine informierte Entscheidung *des Anlegers* herbeizuführen, ohnehin nicht in vergleichbarer Weise helfen.[695] Deshalb müssen diese Risiken hier nicht näher betrachtet werden.

2. Spezielle Kundenrisiken bei der Finanzintermediation durch Beratung

a) Informationsrisiken

Bei einer Finanzberatung soll der Vertragspartner mit den „richtigen“ Informationen versorgt werden, damit er eine fundierte, eigenständige Anlageentscheidung treffen kann. Dementsprechend sind *Informationsrisiken* in Beratungskonstellationen von überragender Bedeutung.[696] (Individual-)Informationsbedürfnisse des Anlegers[697] werden im Wege der Informationstransformation durch Finanzintermediäre befriedigt, wozu die Beratung zählt. Anlegerinteressen können dadurch gefährdet sein, dass der Anleger häufig fachlich von seinem Intermediär abhängig sein

Informationsrisiken zu behandeln, die infra § 3 E. II. 2. a) besprochen werden. So auch *Hopt*, Kapitalanlegerschutz im Recht der Banken, S. 108 ff.

691 Vgl. *Hopt*, Kapitalanlegerschutz im Recht der Banken, S. 137 („Problem des Innenschutzes“).

692 *Hopt*, Kapitalanlegerschutz im Recht der Banken, S. 139; vgl. auch *Thieme*, Wertpapierdienstleistungen, S. 93; ferner *Sethe*, Anlegerschutz im Recht der Vermögensverwaltung, S. 146.

693 Vgl. *Hopt*, Kapitalanlegerschutz im Recht der Banken, S. 141; *Thieme*, Wertpapierdienstleistungen, S. 93 f.

694 Vgl. *Hopt*, Kapitalanlegerschutz im Recht der Banken, S. 137 („Problem des Außenschutzes“).

695 Denkbar ist allerdings, dass auch hier verstärkte Aufklärung insofern Wirkung zeigen könnte, als möglicherweise vermehrt Weisungsrechte genutzt würden oder sogar eine Bevollmächtigung der Bank unterbliebe. Dabei würde freilich letzteres dazu führen, dass der Anleger wieder vor den Problemen stünde („eigene Wahrnehmung der Rechte“), die gerade Anlass für eine Übertragung bestimmter Rechte an den Intermediär waren.

696 Vgl. auch *Sethe*, Anlegerschutz im Recht der Vermögensverwaltung, S. 134, der ebenfalls darauf hinweist, dass Informationsrisiken bei der Anlageberatung stärker auftreten als bei der Vermögensverwaltung, bei der diese sich eher zu Verwaltungsrisiken verlagern.

697 Vgl. supra § 3 A.

wird.[698] Dieser Effekt verstärkt sich, wenn der Intermediär zugleich selbst keine ausreichende Qualifikation für die von ihm erbrachte Leistung haben sollte.[699] Mit einem daraus resultierenden Anlegernachteil ist nicht zugleich ein Vorteil für den Berater zwingend verbunden. Der Untersuchungsgegenstand dieser Arbeit erfasst aber Konstellationen, in denen befürchtet wird, dass der Intermediär ein für den Kunden nachteiliges Ergebnis in Kauf nehmen könnte, um *bewusst* eigene Zwecke zu verfolgen. Geht man davon aus, dass Intermediäre einen Nachteil ihrer Kunden nicht grundlos in Kauf nehmen werden, stellt sich also die Frage, was eine bewusste Ausnutzung eines Informationsvorsprungs durch die Berater zur Folge haben könnten. Das leitet über zu Interessenkonflikten bei der Anlageberatung.

b) Interessenkonflikte

Interessenkonflikte können auf zweifache Weise auftreten. Einerseits ist es möglich, dass Finanzintermediäre aufgrund Verpflichtungen *gegenüber Dritten* dazu angehalten sein könnten, nicht im besten Interesse ihrer Kunden zu handeln. Andererseits käme dies genauso in Betracht, wenn *originäre*[700] *eigene Interessen* dem Kundeninteresse entgegenstünden.

aa) Interessenkonflikte aufgrund Drittinteressen

Besonders die Banken pflegten als Prototypen der Finanzintermediäre früher enge personelle und finanzielle Zusammenarbeit mit Industrie und Handel, was nicht selten in gesellschaftsrechtlichen Beteiligungen Ausdruck fand.[701] Diese Verflechtungen nehmen zwar ab.[702] Die Gefahr, dass die Nichtberücksichtigung eines Unternehmens bei einer Beratung die „gute Nachbarschaft“[703] stören und die Beziehungen zu wichtigen Vertragspartnern der Bank belasten könnte, ist dennoch weiterhin gegeben. Indes weist *Hopt* darauf hin, dass die tatsächlichen Auswirkungen eines

---

[698] Dies gilt vor allem für Privatanleger; zu in diesem Zusammenhang problematischen Informationsasymmetrien infra § 3 E. II. 2. c).

[699] Vgl. *Hopt*, Kapitalanlegerschutz im Recht der Banken, S.89 ff. und 99 ff.; zu qualitativen Anforderungen an Anlageberater infra § 11 A. II. 2. b) bb) (1) (c).

[700] „Originär“ steht in Abgrenzung zu den beschriebenen Drittinteressen. Diese sind für den Finanzintermediär regelmäßig „nur“ insoweit relevant, als diese auch seine *mittelbaren* Eigeninteressen darstellen, etwa weil er der dritten Partei vertraglich verpflichtet ist und er nur über die Berücksichtigung der Drittinteressen seine eigenen Verpflichtungen (dem Dritten gegenüber) auch erfüllt. Insofern geht es also auch bei den Drittinteressen regelmäßig um die mittelbaren Eigeninteressen, die dahinter stehen.

[701] Vgl. *Hopt*, Kapitalanlegerschutz im Recht der Banken, S. 109 ff. Bekannt war diese Gemengelage, zu der unter anderem Überkreuzbeteiligungen der Unternehmen gehörten, als „Deutschland-AG“, vgl. zum Begriff *Adams*, AG 1994, 148.

[702] Vgl. *Bayer*, BB 2004, 1, 3 („[D]ie bisherige Deutschland-AG unter Führung der Deutschen Bank und der Allianz [ist] im Auflösen begriffen.“).

[703] So *Hopt*, Kapitalanlegerschutz im Recht der Banken, S.112.

solchen Interessenkonflikts unklar sind, zumal die Umstände solcher Verbindungen dem konkreten Berater nicht notwendig bekannt sein müssen.[704] Auch freie Finanzvermittler können wirkungsmäßig ähnlichen Bindungen unterliegen.[705] Die beschriebenen Gefahren gelten demnach ebenso für sie.

Drittinteressen ist ein Finanzintermediär vornehmlich unterworfen, wenn er mit dritten Parteien vertraglich verbunden ist, z.B. weil er bei der Emission eines Titels beteiligt ist[706] und später den Kunden hinsichtlich des Erwerbs des entsprechenden Wertpapiers berät. Der Intermediär (im Beispiel eine Bank) ist dann dem Emittenten zur Abwicklung der Emission verpflichtet, was dazu führen könnte, dass das in Frage stehende Wertpapier empfohlen wird, obwohl andere Anlagen für den Kunden besser geeignet wären. Dieser Anreiz wird verstärkt, wenn Banken Emissionstitel zunächst ins eigene Buch nehmen oder für einen nicht vertriebenen Restbestand „einspringen" müssen.[707] Weitere Interessenkonflikte sind in diesem Zusammenhang denkbar, wenn die Bank zur Kurspflege verpflichtet sein sollte.[708]

Betrachtet man Gefahren durch Verbindungen mit und zu Dritten, so leuchtet unmittelbar ein, dass diese Gefahrenquelle besonders bei Banken zu Tage tritt. Je vielfältiger die verschiedenen angebotenen Dienstleistungen sind, umso mehr divergierende Interessen sind miteinander in Ausgleich zu bringen, was vor allem für die großen Universalbanken gilt.[709] Die beschriebenen Gefahren werden aufsichtsrechtlich insofern adressiert, als dem Kunden ohnehin nur für ihn geeignete Produkte empfohlen werden dürfen.[710] Das heißt, dass trotz etwaiger Interessenkonflikte Empfehlungen den Bedürfnissen des Kunden entsprechen müssen.[711]

---

704 Vgl. *Hopt*, Kapitalanlegerschutz im Recht der Banken, S.112 f. („Mediatisierung des Interessenkonflikts").

705 Dazu supra § 3 C. II.

706 Vgl. ausführlich zur Rolle einer Emissionsbank *Meyer*, in: Marsch-Barner/Schäfer, Hdb. börsennotierte AG³, § 8 Rn. 1 ff.; ferner *Thieme*, Wertpapierdienstleistungen, S. 86 f.

707 Vgl. *Hopt*, Kapitalanlegerschutz im Recht der Banken, S.114 ff.; ferner *Fuchs*, in: Fuchs, Komm WpHG, § 31 Rn. 80 f.; *Koller*, in: Assmann/Schneider, Komm WpHG⁶, § 31 Rn. 37; *Lang*, Informationspflichten, S. 156. Dies stellt dann auch ein *eigenes* Absatzinteresse dar, dazu infra § 3 E. II. 2. b) bb) (2).

708 Vgl. dazu *Hopt*, Kapitalanlegerschutz im Recht der Banken, S.117 f.

709 Näher *Möllers*, in: Kölner Komm WpHG², § 31 Rn. 131; *Seyfried*, in: Kümpel/Wittig, Bank- und Kapitalmarktrecht⁴, Rn. 3.98; *Thieme*, Wertpapierdienstleistungen, S. 87, die darauf hinweist, dass das Streben nach eigenem Profit und daraus folgende potentielle Risiken auch im Trennbankensystem gegeben seien. Zweifelnd bezüglich der Nützlichkeit zur Vermeidung von Interessenkonflikten auf das Trennbankensystem umzustellen auch *Sethe*, AcP 212 (2012), 80, 113. Vgl. auch *Lang*, Informationspflichten, S. 157, zu Konflikten zwischen mehreren Kunden; dazu auch *Fuchs*, in: Fuchs, Komm WpHG, § 31 Rn. 89 ff. Dies sind sog. „horizontale Interessenkonflikte", *Eisele/Faust*, in: Schimansky/Bunte/Lwowski, Bankrechts-Hdb.⁴, § 109 Rn. 26a; vgl. auch *Moloney*, How to Protect Investors, S. 244; *Nikolaus*, Durchsetzung der Wohlverhaltens- und Organisationspflichten, S. 34 ff.; ferner supra Fn. 458.

710 Dazu näher infra Text bei und Nachweise in Kapitel 3 Fn. 38.

711 Zur ökonomischen Relevanz dieser Überlegung infra § 8 A. II. 2.

bb) Interessenkonflikte aufgrund Eigeninteressen

Eigeninteressen der beratenden Finanzintermediäre können potentiell zu einer Benachteiligung des Kunden führen.[712] Diese sind teils *unmittelbar vergütungsbezogen*, teils anderer Herkunft. Möglich ist aber auch eine Sphärenvermischung.

(1) Eigeninteressen jenseits unmittelbarer Vergütungsinteressen

Soweit Finanzintermediäre „besondere Vertriebsinteressen" deshalb haben, weil sie eine Emission betreuen, beschreibt das beispielhaft, dass die Berücksichtigung von Fremdinteressen letztlich aus mittelbaren Eigeninteressen (im Beispiel: aus der geschuldeten Vertragserfüllung) folgen kann.[713] Anlegernachteile folgen aus solchen Eigeninteressen nicht zwingend, da es denkbar ist, dass z.B. ein konkretes Wertpapier auch empfohlen worden wäre, wenn die Bank nicht als Konsortialbank bei der Emission beteiligt gewesen wäre.[714] Spezielle Vertriebsinteressen bestehen besonders für Titel, die im Eigenbestand des Intermediärs gehalten werden.[715] Ergänzend kann eine unmittelbare Vergütungskomponente hinzutreten, weil z.B. durch den Verkauf entsprechender Titel Margen realisiert werden können.[716] Werden zu diesem Zweck bewusst Positionen seitens des Beraters aufgebaut, um sie nach Empfehlung wieder abzubauen, liegt sog. *scalping* vor.[717] Ferner kann das regulatorische Umfeld Auswirkungen auf Eigeninteressen haben, z.B. Kapitaladäquanzanforderungen.[718]

Gegenläufige Interessen treten naturgemäß auf, wenn Banken neben der Beratung *market making* betreiben, da sie dann verpflichtet sind, verbindliche *quotes* für An- und Verkaufskurse zu stellen.[719] Eigenhandel bzw. Eigengeschäfte des Intermediärs können zu Interessenkonflikten führen, wenn beispielsweise Ausführungskonditionen für den Kunden vom Zeitpunkt der Ausführung eines Geschäfts abhängen.[720] Wenn man so will, befindet sich der Intermediär in einer Doppelrolle, die

---

712 In diesem Zusammenhang wird das Verhältnis Anlageberater zum Anleger als „gegenläufiger Interessenkonflikt" bzw. „vertikaler Interessenkonflikt" eingeordnet, *Eisele/Faust*, in: Schimansky/Bunte/Lwowski, Bankrechts-Hdb.[4], § 109 Rn. 26a.

713 Vgl. auch Fn. 700.

714 Vgl. *Lenenbach*, Kapitalmarktrecht[2], Rn. 5.369.

715 Vgl. *Möllers*, in: Kölner Komm WpHG[2], § 31 Rn. 166; vgl. auch *Fuchs*, in: Fuchs, Komm WpHG, § 31 Rn. 79; *Hopt*, Kapitalanlegerschutz im Recht der Banken, S. 122 ff.

716 Zu den Verdienstmöglichkeiten der Finanzintermediäre supra § 3 B. V. und C. I. 2.

717 Dieses Verhalten stellt regelmäßig eine Marktmanipulation im Sinne von § 20a WpHG dar und ist verboten, *Eisele/Faust*, in: Schimansky/Bunte/Lwowski, Bankrechts-Hdb.[4], § 109 Rn. 59a; *Fuchs*, in: Fuchs, Komm WpHG, § 31 Rn. 81; vgl. auch *Thieme*, Wertpapierdienstleistungen, S. 89, mit Abgrenzung zum „Vorlaufen" und zum auch erfassten „umgekehrten Fall": Verkaufsempfehlung zur Ausnutzung günstiger Einkaufskurse für den Intermediär.

718 Vgl. *Moloney*, How to Protect Investors, S. 195.

719 *Fuchs*, in: Fuchs, Komm WpHG, § 31 Rn. 83; *Möllers*, in: Kölner Komm WpHG[2], § 31 Rn. 161; *Thieme*, Wertpapierdienstleistungen, S. 90.

720 Vgl. *Fuchs*, in: Fuchs, Komm WpHG, § 31 Rn. 77 f.

daraus resultiert, dass er zugleich den Kundeninteressen als Intermediär verpflichtet ist, aber gleichfalls seinen eigenen als Marktteilnehmer, die von dem Vergütungsinteresse an der Intermediation zu unterscheiden sein können. Das Aufsichtsrecht adressiert derartige Probleme u.a. über die sog. *best execution*-Regel, wonach zuvörderst das Kundeninteresse zu berücksichtigen ist.[721]

(2) Eigeninteressen aufgrund unmittelbarer Vergütungsinteressen

Vergütungsinteressen der Berater entsprechen den „natürlichen Eigeninteressen" eines jeden Marktteilnehmers in einer Marktwirtschaft. Sie können indes den Kundeninteressen zuwiderlaufen. Eine Besonderheit des Kunde-Intermediär-Verhältnisses stellen sie aber nicht dar.[722] Von Belang sind hier nur solche Interessen, die *nicht* zugleich Kundeninteressen objektiv beeinträchtigen und daher beispielsweise gegen die *best execution*-Regel verstoßen oder sonst *per se* verboten sind.

Bezugnehmend auf die oben dargestellten Vergütungsmöglichkeiten der Finanzintermediäre lässt sich nachvollziehen, dass bei häufigen Umschichtungen des Anlagekapitals sowohl für Banken wie für freie Intermediäre häufiger Provisionen (ob nun direkte oder indirekte) anfallen bzw. sich häufiger Margen vereinnahmen lassen.[723] Im Einzelfall kann zwar auch eine häufige Depotumschichtung sachgerecht sein. Erreicht sie jedoch einen Punkt, an dem die Gewinnerzielung aufgrund der Umschichtungskosten für den Anleger unwahrscheinlich wird, liegt sog. *churning*, also Spesenreiterei vor.[724]

Indirekte Vertriebsvergütungen können außerdem dazu führen, dass Intermediäre ein besonderes Interesse am Vertrieb ganz bestimmter Finanzprodukte haben, nämlich denjenigen, bei denen am meisten „verdient" werden kann.[725] „Drittzahlungen" sind deshalb besonders konfliktträchtig, weil sie regelmäßig im Zusammenhang mit einer Tätigkeit für die dritte Partei stehen. Darin ließe sich wiederum der Ausdruck einer „Doppelrolle"[726] sehen, da der Intermediär verschiedenen Par-

---

[721] Vgl. beispielsweise *Bauer*, in: Clouth/Lang, MiFID Praktikerhandbuch, Rn. 707 ff.; *v. Hein*, in: Schwark/Zimmer, KMRK[4], § 33a WpHG Rn. 1 f.

[722] Vgl. treffend *Fuchs*, in: Fuchs, Komm WpHG, § 31 Rn. 84 (Der „natürliche Antagonismus" zwischen den Interessen an einerseits möglichst niedrigen Preisen für eine Leistung und andererseits dem an einer hohen Vergütung sei jeder entgeltlichen Geschäftsbesorgung „immanent".). In diesem Sinne auch *Lang*, Informationspflichten, S. 166; *Möllers*, in: Kölner Komm WpHG[2], § 31 Rn. 162; a.A. noch *Koller*, in: Assmann/Schneider, Komm WpHG[4], § 31 Rn. 70, wo dies als relevanter Interessenkonflikt eingeordnet wurde.

[723] Vgl. *Thieme*, Wertpapierdienstleistungen, S. 91 ff.

[724] Vgl. *Fuchs*, in: Fuchs, Komm WpHG, § 31 Rn. 86; *Lenenbach*, Kapitalmarktrecht[2], Rn. 5.370; *Moloney*, How to Protect Investors, S. 244 m.w.N.

[725] Vgl. *Thieme*, Wertpapierdienstleistungen, S. 90, mit dem Hinweis, dass das vor allem dann problematisch sein könne, wenn eine solche zusätzliche Vergütung nicht an den Kunden ausgekehrt wird. Vgl. auch *Moloney*, How to Protect Investors, S. 260. Dies gilt insofern hinsichtlich des einzelnen Angestellten ebenso für Provisionen, die der Intermediär an seine Mitarbeiter gewährt, dazu *Fuchs*, in: Fuchs, Komm WpHG, § 31 Rn. 87.

[726] So *Fuchs*, in: Fuchs, Komm WpHG, § 31 Rn. 88; *Möllers*, in: Kölner Komm WpHG, § 31

teien mit verschiedenen Interessen verpflichtet ist. Dies unterscheidet derartige Konstellationen von solchen, in denen das Eigeninteresse des Intermediärs „allein" steht, also nicht mit Verpflichtungen gegenüber einer dritten Partei verbunden ist.[727] An konkrete Geschäfte anknüpfende Zahlungen können zu *churning* führen, da solche Zusatzvergütungen die Anreize für eine häufige Depotumgestaltung verstärken.[728] Die Anreize gehen aber darüber hinaus, da sie auf eine Empfehlung *konkreter* Produkte zulaufen.[729] Auf die Spitze getrieben führte diese Anreizstruktur dazu, dass ein Produkt (nur) empfohlen würde, weil der Intermediär daran geknüpfte Einnahmen realisieren will, obwohl das Produkt nicht für den Anleger geeignet ist. Freilich wäre dies mit den Pflichten bei der Anlageberatung nicht vereinbar.[730]

c) *Informationsasymmetrien*

Die benannten Gefahren opportunistischen Verhaltens[731] werden durch Informationsasymmetrien zwischen Anleger und Intermediär erhöht, zumal die Anreizstrukturen für den Anleger regelmäßig undurchsichtig sind (sog. *hidden intentions*).[732] Der Intermediär weiß also in signifikantem Umfang besser über seine eigene, vertragsrelevante Position (inklusive der oben beschriebenen, potentiell interessenkonfliktrelevanten Umstände) Bescheid als sein Vertragspartner.[733]

Es ist davon auszugehen, dass der Kunde eine Beratung in Anspruch nimmt, um Empfehlungen bzw. Bewertungen und Informationen zu erhalten, welche Finanzprodukte für ihn geeignet sind. Dabei ist unerheblich, ob Beratungsdienste deshalb genutzt werden, weil dem Kunden die tatsächlichen Fähigkeiten für eine eigene

---

Rn. 145; *ders.* in anderem Kontext in: Kölner Komm WpHG², § 31 Rn. 162; *Schnauder*, jurisPR-BKR 1/2012 Anm. 1.

727 Als Beispiel kann an einen Effektenverkauf aus dem eigenen Bestand – ohne Emissionsbegleitung durch die Bank oder besondere Rabatte etc. – an einen Kunden gedacht werden.

728 Vgl. *Thieme*, Wertpapierdienstleistungen, S. 91. Legt man wie *Hopt*, Kapitalanlegerschutz im Recht der Banken, S. 119 ff., zugrunde, dass das Effektengeschäft im Kleinkundenbereich bislang eher ein „Zuschussbereich" war, sind solche Zusatzvergütungen sogar als maßgeblicher Grund für *churning* anzusehen, da die häufige Depotumschichtung allein aus Kostengründen für den Intermediär sonst wenig interessant wäre.

729 Vgl. *Fuchs*, in: Fuchs, Komm WpHG, § 31 Rn. 80, der dies unter „besonderem Vertriebsinteresse" aufgrund „besonderer eigener Provisions- oder Geschäftsinteresse[n]" behandelt. Es ist aber auch denkbar, dass der Anreiz für *churning* gesteigert wird, ohne dass zusätzlich konkrete Produkte bevorzugt werden, vgl. *Assmann*, ÖBA 2007, 40, 53.

730 Vgl. Text bei und Nachweise in Kapitel 3 Fn. 38.

731 Vgl. *Assmann*, ÖBA 2007, 40, 49.

732 Vgl. *Kohler*, Der Beitrag der Behavioral-Finance-Theorie zur Erklärung von Finanzanomalien, S. 25; *Oehler/Kohlert*, 32 J. Consum. Policy (2009), 91, 96; *Thieme*, Wertpapierdienstleistungen, S. 75 m.w.N. Zu den „persönlichen Defiziten" der Anleger, die etwaige Gefahren verstärken können, supra § 3 D. IV. 2. und 3. Vgl. auch *Klöhn*, Kapitalmarkt, Spekulation und Behavioral Finance, S. 178 ff.

733 Vgl. *Richter/Furubotn*, Neue Institutionenökonomik⁴, S. 100; vgl. auch *Besold*, Aufklärungspflichten, S. 38, der allgemein auf die „Undenkbarkeit einer Marktwirtschaft" ohne Informationsvorsprünge hinweist. Vgl. ferner *Tiffe*, Struktur der Informationspflichten, S. 89.

Beurteilung fehlen oder weil er die erforderliche Zeit und Mühe nicht auf sich nehmen will. In beiden Varianten befindet sich der Kunde im Informationsrückstand zum Berater. Wollte er dies verhindern, wäre er – würde er den dafür erforderlichen Aufwand selbst bewältigen (können) – theoretisch bereits ohne Beratung in der Lage, eine informierte Entscheidung zu treffen. Ihn in diesen Zustand zu versetzen, ist aber Sinn und Zweck der Beratungsleistung. Informationsasymmetrien sind Beratungskonstellationen bereits deshalb immanent. Ferner wäre es für einen Anleger aber tatsächlich kaum möglich, sich alle notwendigen Informationen selbst zu beschaffen.[734] Maßgebliche Faktoren wie Renditen, Laufzeit, Verlustrisiken, Ratings und steuerliche Auswirkungen, um nur einige zu nennen, sind für den Anleger im Einzelnen schwer, in ihrer Gesamtheit kaum zu durchblicken. Dies gilt umso mehr, als er sich für eine umfassende Beurteilung ein Bild über den *Gesamtmarkt*, einschließlich seiner ökonomischen und funktionellen Mechanismen machen müsste.[735] Das ist für den einzelnen Anleger nicht zu leisten, stellt es doch bereits die professionellen Intermediäre vor große Herausforderungen.[736] Daraus ergibt sich für die Kunden der Intermediäre ein Kontrollproblem,[737] was sich auch darauf zurückführen lässt, dass es die Informationsbündelung als solche ist, die Finanzintermediäre ihre Aufgaben im Finanzmarkt erfüllen lässt.[738] Diese wiederum kann das *principal-agent*-Verhältnis[739] zwischen Berater und Anleger stören, da die gesteigerte Gefahr einer Ausnutzung von Informationsvorteilen dem Kunden gegebenenfalls nicht bewusst ist.[740]

Die beschriebene Situation ist anfällig für ein Phänomen, das als sog. *adverse selection* bezeichnet wird,[741] wonach aufgrund der Schwierigkeiten, gute Qualität als solche zu erkennen, ein sinkendes Durchschnittsniveau die Folge sein kann.[742]

---

734 Vgl. *Gemberg Wiesike*, Wohlverhaltensregeln, S. 29f. („strukturelle Informationsasymmetrie" aufgrund „Komplexität der Produkte"). Begründet man die Informationsungleichgewichte allgemein damit, dass der (Privat-)Anleger ohnehin die strukturell unterlegene „schwächere" Partei sei (*Märker*, NJOZ 2010, 524, 526), zeigen sich erneut die Berührungspunkte von Anleger- und Verbraucherschutz. Mit „strukturellen Schwächen" wird Verbraucherschutz begründet. Wie dieser dann konkret ausgestaltet ist, hängt vom Verbraucherleitbild ab. Im vorliegenden Kontext gilt das „Informationsmodell", das rationale Anleger und Verbraucher voraussetzt, dazu supra § 3 D. II. 3. und IV. 1. Vgl. auch *Brandt*, Aufklärungs- und Beratungspflichten, S. 30ff.

735 *Brandt*, Aufklärungs- und Beratungspflichten, S. 48f., dort zwar zu Privatanlegern, die Überlegungen lassen sich aber verallgemeinern. Anders mag dies ausnahmsweise bei professionellen Anlegern sein, die selbst ihren beruflichen Schwerpunkt im Finanzmarkt haben.

736 Vgl. *Fleischer*, Gutachten F, S. F5, F44.

737 *Assmann*, ÖBA 2007, 40, 49, auch zur Frage, ob dies mit Publizität zu bewältigen sei; vgl. ferner *Moloney*, How to Protect Investors, S. 193.

738 Vgl. *Gemberg Wiesike*, Wohlverhaltenspflichten, S. 22 und ferner supra § 3 B. II. 1.

739 Vgl. zur Prinzipal-Agent-Theorie der Neuen Institutionenökonomik *Fleischer*, Informationsasymmetrie im Vertragsrecht, S. 138ff.; vgl. zur Anlageberatung *Bracht*, in: Schwintowski, Bankrecht[4], § 18 Rn. 3.

740 Vgl. *Gemberg Wiesike*, Wohlverhaltenspflichten, S. 42.

741 Zu weiteren Anwendungsfällen von Märkten mit adverser Selektion *Richter/Furubotn*, Neue Institutionenökonomik[4], S. 301 f.

742 Grundlegend bereits *Akerlof*, 84 QJE (1970), 488ff.; vgl. *Brandt*, Beratungs- und Aufklä-

Insbesondere wenn man anerkennt, dass jedes Anlageprodukt, mit dem sich eine Rendite erwirtschaften lässt, immer mit einem Risiko behaftet ist,[743] kann auch anhand der späteren Entwicklung empfohlener und daraufhin erworbener Produkte nur schwer eine Beurteilung der Intermediationsleistung erfolgen.[744] Wenn schon das empfohlene Finanzinstrument nur schwer ex post hinsichtlich seiner Qualität zu beurteilen ist, kann man die Beratungsqualität jedenfalls nicht daran festmachen, wie sich das empfohlene Produkt entwickelt hat.[745] Die Gefahr von Rückschaufehlern[746] ist hier besonders groß.

3. Bewertung der Risiken bei der beratungsbasierten Finanzintermediation

Während die Finanzintermediation Folge und Lösung verschiedener Finanzmarktrisiken darstellt, können durch sie eigenständige „Gefährdungssituationen" entstehen.[747] Für diese Untersuchung sind Interessenkonflikte von besonderer Relevanz, die mit Informationsrisiken und Informationsasymmetrien zusammenhängen. Zunächst besteht ein „natürliches" originäres Eigeninteresse der Intermediäre an einer möglichst hohen Vergütung.[748] Werden vertriebsabhängige Vergütungskomponenten von Dritten beigesteuert, wird das originäre Eigeninteresse des Beraters mit der Berücksichtigung von Drittinteressen verbunden.[749] Im *principal-agent*-Verhältnis zum Beratungskunden kann dies Störungen hervorrufen, insbesondere wenn man berücksichtigt, dass dem Berater regelmäßig durch ihm entgegengebrachtes Vertrauen „Einflussmacht" über seine Empfehlungen und Beratungen eingeräumt wird.[750] Allerdings ist es nichts Besonderes, dass die Intermediäre mit ihren Dienstleistungen einen Gewinn erwirtschaften wollen.[751] Dies ist allen Vertragsverhältnissen immanent und insofern kein besonderer Interessenkonflikt aufgrund der Intermediation.[752] Dieser Befund muss dann auch bei der Diskussion um Aufklä-

---

rungspflichten, S. 52 f. m.w.N.; *Gemberg Wiesike*, Wohlverhaltenspflichten, S. 29; *Schäfer/Ott*, Ökonomische Analyse^5, S. 370 ff.; *Thieme*, Wertpapierdienstleistungen, S. 78 m.w.N.

743 Vgl. nur *Witte/Mehrbrey*, ZIP 2009, 744, 746.

744 Dies hängt damit zusammen, das Finanzprodukte als Vertrauensgüter eingeordnet werden, vgl. dazu auch infra § 8 A. II. 2. und *Gemberg Wiesike*, Wohlverhaltensregeln, S. 30 ff.; *Schäfer/Ott*, Ökonomische Analyse^5, S. 542.

745 Vgl. auch *Klöhn*, Kapitalmarkt, Spekulation und *Behavioral Finance*, S. 180 („[...] äußerst schwer [...] zwischen Können und Glück zu unterscheiden").

746 Dazu bereits supra § 3 D. IV. 3. d).

747 Vgl. *Sethe*, Anlegerschutz im Recht der Vermögensverwaltung, S. 124.

748 Vgl. *Moloney*, How to Protect Investors, S. 195 („intermediation must be paid for").

749 Vgl. zur Verknüpfung auch *Schnauder*, jurisPR-BKR 1/2012 Anm. 1.

750 *Grundmann*, in: Ebenroth/Boujong/Joost/Strohn, Komm HGB^2, § 31 WpHG Rn. VI 208; vgl. auch *Benedict*, AcP 204 (2004), 697, 700.

751 Vgl. *Fuchs*, in: Fuchs, Komm WpHG, § 31 Rn. 84.

752 Vgl. *Möllers*, in: Kölner Komm WpHG^2, § 31 WpHG Rn. 162 (so auch die Vorauflage), der entgegen der Behauptung von *Rothenhöfer*, in: Schwark/Zimmer, KMRK^4, § 31 WpHG Rn. 79 Fn. 9, nicht leugnet, dass ein Interessenkonflikt vorliegt, sondern auf die Tatsache hinweist, dass dieser bei jeder entgeltlichen Geschäftsbesorgung gegeben sei. Ebenso *Fuchs*, in: Fuchs, Komm

rungspflichten berücksichtigt werden: Allein dass der Intermediär eine möglichst hohe Vergütung – gegebenenfalls von Dritten – anstrebt, entspricht dem in einer Marktwirtschaft grundsätzlich unproblematischen Normalfall.[753] Auch die aufgezeigten Besonderheiten der Finanzintermediation durch Beratung entbinden nicht davon, eine stimmige Grundlage anzuführen, auf deren Basis Aufklärungspflichten über drittinteressenbedingte oder sogar „alleinstehende" Eigeninteressen statuiert werden können.[754]

F. Fazit

Anlageberatung ist ein Ausschnitt der zur Erhaltung der Funktionsfähigkeit der Finanzmärkte erforderlichen Finanzintermediation.[755] Der Umfang und die Komplexität der Materie dürften die meisten Anleger überfordern. Finanzintermediäre erbringen durch Beratung und Vermittlung deshalb eine Informationstransformationsleistung, in dem sie die Individualpublizität für ihre Kunden sicherstellen. Diese Funktion erscheint daher zwingend notwendig, es darf jedoch nicht in Vergessenheit geraten, dass dies ebenso für andere Intermediationsleistungen gilt. Insofern ist es systembedingt, dass Intermediäre in verschiedenen Konstellationen am Markt auftreten. Wie auch sonst im Wirtschaftsverkehr gilt, dass in Anspruch genommene Leistungen grundsätzlich jeweils vergütet werden müssen. Informationsintermediation ist unverzichtbar, weshalb in gewissem Umfang eine Regulierung durchaus zu rechtfertigen ist, um Systemstabilität zu gewährleisten.[756] Die Annahme, dass sie nichts kosten dürfe, ist damit aber nicht verbunden.

Durch Informationstransformation selbst entstehende Risiken werden im Kontext der untersuchten Problematik über das Informationsmodell adressiert, das einen aufklärungsfähigen Kunden voraussetzt.

Anlageberatungen stellen heute Alltagsgeschäfte dar.[757] Bei der Ausgestaltung der damit zusammenhängenden Pflichten muss die Rolle der Anlageberater als Intermediäre insoweit bedacht werden, dass deren Dienste für einen effizienten Finanzmarkt erforderlich sind und eine Überregulierung (gegebenenfalls auch durch die Gerichte) negative Effekte nach sich ziehen könnte. Im Ergebnis wäre weniger

---

WpHG, § 31 Rn. 84; i.E. auch *Lang*, Informationspflichten, S. 166, der freilich aufgrund dieser Begründung bereits den Interessenkonflikt verneint; vgl. auch *Hopt*, ZGR 2004, 1, 29.

[753] Besonders klar *Lenenbach*, Kapitalmarktrecht², Rn. 5.287 („Daher bestehen [...] keine Bedenken gegen den Versuch [...] ein hohes Entgelt [...] zu verlangen."). Vgl. auch *Möllers*, in: Kölner Komm WpHG, § 31 WpHG Rn. 100.

[754] Dazu ausführlich infra Kapitel 2 und 3.

[755] Vgl. *Stahl*, *Information Overload* am Kapitalmarkt, S. 80 f.; allgemein *Fischer/Rudolph*, in: Obst/Hintner, Geld- Bank- und Börsenwesen⁴⁰, S. 371 ff., zu Finanzintermediären als „Hauptakteuren eines Finanzsystems".

[756] Vgl. *Grundmann*, WM 2012, 1745, 1750; *Hopt*, Kapitalanlegerschutz im Recht der Banken, S. 523 f., der bereits in den 1970'er Jahren von einer „Verrechtlichung" der tatsächlich übernommenen Mittlerfunktion der Intermediäre sprach.

[757] Vgl. nur *Buck-Heeb*, ZHR 176 (2012), 66, 67 und Kapitel 2 Fn. 839.

Anlegerschutz zu befürchten, wenn das Beratungsgeschäft nicht mehr profitabel betrieben werden könnte und sich Anbieter daher aus dem Geschäft zurückzögen,[758] was wiederum erhöhten Regulierungsbedarf auslösen würde. So würde sich eine freiheitsbeschränkende Interventionsspirale entwickeln, die unbedingt zu vermeiden ist.[759] Im Ausgangspunkt ist daher zu akzeptieren, dass eigene Vergütungsinteressen in der Finanzintermediation (durch Beratung) verfolgt werden. Soweit dies – ausnahmsweise – rechtlich abweichend beurteilt wird, ist dafür eine besondere Grundlage erforderlich.[760] Ob bei deren Anwendung entscheidend sein sollte, wie sich Eigeninteressen konkret äußern, ist später zu beleuchten.[761]

§ 4 Zusammenfassung der wesentlichen Ergebnisse aus Kapitel 1

Der Schwerpunkt dieser Untersuchung liegt im kapitalmarktrechtlichen Bereich, was dem besonderen Fokus auf die dort angesiedelte Rechtsprechung geschuldet ist. Die Problematik an sich ist indes als finanzmarktrechtlich einzuordnen, was über weite Definitionen der Begriffe Anleger bzw. Kunde und Anlage berücksichtigt wird. Auch im Übrigen war eine Klarstellung sonstiger diverser Begrifflichkeiten erforderlich, da sie teils synonym, teils mit unterschiedlicher Bedeutung verwendet werden.

Der Untersuchungsgegenstand dieser Arbeit ist ein Teilbereich der Finanzintermediation, die zur Erfüllung allgemeiner und spezieller Transformationsleistungen auf dem Finanzmarkt erforderlich ist. Ein funktionsfähiger Finanzmarkt ist für hoch entwickelte Volkswirtschaften unverzichtbar und Finanzintermediäre tragen zur Finanzmarkteffizienz bei. Ein Ausschnitt der Intermediationstätigkeiten ist die Informationstransformation. Gerade Banken sind dafür besonders geeignet, zumal sogar ihre Existenz (auch) mit ihren Fähigkeiten zur Überwindung von Informationsproblemen erklärt wird.[762]

Vorliegend steht die Informationstransformation bei Vermittlungstätigkeiten im Vordergrund, zu der die Anlageberatung gehört. Letztere ist aus Kundensicht regelmäßig erforderlich, für die Anbieter aber mit Kosten verbunden. Dass Finanzinter-

---

758 Vgl. auch *Thieme*, Wertpapierdienstleistungen, S. 106; ferner *Buck-Heeb*, WM 2014, 385, 396 („Die Anleger werden nicht geschützt, sondern um ‚die Beratung gebracht'.").

759 Vgl. das Beispiel bei *v. Mises*, Kritik des Interventionismus, S. 9 ff.; vgl. ferner *ders.*, Human Action, S. 764 und 858.

760 Aus dem Informationstransformationsbedürfnis allein kann eine Abkehr vom „zivilrechtlichen Verständnis der Privatautonomie" jedenfalls nicht gefolgert werden, da – von zusätzlich zu beachtenden regulatorischen Vorgaben abgesehen – auch die Finanzintermediäre auf zivilrechtlicher Basis mit ihren Kunden in Kontakt treten. A.A. möglicherweise *Thieme*, Wertpapierdienstleistungen, S. 79.

761 S. infra § 10 C. und § 11 B.

762 Vgl. auch *Brandt*, Aufklärungs- und Beratungspflichten, S. 73 (Kreditinstitute seien für „Informationsaufgabe prädestiniert").

mediäre als Marktteilnehmer diese Kosten nicht nur decken, sondern zusätzlich einen Gewinn erwirtschaften wollen, ist in einer Marktwirtschaft selbstverständlich. Ihre monetären Interessen realisieren Anlageberater über (Dritt-)Provisionen, Honorare und Margen, wobei im Regelfall die Beratung selbst für den Kunden unentgeltlich ist und die angesprochenen Positionen erst über Folgegeschäfte vereinnahmt werden.[763] Hingegen ist es kein Geschäftsmodell der Branche, Kunden zum Abschluss manipulierter Wetten zu bewegen, um damit Erträge zu erzielen. Vielmehr ermöglichen insbesondere Banken als Geschäftspartner ihren Kunden Marktzugang. Es ist deshalb in der mitunter vorzufindenden Pauschalität nicht zutreffend, wenn postuliert wird, dass die Bank „eine Rolle [einnehme], die den Interessen des Kunden entgegengesetzt ist".[764] Eine ganz andere Frage ist freilich, ob konkret empfohlene Finanzprodukte den Anforderungen an eine anleger- und objektgerechte Beratung genügen.[765]

Banken und „freie Finanzdienstleister" unterscheiden sich maßgeblich dadurch, dass letztere nicht in vergleichbarer Weise als Geschäftspartner für die Abwicklung von Anlageempfehlungen zur Verfügung stehen wie Banken. Im Übrigen sind ihre (Beratungs-)Tätigkeiten weitgehend vergleichbar, was gleichfalls hinsichtlich der Vergütungsinteressen gilt. Ebenso können sie diversen Bindungen unterliegen.

Der Anlegerkreis der untersuchten Konstellationen ist äußerst disparat, wobei Privat- bzw. Kleinanleger den höchsten Schutz genießen. Das Anlegerschutzmodell über Information (Aufklärungspflichten) ist aber nur operabel, wenn selbst auf dem höchsten Schutzniveau davon ausgegangen wird, dass die Anleger bzw. Kunden jedenfalls in der Lage sind, mitgeteilte Informationen zu erfassen, zu bewerten und rational auf deren Grundlage zu handeln („Aufklärungsfähigkeit"). Deshalb können unter dem Regime des Informationsmodells neuere Erkenntnisse aus *behavioral finance* und Verhaltensforschung *de lege lata* nicht berücksichtigt werden, wenn damit zugleich als notwendig anzunehmende Bedingungen des Schutzkonzepts außer Kraft gesetzt würden. Die Grenzen des Schutzmodells, das der Gesetzgeber vorgegeben hat, binden insoweit auch die Rechtsprechung.[766]

Anleger sehen sich beim Abschluss von Finanzgeschäften mit diversen Risiken konfrontiert, die teilweise durch Finanzintermediation vermindert werden können. Indes ist das Verhältnis zum (beratenden) Intermediär ebenfalls potentiell interessenkonfliktbehaftet, zumal Intermediäre mitunter Drittinteressen verpflichtet sein können. Informationsasymmetrien verstärken solche Gefahren. Aber auch eigene Vergütungsinteressen der Intermediäre werden als teilweise problematisch angesehen. Diese können auf mannigfaltige Weise auftreten. Inwiefern deren Erscheinungsformen nach der gegenwärtigen Rechtsprechung hinsichtlich etwaiger Aufklärungspflichten relevant sein sollen, ist in Kapitel 2 näher auszuführen.

---

763 Vgl. dazu ausführlich infra § 5 B. VII. 2. b).
764 BGH (Swap-Urteil) BGHZ 189, 13 = NJW 2011, 1949, Rn. 34.
765 Zu diesen Kriterien infra § 6 A. I. 4. a) bb).
766 Vgl. auch *Herresthal*, ZIP 2013, 1049, 1050 f.

2. Kapitel

Entwicklung zum gegenwärtigen Stand der Rechtsprechung und dessen Legitimationsgrundlage

Finanzintermediation durch Anlageberatung ist Alltagsgeschäft.[1] Die Diskussion um Aufklärungspflichten über monetäre Eigeninteressen ist ein Ausschnitt des Fragenkomplexes, was ein Kunde von „seinem" Intermediär erwarten darf. Dieses Kapitel beschreibt den status quo. Allerdings sind die Rechtsentwicklung und die Diskussion weiterhin im Fluss.

§ 5 widmet sich ausführlich dem Pflichtenkanon bezüglich vergütungsbezogener Aufklärungspflichten nach der Rechtsprechung. Die Entwicklung wurde durch eine bemerkenswerte Zahl höchstrichterlicher Urteile vorangetrieben, in denen teilweise konkret auf Stellungnahmen aus der Literatur eingegangen wurde. Auch wenn die Fallkonstellationen im Grunde ähnlich waren, unterscheiden sich die Ausführungen des BGH mitunter erheblich, was sich insbesondere hinsichtlich des Telos einer vergütungsbezogenen Aufklärungspflicht zeigen wird. Im Ergebnis lässt sich die darauf bezogene gegenwärtige Rechtsprechung nicht wertungskonsistent systematisieren.

Auch soweit die jüngste „Begründungsschiene" (konkret des XI. Zivilsenats) dabei letztlich auf Postulate wie ein „kapitalanlagerechtliches Transparenzgebot bezüglich Zuwendungen" zurückgreift,[2] entbindet das weiterhin nicht davon, die teleologischen Grundlagen der vergütungsbezogenen Rechtsprechung herauszuarbeiten. Die Reichweite des neu entdeckten Grundsatzes bleibt zumindest jenseits der konkret entschiedenen Sachfrage unklar und führt damit noch nicht zu einem stimmigen Gesamtkonzept. Dieses ist nur auf der Basis klarer Zielvorstellungen innerhalb der dogmatischen Grenzen des Gesetzes zu erzielen.

§ 6 untersucht die von der Rechtsprechung maßgeblich als Rechtsgrundlage herangezogenen Beratungs- und Auskunftsverträge unter dem Gesichtspunkt, ob sie in den besprochenen Konstellationen geeignet sind, Aufklärungspflichten im festgestellten Umfang dogmatisch stimmig zu begründen.

Abschließend werden die Ergebnisse dieses Kapitels in § 7 zusammengefasst.

---

[1] Vgl. *Buck-Heeb*, ZHR 176 (2012), 66, 67 m.w.N.

[2] BGH (Innenprovisionen-V) BGHZ 201, 310 = BeckRS 2014, 14029, dazu § 5 XL.

§ 5 Aufklärungspflichten über monetäre Eigeninteressen anlageberatender Finanzintermediäre nach Konzeption der Rechtsprechung

Monetäre Eigeninteressen können auf unterschiedliche Weise realisiert werden. Unter dem Aspekt unzureichender Erkennbarkeit („versteckte Positionen") sind solche Eigeninteressen nicht relevant, die unmittelbar vom Kunden befriedigt werden. Hier interessieren daher primär (Dritt-)Provisionen. Ferner sind etwaige Margen ebenfalls nicht vollumfänglich für Kunden ersichtlich. Ein großer Teil der sich mit Provisionen beschäftigenden Rechtsprechung hat unter der Bezeichnung „Kick-Back-Rechtsprechung"[3] Eingang in den rechtswissenschaftlichen Diskurs gefunden. Bezüglich Margen entwickelte sich die Rechtsprechung an Fällen zu Schuldverschreibungen der Bank *Lehman Brothers* und zu Swapgeschäften. Das Bankprivatrecht präsentiert sich insoweit als *„case law"*.[4] Eine Zusammenfassung verschiedener Urteilsstränge bedürfte notwendigerweise einer zumindest gedanklichen Systematisierung (z.B. über teleologische Grundlagen oder begriffliche Abgrenzungen), die hinsichtlich der vorliegend untersuchten Rechtsprechung indes nicht stimmig möglich wäre, was noch zu zeigen ist (B.).[5] Aus diesem Grund und weil sich die Rechtsprechung beständig im Wandel befindet, kommt die nachfolgende Analyse von Ursprung, Telos und Konsequenz der gegenwärtigen Rechtsprechung nicht umhin, die relevanten Urteile zumindest vereinfacht und verkürzt darzustellen (A.). Die Sachverhaltsschilderung vermeidet zugleich Missverständnisse, die aufgrund in der Diskussion gegenwärtig vorhandenen Unklarheiten hinsichtlich der verwendeten Begrifflichkeiten entstehen könnten. Zusätzlich zeigt allein die Zahl der Urteile – neben der Relevanz der Fragestellung für eine Vielzahl von Anlegern –, dass eine befriedigende rechtliche Einordnung noch immer nicht erreicht wurde. Auch um das zu vergegenwärtigen, ist die folgende Darstellung weitgehend auf Vollständigkeit hin angelegt. Die dazu gewählte chronologische Reihenfolge ermöglicht die „Wechselwirkungen" zwischen Urteilen und darauf „reagierender Literatur" bestmöglich nachzuvollziehen. Im Übrigen ergänzen einordnende Bemerkungen die kurzen Urteilszusammenfassungen, um die spätere Diskussion vorzustrukturieren.[6]

[3] Vgl. etwa *Edelmann*, BB 2010, 1163; *Spindler*, in: Langenbucher/Bliesener/Spindler, BankR-Komm., 33. Kap. Rn. 172.

[4] So bereits *Berger*, in: FS Schimansky, S. 3, 4. Vgl. auch *Schelling*, Vergütungssysteme und Interessenkonflikte, S. 59. Insbesondere BGH (Innenprovisionen-V) BGHZ 201, 310 = BeckRS 2014, 14029, Rn. 31 ff. ist von einer Rechtssetzung durch Gerichte nach angelsächsischer Prägung nicht mehr weit entfernt.

[5] Dieser Befund stützt sich auf eine intensive Auswertung der relevanten Rechtsprechung; zur „Zählung" und Zitierung der maßgeblich relevanten Urteile bzw. Urteilsfolgen Kapitel 1 Fn. 62.

[6] Hingewiesen sei hier darauf, dass im untersuchten Zeitraum diverse spezialgesetzliche Regelungen im Kontext der behandelten Fragestellung erfolgten. Zu nennen sind die Einführung von § 8f VerkProspG a.F. i.V.m. § 4 Satz 1 Nr. 12 VermVerkProspV, der eine Prospektpflicht mit Kostenaufdeckung für geschlossene Fonds zum 1.7.2005 einführte (vgl. *Maas/Jäger*, BKR 2010, 316 f.)

A. Aufklärung über monetäre Eigeninteressen in der Rechtsprechung des BGH

I. BGH, Urt. v. 19.12.2000, Az.: XI ZR 349/99 (Kick-Back-I[7])

1. Sachverhalt

Der Kläger eröffnete bei der beklagten Bank ein Wertpapierdepot, sowie Giro- und Termingeldkonten. Mit einer (dritten) Gesellschaft schloss er einen Vermögensverwaltungsvertrag. Zwischen der Vermögensverwalterin und der Bank bestand eine Vereinbarung, dass die Bank der Vermögensverwalterin 33,3 % der Effektenprovisionen aus von der Vermögensverwalterin veranlassten Wertpapiergeschäften sowie die Depotgebühren vergüten würde. Darüber wurde der Kläger weder von seiner Bank noch seiner Vermögensverwalterin aufgeklärt. Der Kläger begehrte deshalb Schadensersatz von seiner Bank.

2. Entscheidung

Die ersten beiden Instanzen hatten die Klage des Klägers überwiegend abgewiesen. Seine Revision war erfolgreich. Da die Beklagte den Kläger pflichtwidrig nicht auf die Provisions- und Gebührenbeteiligung hingewiesen habe, sei sie wegen Verschuldens bei Vertragsverhandlungen (c.i.c.) schadensersatzpflichtig.

Dabei führt das Gericht als Schutzzweck der Aufklärungspflicht an, dass die Beklagte für den Vermögensverwalter einen Anreiz geschaffen habe, nicht allein das Kundeninteresse, sondern auch sein eigenes Provisionsinteresse zu berücksichtigen. Auf eine solche von der Bank geschaffene *Gefährdungslage* sei der Kunde noch vor Vertragsschluss hinzuweisen.[8] Der Schadensersatzanspruch sei nicht aus Schutzzweckgesichtspunkten auf die weitergeleiteten Entgeltanteile beschränkt, wie noch das Berufungsgericht angenommen hatte. Die Aufklärungspflicht solle den Kunden nicht nur vor Spesenreiterei[9] schützen, sondern ihm auch die Beurtei-

---

und die Umsetzung der MiFID in §§ 31 ff. WpHG, insbesondere § 31d WpHG mit Gesetz vom 16.7.2007 (FRUG) (vgl. *Koch*, in: Schwark/Zimmer, KMRK[4], § 31d WpHG Rn. 4). Als jüngere Regelung ist das Vermögensanlagengesetz hinzugetreten, das u.a. im Ergebnis den sachlichen Anwendungsbereich des § 31d WpHG erweitert (vgl. *Hanten/Reinholz*, ZBB 2012, 36, 41). Ferner wurde im Verordnungsweg für nicht dem WpHG unterfallende gewerbliche Vermittler eine vergleichbare Regelung eingeführt (§ 34g Abs. 1 Nr. 1 GewO i.V.m. § 17 FinVermV). Schließlich wurde das Honoraranlageberatungsgesetz beschlossen (BGBl. I 2013/38, S. 2390) und das Kapitalanlagegesetzbuch (KAGB) wurde mit dem Gesetz zur Umsetzung der Richtlinie 2011/61/EU über die Verwalter alternativer Investmentfonds (AIFM-Umsetzungsgesetz), BGBl. I 2013/35, S. 1981, geschaffen. Die derzeitige Rechtsprechung spricht dem Aufsichtsrecht für die untersuchte Fragestellung indes weitgehend eine über den zivilrechtlich bereits statuierten Pflichtenkreis hinausreichende Relevanz ab, wenngleich BGH (Innenprovisionen-V) BGHZ 201, 310 = BeckRS 2014, 14029, Rn. 31 ff. „aufsichtsrechtlich inspiriert" zivilrechtliche Pflichten schuf, dazu § 5 A. XL.; vgl. zum relevanten Aufsichtsrecht § 11 B.

[7] Zur Urteils-Bezeichnung s. Fn. 12.

[8] BGH (Kick-Back-I) BGHZ 146, 235 = NJW 2001, 962, 963.

[9] Dazu bereits supra § 3 E. II. 2. b) bb) (2).

lung der Vertrauenswürdigkeit seiner Geschäftspartner ermöglichen.[10] Die Beteiligungsvereinbarung sei eine „schwer wiegende *Treuwidrigkeit*" [Hervorh. durch Verf.] der Vermögensverwalterin und es könne offen bleiben, wie die *Vertrauenswürdigkeit* der Bank aufgrund besagter Vereinbarung zu beurteilen sei. Die Aufklärungspflicht der Bank solle ihrem Kunden ebenfalls eine sachgerechte Entscheidung über die Inanspruchnahme der Vermögensverwalterin ermöglichen.[11]

3. Einordnung

Für die Frage, ob Finanzintermediäre ihre eigenen monetären Eigeninteressen offenlegen müssen, scheint das Urteil zunächst nicht zu passen. Es liegt nämlich eine Konstellation vor, in der die *Bank nicht Vergütungsempfängerin* war, sondern diese leistete.[12] Allerdings stützte sich der BGH in seiner späteren Rechtsprechung maßgeblich auch auf dieses Urteil.[13] Ausschlaggebend für die Aufklärungspflicht war die Treuwidrigkeit *der Vermögensverwalterin*, sich auf die Vereinbarung überhaupt einzulassen, da bereits dies das Vertrauen in sie untergrabe. Der Abrede zwischen Bank und Vermögensverwalterin könnte man, da sie hinter dem Rücken des gemeinsamen Kunden erfolgte, eine „Schmiergeldähnlichkeit"[14] attestieren. Nur eine Folge der auf dieser Vereinbarung beruhenden entfallenden Vertrauensgrundlage ist die erhöhte Gefahr der Spesenreiterei, die sich im Fall aber offenbar nicht realisiert hatte.[15]

In Drei-Personen-Konstellationen hat nach der Ratio des Urteils ein Geschäftspartner des Kunden jedenfalls dann die Pflicht über heimlich *gezahlte* Vergütungen aufzuklären, wenn der Empfänger sich damit gegenüber dem Kunden eine schwere Treuwidrigkeit zuschulden kommen lässt und der Vergütende daran teilnimmt. Dies könne den Gesamterfolg der Anlage gefährden.[16]

---

[10] BGH (Kick-Back-I) BGHZ 146, 235 = NJW 2001, 962, 963.

[11] Dass auch die Vermögensverwalterin zur Aufklärung verpflichtet war, stand im Übrigen außer Zweifel, auch wenn dies nicht Gegenstand der Entscheidung war, vgl. *Balzer*, ZIP 2001, 232, 233; *Sethe*, in: FS Nobbe, S. 769, 778.

[12] Vor diesem Hintergrund ist es eher unglücklich, dass das Urteil häufig (und auch hier) als „Kick-Back-I" bezeichnet wird. In den sonstigen Urteilen der Kick-Back-Rechtsprechung geht es nämlich um Situationen, in denen die Bank Vergütungen von dritter Seite *erhält*. Allerdings ist diese Benennung mittlerweile recht gefestigt.

[13] In Kick-Back-II (infra § 5 A. VI.) wird ausdrücklich davon gesprochen, dass „[d]iese Rechtsprechung [aus Kick-Back-I, der Verf.] [...] auch auf den vorliegenden Fall zu übertragen [ist]", BGH (Kick-Back-II) BGHZ 170, 226 = NJW 2007, 1876, Rn. 23; vgl. auch *Veil*, WM 2009, 2193, 2196 („Ausgangspunkt der höchstrichterlich entwickelten Grundsätze zur Aufklärung über Rückvergütungen").

[14] Dieser Gesichtspunkt wird zum Teil als maßgeblich für Aufklärungspflichten über Rückvergütungen angesehen, dazu ausführlich infra § 5 B. I. 1. c) cc).

[15] So das OLG Köln als Berufungsgericht, vgl. BGH (Kick-Back-I) BGHZ 146, 235 = NJW 2001, 962, 963.

[16] BGH (Kick-Back-I) BGHZ 146, 235 = NJW 2001, 962, 963.

II. BGH, Urt. v. 14.3.2003, Az.: V ZR 308/02

1. Sachverhalt

Der Fall betraf Maklerprovisionen beim Verkauf einer Immobilie. Die Eigentümerin einer Eigentumswohnung beauftragte einen Dritten mit dem Verkauf derselben. Zum Kauf wurde die Klägerin im Rahmen eines Beratungsgesprächs geworben. Vom Kaufpreis flossen Vergütungen (ca. 35 %) an einen beteiligten Vermittler. Der Rest wurde an die Verkäuferin ausbezahlt. Die Klägerin verlangte Schadensersatz von der Verkäuferin, weil sie falsch beraten worden sei.

2. Entscheidung

Das Berufungsgericht hatte der Klage wegen Aufklärungsverschulden bei Vertragsschluss aus c.i.c. stattgegeben. Eine Pflichtverletzung habe darin gelegen, dass die Zahlung an den Vermittler als Innenprovision hätte aufgedeckt werden müssen, da sie den wahren Wert der Anlage schmälere und insofern eine Täuschung vorliege.

Der V. Zivilsenat beschäftigte sich zunächst mit den Pflichten aus dem Kaufvertrag. Innenprovisionen werden im Urteil als solche Vergütungen definiert, „die ein Anbieter einem selbständigen Unternehmer für die erfolgreiche Vermittlung eines Vertragsschlusses mit einem Endkunden zahlt".[17] Allein aus der Zahlung einer solchen Provision ließe sich eine Aufklärungspflicht aber nicht rechtfertigen. Unter Verweis auf Kick-Back-I befand der BGH, dass eine vergleichbare *Gefährdung der Interessen* der Klägerin hier nicht vorgelegen habe, da die Verkäuferin lediglich einen Dritten als Makler beauftragt und kein Vertragsverhältnis zwischen der Verkäuferin und der Klägerin bestanden habe, wonach die Verkäuferin die Interessen der Käuferin – wie etwa bei einer Anlageberatung – hätte wahrnehmen müssen. Auch aus einer etwaigen Doppeltätigkeit des Maklers könnte allenfalls eine Aufklärungspflicht des Maklers über Innenprovisionen folgen. Über allgemeine Grundsätze der *c.i.c.* ließe sich eine Aufklärungspflicht über (gezahlte) Innenprovisionen zumindest *nicht begründen*. Deren Voraussetzungen lägen nämlich nicht vor, da die Innenprovisionen nicht geeignet seien, den Vertragszweck zu vereiteln. Sofern die Innenprovision die Werthaltigkeit berührt, sei dies grundsätzlich bis zur Grenze der Sittenwidrigkeit und des Wuchers unschädlich, da ein Käufer keinen Anspruch auf einen Erwerb zum Verkehrswert habe.[18]

Anschließend stellte der Senat indes fest, dass zwischen der Verkäuferin und der Käuferin ein selbständiger Beratungsvertrag zustande gekommen sei. Dieser sei – vertretend durch den Vermittler – zustande gekommen, da „im Rahmen eingehender Vertragsverhandlungen und auf Befragen des Käufers [ein] ausdrückliche[r] Rat

[17] BGH NJW 2003, 1811.
[18] BGH NJW 2003, 1811, 1812.

erteilt" wurde.[19] Im Rahmen dieser Beratung sei schuldhaft eine fehlerhafte Beispielrechnung verwendet worden, weshalb die Revision im Ergebnis nicht durchgriff. Ob aus einem solchen Beratungsvertrag eine Aufklärung über die gezahlte Provision geschuldet war, sprach der Senat nicht an.

3. Einordnung

Erneut war darüber zu entscheiden, ob über eine *gezahlte* Provision aufzuklären war. Insbesondere soweit eine etwaige Aufklärung über Margen im Raum steht, wird auf die grundsätzliche Feststellung des BGH, dass ein Käufer keinen Anspruch auf einen Kauf zum Verkehrswert hat, zurückzukommen sein.[20] Aus allgemeinen Grundsätzen (c.i.c.) lässt sich eine Aufklärungspflicht des Verkäufers über gezahlte Innenprovisionen nach dem BGH nicht herleiten.[21]

Hinzuweisen ist darauf, dass die Definition der Innenprovision, auf die der V. Zivilsenat zurückgreift, auch Zahlungen erfassen würde, die in den Kategorien des XI. Zivilsenats als Rückvergütungen erfasst werden könnten.[22]

Der Senat geht davon aus, dass hohe Innenprovisionen zu einer Verletzung der Pflichten aus einem Beratungsvertrag führen können, wenn insoweit unzutreffende Angaben zur Rendite gemacht wurden.[23] Eine „kritische Grenze", ab wann die Auswirkungen auf die Werthaltigkeit jedenfalls offenbarungspflichtig seien, anderenfalls eine Verletzung des Beratungsvertrags vorläge, wird nicht definiert.[24]

III. BGH, Urt. v. 12.2.2004, Az.: III ZR 359/02 (Innenprovisionen-I)

1. Sachverhalt

Der Kläger beteiligte sich an zwei Immobilienfonds, die ihm im Rahmen eines prospektgestützten Anlagevertriebs vermittelt wurden. Nunmehr verlangte er unter dem Gesichtspunkt verletzter (vor-)vertraglicher Aufklärungspflichten bezüglich Provisionen Aufwendungsersatz vom Vermittler. Eine Besonderheit des Falls lag darin, dass in einem Prospekt zwar Innenprovisionen als „Kosten der Eigenkapital-

---

[19] BGH NJW 2003, 1811, 1812.

[20] Infra § 11 A. III.

[21] Missverständlich hinsichtlich einer „Beratungspflicht" allerdings BGH NJW 2003, 1811, 1813 („Mit der *Beratung* anhand der ‚Beispielrechnungen' wurde mithin eine Tätigkeit im *Pflichtenkreis* der Bekl. [...] *als Verkäuferin* wahrgenommen" [Hervorh. durch Verf.]).

[22] Das wäre möglich, wenn die Quelle, aus der die Zahlung stammt, dem Vertragspartner gegenüber offen ausgewiesen ist, dazu ausführlich infra § 5 B. III. 1. Ab dem 1.8.2014 wird sich dies aber auf die Rechtsfolgen in der Rechtsprechung des XI. Zivilsenats nicht mehr auswirken, dazu infra § 5 A. XL.

[23] BGH NJW 2003, 1811, 1812.

[24] Der III. und XI. Zivilsenat gehen von einer Grenze von 15% der Anlagesumme aus, vgl. Innenprovisionen-I (dort: 15% des beschafften Kommanditkapitals, vgl. *Loritz/Wagner*, NZG 2013, 367, 370); dazu sogleich und infra § 5 B. I. 4.

beschaffung" ausgewiesen waren, jedoch nur in Höhe von 20 % statt der tatsächlich von der Beklagten vereinnahmten 25 %. Im zweiten Prospekt waren Provisionen als solche in Höhe von 11 % ausgewiesen und es gab einen Hinweis, dass eine „weitere Vergütung (Werbungskostenzuschuss)" an den Vermittler gezahlt werden könne. Die Beklagte vereinnahmte auch hier 25 %.

2. Entscheidung

Die Vorinstanzen hatten die Klage abgewiesen. Der BGH bestätigte zunächst, dass die Übernahme des Vertriebs unter Verwendung eines Prospekts keine Verantwortlichkeit nach den Prospekthaftungsgrundsätzen im engeren Sinn begründe.[25] Eine Haftung komme aber unter dem Gesichtspunkt der Prospekthaftung im weiteren Sinn,[26] also wegen einer Pflichtverletzung bei Verschulden bei Vertragsschluss (c.i.c.) bzw. wegen einer Pflichtverletzung als Anlageberater oder -vermittler in Betracht. Es sei von einer Anlagevermittlung auszugehen, bei der zwischen Vermittler und Kläger ein Auskunftsvertrag zustande gekommen sei. Aus diesem sei der Vermittler zur Plausibilitätsprüfung der Informationen des Prospekts bezüglich ihrer sachlichen Richtigkeit und Vollständigkeit verpflichtet. Eine Pflichtverletzung lag nach Auffassung des BGH schon in den *irreführenden* und teils *unrichtigen Prospektangaben*. Dennoch beschäftigte sich der Senat allgemein mit der Aufklärungspflicht bezüglich vereinnahmter Innenprovisionen.

Innenprovisionen seien „Vergütungen, die der Veräußerer an eine von ihm beauftragte Vertriebsgesellschaft zahlt".[27] Werden Angaben dazu gemacht, müssten diese *zutreffend und nicht irreführend* sein. Im Übrigen bestehe eine Aufklärungspflicht ab einer gewissen Provisionshöhe, da durch sie die *Werthaltigkeit* und *Rentabilität der Anlage* geschmälert werde. Unter Verweis auf das besprochene Urteil des V. Zivilsenats[28] wird bestätigt, dass der Käufer – bis zur Grenze von Sittenwidrigkeit und Wucher – grundsätzlich keinen Anspruch auf einen Erwerb zum Verkehrswert habe. Dies schließe aber Schadensersatzansprüche wegen Verletzung vorvertraglicher Pflichten aufgrund falscher Angaben über die Rendite bzw. solcher aus Beratungsverträgen nicht aus, was auch im entschiedenen Fall gelte. Der Anlageinteressent habe im prospektgestützten Vertrieb einen erhöhten Aufklärungsbedarf, da der Prospekt die maßgebliche Grundlage seiner Anlageentscheidung sei und bei komplexen Vorhaben eine nähere Prüfung der Werthaltigkeit für ihn kaum möglich sei. Insoweit nähmen die Initiatoren Vertrauen in Anspruch. Daher müssten sie – im Rahmen der vertraglich geschuldeten Auskunft – über bedeutsame Umstände auf-

---

[25] BGH (Innenprovisionen-I) BGHZ 158, 110 = NJW 2004, 1732, 1733; zur Prospekthaftung im engeren Sinn vgl. *Siol*, in: Schimansky/Bunte/Lwowski, Bankrechts-Hdb.[4], § 45 Rn. 32 ff.

[26] Dazu *Siol*, in: Schimansky/Bunte/Lwowski, Bankrechts-Hdb.[4], § 45 Rn. 41 ff.

[27] BGH (Innenprovisionen-I) BGHZ 158, 110 = NJW 2004, 1732, 1734.

[28] Supra § 5 A. II.

klären, wozu die Werthaltigkeit der Anlage gehöre.[29] Jedenfalls wenn Innenprovisionen eine *Grenze von 15%* der Anlagesumme überschreiten, sei der Anleger darüber zu unterrichten, da er mit (internen) Vertriebskosten in dieser Höhe nicht zu rechnen brauche.[30]

3. Einordnung

Der III. Zivilsenat beschäftigt sich in der Entscheidung mit der Offenlegung von Innenprovisionen. Seine Definition der Innenprovision deckt sich im Wesentlichen mit der des V. Zivilsenats, was zugleich bedeutet, dass sie Zahlungen erfassen würde, die der XI. Zivilsenat potentiell als Rückvergütungen ansehen würde.[31]

Vorliegend stand die Offenlegungspflicht über *vereinnahmte* Provisionen im Raum. Maßgeblich wurde allerdings die Frage diskutiert, ob der die Vergütung *zahlende* Initiator zur Aufklärung (hier: im Prospekt) verpflichtet gewesen wäre. Dies sei nach prospektrechtlichen Erwägungen zumindest für solche Fälle zu bejahen, in denen die Höhe der Innenprovision Zweifel an der Rentabilität der Anlage aufkommen lässt. Unterbleibt die Aufklärung, ist der Prospekt fehlerhaft. Die Haftung des Anlagevermittlers für den fehlerhaften Prospekt ergibt sich daraus, dass er auskunftsvertraglich zur Darstellung der für die Anlageentscheidung bedeutsamen Umstände verpflichtet war, wozu die Werthaltigkeit gehört.

Wichtig ist hervorzuheben, dass der eigentliche Grund der Aufklärungspflicht keineswegs darin liegt, dass der Vermittler Empfänger der Vergütung ist. Die vom BGH angeführten Argumente sind davon völlig unabhängig. Die Werthaltigkeit der Investition wäre gleichermaßen betroffen, wenn (überhöhte) Innenprovisionen an einen *anderen* als den Vermittler fließen würden. Der Aspekt des Vertrauensschutzes begründet deshalb insoweit „nur" den Prospektfehler, zu dessen Richtigstellung der Vermittler im Rahmen seiner Plausibilitätsprüfung vertraglich verpflichtet war. Zwar wird die Prospekthaftung im weiteren Sinn, zu der die (vertragliche) Haftung des Anlagevermittlers gezählt werden kann, als Haftung für in Anspruch genommenes Vertrauen gesehen.[32] „Vorgeworfen" wird dem Vermittler indes nicht ein Vertrauensbruch „an sich", sondern dass er fehlerhafte Angaben im Prospekt nicht richtig stellte. Dass die vom Vermittler erzielte Provision „anrüchig" sei, wird daher im Urteil an keiner Stelle erwähnt.[33]

---

[29] BGH (Innenprovisionen-I) BGHZ 158, 110 = NJW 2004, 1732, 1734.

[30] BGH (Innenprovisionen-I) BGHZ 158, 110 = NJW 2004, 1732, 1734 f. Zum Zusammenhang der Argumentation über Umstände, mit denen ein Anleger „rechnen muss" und dem zugrunde liegenden Anleger- bzw. Kundenleitbild bereits supra § 3 D.

[31] Vgl. dazu bereits Fn. 22.

[32] *Siol*, in: Schimansky/Bunte/Lwowski, Bankrechts-Hdb.[4], § 45 Rn. 41 f.

[33] Zur möglichen Relevanz dieses Merkmals s. infra § 5 B. I. 1. c) cc).

IV. BGH, Urt. v. 1.3.2004, Az.: II ZR 88/02

1. Sachverhalt

Der Kläger beteiligte sich an einem geschlossenen Immobilienfonds. Der Vertrieb erfolgte mit einem Prospekt, in dem eine Aufstellung „Investitionsplan und Finanzierung" enthalten war. Den eigentlichen Erwerbs- und Baukosten[34] standen 25% der Gesamtsumme für andere Ausgaben gegenüber. Der Anleger verlangte Schadensersatz von dem Gründungskommanditist und Initiator, weil der Prospekt nicht darauf hingewiesen habe, welche Risiken aus den im Investitionsplan angegebenen *weichen Kosten* folgen würden.

2. Entscheidung

Der Kläger war vor dem BGH erfolgreich. Der Beklagte hafte aus Prospekthaftung im engeren Sinn. Im Prospekt müsse über alle Umstände aufgeklärt werden, die für den Anlageentschluss von wesentlicher Bedeutung seien. Der Prospekt sei auch deshalb nicht vollständig, weil die Darstellung der „*weichen Kosten*" unübersichtlich und unstrukturiert sei. Die teilweise unklare Verwendung würde die *Rentabilitätschancen* weiter *vermindern*.[35]

3. Einordnung

Der II. Zivilsenat statuierte eine prospektrechtliche Aufklärungspflicht über die sog. *weichen Kostenanteile*. Erfasst waren konkret Kosten der Eigenkapitalbeschaffung, Agio und Damnum, Pachtgarantie/-bürgschaft, Vermittlungskosten für Fremdkapital, Fremdkapitalnebenkosten und Zinsgarantien sowie Vergütungen für Komplementär- und Geschäftsführung und weitere, teils nicht näher spezifizierte Posten wie „sonstige Kosten".[36] Zwar gehören zu den genannten weichen Kosten ebenfalls Vergütungen, Honorare und Vertriebsprovisionen. Tragend war indes, dass aufgrund der unübersichtlichen Darstellung die Rentabilität der Anlage für den Anleger nicht ohne weiteres zu überprüfen war. Dies führe zu einem Prospektfehler.[37] Insofern war also nicht haftungsbegründend, dass der Beklagte eine Vergütung erhielt. Zwar wird die Prospekthaftung im engeren Sinn als typisierte Vertrauenshaftung verstanden,[38] aber der Vorwurf liegt hier nicht in einem „eigentlichen" Vertrauensbruch, sondern darin, dass die Rentabilität der Anlage nicht ausreichend

---

[34] Der Fonds war zur Investition in Seniorenresidenzen aufgelegt worden.

[35] BGH NJW 2004, 2228, 2230.

[36] BGH NJW 2004, 2228, 2229 f.

[37] In diesem Sinne dann nochmals BGH, Urt. v. 6.2.2006, Az.: II ZR 329/04, NJW 2006, 2042 (Leitsatz 1).

[38] Vgl. *Siol*, in: Schimansky/Bunte/Lwowski, Bankrechts-Hdb.[4], § 45 Rn. 32.

aus dem Prospekt ersichtlich war. Dieser Befund[39] würde in gleicher Weise ohne die enthaltenen Vergütungs- und Provisionsbestandteile bestehen bleiben.

Dass Provisionen und Vergütungen immer *im Einzelnen* strukturiert und übersichtlich dargestellt werden müssen, lässt sich dem Urteil nicht entnehmen. Allerdings scheint der II. Zivilsenat schwellenwertunabhängig eine Prospektaufklärung über werthaltigkeitsbeeinträchtigende Innenprovisionen für erforderlich zu halten.

V. BGH, Urt. v. 28.7.2005, Az.: III ZR 290/04 (Innenprovisionen-II)

1. Sachverhalt

Die Klägerin beteiligte sich an einem sog. Bauträgermodell.[40] Im Angebotsprospekt war für die der Klägerin vermittelte Studentenwohnung ein Gesamtaufwand zuzüglich 3% Vermittlungsprovision angegeben. In diesem Gesamtaufwand war eine nicht näher ausgezeichnete Innenprovision von (weiteren) 18,4% enthalten. Die Klägerin nahm die für Erwerb und anschließende Vermietung eingeschaltete Abwicklungsbevollmächtige auf Schadensersatz in Anspruch, da diese sie vor Abschluss des Kaufvertrags auf die überhöhte Innenprovision habe hinweisen müssen.

2. Entscheidung

Eine Aufklärungspflicht aus c.i.c. hatte das Berufungsgericht noch abgelehnt, da die Geschäftsbesorgerin[41] kein besonderes Vertrauen in Anspruch genommen hätte. Dem trat der Senat entgegen. Aufklärungs- und Hinweispflichten könnten nach den Regeln der c.i.c. bzw. § 311 Abs. 2 BGB allein aus dem rechtsgeschäftlichen Kontakt der Parteien entstehen, sodass der Geschäftsführer unter Heranziehung von § 677 BGB die Schutzpflichten aus dem intendierten Geschäftsbesorgungsvertrag zu erfüllen habe, solange damit nicht das gesetzliche Verbot (hier: Verstoß gegen das Rechtsberatungsgesetz) unterlaufen werde. Danach habe die Beklagte auf die versteckte Innenprovision hinweisen müssen. Es ginge nicht um eine nicht geschuldete Werthaltigkeitsprüfung, sondern um die Offenbarung von vorhandenem Wissen bei der Beklagten. Die Innenprovision habe *Einfluss auf Werthaltigkeit und Rentabilität* des Objekts. Ab einer *bestimmten Höhe* müsse der Käufer, der mit Innenprovisionen in dieser Größenordnung *nicht mehr rechne*, deshalb darauf hingewiesen werden,

---

[39] Sehr kritisch dazu *Loritz/Wagner*, NZG 2013, 367, 370.

[40] Vgl. dazu *Strohm*, in: Assmann/Schütze, Hdb. Kapitalanlagerecht³, § 121 Rn. 123 ff.

[41] Das Berufungsgericht hatte noch inhaltlich entschieden, dass ein Geschäftsbesorger nur zur Aufklärung über versteckte Innenprovisionen verpflichtet sei, wenn eine zum Zeitpunkt des Vertragsschlusses sittenwidrige Übervorteilung des Käufers durch den Verkäufer vorläge, OLG Köln, Urt. v. 13.5.2004, Az.: 8 U 90/03 (Juris), Rn. 30. Der Geschäftsbesorgungsvertrag war aber ohnehin wegen eines Verstoßes gegen das Rechtsberatungsgesetz nichtig, BGH (Innenprovisionen-II) NJW 2005, 3208, 3209.

wenn sie den *Vertragszweck gefährde* und der andere Teil insoweit einen *Wissensvorsprung* habe.[42]

Diese Voraussetzungen seien gegeben, da die Kenntnis der Beklagten von der Innenprovision vom Berufungsgericht festgestellt wurde und die Klägerin jedenfalls von der Höhe keine Kenntnis hatte. Ferner sei die „kritische Grenze" von 15% überschritten. Zwar sollte die Beklagte nur die Abwicklung vollziehen, jedoch war im Geschäftsbesorgungsvertrag sogar festgehalten, dass die Beklagte ausschließlich die Klägerinteressen wahrzunehmen habe und aufgrund dieses gesteigerten Vertrauensverhältnisses griffen auch gesteigerte Treuepflichten. Insoweit unterscheide sich die Abwicklungsbeauftragte von rein finanzierenden Banken, für die eine Aufklärungspflicht erst bei sittenwidriger Übervorteilung des Anlegers bestehe.[43]

3. Einordnung

Der Senat bestätigt seine – bisher nur obiter dicta darstellende[44] – 15% Grenze zur Ermittlung der Aufklärungspflicht über Innenprovisionen. Erneut wird in dem Urteil deutlich, dass die Aufklärungspflicht daraus folgt, dass Werthaltigkeit und Rentabilität der Anlage betroffen sind. Hergeleitet wird die Aufklärungspflicht über die „klassischen Voraussetzungen" der c.i.c.,[45] wobei das Vorbringen der Beklagten, dass sie nur die Abwicklung einer bereits getroffenen Entscheidung besorgen sollte, aufgrund der dargelegten besonderen Vertrauensstellung nicht durchgriff. Die Aufklärungspflicht knüpft nicht daran an, dass der Intermediär eine Vergütung erlangt hat, sondern dass die Innenprovision dazu führe, dass die Anlage „mit hoher Wahrscheinlichkeit eine verlustbringende Investition"[46] sein würde.

VI. BGH, Urt. v. 19.12.2006, Az.: XI ZR 56/05 (Kick-Back-II)

1. Sachverhalt

Gestritten wurde um den Erwerb von Aktienfondsanteilen, die die Zedentin – der Kläger klagte aus abgetretenem Recht – nach einem Beratungsgespräch bei ihrer Bank erworben hatte. Der Aktienfonds gehörte zum Konzern der Bank. Aus den anfallenden Ausgabeaufschlägen zwischen 3 und 5% erhielt die Bank Vergütungen, ebenso aus den Verwaltungsgebühren des Fonds. Darüber wurde die Zedentin nicht informiert. Indes erhielt sie Bonifikationen in Höhe von 1 bis teilweise 2,5%. Der Kläger machte Schadensersatz gegen die beklagte Bank geltend, weil sie die Zedentin nicht über die Vergütungen aufgeklärt habe.

---

42 BGH (Innenprovisionen-II) NJW 2005, 3208, 3209f.

43 BGH (Innenprovisionen-II) NJW 2005, 3208, 3210f.

44 *Ellenberger*, in: Praktikerhdb. Wertpapier- und Derivategeschäft[4], Rn. 1049.

45 Ausführlich zu „c.i.c.-Pflichten" infra § 11 A.

46 BGH (Innenprovisionen-II) NJW 2005, 3208, 3210.

2. Entscheidung

Der Kläger hatte vor dem XI. Zivilsenat Erfolg. Die Bank befinde sich aufgrund ihres eigenen *Umsatzinteresses* in einem *Interessenkonflikt.* Dabei verwies der Senat auch auf § 31 Abs. 1 Nr. 2 WpHG a.F. Dem Kunden müsse es möglich sein, das Umsatzinteresse beim Intermediär selbst einzuschätzen. Nur dann sei er in der Lage zu beurteilen, ob ihm ein Titel nur deshalb empfohlen worden sei, weil die Bank daran verdiene. Dieses Ergebnis wird auf eine Übertragung der Grundsätze aus Kick-Back-I[47] gestützt, da die Bank hier ebenso die *Kundeninteressen gefährdet* habe. Die konkrete Gefahr bestünde darin, dass die Bank Empfehlungen „nicht *allein im Kundeninteresse* nach den Kriterien anleger- und objektgerechter Beratung abgäbe, sondern zumindest *auch in ihrem eigenen Interesse*, möglichst hohe Rückvergütungen zu verlangen" [Hervorh. durch Verf.].[48] Eine genaue Zuordnung zu bestimmten Geschäften sei unerheblich. Wesentlich sei hingegen, dass die Rückvergütungen *umsatzabhängig* seien. Ferner sei dem Kunden die genaue Höhe zu offenbaren, anderenfalls könne er die Gefährdung nicht richtig einschätzen.

3. Einordnung

Tragender Grund der Entscheidung ist das eigene Umsatzinteresse der Bank.[49] Während die Berufungsinstanz dieses noch als völlig selbstverständlich aufgefasst hatte, da die Bank in ihrer Eigenschaft als Wertpapierdienstleistungsunternehmen am Markt teilgenommen habe,[50] entnahm dem der BGH einen daraus resultierenden Interessenkonflikt, der den eigentlichen Haftungsgrund darstellte. Der Kunde könne aufgrund des Beratungsvertrages erwarten, dass die Bank *allein* in seinem Interesse handele und nicht zusätzlich im eigenen. Habe sie aber auf den Rückvergütungen basierende eigene Interessen, seien die Kundeninteressen ebenso gefährdet wie in den Konstellationen, in denen die Bank Provisionen an einen ausschließlich den Kundeninteressen verpflichteten Vermögensverwalter weiterleitet (so die Konstellation in Kick-Back-I).

---

[47] Dazu supra § 5 A. I.

[48] BGH (Kick-Back-II) BGHZ 170, 226 = NJW 2007, 1876, Rn. 23. Diese „Formel" von der alleinigen Fremdinteressenwahrnehmung hätte bei strikter Anwendung weitreichende Folgen, dazu infra § 10 C. Freilich setzt der BGH sie nicht konsequent um, dazu insbesondere infra § 6 A. III.; vgl. auch *Grigoleit*, Bankrechtstag 2012, S. 25, 33.

[49] Das Urteil war der Auslöser der darauf folgenden Kick-Back-Rechtsprechung. Die Anleger „loten" bis heute die „Reichweite" der statuierten Aufklärungspflichten aus, vgl. *Pap*, BKR 2008, 367, 369. Die Bedeutung des Urteils wird von *Zoller*, BB 2013, 520, herausgehoben, der es „die Mutter aller Kick-Back-Verfahren" nennt; vgl. hingegen die andere damalige – rückblickend unzutreffende – Prognose von *Möllers/Wenninger*, LMK 2007, 220857 (Bedeutung sollte „nicht überschätzt" werden).

[50] OLG München, Urt. v. 6.10.2004, Az.: 7 U 3009/04, ZIP 2005, 656, 659; vgl. auch BGH (Kick-Back-II) BGHZ 170, 226 = NJW 2007, 1876, Rn. 11.

Das Urteil geht von einer Übertragung der Grundsätze aus Kick-Back-I aus[51], mit der zunächst „nur" die Aufklärungspflicht der *zahlenden* Fondsgesellschaft zu begründen gewesen wäre. Daneben weicht die gewählte Rechtsgrundlage – Beratungsvertrag – von der im Kick-Back-I-Urteil ab, in dem die Aufklärungspflicht aus c.i.c. entnommen wurde. Man kann das Urteil daher als eine Weiterentwicklung verstehen.[52] Der Senat scheint davon auszugehen, dass die Pflichtenbindung des Anlageberaters der des Vermögensverwalters zum Kunden vergleichbar ist.[53] Im Ergebnis nahm das Urteil zumindest teilweise § 31d WpHG vorweg, der erst zum 1.11.2007 in Kraft trat.[54]

Interessant ist, dass der BGH keine Gefährdung der Kundeninteressen darin sah, dass die Beratung auf „hauseigene" Produkte beschränkt blieb, was selbst dann gelte, wenn Konkurrenzprodukte „besser oder günstiger" seien.[55] Anderes könne der Anleger vernünftigerweise nicht erwarten bzw. jedenfalls sei diese Beschränkung erkennbar. Erkennbarkeit reichte dem BGH hinsichtlich der Gefährdung durch Rückvergütungen indes nicht aus. Selbst wenn der Anleger (aufgrund der Bonifikationsgewährung) davon ausgegangen sei, dass Rückvergütungen flössen, sei er immer noch bezüglich der konkreten Höhe aufklärungsbedürftig.[56]

VII. BGH, Urt. v. 22.3.2007, Az.: III ZR 218/06 (Innenprovisionen-III)

1. Sachverhalt

Der Kläger beteiligte sich an einem Immobilienfonds. Je Fonds-Anteil waren im Prospekt bei der steuerlichen Betrachtung Vertriebskosten in Höhe von 6% der Einlage als Werbungskosten angegeben. Der Provisionsanteil der Vertriebsorganisation lag nach Behauptungen des Klägers zwischen 10 und 15%. Jedenfalls erhielt der Beklagte, der nebenberuflicher Mitarbeiter der Vertriebsorganisation war, eine Provision in Höhe von 8%. Der Kläger verlangte nun Schadensersatz, da er auf die nicht ausgewiesenen Provisionen habe hingewiesen werden müssen.

---

[51] So auch *Brocker*, BKR 2007, 365, 366; *Ellenberger*, in: FS Nobbe, S. 523 („Entscheidung kam nicht überraschend [sondern] war durch [Kick-Back-I] vorgezeichnet"); *Witte/Hillebrand* DStR 2009, 1761; a.A. *Zoller*, BB 2013, 520 f. („Überraschung sämtlicher Prozessteilnehmer").

[52] *Möllers/Wenninger*, LMK 2007, 220857.

[53] Dazu, dass auch bei Kick-Back-I von einer Aufklärungspflicht der Vermögensverwalterin auszugehen war, supra Fn. 11.

[54] *Eichhorn*, Umgang mit Provisionszahlungen im Wertpapiergeschäft unter MiFID, S. 175, 179; *Frisch*, in: Hdb. zum dt. und europ. Bankrecht², § 52 Rn. 133; *Lang/Balzer*, ZIP 2007, 521, 524; *Rozok*, BKR 2007, 217, 225; *ders.*, in: Clouth/Lang, MiFID Praktikerhandbuch, Rn. 568; zu § 31d WpHG infra § 11 B. I. 1. b) bb).

[55] BGH (Kick-Back-II) BGHZ 170, 226 = NJW 2007, 1876, Rn. 21; dazu ausführlich infra § 6 A. III. 3. Fehlerhaft wiedergegeben von *Lampe*, NJOZ 2009, 4893, 4907, wonach das nicht in einem Beratungsverhältnis gelte. Der BGH schränkte seine Aussage jedoch nur insoweit ein, dass dies anders sei, wann auch über Fremdprodukte beraten werde.

[56] BGH (Kick-Back-II) BGHZ 170, 226 = NJW 2007, 1876, Rn. 24.

2. Entscheidung

Anders als in den Vorinstanzen war der Kläger in der Revision erfolgreich. Es sei ein stillschweigender Auskunftsvertrag zustande gekommen, aus dem der Beklagte richtige und vollständige Information über alle tatsächlichen Umstände schulde, die von besonderer Bedeutung seien. Da es um prospektgestützten Vertrieb ging, sei der Beklagte im Rahmen einer Plausibilitätsprüfung verpflichtet gewesen, die Informationen auf sachliche Vollständigkeit und Richtigkeit[57] zu überprüfen. Das Berufungsgericht war noch davon ausgegangen, dass die Angabe der Vertriebsprovision in Höhe von 6 %[58] bei den Ausführungen zur steuerlichen Absetzbarkeit nichts über die Gesamthöhe der gezahlten Provisionen aussage. Der Senat sah dies anders. Da eine Darstellung im hinreichend engen Zusammenhang mit dem Kaufpreis vorgelegen habe, müsse der Anleger annehmen, die Vertriebskosten erschöpften sich in diesem Betrag. Die Unrichtigkeit des Prospekts sei dann unschwer zu erkennen gewesen, da der Beklagte allein bereits 8 % Provision erhielt, worauf er habe hinweisen müssen.[59] Ob eine Aufklärungspflicht über die Gesamtprovision erforderlich war, konnte der Senat nicht abschließend beurteilen. Zur Ermittlung der Gesamtprovision seien alle Provisionen zu addieren, selbst wenn sie nicht aus Mitteln der Fondsgesellschaft, sondern von einer Gründungsgesellschafterin und Mitinitiatorin gezahlt worden wären.[60]

3. Einordnung

Der Senat bestätigt seine Rechtsprechung, dass Informationen bezüglich Innenprovisionen jedenfalls richtig sein müssen, auch wenn eine Aufklärungspflicht nach der „Schwellenwertrechtsprechung" noch nicht gefordert ist. Die Verurteilung des beklagten Vermittlers basiert hier auf der Nichtaufklärung über die für den Vermittler klar erkennbare Fehlerhaftigkeit des Prospekts. Der Prospektfehler betrifft zwar (auch) die von ihm vereinnahmte Provision. Die vorgeworfene Pflichtverletzung ist aber kein „eigentlicher Vertrauensbruch", weil der Beklagte die Provision angenommen hatte, sondern hätte genauso bei jedem anderen für den Vermittler ersichtlichen Prospektfehler vorgelegen.

---

[57] Diese auch in Gesetzestexten zu findende Differenzierung ergebe nach *Leuering*, NJW 2012, 1905, 1906, wenig Sinn, da unvollständige Prospekte stets unrichtig seien.

[58] Im Prospekt war der genaue Betrag von 1839,– DM angegeben, was 6 % entsprach.

[59] BGH (Innenprovisionen-III) NJW-RR 2007, 925 f.

[60] BGH (Innenprovisionen-III) NJW-RR 2007, 925, 926.

VIII. BGH, Urt. v. 25.9.2007, Az.: XI ZR 320/06 (Innenprovisionen-IV)

1. Sachverhalt

Der Zedent – die Klägerin klagt aus abgetretenem Recht – erwarb infolge einer Anlageberatung Kommanditbeteiligungen an zwei Immobilienfonds. Die Klägerin machte geltend, dass der Anteil der „weichen Kosten" am Gesamtaufwand unverhältnismäßig hoch gewesen sei und daher der Prospekt fehlerhaft. Darüber habe die beklagte Bank aufklären müssen.

2. Entscheidung

Die Klage hatte in den Vorinstanzen weitgehend Erfolg, da die Vertriebsvergütungen die Grenze von 15 % überschritten hatte. Die beklagte Bank war mit ihrer Revision vor dem XI. Zivilsenat indes erfolgreich. Zwar sei ein Beratungsvertrag zustande gekommen,[61] aus dem sich die Pflicht der Beklagten ergäbe, über die für die Anlageentscheidung *wesentlichen Umstände aufzuklären*. Dies erstrecke sich *auch* auf die *Vertriebskosten*, wozu u.a. Innenprovisionen gehören. Denn diese stellten keine Gegenleistung für die Schaffung von Sachwerten dar und ließen daher auf eine geringere Rentabilität und Werthaltigkeit der Anlage schließen.[62] Sie seien deshalb offenzulegen. In den Prospekten, deren rechtzeitige Übergabe revisionsrechtlich zu unterstellen war, wurden die Innenprovisionen als „Kosten der Eigenkapitalbeschaffung" bezeichnet. Damit würde deutlich, dass diese Positionen nicht zur Schaffung von Sachwerten dienten. Eine weitergehende Aufklärung sei nicht erforderlich.

3. Einordnung

Im Fall lag eine Anlageberatung durch die beklagte Bank vor. Diese hat aus den offengelegten Provisionen eine Vertriebsprovision erhalten. Maßgeblich für die grundsätzlich bestehende Aufklärungspflicht war indes nicht ein auf diesem Umsatzinteresse beruhender Interessenkonflikt, sondern dass Innenprovisionen auf die Werthaltigkeit und Rentabilität der Anlage negative Auswirkungen haben können. Bemerkenswert ist, dass der XI. Zivilsenat daraus folgert, dass „*Innenprovisionen* [...] dem Anleger offen zu legen [sind]" [Hervorh. durch Verf.].[63] Nach der gegenwärtigen Definitionslage müsste hier im Grundsatz von Rückvergütungen ausgegangen werden.[64] Ferner findet die 15 %-Grenze des III. Zivilsenats keine ausdrück-

---

[61] Das Berufungsgericht war hingegen von einem Auskunftsvertrag ausgegangen.

[62] BGH (Innenprovisionen-IV) BKR 2008, 199, Rn. 16. Sehr kritisch zur Möglichkeit anhand dieses Kriteriums Positionen voneinander abzugrenzen *Loritz/Wagner*, NZG 2013, 367, 368.

[63] BGH (Innenprovisionen-IV) BKR 2008, 199, Rn. 16. Zu einer neuen Begründung für die Aufklärungspflicht über Innenprovisionen BGH (Innenprovisionen-V), dazu § 5 A. XL.

[64] A.A. *Maier*, VuR 2010, 25, 26; ausführlich infra § 5 B. III 1.

liche Erwähnung, allerdings wird hinsichtlich der Begründung der Aufklärungspflicht auf dessen Urteil vom 12.2.2004 verwiesen, in dem diese Grenze statuiert wurde.[65]

Die Innenprovisionen-IV-Entscheidung wird häufig herangezogen, um die vermeintlich unklare Differenzierung bezüglich Innenprovisionen und Rückvergütungen des XI. Zivilsenats herauszustellen. Teilweise wird davon ausgegangen, dass der Ausweis von Vertriebsprovisionen als „Kosten der Eigenkapitalbeschaffung" auch unter dem Aspekt der aufklärungspflichtigen Rückvergütung ausreichend sei, selbst wenn ein Beratungsvertrag vorläge.[66] Diesen Darstellungen ist der XI. Zivilsenat explizit entgegengetreten, worauf später vertieft einzugehen ist.[67]

IX. BGH, Beschl. v. 20.1.2009, Az.: XI ZR 510/07 (Kick-Back-III)

1. Sachverhalt

Aufgrund einer Empfehlung im Rahmen einer Bankberatung beteiligte sich der Kläger an einem Medienfonds. Neben der Kommanditeinlage war ein Agio zu zahlen, das in voller Höhe an die beklagte Bank zurückfloss. Ferner vereinnahmte die Beklagte noch eine weitere Provision in Höhe von 3 % des Kommanditkapitals sowie weitere Vergütungen für das Erreichen bestimmter Platzierungsquoten. Der Kläger verlangte unter Berufung auf das Kick-Back-II-Urteil Schadensersatz, da er nicht auf die Vertriebsprovisionen hingewiesen worden sei.

2. Entscheidung

Die Klage war in den ersten Instanzen erfolglos geblieben. Das Berufungsgericht hatte herausgestellt, dass Innenprovisionen von weniger als 15 % nicht aufklärungspflichtig seien. Auf die Nichtzulassungsbeschwerde des Klägers hin wurde dieses Urteil vom XI. Zivilsenat aufgehoben. Das Berufungsgericht habe sich nämlich nur mit Pflichten aus einem Anlagevermittlungs- und Auskunftsvertrag beschäftigt. Hier läge aber ein Beratungsvertrag vor, der nach den Kick-Back-II-Grundsätzen zur Aufklärung über Rückvergütungen verpflichte. Das Berufungsurteil verletze daher den Kläger in seinen Rechten aus Art. 103 Abs. 1 GG, da sein Vorbringen bezüglich der Rückvergütungen nicht gewürdigt worden sei. Dieser Verstoß sei entscheidungserheblich, da eine *Gefährdungssituation* für den Kunden geschaffen werde. Der auf dem *Umsatzinteresse* basierende *Interessenkonflikt* führe nicht nur im Anwendungsbereich des WpHG zu einer dargelegten Aufklärungspflicht, son-

---

[65] Vgl. auch BGH (Freier Anlageberater-III) ZIP 2011, 607, Rn. 16, wo der III. Zivilsenat von einem Anschluss des XI. Zivilsenats bezüglich der 15 %-Grenze ausgeht.

[66] Vgl. *Brocker/Langen*, BKR 2008, 201, 202; *Edelmann*, BB 2010, 1163, 1165; *Pap*, BKR 2008, 367, 369; *Varadinek/Röh*, ZIP 2009, 2383, 2384; ferner *Seyfried*, in: Kümpel/Wittig, Bank- und Kapitalmarktrecht[4], Rn. 3.135.

[67] BGH (Kick-Back-IX) ZIP 2011, 1807, Rn. 9; infra § 5 B. III 1.

dern ganz allgemein, da die in Kick-Back-II zitierten Normen lediglich Ausdruck des allgemein anerkannten *Grundsatzes der Vermeidung vertragswidriger Interessenkonflikte* seien.[68] Die weiteren Zahlungen (für Platzierungsgarantie und das Erfüllen von Platzierungsquoten) würden diesen Interessenkonflikt noch steigern.[69]

3. Einordnung

Der Beschluss knüpfte an die Rechtsprechung des Senats im Kick-Back-II-Urteil an, dessen Grundsätze auf den Anwendungsbereich außerhalb des WpHG übertragen wurden. Die Aufklärungspflicht wurde, abstellend auf den eine Gefährdungslage verursachenden Interessenkonflikt, unabhängig von der Rückvergütungshöhe festgestellt. Die vom Berufungsgericht zitierte Rechtsprechung zu Innenprovisionen wurde nicht aufgegriffen, obwohl zumindest die das Agio übersteigenden Zahlungen dem Anlagebetrag (im Sinne des Nominalkapitals) entnommen wurden. Der Senat stellte die für die Rechtsfolgen erhebliche Differenzierung zwischen einem bei der (bloßen) Anlagevermittlung anzutreffenden Auskunftsvertrag und einem Beratungsvertrag heraus. Allerdings wurde die Entscheidung vom 25.9.2007 (Innenprovisionen-IV), in der der Senat trotz Beratungsvertrags auf die Rechtsprechungsgrundsätze des III. Zivilsenats zu Innenprovisionen verwiesen hatte, nicht angesprochen.[70]

Die festgestellte Steigerung des Interessenkonflikts durch die zusätzlichen Vergütungen aus dem Anlagebetrag (offen ausgewiesen als Platzierungsgarantien und -quoten) stellt heraus, dass diese gleichermaßen unter Interessenkonfliktsgesichtspunkten relevant sein können.[71] Dieser Aspekt wurde für Zahlungen aus dem Anlagevermögen bisher nicht angeführt, vielmehr maßgeblich auf Werthaltigkeits- und Rentabilitätsgesichtspunkte rekurriert. Diese Positionen müssten nach heutiger Definition ebenfalls als Rückvergütungen angesehen werden.[72]

---

[68] BGH (Kick-Back-III) NJW 2009, 1416, Rn. 12 f.; a.A. etwa *Edelmann*, BB 2010, 1163, 1165 („Verpflichtung [in Kick-Back-II werde, der Verf.] allein aus § 31 WpHG hergeleitet"); *Eichhorn*, Umgang mit Provisionszahlungen im Wertpapiergeschäft unter MiFID, S. 175, 179; *Lampe*, NJOZ 2009, 4893, 4897; *Pap*, BKR 2008, 367, 369 („tragende Grundlage [in Kick-Back-II, der Verf.] ist § 31 Abs. 1 Nr. 2 WpHG"); *Witte/Mehrbrey*, ZIP 2009, 744, 748. Man könnte BGH (Innenprovisionen-V), dazu infra § 5 A. XL., insofern auch als „Rückkehr" zu dieser mehr am Aufsichtsrecht orientierten Rechtsprechung deuten bzw. verstehen.

[69] BGH (Kick-Back-III) NJW 2009, 1416, Rn. 13.

[70] Der BGH sprach dem Urteil später die Relevanz für die Frage der Aufklärungspflicht über Rückvergütungen ab, da in Innenprovisionen-IV nur die Gesamthöhe der weichen Kosten gerügt worden sei, vgl. Nachweis in Fn. 67.

[71] Vgl. schon *Veil*, WM 2009, 2193, 2195 (Fn. 38); unzutreffend daher *Varadinek/Röh*, ZIP 2009, 2383, 2384, der BGH habe die weiteren Provisionen nicht thematisiert.

[72] Ausführlich zu den „tatbestandlichen Voraussetzungen" von Rückvergütungen infra § 5 B. III. 1. a). Zur Irrelevanz der Abgrenzung für die Rechtsfolgen in der Rechtsprechung des XI. Zivilsenats ab dem 1.8.2014 BGH (Innenprovisionen-V), dazu § 5 A. XL.

X. BGH, Urt. v. 12.5.2009, Az.: XI ZR 586/07 (Kick-Back-IV)

1. Sachverhalt

Der Sachverhalt ist dem Kick-Back-II-Urteil zu entnehmen. Der BGH musste wiederum entscheiden, nachdem das Berufungsgericht in erneuter Befassung sowohl einen Vorsatz des konkret beratenden Bankberaters und ein Organisationsverschulden der Bank abgelehnt hatte.

2. Entscheidung

Die Revision des Klägers hatte Erfolg. Zwar habe sich der konkrete Berater in einem Vorsatz ausschließenden Rechtsirrtum befunden. Indes sei das vorsätzliche Organisationsverschulden der Bank zu Unrecht im Berufungsprozess verneint worden, da eine Bank ihren Geschäftsbetrieb so zum Schutz des Rechtsverkehrs zu organisieren habe, dass bei ihr vorhandenes Wissen den zuständigen Mitarbeitern zur Verfügung stehe und auch genutzt werde.[73] Ob die beklagte Bank ihre Aufklärungspflicht zumindest für möglich gehalten habe, was der Kläger mit Ausführungen zur Rechtsprechung zu Herausgabe- und Aufklärungspflichten eines Beraters, der Rechtsprechung zur auftrags- und kommissionsrechtlichen Auskunfts- und Herausgabepflicht (§§ 666, 667 BGB; 384 Abs. 2 HGB) sowie einem Hinweis auf Ziff. 2.2 Abs. 2 BAWe-RL zur Konkretisierung von §§ 31 und 32 WpHG darzulegen suchte, war im Ergebnis nicht entscheidungserheblich. Das Berufungsgericht habe bereits die Darlegungs- und Beweislast im Hinblick auf die gesetzliche Wertung des § 282 BGB a.F. (§ 280 Abs. 1 S. 2 BGB n.F.) falsch beurteilt. Für die Frage, ob ein Vorsatz ausschließender Rechtsirrtum bei der Beklagten vorlag, sei diese beweispflichtig.

Schließlich wies der Senat das Berufungsgericht darauf hin, dass bereits der *Erwerb der Kapitalanlage* für den späteren *Schaden ursächlich* sei, weil der Anlageentschluss von der fehlerhaften Aufklärung beeinflusst sei. Warum die Anlage im Wert verfallen ist, sei unerheblich. Für den Anleger streite die *Vermutung aufklärungsrichtigen Verhaltens*, die *auch bei* verschwiegenen *Rückvergütungen* gelte, wonach der Aufklärungspflichtige beweisen müsse, dass der Anleger die Anlage bei erfolgter Aufklärung gleichfalls erworben hätte. Falls der Anleger ferner Produkte ohne Rückvergütungen erworben hätte, reiche die Vermutung aber nicht soweit, dass unterstellt werden könne, dass der Anleger die Geschäftsbeziehung insgesamt beendet haben würde. Dafür bleibe er beweisbelastet.[74]

---

[73] BGH (Kick-Back-IV) NJW 2009, 2298, Rn. 14; kritisch zur dogmatischen Einordnung *Harnos*, BKR 2012, 185, 190 (Frage der Wissenszurechnung).

[74] BGH (Kick-Back-IV) NJW 2009, 2298, Rn. 22.

3. Einordnung

Hinsichtlich der Aufklärungspflicht ist der Entscheidung wenig zu entnehmen. Interessant ist die Aussage, dass der Erwerb der Kapitalanlage für den späteren Schaden ursächlich sei.[75] Zumindest sprachlich deutet dies darauf hin, dass der Erwerb der Kapitalanlage noch nicht der Schaden des Anlegers sei.[76] Der Senat war offenbar darum bemüht, eine ausufernde Reichweite der Rechtsfolgen seiner Rechtsprechung zu vermeiden, weshalb er eine „Grenze" für die Vermutung aufklärungsrichtigen Verhaltens statuierte. Vor dem Hintergrund der unklaren teleologischen Grundlagen der Aufklärungspflicht[77] ist die postulierte Einschränkung, dass die Vermutung nicht soweit reiche, dass die gesamte Geschäftsverbindung beendet worden wäre, indes nicht zwingend. Läge das Telos der Aufklärungspflicht im Schutz des Vertrauens in die Neutralität des Beraters,[78] ließe sich ebenso argumentieren, dass man seinem Berater entweder vertrauen könne oder eben nicht, eine Differenzierung daher nicht möglich sei.[79]

XI. BGH, Urt. v. 27.10.2009, Az.: XI ZR 338/08 (Kick-Back-V)

1. Sachverhalt

Der Kläger erwarb auf Empfehlung der beklagten Bank eine Kommanditbeteiligung an einem geschlossenen Immobilienfonds. Die Bank erhielt von der Fondsgesellschaft eine Vertriebsprovision aus dem Anlagebetrag. Der Emissionsprospekt, der Hinweise auf diverse Vertriebsprovisionen enthielt, wurde dem Kläger vor dem Beratungsgespräch übersandt. Er nahm die Bank auf Schadensersatz wegen mangelnder Risikoaufklärung in Anspruch.

2. Entscheidung

Das Berufungsgericht hatte die Bank wegen Prospekthaftung im weiteren Sinne verurteilt. Aus dem Beratungsvertrag sei die Beklagte verpflichtet gewesen, auf Prospektfehler hinzuweisen. Der BGH verneinte das Vorliegen der gerügten Prospektmängel (Prognoserechnung und Erfolgsprognose; mangelnder Hinweis auf Totalverlustrisiko), die allesamt nicht Vertriebsprovisionen betrafen. Mit letzteren beschäftigte er sich im Rahmen der Prüfung, ob das Berufungsurteil aus anderen Gründen dennoch im Ergebnis richtig war.

---

75 BGH (Kick-Back-IV) NJW 2009, 2298, Rn. 22.

76 Zum Schadensbegriff infra § 10 E. II. und § 11 D. I. und II. 2.

77 Dazu ausführlich infra § 5 B. I.

78 Vgl. dazu infra § 5 B. I 1. c) bb).

79 A.A. bezüglich der Teilbarkeit von Vertrauen anscheinend BAG (Emmely), Urt. v. 10.6.2010, Az.: 2 AZR 541/09, BAGE 134, 349 = NJW 2011, 167, Rn. 35, 47 („erarbeiteter Vorrat an Vertrauen" lasse sich „aufzehren" und „zurückgewinnen").

Eine Aufklärungspflicht über gezahlte *Innenprovisionen* habe nicht bestanden, da die Beträge für Eigenkapitalbeschaffung, Platzierungsgarantie und Fremdkapitalbeschaffung[80] im rechtzeitig übergebenen Prospekt nach Inhalt und Höhe korrekt ausgewiesen seien. Dies sei ausreichend, wobei der Senat auf sein Urteil vom 25.9.2007 (Innenprovisionen-IV) hinwies.[81] Selbst wenn die genannten Posten an die beratende Bank flössen, mache sie das nicht zu Rückvergütungen, die aufgrund des Beratungsvertrages offenzulegen seien. Aufklärungspflichtige Rückvergütungen lägen nur vor, „wenn Ausgabeaufschläge oder Verwaltungsgebühren, die der Kunde über die Bank an die Gesellschaft zahlt, hinter seinem Rücken an die beratende Bank umsatzabhängig zurückfließen, so dass diese ein für den Kunden nicht erkennbares besonderes Interesse hat, gerade diese Beteiligung zu empfehlen".[82]

3. *Einordnung*

Der Senat bemühte sich erstmals um eine Definition der aufklärungspflichtigen Rückvergütung.[83] Dabei grenzte er diese von Innenprovisionen ab.[84] Inwiefern diese Abgrenzung mit anderen Definitionen über Innenprovisionen aus vorherigen Urteilen sowie den Wertungen aus der bisherigen Kick-Back-Rechtsprechung vereinbar ist, wurde nicht thematisiert. Überhaupt finden sich alle zum Bereich „Vertriebsprovision" gemachten Aussagen eher beiläufig und knapp am Ende des Urteils.

Dass die beratende Bank als Empfängerin der offen ausgewiesenen Provisionen im Prospekt genannt war, hob der BGH später besonders hervor.[85] Demnach hätte der BGH hier auf seine *obiter* aufgestellte Definition verzichten können, denn eine etwaig bestehende Aufklärungspflicht wäre jedenfalls durch die zutreffenden Prospektangaben *erfüllt* worden.[86] Daher lässt sich dem Urteil auch nicht entnehmen, dass das Umsatzinteresse *nicht* der Aufklärungspflichten auslösende Gesichtspunkt sei,[87] schließlich lagen im Ergebnis (nach der Konzeption des XI. Zivilsenats) weder Rückvergütungen noch Innenprovisionen vor.[88]

---

[80] Fremdkapitalbeschaffungskosten sind nach *Koch*, BKR 2010, 177, 179, nicht zu den Innenprovisionen zu zählen, da Fremdkapitalbeschaffung eine eigenständige Leistung jenseits des Vertriebs darstelle und kein Eigeninteresse der Bank am Vertriebserfolg begründe; vgl. auch infra Fn. 165.

[81] Supra § 5 A. VIII.

[82] BGH (Kick-Back-V) ZIP 2009, 2380, Rn. 31.

[83] Die die Definition beinhaltende „ominöse Rn. 31" (so *Schnauder*, jurisPR-BKR 1/2012 Anm. 1) sorgte für reichlich Diskussionsstoff, vgl. dazu Kick-Back-VII bis Kick-Back-IX.

[84] A.A. ohne Begründung *Schnauder*, jurisPR-BKR 1/2012 Anm. 1 (noch keine Unterscheidung); insoweit zutreffend hingegen *Varadinek/Röh*, ZIP 2009, 2384.

[85] BGH (Kick-Back-IX) ZIP 2011, 1807, Rn. 7.

[86] Dem Urteil kann nicht eindeutig entnommen werden, ob die Nicht-Benennung des Empfängers definitorische Voraussetzung der Rückvergütung sein soll. Zur Vermengung von Tatbestandsmerkmalen und Rechtsfolge sowie zur Definition ausführlich infra § 5 B. III. 1.

[87] So aber *Varadinek/Röh*, ZIP 2383, 2385.

[88] BGH (Kick-Back-IX) ZIP 2011, 1807, Rn. 6; dazu infra § 5 B. III. 1. c) und vgl. Fn. 72.

XII. BGH, Urt. v. 15.4.2010, Az.: III ZR 196/09 (Freier Anlageberater-I)

1. Sachverhalt

Der Kläger beteiligte sich nach einer Empfehlung durch einen für eine (Unter-)Vermittlerin tätigen Handelsvertreter an einem geschlossenen Immobilienfonds. Im Fondsprospekt waren für die Eigenkapitalbeschaffung Kosten veranschlagt, die an die (Haupt-)Vermittlerin zuzüglich des ebenfalls durch den Fonds vereinnahmten Agios gezahlt werden sollten. Der Kläger verlangte Schadensersatz, weil die beklagte (Unter-)Vermittlerin aus den benannten Beträgen eine nicht offengelegte Provision erhalten habe.

2. Entscheidung

Der Kläger war in den Vorinstanzen erfolglos geblieben. Die Revision des Klägers war hinsichtlich der Reichweite vergütungsbezogener Aufklärungspflichten über die vereinnahmte Provision nicht erfolgreich.

Der Senat referierte in seinem Urteil die Rechtsprechung des XI. Zivilsenat zur Aufklärung über von Banken erhaltene *Rückvergütungen*, die darauf angelegt sei, *Interessenkonflikte* offenzulegen.[89] Der zu entscheidende Fall sei indes anders gelagert: Der Berater sei nicht *bankgebunden*, sondern „frei". Daher könnten die Grundsätze des XI. Zivilsenats nicht übertragen werden.

Für diese Beurteilung führte der BGH mehrere Argumente an. Das Verhältnis zwischen Bank und Kunde sei regelmäßig auf Dauer angelegt. Ob tatsächlich nur ein „Erstkontakt" vorläge, sei wegen der auf Dauer gerichteten Interessenlage der Bank unerheblich. Sie wolle für den Kunden etwa ein Depot oder weitere Konten führen, um etwaige Wertpapiergeschäfte abzuwickeln. Dann könne sie über Depot- und Kontoführungsgebühren sowie An- und Verkaufsprovisionen verdienen. Der Kunde müsse daher grundsätzlich nicht damit rechnen, dass die Bank Eigeninteressen verfolge. Sofern sie dies über den Vertrieb eigener Produkt dennoch mache, sei dies für ihn offensichtlich.[90]

Von dieser Lage weiche die Beziehung zwischen Kunde und nicht bankgebundenem Berater entscheidend ab. Weil er selbst keine Provision zahle, liege es auf der Hand, dass der Berater Provisionen von der kapitalsuchenden Anlagegesellschaft erhalte, die wirtschaftlich dem an die Anlagegesellschaft gezahlten Betrag entnommen werden. Es könne nicht angenommen werden, dass die Leistung kostenlos erbracht werde, da der Berater mit dieser Leistung sein Geld verdiene. Er habe auch keine Möglichkeit im Rahmen einer dauerhaften Geschäftsbeziehung (sonstige) Gebühren oder Provisionen zu vereinnahmen. Dem Kunden würde dies besonders

---

[89] BGH (Freier Anlageberater-I) BGHZ 185, 185 = ZIP 2010, 919, Rn. 9f.

[90] BGH (Freier Anlageberater-I) BGHZ 185, 185 = ZIP 2010, 919, Rn. 12; dazu auch *Bausch/ Kohlmann*, BB 2012, 2655.

deutlich vor Augen geführt, wenn er zusätzlich zum Anlagebetrag ein Agio oder Verwaltungsgebühren zahlen müsse. Das Provisionsinteresse des Beraters sei daher offenkundig und ein Interessenkonflikt könne sich nur aus der Höhe der Provision ergeben. Diese müsse er aber erfragen, was ihm unschwer möglich sei. „Ohne Anlass" könne die Aufklärung vom Anlageberater jedenfalls nicht verlangt werden.[91] Schließlich wies der Senat darauf hin, dass seine Ausführungen zumindest insoweit gelten, wenn § 31d WpHG nicht greife.

3. Einordnung

Der III. Zivilsenat stellt den Rechtssatz auf, dass (1) außerhalb des Anwendungsbereichs des § 31d WpHG ein Anlageberater dann nicht ungefragt über erhaltene Provisionen aufklären muss, wenn er (2) nicht bankgebunden ist, (3) der Kunde selbst keine Provision (direkt[92]) zahlt und (4) offen ein Agio oder Kosten der Eigenkapitalbeschaffung ausgewiesen sind (5) aus denen[93] die Vertriebsprovisionen aufgebracht werden.[94]

Die entschiedene Konstellation betraf nach der Abgrenzung und Konzeption des XI. Zivilsenats Rückvergütungen, da die Quellen offen ausgewiesen waren.[95] Ohne dies ausdrücklich zu benennen, ist dies auch der Anwendungsbereich der beschriebenen Rechtsprechung, da die Quellen nach Voraussetzung (4) offen ausgewiesen sein müssen. Ob der III. Zivilsenat an diesem Erfordernis nach der Innenprovisionen-V-Entscheidung des XI. Zivilsenats festhalten wird (dazu § 5 A. XL.), bleibt abzuwarten. Erwähnenswert scheint noch, dass der Senat (ohne Ausführungen) von einem Beratungsvertrag ausging, wohingegen in den bisher besprochenen Urteilen des III. Zivilsenats auf c.i.c. oder einen Auskunftsvertrag (Anlagevermittlung) abgestellt wurde. Dies scheint der Grund zu sein, weshalb sich der Senat nicht mit seiner eigenen Rechtsprechung betreffend Innenprovisionen und dem 15%-Schwellenwert auseinandersetzte.

---

[91] BGH (Freier Anlageberater-I) BGHZ 185, 185 = ZIP 2010, 919, Rn. 13.

[92] Wie der BGH ausführt, zahlt der Kunde die Provision im Ergebnis *wirtschaftlich* dennoch; vgl. auch *Schelling*, Vergütungssysteme und Interessenkonflikte, S. 31.

[93] Inwiefern Voraussetzung (5) streng zu prüfen ist oder ob es, da häufig nur schwer zu ermitteln sein dürfte, woraus eine Zahlung erfolgte bzw. sich darüber keine Gedanken gemacht werden, nur darauf ankommt, dass die Leistung von Vertriebsprovisionen erkennbar vorgesehen („offen ausgewiesen") ist, wird nicht ganz klar. Ein weites Verständnis zur Herkunft der Zahlung findet sich bei OLG Hamm, Urt. v. 23.9.2009, Az.: 31 U 31/09 (Juris), Rn. 73 und passim.

[94] Vgl. BGH (Freier Anlageberater-I) BGHZ 185, 185 = ZIP 2010, 919 (Leitsatz).

[95] Ausführlich infra § 5 B. III. 1 a); vgl. aber auch infra § 5 A. XL.

XIII. BGH, Beschl. v. 29.6.2010, Az.: XI ZR 308/09 (Kick-Back-VI)

1. Sachverhalt

Im Fall ging es um von der beklagten Sparkasse vereinnahmte, das prospektierte Agio übersteigende Provisionen, die diese erhielt, nachdem der Kläger nach einer Beratung 1997/1998 einen Renditefonds gezeichnet hatte. Über diese Provisionen habe die Bank nicht korrekt aufgeklärt.

2. Entscheidung

Das Berufungsgericht hatte eine schuldhafte Pflichtverletzung angenommen, was der XI. Zivilsenat bestätigte. Ein *unvermeidbarer Rechtsirrtum* habe *nicht vorgelegen*, da der Senat *bereits 1989 und 1990* in zwei Entscheidungen zu vermittelten Warentermingeschäften heimliche *Kick-Back-Vereinbarungen* zwischen Anlagevermittler und Broker *missbilligt* habe. Bereits zu diesem Zeitpunkt sei für eine Bank erkennbar gewesen, dass die Beratung *allein* im Kundeninteresse zu erfolgen habe und daher über Umstände, die das *Kundeninteresse gefährden* und das Beratungsziel in Frage stellen, aufgeklärt werden müsse. Dies sei auch im einschlägigen Schrifttum (weitgehend) so angenommen worden.[96] Der Senat zieht die „konsequent fortgeführte" Rechtsprechung des BGH und die *Richtlinie des BAWe* zur Konkretisierung von §§ 31 und 32 WpHG zur Begründung heran. Ein Rechtsirrtum sei daher nicht entschuldbar; schließlich läge *keine* verfassungsrechtlich bedenkliche *rückwirkende Anwendung* einer neuen Rechtsprechung vor.[97]

3. Einordnung

Interessant ist an der Entscheidung – neben der eigentlichen Streitfrage des Rechtsirrtums – insbesondere, dass der BGH anführt, dass über Rückvergütungen nicht nur aufgeklärt werden müsse, weil deren Verschweigen eine Täuschung über eine eventuelle Herausgabeflicht sein könne, sondern weil die Tätigkeit des Intermediärs zuungunsten des Anlegers beeinflusst werde.[98] Ausdrücklich wird solche Literatur als nicht mehr maßgeblich dargestellt, die diese „Problematik der Interessenkollision" ausblende.[99]

---

[96] BGH (Kick-Back-VI) ZIP 2010, 1335, Rn. 5f.; BGH, Urt. v. 15.7.2014, Az.: XI ZR 417/13, BKR 2014, 457 (Leitsatz 1) geht nunmehr davon aus, dass sich eine Bank für die Zeit nach 1984 nicht auf einen unvermeidbaren Rechtsirrum berufen kann.

[97] BGH (Kick-Back-VI) ZIP 2010, 1335, Rn. 7ff.; a.A. z.B. *Pieroth/Harmann*, ZIP 2010, 753ff.

[98] Vgl. BGH (Kick-Back-VI) ZIP 2010, 1335, Rn. 5.

[99] BGH (Kick-Back-VI) ZIP 2010, 1335, Rn. 6; zur Relevanz dieses Topos nach der Innenprovisionen-V-Entscheidung des XI. Zivilsenats infra § 5 B. I. 6.

XIV. BGH, Beschl. v. 16.12.2010, Az.: III ZR 127/10 (Freier Anlageberater-II)

1. Sachverhalt

Die Klägerin zeichnete eine Beteiligung an einem Fonds auf Empfehlung eines Mitarbeiters der Beklagten. Neben der Einlagesumme war ein Agio in Höhe von 5% zu zahlen. Unter Berufung darauf, dass nicht korrekt über Provisionen aufgeklärt worden sei, verlangte die Klägerin nun Schadensersatz.

2. Entscheidung

Der Senat wies in seinem Beschluss darauf hin, dass er beabsichtige, die Revision gegen die Berufungsentscheidung – die das ablehnende Ausgangsurteil aufrechterhalten hatte – zurückzuweisen. Die Rechtsfrage, ob bzw. wann freie Berater über erhaltene Provisionen aufklären müssen, habe der Senat bereits entschieden. Außerdem sei nach den insoweit unangegriffenen Feststellungen des Berufungsgerichts der Klägerin „klar gewesen", dass die *Beklagte von der Anbieterseite vergütet* werde und insbesondere das Agio erhalte. Dann *entfiele* aber auch die *Aufklärungsbedürftigkeit.* Im konkreten Fall könnten daher etwaig offengebliebene Rechtsfragen über dem Berater zufallende „Provisionen oder Rückvergütungen" nicht geklärt werden.[100]

3. Einordnung

Der Senat bestätigt knapp seine Rechtsprechung aus Freier Anlageberater-I. Dass von Rechtsfragen bezüglich „Provisionen oder Rückvergütungen" gesprochen wird, lässt zwar eine mögliche Trennung der beiden Positionen erkennen, ohne jedoch etwaig relevante Abgrenzungskriterien aufzuzeigen.

XV. BGH, Urt. v. 3.3.2011, Az.: III ZR 170/10 (Freier Anlageberater-III)

1. Sachverhalt

Der Kläger nahm die beklagte, nicht bankgebundene Anlageberaterin aus abgetretenem Recht auf Schadensersatz in Anspruch. Der Zedent hatte sich auf Empfehlung eines Mitarbeiters der Beklagten an einem geschlossenen Medienfonds beteiligt. Neben der Einlagesumme wurde ein 5%iges Agio gezahlt, das dem Zedenten teilweise von der Beklagten erstattet wurde. Indes wurde der Zedent nicht über die Höhe der erwarteten Provisionen der Beklagten für den Fall der erfolgreichen Empfehlung der Anlage informiert. Darauf stützte sich die Klage, da im Prospekt keine Angaben über die an die Beklagte fließende Provision und deren Höhe enthalten waren.

---

[100] BGH (Freier Anlageberater-II) WM 2011, 526, Rn. 9ff.

2. Entscheidung

Während das Landgericht die Klage in erster Instanz noch abgewiesen hatte, war der Kläger vor dem Oberlandesgericht erfolgreich. Das Berufungsurteil wurde aber vom BGH aufgehoben.

Das Berufungsgericht stellte auf das „gesetzliche Leitbild" des Anlageberaters aus §§ 242, 675 Abs. 1, 667 BGB und §§ 383 ff. HGB ab, aus dem sich die Aufdeckungspflicht über vertragswidrige Interessenkonflikte ergebe, um das Anlegervertrauen zu schützen. Deshalb müsse der Anlageberater seine „Doppelrolle" offenbaren. Die unterschiedliche Rechtsprechung zwischen freien und bankgebundenen Beratern leuchte nicht ein.[101] Der Senat verwies hingegen auf sein Freier Anlageberater-I-Urteil, an dessen Grundsätzen trotz der Kritik des Berufungsgerichts und Teilen des Schrifttums festgehalten werde. In der bisherigen Rechtsprechung seien *Aufklärungspflichten über Eigeninteressen* des Beraters unter den Gesichtspunkten *Vertrauensschutz*, vertragswidrige *Interessenkonflikte* und Beurteilung der *Werthaltigkeit und Rentabilität* der Anlage diskutiert worden. Hinsichtlich Anlageberatung durch Banken seien im Rahmen der Kick-Back-Rechtsprechung der Vertrauensschutz und der Schutz vor vertragswidrigen Interessenkonflikten tragend.[102] Daneben stehe auch die Pflicht zur Aufklärung über Vertriebsprovisionen aus Gründen der Beurteilung der Werthaltigkeit einer Anlage.

Aus alledem ließe sich eine allgemeine Aufklärungspflicht des freien Anlageberaters nicht statuieren. Im Rahmen einer typisierenden Betrachtung unterscheide sich die Anlageberatung durch freie Berater „grundlegend" von solchen Situationen, in denen eine Bank beratend tätig werde. Der III. Zivilsenat griff seine bereits in Freier Anlageberater-I vorgenommen Differenzierung auf und ergänzte sie insofern, dass das *Kunde-Bank-Verhältnis* „im Allgemeinen [...] ein *entgeltliches Geschäftsbesorgungsverhältnis* (§§ 611, 675 Abs. 1, 675c Abs. 1 BGB), das vom *Gedanken der Fremdnützigkeit* [...] geprägt und bestimmt [werde]" (Hervorh. durch Verf.), darstelle. Daraus folge das besonders schützenswerte Vertrauensverhältnis.[103]

Dies sei bei der Beratung durch freie Berater anders, weshalb nicht angenommen werden könne, dass die Beratungsleistung durch sie kostenlos erbracht werde.[104] *Dem Anleger seien* auch die *Doppelrolle* des Beraters, die Provisionsvergütung und daraus mögliche *Interessenkonflikte bewusst*. Ob die Regelungen der §§ 666, 667 BGB überhaupt in diesem Verhältnis bezüglich der Provision Anwendung fänden, könne offenbleiben, da der Berater annehmen dürfe, dass der Anleger solche Zah-

---

[101] OLG Düsseldorf, Urt. v. 8.7.2010, Az.: I-6 U 136/09, ZIP 2010, 1583, 1585 f. und 1588; vgl. auch BGH (Freier Anlageberater-III) ZIP 2011, 607, Rn. 7.

[102] BGH (Freier Anlageberater-III) ZIP 2011, 607, Rn. 14 f.

[103] BGH (Freier Anlageberater-III) ZIP 2011, 607, Rn. 17 ff.

[104] Letztlich ist auch die Beratung durch freie Anlageberater als unentgeltlich anzusehen, die Frage lautet daher, ob von ihnen ebenso völlige Uneigennützigkeit erwartet warten darf, dazu infra § 5 B. VII.

lungen billige.[105] Dann entfalle zugleich die Aufklärungspflicht.[106] Ein Interesse an der Offenbarung der genauen Provisionshöhe könne zwar gegeben sein, allerdings nicht ungefragt, um die berechtigten *Geschäfts- und Betriebsgeheimnisinteressen* des Anlageberaters zu wahren. Teile dieser die Provision auf Nachfrage nicht mit, könne sich der Anleger überlegen, ob er dennoch die Dienste des Beraters in Anspruch nehmen wolle.[107]

Von alledem unberührt bliebe aber die Aufklärungspflicht über die Werthaltigkeit und Rentabilität der Anlage berührende Provisionen von über 15 %.[108]

3. Einordnung

Der III. Zivilsenat war weiterhin um Abgrenzung zu den Konstellationen bemüht, über die der XI. Zivilsenat zu entscheiden hatte. Dazu beschäftigte er sich ausführlich mit den verschiedenen Aufklärungstopoi, auf die zur Begründung von Aufklärungspflichten zurückgegriffen wird. Anhand derer versuchte der Senat die unterschiedliche Behandlung von freien Beratern zu begründen. Interessant ist, dass der III. Zivilsenat die *Entgeltlichkeit* der Beziehung des Kunden zur Bank herausstellte. Würde man das weit verstehen, wäre gegebenenfalls deshalb die Voraussetzung aus Freier Anlageberater-I, dass der Kunde selbst keine Provision zahle, nicht erfüllt. Insofern wäre eine Bank auch dann aufklärungspflichtig, wenn man den Rechtssatz des III. Zivilsenats auf sie anwenden würde, der an für sich nur für freie Berater gilt. So allgemein will der Senat seine Rechtsprechung aber offensichtlich nicht verstanden wissen. Dann würde sie nämlich auch solche Sachverhalte erfassen, die in den Zuständigkeitsbereich des XI. Zivilsenats fallen und könnte diesbezüglich unter Umständen zu unterschiedlichen Ergebnissen führen.

XVI. BGH, Beschl. v. 9.3.2011, Az.: XI ZR 191/10 (Kick-Back-VII)

1. Sachverhalt

Die Klägerin klagte aus abgetretenem Recht auf Rückabwicklung der Beteiligung ihres Ehemanns aus zwei Medienfonds. Dieser zeichnete die Beteiligungen nach persönlichen Gesprächen. Im Prospekt – dessen rechtzeitige Übergabe streitig war – waren Kosten von 8,9 % für Eigenkapitalvermittlung angegeben, die, zuzüglich des Agios (5 %), der mit der Eigenkapitalbeschaffung betrauten Gesellschaft zukommen sollten. Diese durfte ihre Rechte und Pflichten nach dem Prospekt an Dritte übertragen. Eine ähnliche Regelung fand sich im Prospekt zu dem zweiten Fonds, wobei die Kosten für Eigenkapitalvermittlung hier mit 4,9 % angesetzt waren und

---

[105] Vgl. dazu kritisch infra § 6 A. III. 6. und § 10 C. II. 2.
[106] BGH (Freier Anlageberater-III) ZIP 2011, 607, Rn. 20.
[107] BGH (Freier Anlageberater-III) ZIP 2011, 607, Rn. 21.
[108] BGH (Freier Anlageberater-III) ZIP 2011, 607, Rn. 22.

wiederum die mit der Beschaffung beauftragte Gesellschaft das Agio (5 %) erhalten sollte. Erneut sollte die Einbindung Dritter möglich sein. Ferner wurden Kosten für eine Platzierungsgarantie (2 %) und Finanzvermittlungsgebühren (2 %) ausgewiesen. Die beklagte Bank erhielt aus den beschriebenen Positionen des ersten Fonds 8,25 % und zwischen 8,45 und 8,72 % des zweiten Fonds von der mit der Eigenkapitalbeschaffung betrauten Gesellschaft. Dies wurde dem Kunden nicht offengelegt, worauf sich die Klägerin stützte und eine Aufklärungspflichtverletzung geltend machte.

2. *Entscheidung*

Die Klage war vor dem Berufungsgericht erfolgreich gewesen. Die Beklagte habe über die Vertriebsprovisionen, die Rückvergütungen darstellten, aufklären müssen, da aus den Prospekten nicht hervorgehe, in welcher Höhe gerade die Beklagte (Teile der) Provision erhalten habe.[109]

Der Senat wies in seinem Beschluss darauf hin, dass er beabsichtige, die Revision nach § 552a ZPO zurückzuweisen. Auf die zum Teil abweichende obergerichtliche Rechtsprechung, wonach dem Prospekt durch die angegebene *mögliche Einbindung von Dritten* seitens der mit der Eigenkapitalbeschaffung beauftragten Gesellschaft zu entnehmen sei, dass die Beklagte eine Rückvergütung erhalte, *komme es nicht an*. Daraus ergäbe sich nämlich nichts hinsichtlich der *Rückvergütungshöhe*. Insoweit lägen die Voraussetzungen für die Zulassung der Revision schon nicht vor.[110]

Die Revision habe ferner keine Aussicht auf Erfolg. Nach den Rechtsprechungsgrundsätzen sei ein Anlageberatungsvertrag zustande gekommen, woraus die Beklagte zur Offenlegung der Rückvergütungen verpflichtet gewesen sei. Es handle sich bei den Provisionen – entgegen der Revision – nicht um nicht aufklärungspflichtige Innenprovisionen. Innenprovisionen seien nicht ausgewiesene Vertriebsprovisionen, die bei einem Fonds aus dem Anlagevermögen gezahlt werden. Über sie sei unter bestimmten Umständen, die die Werthaltigkeit betreffen und insoweit beim Anleger ein Fehlverständnis hervorrufen können, aufzuklären.[111] „Aufklärungspflichtige Rückvergütungen liegen dagegen [...] nur dann vor, wenn Teile der Ausgabeaufschläge oder Verwaltungsgebühren, die der Kunde über die Bank an die Gesellschaft zahlt, hinter seinem Rücken an die beratende Bank umsatzabhängig zurückfließen, sodass diese ein für den Kunden nicht erkennbares besonderes Interesse hat, gerade diese Beteiligung zu empfehlen".[112]

Diese Definition ist dem Kick-Back-V-Urteil entnommen. Der Senat wollte in diesem Zusammenhang aber noch einige Punkte „klarstellen": Als *Quelle* der Rückvergütungen seien Ausgabeaufschläge und Verwaltungsvergütungen *nur bei-*

---

[109] OLG Celle, Urt. v. 21.4.2010, Az.: 3 U 202/09 (Juris), Rn. 45 f.
[110] BGH (Kick-Back-VII) ZIP 2011, 855, Rn. 16.
[111] BGH (Kick-Back-VII) ZIP 2011, 855, Rn. 19 ff.
[112] BGH (Kick-Back-VII) ZIP 2011, 855, Rn. 23; vgl. auch Kick-Back-V, supra § 5 A. XI.

spielhaft gemeint. Die Definition solle nur zum Ausdruck bringen, dass die Positionen – anders als Innenprovisionen – nicht im Anlagebetrag versteckt seien, sodass insoweit eine Fehlvorstellung des Anlegers über die Werthaltigkeit der Anlage nicht zu befürchten sei. *Maßgebend* für die Aufklärungspflicht über Rückvergütungen sei, dass diese erforderlich sei, um dem Anleger das *besondere Interesse* der beratenden Bank an der Empfehlung der konkreten Anlage vor Augen zu führen. Insofern sei einer Fehlvorstellung über die *Neutralität der Beratungsleistung* entgegenzuwirken. Die Aufklärungspflicht über Rückvergütungen „beruht allein darauf, dass die beratende Bank als Empfängerin der Rückvergütung ungenannt bleibt. Sie entsteht [...] unabhängig davon, aus welcher offen angegeben Quelle die Rückvergütung an die beratende Bank fließt."[113] Daraufhin verfeinerte der Senat seine Rückvergütungsdefinition dahingehend, dass „[a]ufklärungspflichtige Rückvergütungen [...] – regelmäßig umsatzabhängige – Provisionen [sind], die im Gegensatz zu Innenprovisionen nicht aus dem Anlagevermögen, sondern aus offen ausgewiesenen Provisionen gezahlt werden, sodass beim Anleger zwar keine Fehlvorstellung über Werthaltigkeit der Anlage entstehen kann, deren Rückfluss an die beratende Bank aber nicht offenbart wird, sondern hinter dem Rücken des Anlegers erfolgt, sodass der Anleger das besondere Interesse der beratenden Bank an der Empfehlung gerade dieser Anlage nicht erkennen kann."[114]

Im Fall lägen Rückvergütungen vor, da die Provisionen nicht im Fondsobjekt versteckt gewesen seien, sondern aus den offen ausgewiesenen Vertriebskosten – hinter dem Rücken des Zedenten[115] – an die Beklagte flossen. Auch bei rechtzeitiger Prospektübergabe sei die Aufklärung fehlerhaft gewesen, da die Beklagte als Empfängerin nicht benannt war, jedenfalls die konkrete Höhe der Rückvergütung, die an die Beklagte floss, nicht erkennbar gewesen sei.[116]

Schließlich bekräftigte der XI. Zivilsenat die Grundsätze des III. Zivilsenats bezüglich der Differenzierung von freien und bankgebunden Beratern. Die insoweit typisierende Einordnung von Berufsgruppen zur Unterscheidung von aufklärungspflichtigen und nicht aufklärungspflichtigen Personen habe in Gesetz und Rechtsprechung Vorbilder, wobei insbesondere auf § 31d WpHG oder die unterschiedlichen Pflichtenkreise von Anlageberatern und -vermittlern zu verweisen sei.[117]

---

113 BGH (Kick-Back-VII) ZIP 2011, 855, Rn. 24.

114 BGH (Kick-Back-VII) ZIP 2011, 855, Rn. 25.

115 Der BGH spricht von der Klägerin, die indes nur aus abgetretenem Recht klagte, s.o.

116 BGH (Kick-Back-VII) ZIP 2011, 855, Rn. 26f.

117 BGH (Kick-Back-VII) ZIP 2011, 855, Rn. 28ff. Indes werden ggf. auch Anlagevermittler von § 31d WpHG erfasst, dazu infra § 11 C. III. 2. b); zur „faktischen Ausdehnung" des Anwendungsbereichs durch § 17 FinVermV infra § 11 B. I. 2. b) aa).

3. Einordnung

Der XI. Zivilsenat befasste sich in diesem vierzehnseitigen, leitsatzlosen Hinweisbeschluss mit seiner Rechtsprechung zu Rückvergütungen einer Bank. Zugleich lieferte er eine neue, aus seiner Sicht verfeinerte, Definition der aufklärungspflichtigen Rückvergütungen. Diese stellt inhaltlich auf den Rückfluss an die beratende *Bank* ab. Nähme man dieses Tatbestandsmerkmal ernst, wäre schon deshalb ausgeschlossen, dass die Grundsätze des XI. Zivilsenats in den Fällen betreffend freie Berater Anwendung finden könnten, über die vornehmlich der III. Zivilsenat zu entscheiden hat.[118] Dessen Differenzierung pflichtete der Senat ausdrücklich bei. Betrachtet man die Diskussion, die der Beschluss ausgelöst hat,[119] muss daran gezweifelt werden, dass die bezweckte Klarstellung gelang.

XVII. BGH, Urt. v. 22.3.2011, Az.: XI ZR 33/10 (Swap-Urteil)

1. Sachverhalt

Die Klägerin schloss mit der beklagten Bank einen CMS Spread Ladder Swap-Vertrag. Zuvor wurden der Geschäftsführer und die Prokuristin (eine Diplom-Volkswirtin) der Klägerin von der Beklagten beraten. Der Swap sollte die Zinsbelastungen aus zwei zuvor abgeschlossenen Zinssatz-Swapverträgen reduzieren.[120]

Der Swap war einseitig nur aufgrund eines wichtigen Grundes gegen eine Ausgleichszahlung auflösbar, die sich nach dem aktuellen Marktwert bemessen sollte. Die Klägerin wurde darauf hingewiesen, dass ihre Zahlungsverpflichtung bei einem starken Absinken der Zinsdifferenz theoretisch unbegrenzt sei. Bei Vertragsschluss hatte der Swap einen negativen Marktwert für die Klägerin von ca. 4% der Bezugssumme,[121] worauf die Klägerin nicht hingewiesen wurde. Nachdem die Zinsdifferenz entgegen der Prognose der Beklagten sank, wurde der Swap gegen

---

[118] Dazu ausführlich infra § 5 B. III 1. a) bb) (3). Zu Divergenzen zwischen der Rechtsprechung des III. und XI. Zivilsenats auch nach der Aufgabe der Differenzierung zwischen Rückvergütungen und Innenprovisonen vgl. § 5 A. XL. 3.

[119] Dazu sogleich bei Kick-Back-VIII und Kick-Back-IX, § 5 A. XIX. und XX.

[120] Als Bezugsbetrag wurde für die Laufzeit von fünf Jahren die Summe von 2 Mio. € festgesetzt. Die Beklagte verpflichtete sich, in diesem Zeitraum halbjährlich Zahlungen in Höhe eines festen Zinssatzes von 3% auf die Bezugssumme zu zahlen, während die Klägerin im ersten Jahr 1,5% p.a. zahlen musste und anschließend einen variablen Zinssatz, der nicht unter 0,0% (sog. *floor*) fallen konnte und im Übrigen vom Spread zwischen 10-Jahres-Swap-Mittelsatz auf EURIBOR-Basis und 2-Jahres-Swap-Mittelsatz auf EURIBOR-Basis abhing. Die genaue Berechnungsformel lautete: 1,5% p.a. plus 3 x [1,00% p.a. (sog. *strike*) minus (10-Jahres-Swap-Mittelsatz auf EURIBOR-Basis minus 2-Jahres-Swap-Mittelsatz auf.EURIBOR-Basis)]. Halbjährlich sollte eine neue Berechnung stattfinden, wobei der Anfangswert von 1,5% durch den vorangegangenen variablen Satz ersetzt wurde (sog. *memory effect*) und der *strike* bis zum Ende der Laufzeit auf 0,55% absinken sollte.

[121] Zur Bedeutung des anfänglichen negativen Marktwerts ausführlich supra § 3 B. V. 2. c).

Zahlung eines Ausgleichbetrags in Höhe des aktuellen Marktwerts abgelöst. Die Klägerin verlangte Schadensersatz wegen fehlerhafter Anlageberatung.[122]

2. *Entscheidung*

Die Klage war in den Vorinstanzen erfolglos geblieben. Die Beklagte habe nicht über den negativen Marktwert aufklären müssen, da dieser Betrag nur angebe, was der Kunde im Falle einer vorzeitigen Ablösung zu zahlen habe. Insofern sei er also ein „vorläufig theoretische[r] Betrag", der permanenter Veränderung unterliege und nur eine Momentaufnahme darstelle. Ferner habe die Beklagte zuvor mit anderen Banken bereits Swaps abgeschlossen und ihr sei daher bekannt gewesen, dass diese „unterschiedliche Startchancen" – ausgedrückt in nicht ausgeglichenen Marktwerten – enthielten. Schließlich sei die Ausgleichszahlung einer Vorfälligkeitsentschädigung ähnlich.[123]

Der XI. Zivilsenat hob die Entscheidung des Berufungsgerichts auf und verurteilte die Bank zum Schadensersatz, wobei er tragend auf die Nichtaufklärung über den negativen Marktwert abstellte.[124] Das Berufungsgericht habe die Bedeutung des negativen anfänglichen Marktwerts verkannt. Er sei Ausdruck eines *schwerwiegenden Interessenkonflikts* und habe daher für die Klägerin maßgebliche Bedeutung für die Beurteilung der „Zinswette".[125] Aufgrund des Beratungsvertrags sei die Bank verpflichtet, eine „*allein* am Kundeninteresse ausgerichtete Empfehlung abzugeben" [Hervorh. durch Verf.]. Das Beratungsziel in Frage stellende Interessenkollisionen seien daher zu vermeiden bzw. offenzulegen. Dieser allgemeine zivilrechtliche Grundsatz sei auch in § 31 Abs. 1 Nr. 2 WpHG normiert. Daraus folge, dass der „bewusst strukturierte negative Anfangswert" des Swaps aufklärungspflichtig sei.[126] Die Bank befinde sich in einem schwerwiegenden Interessenkonflikt, da sie als „Partnerin der Zinswette" eine Rolle übernehme, die den Interessen des Kunden entgegengesetzt sei. Ihr Gewinn sei spiegelbildlich der Verlust der Klägerin. Dieser Interessenkonflikt werde nicht durch „*hedge*-Geschäfte" gelöst, in denen die Bank ihre Position aus dem Swap an andere Marktteilnehmer weitergibt. Die weitere *spread*-Entwicklung könne der Bank nur deshalb egal sein, weil sie ihren Gewinn durch die Gegengeschäfte bereits realisiert habe. Den Vorteil, dass der „Markt" das

---

[122] Darauf hat sich dann auch der BGH in seinem Urteil gestützt und andere Fragen, betreffend §§ 138 Abs. 1, 307 Abs. 1 Satz 2 und 123 Abs. 1 BGB offen gelassen. Dazu kritisch *Lehmann*, JZ 2011, 749; *Roth*, in: Kölner Komm WpHG², § 37d, f a.F. Rn. 65 a.E.

[123] OLG Frankfurt a.M., Urt. v. 30.12.2009, Az.: 23 U 175/08, ZIP 2010, 921, 925; vgl. auch BGH (Swap-Urteil) BGHZ 189, 13 = NJW 2011, 1949, Rn. 14.

[124] Vgl. *Lehmann*, JZ 2011, 749 („eigentliche Innovation" des Urteils).

[125] BGH (Swap-Urteil) BGHZ 189, 13 = NJW 2011, 1949, Rn. 31; zur zweifelhaften Einordnung dieses Geschäfts (und anderer Konstellationen) als Wette supra § 3 B. V. 2. d).

[126] BGH (Swap-Urteil) BGHZ 189, 13 = NJW 2011, 1949, Rn. 32 f.

Risiko der Klägerin in Höhe von 4% des Bezugsbetrags negativ bewerte, habe sich die Beklagte durch „*hedge*-Geschäfte" abkaufen lassen.[127]

Die *Marktüblichkeit* der einstrukturierten Gewinnmarge sei *unerheblich. Irrelevant* sei ebenso, ob durch sie die *Erfolgschancen des Klägers* wesentlich beeinflusst würden. Maßgeblich sei *allein*, dass die Beklagte sich gerade das Risiko abkaufen ließe, das der Kunde nur aufgrund ihrer Beratung übernommen habe – auch wenn die Bankprognose bezüglich der *spread*-Entwicklung vertretbar war –, weshalb die *Integrität ihrer Beratungsleistung* in Zweifel zu ziehen sei.[128] Es könne nicht davon ausgegangen werden, dass der Klägerin aufgrund vorheriger Swap-Verträge das Phänomen der anfänglichen negativen Marktwerte bekannt gewesen sei, da schon nicht ersichtlich sei, ob die Klägerin in diesen Fällen darauf hingewiesen wurde.[129]

Eine Bank, die eigene Anlageprodukte empfehle, sei zwar *nicht dazu verpflichtet*, darauf hinzuweisen, dass sie damit Gewinn erwirtschaften wolle. Dies sei offensichtlich.[130] Der aufklärungspflichtige Interessenkonflikt liege *nicht in der allgemeinen Gewinnerzielungsabsicht*, sondern *allein* in der Besonderheit des konkret empfohlenen Produkts, „dessen Risikostruktur [die Bank] bewusst zu Lasten des Kunden gestaltet hat, um unmittelbar im Zusammenhang mit dem Vertragsschluss das Risiko ‚verkaufen' zu können, das der Kunde aufgrund ihrer Beratungsleistung übernommen hat". Dies könne der Kunde aber nicht erkennen. Die in den *Konditionen erkennbare* Chancenverschiebung sei *unerheblich*, da „mehr oder weniger finanzmathematische Berechnungen" erforderlich seien, zu denen der Kunde normalerweise nicht in der Lage sei.[131]

3. Einordnung

An dieser Stelle kann bezüglich einiger Punkte auf die obige Darstellung hinsichtlich der Bankenrolle im Finanzmarkt verwiesen werden.[132] Die Behauptung, dass die Bank mit dem Geschäft ihre Rolle als „Dienstleister des Kunden" verließe, ist nicht zutreffend.[133] Schon das Geschäft stellt jedenfalls im Rechtssinn keine „spekulative Wette" dar, bei dem die Bank „Wettpartnerin" ist. Vielmehr bietet sie dem Kunden die Möglichkeit – gegebenenfalls aus Kundensicht auch spekulative – De-

---

[127] BGH (Swap-Urteil) BGHZ 189, 13 = NJW 2011, 1949, Rn. 34 ff.

[128] BGH (Swap-Urteil) BGHZ 189, 13 = NJW 2011, 1949, Rn. 36.

[129] BGH (Swap-Urteil) BGHZ 189, 13 = NJW 2011, 1949, Rn. 37.

[130] Vgl. auch in anderem Zusammenhang *Koller*, ZBB 2007, 197, 199 mit Fn. 26 („Von einem GmbH-Geschäftsführer kann man erwarten, dass er den Interessenkonflikt, der mit einem Angebot hauseigener Produkte verbunden ist, ohne weiteres durchschaut.").

[131] BGH (Swap-Urteil) BGHZ 189, 13 = NJW 2011, 1949, Rn. 38.

[132] Supra § 3 B.

[133] So auch *Clouth*, in: Praktikerhdb. Wertpapier- und Derivategeschäft[4], Rn. 1177; *Hanowski*, NZG 2011, 573, 575; dem BGH hingegen zustimmend *Lieder*, GWR 2011, 175; ausführlich supra § 3 B. V. 2. d) bb).

rivatgeschäfte abzuwickeln, was ihrer Rolle als Finanzintermediärin entspricht.[134] Die besondere Verwerflichkeit, die der BGH dem getätigten *hedge*-Geschäft beimisst, weil es dafür stehe, dass die Bank sich das dem Kunden empfohlene Risiko abkaufen lasse, überzeugt daher ebenfalls nicht.[135]

Der BGH stellte zwar heraus, dass die Gewinnerzielungsabsicht als solche nicht aufklärungspflichtig sei,[136] an anderer Stelle lässt sich dem Urteil aber doch das Verständnis entnehmen, dass der hier aufklärungspflichtige negative Marktwert die „einstrukturierte Gewinnmarge" der Bank sei.[137] Die (potentielle) Aufklärungspflicht über monetäre Eigeninteressen ist somit das verknüpfende Merkmal der Rechtsprechung zu Swaps (und anderen Derivaten) und zu Finanzprodukten, die im provisionsgestützten Vertrieb vermittelt werden.[138]

Die Bankprognose bezüglich der *spread*-Entwicklung sei im vorliegenden Fall vertretbar gewesen, d.h. es war nicht unwahrscheinlich, dass *beide Seiten* einen Gewinn hätten realisieren können.[139] Dass die Marge dennoch aufklärungspflichtig war, zeigt, dass es nicht ausreichte, dem Kunden ein „passendes" Produkt zu empfehlen,[140] sondern dass dem Kunden eine eigenverantwortliche Entscheidung in Folge „unzweifelhafter Beratungsleistung" ermöglicht werden soll.[141] Ob die Ausführungen des Senats zu den bereits zuvor abgeschlossenen Swap-Geschäften darauf schließen lassen, dass ein negativer Marktwert grundsätzlich aufklärungspflichtig ist oder ob dies – wie die Formulierung im Urteil andeutet – mit den besonderen Gegebenheiten des konkreten Produkts (besondere Komplexität) zusammenhängt, bleibt unklar.[142]

---

[134] Vgl. *Clouth*, in: Praktikerhdb. Wertpapier- und Derivategeschäft[4], Rn. 1179 (Gegenleistung für Dienstleistung als Intermediär) und supra § 3 B. V. 2. d) bb).

[135] Ausführlich zum *hedging* bereits supra § 3 B. V. 2. c) bb) (2) (a).

[136] Zur Argumentation mit „Offenkundigkeitsgesichtspunkten" im Urteil *Hanowski*, NZG 2011, 573, 574; ferner infra § 5 B. II.

[137] Vgl. BGH (Swap-Urteil) BGHZ 189, 13 = NJW 2011, 1949, Rn. 36; so auch *Schäfer* beim Bankrechtstag, zitiert nach *Walz/Leffers*, WM 2012, 1457, 1460 (BGH habe im Urteil eine Aufklärungspflicht über die Gewinnmarge statuiert).

[138] Vgl. auch *Schäfer*, in: Bankrechtstag 2012, S. 65, 71.

[139] Die Bank durch die Realisierung des anfänglichen Marktwerts, der Kunde über die Entwicklung seiner Position aus dem Swap. Es ist daher nicht richtig, dass der Gewinn des einen Teils der „spiegelbildliche Verlust" des anderen Teils des Geschäfts ist, so aber anscheinend BGH (Swap-Urteil) BGHZ 189, 13 = NJW 2011, 1949, Rn. 34; wie der BGH *Köndgen/Sandmann*, ZBB 2010, 77, 89; vgl. aber auch *Grigoleit*, in: Bankrechtstag 2012, S. 25, 29, wonach selbst im Sachverhalt des Swap-Urteils finanzmathematisch im Ergebnis ein positiver Saldo für den Kunden zu erwarten gewesen wäre.

[140] „Passend" kann hier als „nach den sonstigen Vertriebsvorgaben zulässig zu empfehlendes Produkt" verstanden werden. Ob das im konkreten Fall so war, kann dahin gestellt bleiben. Auch das Urteil basiert nicht auf derartigen Überlegungen.

[141] Weitergehend noch *Grundmann*, WM 2012, 1745, 1750 (Aufklärungspflicht hätte auch ohne Beratungsvertrag bestanden, da Interessenkonflikt „exorbitant" gewesen sei).

[142] Zum Problem infra § 5 B. I. 1. b) bb).

XVIII. BGH, Urt. v. 5.5.2011, Az.: III ZR 84/10 (Freier Anlageberater-IV)

1. Sachverhalt

Die Klägerin zeichnete zwei Kommanditbeteiligungen an geschlossenen Fonds nach einem Beratungsgespräch mit einem Mitarbeiter des Beklagten. Zusätzlich zur Einlagesumme war in einem Fall ein Agio von 5% zu zahlen, im anderen eine Abwicklungsgebühr von ebenfalls 5%. Die Klägerin verlangte Schadensersatz gestützt auf fehlerhafte Anlageberatung, da sie nicht über die Höhe der Provisionen (konkret 11%) aufgeklärt worden sei, die der Beklagte für eine erfolgreiche Empfehlung erhalten sollte. Die Klägerin vergütete den Beklagten nicht selbst.

2. Entscheidung

Vor dem Oberlandesgericht war die Klägerin erfolgreich gewesen, da der freie Anlageberater ebenso wie eine Bank den Kunden über Provisionen aufklären müsse. Zwar sei der Klägerin klar gewesen, dass der Berater eine Provision erhalten würde, aber nicht in welcher Höhe. Der BGH hob dieses Urteil auf. Unerheblich war für den Senat, ob der Beklagte wirklich Anlageberater oder nur Anlagevermittler gewesen sei, da ihn als Anlageberater die vom Berufungsgericht angenommene Pflicht ebenso wenig treffe. Für den Anleger bestünde regelmäßig *kein schützenswertes Vertrauen* darauf, *dass der freie*, von ihm selbst nicht vergütete Anlageberater *keine Leistungen des Kapitalsuchenden erhalte*. Vielmehr seien dem Anleger sowohl die Provisionsvergütung des Beraters durch den Kapitalsuchenden als auch der damit (möglicherweise) verbundene Interessenkonflikt bewusst. Bezüglich der genauen Höhe sei bei gebotener Abwägung dem Anleger zuzumuten, dass er nachfrage.[143]

XIX. BGH, Beschl. v. 19.7.2011, Az.: XI ZR 191/10 (Kick-Back-VIII)

Dem Beschluss lag der Sachverhalt aus Kick-Back-VII zugrunde. Der Senat erließ nunmehr den Zurückweisungsbeschluss nach § 552a ZPO i.V.m. § 522 Abs. 2 S. 2, 3 ZPO, auf den sich der Hinweisbeschluss vom 9.3.2011 (Kick-Back-VII) bezogen hatte.[144] Die Rechtsfrage, was unter aufklärungspflichtigen Rückvergütungen zu verstehen sei, könne aufgrund der bisherigen Senatsrechtsprechung beantwortet werden.[145] Die *unterschiedliche dogmatische Behandlung von Innenprovisionen und Rückvergütungen* sei bereits im Hinweisbeschluss dargestellt worden. Im Übrigen halte der Senat an seiner Rechtsprechung zur Aufklärungspflicht der anlagebe-

[143] BGH (Freier Anlageberater-IV) BeckRS 2011, 13871, Rn. 10.

[144] Dazu sehr kritisch *Nobbe*, BKR 2011, 302 (es sei unverständlich, dass der Senat die Voraussetzungen des § 552a ZPO für gegeben halte); *Schnauder*, jurisPR-BKR 1/2012 Anm. 1 („nicht recht verständlich").

[145] BGH (Kick-Back-VIII) ZIP 2011, 1559, Rn. 1. Von dieser hier noch dogmatisch verteidigten Rechtsprechung wandte sich der XI. Zivilsenat in Innenprovisionen-V ab, dazu infra § 5 A. XL.

ratenden Bank über Rückvergütungen fest. Dagegen könne nicht das Swap-Urteil angeführt werden, da es dort um „den in den Vertragsbedingungen einkalkulierten Gewinn des Verkäufers im Zweipersonenverhältnis ging". Vorliegend seien hingegen heimliche Provisionsrückflüsse von Dritten betroffen. In diesem *Drei-Personen-Verhältnis* sei der *Interessenkonflikt nicht offenkundig*, weshalb darüber aufgeklärt werden müsse. Diese Differenzierung sei auch in § 31d WpHG angelegt.[146]

Im Fall seien zumindest teilweise Rückvergütungen aus dem Agio geflossen.[147] Es liege keine Divergenz zur Rechtsprechung des III. Zivilsenats vor.[148] Schließlich sei kein unvermeidbarer Rechtsirrtum anzunehmen.[149] Eine ordnungsgemäße Aufklärung sei ferner nicht durch Prospekt erfolgt, da dieser nicht rechtzeitig übergeben worden sei.[150]

XX. BGH, Beschl. v. 24.8.2011, Az.: XI ZR 191/10 (Kick-Back-IX)

1. Sachverhalt und Entscheidung

Der Beschluss brachte die Trilogie zum Sachverhalt aus Kick-Back-VII zum Abschluss. Gegen den Beschluss vom 19.7.2011 (Kick-Back-VIII) hatte die Beklagte eine Gehörsrüge erhoben. Diese wurde nunmehr zurückgewiesen. Eine weitreichende Rechtsprechungsänderung sei entgegen einer Anmerkung des ehemaligen Vorsitzenden des Bankrechtssenats[151] nicht gegeben. Für dessen Auffassung könne nicht auf die Ausführungen in Kick-Back-V zurückgegriffen werden. Aus ihnen folge „keineswegs, dass ‚im Anlageprospekt offen ausgewiesene Innenprovisionen, d.h. im Anlagebetrag enthaltene Vertriebsprovisionen ... expressis verbis keine aufklärungspflichtigen Rückvergütungen' sind."[152] Terminologisch seien „offen ausgewiesene Innenprovisionen" bereits ein Widerspruch in sich, ferner sei der Sachverhalt in der Anmerkung falsch wiedergegeben worden: Die beratende Bank habe keine „Innenprovisionen kassiert". Vielmehr sei die Bank in den Prospekten ausdrücklich als Empfängerin der (auch der Höhe nach) korrekt ausgewiesenen Provisionen genannt gewesen, weshalb weder „verheimlichte Rückvergütungen noch versteckte Innenprovisionen" vorgelegen hätten.[153] Verweise in der angegebenen Anmerkung auf Innenprovisionen-IV[154] gingen fehl, da es dort nicht um die Frage verheimlichter Interessenkollisionen gegangen sei. Die Annahme, aus Kick-Back-V und Innenprovisionen-IV ließe sich entnehmen, dass, wenn die Provisionen im kon-

---

146 BGH (Kick-Back-VIII) ZIP 2011, 1559, Rn. 4.
147 BGH (Kick-Back-VIII) ZIP 2011, 1559, Rn. 5.
148 BGH (Kick-Back-VIII) ZIP 2011, 1559, Rn. 6ff.
149 BGH (Kick-Back-VIII) ZIP 2011, 1559, Rn. 12.
150 BGH (Kick-Back-VIII) ZIP 2011, 1559, Rn. 17.
151 *Nobbe*, BKR 2011, 302ff.
152 BGH (Kick-Back-IX) ZIP 2011, 1807, Rn. 6.
153 BGH (Kick-Back-IX) ZIP 2011, 1807, Rn. 6f.
154 Dazu supra § 5 A. VIII.

kreten Fall nur im Prospekt als solche ausgewiesen worden wären, eine Aufklärungspflicht entfiele, entbehre jeglicher Grundlage. Deshalb könne nicht von einer weitreichenden Rechtsprechungsänderung gesprochen werden.[155] Die Frage, ob die beratende Bank über von ihr bezogene Innenprovisionen aufklären muss, stelle sich im Fall gar nicht, sondern es ginge allein darum, ob die Bank darüber aufklären müsse, „dass und in welcher Höhe sie Empfängerin der im Anlageprospekt offen ausgewiesenen Leistungen ist, damit der Anleger ihr *besonderes Interesse* an der *Empfehlung gerade dieser Anlage* erkennen kann“ (Hervorh. durch Verf.).[156]

2. Einordnung

Es ist bemerkenswert, mit welcher Schärfe sich der Senat den Ausführungen seines ehemaligen Vorsitzenden *Nobbe* widmet.[157] In der Subsumtion bezüglich der betreffenden Vergütungen gelangt der BGH zum Vorliegen von Rückvergütungen, da „zwar verschiedene Provisionen offen ausgewiesen sind, jedoch nicht angegeben wird, dass und in welcher Höhe die Beklagte als beratende Bank diese Provisionen – teilweise – bezieht.“[158] Nach der Definition reicht es aber nicht aus, dass eine Provision offen ausgewiesen ist, um sie zur aufklärungspflichtigen Rückvergütung zu machen. Sie dürfen gerade nicht aus dem Anlagevermögen entnommen werden.[159] Hier wurden Teile der Bankvergütung dem „Nominalkapital“ entnommen, da sie nicht aus gesondert erhobenen Aufschlägen und/oder Gebühren stammten. Ausgewiesen waren sie dennoch. Da der BGH diese Teile ebenfalls als aufklärungspflichtig ansieht, lässt sich der Entscheidung bereits entnehmen, dass der BGH eine bestimmte Vorstellung vom Begriff des Anlagevermögens zugrunde legt. Darauf wird zurückzukommen sein.[160]

XXI. BGH, Urt. v. 20.9.2011, Az.: II ZR 277/09

1. Sachverhalt

Die beklagte Privatbank beteiligte sich an einer Fondsgesellschaft und räumte der Klägerin eine Unterbeteiligung ein. Zwischen den Parteien wurde eine Innengesell-

---

[155] BGH (Kick-Back-IX) ZIP 2011, 1807, Rn. 9 f.

[156] BGH (Kick-Back-IX) ZIP 2011, 1807, Rn. 11.

[157] Vgl. auch *Schnauder*, jurisPR-BKR 1/2012 Anm. 1 („offene Kontroverse [...] in ungewöhnlich scharfer Form“); *Wiechers*, WM 2012, 477, 482 (Besprechung sei in der Diktion „ungewöhnlich“). Einigermaßen kurios mutet an, dass der BGH im Beschluss auf die *unvoreingenommen* analysierende Literatur hinweist, die ihn (im Gegensatz zu *Nobbe*) richtig verstanden habe, wobei zwei der zitierten vier Literaturbeiträge vom Richter des XI. Zivilsenats *Ellenberger* stammen, BGH (Kick-Back-IX) ZIP 2011, 1807, Rn. 8.

[158] BGH (Kick-Back-IX) ZIP 2011, 1807, Rn. 5; der Abgrenzungsschwierigkeiten hat sich der XI. Zivilsenat im Innenprovisionen-V-Urteil für die Zukunft entledigt, § 5 A. XL.

[159] BGH (Kick-Back-IX) ZIP 2011, 1807, Rn. 4; nicht auf die Quelle abstellend Rn. 11.

[160] Ausführlich infra § 5 B. III. 1. a) bb) (1).

schaft bürgerlichen Rechts vereinbart. Die Klägerin zahlte zuzüglich zur Einlagesumme ein Agio in Höhe von 5%. Für diese Unterbeteiligung war die Klägerin von einem Dritten geworben worden, der eine Empfehlung bezüglich der Anlage aussprach. Dafür erhielt er von der Bank eine Bonifikation, worüber die Klägerin von der Bank nicht aufgeklärt wurde. Darauf gestützt verlangte die Klägerin Schadensersatz von der Beklagten.

2. Entscheidung

Die Klägerin war in den ersten beiden Instanzen erfolgreich. Die Beklagte habe die Klägerin aus c.i.c. auf die Provisionsvereinbarung hinweisen müssen, da diese das Interesse der Klägerin an einer neutralen und sachgerechten Beratung gefährdet habe. Es sei unerheblich, ob der Empfehlende Vermögensverwalter oder Anlageberater gewesen sei.

Der BGH hob die Entscheidung auf und verwies zurück. Zwar könne die Beklagte verpflichtet sein, beim Abschluss der (Innen-)GbR den Anleger über „alle für seine Anlageentscheidung wesentlichen Umstände zutreffend, verständlich und vollständig" aufzuklären.[161] Die gezahlte Provision betreffe jedoch nicht die Hauptbeteiligung. Zur Offenlegung sei die Beklagte auch sonst nicht verpflichtet gewesen, selbst wenn der Empfehlende als *Anlagevermittler* zugleich für den Anleger *beratend* tätig gewesen sei. Die allgemeinen Anforderungen für eine Aufklärungspflicht des Vertragspartners über *Umstände*, die für den anderen Teil *von wesentlicher Bedeutung* sind, seien nicht erfüllt. Ein Kick-Back-I vergleichbarer Fall läge nicht vor. Wäre der Empfehlende hier Anlageberater gewesen, könne nicht aus dessen Pflicht „neutral" zu beraten, eine einem Vermögensverwalter vergleichbare Verpflichtung entnommen werden, die Interessen des Anlegers so wahrzunehmen, dass die Anlageempfehlung von eigenen Erwerbsinteressen unbeeinflusst ist. Insofern gelte nämlich die Rechtsprechung des III. Zivilsenats betreffend freie Anlageberater, die nicht in jedem Fall über erhaltene Rückvergütungen aufklären müssten. Zwar habe die Klägerin dem Empfehlenden auch eine Vergütung gezahlt, allerdings sei unklar, wofür diese entrichtet wurde, sodass dieser Umstand bezüglich der Aufklärungspflichten nicht herangezogen werden könne.[162]

3. Einordnung

Die Konstellation entspricht im Ausgangspunkt der aus Kick-Back-I. Eine Aufklärungspflicht konnte indes nicht angenommen werden, weil unklar war, ob der Provisionsempfänger der Klägerin in ähnlicher Weise wie ein Vermögensverwalter zur völlig neutralen Leistung verpflichtet war. Wäre er Anlageberater gewesen, hätten

[161] BGH ZIP 2011, 2145, Rn. 11.
[162] BGH ZIP 2011, 2145, Rn. 12ff.

die Rechtsprechungsgrundsätze des III. Zivilsenats, denen sich der II. Zivilsenat anschließt, dazu geführt, dass über Rückvergütungen nicht hätte aufgeklärt werden müssen, insofern also die Klägerin die Eigeninteressen des Beraters hätte in Rechnung stellen müssen.

Eine interessante Fußnote ist, dass der II. Zivilsenat völlig zwanglos davon spricht, dass der Anlage*vermittler* zugleich für den Anleger *beratend* tätig sein kann. Die *Beratungsleistung* würde ihn jedenfalls nach Ansicht des XI. Zivilsenats zum Anlageberater machen und dazu führen, dass er seine Stellung als erkennbar für den Kapitalsuchenden tätigen Vermittler verlässt.[163]

XXII. BGH, Urt. v. 20.9.2011, Az.: II ZR 4/10

1. Sachverhalt

Es handelte sich um eine Parallelsache zum Urteil unter dem Az.: II ZR 277/09. Vorliegend wurde die Aufklärungspflichtverletzung auch darauf gestützt, dass die Beklagte als Gesellschafterin einen Sondervorteil in Höhe von 4% des Beteiligungsbetrags (im Unterbeteiligungsvertrag als Platzierungsprovision bezeichnet, der Höhe nach indes nicht angegeben) erhalten habe, auf den sie die Klägerin nicht hingewiesen habe.

2. Entscheidung

Der Senat hob das stattgebende Urteil des Oberlandesgerichts auf. Zwar seien den Gründungsgesellschaftern gewährte Sondervorteile offenzulegen, damit der Anleger ein zutreffendes Bild über das Beteiligungsobjekt erhält. Die *Höhe* der Vergütung stelle nach diesen Grundsätzen jedoch *keinen aufklärungspflichtigen Umstand* dar, da sie für die Entschließung des Anlegers *keine wesentliche Bedeutung* gehabt hätte, denn die auf die Beklagte entfallende Vergütung habe die Erfolgsaussichten der Anlage nicht erkennbar berührt.[164] Eine solche Aufklärungspflicht ließe sich auch *nicht* mit einem *Interessenkonflikt* bei der Beklagten begründen, da die diesbezügliche Rechtsprechung des XI. Zivilsenats an einen Beratungsvertrag im Verhältnis Bank-Kunde anknüpfe, der hier nicht festgestellt wurde.

3. Einordnung

Die Bank erhielt eine Vertriebsvergütung für eine übernommene Platzierungsgarantie.[165] Die Aufklärungspflichten, die die beratende Bank bei Eigeninteressen

---

[163] Vgl. dazu supra § 2 B. und infra § 6 A. I. 4. a) aa) (2).

[164] BGH BeckRS 2011, 24539, Rn. 20 ff.

[165] Wobei der XI. Zivilsenat davon ausgeht, dass Platzierungsgarantieprovisionen nicht Teil der Vertriebskosten seien, BGH (Kick-Back-VIII) ZIP 2011, 1559, Rn. 5.

treffen, greifen aber nach der Rechtsprechung nur, wenn ein Beratungsvertrag vorliegt. Aus c.i.c. lässt sich eine solche Aufklärungspflicht nach Sicht des Senats nicht herleiten. Dies unterstreicht die Relevanz des Beratungsvertrages für die Pflichtenbegründung aus Rechtsprechungssicht.

XXIII. BGH, Urt. v. 27.9.2011, Az.: XI ZR 182/10 (Lehman-I)

1. Sachverhalt

Die Klägerin erwarb nach einem Beratungsgespräch Zertifikate der Lehman Brothers Treasury Co. B.V.[166] zum Nominalwert von 1.000 € zuzüglich eines Ausgabeaufschlags von 1 %. Die beklagte Bank, die die Papiere bereits in ihrem Eigenbestand hielt, hatte diese zuvor gegen einen Preisabschlag (2,75 % des Nennwerts) von der Emittentin erworben und erhielt von dieser gegen Abschlag ein Rückgaberecht für nicht platzierte Zertifikate. Die Klägerin verlangte Schadensersatz gestützt auf fehlerhafte Anlageberatung, weil die Bank eine Aufklärungspflicht bezüglich ihrer Gewinnmarge verletzt habe.

2. Entscheidung

Das Landgericht hatte der Klage stattgegeben. Die Entscheidung wurde vom Berufungsgericht aufgehoben. Es sei keine Pflichtverletzung, nicht über die Gewinnmarge aufzuklären, da in der zu entscheidenden Situation keine Vergleichbarkeit mit der Kick-Back-Rechtsprechung gegeben sei. Würde man dies anders beurteilen, müssten Banken ihre gesamte Ertragsstruktur offenlegen, an deren Geheimhaltung sie ein erhebliches und schutzwürdiges Interesse hätten. Auch dem Privatanleger müsse klar sein, dass, wenn er für eine Beratungsleistung keine gesonderte Vergütung entrichte, sein Vertragspartner dann aus der Leistung selbst einen Gewinn ziehe. Dies gelte sowohl für eigene Produkte wie für Fremdprodukte, die aus dem Eigenbestand verkauft werden. Daher könne offenbleiben, ob die Klägerin gewusst habe, dass die Beklagte den Verkauf als Eigengeschäft durchgeführt habe.[167] Selbst wenn man in der Gewinnmarge einen für den Anleger nachteiligen Interessenkonflikt sehen würde, habe im vorliegenden Fall dennoch keine Offenbarungspflicht bestanden, da das konkrete Produkt im Vergleich mit alternativen Anlagen nicht besonders gewinnbringend gewesen sei.[168]

---

[166] Tatsächlich war eine Enkelgesellschaft als Emittentin aufgetreten. Aufgrund der fehlerhaften Darstellung bejahte das OLG München, Urt. v. 22.5.2012, Az.: 5 U 1725/11, BKR 2012, 462, Ansprüche aus Prospekthaftung und fehlerhafter Anlageberatung. Der BGH, Urt. v. 21.3.2013, Az.: III ZR 182/12, WM 2013, 836, Rn. 19, sah dies anders, da „wirtschaftlich gesehen [...] die Werthaltigkeit der Garantie durch die Holdinggesellschaft" im Vordergrund stehe.

[167] OLG Hamburg, Urt. v. 23.4.2010, Az.: 13 U 117/09, ZIP 2010, 973, 974; vgl. auch BGH (Lehman-I) BGHZ 191, 119 = NZG 2012, 25 Rn. 13 f.

[168] OLG Hamburg, Urt. v. 23.4.2010, Az.: 13 U 117/09, ZIP 2010, 973, 974 f. vgl. auch BGH (Lehman-I) BGHZ 191, 119 = NZG 2012, 25, Rn. 15.

Der XI. Zivilsenat hielt das Berufungsurteil. Die Beklagte sei aus dem Beratungsvertrag zur anleger- und objektgerechten Beratung verpflichtet gewesen. Diese Pflichten habe sie nicht verletzt. Bezüglich der Gewinnmarge bestehe keine Aufklärungspflicht. Dies sei zwar in Rechtsprechung und Schrifttum umstritten. Die ablehnende Auffassung treffe aber zu, da in Fällen, in denen die Bank eigene Anlageprodukte empfehle, das *Gewinninteresse* für den Kunden *offensichtlich* sei und nichts anderes gelte, wenn fremde Produkte im Wege des Eigengeschäfts zu einem über dem Einkaufspreis liegenden Preis veräußert würden.[169]

Die höchstrichterliche Rechtsprechung zu Rückvergütungen und Innenprovisionen führe nicht zu anderen Ergebnissen. *Einkaufsrabatte* fielen schon *nicht* unter die Definition der *Innenprovision* als „nicht ausgewiesene Vertriebsprovision [...], die in Anschaffungs- oder Herstellungskosten eines Kaufobjekts – versteckt – enthalten sind". Das Interesse des Anlegers am Erwerb einer werthaltigen Anlage werde bereits durch die Pflicht des Beraters zur objektgerechten Beratung geschützt. Ferner werde der Wert des Papiers nicht durch den Rabatt an die beratende Verkäuferin beeinträchtigt.[170]

Auch eine aufklärungspflichtige *Rückvergütung liege mangels* erforderlichen *Drei-Personen-Verhältnisses nicht vor*, da ein Festpreisgeschäft vorläge und kein Kommissionsgeschäft. Es liege kein Widerspruch darin, dass das Berufungsgericht ein Eigengeschäft angenommen habe und zugleich offen ließ, ob die Klägerin dies erkennen konnte. Für die Frage, wie die Beklagte die Annahme ihres Verkaufsangebots verstehen konnte, komme es maßgeblich auf ihren Empfängerhorizont an.[171]

Eine Übertragung der Rückvergütungsrechtsprechung auf Eigengeschäfte komme nicht in Betracht, da es an einem *vergleichbaren Interessenkonflikt fehle*. Die Bank erwirtschafte ihren Ertrag aus dem offen ausgewiesenen Ausgabeaufschlag und aus dem rabattierten Einkauf. Daneben habe die Klägerin *nichts* an die Emittentin zu zahlen, was dann an die Bank *zurückfließe*. Nach der *gesetzgeberischen Grundentscheidung* treffe den Verkäufer, anders als den Kommissionär, in Bezug auf Provisionen, keine Pflicht zur Offenlegung von Gewinn- und Handelsspanne. Diese Wertung sei *auch im* Rahmen des neben dem Kaufvertrag bestehenden *Beratungsvertrags zu beachten*. Die Anlegerinteressen seien durch die Pflicht zur anleger- und objektgerechten Beratung hinreichend geschützt. Bezüglich offensichtlicher Umstände, wie hier die dem Kaufvertrag immanenten Gewinninteressen der Bank, komme eine unterschiedliche Behandlung zwischen Kaufvertrag und Beratungsvertrag nicht in Betracht. „Was für den Kunden im Rahmen eines Kaufvertrags offensichtlich ist, lässt innerhalb des Beratungsvertrags seine Schutzwürdigkeit entfallen."[172]

---

169 BGH (Lehman-I) BGHZ 191, 119 = NZG 2012, 25, Rn. 35 ff.
170 BGH (Lehman-I) BGHZ 191, 119 = NZG 2012, 25, Rn. 38 f.
171 BGH (Lehman-I) BGHZ 191, 119 = NZG 2012, 25, Rn. 40 f.
172 BGH (Lehman-I) BGHZ 191, 119 = NZG 2012, 25, Rn. 42 ff.

Diesem Ergebnis stünden europarechtliche Gesichtspunkte nicht entgegen.[173] Es sei ferner unerheblich, ob der Klägerin bekannt gewesen sei, dass das Geschäft als Eigengeschäft der Bank ausgeführt wurde. Eine Hinweispflicht darauf gebe es nicht.[174] Soweit diese aufsichtsrechtlich (Teil B Nr. 3.3 Abs. 5 RL BAWe vom 23. August 2001) vorgeschrieben sei, verfolge sie einen anderen Schutzzweck, nämlich dem Käufer zu verdeutlichen, dass das Geschäft für ihn bindend sei. Eine Pflicht zur Aufklärung über die Gewinnmarge ließe sich der Vorschrift jedenfalls nicht entnehmen. Eine Aufklärung über das Eigengeschäft wäre für den Anleger bedeutungslos, weil sie nur die Information enthalte, dass der Kunde nicht über Existenz und Höhe der Handelsspanne aufzuklären sei. Darin unterscheide sich die über die zu befindende Konstellation entscheidend von den Rückvergütungsfällen, in denen auch über die Höhe der Provision aufgeklärt werden müsse. „Die Aufklärungspflicht der Bank über Provisionen richtet sich daher nach der Rechtsnatur des objektiv vorliegenden Effektengeschäfts, während das Wissen und die Kenntnis bzw. Unkenntnis des Anlegers in Bezug auf die rechtliche Einordnung des Wertpapiergeschäfts hierfür unerheblich sind".[175]

Die Beklagte habe nicht den Eindruck erweckt, dass außer dem Ausgabeaufschlag keine weiteren Erträge ihrerseits generiert würden. Ohnehin sei sie nicht verpflichtet, über „Existenz, Höhe, Herkunft und Zusammensetzung" ihres Gewinns aufzuklären.[176] Auf die Überlegungen des Berufungsgerichts, dass die empfohlenen Zertifikate schon nicht besonders gewinnträchtig gewesen seien, komme es somit nicht an.[177]

Ferner habe es keinen Hinweis auf einen „Wett- oder Optionscharakter" des Zertifikats bedurft, da das spekulative Element offensichtlich gewesen sei und ohne das Hinzutreten besonderer Umstände, wie etwa der bewusst zum Nachteil des Kunden gestalteten Risikostruktur, habe es ebenso wenig eines Hinweises bedurft, dass die Erwartungen des Emittenten offensichtlich von der des Kunden abweichen.

3. Einordnung

Im Ausgangspunkt ist die Begründung des Senats, weshalb eine Aufklärungspflicht über die Gewinnmarge nicht bestehe, recht knapp: Bei der Empfehlung eigener Produkte bzw. fremder Produkte, die als Eigengeschäft veräußert werden, sei das eigene Gewinninteresse des Beraters offensichtlich.[178] Aus dem Kick-Back-II-Urteil[179]

---

[173] BGH (Lehman-I) BGHZ 191, 119 = NZG 2012, 25, Rn. 45 ff.; ausführlich infra § 11 C. II.

[174] A.A. aus der Literatur z.B. bei *Lang/Bausch*, WM 2010, 2101, 2108.

[175] BGH (Lehman-I) BGHZ 191, 119 = NZG 2012, 25, Rn. 48 ff.

[176] BGH (Lehman-I) BGHZ 191, 119 = NZG 2012, 25, Rn. 51.

[177] BGH (Lehman-I) BGHZ 191, 119 = NZG 2012, 25, Rn. 52.

[178] Beachte aber die Rechtsprechung des III. Zivilsenats, der – wenig überzeugend – gerade die gesamte Bank-Kunde-Verbindung als „entgeltlich" charakterisiert, dazu supra § 5 A. XV. und infra § 5 B. VII. 2. b).

[179] BGH (Kick-Back-II) BGHZ 170, 226 = NJW 2007, 1876, Rn. 23.

ergibt sich, dass die Bank beratungsvertraglich die Pflicht übernimmt, eine „allein am Kundeninteresse ausgerichtete Empfehlung" abzugeben.[180] Allgemein ist deshalb zu hinterfragen, inwiefern eine vermeintliche Offensichtlichkeit von berücksichtigten Eigeninteressen den vertraglich übernommenen Pflichtenkanon einschränken kann.[181]

Das Urteil verweist darauf, dass Werthaltigkeitsgesichtspunkte dogmatisch im Rahmen der objektgerechten Beratung nach Bond verortet werden.[182]

Mangels „Provisionseigenschaft" der Rabatte liegen keine Innenprovisionen vor.[183] Fraglich ist, wie der Senat die Situation beurteilen würde, wenn der Zahlungsweg (bei wirtschaftlich gleichem Ergebnis) anders wäre. Angenommen die Bank würde der Emittentin den vollen Nominalpreis zahlen, den sie dann auch vom Anleger verlangt und für diesen erfolgreichen Vertrieb würde ihr von der Emittentin eine Provision in Höhe des hier vorab gewährten Rabatts gezahlt. Dann ließe sich durchaus argumentieren, dass gerade diese Provision in den Herstellungs- und Anschaffungskosten (versteckt) eingepreist war.[184] Grundsätzlich gilt unter Werthaltigkeitsgesichtspunkten die 15 %-Grenze, die im vorliegenden Fall nicht berührt war. Dass aber der Rabatt den Wert des Papiers gänzlich unberührt lasse, wie dies der Senat annahm, könnte man abweichend beurteilen. Anscheinend wäre es möglich gewesen, ohne den Rabatt den Nominalpreis des Papiers zu senken bzw. alternativ „günstigere Konditionen" zu bieten.[185]

Nach der Definition des Senats liegen keine Rückvergütungen vor. Das allein kann aber nicht ausreichen, um eine Aufklärungspflicht zu verneinen. Fraglich ist schließlich, ob die die Aufklärungspflicht über Rückvergütungen tragenden Gründe auch hier vorliegen. Der Senat verweist auf die „gesetzgeberische Grundentscheidung", dass Verkäufer ihre Marge nicht offenlegen müssen, wohingegen Kommissionäre Offenlegungspflichten bezüglich Provisionen träfen. Im Raum stand jedoch keine Aufklärungspflicht des Verkäufers aufgrund des *Kaufvertrags* (diesbezüglich

---

[180] S. supra § 5 A. VI.

[181] Diese Fragestellung wird auch im Rahmen der Rechtsprechung relevant, die Offenlegungspflichten aufgrund von Interessenkonflikten annimmt. Durch Offenlegung wird ein Interessenkonflikt zunächst nur mitgeteilt, aber nicht zwingend eliminiert, vgl. *Fuchs*, in: Schwark/Zimmer, KMRK[4], § 31d WpHG Rn. 89 und ausführlich infra § 6 A. III. 6.

[182] Zur Einordnung der Aufklärungspflichten über monetäre Eigeninteressen ins „Bond-System" infra § 6 A. I. 4. c).

[183] Die Aufgabe der Differenzierung zwischen Innenprovisionen und Rückvergütungen für die Rechtsfolge wirft diesbezüglich neue Fragen auf, vgl. § 5 A. XL. und B. I. und III. Unter anderem bleiben die Auswirkungen auf das „Offenkundigkeitsargument" abzuwarten.

[184] Vgl. etwa OLG Frankfurt a.M., Urt. v. 29.6.2011, Az.: 19 U 130/10, WM 2011, 1893, 1895 („Gewinnmarge bzw. Innenprovision [war] im Anlagebetrag enthalten"); LG Wiesbaden, Urt. v. 4.1.2012, Az.: 7 O 119/11, BKR 2013, 82 ff.; ferner *Bausch*, NJW 2012, 354, 357; *Köndgen*, in: FS Hopt (II), S. 2113, 2117; vgl. auch *Fichtner/Hartlieb*, DB 2013, 2519, 2522. Inwieweit man wirklich von „versteckten" Kosten ausgehen kann, ist aufgrund bestehender Aufklärungspflichten über Vertriebskosten bzw. Angaben in Emissionsprospekten fraglich, vgl. infra Text bei Fn. 595.

[185] Vgl. *Bausch/Kohlmann*, BB 2012, 2655 f.; *Grundmann*, WM 2012, 1745, 1748; dem BGH zustimmend *Einsiedler*, WM 2013, 1109, 1114; *Mann*, WM 2013, 727, 730.

gibt es in der Tat die angesprochene gesetzgeberische Wertung, die in einer Marktwirtschaft selbstverständlich sein muss). Die Frage lautet daher nicht, worin sich Kauf- und Kommissionsvertrag unterscheiden, sondern ob der – vom Senat angenommene – *Beratungsvertrag* abweichend vom kauf- bzw. kommissionsrechtlichen Pflichtengefüge *Aufklärungspflichten statuiert.* Inwiefern diesbezüglich „gesetzgeberische Grundentscheidungen" hinsichtlich eines *anderen* Vertragstypus relevant werden sollen, erläutert der Senat nicht. Es ist keineswegs selbstverständlich, dass sich die Wertungen aus dem „Folgevertrag" gegenüber dem Beratungsvertrag durchsetzen.[186] Die Parteien haben sich schließlich auf letzteren mit seinem entsprechenden Pflichtenkreis privatautonom geeinigt.[187] Hier kristallisiert sich die Relevanz der dogmatischen Grundlage von Aufklärungspflichten heraus.[188] Es ist nämlich zunächst nur ein Postulat, dass offensichtliche Gewinninteressen bei einem zeitlich nachgelagerten Kaufvertrag im Rahmen der beratungsvertraglich geschuldeten Empfehlung die Schutzbedürftigkeit des Anlegers entfallen ließen. Die Empfehlung muss schließlich *allein* an den Anlegerinteressen ausgerichtetet sein. Allerdings macht der Senat deutlich, dass die Interessen der Anleger bereits über die Pflicht zur anleger- und objektgerechten Beratung hinreichend geschützt seien.[189]

Unklar ist ferner die Begründung, weshalb im Rahmen der Auslegung hinsichtlich der Vereinbarung eines Festpreisgeschäfts unerheblich sein soll, ob die Klägerin den Antrag der Bank[190] insoweit erkannt hat. Es ist zwar richtig, dass ihre diesbezügliche Annahmeerklärung, für deren Wirksamkeit nach h.M. nicht einmal Erklärungsbewusstsein erforderlich ist,[191] nach dem objektiven Empfängerhorizont der Bank (§§ 133, 157 BGB) auszulegen ist. Musste die Bank aber davon ausgehen, dass die Klägerin ihrerseits von einem Kommissionsgeschäft ausgehen durfte,[192]

---

[186] Vgl. auch *Buck-Heeb*, WM 2012, 625, 629f.; *Sethe*, AcP 212 (2012), 80, 102; kritisch auch *Schelling*, Vergütungssysteme und Interessenkonflikte, S. 214f.; ausführlich infra § 6 A. III. 7. Diese Frage stellt sich – trotz der Rechtsprechungswende in Innenprovisionen-V – auch für die Zukunft, dazu § 5 A. XL.

[187] Dies gilt zumindest nach Auffassung des Senats. Die Crux liegt nach hiesiger Auffassung freilich darin, dass eine solche Einigung regelmäßig nur auf fiktiver Grundlage die weitreichende Pflichtenbindung des Beraters erzeugt, dazu ausführlich infra § 6 A. I. 4. d).

[188] Vgl. im Zusammenhang mit Gewinnmargen zutreffend *Lenenbach*, Kapitalmarktrecht^2, Rn. 11.340 („Dogmatisch liegt das Problem [...] in der Rechtsprechung zum konkludenten Abschluss eines selbständigen Beratungsvertrags.").

[189] Man könnte also annehmen, dass die Aufklärung über Margen außerhalb der beratungsvertraglichen Pflichten zur anleger- und objektgerechten Beratung angesiedelt wird. Ob das für die gesamte „Eigeninteressenrechtsprechung" passt, wird infra § 6 A. I. 4. c) näher behandelt.

[190] Im Folgenden wird argumentativ die Annahme des BGH unterstellt, dass die Bank das Angebot abgibt, vgl. BGH (Lehman-I) BGHZ 191, 119 = NZG 2012, 25, Rn. 41. Dies ist im Zeichnungsgeschäft bereits zweifelhaft, vgl. *Schröder*, jurisPR-BKR 1/2012 Anm. 2.

[191] Vgl. nur *Singer*, in: Staudinger, Neubearbeitung 2011, Vor §§ 116ff. Rn. 34ff.

[192] Vgl. zu dieser Argumentation auch OLG Stuttgart, Urt. v. 10.10.2012, Az.: 9 U 87/12, BKR 2013, 164, Rn. 19. Ein Kommissionsgeschäft ist nach der BGH-Rechtsprechung auch der Regelfall, vgl. BGH (Lehman-III) BKR 2012, 421, Rn. 20; s. auch *Lang/Bausch*, WM 2010, 2101, 2108; ferner *Roth*, in: Assmann/Schütze, Hdb. Kapitalanlagerecht^3, § 10 Rn. 61.

hätte dies ein objektiver Empfänger in Person der Bank berücksichtigen müssen und die Erklärung der Klägerin nicht ohne weiteres als Annahmeerklärung bezüglich eines *Kaufvertrags* verstehen dürfen.[193] Weiß die Bank nämlich, dass der Kunde im Regelfall von einem Kommissionsgeschäft ausgehen kann, wird dieser einen nicht eindeutigen Antrag der Bank als solchen bezüglich eines Kommissionsgeschäfts verstehen dürfen. Entsprechend ist dann seine Annahmeerklärung darauf bezogen. Da die Bank all dies weiß, kann die Kundenerklärung also nach dem objektivem Empfängerhorizont *der Bank* nicht ohne weiteres als Annahmeerklärung bezüglich eines Kaufvertrags verstanden werden. Es ist im Einzelfall zwar durchaus möglich, dass ein Kaufvertrag zustande kommt, selbst wenn dies dem Anleger nicht klar sein sollte.[194] Ein allgemeiner Verweis auf die Maßgeblichkeit des Empfängerhorizonts der Bank ist als Begründung indes unzureichend.[195]

Es leuchtet nicht unmittelbar ein, dass in der vorliegenden Konstellation nicht darüber aufgeklärt werden muss, dass die Bank zusätzlich zum Ausgabeaufschlag von der Produktgestaltung durch den realisierten Rabatt profitierte, bei der Swap-Rechtsprechung hingegen der „einstrukturierte negative Marktwert" aufzudecken war.[196]

Zu erwähnen ist schließlich, dass eine gegen die Entscheidung gerichtete Verfassungsbeschwerde nicht zur Entscheidung angenommen wurde.[197]

XXIV. BGH, Urt. v. 27.9.2011, Az.: XI ZR 178/10 (Lehman-II)

Es handelte sich um eine Parallelsache zum Lehman-I-Urteil.

XXV. BGH, Urt. v. 10.11.2011, Az.: III ZR 245/10 (Freier Anlageberater-V)

1. Sachverhalt

Die Klägerin zeichnete auf Empfehlung des Beklagten – ihres Cousins – Immobilienfondsbeteiligungen, wobei ein Agio von 5% anfiel. Insgesamt wurden mehr als

---

[193] Vgl. in diese Richtung auch *Faulmüller*, VuR 2012, 312, 315; *Schelling*, Vergütungssysteme und Interessenkonflikte, S. 211 f. Denkbar sind aber abweichende Vereinbarungen in Rahmenverträgen o.ä.

[194] Soweit *Wiechers*, WM 2012, 477, 485 mit Fn. 88, darauf verweist, dass sich „spätestens aus der Wertpapierabrechnung [...], in der von einem ‚Kauf' die Rede ist", auf diese Rechtsnatur (Kaufvertrag) schließen lasse, überzeugt das nicht. Die spätere Wertpapierabrechnung hat als dem Vertragsschluss nachgelagertes Verhalten allenfalls indizielle Bedeutung, von welchem Vertragstyp die Bank ausgegangen ist.

[195] Vgl. auch OLG Stuttgart, Urt. v. 10.10.2012, Az.: 9 U 87/12, BKR 2013, 164, Rn. 18 (zur Einigung über die wesentlichen Vertragsbestimmungen gehöre „auch eine Einigung über die Rechtsnatur des Vertrags"). Aus einem Festpreis allein dürfe ferner nicht auf das Vorliegen eines Eigengeschäfts geschlossen werden, a.a.O. Rn. 20.

[196] Dazu infra § 5 B. I. 1. b) bb) (1).

[197] BVerfG, Beschl. v. 31.7.2013, Az.: 1 BvR 130/12, NZG 2013, 1102.

15 % der Zeichnungssumme für Vertriebsprovisionen aufgewendet. Der Beklagte wies die Klägerin darauf nicht hin, obwohl er selbst 10 % der Zeichnungssumme erhielt. Darauf stützte die Klägerin ihre Klage.[198]

2. Entscheidung

Die Klägerin war in den unteren Instanzen im Wesentlichen erfolgreich. Der Kläger könne dem Vorwurf des Treuebruchs nur entgehen, wenn er sämtliche vertragswidrigen Interessenkonflikte konkret aufdecke.[199] Eine Unterscheidung von freien und bankgebundenen Beratern sei nicht geboten. Der Senat hob die Entscheidung unter Verweis auf seine Rechtsprechung zu freien bzw. nicht bankmäßig gebunden Beratern auf. Die gebotene typisierenden Betrachtung, der sich der XI. Zivilsenat angeschlossen habe, greife auch hier. Dabei sei die Differenz zwischen Agio und Eigeninteressen (5 % und 10 %) unerheblich, was gleichfalls für die familiäre Verbundenheit gelte. Die Klägerin habe nach der genauen Höhe des Eigeninteresses fragen können.[200]

XXVI. BGH, Urt. v. 19.1.2012, Az.: III ZR 48/11 (Freier Anlageberater-VI)

1. Sachverhalt

Der Kläger zeichnete nach Empfehlung der Beklagten eine mittelbare Beteiligung an einem geschlossenen Medienfonds. Zuzüglich zur Anlagesumme war ein Agio (5 %) zu zahlen. Im Prospekt waren außerdem Kosten von 8,9 % für Eigenkapitalvermittlung ausgewiesen. Der Kläger verlangte Schadensersatz, da die Beklagte ihn nicht über die Höhe der ihr zufließenden Provisionen (7 % der Zeichnungssumme) im Falle einer erfolgreichen Empfehlung aufgeklärt habe.

2. Entscheidung

Die Klage hatte in den Vorinstanzen Erfolg. Das Oberlandesgericht hatte auf einen Beratungsvertrag gestützt angenommen, der Berater müsse das konkrete Ausmaß der vertragswidrigen Interessenkonflikte aufdecken, um dem Vorwurf des Vertrauensmissbrauchs zu entgehen. Das gelte auch für freie Anlageberater.[201] Der Senat hob das Urteil auf. Nach seiner Rechtsprechung zu freien Anlageberatern müssten diese (soweit § 31d WpHG nicht greife) grundsätzlich nicht ungefragt über die erwartete Vergütung aufklären. Es bestünde kein Anlass von dieser Rechtsprechung

---

198 Vgl. BGH (Freier Anlageberater-V) NZG 2012, 79.

199 Vgl. OLG Düsseldorf, Urt. v. 18.11.2010, Az.: 6 U 39/10 (Juris), Rn. 24.

200 BGH (Freier Anlageberater-V) NZG 2012, 79, Rn. 11–14.

201 OLG Düsseldorf, Urt. v. 20.1.2011, Az.: I-6 U 9/10 (Juris), Rn. 53 ff.; vgl. auch BGH (Freier Anlageberater-VI) BKR 2012, 165, Rn. 7.

abzuweichen. Im konkreten Fall sei unerheblich, dass die vereinnahmte Provision das Agio überstiegen hat. Ein Freundschaftsverhältnis zwischen Kläger und Geschäftsführer der Beklagten (der auch die konkrete Empfehlung aussprach) sei irrelevant. „Besonderes Vertrauen" des Klägers in eine an seinen Interessen orientierte Beratung könne unbeschadet des ihm *bewussten* Umstands, dass die Beklagte von Vertriebsseite vergütet werde, bestehen.[202]

3. Einordnung

Der III. Zivilsenat hatte sich schon mehrfach mit den Pflichten freier Anlageberater beschäftigt und seine diesbezügliche Differenzierung von der Rechtsprechung des XI. Zivilsenats verteidigt. Dass ihm diverse Obergerichte die Gefolgschaft verweigern, ist ein Indiz für die zweifelhafte Überzeugungskraft dieser Unterscheidung. Der Senat bleibt bei seiner generalisierenden Betrachtung, dass Kunden von freien Beratern wissen, dass diese von Anbieterseite vergütet werden. Von dieser Position ausgehend ist es nachvollziehbar, der freundschaftlichen Verbundenheit (bzw. Verwandtschaft, s. Freier Anlageberater-V) zwischen Berater und Kunde keine weitere Bedeutung beizumessen.[203]

XXVII. BGH, Urt. v. 8.5.2012, Az.: XI ZR 262/10 (Kick-Back-X)

1. Sachverhalt

Der Kläger beteiligte sich an einem Medienfonds, der bereits Gegenstand des Beschlusses vom 9.3.2011 (Kick-Back-VII) war. Das Agio (5 %) und 8,9 % der Zeichnungssumme sollten als Eigenkapitalvermittlungskosten an eine Vertriebsgesellschaft fließen. Die die Beteiligung empfehlende und beklagte Bank erhielt daraus Provisionen in Höhe von 8,25 %, die nicht offengelegt wurden.

2. Entscheidung

Der Senat hielt fest, dass es sich bei den Zahlungen um aufklärungspflichtige Rückvergütungen im Sinne von Kick-Back-VII handele. Die Provisionen seien nicht in Anschaffungs- und Herstellungskosten des Fondsobjekts versteckt gewesen, sondern aus den Eigenkapitalvermittlungskosten geflossen, die offen ausgewiesen gewesen seien. Es sei *unerheblich*, dass der Abfluss *nicht aus* dem *Agio* erfolgt sei. Ob

---

[202] BGH (Freier Anlageberater-VI) BKR 2012, 165, Rn. 8 ff.

[203] Vgl. aber auch BGH (Daktari), Urt. v. 31.1.1979, Az.: I ZR 77/77, GRUR 1979, 429, wo der BGH eine Aufklärungspflicht gerade auch mit dem Freundschaftsverhältnis und der langjährigen Geschäftsverbindung begründete. Dort ging es freilich um die Verwendung bzw. Verwertbarkeit eines konkreten Produktes, nämlich der Fernsehserie „Daktari".

die *Zahlung* des Anlegers *direkt an die Fondsgesellschaft* fließe oder zuvor an die Bank, die die Zahlung dann weiterleitet, sei ebenso *irrelevant*.[204]

3. Einordnung

Die Entscheidung erlangte besondere Relevanz in der Aufgabe der sog. „Entscheidungskonflikt-Rechtsprechung" im Rahmen der Vermutung aufklärungsrichtigen Verhaltens, was später näher zu behandeln ist.[205] Im Übrigen griff der Senat auf seine Rechtsprechung aus Kick-Back-VII zurück. Erwähnenswert ist die ausdrückliche Feststellung, dass der Zahlungsweg, also ob die Vergütung zuerst an die Bank und dann an die Fondsgesellschaft oder gleich an die Fondsgesellschaft gezahlt wird, um dann an die Bank ausgekehrt zu werden, für die Frage der Aufklärungspflicht unerheblich sei.

XXVIII. BGH, Urt. v. 26.6.2012, Az.: XI ZR 316/11 (Lehman-III)

1. Sachverhalt

Der Zedent – die Klägerin klagte aus abgetretenem Recht – erwarb nach einem Beratungsgespräch bei seiner Bank Zertifikate der Lehman Brothers Treasury Co. B.V.[206] Die beklagte Bank erhielt von der Emittentin eine Vertriebsprovision in Höhe von 3,5 %, die sie dem Zedenten nicht offenlegte. Die Klägerin verlangte deshalb Schadensersatz.

2. Entscheidung

Die Klage war in den Vorinstanzen erfolgreich. Das Oberlandesgericht hatte entschieden, dass entweder die Kick-Back-Rechtsprechung greife, sofern die Abwicklung des Wertpapiergeschäfts im Wege der Kommission vonstatten gegangen sei, anderenfalls (also sofern es sich um ein Festpreisgeschäft gehandelt habe) der Kunde zumindest über die Verkäufereigenschaft seiner Bank hätte aufgeklärt werden müssen.

Der Senat hob das Berufungsurteil auf. Zwar sei zwischen Zedent und der Beklagten ein Beratungsvertrag zustande gekommen, der die Bank zur anleger- und objektgerechten Beratung verpflichtete. Daraus folge jedoch nicht die Pflicht, den Kunden im Falle eines Festpreisgeschäfts über seine Verkäufereigenschaft aufzuklären. Zutreffend habe das Berufungsgericht noch festgestellt, dass eine Aufklärungspflicht über die Marge jedenfalls nicht bestünde, da die eigenen Gewinninter-

---

204 BGH (Kick-Back-X) BGHZ 193, 159 = NJW 2012, 2427, Rn. 18.

205 BGH (Kick-Back-X) BGHZ 193, 159 = NJW 2012, 2427, Rn. 30 ff.; s. infra § 10 E. III. 2. und § 11 D. II. 1.

206 Zur „richtigen" Emittentin vgl. bereits supra Fn. 166.

essen der Bank bei der gebotenen normativ-objektiven Betrachtung für den Kunden offensichtlich seien. Dieser Umstand lasse dann innerhalb des Beratungsvertrages die Schutzwürdigkeit entfallen. Auf welche Weise die Bank ihr Gewinninteresse bei der Veräußerung erziele, sei unerheblich.[207] Dies sei mit dem Gemeinschaftsrecht vereinbar.[208]

Entgegen den Ausführungen des Oberlandesgerichts sei es unerheblich, ob der Kunde wisse, dass er die Zertifikate im Wege des Festpreisgeschäfts erwerbe. Ob eine solche Aufklärungspflicht mit zivilrechtlicher Dogmatik vereinbar sei,[209] könne dahinstehen, da die Aufklärungspflicht dem Anleger nicht die für ihn *wichtige Information über den Interessenkonflikt* seitens der Bank offenlege und daher leer liefe. Die Aufklärungspflicht der Bank über Provisionen hänge von der tatsächlich vorliegenden Rechtsnatur des Effektengeschäfts ab. Auf eine diesbezügliche Anlegerkenntnis komme es nicht an.[210]

Sollte ein Kommissionsgeschäft vorgelegen haben, sei die Rückvergütungsrechtsprechung des Senats entgegen der Auffassung des Berufungsgerichts nicht anwendbar. Neben dem vereinbarten Festpreis sei kein Posten offen aufgeführt, den der Zedent an die Emittentin hätte entrichten müssen und der dann an die Bank zurückgeflossen wäre.[211] Es sei nicht entscheidungserheblich, ob die Bank aus Auftrags- oder Kommissionsrecht zur Herausgabe der Provision verpflichtet sei. Denn selbst wenn eine solche Pflicht bestünde, ergäbe sich daraus keine beratungsvertragliche Aufklärungspflicht bezüglich Erhalts und Höhe der Provision. Habe der Anleger nämlich – wie hier – entgegen der Wertung von § 354 HGB keine Kommissionsgebühr o.ä. neben dem Nennwert an die Bank zu zahlen, sei die Abwicklung des Effektengeschäfts aus seiner Sicht bei anzulegender wertungsmäßiger Betrachtung beratungsvertraglich nicht anders als bei einem Eigengeschäft der Bank zu bewerten. Ohnehin sei es regelmäßig zufallsabhängig, ob die Abwicklung im Wege einer Einkaufskommission oder als Festpreisgeschäft abliefe.[212]

Das „generelle, für jeden Anbieter wirtschaftlicher Leistungen am Markt typische Gewinnerzielungsinteresse einer Bank als solches begründet für sich genommen [...] noch keine beratungsvertragliche Verpflichtung zur Aufklärung über die von der Emittentin an die Beklagte gezahlte Provision“.[213] Die Aufklärungspflicht entstünde erst durch hinzutretende *besondere Umstände*, wie sie etwa bei Rückvergütungen vorlägen, weil der Anleger dort bewusst *über den Interessenkonflikt* der Bank *getäuscht* würde oder in den Konstellationen, in denen die Bank *Gewinne* in Produkte *einstrukturiere*, mit denen der Kunde *nicht zu rechnen* bräuchte.[214]

---

207 BGH (Lehman-III) BKR 2012, 421, Rn. 19.
208 BGH (Lehman-III) BKR 2012, 421, Rn. 23 ff. und infra § 11 C. II.
209 Dazu *Assies*, WuB I G 1 .– 22.11, S. 707, 709.
210 BGH (Lehman-III) BKR 2012, 421, Rn. 29 ff.
211 BGH (Lehman-III) BKR 2012, 421, Rn. 36 f.
212 BGH (Lehman-III) BKR 2012, 421, Rn. 42 ff.
213 BGH (Lehman-III) BKR 2012, 421, Rn. 46.
214 Dazu näher infra § 6 B. I. 1. b) aa) und bb).

Unter Werthaltigkeitsgesichtspunkten (Rechtsprechung zu Innenprovisionen) ergebe sich gleichfalls keine Aufklärungspflicht, da die Vertriebsprovision den Wert der Zertifikate nicht berühre.[215]

3. Einordnung

Der Senat lehnt eine Aufklärungspflicht über die eventuell bestehende Verkäufereigenschaft der Bank auch deswegen ab, weil eine solche Information sinnlos sei, da der Kunde in solchen Situationen gerade nicht über *Existenz und Höhe* der Gewinnmarge aufzuklären sei. Das wird daraus geschlossen, dass das allgemeine Gewinnerzielungsinteresse des Verkäufers offensichtlich sei. Die Kenntnis des „abstrakten" (rückvergütungsbedingten) Interessenkonflikts ist im Rahmen der Kick-Back-Rechtsprechung hingegen nicht ausreichend. Nach ihr muss die konkrete Höhe der Provision mitgeteilt werden.[216] Dass in den vorliegenden Konstellationen die Nichtaufklärung über die (Höhe der) Marge mit der Kenntnis von dem grundsätzlichen Gewinnerzielungsinteresse des Vertragspartners verneint wird, führt dazu, dass die Kenntnis vom aufklärungspflichtigen Umstand der „1. Ebene" („Ob" des Interessenkonflikts bzw. Kenntnis des abstrakten Interessenkonflikts) zugleich die Aufklärungspflicht bezüglich der „2. Ebene" (Grad der Gefährdung) entfallen lässt. Bei Rückvergütungen wird das für nicht statthaft gehalten.

Selbst wenn die Differenzierung damit begründet würde, dass die genaue Höhe der Marge (anders als bei Rückvergütungen) nicht anzugeben sei, wäre das nicht überzeugend. Eine solche Argumentation hätte zur Folge, dass die strengeren Aufklärungspflichten bei Rückvergütungen dann sogar zur Ablehnung wegen vermeintlicher Sinnlosigkeit einer *geringeren* Pflicht führen würden, nämlich der Aufklärungspflicht der „1. Ebene". Der BGH geht zwar davon aus, dass der abstrakte Interessenkonflikt im Zwei-Personen-Verhältnis offensichtlich sei. Die Diskrepanz bezüglich des nicht mitzuteilenden „Grades des Interessenkonflikts" bliebe jedoch bestehen.[217]

Nach den Ausführungen des BGH kommt es auf den Wissensstand des konkreten Anlegers – des Beratungsvertragskunden – bezüglich der Schutzbedürftigkeit *nicht* an. Diese sei typisierend wertend zu ermitteln. Auf diese Weise lassen sich „Offenkundigkeitserwägungen" in das Rechtsprechungskonzept einbeziehen.[218]

---

215 BGH (Lehman-III) BKR 2012, 421, Rn. 47 f.

216 Dies gilt auch nach der neuen Begründung der Aufklärungspflicht für Provisionen in Innenprovisionen-V, dazu § 5 A XL.

217 Dem BGH „uneingeschränkt" zustimmend hingegen *Kalomiris*, EWiR 2012, 587, 588; ferner *Tiedemann*, BKR 2012, 426, 427, der freilich a.a.O. S. 428 die Frage aufwirft, ob der Emissionsrabatt nicht als Interessenkonflikt „außerhalb von kick-back stattfinden" könne. Daran ist richtig, dass unabhängig davon, ob man das konkrete Urteil für zutreffend hält, letztlich die Frage nach der Konsistenz der Rechtsprechung betreffend Aufklärungspflichten über monetäre Eigeninteressen zu stellen ist.

218 Vgl. bereits supra § 3 D. Sehr kritisch zu dieser „pseudo-empirischen" Absicherung norma-

Auffällig ist, dass der BGH festhält, dass sich die Aufklärungspflicht über Provisionen nach der Rechtsnatur des *objektiv vorliegenden* Effektengeschäfts richte, dann aber bei der Betrachtung etwaiger Aufklärungspflichten, falls eine Kommission vorläge, eine *wirtschaftliche Betrachtung* vornimmt, wenn er fragt, ob die Kommission sich für den Kunden wie ein Eigengeschäft der Bank darstelle. Wieso es im Rahmen der fehlenden Aufklärungspflicht über Margen bzw. über die Verkäufereigenschaft auf die tatsächliche Lage (sogar unabhängig von der Anlegerkenntnis), im Rahmen der Pflichtenstatuierung bei Kommissionsfällen hingegen auf eine wirtschaftlich wertende Betrachtung ankommen soll, erschließt sich nicht unmittelbar.[219]

Ebenso bleibt unklar, weshalb eine Offenkundigkeit der eigenen Gewinninteressen innerhalb eines Kaufvertrags Auswirkungen auf die Pflichten des Beratungsvertrags haben soll, hingegen eine (mögliche) Herausgabepflicht im Rahmen einer alternativen Kommission das beratungsvertragliche Aufklärungsprogramm nicht beeinflusse.[220]

Ferner ist für den Kunden unerheblich, auf welcher Rechtsgrundlage eine Aufklärungspflicht beruht. Insoweit hätte hier also der Frage nachgegangen werden sollen, ob eine Aufklärungspflicht aus Kommissionsrecht bestünde. Nachgelagert wäre dann zu klären, ob die geltend gemachten Schadenspositionen unter den Schutzzweck der jeweiligen Aufklärungspflicht fallen.[221]

Der BGH bemüht sich erneut, seine Rückvergütungsrechtsprechung zu begründen. Es ginge um den besonderen Schutz vor *schweren Interessenkollisionen*. Wann genau ein solcher offenbarungspflichtiger schwerwiegender Interessenkonflikt vorliegt, beantwortet der Senat nur beispielhaft unter Verweis auf seine Fallgruppen „Rückvergütungen“ und „versteckt einstrukturierte Margen“.[222] Im konkreten Fall liegt es nahe, die in den Herstellungskosten erfassten Emissionsrabatte als Innenprovisionen vergleichbar anzusehen.[223] Dass mangels Überschreitens der 15%-Schwelle dann zwar keine Aufklärungspflicht bestünde ist richtig, wertungstechnisch indes nicht überzeugend.[224]

---

tiv gewünschter Ergebnisse *Klöhn*, ZIP 2011, 762, 763. Besonders deutlich in diesem Zusammenhang BGH (Freier Anlageberater-III) ZIP 2011, 607, Rn. 19f., mit der allgemeinen Feststellung, dass dem Kunden des freien Beraters der (mögliche) Interessenkonflikt „bewusst“ sei, was aus den „erkennbar zutage“ liegenden Umständen gefolgert wird. Dieses Bewusstsein wird *losgelöst* von der Person des *konkret* klagenden *Anlegers* definiert. Inwiefern dieses Vorgehen mit den Pflichten aus einem *individuellen Beratungsvertrag* vereinbar ist, soll später näher betrachtet werden, dazu infra § 6 A. III. 5.

219 A.A. *Zoller*, BB 2013, 520, 523 („absolut sachgerecht“).

220 Für denklogisch zwingend hält dies indes *Tiedemann*, BKR 2012, 426, 428. Zur Interdependenz der Geschäfte infra § 6 A. III. 7.

221 So bezüglich der aufsichtsrechtlichen Aufklärungspflicht aus Teil B Nr. 3.3 Abs. 5 RL BAWe vom 23. August 2001, BGH (Lehman-III) BKR 2012, 421, Rn. 36.

222 Vgl. auch *Tiedemann*, BKR 2012, 426, 427.

223 So *Bausch/Kohlmann*, BB 2012, 2655 f.

224 Dazu ausführlich infra § 5 B. I. 7. b). Ob sich die neue Begründung für Aufklärungspflichten über Provisionen hierauf auswirken wird, scheint offen, vgl. § 5 A. XL.

XXIX. BGH, Urt. v. 26.6.2012, Az.: XI ZR 259/11 (Lehman-IV)

Es handelt sich um eine Parallelsache zum soeben angeführten Urteil.

XXX. BGH, Urt. v. 26.6.2012, Az.: XI ZR 355/11 (Lehman-V)

1. Sachverhalt und Entscheidung

Der relevante Sachverhalt kann der Parallelentscheidung Lehman-III entnommen werden. Das Berufungsgericht hatte die beklagte Bank zum Schadensersatz verurteilt, da sie nicht über die erhaltene „Zuwendung" bzw. „Vergütung" von 3,5 % aufgeklärt habe. Die Aufklärungspflicht ergebe sich aus § 31d WpHG und Abschnitt B Ziff. 1.2 der RL des BAWe zur Konkretisierung der §§ 31 und 32 WpHG für das Kommissionsgeschäft, den Eigenhandel für andere und das Vermittlungsgeschäft der Wertpapierdienstleistungsunternehmen vom 23. August 2001. Diesem Aufsichtsrecht komme aufgrund seiner anlegerschützenden Funktion Bedeutung bezüglich Inhalt und Reichweite der (vor-)vertraglichen Aufklärungs- und Beratungspflichten zu.[225] Die Bank könne sich nicht darauf berufen, dass sie das Geschäft als Festpreisgeschäft aus dem eigenen Bestand ausgeführt habe. Denn ein solches *Eigengeschäft* läge im Fall nicht vor, vielmehr habe ein Festpreisgeschäft im Wege des *Eigenhandels* vorgelegen, bei dem die Bank mit dem Kunden einen Vertrag über den Erwerb der Wertpapiere im eigenen Namen abschließe. Dieses stelle eine Kombination aus Geschäftsbesorgungs- und Kaufvertrag dar und entbinde die Bank nicht von ihren Aufklärungspflichten bezüglich der mit der Auftragsdurchführung verbundenen Kosten, wozu die erhaltenen Provisionen etc. gehörten. Werde eine Bank mit dem Kauf von Wertpapieren beauftragt, könne die Abwicklung im Wege der Kommission oder des Festpreisgeschäfts im Wege des Eigenhandels geschehen. Ersteres sei der Regelfall und nach Nr. 4.3 Abs. 5 S. 1 RL BAWe für den Wertpapierhandel vom 26. Mai 1997 bzw. nach aktueller Gesetzeslage (§ 33a Abs. 5 Satz 2 WpHG) müsse darauf hingewiesen werden, wenn davon abgewichen werden solle.[226] Auch die Kick-Back-Rechtsprechung führe zu keinem anderen Ergebnis, da die Rabatte zwar begrifflich keine Rückvergütungen seien, aber solchen im hier anzunehmenden „Dreiecksverhältnis" gleich stünden. Die Beklagte habe nämlich bis zur Börsennotierung den Vertrieb allein übernommen und die für die Platzierung versprochene Vergütung sei somit zeitlich begrenzt gewesen, was einen besonderen *Vertriebsdruck* erzeugt habe. Insoweit sei die Situation mit denen aus umsatzabhängig zurückfließenden Verwaltergebühren oder Agios vergleichbar. Für den Kunden sei die Deklaration der Provision unerheblich.[227] Ferner folge eine Offenle-

[225] OLG Frankfurt a. M., Urt. v. 18.5.2011, Az.: 17 U 253/10, NZG 2011, 1154, 1156; vgl. auch BGH (Lehman-V) BKR 2013, 17, Rn. 9.

[226] OLG Frankfurt a. M., Urt. v. 18.5.2011, Az.: 17 U 253/10, NZG 2011, 1154, 1156.

[227] OLG Frankfurt a. M., Urt. v. 18.5.2011, Az.: 17 U 253/10, NZG 2011, 1154, 1156 f.; vgl. auch BGH (Lehman-V) BKR 2013, 17, Rn. 10 ff.

gungspflicht aus §§ 675, 666, 667 BGB (für den Geschäftsbesorger) bzw. §§ 383, 384 Abs. 2 HGB (für den Kommissionär) bzw. §§ 383, 384 Abs. 2, 406 Abs. 1 S. 2 HGB (für den Eigenhändler).[228]

Der XI. Zivilsenat hob das Urteil auf. Zunächst sei es hinsichtlich der Aufklärungspflicht *ohne Belang*, ob die beklagte Bank im Wege des *Eigenhandels* oder im Wege des *Eigengeschäfts* gehandelt habe. Für die Beurteilung der Offensichtlichkeit der Gewinnerzielungsinteressen der Bank sei die Unterscheidung nicht erheblich. Wesentlich sei (nur) die Verkäuferstellung der Bank und nicht der Bezug der Veräußerung zu einem Kundenauftrag, was der alleinige Unterschied zwischen Eigenhandel und Eigengeschäft sei.[229]

Für die vom Berufungsgericht vorgenommene sinngemäße Anwendung der Rückvergütungsrechtsprechung sei schon deshalb kein Raum, weil der für Rückvergütungen „kennzeichnende Umstand", nämlich dass der *tatsächliche Empfänger* der Kundengelder *nicht offenbart* werde, hier nicht vorläge.[230]

Ob die Vergütung unter das vom Berufungsgericht angeführte Aufsichtsrecht oder die Rechtsprechung zur Geschäftsbesorgung und Kommission fiele, bedürfe keiner abschließenden Entscheidung, da allein daraus jedenfalls keine Verletzung des Beratungsvertrags gefolgert werden könne, wobei wieder auf die wirtschaftliche Vergleichbarkeit mit dem Eigengeschäft (s. bereits Lehman-III) abgestellt wurde.[231]

2. Einordnung

Der BGH stellt klar, dass die Unterscheidung zwischen Eigenhandel und Eigengeschäft hinsichtlich der Aufklärungspflicht irrelevant sei, da jeweils die die Offenkundigkeit begründende Verkäuferstellung der Bank vorläge. Indes kann der Kundenbezug des Eigenhandels durchaus dazu führen, dass die Konstellation als (faktischer) Drei-Personen-Sachverhalt begriffen wird, in dem dann die Kick-Back-Rechtsprechung grundsätzlich Anwendung findet.[232] Stellte man dann „nur" auf durch die Vergütung auftretende Interessenkonflikte ab, läge es nicht fern, mit dem Berufungsgericht die Relevanz der konkreten Abwicklungsausgestaltung für den Kunden zu verneinen und funktional eine Aufklärungspflicht zu bejahen. Ist aber maßgeblich, dass über den wahren Empfänger getäuscht wird, schiede eine Anwendung aus. Es zeigt sich, dass die Frage nach dem Telos der Aufklärungspflicht prä-

---

228 OLG Frankfurt a.M., Urt. v. 18.5.2011, Az.: 17 U 253/10, NZG 2011, 1154, 1157; vgl. BGH (Lehman-V) BKR 2013, 17, Rn. 15.

229 BGH (Lehman-V) BKR 2013, 17, Rn. 24.

230 BGH (Lehman-V) BKR 2013, 17, Rn. 42.

231 BGH (Lehman-V) BKR 2013, 17, Rn. 47ff.

232 Vgl. OLG Dresden, Urt. v. 3.4.2012, Az.: 5 U 376/11, BKR 2012, 293, 298; ferner OLG Frankfurt a.M., Urt. v. 18.5.2011, Az.: 17 U 253/10, NZG 2011, 1154, 1156, vgl. auch BGH (Lehman-V) BKR 2013, 17, Rn. 10ff.; kritisch dazu, dass der BGH der Unterscheidung keinen Wert beimisst auch *Schelling*, Vergütungssysteme und Interessenkonflikte, S. 216ff.; ferner infra § 5 B. III. 1. a) bb) (4).

zise beantwortet werden muss, um auf der Basis der ungeschriebenen Rechtsprechungsregeln für die Beteiligten vorhersehbare Pflichten zu definieren.[233]

XXXI. BGH, Urt. v. 26.6.2012, Az.: XI ZR 356/11 (Lehman-VI)

Der Fall ist weitgehend parallel zur Entscheidung Lehman-V. Interessant erscheint, dass das Berufungsgericht von einer Zuwendung *in Form eines Rabatts* sprach, der eine Platzierungsprovision darstelle[234] und der BGH feststellt, dass keine Aufklärungspflicht über die *Marge* bestünde.[235] Dies zeigt einmal mehr, dass die begriffliche Eingrenzung der Vergütungspositionen kaum eindeutig ist und nicht zur Grundlage einer Differenzierung bezüglich der Aufklärungspflichten gemacht werden kann.[236]

XXXII. BGH, Urt. v. 19.7.2012, Az.: III ZR 308/11 (Freier Anlageberater-VII)

1. Sachverhalt

Die Klägerin beteiligte sich nach einer Beratung durch die Beklagte an einem Medienfonds. Die Beklagte gehörte als 100%iges Tochterunternehmen zur Finanzgruppe der Sparkasse, hatte keine eigenen Geschäftsräume außerhalb der Sparkasse und ihr Kundenstamm bestand im Wesentlichen aus Kunden der Sparkasse. Neben der Einlage war ein Agio in Höhe von 5% zu zahlen, wobei die Parteien eine Agioerstattung in Höhe von 3% vereinbarten. Die Klägerin verlangte Schadensersatz, weil die Höhe der vereinnahmten Provisionszahlungen durch die Beklagte nicht offengelegt worden sei.

2. Entscheidung

Die Klage war in den Vorinstanzen erfolglos geblieben. Die Beklagte sei einerseits kein Kreditinstitut und andererseits ein juristisch selbständiges Unternehmen innerhalb der Finanzgruppe der Sparkasse mit der Haupttätigkeit „Beratung bei der Geldanlage“. Diese Unabhängigkeit habe die Beklagte nicht kaschiert. Die Klägerin wollte von ihrer Hausbank beraten werden, die dies ablehnte und die sie an die Be-

---

233 Zu den damit verbundenen Schwierigkeiten infra § 5 B.

234 OLG Frankfurt a.M., Urt. v. 29.6.2011 – 17 U 12/11, ZIP 2011, ZIP 2011, 1462 ff; vgl. auch BGH (Lehman-VI) BeckRS 2012, 16985, Rn. 8 f. Vgl. auch OLG Karlsruhe, Urt. v. 17.7.2012, Az.: 17 U 148/11, WM 2012, 2333, 2335 (Innenprovision in Form eines Rabatts). Ordnet man Rabatte als Innenprovisionen ein, stellt sich die Frage, inwiefern sich Innenprovisionen-V (infra § 5 A. XL.) auf Zwei-Personen-Konstellationen auswirken wird. Dies kann nur der XI. Zivilsenat beantworten.

235 BGH (Lehman-VI) BeckRS 2012, 16985, Rn. 25.

236 Vgl. schon supra § 2 F. und infra § 5 B. III.

klagte verwiesen habe. Die Rechtsprechungsgrundsätze des XI. Zivilsenats fänden daher keine Anwendung.[237]

Der III. Zivilsenat hat die Revision zurückgewiesen. Die Rechtsprechungsgrundsätze betreffend freie Anlageberater seien anwendbar. Da freie Anlageberater *mit* der *Beratung* als solcher ihr *Geld verdienen* müssten, könne nicht davon ausgegangen werden, dass sie ihre Leistung kostenlos erbringen. Daher sei dem Anleger die Vergütung seines Beraters von Anbieterseite bekannt, bezüglich der genauen Höhe sei es ihm zumutbar nachzufragen.[238]

Die Beklagte sei eine selbständige juristische Person und betreibe keine „klassischen" Bankgeschäfte im Sinne von § 1 Abs. 1 KWG. Die besonderen Umstände (die Beklagte gehörte zur Finanzgruppe der Sparkasse, nutzte ihre Räume und griff weitgehend auf den Kundenstamm der Sparkasse zu) änderten nichts daran, dass die Beklagte ein eigenständiges Unternehmen sei, dessen Hauptgegenstand – wie bei anderen freien Beratern – die Anlageberatung darstelle. Daher habe der Anleger kein schützenswertes Vertrauen darauf, dass dieses Unternehmen keine Rückvergütungen erhalte.[239]

Aus der objektivierten Sicht eines durchschnittlichen Anlegers sei aufgrund der Verweisung von der Hausbank an die Beklagte deutlich geworden, dass die Beklagte keine Abteilung der Sparkasse sei.[240]

3. *Einordnung*

Die inhaltlichen Ausführungen zum Pflichtenkreis freier Anlageberater sind nicht neu.[241] Der III. Zivilsenat hat nunmehr entschieden, dass diese in gleicher Weise für rechtlich selbständige Tochterunternehmen von Banken gelten, da diese selbständige juristische Personen seien und der Anleger insoweit keine kostenfreie Beratung erwarten könne. Dies wurde schon anders gesehen,[242] womit sich der Senat aber nicht beschäftigte. Ob es wirklich zu einer Offenkundigkeit der Erwerbsinteressen und damit einem Entfallen der Schutzwürdigkeit des Kundenvertrauens (allein) dadurch kommt, dass eine Bank ihre Anlageberatung auf eine „nur" gesellschaftsrechtlich unabhängige Einheit überträgt („*outsourct*"), kann im Ergebnis bezweifelt

[237] OLG Köln, Urt. v. 24.5.2011, Az.: I-24 U 57/10 (Juris), Rn. 40; vgl. auch BGH (Freier Anlageberater-VII) NZG 2012, 1072, Rn. 8.

[238] BGH (Freier Anlageberater-VII) NZG 2012, 1072, Rn. 12 f.

[239] BGH (Freier Anlageberater-VII) NZG 2012, 1072, Rn. 14.

[240] BGH (Freier Anlageberater-VII) NZG 2012, 1072, Rn. 15.

[241] Vgl. *Lang*, EWiR 2012, 615, 616 („III. Zivilsenat verfolgt seine Linie [...] unbeirrt weiter").

[242] U.a. OLG München, Urt. v. 15.2.2011, Az.: 5 U 4507/10, ZIP 2011, 2139; OLG Hamm, Urt. v. 14.7.2011, Az.: 34 U 55/10, ZIP 2011, 1949 ff.; OLG Düsseldorf, Urt. v. 19.4.2012, Az.: 6 U 52/11 (Juris), Rn. 52; abgrenzend nun auch OLG München, Urt. v. 27.11.2012, Az.: 5 U 1345/12, ZIP 2013, 354, 356 mit zustimmender Anmerkung von *Bendermacher*, EWiR 2013, 97, 98; vgl. auch *Wigand*, BKR 2012, 433, 434.

werden.[243] Anhand welcher Abgrenzungskriterien im Rahmen der „typisierenden Betrachtung" die Unabhängigkeit der beratenden Gesellschaft festzumachen ist, lässt sich dem Urteil jedenfalls nicht entnehmen.[244] Gründe dafür, dass die „Weiterverweisung des Kunden" durch die Hausbank die anderen Indizien, welche für eine potentielle „Bankbindung" sprachen, „übertrumpft", werden nicht dargelegt. Das gleiche gilt für die anscheinend maßgebliche formale Selbständigkeitsbetrachtung. Der III. Zivilsenat will es anscheinend auf diese Weise vermeiden, sich inhaltlich mit der Rechtsprechung des XI. Zivilsenats bezüglich Banken auseinandersetzen zu müssen.

Auffällig ist, dass die Rechtsprechung sowohl des III. als auch des XI. Zivilsenats Ungereimtheiten bei der Erfassung konzernrechtlicher Konstellationen aufweisen. Während der III. Zivilsenat die Konzernzugehörigkeit und weitgehende faktische Integration in den Geschäftsablauf der Bank ausblendet, um zur Anwendung seiner Grundsätze für freie Anlageberater zu gelangen, berücksichtigt der XI. Zivilsenat im Rahmen seiner Rückvergütungsrechtsprechung nicht, dass es für Banken bei der Empfehlung konzerneigener Fonds weitgehend irrelevant ist, ob sie eine Rückvergütung erhalten oder ob der Ertrag der Fondsgesellschaft im Rahmen der Gewinnabführung an die Konzernmutter fließt.[245]

XXXIII. BGH, Urt. v. 11.9.2012, Az.: XI ZR 363/10 (Kick-Back-XI)

1. Sachverhalt

Die Klägerin beteiligte sich auf Empfehlung ihrer Bank an einem geschlossenen Immobilienfonds als Kommanditistin. Im Prospekt waren Kosten der Eigenkapitalbeschaffung ausgewiesen. Die beklagte Bank hatte unstreitig für die Vermittlung eine Zahlung in Höhe von 7 % des eingesetzten Eigenkapitals erhalten, worauf die Klägerin nicht hingewiesen wurde. Darauf stützte sie ihre Klage.

2. Entscheidung

Das Berufungsgericht hatte die Klage noch abgewiesen, da die Zahlung nicht aus Ausgabeaufschlägen oder Verwaltungsgebühren geflossen sei. Der XI. Zivilsenat verwies hingegen auf seine Kick-Back-VII-Grundsätze, wonach Zahlungen aus sonstigen ausgewiesenen Vertriebskosten aufklärungspflichtige Rückvergütungen seien.[246]

---

[243] Für Gründe, die gegen eine solche „Geschäftsstrategie" sprechen s. *Lang*, EWiR 2012, 615, 616; vgl. ferner infra § 5 B. VII 2. d).

[244] So auch *Wigand*, BKR 2012, 433, 434.

[245] Letzteres ist auch vor dem Hintergrund der Lehman-Rechtsprechung schwer zu rechtfertigen, dazu infra § 5 B. VII. 2. d) und § 6 A. III. 3. b).

[246] BGH (Kick-Back-XI) BKR 2012, 513, Rn. 16.

3. Einordnung

Der Senat bestätigt seine Rechtsprechung. Er macht deutlich, dass – entgegen zum Teil abweichender obergerichtlicher Rechtsprechung[247] – die Ausweisung als Kosten der Eigenkapitalbeschaffung nicht als Aufklärung ausreiche.[248] „Kosten der Eigenkapitalbeschaffung" wurden teilweise als Beispiel für Zahlungen aus den Anschaffungskosten angeführt.[249] Dass der XI. Zivilsenat diese ohne weiteres als Rückvergütungen auffasst, obwohl nach seiner Definition Positionen des Anlagevermögens ausgenommen sein sollen, zeigt, dass er den Begriff auf andere Weise verstehen muss, will man ihm keine fehlerhafte Subsumtion unter seine eigene Definition unterstellen.[250]

XXXIV. BGH, Urt. v. 16.10.2012, Az.: XI ZR 367/11 (Lehman-VII)

1. Sachverhalt

Der Sachverhalt deckte sich in weiten Teilen mit der Entscheidungsserie Lehman-III-VI. Vorliegend erwarb die Klägerin – eine ausgebildete Bankkauffrau – aufgrund telefonischer Beratungsgespräche mit einem Bankmitarbeiter Zertifikate der Lehman Brothers Treasury Co. B.V.[251] Die beklagte Bank erhielt dafür eine Zuwendung in Höhe von 3,5 % des Nennbetrags, was der Klägerin nicht offengelegt wurde. Die Klägerin verlangte deshalb Schadensersatz.

2. Entscheidung

Während die Klägerin vor dem Landgericht erfolglos geblieben war, verurteilte das Oberlandesgericht die Bank. Die Beklagte habe eine Zuwendung „in Form eines ‚Rabatts'" erhalten. Diese Vergütung stelle eine Platzierungsprovision dar bzw. einen Abschlag auf den Emissionspreis und sei offenbarungspflichtig. Dass der Wertpapierauftrag über Kaufverträge ausgeführt worden ist, sei unbeachtlich. Diese Provision sei aufgrund ihrer Umsatzabhängigkeit von einer Handelsspanne oder Gewinnmarge abzugrenzen.[252] Im Übrigen wird maßgeblich die aus Lehman-V be-

---

[247] Vgl. etwa OLG Bamberg, Urt. v. 20.10.2010, Az.: 3 U 98/09 (Juris), Rn. 32; dazu *Pallasky*, GWR 2010, 556.

[248] BGH (Kick-Back-XI) BKR 2012, 513 Rn. 17.

[249] So etwa OLG Bamberg, Urt. v. 20.10.2010, Az.: 3 U 98/09 (Juris), Rn. 24 („Zu den Eigenkapitalbeschaffungskosten gehören insbesondere (Vertriebs-)Provisionen. Sind diese in die Anschaffungskosten hineingerechnet, handelt es sich um sog. Innenprovisionen.").

[250] Zum Verständnis des Terminus „Anlagevermögen" nach dem XI. Zivilsenat infra § 5 B. III. 1. a) bb) (1); ferner bereits supra § 5 A. XX. 2. Zukünftig wird sich der XI. Zivilsenat aufgrund seiner Rechtsprechungsänderung nicht mehr mit solchen Feinheiten der Definition aufhalten müssen, dazu § 5 A. XL.

[251] Zur „richtigen" Emittentin s. bereits Fn. 166.

[252] Vgl. BGH (Lehman-VII) BB 2012, 3036, Rn. 10 f.

kannte Argumentation des Berufungsgerichts wiedergegeben. Im Rahmen der sinngemäßen Anwendung der Rechtsprechung zu Rückvergütungen hält das Berufungsgericht fest, dass es auf den Zahlungsweg, also ob eine echte *Rück*erstattung vorliege, nicht ankomme. Schließlich weist es darauf hin, dass aus maßgeblicher Kundensicht die Wertpapierabrechnung für ein Kommissionsgeschäft spreche, woran sich die Beklagte nach § 242 BGB festhalten lassen müsse.

Der Senat hob die Entscheidung auf. Weitgehend wird die Argumentation aus Lehman-V wiedergegeben, wobei der BGH auf seine Rechtsprechung verweist, nach der eine Bank nicht darauf hinweisen müsse, dass sie mit eigenen Produkten Gewinne erziele, was auch gelte, wenn fremde Anlageprodukte zu einem über dem Einkaufspreis liegenden Preis veräußert werden. *Unerheblich* sei, wie dieses Eigeninteresse realisiert würde, weshalb es beim Zertifikatevertrieb nicht darauf ankomme, ob die Bank eine Provision vereinnahme oder ob ihr ein Rabatt gewährt wird. Auf die Differenzierung zwischen Eigengeschäft und Eigenhandel komme es ebenso nicht an.[253] §§ 675, 666, 667 BGB seien nicht anwendbar, da einerseits ganz überwiegend die Annahme eines neben den Kaufvertrag tretenden Geschäftsbesorgungsvertrags abgelehnt würde und außerdem das Berufungsgericht das Zustandekommen nicht festgestellt habe.[254]

3. Einordnung

Inhaltlich bewegt sich das Urteil weitgehend in bekanntem Fahrwasser. Geht man davon aus, dass ein Kaufvertrag zwischen den Parteien vereinbart wurde, ist dem BGH beizupflichten, wenn er den Überlegungen des Berufungsgerichts entgegentritt, aufgrund der Vereinbarung nachgehender Wertpapierabrechnungen und § 242 BGB dennoch kommissionsrechtliche Normen zur Anwendung zu bringen. Hätte der Kunde aufgrund der Umstände davon ausgehen müssen, dass nur eine Kommission in Betracht gekommen wäre, wäre es vorrangige Auslegungsfrage (§§ 133, 157 BGB) gewesen, ob überhaupt ein Kaufvertrag zustande gekommen war.[255] Allerdings weist der Senat wieder darauf hin, dass ein etwaiges Kommissionsgeschäft im Rahmen des Beratungsvertrags bei wirtschaftlicher Betrachtung aus Anlegersicht wie ein Eigengeschäft behandelt werden könne.[256] Weshalb es in solchen Fällen dann nicht auf das vereinbarte Kommissionsgeschäft ankomme, wird nicht näher erläutert.

Soweit §§ 675, 666, 667 BGB pauschal für unanwendbar gehalten werden, überzeugt das nur insoweit, als auf die Ausführung des Geschäfts abgestellt wird. Immerhin wird der von der Rechtsprechung angenommene Beratungsvertrag überwie-

---

[253] BGH (Lehman-VII) BB 2012, 3036, Rn. 27f.
[254] BGH (Lehman-VII) BB 2012, 3036, Rn. 39.
[255] Vgl. bereits supra § 5 A. XXIII. 3.
[256] BGH (Lehman-VII) BB 2012, 3036, Rn. 41.

gend als Geschäftsbesorgung verstanden.[257] Beratungsvertraglich kommen die genannten Normen im Verhältnis Kunde - Bank also durchaus zur Anwendung, lösen indes nach Auffassung des Senats aufgrund der Offenkundigkeit der Gewinninteressen keine Aufklärungspflicht aus.

Im Rahmen der Überlegungen, wie der spätere Kommissionsvertrag, der sich wirtschaftlich wie ein Eigengeschäft darstelle oder wie ein alternativ möglicher Kaufvertrag, die Pflichten aus dem Beratungsvertrag determiniert, stellt sich die Frage, weshalb und wie dieses nachgelagerte Geschehen den Pflichtenkreis der zuvor vereinbarten Beratung beeinflussen kann und soll.[258]

XXXV. BGH, Urt. v. 16.10.2012, Az.: XI ZR 368/11 (Lehman-VIII)

Der Sachverhalt entsprach im Wesentlichen der Lehman-VII-Entscheidung.[259]

XXXVI. BGH, Urt. v. 6.12.2012, Az.: III ZR 307/11 (Freier Anlageberater-VIII)

1. Sachverhalt

Der Kläger beteiligte sich nach einer Beratung durch die Beklagte, einer 100%igen Sparkassentochter, die ihre Tätigkeit selbst als „*private banking*" bezeichnete, an einem Medienfonds. Da der Kunde davon ausging, dass die Beklagte eine Vergütung von der Fondsgesellschaft erhalten würde, vereinbarte er mit der Beklagten, dass die Hälfte der Provisionsrückzahlung aus dem Agio (5%) an seine Tochter fließen sollte. Die Beklagte erhielt mindestens 7,085% des Nominalkapitals vergütet, weshalb der Kläger Schadensersatz aufgrund unterbliebener Aufklärung verlangte.

2. Entscheidung

Nachdem der Kläger im Wesentlichen in den ersten beiden Instanzen obsiegt hatte, war die Revision der Beklagten erfolgreich. Der Senat verwies auf seine gefestigte Rechtsprechung zu freien Beratern.[260] Dabei bestätigte er seine Qualifizierung von „*outgesourcten*" Beratungsgesellschaften als freie Berater (vgl. Freier Anlageberater-VII). Selbst die Tatsache, dass die Beklagte sogar das *Firmenlogo der Sparkasse*

---

[257] *Kühne/Schulz*, in: Praktikerhdb. Wertpapier- und Derivategeschäft[4], Rn. 16; *Sethe*, AcP 212 (2012), 80, 93; *Taubert*, Informationspflichten, S. 229 f.; vgl. aber auch *Martinek*, in: Staudinger, Neubearbeitung 2006, § 675 Rn. C12 (nur bei Entgeltlichkeit Geschäftsbesorgung, ansonsten Auftrag); ebenso *Veldhoff*, Haftung von Kreditinstituten, S. 97; freilich greifen §§ 667 f. BGB auch beim Auftrag; ausführlich infra § 6 A. I. 4. b).

[258] Dazu infra § 6 A. III. 7.

[259] BGH (Lehman-VIII) BeckRS 2012, 23441.

[260] BGH (Freier Anlageberater-VIII) ZIP 2013, 114, Rn. 14.

verwendete, sei hinsichtlich der über eine gebotene typisierende Betrachtung zu ermittelnden Erwartungshaltung des Anlegers unerheblich.[261]

XXXVII. BGH, Urt. v. 18.4.2013, Az.: III ZR 225/12 (Freier Anlageberater-IX)

1. Sachverhalt

Die Klägerin erwarb auf Empfehlung der Beklagten – einer 100 %igen Sparkassentochter – zwei Fondsbeteiligungen, bei denen jeweils ein Agio von 3 bzw. 5 % anfiel. Die Beklagte vereinnahmte diese Beträge übersteigende Vertriebsprovisionen, wobei der Klägerin die genaue Höhe nicht mitgeteilt wurde. Darauf gestützt begehrte letztere Schadensersatz.[262]

2. Entscheidung

Die Klage war in den unteren Instanzen weitestgehend erfolgreich, da die Klägerin über die Rückvergütungen bzw. deren Höhe hätte aufgeklärt werden müssen. Der Senat hob die Berufungsentscheidung auf. Verwiesen wird auf die „gefestigte Rechtsprechung" zur freien Anlageberatung,[263] die ebenso für die „outgesourcte Bankenberatung" gelte. „Im Vordergrund" stünde, dass solche ausgelagerten Berater juristisch selbständige Personen seien.[264] Dies habe die Klägerin aufgrund der langjährigen Geschäftsbeziehung auch gewusst, außerdem ließe sich das auf dem „Stempelabdruck" ausgehändigter Dokumente erkennen.[265]

XXXVIII. BGH, Urt.v. 17.9.2013, Az.: XI ZR 332/12 (Lehman-IX)

1. Sachverhalt

Der Kläger erwarb „Lehman-Brothers-Zertifikate"[266] von der beklagten Bank zum Nennwert von 1.000 € zuzüglich eines Agios von 2 %. Diese hatte die Beklagte zuvor mit einem Einkaufsrabatt von 27,50 € (2,75 % des Nennwerts) je Zertifikat von der Emittentin erworben und erhielt zusätzlich das Agio. Nur auf letzteres wurde der Kläger unstreitig hingewiesen. Er verlangt nunmehr Schadensersatz, weil er über den Einkaufsrabatt nicht aufgeklärt worden sei.

---

[261] BGH (Freier Anlageberater-VIII) ZIP 2013, 114, Rn. 15.
[262] Vgl. BGH (Freier Anlageberater-IX) BKR 2013, 288, Rn. 1–4.
[263] BGH (Freier Anlageberater-IX) BKR 2013, 288, Rn. 15.
[264] BGH (Freier Anlageberater-IX) BKR 2013, 288, Rn. 16.
[265] BGH (Freier Anlageberater-IX) BKR 2013, 288, Rn. 17.
[266] Vgl. oben Text bei und Fn. 166.

2. Entscheidung

Der Kläger unterlag in den Vorinstanzen und die Revision blieb erfolglos. Zu Recht habe das Berufungsgericht eine Aufklärungspflicht über die „Gewinnmarge in Form eines Einkaufsrabatts" verneint.[267] Insoweit wird weitgehend die bisherige „Lehman-Rechtsprechung" wiedergegeben. Es sei irrelevant, dass die Beklagte vom Kläger einen Ausgabeaufschlag verlangte und zusätzlich den Einkaufsrabatt realisierte, da es nicht darauf ankomme, in welcher Weise sie ihr Gewinninteresse verfolge.[268]

Auf der Grundlage von § 31d WpHG ließen sich „weder (vor-)vertragliche Pflichten der Beklagten gegenüber dem Kläger noch deliktische Schadensersatzansprüche [begründen]". Es sei deshalb unerheblich, ob der Emissionsrabatt tatbestandlich unter § 31d WpHG falle.[269] Der Senat betont, dass §§ 31 ff. WpHG lediglich öffentlich-rechtliche Pflichten darstellten, wobei neben einer Qualifizierung als Normen mit „Doppelnatur"[270] gleichfalls eine eigenständige Ausstrahlungswirkung[271] auf das Schuldrechtsverhältnis abgelehnt wird.[272] § 31d WpHG sei kein Schutzgesetz.[273] Schuldrechtliche Wirkungen seien auch dem Europarecht nicht zu entnehmen,[274] da dieses nur eine „innerstaatliche Umsetzung in Form eines Aufsichtssystems durch staatliche Behörden" erfordere, was der EuGH bestätigt habe.[275] Weder nach Effektivitäts- noch Äquivalenzgrundsätzen sei eine zivilrechtliche Wirkung geboten.[276] Schließlich erwähnt der Senat noch, dass eine zivilrechtliche Wirkung über § 134 BGB schon deshalb ausscheide, weil die Nichtigkeitsfolge nicht das Anlagegeschäft träfe.[277]

3. Einordnung

Das Urteil ist von enormer Bedeutung, da es sich erstmals mit den Auswirkungen des Aufsichtsrechts beschäftigt, nachdem die Umsetzungsfrist des unionsrechtlich determinierten Teiles abgelaufen war. In der Sache wird die bisherige Rechtsprechung bestätigt, nach der beim Vertrieb von Zertifikaten im Festpreisgeschäft eine Marge nicht offenbarungspflichtig ist.

---

[267] BGH (Lehman-IX) ZIP 2013, 2001, Rn. 10 ff.

[268] BGH (Lehman-IX) ZIP 2013, 2001, Rn. 14.

[269] BGH (Lehman-IX) ZIP 2013, 2001, Rn. 15; anders der III. Zivilsenat, dessen Rechtsprechung bezüglich freier Berater nur gelten soll, soweit § 31d WpHG nicht greife, § 5 A. XII.

[270] Ausführlich infra § 11 C. II. 2. a) cc).

[271] Dazu infra § 11 C. II. 2. b).

[272] BGH (Lehman-IX) ZIP 2013, 2001, Rn. 16 ff.

[273] BGH (Lehman-IX) ZIP 2013, 2001, Rn. 21 ff.

[274] Die Umsetzungsfristen aus MiFID und MiFID-DRL waren bereits abgelaufen.

[275] BGH (Lehman-IX) ZIP 2013, 2001, Rn. 26 f.

[276] BGH (Lehman-IX) ZIP 2013, 2001, Rn. 28 ff.

[277] BGH (Lehman-IX) ZIP 2013, 2001, Rn. 35.

In dieser Klarheit hatte sich der Senat zu den Auswirkungen des Aufsichtsrechts auf das Zivilrecht noch nicht geäußert. Während ursprünglich eine Bedeutung hinsichtlich der Konturierung von (vor-)vertraglichen Pflichten noch angenommen wurde,[278] wandelte sich die Rechtsprechung. Eine das Aufsichtsrecht berücksichtigende Konturierung sei jedenfalls nicht über die bestehenden (vor-)vertraglichen Pflichten hinaus möglich und bewirke insoweit „weder eine Begrenzung noch eine Erweiterung der zivilrechtlich zu beurteilenden Haftung des Anlageberaters“.[279] Nunmehr findet sich hingegen eine klare Absage an jede zivilrechtliche Wirkung in Rn. 16 des Urteils: „§§ 31 ff. WpHG sind ausschließlich öffentlich-rechtlicher Natur und wirken deshalb auf das zivilrechtliche Schuldverhältnis [...] nicht ein.“[280] Diese kategorische Aussage wird konsequent fortgesetzt mit der Ablehnung des Schutzgesetzcharakters von § 31d WpHG i.S.v. § 823 Abs. 2 BGB.[281] Während teilweise eine zivilrechtliche Wirkung als unionsrechtlich geboten angemahnt wurde,[282] hat der EuGH die Frage anders beurteilt[283] und dem BGH damit die Möglichkeit eröffnet, an seiner rein nationalen Beurteilung des Zivilrechts festzuhalten. Freilich misst der III. Zivilsenat dem Aufsichtsrecht eine zivilrechtliche Bedeutung bei, wenn er seine Rechtsprechung zu freien Beratern im Anwendungsbereich auf Fälle beschränkt, in denen § 31d WpHG nicht greife.[284] Die – zutreffenden – knappen Überlegungen zu § 134 BGB vervollständigen die Totalablehnung der zivilrechtlichen Wirkungen des Aufsichtsrechts durch den BGH für das Kunde-Berater-Verhältnis.[285]

XXXIX. BGH, Urt. v. 24.9.2013, Az.: XI ZR 204/12 (Kick-Back-XII)

1. Sachverhalt

Die aus abgetretenem Recht klagende Klägerin verlangte Schadensersatz von der beklagten Bank. Der Ehemann der Klägerin nahm regelmäßig Wertpapierdienstleistungen der Beklagten in Anspruch und war als Versicherungsmakler ein überdurchschnittlich versierter Anleger. Er erwarb für die Zedentin Zertifikate, für deren Erwerb ihr eine 0,7 %ige Provision in Rechnung gestellt wurde. Die Beklagte

---

278 S. etwa BGH (Kick-Back-II) BGHZ 170, 226 = NJW 2007, 1876, Rn. 18.

279 BGH (Lehman-I) BGHZ 191, 119 = NZG 2012, 25, Rn. 47; s. aber noch BGH (Lehman-IX) ZIP 2013, 2001, Rn. 20.

280 BGH (Lehman-IX) ZIP 2013, 2001, Rn. 16; kritisch *Harnos*, BKR 2014, 1, 6 („verschleierte Rechtsprechungsänderung“).

281 Die Frage ist umstritten, dazu infra § 11 E. II. 2.

282 Dazu infra § 11 C. II.

283 EuGH (Genil), Urt. v. 30.5.2013, Rs. C-604/11, NZG 2013, 786, Rn. 57; dazu § 11 C. II.

284 Dazu § 5 A. XII.; gleiche Einschätzung bei *Harnos*, BKR 2014, 1, 6; vgl. auch *Ellenberger*, in: Praktikerhdb. Wertpapier- und Derivategeschäft[4], Rn. 1031; *Forschner*, Wechselwirkungen von Aufsichtsrecht und Zivilrecht, S. 203.

285 Kritisch *Herresthal*, WM 2014, 773, 777; in der Sache – trotz ausdrücklicher Bestätigung hiesiger Rechtsprechung – dann aber doch anders BGH (Innenprovisionen-V) BGHZ 201, 310 = BeckRS 2014, 14029, Rn. 32 ff., dazu infra § 5 A. XL.

erhielt zusätzlich eine Vertriebsvergütung in Höhe von 3 % auf den Ausgabepreis seitens der Emittentin, die im Verkaufsprospekt als „Übernahme- und/oder Platzierungsprovision" ausgewiesen war. Darauf hatte die Bank bei der Beratung nicht hingewiesen.

2. *Entscheidung*

Nachdem die Klägerin vor dem Landgericht verloren hatte, obsiegte sie im Berufungsverfahren. Das Berufungsgericht hatte sich maßgeblich auf die Rückvergütungsrechtsprechung des BGH gestützt und angeführt, dass die Aufklärungspflicht aus der kommissionsrechtlichen Herausgabepflicht (§ 384 HGB bzw. § 667 BGB) folge, sowie einer Interessenkollision beim Intermediär.[286] Anders als bei einem Eigengeschäft sei für den Kunden der Interessenkonflikt des Beraters auch nicht offensichtlich, weil ihm bereits ein Entgelt – die Ordergebühr i.H.v. 0,7 % – in Rechnung gestellt worden sei.[287]

Der BGH hob auf Revision der Beklagten die Berufungsentscheidung (nur) wegen fehlerhafter Annahme der Kausalität der gerügten Aufklärungspflichtverletzung auf. Im Übrigen bestätigte er die vom Berufungsgericht angenommene Aufklärungspflichtverletzung. Vereinbare eine Bank ein Kommissionsgeschäft mit einem Kunden und erhalte sie vom Kunden eine Provisionszahlung, müsse sie diesen über unmittelbar vom Emittenten des Wertpapiers erhaltene und im Zeitpunkt der Beratung bereits dem Grunde nach bekannte Provisionen aufklären.[288] Über die Rückvergütungs- und „Zinswetten"-Fallgruppe hinaus, sei hier ein schwerwiegender Interessenkonflikt anzunehmen, da bei der Bank ein „zusätzliches Umsatzinteresse" gegeben sei, das dem Kunden verborgen bleibe. Dieser „Doppelrolle" können nur mit einer Aufklärungspflicht begegnet werden, um die *Fehlvorstellung über die Neutralität des Beraters* zu beseitigen.[289] Dem könne nicht entgegengehalten werden, dass Beratungs- und Kommissionsvertrag zeitlich nacheinander abgeschlossen würden. Häufig würden diese zeitlich zusammenfallen, außerdem wisse die Bank regelmäßig bereits, „dass und in welchem Umfang" sie Vertriebsprovisionen bei dem empfohlenen Produkt erhalte und in welcher Form die Abwicklung vonstatten gehen werde (Festpreis- oder Kommissionsgeschäft). Auch ob das Provisionsangebot der Emittentin bereits angenommen wurde, sei irrelevant.[290] Aus der Verletzung kommissionsrechtlicher Herausgabe- und Rechenschaftspflichten folge keine Pflichtverletzung des Anlageberatungsvertrags. Grund für die Aufklärungspflicht

---

[286] OLG Frankfurt a.M., Urt. v. 28.3.2012, Az.: 17 U 153/11 (Juris), Rn. 24 ff.; vgl. auch BGH (Kick-Back-XII) WM 2013, 2065, Rn. 8 f.

[287] OLG Frankfurt a.M., Urt. v. 28.3.2012, Az.: 17 U 153/11 (Juris), Rn. 26; vgl. auch BGH (Kick-Back-XII) WM 2013, 2065, Rn. 10.

[288] BGH (Kick-Back-XII) WM 2013, 2065, Rn. 22.

[289] BGH (Kick-Back-XII) WM 2013, 2065, Rn. 23 ff.

[290] BGH (Kick-Back-XII) WM 2013, 2065, Rn. 27.

sei vielmehr das verborgene „zusätzliche Umsatzinteresse der Bank".[291] In wirtschaftlicher Hinsicht sei die Konstellation nicht einem Eigengeschäft der Bank mit Provisionszahlung des Kunden (§§ 354, 396 HGB) vergleichbar, da der Kunde aufgrund seiner Provisionszahlung nicht das über diese Zahlung hinausgehende Gewinninteresse der Bank erkennen könne.[292] Ob aufklärungspflichtige Rückvergütungen vorlägen sei irrelevant, da die Bank dem Kunden eine Provision berechnet habe und im Zeitpunkt der Beratung bereits davon wusste, dass sie von der Emittentin ebenfalls eine Provision erhalten würde.[293]

3. Einordnung

Der Senat erhielt Gelegenheit Stellung zu nehmen, ob Aufklärungspflichten über Vertriebsprovisionen bestehen, wenn der Kunde bereits eine Zahlung an den Intermediär leistet. Dies hatte er für Kommissionsgeschäfte bisher ausdrücklich offengelassen.[294] Dabei bewegt er sich im Rahmen seiner Fallgruppenrechtsprechung, nach der nur besonders schwerwiegende Interessenkonflikte und nicht jedes Gewinnerzielungsinteresse eine Aufklärungspflicht begründen. Dass er den vorliegenden Fall als „selbständige" Fallgruppe begreift, basiert wohl darauf, dass er eine Aufklärungspflicht annehmen wollte, unabhängig davon, ob die Rückvergütungsdefinition erfüllt ist.[295] Die tragenden Erwägungen greifen aber im Ergebnis ebenso für die Rückvergütungsrechtsprechung, wie noch das Berufungsgericht argumentiert hatte. Freilich wird die Argumentation durch die Zahlung des Klägers verstärkt, auf die der BGH ein besonderes Augenmerk richtet.[296] Selbst ohne eine solche Zahlung wäre eine Aufklärungspflicht nicht ausgeschlossen gewesen, wenn sich das Kommissionsgeschäft einem Festpreisgeschäft als nicht wirtschaftlich vergleichbar dargestellt hätte[297] bzw. die Quelle der Provision offen angegeben gewesen wäre.[298] Im Ergebnis kann die Entscheidung kaum überraschen, wobei auf die Ausführungen zur Relevanz kommissionsrechtlicher Pflichten im Rahmen der Anlageberatung

---

291 BGH (Kick-Back-XII) WM 2013, 2065, Rn. 28.

292 BGH (Kick-Back-XII) WM 2013, 2065, Rn. 29.

293 BGH (Kick-Back-XII) WM 2013, 2065, Rn. 30.

294 BGH (Lehman-III) BKR 2012, 421, Rn. 45; BGH (Lehman-IV) BeckRS 2012, 16899, Rn. 40; BGH (Lehman-VI) BeckRS 2012, 16985, Rn. 49. Bei Kaufverträgen sei aber unerheblich, ob der Verkäufer neben dem Agio auch Einkaufsrabatte erhalte, BGH (Lehman-IX) ZIP 2013, 2001, Rn. 14.

295 Vgl. *Tilp/Wegner*, BKR 2014, 27, wonach inzident auch Innenprovisionen von der Entscheidung erfasst seien; ebenso *Tonner/Krüger*, Bankrecht, § 25 Rn. 44. Nur wenige Monate später hat der XI. Zivilsenat wiederum eine andere Begründung für Aufklärungsflichten über Provisionen herangezogen, dazu sogleich § 5 A. XL.

296 Zur Relevanz einer Entgeltzahlung *für die Beratung* infra § 10 A. I.

297 Vgl. BGH (Lehman-III) BKR 2012, 421, Rn. 42 ff. und BGH (Kick-Back-XII) WM 2013, 2065, Rn. 29. Eine Gleichbehandlung der Fälle – keine Aufklärungspflicht – auch wenn eine Kommissionsgebühr o.ä. gezahlt wurde, fordert *Mann*, WM 2013, 727, 732.

298 Ab dem 1.8.2014 ist unerheblich, ob die Quelle offen ausgewiesen ist, dazu BGH (Innenprovisionen-V) BGHZ 201, 310 = BeckRS 2014, 14029, Rn. 31.

und die zeitliche Folge bzw. Auswirkungen von Beratungs- und Kommissionsvertrag zurückzukommen sein wird.[299]

Hinzuweisen ist noch darauf, dass der BGH gleich diverse Anknüpfungspunkte als Ursprung der Aufklärungspflicht anführt (schwerwiegender Interessenkonflikt; Doppelrolle des Beraters; fehlende Neutralität; zusätzliches Umsatzinteresse; Gefährdung der Kundeninteressen). Inwiefern auf dieser Basis wertungsstimmig differenziert werden kann, scheint fraglich.[300]

XL. BGH, Urt. v. 3.6.2014, Az.: XI ZR 147/12 (Innenprovisionen-V)

1. Sachverhalt

Der Kläger – ein erfahrener Kaufmann – erwarb nach einer Beratung durch einen Bankmitarbeiter der Beklagten mehrere Grundstücke, um sich an einem Einkaufs- und Erlebniszentrum zu beteiligen. Die Beklagte erhielt von den Initiatoren, die Gesellschafter der Verkäuferin waren und an die der Kläger den Kaufpreis zahlte, eine Provision in Höhe von bis zu 5 % des Investments. Darüber wurde der Kläger nicht aufgeklärt, worauf er seinen Schadensersatzanspruch gegen die Beklagte stützte.

2. Entscheidung

Vor den unteren Instanzen war der Kläger erfolgreich. Der BGH hob das Berufungsurteil auf, weil eine Aufklärungspflichtverletzung jedenfalls nicht schuldhaft erfolgt sei.

Nach der Senatsdefinition haben – im Gegensatz zu Rückvergütungen – Innenprovisionen vorgelegen.[301] Ob und unter welchen Voraussetzungen über diese aufzuklären sei, sei in Rechtsprechung und Literatur umstritten. Der Senat habe dies bisher offenlassen können und müsse dies erneut nicht entscheiden, da die Beklagte – selbst wenn man eine Aufklärungspflicht annehmen würde – diesbezüglich einem unvermeidbaren Rechtsirrtum unterlegen wäre.[302]

Auch grundsätzlich sei die Frage nicht zu klären, da der Senat – gestützt auf die aufsichtsrechtlichen Neuerungen im Kapitalanlagevertrieb (§ 31d WpHG; § 17 FinVermV; § 31 Abs. 4c Satz 1 Nr. 2 WpHG; § 34h Abs. 3 GewO) – nunmehr ab dem 1.8.2014 davon ausgehe, dass die beratende Bank stets über den Empfang versteckter Vertriebsprovisionen von Seiten Dritter aufklären müsse.[303] Es verbleibe jedoch dabei, dass das Aufsichtsrecht lediglich öffentlich-rechtlicher Natur sei und nicht

---

[299] Dazu infra § 6 A. III. 7.

[300] Dazu ausführlich sogleich infra § 5 B.

[301] BGH (Innenprovisionen-V) BGHZ 201, 310 = BeckRS 2014, 14029, Rn. 18 ff.

[302] BGH (Innenprovisionen-V) BGHZ 201, 310 = BeckRS 2014, 14029, Rn. 22 ff.

[303] BGH (Innenprovisionen-V) BGHZ 201, 310 = BeckRS 2014, 14029, Rn. 31 ff.

auf das Zivilrechtsverhältnis einwirke. Darin komme aber ein allgemeines Rechtsprinzip der Transparenz im Kapitalanlagerecht zum Ausdruck, aufgrund dessen der Anleger erwarten dürfe, dass sich die beratende Bank an die Grundprinzipien des Aufsichtsrechts halte. Ob das konkrete Anlagegeschäft aber aufsichtsrechtlich überhaupt erfasst sei, sei dafür unerheblich.[304]

3. Einordnung

Das „nahezu versteckt" auf der Internetseite des BGH veröffentlichte und auf „leisen Sohlen daherkommende" Urteil[305] ist von großer dogmatischer Bedeutung und höchster Relevanz für die Praxis. Mit seinen Ausführungen zum unvermeidbaren Rechtsirrtum belegt der Senat zunächst selbst, dass die weitgehend von ihm geschaffene Rechtslage hinsichtlich Aufklärungspflichten über Provisionen „besonders zweifelhaft und schwierig" ist.[306] Das liegt daran, dass dem Aufklärungsmodell des BGH der teleologisch stimmige Unterbau fehlt.[307] Über die neue Argumentation, dass nunmehr ein „allgemeines kapitalanlagerechtliches Transparenzgebot" gelten solle, entledigt sich der Senat vermeintlich der Aufgabe, seine bisherige Rechtsprechung stimmig begründen zu müssen. Während er selbst in diesem Urteil noch zwischen Rückvergütungen und Innenprovisionen abgrenzt, gibt er diese Unterscheidung für die Zukunft auf: Es sei für die Aufklärungspflicht nicht mehr entscheidend, ob die Drittprovision aus offen ausgewiesenen Quellen oder aus dem Anlagebetrag stamme.[308] Genau darauf basiert aber der Unterschied zwischen Rückvergütungen und Innenprovisionen.[309] Dass gerade der Umgang mit dieser zweifelhaften Differenzierung Schwierigkeiten in Anwendung und Begründung aufwarf, mag für das salomonische Urteil mit ausschlaggebend gewesen sein.[310] Es stellt letztlich eine „radikale Abkehr" von den langjährig verwendeten, immer wieder ergänzten, korrigierten und dogmatisch verteidigten Begründungsansätzen für vergütungsbezogene Aufklärungspflichten in der Rechtsprechung des XI. Zivilsenats dar.[311] Das gefundene Ergebnis des Falles wäre argumentativ aber leichter über eine stringente Anwendung der bisherigen Rechtsprechung zu erzielen gewesen [vgl. infra § 5 B. III. 1. a) bb) (6)]. Der Sache nach ist die Gleichbehandlung von

---

304 BGH (Innenprovisionen-V) BGHZ 201, 310 = BeckRS 2014, 14029, Rn. 36ff.

305 *Jahn*, F.A.Z. v. 15.7.2014, S. 21 und 40.

306 BGH (Innenprovisionen-V) BGHZ 201, 310 = BeckRS 2014, 14029, Rn. 25.

307 Dazu ausführlich § 5 B. I.

308 BGH (Innenprovisionen-V) BGHZ 201, 310 = BeckRS 2014, 14029, Rn. 31.

309 Dazu ausführlich infra § 5 B. III. 1.

310 Vgl. auch *Jahn*, F.A.Z. v. 15.7.2014, S. 21 („Dahinter könnte ein bisschen eigene Verlegenheit [des Senats] gestanden haben.").

311 Vgl. z.B. die Formulierung in BGH (Innenprovisionen-V) BGHZ 201, 310 = BeckRS 2014, 14029, Rn. 30, wonach der Senat „*noch* in [seinen letzten Urteilen] die Aufklärungspflicht über Rückvergütungen damit gerechtfertigt [hat], dass der Anleger über den Interessenkonflikt der Bank [...] getäuscht wird" (Hervorh. durch Verf.).

Rückvergütungen und Innenprovisionen freilich stimmig. Für in der Vergangenheit liegende Fälle wird die Unterscheidung jedoch weiterhin relevant bleiben, da sie für die Frage der Haftung bei Aufklärungspflichtverletzungen (bei Rückvergütungen grundsätzlich ja; bei Innenprovisionen jedenfalls unverschuldeter Rechtsirrtum) entscheidungserheblich ist.

Der BGH erkennt die besondere Relevanz des Aufsichtsrechts an. Dass er allerdings einerseits leugnet, dass diesem Bedeutung für das Zivilrecht zukomme, andererseits aber gerade auf dessen Basis ein „allgemeines Transparenzprinzip" schöpft, das sogar zivilrechtlich noch über den aufsichtsrechtlich erfassten Bereich hinausgeht,[312] vermag in der Begründung kaum zu überzeugen. Da der XI. Zivilsenat diese neue Rechtsprechung argumentativ nur auf das Aufsichtsrecht („die tragenden Prinzipien") stützt, ist es in besonderem Maße bedenklich, dass er dessen Anwendungsbereich damit faktisch nach seinen eigenen Vorstellungen ausweitet. Die Grenze zwischen Rechtsfortbildung und Rechtssetzung scheint hier überschritten.[313] Auch der Duktus („ab dem 1.8.2014") hätte besser in ein „Berliner Gesetz" als ein „Karlsruher Urteil" gepasst.

Der Senat möchte seine neue Rechtsprechung an die Auslegung des Beratungsvertrages anknüpfen. Soweit dieser – wie das häufig der Fall ist, dazu § 6 – nur fiktiv angenommen wird, verstärkt dies den Eindruck, dass der XI. Zivilsenat beabsichtigt, die Marktteilnehmer (auch) künftig den von ihm statuierten Rechtspflichten, die über die gesetzlichen Vorgaben hinausgehen, unterwerfen zu wollen. Auffällig ist, dass der BGH die „beratungsvertragliche Kernpflicht" der alleinigen Fremdinteressenwahrnehmung argumentativ nicht verwendete, obwohl darüber eine Aufklärungspflicht dogmatisch stimmig hätte begründet werden können.[314] Damit hätte der BGH freilich die bisherigen Wertungsunstimmigkeiten in diesem Punkt ausdrücklich zugeben müssen.

Während die nur schwer nachvollziehbare Abgrenzung von Innenprovisionen und Rückvergütungen künftig der Vergangenheit angehören wird,[315] verbleiben indes auch nach dieser Entscheidung diverse dogmatische Problemfelder bzw. stellen sich Probleme in einem neuen Licht dar.[316] Zu denken ist hier an die abweichende Rechtsprechung des III. Zivilsenats zu freien Beratern, in denen Offenkundigkeits-

---

312 Insoweit mag man hier eine Parallele zu Kick-Back-II und Kick-Back-III sehen, wo eine zunächst aufsichtsrechtliche Pflicht „überschießend" ins Zivilrecht übertragen wurde.

313 Vgl. auch *Buck-Heeb*, WM 2014, 1601 („Quasigesetzgeber").

314 Vgl. infra § 10 C.

315 *Faulenbach*, BKR 2014, 462, 463, weist aber darauf hin, dass die Entscheidung in der Zusammenschau mit BGH, Urt. v. 15.7.2014, Az.: XI ZR 418/13, BKR 2014, 457, wonach es hinsichtlich der Frage des Rechtsirrtums weiterhin entscheidend auf die Abgrenzungsfrage ankommt, geradezu paradox sei.

316 Vgl. etwa *Buck-Heeb*, WM 2014, 1601 ff. („Argumentation auf tönernen Füßen"; Beseitigung von Unklarheiten auf „fragwürdige Weise"); *Freitag*, ZBB 2014, 357 ff. („zahlreiche Ungereimtheiten" und „erhebliche dogmatische Zweifel"); *Hoffmann/Bartlitz*, ZIP 2014, 1505 ff. („Lösungsweg kann nicht überzeugen"; „Kunstgriff").

erwägungen zu anderen Ergebnissen für vergleichbare Sachverhalte führen, wobei der III. Zivilsenat auch ein abweichendes Verständnis von der Relevanz des Aufsichtsrechts zu Grunde legt. Gerade hinsichtlich Offenkundigkeitserwägungen stellt sich zudem die Frage, ob das Urteil auch Auswirkungen auf Zwei-Personen-Sachverhalte haben wird (Stichworte: „Swap" und „Lehman").[317] Dem Wortlaut nach betrifft es nur „Zuwendungen Dritter". Unter anderem auf diese Punkte wird im Folgenden ausführlich einzugehen sein.

B. Differenzierungsmöglichkeiten zur Systematisierung der Rechtsprechung

Allein schon die Quantität der referenzierten höchstrichterlichen Rechtsprechung zeigt, dass es sich beim Bankprivatrecht betreffend vergütungsbezogene Aufklärungspflichten um „*case law*" handelt.[318] Ein Zustand der Rechtssicherheit würde voraussetzen, dass die über den Einzelfall hinausgehenden Streitfragen einer Systematisierung zugänglich sind. Dazu kommen diverse Ansatzpunkte in Betracht, nach deren „Vorgaben" die Rechtsprechung nunmehr auf ihre Konsistenz hin untersucht werden soll. Dabei wird sich erweisen, dass unter allen erwogenen Gesichtspunkten Wertungsunstimmigkeiten zu Tage treten.

I. Telos der Aufklärungspflicht

Der angeführten Rechtsprechung lässt sich ausdrücklich entnehmen, dass nicht *alle* monetären Eigeninteressen *immer* offenzulegen sind. Daher ist zunächst zu untersuchen, worin das Telos der teilweise angenommen Aufklärungspflichten liegt und ob es die gegenwärtige Rechtsprechung stimmig erklären kann. Ausgangspunkt der Überlegungen ist, dass eine Beratung darauf gerichtet ist, dem Anleger eine eigenständige Anlageentscheidung zu ermöglichen.[319] Aufklärungspflichten lassen sich deshalb dann rechtfertigen, wenn die Kenntnis der aufklärungspflichtigen Tatsache für die eigenständige Anlageentscheidung erforderlich ist und der Anleger sie sonst nicht erlangen könnte.

1. Schutz vor Interessenkollisionen

Der wichtigste *topos* für Aufklärungspflichten über monetäre Eigeninteressen ist im Ausgangspunkt der Rechtsprechung ein Interessenkonflikt zwischen den Anlegerinteressen und den Interessen des Beraters.[320] Damit ist freilich noch nicht viel

---

[317] Zu den weiterhin bestehenden dogmatischen Unklarheiten nach dem Begründungswechsel des XI. Zivilsenats auch *Edelmann*, in: Assmann/Schütze, Hdb. KapitalanlageR^4, § 3 Rn. 28 a.E.

[318] S. bereits Fn. 4.

[319] Vgl. etwa *Bunte*, in: Schimansky/Bunte/Lwowski, Bankrechts-Hdb.^{4}, § 8 Rn. 23; *Sethe*, in: FS Nobbe, S. 769, 784 sowie supra Kapitel 1 Fn. 32.

[320] Der BGH argumentiert ausdrücklich und wörtlich mit Interessenkonfliktgesichtspunkten in

gewonnen. In einer Marktwirtschaft ist der Interessengleichlauf von Vertragspartnern ein Ausnahmefall.[321] Es ist also der Frage nachzugehen, woraus sich der hinsichtlich einer Aufklärungspflicht *relevante Interessenkonflikt* ergibt.

a) Interessenkollisionen beruhend auf dem Umsatzinteresse

Mitunter wird das auf dem Umsatzinteresse des Beraters basierende Eigeninteresse bereits als genügend angesehen, um eine Aufklärungspflicht zu rechtfertigen.[322] Dem Kunden soll die Möglichkeit eröffnet werden, das Eigeninteresse des Beraters einschätzen zu können.[323] Dies ist als Grundsatz sehr weitreichend, da ein den Anlegerinteressen grundsätzlich entgegenlaufendes *Umsatzinteresse* bei einem wirtschaftlichen Akteur *stets* gegeben ist. Der auf dem Umsatzinteresse beruhende Interessenkonflikt war tragender Grund der in Kick-Back-II und Kick-Back-III statuierten Aufklärungspflicht.[324] In der Kick-Back-II-Entscheidung wird deutlich

---

Kick-Back-I, Kick-Back-III, Kick-Back-VI-IX, Kick-Back-XII, Freier Anlageberater-III-IX, Swap-Urteil, Lehman-I-VIII, dazu jeweils bereits supra § 5 A.

[321] Das heißt freilich nicht, dass die Parteien im Regelfall *gegeneinander* operieren würden. Vielmehr dient der einzelne üblicherweise seinem Vertragspartner, um damit zugleich *eigene* Interessen zu verwirklichen („*do ut des*"). Dazu bereits *Smith*, Der Wohlstand der Nationen, S. 17; ferner *v. Mises*, Human Action, S. 194 f.; zum Montaigne-Irrtum s. Kapitel 1 Fn. 287.

[322] Vgl. *Nobbe*, WuB I G 1. – 5.10, S. 123, 124, wonach der XI. Zivilsenat ursprünglich nur mit dem Aspekt der Interessenkollision argumentiert habe; *Sethe*, in: FS Nobbe, S. 769, 784, der ebenfalls darauf hinweist, dass der XI. Zivilsenat das Kick-Back-II-Urteil allein auf den Aspekt der Interessenkollision stützte. Allein den Interessenkonflikt der Bank für maßgeblich halten etwa *Beule*, in: Assies/Beule/Heise/Strube, Hdb. des FA-BKR[3], Kap. 7 Rn. 340; *Jooß*, WM 2011, 1260, 1265; *Lieder*, GWR 2011, 175, zum Swap-Urteil (vollumfängliche Aufklärung über Interessenkonflikte); *Veldhoff*, Haftung von Kreditinstituten, S. 292; nicht differenzierend ferner *Deblitz*, EWiR 2012, 585, 586.

[323] Vgl. OLG München, Urt. v. 12.7.2010, Az.: 19 U 5240/09 (Juris), Rn. 32; OLG Düsseldorf, Urt. v. 18.11.2010, Az.: 6 U 39/10 (Juris), Rn. 25; OLG Frankfurt a.M., Urt. v. 19.10.2011, Az.: 17 U 34/10, NZG 2012, 188 (Leitsatz 2); OLG Stuttgart, Urt. v. 30.11.2011, Az.: 6 U 2/10, BKR 2011, 78, 79; *Krebs*, in: Dauner-Lieb/Langen, BGB-Schuldrecht[2], § 311 Rn. 177 („[D]as [mit der Kick-Back-Rechtsprechung, der Verf.] verfolgte Ziel [ist] nicht kompliziert. Der Anleger soll [...] das Umsatzinteresse [...] einschätzen [...] können."); vgl. auch *Wiechers*, WM 2011, 145, 152 (s. aber auch a.a.O. S. 153).

[324] Vgl. auch OLG München, Urt. v. 8.2.2010, Az.: 17 U 2893/09 (Juris), Rn. 27; OLG Stuttgart, Urt. v. 24.2.2010, Az.: 9 U 58/09 (Juris), Rn. 39 („Der Interessenkonflikt wird allein durch die umsatzabhängige Zahlung [...] an die Bank [...] ausgelöst"); OLG München, Urt. v. 27.7.2010, Az.: 5 U 2100/10 (Juris), Rn. 21; OLG Stuttgart, Urt. v. 30.11.2010, Az.: 6 U 2/10 (Juris), Rn. 25 (Interessenkonflikt aufgrund Umsatzinteresses sei „einzig tragender Grund" der Rechtsprechung des BGH); OLG Stuttgart, Urt. v. 20.4.2011, Az.: 9 U 41/10 (Juris), Rn. 19; LG Stuttgart, Urt. v. 24.8.2011, Az.: 8 O 516/10 (Juris), Rn. 41 (Existenz der Gewinnmarge begründe schwerwiegenden Interessenkonflikt); *Einsiedler*, WM 2013, 1109, 1112; *Lenenbach*, WuB I G 7. – 1.09, S. 375, 377 („Diese Interessenkollision [aufgrund des eigenen Gewinninteresses, der Verf.] ist der einzige Gesichtspunkt, den die Rspr. als Begründung für die Pflicht, über Rückvergütungen zu informieren, anerkennt."); *Lampe*, NJOZ 2009, 4893, 4896; *Loidl/Burgin*, Recht der Finanzinstrumente 2012, 236; *Veil*, WM 2009, 2193, 2195; *Veldhoff*, Haftung von Kreditinstituten, S. 277 und 292 („allein das finanzielle Eigeninteresse der Bank" könne die Rechtsprechung begründen; „allein aus dem allgemeinen Umsatzinteresse [resultiert ein aufklärungspflichtiger Interessenkonflikt]");

gemacht, dass das *eigene Umsatzinteresse* der Bank eine *Gefährdungssituation* für den Kunden darstelle, die mit der Konstellation aus Kick-Back-I vergleichbar sei. Ferner werden dort das Kundeninteresse an anleger- und objektgerechter Beratung und das Bankinteresse an (Rück-)Vergütungen gegenübergestellt. Dies wird dann in Kick-Back-III fortgesetzt. Aufgrund des auf dem Umsatzinteresse beruhenden Interessenkonflikts könne eine Aufklärungspflicht sachlich nicht auf den Anwendungsbereich des WpHG beschränkt sein. Die Ausführungen, dass weitere Zahlungen aus dem Anlagebetrag den Interessenkonflikt steigern könnten,[325] belegt, dass der Interessenkonflikt im Mittelpunkt der Argumentation stand. In diesem Sinne lässt sich dann die Kick-Back-VI-Entscheidung anführen, die die „Problematik der Interessenkollision" maßgeblich in den Vordergrund stellt.[326] In Abgrenzung zum Swap-Urteil wird in Kick-Back-VIII darauf hingewiesen, dass im Drei-Personen-Verhältnis der Interessenkonflikt nicht offensichtlich sei.[327] Auch soweit die Rechtsprechung des XI. Zivilsenats vom III. Zivilsenat referiert wird, werden „Interessenkonfliktgesichtspunkte" besonders herausgestellt. Diese werden als für die Kick-Back-Rechtsprechung „tragend" bezeichnet, wohingegen die Doppelrolle des Intermediärs und daraus folgende Interessenkonflikte dem Kunden des freien Beraters bewusst seien.[328]

b) Besonders schwerwiegende Interessenkollisionen

Der höchstrichterlichen Rechtsprechung lässt sich noch entnehmen, dass der dem „generellen Gewinnerzielungsinteresse" eines Intermediärs entstammende Interessenkonflikt nicht per se aufklärungsbedürftig sei. Es müssten für eine Aufklärungspflicht „besondere Umstände" hinzutreten.[329] Dies kann als Fortentwicklung verstanden werden, ebenso aber als grundsätzliche Einschränkung einer Rechtsprechung, die zumindest in den unteren Instanzen im Anwendungsbereich sehr weit

---

a.A. ausdrücklich OLG Karlsruhe, Urt. v. 2.11.2010, Az.: 17 U 62/10, ZIP 2010, 2442, 2443, OLG Karlsruhe, Urt. v. 1.2.2011, Az.: 17 U 183/10 (Juris), Rn. 16; dazu auch *Schnauder*, jurisPR-BKR 5/2011 Anm. 5. Auch BGH (Innenprovisionen-V) BGHZ 201, 310 = BeckRS 2014, 14029, basiert mittelbar auf Interessenkonflikterwägungen (infra § 5 B. I. 6.).

[325] Dazu supra § 5 A. IX.

[326] Dazu supra § 5 A. XIII.

[327] Vgl. auch BGH (Lehman-I) BGHZ 191, 119 = NZG 2012, 25, Rn. 40, 43 f.; BGH (Lehman-IX) ZIP 2013, 2001, Rn. 34.

[328] So etwa Freier Anlageberater-III und Freier Anlageberater-IV, dazu jeweils supra § 5 A.

[329] BGH (Lehman-III) BKR 2012, 421, Rn 46; BGH (Swap-Urteil) BGHZ 189, 13 = NJW 2011, 1949, Rn. 38; BGH (Lehman-V) BKR 2013, 17, Rn. 42; BGH (Kick-Back-XII) WM 2013, 2065, Rn. 23; vgl. auch *Assmann*, ZIP 2009, 2125, 2126 f., der bereits die „ursprüngliche Kick-Back-Rechtsprechung" so verstand, dass nur besondere Umstände zur Aufklärungspflicht führten; nach *Forschner*, Wechselwirkungen von Aufsichtsrecht und Zivilrecht, S. 167, ist indes bereits der Interessenkonflikt an sich ein „besonderer Umstand", der die Vertriebsprovision aufklärungspflichtig mache; *Grundmann*, WM 2012, 1745, 1750, geht davon aus, dass beim Vertrieb eigener Produkte das Vorliegen besonderer Umstände „die Grenze" darstelle; kritisch *Schelling*, Vergütungssysteme und Interessenkonflikte, S. 231.

verstanden wurde.[330] Dies wirft die Frage auf, wann solche besonderen Umstände vorliegen. Der BGH beantwortet sie fallgruppenorientiert,[331] was zwangsläufig zur Problematik führt, ob es weitere als die bisher anerkannten Fallgruppen gibt bzw. nach welchen Kriterien diese zu ermitteln sein sollen.[332] Auch nach der Neuorientierung des XI. Zivilsenats in Innenprovisionen-V liegt eine Fallgruppenrechtsprechung vor. Dort wurde freilich der Anwendungsbereich der „Provisionsfallgruppe" erweitert und die Aufklärungspflicht zum Regelfall erhoben. „Besondere Umstände" sind dann nicht mehr erforderlich. Allerdings erfasst Innenprovisionen-V nicht alle monetären Eigeninteressen der Berater, weshalb auch für die Zukunft relevant bleiben wird, worin der BGH bisher und über Provisionsfälle hinaus Aufklärungspflichten auslösende, besondere Umstände sah.

aa) Qualifizierung durch Täuschung

Ausdrücklich benannte der XI. Zivilsenat (zuletzt) Rückvergütungsfälle als eine Fallgruppe, in denen besondere Umstände vorlägen, die zu einer Aufklärungspflicht führen. Der Anleger würde *bewusst über* den *Interessenkonflikt* der Bank *getäuscht*[333] bzw. ein solcher würde dadurch *bewusst verheimlicht*, dass der *Empfänger einer* offen ausgewiesenen *Provision* ungenannt bleibe.[334] Maßgeblich scheint also der durch Täuschung qualifizierte Interessenkonflikt der Bank.[335] Noch präziser wird dann der „kennzeichnende Umstand" für die Rückvergütungsrechtspre-

---

[330] Am weitreichendsten war die Rechtsprechung, die auch Margen für aufklärungspflichtig hielt, dazu infra Fn. 1133; vgl. auch *Nobbe*, WuB I G 1. – 5.10, S. 123, 124.

[331] Sehr kritisch dazu *Schnauder*, jurisPR-BKR 1/2012 Anm. 1 (keine regelbildende Systemgrundlage; bloße Behauptung der Rechtsfolge).

[332] Vgl. *Zoller*, BKR 2012, 405.

[333] BGH (Lehman-III) BKR 2012, 421, Rn. 46; so auch OLG Frankfurt a.M., Urt. v. 28.10.2011, Az.: 19 U 98/11 (Juris), Rn. 27 („maßgebendes Kriterium" sei Täuschung über die Neutralität der Bank); *Kotte*, BB 2014, 1353; widersprüchlich *Ellenberger*, in: Praktikerhdb. Wertpapier- und Derivategeschäft[4], der in Rn. 1056 bezüglich Rückvergütungen auf die *Täuschung* des Anlegers abstellt, andererseits in Rn. 1063 f. damit argumentiert, dass es bei Rückvergütungen darum ginge, dass der Kunde das *Umsatzinteresse* der Bank vollständig einschätzen können soll. Vgl. auch *Tilp/Wegner*, BKR 2014, 27, 28, wonach sich der Senat mit der Betonung des Täuschungsaspekts von seiner ursprünglichen Rechtsprechung bezüglich Interessenkollisionen gelöst habe.

[334] BGH (Lehman-III) BKR 2012, 421, Rn. 46, unter Verweis auf *Ellenberger*, in: Praktikerhdb. Wertpapier- und Derivategeschäft[4], Rn. 1056; OLG Frankfurt a.M., Urt. v. 29.11.2012, Az.: 3 U 300/11, ZIP 2013, 209, 210; *Varadinek/Röh*, ZIP 2009, 2383, 2385; *Wiechers*, WM 2011, 145, 153.

[335] Mit dem Aspekt der Täuschung argumentiert auch *Ellenberger*, in: FS Nobbe, S. 523, 533, allerdings geht es dort um die Frage der „Abmilderung" der Mitteilungspflicht bezüglich der konkreten Zuwendungshöhe nach § 31d Abs. 3 WpHG. *Ellenberger* geht davon aus, dass bekannte und leicht verständliche Größenangaben bereits nach § 31d Abs. 1 Halbs. 2 Nr. 2 WpHG mitzuteilen seien. Geschehe dies nicht, könne es sich nur um eine *bewusste Täuschung* des Anlegers handeln. Vgl. auch *Voß*, BB 2012, 3039, 3040. Zum Teil wird auch mit einer Täuschung über eine Herausgabepflicht der Provisionen argumentiert, vgl. supra § 5 A. XIII; ablehnend dann BGH (Kick-Back-XII), § 5 A. XXXIX.

chung darin gesehen, dass der *tatsächliche Empfänger* der Kundengelder nicht offenbart werde.[336]

Dieser letztere Aspekt überrascht.[337] Würde es dem BGH tatsächlich „nur" darum gehen, dass dem Kunden des Beraters bekannt wird, dass dieser der „wahre Empfänger" einer vom Kunden geleisteten Zahlung ist, würde im Ergebnis eine Aufklärung über die abstrakte Tatsache einer Zahlung an den Intermediär genügen („1. Ebene"; abstrakter Interessenkonflikt) bzw. es wäre eine Aufklärung entbehrlich, wenn der *Berater als Bezieher einer Zahlung* zu erkennen ist.[338] Diese Argumentation konfligiert indes mit den Urteilen, in denen ausdrücklich festgestellt wird, dass es nicht ausreichend sei, dass der Intermediär als Empfänger erkennbar ist, weil der Anleger daraus nicht die *Höhe der Zuwendung* („2. Ebene"; Grad des Interessenkonflikts) erkennen könne.[339] Dass der BGH der Zuwendungshöhe künftig nicht mehr den für den Anleger relevanten Informationsgehalt des „Grades der Gefährdung"[340] beimessen wollte, ist nicht ersichtlich.[341]

Die Beurteilung der Rückvergütungsfälle als „Täuschung" erscheint nicht zwingend. Mitunter sind Banken bereits selbst im Prospekt als Empfänger genannt, ohne dass die konkrete Höhe etwaiger Provisionen ersichtlich wäre. Zumindest benennen die Prospekte regelmäßig eine betraute Vertriebsgesellschaft als Empfängerin von Agio und Provisionen.[342] Überwiegend wird darauf hingewiesen, dass diese befugt sei, „Dritte" in den Vertrieb einzubinden.[343] Auch der BGH erkennt das „typische Gewinnerzielungsinteresse einer Bank" an. Wenn im Prospekt festgehalten ist, dass Dritte zum Vertrieb eingeschaltet werden können, stellt sich die Frage, wer außer

---

[336] BGH (Lehman-V), dazu supra § 5 A. XXIX.; ferner *Tiedemann*, BKR 2012, 426, 428.

[337] S. auch infra § 5 B. I. 7. b) bb).

[338] Die „abstrakte Tatsache" wird dem Kunden mitunter besonders deutlich vor Augen geführt, wenn er „Behaltensklauseln" (Verwendung gebilligt von BGH, Urt. v. 14.1.2014, Az.: XI ZR 355/12, BGHZ 199, 355 = NJW 2014, 924, Rn. 12 ff.; zuvor OLG Frankfurt a.M., Urt. v. 10.8.2012, Az.: 10 U 85/11, ZIP 2012, 2337) hinsichtlich Vertriebsprovisionen unterzeichnen soll, dazu etwa *Koch*, ZBB 2013, 217, 218. Ferner ist das der Fall, wenn er an Vertriebsprovisionen partizipieren soll, vgl. die Sachverhalte aus Kick-Back-II und Freier Anlageberater-VI-VII, dazu jeweils supra § 5 A. Mitunter wird die Beteiligung der Vertriebsstellen an Platzierungsprovisionen bereits in den sog. *term sheets* der Finanzprodukte offengelegt. Dazu, dass damit auch auf die Beteiligung der konkret vertreibenden Bank geschlossen werden muss, sogleich im Text.

[339] Kick-Back-II und Kick-Back-VII, dazu supra § 5 A.; s. auch *Schelling*, Vergütungssysteme und Interessenkonflikte, S. 208.

[340] Vgl. BGH (Kick-Back-X) BGHZ 193, 159 = NJW 2012, 2427, Rn. 22 und § 3 D. IV. 1.

[341] Vgl. nur BGH, Urt. v. 8.4.2014, Az.: XI ZR 341/12, ZIP 2014, 1117, Rn. 17 („Zu einer ordnungsgemäßen Aufklärung gehört [...] auch die Mitteilung der Höhe der Rückvergütung."); ferner BGH, Beschl. v. 15.1.2013, Az.: XI ZR 8/12, BKR 2013, 203, Rn. 21; BGH (Kick-Back-XII) WM 2013, 2065, Rn. 26; dies ist auch nach der neuen Begründung für Aufklärungspflichten der Fall, vgl. BGH (Innenprovisionen-V) BGHZ 201, 310 = BeckRS 2014, 14029, Rn. 31 ff.; a.A. *Langen*, NZG 2010, 816, 818 (BGH habe sein „Dogma" der Aufklärungspflicht auch über die Vergütungshöhe aufgegeben); das Erfordernis der Aufklärung über die Höhe verkennt *Hanke*, BKR 2012, 493, 498 f.

[342] *Ellenberger*, in: Praktikerhdb. Wertpapier- und Derivategeschäft^4, Rn. 1056.

[343] Vgl. beispielsweise die Kick-Back-VII zugrunde liegende Sachverhaltskonstellation.

der dann *de facto* den Vertrieb insoweit übernehmenden Bank die Provision erhalten solle.[344] Der Folgerung, dass damit die Bank zumindest dann gemeint ist, wenn sie diejenigen Aufgaben übernimmt, die laut Prospekt aus den Anlegerzahlungen vergütet werden, liegt sehr nahe. Selbst wenn dies der Anleger im Einzelfall nicht nachvollziehen sollte, erscheint es jedenfalls in den Fällen, in denen er den Berater selbst nicht vergütet, sehr streng im beschriebenen Verhalten eine bewusste Verheimlichung bzw. Täuschung im Sinne einer Vorspiegelung falscher Tatsachen zu sehen.[345] Die Tatsache müsste darin gesehen werden, dass die vertreibende Bank nicht an den offen ausgewiesenen Provisionen für den Vertrieb partizipiert, obwohl sie den Vertrieb übernimmt.[346] Dies wird der Berater kaum ausdrücklich behaupten.[347] Dass dies aber immer konkludent mit einer Nichtaufklärung über Vertriebsprovisionen zusammen falle, könnte man nur annehmen, wenn die Aufklärungspflicht *bereits etabliert wäre*,[348] um deren Begründung bzw. Herleitung es gerade geht. Jedenfalls wenn die Einbindung der Bank bzw. Dritter für den vergütungspflichtigen Vertrieb offengelegt wurde, lässt sich einem Schweigen der Bank nicht entnehmen, dass sie nichts aus der Vergütung erhalte. Würde man dies anders beurteilen, müsste man davon ausgehen, dass die Vertriebsleistung (auch für die Emittentin) vom Berater gratis erbracht wird, was wiederum hieße, das „typische Gewinnerzielungsinteresse" der beratenden Intermediäre zu negieren.

Das Kriterium der Täuschung über den Provisionsempfänger ist auf Grundlage der Rückvergütungsrechtsprechung daher nicht so konsequent handhabbar, wie es für eine rechtssichere ex ante Bestimmung von Aufklärungspflichten erforderlich ist. Zumindest dürfte diese Argumentation nicht auf Rückvergütungen beschränkt werden. Sie würde genauso – vielmehr sogar erst recht – auf Zahlungen aus nicht offengelegten Innenprovisionen passen. Unter diesem Gesichtspunkt wurde indes noch kein Fall entschieden.[349] Nach den Ausführungen des BGH in Innenprovisio-

---

[344] In diesem Sinne etwa OLG Frankfurt a.M., Urt. v. 24.6.2009, Az.: 17 U 307/08 (Juris), Rn. 51 ff.; OLG Frankfurt a.M., Urt. v. 19.8.2009, Az.: 17 U 98/09, BB 2009, 2334 ff. (dazu *Dieckmann*, BB 2009, 2336); OLG Düsseldorf, Urt. v. 30.11.2009, Az.: 9 U 30/09 (Juris), Rn. 31; LG Bremen, Urt. v. 28.1.2010, Az.: 2 O 2431/08 (Juris), Rn. 38 (mit weiteren Nachweisen zur landgerichtlichen Rechtsprechung); vgl. auch *Pallasky*, GWR 2010, 556; widersprüchlich OLG Celle, Urt. v. 21.4.2010, Az.: 3 U 202/09 (Juris), Rn. 46, wonach „es nahe lag, dass die Beklagte, die der Zedent nicht gesondert vergütete, nicht fremdnützig tätig werden würde", der Anleger hingegen nicht damit habe rechnen müssen, dass die Bank aus den Eigenkapitalvermittlungskosten der empfohlenen Anlage etwas erhalte. Dies ist aber gerade die Folge der vermeintlich „naheliegenden" Tätigkeit auch im eigenen Interesse. Vgl. sehr kritisch zur beschriebenen Rechtsprechung *Edelmann*, WuB I. G 1. – 19.10, S. 577, 579 („abwegig"); *ders.*, BB 2010, 1163, 1164.

[345] Vgl. zu diesem Aspekt des Täuschungsbegriffs *Mansel*, in: Jauernig, Komm BGB[15], § 123 Rn. 3–11; vgl. auch *Hanke*, BKR 2012, 493, 496.

[346] *Ellenberger*, in: Praktikerhdb. Wertpapier- und Derivategeschäft[4], Rn. 1056.

[347] In einem solchen Fall wäre eine Haftung regelmäßig unproblematisch anzunehmen; vgl. zur Haftung für positive Falschinformationen *Grigoleit*, ZHR 177 (2013), 264, 281 m.w.N.; *Mertens*, AcP 203 (2003), 818, 819.

[348] Vgl. aber auch *Ellenberger*, in: FS Nobbe, S. 523, 533.

[349] *Ellenberger*, in: Praktikerhdb. Wertpapier- und Derivategeschäft[4], Rn. 1049, 1057, stellt in

nen-V ist eine höchstrichterliche Klärung nun auch nicht mehr zu erwarten.[350] Die bisherige Rechtsprechung musste aber wohl so verstanden werden, dass unter dem Aspekt der Interessenkollision Innenprovisionen nicht relevant seien.[351]

bb) Qualifizierung durch Einstrukturierung eigener Gewinninteressen

(1) Die Ratio des Swap-Urteils

Das Swap-Urteil steht beispielhaft für die zweite Fallgruppe, in der ein besonders schwerwiegender und daher aufklärungspflichtiger Interessenkonflikt festgestellt wurde.[352] Dieser sei darin zu sehen, dass die Bank einen *Gewinn* in das Produkt einstrukturiere, mit dem der Kunde *nicht zu rechnen* bräuchte.[353] Dabei erziele sie einen Gewinn aus der Übernahme der Gegenposition zu der dem Kunden empfohlenen,[354] was die *Integrität ihrer Beratungsleistung* in Zweifel ziehe. Der BGH weist auf die zu Lasten des Kunden verschobene Risikostruktur hin[355] und geht davon aus, dass für diesen eine überwiegende Verlustwahrscheinlichkeit bestünde.[356] Die Bank verlasse damit ihre Rolle als Beraterin, da sie nur Gewinn erwirtschaften könne, wenn der Kunde „die Wette" verliere.[357] Soweit im Rahmen der Diskussion das dem Swap-Geschäft nachfolgende *hedge*-Geschäft als interessenkonfliktauslösend herangezogen wird, überzeugt das nicht.[358] Auch wenn man die Argumentation des BGH teilte, ist es für den Kunden, nachdem er „seine Position" übernommen

---

Frage, ob es dafür überhaupt ein Bedürfnis gebe. Die Nichtausweisung von gezahlten Provisionen stelle einen Prospektfehler dar (BGH NJW 2004, 2228 ff., dazu bereits supra § 5 A. IV.). Wird dieser von einem eine Innenprovision kassierenden Anlageberater ohne Richtigstellung verwendet, ergäbe sich bereits unter diesem Gesichtspunkt eine Haftung. Freilich ist der tragende Grund dafür dann nicht eine schwerwiegende Interessenkollision. Die Argumentation würde für sonstige Prospektfehler nicht anders verlaufen, vgl. ferner *Faulmüller*, VuR 2012, 312, 316; *Schelling*, Vergütungssysteme und Interessenkonflikte, S. 200 f.

350 BGH (Innenprovisionen-V) BGHZ 201, 310 = BeckRS 2014, 14029, Rn. 31.

351 Zu dieser „zweifelhaften Rechtslage" BGH (Innenprovisionen-V) BGHZ 201, 310 = BeckRS 2014, 14029, Rn. 22 ff.; zur umstrittenen Abgrenzung von Rückvergütungen und Innenprovisionen infra § 5 B. III. 1.

352 BGH (Lehman-III) BKR 2012, 421, Rn. 46; *Ellenberger*, in: Praktikerhdb. Wertpapier- und Derivategeschäft[4], Rn. 1054 f.; zu den problematischen tatsächlichen Annahmen bereits supra § 3 B. V. 2. c).

353 BGH (Swap-Urteil) BGHZ 189, 13 = NJW 2011, 1949, Rn. 35 und 38; *Hanowski*, NZG 2011, 573, 575; *Lederer*, AG-Report 2012, R323, R324.

354 BGH (Swap-Urteil) BGHZ 189, 13 = NJW 2011, 1949, Rn. 38.

355 Diesen Aspekt hervorhebend auch BGH (Lehman-I) BGHZ 191, 119 = NZG 2012, 25, Rn. 54.

356 BGH (Swap-Urteil) BGHZ 189, 13 = NJW 2011, 1949, Rn. 36 und 38; dass gerade letztere Argumentation nicht überzeugt, wurde bereits supra § 3 B. V. 2. c) bb) (2) (c) dargelegt.

357 BGH (Swap-Urteil) BGHZ 189, 13 = NJW 2011, 1949, Rn. 34; dazu auch *Ruland/Wetzig*, BKR 2013, 56, 64.

358 So aber *Forschner*, Wechselwirkungen von Aufsichtsrecht und Zivilrecht, S. 186 f.; zum *hedging* ausführlich supra § 3 B. V. 2. c) bb) (2) (a).

hat, unerheblich, ob bzw. zu welchem Zeitpunkt der Vertragspartner seine eigene Position schließt.[359]

Eine weitergehende, so nicht ausdrücklich im Urteil zu findende Erläuterung der Aufklärungsratio, findet sich in der Literatur aus berufenem Munde. Nach dem am Swap-Urteil beteiligten Richter *Ellenberger* erbringe der Kunde zum einen seinen *Wetteinsatz* „als Entgelt" für das Geschäft. Andererseits erwirtschafte die Bank *zusätzlich* einen Gewinn durch *Realisierung des negativen Marktwerts*, was für den Anleger nicht erkennbar sei. Darin bestünde der aufklärungspflichtige Interessenkonflikt.[360]

Der Sache nach vermag das nicht zu überzeugen. Es ist nicht möglich, dass die Bank den Wetteinsatz *und* zusätzlich den negativen Marktwert „vereinnahmt". Sie kann entweder ihre Risikoposition „offen" halten und dadurch, bei für sie günstigem Verlauf, den „Wetteinsatz ihres Kunden" erwirtschaften *oder* sie schließt ihre Position durch ein *hedge*-Geschäft, was zugleich dazu führt, dass sie ihre zu diesem Zeitpunkt im Marktwert ausgedrückte Position realisiert, künftig aber nicht mehr von einer Änderung der Produktparameter betroffen ist. Insofern ist der für die Bank positive Marktwert nur Ausdruck der *Möglichkeit* aus der vom Kunden übernommen Position unmittelbar in Höhe des Marktwerts zu profitieren, wenn sie ihre eigene schließt. Um in *Ellenbergers* Bild zu bleiben: Es ist nicht möglich, dass die Bank „die Wette gewinnt", obwohl sie zusätzlich zuvor ihre Position zur Marktwertrealisierung geschlossen hat.[361] Einer solchen Argumentation geht es eventuell darum, dass der Kunde zumindest erkennen können soll, woraus sich die Eigeninteressen seines Intermediärs ergeben.[362] Indes reichte in den „Lehman-Fällen" die abstrakte Erkennbarkeit aus, wohingegen der negative Marktwert im Swap-Urteil konkret aufzudecken war.

Unabhängig davon, worin man nun genau den aufklärungspflichtigen schwerwiegenden Interessenkonflikt erblickt, wäre es jedenfalls kaum überzeugend, produktabhängig zu argumentieren.[363] So speziell der Fall des Swap-Urteils gewesen sein

---

[359] Vgl. auch *Grigoleit*, Bankrechtstag 2012, S. 25, 47.

[360] *Ellenberger*, in: Praktikerhdb. Wertpapier- und Derivategeschäft^4, Rn. 1055; zustimmend *Lederer*, AG-Report 2012, R323. In diese Richtung jetzt auch BGH (Kick-Back-XII) WM 2013, 2065, Rn. 25 und 28; dazu infra § 5 B. I. 1. b) cc).

[361] Ebenso *Clouth*, ZHR 177 (2013), 212, 252; ferner *Lenenbach*, Kapitalmarktrecht^2, Rn. 9.275 („Da die Bank die Risiken aus dem Swap durch Gegengeschäfte absichert, *profitiert* sie *nicht* von den Gewinnen" [Hervorh. durch Verf.]); *Roth*, in: Kölner Komm WpHG^2, § 37d, f a.F. Rn. 44.

[362] Vgl. auch OLG Köln, Urt. v. 18.1.2012, Az.: 13 U 232/10, BKR 2012, 203, Rn. 22. Anders BGH (Lehman-IX) ZIP 2013, 2001, Rn. 14, wonach nicht entscheidend sei, dass bei einem Festpreisgeschäft das Eigeninteresse des Intermediärs durch ein Agio und *zusätzliche Einkaufsrabatte* realisiert wird. Es sei unerheblich, auf welche Weise das Gewinninteresse (beim Veräußerungsgeschäft) verfolgt werde. Ob dies über Innenprovisionen-V hinaus Bestand haben wird, kann nur der XI. Zivilsenat beantworten.

[363] Die Spezifika des Produkts herausstellend BGH (Swap-Urteil) BGHZ 189, 13 = BKR 2011, 293, Rn. 38. Allerdings sind anfängliche negative Marktwerte nichts Besonderes im Derivategeschäft, dazu bereits supra § 3 B. V. 2. c). Die Entscheidung des Swap-Urteils daher im Grunde zu

mag, die Ratio aus dem Urteil greift allgemein: Der Anleger soll über zu seinem Nachteil gestaltete Positionen aufgeklärt werden, wenn der Intermediär daraus einen (nach *Ellenberger*: zusätzlichen) Gewinn zieht.

Zu denken ist hier ebenfalls an den Zertifikatevertrieb.[364] Über die Gewinnmarge muss der verkaufende und beratende Intermediär, auch beim Vertrieb von Fremdprodukten, nicht aufklären.[365] Denkt man an eine Situation, in der die Bank *eigene* Produkte vertreibt, könnte man „entlang der Ratio des Swap-Urteils" wie folgt argumentieren: Der Kunde erbringt durch den Erwerb eines Zertifikats, das nur beim Vorliegen/Ausbleiben von bestimmten Umständen zu einer Zahlungspflicht der emittierenden Bank führt,[366] seinen „Einsatz". Wenn nunmehr das konkrete Produkt aus Kundensicht einen sich aus der bewussten Strukturierung ergebenden negativen Marktwert aufwiese, in dem sich beispielsweise die Strukturierungs- und Vertriebskosten ausdrückten,[367] stellt sich die Frage, was diese Situation von der des Swap-Urteils unterschiede.[368] Bei der Strukturierung von Swaps wie bei eigenen Zertifikaten (und allen anderen „eigenen Produkten"), hat die Bank die Konturierung der Produktparameter selbst in der Hand.[369] Das bedeutet, dass ein „einstrukturierter negativer Marktwert" im Sinne des Swap-Urteils von der Bank ebenfalls in anderen Konstellationen realisierbar wäre. Auch wenn die Bank Fremdprodukte vertreibt[370] – die Marge ist hier in der Differenz zwischen Einkaufs- und Verkaufspreis enthalten[371] –, scheint eine Übertragung der eben geschilderten Argumentation denkbar.[372] Nach der Rechtsprechung sei für den Kunden erkennbar, dass die

---

Recht verallgemeinernd *Sethe*, AcP 212 (2012), 80, 140 f.; vgl. auch *Klöhn*, ZIP 2011, 762; *Schmitt*, BB 2011, 2824, 2826.

[364] Vgl. auch *Gundermann*, BKR 2013, 406, der eine Übertragung der Swap-Urteils-Grundsätze für angezeigt hält; ferner *Lieder*, GWR 2011, 175.

[365] Vgl. BGH (Lehman-I) BGHZ 191, 119 = NZG 2012, 25, Rn. 35 ff.

[366] Vgl. *Fichtner/Hartlieb*, DB 2013, 2519, 2523, wonach die Rechtsprechung anhand der Ratio des Swap-Urteils ggf. auch Zertifikate als „hochriskante Wetten" einstufen müsste.

[367] Zum möglichen negativen Marktwert von Zertifikaten *Bausch/Baumann*, BB 2011, 146, 147; *Gundermann*, BKR 2013, 406, 407 und 409; vgl. auch o.V., Basisinformationen über Vermögensanlagen in Wertpapieren, S. 43; *Schäfer*, WM 2012, 197, 198; *Veldhoff*, Haftung von Kreditinstituten, S. 61; ferner supra Text bei Fn. 184. Nach *Schäfer*, in: Bankrechtstag 2012, S. 65, 76, dürfte ein negativer Marktwert von Zertifikaten der Regelfall sein.

[368] Vgl. auch *Fichtner/Hartlieb*, DB 2013, 2519, 2522.

[369] Dies sieht *Schick*, AG-Report 2012, R307 f., als maßgeblichen Grund des schwerwiegenden Interessenkonflikts an, weshalb die Swap-Urteil-Rechtsprechung auf andere Eigenprodukte zu übertragen sei. Argumentiert man mit der von der Rechtsprechung postulierten Kundenerwartung, scheint dies naheliegend. Dass – ggf. auch spekulative – (Eigen-)Zertifikate bewusst zu seinen (d.h. des Kunden) Lasten ausgestaltet wurden (mit der Folge eines negativen anfänglichen Marktwerts), um einen Ertrag durch ein *hedge*-Geschäft zu realisieren, müsste der Kunde dann nicht erwarten; vgl. auch *Jäger/Meuschke/Hartlieb*, BKR 2013, 456, 461, die zeigen, dass sich das „exakt selbe offene Risikoprofil einer Wette" sowohl über die Konstruktion eines Swaps wie eines Zertifikats darstellen lässt. Insofern überrascht dann die spätere Differenzierung, dass der Kauf eines Zertifikats (anders als ein Swap) der Kapitalanlage diene (a.a.O. S. 463).

[370] Vgl. etwa die Konstellation aus Lehman-I, dazu supra § 5 A. XXIII.

[371] Vgl. *Veldhoff*, Haftung von Kreditinstituten, S. 61 und supra § 3 B. V. 2. c).

[372] So auch *Lieder*, GWR 2011, 175. Auch wenn man über den Aspekt der „zusätzlichen Um-

Bank als Verkäuferin eine Marge realisieren wird. Hat aber die Kundenposition aus dem Produkt einen für den Kunden negativen Marktwert – was der Bank regelmäßig schon deshalb bewusst sein dürfte, wenn sie einen Rabatt/eine Provision[373] erhält[374] – empfiehlt sie letztlich in diesen Konstellationen im Duktus des BGH ein Finanzinstrument, das „bewusst zu Lasten des Kunden" ausgestaltet wurde.[375] Dagegen ließe sich nicht anführen, dass eine Bank nicht die Einzelheiten ihrer Kostenkalkulation offenlegen müsse.[376] Dies hat den BGH im Swap-Urteil nicht von einer Verurteilung abgehalten, obwohl der „negative Marktwert" im Ergebnis die Marge bildet, die grundsätzlich nicht offenbarungspflichtig sei.[377] Derartige Gesichtspunkte sind indes in der Rechtsprechung zu Zertifikaten bisher nicht aufgegriffen worden.[378]

Die ersten Urteile aus den unteren Instanzen, die zeitlich nach dem Swap-Urteil ergingen, zeigen, dass die bisher nicht näher gezogenen Grenzen dieser Argumentation nun „getestet" werden.[379] Rechtssicher begrenzt ist die Reichweite dieser

---

satzinteressen" argumentierte (dazu sogleich), ließe sich eine Differenzierung von Swap- und Zertifikatekonstellationen nur schwer rechtfertigen, vgl. *Zoller*, GWR 2012, 27, 29.

373 Dazu supra Text bei Fn. 185.

374 Es muss auch hier davon ausgegangen werden, dass ein Wirtschaftsteilnehmer (konkret also die Emittentin) nichts „zu verschenken hat". Die a.A. von *Schäfer* beim Bankrechtstag, zitiert nach *Walz/Leffers*, WM 2012, 1457, 1462, dass die Bank keinen Einblick in die fremde Margengestaltung habe, ist daher nicht überzeugend; vgl. auch *Fichtner/Hartlieb*, DB 2013, 2519, 2522.

375 Für den Kunden ist es dabei gleichgültig, ob die Bank diese Struktur nur selbst ausnützt oder selbst durch Strukturierung schafft. Stimmt man dem BGH hinsichtlich der Begründung des Swap-Urteils zu, schiene es daher nicht überzeugend, Fremdgeschäfte auszunehmen. I.E. ebenso *Fichtner/Hartlieb*, DB 2013, 2519, 2522; *Gundermann*, BKR 2013, 406, 408; a.A. *Schäfer*, WM 2012, 197, 201; *Schick*, AG-Report 2012, R 307; vgl. ferner *Jäger/Meuschke/ Hartlieb*, BKR 2013, 456, 458 f.

376 S. Fn. 176; *Grigoleit*, ZHR 177 (2013), 264, 292.

377 Vgl. BGH (Swap-Urteil) BGHZ 189, 13 = NJW 2011, 1949, Rn. 35; für unvereinbar hält dies daher *Clouth*, in: Praktikerhdb. Wertpapier- und Derivategeschäft[4], Rn. 1207; sehr kritisch auch *Nobbe*, BKR 2011, 302, 303 („Die angenommene Aufklärungspflicht unter dem Gesichtspunkt eines schwerwiegenden Interessenkonflikts, der offenkundiger kaum noch sein kann, ist ersichtlich unhaltbar.").

378 Vgl. zum „*fair value*" von Zertifikaten aber OLG Hamburg, Urt. v. 23.4.2010, Az.: 13 U 117/09, ZIP 2010, 973, 976 f.; *Bausch*, NJW 2012, 354, 357, entnimmt Lehman-I und Lehman-II, dass grundsätzlich nicht über aus einer Strukturierung folgende negative Marktwerte aufgeklärt werden müsse, was dann auch auf „komplexe Finanzinstrumente" zu übertragen sei; mit anderer Begründung *Schäfer*, WM 2012, 197, 201, wonach negative Marktwerte nicht mit Rabatten bei Zertifikaten vergleichbar seien, da letztere den Vertrieb unterstützten und den Marktwert unbeeinflusst ließen; a.A. i.E. *Fichtner/Hartlieb*, DB 2013, 2519, 2521 f. (folge man dem BGH mit seiner „Wetteinschätzung", seien auch Zertifikate und andere einfache Swaps ohne Grundgeschäft vergleichbar); nach *Jäger/Meuschke/Hartlieb*, BKR 2013, 456, 459, bestünde deshalb kein Widerspruch der Lehman-Urteile zum Swap-Urteil, weil in den Lehman-Fällen die verheimlichte Interessenkollision und die nachteilige Produktgestaltung nicht vorgetragen worden sei.

379 Vgl. *Tiedemann*, BKR 2012, 426, 428 („Wasser auf die Mühlen" für diejenigen, die Aufklärungspflichtverletzungen auch bei weniger spekulativen und komplexen Produkten anprangern); ferner *Lederer*, AG-Report 2013, R95 f.; *ders.*, AG-Report 2013, R319; *Ruland/Wetzig*, BKR 2013, 56, 63 (m.w.N. zur Rechtsprechung in den unteren Instanzen insb. in Fn. 80, 82); *Schäfer*, in: Bankrechtstag 2012, S. 65, 71 ff.; *Schelling*, Vergütungssysteme und Interessenkonflikte, S. 234 ff.

Rechtsprechung nicht.[380] In Teilen wird eine Offenlegung von negativen Marktwerten davon abhängig gemacht, ob das in Frage stehende Produkt (regelmäßig Swaps) „komplex" ist, andere Gerichte sehen in negativen Marktwerten weniger den Ausdruck eines Interessenkonflikts als einer mitzuteilenden Risikokennziffer,[381] andere wenden die Rechtsprechung nur auf spekulative Swaps an.[382]

(2) Übertragbarkeit des Swap-Urteils auf andere komplexe Produkte?

Einige wenden die Ratio des Swap-Urteils nur auf komplexe Finanzprodukte an.[383] Der BGH stellte die Komplexität des in Frage stehenden Produkts im Swap-Urteil auch besonders heraus.[384] Allerdings sei nach dem BGH *allein maßgeblich*, dass die „Integrität der Beratungsleistung" dadurch in Zweifel zu ziehen sei, dass dem Kunden die Übernahme einer bewusst zu seinen Lasten ausgestalteten Risikoposition empfohlen werde.[385] Die Komplexität eines Finanzprodukts mag zwar mitverantwortlich dafür sein, dass dieser die Aufklärungspflicht auslösende Umstand für den Kunden nicht erkennbar ist. Dass dies indes nur bei komplexen Produkten der Fall sein kann, ist damit nicht gesagt. Daher ist die Komplexität des Finanzprodukts für sich allein genommen jedenfalls keine Voraussetzung für eine etwaige Übertragung der Swap-Rechtsprechung.[386]

---

[380] Vgl. dazu auch § 5 B. I. 1. b) bb) (2) und (3) und *Sethe*, AcP 212 (2012), 80, 140f., der davon ausgeht, dass Banken generell zur Aufklärung verpflichtet seien, wenn sie Produkte mit negativem Marktwert empfehlen, die die Renditechancen schmälern; vgl. auch *Morlin*, AG-Report 2013, R131 f., wonach der XI. Zivilsenat seine derzeitigen Auffassungen über einen Beitrag seiner wissenschaftlichen Mitarbeiterin *Schmieder*, WuB I G 1. – 16.12, „kundgeben" lassen musste.

[381] So OLG Stuttgart, Urt. v. 1.2.2012, Az.: 9 U 57/11 (Juris), Rn. 27; im Übrigen sei offen, ob eine Aufklärung (auch) aus Interessenkonfliktgesichtspunkten erforderlich sei, a.a.O. Rn. 29. In letzterem Sinne LG Passau, Urt. v. 9.12.2011, Az.: 4 O 877/10, BeckRS 2012, 10708 (negativer Marktwert sei immer offenbarungspflichtig; konkret zu einem *cross-currency*-Swap); dagegen OLG München, Beschl. v. 29.3.2012, Az.: 5 U 216/12 (Juris), Rn. 32 (keine Aufklärungspflicht, da dem Kunden klar gewesen sei, dass „die Bank ihre Marge irgendwo reinrechnet").

[382] Dazu sogleich infra § 5 B. I. 1. b) bb) (3); vgl. zur uneinheitlichen Instanzrechtsprechung auch *Clouth*, ZHR 177 (2013), 212, 256f.; ferner *Jäger/Meuschke/Hartlieb*, BKR 2013, 456, 460f., zu nach der Ratio des Swap-Urteils vermeintlich „nicht aufrechtzuerhaltenden" Urteilen aus den unteren Instanzen.

[383] So z.B. OLG Köln, Urt. v. 18.1.2012, Az.: 13 U 232/10, BKR 2012, 203, Rn. 22; OLG Köln, Urt. v. 18.1.2012, Az.: 13 U 37/11, WM 2012, 888, 890; OLG Nürnberg, Urt. v. 19.8.2013, Az.: 4 U 2138/12, BKR 2013, 426, 431 f.; für eine weitgehende Übertragbarkeit OLG Düsseldorf, Urt. v. 7.10.2013, Az.: I-9 U 101/12, WM 2013, 2026; *Lieder*, GWR 2011, 175; *Ruland/Wetzig*, BKR 2013, 56, 64; vgl. auch *Bracht*, in: Schwintowski, Bankrecht^4, § 18 Rn. 81; *Jäger/Meuschke/Hartlieb*, BKR 2013, 456. 458; *Köhler*, in: Schwintowski, Bankrecht^4, § 21 Rn. 230.

[384] BGH (Swap-Urteil) BGHZ 189, 13 = NJW 2011, 1949, Rn. 24, 29.

[385] BGH (Swap-Urteil) BGHZ 189, 13 = NJW 2011, 1949, Rn. 36.

[386] So auch *Gundermann*, BKR 2013, 406, 407; *Lehmann*, JZ 2011, 749, 751; *Meuschke*, AG-Report 2013, R25; *Schäfer* beim Bankrechtstag, zitiert nach *Walz/Leffers*, WM 2012, 1457, 1460; *Tiedemann*, BKR 2012, 426, 428; *ders.*, BKR 2014, 84, 85. Für eine Gleichbehandlung unabhängig von der Komplexität auch *Bausch*, NJW 2012, 354, 358; *Schick*, AG-Report 2012, R307f., ersterer allerdings gegen eine Aufklärungspflicht votierend. Vgl. aus betriebswirtschaftlicher Sicht *Ficht-*

Nach *Lehmann* sei es eine „Mischung aus Komplexität und Eigeninteresse“, die die Aufklärungspflicht über negative Marktwerte rechtfertige.[387] Da der negative Marktwert allerdings aufgrund des Eigeninteresses zustande kommt, ist es dann letztlich doch nur die Komplexität, die zur Aufklärungspflicht führt, was *Lehmann* aber eigentlich ablehnt. *Grigoleit* hingegen stellt auf die Kombination aus Komplexität und „außergewöhnlich hohe[m] Kundenrisiko“ ab.[388] In diesem Sinne argumentiert das OLG Köln,[389] ebenso *Klöhn*[390]. Sofern das Risiko relevant sein soll, wird man ferner betrachten müssen, ob das in Frage stehende Derivatgeschäft mit einem „Grundgeschäft“ konnex verbunden ist, was das Verlustrisiko ausschließen bzw. minimieren kann.[391] Dieser Überlegung ist wiederum entgegenzuhalten, dass die *allein maßgebliche* Integrität der Beratungsleistung unabhängig von der Höhe des in Frage stehenden Risikos betroffen sein kann. Teilweise wird marktbezogen argumentiert, dass es darum ginge, dass Börsen- und Marktpreise erkennbar seien, so etwa *Schäfer*.[392] Ähnlich argumentiert *Spindler*, der auf eine Kombination aus Komplexität und Vergleichbarkeit der Produkte abstellt.[393] Diese marktbezogene Argumentation wird später (§ 5 B. I. 5.) ausführlicher behandelt, bietet letztlich indes keine verlässliche Orientierung für die Konturierung vergütungsbezogener Aufklärungspflichten bzw. die Übertragung der Swap-Rechtsprechung auf andere Fallgestaltungen.

Im Ergebnis wäre es also nicht überzeugend auf Komplexitätskriterien abzustellen, da diese – auch in Kombination mit den genannten „ergänzenden Erwägungen“ – nicht zwangsläufig die Integrität der Beratungsleistung beeinflussen, welche nach dem BGH *allein maßgeblich* für die Aufklärungspflicht sei.

(3) Übertragbarkeit des Swap-Urteils auf andere spekulative Produkte?

Teilweise wird argumentiert, dass die im Swap-Urteil gefundene Aufklärungspflicht unmittelbar damit zusammenhänge, dass die in Frage stehende Finanzin-

---

ner/Hartlieb, DB 2013, 2519, 2521, wonach auch einfache Standardzinsswaps dem CMS-Swap aus dem Swap-Urteil vergleichbar sein können; vgl. auch *Schelling*, Vergütungssysteme und Interessenkonflikte, S. 231.

[387] *Lehmann*, JZ 2011, 749, 751.

[388] *Grigoleit* beim Bankrechtstag, zitiert nach *Schwarz*, ZBB 2012, 314, 316; zur Relevanz des Kundenrisikos auch OLG Köln, Urt. v. 18.1.2012, Az.: 13 U 37/11, WM 2012, 888, 890; ähnlich *Koch*, BKR 2012, 485, 489.

[389] OLG Köln, Beschl. v. 18.1.2012, Az.: 13 U 37/11 (Juris), Rn. 31 f.; dazu *Kleefeld*, GWR 2012, 113.

[390] *Klöhn*, ZIP 2011, 762, 764.

[391] Ausführlich *Fichtner/Hartlieb*, DB 2013, 2519 ff.; vgl. zu diesem Aspekt ferner *Clouth*, in: Praktikerhdb. Wertpapier- und Derivategeschäft[4], Rn. 1215; *Fritsche/Fritsche*, LKV 2010, 201, 207.

[392] *Schäfer* beim Bankrechtstag, zitiert nach *Walz/Leffers*, WM 2012, 1457, 1460.

[393] *Spindler*, NJW 2011, 1920, 1923; ähnlich *Koller*, ZBB 2007, 197, 200 („Intransparenz [senkt] den Wettbewerbsdruck“).

strumente der Spekulation dienten.[394] Da „Wette und Spiel“ exemplarisch für bestimmte (offene) Risikopositionen stehen, wäre dann die mögliche Konnexität zu anderen Geschäften zu beachten.[395]

Solchen Argumentationen liegt regelmäßig die Vorstellung zugrunde, dass die Bank mit dem Kunden ein „Spielgeschäft“ abschließe, bei dem sich Gewinn und Verlust der einen wie der anderen Seite spiegelbildlich gegenüberstehen.[396] Es wurde bereits ausgeführt, dass dies schon als tatsächliche Beschreibung des Kunde-Intermediär-Verhältnisses kaum überzeugt.[397] Außerdem dürften höchst selten Spiele im Rechtssinne vorliegen.[398] Letztlich ist aber nicht einzusehen, weshalb die *Integrität der Beratungsleistung*, die durch die Empfehlung einer zu Lasten des Kunden ausgestalteten Risikoposition in Zweifel zu ziehen sei, nur dann potentiell beeinträchtigt sein könne, wenn ein Spekulationsgeschäft im Raum steht. Die postulierte Ratio ist von den Kundenabsichten unabhängig. Würde der Kunde eine Position zum *hedging* übernehmen und wiese das *hedge*-Geschäft für sich betrachtet einen anfänglichen negativen Marktwert für den Kunden auf, ist nicht zu erklären, weshalb die bloße Kundenmotivation (hier: *hedging*) für das Geschäft eine andere Beurteilung zur Folge haben solle, beeinflusst sie doch die Gewinnmöglichkeiten der Bank nicht.[399] Derivatgeschäfte können regelmäßig zum *hedging* und zur Spekulation eingesetzt werden. Soweit man „Spekulationsgeschäfte“ aufgrund ihrer höheren Risikoanfälligkeit (da kein kompensatorisches Grundgeschäft besteht) als Voraussetzung der Aufklärungspflicht ansähe, wäre dem zu begegnen, dass die Höhe des Kundenrisikos von der vom BGH angeführten Ratio des Urteils unabhängig ist. Selbst wenn ein Grundgeschäft vorläge, übernähme der Kunde nämlich eine Position, aus der die Bank einen für sie anfänglichen positiven Marktwert realisieren könnte.

cc) Qualifizierung durch zusätzliche verdeckte Umsatzinteressen

Der im Swap-Urteil anklingende Gesichtspunkt des „verdeckten zusätzlichen Umsatzinteresses“ beruht im Kontext der Swap-Rechtsprechung – wie gezeigt – auf einem Fehlverständnis des *hedging*-Vorgangs.[400] Er wird im Kick-Back-XII-Urteil nunmehr vom XI. Zivilsenat aufgegriffen, um die dort statuierte Aufklärungspflicht

---

[394] Ausdrücklich OLG Stuttgart, Urt. v. 27.6.2012, Az.: 9 U 140/11 (Juris), Rn. 43; *Lehmann*, JZ 2011, 749, 751 („ehrliche Wette“); *Schäfer* beim Bankrechtstag, zitiert nach *Schwarz*, ZBB 2012, 314, 316 m.w.N. auch aus der Rechtsprechung (Aufklärungspflicht bestehe, wenn Wettcharakter gegeben sei); vgl. ferner *Ruland/Wetzig*, BKR 2013, 56, 64 f.

[395] Dazu supra Fn. 391.

[396] Deutlich etwa *Roberts*, DStR 2011, 1231, 1232 („Beide Teilnehmer sind in dem Sinne aktiv daran interessiert, dass der Gegner Schaden nimmt.“).

[397] Ausführlich supra § 3 B. V. 2. d); vgl. auch nochmals *Kropf*, ZIP 2013, 401, 404 f.

[398] Vgl. supra § 3 B. V. 2. d).

[399] Dazu bereits supra § 5 B. I. b) bb) (1).

[400] Supra § 5 B. I. 1. b) bb) und § 3 B. V. 2. c) bb) (2) (a).

zu begründen. Der Kunde ginge davon aus, dass eine von ihm zu zahlende Ordergebühr das offenkundige Gewinninteresse des Intermediärs befriedige, weshalb er mit einem in Emittentenprovisionen verstecktem zusätzlichen Umsatzinteresse nicht zu rechnen bräuchte.[401]

Der BGH begreift dies anscheinend als eigene Fallgruppe besonders schwerwiegender Interessenkonflikte.[402] Diese Einschätzung überzeugt nicht recht. Die entschiedene Konstellation scheint vielmehr ein Unterfall der „Rückvergütungsrechtsprechung" zu sein. Rückvergütungen sind nach dem BGH aufklärungspflichtig, weil „der Anleger über den Interessenkonflikt der Bank dadurch bewusst getäuscht wird, dass sie als Empfängerin offen ausgewiesener Provisionen ungenannt bleibt".[403] Auch im Kick-Back-XII zu Grunde liegendem Sachverhalt war die Emittentenprovision im Prospekt offengelegt und die Bank als Empfängerin nicht benannt. Soweit der BGH eine „Fehlvorstellung über die Neutralität der Beratungsleistung" bemängelt,[404] unterscheidet sich das nicht von der bisherigen Rückvergütungsrechtsprechung.[405] Wäre man sich über die teleologischen Grundlagen der Rückvergütungsrechtsprechung, etwa unter Täuschungs- und Neutralitätsgesichtspunkten, einig, erschiene eine Differenzierung der Kick-Back-XII-Konstellation unter Wertungsgesichtspunkten nicht plausibel, selbst wenn der Senat offen lässt, ob Rückvergütungen vorgelegen haben.[406] Die Besonderheit des Falles liegt darin, dass der *Kunde selbst* eine *Zahlung* an den Intermediär *leistet*.[407] Tragende Aspekte der Rückvergütungsrechtsprechung werden dadurch sogar verstärkt. Darauf lässt sich aber eine Abgrenzung kaum stützen, vielmehr hätte ein Erst-Recht-Schluss nahe gelegen.[408] Interessenkonfliktbezogen argumentiert fällt die Abgrenzung zur Lehman-IX-Konstellation, in der der *Kunde ein Agio zahlte* und die Bank *zusätzliche* Rabatte erhielt, schwer.[409]

---

[401] BGH (Kick-Back-XII) WM 2013, 2065, Rn. 25 und 28.

[402] BGH (Kick-Back-XII) WM 2013, 2065, Rn. 24.

[403] Vgl. nur BGH (Kick-Back-XII) WM 2013, 2065, Rn. 23 und ausführlich zum Täuschungsaspekt supra § 5 B. I. 1. b) aa); vgl. aber auch *Grundmann*, WM 2012, 1745, 1749, der von der „Verschleierung der weiteren Vergütungsabrede" als „zentralem Charakteristikum" der Kick-Back-Rechtsprechung spricht.

[404] BGH (Kick-Back-XII) WM 2013, 2065, Rn. 26.

[405] BGH (Kick-Back-VII) ZIP 2011, 855, Rn. 24 und infra § 5 B. I. 1. c) bb) zum Neutralitätsaspekt.

[406] BGH (Kick-Back-XII) WM 2013, 2065, Rn. 30.

[407] Für unerheblich hält dies *Mann*, WM 2013, 727, 732.

[408] Vgl. auch supra § 5 A. XXXIX; im Ergebnis ist es daher überzeugend, dass diese Konstellation künftig unter die Neufassung der „Provisionsfallgruppe" fallen wird, vgl. BGH (Innenprovisionen-V) BGHZ 201, 310 = BeckRS 2014, 14029, Rn. 37 f.

[409] Vgl. BGH (Lehman-IX) ZIP 2013, 2001, Rn. 14.

c) Weitere, „interessenkonfliktnahe" Argumentationsstränge

Neben den Argumentationssträngen „Interessenkonflikt aufgrund Umsatzinteresses" und „schwerwiegender Interessenkonflikt aufgrund besonderer Umstände", lassen sich noch weitere „interessenkonfliktnahe" Passagen in Urteilen finden, die zur Begründung von Aufklärungspflichten herangezogen wurden.

aa) Gefährdungssituation

Im Ursprung zurückgehend auf Kick-Back-I wird damit argumentiert, dass Gefährdungssituationen für den Kunden geschaffen werden.[410] Begründet man solche Gefährdungssituationen indes allgemein damit, dass (vornehmlich vergütungsbezogene) Anreize für den Intermediär bestehen, nicht allein im Kundeninteresse zu handeln,[411] ist die beschriebene Gefährdungssituation im Ergebnis nichts anderes als eine Situation, in der Interessenkonflikte vorliegen (können), wofür gegebenenfalls das bloße Umsatzinteresse ausreichend sein kann.[412]

bb) Vertrauen und Neutralität

Ferner wird häufig die besondere Vertrauensstellung der Finanzberater hervorgehoben bzw. allgemein mit in Anspruch genommenem Vertrauen argumentiert, um Aufklärungspflichten zu begründen.[413] Aus diesem Vertrauen ergebe sich dann eine entsprechende Erwartungshaltung der Anleger, von Vertrauenspersonen eine nicht interessenkonfliktbehaftete Beratungsleistung zu erhalten.[414]

---

410 Vgl. etwa BGH NJW 2003, 1811, 1812 (supra § 5 A. II.).

411 So etwa BGH (Kick-Back-II) BGHZ 170, 226 = NJW 2007, 1876, Rn. 23; BGH (Kick-Back-XII) WM 2013, 2065, Rn. 33; dazu *Spindler*, in: Langenbucher/Bliesener/Spindler, BankR-Komm., Kap. 33 Rn. 172; vgl. auch *Fullenkamp*, NJW 2011, 421, 422; *Jordans*, BKR 2011, 456, 460; *Späth*, VuR 2010, 451, 454.

412 So dann etwa BGH (Kick-Back-I) BGHZ 146, 235 = NJW 2001, 962, 963; BGH (Kick-Back-II) BGHZ 170, 226 = NJW 2007, 1876, Rn. 23; die Verknüpfung von „Gefährdung" und Provisionsinteressen tritt auch deutlich bei OLG München, Urt. v. 8.2.2010, Az.: 17 U 2893/09 (Juris), Rn. 27, hervor.

413 Etwa Kick-Back-I; BGH NJW 2003, 1811, 1814; Innenprovisionen-I; Innenprovisionen-II (dazu jeweils supra § 5 A.); BGH, Urt. v. 8.7.2010, Az.: III ZR 249/09, NJW 2010, 3292; BGH, Urt. v. 27.9.2011, Az.: VI ZR 135/10, NJW 2011, 3574, 3574; vgl. auch *Veil*, ZBB 2008, 34 („Anlageberatung [ist] ohne Vertrauen in die Sachkunde und Integrität des [...] Beraters nicht vorstellbar."); vgl. ferner *Schwark*, in: Bankrechtstag 1995, S. 109, 131; *Schäfer/Ott*, Ökonomische Analyse[5], S. 566, die stillschweigende Anlageberatungsverträge als Tatbestand richterrechtlicher Vertrauenshaftung behandeln.

414 *Assmann*, ZIP 2009, 2125, 2127, der allerdings auf die Anlegererwartungen bezüglich Intermediärleistungen frei von *Dritt*interessen abstellt. Unter diesem Aspekt rechtfertigt letztlich auch der III. Zivilsenat seine Rechtsprechung zu freien Beratern, weil dort keine Anlegererwartung hinsichtlich nicht anfallenden Drittprovisionen gegeben sei. Nimmt man allerdings den Pflichteninhalt des vom BGH regelmäßig angenommen Beratungsvertrags, *allein* im Kundeninteresse zu

Präziser wird vom Vertrauen in die Neutralität des Beraters gesprochen.[415] Neutralität bedeutet zumindest, dass der Berater frei von beeinflussenden Drittinteressen handelt. Soweit, wie das bei Provisionsgestaltungen der Fall ist, das monetäre *Eigen*interesse von *dritter* Seite befriedigt wird,[416] wäre die Neutralität daher beeinträchtigt. Weitergehend ließe sich neutral so verstehen, dass jedenfalls keine den Kundeninteressen entgegenstehenden Interessen vorliegen dürfen. Damit wäre *jedes* Eigeninteresse des Intermediärs ein neutralitätsausschließendes Merkmal.[417] Diese Argumentation passt zur Rückvergütungsfallgruppe als besonders schwerwiegendem Interessenkonflikt, bei der „verheimlichte" Eigen- bzw. mittelbare Drittinteressen[418], die einer neutralen Beratung entgegenstehen könnten, aufgedeckt werden sollen.[419] Indes ließe sich die Fallgruppe des Swap-Urteils nur schwer unter diesem Aspekt begründen. Dort war bereits klar bzw. im Duktus der Rechtsprechung „offenkundig", dass der Berater, der zugleich Vertragspartner war, nicht neutral im beschriebenen Sinne sein konnte.[420] Die statuierte Aufklärungspflicht konnte eine diesbezüglich nicht mehr existente Erwartung dann nicht weiter schützen.[421] Auch nach dem neuen „kapitalanlagerechtlichem Transparenzgebot" aus Innenprovisionen-V wird es wohl nicht darauf ankommen, welche Vorstellung der Anleger möglicherweise von der Neutralität seines Beraters hatte.

handeln, ernst, darf sich die Kundenerwartung auch auf das „Freisein von *Eigen*interessen" des Intermediärs richten, dazu ausführlich infra § 10 C.

[415] BGH (Kick-Back-VII) ZIP 2011, 855, Rn. 24 („Fehlvorstellung über die Neutralität der Beratungsleistung"); BGH (Kick-Back-XII) WM 2013, 2065, Rn. 23 ff.; OLG Celle, Urt. v. 21.10.2009, Az.: 3 U 94/09 (Juris), Rn. 59; vgl. auch *Bausch*, NJW 2012, 354, 356; *Einsiedler*, WM 2013, 1109, 1115; *Fullenkamp*, NJW 2011, 421, 422; *Hanke*, BKR 2012, 493, 494; *Häuser*, in: MünchKomm HGB³, § 384 Rn. 21a; *Langen*, BB 2010, 1946, 1948; *Lenenbach*, Kapitalmarktrecht², Rn. 11.308; *Mann*, WM 2013, 727, 729; *Tiedemann*, BKR 2012, 426, 428 (Schutz vor vermeintlicher Voreingenommenheit); *Wiechers*, WM 2011, 145, 153.

[416] Vgl. schon ausführlich § 3 E. II. 2. b).

[417] Anderes gilt nur für das originäre Vergütungsinteresse des Intermediärs, d.h. die Gegenleistung des Kunden für die Übernahme einer solchen ausschließlichen Wahrnehmung von Kundeninteressen durch den Berater. Unbedenklich wäre auch, wenn Eigeninteressen des Intermediärs exakt mit den Kundeninteressen gleichliefen.

[418] Vgl. dazu supra § 3 E. II. 2. b).

[419] BGH (Kick-Back-VII) ZIP 2011, 855, Rn. 24; OLG Frankfurt a.M., Urt. v. 28.10.2011, Az.: 19 U 98/11 (Juris), Rn. 27 („maßgebendes Kriterium" sei Täuschung über die Neutralität der Bank).

[420] Vgl. OLG München, Beschl. v. 29.3.2012, Az.: 5 U 216/12 (Juris), Rn. 32 (keine Aufklärungspflicht über eine Marge bei einem *cross-currency*-Swap, da dem Kunden klar war, „dass auch die Bank mit diesen Produkten Geld verdienen möchte").

[421] Auch der Aspekt des „zusätzlichen Vergütungsinteresses" vermag das Urteil insoweit nicht zu begründen, dazu supra § 5 B. I. 1. b) bb).

cc) Schmiergeldähnlichkeit, Anrüchigkeit und Treuebruch

Manche ziehen besondere Merkmale wie die „Schmiergeldähnlichkeit" bzw. „Anrüchigkeit"[422] bestimmter Zahlungen als Begründungsgrundlage für Aufklärungspflichten heran.[423] Das setzt wiederum voraus, dass vom Intermediär eine gewisse Neutralität und Unvoreingenommenheit erwarten werden können soll. Vertriebsvergütungen können demnach einen Interessenkonflikt begründen und bereits die Tatsache, dass sich der Intermediär auf eine solche Konfliktlage einlässt, wird mitunter als Treuebruch im Verhältnis zum Kunden verstanden.[424]

Derlei Auffassungen könnten sich auf die Betonung des Täuschungsaspekts als „inneren Rechtfertigungsgrund" der Rückvergütungsrechtsprechung berufen.[425] Eine Vergleichbarkeit von Zuwendungen und Schmiergeldern basiert nämlich darauf, dass dem Kunden entweder die Zahlung bzw. deren Empfänger (gegebenenfalls aufgrund einer vermeintlichen Täuschung) unbekannt ist. Ist dem Kunden hingegen bewusst, dass „sein" Intermediär eine solche Leistung erhält, kann nicht mehr davon ausgegangen werden, dass der gesamte Vorgang „hinter dem Rücken des Kunden" stattfindet.[426] Mit dieser Argumentation ließe sich erklären, weshalb in den „Lehman-Fällen" keine Aufklärungspflicht statuiert wurde, da im „reinen"[427] Zwei-Personen-Verhältnis keine beeinflussende Zahlung *hinter dem Rücken* des Anlegers fließt.[428] Soweit im Rahmen von Drei-Personen-Konstellationen allerdings daran festgehalten wird,[429] dass auch die konkrete Höhe einer Zahlung aufzudecken sei, reicht eine auf eine „Schmiergeldähnlichkeit" abstellende Argumentati-

---

[422] OLG Stuttgart, Urt. v. 12.5.2010, Az.: 3 U 200/09 (Juris), Rn. 58; OLG Frankfurt a.M., Urt. v. 30.6.2010, Az.: 19 U 2/10 (Juris), Rn. 30 („schmiergeldähnliche Funktion"); LG Berlin, Urt. v. 11.11.2010, Az.: 10 O 36/10 (Juris), Rn. 36; so auch *Lenenbach*, Kapitalmarktrecht², Rn. 5.415; *Nittel/Knöpfel*, BKR 2009, 411, 412; *Nobbe*, WuB I G 1. – 5.10, S. 123, 124; *ders.*, BKR 2011, 302; *Schmidt*, F.A.Z. v. 2.11.12, S. 23 („Bestechungsgelder"); *Sethe*, in: FS Nobbe S. 769, 772 und 777; *Varadinek/Röh*, ZIP 2009, 2383, 2384; vgl. auch *Spindler*, in: Langenbucher/Bliesener/Spindler, BankR-Komm., Kap. 33, Rn. 172; nach *Lenenbach*, Kapitalmarktrecht², Rn. 5.415, sei dies auch nach Ansicht des BGH entscheidend, anders dann aber a.a.O. Rn. 11.308 (Grund für die Offenlegungspflicht sei der Interessenkonflikt aufgrund der beeinträchtigten Neutralität des Beraters).

[423] Ausdrücklich a.A. OLG Stuttgart, Urt. v. 30.11.2010, Az.: 6 U 2/10 (Juris), Rn. 23; *Langen*, NZG 2010, 816, 818.

[424] OLG Düsseldorf, Urt. v. 18.11.2010, Az.: 6 U 39/10 (Juris), Rn. 24; so im Ausgangspunkt auch *Varadinek/Röh*, ZIP 2009, 2383, 2384f., nach denen freilich der Treuebruch gerade in der *Täuschung* über den Empfänger läge; dagegen *Koch*, BKR 2010, 177, 180, der betont, dass die Treuwidrigkeit letztlich im Interessenkonflikt zu sehen sei; vgl. auch *Dörfler*, EWiR 2009, 193, 194; *Herresthal*, ZBB 2009, 348, 356; *Nieding*, jurisPR-BKR 5/2010 Anm. 4; *Tiffe*, Struktur der Informationspflichten, S. 301, der die Aufklärungspflicht über Rückvergütungen darin begründet sieht, dass der Berater „im Lager des Kunden" stehe; explizit gegen den Vorwurf der Treuwidrigkeit *Veil*, WM 2009, 2193, 2199.

[425] Dazu supra § 5 B. I. 1. b) aa).

[426] Vgl. dazu Kick-Back-I und Kick-Back-VII, supra § 5 A.

[427] Zur Relevanz der Abgrenzung von Eigenhandel zu Eigengeschäften s. Text bei Fn. 232.

[428] Vgl. dazu auch *Habersack*, in: Bankrechtstag 2010, S. 3, 30f.

[429] Dazu, dass das auch nach dem 1.8.2014 so bleibt, vgl. BGH (Innenprovisionen-V) BGHZ 201, 310 = BeckRS 2014, 14029, Rn. 31 ff.

on als Grundlage der Aufklärungspflicht nicht aus.[430] Die weitergehende Aufklärung über die Höhe einer Vergütung lässt sich nur unter dem Aspekt eines weiter verstandenen Interessenkonflikts begründen,[431] dessen Umfang kenntlich zu machen ist.[432] Ein Grund, warum dieser weitergehende Informationsgehalt dem Anleger in Zwei-Personen-Konstellationen vorenthalten bleiben sollte, ist nicht ersichtlich. Ähnlich ließe sich für Fälle der freien Anlageberatung argumentieren.[433] Dort sei der allgemeine Interessenkonflikt schließlich bekannt, eine Aufklärungsbedürftigkeit bestünde nur noch hinsichtlich der Höhe der Vergütung. Diese könne und müsse der Anleger aber erfragen. Erneut ist kein sachlicher Grund für die Differenzierung ersichtlich.[434]

dd) Berücksichtigung von Drittinteressen

Man könnte schließlich noch die Überlegung anstellen, ob nicht die derzeitige Rechtsprechung verhindern will, dass über die Verwirklichung monetärer Eigeninteressen durch den Intermediär (mittelbar) Drittinteressen wahrgenommen werden.[435] Allerdings ist eine solche Differenzierung schon nicht unproblematisch möglich.[436] Damit ließe sich freilich die statuierte Aufklärungspflicht über Rückvergütungen begründen. Innenprovisionen dürften dann allerdings, soweit sie an

---

430 Eine Relevanz dieses Kriteriums ausdrücklich ablehnend OLG Stuttgart, Urt. v. 30.11.2010, Az.: 6 U 2/10, BKR 2011, 78, 80.

431 Vgl. OLG Stuttgart, Urt. v. 30.11.2010, Az.: 6 U 2/10, BKR 2011, 78, 80; ferner *Lenenbach*, Kapitalmarktrecht², Rn. 5.415 (Information des Kunden, dass Gewinninteresse bei Empfehlung möglicherweise eine Rolle gespielt hat).

432 Schwer zu vereinbaren sind daher auch die Aussagen von *Ellenberger*, in: Praktikerhdb. Wertpapier- und Derivategeschäft⁴, Rn. 1056, 1059 und 1064, wo einerseits betont wird, dass allein die *bewusste Täuschung* über die Empfängerin die Aufklärungspflicht begründe und andererseits die *Kenntnis* vom *vollständigen Umsatzinteresse* herangezogen wird, um die Pflicht zur Offenbarung der konkreten Zuwendungshöhe zu erläutern (jeweils freilich die Rechtsprechung des XI. Zivilsenats wiedergebend).

433 Dazu ausführlich infra § 5 B. VII. Auch die Abgrenzung zu Innenprovisionen auf dieser Basis überzeugt nicht, vgl. infra § 5 B. III. 1.

434 Der Erwägung, dass eine marktübliche Provisionshöhe nicht aufklärungspflichtig sei, vgl. *Langen*, NZG 2010, 816, 818, hat der XI. Zivilsenat – anders als faktisch der III. Zivilsenat – indes eine Absage erteilt, BGH (Swap-Urteil) BGHZ 189, 13 = NJW 2011, 1949, Rn. 36.

435 Ausdrücklich etwa OLG Karlsruhe, Urt. v. 2.11.2010, Az.: 17 U 62/10, ZIP 2010, 2442, 2443; OLG Karlsruhe, Urt. v. 1.2.2011, Az.: 17 U 183/10 (Juris), Rn. 16; OLG Karlsruhe, Urt. v. 30.3.2011, Az.: 17 U 133/10 (Juris), BeckRS 2011, 11846; vgl. ferner LG München, Urt. v. 30.4.2012, Az.: 28 O 14110/11, BKR 2012, 250, 253; *Buck-Heeb*, BKR 2010, 309, 312; *Klöhn*, ZIP 2011, 762; vgl. auch *Schnauder*, jurisPR-BKR 1/2012 Anm. 1 (Offenbarung der Rolle der Bank als „Doppelagentin" der Geschäftsbesorgung) und *ders.* jurisPR-BKR 6/2012 Anm. 3; ferner *ders.*, jurisPR-BKR 3/2011 Anm. 3 [zur ähnlichen Argumentation des OLG Stuttgart, Urt. v. 29.10.2010, Az.: 6 U 208/09 (Juris)]; *ders.*, jurisPR-BKR 5/2011 Anm. 5; vgl. aber auch *Habersack*, in: Bankrechtstag 2010, S. 3, 24, zum Zusammenhang zwischen „Doppelrolle" und umsatzbezogenen Interessenkonflikt; a.A. *Maier*, VuR 2010, 25, 32.

436 Vgl. dazu bereits supra § 3 E. II. 2. b).

den Berater fließen, nicht ausgenommen werden, da auch bei diesen Interessen der Kapitalnehmerseite mit verwirklicht werden.[437]

Zweifelhaft ist bereits, ob sich die Lehman-Rechtsprechung auf diesen Gedanken stützen ließe. Zwar wird über den Verkauf zuvörderst das eigene Interesse des Verkäufers wahrgenommen. Insbesondere soweit ein (zeitlich befristetes) Rückgaberecht gegen Abschlag an den Emittenten besteht, wird indes ein besonderer Verkaufsdruck erzeugt,[438] der dazu führt, dass die vertreibende Bank trotz Eigengeschäften mittelbar Drittinteressen mit verwirklicht. Aber auch die Aufklärungspflicht aus dem Swap-Urteil ließe sich so nicht mehr begründen. Dort ging es ausschließlich um eigene Interessen der Bank, die dennoch offengelegt werden mussten. Dies verdeutlicht, dass ein „Kollusionsmoment" für eine Aufklärungspflicht nicht zwingend erforderlich ist.[439]

d) Zwischenergebnis

Nach alledem tritt deutlich hervor, dass der Argumentationstopos „Interessenkonflikt" die überragende Rolle in der Rechtsprechung zur Aufklärung über monetäre Eigeninteressen spielt.[440] Zwar wirkt nach Auffassung der (jüngeren) Rechtsprechung nicht jeder auf monetären Eigeninteressen basierende Interessenkonflikt aufklärungspflichtbegründend. Dies ist angesichts der (regelmäßig angenommenen) beratungsvertraglichen Pflicht, *allein* die Kundeninteressen wahrzunehmen, keineswegs selbstverständlich.[441] Aber jedenfalls muss doch ein Interessenkonflikt vorliegen, über den dann „bewusst getäuscht" wird (Rückvergütungsfallgruppe) oder dessen Herkunft für den Kunden nicht umfänglich zu erfassen ist (Fallgruppe der nicht erkennbaren [weiteren] Eigeninteressen / bewusste Strukturierung zu Lasten des Kunden). Möglicherweise ist aber in Innenprovisionen-V ein „Schritt zurück" zu einer Aufklärungspflicht bereits über „einfache" Interessenkonflikte zu sehen.[442]

---

[437] Im Ergebnis Innenprovisionen und Rückvergütungen gleichbehandelnd jetzt BGH (Innenprovisionen-V) BGHZ 201, 310 = BeckRS 2014, 14029, Rn. 31, allerdings mit anderer Begründung.

[438] Vgl. OLG Frankfurt a. M., Urt. v. 18.5.2011, Az.: 17 U 253/10, NZG 2011, 1154, 1156 f.; ein solcher kann auch allgemein bei einer hohen Eindeckung mit bestimmten Produkten bestehen, dazu *Späth*, VuR 2010, 451, 455.

[439] Vgl. auch *Harnos*, BKR 2009, 316, 319, der eine solche Kollusion ohnehin nur in Kick-Back-I sieht und die sonstigen Kick-Back-Urteile betreffend Interessenkonflikte davon abgrenzt.

[440] Vgl. auch *Buck-Heeb*, BKR 2010, 309, 314 („andere Argumentationslinie [nicht] erkennbar"); *dies.*, WM 2014, 385, 394; *Deblitz*, EWiR 2012, 585, 586; *Koch*, BKR 2010, 177, 180 (Interessenkonflikt ist „zentrale[s] Wertungskriterium"); *Kumpan*, Vorteilsabschöpfung bei Interessenkonflikten, S. 33, 44; *Lieder*, GWR 2011, 175; a.A. *Zoller*, BB 2011, 3088, 3089; *ders.*, BB 2013, 520, 524 (Rechtsprechung löse sich vom Grundgedanken des Interessenkonflikts); vgl. auch *Schnauder*, jurisPR-BKR 6/2012 Anm. 3. Der Aspekt der Interessenkollision prägt auch das nunmehr faktisch in Innenprovisionen-V herangezogene Aufsichtsrecht, dazu infra § 5 B. I. 6. und § 11 B.

[441] Vgl. insbesondere § 10 C.

[442] Vgl. dazu die Verweise in Fn. 440 a.E.

2. Schutz vor Falschangaben

Fehlerhafte Prospektangaben sind zu berichtigen.[443] Diese können auch Vertriebsvergütungen betreffen. Derartige Aufklärungspflichten sind indes nicht speziell auf monetäre Eigeninteressen der Berater bezogen, sondern dienen dem allgemeinen Schutz des Anlegers vor Irreführung. Der Berichtigungspflicht lässt sich kein eigenständiger Schutzgedanke für eine allgemeine Systematisierung vergütungsbezogener Aufklärungspflichten entnehmen.[444] Mit einer Irreführung ließe sich schon nicht mehr argumentieren, wenn bereits bekannt ist, dass der Berater an Vergütungen partizipiert, deren Höhe aber noch offen ist.[445]

3. Täuschung über Herausgabepflicht der Vergütung

Soweit angeführt wird, dass sich Aufklärungspflichten über monetäre Eigeninteressen (auch) darauf stützen ließen, dass die Vergütungen herausgabepflichtig seien,[446] ließe sich eine umfassende Systematisierung damit nicht erreichen. Nähme man nämlich an, dass die Gewinnmarge im Swap-Urteil aufgrund des zeitgleich bestehenden Beratungsvertrags herausgabepflichtig (§§ 675, 667 BGB) und *deshalb* aufklärungspflichtig sei,[447] wäre das praktische Ergebnis, dass solche Geschäfte schlicht nicht mehr angeboten würden. Es würde keine Situation eintreten, in der die angebotenen „Wetten" nun „ehrlich" wären,[448] da das „Spiel mit Kunden" schon kein von der Bank als Finanzintermediärin verfolgtes Geschäftsmodell ist. Der BGH hat nunmehr ferner entschieden, dass auftrags- bzw. kommissionsrechtliche Herausgabe- und Rechenschaftspflichten bezüglich Vertriebsprovisionen keine Aufklärungspflicht im Rahmen des Anlageberatungsvertrags begründen.[449]

---

[443] Vgl. Innenprovisionen-I, dazu supra § 5 A. III. Bei (auch vergütungsbedingten) fehlerhaften Renditeangaben besteht ebenso eine Aufklärungspflicht, vgl. BGH NJW 2003, 1811, 1812 (dazu supra § 5 A. II.).

[444] Vgl. aber auch *Forschner*, Wechselwirkungen von Aufsichtsrecht und Zivilrecht, S. 167, wonach die fehlerhafte Angabe ein Grund für eine Aufklärungspflicht über Vertriebsprovisionen sei. Das ist richtig. Eine Aufklärungspflicht zur Korrektur von Falschangaben ist indes nicht speziell auf monetäre Eigeninteressen des Beraters bezogen.

[445] Vgl. zur ähnlichen Argumentation unter dem „Täuschungsaspekt" supra § 5 B. I. 1. b) aa).

[446] OLG Frankfurt a.M., Urt. v. 28.3.2012, Az.: 17 U 153/11 (Juris), Rn. 24; *Sethe*, in: FS Nobbe, S. 769, 777; s. ferner infra § 10 B. II.

[447] Dies wird soweit ersichtlich nirgends vertreten.

[448] Vgl. *Lehmann*, JZ 2011, 749, 751.

[449] BGH (Lehman-III) BKR 2012, 421, Rn. 43; BGH (Lehman-IV) BeckRS 2012, 16899, Rn. 38; BGH (Lehman-V) BKR 2013, 17, Rn. 48; BGH (Lehman-VI) BeckRS 2012, 16985, Rn. 47; BGH (Kick-Back-XII) WM 2013, 2065, Rn. 28; vgl. auch BGH, Urt. v. 14.5.2013, Az.: XI ZR 431/10, BKR 2013, 386, Rn. 10. Ob solche Herausgabepflichten bezüglich Vertriebsprovisionen bestehen, wurde in BGH, Urt. v. 14.1.2014, Az.: XI ZR 355/12, BGHZ 199, 355 = NJW 2014, 924, offengelassen.

4. Werthaltigkeitsschutz

„Weiche Kosten“ einer Anlage können sich nach der Rechtsprechung negativ auf deren Rentabilität auswirken.[450] Finanzprodukte als Vertrauensgüter[451] sind für den Anleger nur schwer zu erfassen, zumal selbst umfassende Prospekte zumindest auch dem Absatz dienen und daher eine Tendenz zur positiven Darstellung der Werthaltigkeit aufweisen.[452] Der „zweite Pfeiler“ der Aufklärungspflichten begründenden Argumentationsstränge stellt daher auf die Werthaltigkeit bzw. Rentabilität der Anlage ab. Diese kann durch Vertriebsvergütungen geschmälert sein.[453] Monetäre Eigeninteressen der Finanzintermediäre sind *als solche* indes nicht der Anknüpfungspunkt einer solchen Betrachtung, da die Werthaltigkeit *unabhängig vom Vergütungsempfänger* beeinträchtigt sein kann.[454]

Die Innenprovisionsrechtsprechung stellt heraus, dass die Werthaltigkeit der jeweils in Rede stehenden Anlagen durch Provisionen gemindert sein könne, da ihnen keine Sachwerte gegenüberstünden.[455] Auch die Rechtsprechung geht im Grundsatz davon aus, dass es keinen Anspruch auf „Erwerb zum Verkehrswert“ gibt.[456] Allerdings gehört die Werthaltigkeit zu „bedeutsamen Umständen“, über die gegebenenfalls aus c.i.c. aufzuklären ist.[457] Der Anleger muss jedoch in gewisser Höhe mit Vertriebskosten rechnen. Erst wenn diese „Grenze“ überschritten wird, ist der Anleger zu informieren. Der III. Zivilsenat und der XI. Zivilsenat gehen von einer „Grenzhöhe“ von 15 % aus.[458]

---

[450] Vgl. etwa BGH, Urt. v. 1.3.2004, Az.: II ZR 88/02 und die Rechtsprechung zu Innenprovisionen; ferner *Krebs*, in: Dauner-Lieb/Langen, BGB-Schuldrecht², § 311 Rn. 214; *Möllers/Hailer*, ZBB 2012, 178, 179; kritisch *Loritz/Wagner*, NZG 2013, 367, 368.

[451] Vgl. auch infra § 8 A. II. 2.

[452] Vgl. BGH (Innenprovisionen-IV) BKR 2008, 199, Rn. 16; vgl. auch OLG Frankfurt a.M., Urt. v. 27.10.2010, Az.: 19 U 96/10 (Juris), Rn. 59 *Beratungs*präsentationen hätten auch *Verkaufs*charakter); OLG Frankfurt a.M., Urt. v. 27.10.2010, Az.: 16 U 96/10, WM 2012, 1826, Rn. 59; *Krebs*, in: Dauner-Lieb/Langen, BGB-Schuldrecht², § 311 Rn. 196.

[453] Vgl. etwa BGH, Urt. v. 14.3.2003, Az.: V ZR 308/02, NJW 2003, 1811, 1812; *Krebs*, in: Dauner-Lieb/Langen, BGB-Schuldrecht², § 311 Rn. 214.

[454] Vgl. *Habersack*, in: Bankrechtstag 2010, S. 3, 17 f. (m.w.N. in Fn. 77); *Spindler*, in: Langenbucher/Bliesener/Spindler, BankR-Komm., Kap. 33 Rn. 175.

[455] BGH (Innenprovisionen-I) BGHZ 158, 110 = NJW 2004, 1732, 1734; BGH, Urt. v. 1.3.2004, Az.: II ZR 88/02, NJW 2004, 2228, 2229 f.; BGH (Innenprovisionen-II) NJW 2005, 3208, 3210; BGH (Innenprovisionen-IV) BKR 2008, 199, 201; BGH (Kick-Back-VII) ZIP 2011, 855, 856; BGH (Lehman-I) BGHZ 191, 119 = NZG 2012, 25, 28; BGH (Lehman-III) BKR 2012, 421, 426.

[456] Vgl. BGH (Innenprovisionen-I) BGHZ 158, 110 = NJW 2004, 1732, 1734.

[457] BGH (Innenprovisionen-I) BGHZ 158, 110 = NJW 2004, 1732, 1734.

[458] Vgl. zur Innenprovisions-Rechtsprechung supra § 5 A.; bei diesen Erwägungen handelte es sich indes um *obiter dicta*, auf die abweichende Position des II. Zivilsenats (vgl. supra § 5 A. IV.) musste daher nicht eingegangen werden, vgl. *Ellenberger*, in: Praktikerhdb. Wertpapier- und Derivategeschäft⁴, Rn. 1045 und 1049. Der XI. Zivilsenat nimmt ab dem 1.8.2014 nun eine Aufklärungspflicht über Innenprovisionen an, wenn diese an den Berater fließen, dazu BGH (Innenprovisionen-V), supra § 5 A. XL.

5. *Herbeiführung von Markttransparenz*

Um vergütungsbezogene Aufklärungspflichten zu erklären, gibt es auch eine „marktbezogene" Argumentationslinie.[459] Ziel der Beratung ist es, dass der Kunde eine eigenverantwortliche Investitionsentscheidung treffen können soll.[460] Ein wesentlicher Teil der Investitionsentscheidung basiert auf den Konditionen des jeweiligen Geschäfts. Die „Endsumme", also Anlagebetrag zuzüglich eventueller Aufschläge, sind für den Kunden schon deshalb erkennbar, weil er diesen Betrag unmittelbar selbst zahlen muss. Der „Nettopreis" *der Intermediation* würde für ihn aber nur deutlich, wenn ihm Rückflüsse an den Intermediär bzw. dessen sonstige mit der Beratung verbundene monetäre Eigeninteressen offenbart würden. Der Kunde wäre dann in der Lage, effektiver Preise für Intermediationsleistungen auf dem Markt zu vergleichen und er hätte eine bessere Verhandlungsposition, um gegebenenfalls seine Kosten zu senken.[461] Gleichermaßen und gewissermaßen erst recht ließe sich so argumentieren, wenn man Derivatgestaltungen in den Blick nimmt, die wechselseitige Zahlungsverpflichtungen statt einmalig zu zahlender Endpreise beinhalten (z.B. Swaps). Hier könnte die Mitteilung des anfänglichen Marktwerts eine Vergleichbarkeit erzeugen[462] bzw. erleichtern, was einen intensiveren Wettbewerb zwischen den Intermediären befördern könnte.

Indes ist festzustellen, dass die bisher besprochene Rechtsprechung diese Argumentation nur selten aufgreift.[463] Sie ist in den ausdrücklich angeführten *topoi* der höchstrichterlichen Rechtsprechung allenfalls mittelbar enthalten.[464] Soweit diese

---

[459] Vgl. *Haar*, in: FS Hopt (II), S. 1865, 1880; *Klöhn*, ZIP 2011, 762, 763; *Schäfer* beim Bankrechtstag, zitiert nach *Walz/Leffers*, WM 2012, 1457, 1460 (Erkennbarkeit des Markt- oder Börsenkurses); *Sethe*, in: FS Nobbe, S. 769, 782 (Kostentransparenz); *Spindler*, NJW 2011, 1920, 1923; wohl auch *Tiedemann*, BKR 2012, 426, 428. Allgemein zur Marktpreiseffizienz als Mittel des Anlegerschutzes *Mülbert*, ZHR 177 (2013), 160, 182 ff.

[460] S. dazu Kapitel 1 Text bei und Fn. 32; dies ist auch allgemein das Ziel der MiFID bzw. des FRUG, dazu *Veil*, WM 2007, 1821, 1822 f.; ferner *Eberius*, Regulierung der Anlageberatung und behavioral finance, S. 36 f.

[461] Etwa durch eine Beteiligung an etwaigen Rückflüssen. Als Beispiel für eine solche Bonifikationsgestaltung s. Kick-Back-II (dazu supra § 5 A. VI.). Letztlich wäre die Kenntnis der Marge der Gegenseite indes eine Bevorzugung, die im sonstigen Wirtschaftsleben nicht anzutreffen ist, vgl. infra § 8 A. III. 2.

[462] Die Vergleichbarkeit wird aus Kundensicht insbesondere dann erschwert, wenn die betroffenen Produkte „*over-the-counter*" (OTC) gehandelt werden.

[463] Hingewiesen sei aber etwa auf das Urteil des OLG Stuttgart, Urt. v. 27.6.2012, Az.: 9 U 140/11, ZIP 2012, 1798, 1801, wo eine Informationsasymmetrie zu Lasten des Kunden bezüglich eines „marktüblichen Zinssatzes", aus dem sich die Ertragschancen, auf die der Kunde beim *payer*-Swap verzichte, ergeben, nicht beanstandet wurde, da der Kunde sich die Information *selbst beschaffen* könne. Diese Argumentation ist zwar marktbezogen, ihr lässt sich aber nicht zugleich entnehmen, dass, soweit die Information nicht selbst zu beschaffen wäre, automatisch auch eine Aufklärungspflicht anzunehmen sei; ferner OLG Stuttgart, Urt. v. 14.12.2011, Az.: 9 U 11/11, WM 2012, 890, 895, wo im Rahmen eines Zinswährungsswaps auch damit argumentiert wurde, dass durch den nicht offengelegten „Preis" eine „kostenlose Gewinnchance suggeriert" worden sei.

[464] Vgl. aber *Binder*, Aufklärungs- und Beratungspflichten bei der Finanzierung von Kapitalanlagen und Immobilien, S. 279, 283, wonach die Gesichtspunkte des Kundenschutzes und der

an Werthaltigkeitsaspekte anknüpft, um Offenlegungspflichten für Vertriebszahlungen zu begründen, kann sich daraus zwar auch eine höhere Markttransparenz bezüglich der Intermediationsleistung ergeben, *falls* die Werthaltigkeit durch Vertriebsvergütungen beeinträchtigt würde. Da die darauf abstellende Aufklärungspflicht jedoch nicht davon abhängt, ob die Werthaltigkeit gerade durch die Zahlung an den Intermediär beeinflusst ist,[465] ist eine verbesserte *Markttransparenz bezüglich* der *Intermediationsleistung* nicht zuvörderst bezweckt, sondern eine gegebenenfalls eintretende Reflexwirkung. Wird auf Interessenkollisionen zurückgegriffen, kann gleichfalls mittelbar eine verbesserte Markttransparenz erreicht werden, soweit von den Intermediären vereinnahmte Zuwendungen aufzudecken sind. Dass dies ebenfalls nur ein Reflex ist,[466] zeigt sich, wenn Aufklärungspflichten aufgrund der Offenkundigkeit[467] einer Interessenkollision verneint werden, wie etwa in diversen „Lehman-Urteilen“[468]. Einem Kunden, dem die offenkundigen Eigeninteressen seines Intermediärs (abstrakt) klar sind, wird nämlich keine weitere erzwungene Transparenz zur „Marktverbesserung“ zur Seite gestellt.

Das überzeugt. Der Preiswettbewerb ist zwar ein wichtiger Bestandteil der Marktwirtschaft,[469] es gibt jedoch keinen allgemeinen Anspruch auf Kenntnis einzelner Preisbestandteile.[470] Es ließe sich zwar argumentieren, dass der Markt für Finanzintermediation besonders undurchsichtig[471] sei und es sich zugleich bei den Finanzprodukten um Vertrauensgüter handele, was erhöhte Transparenzanforderungen rechtfertigen könnte. Ein solcher Eingriff, um vermeintliches Marktversagen zu beheben, sollte indes als wirtschaftliche *Ordnungspolitik* dem Gesetzgeber,[472] gege-

---

Markttransparenz die Aufklärungspflichtenrechtsprechung zu Banken leite. Ähnlich führt *Eichhorn*, Umgang mit Provisionszahlungen im Wertpapiergeschäft unter MiFID, S. 175, 177 f., die Kick-Back-I-Entscheidung als Beispiel für ein Urteil zur Kostentransparenz an. Dies war aber bloß ein Reflex und kein tragender Grund, s. supra § 5 A. I.

465 Dazu supra § 5 B. 5.

466 Ähnlich *Besold*, Aufklärungspflichten bei Vertriebsprovisionen, S. 134. Im Ergebnis gilt das auch für die speziellen aufsichtsrechtlichen Aufklärungspflichten, die zuvörderst Interessenkonflikten begegnen wollen, wobei als Reflex auch eine größere Kostentransparenz eintritt, vgl. zu § 31d WpHG *Ekkenga*, in: MünchKomm HGB², Effektengeschäft, Rn. 544 („[Die] Aufklärungspflicht nach § 31d Abs. 1 Satz 1 Ziff. 2 WpHG [...] bezweckt nicht die Herbeiführung von Kostentransparenz, sondern die Offenlegung von Interessenkonflikten“).

467 Dazu sogleich § 5 B. II.

468 Vgl. supra § 5 A.

469 Vgl. etwa *Spindler*, NJW 2011, 1921, 1922.

470 Vgl. nur *Ellenberger*, in: Praktikerhdb. Wertpapier- und Derivategeschäft⁴, Rn. 1041, bezugnehmend auf diverse höchstrichterliche Urteile.

471 Vgl. zum mangelnden Preis- und Qualitätswettbewerb im Kapitalanlagevertrieb *Besold*, Aufklärungspflichten bei Vertriebsprovisionen, S. 34.

472 Der Gesetzgeber ist sich dieser Aufgabe auch bewusst, vgl. etwa die Ausführungen eines Sprechers des BMELV zu potentiellen Reformen bezüglich der Transparenz im Versicherungsvertriebsrecht, wonach „[j]edem [...] klar sein [muss], wie viel ein Produkt und wie viel eine Beratungsleistung kostet“, F.A.Z. v. 31.8.2013, S. 13; vgl. auch *Ferran*, 13 EBOR (2012), 247, 253, die marktbezogene Argumente im Zusammenhang mit dem „Payment Protection Insurance-Skandal“ im Vereinigten Königreich unter „*regulatory lessons*“ behandelt; *Koch*, in: Schwark/Zimmer,

benenfalls auf gesetzlicher Grundlage auch der Verwaltung,[473] vorbehalten bleiben. Der Gesetzgeber ist nicht untätig geblieben, wie sich beispielsweise in § 5 Abs. 2 Satz 2 Nr. 5 lit. a) Satz 2 WpDVerOV zeigt, wonach im Rahmen der Informationen im Sinne von § 31 Abs. 3 Satz 3 Nr. 4 WpHG hinsichtlich Kosten nicht nur der Gesamtpreis anzugeben ist, sondern in Rechnung gestellte Provisionen „in jedem Fall separat aufzuführen" sind.[474]

Es ist damit festzuhalten, dass eine marktbezogene Argumentation zur Begründung von vergütungsbezogenen Aufklärungspflichten zwar grundsätzlich herangezogen werden könnte.[475] Die Rechtsprechung greift darauf aber grundsätzlich nicht zurück, weshalb diese Argumentationslinie zur Untersuchung des *status quo* des Richterrechts nicht weiter verfolgt werden soll, zumal sie nicht in der Lage wäre, diesen umfassend und konsistent darzustellen.[476]

6. Aufklärungspflicht aufgrund „kapitalanlagerechtlichen Transparenzgebots"

Mit dem Innenprovisionen-V-Urteil hat der XI. Zivilsenat seine Provisionsrechtsprechung nunmehr auf die Grundlage des „Transparenzgedankens hinsichtlich der Zuwendungen" im Kapitalanlagerecht gestützt.[477] Er argumentiert mit den „tragenden Grundprinzipien des Aufsichtsrechts", zu denen die Aufklärungspflicht über Zuwendungen von Dritten gehöre.[478] Soweit auf das Aufsichtsrecht rekurriert wird, stellt sich die Frage nach dessen Telos. Die (auch für den BGH) maßgeblichen Normen des § 31d WpHG bzw. § 17 FinVermV dienen dabei der Bewältigung von Interessenkonflikten, wie noch zu zeigen sein wird.[479] Diesbezüglich bewegt sich die Entscheidung daher durchaus weiterhin im Feld „klassischer Argumentationslinien" bezüglich vergütungsbezogener Aufklärungspflichten. Der eigentliche „Clou" der Entscheidung liegt in der Übertragung des Aufsichtsrechts in das zivilrechtliche

---

KMRK[4], § 31d WpHG Rn. 14, zur Begründung von Forderungen an den Gesetzgeber unter dem Gesichtspunkt der „Verschleierung der tatsächlichen Kostenstruktur"; ferner *Köndgen*, in: FS Hopt (II), S. 2113, 2133, dazu, dass „Regulierer" aufgrund höherer Sachkunde besser als Gerichte zum Standards setzen geeignet seien. Zu Informationsasymmetrien als Fall von „Marktversagen" knapp *Zimmer*, Weniger Politik!, S. 75 ff.

[473] Vgl. *Köndgen*, in: FS Hopt (II), S. 2113, 2126 f., wonach die italienische CONSOB zur Verbesserung der Preistransparenz im Zertifikatevertrieb eine „Lamfalussy-Level-3-Maßnahme" („communicazione") erlassen habe.

[474] Vgl. zu prospektrechtlichen Aufklärungspflichten im Zusammenhang mit Provisionen *Ellenberger*, in: Praktikerhdb. Wertpapier- und Derivategeschäft[4], Rn. 1046 f.; zur Kostenaufdeckung im Aufsichtsrecht infra § 11 B.

[475] Solche Markteingriffe sind rechtfertigungsbedürftig und ihre Notwendigkeit darf nicht unterstellt werden.

[476] Einzelne Urteile lassen sich freilich durchaus mit „Preistransparenzgesichtspunkten" erklären, vgl. etwa zu verdeckten Vergütungen an Treuhandkommanditisten *Veil*, WM 2009, 2193, 2196.

[477] BGH (Innenprovisionen-V) BGHZ 201, 310 = BeckRS 2014, 14029, Rn. 36.

[478] BGH (Innenprovisionen-V) BGHZ 201, 310 = BeckRS 2014, 14029, Rn. 37.

[479] Dazu infra § 11 B. I. 1. b) bb) und 2. b) aa).

Pflichtengefüge der Anlageberatung. Problematisch ist dann aber, dass der BGH die Grenzen, die das Aufsichtsrecht zieht, für seine neue Rechtsprechung als nicht verbindlich ansieht.[480] Über das Aufsichtsrecht hinausgehende Aufklärungspflichten mit tragenden aufsichtsrechtlichen Grundprinzipien begründen zu wollen, überzeugt so nicht. Soweit der BGH dafür ein Bedürfnis sieht, geht es ihm offenbar darum, „mehr" Anlegerschutz zu verwirklichen, als das Aufsichtsrecht derzeit parat hält. Dann muss gerade dies auch begründet werden. Soweit darauf hingewiesen wird, dass nun über alle Zuwendungen Dritter immer aufzuklären sei, ist das nur das Postulat eines Ergebnisses. Hinsichtlich der die Grenzen des Aufsichtsrechts überschreitenden Fallgestaltungen, lässt sich der Entscheidung damit letztlich keine teleologische Grundlage explizit entnehmen. Da das relevante Aufsichtsrecht an dritteninteressenbedingte Interessenkonflikte anknüpft, scheint sich der BGH dieses Telos nun allgemein als Grundlage zivilrechtlicher Aufklärungspflichten über Provisionen ausgewählt zu haben. Insoweit behalten die Überlegungen zu Interessenkonflikten als Basis des zivilrechtlichen Anlegerschutzes bezüglich monetärer Eigeninteressen[481] auch künftig ihre Relevanz. Wenngleich besondere Umstände nunmehr zur Begründung einer Aufklärungspflicht über Provisionen nicht mehr erforderlich sein werden, dürfte aber auch nach dem Rechtsprechungswechsel (wohl) nicht jedes Umsatzinteresse aufklärungspflichtig sein.

7. Tauglichkeit der Telosargumentation zur Differenzierung

Nach alledem wurde ersichtlich, dass die Rechtsprechung zumindest im Grundsatz auf einer *zweigeteilten Argumentation* zwischen der Berücksichtigung von Werthaltigkeitsaspekten und der Bewältigung von Interessenkonflikten basiert. Manche „Aufklärungsgründe" sind zum Teil als „interessenkonfliktnah" zu charakterisieren. Andere vermögen eine umfassende Systematisierung der vergütungsbezogenen Rechtsprechung entweder nicht zu tragen bzw. werden dafür nicht herangezogen. Somit stellt sich nunmehr die Frage, ob auf der Grundlage der verbleibenden Aspekte (Werthaltigkeit und Interessenkollision) der Stand der Rechtsprechung fallübergreifend stimmig darstellbar ist.

a) Zur Werthaltigkeitsargumentation

Vergütungsbezogene Aufklärungspflichten sind ein potentieller Bestandteil der Werthaltigkeitsrechtsprechung. Diese ist unabhängig vom Empfänger der die Werthaltigkeit beeinträchtigenden Position.[482] Eine Aufklärung *über den Empfänger* kann daher unter Werthaltigkeitsgesichtspunkten nicht gefordert werden. Dem

---

480 BGH (Innenprovisionen-V) BGHZ 201, 310 = BeckRS 2014, 14029, Rn. 38.

481 Vgl. insbesondere supra § 5 B. I. 1.

482 Dazu auch supra § 5 B. I. 4.

Werthaltigkeitsschutz wird bereits genügt, wenn der Kunde weiß, welcher Anteil seines Investitionsbetrages nicht für „substantielle“ Anlagezwecke verwendet wird. In diesem Sinne ist das Urteil des BGH v. 1.3.2004[483] zu verstehen, wonach in Verkaufsprospekten zu geschlossenen Fonds sämtliche „weiche Kosten“ übersichtlich und korrekt anzugeben sind. Für den Immobilienvertrieb bzw. -verkauf wurde dies zwar noch nicht ausdrücklich höchstrichterlich entschieden. Sachliche Gründe für eine Unterscheidung sind jedoch nicht ersichtlich.[484]

Es erschiene denkbar, davon auszugehen, dass die Werthaltigkeit einer Anlage durch Verkaufsmargen beeinflusst werden könnte. Verkäufer sind zwar grundsätzlich bis zur Grenze der Sittenwidrigkeit nicht zur Aufklärung über die Werthaltigkeit beeinträchtigende Vertriebsvergütungen verpflichtet. Das kann sich aber bei Verwendung eines Prospekts anders darstellen.[485] Man könnte überlegen, Margen als „relevanten Umstand“ im Sinne der Prospekthaftung einzustufen, da diese die Rentabilität beeinträchtigen können. Denkt man die Argumentation zur 15%-Grenze fort, wäre (im prospektgestützten Vertrieb) aber nur eine Marge offenzulegen, mit der der Anleger nicht mehr rechnen müsste.[486] Jedenfalls ist im Ausgangspunkt nicht ersichtlich, weshalb der Werthaltigkeitsschutz nur greifen sollte, wenn die Werthaltigkeit auf eine bestimmte Art und Weise (Vertriebs*provisionen*) berührt wird.[487]

Zusammenfassend lässt sich dennoch festhalten, dass Werthaltigkeitsgesichtspunkte nicht herangezogen werden können, um Aufklärungspflichten über die Person des Empfängers einer Vertriebsvergütung zu statuieren, auch wenn danach potentiell verschiedenartige Vergütungsinteressen des Beraters aufklärungspflichtig sein können. Anhand Werthaltigkeitskriterien lässt sich die hier untersuchte Rechtsprechung nicht umfassend systematisch darstellen.

b) Zur Interessenkonfliktargumentation

aa) „Allgemeiner“ Interessenkonflikt als Auslöser

Soweit der allgemeine Interessenkonflikt, d.h. die aus dem Umsatzinteresse der Berater resultierende „Gefährdungslage“ für deren Kunden als Grundlage einer Auf-

[483] BGH, Urt. v. 1.3.2004, Az.: II ZR 88/02, dazu supra § 5 A. IV.

[484] *Ellenberger*, in: Praktikerhdb. Wertpapier- und Derivategeschäft[4], Rn. 1043 (mit Rechtsprechungsnachweisen). Zum Widerspruch, dass im Rahmen der Anlagevermittler betreffenden Rechtsprechung eine Aufklärungspflicht aus Werthaltigkeitsgesichtspunkten erst ab 15% der Anlagesumme angedacht wurde, da der Anleger mit Vertriebskosten *in dieser Höhe* nicht zu rechnen brauche, *Ellenberger* a.a.O. Rn. 1049. Ein Widerspruch besteht nunmehr auch zu gesetzlichen (Neu-)Regelungen, vgl. infra § 11 B.

[485] Vgl. *Ellenberger*, in: Praktikerhdb. Wertpapier- und Derivategeschäft[4], Rn. 1041 ff.

[486] Vgl. *Bausch*, BKR 2010, 257, 258.

[487] Vgl. auch infra § 5 B. III. (wiederum sind argumentativ ergänzende „Offenkundigkeitsgesichtspunkte“ erforderlich, vgl. *Ellenberger*, in: Praktikerhdb. Wertpapier- und Derivategeschäft[4], Rn. 1040 (Innenprovisionen seien für den Anleger nicht erkennbar).

klärungspflicht herangezogen wird, kann sich daraus kein teleologisch konsistentes Bild der Rechtsprechung ergeben. Ein Umsatzinteresse liegt unabhängig davon vor, ob sich dieses über Margen oder (Dritt-)Provisionen verwirklicht. Aufklärungspflichtig sind Margen indes nach gegenwärtiger Rechtsprechung grundsätzlich nicht. Hierfür wird angeführt, dass das aus dem Kaufvertrag zwischen Kunde und Intermediär fließende Gewinnerzielungsinteresse offenkundig sei. Diese Begründung ginge damit konform, auf den *allgemeinen Interessenkonflikt* als Aufklärungspflicht auslösenden Gesichtspunkt abzustellen. Wird aber zusätzlich eine Aufklärung auch über die konkrete Höhe der vereinnahmten Drittvergütung gefordert, damit der Kunde das Umsatzinteresse vollständig einschätzen und bewerten könne, ist nicht zu erklären, weshalb ihm diese Möglichkeit bei anfallenden Margen nicht gegeben werden soll.[488] Die Differenzierung von freien und bankgebundenen Beratern ist auf dieser Argumentationsbasis dann ebenso wenig zu rechtfertigen.[489]

Zu hinterfragen ist ferner, weshalb versteckte Innenprovisionen nicht unter dem Gesichtspunkt der Interessenkollision erfasst sein sollen. Aus der relevanten Anlegersicht ist es unerheblich, woraus das Umsatzinteresse des Beraters resultiert. Eine Ungleichbehandlung von Innenprovisionen und anderen Vertriebsprovisionen ist unter dem Gesichtspunkt der allgemeinen, auf dem Umsatzinteresse basierenden Interessenkollision sachlich nicht zu rechtfertigen, wenn der Berater Empfänger der Zahlung ist.[490] Für die Zeit ab dem 1.8.2014 wird dieser Widerspruch nicht mehr bestehen,[491] wenngleich dies argumentativ nicht auf dem Umsatzinteresse, sondern letztlich auf der Herkunft der Zuwendungen von Dritten basiert.[492]

bb) Täuschung über die Neutralität

Mittlerweile findet sich zumindest in der höchstrichterlichen Rechtsprechung der ausdrückliche Hinweis, dass das allgemeine Umsatzinteresse eines Wirtschaftsteilnehmers jedenfalls nicht hinreichende Bedingung sein kann, um darauf vergütungsbezogene Aufklärungspflichten zu stützen.[493] Erforderlich seien „Qualifizierungen" des Interessenkonflikts. Eine solche wird in den Rückvergütungskonstella-

---

488 Eine Aufklärung über Margen wird daher zum Teil auch gefordert, so etwa im Grundsatz *Buck-Heeb*, BKR 2010, 309, 313; a.A. *Müller-Christmann*, in: Bankrechtstag 2012, S. 1, 8 ff.; s. auch infra § 6 A. III. 7. b).

489 Vgl. *Buck-Heeb*, BKR 2010, 309, 315; ferner *Frisch*, EWiR 2012, 613, 614; ausführlich zur Differenzierung infra § 5 B. VII.

490 Vgl. OLG Dresden, Urt. v. 24.7.2009, Az.: 8 U 1240/08 (Juris), Rn. 26 (eigenes Provisionsinteresse sei unabhängig von Ausgestaltung als Rückvergütung oder Innenprovision); ferner *Buck-Heeb*, BKR 2010, 309, 311; *Faulmüller*, VuR 2012, 312, 316; infra § 5 B. III.

491 BGH (Innenprovisionen-V) BGHZ 201, 310 = BeckRS 2014, 14029, Rn. 31.

492 Supra § 5 B. I. 6.

493 Vgl. auch *Habersack*, in: Bankrechtstag 2010, S. 3, 24; *Nobbe*, WuB I G 1. – 5.10, S. 123, 125, wonach die Ausführungen in Kick-Back-II und Kick-Back-III insoweit einen „unzutreffenden Anschein" erweckt hätten, dass es um die Doppelrolle und das Umsatzinteresse bzw. den daraus resultierenden Interessenkonflikt ginge.

tionen darin gesehen, dass der Kunde über den Empfänger der von ihm geleisteten Zahlung getäuscht würde.[494] Dadurch entstünde dann eine Fehlvorstellung von der vermeintlichen Neutralität des Beraters.[495] So argumentiert liegt es nicht fern, die Annahme der (verheimlichten) Drittzahlung als Treuebruch zu werten.[496]

Die „Margenrechtsprechung" wäre so im Grundsatz unter der Prämisse nachvollziehbar, dass ein Verkäufer keine vermeintliche Neutralität vortäuscht. Dann besteht dementsprechend auch keine Aufklärungspflicht, um eine mangelnde Neutralität hervorzuheben. Nicht zu erklären vermag dieser Begründungsansatz jedoch, weshalb es in den Provisionsgestaltungen explizit nicht ausreiche, dass dem Kunden der abstrakte Interessenkonflikt (Berater als Empfänger einer Zahlung) bekannt ist. Gefordert wird, dass der Kunde den Grad seiner Gefährdung erkennen können soll, wozu die volle Höhe der vereinnahmten Drittprovision offengelegt werden müsse.[497] Wäre das Ziel der Aufklärungspflicht aber, dem Kunden die mangelnde Neutralität des Intermediärs aufzuzeigen, ist nicht ersichtlich, weshalb diese Information nur teilweise – im Falle von Rückvergütungen – durch die Angabe der konkreten Höhe des Eigeninteresses zu ergänzen ist. Ist dem Kunden bewusst, dass sein Berater eine Drittzahlung erhält, besteht kein Aufklärungsbedürfnis hinsichtlich einer Neutralität, über deren Vorliegen der Kunde getäuscht worden wäre.[498] Es sind diverse Situationen denkbar, in denen der Kunde den eigeninteressenbedingten Interessenkonflikt in der konkreten Beratungssituation erkennen kann, z.B. wenn er selbst an Drittprovisionen partizipiert.[499] Nur eine solche Einschätzung deckt sich auch mit den bereits angestellten Überlegungen zum Kundenleitbild. Ist der Kunde nämlich im Besitz der Information über den „abstrakten Interessenkonflikt" des Beraters, wird von ihm erwartet, diese zutreffend zu bewerten und danach zu handeln.[500] Soweit er eine weitere Spezifizierung für erforderlich halten sollte,

---

[494] Vgl. auch nochmals BGH (Innenprovisionen-V) BGHZ 201, 310 = BeckRS 2014, 14029, Rn. 30; *Seyfried*, in: Kümpel/Wittig, Bank- und Kapitalmarktrecht^4, Rn. 3.314 („Element der Heimlichkeit").

[495] BGH (Kick-Back-VII) ZIP 2011, 855, Rn. 24; so etwa auch *Stumpf/Hettenbach*, BB 2012, 2582; vgl. auch *Clouth*, in: Praktikerhdb. Wertpapier- und Derivategeschäft^4, Rn. 1202.

[496] Vgl. supra § 5 B. I. 1. c) cc); ferner *Veil*, WM 2009, 2193, 2196 (zum Steuerberater).

[497] BGH (Kick-Back-II) BGHZ 170, 226 = NJW 2007, 1876, Rn. 22ff.; BGH (Kick-Back-VII) ZIP 2011, 855, Rn. 16; OLG Stuttgart, Urt. v. 4.3.2010, Az.: 13 U 42/09, ZIP 2010, 824, 826 („Stärke des Interessenkonflikts"); *Kluge*, Kick-backs, S. 38 („Intensität" des Interessenkonflikts); *Meschede/Fuxman*, EWiR 2013, 309, 310; auf diesen Widerspruch weist auch *Hanowski*, NZG 2011, 573, 574, hin, vgl. auch supra § 5 B. I. 1. Die Forderungen abschwächend OLG München, Beschl. v. 24.5.2011, Az.: 19 U 690/11, WM 2011, 1895 (Leitsatz 2), wonach die Kenntnis des *maximalen Interessenkonflikts* ausreichend sei.

[498] Insoweit zutreffend *Hanke*, BKR 2012, 493, 498; vgl. auch *Tilp/Wegner*, BKR 2014, 27, 28 („erhebliche Einschränkung" der Rückvergütungsrechtsprechung durch die Lehman-Entscheidungen); *Toussaint*, EWiR 2011, 623, 624.

[499] Vgl. die Sachverhalte zu Kick-Back-II und Freier Anlageberater-VI-VII, dazu § 5 A.

[500] Vgl. ausführlich supra § 3 D.; Bedeutung misst der BGH dem zumindest für die Frage der Verjährung bei, vgl. BGH, Urt. v. 8.4.2014, Az.: XI ZR 341/12, ZIP 2014, 1117, Rn. 24ff.

kann er nachfragen.[501] Außerdem hat sich der XI. Zivilsenat dem III. Zivilsenat hinsichtlich der Differenzierung von bankgebundenen und freien Beratern angeschlossen.[502] Werden die vermeintlichen Erwartungen des Bankkunden an die Stellung des Bankberaters durch einen Hinweis auf dessen eigeninteressenbedingten abstrakten Interessenkonflikt erschüttert, ist ein mit den Marktgepflogenheiten im Übrigen vertrauter Kunde über die konkrete Höhe des Eigeninteresses nicht mehr aufzuklären.[503]

Hätte die Aufklärungspflicht über Rückvergütungen ihren Grund in dem Hinweis auf die (verschleierte) mangelnde Neutralität, ist die Differenzierung zwischen Rückvergütungen und Innenprovisionen[504] schwer nachzuvollziehen.[505] Ein solcher Interessenkonflikt wäre von der Herkunft der Zahlung unabhängig. Innenprovisionen ist es nach Auffassung der Rechtsprechung sogar immanent, dass sie versteckt sind.[506] Teilweise wird dafür angeführt, dass nur Rückvergütungen die „Schmiergeldähnlichkeit" und „Anrüchigkeit" anhaften, die letztlich die Aufklärungspflicht begründeten.[507] Gerade die Qualifikation einer Zahlung als schmiergeldähnlich oder anrüchig basiert aber darauf, dass von ihrem Empfänger eine neutrale Fremdinteressenwahrung erwartet und diese Erwartung dann enttäuscht wird. Die Herkunft der Zahlung kann für diese Einordnung nicht erheblich sein. Maßgeblich ist dafür allein die entsprechende Kundenerwartung, die von einer „Zahlungsquellenanknüpfung" unabhängig ist. Aus diesem Grund ist dem BGH darin beizupflichten, dass er Innenprovisionen und Rückvergütungen künftig bezüglich der Rechtsfolge gleich behandeln wird.[508]

Sollte die vermeintlich mangelnde Neutralität ausschlaggebend sein, wäre der Kick-Back-Rechtsprechung aber durch die neu geschaffene Informationspflicht darüber, ob die Beratung als Honorar-Anlageberatung erbracht wird und ob im Zusammenhang mit ihr Zuwendungen von Dritten angenommen und behalten werden

---

[501] Diese Nachfrageobliegenheit deckt sich mit der Rechtsprechung des III. Zivilsenats, vgl. die Rechtsprechung zu freien Beratern bei § 5 A.; vgl. auch infra § 14 B.

[502] Dazu § 5 A. XVI. und § 5 B. VII.

[503] Dazu, dass die Differenzierung zwischen freien und Bankberatern davon ausgehen muss, dass der Kunde gewisse Marktgepflogenheiten kennt, bereits supra § 3 D. III. 2.

[504] Ausführlich zur „tatbestandlichen Abgrenzung" infra § 5 B. III 1.

[505] Vgl. auch *Grigoleit*, ZHR 177 (2013), 264, 293; *Mann*, WM 2013, 727, 730; *Schwab*, NJW 2013, 3274, 3277 („Das verstehe, wer will"); *Tilp/Wegner*, BKR 2014, 27, 29 („Geheimnis des XI. Senates"); *Veldhoff*, Haftung von Kreditinstituten, S. 267. Der Notwendigkeit, sich mit dem Sinn der Differenzierung zu beschäftigen, hat sich der XI. Zivilsenat mit seiner völlig neuen Begründung in BGH (Innenprovisionen-V) BGHZ 201, 310 = BeckRS 2014, 14029, Rn. 36 ff., entzogen.

[506] BGH (Kick-Back-IX) ZIP 2011, 1807, Rn. 6 (offen ausgewiesene Innenprovisionen seien terminologisch bereits ein „Widerspruch in sich"); anderes Verständnis bei *Buck-Heeb*, WM 2012, 625, 632 („Offen ausgewiesene Innenprovisionen"); ebenso *Nobbe*, BKR 2011, 302; ferner *Zoller*, GWR 2010, 53, 55, („im Prospekt ausgewiesene Innenprovisionen").

[507] Dazu supra § 5 B. I. 1. c) cc); vgl. auch *Emmerich*, in: MünchKomm BGB^6, § 311 Rn. 119.

[508] BGH (Innenprovisionen-V) BGHZ 201, 310 = BeckRS 2014, 14029, Rn. 31 ff., freilich auf einer neuen argumentativen Grundlage.

dürfen (§ 31 Abs. 4b WpHG i.d. Fassung des Honoraranlageberatungsgesetzes[509]), in weiten Teilen die Grundlage entzogen.[510] Der BGH zieht diese Norm indes selbst mit heran, um seine in Innenprovisionen-V neu erkannte Aufklärungspflicht zu begründen.[511] Hierdurch wird auch klar, dass die Kenntnis der fehlenden Beraterneutralität Aufklärungspflichten nicht entfallen lässt. Damit hat der XI. Zivilsenat einen wesentlichen Aspekt seiner mit viel Mühe herausgearbeiteten Begründung vergütungsbezogener Aufklärungspflichten der Sache nach „ad acta gelegt".

cc) Einstrukturierung nicht erkennbarer eigener Gewinninteressen

Soweit im Swap-Urteil anklingt, dass die Aufklärungspflicht über den negativen Marktwert, der die „einstrukturierte" Marge der Bank darstelle, an der Besonderheit des konkreten Produkts lag, dessen Risikostruktur „bewusst zu Lasten des Kunden" ausgestaltet wurde, um das Risiko dann „verkaufen" zu können,[512] darf daraus nicht geschlossen werden, dass von dieser Rechtsprechung nur die konkret in Frage stehenden Swaps betroffen wären. Es ist zwar sehr gut möglich, dass der BGH in diesem Urteil „nur" auf ein aus seiner Sicht „unfaires Produkt" reagieren wollte.[513] Im Ergebnis ging es jedoch darum, dass nach Auffassung des BGH die *Integrität der Beratungsleistung* zu bezweifeln war.[514] Dieser Gesichtspunkt ist indes *allgemeiner Natur*.[515] Erforderlich sind daher Kriterien, anhand derer die Integrität zu beurteilen ist. Sofern es dem BGH nur um das konkrete Produkt ging, wäre sein Argumentationsweg bedenklich. Eine produktabhängige Differenzierung ist zur Beurteilung der „Integritätsfrage" im Ausgangspunkt nicht geeignet,[516] sachliche Gründe, die gegen eine Übertragung auf andere Fälle sprechen, sind unter diesem Ansatzpunkt nicht ersichtlich.

---

509 Ausführlicher infra § 10 D. I.

510 Vgl. in diese Richtung *Balzer* beim Bankrechtstag, zitiert nach *Breilmann/Fuchs*, WM 2013, 1437, 1444; *Herresthal*, WM 2014, 773, 783; *Nobbe/Zahrte*, in: MünchKomm HGB³, Anlageberatung, Rn. 282; *Veil/Lerch*, WM 2012, 1605, 1611, im Kontext der MiFID II; ferner *Müchler/Trafkowski*, ZBB 2013, 101, 112; a.A. *Tilp* beim Bankrechtstag, zitiert nach *Treibmann*, ZBB 2013, 285, 296.

511 BGH (Innenprovisionen-V) BGHZ 201, 310 = BeckRS 2014, 14029, Rn. 34.

512 BGH (Swap-Urteil) BGHZ 189, 13 = NJW 2011, 1949, Rn. 38 und supra § 5 A. XVII.; insoweit unverständlich *Bausch/Schwenker*, BKR 2014, 43, 44, die davon ausgehen, dass eine Argumentation über „bewusste Gestaltungen zu Lasten des Kunden" erkennbar unvereinbar mit der BGH-Rechtsprechung seien; zur diesbezüglichen BGH-Rechtsprechung auch *Köhler*, in: Schwintowski, Bankrecht⁴, § 21 Rn. 230.

513 So etwa *Clouth*, in: Praktikerhdb. Wertpapier- und Derivategeschäft⁴, Rn. 1208; für ein lediglich im Einzelfall relevantes Urteil auch *Kropf*, ZIP 2013, 401, 403; *Weber*, EWiR 2013, 763, 764.

514 BGH (Swap-Urteil) BGHZ 189, 13 = NJW 2011, 1949, Rn. 36.

515 Vgl. auch *Buck-Heeb*, jurisPR-BKR 7/2011 Anm. 2 (Urteil sei „Markstein"); *Klöhn*, ZIP 2011, 762 (dogmatische Bedeutung gehe weit über den entschiedenen Fall hinaus); *Spindler*, NJW 2011, 1920, 1924 (Urteil sei „Meilenstein"); ferner *Lederer*, AG-Report 2012, R207 f.

516 Im Ergebnis mögen freilich manche Produkte immer oder häufig die Kriterien erfüllen, die zu einer Aufklärungspflicht führen. Das ist dann aber nur Konsequenz der Anwendung der *allgemein gültigen* Kriterien.

Als konfliktträchtig wird im Urteil angeführt, dass gerade ein Gewinn aus der Gegenposition zu dem Risiko realisiert werde, das die Bank dem Kunden zu übernehmen empfohlen habe.[517] Daraus ergibt sich folgende Konstellation: Der Kunde muss zwar grundsätzlich und insbesondere auch im Zwei-Personen-Verhältnis damit rechnen, dass „sein Intermediär" auch Eigeninteressen verfolgt.[518] Dieses Eigeninteresse äußert sich bei Swap-Geschäften in der von der Bank übernommenen Gegenposition. Die Übernahme dieser Gegenposition wird im Urteil aber – aufgrund der konkreten Ausgestaltung – als schwerwiegender Interessenkonflikt bezeichnet.[519] Betont wird zugleich, dass die Aufklärungspflicht *allein* daraus resultiere, dass die Bank sich das dem Kunden angediente Risiko abkaufen ließe bzw. sie folge *allein* daraus, dass die Risikostruktur zu Lasten des Kunden gestaltet sei, um das Risiko unmittelbar nach Vertragsschluss verkaufen zu können.[520]

Stützt man sich auf den ersten genannten Aspekt, nämlich dass das dem Kunden angetragene „Risiko verkauft" wurde, so macht man die Realisierung des Eigeninteresses, mit dem der Kunde eigentlich rechnen müsse, zum Auslöser der Aufklärungspflicht. Dies scheint argumentativ von der ursprünglichen, allein am Umsatzinteresse anknüpfenden Aufklärungspflicht, nicht allzu fern zu liegen.[521] Unter dem Gesichtspunkt, dass das dem Kunden empfohlene Risiko der Bank abgekauft wird und sie damit einen Gewinn realisiert, ließe sich gegebenenfalls eine Aufklärungspflicht über Margen in den „Lehman-Fällen" begründen.[522] Dort empfiehlt die Bank ein Zertifikat, das letztlich eine Risikoposition verbrieft.[523] Das Risiko wird der Bank unmittelbar vom Kunden abgenommen, da es aus ihrem Eigenbestand an den Kunden übertragen wird. Es ließe sich also anführen, dass der Gewinn unmittelbar aus dem Verkauf eines dem Kunden empfohlenen Risikos resultiere. Diesen Weg ist der BGH dort nicht gegangen.[524]

---

[517] Dies geschieht über ein *hedging*-Geschäft, dazu ausführlich § 3 B. V. 2. c) bb) (2) (a).

[518] Vgl. BGH (Swap-Urteil) BGHZ 189, 13 = NJW 2011, 1949, Rn. 38.

[519] BGH (Swap-Urteil) BGHZ 189, 13 = NJW 2011, 1949, Rn. 31.

[520] BGH (Swap-Urteil) BGHZ 189, 13 = NJW 2011, 1949, Rn. 36 und 38.

[521] Anders wäre dies zu beurteilen, wenn man davon ausginge, dass in der Realisierung des Marktwerts eine *zusätzliche* verdeckte Gewinnmöglichkeit liege, so *Ellenberger*, in: Praktikerhdb. Wertpapier- und Derivategeschäft[4], Rn. 1055. Allerdings handelt es sich bei der Realisierung des Marktwerts und der Chance auf die Vereinnahmung des Wetteinsatzes bei „Gewinn der Wette" jeweils um dieselben Risikopositionen des Kunden und der Bank, ausführlicher bereits supra § 5 B. I. 1. b) bb) (1).

[522] Vgl. auch *Lieder*, GWR 2011, 175, der darauf hinweist, dass das Swap-Urteil Anknüpfungspunkte für eine Übertragung auf die Lehman-Konstellationen biete.

[523] Vgl. *Fichtner/Hartlieb*, DB 2013, 2519, 2522.

[524] Das basiert möglicherweise darauf, dass nach der Vorstellung des BGH Kunde und Intermediär beim Swap gegeneinander wetten und insoweit die jeweiligen Risikopositionen bereits *vor* Abschluss des *hedge*-Geschäfts „gegeneinander standen", was beim Verkaufsgeschäft aus dem Eigenbestand nicht der Fall ist. Hinsichtlich des Gesichtspunkts, dass der Gewinn der Bank „aus der dem Kunden empfohlenen" Position stammt, die in ihrer Strukturierung Vertriebskosten etc. berücksichtigt, ergibt sich indes kein Unterschied.

Etwas anders scheint der Fall zu liegen, wenn man die Schwerpunkte der Aussagen aus dem Swap-Urteil darin sähe, dass die Risikostruktur bewusst zu Lasten des Kunden gestaltet gewesen sei. Als problematisch unter dem Gesichtspunkt mangelnder Integrität der Beratungsleistung lässt sich die Konstellation ohne weiteres erfassen, soweit man darin ein verdecktes zusätzliches Gewinninteresse sieht. Diese Auffassung überzeugt indes nicht.[525] Billigt man dem Intermediär grundsätzlich zu, Eigeninteressen zu verfolgen, erscheint es wenig plausibel, dass er dennoch darüber aufklären muss, wenn seine Position anfänglich „besser" ist als die des Kunden. Darin drückt sich das Eigeninteresse – in Form der Berücksichtigung von Gewinnanteil, Strukturierungskosten und Bonitätserwägungen etc. – aus. Dies anders zu beurteilen, hieße im Ergebnis davon auszugehen, dass die Bank echte „Wettpartnerin" des Vertragspartners ist, die „nur" die Hoffnung hat bzw. haben darf, aufgrund von der des Kunden abweichenden Risikoeinschätzungen, einen Gewinn aus dem Geschäft zu erwirtschaften.[526] Sofern der Marktwert dabei anfänglich aus Kundensicht nicht unter null liegen dürfe, ohne eine Aufklärungspflicht auszulösen, wird (soweit der Kunde keine Gebühr o.ä. bezahlt) davon ausgegangen, dass die Bank die Strukturierungskosten etc. zu tragen hat. Dieses Rollenverständnis ist schon im Ausgangspunkt zweifelhaft.[527] Ferner ist zu bedenken, dass bereits die „Kombination" von (neutraler) Berater- und Verkäufereigenschaft beim Intermediär nicht unproblematisch ist.[528] Ob die Funktionen „Wettgegner" und Berater überhaupt miteinander in Einklang zu bringen sind, scheint sehr fragwürdig. Nach der gegenwärtigen Swap-Rechtsprechung bleiben zur Vermeidung einer Aufklärungspflicht über eine Marge nur folgende Möglichkeiten: Der Intermediär darf seine Position aus dem Geschäft auch später ohne Aufklärungspflicht durch ein *hedge*-Geschäft schließen, wenn die ursprünglichen Risikopositionen ausgewogen sind. Das würde aber z.B. Kosten und Bonitätszuschläge ausblenden.[529] In allen anderen Fällen, d.h. solche mit einem aus Banksicht positiven Marktwert, müsste die Bank ihre Position bis zum Ende der Laufzeit des Geschäfts halten und auf einen Gewinn aus der „Wette" hoffen, bei der der Kunde seine Position aufgrund einer allein an seinen Interessen ausgerichteten Empfehlung der Bank als deren Geschäftsgegner übernahm. Ein Gewinn würde nur eintreten, wenn sich die für das Geschäft entscheidenden Variablen entgegen der ex ante-Einschätzung des Beraters entwickeln würden. Damit zeigt sich, dass nach dem BGH ein ertragreiches Geschäftsmodell, das auf Produktintermediation setzt,[530] nicht zu verwirklichen ist. Produktintermediation stellt den Kern der konkreten Banktätigkeit dar.[531] *Darauf bezogen* müssen daher die grund-

---

[525] S. bereits supra § 5 B. I. 1. b) bb) (1).

[526] Auf dieser Grundlage argumentieren etwa *Lehmann*, JZ 2011, 749, 751 („ehrliche Wette"); *Lieder*, GWR 2011, 175.

[527] Ausführlich auch supra § 3 B. V. 2. c) und d).

[528] Vgl. *Hanke*, BKR 2012, 493, 494; vgl. auch § 10 C.

[529] Zum anfänglichen Marktwert von „null" bereits supra § 3 B. V. 2. c) bb) (2) (b).

[530] Vgl. *Clouth*, in: Praktikerhdb. Wertpapier- und Derivategeschäft^4, Rn. 1176 ff.

[531] Zu Intermediationsleistungen der Banken supra § 3 B. I.

sätzlich hinzunehmenden Eigeninteressen bestimmt werden, die gegebenenfalls in einem negativen Marktwert aus Kundensicht zum Ausdruck kommen können.[532] Sieht man hingegen in der Strukturierung des Produkts durch die Bank den aufklärungspflichtigen Interessenkonflikt, müsste eine solche Aufklärungspflicht auch bei von der Bank selbst strukturierten Zertifikaten angenommen werden.[533] Das würde indes die Frage aufwerfen, weshalb über Margen resultierend aus dem Verkauf von Fremdprodukten (Stichwort: *Lehman*) nicht, über solche aus dem Verkauf von eigenen Produkten aber aufzuklären ist, zumal das Eigeninteresse des Intermediärs im Zwei-Personen-Verhältnis evident ist.

Im Ergebnis wirft der „neue“ Argumentationsstrang aus dem Swap-Urteil diverse Fragen auf. Die Verunsicherung zeigt sich in der Rechtsprechung der unteren Instanzen, denen die Übertragung dieser Rechtsprechung auf andere Konstellationen erhebliche Probleme bereitet.[534] Die Maßgaben des Swap-Urteils sind für eine konsistente Systematisierung vergütungsbezogener Aufklärungspflichten in ihrer derzeitigen Gestalt untauglich.

dd) Zusätzliche Umsatzinteressen

Ob die Argumentation über „zusätzliche verdeckte Umsatzinteressen“ von den angeführten teleologischen Grundlagen der Rückvergütungsrechtsprechung abweicht, erscheint bereits zweifelhaft.[535] Jedenfalls ist auf dieser Basis eine umfassende Darstellung der bisherigen Rechtsprechung schon deshalb nicht möglich, weil überwiegend keine direkten Zahlungen im Beratungskontext an den Berater geflossen sind. Soweit dies – wie in Lehman-IX – der Fall war, führte das aber nicht zwingend zu einer Aufklärungspflicht.[536]

ee) Aufsichtsrechtlich geprägtes, kapitalanlagerechtliches Transparenzgebot

Wie bereits ausgeführt, basiert auch die neue Begründungsschiene – kapitalanlagerechtliches Transparenzgebot – vergütungsbezogener Aufklärungspflichten bei Provisionen letztlich auf Interessenkonflikterwägungen.[537] Soweit davon nur Zuwendungen Dritter betroffen sind, deckt sich das mit den aufsichtsrechtlichen Vor-

---

[532] Zu dem bei jedem Wertpapiergeschäft anzunehmenden negativen Marktwert und dessen verschiedene Erscheinungsformen vgl. *Clouth*, in: Praktikerhdb. Wertpapier- und Derivategeschäft[4], Rn. 1187.

[533] Dazu bereits § 5 B. I. 1. b) bb); derzeit noch nicht entschieden; vgl. auch *Roberts*, DStR 2011, 1231, 1234.

[534] Vgl. auch *Clouth*, ZHR 177 (2013), 212, 256f. m.w.N. zur Instanzenrechtsprechung; vgl. auch supra § 5 B. I. 1. b) bb) (2) und (3).

[535] S. supra § 5 B. I. 1. b) cc).

[536] Vgl. BGH (Lehman-IX) ZIP 2013, 2001, Rn. 14 (Agiozahlung durch Anleger und zusätzliche Einkaufsrabatte der Banken begründen keine Aufklärungspflicht).

[537] Supra § 5 B. I. 6. m.w.N. a.a.O.

gaben. Allerdings lässt sich unter diesem Gesichtspunkt die Swap-Rechtsprechung nicht begründen. Ferner scheint die weitere bisher entschiedene Zwei-Personen-Konstellation („Lehman-Fälle") mit der neuen Argumentation im Konflikt zu stehen. Soweit dort mit Offenkundigkeitserwägungen eine Aufklärungspflicht verneint wurde, spielen solche Erwägungen für Provisionen keine Rolle. Ob der BGH seine Rechtsprechung auch diesbezüglich ändern wird ist unklar, lässt sich Innenprovisionen-V jedenfalls aber nicht entnehmen. In Literatur und Rechtsprechung wird zumindest vertreten, dass Rabatte im Festpreisgeschäft letztlich – nunmehr aufklärungspflichtigen – Innenprovisionen wenigsten vergleichbar seien.[538]

Nach dem vom XI. Zivilsenat allgemein anzunehmenden zivilrechtlichen Prinzip, das nicht von Offenkundigkeitserwägungen abhängt, müssten auch freie Berater im Sinne der Rechtsprechung des III. Zivilsenats erfasst sein. Ob künftig das Kriterium der „Bankgebundenheit" keine Relevanz mehr haben wird, wird sich erst in der Zukunft herausstellen. Zu dieser Unterscheidung äußert sich Innenprovisionen-V nicht. Vielmehr ist es auch so, dass der III. Zivilsenat anscheinend andere Vorstellungen von der Funktion des Aufsichtsrechts hat, dem er seine Rechtsprechung zu freien Beratern unmittelbar beschränkende Wirkung beimisst, sofern eine konkrete – gegebenenfalls Aufklärungspflichten auslösende – Norm eingreift.[539]

Man kann das Innenprovisionen-V-Urteil als Schritt in Richtung verbesserter Konsistenz der Rechtsprechungsergebnisse zu vergütungsbezogenen Aufklärungspflichten würdigen. Ein stimmiges Gesamtkonzept steht mit der Entscheidung aber weiterhin nicht zur Verfügung, da sie nur einen Teilbereich der hier untersuchten Problematik erfasst.

8. Zwischenergebnis

Mit den in der Rechtsprechung maßgeblich angeführten teleologischen Erwägungen und Begründungen allein lässt sich eine konsistente Systematisierung der monetäre Eigeninteressen betreffenden Aufklärungspflichten nicht erreichen.[540]

Werthaltigkeitsschutz erfordert zumindest nicht die Mitteilung über den Empfänger einer Vergütung. Soweit auf das allgemeine Umsatzinteresse als einen Interessenkonflikt auslösenden Umstand abgestellt wird, wären zumindest im Ausgangspunkt Margen auch aufklärungspflichtig. Zieht man hingegen eine Täuschung über die Neutralität des Intermediärs zur Begründung heran, wäre eine Aufklärungspflicht über die konkrete Höhe einer Zahlung nicht mehr erforderlich. Wird diese dennoch gefordert, steht das wiederum im Konflikt mit der „Margenrechtsprechung" und der Abgrenzung zu Innenprovisionen. Das ab dem 1.8.2014 geltende „kapitalan-

538 Vgl. Fn. 234; ferner Text bei und Nachweise in Fn. 185.

539 Vgl. BGH (Freier Anlageberater-I), dazu supra § 5 A. XII.

540 Vgl. auch *Puszkajler*, in: Bankrechtstag 2010, S. 53, 59, der ebenfalls zu der Einschätzung gelangt, dass das tragende Telos des BGH zu Kick-Backs „offen bleibe"; auch die ergänzend angeführten Erwägungen bringen insoweit keine Klarheit.

lagerechtliche Transparenzgebot im Zivilrecht" betrifft bereits nur Drei-Personen-Konstellationen. Auf dessen Basis bleibt ferner die Abgrenzung der Rechtsprechung zu freien Beratern zweifelhaft. Die Grundlage der Aufklärungspflicht im Swap-Urteil ist nicht hinreichend klar. Soweit es um die Strukturierungsmöglichkeit eines Produkts ginge, müsste dies Auswirkungen zumindest auf „eigene" Zertifikate haben. Ginge es hingegen darum, dass der Intermediär gerade aus der dem Kunden empfohlenen Risikoposition einen Gewinn zieht, scheint das im Ausgangspunkt mit der bisherigen Margenrechtsprechung nicht in Einklang zu stehen.

II. Offensichtlichkeit

Die Rechtsprechung arbeitet im Kontext der untersuchten Fragestellung mit der Kategorie der Offensichtlichkeit.[541] Auch die Literatur stellt den Offenkundigkeitsaspekt als wesentliches Merkmal heraus, um Aufklärungspflichten zu determinieren.[542] Ist eine Tatsache offenkundig, entfalle die Aufklärungsbedürftigkeit,[543] mithin die Aufklärungspflicht.

1. Ergänzung der teleologischen Argumentation

Der Aspekt der Offenkundigkeit allein kann die gegenwärtige Rechtsprechung nicht erklären, schließlich muss sich eine Offensichtlichkeit immer auf „etwas" beziehen. Dieses „etwas" lässt sich nur bestimmen, wenn das Telos der Aufklärungspflicht klar wäre. Ginge es beispielsweise allein darum, dass der Empfänger einer Zahlung kenntlich gemacht werden solle (abstrakter Interessenkonflikt, „1. Ebene"), würden die Anforderungen an eine wie auch immer festzustellende Offensichtlichkeit andere sein, als wenn es darum ginge, den „Grad der Gefährdung" sichtbar zu machen, der sich aus der exakten Höhe der Vertriebsprovision ergibt („2. Ebene"). Knüpft man argumentativ daran an, dass ein bestimmtes Moment offensichtlich sei, kommt man nicht umhin, genau dieses Moment zu benennen. Ohne klare teleologische Zielvorstellungen von einer vergütungsbezogenen Aufklärungspflicht ist eine konsistente Systematisierung daher ebenso wenig über „verfeinerte" Argumentationen, mit (zum Teil) normativen Wertungen wie einer (vermeintlichen)

---

[541] Vergleiche aus der höchstrichterlichen Rechtsprechung etwa Freier Anlageberater I-VI; Kick-Back-VII und Kick-Back-VIII; Swap-Urteil; BGH, Urt. v. 20.9.2011, Az.: II ZR 277/09; Lehman-I-VIII; vgl. auch *Hanke*, BKR 2012, 493, 494 („Offenkundigkeitsrechtsprechung"). Zu den Urteilen supra § 5 A.; zur Relevanz dieser Argumentation supra § 3 D.

[542] Vgl. etwa *Bockelmann*, BKR 2012, 429; *Grys/Geist*, BKR 2009, 126, 129; *Hanke*, BKR 2012, 493 ff.; *Pap*, BKR 2008, 367, 369; vgl. ferner *Brandt*, Aufklärungs- und Beratungspflichten, S. 130, wonach „allgemein bekannte" und „leicht in Erfahrung" zu bringende Risiken hinsichtlich der nicht notwendigen Aufklärung darüber gleich behandelt werden sollen. Freilich ist letzterer Aspekt für den Anleger misslich, wenn er nicht weiß, was er in Erfahrung bringen sollte.

[543] Zur Aufklärungsbedürftigkeit ausführlich anhand einer Kundentypik *Hopt*, Kapitalanlegerschutz im Recht der Banken, S. 415 ff.

Offenkundigkeit, zu erreichen. Dieser Zusammenhang tritt besonders klar hervor, wenn man dogmatisch davon ausginge, dass eine Offenkundigkeit relevanter Aspekte gleichsam „*als Erfüllung*" die Aufklärungsbedürftigkeit und damit zugleich eine *zuvor grundsätzlich bestehende* Aufklärungspflicht entfallen ließe. Das würde verdeutlichen, dass die Frage, ob die Aufklärungspflicht *in concreto* entfalle, eine solche des Einzelfalls ist, während im Grundsatz allgemein für diverse Konstellationen zu beantworten ist, ob vergütungsbezogene Aufklärungspflichten bestehen.[544]

Bezugnehmend auf die angestellten „Telosüberlegungen" und ergänzt um den Aspekt der Offenkundigkeit ergibt sich folgendes Bild: Rückvergütungen sind aufklärungspflichtig, selbst wenn dem Kunden allgemein bekannt ist – gegebenenfalls weil es sich „offenkundig" aus einem Prospekt ergibt – dass „sein" Berater von einer Zahlung profitiert. Denn die Höhe der Vergütung muss gleichfalls erkennbar sein.[545] Soweit Innenprovisionen betroffen sind, greift eine 15%-Grenze. Auch wenn Innenprovisionen an den Berater fließen und dies nicht aufgedeckt wird, scheint eine Aufklärungspflicht erst ab dieser Höhe zu bestehen. Eine Beraterhaftung kommt zwar aus prospektrechtlichen Erwägungen in Betracht.[546] Allerdings folgt aus einer (eventuell) bestehenden Haftung aus *sonstigen* Gesichtspunkten kein Argument gegen eine Haftungsbegründung über den dogmatischen Weg, wie er für Rückvergütungen über Interessenkollisionsargumente eingeschlagen wurde (Grundsatz der freien Anspruchskonkurrenz). Die 15%-Grenze wurde unter dem Gesichtspunkt statuiert, dass der Anleger bis zu dieser Höhe mit Vertriebsprovisionen „rechnen müsse".[547] Darin ist die Offenkundigkeitsargumentation, wonach bestimmte Dinge „als bekannt zu gelten haben", enthalten. Insofern lässt sich dem entnehmen, dass Vertriebsprovisionen bis zu einer bestimmten Höhe „offenkundig" bzw. „allgemein bekannt" sind und deshalb nicht über sie aufzuklären ist, solange die Grenzhöhe nicht überschritten wird.[548] Ab dem 1.8.2014 sind Innenprovisionen zusätzlich dann aufklärungspflichtig, wenn sie an den Berater fließen.[549] Offenkundigkeitserwägun-

---

544 Die Rechtsprechung kann auch so gelesen werden, dass der Offenkundigkeitsaspekt als negatives Tatbestandsmerkmal die Aufklärungspflicht gar nicht erst entstehen ließe, was aber nicht zu abweichenden Bewertungen führen muss, vgl. etwa BGH (Lehman-I) BGHZ 191, 119 = NZG 2012, 25, Rn. 44 („Was für den Kunden [...] offensichtlich ist, lässt innerhalb des Beratungsvertrags seine Schutzwürdigkeit entfallen" und, so könnte man ergänzen, lässt damit eine Aufklärungspflicht schon nicht entstehen); vgl. zur Vermischung von Tatbestand und Rechtsfolge infra § 5 B. III. 1. a) bb) (4).

545 A.A. *Hanke*, BKR 2012, 493, 495 und 497f.; anders aber BGH (Kick-Back-II) BGHZ 170, 226 = NJW 2007, 1876, Rn. 24; wie hier *Spindler*, in: Langenbucher/Bliesener/Spindler, BankR-Komm., 33. Kap. Rn. 173.

546 *Ellenberger*, in: Praktikerhdb. Wertpapier- und Derivategeschäft^4, Rn. 1049.

547 Vgl. etwa BGH (Innenprovisionen-I) BGHZ 158, 110 = NJW 2004, 1732, 1734f.

548 Sehr kritisch zu dieser Grundannahme *Nittel/Knöpfel*, BKR 2009, 411, 413; freilich kann aus anderen Gründen eine Aufklärungspflicht bestehen, etwa weil angegebene Provisionen unzutreffend dargestellt waren, dazu § 5 B. I. 2.

549 BGH (Innenprovisionen-V) BGHZ 201, 310 = BeckRS 2014, 14029, Rn. 31ff. m.w.N. dazu, wie die bisherige Rechtsprechung zu Innenprovisionen in Literatur und Rechtsprechung verstanden wurde.

gen spielen damit in der Rechtsprechung des XI. Zivilsenats ab diesem Zeitpunkt bezüglich Aufklärungspflichten über Provisionen im Drei-Personen-Verhältnis keine Rolle mehr, selbst wenn der aufsichtsrechtlich erfasste Bereich verlassen wird.

Anders ist dies aber weiterhin im Zwei-Personen-Verhältnis. Eine Aufklärungspflicht über Margen besteht grundsätzlich nicht, der Interessengegensatz sei in derartigen Konstellationen offensichtlich. Ob die Aufklärungspflicht über negative Marktwerte hingegen mit Offenkundigkeitsargumenten stimmig zu erklären ist,[550] hängt von dem nur schwer bestimmbaren Telos der Pflicht ab.[551]

Übereinstimmend halten demnach die Margen- und Innenprovisionsrechtsprechung im Grundsatz bzw. bis zu einer gewissen Höhe Vertriebsvergütungen respektive Eigeninteressen für offenkundig. Damit nicht in Einklang steht die Rechtsprechung zu Rückvergütungen,[552] wonach die Höhe der Rückvergütung *unabhängig* von einer Kenntnis, dass der Berater Empfänger einer Zahlung ist bzw. ohne „Schwellenwert“, aufklärungspflichtig ist.[553] Dem lässt sich entnehmen, dass die Aufklärungspflicht über Rückvergütungen nicht (nur) in der bewussten Verheimlichung des Provisionsflusses liegen kann,[554] da selbst die Kenntnis bzw. Offenkundigkeit dieses Provisionsflusses die Aufklärungspflicht nicht entfallen lässt. Dies könnte dafür sprechen, dass letztlich doch das konkrete Umsatzinteresse mitgeteilt werden soll, dem bereits ein Gefährdungspotential attestiert wird. Allerdings hält der BGH dieses nicht für aufklärungspflichtig.[555] Soweit ab dem 1.8.2014 die Differenzierung zwischen Rückvergütungen und Innenprovisionen hinsichtlich der Rechtsfolgen nicht mehr relevant ist, bestätigt dies die vorstehenden Überlegungen, da nunmehr (wieder) ein im weiteren Sinne verstandener Interessenkonflikt die Aufklärungspflicht auslöst.[556]

Die bisherige Rechtsprechung bezüglich Innenprovisionen kann zumindest dahingehend verstanden werden, dass – soweit die Grenzhöhe nicht überschritten wird – keine mit den Grundsätzen der Kick-Back-Rechtsprechung begründete Aufklärungspflicht bestünde,[557] selbst wenn die Zahlung an den Berater fließt. Dann wäre

---

550 In diesem Sinne *Ellenberger*, in: Praktikerhdb. Wertpapier- und Derivategeschäft^4, Rn. 1055; *Clouth*, in: Praktikerhdb. Wertpapier- und Derivategeschäft^4, Rn. 1207, hält diese Argumentation für nicht in Einklang zu bringen mit dem eben beschriebenen Grundsatz der Nichtaufklärung.

551 Dazu bereits § 5 B. I.

552 A.A. *Klöhn*, ZIP 2011, 762, 763.

553 Vgl. BGH (Kick-Back-II) BGHZ 170, 226 = NJW 2007, 1876, Rn. 24. Besonders deutlich auf den Aspekt der Offenkundigkeit bei Rückvergütungen stellt hingegen der III. Zivilsenat in seiner Rechtsprechung zu freien Beratern ab, bei denen – anders als bei Banken – eine Quersubventionierung der Anlageberatung „ersichtlich“ nicht zu erwarten sein könne, weshalb eine Aufklärungspflicht ausscheide; dazu ausführlich infra § 5 B. VII.

554 So aber *Ellenberger*, in: Praktikerhdb. Wertpapier- und Derivategeschäft^4, Rn. 1056.

555 S. z.B. BGH (Kick-Back-XII) WM 2013, 2065, Rn. 23.

556 Vgl. § 5 B. I. 6. und 7. b) ee).

557 Zur dann eingreifenden Aufklärungspflicht aufgrund Verwendung eines fehlerhaften Prospektes s. bereits § 5 B. I. 2.

dem zu entnehmen, dass grundsätzlich auch mit einer eventuellen Beteiligung des Intermediärs in einer gewissen Höhe gerechnet werden muss. Daraus ergeben sich Friktionen zur Begründung der Aufklärungspflicht mit einer „Vortäuschung vermeintlicher Neutralität" oder „heimlicher Berücksichtigung von Drittinteressen", wenn vermeintlich eine „gewisse Beteiligung" des Beraters offenkundig sei. Um das allgemeine Umsatzinteresse in der konkreten Höhe kann es dann ebenfalls nicht gehen. Begründen lässt sich ausschließlich eine Aufklärungspflicht, die (nur) auf die Werthaltigkeit der Anlage abstellt. Wäre die Quelle der Beratervergütung hingegen abstrakt offengelegt (z.B. als Kosten der Eigenkapitalbeschaffung), ohne dass die Beteiligung des Beraters daraus ersichtlich würde, wäre die Vergütung ohne Rücksicht auf eine bestimmte Höhe als Rückvergütung aufklärungspflichtig. Dieses Ergebnis leuchtet nicht ein, weshalb die Aufgabe dieser Rechtsprechung durch Innenprovisionen-V – auf neuer Begründungsbasis – insoweit zu begrüßen ist.[558]

Versteht man die Aufklärungspflicht über negative Marktwerte als Pflicht zur Offenlegung nicht offenkundiger Gewinninteressen, lässt sich damit nur vordergründig eine übereinstimmende Erklärung der Rechtsprechung über (einfache) Margen und negative Marktwerte erzielen. Während Margen gerade nicht aufklärungspflichtig sind, also die Kenntnis von der allgemein dem Kunden entgegengesetzten Position des Intermediärs ausreicht,[559] wird in Bezug auf negative Marktwerte die Offenlegung der konkreten Höhe, also nicht nur die Mitteilung der Tatsache als solche, dass der Marktwert aus Kundensicht negativ ist, gefordert. Letzteres scheint sich zwar mit der Rechtsprechung zu Rückvergütungen bzw. ab dem 1.8.2014 zu Provisionen im Drei-Personen-Verhältnis zu decken. Dass dem Kunden klar werden soll, dass seitens seines Vertragspartners und Intermediärs ein Gewinn erwirtschaftet wird, bedingt die Mitteilung der konkreten Höhe indes nicht. Anders ließe sich argumentieren, wenn im negativen Marktwert in der Tat ein „versteckter *zusätzlicher* Gewinn" enthalten wäre.[560] Dann würde das „allgemeine Gewinninteresse" im Zwei-Personen-Verhältnis als offenkundig hingenommen, besondere darüber hinausgehende Gewinnpositionen wären aber zu offenbaren. Im Ergebnis vermag diese Auffassung – wie gezeigt – nicht zu überzeugen.[561] Das Swap-Urteil stellt maßgeblich darauf ab, dass die Aufklärungspflicht darauf beruht, dass die Bank von ihr geschaffene Risiken dem Kunden „anträgt". Insoweit lässt sich diese Rechtsprechung dann jedoch nicht von den „Lehman-Fällen" abgrenzen.[562] Daran ändern Offenkundigkeitserwägungen nichts, zumal im Fall des Swap-Urteils sogar ein Eigenprodukt der Bank vorlag.

---

558 Ausführlich zur Abgrenzung von Rückvergütungen und Innenprovisionen § 5 B. III. 1.

559 Das gilt auch, soweit sich die Gewinnposition des Beraters aus für den Kunden erkennbaren (Agio) und nicht erkennbaren Elementen (Einkaufsrabatt) zusammensetzt, vgl. BGH (Lehman-IX) ZIP 2013, 2001, Rn. 14.

560 So *Ellenberger*, in: Praktikerhdb. Wertpapier- und Derivategeschäft[4], Rn. 1055.

561 Dazu § 5 B. I. 1. b) bb) (1). Sie wäre auch nur schwer mit Lehman-IX (vgl. Fn. 559) zu vereinbaren.

562 S. bereits supra § 5 B. I. 1. b) bb) (1).

All dies zeigt, dass sich einzelne Urteile bzw. „Urteilsgruppen" über teleologische Argumentationen, die durch Offenkundigkeitsargumente ergänzt wurden und werden, erklären lassen. Eine konsistente Systematisierung der verschiedenen Fallgruppen zu vergütungsbezogenen Eigeninteressen lässt sich aber ohne eine – bisher nicht erzielte – wertungsstimmige Übereinkunft über die Zielsetzungen der Aufklärungspflicht nicht erreichen. Die „Offenkundigkeitsargumentation" ist nur eine Hilfskonstruktion, die von den teleologischen Erwägungen abhängig bleibt.

2. Tauglichkeit des Offensichtlichkeitskriteriums zur Differenzierung

Bereits die Instrumentalisierung der Offenkundigkeitskategorie zur Begrenzung einer im Grundsatz weitreichenden Aufklärungspflicht ist unter dem Gesichtspunkt ex ante rechtssicher zu bestimmenden bzw. zu konturierenden Aufklärungspflichten wenig geeignet.

Das Kriterium der Offenkundigkeit/Offensichtlichkeit ist selbst ein *unbestimmter Rechtsbegriff*, der insbesondere dazu herangezogen wird, einen Bereich „vorwerfbarer Unkenntnis" zu statuieren.[563] Dabei wird nicht auf den konkreten Kunden abgestellt, wie es auch die in der Rechtsprechung bevorzugte Rechtsgrundlage für Aufklärungspflichten – der Beratungsvertrag – nahe legen würde, sondern „typisierend" argumentiert.[564] Für diese Typisierung bedarf es eines Anleger- bzw. Kundenleitbilds.[565] Zwar ist vom Schutzkonzept ausgehend eine „*Mindestrationalität*" vorauszusetzen.[566] Indes lassen sich daraus im Hinblick auf die Frage, was im Kunde-Intermediär-Verhältnis als bekannt zu gelten hat, *keineswegs* immer *eindeutige Positionen* entnehmen. Dies hängt von den jeweiligen Umständen des Einzelfalls ab und ist daher für eine typisierte Betrachtung nicht ohne Bedenken geeignet. Eine solche Herangehensweise verschiebt letztlich die Frage nach der Reichweite der geschuldeten Aufklärung über monetäre Eigeninteressen „nach hinten", indem einer im Grundsatz weitreichenden Aufklärungspflicht eine allgemein gültige Begrenzung in Form der richterrechtlich statuierten „Offenkundigkeitsgrenze" zur Seite gestellt wird. Diese stellt ihrerseits darauf ab, was bekannt *sein sollte* bzw. als bekannt *zu gelten habe*. Kriterien zur Ermittlung der Offenkundigkeit teilt die

[563] Dazu supra § 3 D. Anderenfalls wäre eine Begrenzung der Aufklärungspflicht auf diesem Weg im Ergebnis nicht nötig, da solche Fälle über mangelnde Kausalität zu lösen wären.

[564] BGH (Lehman-III) BKR 2012, 421, Rn. 34 (m.w.N.); vgl. auch BGH (Freier Anlageberater-III) ZIP 2011, 607, Rn. 18; BGH (Kick-Back-VII) ZIP 2011, 855, Rn. 31, zur darauf basierenden Unterscheidung von freien und bankgebundenen Beratern; zwar entfällt nach OLG Nürnberg, Beschl. v. 30.11.2012, Az.: 4 U 1514/12, WM 2013, 415, die Aufklärungspflicht, wenn die Umstände dem *konkreten Anleger bekannt* sind. Werden indes, wie das in der höchstrichterlichen Rechtsprechung der Fall ist, *offensichtliche* Umstände *als bekannt* behandelt, liegt im Ergebnis wieder eine vertypisierte Betrachtung vor; vgl. auch *Hanke*, BKR 2012, 493, 494.

[565] Dazu supra § 3 D.

[566] Ausführlich supra § 3 D. V. 1.

Rechtsprechung nicht mit.[567] Das ist nicht unbedenklich, da eine Argumentation auf dieser Grundlage an sich der Feststellung der Offensichtlichkeit bedürfte.[568] Soweit dies nicht geschieht, dürfte das Bekanntsein bestimmter Umstände streng genommen nur bei einer vorherigen Information über diese Umstände angenommen werden,[569] die dann gegebenenfalls die Grundlage hinsichtlich anderer, daraus folgender – dann offensichtlicher – Umstände sein könnte. Beispielhaft könnte aus der erfolgten Information über die Verkäufereigenschaft des Beraters abgeleitet werden, dass das Eigeninteresse des Beraters am Verkauf – im Rahmen unserer Wirtschaftsordnung – somit offensichtlich würde.[570] Aber auch ein solcher Schluss enthielte einen normativen Kern. Vom BGH wird eine derartige Aufklärung ohnehin abgelehnt.[571]

Den Rechtsanwender stellt dies vor das Problem, dass er bezüglich vergütungsbezogener Aufklärungspflichten – jedenfalls in noch nicht entschiedenen Konstellationen – versuchen muss, zu antizipieren, was das erkennende Gericht als „allgemeines Wissen" voraussetzen wird. Rechtssicherheit ist mit einem solchen Konzept kaum zu erreichen.[572]

III. Innenprovisionen, Rückvergütungen und Margen

Die verschiedenen für vergütungsbezogene Aufklärungspflichten angeführten teleologischen Erwägungen sind zugleich die Grundlage für die Einteilung dersel-

---

567 Vgl. *Tiedemann*, BKR 2012, 426, 427; s. aber auch *Hanke*, BKR 2012, 493, 497 f., der versucht, der Rechtsprechung Anhaltspunkte zu entnehmen, wann eine Offenkundigkeit der Eigeninteressen anzunehmen sei, was beispielsweise bei einer Beteiligung des Anlegers an Provisionen der Fall sei, wofür er auf Freier Anlageberater-VI verweist. Allerdings hat dies dort nur die ohnehin schon angewendete Rechtsprechung betreffend freier Berater verstärkt. Der XI. Zivilsenat hält die Beteiligung des Anlegers an Provisionen jedoch ausdrücklich für irrelevant, BGH (Kick-Back-II) BGHZ 170, 226 = NJW 2007, 1879, Rn. 24.

568 *Müller-Christmann*, in: Bankrechtstag 2012, S. 1, 9; einen möglichen Anhaltspunkt bietet *Pfeiffer*, NJW 2011, 1, 6 (als „normales Alltagswissen" bei verständigen Verbrauchern kann zumindest das vorausgesetzt werden, was in den Massenmedien aufgegriffen wurde); vgl. auch *Puszkajler*, in: Bankrechtstag 2010, S. 53, 60, der hinsichtlich der Offenkundigkeit auf die Voraussetzungen des § 291 ZPO verweist.

569 So auch *Müller-Christmann*, in: Bankrechtstag 2012, S. 1, 9.

570 So etwa OLG Köln, Urt. v. 4.5.2011, Az.: 13 U 165/10 (Juris), Rn. 22; vgl. auch *Bausch/Kohlmann*, BB 2012, 2655.

571 BGH (Lehman-III) BKR 2012, 421, Rn. 17; kritisch *Schelling*, Vergütungssysteme und Interessenkonflikte, S. 220. Dies passt, wie gezeigt, wertungsstimmig nicht zur Aufklärungspflicht auch über die Rückvergütungshöhe, was der BGH hier aber argumentativ gerade zur Ablehnung der Informationspflicht heranzieht, da eine Pflicht zur Aufklärung über Margen ohnehin nicht bestünde.

572 So auch *Clouth*, ZHR 177 (2013), 212, 260; *Spindler*, NJW 2011, 1920, 1922 („Rechtsunsicherheit vorprogrammiert"); äußerst kritisch *Schelling*, Vergütungssysteme und Interessenkonflikte, S. 257 (Offenkundigkeitsargumentation als „Instrument richterlicher Willkür"); a.A. *Buck-Heeb*, WM 2012, 625, 635 (stringente Ergebnisse möglich).

ben in Provisionen, Margen und sonstige Vergütungen.[573] Eine wertungsmäßig stimmige Systematisierung mit den angeführten teleologischen Argumenten der Rechtsprechung ist zwar derzeit nicht möglich. Das schließt indes nicht aus, dass die vorgenommene Unterscheidung der Vergütungsarten dennoch zu Rechtssicherheit führen könnte,[574] was der Fall wäre, wenn die Aufklärungspflichten danach ex ante zuverlässig bestimmbar wären, selbst wenn das „Gesamtsystem" an Wertungswidersprüchen litte – was wie gezeigt der Fall ist.

1. Die Differenzierung von Innenprovisionen und Rückvergütungen

Es gibt keine Legaldefinitionen der Begrifflichkeiten zu Vertriebsvergütungen.[575] Die Unterscheidung von Innenprovisionen und Rückvergütungen und ihre (bisher) unterschiedliche Behandlung geht maßgeblich auf die Rechtsprechung des XI. Zivilsenats zurück.[576] Die Differenzierung behält ohnehin für Fälle *vor* dem 1.8.2014 ihre Relevanz, da der XI. Zivilsenat seine Rechtsprechung insoweit auch in Innenprovisionen-V nicht aufgegeben hat. Darüber hinaus erfordert ein Verständnis der Entwicklung hin zum gegenwärtigen status quo eine vertiefte Befassung mit der Abgrenzungsproblematik. Diese stellte eine der zentralen Streitfragen in der vergütungsbezogenen Provisionsrechtsprechung dar, insbesondere aufgrund der (vermeintlich) dahinterstehenden teleologischen Erwägungen, die auch die heutige Diskussion weiter prägen.

In seiner Rechtsprechung zu freien Beratern beschäftigte sich der III. Zivilsenat mit der Frage, ob die Rechtsprechung zu Rückvergütungen auf nicht bankgebundene Berater zu übertragen ist.[577] Allerdings gelangte er mit „Offenkundigkeitsüberlegungen" zu abweichenden Ergebnissen,[578] was – wie gezeigt – im Ergebnis zunächst auch nach dem erneuten „Begründungsumschwung" des XI. Zivilsenats gelten wird.

---

[573] Vgl. detaillierter unterteilend *Zoller*, BB 2013, 520; ferner supra § 3 B. V. und C. I. 2.

[574] Zu den Voraussetzungen dafür *Clouth*, ZHR 177 (2013), 212, 260.

[575] Vgl. *Kluge*, Kick-backs, S. 27; ferner supra § 2 F.

[576] Für Fälle ab dem 1.8.2014 verliert die Unterscheidung jedoch aufgrund eines Wechsels der Begründung vergütungsbezogener Aufklärungspflichten in der Rechtsprechung des XI. Zivilsenats ihre Relevanz, BGH (Innenprovisionen-V) BGHZ 201, 310 = BeckRS 2014, 14029, Rn. 31 ff.

[577] Vgl. etwa BGH (Freier Anlageberater-I) BGHZ 185, 185 = ZIP 2010, 919, Rn. 9 ff.; *Lang/Bausch*, WM 2010, 2101, 2103.

[578] Vgl. auch *Langen*, NZG 2010, 816, 818 f., der (auch) auf dieser argumentativen Grundlage die Rechtsprechung des III. Zivilsenats auf die Bankberatung übertragen möchte; i.E. ähnlich *Hanke*, BKR 2012, 493, 497 f.; ferner supra § 5 B. II. und infra § 5 B. VII.

a) Rückvergütungen

aa) Die Entwicklung der Definition

Der XI. Zivilsenat benutzte den Begriff der Rückvergütung bereits im grundlegenden Kick-Back-II-Urteil.[579] Um eine Definition bemühte er sich indes erstmals in der Kick-Back-V-Entscheidung. Danach liegen

„aufklärungspflichtige Rückvergütungen" nur vor, „wenn [...] Teile der Ausgabeaufschläge oder Verwaltungsgebühren, die der Kunde über die Bank an die Gesellschaft zahlt, hinter seinem Rücken an die beratende Bank umsatzabhängig zurückfließen, so dass diese ein für den Kunden nicht erkennbares besonderes Interesse hat, gerade diese Beteiligung zu empfehlen".[580]

Präzisiert wurde diese Definition im Rahmen von Kick-Back-VII:

„Aufklärungspflichtige Rückvergütungen sind danach – regelmäßig umsatzabhängige – Provisionen, die im Gegensatz zu Innenprovisionen nicht aus dem Anlagevermögen, sondern aus offen ausgewiesenen Provisionen wie zum Beispiel Ausgabeaufschlägen und Verwaltungsvergütungen gezahlt werden, so dass beim Anleger zwar keine Fehlvorstellung über die Werthaltigkeit der Anlage entstehen kann, deren Rückfluss an die beratende Bank aber nicht offenbart wird, sondern hinter dem Rücken des Anlegers erfolgt, so dass der Anleger das besondere Interesse der beratenden Bank an der Empfehlung gerade dieser Anlage nicht erkennen kann."[581]

Mit dieser Definition arbeitet der BGH bis heute, obschon weitere Klarstellungen in späteren Urteilen zu konkreten „Tatbestandselementen" erfolgten.

bb) Die einzelnen „Tatbestandsmerkmale"

(1) Quelle (nicht aus dem Anlagevermögen; regelmäßig umsatzabhängig)

In der jüngeren Definition ist als Quelle der Vergütung nur von Provisionen die Rede. Legt man die vom BGH vorgegebenen Merkmale streng aus, ist bereits damit die Frage, ob auch über Margen unmittelbar *nach der Rückvergütungsrechtsprechung* aufgeklärt werden muss,[582] beantwortet: Wenn nur Provisionen Rückvergütungen sein können,[583] fallen Margen nicht in den Anwendungsbereich der darauf bezogenen Rechtsprechung. In Betracht käme allenfalls eine entsprechende Anwendung der Argumentation, was freilich eine konkrete Vorstellung vom Telos der Aufklärungspflicht voraussetzen würde.[584]

---

[579] BGH (Kick-Back-II) BGHZ 170, 226 = NJW 2007, 1876, Rn. 23.
[580] BGH (Kick-Back-V) ZIP 2009, 2380, Rn. 31.
[581] BGH (Kick-Back-VII) ZIP 2011, 855, Rn. 25.
[582] Vgl. auch infra § 10 C.
[583] Dies bringt zugleich auch die notwendige Beteiligung eines Dritten im „Vergütungsgeflecht" zum Ausdruck, vgl. dazu infra § 5 B. III. 1. a) bb) (4).
[584] Derzeit ist dieser unklar, dazu supra § 5 B. I.

Nach der ursprünglichen Definition schien die Herkunft der Provision bei aufklärungspflichtigen Rückvergütungen auf Ausgabeaufschläge und Verwaltungsgebühren beschränkt („liegen *nur* vor"). *Langen* weist darauf hin, dass dieser enge Anwendungsbereich durchaus beabsichtigt gewesen sei, was sich Kick-Back-II (Rückvergütungen aus Ausgabeaufschlägen und Verwaltungskosten) und Kick-Back-III (Aufklärungspflicht nur über Rückvergütung aus Agio, nicht aus Platzierungsgarantie) entnehmen ließe.[585] Allerdings führe das „Kriterium der Mittelherkunft" zu willkürlichen Ergebnissen.[586] Der XI. Zivilsenat stellte später jedoch klar, dass die ursprünglich angegebene Mittelherkunft nur *beispielhaft* und nicht abschließend gemeint gewesen sei und sich aus der Anknüpfung an Kick-Back-II ergeben habe.[587] Es ginge lediglich darum, zu verdeutlichen, dass Rückvergütungen *nicht im Anlagebetrag* enthalten seien, was sie *von Innenprovisionen unterscheide*. Tatbestandsmäßig sei danach jede Provision aus einer offen angegebenen Quelle, weil die maßgebliche Fehlvorstellung über die Neutralität der Beratungsleistung von dieser unabhängig sei.[588]

Diesen Ausführungen lässt sich entnehmen, was der Senat unter dem Begriff „Anlagevermögen" versteht: Gemeint ist er hier nicht nur in Abgrenzung zu Positionen wie Agio und Verwaltungsgebühren.[589] Vielmehr stellt er den Betrag dar, dem (vermeintlich) tatsächlich (Sach-)Werte als Gegenwert gegenüberstehen.[590] Soweit indes Positionen offen ausgewiesen sind, die, wie etwa Eigenkapitalbeschaffungskosten, ausdrücklich nicht der Anlage selbst zu Gute kommen, wird dem Anleger verdeutlicht, dass diese Beträge effektiv zur Renditeerwirtschaftung zunächst nicht

---

585 *Langen*, NZG 2010, 816, 817.

586 *Langen*, NZG 2010, 816, 817.

587 Dies übersieht *Beule*, in: Assies/Beule/Heise/Strube, Hdb. des FA-BKR^3, Kap. 7 Rn. 344, der behauptet, der BGH würde ausgewiesene Zahlungen für Eigenkapitalbeschaffung, Platzierungsgarantie und Fremdkapitalbeschaffung als nicht auflärungspflichtige Innenprovisionen ansehen; unzutreffend auch *Voß*, BB 2012, 3039, 3040; unklar *Mann*, WM 2013, 727, 731 f.; ausdrücklich dagegen BGH (Kick-Back-IX) ZIP 2011, 1807, Rn. 6 f.

588 BGH (Kick-Back-VII) ZIP 2011, 855, Rn. 24; *Zoller*, BB 2013, 520, versteht die Neudefinition als „Reduzierung der Quelle", was nicht recht einleuchten mag. Es ist zwar richtig, dass der BGH offenbar Wert darauf legt, dass der Vertriebskostencharakter zu Tage tritt. Indes ist der Anwendungsbereich „jede offene Quelle" weiter als der zuvor vermeintlich auf Agios und Verwaltungsgebühren beschränkte. Diese neuere Rechtsprechung verkennen *Beule*, in: Assies/Beule/Heise/Strube, Hdb. des FA-BKR^3, Kap. 7 Rn. 340; *Veldhoff*, Haftung von Kreditinstituten, S. 267.

589 Vgl. aber auch BGH (Kick-Back-III) NJW 2009, 1416, Rn. 13, wo argumentativ die Rückvergütung aus dem Agio herausgestellt und nur ergänzend auf Zahlungen aus Platzierungsgarantien und -quoten abgestellt wurde. Allerdings lässt sich dem Urteil nicht entnehmen, ob letztere Positionen im Prospekt ersichtlich waren. War dies der Fall, hätte es sich ebenfalls um Rückvergütungen gehandelt. Warum dann besonders das Agio im Urteil besprochen wurde, wäre dann (nach heutiger Definition) nicht mehr gut zu erklären. Waren die Positionen hingegen nicht ausgewiesen, handelte es sich um Innenprovisionen. Dass diese dennoch interessenkonfliktrelevant sind, ließ sich der jüngeren Rechtsprechung bis (mittelbar) Innenprovisionen-V nicht entnehmen. Zur Frage, ob die neue Definition eine Rechtsprechungsänderung darstellt § 5 B. III. 1. c).

590 I.E. ebenso *Einsiedler*, WM 2013, 1109, 1113.

zur Verfügung stehen.[591] Insofern sind sie nicht im Anlagebetrag (versteckt) enthalten und kommen grundsätzlich für eine Qualifizierung als Rückvergütung in Betracht.[592] Würde man diese Einschätzung nicht teilen, käme man nicht umhin, dem XI. Zivilsenat in seinem Kick-Back-VII-Urteil eine falsche Subsumtion unter seine eigene, dort aufgestellte Definition zu unterstellen, da dort eine Vergütung sowohl aus dem Agio als auch aus offen ausgewiesenen Eigenkapitalvermittlungskosten floss und die Aufklärungspflicht nicht auf das Agio beschränkt blieb.[593] Das ist fernliegend, zumal es nach dem XI. Zivilsenat keine „offen ausgewiesenen Innenprovisionen" gibt.[594] Die Einführung einer zweiten nach der Kick-Back-Rechtsprechung aufklärungspflichtigen Vergütungsart, die nicht Rückvergütungen wären (sondern „Zahlungen aus offen ausgewiesen Positionen des Anlagebetrags"), lässt sich dem Urteil aber nicht entnehmen. Es ist daher überzeugender davon auszugehen, dass der Senat den Begriff „Anlagebetrag" bzw. „Anschaffungs- und Herstellungskosten" im oben beschriebenen Sinne enger versteht.

Aufgrund spezialgesetzlich angeordneter Kostentransparenz[595] ist es damit der intendierte Regelfall, dass Zahlungen an den Intermediär aus offen ausgewiesenen Quellen geleistet werden und somit Rückvergütungen darstellen können.[596] Der Sinn der Unterscheidung zu Innenprovisionen, die unter Interessenkonfliktgesichtspunkten nicht aufklärungspflichtig seien, bleibt zweifelhaft.[597]

---

[591] Zur Schwierigkeit einer solchen Abgrenzung *Loritz/Wagner*, NZG 2013, 367, 368.

[592] Vgl. deutlich in diesem Sinne BGH (Kick-Back-X) BGHZ 193, 159 = NJW 2012, 2427, Rn. 18, wo offen ausgewiesene „Eigenkapitelvermittlungskosten" von solchen Positionen abgegrenzt werden, die in „Anschaffungs- und Herstellungskosten", also dem Anlagebetrag, versteckt seien; ferner BGH (Kick-Back-IX) ZIP 2011, 1559, Rn. 5, wo aus dem Nominalkapital entnommene Beträge ohne Erwähnung der Voraussetzung, dass sie nicht aus dem Anlagevermögen entnommen sein dürften, als Rückvergütung qualifiziert werden; i.E. nur terminologisch anders OLG Stuttgart, Urt. v. 24.2.2010, Az.: 9 U 58/09 (Juris), Rn. 39. Dort wurden zwar Vergütungen aus offen ausgewiesenen „Finanzierungskosten" als aus dem *Anlagebetrag* entnommen bezeichnet, aber es wurde dennoch eine Aufklärungspflicht nach der *Rückvergütungsrechtsprechung* angenommen; a.A. *Forschner*, Wechselwirkungen von Aufsichtsrecht und Zivilrecht, S. 165; abweichend auch *Mann*, WM 2013, 727, 729, wonach entscheidend für die Abgrenzung sei, ob der Kapitalanleger die Mittel, aus denen die Provision stamme, selbst „unmittelbar beibringt". Daran lässt sich aber nicht der offene Vertriebskostencharakter festmachen, um den es dem BGH offenbar geht, vgl. Fn. 588.

[593] Unzutreffend *Veldhoff*, Haftung von Kreditinstituten, S. 267, wonach eine einbehaltene Vergütungsleistung Innenprovision sei, wenn sie nicht ausschließlich dem Agio entstamme, sondern darüber hinaus weitere Mittel dem Nominalkapital entnommen würden.

[594] S. infra § 5 B. III. 1. b).

[595] Dazu *Spindler*, in: Langenbucher/Bliesener/Spindler, BankR-Komm., Kap 33 Rn. 175 mit Fn. 753; s. auch infra § 11 B.

[596] Indes kann auch eine in Grenzen (15 %) mögliche Nichtaufklärung über Innenprovisionen aus dem Anlagebetrag aus anderen Gründen eine Haftung des Beraters/Vermittlers nach sich ziehen, vgl. *Ellenberger*, in: Praktikerhdb. Wertpapier- und Derivategeschäft, Rn. 1049; *Spindler*, in: Langenbucher/Bliesener/Spindler, BankR-Komm., 33. Kap. Rn. 175.

[597] Im Ergebnis auch *Spindler*, in: Langenbucher/Bliesener/Spindler, BankR-Komm., 33. Kap. Rn. 179 (die Unterscheidung sei nicht nachvollziehbar); ferner *Nittel/Knöpfel*, BKR 2009, 411, 413 f.; *Schnauder*, jurisPR-BKR 5/2011 Anm. 5; *Veldhoff*, Haftung von Kreditinstituten, S. 291 ff.;

Schließlich erscheint besonders erwähnenswert, dass die „zwingende Umsatzabhängigkeit" der Provisionen nach der neueren Definition in „regelmäßig umsatzabhängig" abgemildert wurde.[598] Dies bedeutet möglicherweise, dass der Absatzdruck, der sich in der Umsatzabhängigkeit der Provision herauskristallisiert, gegebenenfalls auf andere Weise belegt werden kann.[599]

(2) Zahlungsweg („Rückfluss")

In beiden Rückvergütungsdefinitionen wird ein bestimmter Zahlungsweg beschrieben. Es wird zunächst deutlich von einer Zahlung „über die Bank an die Gesellschaft" gesprochen, die dann an die Bank „zurückfließe". Auch die „verfeinerte" Definition spricht noch von einem „Rückfluss" an die beratende Bank.

Wäre diese Beschreibung des Zahlungsflusses eine „echte Tatbestandsvoraussetzung",[600] würden von vornherein solche Vergütungen als Rückvergütung ausscheiden, die Anleger unmittelbar an den Dritten leisten, der dann seinerseits den Finanzintermediär vergütet.[601] Nunmehr hat der BGH klargestellt, dass es irrelevant sei, ob die Zahlung zuvor von der Bank durchgereicht wurde oder direkt vom Anleger an den Empfänger floss, der anschließend die Bank entlohnt.[602] Auch ein unmittelbares Einbehalten durch die Bank muss dem dann gleichstehen.[603] Das ist sachgerecht, da der Zahlungsweg hinsichtlich der diversen zu Rückvergütungen angeführ-

---

a.A. *Lippe/Voigt*; BKR 2011, 151, 152. Auch wenn durch die neue Rückvergütungsdefinition ein größerer Teil vergütungsbezogener Interessen nunmehr als Rückvergütung aufklärungspflichtig sein kann und damit der potentielle Anwendungsbereich der Innenprovisionsrechtsprechung kleiner geworden ist, behalten die Argumente gegen eine solche quellenbezogene Differenzierung weiterhin ihre Gültigkeit; ferner supra § 5 B. I. Der Sache nach ist der künftigen Gleichbehandlung von Innenprovisionen und Rückvergütungen nach BGH (Innenprovisionen-V) BGHZ 201, 310 = BeckRS 2014, 14029, Rn. 31, daher zuzustimmen.

[598] S. aber noch BGH (Kick-Back-II) BGHZ 170, 226 = NJW 2007, 1876, Rn. 23; dazu auch BGH (Freier Anlageberater-I) BGHZ 185, 185 = ZIP 2010, 919, Rn. 10; vgl. ferner *Buck-Heeb*, BKR 2010, 309, 310; *Koch*, BKR 2010, 177 ff., wonach die Umsatzabhängigkeit „wesentlich" sei. In BGH, Urt. v. 14.5.2013, Az.: XI ZR 431/10, BKR 2013, 386, Rn. 16, wird die (nur) „regelmäßige Umsatzabhängigkeit" als Definitionsbestandteil bestätigt, anschließend (Rn. 17 f.) aber dennoch die Umsatzabhängigkeit der in Rede stehenden Zahlungen geprüft, weshalb entgegen der Ansicht des Berufungsgerichts Rückvergütungen vorgelegen hätten.

[599] Vgl. OLG Frankfurt a. M., Urt. v. 18.5.2011, Az.: 17 U 253/10, NZG 2011, 1154, 1156 f.; ferner *Koch*, BKR 2010, 177, 181 (mittelbare Umsatzabhängigkeit ausreichend); a.A. *Mann*, WM 2013, 727, 728.

[600] So *Kittner*, BKR 2012, 215; vgl. auch OLG Stuttgart, Urt. v. 24.2.2010, Az.: 9 U 58/09 (Juris), Rn. 39, das von „echten Rückvergütungen" spricht.

[601] Vgl. *Langen*, NZG 2010, 816, 818.

[602] BGH (Kick-Back-X) BGHZ 193, 159 = NJW 2012, 2427, Rn. 18; BGH, Urt. v. 15.4.2014, Az.: XI ZR 513/11, ZIP 2014, 1165 f.; so bereits OLG Stuttgart, Urt. v. 30.11.2011, Az.: 6 U 2/10, BKR 2011, 78, 79; *Habersack*, WM 2010, 1245, 1252 f.; *Jooß*, WM 2011, 1260, 1265; *Langen*, NZG 2010, 816, 818; a.A. und die zitierte Rechtsprechung verkennend *Mann*, WM 2013, 727, 729.

[603] Ebenso *Fuchs*, in: Fuchs, Komm WpHG, § 31d Rn. 8; *Möllers*, in: Kölner Komm WpHG^2, § 31d Rn. 21; zu dieser Gestaltungsmöglichkeit *Rozok*, BKR 2007, 217, 218; vgl. aber auch *Koch*, BKR 2010, 177, 179.

ten Aufklärungsgründe keinen Einfluss hat.[604] Ein „echtes“ Merkmal kann im Zahlungsweg nicht gesehen werden.[605]

(3) Bank als Empfängerin

Die Definition des XI. Zivilsenats geht davon aus, dass eine *Bank* Empfängerin der Vergütung ist. Es liegt nahe, dass es an der Zuständigkeit des Senats für das Bankrecht liegt, dass ihm diese Konstellation bei seiner Definition vorschwebte. In der Entwicklung der Kick-Back-Rechtsprechung wird indes deutlich, dass der Senat davon ausgeht, dass es sich bei der Aufklärungspflicht um eine *Konkretisierung allgemeiner zivilrechtlicher Prinzipien* („Vermeidung vertragswidriger Interessenkonflikte“, vgl. Kick-Back-III) handele. Wenn das so ist, kann es aber letztlich im Ausgangspunkt keinen Unterschied machen, ob der Empfänger eine Bank oder eine sonstige Person ist, da es nicht überzeugend wäre, aus allgemeinen Prinzipien ein Sonderrecht für Banken zu schöpfen.[606] Dass auf Banken als Zahlungsempfänger abgestellt wird,[607] substituiert auch nicht andere Voraussetzungen, beispielsweise ein besonderes Treueverhältnis, das sich zwar aus einem Beratungsvertrag zur Bank ergeben *kann*. Zwingend ist das aber nicht.[608] Außerdem schließen Nichtbanken nach Konzeption der Rechtsprechung ebenfalls regelmäßig Beratungsverträge mit ihren Kunden.

Schließlich kann nicht davon ausgegangen werden, dass der XI. Zivilsenat dadurch, dass er ausschließlich auf Banken rekurriert, seine Rechtsprechung von der des III. Zivilsenats zu freien Beratern abgrenzen wollte. Letztere war in ihrer Entstehung zeitlich der ersten Rückvergütungsdefinition nachgelagert. Freilich könnte sich dieser Abgrenzungseffekt faktisch ergeben, wenn man das Merkmal „Bank als

---

[604] So auch *Schnauder*, jurisPR-BKR 3/2011 Anm. 3. Soweit man wie *Kittner*, BKR 2012, 215, 216 (im Zusammenhang mit der verknüpften Fragestellung, ob ein Drei-Personen-Verhältnis vorliegen müsse) für maßgeblich hält, „von wem die Bank eine Vergütung erhält“, könnte eine wirtschaftlich Betrachtungsweise zu einer Zuordnung zum Kunden führen, vgl. BGH (Freier Anlageberater-I) BGHZ 185, 185 = ZIP 2010, 919, Rn. 13.

[605] I.E. auch OLG Stuttgart, Urt. v. 20.4.2011, Az.: 9 U 41/10, WM 2012, 1719, 1720; OLG Frankfurt a.M., Urt. v. 19.10.2011, Az.: 17 U 34/10, NZG 2012, 188 (Leitsatz 1); *Einsiedler*, WM 2013, 1109, 1113; *Krebs*, in: Dauner-Lieb/Langen, BGB-Schuldrecht², § 311 Rn. 178; *Langen*, NZG 2010, 816, 818; a.A. *Veldhoff*, Haftung von Kreditinstituten, S. 266 (Innenprovisionen und Rückvergütungen seien nach „Leistungsweg“ abzugrenzen); vgl. auch *Rozok*, BKR 2007, 217, 218.

[606] Vgl. *Edelmann*, WuB I G 1. – 19.10, S. 577, 578 f.; *Kluge*, Kick-backs, S. 63; ferner *Bracht*, ZBB 2013, 252, 254; *Brocker/Klebeck*, ZIP 2010, 1369, 1373; *Lampe*, NJOZ 2009, 4893, 4904; a.A. möglicherweise *Ellenberger*, in: Praktikerhdb. Wertpapier- und Derivategeschäft⁴, Rn. 1029 (die Kick-Back-Rechtsprechung betreffe die Aufklärungspflicht „im Bankensektor“, wobei aber nicht klar wird, ob sie notwendig darauf beschränkt sein solle).

[607] Beachte aber auch BGH (Kick-Back-IV) NJW 2009, 2298 (Leitsatz 1), wo auf das Wertpapierdienstleistungsunternehmen abgestellt wird, das Rückvergütungen erhält. Die zitierten Definitionen rekurrieren freilich auf eine Bank als Empfängerin.

[608] Zur Anlageberatung (durch Banken) ohne beratungsvertragliche Vereinbarung s. infra § 11; s. außerdem § 6 A. I. 4.

Empfängerin" zur Erfüllung des Tatbestands „ernst nähme". Indes beschränkte sich der III. Zivilsenat in Freier Anlageberater-I nicht auf den Hinweis, dass mangels Bankeigenschaft die Rechtsprechung des XI. Zivilsenats keine Anwendung fände, sondern er versuchte mit anderen sachlichen Argumenten, die jeweiligen Konstellationen zu differenzieren.

Im Ergebnis findet derzeit die Rückvergütungsrechtsprechung deshalb faktisch nur auf Banken Anwendung. Die Abgrenzungskriterien des III. Zivilsenats sind jedoch ebenfalls allgemein gehalten und müssen nicht zwangsläufig auf jede Kunde-Bank-Beziehung zutreffen.[609] Nach alledem wäre es verfehlt, die Anwendung der Rückvergütungsrechtsprechung nur aufgrund der Tatsache abzulehnen, dass Empfängerin der Vergütung keine Bank sei. Mangels sachlicher Unterscheidungskraft sollte dies nicht als Tatbestandsmerkmal verstanden werden.[610]

(4) Zahlung „hinter dem Rücken des Anlegers" / Drei-Personen-Verhältnis

Der BGH spricht von Zahlungen „hinter dem Rücken des Anlegers". Auch das wird mitunter als „echte Tatbestandsvoraussetzung" verstanden.[611] Betrachtet man den genauen Wortlaut der Definitionen, scheint es sich allerdings um ein Element des „Zahlungsflussmerkmals" zu handeln.[612] Dass diesem als solches keine Relevanz beizumessen ist, wurde bereits gezeigt.[613]

Soll das Merkmal hingegen „nur" darauf hinweisen, dass die Vergütung dem Kunden nicht bereits offengelegt wurde (etwa durch einen Prospekt), so schiene das eine Selbstverständlichkeit zu sein: Es geht darum, Aufklärungspflichten zu begründen. Soweit die Vergütung bereits mitgeteilt wurde, verlöre die Aufklärungspflicht im gegenwärtigen Schutzkonzept ihren Sinn.[614] Entsprechend kann argumentiert werden, wenn die Vergütung aufgrund sonstiger Umstände „offenkundig"

---

609 Ausführlich zur Differenzierung von freien und bankgebundenen Beratern § 5 B. VII.

610 Vgl. auch *Lampe*, NJOZ 2009, 4893, 4904, wonach „kein vernünftiger Zweifel" bestehen könne, dass alle Anlageberater erfasst seien. Dies macht er auch daran fest, dass der BGH in Kick-Back-IV vom verpflichteten *Wertpapierdienstleistungsunternehmen* spreche, was in § 2 Abs. 4 WpHG definiert sei und nicht nur Banken erfasse. Allerdings hat der BGH in Kick-Back-III seine Rechtsprechung bezüglich der Aufdeckung von Vertriebsprovisionen vom Anwendungsbereich des WpHG gelöst und im allgemeinen Zivilrecht verankert, was aber ebenso für einen umfassenden Anwendungsbereich spricht. Zur Frage, ob die Bond-Rechtsprechung überhaupt auf den „freien Kapitalanlagemarkt" Anwendung finden solle *Wagner*, DStR 2004, 1883, 1884 f. Mit BGH (Innenprovisionen-V) BGHZ 201, 310 = BeckRS 2014, 14029, Rn. 31 ff., dürfte eine Begrenzung der vergütungsbezogenen Aufklärungspflichten über Provisionen auf Banken der Sache nach jedenfalls nicht mehr kompatibel sein, wenngleich der XI. Zivilsenat auch dort (Rn. 37) nur von „Zuwendungen Dritter an die beratende Bank" spricht.

611 Vgl. *Jooß*, WM 2011, 1260, 1265 m.w.N; aus der jüngeren Rechtsprechung beispielsweise OLG Frankfurt a.M., Urt. v. 28.3.2012, Az.: 17 U 153/11 (Juris), Rn. 40.

612 Vgl. *Langen*, NZG 2010, 816, 818; *Puszkajler*, in: Bankrechtstag 2010, S. 53, 59 f.

613 Supra § 5 B. III. 1. a) bb) (2).

614 Anders ggf., wenn man aufgrund *behavioral finance*-Ergebnissen eine erneute Aufklärung für wünschenswert hielte, vgl. supra § 3 D. IV.-V.

war, da die Offenkundigkeit aufklärungspflichtiger Tatsachen die Aufklärungsbedürftigkeit entfallen lässt. Eine Aufklärungspflicht kann also nur bestehen, wenn die Tatsache nicht offengelegt wurde bzw. nicht offenkundig ist. So verstanden wäre die Formulierung „hinter dem Rücken" mehr eine eingeschobene Begründung als ein Tatbestandsmerkmal. Davon abgesehen würde die Prüfung des Merkmals „hinter seinem Rücken" unter dem Aspekt der nicht offengelegten/offenkundigen Zahlung zu einer Vermischung von Tatbestand und Rechtsfolge der Aufklärungspflicht führen.[615] Dogmatisch sauberer wäre es, aufklärungspflichtige Tatsachen zu bestimmen und Fragen der Offenlegung, Erkennbarkeit etc. im Rahmen der (in weitem Sinn verstandenen) „Erfüllung" bestehender Aufklärungspflichten zu behandeln.

Es erschiene aber möglich, das Merkmal so zu verstehen, dass damit – wie *Langen* es formuliert – ein besonderes „Geschmäckle" zum Ausdruck gebracht werden soll, womit das Provisionsinteresse der Bank mithin „gebrandmarkt" würde. Dabei ließe sich an die Auffassung *Nobbes* von der „Schmiergeldähnlichkeit" anknüpfen.[616] Die Beschreibung der Zahlung als „hinter dem Rücken des Anlegers" ist der Einordnung als „bewusste Verheimlichung" ähnlich, was nach *Ellenberger* gerade die Qualifikation zum schwerwiegenden Interessenkonflikt ausmache[617] und vom BGH neuerdings zur Rechtfertigung seiner Rückvergütungsrechtsprechung herangezogen wird.[618] Wollte man eine Aufklärungspflicht aber von zusätzlichen Erfordernissen wie „Anrüchigkeit" oder „Schmiergeldähnlichkeit" abhängig machen, müsste dies auf einer teleologisch klaren Konzeption beruhen, die nicht zur Verfügung steht. Abgesehen davon sind die Begriffe schon mangels Bestimmbarkeit kaum zur Differenzierung brauchbar.[619]

Allerdings hat der BGH festgehalten, dass Rückvergütungen ein Drei-Personen-Verhältnis voraussetzen, was beispielsweise bei Kommissionsverhältnissen vorliege.[620] Später argumentierte der XI. Zivilsenat indes – losgelöst von diesen rechtlichen Verhältnissen – mit wirtschaftlichen Erwägungen zur Vergleichbarkeit an sich vorliegender Drei-Personen-Verhältnisse mit Festpreisgeschäften, also Zwei-Personen-Verhältnissen.[621] Auch daran wird deutlich, dass der Senat die Beteiligung einer weiteren Person nicht konsequent streng formal handhabt, sondern hinsichtlich Aufklärungspflichten mit Offenkundigkeitserwägungen bezüglich des Eigeninter-

---

[615] *Jooß*, WM 2011, 1260, 1265; *Koch*, BKR 2010, 177, 183; ferner supra § 5 B. II. 1.

[616] *Fullenkamp*, NJW 2011, 421, 422; *Langen*, NZG 2010, 816, 818; *Mann*, WM 2013, 727, 729; dazu supra § 5 B. I. 1. c) cc).

[617] *Ellenberger*, in: Praktikerhdb. Wertpapier- und Derivategeschäft^4, Rn. 1056.

[618] Vgl. BGH (Lehman-III) BKR 2012, 421, Rn. 46; vgl. zur Schwierigkeit mit derartigen „Täuschungsgesichtspunkten" zu argumentieren bereits supra § 5 B. I. 7. b) bb).

[619] So zu Recht *Jooß*, WM 2011, 2060, 2065; *Kluge*, Kick-backs, S. 30 f.; ferner supra § 5 B. I. 1. c) cc) zur mangelnden teleologischen Konsistenz der angeführten Erwägungen.

[620] BGH (Lehman-II) BKR 2011, 508, Rn. 44; vgl. auch *Kittner*, BKR 2012, 215, 217 (Vorliegen eines Drei-Personen-Verhältnisses sei „echte Tatbestandsvoraussetzung"); *Ruland/ Wetzig*, BKR 2013, 56, 63.

[621] Vgl. BGH (Lehman-III) BKR 2012, 421, Rn. 42 ff.; BGH (Kick-Back-XII) WM 2013, 2065, Rn. 29, sowie supra § 5 A. XVII. und XXXVII.

esses des Intermediärs verknüpft.[622] Dass dies die vermeintliche Klarheit des Kriteriums im Ergebnis verwässert, ist dann wenig überraschend.

Verlässlich kann man der Beschreibung der Zahlung als „hinter dem Rücken des Anlegers“ erfolgend letztlich nur das Erfordernis der Beteiligung einer dritten Person entnehmen.[623] Wie diese konkret auszusehen hat, ob sie z.B. beim Eigenhandel wegen des Kundenbezugs anzunehmen sein kann,[624] bleibt jedoch unklar.

(5) Nicht erkennbares „besonderes Interesse“ der Bank

Schließlich wird in den Definitionen des BGH von einem „nicht erkennbaren besonderem Interesse“ gesprochen, „gerade diese Anlage“ zu empfehlen. Fraglich ist, ob dies ein eigenständiges „Tatbestandsmerkmal“ für Rückvergütungen ist.[625]

Entsprechend den Ausführungen zur Zahlung „hinter dem Rücken“, sollte die Frage der „Erkennbarkeit“ besser auf der Rechtsfolgenseite behandelt werden. Ferner ist zu bedenken, dass der BGH seine Ausführungen zum besonderen Interesse über eine „sodass-Verbindung“ mit dem nicht offenbarten Rückfluss der Zahlung an die Bank verknüpft hat. Letztlich liefert der Senat hier bereits die von ihm angenommene Schlussfolgerung für den Fall, dass Provisionen „hinter dem Rücken des Anlegers“ an die Bank fließen: Ohne die statuierte Aufklärungspflicht könne der Anleger das Eigeninteresse der Bank nicht einschätzen bzw. erleidet eine Fehlvorstellung über die „Neutralität der Beratungsleistung.“[626] Es handelt sich also nicht um ein eigenes Merkmal der Rückvergütungsdefinition. Das besondere Interesse der Bank wird ohne gesonderte Prüfung angenommen, wenn die übrigen Voraussetzungen vorliegen.

(6) Zwischenergebnis

Die Beleuchtung der verschiedenen vom BGH angeführten Merkmale, die für Rückvergütungen kennzeichnend seien, hat zunächst ergeben, dass der Zahlungsweg sowie das nicht erkennbare besondere Bankinteresse keiner gesonderten Prüfung bedürfen. Die Zahlung hinter dem Rücken des Anlegers bringt das erforderliche Drei-Personen-Verhältnis zum Ausdruck, dessen Ausgestaltung aber in der

---

[622] Vgl. dazu *Buck-Heeb*, jurisPR-BKR 9/2011 Anm. 2; *Tilp/Wegner*, BKR 2014, 27, 29, gehen davon aus, dass nach dieser „neuen“ Begründung auch die Konstellation aus Kick-Back-II anders zu entscheiden gewesen wäre.

[623] I.E. auch *Seyfried*, in: Kümpel/Wittig, Bank- und Kapitalmarktrecht[4], Rn. 3.134, indes ohne dies an einem konkreten Merkmal der Definition festzumachen; ferner *Einsiedler*, WM 2013, 1109, 1113; *Langen*, BB 2010, 17, 18; a.A. *Hanke*, BKR 2012, 493, 496.

[624] Vgl. OLG Frankfurt a.M., Urt. v. 18.5.2011, Az.: 17 U 253/10, NZG 2011, 1154, 1156 (anders dann aber BGH (Lehman-V) BKR 2013, 170, Rn. 24); OLG Dresden, Urt. v. 3.4.2012, Az.: 5 U 376/11, BKR 2012, 293, 298.

[625] In diesem Sinn *Langen*, NZG 2010, 816, 817.

[626] *Ellenberger*, in: Praktikerhdb. Wertpapier- und Derivategeschäft[4], Rn. 1059.

Definition unklar bleibt. Soweit nur Banken als Vergütungsempfänger genannt werden, beschreibt dies den derzeit faktischen Anwendungsbereich der Rückvergütungsrechtsprechung, ist allerdings als sachliche Differenzierung nicht ausreichend. Somit verbleiben als einzig echte charakterisierende Rückvergütungsmerkmale auf der „Tatbestandsseite", dass es sich um eine Provision aus offen angegeben Quellen handelt, die regelmäßig umsatzabhängig ausgestaltet ist und in einem Drei-Personen-Verhältnis erfolgen muss.[627]

Dieses Ergebnis zeigt zugleich, dass die neue Begründung des XI. Zivilsenats für vergütungsbezogene Aufklärungspflichten in Innenprovisonen-V letztlich als „entscheidende Korrektur" die Quellenabgrenzung aufgab.[628] Weiterhin muss ein Dreipersonenverhältnis vorliegen („Zuwendungen Dritter"[629]), das Erfordernis einer Umsatzabhängigkeit der Zahlung hat der XI. Zivilsenat bereits zuvor abgeschwächt.[630] Das Ergebnis aus Innenprovisionen-V hätte der BGH damit leichter erzielen können, was ihn aber freilich zur ausdrücklichen Aufgabe seiner bisher nur schwer nachvollziehbaren Rechtsprechung gezwungen hätte.

b) Innenprovisionen

aa) Innenprovisionen nach Auffassung des XI. Zivilsenats

Nach alledem kann knapp festgehalten werden, was Innenprovisionen aus Sicht des XI. Zivilsenats heute ausmachen:

> „Innenprovisionen sind nicht ausgewiesene Vertriebsprovisionen, die bei einem Fonds aus dem Anlagevermögen gezahlt werden"[631]

bzw. sind nach der Lehman-I-Entscheidung

> „[u]nter Innenprovisionen [...] nicht ausgewiesene Vertriebsprovisionen zu verstehen, die in Anschaffungs- oder Herstellungskosten eines Kaufobjekts – versteckt – enthalten sind".[632]

Es handelt sich also um *nicht offengelegte* Vertriebsprovisionen, die aber mittelbar doch vom Erwerber finanziert werden. Sie sind als Kostenbestandteil in den in Rechnung gestellten Nominalpreis einkalkuliert. Insoweit sind sie für den Anleger nicht erkennbar.[633] Allerdings soll nicht unerwähnt bleiben, dass der XI. Zivilsenat

---

627 Vgl. zur Definition sehr kritisch *Schnauder*, jurisPR-BKR 3/2011 Anm. 3 („[A]ufklärungspflichtige Rückvergütungen [lassen sich] beinahe nach Belieben bejahen oder verneinen. Die zugrunde liegenden Merkmale sind ohne Regel bildende Kraft.").

628 BGH (Innenprovisionen-V) BGHZ 201, 310 = BeckRS 2014, 14029, Rn. 31.

629 Vgl. BGH (Innenprovisionen-V) BGHZ 201, 310 = BeckRS 2014, 14029, Rn. 36f.

630 Dazu soeben supra § 5 B. III. 1. a) bb) (1).

631 BGH (Kick-Back-VII) ZIP 2011, 855, Rn. 22; BGH (Kick-Back-IX) ZIP 2011, 1807, Rn. 4; entgegen *Jordans*, BKR 2011, 456, 461, wurde die Definition in Kick-Back-IX nicht „verfeinert", sondern das Telos der Aufklärungspflicht (Schutz der Werthaltigkeit) der hier angeführten Definition wurde dort „angehängt".

632 BGH (Lehman-I) BGHZ 191, 119 = NZG 2012, 25, Rn. 39.

633 Vgl. *Ellenberger*, in: Praktikerhdb. Wertpapier- und Derivategeschäft^4, Rn. 1040; *Kluge*,

noch 2007 in der Innenprovisionen-IV-Entscheidung als „Kosten der Eigenkapitalbeschaffung“ im Prospekt ausgewiesene – also offene – Positionen als Innenprovisionen bezeichnete.[634] Heute wären diese als Rückvergütungen zu klassifizieren, soweit daraus Gelder an den Berater fließen würden.[635]

Legt man das gegenwärtige „Definitionspaar“ von Rückvergütungen und Innenprovisionen zugrunde, wird klar, dass sie sich nach dieser Konzeption *notwendig gegenseitig ausschließen*.[636] Eine Quelle für die Vergütung kann entweder offen oder verdeckt sein.[637] Im ersten Fall können daher (nur) Rückvergütungen vorliegen, im zweiten (nur) Innenprovisionen. Nach Auffassung des XI. Zivilsenats ist es daher unzutreffend, wenn in der Literatur teilweise davon ausgegangen wird, dass eine Provision *sowohl* Innenprovision *als auch* Rückvergütung sein könne.[638] Nach Auffassung des Senats kann es in der Tat keine „offen ausgewiesenen Innenprovisionen“[639] (mehr) geben.[640]

bb) Abweichende Auffassungen

Innenprovisionen und Rückvergütungen werden als Begriffe teilweise synonym verwendet,[641] mitunter werden Innenprovisionen als Oberbegriff verstanden.[642] Die Innenprovision werde „dadurch zur Rückvergütung“, dass sie an den Anlageberater bzw. -vermittler fließe.[643]

Kick-backs, S. 35; a.A. *Mann*, WM 2013, 727, 730 (Innenprovisionen entstammten nicht den vom Anleger geleisteten Zahlungen).

[634] BGH (Innenprovisionen-IV) BKR 2008, 199, Rn. 15f.; vgl. auch OLG Stuttgart, Urt. v. 20.4.2011, Az.: 9 U 41/10 (Juris), Rn. 18; vgl. ähnlich auch BGH, Urt. v. 5.6.2012, Az.: XI ZR 175/11, BKR 2012, 505, Rn. 31.

[635] Vgl. etwa BGH, Urt. v. 8.4.2014, Az.: XI ZR 341/12, ZIP 2014, 1117, Rn. 17.

[636] Ebenso *Einsiedler*, WM 2013, 1109, 1113.

[637] Soweit sich eine Vergütung des Intermediärs aus mehreren Quellen speist, kann sich die Vergütung ggf. aus Innenprovisionen und Rückvergütungen zusammensetzen. Dies ändert freilich nichts an der gegenseitigen Ausschließlichkeit in Bezug auf den jeweiligen Vergütungsbestandteil. Allenfalls kann problematisch sein, wann eine Quelle als „offen“ zu qualifizieren ist, vgl. *Einsiedler*, WM 2013, 1109, 1113 mit Fn. 54 und infra § 5 B. III. 4.; vgl. auch *Hanke*, BKR 2012, 493, 498.

[638] So etwa *Jooß*, WM 2011, 1260,1266.

[639] So *Nobbe*, BKR 2011, 302.

[640] BGH (Kick-Back-IX) ZIP 2011, 1807, Rn. 6 (der Begriff „offen ausgewiesene Innenprovision“ sei ein Widerspruch in sich); so auch *Ellenberger*, in: Praktikerhdb. Wertpapier- und Derivategeschäft^4, Rn. 1040. Wenn *ders.* jedoch in Rn. 1057 a.a.O. von „Rückvergütungen aus versteckten Innenprovisionen“ spricht, erscheint das vor diesem Hintergrund indes ebenso widersprüchlich. Zur Frage der Rechtsprechungsänderung infra § 5 B. III. 1. c). Ab dem 1.8.2014 werden Innenprovisionen und Rückvergütungen – im Ergebnis zutreffend – denselben Rechtsfolgen unterworfen, BGH (Innenprovisionen-V) BGHZ 201, 310 = BeckRS 2014, 14029, Rn. 31.

[641] Vgl. *Koch*, BKR 2010, 177, 178 m.w.N.; ferner *Kittner*, BKR 2012, 215; *Lenenbach*, WuB I G 7. – 1.09, S. 375, 377 („Obwohl es sich bei Innenprovisionen ebenfalls um Rückvergütungen handelt [...]“); *Maier*, VuR 2010, 25, 26 („Rückvergütungen sind Innenprovisionen“); s. supra § 2 F.

[642] Vgl. etwa *Geibel*, ZBB 2003, 349, 350; *Harnos*, BKR 2009, 316, 317; *Koch*, BKR 2010, 177, 178 m.w.N.

[643] Besonders deutlich OLG Frankfurt a.M., Urt. v. 19.11.2010, Az.: 17 U 29/10 (Juris) im Leit-

Andere grenzen quellenmäßig zu Rückvergütungen ab (wie dies letztlich auch der XI. Zivilsenat macht), wobei alle Zahlungen aus dem Nominalkapital (also nicht nur die „verdeckten") als Innenprovisionen verstanden werden.[644] Dann könnte durchaus zwischen offenen und verdeckten Innenprovision unterschieden werden. Es liegt nahe, dass diese Differenzierungen noch von der ersten „Rückvergütungsdefinition" beeinflusst sind, wonach vermeintlich nur Zahlungen, die nicht dem Nominalkapital entnommen wurden, Rückvergütungen darstellen konnten.

Interessant ist, dass der III. Zivilsenat Innenprovisionen als „Vergütungen, die der Veräußerer an eine von ihm beauftragte Vertriebsgesellschaft zahlt" definiert.[645] An eine bestimmte Quelle wird dabei nicht angeknüpft. Bis zur Entscheidung Freier Anlageberater-I begnügte sich der III. Zivilsenat ohnehin damit, ohne jede Abgrenzung von Innenprovisionen zu sprechen, deren Definition auch Rückvergütungen im Sinne der Rechtsprechung des XI. Zivilsenats umfasste.[646] In den Urteilen der „Innenprovisionsrechtsprechung" des III. Zivilsenats war es mitunter so, dass Vergütungen vom Intermediär vereinnahmt wurden, die (zwar in falscher Höhe) *offen* als „Kosten der Eigenkapitalbeschaffung" ausgewiesen waren (vgl. etwa Innenprovisionen-I).[647] Ist im Prospekt indes nicht der Berater als Empfänger benannt, müsste der XI. Zivilsenat, soweit er diese Fälle zu entscheiden hätte, die Zahlungen grundsätzlich als Rückvergütungen einordnen.[648] Soweit der XI. Zivilsenat anführt, dass es in den Innenprovisionsfällen des III. Zivilsenats „nur" um die Pflichten bei der Anlagevermittlung ginge,[649] ist dies, selbst wenn das zuträfe, nur für die Frage

---

satz („Aufklärungspflichten einer beratenden Bank begründende *Rückvergütungen sind Innenprovisionen*, die hinter dem Rücken des Anlegers umsatzabhängig an die Bank zurückfließen und einen Interessenkonflikt begründen." [Hervorh. durch Verf.]); ebenso *Harnos*, BKR 2009, 316 (Kick-Back-Zahlungen seien „besondere Form der Innenprovision"); *Lampe*, NJOZ 2009, 4893, 4903; *Maier*, VuR 2010, 25, 26; *ders.*, VuR 2011, 62, 63 („Rückvergütungen und Innenprovisionen [stehen] nicht in einem Entweder-Oder-Verhältnis"); *Veil*, WM 2009, 2193, 2195 („Als Rückvergütung begreift der XI. Senat Vermittlungs- bzw. Innenprovisionen, soweit sie an die beratende Bank gezahlt werden.").

644 Etwa *Nobbe*, BKR 2011, 302; vgl. ferner *Koch*, BKR 2010, 177, 178 m.w.N.; außerdem *Lampe*, NJOZ 2009, 4893; vgl. auch die Anmerkung von *Pallasky*, GWR 2010, 556, zu einer Entscheidung des OLG Bamberg, wonach im Prospekt offengelegte Vertriebskosten für Eigenkapitalbeschaffung ohne Angabe des Empfängers dennoch Innenprovisionen seien.

645 BGH (Innenprovisionen-I) BGHZ 158, 110 = NJW 2004, 1732, 1734; vgl. auch *Lippe/Voigt*, BKR 2011, 151, 153, wonach die Auffassung des XI. Zivilsenats von Innenprovisionen weiter gehe als die des III. Zivilsenats, was nach obigen Ausführungen indes nicht zutrifft. Ähnlich wie der III. Zivilsenat definiert auch der V. Zivilsenat Innenprovisionen, s. BGH, Urt. v. 14.3.2003, Az.: V ZR 308/02, NJW 2003, 1811.

646 S. supra § 5 A. zur „Innenprovisionsrechtsprechung".

647 Vgl. auch *Veil*, WM 2009, 2193, 2195 (Innenprovisionen sind „Vertriebskosten, die in den Prospekten als ‚Kosten der Eigenkapitalbeschaffung' ausgewiesen sind.").

648 Für nicht erforderlich hält die ausdrückliche Nennung *Edelmann*, WuB I. G. 1. – 19.10, S. 577, 580. Ab dem 1.8.2014 misst der XI. Zivilsenat der Unterscheidung keine Relevanz mehr bei, BGH (Innenprovisionen-V) BGHZ 201, 310 = BeckRS 2014, 14029, Rn. 31.

649 Vgl. BGH (Kick-Back-III) NJW 2009, 1416, Rn. 10; dagegen *Haas*, LMK 2009, 277068; ferner *Brocker/Langen*, BKR 2008, 201, 202 („feinsinniger Hinweis"); kritisch auch *Lenenbach*, WuB I G 7. – 1.09, S. 375, 377 („Abgrenzung zwischen Anlagevermittlung und Anlageberatung

der Aufklärungspflicht über das *als Rückvergütung qualifizierte* Eigeninteresse relevant. Die Einordnung des Eigeninteresses als Innenprovision bzw. Rückvergütung von dem zugrunde liegenden Rechtsverhältnis abhängig machen zu wollen, überzeugt nicht, da die Kriterien der Vergütungsklassifizierung mit diesem nicht in Zusammenhang stehen.

c) Rechtsprechungsänderung des XI. Zivilsenats?

Da die Aufklärungspflichten bei Rückvergütungen – bis zur Anwendung der neuen Rechtsprechung des XI. Zivilsenats ab dem 1.8.2014 – strenger als bei Innenprovisionen ausgestaltet waren, wirft die geschilderte Entwicklung der Rückvergütungsdefinition eine Frage von potentiell erheblicher Bedeutung für die Praxis auf – Stichwort: unvermeidbarer Rechtsirrtum bei der Vereinnahmung von Rückvergütungen –, nämlich ob der Senat seine Rechtsprechung insoweit geändert hat. Dabei kann *nicht* einfach auf Kick-Back-VI verwiesen werden, wonach bezüglich der grundsätzlichen Aufklärungspflicht über Rückvergütungen seit 1990 kein verschuldensausschließender Rechtsirrtum vorliegen könne. Denn damit ist nicht zugleich die Frage beantwortet, ob dies auch für Fälle gilt, die auf die „weite“ bzw. jüngere Definition der Rückvergütung abstellen.[650] Innenprovisionen-V verhält sich nur zur Frage bezüglich des Rechtsirrtums über vereinnahmte *Innenprovisionen* für die Zeit vor dem 1.8.2014 und beantwortet die vorliegende Problematik daher ebenfalls nicht.[651]

Während der Senat selbst von einer „Klarstellung“ in Kick-Back-VII sprach, hat sich *Nobbe* eindeutig dagegen positioniert: Kick-Back-VII enthalte eine „weitreichende Änderung der Rechtsprechung zur Aufklärungspflicht beratender Banken bei Innenprovisionen (Vertriebsprovisionen)“.[652] Er bezieht sich auf Kick-Back-V, in dessen Sachverhalt die Bank eine Innenprovision von einem geschlossenen Immobilienfonds kassiert habe und dennoch eine Aufklärungspflicht verneint worden sei.[653] In der dortigen Rückvergütungsdefinition werde zwischen Rückvergütungen und Innenprovisionen strikt getrennt und „offen ausgewiesene Innenprovisionen“ wären nach dem Urteil „expressis verbis keine aufklärungspflichtigen Rückvergütungen“. Nunmehr, d.h. nach Kick-Back-VII, würden „offen ausgewiesene Innenprovisionen (Vertriebsprovisionen) als aufklärungspflichtige Rückvergütung angesehen“.[654]

---

praktisch kaum durchführbar“); vgl. auch das Innenprovisionen-II-Urteil, in dem die Vergütungsempfängerin auch ohne Beratungsvertrag für verpflichtet gehalten wurde, *ausschließlich* die Klägerinteressen wahrzunehmen, dazu supra § 5 A. V.

650 *Buck-Heeb*, jurisPR-BKR 9/2011 Anm. 2.

651 BGH (Innenprovisionen-V) BGHZ 201, 310 = BeckRS 2014, 14029, Rn. 22 ff.

652 *Nobbe*, BKR 2011, 302; *ders./Zahrte*, in: MünchKomm HGB³, Anlageberatung, Rn. 165; ebenso *Jordans*, BKR 2011, 456, 463.

653 Ebenso *Jordans*, BKR 2011, 456, 458.

654 *Nobbe*, BKR 2011, 302.

Gelegenheit zur Stellungnahme erhielt der XI. Zivilsenat in Kick-Back-IX. Er führte aus, dass sich aus Kick-Back-V keineswegs folgern ließe, dass im Anlagebetrag ausgewiesene Provisionen keine Rückvergütungen seien, ferner sei der Begriff „offen ausgewiesene Innenprovision" bereits ein Widerspruch in sich. Die Ausführungen von *Nobbe* würden auf einer falschen Sachverhaltswiedergabe basieren, da in Kick-Back-V die Bank in den Prospekten ausdrücklich, insbesondere der Höhe nach, als Empfängerin der Provisionen genannt gewesen sei. Damit hätten *weder* Innenprovisionen *noch* Rückvergütungen vorgelegen.[655] Ein Verweis auf Innenprovisionen-IV ginge fehl, da in jenem Fall der Aspekt der verheimlichten Interessenkollision nicht gerügt worden sei.[656]

Man muss dem XI. Zivilsenat zunächst zugestehen, dass sich zumindest den Berufungsurteilen (Kick-Back-V und dessen Parallelsache) entnehmen ließ, dass die Bank als Empfängerin der Vergütung ausdrücklich genannt war. Insofern scheint *Nobbe* in der Tat von einem falschen Sachverhalt auszugehen. Die Frage, ob die Definition der Rückvergütung in Kick-Back-VII die aus Kick-Back-V inhaltlich erweitert, ist damit aber noch nicht beantwortet. In der zuletzt genannten Entscheidung ging es um Zahlungen aus offen ausgewiesenen Positionen für Eigen- und Fremdkapitalbeschaffung, sowie aus einer Platzierungsgarantie. In der dort aufgestellten Rückvergütungsdefinition heißt es dann, dass „aufklärungspflichtige Rückvergütungen nur dann vor[liegen], wenn – anders als hier – Teile der Ausgabeaufschläge oder Verwaltungsgebühren [...] hinter seinem [d.h. des Kunden, der Verf.] Rücken [...] zurückfließen [...]."[657] Den späteren Erläuterungen des XI. Zivilsenats lässt sich entnehmen, dass für die Rückvergütungsdefinition unerheblich sei, aus welcher offen ausgewiesenen Quelle die Vergütung stamme. Rückvergütungen hätten in Kick-Back-V deshalb nicht vorgelegen, weil die Vergütungen zutreffend und vollumfänglich prospektiert waren, also nicht „hinter dem Rücken" des Anlegers erfolgten. Die beschriebene Verknüpfung von Tatbestand und Rechtsfolge durch dieses Merkmal[658] hat sicherlich zur Verwirrung beigetragen. Klarer wäre die Aussage gewesen, dass Rückvergütungen vorgelegen hätten, über die im Prospekt aufgeklärt wurde.

Geht man unbefangen an die Ausführungen des BGH in Kick-Back-V heran, so stellt man fest, dass die Abgrenzung mit den Worten „anders als hier" vor der Bezeichnung der Quelle (Ausgabeaufschläge oder Verwaltungsgebühren) steht. Das ist sprachlich unglücklich, wenn sie letztlich nur für den Aspekt der Zahlung hinter dem Anlegerrücken gelten sollte. Grammatikalisch ist es jedenfalls nicht ausge-

---

[655] BGH (Kick-Back-IX) ZIP 2011, 1807, Rn. 6; *Wiechers*, WM 2012, 477, 482; dies übersieht *Schelling*, Vergütungssysteme und Interessenkonflikte, S. 201.

[656] BGH (Kick-Back-IX) ZIP 2011, 1807, Rn. 9; ähnliches Verständnis wie *Nobbe* auch *Seyfried*, in: Kümpel/Wittig, Bank- und Kapitalmarktrecht^4, Rn. 3.135 (BGH habe in Kick-Back-V und Innenprovisionen-IV einen Hinweis, dass Vergütung gerade an beratende Bank fließe, nicht für erforderlich gehalten).

[657] BGH (Kick-Back-V) ZIP 2009, 2380, Rn. 31.

[658] Dazu supra § 5 B. III. 1. a) bb) (4).

schlossen, sie auch auf die Quellenangabe zu beziehen. Bedauerlicherweise wird, hat man die Ausführungen erst einmal „missverstanden", dieser Eindruck noch dadurch verstärkt, dass der BGH schreibt, Rückvergütungen lägen „nur" vor, wenn die nachfolgend genannten Bedingungen gegeben seien. In der Definition finden sich keine Hinweise darauf, dass die angegeben Quellen nur beispielhaft für alle offen ausgewiesenen Positionen gemeint waren.[659] Dass die Ausführungen zur Quelle nicht entscheidungserheblich waren, ist den Ausführungen ebenso wenig deutlich zu entnehmen.

Letztlich geht die Debatte um die Rechtsprechungsänderung also auf eine im höchsten Maße missverständliche *obiter*-Aussage bezüglich der Rückvergütungsquelle zurück. Entschieden wurde aber nicht, dass offen ausgewiesene Provisionen, die nicht aus dem Agio oder Verwaltungsgebühren stammen und deren Vereinnahmung durch den Berater nicht explizit offengelegt wurde, keine Rückvergütungen seien. Das Schweigen in Innenprovisionen-IV bezüglich Rückvergütungen kann ebenfalls nicht als „beredt" angesehen werden, da der rückvergütungserhebliche Aspekt der Interessenkollision dort nicht gerügt wurde. Insofern ist es dann konsequent, dass der XI. Zivilsenat nicht von einer Rechtsprechungsänderung ausgeht. Beklagte Berater haben daher kaum Aussicht darauf, mit der Einrede des unvermeidlichen Rechtsirrtums durchzudringen.[660]

Das ändert freilich nichts daran, dass die Frage, ob über Provisionen aus offen ausgewiesenen Quellen, die nicht einem Agio oder Verwaltungsgebühren entstammen, aufgeklärt werden muss, umstritten ist.[661] Diese Diskussion wird auch unter dem Begriff der (offen ausgewiesenen) Innenprovision geführt. Der XI. Zivilsenat selbst sprach noch in seinem Urteil vom 25.9.2007 davon, dass es ausreiche, dass eine „Innenprovision im Prospekt als ‚Kosten der Eigenkapitalbeschaffung' bezeichnet wird."[662] In derselben Randnummer wird jedoch auch von „im Anlageprospekt nicht ausgewiesene[n] Innenprovisionen" gesprochen. Der XI. Zivilsenat unterschied also im Ergebnis durchaus zwischen offenen und nicht ausgewiesenen Innenprovisionen, wobei er erstere heute als Rückvergütungen ansieht.[663] Wird dann jedoch in Kick-Back-IX behauptet, dass es nicht um eine Frage der Innenprovision ginge, weshalb die verschiedenen Auffassungen diesbezüglich hinsichtlich

---

[659] Skeptisch auch *Buck-Heeb*, jurisPR-BKR 9/2011 Anm. 2 (nur bei „extrem wohlgesonnener Lesart" sei eine rein beispielhafte Erwähnung herauszulesen); *Schnauder*, jurisPR-BKR 1/2012 Anm. 1 („ominöse Rn. 31" des Kick-Back-V-Urteils; „eher orakelhaft").

[660] Vgl. aber auch *Schnauder*, jurisPR-BKR 1/2012 Anm. 1. Dazu, dass nach der Beschlusstrilogie zu Az.: XI ZR 191/10 keine Rechtsprechungsänderung vorliege *Einsiedler*, WM 2013, 1109, 1113 f.; dagegen *Schelling*, Vergütungssysteme und Interessenkonflikte, S. 199 („eindeutige Aufgabe" der bisherigen Abgrenzung).

[661] Vgl. nur *Nobbe*, BKR 2011, 302 f. m.w.N. zur obergerichtlichen Rechtsprechung und zur Literatur.

[662] BGH (Innenprovisionen-IV) BKR 2008, 199, Rn. 16.

[663] Dem lässt sich aber, wie gezeigt, keine Rechtsprechungsänderung entnehmen. Es handelt sich insoweit um eine terminologische Frage.

der Voraussetzungen von § 552a ZPO nicht relevant seien, basiert das darauf, dass der XI. Zivilsenat nunmehr als Innenprovisionen *nur noch* nicht ausgewiesene Provisionen qualifiziert.[664] Die terminologische Neufassung der Innenprovisionen hat das Problem damit scheinbar „wegdefiniert", was aber nichts an der unterschiedlichen Behandlung der sachlichen Fragestellung – unabhängig von Begrifflichkeiten – durch die Gerichte änderte.[665]

d) Zu Aufklärungsmodalitäten bei Rückvergütungen und Innenprovisionen

Zum Teil wurde in der Literatur unter Bezugnahme auf das Kick-Back-V-Urteil angenommen, dass sich der Differenzierung zwischen Innenprovisionen und Rückvergütungen Vorgaben hinsichtlich der Aufklärungsmodalitäten entnehmen ließen.[666] So seien Rückvergütungen individuell und ausdrücklich aufklärungspflichtig, bei Innenprovisionen genüge der Prospektausweis.[667] Nach der Darstellung der Rückvergütungsdefinition ist indes klar, dass letztere Annahme nicht durchgreifen kann, weil eine im Prospekt ausgewiesene Provision letztlich eine „offene Quelle" ist. Die Innenprovision verliert durch den Prospektausweis ihre Eigenschaft als Innenprovision, da es nach dem BGH offen ausgewiesene Innenprovisionen nicht gibt.

Ferner wurde hinsichtlich Innenprovisionen eine Aufklärungspflicht primär unter Werthaltigkeitsgesichtspunkten diskutiert. Eine Prospektaufklärung wurde hierzu als ausreichend angesehen.[668] Dies ist folgerichtig, wenn man mit der Rechtsprechung – schutzkonzeptkonform[669] – davon ausgeht, dass der Anleger den Pros-

---

664 BGH (Kick-Back-IX) ZIP 2011, 1807, Rn. 11. Die Entwicklung der Rückvergütungsdefinition und ihrer Abgrenzung zu grundsätzlich nicht aufklärungspflichtigen Innenprovisionen ist wohl auch vor dem Hintergrund zu sehen, dass die Richter offenbar keine gemeinsame konsistente Auffassung hatten, welche Vergütungen überhaupt unter den Rückvergütungsbegriff fallen sollen, vgl. *Buck-Heeb*, jurisPR-BKR 9/2011 Anm. 2; vgl. auch *Nobbe*, WuB I G 1. – 5.10, S. 123, 125. Dies stützt die hier vertretene These, dass ein klares Aufklärungstelos derzeit nicht ersichtlich ist. Belegt wird das auch durch den neuesten Rechtsprechungswechsel in BGH (Innenprovisionen-V), dazu supra § 5 A. XL.

665 Vgl. auch *Schnauder*, jurisPR-BKR 1/2012 Anm. 1.

666 Vgl. *Koch*, BKR 2010, 177, 179. Diese Annahme basiert wohl auf der – nach dem BGH fehlerhaften – Vorstellung, dass in Kick-Back-V die Quelle der Vergütung die Aufklärungspflicht ausgeschlossen habe. Zur faktischen Gleichbehandlung für die Zeit ab dem 1.8.2014 BGH (Innenprovisionen-V), dazu supra § 5 A. XL; allgemein zur Art und Weise der Aufklärung *Nobbe/Zahrte*, in: MünchKomm HGB³, Anlageberatung, Rn. 203 ff.; ferner *Brenncke*, WM 2014, 1749 ff. zur Präsentation von Risiken bei der Anlageberatung.

667 So etwa *Zoller*, GWR 2009, 466; anscheinend auch *Dörfler/Pallasky*, EWiR 2010, 11, 12.

668 BGH (Kick-Back-V) ZIP 2009, 2380, Rn. 31.

669 Vgl. supra § 3 D. IV.-V.

pekt grundsätzlich zur Kenntnis nehmen muss.[670] Zutreffend weist *Koch*[671] darauf hin, dass damit auch die Frage der Aufklärungsmöglichkeit durch Prospekt für Rückvergütungen beantwortet ist: Die Aufklärungs*eignung* des Prospekts ist vom Aufklärungs*objekt* unabhängig,[672] somit kann hier eine Prospektaufklärung genügen.[673] Das hat sich dann letztlich auch aus der Klarstellung des BGH in Kick-Back-IX ergeben, wonach in Kick-Back-V im Grunde, bis auf die Tatsache, dass die Zahlung im Prospekt korrekt ausgewiesen war, Rückvergütungen vorgelegen haben.[674] Die Prospektaufklärung nahm der Zahlung also – nach dem Verständnis des BGH – die Eigenschaft als Rückvergütung. Nach vorzugswürdigem Verständnis wurde die Aufklärungspflicht durch Prospekt erfüllt.[675] Freilich muss nach dem BGH im Prospekt klar erkennbar sein, dass der Berater die Zahlung vereinnahmt.[676]

---

[670] Vgl. BGH, Urt. v. 8.7.2010, Az.: III ZR 249/09, NJW 2010, 3292, Rn. 32 (besonderes Interesse des Anlegers, den Prospekt eingehend zu lesen, da damit *Beratungs- und Aufklärungspflichten erfüllt* werden können); vgl. zu dieser Argumentation auch *Möller*, NZG 2012, 841, 846. Freilich ist der Anleger nicht verpflichtet, Angaben des Beraters anhand des Prospekts noch einmal zu überprüfen, dazu BGH a.a.O. Rn. 33 (a.A. OLG Köln, Urt. v. 18.1.2012, Az.: 13 U 37/11, WM 2012, 888, 890 zu Beratungsformularen). Die Nichtdurchsicht des Prospekts begründet in Prospekthaftungsfällen, soweit eine Anlageberatung vorgeschaltet war, auch keine grob fahrlässige Unkenntnis i.S.v. § 199 Abs. 1 BGB, BGH, Urt. v. 27.9.2011, Az.: VI ZR 135/10, DB 2011, 2490, Rn. 11. Vgl. auch die recht hohen Erwartungen, was ein Anleger selbständig aus dem Prospekt entnehmen können soll in BGH, Urt. v. 5.6.2012, Az.: XI ZR 175/11, BKR 2012, 505, Rn. 25 ff. (einzeln ausgewiesene Außenprovisionen und allgemeine Bezeichnung weiterer enthaltener „Innenprovisionen", wobei der BGH dort nicht voraussetzt, dass die Innenprovision dem Anlagebetrag im oben beschriebenen Sinne entnommen ist); vgl. aber auch *Koller*, ZBB 2007, 197, 198, wonach „ohne weiteres unterstellt" werden dürfe, dass Prospekte „nicht ausreichend zur Kenntnis" genommen würden.

[671] *Koch*, BKR 2010, 177, 182 f.

[672] Ferner kann die Eignung der Aufklärungsart auch nicht davon abhängen, ob der Aufklärungspflichtige Anlagevermittler oder -berater ist, vgl. LG Düsseldorf, Urt. v. 29.5.2012, Az.: 8 O 654/10, BKR 2013, 217, 219, Rn. 29.

[673] Ausdrücklich jüngst BGH, Urt. v. 26.2.2013, Az.: XI ZR 345/10, BKR 2013, 283, Rn. 33; i.E. auch *Buck-Heeb*, BKR 2010, 309, 312; *Grundmann*, WM 2012, 1745, 1749; *Habersack*, WM 2010, 1245, 1250 (Sachgründe für Andersbehandlung nicht ersichtlich); *Möllers/Hailer*, ZBB 2012, 178, 186; *Spindler*, in: Langenbucher/Bliesener/Spindler, BankR-Komm., 33. Kap. Rn. 180 m.w.N. auch zur instanzlichen Rechtsprechung; *Veldhoff*, Haftung von Kreditinstituten, S. 290; ferner *Maier*, VuR 2010, 25, 30 f. mit Fn. 76, der allerdings aufgrund der Wesentlichkeit der Information über Interessenkonflikte eine verpflichtende mündliche Aufklärung für „nicht fernliegend" hält. Soweit teilweise von „individueller Aufklärung" gesprochen wird, vgl. etwa *Casper*, ZIP 2009, 2409, bedeutet das jedenfalls nicht zwingend, dass das Mittel einer solchen „Einzelfallaufklärung" nicht auch ein Prospekt sein kann; a.A. diesbezüglich *Krebs*, in: Dauner-Lieb/Langen, BGB-Schuldrecht^{2}, § 311 Rn. 173; *Nittel/Knöpfel*, BKR 2009, 411, 414; *Sethe*, in: FS Nobbe, S. 769, 783; *Zoller*, GWR 2009, 466; vgl. ferner supra § 3 D. V. 5.

[674] Da die Provisionen offengelegt waren, kamen nur noch Rückvergütungen in Betracht, wobei diese aufgrund der vollständigen Prospektangabe dann nicht mehr aufklärungspflichtig waren, vgl. BGH (Kick-Back-IX) ZIP 2011, 1807, Rn. 6 f.

[675] Vgl. supra § 5 B. III. 1. c); anderenfalls könnte die Pflicht an für sich nicht durch Prospekt erfüllt werden, da durch die (umfassende) Prospektangabe Rückvergütungen bereits tatbestandsmäßig entfielen; vgl. auch *Brocker/Langen*, BKR 2008, 201, 202.

[676] Vgl. BGH (Kick-Back-IX) ZIP 2011, 1807, Rn. 6 f. (Kick-Back-V erläuternd); eine zusam-

Aufgrund der Innenprovisionen-V-Entscheidung kann an der Gleichbehandlung von Innenprovisionen und Rückvergütungen hinsichtlich der Aufklärungsmodalitäten jedenfalls ab dem 1.8.2014 nicht mehr gezweifelt werden.

Im Übrigen können Aufklärungspflichten mündlich erfüllt werden.[677] Zwar gibt es einzelne Entscheidungen, in denen ausnahmsweise eine schriftliche Aufklärung gefordert wurde.[678] Diese betrafen aber z.B. die gewerbliche Vermittlung von Terminoptionen, bei denen typischerweise Gewinnchancen der Anleger von vornherein ausgeschlossen waren.[679] Diese Erwägungen greifen deshalb so allgemein nicht für Aufklärungspflichten über Vertriebsprovisionen.[680]

Soweit streitig ist, ob die *exakte* Höhe der Rückvergütung anzugeben ist,[681] wird man auf Basis der Kick-Back-Rechtsprechung annehmen müssen, dass eine solche Aufklärungspflicht bezüglich der konkreten Höhe besteht, wenn dem Berater diese Information selbst bekannt ist.[682] Im Ergebnis wurde das dann in Innenprovisionen-V zumindest für die Zeit ab dem 1.8.2014 bestätigt.

---

menfassende Behandlung der Diskussion um die Aufklärungsmodalitäten findet sich bei LG Bremen, Urt. v. 28.1.2010, Az.: 2 O 2431/08 (Juris), Rn. 37.

[677] LG Düsseldorf, Urt. v. 29.5.2012, Az.: 8 O 654/10, BKR 2013, 217, 219, Rn. 29 („Die [...] von dem Berater geschuldete Aufklärung kann dieser grds. sowohl mündlich als auch schriftlich leisten."), unter überzeugender Anwendung der für die Anlagevermittlung anerkannten Rechtsprechung; ferner *Clouth*, in: Praktikerhdb. Wertpapier- und Derivategeschäft[4], Rn. 1212.

[678] Beispielsweise BGH, Urt. v. 11.7.1988, Az.: II ZR 355/87, BGHZ 105, 108 = NJW 1988, 2882, 2883, zur Vermittlung von Londoner Warenterminoptionen; dazu auch *Geibel*, ZBB 2003, 349, 353.

[679] Vgl. BGH, Urt. v. 22.11.2005, Az.: XI ZR 76/05, NJW-RR 2006, 627, Rn. 19; *Lenenbach*, Kapitalmarktrecht[2], Rn. 9.255 ff.; *Wiechers*, WM 2011, 145, 151.

[680] Vgl. *Clouth*, in: Praktikerhdb. Wertpapier- und Derivategeschäft[4], Rn. 1212.

[681] Dafür z.B. OLG Celle, Urt. v. 1.7.2009, Az.: 3 U 257/08 (Juris), Rn. 35; OLG Frankfurt a.M., Urt. v. 20.10.2009, Az.: 14 U 98/08 (Juris), Rn. 23; OLG Celle, Urt. v. 21.10.2009, Az.: 3 U 86/09 (Juris), Rn. 42; OLG Düsseldorf, Urt. v. 30.11.2009, Az.: 9 U 30/09 (Juris), Rn. 28; a.A., solange „die [...] erlangten Provisionen ihrer Höhe nach die Gesamthöhe der im Prospekt angegebenen und danach potentiell [dem Berater, der Verf.] zufließenden Vertriebsvergütungen nicht übersteigen", OLG Frankfurt a.M., Urt. v. 24.6.2009, Az.: 17 U 307/08 (Juris), Rn. 56; OLG Frankfurt a.M., Urt. v. 19.8.2009, Az.: 17 U 98/09 (Juris), Rn. 49 (s. aber auch Rn. 42); LG Bremen, Urt. v. 28.1.2010, Az.: 2 O 2431/08 (Juris), Rn. 37. Die vereinnahmte Provision begründe nämlich nur eine Gefahr, dass die Kundeninteressen nicht wahrgenommen würden. Ein sicherer Schluss sei dem Kunden nicht möglich. Soweit die vereinnahmte Vergütung hinter der im Prospekt angegebenen Summe zurückbleibe, mache dies die Beratung für den Kunden nicht schlechter, LG Bremen, Urt. v. 28.1.2010, Az.: 2 O 2431/08 (Juris), Rn. 37.

[682] Das Ziel der Beratung ist die eigenverantwortliche Entscheidung des Kunden. Die Aufklärung über die nicht interessenkonfliktfrei erfolgende Beratung verschiebt das Bewertungsrisiko bezüglich dieses Umstands auf den Anleger zurück (dazu § 3 D. IV. 4. c). Zur zweifelhaften Möglichkeit Interessenkonflikte durch Aufklärung in beratungsvertraglichen Konstellationen aufzulösen infra § 6 A. III. 6.). Müsste der Anleger davon ausgehen, dass sein Intermediär stets den maximalen Betrag vereinnahme, wie er im Prospekt angegeben ist, kann dies dazu führen, dass er seine Entscheidung, ob er sich auf den Rat dieses Intermediärs verlassen möchte, auf *falscher Basis* trifft. Denkbar wäre das, wenn nur ein geringer(er) Betrag an den Berater fließt, der Kunde aber von einer größeren Summe ausginge und deshalb vom Geschäft Abstand nähme. Es gibt keinen Grund, dem Anleger diese verfügbare und im Grundsatz ohnehin aufklärungspflichtige Information vorzuenthalten. Ihm ist – soweit verfügbar – der exakte Betrag, anderenfalls die Größenord-

2. Margen

Während zwar teilweise darauf hingewiesen wird, dass die Margenvereinnahmung nur eine Modalität der Realisierung von Vertriebsprovisionen sei,[683] wird in der Rechtsprechung im Ausgangspunkt strikt zwischen Provisionsvereinnahmung und Margenrealisierung unterschieden.[684] Bei Drittprodukten liegt die Marge in der Differenz von Einkaufs- und Verkaufspreis der Produkte. Bei strukturierten Eigenprodukten ist die Marge in der Differenz zwischen den Kosten der Einzelteile und dem Verkaufspreis des Gesamtprodukts enthalten.[685]

3. Sonstige Vertriebsprovisionen

Die bisherigen Ausführungen decken die bis dato ergangene Rechtsprechung ab. Die mühsame Feststellung, ob beispielsweise bestimmte Eigeninteressen nun Rückvergütungen darstellen, entscheidet jedoch nicht zugleich darüber, ob über „sonstige Vergütungsbestandteile" nicht aus anderen Gründen aufgeklärt werden müsste. Insoweit beantwortet jede terminologische Unterscheidung nur die Frage, ob nach den Grundsätzen der *untersuchten Kategorie* eine Aufklärungspflicht besteht. Eine Aufklärungspflicht kann aber auch nach weiteren Grundsätzen erforderlich sein.[686] Deshalb ist beispielsweise noch nicht geklärt, wie mit „sonstigen" Provisionszahlungen umzugehen ist, die nicht zuvor vom Anleger an den „Drittvergütenden" geleistet wurden.[687] Ab dem 1.8.2014 wird sie zumindest der XI. Zivilsenat als aufklärungspflichtig behandeln.[688]

4. Tauglichkeit der Differenzierung zur rechtssicheren Kategorisierung

Eine „rein begriffliche Abgrenzung" wäre im Ergebnis wenig überzeugend.[689] Das bedeutet freilich nicht, dass eine Differenzierung anhand der genannten Unterscheidungen von vornherein nicht möglich wäre.

---

nung (vgl. auch § 31d Abs. 1 Satz 1 Nr. 2 WpHG) mitzuteilen, damit er den „Grad der Gefährdung" erkennen kann, vgl. auch *Ellenberger*, in: Praktikerhdb. Wertpapier- und Derivategeschäft[4], Rn. 1064 und supra § 5 B. I. 7. b) bb). Ist der Interessenkonflikt „geringer" als es nach dem Prospekt den Anschein hat, haben auch die Intermediäre ein Interesse daran, dies mitzuteilen. Freilich könnte die „gesonderte konkrete Mitteilung" möglicherweise Kosten verursachen.

683 Dazu bereits supra § 2 F.

684 Etwa BGH (Lehman-III) BKR 2012, 421, Rn. 36 f.; vgl. aber auch OLG Frankfurt a.M., Urt. v. 29.6.2011, Az.: 19 U 130/10 (Juris), Rn. 12 und 15 (Gewinnmarge sei Innenprovision); *Bausch/Kohlmann*, BB 2012, 2655, 2656. Würde man Gewinnmargen als Innenprovisionen behandeln, hätte dies im Hinblick auf Innenprovisionen-V (supra § 5 A. XL.) potentiell weitreichende Folgen.

685 Vgl. auch *Clouth*, ZHR 177 (2013), 212, 251 mit Fn. 169.

686 Vgl. *Jooß*, WM 2011, 1260, 1264 f.; *Kluge*, Kick-backs, S. 39.

687 Vgl. *Lenenbach*, Kapitalmarktrecht[2], Rn. 5.422; für eine Erfassung als Rückvergütung, soweit der Berater einen Teil der Kundenzahlungen „einbehält" supra § 5 B. III. 1. a) bb) (2).

688 Dazu supra § 5 A. XL.

689 *Buck-Heeb*, jurisPR-BKR 6/2013 Anm. 3 („Die Bezugnahme auf eine von der Rechtspre-

Rückvergütungen sind grundsätzlich aufklärungspflichtig, es sei denn, sie werden von einem freien Berater vereinnahmt oder von einem Anlagevermittler, wobei in letzterem Fall zumindest der III. Zivilsenat terminologisch zum Teil auch bezüglich Zahlungen, die nach der Definition des XI. Zivilsenats Rückvergütungen darstellen würden, von Innenprovisionen spricht.

Innenprovisionen sind nach Auffassung des XI. Zivilsenats zivilrechtlich erst aufklärungspflichtig, wenn die „15%-Grenze" überschritten wurde, woran sich anscheinend nichts ändert, wenn sie dem Berater zu Gute kommen.[690] Allerdings wird das der XI. Zivilsenat ab dem 1.8.2014 abweichend handhaben.[691] Indes dürfte es bereits jetzt bei Verwendung (vorgeschriebener) ordnungsgemäßer Prospekte im Grundsatz keine Innenprovisionen mehr geben, da alle Provisionsquellen dann „offen" sein müssten. Wird aber beispielsweise ein Prospekt nicht rechtzeitig übergeben, könnte – soweit Vertriebskosten vom Berater nicht angesprochen werden – aus Sicht des Anlegers von Innenprovisionen ausgegangen werden, weil ihm gegenüber nichts „offen ausgewiesen ist".[692] Dieses Ergebnis zeigt die wertungsmäßige Schwäche der Differenzierung, soweit teleologisch mit Interessenkonflikten argumentiert wird. Der Anleger wäre im beschriebenen Fall eher *mehr* als weniger *aufklärungsbedürftig*.[693] Im Übrigen gilt die 15%-Grenze für Anlagevermittler, die Innenprovisionen nach dem Verständnis des III. Zivilsenats vereinnahmen. Soweit diese Rückvergütungen nach dem Verständnis des XI. Zivilsenats beinhalten, wird das zugrunde liegende Rechtsverhältnis zum maßgeblichen Abgrenzungskriterium bezüglich der Aufklärungspflicht, wobei die Rechtsprechung zu freien Beratern[694] zu beachten ist, die die Aufklärungspflicht wieder entfallen lassen kann. Das wird auch nach der Innenprovisionen-V-Entscheidung so bleiben, da sie an eine Auslegung des Beratungsvertrags anknüpft.[695]

Margen sind grundsätzlich nicht aufklärungspflichtig, insbesondere wenn sie in Form von „Rabatten" beim Festpreisgeschäft auftreten sowie in Kommissionsgeschäften, die sich wirtschaftlich als Festpreisgeschäfte darstellen bzw. soweit der Kunde keine Ordergebühr o.ä. an den Intermediär zahlt. Drücken sich Margen jedoch als negative Marktwerte in Derivaten aus, sind sie jedenfalls bei *CMS Spread Ladder Swaps* aufklärungspflichtig.[696]

---

chung ausgearbeitete Definition vermag eine dogmatische Begründung im Einzelfall nicht zu ersetzen"); *Kluge*, Kick-backs, S. 29; kritisch auch *Schnauder*, jurisPR-BKR 5/2011 Anm. 5 (BGH halte sich ohnehin nicht an seine Nomenklatur).

690 Aufgrund anderer Anknüpfungspunkte kann dennoch ein Schadensersatzanspruch des Anlegers bestehen, dazu supra § 5 B. I. 2.

691 BGH (Innenprovisionen-V) BGHZ 201, 310 = BeckRS 2014, 14029, Rn. 31 ff., dazu supra § 5 A. XL.

692 Kritisch dazu *Bockelmann*, BKR 2012, 429; vgl. auch *Hanke*, BKR 2012, 493, 498.

693 S. bereits supra Fn. 505; insofern ist Innenprovisionen-V im Ergebnis zuzustimmen.

694 Dazu infra § 5 B. VII.

695 BGH (Innenprovisionen-V) BGHZ 201, 310 = BeckRS 2014, 14029, Rn. 36.

696 Ebenso *Bracht*, in: Schwintowski, Bankrecht^4, § 18 Rn. 81 („Ausnahme" zur grundsätzlich nicht erforderlichen Margenaufklärung).

All das zeigt, dass nach derzeitigem Stand mit begrifflichen Abgrenzungen der Vergütungsart zur Bestimmung vergütungsbezogener Aufklärungspflichten „nichts gewonnen" ist.[697] Da sie auf wenig eindeutigen bzw. nicht konsistenten teleologischen Erwägungen beruhen,[698] verwundert das nicht. Die Innenprovisionen-V-Entscheidung ist insofern ein Schritt in die richtige Richtung, vermag den aufgezeigten Problemen aber insgesamt nicht abzuhelfen.

IV. Art des Produkts

Denkbar wäre, die Aufklärungspflichten über monetäre Eigeninteressen produktbezogen differenzieren zu wollen.[699] Ansatzpunkte für eine solche Vorgehensweise lieferte die ursprüngliche Entwicklung der Kick-Back-Rechtsprechung selbst. Soweit der BGH in Kick-Back-II an § 31 Abs. 1 Nr. 2 WpHG a.F. anknüpfte, lag es zunächst nahe, den Anwendungsbereich dieser Rechtsprechung auf dem WpHG unterfallende Finanzinstrumente beschränkt zu sehen.[700] So könnte man sich – überspitzt formuliert – an einer tabellarischen Differenzierung im Stile „Aufklärungspflicht über Margen bei Zertifikaten: nein", „Aufklärungspflicht über Margen bei CMS Spread Ladder Swaps: ja" etc. versuchen. Die Entwicklung hat jedoch gezeigt, dass auch die Rechtsprechung die Problematik der Aufklärungspflicht über monetäre Eigeninteressen als *allgemein zivilrechtlich*, auf dem Beratungsvertrag beruhend, charakterisiert.[701] Zwar mag es Produkte geben, bei denen das Eigeninteresse typischerweise quantitativ höher ausfallen könnte als bei anderen. Das muss jedoch keineswegs zwangsläufig immer so sein, außerdem ist die Problematik grundsätzlich bei allen Produkten, die zur Realisierung monetärer Interessen beim Berater führen, strukturell gleich gelagert. Eine produktabhängige Differenzierung wäre daher schon im Ausgangspunkt nicht sinnvoll.[702] Außerdem tendiert nunmehr

---

[697] Vgl. auch *Grundmann*, WM 2012, 1745, 1748 („Leider hat auch die begriffliche Scheidung verschiedener Kategorien nicht nur zur Klärung beigetragen."); *Lenenbach*, Kapitalmartkrecht², Rn. 5.422 (Abgrenzung von Rückvergütungen und nicht offenlegungspflichtigen gewinnrelevanten Einnahmen weiterhin nicht klar erkennbar); *Roth*, in: MünchKomm BGB⁶, § 652 Rn. 261.

[698] Supra § 5 B. I.

[699] Vgl. zur Relevanz der Produktart für die Interessengefährdung des Kunden *Fuchs*, in: Fuchs, Komm WpHG, § 31d Rn. 50; eine umfassende produktabhängige („Art des Anlagegeschäfts") Untersuchung von Aufklärungspflichten findet sich bei *Decker*, Aufklärungspflichten, S. 191 ff.; ferner *Brocker*, BKR 2007, 365 ff.; produktabhängiges Verständnis auch bei *Grys/Geist*, BKR 2009, 127 f.

[700] Vgl. *Harnos*, BKR 2009, 316, 323. Den „Grenzen des Aufsichtsrecht" misst BGH (Innenprovisionen-V) BGHZ 201, 310 = BeckRS 2014, 14029, Rn. 38 ausdrücklich keine Relevanz bei.

[701] Vgl. insbesondere BGH (Kick-Back-III) NJW 2009, 1416, Rn. 12 f.; BGH (Innenprovisionen-V) BGHZ 201, 310 = BeckRS 2014, 14029, Rn. 36.

[702] Vgl. dazu auch supra § 5 B. I. 1. b) bb) (1); *Schäfer*, in: FS Nobbe, S. 725, 736; ohne Bedenken, vielmehr ein solches „abgeschlossenes [produktabhängiges, der Verf.] System" befürwortend, *Brocker/Langen*, BKR 2008, 201, 202 f.

die gesetzliche Entwicklung zur *produktunabhängigen* Vereinheitlichung der Pflichtenregime.[703]

Selbst wenn man aber produktabhängig differenzieren wollte, ließe sich die derzeitige Rechtsprechung damit nicht erklären.[704] So kann die Aufklärungspflicht über Provisionen bei demselben Produkt davon abhängen, ob der Berater bankgebunden ist. Ebenso kann dabei eine grundsätzlich nicht aufklärungspflichtige Marge anfallen, die den grundsätzlich (bei bankgebundenen Beratern) aufklärungspflichtigen Provisionen wirtschaftlich vergleichbar ausgestaltet sein kann. All dies zeigt, dass die Lösung der Problematik nicht in einer Produktdifferenzierung zu finden ist.

V. Rechtsgrundlage der Aufklärungspflicht

Die zur Begründung vergütungsbezogener Aufklärungspflichten herangezogenen Rechtsgrundlagen reichen von Auskunfts-[705] und Beratungsverträgen[706] hin zur c.i.c.[707] und dem Aufsichtsrecht[708]. Dies wird später nochmals ausführlicher zu untersuchen sein.[709] An dieser Stelle genügt es, festzustellen, ob eine Differenzierung nach der Rechtsgrundlage ermöglicht, die gegenwärtige Rechtsprechung stimmig abzubilden. Dies ist zu verneinen. So führt ein Beratungsvertrag, dem die strengsten (Aufklärungs-)Pflichten entnommen werden, *nicht* dazu, dass *alle* Eigeninteressen aufzudecken wären. Nach der Konzeption des XI. Zivilsenats sollen etwa Margen[710] außen vorbleiben. Vergütungen aus Innenprovisionen sind (wohl) erst seit der Neubegründung der Aufklärungspflicht mit einem „kapitalanlagerechtlichen Transparenzgebot" im beratungsvertraglichen Pflichtengefüge ab dem 1.8.2014 aufklärungspflichtig (dazu Innenprovisionen-V, supra § 5 A. XI.). Aber selbst Rückvergütungen (bzw. ab dem 1.8.2014: Dritt-Provisionen) sind nicht bei jedem

---

703 Dazu infra § 11 B.; vgl. auch BGH (Innenprovisionen-V) BGHZ 201, 310 = BeckRS 2014, 14029, Rn. 32 ff.

704 I.E. auch *Schäfer*, in: FS Nobbe, S. 725, 738.

705 Argumentation über Auskunftsvertrag etwa in Innenprovisionen-I; Innenprovisionen-III; BGH, Urt. v. 29.1.2009, Az.: III ZR 74/08.

706 Argumentation über Beratungsvertrag etwa in BGH, Urt. v. 13.3.2003, Az.: V ZR 308/02; Kick-Back-II bis Kick-Back-IV; Kick-Back-VI bis Kick-Back-VIII; Swap-Urteil; Kick-Back-X; Freier Anlageberater I-IX (im Ergebnis Aufklärungspflicht aber verneint); Lehman I-IX (im Ergebnis Aufklärungspflicht aber verneint); Innenprovisionen-V.

707 Argumentation über c.i.c. etwa in Kick-Back-I; Innenprovisionen-II; BGH, Urt. v. 24.3.2009, Az.: XI ZR 456/07; BGH, Urt. v. 20.9.2011, Az.: II ZR 277/09 (im Ergebnis Aufklärungspflicht aber verneint); BGH, Urt. v. 5.6.2012, Az.: XI ZR 175/11 (im Ergebnis Aufklärungspflicht aber verneint).

708 Besonders deutlich noch Kick-Back-II, wo auf § 31 Abs. 1 Nr. 2 WpHG a.F. rekurriert wurde, dazu supra § 5 A. VI.

709 Infra § 9.

710 Für „bemerkenswert" hält dies im Zusammenhang mit Lehman-I und Lehman-II *Schnauder*, jurisPR-BKR 6/2012 Anm. 3. Im Zusammenhang mit der Aufklärungspflicht zu Rückvergütungen sei das nicht unmittelbar einleuchtend; s. auch infra § 10 C.

Beratungsvertrag offenzulegen, wie die Differenzierung von freien und bankgebundenen Beratern zeigt. Die anwendbare Rechtsgrundlage ist folglich ein Aspekt, der die Frage der Aufklärungspflicht mitregelt, indes nicht selbständig abschließend beantworten kann.

Es ist schließlich darauf hinzuweisen, dass die konkrete Rechtsgrundlage keineswegs immer eindeutig festzustellen ist. So werden als Begründung für *Auskunfts*verträge bei der Anlage*vermittlung* teilweise nahezu identische Argumentationen herangezogen, die anderenorts zur Klassifizierung einer Vereinbarung als *Beratungs*vertrag verwendet werden.[711] Daher ist *Schäfer* zuzustimmen, dass die Fundierung von konkludenten (Beratungs-)Verträgen für den Aufklärungspflichtigen nicht praktikabel ist, um ex ante Aufklärungspflichten sicher zu determinieren.[712]

VI. Anzahl der beteiligten Personen

Zum Teil wird bezüglich der Aufklärungspflicht mit der vertraglichen Interessenwahrungspflicht des Beraters argumentiert, die der faktischen Einbindung in „dritte Vertriebssysteme" gegenüberstehe, was im „Drei-Personen-Verhältnis" zum Ausdruck komme. Dies werde missbilligt, womit zugleich erklärt sei, weshalb Margen im „Zwei-Personen-Verhältnis" nicht aufklärungspflichtig seien.[713] Der XI. Zivilsenat verweist darauf, dass die Unterscheidung nach beteiligten Personen auch der „Wertung des § 31d WpHG" entspräche.[714]

Die Personenzahl spiegelt sich in den abgeschlossenen Verträgen wider, etwa Kommissions- oder Kaufverträgen (Festpreisgeschäfte) mit drei bzw. zwei Beteiligten. Zum Teil wurde in der obergerichtlichen Rechtsprechung aus der Differenzierung von Eigengeschäften und Eigenhandel[715] wegen des bei letzterem vorliegenden Kundenbezugs auf ein „tatsächliches Drei-Personen-Verhältnis" geschlossen, um so die Anwendung der Kick-Back-Rechtsprechung zu begründen.[716] Andere versuchen, in Konzernkonstellationen ein Drei-Personen-Verhältnis zu verneinen, um besagte Rechtsprechung nicht anwenden zu müssen.[717]

---

711 Ausführlich infra § 6 B. IV.; vgl. auch *Schäfer*, in: FS Nobbe, S. 725, 735 f. (Unterscheidungsmerkmal nicht praktikabel).

712 *Schäfer*, in: FS Nobbe, S. 725, 735 f.

713 Vgl. *Jooß*, WM 2011, 1260, 1266; vgl. ferner *Seyfried*, in: Kümpel/Wittig, Bank- und Kapitalmarktrecht[4], Rn. 3.134.

714 BGH (Kick-Back-VIII) ZIP 2011, 1559, Rn. 4. Die Kompetenz zur verbindlichen Beantwortung der nicht unumstrittenen Frage (anders als der BGH etwa *Schumacher*, Provisionen im Finanzinstrumentenvertrieb, S. 110), ob § 31d WpHG tatsächlich nur auf Drei-Personen-Konstellationen beschränkt ist, steht hingegen dem EuGH zu, dazu infra § 11 C. III. 3.

715 Dazu supra § 3 B. IV.

716 OLG Frankfurt a.M., Urt. v. 18.5.2011, Az.: 17 U 253/10 (Juris), Rn. 41 ff.; OLG Dresden, Urt. v. 3.4.2012, Az.: 5 U 376/11 (Juris), Rn. 53 ff.; die Unterscheidung wurde vom BGH indes ausdrücklich für irrelevant erklärt, BGH (Lehman-V) BKR 2013, 17, Rn. 22 („ohne Belang"); zum Erfordernis eines Drei-Personen-Verhältnisses § 5 B. III. 1. a) bb) (4).

717 *Witte/Hillebrand*, DStR 2009, 1759, 1760.

Solche Überlegungen können die gegenwärtige Rechtsprechungslage erneut nicht vollständig abbilden. Es sind eben nicht alle Vergütungsinteressen im Drei-Personen-Verhältnis aufklärungspflichtig, was z.B. im Grundsatz für Vergütungen aus Innenprovisionen nach dem Verständnis des XI. Zivilsenats vor dessen Rechtsprechungsänderung in Innenprovisionen-V galt. Weiterhin greifen Ausnahmen für bankungebundene Berater. Soweit in der jüngeren höchstrichterlichen Rechtsprechung aufgrund wirtschaftlicher Betrachtungen festgehalten wurde, dass im Rahmen bestimmter Rechtsfragen ein Kommissionsgeschäft wie ein Festpreisgeschäft zu behandeln sein könne,[718] ist dem zu entnehmen, dass das Vorliegen eines Drei-Personen-Verhältnisses nicht zwingend eine Aufklärungspflicht nach der Rückvergütungs- bzw. Provisionsrechtsprechung zur Folge hat. Ferner gibt es auch im Zwei-Personen-Verhältnis aufklärungspflichtige Eigeninteressen, wie sich im Swap-Urteil gezeigt hat.

VII. Bindungen des Finanzintermediärs

1. Die unterschiedlichen Bindungen und ihre Unterscheidungskraft

Ob ein Berater bankgebunden ist, kann hinsichtlich einer Aufklärungspflicht über Rückvergütungen/Provisionen entscheidend sein. Sie wird vom III. Zivilsenat für freie Berater im Grundsatz abgelehnt.[719] Die Argumentation basiert auf der Annahme, dass die Eigeninteressen des freien Beraters offensichtlich seien.[720] Mit dieser Unterscheidung ist allerdings im bisherigen Rechtsprechungskonzept beider Senate nur die verschiedene Aufklärungspflicht *über Rückvergütungen* zu erklären. Hingegen ist damit nichts gewonnen für die Frage, warum bankgebundene Berater anscheinend (trotz der interessenkonfliktbezogenen Argumentation des XI. Zivilsenats) nicht verpflichtet sein sollen, über Vergütungen aus Innenprovisionen aufzuklären. Zumindest diese Unterscheidung wird sich ab dem 1.8.2014 ändern.[721] Ferner betraf die Frage der Margenaufklärung bisher nur Banken. Da diese aber keineswegs einheitlich gehandhabt wird, zeigt sich, dass im Ergebnis eine Systematisierung der vergütungsbezogenen Rechtsprechung anhand der Unterscheidung von bankgebundener und freier Beratung nicht möglich ist.

---

718 BGH (Lehman-V) BKR 2013, 17, Rn. 49; BGH (Lehman-VII) BB 2012, 3036, Rn. 41; BGH (Lehman-VIII) BeckRS 2012, 23441, Rn. 33; BGH (Kick-Back-XII) WM 2013, 2065, Rn. 29; a.A. OLG Dresden, Urt. v. 3.4.2012, Az.: 5 U 376/11 (Juris), Rn. 56 (maßgeblich sei nicht allein, ob ein Festpreis vereinbart wurde; ausschlaggebend sei die objektive Rechtsnatur des konkret zu beurteilenden Wertpapiergeschäfts).

719 Dazu, dass die Rechtsprechung zu freien Anlageberatern in der Terminologie des XI. Zivilsenats Rückvergütungen betrifft, s. supra § 5 A. XII. 3.

720 Vgl. *Puszkajler*, in: Bankrechtstag 2010, S. 53, 60; zu den Schwierigkeiten bei der Handhabung des Kriteriums der Offenkundigkeit supra § 5 B. II.; besonders zu Tage treten diese Probleme in „*outsourcing*-Konstellationen", dazu infra § 5 B. VII. 2. d).

721 Dazu supra § 5 A. XL.

2. Die Sinnhaftigkeit der Differenzierung

Die Unterscheidung bankgebundener und freier Berater hat sich in der höchstrichterlichen Rechtsprechung trotz Kritik in den unteren Instanzen[722] etabliert.[723] Die Annahme, dass die Tätigkeit von Banken und freien Beratern „grundlegend anders" sei,[724] stößt allerdings auf gravierende Bedenken.

a) Dauernde Geschäftsbeziehung

Das Bank-Kunde-Verhältnis sei regelmäßig auf Dauer angelegt, weshalb es für die Differenzierung zu „Freien" unerheblich sei, ob es sich um einen „Erstkontakt" zwischen Kunde und Bank handele.[725]

Allerdings ist das Kunde-Bank-Verhältnis keineswegs zwingend dauerhaft. Zugleich können auch zu freien Beratern dauerhafte Geschäftsbeziehungen bestehen.[726] Bei den „typischen Geschäftsbanken" mag zwar regelmäßig eine solche dauerhafte Geschäftsverbindung,[727] beispielsweise über geführte Depots, in Betracht kommen. Notwendig ist das im Beratungskontext jedoch nicht. So gibt es Produkte, die zwar über Banken vertrieben werden, indes einer Depoteinbuchung nicht bedürfen.[728] Weshalb die Dauer sonstiger Geschäftsverbindungen, die möglicherweise im Rahmen von Giro- und Abwicklungskonten bestehen und mit der Beratungsleistung noch weniger im Zusammenhang stehen, für die Beurteilung der Beratungsleistung relevant sein sollte, erschließt sich nicht. Allenfalls könnte man dies als einheitliche „Geschäftsverbindung" auffassen.[729] Damit ließe sich im Bankensektor argumentativ eine Grundlage für geschütztes Vertrauen begründen.[730] Aufklärungspflichten lassen sich daraus aber nicht unmittelbar herleiten.

---

[722] S. Fn. 242.

[723] BGH, Urt. v. 20.11.2011, Az.: II ZR 277/09, NJW-RR 2012, 567, Rn.17; BGH (Kick-Back-VII) ZIP 2011, 855; Rn. 30, wo der XI. Zivilsenat die Rechtsprechung des III. Zivilsenats ausdrücklich, auch in der Begründung, billigt.

[724] So BGH (Freier Anlageberater-III) ZIP 2011, 607, Rn. 18; vgl. auch *Wagner*, DStR 2003, 1757, 1758 f., der zwischen „unabhängig individuellen" und „auf Anbieterseite stehenden" Beratern unterscheidet; *ders.* DStR 2004, 1883 f. Dies muss sich indes nicht zwingend mit der Unterscheidung bezüglich der Bankgebundenheit decken.

[725] BGH (Freier Anlageberater-I) BGHZ 185, 185 = ZIP 2010, 919, Rn. 12; vgl. ferner *Ott*, Vorvertragliche Aufklärungspflichten im Licht des Güter- und Leistungsaustausches, S. 142, 154, dazu, dass das Kriterium der Dauer der Geschäftsbeziehung aus ökonomischer Sicht hinsichtlich Effizienzgesichtspunkten von zweifelhaftem Aussagegehalt sei.

[726] *Puszkajler*, in: Bankrechtstag 2010, S. 53, 60; ferner *Brocker/Klebeck*, ZIP 2010, 1369, 1374 (Merkmal „ohne jede Unterscheidungskraft"); *Kluge*, Kick-backs, S. 61.

[727] Vgl. *Hopt*, in: Schimansky/Bunte/Lwowski, Bankrechts-Hdb.^{4}, § 1 Rn. 41.

[728] Z.B. Fonds in Form der Unternehmensbeteiligung, *Langen*, NZG 2010, 816, 818 f.; *Schäfer*, in: FS Nobbe, S. 725, 737.

[729] Zur Lehre von der Geschäftsverbindung *Hopt*, in: Schimansky/Bunte/Lwowski, Bankrechts-Hdb.^{4}, § 1 Rn. 41 ff.

[730] Vgl. zum „tragenden Gesichtspunkt des Vertrauensschutzes" in der Kick-Back-Rechtsprechung BGH (Freier Anlageberater-III) ZIP 2011, 607, Rn. 15.

b) Zu erwartende Quersubventionierung / entgeltliche Geschäftsbesorgung

Der III. Zivilsenat führt an, die Bank wolle über „Depotgebühren, Kontoführungsgebühren sowie An- und Verkaufsprovision" verdienen.[731]

Das ist sicherlich richtig, da Banken als Wirtschaftsteilnehmer daran interessiert sind, dass ihre (entgeltlichen) Leistungen in Anspruch genommen werden.[732] Die Frage ist nunmehr, ob diese Selbstverständlichkeit Auswirkungen auf das Kunde-Bank-Verhältnis bei unentgeltlichen Beratungen[733] haben sollte und eine Differenzierung zu freien Beratern zulässt. Der III. Zivilsenat meint, dass dies so sei, da ein Kunde aufgrund der beschriebenen „monetären Folgeinteressen" der Bank nicht mit Eigeninteressen bei der Beratung rechnen müsse.[734] Das überzeugt nicht. Es ist zunächst in Erinnerung zu rufen, dass die Anlageberatung eine eigenständige Leistung des Intermediärs ist, die mit nicht unerheblichen Kosten, etwa für Informationsbeschaffung und -prüfung, für deren Anbieter verbunden ist.[735] In einer marktwirtschaftlich verfassten Wirtschaftsordnung muss davon ausgegangen werden, dass Leistungen im Wirtschaftsverkehr grundsätzlich gegen Entgelt und zumindest auch im Interesse des Anbieters angeboten werden.[736] Von diesem Standpunkt aus ist es begründungsbedürftig, weshalb aus Sicht des Vertragspartners eine Leistung weder entgeltlich sein, noch im Eigeninteresse des Anbieters liegen sollte. Dass die Anlageberatung meist unentgeltlich („kostenfrei") angeboten wird, entspricht regelmäßig der Außendarstellung der Intermediäre („Werbung"). Eine Entgeltlichkeit lässt sich ebenso wenig darüber begründen, dass bei erfolgreichen Empfehlungen der Kunde über Vertriebsprovisionen wirtschaftlich die Beratung dennoch vergüte.[737] Das träfe nur in den Fällen zu, in denen tatsächlich eine Empfehlung ausgesprochen wird *und* der Kunde diese über die beratende Bank abwickelt.[738] Indes ist der Kunde völlig frei, eine Empfehlung bei einem anderen Intermediär umzusetzen

[731] BGH (Freier Anlageberater-I) BGHZ 185, 185 = ZIP 2010, 919, Rn. 12; *Fullenkamp*, NJW 2011, 421, 422 („wesentlicher Unterschied" zwischen Banken und freien Beratern).

[732] Vgl. bereits supra § 3 B. V.

[733] Zur Kategorisierung der provisionsgestützten Beratung als unentgeltlich sogleich.

[734] Vgl. BGH (Freier Anlageberater-I) BGHZ 185, 185 = ZIP 2010, 919, Rn. 12; zustimmend *Einsiedler*, WM 2013, 1109, 1110.

[735] Vgl. *Brocker/Klebeck*, ZIP 2010, 1369, 1374; zur Notwendigkeit der Informationstransformation durch Finanzintermediäre bereits supra § 3 A. II. 3.

[736] Vgl. auch *Decker*, Aufklärungspflichten, S. 476; *Lang/Bausch*, WM 2010, 2101, 2107; *Langen*, NZG 2010, 816, 819; *Schäfer*, in: FS Nobbe, S. 725, 737 f.; vgl. zur Vertragstheorie *v. Hayek*, Die Verfassung der Freiheit[4], S. 181; *v. Mises*, Human Action, S. 257; *Schäfer/Ott*, Ökonomische Analyse[5], S. 423; ferner *Decker* a.a.O. S. 30; knapp auch *Zimmer*, Weniger Politik!, S. 56.

[737] So etwa *Emmerich*, in: MünchKomm BGB[6], § 311 Rn. 69; *Horst*, Kapitalanlegerschutz, S. 192 f.; *Sethe*, AcP 212 (2012), 80, 93 f., wohl auch *Ellenberger*, Umfassende Anlage- und Anlegergerechte Beratung, S. 59, 63; *Nobbe/Zahrte*, in: MünchKomm HGB[3], Anlageberatung, Rn. 81.

[738] Auch dann ist die Vergütung produktabhängig. So fallen z.B. beim Fondsbeitritt keine Effektenprovisionen an, *Veil*, WM 2009, 2193, 2199; ferner *Langen*, NZG 2010, 816, 818 f. In der Rechtsprechung wird hinsichtlich der beratungsvertraglichen Bindung mitunter sogar für unerheblich gehalten, wenn der Beratungskunde sein Depot bei einem anderen Institut führen lässt, *Hannöver*, in: Schimansky/Bunte/Lwowski, Bankrechts-Hdb.[4], § 110 Rn. 23.

oder ihr nicht zu folgen. Möglicherweise liegt die richtige Empfehlung sogar darin, keine Vermögensverfügung vorzunehmen.[739] In all diesen Konstellationen erhält die Bank keine Vertriebsprovision, obgleich sie die kostenverursachende Beratungsleistung[740] erbracht hat. Aufgrund dieser Unwägbarkeiten kann die Beratungsleistung trotz *eventuell* nachträglich fließender Vertriebsprovisionen nicht als entgeltlich im Verhältnis zum Kunden charakterisiert werden.[741]

Es verbleibt zu klären, ob der Bankkunde aufgrund der beschriebenen Situation erwarten darf, dass er nicht nur kostenfrei, sondern völlig uneigennützig beraten wird.[742] Davon geht der III. Zivilsenat aufgrund (vermeintlich) erstrebter Folgeentgelte aus. Dem ist zu entgegnen, dass diese Annahme schon deshalb zweifelhaft ist, weil die angeführten Entgelte (Kontoführungs- und Depotgebühren; Effektenprovisionen) regelmäßig der Höhe nach kaum ausreichen, um die durch die Anlageberatung entstehenden Kosten und die der nominell zu vergütenden Leistung (z.B. Effektenerwerb und -verwaltung) zu decken.[743] Erkennt man an, dass auch diese Leis-

---

[739] Unzutreffend daher *Reiter/Methner*, WM 2013, 2053, 2055 („Eine Beratung hat den Anleger ohnehin auch bei provisionsbasierter Beratung *stets* Geld gekostet." [Hervorh. durch Verf.]); ebenso *Stahl*, *Information Overload* am Kapitalmarkt, S. 97 („[Anlageberatung] wird *in jedem Fall* vergütet." [Hervorh. durch Verf.]).

[740] Vgl. *Buck-Heeb*, ZHR 177 (2013), 310, 323; nach *Oehler/Kohlert*, 32 J. Consum. Policy (2009), 91, 95, tragen im *retail*-Sektor möglicherweise bis zu 90% der Beratungen nicht zum Gewinn der Banken bei bzw. „leisten" sogar einen negativen Beitrag zum Ergebnis.

[741] So i.E. auch OLG Hamburg, Urt. v. 23.4.2010, Az.: 13 U 117/09, ZIP 2010, 973, 974 („keine gesonderte Vergütung" für Beratung); OLG Frankfurt a.M., Urt. v. 29.11.2012, Az.: 3 U 300/11, ZIP 2013, 209, 210 („Bank erhält *für die Beratung selbst* kein Entgelt" [Hervorh. durch Verf.]); LG Düsseldorf, Urt. v. 11.5.2012, Az.: 8 O 77/11, BKR 2013, 166, Rn. 147; *BaFin/Deutsche Bundesbank*, Gemeinsames Informationsblatt der Bundesanstalt für Finanzdienstleistungsaufsicht und der Deutschen Bundesbank zum Tatbestand der Anlageberatung, Mai 2011, S. 5 („Auch die Absicht, *mittelbar* über die Anlageberatung *Gewinn zu erzielen*, genügt [...], z.B. wenn die Beratung *unentgeltlich durchgeführt* wird, indirekt aber [...] entgeltliche Leistungen fördern soll." [Hervorh. durch Verf.]); *Brandt*, Aufklärungs- und Beratungspflichten, S. 74f.; *Buck-Heeb*, DB 2011, 2825, 2828; *Casper*, ZIP 2009, 2409, 2416f.; *Edelmann*, BB 2010, 1163, 1167; *Gansel/Gängel*, NJ 2010, 312, 318; *Habersack*, WM 2010, 1245, 1252; *Hannöver*, in: Schimansky/Bunte/Lwowski, Bankrechts-Hdb.[4], § 110 Rn. 66; *Komo*, NZG 2011, 1178, 1180; *Kumpan/Leyens*, ECFR 2008, 72, 98; *Langen*, NZG 2010, 816, 819; *Lenenbach*, Kapitalmarktrecht[2], Rn. 11.26; *Oehler/Kohlert*, 32 J. Consum. Policy (2009), 91, 95; *Pellens/Grunwald*, WM 2012, 778, 780; *Preisig*, Vertrieb von Anlagefonds, S. 53 (mit Verweis auf eine entsprechende ältere Rechtsprechung des Schweizerischen Bundesgerichts); *Veil*, WM 2009, 2193, 2201; *ders.*, in: Veil, Europäisches Kapitalmarktrecht[2], § 25 Rn. 17; a.A. *Möllers*, in: Bankrechtstag 2012, S. 81, 84 („Beratungstätigkeit [wird] üblicherweise nicht unentgeltlich erbracht."); *Schelling*, Vergütungssysteme und Interessenkonflikte, S. 32; *Sethe*, AcP 212 (2012), 80, 93f.: *Weber*, in: Fischer/Klanten, Bankrecht[4], Rn. 11.282, unter Hinweis auf die Einpreisung in andere Geschäfte; *Weller*, ZBB 2011, 190, 192 („Für die Beratung schuldet der Kunde/Anleger grundsätzlich ein Entgelt.").

[742] Vgl. *Koller*, ZBB 2007, 197, 199, der zwar moniert, dass von „echter Uneigennützigigkeit" bei der Beratung „nicht mehr die Rede" sei, wobei er die – im Grundsatz legitimen – Entgeltinteressen der Berater nahezu vollständig ausblendet.

[743] *Kluge*, Kick-backs, S. 62; *Nobbe*, BKR 2011, 302, 303f.; vgl. ferner *Hopt*, Kapitalanlegerschutz im Recht der Banken, S. 103; vgl. zu den verschiedenen angeführten Leistungen und dafür verlangten Entgelten bereits supra § 3 B. III.-V. und C. I.

tungen *unabhängig von* etwaigen *Beratungen* erbracht werden können und eigene Kosten verursachen, die durch die geforderten Entgelte gedeckt werden sollen, muss man die Berechtigung der Erwartung bezweifeln, dass der Anlageberatungskunde von einer Quersubventionierung durch andere Bankleistungen in einer solchen Höhe ausgehen darf, dass monetäre Eigeninteressen der Bank bei der Beratung keine Rolle mehr spielen.[744]

Selbst wenn man diese problematische Annahme für richtig halten würde, müsste man der Bank zumindest zugestehen, ihre Empfehlungen maßgeblich auf solche Finanzprodukte auszurichten, bei denen die genannten Entgelte überhaupt anfallen. Für die geforderte Neutralität der Bankberatung wäre dies zwar negativ zu bewerten. Ginge man hingegen davon aus, dass eine Fokussierung auf Geschäfte, die Folgeerträge abwerfen, nicht (ohne Aufklärung) akzeptabel sei, würde man im Ergebnis eine nicht nur kosten-, sondern selbstlose Beratung, mithin Altruismus von einem Wirtschaftsteilnehmer fordern.[745] Der III. Zivilsenat bemühte sich daher in seiner Freier Anlageberater-III-Entscheidung herauszustellen, dass das Kunde-Bank-Verhältnis „im Allgemeinen [...] ein *entgeltliches* Geschäftsbesorgungsverhältnis (§§ 611, 675 Abs. 1, 675c Abs. 1 BGB)" [Hervorh. durch Verf.] sei und „vom Gedanken der Fremdnützigkeit [...] geprägt und bestimmt" werde.[746] Allerdings führt der Senat zu Recht aus, „dass die Bank *für die jeweiligen Dienstleistungen* vom Kunden selbst Entgelte oder Provisionen erhält" (Hervorh. durch Verf.).[747] Wenn aber die *jeweilige Leistung* vergütet wird, leuchtet trotz der Überlegung des III. Zivilsenats nicht ein, weshalb dann die Beratungsleistung offenbar so quersubventioniert werden solle, dass dort nicht mehr mit Eigeninteressen zu rechnen sein müsse. Die zur Unterlegung angeführten Normen scheinen ebenso nicht recht zu passen: Die Beziehung des Kunden zur Bank mag als „geschäftsähnlicher Kontakt" i.S.v. § 311 Abs. 2 Nr. 3 BGB zur Begründung eines Schuldverhältnisses herangezogen werden.[748] Vergütungspflichten entstehen, auch wenn man mit dem III. Zivilsenat von einem Geschäftsbesorgungsverhältnis mit dienstvertraglichem Charakter (§§ 675 Abs. 1, 611 BGB) ausginge, aber erst durch *konkrete* Leistungen, die dann regelmäßig durch besondere Rechtsgrundlagen (wie etwa dem vom Senat angeführ-

---

[744] Wie hier *Bracht*, in: Schwintowski, Bankrecht[4], § 18 Rn. 2 mit Fn. 2; a.A. anscheinend OLG Celle, Urt. v. 11.6.2009, Az.: 11 U 140/08, ZIP 2009, 2149, 2150 (Anlageberatung als „Serviceleistung"); OLG Stuttgart, Urt. v. 20.4.2011, Az.: 9 U 41/10, WM 2012, 1719, 1721; *Veldhoff*, Haftung von Kreditinstituten, S. 287, hält das für „nicht lebensfremd".

[745] Skeptisch auch *Puszkajler*, in: Bankrechtstag 2010, S. 53, 60; vgl. auch *Hopt*, Kapitalanlegerschutz im Recht der Banken, S. 425, wonach auch einem Anlegerschutzprinzip „keineswegs [die] Inpflichtnahme der Unternehmen und Kreditinstitute zum Sozialschutz mit einer Verpflichtung zu unbegrenztem Altruismus auf eigene Kosten" zu entnehmen wäre.

[746] BGH (Freier Anlageberater-III) ZIP 2011, 607, Rn. 19; kritisch *Grigoleit*, ZHR 177 (2013), 264, 292.

[747] BGH (Freier Anlageberater-III) ZIP 2011, 607, Rn. 19.

[748] Vgl. *Hopt*, in: Schimansky/Bunte/Lwowski, Bankrechts-Hdb.[4], § 1 Rn. 42 m.w.N.; ferner infra § 11 A. II.

ten § 675c BGB für den Zahlungsverkehr) geregelt sind.[749] Die Argumentation mit der Figur des allgemein entgeltlichen Geschäftsbesorgungsverhältnisses ist daher nicht geeignet zu begründen, weshalb ein Bankkunde, der gegebenenfalls weitere (kostenverursachende) entgeltliche Leistungen in Anspruch nimmt, eine völlig selbstlose Beratung erwarten können soll.

Soweit der besondere Aspekt der „Fremdnützigkeit" im Kunde-Bank-Verhältnis herausgestellt wird, ist dem zu begegnen, dass auch der freie Berater mit dem Kunden (nach Ansicht der Rechtsprechung) einen Beratungsvertrag schließt. Selbst wenn dieser nach dem III. Zivilsenat aufgrund fehlender Bankgebundenheit von „geringerer Wertigkeit" sein sollte, so wird man ihm doch die Fremdnützigkeit nicht absprechen können, ohne vollends ein für den Vertragstyp spezifisches Charakteristikum zu leugnen.[750]

Damit ist dieses Unterscheidungskriterium für eine allgemeine Differenzierung freier und bankgebundener Berater untauglich.[751]

c) Typisierende Betrachtung durch den III. Zivilsenat

Der Senat arbeitet mit einer „gebotenen typisierenden Betrachtung".[752] Abgesehen davon, dass es beim „typischen bankgebundenen Berater" ebenso wenig nahe liegt, von einer Eigeninteressen vollständig ausblendenden Beratung auszugehen, ist bereits zu hinterfragen, weshalb es auf einen solchen „typisierten Regelfall" ankommen solle.[753]

Die hier relevanten Urteile betonen regelmäßig, dass es auf „alle Umstände des *Einzelfalls*" (Hervorh. durch Verf.) ankomme.[754] Auch in den Fällen zu freien Beratern wird von die Beratung erfassenden Anlageberatungsverträgen ausgegangen. Diese verpflichten den Berater dazu, *allein* die Interessen des (konkreten) Vertragspartners wahrzunehmen.[755] Soweit die Rechtsprechung zu freien Beratern die Vereinnahmung von Vertriebsprovisionen durch Dritte von der Aufklärungspflicht freistellt, ist dies faktisch eine Einschränkung dieses Pflichtenprogramms.[756] Dies wird mit der „auf der Hand liegenden" unterschiedlichen Stellung von freien und

---

[749] Vgl. auch *Langen*, NZG 2010, 816, 819 („Die Vertragsbeziehung [als solche, der Verf.] ist durch und durch kostenlos.").

[750] Ausführlicher zu den Folgen der geschuldeten alleinigen Fremdinteressenwahrnehmung infra § 10 C.

[751] Vgl. auch *Spindler*, in: Langenbucher/Bliesener/Spindler, BankR-Komm., 33. Kap. Rn. 191.

[752] BGH (Freier Anlageberater-III) ZIP 2011, 607, Rn. 18.

[753] Kritisch auch *Kluge*, Kick-backs, S. 61; ferner *Brocker/Klebeck*, ZIP 2010, 1369, 1373.

[754] So schon BGH (Bond), Urt. v. 6.7.1993, Az.: XI ZR 12/93, BGHZ 123, 126 = NJW 1993, 2433, zur Konturierung des beratungsvertraglichen Pflichtenprogramms.

[755] Vgl. zum Pflichtenprogramm aus dem Beratungsvertrag infra § 10 C.; dort auch zum Grundsatz der alleinigen Fremdinteressenwahrnehmung.

[756] So i.E. auch *Spindler*, in: Langenbucher/Bliesener/Spindler, BankR-Komm., 33. Kap. Rn. 189.

bankgebundenen Beratern begründet.[757] Wenn nun aber beispielsweise für einen Anleger, der einen allein seinen Interessen dienenden Beratungsvertrag mit einem freien Berater abschließt, nicht offenkundig sein sollte, dass „sein Berater" von dritter Seite vergütet wird (und der Einfachheit halber unterstellt wird, dass der Berater dies bemerkt), stellt sich die Frage, mit welcher Berechtigung ihm im Kunde-Berater-Verhältnis der Schutz mit der Erwägung versagt werden darf, dass dies *typischerweise* anders sei.[758] Dies ist umso bedenklicher, als sich ein Vertragschließender grundsätzlich keine Gedanken machen muss, wie und ob sein Vertragspartner „auch auf seine Kosten kommt" bzw. weshalb dieser sich ursprünglich verpflichtete.[759] Er darf sich von dieser Erwägung unabhängig darauf verlassen, dass der andere seine vertraglichen Pflichten erfüllt,[760] zumal freie Beratung unter Umständen deshalb gewählt wurde, um den Beschränkungen der Bankberatung (z.B. Vertrieb nur konzerneigener Produkte) zu entgehen.[761]

Der Unterscheidung von freien und bankgebundenen Beratern scheinen im Ergebnis unterschiedliche Vorstellungen über den *Umfang* der Aufklärungspflichten der Berater *an sich* zugrunde zu liegen.[762] In diesem Zusammenhang ist auf einen Fall zu verweisen, den das LG Düsseldorf zu entscheiden hatte. Dort schloss ein Kunde einen Beratungsvertrag mit einer Bank, die „einmalig" zum Erwerb einer steuerlich motivierten Unternehmensbeteiligung eingeschaltet war und dafür eine nicht aufgedeckte Vertriebsprovision erhielt. Das Gericht entschied, dass mangels sonstiger geschäftlicher Verbundenheit, wie diese etwa zur „Hausbank" bestünde, die Bank vielmehr in einer ähnlichen Lage gewesen sei wie ein freier Berater. Daher habe keine nachfrageunabhängige Aufklärungspflicht über die vereinnahmte Vertriebsprovision bestanden.[763] Das LG Düsseldorf verweigerte sich damit einer typisierenden Betrachtungsweise, wonach die Bank hier – nach den Grundsätzen der Rechtsprechung des XI. Zivilsenats – zur Aufklärung verpflichtet gewesen wäre. Bei einer Verallgemeinerung der Entscheidung wäre die Kick-Back-Rechtsprechung (wohl) nur noch auf „Hausbanken" anwendbar, wobei unklar ist, wie ein sol-

---

[757] Vgl. BGH (Freier Anlageberater-I) BGHZ 185, 185 = ZIP 2010, 919, Rn. 13; zur Problematik der Argumentation mit Offenkundigkeitsgesichtspunkten bereits supra § 5 B. II.

[758] Vgl. auch BGH (Accessio Wertpapierhandelshaus AG), Urt. v. 19.3.2013, Az.: XI ZR 431/11, BGHZ 196, 340 = ZIP 2013, 870, Rn. 25, wonach eine Aufklärungspflicht in Betracht komme, wenn eine „tatsächliche Aufklärungsbedürftigkeit des Kunden erkannt oder infolge grober Fahrlässigkeit nicht erkannt" wird. Zur typisierenden Betrachtung auch *Buck-Heeb*, ZHR 176 (2012), 66, 91; *dies.*, ZHR 177 (2013), 310, 338.

[759] Vgl. auch *Forschner*, Wechselwirkungen von Aufsichtsrecht und Zivilrecht, S. 172.

[760] Dies wirft erneut die Frage auf, inwiefern die „Konstruktion" über treuhandähnliche Beratungsverträge überzeugend ist, dazu ausführlich infra § 6 A. I. 4. d).

[761] Zu diesem Aspekt *Kluge*, Kick-backs, S. 61; *Schäfer/Schäfer*, BKR 2007, 163, 165 f.; *Sethe*, in: FS Nobbe, S. 769, 772.

[762] Vgl. beispielhaft etwa Kick-Back-II einerseits (supra § 5 A. VI.) und Freier Anlageberater-VIII anderseits (supra § 5 A. XXXVI.) zur Frage, ob eine Partizipation des Kunden an Vertriebsprovisionen die Aufklärungspflicht des Beraters bezüglich der Höhe der realisierten Eigeninteressen in eine „Nachfragepflicht" des Anlegers abwandelt (s. aber auch Fn. 567).

[763] LG Düsseldorf, Urt. v. 29.5.2012, Az.: 8 O 654/10, BKR 2013, 217, Rn. 33 f.

cher Begriff heutzutage zu definieren wäre. Dass Beratungen aber auch über andere Institute stattfinden, ist indes keine große Besonderheit und legt damit nochmals die Schwäche der Typisierung offen, die der Differenzierung von freien und bankgebundenen Beratern zugrunde liegt: Erhebliche Teile der Wirklichkeit werden nur unzureichend erfasst.

Soweit zur Rechtfertigung der Unterscheidung nach „Berufsgruppen" auf § 31d WpHG verwiesen wird, der nicht alle Berater erfasse,[764] hat dieses Argument durch die Einführung von § 17 FinVermV an Gewicht verloren.[765]

d) Der Umgang mit „outgesourcter" Bankberatung als Kristallisationspunkt

Die aufgezeigten Schwierigkeiten kulminieren in der Rechtsprechung zur „outgesourcten Bankberatung", anhand derer man die unterschiedlichen Vorstellungen des III. im Vergleich zum XI. Zivilsenat hinsichtlich vergütungsbezogener Aufklärungspflichten besonders deutlich demonstrieren kann. Der III. Zivilsenat hatte zu entscheiden, wie Berater zu behandeln sind, die als ausgelagerte 100%ige Tochtergesellschaft einer Bank Anlageberatung erbringen (z.B. Freier Anlageberater-VII). Er befand, dass die Beratungsgesellschaft als „frei" anzusehen sei, was er maßgeblich wie folgt begründete:

„In den Vordergrund zu stellen" sei, dass die Beklagte als selbständige juristische Person keine „klassischen" Bankgeschäfte betreibe. Sie sei kein Kreditinstitut, vielmehr ein eigenständiges Unternehmen, „zu dessen Haupttätigkeit" die Anlageberatung gehöre.[766] Die Umstände, dass das Unternehmen zur Finanzgruppe der Sparkasse gehöre, keine eigenen Geschäftsräume außerhalb der Sparkasse habe und der Kundenstamm im Wesentlichen aus Sparkassenkunden bestünde, bliebe angesichts der gebotenen typisierenden Betrachtungsweise „ungeachtet".[767] In ähnlich gelagerten Konstellationen (Freier Anlageberater-VIII und Freier Anlageberater-IX), verwendete die Tochter sogar das Logo der Sparkasse. Auch das sei unerheblich.[768]

Der Kläger (in Freier Anlageberater-VII) machte geltend, er habe die Beklagte für eine Abteilung der Sparkasse gehalten. Diesen Einwand verwarf der III. Zivilse-

---

764 BGH (Kick-Back-VII) ZIP 2011, 855, Rn. 31.

765 Zu § 17 FinVermV infra § 11 B. I. 2. b) aa); vgl. auch *Ellenberger*, in: Praktikerhdb. Wertpapier- und Derivategeschäft[4], Rn. 1034 („Die zivilrechtliche Rechtsprechung wird diese [neuen, der Verf.] aufsichtsrechtlichen Vorgaben schwerlich ignorieren können"). Insofern bleibt auch die „Reaktion" des III. Zivilsenats auf die Innenprovisionen-V-Entscheidung des XI. Zivilsenats abzuwarten.

766 BGH (Freier Anlageberater-VII) NZG 2012, 1072, Rn. 14; jüngst BGH (Freier Anlageberater-IX) BKR 2013, 288, Rn. 16.

767 BGH (Freier Anlageberater-VII) NZG 2012, 1072, Rn. 14.

768 A.A. OLG München, Urt. v. 27.11.2012, Az.: 5 U 1345/12, ZIP 2013, 354, 356 mit zustimmender Anmerkung von *Bendermacher*, EWiR 2013, 97, 98. Auch nach *Hanke*, BKR 2012, 493, 497 f., sei das bereits ausreichend, um die wirtschaftliche Verbundenheit und das gemeinsame Absatzinteresse der als „ein Unternehmen" identifizierten Mitglieder der Unternehmensgruppe zu verdeutlichen.

nat, da der Kläger von der Sparkasse an die Beklagte verwiesen worden sei.[769] Ruft man sich in Erinnerung, dass die Grundlage der Rechtsprechung zu freien Anlageberatern die vermeintlich unterschiedliche Kundenerwartung sein soll, ist es bemerkenswert, in welcher Kürze der Senat alle Anzeichen abhandelte, die gegen die angeführte Offenkundigkeit der Vergütung der Beklagten durch die Kapitalnehmer sprachen. Die organisatorische Auslagerung der Beratung von vermögenden Kunden ist keine Seltenheit,[770] sodass es schon fraglich ist, ob die bloße Weiterverweisung durch eine *Bank* an eine *gesonderte Beratungseinheit* für den Kunden zugleich (hinreichend) deutlich macht, dass nunmehr das Geschäftsverhältnis Kunde-Bank verlassen wird. Aufgrund der Umstände des konkreten Falls (wesentlich deckungsgleicher Kundenstamm von Bank und Beratungsunternehmen; gleiche Geschäftsräume und gesellschaftsrechtliche Beherrschung) gab es gewichtige Anhaltspunkte, die gegen eine solche „Erkenntnis" beim Kunden sprachen. Diese berücksichtigen zu wollen, wäre deshalb keine „Differenzierung zwischen den ‚Hintermännern' des freien Anlageberaters".[771] Es kann ferner nicht entscheidend sein, dass sich aus ausgehändigten Schriftstücken ergab, dass die Beklagte keine Abteilung der Sparkasse war.[772] Denn die Frage ob diese „frei" ist, richtet sich nach den *auf sie selbst* bezogenen Kundenerwartungen. Ob der Kläger hier von der Beklagten dieselben (Aufklärungs-)Standards wie von der Sparkasse erwarten durfte, wurde aber nicht näher behandelt.[773] Dies verwundert umso mehr, als der III. Zivilsenat unter „frei" letztlich „bankunabhängig" versteht.[774] In der Freier Anlageberater-VIII-Entscheidung bezeichnete die verklagte „Beratungstochter" ihr Geschäft sogar als *private banking*,[775] sodass die Außendarstellung eben *nicht* auf eine *Trennung von der Bankmutter* ausgerichtet war.

Die Aussage, dass bei der Betrachtung die formal juristische Selbständigkeit *im Vordergrund* stehen solle, überrascht in dieser Pauschalität.[776] Während die sich

---

[769] BGH (Freier Anlageberater-VII) NZG 2012, 1072, Rn. 15.

[770] Vgl. BGH (Freier Anlageberater-VII) NZG 2012, 1072, Rn. 15; *Wigand*, BKR 2012, 433, 434.

[771] So aber *Lang*, EWiR 2012, 615, 616.

[772] So aber BGH (Freier Anlageberater-VII) NZG 2012, 1072, Rn. 15; weitergehend noch BGH (Freier Anlageberater-IX) BKR 2013, 288, Rn. 17 (am „Stempelabdruck" sei das zu erkennen gewesen).

[773] I.E. wie hier auch *Buck-Heeb*, jurisPR-BKR 2/2013 Anm. 3 m.w.N. zur unterschiedlichen obergerichtlichen Rechtsprechung.

[774] Dazu supra § 3 C. I. 1.

[775] Ob der Begriff hier auch in der Firma der Beklagten enthalten war, ist unklar. Für unzulässig aufgrund eines Verstoßes gegen § 39 Abs. 1 KWG hält dies OLG München, Urt. v. 27.11.2012, Az.: 5 U 1345/12, WM 2013, 122 (Leitsatz 2).

[776] Anders urteilten noch die unteren Instanzen, vgl. etwa OLG München, Urt. v. 15.2.2011, Az.: 5 U 4507/10, ZIP 2011, 2139 (Leitsatz), wo auf „Wissen und Wollen" der Bank und das im bankvertragsrechtlichen Verhältnis gewachsene Vertrauen abgestellt wird; OLG Hamm, Urt. v. 14.7.2011, Az.: 34 U 55/10, ZIP 2011, 1949 (Leitsatz), wonach es „darauf an[komme], ob die Beratungsgesellschaft sich aus der Sicht des Kunden nach außen als von der Bank unabhängig darstellt"; OLG Düsseldorf, Urt. v. 19.4.2012, Az.: 6 U 52/11 (Juris), Rn. 52 („Banknähe" bereits durch

dem Anleger aufdrängenden konkreten Umstände „ungeachtet" bleiben sollen, wird von ihm offenbar erwartet, aufgrund der konkreten Ausgestaltung der Einbindung seines Vertragspartners in die Konzernstruktur der Muttergesellschaft[777] die vom III. Zivilsenat postulierten Schlüsse zu ziehen. Man mag dieser Entscheidung zustimmen, weil das genannte Kriterium „leicht feststellbar" ist.[778] Allerdings verlässt der formale Charakter der Unterscheidung den Boden der Rechtsprechung zu freien Beratern, die auf vermeintlich unterschiedlichen *Kundenerwartungen* beruht.[779] Für die Kundenerwartungen (mindestens) ebenso relevante Umstände werden nur untergeordnet berücksichtigt.[780] Das lässt sich auch nicht mit der „gebotenen typisierenden Betrachtung" begründen, denn diese müsste sich – auch in den Auslagerungssachverhalten – an eine typische Anlegererwartungshaltung anknüpfen lassen.[781] Selbst wenn man sich auf eine formale Betrachtungsebene begibt, ist damit die Frage der Bankgebundenheit noch nicht abschließend beantwortet. So entschied das OLG München,[782] dass vertraglich gebundene Vermittler nach § 2 Abs. 10 KWG schon *per definitionem* keine freien Anlageberater sein könnten. Ergänzend wird auf einen zwischen Bank und Tochtergesellschaft geschlossenen Gewinnabführungs- und Beherrschungsvertrag abgestellt.[783] Freilich kann der Kunde auch solche gegen eine Unabhängigkeit sprechenden formalen Umstände nicht ohne weiteres erkennen.

Letztlich belegt die Behandlung „outgesourcter Bankberatung" die These, dass der III. Zivilsenat abweichende Vorstellungen von vergütungsbezogenen Aufklärungspflichten im Vergleich zum XI. Zivilsenat hat.[784] Wird nämlich auf für den Kunden kaum erkennbare Formalitäten abgestellt, geht es letztlich nicht mehr um eine Umsetzung von vermeintlichen Anlegererwartungen, die eine Differenzierung

---

gesellschaftsrechtliche Bindung; darüber hinaus wird auf die Außendarstellung abgestellt); dazu *Wigand*, BKR 2012, 433, 434.

777 Die Sparkasse könnte die Beratung statt von einer 100 %igen Tochtergesellschaft ohne weiteres durch eine Abteilung des „Stammhauses" erbringen lassen; vgl. im Zusammenhang mit Vermögensverwaltung auch *Hopt*, Kapitalanlegerschutz im Recht der Banken, S. 107 („Frage der betrieblich vorzuziehenden Organisation").

778 So *Voigt*, BB 2012, 2272.

779 Insoweit sollte es auch skeptisch stimmen, dass als Mittel der faktischen Haftungsbeschränkung für Banken mitunter empfohlen wird, die Anlageberatung auf Konzerntöchter auszulagern, so *Bracht*, ZBB 2013, 252, 255.

780 Ähnliche Einschätzung bei *Wigand*, BKR 2012, 433, 434.

781 Vgl. auch *Buck-Heeb*, jurisPR-BKR 2/2013 Anm. 3; ferner *Voigt*, BB 2011, 2708, wonach eine Argumentation mit „Erkennbarkeitskriterien" für den Kunden nur einzelfallbezogen angewendet werden könne, ebenso *Hanke*, BKR 2012, 493, 497 f. Dies ist zutreffend. Will man hingegen, wie der III. Zivilsenat, aufgrund einer *typisierten* Erkennbarkeit Pflichten konturieren, verpflichtet das umso mehr zu einer Begründung, weshalb unterschiedliche Konstellationen („rein" freie Beratung im Vergleich zur ausgelagerten Bankberatung) gleich behandelt werden sollen.

782 OLG München, Urt. v. 27.11.2012, Az.: 5 U 1345/12, WM 2013, 122 (Leitsatz 1).

783 OLG München, Urt. v. 27.11.2012, Az.: 5 U 1345/12, WM 2013, 122, 126; zu gesellschaftsrechtlich vermittelten Bindungen der freien Berater supra § 3 C. II.

784 Vgl. bereits supra § 5 B. VII. 2. c).; ferner *Dieckmann*, EWiR 2013, 339, 340 („tiefer Graben" zwischen III. und XI. Zivilsenat).

rechtfertigen würden, sondern darum, weshalb und in welchem Umfang monetäre Eigeninteressen des Beraters aufzudecken sind. Für den III. Zivilsenat stellt die Vergütung des Beraters offenbar einen untergeordneten Aspekt dar, solange die Beratung anleger- und objektgerecht erfolgt.[785]

e) Zwischenergebnis

Die Unterscheidung zwischen freien und bankgebundenen Beratern überzeugt so allgemein wenig.[786] Die Fälle der freien Beratung hat vornehmlich der III. Zivilsenat zu entscheiden, über die Bankberatung der XI. Zivilsenat. Die Vermutung liegt daher nicht fern, dass die besprochene Differenzierung in der Rechtsprechung der beiden Senate zumindest den nicht unerwünschten Nebeneffekt hat, dass eine Vorlage an den Großen Senat für Zivilsachen nach § 132 Abs. 2 Var. 1 GVG – aus Sicht der Senate – vermieden werden kann.[787]

VIII. Art der Aufklärung

Schließlich entnehmen manche der Rechtsprechung unterschiedliche Anforderungen bezüglich der Aufklärungsart (mündlich oder schriftlich bzw. durch Prospekt) je nach Vergütungsqualifikation.[788] Unabhängig von der Richtigkeit dieser Aussage genügt es, an dieser Stelle festzuhalten, dass damit eine Systembildung, ob bzw. wann Aufklärungspflichten über monetäre Eigeninteressen bestehen, nicht erreicht

---

[785] Vgl. dazu BGH (Freier Anlageberater-VIII) ZIP 2013, 114, Rn. 19; in diesem Sinne auch *Müller-Christmann*, in: Bankrechtstag 2012, S. 1, 10 (Hauptanliegen des Anlegerschutzes seien klare und verständliche Informationen über Chancen und Risiken einer Anlage, nicht Aufklärung über Gewinninteressen).

[786] I.E. auch *Brocker/Klebeck*, ZIP 2010, 1369, 1373 f.; *Buck-Heeb*, BKR 2010, 309, 315; *dies.*, jurisPR-BKR 7/2010 Anm. 2; *Frisch*, EWiR 2012, 613, 614; *Fullenkamp*, NJW 2011, 421, 422; *Geist*, BB 2010, 1307 f.; *Grigoleit*, ZHR 177 (2013), 264, 293; *Grundmann*, WM 2012, 1745, 1748; *Habersack*, WM 2010, 1245, 1252; *Kluge*, Kick-backs, S. 60; *Langen*, NZG 2010, 816, 818 f.; *Maier*, VuR 2010, 25, 30; *Nobbe/Zahrte*, in: MünchKomm HGB³, Anlageberatung, Rn. 179 f.; *Puszkajler*, in: Bankrechtstag 2010, S. 53, 60; *Schelling*, Vergütungssysteme und Interessenkonflikte, S. 184 ff.; *Schnauder*, jurisPR-BKR 3/2011 Anm. 3; *Spindler*, in: Langenbucher/Bliesener/Spindler, BankR-Komm., 33. Kap. Rn. 189; *Zoller*, GWR 2011, 316; wobei darauf hinzuweisen ist, dass die Genannten daraus unterschiedliche Schlussfolgerungen ziehen. Dass die Unterscheidung verfassungsrechtlich nicht zu beanstanden ist, BVerfG, Beschl. v. 8.12.2011, Az.: 1 BvR 2514/11, NJW 2012, 443 f. Rn. 19, sagt dabei nichts über die inhaltliche Richtigkeit aus. Dazu, dass das BVerfG a.a.O. die Unterscheidung auch inhaltlich für richtig befunden hat, mit Recht kritisch *Herresthal*, ZBB 2012, 89, 90 ff.; a.A. *Weller*, ZBB 2011, 191, 196 (nur „scheinbarer Widerspruch"); vgl. auch *Assmann*, ZIP 2009, 2125, 2131.

[787] Vgl. auch *Edelmann*, WuB I. G. 1. -19.10, S. 577, 580 (es sei nach „Gründen gesucht" worden, um einen Streit unter den Senaten zu vermeiden); *Kluge*, Kick-backs, S. 63 („Anrufung des Großen Senats [... hätte] erfolgen müssen"); *Puszkajler*, in: Bankrechtstag 2010, S. 53, 60; ähnlich allgemein zur Kick-Back-Rechtsprechung des XI. Zivilsenats *Lenenbach*, WuB I G 7. – 1.09, S. 375, 377 („Horror pleni heißt das Zauberwort").

[788] Vgl. *Koch*, BKR 2010, 177, 181 ff.; zu den Aufklärungsmodalitäten supra § 5 B. III. 1. d).

werden kann. Die nachgelagerte Frage nach den Aufklärungsmodalitäten dient nur der Feststellung, auf welche Weise eine *zuvor* bestehende Aufklärungspflicht erfüllt werden kann.[789]

IX. Zusammenfassung

1. Taugliche Differenzierungskriterien zur Darstellung der Rechtsprechung

Es hat sich gezeigt, dass die verschiedenen potentiellen Kriterien, anhand derer sich die gegenwärtige Rechtsprechung zu vergütungsbezogenen Eigeninteressen derzeit darstellen lässt, jeweils für sich nicht hinreichend sind, um eine wertungskonsistente Systematik zu entfalten. Als größtes Problem muss angesehen werden, dass der teleologische Unterbau der Rechtsprechung unklar bleibt bzw. sich in verschiedenen Fällen in nicht kompatiblen Varianten präsentiert. Da eine Differenzierung von Pflichten sinnvoll letztlich nur auf Grundlage eines eindeutig angestrebten Zwecks möglich ist, überrascht es nicht, dass auch mit „nachgelagerten" Kriterien, wie etwa der Offenkundigkeit, kein wertungsmäßig stimmiges Bild zu erreichen ist.

Das gegenwärtige Pflichtengefüge ist eine Mischung aus verschiedenen Kriterien, die je nach konkreter Fallsituation relevant werden bzw. jeweils für sich Ausdruck einzelner Aufklärungstopoi sind, die ihrerseits allgemein angewendet aber zu Widersprüchen führen würden.[790] Letztlich kann man die Rechtsprechung differenzierend darstellen, indem auf die Anzahl der beteiligten Personen, die Klassifizierung der relevanten Vergütung als Marge, Rückvergütung, Innenprovision oder sonstige Vertriebsprovision, die Bankgebundenheit des Beraters und die Produktkategorie abgestellt wird. In einer anhand solcher Kriterien vorgenommenen Unterscheidung drücken sich dann jeweils auch „Offensichtlichkeitsgesichtspunkte" aus. Freilich sind schon die Anforderungen in den jeweiligen Kategorien nicht unumstritten geblieben.

Zu beachten ist, dass der XI. Zivilsenat ab dem 1.8.2014 Rückvergütungen, Innenprovisionen und sonstige Provisionen hinsichtlich der Rechtsfolge gleich behandeln wird,[791] was dennoch eine stimmige Gesamtsystematisierung vergütungsbezogener Aufklärungspflichten bei der Anlageberatung nicht ermöglicht.[792]

2. Gegenwärtiges Rechtsprechungskonzept im Überblick

Im Ausgangspunkt differenziert die Rechtsprechung danach, ob ein *Zwei- oder Drei-Personen-Verhältnis* vorliegt. Bei ersterem geht es im Ergebnis um Margen.

[789] Teilweise wird freilich aufgrund der „Offenkundigkeit" bestimmter Umstände davon ausgegangen, dass schon keine Pflicht entstanden sei. Dogmatisch vorzugswürdig ist indes eine klare Trennung zwischen Pflicht und Erfüllung, dazu supra § 5 B. III. 1. a) bb) (4).

[790] Vgl. dazu jeweils bei den einzelnen Kriterien supra ab § 5 B. I.

[791] BGH (Innenprovisionen-V) BGHZ 201, 310 = BeckRS 2014, 14029, Rn. 31.

[792] Vgl. jeweils § 5 B. I.-VIII.

Diese sind grundsätzlich nicht aufklärungspflichtig, es sei denn, sie sind in einem aus Kundensicht negativen Marktwert in einem *CMS Spread Ladder Swap* enthalten. Ob und unter welchen Voraussetzungen diese Rechtsprechung auf andere Produkte mit negativem Marktwert angewendet werden kann, ist umstritten. An dieser Stelle ist darauf hinzuweisen, dass nach zum Teil (mitunter obergerichtlich) vertretener Auffassung ein Kundenbezug im Eigenhandel dazu führen soll, dass von einem Drei-Personen-Verhältnis auszugehen sei, was zur grundsätzlichen Anwendbarkeit der Kick-Back-Rechtsprechung führen würde.

Liegt ein Drei-Personen-Verhältnis vor, ist gegebenenfalls bei einem Kommissionsvertrag festzustellen, ob er wirtschaftlich als Festpreisgeschäft (Zwei-Personen-Verhältnis) zu beurteilen ist. Ist dies nicht der Fall muss anschließend, sofern er vor dem 1.8.2014 liegt, danach differenziert werden, ob die vom Berater vereinnahmte Vergütung aus einer *offen ausgewiesenen Quelle* stammt. Wird dies verneint, kommt eine Aufklärungspflicht dann in Betracht, wenn die Zahlung dem Anlagevermögen[793] entnommen wurde (Innenprovisionen) und *15% der Anlagesumme* übersteigt. Wird diese Grenze nicht überschritten, wird eine Aufklärungspflicht nach der Kick-Back-Rechtsprechung wohl nicht angenommen, da sich eine solche (freilich mit anderer Argumentation) bereits aus prospektrechtlichen Erwägungen ergäbe.[794] Soweit die Zahlung nicht dem Anlagevermögen entstammt, ist unklar, wie die Aufklärungspflichten über solche „sonstigen Vertriebsprovisionen" konturiert sind.

Ist die Quelle offen ausgewiesen, was sowohl nach dem relevanten Aufsichtsrecht und der Rechtsprechung des II. Zivilsenats zu „weichen Kosten" regelmäßig der Fall sein müsste, handelt es sich bei den Zahlungen potentiell um Rückvergütungen;[795] Innenprovisionen können sie hingegen nicht mehr darstellen. Der Anwendungsbereich der Rückvergütungsrechtsprechung ist mithin sehr groß. Wurde indes im Prospekt *exakt* der an den Berater fließende *Betrag genannt*, gibt es keine weitergehende Aufklärungspflicht bzw. liegt dann nach dem BGH schon keine Rückvergütung mehr vor. Ist dies nicht der Fall, ist die Vergütung grundsätzlich aufzudecken, es sei denn, der Berater ist nicht *bankgebunden*.

Ab dem 1.8.2014 sind im Drei-Personen-Verhältnis sämtliche Provisionen aufklärungspflichtig. Handelt es sich um einen bankungebundenen Berater greift hingegen die abweichende Rechtsprechung des III. Zivilsenats, wonach dem Kunden Vertriebsprovisionen grundsätzlich nicht explizit mitgeteilt werden müssen.

Diese gegenwärtige Lage ist nochmals in Schaubild 1 (Anhang S. 487) abgebildet.

---

[793] Vgl. zum Verständnis des XI. Zivilsenats von diesem Kriterium § 5 B. III. 1. a) bb) (1).

[794] Vgl. kritisch dazu *Schnauder*, jurisPR-BKR 1/2012 Anm. 1. Anders ab dem 1.8.2014 aufgrund des Wechsels in der Begründung der vergütungsbezogenen Aufklärungspflichten, dazu BGH (Innenprovisionen-V), vgl. supra § 5 A. XL.

[795] Wie supra § 5 B. I. 1. b) cc) gezeigt, geht der BGH davon aus, dass bei Zahlung einer Ordergebühr in einem Kommissionsverhältnis eine Aufklärungspflicht über Vertriebsprovisionen bestünde, die nicht unmittelbar auf der Rückvergütungsrechtsprechung basiert. Nach hiesigem Verständnis handelt es sich um einen Unterfall, auch dazu a.a.O.

C. Fazit: Uneinheitliches und nicht kohärentes System

Die Entwicklung der vergütungsbezogenen Eigeninteressen vollzog sich als ein sich immer weiter verfeinerndes *case law*.[796] Die Wertungen dieser Rechtsprechung lassen sich konsistent nicht „unter einen Nenner" bringen.[797] Zwar werden – auch in der Literatur – diverse Aufklärungszwecke nebeneinander als Rechtfertigung der Offenlegung herangezogen.[798] Derzeit ist aber ex ante unklar, welche Aspekte von der Rechtsprechung im konkreten Fall betont werden. Dies ist einerseits der Rechtssicherheit abträglich,[799] andererseits bedürfte es einer Rechtfertigung, warum in manchen Konstellationen ein bestimmter Aufklärungszweck (z.B. Kenntnis vom abstrakten Interessenkonflikt) Vorrang vor anderen haben sollte (z.B. Kenntnis des genauen „Grades der Gefährdung").

Diese Unsicherheit wird noch intensiviert, soweit scheinbar empirische Kategorien wie eine vermeintliche „Offensichtlichkeit" zur Determinierung von Aufklärungspflichten herangezogen werden. Weshalb eine Tatsache offenkundig sei, wird

[796] *Müller-Christmann*, in: Bankrechtstag 2012, S. 1, 5, spricht von einer „Schleusenöffnung" durch die Kick-Back-Rechtsprechung. Dabei waren die Anleger – wie gezeigt – häufig mit ihren Klagebegehren auch erfolgreich. Insofern ist die Einschätzung von *Reiter/Methner*, WM 2013, 2053, dass in „der Vergangenheit eine weitgehend sanktionslose Falschberatung möglich [war]", nicht nachzuvollziehen.

[797] Vgl. auch *Mann*, WM 2013, 727 (Rechtsprechung sei nicht an zentralen Wertungsaspekten festzumachen); ferner *Schäfer* beim Bankrechtstag, zitiert nach *Walz/Leffers*, WM 2012, 1457, 1469 (BGH sei bisher nicht darauf eingegangen, wie Lehman-Rechtsprechung und Swap-Urteil miteinander vereinbar seien). *Schick*, AG-Report 2012, R307 f., sieht die Vereinbarkeit über das Offensichtlichkeitsmerkmal hergestellt. Dieses ist aber selbst bereits problematisch, dazu supra § 5 B. II. Daraus folgert er, dass auch über negative Marktwerte bei (Eigen-)Zertifikaten aufgeklärt werden müsse, was die Rechtsprechung aber verneint. Im Ergebnis hält also auch *Schick* die Ergebnisse der Rechtsprechung für inkonsistent. Friktionen zwischen der Lehman-Rechtsprechung und dem Swap-Urteil sieht auch *Bausch*, NJW 2012, 354, 357 f.; *Clouth*, in: Praktikerhdb. Wertpapier- und Derivategeschäft[4], Rn. 1207, geht gar von einem „nicht auflösbarem Widerspruch" in der Argumentation des BGH bezüglich der Trennung von anfänglichem negativen Marktwert und offenkundiger Gewinnerzielungsabsicht aus, die letztlich Grundlage der Differenzierung zur „Lehman-Rechtsprechung" ist. Ferner *Möllers/Hailer*, ZBB 2012, 178, 186 (Rechtsprechung sei „unklar und lückenhaft"); *Nobbe*, BKR 2011, 302, 303 („Mängel und Ungereimtheiten"); *Schnauder*, jurisPR-BKR 1/2012 Anm. 1 (Behauptung der Rechtsfolge ohne Begründung); *Stumpf/Hettenbach*, BB 2012, 2582 („noch immer nicht endgültig geklärt"); *Tilp/Wegner*, BKR 2014, 27, 28 f. („Flickenteppich von Einzelfallentscheidungen" ohne „tragfähiges System"; Interessenkollisionsrechtsprechung sei „unberechenbar" und beinhalte „kaum lösbar erscheinende Wertungswidersprüche"; sie sei „dogmatisch gründlich misslungen"); allgemein zum „Bond-Regime" *Veil*, WM 2009, 2193, 2194 (Regime zeichne sich durch „ein hohes Maß an Unsicherheit" aus; einzelfallbezogene Entstehung des Rechts der Anlageberatung sei „teilweise widersprüchlich"); a.A. *Winter*, WM 2014, 1606 („Unsystematisch ist die Rechtsprechung nicht.").

[798] Vgl. etwa *Sethe*, in: FS Nobbe, S. 769, 788.

[799] Vgl. auch *Edelmann*, WuB I. G. 1. – 19.10, S. 577, 578 („[D]ie Rechtsprechung des XI. und III. Zivilsenats [ist] rechtsdogmatisch und argumentativ nicht mehr ernsthaft begründbar, die jeweils getroffenen Ergebnisse [scheinen] vielmehr der Willkür der jeweils entscheidenden Richter zu unterliegen."); *Nobbe*, BKR 2011, 302, 303 („Rechtssicherheit und Vermeidung unnötiger Prozesse geht anders"); *Zoller*, BKR 2012, 405, 409 („Zick-zack-Kurs" des XI. Zivilsenats in der Rechtsprechung zur Aufklärung über Gewinnbestandteile).

jedoch nicht begründet. Somit wird letztlich bloß anzunehmendes Wissen postuliert. Dass die Annahmen dabei teilweise nicht zusammenpassen, liegt nahe: So könne der Kunde des „bankfreien" Beraters erkennen, dass dieser sich über Provisionen der Kapitalnehmerseite finanziere, da dieser damit „sein Geld verdiene". Indes rechne er nicht damit, dass Kontoführungs- und Depotgebühren seiner Bank zur Kostendeckung für eine Beratung nicht genügen. Zugleich muss selbst einem an Vertriebsprovisionen beteiligtem Bankkunden *nachfrageunabhängig* der genaue Betrag der Vergütung mitgeteilt werden. Vor dem Hintergrund des vorauszusetzenden rationalen Anlegers,[800] der um den abstrakten Interessenkonflikt weiß, ist das schwer nachvollziehbar.

Trotz der enormen Rechtsprechungsdichte bestehen immer noch Unklarheiten hinsichtlich der vom BGH vorgenommenen Einteilung der Vergütungsinteressen,[801] wobei eine wertungsmäßig stimmige Systematisierung im Ausgangspunkt *alle Vergütungsarten* erfassen müsste.[802] Eine begriffliche Abgrenzung dürfte dann nur der Umsetzung einer teleologischen Grundlage dienen. Dies ist bisher nicht gelungen.[803] Zwar kann der „radikale" Begründungswechsel des XI. Zivilsenats in Innenprovisionen-V bezüglich bestimmter Einzelfragen für die Zukunft mehr Klarheit bringen. Allerdings zeigt das Urteil, dass sich der Senat trotz der „aufsichtsrechtlich inspirierten Ausführungen" nicht an die Grenzen des Aufsichtsrechts gebunden fühlt. Insoweit bleibt die „Pflichtenermittlung" im Beratungskontext durch die Rechtsprechung – zumal auf der Grundlage des Beratungsvertrages[804] – weiterhin mit Unsicherheiten behaftet. Im Übrigen löst das Urteil zumindest die

[800] Ausführlich supra § 3 D. III.

[801] *Deblitz*, EWiR 2012, 585, 586 (Unterscheidungen unübersichtlich und teilweise überflüssig); *Einsiedler*, WM 2013, 1109 („in der Praxis weiterhin große Unsicherheit"); *Kittner*, BKR 2012, 215, 216 (Subsumtion weitgehend unklar); *Stumpf/Hettenbach*, BB 2012, 2582. Jüngst zu Kick-Back-XII wieder *Stumpf*, BB 2013, 2835 („Entscheidung [...] trägt nur begrenzt zur Rechtssicherheit bei"); a.A. *Wiechers* beim Bankrechtstag, zitiert nach *Bockelmann*, ZBB 2011, 479, 483 (bezüglich Provisionen seien alle wesentlichen Fragen geklärt; an dieser Auffassung würde der ehemalige Vorsitzende des XI. Zivilsenats möglicherweise seit dem Innenprovisionen-V-Urteil, an dem er beteiligt war, nicht mehr festhalten); ferner *Emmerich*, in: FS Möschel, S. 945, 946 (Kick-Back-Rechtsprechung ergebe sich „unmittelbar aus dem Gesetz").

[802] *Schnauder*, jurisPR-BKR 1/2012 Anm. 1.

[803] So auch *Nobbe*, BKR 2011, 302, 303 („Die Aufklärungspflicht wird damit einerseits zur Farce und andererseits zu einer Allzweckwaffe mit hohem Missbrauchs- und Kollateralschadenspotential"); *Schnauder*, jurisPR-BKR 1/2012 Anm. 1 (unzulängliche Erfassung des Aufklärungsgrundes); *ders.*, jurisPR-BKR 3/2011 Anm. 3 („Beliebigkeit der Rechtsgewinnung" nach derzeitigen Grundsätzen); *Schelling*, Vergütungssysteme und Interessenkonflikte, S. 254; a.A. *Clouth*, ZHR 177 (2013), 212, 247 f. (hinsichtlich Begriffsverständnis und Gründen des BGH bestünden keine Zweifel mehr); *Wiechers*, WM 2013, 341, 343; dagegen wiederum *Spindler*, in: Langenbucher/Bliesener/Spindler, BankR-Komm., 33. Kap. Rn. 175 („Ob und in welcher Weise Innenprovisionen von Rückvergütungen abzugrenzen sind, ist nicht abschließend geklärt."); vgl. allgemein *Ott*, Vorvertragliche Aufklärungspflichten im Licht des Güter- und Leistungsaustausches, S. 142, 145 f., wonach unpräzise Kriterien für die Begründung von Aufklärungspflichten und unklare Vorstellungen von deren Funktion zu einer Einzelfall- und Billigkeitsrechtsprechung führen.

[804] Vgl. zu den Schwierigkeiten dieser Rechtsgrundlage sogleich § 6 A.

Divergenzen zur Rechtsprechung des III. Zivilsenats hinsichtlich freier Berater nicht auf. Auch die Aufklärungspflichten im Zwei-Personen-Verhältnis bleiben weiterhin problematisch.

§ 6 Rechtliche Legitimation der Aufklärungspflichten über monetäre Eigeninteressen nach Konzeption der Rechtsprechung

Der gegenwärtige status quo basiert im Wesentlichen auf der Rechtsgrundlage eines selbständigen Beratungsvertrags zwischen Kunde und Berater. Dieser ist nunmehr ausführlich in seiner Konturierung, die er als „Anlageberatungsvertrag" gewonnen hat, zu untersuchen. Anschließend ist knapp auf Auskunftsverträge einzugehen, auf denen einerseits die Innenprovisionsrechtsprechung beruht und die anderseits diverse Gemeinsamkeiten mit Beratungsverträgen aufweisen.

A. Aufklärungspflichten aus Beratungsvertrag

I. Der Beratungsvertrag als dogmatischer Schlüssel

1. Anerkannte Fälle von selbständigen Beratungsverträgen

Da spezialgesetzliche Anknüpfungspunkte zu Beratungsverhältnissen fehlen, ist Beratungsvertragsrecht Richterrecht.[805] Die Argumentation auf Grundlage von Beratungsverträgen ist nicht auf den Finanzberatungssektor beschränkt, was am Beispiel von Steuerberatern und Rechtsanwälten exemplifiziert werden soll.[806]

a) Steuerberater

Zu den Prototypen beratender Berufe gehören die Steuerberater. Die zwischen dem Steuerberater mit seinem Mandanten bestehende Sonderverbindung wird, ohne dass dagegen grundlegende Bedenken erhoben würden, als Beratungsvertrag qualifiziert,[807] der auf steuerliche Aspekte bezogen ist. Je nach konkret geschuldeter Tätigkeit kann sich die Geschäftsbesorgung[808] des Steuerberaters als dienst- oder

---

805 Vgl. *Hannöver*, in: Schimansky/Bunte/Lwowski, Bankrechts-Hdb.[4], § 110 Rn. 7; *Nittel/Knöpfel*, BKR 2009, 411 und supra § 5 A.; eine Normierung der Anlageberatung im BGB fordert *Brinckmann*, BKR 2010, 45, 51 f.; für den Honoraranlageberatungsvertrag ebenso *Herresthal*, WM 2014, 773, 775.

806 Vgl. auch *Sethe*, AcP 212 (2012), 80, 84, der in diesem Zusammenhang auch Handelsvertreter, Kommissionäre, Wirtschaftsprüfer, Makler und Treuhänder nennt.

807 Aus der Rechtsprechung etwa BGH, Urt. v. 26.1.1995, Az.: IX ZR 10/94, BGHZ 128, 358 = NJW 1995, 958, 959; BGH (Steuerberater-Hotline), Urt. v. 30.9.2004, Az.: I ZR 89/02, GRUR 2005, 436 (Leitsatz 1); soweit beschränkte Einzelauskünfte in Frage stehen, kommen auch steuerliche Auskunftsverträge in Betracht, vgl. BGH, Urt. v. 18.12.2008, Az.: IX ZR 12/05, NJW 2009, 1141, Rn. 10 ff.

808 Zum Beratungsvertrag als Geschäftsbesorgungsvertrag infra § 6 A. I. 4. b).

werkvertraglich geprägt präsentieren.[809] Bereits bevor die Fälle der Kick-Back-Rechtsprechung in den Vordergrund rückten, befasste sich der BGH mit an den Steuerberater fließenden Provisionen von dritter Seite, die dessen Beratung in eine bestimmte Richtung lenken sollten.[810] Diese gebühren dem Mandanten[811] und deren bloße Annahme – unabhängig von einer sonstigen Fehlerhaftigkeit der Beratung – stellt eine zum Schadensersatz verpflichtende Pflichtverletzung des Steuerberaters dar.[812]

b) Rechtsanwälte

Die Situation bei Rechtsanwälten stellt sich weitgehend vergleichbar mit der der Steuerberater dar.[813] Die Tätigkeit des Anwalts ist *primär* rechts*beratend*.[814] Auch Anwälte sind daher zur Herausgabe von im Rahmen des Mandatsverhältnisses ihnen von dritter Seite zugewendeter Provisionen verpflichtet; bei deren Annahme kommen ferner Schadensersatzansprüche in Betracht.[815]

c) Die Unterscheidbarkeit der angeführten Berater von Finanzberatern

Steuerberater und Rechtsanwälte sind aufgrund der von ihnen abgeschlossenen Beratungsverträge verpflichtet, allein die Interessen ihrer Mandantschaft wahrzunehmen. Dabei handelt es sich um die „eigentliche Leistung" dieser Dienstleister,[816] wobei konkret verschiedene Sachbereiche im Vordergrund stehen. Diese Interessenwahrnehmung wird gesondert und *explizit vergütet*.[817] Andere Verdienstmöglichkeiten im „erweiterten Beratungsumfeld" mit dem konkreten Mandanten stehen diesen Berufsgruppen im Regelfall nicht offen.

Darin unterscheiden sie sich wesentlich von den Finanzberatern,[818] die nur in den seltenen Fällen der Honorarberatung eine unmittelbare Vergütung *für ihre Beratungsleistung* erhalten. Regelmäßig ist die Beratung für den Kunden aber unentgelt-

---

[809] Vgl. *Busche*, in: MünchKomm BGB[6], § 631 Rn. 276 f.; *Heerman* a.a.O. § 675 Rn. 41.

[810] Vgl. *Roth*, in: MünchKomm BGB[6], § 652 Rn. 72; *Witte/Hillebrand*, DStR 2009, 1759 m.w.N.

[811] BGH, Urt. v. 1.4.1987, Az.: IVa ZR 211/85, NJW-RR 1987, 1380 (Leitsatz 1).

[812] BGH, Urt. v. 20.5.1987, Az.: IVa ZR 36/86, ZIP 1987, 1054 (Leitsatz); vgl. zu verdeckten Provisionsabreden eines Steuerberaters auch *Veil*, WM 2009, 2193, 2195 f.

[813] Vgl. *Busche*, in: MünchKomm BGB[6], § 631 Rn. 276; *Decker*, Aufklärungspflichten, S. 142; *Heerman*, in: MünchKomm BGB[6], § 675 Rn. 41.

[814] Vgl. *Hamm*, in: Beck'sches Rechtsanwalts-Hdb.[10], § 50 Rn. 3 und 63 (verantwortlicher Berater); aus der Rechtsprechung etwa BGH, Urt. v. 17.3.1988, Az.: IX ZR 43/87, NJW 1988, 2880, 2881 („Vertrag zur anwaltlichen Beratung"); BGH, Urt. v. 26.9.2002, Az.: I ZR 44/00, NJW 2003, 819 (Leitsatz 1); OLG München, Urt. v. 22.3.2002, Az.: 21 U 2386/01, NJW 2002, 3641 (Leitsatz 1).

[815] Vgl. zu beidem BGH, Urt. v. 30.5.2000, Az.: IX ZR 121/99, BGHZ 144, 343 = NZM 2000, 912 (Leitsätze 1 und 5).

[816] Vgl. auch *Lange*, Informationspflichten von Finanzdienstleistern, S. 87; *Looman*, F.A.Z. v. 4.5.2013, S. 22.

[817] Vgl. *Tiffe*, Struktur der Informationspflichten, S. 317.

[818] Vgl. auch *Decker*, Aufklärungspflichten, S. 476; ausführlich zu den jeweiligen Verdienstmöglichkeiten supra § 3 B. V. und C. I. 2.

lich.[819] Dies ist nur deshalb möglich, weil der überwiegende Teil der Finanzberater sein Geld nicht mit der Beratungsleistung *als solcher* verdient, sondern mit dem Verkauf bzw. der Vermittlung von Finanzprodukten (Produktintermediation). Akzeptiert man, dass Wirtschaftsteilnehmer Gewinne erwirtschaften wollen, muss daher der *Verkauf* bzw. die (provisionsbringende) *Vermittlung* von Finanzprodukten *als Haupttätigkeit* klassifiziert werden, der gegebenenfalls, aber nicht notwendig, eine Beratung „vorgeschaltet" ist.[820] Während für Banken der Verkauf und die provisionsbringende Vermittlung[821] möglich ist, liegt die Haupttätigkeit der „freien" unentgeltlich tätigen Berater in der Vermittlung gegen Provision. Die Beratung ist daher für die insoweit unentgeltlich tätigen Finanzintermediäre im Verhältnis zu den gewinnbringenden Absatztätigkeiten im weiten Sinne nicht gleichwertig. Sie mag für den erfolgreichen Absatz notwendig sein; für sich allein betrachtet kann sie jedenfalls finanziell keinen unmittelbar positiven Beitrag zur Unternehmung erbringen. Insoweit stellt sich die tatsächliche Situation *grundlegend anders* dar *als bei* den genannten *Steuer- oder Rechtsberatern*.[822] Deren (vergütungspflichtige) Leistung besteht maßgeblich in der Beratung des Mandanten. Dass die vertragliche Grundlage einer solchen Sonderverbindung dann beratungsvertraglich qualifiziert wird,[823] bildet die Wirklichkeit zutreffend ab.

2. Übernahme von Beratungspflichten als Hilfskonstruktion im Schuldrecht

Außerhalb des soeben beschriebenen Bereichs, in dem Beratung der eigentliche Zweck einer Geschäftsverbindung ist, gab und gibt es auch neben dem Finanzberatungssegment eine Diskussion um (zusätzliche) selbständige Beratungsverträge bzw. ergänzende Beratungsnebenpflichten.[824] In dieser „allgemeinen" Diskussion ging es primär darum, Haftungslücken zu schließen,[825] die durch die angenommene Verdrängung der c.i.c.-Haftung (§§ 280 Abs. 1, 311 Abs. 2, 241 Abs. 2 BGB) durch das Gewährleistungsregime entstehen konnten. Die Konsequenzen sollten über die

---

[819] Dazu insbesondere supra § 5 B. VII. 2. b).

[820] Dazu, dass der Vertrieb von Finanzprodukten regelmäßig notwendig mit Beratung einhergeht, nochmals § 6 A. I. 4. d).

[821] Soweit – wie häufig – die Provisionen von konzerneigenen Fonds fließen, ließe sich die Vergütung freilich auch anders ausgestalten, dazu infra § 6 A. III. 3. b).

[822] *Tiffe*, Struktur der Informationspflichten, S. 318, unterscheidet insofern zwischen bedarfs- und produktorientierter Beratung.

[823] Zur genaueren vertragstypologischen Einordnung s. Nachweise in Fn. 809 und Fn. 813.

[824] Vgl. zur Kasuistik in beiden Varianten *Lange*, Informationspflichten von Finanzdienstleistern, S. 86 Fn. 120; *Taubert*, Informationspflichten, S. 76 ff.; ferner *Schnauder*, JZ 2013, 120. Diese betrifft vor allem komplizierte und potentiell gefährliche Maschinen, ferner Eigentumswohnungen sowie weitere Immobilien, dazu *Emmerich*, in: MünchKomm BGB[6], § 311 Rn. 103.

[825] Vgl. *Grigoleit*, Bankrechtstag 2012, S. 25, 34; *Mertens*, AcP 203 (2003), 818, 849 ff.; *Schnauder*, JZ 2013, 120, 123.

Annahme nebenvertraglicher oder selbständiger Beratungspflichten vermieden werden.[826]

Als Konstruktion ist das nicht unumstritten geblieben. Sie wurde teils als „gekünstelt“[827] oder fiktiv kritisiert,[828] was bereits darauf hindeutet, dass es Probleme bereiten kann, einen Rechtsbindungswillen hinsichtlich einer so etablierten besonderen Beratungspflicht festzustellen.[829] Nebenvertraglich übernommene Beratungspflichten werden bei besonderer Sachkunde des Beratenden und Schutzwürdigkeit des Kunden angenommen, ferner wenn der Beratende eine umfassende Beratung anbietet.[830] Um zu ermitteln, ob ein selbständiger „allgemeiner“ Beratungsvertrag vorliegt, zieht die Rechtsprechung diverse Kriterien heran, zu denen besonderes Fachwissen des Raterteilenden und eine besondere wirtschaftliche Bedeutung der Auskunft für den Ratempfänger gehören. Außerdem sei relevant, ob der Beratende ein wirtschaftliches Interesse an einem etwaigen Vertragsabschluss habe.[831] Diese Gesichtspunkte werden im Zusammenhang mit dem Anlageberatungsvertrag erneut aufzugreifen sein.

Festzuhalten bleibt jedoch, dass es in den beschriebenen Fällen letztlich darum ging, für an sich *bereits bestehende* Pflichten eine *durchgreifende* Haftungsgrundlage zu konstruieren, um vermeintlich unbillige Ergebnisse zu vermeiden.[832]

3. Beratungskonstellationen ohne selbständige Beratungspflichten

Beratung ist im modernen (Wirtschafts-)Leben allgegenwärtig. Die Gründe dafür sind mannigfaltig. So mag beispielsweise die Komplexität von Produkten einen Käufer überfordern oder die angebotene Vielfalt des Angebots dazu führen, dass er auf die Dienste von besonders sachkundigen Personen zurückgreifen möchte, um seine Entscheidungsfindung zu erleichtern oder gegebenenfalls sogar erst zu ermöglichen.[833] Hier seien nur einige Beispiele genannt, bei denen im Rahmen von Absatzbemühungen explizit mit Beratung geworben wird: So ist etwa die Ermittlung

---

826 *Buck-Heeb*, WM 2012, 625 f. Ob eine unselbständige Beratungspflicht oder ein Beratungsvertrag vorliegt, kann sich insbesondere auf die Verjährung auswirken und wird nach den Umständen des Einzelfalls entschieden, dazu a.a.O. S. 626.

827 So zum Auskunftsvertrag *Canaris*, in: Staub, Komm HGB^4, Bankvertragsrecht, Rn. 78 und 88 f.

828 Vgl. jeweils m.w.N. *Buck-Heeb*, WM 2012, 625, 626 und 628; *Taubert*, Informationspflichten, S. 80 f.; ferner infra § 6 A. I. 4. d).

829 Vgl. *Schnauder*, JZ 2013, 120, 123.

830 Vgl. *Gehrlein/Sutschet*, in: BeckOK-BGB, Ed. 31, § 311 Rn. 80 mit Rechtsprechungsnachweisen.

831 Zu den Kriterien ausführlich infra § 6 A. I. 4. d) aa) (2); vgl. auch *Buck-Heeb*, WM 2012, 625, 626; *Schnauder*, JZ 2013, 120, 123; *Taubert*, Informationspflichten, S. 78 f.

832 *Buck-Heeb*, WM 2012, 625, 628 und 630 („zusätzlicher Haftungsgrund“).

833 Vgl. zum Finanzmarkt *Koller*, ZBB 2007, 197, 198; *Schlee/Maywald*, BKR 2012, 320 mit Verweis auf den Gesetzesentwurf der Bundesregierung zum Anlegerschutz- und Funktionsverbesserungsgesetz; vgl. auch *Veil*, WM 2007, 1821. Allgemein zum Zusammenhang von Komplexität einer vereinbarten Leistung und Beratungsbedarf *Meessen*, ZVglRWiss 111 (2012), 273, 281.

des „passenden Angebots“ der DB AG („Bahn“) über den „Angebots*berater*“ auf deren Homepage möglich.[834] Der Slogan „Küchenkauf ist Vertrauenssache“ dürfte weithin bekannt sein. Darauf basierend verweisen diverse Anbieter auf ihre Verkaufs*beratung*, um dem Kunden bei der Auswahl behilflich zu sein.[835] Zur *Beratung in Baumärkten* gibt es sogar eine Stiftung Warentest-Untersuchung.[836] *Beratung* wird ebenso *bei Umzugsspeditionen* angepriesen.[837] In der Diskussion um die Verwaisung von Innenstädten aufgrund vermehrten Online-Handels wird nicht zuletzt immer wieder die besondere *Beratungskompetenz des Einzelhandels* herausgestellt.[838] Es zeigt sich, dass die Beratungskomponente vor Geschäftsabschluss weit in den alltäglichen Bereich hineinreicht.[839]

Zwar gibt es für einige Teilbereiche – etwa „Verkaufsberater“ potentiell gefährlicher Produkte – eine Rechtsprechung, die selbständige Beratungspflichten aus c.i.c. oder Beratungsverträgen für möglich hält.[840] Im Hinblick auf die hier vor allem in Rede stehenden Eigeninteressen ist dazu aber zu bemerken, dass der Fokus dieser Fälle auf konkreten „Mängeln“ bzw. Eigenschaften der *betroffenen Produkte bzw. Dienstleistungen* lag. Interessenkonflikte werden argumentativ – soweit ersichtlich – nicht angeführt.

Es ist keine Seltenheit, dass Verkäufer bzw. Vertriebsangestellte als Berater auftreten bzw. ihre Fachkompetenz herausstellen. Das dient auch der Absatzförderung und ist letztlich ein Element der Kundenakquise.[841] Als plastisches Beispiel kann der Autokauf genannt werden.[842] Dort wird juristisch regelmäßig nicht mit selbständigen Beratungsverträgen argumentiert, da die „Intensität der Beratung“ für einen Beratungsvertrag nicht ausreiche oder der Wissensvorsprung des Verkäufers nicht überragend sei. Fälle der *Falschberatung* über Fahrzeugeigenschaften seien vielmehr *über das Gewährleistungsrecht* zu lösen.[843] Gerade den Aspekt des Wissensvorsprungs könnte man durchaus anders beurteilen, insbesondere beim Gebraucht-

---

[834] Vgl. www.bahn.de (letzter Abruf v. 30.5.2013).

[835] Vgl. etwa http://moebel-boss.de/kuche.html (letzter Abruf v. 30.5.2013).

[836] Vgl. *Stiftung Warentest*, test 2004, 58 ff.; zu „sachkundigen Kundenberatern“ in Baumärkten auch F.A.Z. v. 4.10.2012, S. 18.

[837] Vgl. etwa http://www.krish-umzuege.de (letzter Abruf v. 30.5.2013).

[838] Vgl. beispielhaft ein Interview mit dem Inhaber der Mode-Kette „Gerry Weber“, Gerhard Weber, in der Zeitung Die Welt, abrufbar unter: http://www.welt.de/wirtschaft/article113685967/Online-Haendler-Zalando-verdient-Respekt.html (letzter Abruf vom 30.5.2013).

[839] Vgl. *Peters*, JZ 2000, 307; zur Anlageberatung *Buck-Heeb*, ZHR 176 (2012), 66, 67 (Anlageberatung sei „Alltagsgeschäft“); zur Entwicklung der steigenden Relevanz der Anlageberatung schon *Hopt*, Kapitalanlegerschutz im Recht der Banken, S. 97 ff.; ferner *Taubert*, Informationspflichten, S. 83.

[840] Vgl. supra § 6 A. I. 2.

[841] Vgl. schon *v. Mises*, Human Action, S. 379.

[842] Vgl. auch *Grys/Geist*, BKR 2009, 126, 129.

[843] Vgl. *Bruns*, in: Roth, Verkehrsrecht^3, § 16 Rn. 5; ferner *Koller*, ZBB 2007, 197 („Auch [beim Kauf eines PKW beim Vertragshändler, der Verf.] wird der Kunde ‚beraten‘, doch empfindet man es, wie allgemein im Handel, keineswegs anstößig, wenn der Verkäufer ohne falsche Behauptungen vorrangig sein Absatzinteresse verfolgt.“); *Wieneke*, Discount-Broking, S. 105.

wagenhandel, wenn z.B. der Händler das Fahrzeug selbst fachmännisch hinsichtlich Vorschäden untersuchen konnte. Nähme man einen Beratungsvertrag an, hieße das jedoch zumindest für die klassischen Verkaufsfälle nicht, dass der Verkäufer sein monetäres Vergütungsinteresse in Form seiner Marge offenlegen müsste. Insofern wäre dieses Ergebnis konform mit der Rechtsprechung zur Anlageberatung.[844] Wie wäre es aber zu beurteilen, wenn der Händler nur das Produkt des Herstellers vermittelt (etwa weil beide Einheiten, also Produktion und Vertrieb, zum selben Konzern gehören) und dafür eine umsatzabhängige Provision vom Hersteller erhielte? Die Situation wäre dann ähnlich wie in der Kick-Back-II-Entscheidung. Konsequenterweise müsste man, wenn die dogmatische Figur des Beratungsvertrags nicht im Finanzbereich gesondert gehandhabt werden soll,[845] hier gleichfalls eine Aufklärungspflicht über die Provision annehmen.[846] Die Diskussion um die Problematik der Verknüpfung von Beratung und Interessenkonflikten wird außerhalb des Finanzsektors jedoch nicht annährend in der gleichen Intensität geführt.[847]

Aber selbst im Finanzsektor ist die Rechtsprechung bei der Annahme von Beratungsverträgen nicht stringent. So wurden etwa sog. Bauherrenmodelle hinsichtlich begleitender Beratung durchaus anders beurteilt als Fälle der „allgemeinen Geldanlage“.[848] Auch bei Darlehen, die in ihrer Komplexität einer Geldanlage nicht nachstehen müssen, wird mit selbständigen Beratungspflichten zurückhaltender umgegangen als bei der Anlageberatung.[849] Dass dies kaum überzeugt, sieht man etwa an Fällen, bei denen ein Swap als Bestandteil einer Darlehensvereinbarung abgeschlossen wird.[850] Wirtschaftlich gesehen handelt es sich um „eine“ komplexe Darlehensgestaltung. Es erschiene kaum nachvollziehbar, wollte man sie nur deshalb ausnahmsweise beratungsvertraglich erfassen, weil ein Swap Teil der Vereinbarung ist. Den Swap als „beratungsvertragsfrei“ einzuordnen, weil er mit einem Darlehen verknüpft ist, erschiene jedoch ebenso wenig überzeugend.[851]

---

[844] Vgl. insoweit *Lang/Bausch*, WM 2010, 2101, 2107.

[845] Dies wäre dogmatisch schwer zu rechtfertigen, vgl. bereits Text bei und Fn. 606.

[846] Anders wäre dies zu beurteilen, wenn der „Verkäufer“ offen als Handelsvertreter auftritt.

[847] Vgl. auch *Bausch*, NJW 2012, 354 (möglicherweise werde „mit zweierlei Maß“ gemessen); ebenso *Günther*, WM 2012, 2267, 226.

[848] Vgl. *Tiffe*, Struktur der Informationspflichten, S. 190 m.w.N.

[849] Vgl. *Buck-Heeb*, BKR 2014, 221, 222 und 228; *Koller*, ZBB 2007, 197, 198 („Kreditverträge werden grundsätzlich wie Kaufverträge behandelt“); *Tiffe*, Struktur der Informationspflichten, S. 320 ff.; *Vortmann*, Aufklärungs- und Beratungspflichten[10], Rn. 196. Die Beratung wäre freilich auch dann (regelmäßig) auf die Finanzierung beschränkt, wenn diese dem Erwerb einer Anlage diente; vgl. ferner *Emmerich*, in: MünchKomm BGB[6], § 311 Rn. 121 ff.; a.A. *Veith*, in: Assies/Beule/Heise/Strube, Hdb. des FA-BKR[3], Kap. 4 Rn. 238; für eine Gleichbehandlung auch *Krüger*, NJW 2013, 1845, 1850.

[850] Zu solchen Fällen s. Kapitel 1 Fn. 193.

[851] Vgl. zu einer möglichen „Analogie“ der beratungsvertraglichen Pflichten auf die Kreditberatung *Buck-Heeb*, BKR 2014, 221, 230; dagegen im hiesigen Kontext BGH, Urt. v. 1.7.2014, Az.: XI ZR 247/12, WM 2014, 1621, wonach bei einem Finanzierungsberatungsvertrag nicht über die Höhe einer Provision für eine von einer beratenden Bank vermittelten Lebensversicherung aufzuklären ist.

Der BGH hat noch 1991 in Fällen des mit Beratung stattfindenden Vertriebs (die Beratungsleistung wurde sogar werbend hervorgehoben) von Warenterminoptionen bei Aufklärungspflichtverletzungen auf die c.i.c. und nicht auf einen selbständigen Beratungsvertrag abgestellt.[852] Noch lange nach dem Bond-Urteil wurde im Versicherungsbereich davor gewarnt, einen Beratungsvertrag „derart freizügig" anzunehmen, wie das bei Banken und Finanzdienstleistungsinstituten der Fall sei.[853]

Zusammenfassend lässt sich also sagen: Nach dem Grundsatz der Privatautonomie ist jeder (einschließlich des „unterlegenen" Laien) zunächst für sich selbst im geschäftlichen Verkehr verantwortlich, was die Informationsbeschaffung und -verwertung einschließt.[854] Es ist dabei ein probates Mittel, zur Informationsbeschaffung auf Beratung zurückzugreifen. Die *dogmatischen Grundlagen* eines diese Situation erfassenden Beratungsvertrags sollten aber *vom* konkreten *Anwendungsfeld unabhängig* sein, was derzeit nicht der Fall ist.[855] Es führt auch nach der Rechtsprechung nicht jede Beratung zugleich zur Annahme eines Beratungsvertrags.[856] Die rechtlichen Auswirkungen der Verknüpfung von Absatz und Beratung[857] werden mithin uneinheitlich beantwortet.[858]

4. Der selbständige Beratungsvertrag im Finanzberatungsrecht („Bond"-Urteil)

Die Anlageberatung wird nach ständiger Rechtsprechung auf der Grundlage eines selbständigen Anlageberatungsvertrags erbracht.[859]

---

852 BGH, Urt. v. 6.6.1991, Az.: III ZR 116/90, NJW-RR 1991, 1243 ff.

853 Vgl. *Tiffe*, Struktur der Informationspflichten, S. 323 m.w.N.

854 Vgl. *Möllers/Poppele*, ZGR 2013, 437, 448; ferner *Gemberg Wiesike*, Wohlverhaltensregeln, S. 70, unter Hinweis auf die im Ausgangspunkt gleiche Situation von Anlegern und etwa Autokäufern.

855 Vgl. auch *Peters*, JZ 2000, 307 f.; *Tiffe*, Struktur der Informationspflichten, S. 319 (wann ein Beratungsvertrag angenommen werde, sei „unberechenbar"); *Binder*, Aufklärungs- und Beratungspflichten bei der Finanzierung von Kapitalanlagen und Immobilien, S. 279, 283, führt in diesem Kontext aus, dass ihr die „Beliebigkeit der Rechtsprechung" als Praktikerin entgegen komme; s. ferner die nach Geschäftsarten „sortierte" Darstellung bei *Vortmann*, Aufklärungs- und Beratungspflichten[10], passim.

856 Zur Haftung für fehlerhafte Beratung aus Nebenpflichtverletzung schon RG, Urt. v. 24.9.1898, Az.: Rep. I. 201/98, RGZ 42, 125, 131. Auch zur Selbstverständlichkeit der Beratung im Wertpapiersektor a.a.O. treffend: „[E]in Bankier, der sich der Beratung seiner Klientel entschlagen wollte, würde seine Effektenabteilung bald schließen können."

857 Vgl. speziell zur Anlageberatung *Moloney*, How to Protect Investors, S. 256 ff. („Advice or sales?").

858 Soweit *Schelling*, Vergütungssysteme und Interessenkonflikte, S. 67, anführt, dass sich die Anlageberatung „fundamental" von anderen „Vorfeldberatungen" unterscheide und dies mit dem „Subordinationsverhältnis" [vgl. dazu § 6 A. I. 4. a) bb)] in der Anlageberatung begründet, überzeugt das vor dem Hintergrund der häufig fiktiven Annahme des die Subordination begründenden Vertragsverhältnisses nicht, dazu § 6 A. I. 4. d).

859 Zum „Ursprung" der Anlageberatungsvertragsrechtsprechung auch *Hanowski*, NZG 2011, 573, 574.

a) Der Beratungsvertrag in seiner Konturierung durch das Bond-Urteil

Es gibt keine gesetzliche Ausgestaltung des Anlageberatungsvertrags, weshalb dessen Entwicklung und Konturierung durch die Rechtsprechung erforderlich war und ist.[860] Zu unterscheiden sind zwei Problemkreise: Einerseits geht es um die Voraussetzungen des Zustandekommens eines solchen Anlageberatungsvertrags, andererseits um die daraus resultierenden Pflichten.

aa) Zustandekommen eines Anlageberatungsvertrags

Selbstverständlich steht es den Beratungsparteien (Kunde und Finanzintermediär) frei, ausdrücklich einen Anlageberatungsvertrag (dann regelmäßig gegen Entgelt[861]) abzuschließen.[862] Der Vertragsschluss ist dann unproblematisch.[863] Dieses Modell kommt indes in der Praxis selten vor.[864]

Schwieriger zu beurteilen ist, unter welchen Umständen dem Verhalten der Parteien konkludente Erklärungen hinsichtlich des Abschlusses eines Anlageberatungsvertrags entnommen werden können.

(1) Sachverhalt aus BGH (Bond), Urt. v. 6.7.1993, Az.: XI ZR 12/93

Die Kläger hatten bei der beklagten Volksbank über zwanzig Jahre ihre Ersparnisse in sichere Anlagen investiert. Als ein gutes Drittel davon frei wurde, empfahl der Anlageberater die Investition in die DM-Auslandsanleihe der australischen Bond-Finance-Ltd. Das Rating der Anleihe wies mit „CCC“ auf die drohende Insolvenz der Emittentin hin, nachdem die Anleihe zuvor noch als spekulativ, später hochspekulativ *geratet* war.[865] Nachdem ein nahezu vollständiger Wertverlust der Anleihe eingetreten war, klagten die Anleger wegen Falschberatung.[866]

(2) Ausführungen zum Vertragsschluss

Der BGH formuliert wie folgt:

---

[860] *Buck-Heeb*, WM 2012, 625, 626; *Hannöver*, in: Schimansky/Bunte/Lwowski, Bankrechts-Hdb.[4], § 110 Rn. 20.

[861] Dazu infra § 10 A. I.

[862] Vgl. *Hannöver*, in: Schimansky/Bunte/Lwowski, Bankrechts-Hdb.[4], § 110 Rn. 21.

[863] Vgl. aber auch BGH (Börsenabofall), Urt. v. 8.2.1978, Az.: VIII ZR 20/77, BGHZ 70, 356 = NJW 1978, 997, 998, wo von einer *entgeltlichen Beratungspflicht* im Rahmen eines Typenkombinationsvertrags ausgegangen wurde. Da ohne individuellen Kontakt mit dem Abokunden die Anforderungen an die anlegergerechte Beratung nicht zu erfüllen sind, wäre die Annahme eines Anlageberatungsvertrags mit den Pflichten nach Bond hier problematisch. Das Urteil erging freilich vor der „Bond-Entscheidung“.

[864] *Lenenbach*, Kapitalmarktrecht[2], Rn. 11.155; vgl. ferner supra § 3 B. V. 2. b) und C. I. 2.

[865] Zum Schuldtitelrating durch Ratingagenturen *Lerch*, BKR 2010, 402, 403.

[866] Zum Sachverhalt vgl. BGH (Bond) BGHZ 123, 126 = NJW 1993, 2433.

„Tritt ein Anlageinteressent an eine Bank oder der Anlageberater einer Bank an einen Kunden heran, um über die Anlage eines Geldbetrages beraten zu werden bzw. zu beraten, so wird das darin liegende Angebot zum Abschluß eines Beratungsvertrages stillschweigend durch die Aufnahme des Beratungsgesprächs angenommen".[867]

Es sei mithin unerheblich, von wem die Initiative zur Beratung ausging. Es müsse indes um eine konkrete Anlageentscheidung gehen, bei deren Anlage der Kunde unterstützt werden soll.[868] In dem Urteil verweist der BGH auf eine ältere Entscheidung, die ebenfalls das Zustandekommen von Auskunfts- und Beratungsverträgen zum Inhalt hatte. Dort heißt es:

„Tritt ein Anlageinteressent an den Anlagevermittler nach dessen Angebot oder von sich aus heran, und macht er deutlich, daß er auf eine (bestimmte) Anlageentscheidung bezogen die besonderen Kenntnisse und Verbindungen des Vermittlers in Anspruch nehmen will, dann liegt darin sein Angebot auf Abschluß eines Auskunfts- oder Beratungsvertrages. Dieses Angebot nimmt der Anlagevermittler stillschweigend jedenfalls dadurch an, daß er die gewünschte Tätigkeit beginnt."[869]

Zusätzlich zu den Kriterien aus Bond wird hier noch die besondere Fachkenntnis des Vermittlers bzw. dessen Verbindungen hervorgehoben, die der Anlageinteressent nutzen möchte. In dieser Entscheidung werden weitere Urteile betreffend stillschweigende Vertragsabschlüsse zitiert, die „Auskunfts- oder sogar Beratungspflichten" zur Folge haben können.[870] Das Urteil, auf das in Bond Bezug genommen wird bzw. die dort angeführten Fundstellen, betreffen zwar jeweils Beratung im vertraglichen Bereich. Dort werden aber Ausführungen nicht nur zu Beratung aufgrund von *Beratungsverträgen*, sondern auch zur Beratung bei Anlage*vermittlung* sowie zu konkludenten *Auskunftsverträgen* als Grundlage der Beratung gemacht. Trotz der *unterschiedlichen Terminologie* wird im Ergebnis zwischen Beratung, Vermittlung, Beratungs- und Auskunftsverträgen *kaum näher differenziert.*[871] Diese ältere Rechtsprechung muss daher mit Bedacht herangezogen werden. Es lassen sich ihr zwar Gesichtspunkte entnehmen, wann eine vertragliche Sonderverbindung zwischen Intermediär und Kunde vorliegt, auf deren Grundlage beraten wird. Sie hatte indes offenbar noch nicht „den" Beratungsvertrag vor Augen, den der

[867] BGH (Bond) BGHZ 123, 126 = NJW 1993, 2433.

[868] Vgl. BGH (Bond) BGHZ 123, 126 = NJW 1993, 2433.

[869] BGH, Urt. v. 4.3.1987, Az.: IVa ZR 122/85, BGHZ 100, 117 = NJW 1987, 1815, 1816.

[870] BGH, Urt. v. 4.3.1987, Az.: IVa ZR 122/85, BGHZ 100, 117 = NJW 1987, 1815, 1816 mit Verweis auf BGH, Urt. v. 2.2.1983, Az.: IVa ZR 118/81, ZIP 1983, 433 ff. und BGH, Urt. v. 27.6.1984, Az.: IVa ZR 231/82, ZIP 1984, 1080 ff.

[871] Die ebenfalls zitierte Entscheidung BGH, Urt. v. 27.06.1984, Az.: IVa ZR 135/83, WM 1984, 1216, 1217, weist indes bereits knapp darauf hin, dass bei einem Beratungsvertrag (in Abgrenzung zu einem Auskunftsvertrag) die persönlichen Belange des Kunden berücksichtigt werden müssen; vgl. auch *Reiner*, Derivative Finanzinstrumente im Recht, S. 116, zur unsystematischen Terminologie im Rahmen von Informationspflichten nach der Rechtsprechung. Heute differenziert auch der XI. Zivilsenat explizit zwischen Beratungs- und Vermittlungsverhältnissen, s. supra § 2 D.

XI. Zivilsenat in Bond statuierte und dann mit den im Vergleich zur Anlagevermittlung verschärften Pflichten des Beraters weiterentwickelte.[872]

Zu berücksichtigen[873] ist hinsichtlich des Zustandekommens eines Beratungsvertrags also, ob Beratung bezüglich einer *konkreten Anlageentscheidung* stattfindet und ob der Beratende *Fachkenntnis* auf dem Gebiet der Beratung besitzt. Weiterer Rechtsprechung lässt sich entnehmen, dass daneben auch ein *eigenes wirtschaftliches Interesse* beim Beratenden für einen Beratungsvertrag spräche.[874] Dieses kann – was hier besonders von Interesse ist – darin liegen, „die in diesem Gewerbezweig [Vertrieb und Vermittlung von Kapitalanlagen, der Verf.] nicht unerheblichen Provisionen zu verdienen".[875] Aus Sicht des Beratenen sei relevant, ob die begehrten *Auskünfte von erheblicher Bedeutung* sind bzw. er auf ihrer Grundlage *wesentliche Entschlüsse* fassen respektive Vermögensdispositionen tätigen will.[876]

Unter Berücksichtigung der Umstände der Finanzberatung sind die Hürden für die Annahme eines Anlageberatungsvertrags damit sehr niedrig,[877] zumal dieser nicht formgebunden ist.[878] Von besonderen Umständen abgesehen, besiegelt regelmäßig das Beratungsgespräch die vertragliche Bindung des Beraters auf Grundlage eines selbständigen Beratungsvertrags.[879] Bereits die Vorlage eines Berechnungsbeispiels oder die Beantwortung einer Frage kann dazu ausreichen.[880] Paradigma-

---

[872] Vgl. auch *Lang*, Informationspflichten, S. 109, wonach auch „nach Bond" in der Rechtsprechung nicht immer eindeutig zwischen Beratung, Auskunft und Aufklärung terminologisch differenziert wurde.

[873] Ausführlicher zu den einzelnen Kriterien infra § 6 A. I. 4. d) aa) (2).

[874] Etwa BGH, Urt. v. 22.3.1979, Az.: VII ZR 259/77, BGHZ 74, 103 = NJW 1979, 1449.

[875] BGH, Urt. v. 22.3.1979, Az.: VII ZR 259/77, BGHZ 74, 103 = NJW 1979, 1449, 1450.

[876] BGH, Urt. v. 22.3.1979, Az.: VII ZR 259/77, BGHZ 74, 103 = NJW 1979, 1449; *Buck-Heeb*, WM 2012, 625, 626f.; *Lenenbach*, Kapitalmarktrecht², Rn. 11.156 m.w.N.; *Vortmann*, Aufklärungs- und Beratungspflichten¹⁰, Rn. 34 m.w.N.

[877] Aus der Rechtsprechung etwa OLG Frankfurt a.M., Urt. v. 15.9.2011, Az.: 3 U 10/11, VuR 2011, 465, 466 („Anforderungen an das Zustandekommen eines solchen Vertrags [Beratungsvertrag, der Verf.] [sind] ohnehin sehr niedrig"); ebenso *Bausch*, NJW 2012, 354; *Beule*, in: Assies/Beule/Heise/Strube, Hdb. des FA-BKR³, Kap. 7 Rn. 313; *Bracht*, ZBB 2013, 252, 254; *Buck-Heeb*, WM 2012, 625, 626; *dies.*, ZIP 2013, 1401, 1402; *Kropf*, WM 2014, 640, 641; *Möllers*, in: Kölner Komm WpHG², § 31 Rn. 51; *Müller-Christmann*, in: Bankrechtstag 2012, S. 1, 19; *Nobbe/Zahrte*, in: MünchKomm HGB³, Anlageberatung, Rn. 76; *Tonner/Krüger*, Bankrecht, § 25 Rn. 23; *Veil*, WM 2007, 1821, 1826; *Veldhoff*, Haftung von Kreditinstituten, S. 315; ausführlich infra § 6 A. I. 4. d).

[878] *Tonner*, in: Hdb. zum dt. und europ. Bankrecht², § 4 Rn. 2.

[879] *Tonner*, in: Hdb. zum dt. und europ. Bankrecht², § 4 Rn. 4; vgl. auch *von Böhlen/Kan*, Die Zukunft des Anlegerschutzes in Europa, S. 83, 89; *Braun/Lang/Loy*, in: Praktikerhdb. Wertpapier- und Derivategeschäft⁴, Rn. 286; *Dieckmann*, WM 2011, 1153; *Fuchs*, in: Fuchs, Komm WpHG, § 31 Rn. 242; *Hilp*, Haftung bei der Vermittlung geschlossener Fonds, S. 196; *Lampe*, Die Informationspflicht des Wertpapierdienstleistungsunternehmens, S. 362 f.; *Lenenbach*, Kapitalmarktrecht², Rn. 11.157; *Pfeiffer*, Schutz des (Klein-)Anlegers, S. 129; vgl. auch *Grigoleit*, ZHR 177 (2013), 264, 286, mit dem Hinweis, dass die Anforderungen an das Beratungsgespräch nicht näher konkretisiert wurden. Zurückhaltend, ob im Ergebnis jedes Kundengespräch einen Beratungsvertrag begründe LG Itzehoe, Urt. v. 6.8.2009, Az.: 7 O 39/09, WM 2009, 1745, 1746.

[880] Aus der Rechtsprechung BGH, Urt. v. 1.3.2013, Az.: V ZR 279/11, WM 2013, 839, Rn. 7f.;

tisch sei hier eine landgerichtliche Prüfung eines Beratungsvertrags vollständig wiedergegeben:

„Die Klägerin ließ sich von dem Zeugen … hinsichtlich der Anlage eines Geldbetrages beraten. Aufgrund des so abgeschlossenen Beratungsvertrages war die Beklagte verpflichtet, die Klägerin anleger- und objektgerecht zu beraten.“[881]

Wer angesichts dessen von hohen Anforderungen an den Abschluss eines Beratungsvertrags spricht,[882] muss sich den Einwand gefallen lassen, dass dies die Praxis nicht zutreffend beschreibt.

bb) Pflichten aus dem Anlageberatungsvertrag

Die Rechtsprechung hält allgemein den beratungsvertraglich Beratenden zur *richtigen und vollständigen Information* des Kunden hinsichtlich der für dessen Entscheidung *wesentlichen Umstände* für verpflichtet.[883] Dies ist bei der Anlageberatung prinzipiell nicht anders. Der Pflichtenkreis wurde für dieses Teilsegment von Beratungsleistungen durch das Bond-Urteil näher spezifiziert.[884] Inhalt und Umfang der Beratungspflicht werden unter Berücksichtigung der Umstände des Einzelfalls mit Bezugnahme auf Kriterien, die den Kunden in den Blick nehmen und solchen, die auf das Investitionsobjekt abstellen, näher konkretisiert.[885] Es wird von der sog. *anleger- und anlage- bzw. objektgerechten Beratung* gesprochen.[886] Der BGH selbst fasst seine Rechtsprechung insoweit folgendermaßen zusammen:

„[D]ie Bekl. [ist …] zur anleger- und objektgerechten Beratung der Kl. verpflichtet […]. Inhalt und Umfang der Beratungspflichten hängen dabei von den Umständen des Einzelfalls ab. Maßgeblich sind einerseits der Wissensstand, die Risikobereitschaft und das Anlageziel des Kunden und andererseits die allgemeinen Risiken, wie etwa die Konjunkturlage und die Entwicklung des Kapitalmarkts, sowie die speziellen Risiken, die sich aus den Besonderheiten des Anlageobjekts ergeben […]. Während die Aufklärung des Kunden über die für die Anlageentscheidung wesentlichen Umstände richtig und vollständig zu sein hat, muss die Bewertung und Empfehlung eines Anlageobjekts unter Berücksichtigung der genannten Gegeben-

---

BGH, Urt. v. 14.3.2003, Az.: V ZR 308/02, NJW 2003, 1811, 1812; ferner *Buck-Heeb*, WM 2012, 625, 627 m.w.N.; *dies.*, WM 2014, 385, 390.

[881] LG München, Urt. v. 30.4.2012, Az.: 28 O 14110/11, BKR 2012, 250, 251; ähnlich LG Düsseldorf, Urt. v. 11.5.2012, Az.: 8 O 77/11, BKR 2013, 166, 171, Rn. 123 („Mit der Beratung der Klägerin und der Empfehlung der den Gegenstand des vorliegenden Rechtsstreits bildenden Swap-Geschäfte ist jeweils ein Beratungsvertrag zustande gekommen.“).

[882] *Lenenbach*, Kapitalmarktrecht², Rn. 11.156.

[883] Vgl. bereits supra § 6 A. I. 3.; ferner *Buck-Heeb*, WM 2012, 625, 628 m.w.N.

[884] Die Bond-Rechtsprechung gilt auch im OTC-Derivategeschäft, besonders deutlich etwa OLG Bamberg, Urt. v. 11.5.2009, Az.: 4 U 92/08 (Juris), Rn. 133; vgl. bereits supra Kapitel 1 Fn. 184; kritisch zur Übertragbarkeit der Bond-Rechtsprechung auf Swaps *Faßbender* beim Bankrechtstag, zitiert nach *Walz/Leffers*, WM 2012, 1457, 1462.

[885] Vgl. BGH (Bond) BGHZ 123, 126 = NJW 1993, 2433 f.

[886] Vgl. beispielhaft auch *Rothenhöfer*, Anlegerschutz durch Schriftform, S. 108 ff.; *Veil*, ZBB 2008, 34, 40; *ders.*, WM 2007, 1821, 1825; *Veldhoff*, Haftung von Kreditinstituten, S. 104 ff.

heiten ex ante betrachtet lediglich vertretbar sein. Das Risiko, dass sich eine auf Grund anleger- und objektgerechter Beratung getroffene Anlageentscheidung im Nachhinein als falsch erweist, trägt der Anleger [...].“[887]

Diese Pflichten präsentieren sich noch „generalklauselartig“, wurden aber in beachtlichem Umfang in der Bond nachfolgenden Rechtsprechung ausdifferenziert und konkretisiert.[888] Für hiesige Untersuchung von höchster Relevanz ist dabei die dem Beratungsvertrag entnommene Verpflichtung des Beraters, *allein* die Interessen des Beratenen wahrzunehmen.[889]

b) Rechtsnatur und normative Anknüpfung

Da der (Anlageberatungs-)Vertrag keine gesonderte Regelung im Gesetz erfahren hat, ist er in das allgemeine Schuldrechtssystem, dort konkret in das besondere Schuldrecht,[890] einzuordnen. Vertreten wird, dass die Regelungen des Dienstvertrags, Werkvertrags, Geschäftsbesorgungsvertrags (mit dienst- oder werkvertraglichem) Charakter und/oder des Auftrags heranzuziehen seien.[891]

Soweit der Anlageberatungsvertrag als Geschäftsbesorgungsvertrag eingeordnet wird,[892] stößt dies für die regelmäßig unentgeltliche Beratung auf Beden-

887 BGH (Swap-Urteil) BGHZ 189, 13 = NJW 2011, 1949, Rn. 20.

888 *Hannöver*, in: Schimansky/Bunte/Lwowski, Bankrechts-Hdb.[4], § 110 Rn. 44 ff.; *Taubert*, Informationspflichten, S. 205 ff. mit umfangreichem Nachweisen zur „Bond-Folgerechtsprechung“; *Veil*, WM 2009, 1585, 1586 und 1587.

889 So insbesondere BGH (Swap-Urteil) BGHZ 189, 13 = NJW 2011, 1949, Rn. 32 mit Verweis auf BGH (Kick-Back-II) BGHZ 170, 226 = NJW 2007, 1876, Rn. 23 und BGH (Kick-Back-III) NJW 2009, 1416, Rn. 12 f., wobei in Kick-Back-III nicht von der „alleinigen“ Wahrnehmung der Kundeninteressen gesprochen wird; BGH (Kick-Back-VI) ZIP 2010, 1335, Rn. 5 und 7; zu dieser Pflicht bei Aufklärung und Beratung auch *Hopt*, Kapitalanlegerschutz im Recht der Banken, S. 446; ferner *Clouth*, ZHR 177 (2013), 212, 247; *Einsiedler*, WM 2013, 1109, 1112; *Forschner*, Wechselwirkungen von Aufsichtsrecht und Zivilrecht, S. 172; *Gundermann*, BKR 2013, 406, 410 und 412; *Jäger/Meuschke/Hartlieb*, BKR 2013, 456, 457, wonach diese Pflicht das „zentrale Argument“ der Swap-Rechtsprechung sei. Kritisch, soweit Aufklärungspflichten über Rückvergütungen aus dem Beratungsvertrag hergeleitet werden, *Schnauder*, jurisPR-BKR 5/2011 Anm. 5, da ein solcher Vertragsinhalt nachgewiesen werden müsste, was aber nicht geschehe. A.A. *Buck-Heeb*, ZIP 2013, 1401, 1409, wonach der BGH beratungsvertraglich nicht fordere, dass „stets vollkommen uneigennützig“ gehandelt werden müsse. Das ist im Ergebnis zwar zutreffend, beruht aber auf der dogmatisch nicht stringenten Umsetzung durch den BGH hinsichtlich seines eigenen Ausgangspunkts, obwohl er immer wieder betont, dass der Berater *allein* die Kundeninteressen wahrzunehmen habe.

890 *Herresthal*, ZIP 2013, 1049, 1050.

891 Vgl. jeweils m.w.N. auch *Schaub*, AcP 202 (2002), 757, 762.

892 So etwa *Emmerich*, in: MünchKomm BGB[6], § 311 Rn. 115; *Forschner*, Wechselwirkungen von Aufsichtsrecht und Zivilrecht, S. 107; *Harnos*, BKR 2009, 316, 319; *v. Heymann/Edelmann*, in: Assmann/Schütze, Hdb. Kapitalanlagerecht[3], § 4 Rn. 7; *Hilp*, Haftung bei der Vermittlung geschlossener Fonds, S. 197; *Hofmann*, Aufklärung und Anlageberatung, S. 75; *Krisl*, Schutzgesetzeigenschaft der Wohlverhaltenspflichten, S. 7; *Kühne/Schulz*, in: Praktikerhdb. Wertpapier- und Derivategeschäft[4], Rn. 16; *Lang*, Informationspflichten, S. 106; *Möllers*, in: Kölner Komm WpHG[2], § 31 Rn. 42; *Rothenhöfer*, Anlegerschutz durch Schriftform, S. 46; *Schelling*, Vergütungssysteme

ken.[893] Der Geschäftsbesorgungsvertrag ist in § 675 Abs. 1 BGB geregelt und steht unter der amtlichen Überschrift „entgeltliche Geschäftsbesorgung". Er knüpft an Dienst- oder Werkverträge an, die eine Geschäftsbesorgung zum Gegenstand haben. Die Leistungen aus den genannten Vertragstypen werden jeweils gegen Entgelt erbracht, vgl. §§ 611 Abs. 1, 631 Abs. 1 BGB. Wie gezeigt ist es aber nicht möglich, die vom Kunden nicht unmittelbar vergütete Anlageberatung als entgeltlich zu qualifizieren.[894] Schon deshalb scheidet eine Einordung als Geschäftsbesorgung aus.[895] Diese Überlegung gilt entsprechend, sofern man die Anlageberatung unmittelbar dienst- oder werkvertraglichen Regelungen unterstellen wollte.[896]

Unentgeltliche Anlageberatung ist daher eine unentgeltliche Besorgung eines Geschäfts durch den Berater für den Kunden, mithin ein Auftrag i.S.v. § 662 BGB.[897] Es handelt sich jeweils um einen Informationsvertrag, bei dem zu den Hauptleistungspflichten die Bereitstellung von Informationen gehört.[898] Der Anlageberatungsvertrag in der Ausprägung nach Bond wird als Interessenwahrungsver-

---

und Interessenkonflikte, S. 29 und 37 ff.; *Sethe*, AcP 212 (2012), 80, 93 und 98; *Spindler*, in: Langenbucher/Bliesener/Spindler, BankR-Komm., 33. Kap. Rn. 52; *Weller*, ZBB 2011, 191, 197; ferner *Assmann*, ÖBA 2007, 40 (allgemein zu Bankgeschäften); *Koller*, ZBB 2007, 197 (allgemein zu Effektengeschäften mit Verweis auf das Reichsgericht); a.A. zum Beratungsvertrag ausdrücklich OLG Saarbrücken, Urt. v. 22.12.2011, Az.: 8 U 465/10-128, BKR 2012, 171, Rn. 42.

893 Im Falle der Honorarberatung ist die Einordnung unter § 675 Abs. 1 BGB hingegen kaum problematisch, vgl. *Heermann*, in: MünchKomm BGB⁶, § 675 Rn. 11; möglicherweise a.A. *Hannöver*, in: Schimansky/Bunte/Lwowski, Bankrechts-Hdb.⁴, § 110 Rn. 20. Regelmäßig wird die Geschäftsbesorgung dienstvertraglichen Charakter haben, aber auch eine werksvertragliche Ausgestaltung ist nicht ausgeschlossen. Dies hängt von den Umständen des Einzelfalls und den konkreten Zielen der Beratung ab, vgl. auch *Bamberger*, in: Hdb. zum dt. und europ. Bankrecht², § 50 Rn. 16; *Buck-Heeb*, WM 2012, 625, 626; *Tonner*, in: Hdb. zum dt. und europ. Bankrecht², § 4 Rn. 2; *Veldhoff*, Haftung von Kreditinstituten, S. 97; vgl. aber zweifelnd noch BGH (Börsenabofall), Urt. v. 8.2.1978, Az.: VIII ZR 20/77, BGHZ 70, 356 = NJW 1978, 997 f., ob auf eine entgeltliche Beratungspflicht § 675 BGB anzuwenden sei, dazu *Taubert*, Informationspflichten, S. 199 ff.

894 So i.E. auch *Tonner*, in: Hdb. zum dt. und europ. Bankrecht², § 4 Rn. 2 („Das Entgelt muss sich auf die Beratung selbst beziehen, nicht auf das in Aussicht genommene Geschäft."); a.A. *Emmerich*, in: MünchKomm BGB⁶, § 311 Rn. 69; *Sethe*, AcP 212 (2012), 80, 93 f.; dazu bereits supra § 5 B. VII. 2. b).; vgl. aber auch *Peters*, JZ 2000, 307, 308, wonach das Entgelt einer nicht monetär vergüteten Beratung in der Chance auf den späteren Geschäftsabschluss gesehen werden können soll, weshalb eine c.i.c.-Haftung greife; s. auch *Schaub*, AcP 202 (2002), 757, 785 mit Fn. 97.

895 Die Geschäftsbesorgung wird nach h.M. nicht als entgeltlicher Auftrag begriffen, sondern als Sonderform von Werk- und Dienstvertrag, vgl. *Sethe*, AcP 212 (2012), 80, 85.

896 So etwa *Hannöver*, in: Schimansky/Bunte/Lwowski, Bankrechts-Hdb.⁴, § 110 Rn. 20 („dienstvertragsnah"); *Nikolaus/d'Oleire*, WM 2007, 2129, 2130 (Anlageberatungsvertrag sei Dienstvertrag).

897 I.E. auch OLG Frankfurt a.M., Urt. v. 8.7.2013, Az.: 23 U 246/12, WM 2013, 1852, 1855; so auch *Bamberger*, in: Hdb. zum dt. und europ. Bankrecht², § 50 Rn. 16; *Herresthal*, WM 2014, 773, 774; *Kluge*, Kick-backs, S. 86; *Nittel/Knöpfel*, BKR 2009, 411, 413; *Nobbe/Zahrte*, in: MünchKomm HGB³, Anlageberatung, Rn. 69; *Tonner*, in: Hdb. zum dt. und europ. Bankrecht², § 4 Rn. 2; *Veldhoff*, Haftung von Kreditinstituten, S. 97; a.A. *Regenfus*, WM 2015, 209, 210 (unentgeltlicher Dienst- oder Werkvertrag); abweichend auch *Hopt*, ZGR 2004, 1, 16, wonach Beratung entgeltliche Geschäftsbesorgung sei; vgl. auch *Buck-Heeb*, WM 2012, 625, 626.

898 Vgl. *Fleischer*, Informationsasymmetrie im Vertragsrecht, S. 158.

trag charakterisiert,[899] teilweise wird ihm gar fiduziarischer Charakter zugeschrieben.[900] Bedenkt man, dass im Duktus des BGH der Anlageberatungsvertrag den Finanzintermediär dazu verpflichtet, *allein* die Interessen des Kunden wahrzunehmen,[901] ist diese Klassifizierung auch zutreffend. Nimmt man die so postulierte Pflicht ernst, handelt es sich bei dem Anlageberatungsvertrag um einen Subordinationsvertrag,[902] bei dem der beratende Intermediär seine eigenen Interessen restlos und vollständig denen des Kunden unterordnen muss.[903]

c) Vergütungsbezogene Aufklärungspflichten im „Bond-System"

„Auslöser" des Bond-Urteils war keine Interessenkollision beim Berater, sondern die „mangelhafte Qualität" der empfohlenen Anleihe, die hinsichtlich des Kundenrisikoprofils „unpassend" war. Auch die Folgerechtsprechung war bis zur Kick-Back-II-Entscheidung nicht interessenkonfliktbezogen.[904] Die Kick-Back-Rechtsprechung stützt sich maßgeblich auf den Beratungsvertrag. Somit stellt sich die

---

[899] *Heermann*, in: MünchKomm BGB^6, § 675 Rn. 54; *Klöhn*, ZIP 2011, 762; ausführlich zu Interessenwahrungsverträgen im Kontext der Vermögensanlage *Sethe*, AcP 212 (2012), 80, 84 ff.

[900] So *Möllers/Wenninger*, LMK 2007, 220857; vgl. ferner *Koller*, ZBB 2007, 197.

[901] Dazu supra § 6 A. I. 4. a) bb).

[902] Vgl. *Martinek*, in: Staudinger, Neubearbeitung 2006, Vorb. zu §§ 662 ff. Rn. 18 und 28 ff.; *Möllers*, in: Kölner Komm WpHG^2, § 31 Rn. 42 (Unterordnung sei typusprägend); *Sethe*, AcP 212 (2012), 80, 84; kritisch *Taubert*, Informationspflichten, S. 86 ff.

[903] Vgl. § 6 A. I. 4. a) bb); ferner *Veldhoff*, Haftung von Kreditinstituten, S. 106. Zum Teil wird indes ein anderes Verständnis der Geschäftsbesorgung vorgetragen, wonach die Geschäftsbesorgung i.S.v. § 675 Abs. 1 BGB zum einen gleich wie in § 662 BGB auszulegen sei und zum anderen keinen eigenen Vertragstypus des Schuldrechts, sondern einen eigenen „vertragsformübergreifenden Schutzpflichtkomplex" darstelle (*Taubert*, Informationspflichten als Geschäftsbesorgungspflichten, S. 90; vgl. auch *Schelling*, Vergütungssysteme und Interessenkonflikte, S. 37 ff.). Die Anwendung des Rechts der Geschäftsbesorgung hinge dann nicht an dem Abschluss eines speziellen Geschäftsbesorgungsvertrags bzw. Auftrags. Die aus der sorgfältigen Auseinandersetzung mit der gegenwärtigen h.M. gewonnenen Argumente haben manches für sich (vgl. insbesondere *Taubert* a.a.O. S. 84 ff.). Analysiert man aber die Rechtsprechung, die auf der Basis des Beratungsvertrags argumentiert, stellt man fest, dass diese von einem besonderen Vertragstyp der Geschäftsbesorgung ausgeht, der bestimmte Pflichten mit sich bringt (*Martinek*, in: Staudinger, Neubearbeitung 2006, Vorb. zu §§ 662 ff. Rn. 17 ff.; zum BGH *Clouth*, ZHR 177 (2013), 212, 222; dies entspricht auch der h.M., vgl. zu den unterschiedlichen Auffassungen *Heermann*, in: MünchKomm BGB^6, § 675 Rn. 2 ff.). Wenn hier die Konstruktion des Beratungsvertrags in der Konturierung nach Bond näher untersucht wird, ist dabei auch das Rechtsprechungsverständnis zugrunde zu legen. Demnach löst nicht allein und bereits die „(Rechts-)Macht des Handelnden [...], wirksam im fremden Rechts- oder Interessenkreis tätig zu werden" auch die Geschäftsbesorgungspflichten aus (so aber *Taubert* a.a.O. S. 90 f.; vgl. auch *Schnauder*, JZ 2013, 120, 126). Die Anlageberatungspflichten greifen nach dem Rechtsprechungsmodell nur bei Abschluss eines Anlageberatungsvertrags, der eigenständige (Haupt-)Leistungspflichten auslöst, auf die im Rahmen der Konturierung vergütungsbezogener Aufklärungspflichten auch Bezug genommen wird (vgl. *Sethe*, AcP 212 (2012), 80, 84; *Veldhoff* a.a.O. S. 97 und 106).

[904] Kick-Back-I stützte sich gerade nicht auf einen die Beratungspflichten nach Bond auslösenden Beratungsvertrag.

Frage, inwiefern sie dem ursprünglich durch Bond konkretisierten Pflichtenumfang entnommen bzw. zugeordnet werden kann.

aa) Anlegergerechte Beratung und vergütungsbezogene Aufklärungspflichten

Die „Säule der anlegergerechten Beratung", die maßgeblich auf die Umstände des konkreten Kunden abstellt (*know your customer*[905]), ist offenbar nicht geeignet, vergütungsbezogene Aufklärungspflichten zu begründen.[906] Der von der Rechtsprechung für maßgeblich erachtete *Interessenkonflikt*[907] liegt *in der Person des Beraters* begründet und ist von Wissensstand, Anlageziel und Risikobereitschaft des Kunden unabhängig. Allenfalls könnte man argumentieren, dass die Risikobereitschaft ebenfalls solche durch etwaige Interessenkonflikte des Beraters bedingte Risiken erfasse, über deren Inkaufnahme der Kunde dann zu entscheiden habe. Im Zusammenhang mit den sonstigen Kriterien der anlegergerechten Beratung wird jedoch deutlich, dass es dabei um die Risiken der potentiellen Investition geht und inwieweit der Kunde bereit ist, für höhere Renditechancen höhere Verlustrisiken aus dem Finanzprodukt zu tragen.[908]

bb) Objektgerechte Beratung und vergütungsbezogene Aufklärungspflichten

Neben der Aufklärung über die Eigenschaften des Investitionsobjekts wird die objektgerechte Beratung (*know your merchandise*[909]) in Informationen über allgemeine und besondere („spezielle") Risiken unterteilt.

(1) Allgemeine Risiken

Die vom BGH in Bond erwähnten Beispiele für allgemeine Risiken (konjunkturelle Schwankungen, Kapitalmarktentwicklung) geben zu erkennen, dass vergütungsbezogene Aufklärungspflichten nicht dazu gehören. Sie stellen nämlich nicht externe Umstände dar, die die getätigte Investition hinsichtlich ihres Erfolgs gefährden und gleichsam alle Anleger oder zumindest einen größeren Teil zeitgleich und ebenso betreffen könnten.[910]

---

905 Vgl. *Veil*, in: Veil, Europäisches Kapitalmarktrecht², § 25 Rn. 5; *Vortmann*, in: Vortmann, Prospekthaftung und Anlageberatung, § 5 Rn. 2.

906 I.E. auch *Kluge*, Kick-backs, S. 48.

907 Dazu, dass dies auch nach Innenprovisionen-V weiterhin die tragende Erwägung bleibt, vgl. supra § 5 B. I. 6.

908 Vgl. zur Risikoneigung *Fuchs*, in: Fuchs, Komm WpHG, § 31 Rn. 226.

909 Vgl. *Vortmann*, in: Vortmann, Prospekthaftung und Anlageberatung, § 5 Rn. 6.

910 Vgl. kritisch *Gansel/Gängel*, NJ 2010, 312, 316 (Aufklärung über „Vielzahl ‚unerwünschter Nebenwirkungen'" gleiche dem Beipackzettel von Medikamenten und nutze dem Anleger im Ergebnis nichts).

(2) Spezielle Risiken

Die speziellen Anlagerisiken beziehen sich hingegen auf das jeweilige (antizipierte) Investitionsobjekt. Die Vergütungschancen der Intermediäre sind u.a. produktabhängig.[911] Wenn überhaupt, wären vergütungsbezogene Aufklärungspflichten in der Bond-Systematik also hier zu verorten. Die Frage lautet daher, ob es ein spezielles Risiko eines konkreten Produktes ist, dass der vermittelnde Intermediär damit einen Ertrag erzielen würde, der ihn entweder in Interessenkonflikte verstrickt oder die Werthaltigkeit des Produkts für den Kunden mindert.[912]

(a) Uneindeutige Positionierung der Rechtsprechung

Die Auffassung der Rechtsprechung lässt sich den Urteilen nicht abschließend entnehmen. Zwar wird die werthaltigkeitsbezogene Argumentation der Objektgerechtigkeit zugeordnet.[913] Dies gilt ebenso für die Aufklärung über negative Marktwerte.[914] Andererseits werden Aufklärungspflichtverletzungen hinsichtlich vereinnahmter Vergütungen teilweise weder im Zusammenhang mit der anleger- noch der objektgerechten Beratung angesprochen, sondern als von den Produktmerkmalen unabhängige Interessenkonfliktbetrachtung des Beraters behandelt, von der gegebenenfalls negative Auswirkungen auf die Pflicht zur anleger- und objektgerechten Beratung ausgehen können.[915]

---

911 Dazu supra § 3 B. V. und C. I. 2.; insofern ist es nicht überzeugend, wenn *Kluge*, Kick-backs, S. 48, vorträgt, dass Rückvergütungen nicht an ein konkretes Produkt gebunden seien, sondern von einer eigenständigen Vereinbarung zwischen Bank und Drittem abhingen. Letzteres ist zwar richtig, die Vergütung fließt im Ergebnis aber regelmäßig nur bei erfolgreicher Vermittlung von bestimmten Produkten, an deren Absatz der zahlende Dritte ein Interesse hat. Die Vergütungen sind bei verschiedenen Produktarten unterschiedlich ausgestaltet.

912 Zum unklaren Telos vergütungsbezogener Aufklärungspflichten bereits supra § 5 B. I.

913 Vgl. BGH (Lehman-I) BGHZ 191, 119 = NZG 2012, 25, Rn. 39.

914 Vgl. BGH (Swap-Urteil) BGHZ 189, 13 = BKR 2011, 293, Rn. 28 und 31 (dazu *Spindler*, NJW 2011, 1920, 1921); OLG Nürnberg, Urt. v. 19.8.2013, Az.: 4 U 2138/12, BKR 2013, 426, 430 ff.; OLG Düsseldorf, Urt. v. 7.10.2013, Az.: I-9 U 101/12, WM 2013, 2026, 2027; kritisch zur dogmatischen Einordnung *Clouth*, ZHR 177 (2013), 212, 245; *Schelling*, Vergütungssysteme und Interessenkonflikte, S. 229 f.

915 So etwa BGH (Lehman-III) BKR 2012, 421, Rn. 46 [dazu auch *Clouth*, ZHR 177 (2013), 212, 245 mit Fn. 138, wonach der BGH dort auch seine Einordnung der Aufklärungspflicht über negative Marktwerte „korrigiert“ habe]; in BGH (Lehman-I) BGHZ 191, 119 = NZG 2012, 25, Rn. 44, wird sogar ausdrücklich vom bereits hinreichenden Schutz durch die anleger- und objektgerechte Beratung gesprochen, weshalb die Rückvergütungsrechtsprechung nicht auf Eigengeschäfte übertragen werden müsse [anders offenbar *Grigoleit*, ZHR 177 (2013), 264, 283, wonach die Margenaufklärung bei der „anlagebezogene[n] Aufklärungspflicht“ angesprochen werde]; ähnlich auch BGH (Kick-Back-II) BGHZ 170, 226 = NJW 2007, 1876 (Leitsatz), wonach die Aufklärung über Rückvergütungen dem Kunden ermöglichen soll, zu erkennen, ob er allein anhand der Kriterien der anleger- und objektgerechten Beratung beraten wurde; vgl. ferner BGH (Kick-Back-III) NJW 2009, 1416, Rn. 13 (Gefährdung für anleger- und objektgerechte Beratung durch Rückvergütung); BGH (Freier Anlageberater-I) BGHZ 185, 185 = ZIP 2010, 919, Rn. 13 (Zweifel an anlegergerechter Beratung durch Rückvergütung); LG Hamburg, Urt. v. 1.7.2009, Az.: 325 O 22/09 (Juris),

(b) Uneinigkeit in der Literatur

Die Literatur beantwortet die Frage uneinheitlich. Zum Teil werden Aufklärungspflichten über monetäre Eigeninteressen der objektgerechten Beratung als Weiterentwicklung von Bond zugeschlagen.[916] Andere sehen diesen Fragenkomplex außerhalb von den Bond-Pflichten,[917] wobei manche die Problematik als neue allgemeine „dritte Säule" neben der anleger- und objektgerechten Beratung ansehen („beratergerechte Beratung")[918].

(c) Erforderliche Differenzierung

Man wird im Ergebnis zu differenzieren haben. Soweit Aufklärungspflichten statuiert werden, um den Kunden die durch sie beeinträchtigte Werthaltigkeit von Finanzprodukten aufzuzeigen,[919] ist die Aufklärung als Teil der objektgerechten Be-

---

Rn. 49 (aus Beratungsvertrag folge nicht nur Pflicht zur anleger- und objektgerechten Beratung, sondern auch zur Mitteilung der Eigeninteressen); abweichend beispielsweise OLG Dresden, Urt. v. 3.4.2012, Az.: 5 U 376/11, BKR 2012, 293, 298 (Interessenkonflikte betreffen objektgerechte Beratung); ebenso LG Hamburg, Urt. v. 23.6.2009, Az.: 310 O 4/09, ZIP 2009, 1311, 1314; LG Berlin, Urt. v. 4.9.2013, Az.: 10 O 267/12, BKR 2013, 474, 476.

916 Vgl. auch *Brocker/Langen*, BKR 2008, 201, 202 (zu nicht ausgewiesenen Innenprovisionen von mehr als 15%); *Grigoleit* beim Bankrechtstag, zitiert nach *Schwarz*, ZBB 2012, 314, 315 (zu anfänglichen negativen Marktwerten, allerdings ohne genaue Zuordnung zur anleger- oder objektgerechten Komponente); *ders.*, ZHR 177 (2013), 264, 282 (zu Margen); *Krisl*, Schutzgesetzeigenschaft der Wohlverhaltenspflichten, S. 11 (zu „kick-backs", allerdings ohne genaue Zuordnung zur anleger- oder objektgerechten Komponente); *Lang/Bausch*, WM 2010, 2101, 2105 (ebenfalls ohne genaue Zuordnung); *Lenenbach*, Kapitalmarktrecht^2, Rn. 5.421 (ohne genaue Zuordnung zur anleger- oder objektgerechten Komponente); *Lieder*, GWR 2011, 175 (zu anfänglichen negativen Marktwerten); *Müller-Christmann* beim Bankrechtstag, zitiert nach *Schwarz*, ZBB 2012, 314 (zur Kick-Back-Rechtsprechung); *Nobbe*, BKR 2011, 302, 303 (zu negativen anfänglichen Marktwerten); *ders./Zahrte*, in: MünchKomm HGB^3, Anlageberatung, Rn. 150 ff.; *Schäfer* beim Bankrechtstag, zitiert nach *Schwarz*, ZBB 2012, 314, 317; *ders.* beim Bankrechtstag, zitiert nach *Walz/Leffers*, WM 2012, 1457, 1460 (allgemein zur Beraterneutralität); *Schnauder*, jurisPR-BKR 1/2012 Anm. 1; *ders.*, JZ 2013, 120, 125; *Schwab*, BKR 2011, 450, 454.

917 *Clouth*, in: Praktikerhdb. Wertpapier- und Derivategeschäft^4, Rn. 1202 ff. (allgemein zum Aspekt der interessenkonfliktbezogenen Aufklärung, die die Kriterien aus Bond „ergänzt" hätten); *ders.*, ZHR 177 (2013), 212, 219, 225 f. und 245; *Edelmann*, BB 2010, 1163, 1166; *Grys/Geist*, BKR 2009, 127 (zu Rückvergütungen); *Günther*, MDR 2014, 61, 63; *Haas*, LMK 2009, 277068 (zu Rückvergütungen); *Harnos*, BKR 2009, 316, 321; *Koch*, BKR 2012, 485, 486 f.; *Lehmann*, JZ 2011, 749, 751; *Mülbert*, WM 2007, 1149, 1159 f.; *ders.*, ZHR 177 (2013) 160, 162; *Ruland/Wetzig*, BKR 2013, 56, 62 (zu Rückvergütungen, wohl auch zu anfänglichen negativen Marktwerten); *Sethe*, in: FS Nobbe, S. 769, 789 f.; *ders.*, AcP 212 (2012), 80, 98; wohl auch *Grundmann*, WM 2012, 1745, 1754; *Thieme*, Wertpapierdienstleistungen, S. 91 (Fn. 84).

918 *Kluge*, Kick-backs, S. 48; i.E. auch *Beule*, in: Assies/Beule/Heise/Strube, Hdb. des FA-BKR^3, Kap. 7 Rn. 321, 325, 340; *Mülbert*, Auswirkungen der Art. 19 ff. MiFID auf das Zivilrecht, S. 19; *Schmieder*, WuB I G 1. – 16.12, S. 721, 723. Die Frage wird auch aufgeworfen von *Schäfer*, in: Bankrechtstag 2012, S. 65, 77 f., i.E. aber verneint; vgl. ferner *Maier*, VuR 2010, 25, 26; *Moloney*, How to Protect Investors, S. 338 („know your adviser"); i.E. auch *Mülbert*, WM 2007, 1149, 1159 f.

919 So die Rechtsprechung zu versteckten (Innen-)Provisionen, dazu supra § 5 B. I. 4. Dies gilt auch nach Innenprovisionen-V (supra § 5 A. XL.), soweit sie nicht an den Berater fließen.

ratung betroffen. Ist nämlich die Werthaltigkeit, mithin die Chance auf Rendite durch die Vergütungsanteile des Intermediärs „angegriffen", geht es um „Risiken, Chancen und Eigenschaften des Finanzprodukts"[920], also den Kernbestand der speziellen Objektgerechtigkeitsbetrachtung. Soweit man negative Marktwerte im Derivatebereich – was nicht überzeugt – als Risikoindikator für die Entwicklung der Gewinnchancen ansähe,[921] müsste man eine auf dieser Basis geforderte Risikoaufklärung ebenso der objektgerechten Beratung zuordnen. Entsprechendes würde gelten, wenn man eine Margenaufklärung im Zertifikatevertrieb dann fordern würde, wenn Zertifikate so strukturiert sind, dass der Emittent dem Vertriebspartner aus dem Erlös eine Provision zahlen bzw. einen Rabatt gewähren kann.[922] Stellte man darauf ab, dass auf diese Weise die Renditechancen (merklich[923]) gemindert würden und *deshalb* über die enthaltene Marge aufzuklären sei, ginge es ebenso im Ergebnis um die Ausgestaltung des konkret in Frage stehenden Produkts, mithin um objektgerechte Beratung.

Weniger eindeutig ist die Kategorisierung hingegen, soweit die Mitteilung von Interessenkonflikten im Raum steht.[924] Wurden beispielsweise Provisionsflüsse, abgesehen von der Person des Empfängers, vollständig aufgedeckt, ist das ausreichend, um die etwaige Beeinträchtigung der Werthaltigkeit des konkreten Produkts erkennen zu können. Stellt man aber auf Interessenkonflikte ab, betrifft dies die Person des Beraters und seine potentiell beeinflusste Motivationslage für die Empfehlung. Dies steht außerhalb der Pflicht zur objektgerechten Beratung, was an einem kleinen Beispiel verdeutlicht werden kann: Man stelle sich vor, dass ein Berater eine Fondsbeteiligung empfiehlt, bei der – bis auf den konkreten Empfänger – im Prospekt offengelegte Vertriebsvergütungen fließen, allerdings *nicht* an ihn bzw. sein Institut. Der Berater informiert seinen Kunden über alle Aspekte, die nach den („unstreitigen") Erfordernissen der Objektgerechtigkeit gefordert sind; das Produkt „passt" ferner zu den Kundenwünschen, die Empfehlung war mithin auch anlegergerecht. Der Berater hat dann alle Erfordernisse an die Anlageberatung aus Bond erfüllt, die Fondsbeteiligung war ein für den Kunden geeignetes Finanzprodukt. Nunmehr sei der Fall dahingehend abgewandelt, dass der Berater bzw. dessen Institut aus der im beschriebenen Umfang offengelegten Provision eine Vergütung erhält. Dies ändert weder etwas an den Umständen des Anlegers noch verändert sie die Produktparameter der empfohlenen Beteiligung. Es wäre nicht nachvollziehbar, weshalb aufgrund eines *außerhalb der Eignungsbetrachtung* für den Kunden *liegenden Umstands* eine soeben noch geeignete Empfehlung nunmehr mit dem Ver-

[920] *Lenenbach*, Kapitalmarktrecht[2], Rn. 11.245; vgl. auch *Bracht*, in: Schwintowski, Bankrecht[4], § 18 Rn. 47 zu Innenprovisionen.

[921] Vgl. dazu supra § 3 B. V. 2. c) bb) (2) (c).

[922] Zur Vergleichbarkeit der Swap-Konstellationen mit Zertifikaten § 5 B. I. 1. b) bb) (1).

[923] Nicht jede Beeinträchtigung der Renditechancen ist aufklärungspflichtig, wie die 15 %-Grenze bei versteckten Innenprovisionen – soweit sie nicht an den Berater fließen (Innenprovisionen-V, supra § 5 A. XL.) – zeigt.

[924] Worin genau das Telos der Aufklärungspflicht besteht, ist zweifelhaft, dazu supra § 5 B. I.

dikt der Ungeeignetheit gebrandmarkt werden sollte. Das Produkt und der Anleger haben sich schließlich nicht verändert. Die *Bond-Pflichten* sollen sicherstellen, dass dem Kunden *nur geeignete Produkte empfohlen* werden. Ist dies der Fall, sind sie erfüllt.[925] Wirft man dem Berater eine Pflichtverletzung vor, weil er über *Interessenkonflikte* nicht aufgeklärt habe, liegt dies außerhalb des Bond-Pflichtenkreises auf einer *anderen Ebene*. Die Ebenen sind freilich miteinander verknüpft, da Interessenkonflikte dazu führen *können*, dass ungeeignete Produkte empfohlen werden. Originärer Bestandteil der objektgerechten Beratung ist die Interessenkonfliktfreiheit der Beratung aber nicht.

cc) Zwischenergebnis

Die Aufklärung über monetäre Eigeninteressen fällt nicht unter die anlegergerechte Beratung. Soweit werthaltigkeitsbezogen argumentiert wird, sind die Aufklärungspflichten der objektgerechten Beratung zuzuordnen. Die Interessenkonfliktebene ist vom „ursprünglichen Bond-System“ nicht erfasst.

d) Der Anlageberatungsvertrag: legitime „Konstruktion“ oder Fiktion?

Ursprünglich standen Interessenkonflikte nicht im Mittelpunkt der Rechtsprechung zu Beratungspflichten. Dieser Fokus entstand erst durch die Kick-Back-Rechtsprechung, die sich maßgeblich auf den Anlageberatungsvertrag stützt. Diese dogmatische Konstruktion bietet Anlass zur Kritik.

aa) Das Erfordernis eines beidseitigen Rechtsbindungswillens

Als problematisch erweist es sich, einen beidseitigen Rechtsbindungswillen der Beratungsparteien festzustellen.[926] Der Grundsatz der Privatautonomie[927] wird nur gewahrt, wenn in dem von der Rechtsprechung für einen konkludenten Vertragsschluss in den Blickpunkt genommenen Zeitpunkt, nämlich dem *Beginn des Beratungsgesprächs*,[928] dem Verhalten der Parteien auf einen Beratungsvertragsabschluss gerichtete Erklärungen zu entnehmen sind. Es ist aber ebenso Ausdruck der Privatautonomie, dass ein konkludenter Vertragsabschluss grundsätzlich möglich

---

[925] Vgl. in anderem Kontext *Mülbert*, ZHR 177 (2013), 160, 197.

[926] Vgl. *Buck-Heeb*, WM 2012, 625, 627; *Clouth*, ZHR 177 (2013), 212, 223; *Kluge*, Kick-backs, S. 94.

[927] Dieser Grundsatz gilt auch im Wertpapierhandelsrecht, vgl. nur *Lang/Balzer*, in: FS Nobbe, S. 639, 661 m.w.N.

[928] Dazu supra § 6 A. I. 4. a) aa) (2). Insoweit daher nicht überzeugend BGH (Kick-Back-XII) WM 2013, 2065, Rn. 27, wonach Beratungsvertrag und Kommissionsvertrag „nicht selten praktisch zusammenfallen“; kritisch auch *Stumpf*, BB 2013, 2835; infra § 6 A. III. 7.

ist.[929] Es wäre verfehlt, die Figur des konkludenten Beratungsvertrags insgesamt als „rechtlich nicht zutreffend" einzuordnen.[930] Letztlich sind es jeweils die konkreten Umstände des Einzelfalls, die herangezogen werden müssen, um festzustellen, ob ein Anlageberatungsvertrag geschlossen wurde. Dazu ist es notwendig, die zur Ermittlung des Rechtsbindungswillens angewendeten Kriterien, nach denen ein Anlageberatungsvertrag in der Praxis regelmäßig vorliegt, näher zu untersuchen.[931]

Vorab ist festzuhalten, dass es entgegen *Schelling* nicht möglich ist, die Frage des Anlageberatungsvertragsschlusses unabhängig von dem durch den BGH statuierten Pflichtenprogramm zu bestimmen.[932] Der Vergleich mit einem Kaufvertrag, bei dem der Verkäufer die Gewährleistungsrechte auch nicht kennen müsse und dennoch ein Kaufvertrag zustande käme, taugt nicht. Dabei handelt es sich nur um (gesetzliche) Folgen des von den Vertragsparteien Gewollten. Hingegen betrifft die vom BGH postulierte vollständige Subordination des Beraters den Vertragsinhalt bzw. den Vertragstypus an sich. Auf solche *essentialia negotii* muss sich der Rechtsbindungswille aber beziehen.[933] Da der BGH in ständiger Rechtsprechung die *alleinige* Wahrnehmung der Kundeninteressen durch den Berater fordert, sind eben nicht primär Auslegungsfragen des (geschlossenen) Beratungsvertrags betroffen.[934] Vor dem Hintergrund, dass der Beratungsvertrag nicht gesetzlich geregelt ist, muss dessen allgemeine Konturierung durch die Rechtsprechung akzeptiert werden. Deshalb muss untersucht werden, ob in Bezug auf diesen *so ausgestalteten* Vertrag ein beiderseitiger Rechtsbindungswille festzustellen ist. Auf dessen Basis sind dann alle weiteren dogmatischen Fragen deduktiv zu beantworten (vgl. insbesondere § 6 A. III.).[935]

(1) Die Interessenlagen der Beratungsparteien

Vertragsangebot und -annahme sind empfangsbedürftige Willenserklärungen, weshalb rechtstechnisch das Verhalten der Parteien nach dem objektiven Empfängerhorizont (§§ 133, 157 BGB) auszulegen ist, um festzustellen, ob darin rechtliche Erklä-

---

929 Vgl. auch *Clouth*, ZHR 177 (2013), 212, 223; *Tonner*, in: Hdb. zum dt. und europ. Bankrecht², § 4 Rn. 2.

930 So aber *Kluge*, Kick-backs, S. 93 und 106 f.

931 So auch *Clouth*, ZHR 177 (2013), 212, 225 (Fn. 49); *Emmerich*, in: MünchKomm BGB⁶, § 311 Rn. 115; vgl. auch BGH (Kick-Back-VII) ZIP 2011, 855, Rn. 19 (Bank sei „regelmäßig Anlageberaterin", wobei die Anlageberatung nach dem BGH immer auf gesonderter vertraglicher Grundlage stattfindet).

932 *Schelling*, Vergütungssysteme und Interessenkonflikte, S. 63 ff.

933 Vgl. nur *Lorenz*, Schutz vor dem unerwünschten Vertrag, S. 233 mit Fn. 113.

934 *Schelling*, Vergütungssysteme und Interessenkonflikte, S. 66 ff.

935 Wenn *Schelling*, Vergütungssysteme und Interessenkonflikte, S. 68, „den Anlageberatungsvertrag" der Rechtsprechung verteidigt, zugleich aber darauf hinweist, dass er „falsch" ausgelegt werde, gibt er im Grunde dennoch zu, dass eine Parteivereinbarung hinsichtlich der postulierten Pflichten regelmäßig nicht vorliegt, was im Ergebnis dann ebenfalls der ständigen Rechtsprechung und ihrer Konturierung des Anlageberatungsvertrags widerspricht.

rungen enthalten sind. Die subjektiven Vorstellungen der Parteien sind nicht allein ausschlaggebend, ihre Interessen sind für die Auslegung aber, soweit für die Gegenseite erkennbar, von besonderer Relevanz.[936]

(a) Interessen des Kunden

Es ist unmöglich, alle Kundeninteressen abschließend abstrakt zu beschreiben. Sie hängen von der konkreten Situation und den Besonderheiten des Einzelfalls ab. Indes lassen sich typische Interessen, die der weiteren Untersuchung als Grundlage dienen können, näher beleuchten.[937]

Die *Beratung* selbst wird regelmäßig *nicht das Endziel des Kunden* sein. Er wird üblicherweise zumindest generell eine Investition – gleich welcher Art – beabsichtigen, bei deren Auswahl und Umsetzung ihm der Berater beistehen soll.[938] Aufgrund des regelmäßig anzunehmenden Informationsdefizits zum Berater[939] ist eine sachgerechte Beratung für den Kunden von erheblicher Bedeutung, um sein Endziel in für ihn zufriedenstellender Weise zu erreichen. Dies gilt umso mehr, als Finanzprodukte selbst Vertrauensgüter sind.[940] *Beratung und Investitionsentscheidung* sind daher regelmäßig *eng miteinander verwoben.*[941] Dass der Wille des Kunden üblicherweise darauf gerichtet sein wird, (auch) beraten zu werden,[942] ist daher zutreffend und wenig überraschend. Damit ist indes noch nicht zugleich gesagt, dass dessen Wille zugleich auf den Abschluss eines Vertrags gerichtet ist.[943]

Soweit es dem Kunden nicht möglich ist, die Tauglichkeit des „erworbenen Produkts" selbständig zu überprüfen, scheint ihm an einer rechtlichen Grundlage gelegen, auf die sich gegebenenfalls eine Haftung des beratenden Intermediärs stützen ließe. So argumentiert könnte man geneigt sein, beim „durchschnittlichen Kunden" einen auf Abschluss eines Beratungsvertrags gerichteten Willen anzunehmen. Al-

---

[936] Vgl. dazu *Busche*, in: MünchKomm BGB[6], § 133 Rn. 12 f.; *Singer*, in: Staudinger, Neubearbeitung 2011, § 133 Rn. 18.

[937] Dabei geht es maßgeblich um die Fälle der unentgeltlichen Beratung. In den Fällen, in denen ein Kunde *für* eine *Beratung* ein gesondertes Entgelt bezahlt, erscheint es kaum vorstellbar, einen beiderseitigen Rechtsbindungswillens hinsichtlich eines Anlageberatungsvertrags abzulehnen; zur Relevanz des Entgeltkriteriums nochmals infra § 10 A. I.

[938] Vgl. dazu bereits supra § 3 A. II. 3. Insoweit stellt die Beratung also nur ein Mittel dar, um einen Anlagezweck zu erreichen; vgl. *Fuchs*, in: Fuchs, Komm WpHG, § 31 Rn. 242; grundlegend zu *„ends and means"* *v. Mises*, Human Action, S. 92 ff.

[939] Supra § 3 E. II. 2. a).

[940] Zu Vertrauensgütern ausführlicher infra § 8 A. II. 2.; anders mag dies bei Geschäften im Bereich des Risikomanagements sein. Insbesondere beim sog. Mikro-*hedging* dürfte auch im Nachhinein verhältnismäßig sicher zu überprüfen sein, ob das *hedging*-Instrument das betreffende Risiko eliminiert hat. Zu verschiedenen *hedging*-Strategien *Clouth*, in: Praktikerhdb. Wertpapier- und Derivategeschäft[4], Rn. 1149.

[941] Vgl. auch *Hannöver*, in: Schimansky/Bunte/Lwowski, Bankrechts-Hdb.[4], § 110 Rn. 29.

[942] Vgl. *Taubert*, Informationspflichten, S. 81.

[943] Diesem Fehlschluss unterliegt *Bracht*, ZBB 2013, 252, 254; *ders.*, in: Schwintowski, Bankrecht[4], § 18 Rn. 35, der dem Willen zur Beratung zugleich den Vertragsabschlusswillen entnimmt.

lerdings wird dem Kunden überwiegend nicht bewusst sein, dass er mit Aufnahme des Beratungsgesprächs bereits eine vertragliche Bindung eingehen könnte.[944] Dies zeigt bereits, dass die soeben angeführten allgemeinen Überlegungen notwendig darauf abstellen, was für den Kunden üblicherweise *günstig* ist und er dies *deshalb gewollt* haben wird.[945] Die Willenserklärung wird somit aus der Notwendigkeit zur effektiven Durchsetzung der wohlverstandenen Kundeninteressen gefolgert. Ruft man sich die „Formel" des BGH in Erinnerung, bringt der Kunde durch sein Verhalten aber nicht eindeutig zum Ausdruck, dass sein etwaiger rechtsgeschäftlicher Wille darauf gerichtet ist, dass „sein Intermediär" künftig *allein* seine (d.h. die Kunden-)Interessen wahrnehmen solle.[946] Ein solcher Wille steht zwar mit den Kundeninteressen voll im Einklang und ist insofern natürlich nicht ausgeschlossen. Dies gilt allerdings allgemein: Wer würde es nicht begrüßen, wenn Vertragspartner ausschließlich den eigenen (d.h. den Kunden-)Interessen verpflichtet wären. Diesem Umstand (fortlaufend) den Willen zum Abschluss eines Vertrages zu entnehmen, der diese Pflicht zum Inhalt hätte, ginge ersichtlich zu weit.[947] Abgesehen davon trüge eine solche Argumentation nur dann, wenn dem Kunden keine „diesem lästige" Pflichten aus dem stipulierten Anlageberatungsvertrag auferlegt werden. Aus Kundensicht wäre das insbesondere eine etwaige Verpflichtung zur Zahlung eines Entgelts.[948] Dies stünde seinem Willen gerade entgegen, wenn er sich nicht für eine Honorarberatung entschieden hat und seine Willenserklärung nur aus dem Bedürfnis nach Beratung gefolgert wird. Auf die §§ 612 und 632 (ggf. i.V.m. § 675 Abs. 1) BGB kann zwar nicht zurückgegriffen werden.[949] Zu denken ist aber an § 354 Abs. 1 HGB,[950] der zum Ausdruck bringt, „dass der Kaufmann die von ihm erbrachten Geschäftsleistungen bekanntermaßen nicht unentgeltlich erbringt".[951] Soweit des-

---

[944] Dies betont *Buck-Heeb*, WM 2012, 625, 627.

[945] *Buck-Heeb*, WM 2012, 625, 627.

[946] Zu den aus dieser definierten Pflicht folgenden Konsequenzen infra § 10 C.

[947] Derartige Kundenerwartungen zutreffend mit der Frage der Entgeltlichkeit verknüpfend *Veil*, WM 2009, 2193, 2196 („Die Vorstellung des Mandanten, der beauftragte Steuerberater werde *ausschließlich seine Interessen verfolgen*, ist legitim, *weil der Mandant* den Steuerberater *vergütet.*" [Hervorh. durch Verf.]) und S. 2199 a.a.O.; ähnlich *Rehm*, Aufklärungspflichten im Vertragsrecht, S. 129 a.E.; *Tiffe*, Struktur der Informationspflichten, S. 317; dazu infra § 10 A. I. Vgl. auch OLG Hamburg, Urt. v. 23.4.2010, Az.: 13 U 117/09, ZIP 2010, 973, 974.

[948] Vgl. auch *Thieme*, Wertpapierdienstleistungen, S. 80 („Intermediäre [werden] für den Kunden nicht unentgeltlich tätig.); „lästig" können dem Kunden ggf. auch die „Mitwirkungspflichten" im Rahmen der Exploration werden, ähnlich *Grigoleit*, ZHR 177 (2013), 264, 286; vgl. zur Exploration *Bracht*, in: Schwintowski, Bankrecht[4], § 18 Rn. 21; *Braun/Lang/Loy*, in: Praktikerhdb. Wertpapier- und Derivategeschäft[4], Rn. 318 ff.; *Koller*, in: Assmann/Schneider, Komm WpHG[6], § 31 Rn. 136 ff.; *Schäfer/Lang*, in: Clouth/Lang, MiFID Praktikerhandbuch, Rn. 144 ff. Die verweigerte Mitwirkung hat für den Kunden indes allenfalls die Konsequenz, dass eine Empfehlung ihm gegenüber (aufsichtsrechtlich) nicht erfolgen darf, vgl. a.a.O. Rn. 361; ferner *Veil*, in: Veil, Europäisches Kapitalmarktrecht[2], § 25 Rn. 5 ff.; *ders.*, WM 2007, 1821, 1823; *ders.*, ZBB 2008, 34, 37.

[949] Vgl. supra § 6 A. I. 4. b).

[950] *Roth*, in: Assmann/Schütze, Hdb. Kapitalanlagerecht[3], § 11 Rn. 16.

[951] *K. Schmidt*, in: MünchKomm HGB[2], § 354 Rn. 1.

sen Voraussetzungen vorlägen,[952] könnte der Intermediär auch ohne Vereinbarung eine Provision für seine Beratung fordern. Eine einzelne Besprechung der Tatbestandsmerkmale ist hier nicht angezeigt. Von der Honorarberatung abgesehen erfolgt die Beratungsleistung in der Praxis unentgeltlich. Dieser tatsächliche Befund lässt sich mit § 354 Abs. 1 HGB in Einklang bringen, denn die Norm ist im Verhältnis zu Individualvereinbarungen nachrangig.[953] Auch bei Annahme eines Beratungsvertrags ist eine unentgeltliche Beratung daher möglich, weshalb einer auf Vertragsabschluss gerichteten Willenserklärung des Kunden keine etwaige Zahlungsverpflichtung zwingend entgegensteht. Selbstverständlich muss dann die *Willensübereinkunft* zwischen Intermediär und Kunde im Rahmen des Vertrags die *Unentgeltlichkeit* der Leistung *umfassen.*[954]

Es ist also, abstellend auf die wohlverstandenen Kundeninteressen, möglich, eine auf Abschluss eines Beratungsvertrags gerichtete Willenserklärung zu konstruieren.[955] Letztlich geht es jedoch weniger um das, was der individuelle Anleger wirklich *rechtsgeschäftlich wollte*, als darum, was ihm objektiv *nützt.* In einem zweiten Schritt wird davon ausgegangen, dass der Anleger das, was ihm nützt, gleichermaßen gewollt und *erklärt* habe. Ziel ist die Etablierung eines Kundenschutzinstruments, das zusätzlich die Funktionsfähigkeit des Finanzmarkts über einen Vertrauensschutz in die Integrität des Marktes absichert.[956] Wären diese Ziele hingegen bereits auf andere Weise effektiv abgesichert,[957] bestünde schon keine Notwendigkeit, einem recht alltäglichen Verhalten eine derart weitreichende konkludente Willenserklärung zu entnehmen bzw. zu unterstellen.[958]

(b) Interessen des beratenden Finanzintermediärs

Es ist zutreffend, dass Finanzintermediäre regelmäßig beraten wollen, um ihre Absatzbemühungen zu fördern.[959] Dass sie dies zugleich zwingend auf der rechtli-

---

[952] Vgl. auch *Grigoleit*, ZHR 177 (2013), 264, 291 f., der aus der „normativen Typizität" des § 354 Abs. 1 HGB die Offenkundigkeit der Drittvergütung folgert, soweit die „Vermittlungsleistung" unentgeltlich erfolge. Präziser ist auf die *Beratungs*leistung abzustellen, da die Vermittlungsleistung durchaus, abhängig vom Produkt, auch für den Kunden kostenpflichtig sein mag (z.B. aufgrund Effektenprovisionen).

[953] *K. Schmidt*, in: MünchKomm HGB², § 354 Rn. 2.

[954] Dazu supra § 5 B. VII. 2. b); vgl. auch *Herresthal*, WM 2014, 773, 775, wonach die „Honorarfrage" zu den *essentialia* bei der Honoraranlageberatung gehört.

[955] So etwa *Lang*, Informationspflichten, S. 111 f.; *Lange*, Informationspflichten von Finanzdienstleistern, S. 91.

[956] Vgl. *Roth*, in: Assmann/Schütze, Hdb. Kapitalanlagerecht³, § 11 Rn. 13 f.; ferner *Lenenbach*, Kapitalmarktrecht², Rn. 11.16.

[957] Dies kann heute bejaht werden, wie die Existenz der aufsichtsrechtlichen Pflichten, die in wesentlichen Teilen mit der Bond-Rechtsprechung konform laufen, zeigen, dazu infra § 11 B.

[958] Vgl. auch *Jahn*, F.A.Z. v. 29.11.2011, S. 11 (Verkaufsgespräche würden von der Rechtsprechung „feinsinnig" in Beratungsverträge umgedeutet).

[959] Vgl. *Taubert*, Informationspflichten, S. 142.

chen Basis eines Anlageberatungsvertrags machen, ist damit aber noch nicht belegt.[960]

Die Anlageberatung erfolgt im Regelfall unentgeltlich.[961] Aus Sicht der Intermediäre ist die *Beratung* ein regelmäßig *notwendiger Zwischenschritt*, der vor einer ertragbringenden Vermittlung (im weiten Sinne) von Finanzprodukten stattfindet.[962] Soweit keine Beratung, beispielsweise vor der Vermittlung einer Aktienfondsbeteiligung, stattfindet, ändert sich aber nichts an der möglicherweise anfallenden (Dritt-)Provision für die erfolgreiche Vermittlung. Wird aber im Vorfeld beraten, sind seitens des Beraters diverse Pflichten zu erfüllen, die nicht unerhebliche Kosten verursachen.[963] Die Tätigkeit der Anlageberatung ist zusätzlich äußerst haftungsgeneigt.[964] Weder für diese Kosten noch für das Haftungsrisiko erlangt der Finanzintermediär eine *gesonderte* finanzielle Entlohnung.[965] Für den Finanzintermediär ist es daher nicht nur nicht notwendig, die Beratungsbeziehung zum Kunden auf die Basis eines Anlageberatungsvertrags zu stellen, sondern sogar *nachteilig*, da dieser das Haftungsrisiko vergrößert.[966] Dies liegt nicht daran, dass der Kunde ohne Vertrag vor „schlechter Beratung" nicht rechtlich geschützt wäre.[967] Allerdings führt die vertragliche Pflichtenlage nach Ausgestaltung der Rechtsprechung dazu, dass eigene (Vergütungs-)Interessen vollends hintangestellt werden bzw. zumindest offengelegt werden müssen.[968] Das führt die Argumentation mit dem Beratungswillen *ad absurdum*: Geht man davon aus, dass eine Beratung seitens der Intermediäre *gewollt* ist, um Kunden für der Beratung nachfolgende Geschäfte zu gewinnen,

---

960 Vgl. bereits *Hopt*, Kapitalanlegerschutz im Recht der Banken, S. 236 („Daß der eine Teil Aufklärung und Beratung wünscht und der andere Teil sie leistet, begründet [...] noch keinen Auskunfts- oder Beratungsvertrag.").

961 Dazu bereits supra § 5 B. VII. 2. b).

962 Vgl. auch *Thieme*, Wertpapierdienstleistungen, S. 79, die hervorhebt, dass die Informationstransformation durch Intermediäre im Grundsatz (bloß) eine Hilfsfunktion im Rahmen der sonst erbrachten Dienstleistungen einnehme; ferner *Koller*, ZBB 2011, 361 („Beratung als Mittel des Verkaufs").

963 Vgl. auch *Grigoleit*, ZHR 177 (2013), 264, 286, der neben dem „tatsächlichen Beratungsaufwand" auch auf die „gravierenden Rechtsverfolgungskosten" hinweist; ferner *Bracht*, in: Schwintowski, Bankrecht[4], § 18 Rn. 69; *Buck-Heeb*, ZHR 177 (2013), 310, 323; *Schwark*, in: Bankrechtstag 1995, S. 109, 128; *Veil/Lerch*, WM 2012, 1605, 1610.

964 Vgl. schon *Hopt*, Kapitalanlegerschutz im Recht der Banken, S. 525, zu Auskunft und Rat („besonders hohe Gefahr des Mißgriffs und damit ein erhöhtes Haftungsrisiko"); außerdem *Buck-Heeb*, ZIP 2013, 1401, 1402; *Habersack*, in: Bankrechtstag 2010, S. 3, 35.

965 Anders BGH, Urt. v. 13.5.1993, Az.: III ZR 25/92, NJW-RR 1993, 1114, wonach der Anleger den Berater *für diese* besondere *Leistung* auch *besonders honoriere*, dazu bereits supra Kapitel 1 Fn. 230; vgl. zutreffend zum Regelfall der nicht gesondert honorierten Beratung *Fullenkamp*, NJW 2011, 421, 424.

966 Vgl. auch *Fullenkamp*, NJW 2011, 421, 424.

967 Das relevante Aufsichtsrecht knüpft nur an die Beratungstätigkeit an, vgl. infra § 11 B. Wäre ein solcher Schutz nicht gegeben, könnte es ggf. auch im Interesse der Berater liegen, sich vertraglich zu binden, wenn sich die Kunden anders nicht auf Folgegeschäfte mit ihnen einlassen würden.

968 Zu dieser Diskrepanz auch infra § 10 C.

kann man nicht zugleich die Vergütungsinteressen aus diesen Folgegeschäften mit der Beratungstätigkeit (potentiell) für nicht mehr vereinbar halten. Führt der Beratungsvertrag dazu, dass die aus Ertragsgründen für den Intermediär einzig interessanten Folgegeschäfte aufgrund damit verbundener Eigeninteressen besonderen Pflichten unterliegen bzw. mit der Beratung nicht mehr vereinbar sind, wird der Intermediär schon deshalb eine so weitgehende Verpflichtung eben *nicht wollen*.[969] Das bedeutet nicht, dass es nicht durchaus im Interesse der Intermediäre selbst liegen wird, „gute Beratungsqualität" anzubieten.[970] Diese ist aber auch ohne Beratungsvertrag zu erreichen, zumal die Pflicht zur anleger- und objektgerechten Beratung außerhalb von den zusätzlich dem Beratungsvertrag entnommenen interessenkonfliktbezogenen Pflichten liegt und nunmehr ebenso aufsichtsrechtlichen Normen zu entnehmen ist.[971] Eine völlige Subordination unter das Kundeninteresse ohne Gegenleistung entspricht dem üblichen Interesse der beratenden Finanzintermediäre jedenfalls nicht.[972]

(c) Zwischenergebnis

Es ist zwar grundsätzlich mit den Kundeninteressen vereinbar, einen Rechtsbindungswillen des Kunden bezüglich eines Anlageberatungsvertrags anzunehmen. Im von der Rechtsprechung stipulierten Umfang kommt ein solcher im Kundenverhalten jedoch kaum zum Ausdruck.[973] Vielmehr wird sich der Kunde regelmäßig überhaupt eines (weiteren) Vertragsschlusses im Vorfeld seiner angestrebten Anlageentscheidung nicht bewusst sein. Seitens der Berater spricht, von den Fällen der Honorarberatung abgesehen,[974] viel gegen die Annahme eines auf einen Anlageberatungsvertrag bezogenen Rechtsbindungswillens. Die beratungsvertraglichen Pflichten des Rechtsprechungskonzepts stehen erwünschten Erträgen aus Folgegeschäften potentiell entgegen bzw. unterwerfen sie zusätzlichen (Offenbarungs-)

---

969 Vgl. *Krüger*, NJW 2013, 1845, („kollidiert mit der Realität"); ferner *Veldhoff*, Haftung von Kreditinstituten, S. 101 f. Die dort vorgebrachten Argumente gegen einen „allgemeinen Bankvertrag" passen insoweit auch hier; in anderem Kontext auch *Westermann*, in: FS Horn, S. 143, 155 („[E]s wird sich kaum leugnen lassen, dass die Inhaltsbestimmung des konkludent geschlossenen Beratungsvertrags [...] ohne Grundlage im beiderseitigen Parteiwillen, nämlich nur durch das Gericht auf der Grundlage der für berechtigt gehaltenen Beschwerden [...] geschieht.").

970 Vgl. *Clouth*, ZHR 177 (2013), 212, 262 mit Verweis auf OLG Stuttgart, Urt. v. 10.10.2012, Az.: 9 U 87/12, BKR 2013, 164, Rn. 12 (Bank habe „Interesse an einer fehlerfreien und qualitativ hochwertigen Beratung"); ferner *Nikolaus*, Durchsetzung der Wohlverhaltens- und Organisationspflichten, S. 238 f.; zweifelnd *Klöhn*, Kapitalmarkt, Spekulation und *Behavioral Finance*, S. 179 ff.

971 S. Kapitel 3 Text bei und Fn. 38.

972 Vgl. auch *Benedict*, ZIP 2005, 2129, 2131 (Haftung lasse sich „nicht einfach mit Interessenlage [...] begründen") mit Rechtsprechungsnachweisen zur Vertreterhaftung.

973 Aufgrund der Informationspflicht aus § 31 Abs. 4b WpHG n.F. wird in dessen Anwendungsbereich die Annahme einer konkludenten Kundenerwartung hinsichtlich einer völligen Subordination des Beraters noch unwahrscheinlicher, wenn der Kunde auf Zuwendungen von Dritten hingewiesen wurde; vgl. supra Text bei und Fn. 510; ferner *Herresthal*, WM 2014, 773, 779.

974 Zur Relevanz der Entgeltlichkeit der Beratung infra § 10 A. I.

Pflichten, die ihrerseits den Abschluss des Folgegeschäfts aus Beratersicht erschweren könnten. Die Annahme eines Rechtbindungswillens, der eine unentgeltliche Haftungsgrundlage schaffen würde, erscheint daher im Regelfall mehr als zweifelhaft.[975] Um eine Willensübereinstimmung festzustellen, müsste zumindest weitaus größerer „Aufwand betrieben" werden, als dies bisher in der gerichtlichen Praxis der Fall ist.[976]

(2) Rechtsprechungskriterien zur Annahme eines Anlageberatungsvertrags

Wie soeben gezeigt, führt eine Auslegung des Parteiverhaltens (§§ 133, 157 BGB) nicht ohne weiteres dazu, eine Übereinkunft hinsichtlich einer ausschließlichen Fremdinteressenwahrnehmung anzunehmen.[977] Dieser Befund ist in der Gerichtspraxis schwer zu erkennen, da diverse Kriterien herangezogen werden, bei deren Vorliegen von einem Beratungsvertrag ausgegangen wird.[978] Diese sollen nunmehr, unter Berücksichtigung der aufgezeigten Interessen der Parteien, auf ihre Tauglichkeit hin untersucht werden, „bloße geschäftliche (Beratungs-)Kontakte" von solchen auf vertraglicher Basis zu unterscheiden.

(a) Beratung hinsichtlich einer konkreten Anlageentscheidung

Zunächst müsse sich die Beratung auf eine konkrete Anlageentscheidung beziehen. Das darf indes nicht so verstanden werden, dass erst wenn die Beratung auf ein konkretes Produkt bzw. eine konkrete Empfehlung „zuläuft", die für eine vertragliche Bindung erforderliche Intensität anzunehmen sei. Gerade das Herausarbeiten der Kundeninteressen und deren Umsetzung u.a. durch „Aussortieren" ungeeigneter Produkte im weiteren Beratungsverlauf ist Folge der beratungsvertraglich geschuldeten anlegergerechten Beratung.[979] Das Kriterium besagt daher nicht mehr, als dass der Ratsuchende tatsächlich vor einer Anlageentscheidung stehen muss und etwa eine „rein abstrakte" Beratung über Vor- und Nachteile von Finanzprodukten nicht ausreicht. Berücksichtigt man aber, dass ein Beratungsvertrag auch angenommen wird, wenn der Intermediär an den Kunden herantritt, um ihn zu beraten, so

---

975 Vgl. auch *Canaris*, in: Staub, Komm HGB⁴, Bankvertragsrecht, Rn. 78 und 89, wonach es „in Wahrheit" nicht um Auskunfts- (hier: Beratungs-)verträge ginge, sondern Haftungsverträge.

976 In diesem Sinne auch *Taubert*, Informationspflichten, S. 109, wobei *Taubert* eine Willensübereinkunft hinsichtlich einer Beratung freilich nicht für erforderlich hält; vgl. auch *Hopt*, Kapitalanlegerschutz im Recht der Banken, S. 445 („Anlegerschutzprinzip [beinhaltet] grundsätzlich keinen Kontrahierungszwang"); ebenso *Spindler*, in: Langenbucher/Bliesener/ Spindler, BankR-Komm., 33. Kap. Rn. 14.

977 Vgl. *Herresthal*, ZIP 2013, 1049, 1050, der moniert, dass die Rechtsprechung darauf überhaupt nicht rekurriere.

978 Vgl. dazu bereits supra § 6 A. I. 4. a) aa) und zusammenfassend m.w.N. *Schaub*, AcP 202 (2002), 757, 761.

979 Vgl. auch *Möllers*, in: Kölner Komm WpHG², § 31 Rn. 332.

wird damit quasi gleichsam die geforderte konkrete Anlageentscheidung „zum Kunden getragen". Wie gezeigt, stellt Beratung ein alltägliches Phänomen unserer modernen Wirtschaftsordnung dar. Dass die Beratung dabei auf *konkrete Entscheidungen* bezogen ist, dürfte dem überwiegenden Regelfall entsprechen, nachdem Beratung aufgrund *konkreter Bedürfnisse* in Anspruch genommen wird. Dann ist aber auch wieder auf die geschilderten Situationen zu verweisen, in denen trotz vergleichbarer „konkreter Beratung" nicht auf der Grundlage eines selbständigen Vertrages argumentiert wurde.[980] Das Kriterium „konkrete Anlageentscheidung" besitzt daher keine Unterscheidungskraft.[981]

(b) Fachkenntnis des Beratenden

Soweit man die Fachkenntnis des Anlageberaters herausstellt, wird man damit eine Abgrenzung zu „beratungsvertragsfreien" Fallgestaltungen kaum erreichen können. Es liegt bereits allgemein in der Natur der Sache, dass die Nachfrage nach Beratung normalerweise auf Beratung von (vermeintlich) fachkundigen Personen beschränkt ist, anderenfalls ergäbe sie kaum Sinn.[982] Nimmt man die unterschiedliche Behandlung von Finanzgeschäften in den Fokus (z.B. Anlageberatung im Vergleich zu Darlehensverträgen[983]), so wird man in diesen Situationen jeweils feststellen können, dass der Kunde durchaus jeweils die „Kenntnisse und Verbindungen" des Intermediärs für seine konkreten Zwecke nutzbar machen möchte. Anhand dieses Kriteriums lassen sich also Beratungsvertragskonstellationen von Beratungen ohne Vertrag nicht zuverlässig unterscheiden.[984]

(c) Eigenes wirtschaftliches Interesse des Beratenden

Schließen könne man auf Beratungsverträge auch, soweit beim Intermediär ein eigenes wirtschaftliches Interesse am Beratungsergebnis gegeben sei, das etwa in Provisionen liegen könne. Zunächst ist es zwar richtig, dass die unentgeltliche Beratung über die Einbindung in das Absatzinteresse des Intermediärs eine „entgeltliche Konnotation" erhält. Dies ändert aber nichts daran, dass sie als für den Kunden unentgeltlich zu betrachten ist.[985] Des Weiteren sind es gerade die monetären Eigen-

---

[980] Dazu supra § 6 A. I. 3.

[981] Vgl. auch *Buck-Heeb*, WM 2012, 625, 627, die kritisiert, dass anhand des Kriteriums nicht von vornherein klar sei, wann ein Beratungsgespräch begonnen werde; ferner *Clouth*, ZHR 177 (2013), 212, 225 mit Fn. 49.

[982] Vgl. auch *Benedict*, ZIP 2005, 2129; *Veil*, ZBB 2008, 34; kritisch zum Kriterium schon *Canaris*, in: Staub, Komm HGB^4, Bankvertragsrecht, Rn. 88.

[983] Dazu supra § 6 A. I. 3.

[984] Vgl. auch *Benedict*, ZIP 2005, 2129, 2131 (Haftung lasse sich „nicht einfach mit [...] Sachkompetenz begründen").

[985] Dazu bereits supra § 5 B. VII. 2. b). Der Intermediär erhielte beispielsweise etwaige Vermittlungsprovisionen auch ohne vorherige Beratung bei erfolgreicher Vermittlung; ferner muss

interessen, die im Regime des Beratungsvertrags die vielschichtig ausdifferenzierten Aufklärungspflichten auslösen, wobei diese mitunter als „vertragswidrig" angesehen werden.[986] Dies passt nicht zusammen: Wenn man einerseits einen Rechtsbindungswillen bezüglich eines Beratungsvertrags darauf stützen möchte, dass der Beratende mit Folgegeschäften ein Ertragsinteresse verfolgt, lässt es sich nicht damit in Einklang bringen, diese Ertragsinteressen in Bezug auf den Beratungsvertrag als vertragswidrig zu brandmarken.[987] Entweder man akzeptiert die Eigeninteressen des Intermediärs auch im Rahmen der Beratung oder man hält diese für vertragswidrig. Im letzteren Fall müssen die Voraussetzungen für die Annahme eines unentgeltlichen Anlageberatungsvertrags indes deutlich höher liegen. Die dubiose Doppelverwertung des Merkmals der Eigeninteressen zu Lasten der Berater vermag im Rahmen der momentan vorherrschenden Pflichtenkonturierung nicht zu überzeugen.[988]

(d) Grundlage wesentlicher Entschlüsse („erhebliche Bedeutung")

Schließlich wird indiziell herangezogen, ob auf der Grundlage des Rats wesentliche Entschlüsse gefasst werden bzw. ob der Rat erhebliche Bedeutung für den Anleger habe. Abgesehen davon, dass eine nähere Angabe, was ein wesentlicher Entschluss sei bzw. wann dem Rat erhebliche Bedeutung zukomme unklar bleibt, wird dieses Kriterium nicht im Sinne eines Prüfungselements herangezogen, um die vertragliche Haftung zu begründen. Vielmehr wird die vertragliche Haftung damit legitimiert, dass es um Vermögensdispositionen, mithin wesentliche Entschlüsse, ginge. Damit wird die *Investitionsentscheidung* als *per se wesentliche Entscheidung* eingeordnet, weshalb der diesbezügliche Rat erhebliche Bedeutung für den Kunden habe.[989] Auf dieser Basis lässt sich nicht erklären, weshalb in bestimmten Bereichen mit selbständigen Beratungsverträgen operiert wird und in anderen nicht. Greift man nur wieder die oben beschriebene „Darlehenskonstellation" heraus,[990] erschiene es wenig einleuchtend, die Entscheidung für ein (gegebenenfalls langjähriges) Darlehen als nicht wesentlich einzustufen, die Entscheidung über die Anlage eines geringen Betrages etwa in Anleihen eines Emittenten höchster Bonität hingegen

---

der Kunde nichts zahlen, wenn er trotz in Anspruch genommener Beratung kein Geschäft abschließt.

[986] Vgl. zur Telosdiskussion ausführlich supra § 5 B. I.; zum Gesichtspunkt der Vertragswidrigkeit infra § 6 A. II.

[987] Zutreffend von *Hanowski*, NZG 2011, 573, 574, als Zirkelschluss bezeichnet; ferner *Klöhn*, ZIP 2011, 762; vgl. auch supra § 6 A. I. d) aa) (1) (b).

[988] Vgl. auch *Canaris*, in: Staub, Komm HGB^4, Bankvertragsrecht, Rn. 88.

[989] Vgl. im Kontext einer vom BGH angenommenen Aufklärungspflicht des Prospektstellers, die mit dem „Selbstbestimmungsrechts des Einzelnen über sein Vermögen" gerechtfertigt wurde *Rehm*, Aufklärungspflichten im Vertragsrecht, S. 282 f. (konsequent angewendet würde dies den „Grundsatz der Vertragsfreiheit beerdigen").

[990] Supra § 6 A. I. 3; vgl. auch *Emmerich*, in: FS Möschel, S. 945, 948.

schon. Plakativ aus dem Leben gegriffen erscheint z.B. die Entscheidung über einen (potentiell kostspieligen) Umzug mit einem Unternehmen[991] als nicht unwesentlicher als die Anlage des dafür aufzuwendenden Geldbetrages. Kurzum: Ohne nähere Konkretisierung des Merkmals ist es zur Differenzierung von Beratungskonstellationen untauglich.

(e) Kumulation der Kriterien bzw. Verwertung bei der Auslegung

Soweit die Kriterien bereits für sich genommen wenig geeignet sind, die Existenz eines selbständigen Beratungsvertrags zu belegen, hilft eine Kumulation derselben ebenfalls nicht weiter. Es muss – wie bei jedem Vertrag – eine Willensübereinstimmung festgestellt werden. Insoweit sind freilich alle genannten Kriterien in die Prüfung der Parteiinteressen aufzunehmen,[992] denen maßgebliche Relevanz bezüglich der Auslegung des schlüssigen Parteiverhaltens zukommt.

Die „erhebliche Bedeutung" des Rats sowie die Fachkenntnis des Beraters sprechen dabei insbesondere aus Kundeninteressengesichtspunkten dafür, dass eine Haftungsgrundlage aus Sicht des Kunden nützlich wäre. Dass daraus indes noch nicht auf eine Willenserklärung zu schließen ist, wurde bereits gezeigt.[993] Auch kann allein aus dem Wunsch des Kunden nach Beratung nicht auf einen Vertrag geschlossen werden,[994] dafür sind bekanntlich zwei übereinstimmende, aufeinander bezogene Willenserklärungen erforderlich. Hiergegen spricht das eigene wirtschaftliche Interesse des Intermediärs an der späteren Vermittlung, da solche monetären Eigeninteressen aus beratungsvertraglicher Sicht gegebenenfalls „vertragswidrig" sein könnten. Da dem Intermediär die unentgeltliche Beratung aus rechtlicher Sicht keinerlei Vorteile bringt, wäre es eine Unterstellung, einen Willen auf Abschluss eines solchen primär aus haftungsrechtlicher Sicht relevanten Vertrags anzunehmen,[995] denn „das wohlverstandene Eigeninteresse eines jeden spricht gegen die Annahme selbstbelastender Willenserklärungen"[996].

[991] Zur in diesem Kontext angepriesener Beratung durch die Anbieter supra § 6 A. I. 3.

[992] Eine solche Prüfung findet in der Gerichtspraxis indes ohnehin nur in sehr geringem Ausmaß statt, vgl. bereits supra § 6 A. I. 4 a) aa) (2).

[993] S. supra § 6 A. I. 4 d) aa) (1) (a).

[994] So aber unter Ausblendung der Rechtsgeschäftslehre *Nittel/Knöpfel*, BKR 2009, 411, 414.

[995] Vgl. auch *Mansel*, in: GS Lüderitz, S. 487, 491 und 506ff., wonach bei fehlendem Austauschverhältnis der Rechtsbindungswille eindeutig festzustellen sein müsse und mangelnde Reziprozität gegen die Annahme eines Vertragsverhältnisses spräche. Ferner strengere Kriterien zur Begründung eines Rechtbindungswillens für selbständige Beratungsverträge anmahnend *Schaub*, AcP 202 (2002), 757, 790 und 806 (ähnlich streng wie bei selbständigem Garantievertrag).

[996] *Mansel*, in: GS Lüderitz, S. 487, 509.

(f) Zwischenergebnis

Die von der Rechtsprechung zur Determinierung eines Rechtsbindungswillens herangezogenen Kriterien sind als solche wenig überzeugend.[997] Sie lassen sich zwar weitgehend den jeweiligen Parteiinteressen zuordnen, die für einen konkludenten Vertragsschluss von besonderer Relevanz sind. Indes ist aufgrund der disparaten Parteiinteressen eine Willensübereinkunft regelmäßig unter Anwendung der postulierten Kriterien nicht feststellbar.[998] Man kann mit *Kropholler*[999] feststellen: „Das [...] Kriterium des Rechtsbindungswillens wird hier [als Erfordernis eines Vertragsschlusses, der Verf.] nicht aufgestellt."[1000] Die Pflichtenkonturierung eines auf diese Weise angenommen Vertrages[1001] hat keine aus der Parteiabrede, mithin der Privatautonomie, fließende Legitimation.[1002]

---

[997] Kritisch hinsichtlich der Kriterien zur Ermittlung des Vorliegens eines allgemeinen Beratungsvertrags auch *Peters*, JZ 2000, 307, 308; ferner *Lang*, Informationspflichten, S. 95 f.

[998] Soweit *Schelling*, Vergütungssysteme und Interessenkonflikte, S. 67, zur Rechtfertigung der Vertragskonstruktion ergänzend die Subordination aus dem Geschäftsbesorgungsverhältnis argumentativ heranzieht, handelt es sich um eine *petitio principii*, da das Vorliegen einer Geschäftsbesorgung mit völliger Subordination gerade erst untersucht wird.

[999] Freilich zum allgemeinen Beratungs- oder Auskunftsvertrag.

[1000] *Kropholler*, Bürgerliches Gesetzbuch[11], § 675 Rn. 5 (ebenso weiterhin *Jacoby/von Hinden*, Kropholler-Bürgerliches Gesetzbuch[14], § 675 Rn. 5); *Benedict*, AcP 204 (2004), 697, 721 („Verzicht auf den an sich erforderlichen Rechtsbindungswillen" im Ansatz der Rechtsprechung); *Mülbert*, ZHR 177 (2013), 160, 175 („Legitimationsbedürftig ist [...] der Ansatz, das Zustandekommen eines Beratungsvertrags unter völliger Vernachlässigung des Vorliegens eines konkreten Vertragsabschlusstatbestands anzunehmen."); *Reiner*, Derivative Finanzinstrumente im Recht, S. 118 („[D]ie Frage, ob ein Beratungsvertrag vorliegt, [wird] nicht etwa an den bekannten Kriterien des Rechts der Willenserklärungen gemessen.").

[1001] Es wird teilweise vorgetragen, dass Intermediäre den soeben beschriebenen Vertragsschluss anfechten könnten, da ihnen das diesbezügliche Erklärungsbewusstsein fehle, vgl. *Schaub*, AcP 202 (2002), 757, 788. Dies scheint wenig erfolgsversprechend. Die Fälle fehlenden Erklärungsbewusstseins sind so gelagert, dass aus Sicht des neutralen Beobachters eine Willenserklärung vorlag, der Erklärende aber nicht weiß, dass der Erklärungsempfänger deshalb berechtigterweise von einer Willenserklärung ausgehen darf, vgl. *Singer*, in: Staudinger, Neubearbeitung 2009, Vorb. zu §§ 116 ff. Rn. 28. Aufgrund der ständigen Rechtsprechung zu Anlageberatungsverträgen erscheint es kaum vorstellbar, dass die Argumentation, dass der Intermediär nicht gewusst habe, dass sein Verhalten objektiv – zumindest nach der Rechtsprechung – als Willenserklärung verstanden wird, durchgreifen würde. Abgesehen davon, dass die Anfechtung aufgrund fehlenden Erklärungsbewusstseins nicht unumstritten ist (*Armbrüster*, in: MünchKomm BGB[6], § 119 Rn. 98 ff.), hat die erfolgte Anfechtung eine Haftung entsprechend § 122 Abs. 1 BGB zur Folge (*Singer* a.a.O. § 122 Rn. 9). Die Fälle fehlerhafter Anlageberatung betreffen regelmäßig den Schutz des Integritätsinteresses des Beratenen (*Wieneke*, Discount-Broking und Anlegerschutz, S. 127; zum Schaden näher infra § 10 E. II. und § 11 D. II. 1), was dann über § 122 Abs. 1 BGB liquidiert werden könnte. Vgl. aber auch *Schaub*, AcP 202 (2002), 757, 788 f. All dies zeigt, dass, soweit man die derzeitige Rechtsprechungslösung für nicht überzeugend hält, bereits beim „objektiven Rechtsbindungswillen" anzusetzen ist. Eine Argumentation über fehlendes Erklärungsbewusstsein wäre wenig hilfreich.

[1002] Ginge man davon aus, dass aufgrund der Vorgaben der MiFID ein Beratungsvertrag auch ohne Rechtsbindungswille zustandekommen müsse (so *Mülbert*, The Eclipse of Contract Law, S. 299, 304), sollte eine solche „Bereichsausnahme" zumindest deutlich gekennzeichnet sein und

bb) Zur Relevanz von § 675 Abs. 2 BGB

Denkbar erschiene, eine notwendige Zurückhaltung bei der Annahme selbständiger Beratungsverträge ergänzend über § 675 Abs. 2 BGB zu begründen. Dort ist statuiert, dass ein (bloßer) Rat bzw. eine Empfehlung allein keine Grundlage für etwaigen Schadensersatz sein kann, wenn der Rat bzw. die Empfehlung befolgt wird.[1003] Dies gilt allerdings „unbeschadet der sich aus einem Vertragsverhältnis, einer unerlaubten Handlung oder einer sonstigen gesetzlichen Bestimmung ergebenden Verantwortlichkeit". Einige messen der Norm die Wertung zu, dass im Regelfall nicht für Ratschläge oder Empfehlungen gehaftet werden soll.[1004] Andere weisen hingegen darauf hin, dass bei einer die Gesetzesgenese berücksichtigenden Auslegung der Norm dieser Inhalt nicht entnommen werden könne.[1005]

Selbst wenn man davon ausginge, dass die Norm nicht mehr als die Selbstverständlichkeit zum Ausdruck brächte, dass ohne die benannten Umstände eine Haftung für die bloße Raterteilung nicht in Betracht komme,[1006] änderte dies nichts daran, dass konkludente Anlageberatungsverträge nach allgemeinen vertragsrechtlichen Kriterien zustande kommen müssen. Auch wenn sich § 675 Abs. 2 BGB keine gegen einen solchen Vertrag sprechende Wertung entnehmen ließe, bleibt der Vertragsschluss besonders begründungsbedürftig, da er insbesondere mit den Beraterinteressen „über Kreuz zu liegen" scheint.[1007] Insofern sind weitere Ausführungen zum Inhalt des § 675 Abs. 2 BGB an dieser Stelle nicht angezeigt.[1008]

---

nicht das Erfordernis des Rechtsbindungswillens stillschweigend im Wege der Fiktion ersetzt werden; s. aber auch a.a.O. S. 316.

[1003] Vgl. auch *Beule*, in: Assies/Beule/Heise/Strube, Hdb. des FA-BKR³, Kap. 7 Rn. 144; nicht überzeugend *Nasall*, NJW 2011, 2323, 2328 f. (§ 675 Abs. 2 BGB sei Anspruchsgrundlage).

[1004] S. etwa *Kropholler*, Bürgerliches Gesetzbuch¹¹, § 675 Rn. 4 („[D]iese gesetzliche Regel [des § 675 Abs. 2 BGB, der Verf.] [wurde] für weite Bereiche des Wirtschaftsverkehrs und für Auskünfte, die Personen mit besonderer Sachkunde im Rahmen ihres Berufs abgeben, durchbrochen"; weiterhin *Jacoby/von Hinden*, Kropholler-Bürgerliches Gesetzbuch¹⁴, § 675 Rn. 4); *Reiner*, Derivative Finanzinstrumente im Recht, S. 118 („Wertung des § 675 Abs. 2 BGB"); *Schnauder*, JZ 2013, 120, 122 (Ziel der vertraglichen Begründung von Aufklärungspflichten sei „von je her [...], den allgemeinen Rechtsgrundsatz der Unverbindlichkeit von Rat und Empfehlung zu überwinden, § 675 Abs. 2 BGB"); *Veldhoff*, Haftung von Kreditinstituten, S. 100 (wobei er den konkludenten Beratungsvertrags des BGH als Ausnahme von der „Regelung des § 675 Abs. 2 BGB" begrüßt); vgl. auch *Fischer*, in: BeckOK-BGB, Ed. 31, § 675 Rn. 79, wonach das „Regel-Ausnahme-Verhältnis" zumindest dazu führe, dass die einen Beratungsvertrag begründenden Umstände festgestellt werden müssten; ferner *Heermann*, in: MünchKomm BGB⁶, § 675 Rn. 113 mit Nachweisen in Fn. 493.

[1005] *Heermann*, in: MünchKomm BGB⁶, § 675 Rn. 113; *Taubert*, Informationspflichten, S. 191.

[1006] Vgl. auch *Canaris*, in: Staub, Komm HGB⁴, Bankvertragsrecht, Rn. 77 f.

[1007] Diese besondere Begründungsbedürftigkeit entspringt dann allgemeinen Wertungen, wonach regelmäßig keiner einen seinen Interessen widersprechenden Vertrag schließen wird, vgl. supra § 6 A. I. 4. d) aa) (1) (b) und *Benedict*, ZIP 2005, 2129, 2130 mit Fn 3.

[1008] Vgl. abweichend *Hofmann*, Aufklärung und Anlageberatung, S. 69 ff. (§ 675 Abs. 2 BGB sei für die Anlageberatung zutreffend außer Kraft gesetzt).

cc) Zwischenergebnis

Es ist entgegen *Wiechers*[1009] keineswegs „abwegig", die Konstruktion eines selbständigen Beratungsvertrags auf der Basis der gegenwärtigen Rechtsprechung abzulehnen. Damit ist nicht zwingend das Ergebnis verbunden, dass Anlageberater im Rahmen einer bloßen Gefälligkeit[1010] im unverbindlichen Raum handeln.[1011] Eine solche Einschätzung würde nicht nur das auch ohne selbständigen Beratungsvertrag anwendbare Aufsichtsrecht vernachlässigen, sondern ebenso die rechtliche Verdichtung des Kunde-Berater-Kontakts, die über die Regeln der c.i.c. Kundenschutz gewährleisten kann.[1012]

Soweit derzeit in der Rechtsprechung mit einem konkludenten, unentgeltlichen und selbständigen Anlageberatungsvertrag argumentiert wird, erweist sich dies bei näherer Betrachtung regelmäßig als Fiktion.[1013] Diese mag zur Zeit des Bond-Falls

---

[1009] *Wiechers*, WM 2012, 477, 480. Nicht nachvollziehbar insoweit auch *Braun/Lang/Loy*, in: Praktikerhdb. Wertpapier- und Derivategeschäft[4], Rn. 285 (Abschluss des Beratungsvertrags sei „unstreitige Ansicht").

[1010] Ohnehin scheint der Begriff der Gefälligkeit mit seinen Assoziationen aufgrund der regelmäßigen *Notwendigkeit der Finanzberatung* für den Kunden nicht recht zu passen.

[1011] So aber *Forschner*, Wechselwirkungen von Aufsichtsrecht und Zivilrecht, S. 106; *Veldhoff*, Haftung von Kreditinstituten, S. 100; wie hier *Ernst*, in: MünchKomm BGB[6], § 280 Rn. 128; dazu auch *Braun/Lang/Loy*, in: Praktikerhdb. Wertpapier- und Derivategeschäft[4], Rn. 287.

[1012] Dazu infra § 11; vgl. auch *Mertens*, AcP 203 (2003), 818, 853; *Schaub*, AcP 202 (2002), 757, 801 ff.

[1013] So auch *Benedict*, AcP 204 (2004), 697, 706 und 722; *ders.*, ZIP 2005, 2129, 2130; *Brandt*, Aufklärungs- und Beratungspflichten, S. 85; *Decker*, Aufklärungspflichten, S. 189; *Grigoleit*, Bankrechtstag 2012, S. 25, 31 ff.; *Hanowski*, NZG 2011, 573, 574; *Henze*, in: Ebenroth/Boujong/Joost/Strohn, Komm HGB[2], Anh. nach § 177a Rn. 62; *Herresthal*, ZBB 2012, 89, 92 ff. m.w.N.; *ders.*, ZIP 2013, 1049 f.; *Hopt*, WM 2009, 1873, 1878; *ders.* beim Bankrechtstag, zitiert nach *Walz/Leffers*, WM 2012, 1457, 1462; *Jahn*, F.A.Z. vom 23.3.2011; *Koch*, ZBB 2014, 211, 213; *Krebs*, in: Dauner-Lieb/Langen, BGB-Schuldrecht[2], § 311 Rn. 180; *Krüger*, NJW 2013, 1845, 1846; *van Look*, in: Prospekthaftung und Anlageberatung, § 1 Rn. 56; *Roth*, in: Assmann/ Schütze, Hdb. Kapitalanlagerecht[3], § 11 Rn. 16 m.w.N.; *Schäfer/Ott*, Ökonomische Analyse[4], S. 540; *Schnauder*, jurisPR-BKR 7/2010 Anm. 1; *Tonner/Krüger*, Bankrecht, § 25 Rn. 24; implizit auch *Grys/Geist*, BKR 2009, 126, 129; *Wagner*, DStR 2003, 1757, 1760; kritisch ferner *Brandt*, Aufklärungs- und Beratungspflichten, S. 294; *Ernst*, in: MünchKomm BGB[6], § 280 Rn. 128; *Klöhn*, ZIP 2011, 762; *Kluge*, Kick-backs, S. 95 f. m.w.N.; *Lang/Balzer*, in: FS Nobbe, S. 639, 640 (s. aber auch S. 656 a.a.O.); *Mülbert*, Auswirkungen der Art. 19 ff. MiFID auf das Zivilrecht, S. 19 („sehr stillschweigend geschlossene[r] Beratungsvertrag"); *ders.*, ZHR 177 (2013), 160, 175; *Reiner*, Derivative Finanzinstrumente im Recht, S. 117 und 169; *Stumpf*, BB 2013, 2835; *Tonner*, in: Hdb. zum dt. und europ. Bankrecht[2], § 4 Rn. 4; *Westermann*, in: FS Horn, S. 143, 152 f. (in etwas anderem Kontext); *Wolf*, EWiR 2009, 763, 764; a.A. *Bamberger*, in: Hdb. zum dt. und europ. Bankrecht[2], § 50 Rn. 17; *Braun/Lang/Loy*, in: Praktikerhdb. Wertpapier- und Derivategeschäft[4], Rn. 287 (m.w.N. zu beiden Ansichten); *Clouth*, Rechtsfragen der außerbörslichen Finanz-Derivate, S. 175 m.w.N.; *Hofmann*, Aufklärung und Anlageberatung, S. 76 (mit dem unzulässigen Schluss aus der faktischen Relevanz der Beratung auf das zwingende Erfordernis einer vertraglichen Erfassung); *Lang*, Informationspflichten, S. 111 f.; *Lange*, Informationspflichten von Finanzdienstleistern, S. 88 ff. m.w.N.; *Nobbe/Zahrte*, in: MünchKomm HGB[3], Anlageberatung, Rn. 35; *Schelling*, Vergütungssysteme und Interessenkonflikte, S. 62 ff.; *Schnauder*, JZ 2013, 120, 121 (anders dann aber wieder auf S. 125); implizit auch *Roberts*, DStR 2010, 1082, 1083; *Weller*, ZBB 2011, 191 ff.; differenzierend

als notwendig erschienen sein.[1014] Auch hier werden die positiven Wirkungen der Ausdifferenzierung der Pflichten zur anleger- und objektgerechten Beratung im Allgemeinen nicht abgestritten. Führt die Konstruktion aber aufgrund der postulierten Pflichten (insbesondere betreffend Interessenkonflikte) aus dem fiktiven Vertrag zu kaum auflösbaren Ungereimtheiten, wie das heute der Fall ist,[1015] scheint es an der Zeit, das dogmatische Gerüst zu überdenken. Dagegen spricht jedenfalls nicht, dass die Rechtsgrundlage „Beratungsvertrag" nunmehr etabliert sei.[1016] Zwar kann eine bestimmte Rechtsprechung unter Umständen selbst dann Rechtssicherheit erzeugen, wenn die ihr unterliegenden Wertungen unstimmig sind.[1017] Da die Frage der Aufklärungspflichten aus Anlageberatungsverträgen die höchstrichterliche Rechtsprechung immer wieder beschäftigt, ist dies offenbar nur in begrenztem Umfang gelungen.

e) Der Beratungsvertrag als Reaktion auf Besonderheiten der Finanzberatung?

Die (investitionsbezogene) Finanzberatung nimmt aufgrund ihrer regelmäßig fiktiv angenommenen rechtlichen Verselbständigung eine Sonderstellung innerhalb der absatzbegleitenden Beratung[1018] ein. Das könnte mit den Besonderheiten des Finanzmarkts bzw. der Kapitalanlage[1019] zusammenhängen.[1020] Bereits aus markt-

---

Buck-Heeb, WM 2012, 625, 628; vgl. auch *Clouth*, ZHR 177 (2013), 212, 224 f.; ohne eigene Stellungnahme zum Fiktionsvorwurf *Hilp*, Haftung bei der Vermittlung geschlossener Fonds, S. 188 f.; *Lenenbach*, Kapitalmarktrecht², Rn. 11.159.

Den Fiktionsvorwurf bezüglich des allgemeinen (unentgeltlichen) Beratungsvertrags erheben u.a. *Buck-Heeb*, WM 2012, 625, 626 (m.w.N. in Fn. 73); *Singer*, in: FG Bundesgerichtshof, S. 381, 393; kritisch auch *Kropholler*, Bürgerliches Gesetzbuch¹¹, § 675 Rn. 5 (weiterhin *Jacoby/von Hinden*, Kropholler-Bürgerliches Gesetzbuch¹⁴, § 675 Rn. 5); *Mansel*, in: GS Lüderitz, S. 487, 508; *Mertens*, AcP 203 (2003), 818, 850 f.; *Peters*, JZ 2000, 307, 308; *Schaub*, AcP 202 (2002), 757, 783 f. und 787 ff.; a.A. *Himmelmann*, EWiR 2003, 681, 682; *Taubert*, Informationspflichten, S. 81 (m.w.N. zu beiden Ansichten a.a.O. S. 80).

1014 Vgl. *Henze*, in: Ebenroth/Boujong/Joost/Strohn, Komm HGB², Anhang nach § 177a Rn. 41; i.E. argumentiert auch *Regenfus*, WM 2015, 169, 172, mit der Notwendigkeit der Vertragskonstruktion; vgl. auch *Schäfer/Ott*, Ökonomische Analyse⁵, S. 563, wonach rechtlicher Vertrauensschutz bei gesamtgesellschaftlichem Nutzen nicht vom Willen der beteiligten Akteure abhängen sollte. Freilich sollte dies dann aber nicht privatautonom verbrämt werden.

1015 S. supra § 5 B. I. und infra § 6 A. III.

1016 In diese Richtung argumentieren *Braun/Lang/Loy*, in: Praktikerhdb. Wertpapier- und Derivategeschäft⁴, Rn. 287; *Buck-Heeb*, WM 2012, 625, 630; pointiert zur Schwäche von derlei Argumentationen schon *v. Hayek*, Die Verfassung der Freiheit⁴, S. 384.

1017 Vgl. *Clouth*, ZHR 177 (2013), 212, 260.

1018 Vgl. auch *Mülbert*, ZHR 177 (2013) 160, 189, der von „orderbegleitender Beratung" spricht. Zum Terminus auch *Europäische Kommission*, Anlageprodukte für Kleinanleger, KOM(2009) 204 endgültig, S. 5, wo insbesondere die interessenkonfliktbezogenen Verhaltensregeln beim Wertpapiervertrieb als „Absatzregeln" bezeichnet werden.

1019 Vgl. *Decker*, Aufklärungspflichten, S. 474 („u.a. der Zweck der Renditeerzielung, teils hohe Komplexität, ein mitunter weitgehendes Informationsmonopol des Anbieters"); vgl. auch *Spindler*, 34 J. Cons. Policy (2011), 315, 322 ff.

1020 Andererseits wurde früher im Versicherungsrecht die Ablehnung der Beratungsvertrags-

technischen Gründen ist die Einschaltung von vermittelnden Intermediären regelmäßig für Kunden notwendig.[1021] Dabei liegt zwischen Vermittlung mit und ohne Beratung nur ein kleiner, häufig schwer abgrenzbarer Schritt.[1022] Finanzprodukte als immaterielle Vertrauensgüter[1023] erzeugen beim Kunden besonderen Beratungsbedarf.[1024] Derartige Beratungsleistungen sind wiederum Vertrauensgüter,[1025] was aus Kundensicht „neue Probleme" auf verschiedener Ebene erzeugt. Die Notwendigkeit von Anlegerschutz bei Beratungsleistungen am Finanzmarkt lässt sich zweigleisig begründen: Einerseits ist Vertrauen Voraussetzung für einen effektiven Kapitalmarkt, andererseits geht es bei Konstellationen, die sich zwischen Intermediär und konkretem Kunden abspielen, auch um den individuellen Anlegerschutz, der mit dem ersten Aspekt freilich eng verwoben ist.[1026] Sollte das Vertrauen[1027] in die Integrität der Beratungsleistungen „wegbrechen", könnte das auf den Gesamt(finanz)markt fatale Auswirkungen haben. Regulierung ist in bestimmtem Umfang daher durchaus zu rechtfertigen.[1028] Diese kann z.B. in besonderen Anforderungen an Beratungen bestehen.

Ursprünglich stand das Aufsichtsrecht dafür nicht in der Detailtiefe zur Verfügung, wie sie die Rechtsprechung auf zivilrechtlicher Grundlage geschaffen hatte. Heute ist das Recht der Anlageberatung allerdings in bemerkenswerter Dichte durch den Gesetzgeber geregelt.[1029] In der Vergangenheit wurde zwar das Argument vorgebracht, dass der selbständige Beratungsvertrag mangels Alternativen

konstruktion auch mit den besonderen Vertriebssystemen gerechtfertigt, vgl. *Tiffe*, Struktur der Informationspflichten, S. 323. Das zeigt, dass das Marktumfeld und die Besonderheiten des jeweiligen Marktes anscheinend Einfluss auf die dogmatische Beurteilung von Beratungssachverhalten haben können. Vgl. zur „besonderen Schutzbedürftigkeit" des Anlegers auch *Schelling*, Vergütungssysteme und Interessenkonflikte, S. 29 ff.

1021 Vgl. dazu supra § 3 A.

1022 Dazu supra § 2 D.

1023 *Gemberg Wiesike*, Wohlverhaltenspflichten, S. 71; *Schmidt*, F.A.Z. v. 2.11.12, S. 23; allgemein zu Vertrauensgütern und der Bedeutung von Informationen *Pfeiffer*, NJW 2011, 1, 4 f.; vgl. ausführlicher infra § 8 A. II. 2.

1024 Vgl. auch *Clouth*, Rechtsfragen der außerbörslichen Finanz-Derivate, S. 181; *Hopt*, Kapitalanlegerschutz im Recht der Banken, S. 219; ferner *Reuter*, in: Staudinger, Neubearbeitung 2010, § 653 Rn. 228, zum besonderen *Beratungs*bedarf bei der Anlage*vermittlung*.

1025 Ausführlicher infra § 8 A. II. 2. a).

1026 Vgl. nur *Hopt*, WM 2013, 101, 102 (Individualschutz und Funktionenschutz seien „zwei Seiten derselben Medaille"); zustimmend *Herresthal*, WM 2014, 773, 775; dazu auch *Möllers/Poppele*, ZGR 2013, 437, 440 f.; s. aber auch *Mülbert*, ZHR 177 (2013) 160, 177.

1027 Zum notwendigen Vertrauen bei Kapitalanlagen aufgrund der Vertrauensgütereigenschaft auch *Besold*, Aufklärungspflichten bei Vertriebsprovisionen, S. 38 mit Fn. 101.

1028 Vgl. *Ferran*, 13 EBOR (2012), 247, 256; *Thieme*, Wertpapierdienstleistungen, S. 75 f.; s. bereits § 3 E.; zur Verrechtlichung der Mittlerstellung der Kreditinstitute *Hopt*, Kapitalanlegerschutz im Recht der Banken, S. 88 und 381 ff.; vgl. ferner *Decker*, Aufklärungspflichten, S. 472 (Das „Gut ‚Kapitalanlage' [wird] als etwas Besonderes angesehen."); *Gemberg Wiesike*, Wohlverhaltenspflichten, S. 30.

1029 Ausführlicher zu den aufsichtsrechtlichen Regeln infra § 11 B.; zur weiteren Ausdifferenzierung im Rahmen der Überarbeitung der MiFID *Veil/Lerch*, WM 2012, 1605, 1607 ff.

erforderlich gewesen sei, um als notwendig erachtete Pflichten zu begründen.[1030] Das kann hier dahingestellt bleiben. Im Hinblick auf die heutige Regulierung durch den Gesetzgeber, die sogar Elemente der auf fiktiver Vertragsgrundlage ergangenen Rechtsprechung aufnahm,[1031] greift es jedenfalls nicht mehr durch.[1032] Wenn bestimmte Pflichten ohne Fiktion zivilrechtlich nicht begründbar sind, ist es – soweit nicht ganz ausnahmsweise einmal „eklatante Schutzlücken" vorliegen sollten – nicht Aufgabe der Gerichte, am Gesetzgeber vorbei ein parallel anwendbares, vermeintlich „besseres"[1033] eigenständiges Konzept[1034] heteronom an die Marktteilnehmer heranzutragen und damit zu verbrämen, dass es sich nur um die Konturierung einer privatautonom geschlossenen Vereinbarung handele.[1035]

Im Ergebnis lässt sich *Anlegerschutz bei der Beratung* durchaus mit den Besonderheiten der hier in Rede stehenden Märkte begründen. Mit einer solchen Argumentation *nicht verbunden* ist aber eine *Aussage zum Mittel* der Verwirklichung dieses Zwecks, noch weniger das zwingende Erfordernis einer bestimmten Anspruchsgrundlage, die notfalls fiktiv heranzuziehen wäre. Soweit vorgebracht wird, dass aufgrund dieser Besonderheiten und daraus folgendem Vertrauen in die jeweiligen Dienstleister die *zivilrechtliche Vertragsschlussdogmatik* speziell für die Anlageberatung *abgesenkt* sei, was nicht auf andere Vertriebsbereiche übertragen werden dürfe,[1036] ist dies daher ebenso wenig überzeugend.

[1030] Vgl. zur Notwendigkeit der Konstruktion auch *Roth*, in: Assmann/Schütze, Hdb. Kapitalanlagerecht³, § 11 Rn. 16; ferner *Lampe*, NJOZ 2009, 4893, 4894 („rechtspolitisches Bedürfnis für das Rechtsinstitut des Beratungsvertrags"); vgl. auch die Einschätzung von *Mülbert*, ZHR 177 (2013) 160, 204 [„(praktisch) unausweichliche Beratungspflicht" bei orderbegleitender Anlageberatung].

[1031] Vgl. dazu näher infra § 11 C. II. 2. b) bb).

[1032] Vgl. allgemeiner noch *Benedict*, AcP 204 (2004), 697, 721 (Kodifizierung der c.i.c. entziehe Haftungsvertragsfiktionen die Legitimation); ähnlich *Wagner*, DStR 2003, 1757, 1760; a.A. *Buck-Heeb*, WM 2012, 625, 630; *Schelling*, Vergütungssysteme und Interessenkonflikte, S. 68. Vgl. insoweit zutreffend *Hofmann*, Aufklärung und Anlageberatung, S. 79 („[D]ort, wo eine gesetzliche Pflicht zur Aufklärung [...] besteht, wäre die Rechtsfigur eines Beratungsvertrages [...] nicht nötig."); vgl. auch *Hopt*, ZGR 2004, 1, 26 („Offenlegungspflichten für berufliche Interessenwahrer sind vor allem dann gesetzlich niedergelegt, wenn es an einem diesbezüglichen Vertragsverhältnis fehlt.").

[1033] Soweit *Buck-Heeb*, WM 2012, 625, 630, vorträgt, die Vorteile der Beratungsvertragskonstruktion lägen auf der Hand, kann dem uneingeschränkt ohnehin allenfalls aus Kundensicht zugestimmt werden.

[1034] Vgl. *Schelling*, Vergütungssysteme und Interessenkonflikte, S. 178 (Deutsche Rechtsprechung habe den Versuch unternommen „ein eigenständiges Anlegerschutzrecht zu entwickeln").

[1035] Vgl. dazu zutreffend *Herresthal*, ZBB 2012, 89, 93; *Koch*, BKR 2012, 485, 486 und 491; s. auch *Veil*, ZBB 2008, 34, 39, der darauf hinweist, dass im ausdifferenzierten Aufsichtsrecht „der Gesetzgeber [...] viele Fragen entschieden" habe; vgl. ferner *v. Hayek*, Die Verfassung der Freiheit⁴, S. 199 f. und 219 f.; auf Probleme unter Gewaltenteilungsaspekten weisen *Tonner/Krüger*, Bankrecht, § 25 Rn. 18, hin.

[1036] *Wolf*, NVersZ 2001, 392, 393; vgl. auch *Decker*, Aufklärungspflichten, S. 476 (kapitalmarktspezifische Argumentation bezüglich Aufklärungspflichten, die nicht auf andere Güter als Kapitalanlagen übertragbar sei).

II. Die Vermeidung vertragswidriger Interessenkonflikte

1. Herkunft und Begründung der Pflicht durch den BGH

Der BGH hat in seiner Kick-Back-III-Entscheidung ausgeführt, dass die Offenlegungspflicht über Interessenkonflikte aus einem *allgemein anerkannten zivilrechtlichen Grundsatz* der *Vermeidung vertragswidriger Interessenkonflikte* resultiere.[1037] Auch wenn das „Gebot der Vermeidung von Interessenkonflikten" in Gesetzgebung und der jüngeren Rechtsprechung eine erhebliche Rolle spielte,[1038] hat diese Feststellung in ihrer Allgemeinheit Widerspruch hervorgerufen.[1039] Der BGH führte für seine Auffassung zwei Fundstellen an. Zunächst berief er sich auf *Möllers*, in: Kölner Komm WpHG, § 31 Rn. 23. *Möllers* beschreibt dort, dass § 31 Abs. 1 Nr. 1 WpHG a.F. eine Interessenwahrungspflicht statuiere, die aber bereits „von jeher" gegolten habe. Betroffen von dieser Interessenwahrungspflicht sei beispielsweise die Anlageberatung. Ausdrücklich wird der vom BGH herangezogene Grundsatz dort nicht genannt. Ferner betrifft § 31 Abs. 1 Nr. 1 WpHG die Interessenwahrung, während der vom BGH herangezogene Grundsatz der Reaktion auf bzw. der Vermeidung von Interessenkonflikten dient. Das ist der Regelungsgegenstand von § 31 Abs. 1 Nr. 2 WpHG, mit dem auch der BGH argumentierte, den *Möllers* an der vom BGH erwähnten Stelle aber nicht bemüht. Dass der Anlageberater die Kundeninteressen wahren muss, steht außer Frage. Dass dabei jeglicher Interessenkonflikt vertragswidrig sei, ist mit der Fundstelle nicht belegt.[1040]

Der zweite Verweis auf *Sprau*, in: Palandt[68], § 654 Rn. 4, betrifft Fälle des Doppelmaklertums. Die tatsächliche Vergleichbarkeit der Konstellationen ist hier schon deshalb in Frage zu stellen, weil es im Fall des BGH um *unentgeltliche* Anlageberatung ging. In Frage stand daher von vornherein nicht, plastisch ausgedrückt, ob der Berater wie ein Doppelmakler „doppelt kassieren" würde. Auch dieser Verweis ist

---

[1037] Dazu supra § 5 A. IX.

[1038] *Grigoleit*, ZHR 177 (2013), 264, 290.

[1039] In dieser Pauschalität den Grundsatz ablehnend *Edelmann*, BB 2010, 1163, 1164 („Bis zur ‚Kick-Back-III-Entscheidung' [...] hatte kein Gericht in Deutschland und keine Literaturstimme die Behauptung aufgestellt, es gebe einen zivilrechtlich allgemein anerkannten Grundsatz zur Vermeidung von vertragswidrigen Interessenkonflikten."); *Geßner*, BKR 2010, 89, 91; *Haas*, LMK 2009, 277068; *ders.*, NZG 2009, 1099, 1100; *Pieroth/Hartmann*, ZIP 2010, 753, 754 („Grundsatz ist [...] weder gesetzlich normiert noch war er [bis zur Kick-Back-III-Entscheidung, der Verf.] bekannt"); *Schnauder*, jurisPR-BKR 1/2012 Anm. 1; vgl. auch *Heybey*, BKR 2008, 353, 357; *Langen*, BB 2009, 2392, wonach der BGH in einem Urteil von 1987 die Provision noch ausdrücklich als „üblich und erwartet" billigte; vgl. auch *Arendts*, Haftung für fehlerhafte Anlageberatung, S. 64 („[D]ie bisher h.M. [stand] auf dem Standpunkt, daß die Annahme von Bonifikationen [in Form von *Kick-Backs*, der Verf.] legitim sei."); dem BGH zustimmend *Ellenberger*, in: FS Nobbe, S. 523, 526; *Grys/Geist*, BKR 2009, 126, 127; *Harnos*, BKR 2009, 316, 320 f.; *Schelling*, Vergütungssysteme und Interessenkonflikte, S. 47; vgl. auch *Krebs*, in: Dauner-Lieb/Langen, BGB-Schuldrecht[2], § 311 Rn. 179.

[1040] I.E. ebenso *Haas*, LMK 2009, 277068; a.A. OLG Stuttgart, Urt. v. 6.10.2009, Az.: 6 U 126/09 (Juris), Rn. 38.

daher von begrenzter Aussagekraft.[1041] Mit den genannten Fundstellen lässt sich ein allgemein anerkannter Grundsatz der Vermeidung vertragswidriger Interessenkonflikte nicht belegen.[1042]

2. Die partielle Systembedingtheit der relevanten Interessenkonflikte

Der vom BGH angeführte Grundsatz ist ferner deshalb zu hinterfragen, weil die relevanten Interessenkonflikte, die der Rechtsprechung zu Aufklärungspflichten über monetäre Eigeninteressen maßgeblich zugrunde liegen, teilweise systembedingt und -immanent sind.[1043] Dies kann man schon daran erkennen, dass der Gesetzgeber selbst Aufklärungspflichten über Provisionen im Finanzmarkt statuiert hat, ohne diese vollständig zu verbieten.[1044] Durch die bloße Aufklärung werden Interessenkonflikte nicht vermieden, vielmehr geht (zumindest im Ausgangspunkt[1045]) das Risiko auf den Anleger über, die Relevanz des aufgedeckten Risikos der interessenkonfliktbehafteten Beratung falsch einzuschätzen.[1046] Eine echte Vermeidungspflicht – wie von der Rechtsprechung postuliert – müsste, soweit der Kunde nicht zustimmt,[1047] darauf hinauslaufen, dass der Finanzintermediär von dem den Interessenkonflikt verursachenden Geschäft Abstand nimmt. Diese strenge Pflichtenbindung des Beraters beruht indes regelmäßig auf einer Fiktion.[1048] Es ist aber nicht Aufgabe der Rechtsprechung, das gesetzlich konturierte und akzeptierte System der provisionsgestützten bzw. Eigeninteressen (in den gesetzlichen Grenzen) zulassenden Beratung „abzuschaffen". Dass sie sich derzeit mit Aufklärungspflichten „begnügt", ist im Ergebnis deshalb zwar zu begrüßen, dogmatisch auf beratungsvertraglicher Grundlage jedoch fragwürdig.

[1041] Ebenso *Haas*, LMK 2009, 277068; a.A. OLG Stuttgart, Urt. v. 6.10.2009, Az.: 6 U 126/09 (Juris), Rn. 38.

[1042] A.A. *Roberts*, DStR 2011, 1231, 1234, der von einem „zeitlosen" zivilrechtlichen Grundsatz spricht, wobei er selbst in Fn. 37 anführt, dass die dogmatische Begründung für diese Position noch im Einzelnen dargelegt werden müsste. Anders auch *Hoffmann/Bartlitz*, ZIP 2014, 1510 (lasse sich aus § 242 BGB ableiten); *Zoller*, GWR 2012, 27, 28, wonach der Grundsatz „gesetzlich kodifiziert" sei.

[1043] Vgl. auch *Zoller*, GWR 2012, 27, 28.

[1044] So statuiert eben auch § 31d WpHG, dem grundsätzlich ein Zuwendungsverbot entnommen werden kann, Ausnahmen, in denen Aufklärung ausreichend ist; s. auch § 34f GewO i.V.m. § 17 FinVermV; vgl. auch *Möllers*, in: Kölner Komm WpHG², § 31d Rn. 2; *Stahl*, *Information Overload* am Kapitalmarkt, S. 115.

[1045] Die Anforderungen an die Beratung im Sinne der Objekt- und Anlegergerechtigkeit bzw. aus dem Aufsichtsrecht sind selbstverständlich immer zu erfüllen.

[1046] Vgl. dazu supra § 3 D. IV. 4. c) und infra § 6 A. III. 6.

[1047] Dazu infra § 10 C. II.

[1048] Ausführlich supra § 6 A. I. 4. d).

Soweit vertragswidrige Interessenkonflikte aus *hedging*-Transaktionen geschlossen werden,[1049] berücksichtigt dies nicht, dass Banken zum *hedging* aus Eigenkapitalunterlegungsgründen – systembedingt – rechtlich verpflichtet sein können.[1050]

Vor dem Hintergrund, dass der postulierte Grundsatz gleichfalls unentgeltlich beratende Intermediäre verpflichtet, muss man konstatieren, dass deren legitime wirtschaftlichen Eigeninteressen in signifikantem Umfang ausgeblendet werden.[1051] Es verwundert insofern nicht, dass sich die Breite des Beratungsangebots für die Kunden reduziert hat und sich manche Anbieter vom Markt zurückziehen.[1052]

3. *Relevanz einer dogmatisch alternativen Begründung*

Auf Grundlage der Rechtsprechung des BGH[1053] ließe sich die postulierte Aufklärungspflicht dogmatisch stringent über die Benachrichtigungspflicht aus § 666 Var. 1 BGB herleiten, was später ausführlicher darzulegen ist.[1054] Ändern würde das freilich nichts an der weitgehenden Verpflichtung auch unentgeltlicher Berater, über ihre monetären Eigeninteressen aufzuklären. Im Ausgangspunkt ist die Grundkonzeption des BGH bezüglich eines vollständige Subordination verlangenden Anlageberatungsvertrags hinzunehmen.[1055] Problematisch wird dies (erst) dann, wenn die dementsprechende Verpflichtung der Intermediäre auf einer Fiktion beruht. Soweit sich dies nicht ändert, wird hinsichtlich vergütungsbezogener Aufklärungspflichten weiterhin „der Ausnahmefall zur Regel".[1056] Wird von einem Anlageberatungsvertrag ausgegangen, lassen sich Aufklärungspflichten über Eigeninteressen aber dogmatisch stimmig begründen.[1057] Wer diesen Befund für unbefriedigend hält, muss seine Kritik auf die Fiktion des Vertragsabschlusses konzentrieren.

III. Dogmatische Schwierigkeiten und Wertungswidersprüche

Die Vertragsabschlussproblematik bezüglich selbständiger Anlageberatungsverträge nach derzeitiger Rechtsprechungskonzeption und die Schwierigkeiten beim Versuch, die maßgeblich daraus folgenden vergütungsbezogenen Aufklärungspflichten

---

1049 Dazu supra § 3 B. V. 2. c) bb) (2) (a).

1050 *Hanowski*, NZG 2011, 573, 575 und supra Kapitel 1 Fn. 266.

1051 *Herresthal*, ZBB 2012, 89, 93.

1052 Vgl. *Buck-Heeb*, ZHR 177 (2013), 310, 322 f.; *dies.*, WM 2014, 385; ferner supra Fn. 963.

1053 Ausschließlich fremdinteressenbezogene Konturierung des Anlageberatungsvertrags mit der Verpflichtung, allein Kundeninteressen wahrzunehmen, dazu supra § 10 C.

1054 Dazu infra § 10 B. I.; i.E. auch *Geßner*, BKR 2010, 89, 91 f. Insoweit bedarf es also auch hinsichtlich Provisionen des „kapitalanlagerechtlichen Transparenzgebots" aus Innenprovisionen-V nicht, zur Entscheidung supra § 5 A. XL.

1055 Vgl. supra § 6 A. I. 4. d) aa).

1056 *Schnauder*, jurisPR-BKR 5/2011 Anm. 5; *Tiffe*, Struktur der Informationspflichten, S. 326.

1057 Dazu ausführlich infra § 10 C. Im Umfang decken sie sich indes nur bedingt mit der gegenwärtigen Rechtsprechungslage.

wertungskonsistent zu systematisieren, wurden bereits dargestellt.[1058] Die von der Rechtsprechung präferierte Rechtsgrundlage erzeugt noch weitere „dogmatische Spannungsfelder“, die den Fiktionsvorwurf untermauern.

1. Vermischte Pflichtenkreise

Nach der Rechtsprechung des BGH kommt der Anlageberatungsvertrag mit dem Intermediär als eigenständiger Partei zustande.[1059] Mitunter hat der BGH allerdings beklagten Emittenten die „besondere Sachkunde des Vermittlers“ zugerechnet. Das wurde mitunter als Kombination aus *Eigen*haftung des Vermittlers als Vertragspartei und zeitgleicher Erfüllungsgehilfentätigkeit bezüglich *derselben Pflichten* im *fremden* Pflichtenkreis (für den Emittenten), als dogmatisch nicht stringent kritisiert.[1060] Der BGH hält es ferner für möglich, dass ein Beratungsvertrag vom Vermittler sowohl für sich *im eigenen Namen* als auch *zeitgleich* (als Vertreter) *für den Verkäufer* abgeschlossen werde,[1061] was zu einer „überschießenden Pflichtendopplung“ führen kann.[1062]

2. Gewinnerzielungsinteresse im „Zwei-Personen-Verhältnis“

Der BGH betont, dass die allgemeine Gewinnerzielungsabsicht der Berater nicht das aufklärungspflichtbegründende Moment sei.[1063] Dem könnte man vermeintlich entnehmen, dass im Zwei-Personen-Verhältnis grundsätzlich nicht über Vergütungsinteressen aufgeklärt werden müsse. So wäre insbesondere die „Lehman-Rechtsprechung“ zu erklären, nach der über Margen nicht aufzuklären ist, zumal über einzelne Gewinnkomponenten keine Aufklärung geschuldet ist.[1064] Damit steht das im Swap-Urteil gefundene Ergebnis (anfänglicher negativer Marktwert

---

1058 Supra § 6 A. I. 4. d) und § 5 B.

1059 Im Falle der Bankberatung kommt der Anlageberatungsvertrag mit der Bank zustande, vgl. *Fischer*, in: BeckOK-BGB, Ed. 31, § 675 Rn. 85. Soweit die Beratung durch freie Berater erfolgt, hängt die etwaige Verpflichtung einer möglicherweise hinter diesen stehenden Vertriebsorganisation davon ab, ob das Handeln im fremden Namen erkennbar nach außen tritt, wobei die Grundsätze des unternehmensbezogenen Geschäfts Anwendung finden können. Tritt dieser Wille nicht erkennbar hervor, wird der Berater persönlich verpflichtet (§ 164 Abs. 2 BGB), vgl. zu dieser Konstellation BGH, Urt. v. 27.10.2005, Az.: III ZR 71/05, NJW-RR 2006, 109, 110; ferner *Wigand*, BKR 2012, 433, 434 f.

1060 Zum Problem ausführlich *Benedict*, AcP 204 (2004), 697, 704 ff.; *ders.*, ZIP 2005, 2129, 2133; vgl. ferner *Wagner*, DStR 2003, 1757, 1759 f.; *ders.*, DStR 2004, 1883, 1885 f.; der das darauf zurückführt, dass das „Konstrukt Beratungsvertrag“ keine dogmatische Grundlage habe und deshalb „nach Belieben“ eingesetzt werde.

1061 BGH, Urt. v. 1.3.2013, Az.: V ZR 279/11, NJW 2013, 1873 (Leitsatz).

1062 Zu diesem Phänomen in anderem Kontext *Brocker*, BKR 2007, 365, 369.

1063 So ausdrücklich BGH (Swap-Urteil) BGHZ 189, 13 = NJW 2011, 1949, Rn. 38; BGH (Lehman-III) BKR 2012, 421, Rn. 34 und 46; BGH (Kick-Back-XII) WM 2013, 2065, Rn. 23.

1064 Vgl. supra unter § 5 A.

aus Kundensicht sei Ausdruck eines schwerwiegenden Interessenkonflikts)[1065] „in einem nicht auflösbaren Widerspruch“[1066], denn der negative Marktwert resultiert gerade aus der – an sich zulässigen – Gewinnerzielungsabsicht.[1067]

Dass die vermeintlich sichere „Grenze“ der zulässigen Eigeninteressenverfolgung im Zwei-Personen-Verhältnis unter Druck geraten ist, liegt an der beratungsvertraglichen Pflicht, *allein* die Kundeninteressen wahrzunehmen.[1068] Es ist unter dieser Prämisse keineswegs selbstverständlich, dass ein Berater, der sich vertraglich vollumfänglich Fremdinteressen unterworfen hat, weiterhin Eigeninteressen verfolgen darf, ohne seine vertraglichen Pflichten zu verletzen. Üblicherweise wird eine solche Interessenunterordnung durch die Zahlung eines Honorars „erkauft“.[1069] Dass der BGH es grundsätzlich für möglich hält, dass die Berater trotz der beratungsvertraglichen Verpflichtungen Eigeninteressen verfolgen, wirkt als Ausgleich für die regelmäßig fiktive Vertragsannahme und ist als solche vom Ergebnis her zu begrüßen. Dogmatisch geboten ist das aber nicht.

3. „Hauseigene Produkte“ und Konzernkonstellationen

a) Die Beschränkung des Anlageprogramms auf „hauseigene Produkte“

In der Kick-Back-II-Entscheidung hat der BGH ausgeführt, dass eine Beratung auf hauseigene Produkte beschränkt werden dürfe, was selbst dann unproblematisch sei, wenn Konkurrenzprodukte besser oder günstiger wären.[1070] „Vernünftigerweise“ könne ein Anleger mehr auch nicht erwarten, jedenfalls sei das begrenzte Anlageprogramm der Bank für ihn erkennbar.[1071]

Das klingt zunächst plausibel, allerdings ist an die „Formel“ des BGH zu erinnern, dass der Intermediär *allein* die Kundeninteressen wahrzunehmen habe. Zwar ist der Berater nur verpflichtet, eine geeignete Empfehlung auszusprechen. Sofern aus der Produktpalette des eigenen Hauses bzw. Konzerns geeignete Produkte zur Verfügung stehen, kann er diese Pflicht mit einer darauf bezogenen Empfehlung erfüllen. Indes drückt sich in der Beschränkung des Beratungsumfangs eine fort-

---

[1065] Ausführlich supra § 5 A. XVII.

[1066] *Clouth*, in: Praktikerhdb. Wertpapier- und Derivategeschäft[4], Rn. 1207.

[1067] I.E. auch *Hanowski*, NZG 2011, 573, 575 („Steine statt Brot“); *Nobbe*, BKR 2011, 302, 303 (Ergebnis sei „ersichtlich unhaltbar“); ausführlich supra § 3 B. V. 2. c) bb).

[1068] Dazu supra § 6 A. I. 4. a) bb) und § 6 A. II.

[1069] So etwa bei Rechtsanwälten oder Steuerberatern, zu beiden supra § 6 A. I. 1.; vgl. zum Honoraranlageberater *Herresthal*, WM 2014, 773, 780.

[1070] S. supra § 5 A. VI.; kritisch hierzu *Sethe*, AcP 212 (2012), 80, 96.

[1071] Nach § 5 Abs. 2 Satz 2 Nr. 2a WpDVerOV müssen Privatkunden darauf hingewiesen werden. Nach § 31 Abs. 4c Nr. 1 lit. b) WpHG in der Fassung des Honoraranlageberatungsgesetzes (s. auch infra § 10 D. I.) ist eine solche Beschränkung Honorar-Anlageberatern nicht mehr erlaubt; vgl. auch Art. 24 Abs. 4 a) (ii) MiFID II, wonach Beratungskunden mitzuteilen ist, ob die Beratung sich auf „eine umfangreiche oder eher beschränkte Analyse“ verschiedener Arten von Finanzinstrumenten bezieht bzw. „ob die angebotene Produktpalette“ beschränkt ist.

laufende Berücksichtigung von Eigeninteressen des Intermediärs aus, da jedes Eigenprodukt für diesen mit einem Eigeninteresse verknüpft ist, das gegebenenfalls in der Höhe differiert. Anderenfalls würde er es nicht anbieten.[1072] Dies führt erneut zur erwähnten Fragestellung,[1073] ob trotz der Verpflichtung, *allein* die Kundeninteressen wahrzunehmen, der Berater weiterhin Eigeninteressen im Beratungsverhältnis verfolgen darf. Der BGH hält das grundsätzlich für möglich. Insofern ist die anfängliche Beschränkung des Beratungsumfangs nur ein Ausschnitt dieser übergeordneten Problematik. Als „Ausgleich" für die Beratungsvertragsfiktion ist das ergebnistechnisch zu begrüßen.[1074] Würde man dogmatisch stringent die Verfolgung von Eigeninteressen als vertragswidrig einordnen, müsste die – nicht vereinbarte – anfängliche Beschränkung des Beratungsumfangs auf Eigenprodukte jedoch unzulässig sein.[1075] Denn der Anleger erwartet von einem *allein* seinen Interessen verpflichteten Berater zu Recht, dass dieser ihn auf Grundlage eines „Marktüberblicks" anbieterübergreifend berät.[1076]

Nach dem hier vorgeschlagenen Verzicht auf die Vertragsfiktion wäre es ohne größere Bedenken zu akzeptieren, wenn die Möglichkeit beratungsvertraglich gebundener Berater eingeschränkt würde, Eigeninteressen wahrzunehmen. Im Regelfall wird der Berater nämlich ein Honorar für seine Unterordnung erhalten. Sollte er dennoch unentgeltlich einen Anlageberatungsvertrag abschließen (etwa zur Kundenbindung etc.), ist das dann seine freie Entscheidung gewesen.[1077] Es besteht kein Grund, die Kostenträchtigkeit dieser Entscheidung über zulässigerweise verfolgbare Eigeninteressen bei der Beratung wieder auszugleichen.[1078]

[1072] *Koller*, ZBB 2007, 197, 198, sieht darin einen Wertungswiderspruch zur Rückvergütungsrechtsprechung.

[1073] S. § 6 A. II. 2.

[1074] I.E. ebenso *Lang/Balzer*, ZIP 2007, 521, 522; *Schäfer/Schäfer*, BKR 2007, 163, 164f.

[1075] I.E. auch *Buck-Heeb*, WM 2012, 625, 632; *Hopt*, Kapitalanlegerschutz im Recht der Banken, S. 442; wohl auch *Sethe*, AcP 212 (2012), 80, 96; kritisch ferner *Lenenbach*, Kapitalmarktrecht^2, Rn. 5.424, der aber nur eine Aufklärung über die Beschränkung des Beratungsumfangs fordert. Das scheint aber nicht ausreichend: Wurde der Kunde vor Abschluss des Beratungsvertrags nicht auf den beschränkten Beratungsumfang hingewiesen (ist dies hingegen der Fall, wird die „Beschränkung" Vertragsinhalt und ist zivilrechtlich unproblematisch), scheint es sehr zweifelhaft, dass durch bloße Aufklärung der Pflichteninhalt verringert werden könnte, vgl. § 6 A. III. 6.

[1076] So berücksichtigen etwa auch Versicherungsmakler verschiedene Anbieter in ihren Vorschlägen für ihre Kunden.

[1077] Zur Ermittlung des Rechtsbindungswillens bezüglich Anlageberatungsverträgen unter Fiktionsverzicht ausführlich infra § 10 A.

[1078] Soweit derartige Beratungspflichten auf einer Fiktion basieren, muss dies anders beurteilt werden. Sie stellen dann Regulierung dar und bedürfen daher eines angemessenen Ausgleichs aller betroffenen Interessen, vgl. auch supra § 3 D. V. 3.

b) Der Umgang mit Konzernkonstellationen

Bezugnehmend auf die soeben dargelegte Argumentation zu hauseigenen Produkten sowie das „offensichtliche Eigeninteresse" in Zwei-Personen-Konstellationen, ist nicht nachvollziehbar, weshalb über Rückvergütungen aus konzerneigenen Fonds aufgeklärt werden muss.[1079] Diese stellen im Ergebnis nämlich eine Form des „vernünftigerweise" in Rechnung zu stellenden Eigeninteresses der Berater dar.[1080] Ob dieses direkt über eine Marge, eine Rückvergütung/Provision oder erst über eine konzernrechtliche Gewinnabführung stattfindet, ist aus Kundensicht nicht relevant.[1081] Entgegen teilweise vertretener Auffassung kann argumentativ nicht auf die unterschiedlich hohen Provisionen bei konzerneigenen Produkten verwiesen werden.[1082] Diese betreffen allesamt „nur" das grundsätzlich zulässige Eigeninteresse, wobei Banken – wie andere Wirtschaftsteilnehmer auch – gleichfalls darauf aus sind, möglichst hohe Erträge zu erwirtschaften. Hielte man das nicht für stichhaltig, müsste die Argumentation dann konsequenterweise dazu führen, dass Margen aufzudecken sind, um den Interessenkonflikt der Bank offenzulegen.[1083]

Während der XI. Zivilsenat – trotz des zulässigerweise beschränkten Vertriebs auf Produkte von verbundenen Unternehmen – Interessenkonflikte zu Lasten des

---

[1079] BGH (Kick-Back-II), dazu supra § 5 A. VI.; vgl. auch OLG Stuttgart, Urt. v. 12.8.2009, Az.: 9 U 21/09 (Juris), Rn. 41, wo dies mit dem aufklärungspflichtigen Umsatzinteresse ausführlich begründet wird. Dies soll heute freilich nicht mehr allein ausschlaggebend sein, vgl. § 5 B. I. 1. Zum Problem auch *Kotte*, BB 2014, 1353 ff. Soweit diese a.a.O. aber meint, dass der XI. Zivilsenat eine Aufklärungspflicht über Rückvergütungen in Konzernkonstellationen heute nicht mehr fordern würde, weil er seine Rückvergütungsdefinition geändert habe, ist einerseits darauf zu verweisen, dass der Senat selbst nur von einer „Klarstellung" sprach und andererseits weiterhin eine Aufklärungspflicht auch über die Höhe gefordert wird, was durch die bloße Kenntnis der Konzernverbindung nicht ersetzt werden kann, vgl. dazu u.a. supra § 5 B. II. 1. und § 5 B. III. 1. c).

[1080] So jetzt auch LG Berlin, Urt. v. 4.9.2013, Az.: 10 O 267/12, BKR 2013, 474, 476, wobei sogar unerheblich sei, ob der Kunde wisse, dass es sich um ein Konzernprodukt handele. I.E. auch *Habersack*, in: Bankrechtstag 2010, S. 3, 28; *Lang/Balzer*, ZIP 2007, 521, 523; *Schäfer/Schäfer*, BKR 2007, 163, 166 („in sich widersprüchlich"); *Spindler*, WM 2009, 1821, 1823; dem BGH zustimmend *Assmann*, ZBB 2008, 21, 26, allerdings für Fälle, in denen der Beratungsumfang nicht auf konzerneigene Produkte beschränkt sei; *Koller*, ZBB 2007, 197, 198.

[1081] *Habersack*, in: Bankrechtstag 2010, S. 3, 29; *Kumpan/Leyens*, ECFR 2008, 72, 98 f.; *Lang/Balzer*, ZIP 2007, 521, 523; *Schäfer/Schäfer*, BKR 2007, 163, 165; *Zoller*, BB 2013, 520, 521; a.A. OLG Frankfurt a.M., Beschl. v. 16.4.2013, Az.: 9 U 135/11, ZIP 2013, 1658, 1659 (zustimmend *Meschede/Fuxman*, EWiR 2013, 667, 668); *Veldhoff*, Haftung von Kreditinstituten, S. 288. Soweit das OLG Frankfurt a.M. a.a.O. darauf abstellt, dass der Kunde auch bei erkennbarem Konzernverhältnis mit vereinbarter Gewinnabführung nicht darauf schließen könne, dass die Bank „zusätzlich" Provisionen verdiene, ist das unlogisch. Was vorab als Provision an die Muttergesellschaft gezahlt wurde, kann später nicht mehr von der Gewinnabführung umfasst sein. Insofern liegen keine „zusätzlichen" Positionen vor. Aus Anlegersicht ist die Gestaltung irrelevant.

[1082] So aber *Lenenbach*, Kapitalmarktrecht², Rn. 5.425; *Möllers/Wenninger*, LMK 2007, 220857; *Sethe*, in: FS Nobbe, S. 769, 782.

[1083] So dann auch konsequent *Lenenbach*, Kapitalmarktrecht², Rn. 11.336 ff.; zur Margenaufklärung auf Basis des Anlageberatungsvertrags ausführlich infra § 10 C.; vgl. auch *Koller*, ZBB 2007, 197, 199.

Kunden befürchtet,[1084] blendet der III. Zivilsenat bezüglich freier Berater Unternehmensverbindungen aus, was selbst für 100%ige Tochtergesellschaften gilt.[1085] Während damit die Rechtsprechung des XI. Zivilsenats den Anleger begünstigt (aufklärungspflichtiger Interessenkonflikt trotz Konzernkonstellation), wirkt sich die Nichtbeachtung von Unternehmensverbindungen in der Rechtsprechung des III. Zivilsenats zu Lasten des Kunden aus (keine Aufklärungspflicht aufgrund vermeintlicher Offensichtlichkeit der Eigeninteressen). Stimmig erklären lassen sich die Ergebnisse in den Konzernkonstellationen kaum.

4. *Differenzierung freier und bankgebundener Berater*

Die unterschiedliche Behandlung von freien und bankgebundenen Beratern wurde bereits ausführlich dargestellt.[1086] Die Differenzierung überzeugt auch deshalb nicht, weil als Rechtsgrundlage der Aufklärungspflichten jeweils selbständige und fremdnützige[1087] Beratungsverträge herangezogen werden.[1088] Die *alleinige* Fremdinteressenwahrnehmungspflicht muss demnach ebenso für freie Berater gelten. Wird stattdessen angeführt, dass der Kunde – sofern ihm auf Nachfrage Provisionen etc. nicht offenbart werden – entscheiden könne, ob er die Dienste des Beraters (weiter) in Anspruch nehmen möchte,[1089] überzeugt das nicht[1090]: Der Kunde hat sich im Moment des Beratungsvertragsschlusses bereits entschieden, dass er den Berater in Anspruch nehmen will. Der Berater hat damit gleichfalls zum Ausdruck gebracht, dass er allein die Interessen dieses Kunden wahrnehmen will. Würde man dem Berater „freistellen", die Antwort auf Fragen zu potentiell *vertragswidrigen* Interessenkonflikten „folgenlos" zu verweigern, wäre das mit der vereinbarten vertraglichen Bindung unvereinbar.[1091] Rechtfertigte man die Rechtsprechung zu freien Beratern damit, dass deren Tätigkeit ein „Interessenkonflikt immanent" sei,[1092] sollte dies umso mehr Anlass geben, bereits die konkludente Annahme eines Ver-

---

[1084] Vgl. auch *Zoller*, GWR 2010, 53 f.

[1085] Bestätigt in BGH (Freier Anlageberater-VIII), wo die Tochtergesellschaft sogar das Banklogo verwendete, dazu supra § 5 A. XXXVI.

[1086] Supra § 5 B. VII.

[1087] BGH (Freier Anlageberater-III) ZIP 2011, 607, Rn. 19.

[1088] Vgl. *Kühne*, in: Clouth/Lang, MiFID Praktikerhandbuch, Rn. 374 ff., insb. Rn. 381. Insoweit ist es treffend, wenn *Edelmann*, WuB I. G. 1. -19.10, S. 577, 578, von der „rechtsdogmatischen Erfindung" der Figur des freien Beraters spricht.

[1089] Vgl. BGH (Freier Anlageberater-III) ZIP 2011, 607, Rn. 21.

[1090] Vgl. auch OLG Düsseldorf, Urt. v. 20.1.2011, Az.: I-6 U 9/10 (Juris), Rn. 54 („[D]ie allgemeinen zivilrechtlichen Grundsätze, nach denen jeder Vertragspartner zur Aufdeckung vertragswidriger Interessenkonflikte verpflichtet ist, [sind] jedem Anlageberatungsvertrag immanent, ob nun der Berater dem Kunden nur durch das konkrete Anlagegeschäft oder auch im übrigen und dauerhaft geschäftsmäßig verbunden ist.").

[1091] Dazu, dass die Offenlegung als „Konfliktbeseitigungsmittel" fraglich ist § 6 A. III. 6.

[1092] *Diederichsen/Faber*, GWR 2011, 288.

tragsabschlusses zu hinterfragen, wenn als dessen Folge Provisionsannahmen grundsätzlich als vertragswidrig anzusehen sind.

Soweit davon ausgegangen wird, dass sich ein Interessenkonflikt bei freien Beratern nur aus der Höhe der Vergütung ergeben könne,[1093] ist das nicht überzeugend. Es ist nichts Besonderes, dass der Anreiz für eine mögliche Beeinflussung durch Provisionen bei steigender Höhe der erzielbaren Vergütung gleichfalls steigt. Auch wenn das Provisionsinteresse „offenkundig" wäre und zunächst einen „problematischen Umfang" nicht erreichte, bestünde dennoch bereits zuvor ein (latenter) Interessenkonflikt. *De facto* geht der III. Zivilsenat in den Fällen freier Beratung davon aus, dass provisionsbasierte Interessenkonflikte zwar vorliegen, aber erst ab einem bestimmten Umfang aufklärungspflichtig sind.[1094]

5. *Vertypisierter, objektiver Maßstab vs. Einzelfallbetrachtung*

Die Rechtsprechung greift auf diverse typisierende Elemente zurück.[1095] Bereits die Annahme des Beratungsvertrags ist mit einer Typisierung verknüpft: Nach dem BGH sei die Bank *regelmäßig* Anlageberaterin, was zur Begründung der vertraglichen Grundlage mit herangezogen wird.[1096] Eine Prüfung im Einzelfall findet häufig nicht in der gebotenen Tiefe statt.[1097]

Während letzterer Aspekt das „typisierte Zustandekommen" des Vertrages betrifft, ist es hingegen ein besonderes Merkmal der Bond-Rechtsprechung, dass die aus ihr folgenden Pflichten den *konkreten Anleger* in den Blick nehmen.[1098] Dies ist konsequent. Dem Beratungskunden wurde nach der Auffassung der Rechtsprechung versprochen, dass „sein Berater" ausschließlich seine (d.h. die Kunden-)Interessen vertritt und sich diesen vollständig unterordnet.[1099] Der *konkrete Anleger*

1093 BGH (Freier Anlageberater-I) BGHZ 185, 185 = ZIP 2010, 919, Rn. 13.

1094 In diesem Sinne dann BGH (Freier Anlageberater-III) ZIP 2011, 607, Rn. 20 (Interessenkonflikte seien Anleger bewusst). Potentiell weitreichende Aufklärungspflichten konstruktiv über Offenkundigkeitsgesichtspunkte zu begrenzen, ist indes mit Schwierigkeiten verbunden, dazu supra § 5 B. II.

1095 Vgl. u.a. § 3 D. und § 5 B. II.; ferner *Wigand*, BKR 2012, 433, 434, zur Rechtsprechung zu freien Anlageberatern.

1096 Vgl. BGH (Kick-Back-VII) ZIP 2011, 855, Rn 19; kritisch *Bracht*, ZBB 2013, 252, 254; *Buck-Heeb*, ZIP 2013, 1401, 1403; *Hannöver*, in: Schimansky/Bunte/Lwowski, Bankrechts-Hdb.[4], § 110 Rn. 27; vgl. auch BGH (Innenprovisionen-I) BGHZ 158, 110 = NJW 2004, 1732, 1733 („Einen Erfahrungssatz, wonach der Vertrieb von ‚Fondskonzepten' stets als ‚Beratung' erfolgt [...] gibt es nicht.").

1097 Vgl. supra § 6 A. I. 4. a) aa) (2).

1098 Vgl. auch *Grigoleit*, Bankrechtstag 2012, S. 25, 54; *Möllers*, in: Bankrechtstag 2012, S. 81, 99.

1099 Im Ergebnis fordert dies freilich auch die Rechtsprechung nicht, § 6 A. III. passim. Der Ausgangspunkt ist aber die geforderte Wahrnehmung *allein* der Kundeninteressen, die auch der BGH immer wieder herausstellt und die im Ergebnis nichts anderes als eine vollständige Unterordnung umschreibt.

muss danach das *Maß für die Konturierung* von Aufklärungspflichten sein,[1100] zumal dessen (vermeintliche) Schutzbedürftigkeit deren Auslöser ist. Es wäre nicht verständlich, einen Kunden, der (für den Berater erkennbar) einen offenkundigen Interessenkonflikt nicht wahrnimmt, nur deshalb nicht aufzuklären, weil der Interessenkonflikt typisiert betrachtet offenkundig ist.[1101] Das würde solchen Kunden, die mit ihren Kenntnissen unterhalb des als Maß herangezogenen Kunden- bzw. Anlegerleitbilds[1102] liegen, den Schutz nehmen.[1103] Nach dem BGH ist es nicht einmal notwendig, dass die Kunden die Umstände kennen, aus denen „Offenkundiges" abgeleitet wird.[1104] Berücksichtigt man, dass die Kunden (regelmäßig aufgrund „ihrer Defizite") einen Berater herangezogen und diesen verpflichtet haben, allein ihre Interessen wahrzunehmen, scheint dies bedenklich. Nachvollziehbar wäre eine solche Typisierung hingegen als Bestandteil einer *überindividuellen* Regulierung.[1105] In der Rechtsprechung stellt die Typisierung der Anlegerinteressen ein Korrektiv der weitreichenden, vermeintlich vertraglich vereinbarten Verpflichtungen der Berater dar.

6. *Aufklärung, offenkundige Eigeninteressen und der Pflichtverletzungsvorwurf*

a) Aufklärung bei reduzierter Werthaltigkeit des Investments

Soweit Vertriebsprovisionen bei einem Investment dessen Werthaltigkeit erheblich beeinträchtigen,[1106] überzeugt es, den Vorwurf der Pflichtverletzung bei einer Aufklärung entfallen zu lassen. Der Kunde „weiß dann, was er für sein Geld bekommen würde" und kann seine Anlageentscheidung insoweit frei treffen.[1107]

1100 Vgl. *Lenenbach*, Kapitalmarktrecht², Rn. 11.17.

1101 Vgl. bereits supra § 3 D; kritisch auch *Lenenbach*, Kapitalmarktrecht², Rn. 11.194.

1102 Zur Notwendigkeit eines Anlegerleitbilds zur Bestimmung des Offenkundigkeitsmaßstabes bereits supra § 3 D.

1103 Vgl. *Buck-Heeb*, ZHR 176 (2012), 66, 90; *dies.*, WM 2012, 625, 632; *Möllers/Poppele*, ZGR 2013, 437, 458; *Schelling*, Vergütungssysteme und Interessenkonflikte, S. 187 f. Besonders deutlich wird dies bei BGH (Lehman-III) BKR 2012, 421, Rn. 34 („Besteht in Bezug auf diesen Umstand schon – objektiv – keine Schutzwürdigkeit des Kunden, kommt es auf den jeweiligen Wissensstand des konkreten Anlegers [...] im Einzelfall nicht an.").

1104 Siehe zur nicht erforderlichen Aufklärung über die Verkäufereigenschaft eines Beraters beim Festpreisgeschäft (bzw. über ein „Zwei-Personen-Verhältnis"), woraus das „offenkundige Gewinninteresse" aber gefolgert wird, BGH (Lehman-III) BKR 2012, 421, Rn. 17; sehr kritisch *Tilp/Wegner*, BKR 2014, 27, 28; a.A. etwa OLG Köln, Urt. v. 8.6.2011, Az.: 13 U 55/10, WM 2011, 1652; s. ferner supra § 5 A. XXVIII.

1105 Vgl. zur Regulierung durch die Rechtsprechung § 3 D. V. 3.

1106 Dazu supra § 5 B. I. 4.

1107 Freilich ist nicht ausgeschlossen, dass weniger werthaltige Produkte im Einzelfall trotz Aufklärung nicht mehr „anlegergerecht" empfohlen werden können.

b) Beseitigung der Vertragswidrigkeit durch Aufklärung/Offenkundigkeit

Weniger einleuchtend erscheint, das Instrument der Aufklärung als ausreichend zur „Lösung“ vertragswidriger Interessenkonflikte aufzufassen. Ausgangspunkt ist wieder die beratungsvertragliche Formel des BGH, dass der Intermediär „allein am Kundeninteresse“ ausgerichtet beraten muss. Bestimmte Interessenkonflikte werden deshalb vom BGH als vertragswidrig eingestuft, weshalb die Nichtaufklärung darüber eine Pflichtverletzung darstellen soll. Nimmt man den BGH mit seiner Formulierung des „vertragswidrigen Interessenkonflikts“[1108] beim Wort, ist indes bereits der *Interessenkonflikt selbst* und nicht nur die Nichtaufklärung darüber *vertragswidrig* und damit eine Pflichtverletzung. Diese Eigenschaft verliert der Interessenkonflikt auch nicht durch die Aufklärung des Kunden. Die Aufklärung beseitigt den Interessenkonflikt nämlich nicht.[1109] Sie zwingt vielmehr den Kunden, die vermeintlichen bzw. potentiellen Folgen der interessenkonfliktbehafteten Beratung für ihn abzuschätzen und danach zu handeln, weil er nunmehr weiß, dass *nicht allein* seine Interessen berücksichtigt werden.[1110] Bedenkt man, dass das Kunde-Berater-Verhältnis häufig von einer starken Informationsasymmetrie geprägt ist,[1111] wird es dem beratungsbedürftigen Kunden kaum möglich sein, die Folgen des ihm mitgeteilten Interessenkonflikts fundiert abzuschätzen oder gar den „Grad seiner Gefährdung“ genau zu erkennen.[1112] Man kann den Kunden nicht darauf verweisen, dass ihm die Möglichkeit bliebe, die Vertragsbeziehung zum Berater zu beenden.[1113] Akzeptiert man die Vertragskonstruktion des BGH ist der Berater vertraglich verpflichtet, vertragswidrige Interessenkonflikte zu vermeiden. Er ist an diese Pflicht gebunden. Verletzt er sie, wäre es nicht nachvollziehbar, den Kunden, der sich auf das Vertragsversprechen verlässt, an einen – möglicherweise dann „vertragstreu-

---

[1108] S. bereits supra Fn. 68.

[1109] Ebenso *Brandt*, Aufklärungs- und Beratungspflichten, S. 33; *Buck-Heeb*, BKR 2010, 309, 312; *Möllers*, in: Kölner Komm WpHG^2, § 31 Rn. 151 m.w.N. und Rn. 156; *Mülbert*, ZHR 177 (2013), 160, 191 f.; *Rusch*, WM 2012, 440; *Sethe*, in: FS Nobbe, S. 769, 773 m.w.N.; ähnlich auch *Koller*, ZBB 2007, 197, 200 (Aufklärung könne Anreize schwächen, aber, so mag man ergänzen, nicht beseitigen); a.A. i.E. *Hadding*, ZIP 2008, 529, 535 f.; *Klöhn*, ZIP 2011, 762.

[1110] Es lässt sich hier auch nicht argumentieren, dass damit die „Entscheidungsautonomie des Kunden“ wiederhergestellt sei, so *Buck-Heeb*, BKR 2010, 309, 312; *Sethe*, in: FS Nobbe, S. 769, 773 (kritischer nunmehr *ders.* AcP 212 (2012), 80, 137); ähnlich auch *Forschner*, Wechselwirkungen von Aufsichtsrecht und Zivilrecht, S. 177. Denn die autonome Entscheidung des Kunden, die das Ziel der Anlageberatung ist, bezieht sich auf die spätere *Investitionsentscheidung*. Dass der Kunde nicht im Einzelfall autonom darüber entscheiden möchte, wie er mit Interessenkonflikten bei seinem Intermediär umgeht, hat er durch den Abschluss des Anlageberatungsvertrages bereits zum Ausdruck gebracht, wonach die betreffenden Interessenkonflikte *vertragswidrig* sind. Eine erneute autonome Entscheidung zum Umgang mit diesen Interessenkonflikten seitens des Kunden ist daher nicht erforderlich, weshalb auch insoweit eine Entscheidungsautonomie des Kunden nicht erneut hergestellt werden muss. Im Ergebnis findet eine Rückverlagerung des Risikos auf den Kunden statt, vgl. § 3 D. IV. 4. c).

[1111] Supra § 3 E. II. 2. c).

[1112] Dies fordert der BGH bei Rückvergütungen, s. supra Kapitel 1 Fn. 572.

[1113] Vgl. *Sethe*, in: FS Nobbe, S. 769, 773.

en“[1114] – anderen Intermediär zu verweisen. Es gibt keinen Grund vertraglich verpflichteten Beratern quasi folgenlos eine solche Pflichtverletzung zu ermöglichen.[1115]

Die Argumentation kann nicht anders verlaufen, wenn der vertragswidrige Interessenkonflikt „offenkundig“ ist, wie das bei freien Beratern angenommen wird.[1116] Ebenso wenig überzeugend wäre es davon auszugehen, dass der Kunde bei freien Beratern entsprechende Vergütungen „billige“.[1117] Ist der Interessenkonflikt im Ausgangspunkt vertragswidrig, kann dieses Verdikt zwar entfallen, wenn der Kunde sich auf eine abweichende Pflichtenbindung des Intermediärs „zustimmend einließe“. Dazu müssten ihm aber die Umstände auch bekannt sein.[1118] Ursprünglich erwartet er die ausschließliche Wahrnehmung seiner Interessen, wie der Beratungsvertragsschluss belegt. Aus Kundensicht ist es im Grunde eine Unverschämtheit, wenn sich „sein“ Berater *sogar offenkundig vertragswidrig* verhält. Die postulierte Billigung der im Grundsatz vertragswidrigen, interessenkonfliktauslösenden Zahlungen, vermag nicht zu erklären, weshalb sich der Kunde seiner besseren vertraglichen Ausgangsposition begeben sollte, ohne die genauen Umstände (insbesondere die konkrete Höhe der Vergütung) zu kennen. Er erhält dafür schließlich keine zusätzliche Leistung. Dies zeigt, dass im Ergebnis an der vermeintlichen vertraglichen Verpflichtung selbst anzusetzen wäre, soweit man die strenge Pflichtenbindung lockern will.

Die Aufklärung kann nur ein erster Schritt dahingehend sein, dass der Kunde sein Einverständnis in die Wahrnehmung seiner Interessen durch den Intermediär *trotz* der *vertragswidrigen Situation* erteilen kann. Ein solches Einverständnis würde den geschuldeten Pflichtenkreis aufgrund dieser (neuen) Parteiabrede inhaltlich verändern und damit zugleich das Urteil der Vertragswidrigkeit entfallen lassen. Lässt sich der Kunde darauf aber nicht ein, muss der Berater auf andere Weise den vertragswidrigen Zustand auflösen.[1119] Unter Umständen bleibt ihm daher nur, darauf zu verzichten, monetäre Eigeninteressen zu verfolgen, die vertragswidrige Interessenkonflikte erzeugen.

Die „Aufklärungs- bzw. Offenkundigkeitslösung“ ist letztlich wiederum nur vor dem Hintergrund der fiktiven Vertragsannahme zu verstehen, da die bei strikter Anwendung der Rechtsprechungspflichten aus dem Anlageberatungsvertrag folgenden Ergebnisse offenbar für nicht akzeptabel gehalten werden.

[1114] Die Chancen sind aufgrund der Branchenstruktur gering; vgl. auch *Hopt*, Kapitalanlegerschutz im Recht der Banken, S. 446.

[1115] Vgl. zu dieser Argumentation schon supra § 6 A. III. 5.

[1116] S. dazu supra § 6 A. III. 4.

[1117] So aber BGH (Freier Anlageberater-III) ZIP 2011, 607, Rn. 20.

[1118] Vgl. zur ähnlichen Fragestellung des Verzichts auf Herausgabeansprüche im Schweizer Recht, das die „Kenntnis der Parameter der Provisionszahlung“ nach der höchstrichterlichen Rechtsprechung für erforderlich hält, *Rusch*, WM 2012, 440.

[1119] Vgl. auch *Hopt*, ZGR 2004, 1, 31.

7. Der Pflichtenumfang in Abhängigkeit sonstiger Verträge

a) Grundsatz der getrennten Behandlung von verschiedenen Verträgen

Die höchstrichterliche „Lehman-Rechtsprechung" hat ein mit dem selbständigen Beratungsvertrag unmittelbar zusammenhängendes dogmatisches Problem aufgeworfen. Dieses betrifft die beratungsvertragliche Pflichtenkonturierung in Abhängigkeit von dem anschließend abgeschlossenen Kaufvertrag. Grundsätzlich sind getrennte Verträge auch hinsichtlich der aus ihnen folgenden Pflichten getrennt zu behandeln.[1120]

Diesen Grundsatz umgeht der BGH in seiner „Lehman-Rechtsprechung". Die Ablehnung einer Aufklärungspflicht über die Gewinnmarge des beratenden und vertreibenden Intermediärs wird damit gerechtfertigt, dass der Interessenkonflikt aus dem Kaufvertrag offensichtlich sei. Offensichtlichkeiten beim Kaufvertrag ließen im Rahmen des Beratungsvertrages die Schutzbedürftigkeit des Anlegers entfallen.[1121] *Buck-Heeb* bringt vor, dass diese „Verwobenheit" keine Erfindung des XI. Zivilsenats sei und verweist auf die Rechtsprechung zum allgemeinen Beratungsvertrag.[1122] Dieses Argument überzeugt nur bedingt, da, wie *dies.* an anderer Stelle feststellte, es bei der Rechtsprechung zum allgemeinen Beratungsvertrag weniger um die Erschaffung neuer Pflichten ging, sondern darum, eine durchgreifende Anspruchsgrundlage zu finden.[1123] Es handelte sich im Grunde also nicht um verschiedene Verträge mit *verschiedenen* Pflichtenregimen. Dies war in den Lehman-Konstellationen anders. Fraglich ist somit, weshalb sich der BGH zu dem beschriebenen dogmatischen „Kniff" veranlasst sah.

b) Erforderliche Margenaufklärung bei selbständigen Beratungsverträgen

Der Beratungsvertrag ist im Ausgangspunkt ausschließlich fremdbezogen, es sind allein die Kundeninteressen zu wahren.[1124] Der Kunde muss daher im Grundsatz

---

1120 Vgl. *Buck-Heeb*, WM 2012, 625, 629 f.; *Emmerich*, in: FS Möschel, S. 945, 946; *Schelling*, Vergütungssysteme und Interessenkonflikte, S. 208; ferner OLG Stuttgart, Urt. v. 14.12.2011, Az.: 9 U 11/11, WM 2012, 890, 893.

1121 Vgl. supra § 5 B. II.

1122 *Buck-Heeb*, WM 2012, 625, 631.

1123 *Buck-Heeb*, WM 2012, 625, 630; vgl. auch supra § 6 A. I. 2. Zuvörderst betroffen waren solche (bestehende) Pflichten, deren Durchsetzung aufgrund des Kaufvertragsrechts ausschied und für die deshalb eine „tragende Anspruchsgrundlage" gefunden werden musste.

1124 I.E. der „Fremdinteressendogmatik" zustimmend *Weller*, ZBB 2011, 191, 192; s. auch supra § 6 A. I. 4. a) bb); vgl. ferner *Lenenbach*, Kapitalmarktrecht^2, Rn. 11.339, der allerdings jedes Wertpapiergeschäft als Interessenwahrungsvertrag begreift. Daraus darf dann aber noch nicht gefolgert werden, dass *allein* Kundeninteressen zu wahren wären, selbst wenn ein Primat des Vorrangs der Kundeninteressen gegeben wäre. Mit einem solchen Primat wäre eine Aufklärungslösung noch vereinbar. Sind bestimmte Eigeninteressen hingegen *per se* vertragswidrig, ist das nicht der Fall, vgl. auch § 10 C.

über *alle* Interessenkonflikte aufgeklärt werden,[1125] weil nur so überhaupt die Möglichkeit bestehen kann, dass der Kunde über die Abweichung vom vereinbarten Pflichtenprogramm informiert wird und dieser gegebenenfalls zustimmt.[1126] Anderenfalls bleibt der Interessenkonflikt vertragswidrig. Hiergegen kann nicht auf ein vermeintlich anderes Telos der Kick-Back-Rechtsprechung abgestellt werden.[1127] Dieses ist ohnehin nicht eindeutig[1128] und vor dem Hintergrund des Postulats der geschuldeten Wahrnehmung *allein* der Kundeninteressen muss jedes, insbesondere auf dem Umsatzinteresse beruhendes Eigeninteresse als pflichtwidrig angesehen werden.[1129] Im Vergleich zu den Kick-Back-Konstellationen würde es sich ohnehin um eine reine Gestaltungsfrage handeln, wenn das Produkt erst nach Abschluss des Kaufvertrags mit dem Kunden vom Dritten mit Rabatt erworben würde.[1130] Im Ergebnis stellt aber – unabhängig von ihrer Herkunft – jede Gewinnmarge ein klassisches Umsatz- und damit Eigeninteresse dar und ist daher nicht mehr unter eine *alleinige* Fremdinteressenwahrnehmung subsumierbar.[1131] Möchte der Berater nicht auf diese Möglichkeit der Gewinnerwirtschaftung verzichten, muss er die Zustimmung des Anlegers zur Margenvereinnahmung einholen,[1132] da die Pflichtwidrigkeit anderenfalls nicht beseitigt wird. Um dem Anleger zu verdeutlichen, inwieweit sich der Berater von der ursprünglich vertraglich vereinbarten alleinigen Kundeninteressenwahrnehmung als Kernpflicht des Beratungsvertrags „entfernen" möchte, wird man eine Offenlegung zumindest über die Größenordnung der Gewinnmarge für eine wirksame Zustimmung fordern müssen.[1133]

[1125] *Buck-Heeb*, WM 2012, 625, 631; *Späth*, VuR 2010, 451, 455.

[1126] Vgl. zu dieser Argumentation nochmals infra § 10 C.

[1127] Vgl. auch *Braun/Lang/Loy*, in: Praktikerhdb. Wertpapier- und Derivategeschäft[4], Rn. 467 (Rückvergütungsrechtsprechung sei grundsätzlich auf Zertifikate und andere strukturierte Produkte zu übertragen).

[1128] Ausführlich supra § 5 B. I.

[1129] Vgl. auch *Buck-Heeb*, DB 2011, 2825, 2828 („[S]obald man den Beratungsvertrag als ausschließlich fremdinteressenbezogen sieht, ist der Kunde über sämtliche Interessenkonflikte und konsequenterweise daher auch grundsätzlich über Gewinnmargen aufzuklären."). *Schelling*, Vergütungssysteme und Interessenkonflikte, S. 206, geht sogar davon aus, dass bei Festpreisgeschäften „zusätzliche Interessenkonflikte" bei der Bank vorlägen.

[1130] In diese Richtung differenzierend (zu § 31d WpHG) *Buck-Heeb*, DB 2011, 2825, 2829; ferner *Schröder*, jurisPR-BKR 1/2012 Anm. 2. Vgl. auch OLG Frankfurt a. M., Urt. v. 18.5.2011, Az.: 17 U 253/10, NZG 2011, 1154 1156f., wonach die Ausgestaltung der Provision aus Kundensicht unerheblich sei.

[1131] I.E. auch *Buck-Heeb*, jurisPR-BKR 5/2010 Anm. 6 (unter der beratungsvertraglichen Prämisse der Interessenkollisionsvermeidung sei die Ausnahme von Margen aus der Aufklärungspflicht „dogmatisch kaum hinreichend [zu] begründen"); *Kluge*, Kick-backs, S. 79f. („[D]ie Konstruktion des selbständigen Beratungsvertrags [führt] ohne dogmatische Brüche [...] zu dem Ergebnis, dass der Anlageberater [...] über die Gewinnmarge des Instituts aufzuklären hat.").

[1132] Eine Ausnahme scheint denkbar, wenn das empfohlene Eigenprodukt das einzige für den Kunden geeignete Produkt wäre.

[1133] Eine Margenaufklärung fordern aus der Rechtsprechung etwa OLG Frankfurt a.M., Urt. v. 29.6.2011, Az.: 17 U 213/10 (Juris), Rn. 34; LG Frankfurt a.M., Urt. v. 10.03.2008, Az.: 2/04 O 388/06 (Juris), Rn. 99ff.; LG Hamburg, Urt. v. 23.6.2009, Az.: 310 O 4/09, ZIP 2009, 1311, 1314f.; LG Hamburg, Urt. v. 1.7.2009, Az.: 325 O 22/09 (Juris), Rn. 51ff.; LG Frankfurt a.M., Urt. v.

c) Korrekturbedürftigkeit dieses Ergebnisses?

Eine Aufklärung über Gewinnmargen ist unserer Wirtschaftsordnung fremd und würde sie in ihrem Kern angreifen.[1134] Als regulatorische Vorgabe wäre eine solche Pflicht nicht akzeptabel. Beruhte eine solche Pflicht eines Beraters nicht auf einer Fiktion, wären die Bedenken dagegen merklich abgeschwächt.[1135] Eine alleinige Fremdinteressenwahrnehmung würde von Beratern dann regelmäßig nur gegen Honorar übernommen.[1136] Der Berater hätte es in der Hand, sein Honorar so zu kalkulieren, dass zur Profitabilität der Beratungsleistung zusätzliche Erträge nicht nötig wären.[1137] Die richtige Preiskalkulation ist ein klassisches Unternehmerrisiko. Derzeit wird die postulierte fiktive Pflichtenbindung aber ebenso auf unentgeltlich arbeitende Berater angewendet, denen der Ausgleich über ein Honorar nicht zur Verfügung steht. Die erforderliche Kundenzustimmung (und damit verbundene Aufklärung), um Eigeninteressen verfolgen zu dürfen, beschränkt solche Akteure daher massiv in ihrem wirtschaftlichen Tätigkeitsfeld.

Ein solches Ergebnis war auch in der Rechtsprechung nicht erwünscht, weshalb dort und in der Literatur verschiedene Wege vorgeschlagen wurden, Kaufvertrag und selbständigen Beratungsvertrag miteinander so zu verknüpfen, dass „untragbare Ergebnisse", die sich aus einer rein beratungsvertraglichen Betrachtung ergeben würden,[1138] vermieden werden können.[1139]

10.3.2008, Az.: 2-4 O 388/06 (Juris); aus der Literatur *Buck-Heeb*, WM 2012, 625, 634; *dies.*, jurisPR-BKR 11/2009 Anm. 3; *Emmerich*, in: FS Möschel, S. 945, 946; *ders.*, in: MünchKomm BGB[6], § 311 Rn. 120; *Lampe*, NJOZ 2009, 4893, 4905 f. (zu Rabatten, die er als Rückvergütungen begreift); *Lenenbach*, Kapitalmarktrecht[2], Rn. 11.338 m.w.N.; *Maier*, VuR 2010, 25, 31 f.; *Märker*, NJOZ 2010, 524, 528; *Späth*, VuR 2010, 451, 455; wohl auch *Schröder*, jurisPR-BKR 1/2012 Anm. 2; *Schwab*, BKR 2011, 450, 455; s. ferner *Schnauder*, jurisPR-BKR 6/2012 Anm. 3, der die nicht angenommene Margenaufklärung durch den BGH für „bemerkenswert" hält; a.A. aus der Rechtsprechung des BGH z.B. die Lehman-I und Lehman-II-Entscheidungen (dazu supra § 5 A. XXIII. und XXIV.); s. zu den ablehnenden Entscheidungen der Oberlandesgerichte Bamberg, Celle, Düsseldorf, Frankfurt a.M. und Hamburg und erstinstanzlichen Entscheidungen die Nachweise bei *Lenenbach*, a.a.O. Fn. 367; aus der wohl insoweit h.M. in der Literatur s. etwa *Bausch/Kohlmann*, BB 2012, 2655; *Harnos*, BKR 2014, 1, 3; *Schnauder*, jurisPR-BKR 6/2012 Anm. 3; ferner *Kittner*, BKR 2012, 215 ff.

[1134] Vgl. *Schäfer/Schäfer*, BKR 2007, 163, 166.

[1135] Zutreffend *Lenenbach*, Kapitalmarktrecht[2], Rn. 11.340 („Dogmatisch liegt das Problem daher in der Rspr. zum konkludenten Abschluss eines selbständigen Beratungsvertrags."); vgl. auch *Spindler*, NJW 2011, 1920.

[1136] Dazu ausführlich infra § 10 A. I.

[1137] Allerdings mag die Gestaltung Probleme erzeugen, die darauf beruhen, dass Drittprovisionen und vergleichbare Positionen regelmäßig auch bei reiner Vermittlung ohne vorherige Beratung anfielen, dazu supra § 3 B. V. 2. Freilich ist die Ausgestaltung des Geschäftsmodells kein Problem des Kunden, wenn sein Berater mit ihm einen Vertrag mit so weitreichenden Folgen abschließt.

[1138] *Buck-Heeb*, WM 2012, 625, 631.

[1139] Vgl. einige Zeilen aus *Christian Morgensterns* „unmöglicher Tatsache": ‚Weil', so schließt er messerscharf, ‚nicht sein kann, was nicht sein darf'.

aa) Die Position der Rechtsprechung

Der XI. Zivilsenat argumentiert, dass die Offenkundigkeit im Rahmen des Kaufvertrags die Schutzbedürftigkeit im Rahmen des Beratungsvertrags entfallen ließe. Die beratungsvertraglichen Pflichten entstehen jedoch zeitlich *vor* Abschluss eines etwaigen Folgegeschäfts.[1140] Die Pflicht, allein die Kundeninteressen wahrzunehmen, gilt nach dem BGH auch für unentgeltliche Beratungsverträge.[1141] Vor diesem Hintergrund wäre die Relativierung des beratungsvertraglichen Pflichtenprogramms dergestalt, dass bei später *eventuell* abzuschließenden Kaufverträgen[1142] der Anleger die (offenkundigen) Eigeninteressen des beratenden Finanzintermediärs berücksichtigen müsste, begründungsbedürftig, zumal der Kunde zu jenem Zeitpunkt (Abschluss des Beratungsvertrags) mangels besonderer Anzeichen keinen Grund hat, sich darüber Gedanken zu machen.[1143] Eine nähere Begründung liefert der BGH nicht.[1144] Der Hinweis, dass das Kundeninteresse an einem werthaltigen Produkt bereits durch die objektgerechte Beratung verwirklicht werde,[1145] vermag nicht zu überzeugen, da die Interessenkollisionsrechtsprechung außerhalb der Pflicht zur objektgerechten Beratung angesiedelt ist.[1146]

[1140] Nicht überzeugend daher nun BGH (Kick-Back-XII) WM 2013, 2065, Rn. 27, wonach die zeitliche Abfolge nicht relevant sei, da Beratung und Folgegeschäft (im Fall: ein Kommissionsgeschäft) „nicht selten praktisch dergestalt zusammen[fallen], dass es letztlich auf eine künstliche Aufspaltung eines nach dem tatsächlichen Ablauf einheitlichen Lebenssachverhalts hinaus liefe, wollte man bei der rechtlichen Beurteilung auf das Vorliegen zweier unterschiedlicher Vertragsverhältnisse abstellen". Dafür führt der Senat nicht nur keine Belege an (zu Recht kritisch *Stumpf*, BB 2013, 2835). Es widerspricht auch seiner Rechtsprechung, nach der bereits das bloße Beratungsgespräch zu einem Anlageberatungsvertrag führe, dazu supra § 6 A. I. 4. a) aa) (2). Zu diesem Zeitpunkt steht das Folgegeschäft regelmäßig aber noch nicht fest, weshalb der Berater auch noch nicht wissen kann, welche Provisionen er verdienen wird (anders aber BGH a.a.O.); vgl. auch *Hannöver*, in: Schimansky/Bunte/Lwowski, Bankrechts-Hdb.[4], § 110 Rn. 77; *Schelling*, Vergütungssysteme und Interessenkonflikte, S. 207 f.

[1141] Die vorgeschlagene Abgrenzung zu „rein neutralen" Beratungsverträgen etc., vgl. *Buck-Heeb*, WM 2012, 625, 632, ist daher bezüglich dieser Pflicht nach Rechtsprechungskonzeption irrelevant, vgl. dazu auch OLG Stuttgart, Urt. v. 6.10.2009, Az.: 6 U 126/09 (Juris), Rn. 39.

[1142] Dass überhaupt ein Folgegeschäft zustande kommt, ist keineswegs sicher und selbst wenn, könnte dies auch ein Kommissionsgeschäft sein, was freilich aufgrund einer wirtschaftlichen Betrachtung wie ein Kaufvertrag im Rahmen des Anlageberatungsvertrags zu behandeln sein könnte, dazu supra § 5 A. XXIX.

[1143] Kritisch auch *Buck-Heeb*, WM 2012, 625, 632 (einer solchen Argumentation läge ein Rückschaufehler zugrunde).

[1144] Vgl. auch *Schröder*, jurisPR-BKR 1/2012 Anm. 2. Der Verweis auf eine gesetzgeberische Grundentscheidung (s. supra § 5 A. XXIX. 3.) trägt nicht, da sie den Kaufvertrag betrifft, dazu sogleich infra § 5 A. III. 7. c) bb) (1); a.A. *Spindler*, in: Langenbucher/Bliesener/Spindler, BankR-Komm., 33. Kap. Rn. 184. Ähnliche Einschätzung wie hier *Schelling*, Vergütungssysteme und Interessenkonflikte, S. 257 („argumentative Notbremse"); ferner *Köndgen*, JZ 2012, 260, 262 („Unkoordinierte[s] Nebeneinander von interessewahrendem Beratungsvertrag und eigennützigem Kaufvertrag ist ein Widerspruch in sich."); *Tonner/Krüger*, Bankrecht, § 25 Rn. 25 („dogmatisch widerspruchsfreie Lösung so nicht zu erzielen").

[1145] S. bereits supra § 5 A. XXIX. 3.; kritisch dazu *Buck-Heeb*, jurisPR-BKR 11/2011 Anm. 3.

[1146] Dazu supra § 6 A. I. 4. c).

In Lehman-V[1147] wurde auf einen wirtschaftlich einem Kaufvertrag gleichzustellendem Kommissionsvertrag – im Fall war ein Festpreis vereinbart[1148] – die Margen-Rechtsprechung zur Beratung mit nachfolgenden Kaufverträgen angewendet.[1149] Eine Interdependenz des Beratungsvertrags ist demnach zu Kauf- und Kommissionsverträgen möglich, soweit letztere wertend als kaufvertragsähnlich einzuordnen sind. Argumentativ wird in Abhängigkeit von den Pflichten des späteren Vertrags das Pflichtenprogramm des Beratungsvertrags konturiert. Allerdings geschieht das nur punktuell. Die Rechtsprechung geht nicht soweit, dass die Verletzung kommissionsrechtlicher Pflichten zugleich eine Verletzung des beratungsvertraglichen Pflichtenprogramms darstellt.[1150]

bb) Erklärungsansätze zur Interdependenz der Verträge in der Literatur

(1) Der Vergleich mit dem „normalen" Verkäufer

Zum Teil wird im Ergebnis schlicht darauf hingewiesen, dass auch sonstige Verkäufer ihre Marge nicht aufdecken müssten.[1151] Das ist ebenso richtig wie für die Fragestellung unerheblich.[1152] Man kann diesen Überlegungen und Vergleichen Argumente entnehmen, die gegen die Annahme eines selbständigen Beratungsvertrags sprechen.[1153] Akzeptiert man aber die dogmatische Konstruktion des (zusätzlichen) selbständigen Beratungsvertrags, muss die Fragestellung lauten, ob eine Aufklärungspflicht über die Marge *aus dem Beratungsvertrag* folgt.[1154] Dies lässt sich

[1147] S. supra § 5 A. XXIX.

[1148] Vgl. aber auch *Bausch/Kohlmann*, BB 2012, 2655, 2656, wonach selbst bei Zahlung einer Kommissionsgebühr nur nicht aufklärungspflichtige Innenprovisionen vorlägen. Im Ergebnis hat der BGH nunmehr, ohne auf die Einordnung der Vergütungsart einzugehen, anders entschieden, BGH (Kick-Back-XII), dazu supra § 5 A. XXXIX.

[1149] Anders als in Kick-Back-XII musste der Kunde dort auch keine Ordergebühr o.ä. an den vermittelnden Intermediär zahlen.

[1150] Vgl. bereits supra Fn. 449; zustimmend *Tiedemann*, BKR 2012, 426, 428 („denklogisch richtig").

[1151] *Mann*, WM 2013, 727, 731; *Rößler*, NJW 2008, 554, 556; *Spindler*, in: Langenbucher/Bliesener/Spindler, BankR-Komm., 33. Kap. Rn. 182 m.w.N. („herkömmlicher Verkäufer"); *Vortmann*, EWiR 2012, 689, 690; vgl. auch *Loritz*, WM 2000, 1831; i.E. auch *Nobbe/Zahrte*, in: MünchKomm HGB^3, Anlageberatung, Rn. 187 ff.

[1152] Insoweit auch nicht überzeugend *Zoller*, GWR 2012, 27, 29, der über einen Erst-Recht-Schluss feststellt, dass, wenn schon nach Kaufrecht keine Aufklärungspflicht bestünde, diese auch nicht aus einem Beratungsvertrag folgen könne. Weshalb sich das Kaufrecht von vornherein durchsetzen sollte, erklärt *Zoller* nicht. Ein Erst-Recht-Schluss wäre allenfalls genau anders herum dergestalt möglich, dass dann, wenn keine Aufklärungspflicht aus einem Beratungsvertrag bestünde, auch keine aus einem Kaufvertrag angenommen werden kann.

[1153] Dazu ausführlich supra § 6 A. I. 4. d).

[1154] Vgl. *Buck-Heeb*, WM 2012, 625, 631; insoweit zutreffend auch *Gundermann*, BKR 2013, 406, 410; *Lampe*, NJOZ 2009, 4893, 4907; *Maier*, VuR 2010, 25, 32; *Reiter/Methner*, WM 2013, 2053, 2055; *Veldhoff*, Haftung von Kreditinstituten, S. 302 f.; dies verkennt *Bausch*, BB 2009, 1832, 1833. Vor dem Hintergrund seiner sonstigen Rechtsprechung sehr zweifelhaft BGH (Kick-Back-XII) WM 2013, 2065, Rn. 27, wonach es eine „künstliche Aufspaltung" wäre, auf die zwei

nicht mit dem Verweis auf eine nach Kaufrecht nicht bestehende Pflicht *aus dem Kaufvertrag* beantworten.[1155]

Nichts anderes gilt für sonstige bloße Behauptungen der Verknüpfung etwa dergestalt, dass das Grundgeschäft auf den Beratungsvertrag „durchschlagen" müsse.[1156] Ausgehend von der Lehre vom konkludenten Beratungsvertrag, dessen Pflichten *vor* Abschluss eines Folgegeschäfts entstehen,[1157] müsste eine etwaige Pflichtenreduzierung dem beiderseitigen Parteiwillen entnommen werden, wofür aber eine Begründung fehlt. Gegen dieses Argument kann nicht vorgebracht werden, dass es, um eine Verbindung zwischen Kaufvertrag und Beratungsvertrag herbeizuführen, bereits ausreichend sei, wenn der Berater bei Abschluss des Kaufvertrags „möchte", dass später ein Kaufvertrag abgeschlossen wird.[1158] Nicht nur kann auch der Berater zu Beginn der Beratung regelmäßig noch nicht wissen, auf welche Empfehlung und damit welches potentielle Folgegeschäft bzw. welche Abwicklungsart die Beratung hinauslaufen wird.[1159] Es erscheint ferner mit der Vertragsrechtslehre unvereinbar, die Pflichtenkonturierung davon abhängig machen zu wollen, was sich eine Partei für die Zukunft „wünscht" bzw. erwartet, wenn sie dies der anderen Seite weder mitteilt bzw. das für diese nicht wenigstens erkennbar ist. Die bisherigen Erwägungen sind ferner davon unabhängig, ob der vermittelnde Intermediär ein rabattiertes Produkt bereits vor Abschluss des Kauf- bzw. Beratungsvertrags erworben hat. Ist das nicht der Fall, verstärkte dies indes die wirtschaftliche Vergleichbarkeit mit Provisionsgestaltungen.[1160]

---

unterschiedlichen Vertragsverhältnisse (hier: Beratungs- und Kommissionsvertrag) abzustellen. Nicht überzeugend auch *Besold*, Aufklärungspflichten bei Vertriebsprovisionen, S. 204, wonach die Rolle der Bank als Verkäuferin „eine ganz andere" sei als ihre Beratungsrolle. Das ist richtig. Aber nach vorherrschender Konzeption hat die Bank vertraglich eben *auch* die *Beratungsrolle* übernommen. Weshalb diese ausgeblendet werden können dürfe, erläutert *Besold* nicht.

1155 Vgl. zutreffend LG Hamburg, Urt. v. 10.7.2009, Az.: 329 O 44/09 (Juris), Rn. 52; *Schnauder*, jurisPR-BKR 6/2012, Anm. 3, wonach der BGH in den „Lehman-Entscheidungen" den Beratungsvertrag als Rechtsquelle ausschloss. Eine strikte Unterscheidung zwischen Kauf- und Kommissionsverträgen (vgl. *Schnauder* a.a.O.) nimmt der BGH aber gerade nicht vor, dazu BGH (Kick-Back-XII) WM 2013, 2065, Rn. 27 und supra § 5 A. XXVIII.; zur Überdeckung von Unterschieden in den Grundgeschäften durch die beratungsvertragliche Argumentation vgl. *Sethe*, in: FS Nobbe, S. 769, 785 f.; ferner *Weller*, ZBB 2011, 191, 196.

1156 So *Spindler*, WM 2009, 1821, 1825; kritisch dazu *Schelling*, Vergütungssysteme und Interessenkonflikte, S. 209.

1157 Vgl. dazu *Spindler*, in: Langenbucher/Bliesener/Spindler, BankR-Komm., 33. Kap. Rn. 18; ferner bereits supra Text bei und Fn. 1140; nicht stringent insoweit *Regenfus*, WM 2015, 169, 172 und 176, der aufgrund der „Chronologie des Lebensvorgangs" einen selbständigen Beratungsvertrag annehmen will, der aber, da er nur den Kaufvertrag „begleite", nicht „das Wesen des Kaufvertrags" beeinträchtigende Ergebnisse begründen könne.

1158 Dies erwägend aber *Buck-Heeb*, WM 2012, 625, 631.

1159 A.A. ohne Begründung BGH (Kick-Back-XII) WM 2013, 2065, Rn. 27; wie hier *Schäfer*, WM 2012, 197, 200.

1160 *Buck-Heeb*, DB 2011, 2825, 2829; ferner supra § 6 A. III. 7. und infra § 11 C. III. 2. a).

(2) „Anbahnungscharakter" der Beratung

Die Verknüpfung mit dem antizipierten Folgegeschäft, das aus Sicht des Finanzintermediärs einen Ertrag bringen wird, wird zum Teil darüber begründet, dass die Beratung der „Anbahnung" solcher Folgegeschäfte diene.[1161] Dem vorgetragenen Befund ist zuzustimmen, was bereits gegen die Annahme einer so weitgehenden Verpflichtung seitens des Beraters spricht, wie sie von der Rechtsprechung postuliert wird. Diese Argumentation spricht daher im Ergebnis gegen die dogmatische Konstruktion des Anlageberatungsvertrags.[1162] Zur Frage der *rechtlichen* Interdependenz äußert sich das Argument indes nicht.

(3) Die Gegenleistung des Anlegers als Maß zur Pflichtenkonturierung

Andere gehen davon aus, dass der „Wert der Beratungsleistung" in einem angemessenen Verhältnis zur Gegenleistung des Anlegers stehen müsse.[1163] Um einen solchen Vergleich anstellen zu können, muss in Fällen der Beratung ohne konkrete Gegenleistung des Kunden indes die etwaige spätere Vergütung von Folgeaufträgen als (Teil-)Entlohnung der Beratungsleistung betrachtet werden. Dies mag wirtschaftlich zutreffen, dennoch ist die Beratung ohne Honorarzahlung als insgesamt unentgeltlich zu klassifizieren.[1164] Im Übrigen gilt, dass eine Unausgewogenheit der wechselseitigen Pflichten (sofern solche des Kunden überhaupt bestehen) bereits gegen die dogmatische Konstruktion spricht. Eine nachgelagerte Verknüpfung des Beratungsvertrags mit Folgeverträgen kann man so kaum erklären.

Nicht anders zu beurteilen ist der Gedanke, dass ein Rechtsbindungswille beim Intermediär nur anzunehmen sei, wenn Folgegeschäfte berücksichtigt würden.[1165] Zutreffend wird zwar am Rechtsbindungswillen angesetzt. Da aber im Moment des Beratungsvertragsschlusses das etwaige Folgegeschäft und dessen Zustandekommen in der Regel noch unklar sind,[1166] lässt sich hieraus ebenfalls nichts für eine Verknüpfung gewinnen, zumal ein abweichendes Pflichtenprogramm des Beraters für den etwaigen Fall, dass später ein Kaufvertrag abgeschlossen wird, für den Kunden nicht ersichtlich ist. Vielmehr wäre wiederum die Konsequenz zu ziehen, dass ein selbständiger Beratungsvertrag mit einem Pflichtenumfang, der dem eigentlichen Absatzziel des Intermediärs potentiell aufgrund der involvierten monetären Eigeninteressen entgegenstehen könnte, nicht von diesem gewollt bzw. abgeschlossen sein wird.

1161 Zu dieser Argumentation *Lange*, Informationspflichten von Finanzdienstleistern, S. 89 und 91; ferner *Buck-Heeb*, WM 2012, 625, 631.

1162 A.A. *Lange*, Informationspflichten von Finanzdienstleistern, S. 88 ff.

1163 *Nikolaus/d'Oleire*, WM 2007, 2129, 2130; vgl. *Buck-Heeb*, WM 2012, 625, 631.

1164 Dazu bereits supra § 5 B. VII. 2. b).

1165 Vgl. *Buck-Heeb*, WM 2012, 625, 632; *Vortmann*, Aufklärungs- und Beratungspflichten[10], Rn. 748.

1166 Vgl. supra Text bei und Fn. 1140.

(4) Verknüpfung über Kausalitätsgesichtspunkte

Eine Verknüpfung lässt sich nicht „ohne weiteres“ dadurch begründen, dass der Kaufvertrag mit dem Beratungsvertrag kausal über eine (Falsch-)Beratung verbunden sei.[1167] Das ist einerseits schon im Ausgangspunkt nicht zwingend – insbesondere ist die Vermutung aufklärungsrichtigen Verhaltens[1168] eben „nur“ eine Vermutung – und das Argument betrifft außerdem die Frage des Umfangs des Schadensersatzes, soweit eine beratungsvertragliche Pflichtverletzung vorliegt.[1169] Es ist nicht möglich, auf diese Weise Argumente für eine Abhängigkeit der verschiedenen Vertragspflichten voneinander zu gewinnen.

(5) Offenkundigkeitsgesichtspunkte

Die „Lösung des Problems“ kann nicht über Offensichtlichkeitsargumente herbeigeführt werden.[1170] Die Offenkundigkeit ist nach dem BGH vertypisiert selbst dann anzunehmen, wenn der Kunde nicht einmal weiß, dass ein Festpreisgeschäft zustande gekommen ist.[1171] Ferner erschiene es fraglich, die Argumentation über die Offenkundigkeit des Ertragsinteresses auf Kaufverträge (bzw. wirtschaftlich vergleichbare Verträge) zu beschränken.[1172] Die Offenkundigkeit inhaltlich auszufüllen, wirft außerdem erhebliche Probleme auf.[1173] Auch dass über diese „Argumentationsschiene“ die Swap-Rechtsprechung und die mögliche Bevorzugung von eigenen Produkten vermeintlich miteinander in Einklang zu bringen wären,[1174] ist angesichts der jeweiligen zweifelhaften Rechtsprechungsergebnisse[1175] kein besonders starkes Argument. Es überzeugt schließlich nicht, einer Aufklärung über eine Eigeninteressenwahrnehmung bzw. deren Offenkundigkeit eine die Pflichtwidrigkeit beseitigende Wirkung beizumessen.[1176] Das muss gleichfalls für eine auf diesen Aspekt gestützte Verbindung von Beratungs- und Kaufvertrag gelten.

[1167] So aber *Schwab*, BKR 2011, 450, 452.

[1168] Dazu infra § 10 E. III. 2.

[1169] *Buck-Heeb*, WM 2012, 625, 632.

[1170] So aber i.E. *Buck-Heeb*, WM 2012, 625, 633; i.E. wie hier *Veldhoff*, Haftung von Kreditinstituten, S. 302 f.

[1171] Dazu bereits supra § 5 A. XXVIII.; kritisch *Schelling*, Vergütungssysteme und Interessenkonflikte, S. 220; *Schröder*, jurisPR-BKR 1/2012 Anm. 2.

[1172] Vgl. *Bausch/Kohlmann*, BB 2012, 2655 (Offenkundigkeit des Ertragsinteresses auch beim Kommissionsgeschäft). Allerdings zeigt wiederum BGH (Kick-Back-XII) WM 2013, 2065, Rn. 29, dass die Offenkundigkeit des Ertragsinteresses allein nicht ausreicht, um die Aufklärungspflicht entfallen zu lassen. Der Kunde wusste dort nichts von den „zusätzlichen Provisionen“, obwohl ihm das Ertragsinteresse der Bank (§§ 354, 396 HGB) durchaus bekannt war. Die Aufklärungspflicht bestand weiterhin.

[1173] Zur Argumentation mit Offenkundigkeitskriterien ausführlich supra § 5 B. II.

[1174] *Buck-Heeb*, WM 2012, 625, 633.

[1175] Vgl. supra § 5 B. I. 1. b) bb) (1) und § 6 A. III. 3. a).

[1176] Supra § 6 A. III. 6.

(6) Zwischenergebnis

Die vorgebrachten Argumente zur Verknüpfung von Beratung und Folgevertrag überzeugen im Ergebnis nicht. Sie dienen dazu, eine in ihrer Konturierung zu weit geratene und auf einer Fiktion basierende Rechtsprechung einzugrenzen.[1177] Ergebnistechnisch ist das zwar naheliegend.[1178] Vorzugswürdig ist es jedoch, die postulierte Rechtsgrundlage als Auslöser der dogmatisch kaum überzeugend zu bewältigenden Probleme zu hinterfragen.[1179] Jedenfalls bei der Honorarberatung wäre die Verknüpfung von Beratungs- und Folgevertrag kaum noch haltbar, da der Kunde dort für die Eigenständigkeit der Beratung sogar bezahlt.[1180] Die alleinige Fremdinteressenwahrnehmung ist nach der Rechtsprechung jedoch auch bei der unentgeltlichen Beratung geschuldet, was eine Differenzierung insofern erschwert.

8. Haftung trotz Abschluss des Investments bei Drittanbietern?

Soweit ersichtlich war in der Praxis noch nicht darüber zu entscheiden, welche Folgen es nach sich ziehen würde, wenn ein fehlerhaft beratener Kunde das Folgegeschäft nicht bei dem beratenden Institut abwickelt bzw. über dieses vermitteln lässt, sondern über Drittanbieter.[1181] Fraglich ist, ob der Berater dann aus dem selbständigen Beratungsvertrag haften muss.[1182]

Diese Frage kann nicht über den Rechtsbindungswillen gelöst werden.[1183] Der selbständige Beratungsvertrag wurde bereits *vor dem in seiner Ausgestaltung noch unbekannten Drittgeschäft* geschlossen, da dieser nicht erst rückwirkend nach Abschluss des Folgegeschäfts zustande kommt.[1184] Nimmt man die Lehre vom konkludenten selbständigen Beratungsvertrag ernst, ist an einer Haftung kaum zu zweifeln.[1185] Denn dessen Selbständigkeit löst ihn gerade in seinem Bestehen und Pflich-

---

1177 Vgl. auch *Grigoleit* beim Bankrechtstag, zitiert nach *Walz/Leffers*, WM 2012, 1457, 1459 (Spannungsfeld zwischen fremdnützigem Beratungsvertrag und eigennützigem Bankgeschäft werde übergangen).

1178 Der nach *Zoller*, BB 2013, 520, 522 f., erzielte „angemessene Interessenausgleich" ist dogmatisch eben nur schwer haltbar, dazu bereits supra § 6 A. III. 7 b).

1179 Vgl. etwa *Wigand*, EWiR 2011, 767, 768, der zwar eine Aufklärungspflicht ablehnt, aber zugesteht, dass man dies mit einem „dogmatischen Begründungsansatz" anders sehen könne.

1180 *Buck-Heeb*, WM 2012, 625, 634; vgl. dazu auch *Veil*, WM 2009, 2193, 2196.

1181 Vgl. aber auch BGH, Urt. v. 12.6.1997, Az.: III ZR278/95, NJW 1998, 448, wo allerdings der wegen fehlerhafter Auskünfte verurteilte Vermittler den Kunden mit dem Dritten, der die Vermittlungsleistung dann tatsächlich übernahm, erst in Kontakt brachte. Hinsichtlich des Beratungsvertragsschlusses soll die Tatsache, dass der Kunde sein Depot von einem Drittinstitut führen lässt, unerheblich sein, *Hannöver*, in: Schimansky/Bunte/Lwowski, Bankrechts-Hdb.[4], § 110 Rn. 23.

1182 Bereits aufgeworfen von *Buck-Heeb*, BKR 2010, 1,5; *dies.*, WM 2012, 625, 633.

1183 So aber *Vortmann*, Aufklärungs- und Beratungspflichten[10], Rn. 746; vgl. insoweit auch die entsprechend heranzuziehende Argumentation aus § 6 A. III. 7.

1184 *Buck-Heeb*, BKR 2010, 1, 5; *Taubert*, Informationspflichten, S. 70 mit Fn. 460; *Veldhoff*, Haftung von Kreditinstituten, S. 100.

1185 Dies „befürchtet" auch *Vortmann*, in: Vortmann, Prospekthaftung und Anlageberatung, § 5 Rn. 75 mit Fn. 16.

teninhalt von etwaigen Folgegeschäften. Dieses Ergebnis bereitet anscheinend selbst den Anhängern der Beratungsvertragskonstruktion teilweise Unbehagen. Sei die Motivation für die Abwicklung des Geschäfts bei Dritten nach der Beratung „allein die Kostenersparnis" und werde dann dennoch der Berater in Haftung genommen, sei dies rechtsmissbräuchlich.[1186] Von Beweisproblemen einmal ganz abgesehen, erscheint das äußerst zweifelhaft. Die Vertreter der Lehre vom konkludenten Beratungsvertrag argumentieren gerade damit, dass der Abschluss des Vertrags *auch im Interesse des Intermediärs* läge. Nicht jede Beratung mündet in ein Folgegeschäft, was der Intermediär weiß. Was er aber nicht weiß, ist, welche Kunden schließlich (ertragbringende) Folgegeschäfte abschließen werden, weshalb er – auf der Grundlage dieser Lehre – mit allen Beratungskunden einen solchen Vertrag abschließt. Die Verknüpfung des Rechtsbindungswillens mit Folgegeschäften ist dabei nicht überzeugend zu erklären.[1187] Da sich der Kunde keine Gedanken über die Kalkulation seines Beraters machen muss,[1188] kann ihm nicht zum Vorwurf gemacht werden, dass er sich auf Pflichtverletzungen aus dem selbständigen Beratungsvertrag beruft. Sofern der Intermediär, wie im aufgeworfenen Fall, von vornherein keine Aussicht auf Erträge aus Folgegeschäften mit diesem Kunden hatte, ist dies aus Sicht des Beraters ein unbeachtlicher Motivirrtum. Wollte sich der Berater absichern, müsste er auf ein Honorar bestehen.

Das Erfordernis derartiger Hilfsüberlegungen, um die Konsequenzen des Beratungsvertrags wieder „einzufangen", unterstreicht, dass es erforderlich ist, die dogmatische Konstruktion zu überdenken.[1189]

9. Die Berücksichtigung von Betriebsgeheimnissen

In Rechtsprechung und Literatur wird vorgetragen, dass die gegebenenfalls aufklärungspflichtigen monetären Eigeninteressen Betriebsgeheimnisse der beteiligten Intermediäre sein könnten.[1190] Aus Wettbewerbsgründen hätten diese ein erhebliches Geheimhaltungsinteresse.[1191]

[1186] *Veldhoff*, Haftung von Kreditinstituten, S. 101; anderes Modell bei *Taubert*, Informationspflichten, S. 70 mit Fn. 460, wonach beim „kleineren Fachhandel" der Rechtsbindungswille unter der Bedingung stünde, dass der Ratsuchende mit dem Ratgeber kontrahiere. Weshalb dies aber nur für „den kleinen Fachhandel" gelten solle, wird nicht näher ausgeführt.

[1187] S. bereits supra § 6 A. III. 7.

[1188] Vgl. auch supra § 6 A. III. 7 c) bb) (3).

[1189] Zur Lösung der beschriebenen Konstellation ohne selbständigen Beratungsvertrag infra § 11 D. II. 3.

[1190] So etwa BGH (Freier Anlageberater-III) ZIP 2011, 607, Rn. 21; OLG Hamburg, Urt. v. 23.4.2010, Az.: 13 U 117/09, ZIP 2010, 973, 974; OLG Stuttgart, Urt. v. 14.12.2011, Az.: 9 U 11/11 (Juris), Rn. 52; *Buck-Heeb*, BKR 2010, 309, 314; *Grigoleit*, Bankrechtstag 2012, S. 25, 53; *Roberts*, DStR 2010, 1082; vgl. auch *Schelling*, Vergütungssysteme und Interessenkonflikte, S. 189.

[1191] *Buck-Heeb*, BKR 2010, 309, 314 m.w.N.; *Lang/Bausch*, WM 2010, 2101, 2107; *Nobbe*, BKR 2011, 302, 303; a.A. *Kluge*, Kick-backs, S. 72; *Sethe*, in: FS Nobbe, S. 769, 781.

Wiederum wäre die Debatte zu entschärfen, wenn nicht auf der Basis des konkludenten selbständigen Beratungsvertrags im Sinne der Rechtsprechung argumentiert würde. Mit der hier vorgeschlagenen Zurückhaltung bei der Annahme eines solchen Vertrags,[1192] lässt sich entsprechend der Diskussion um die Margenaufklärung argumentieren: Widerspricht es dem Geheimhaltungsinteresse des Intermediärs, wenn er Gewinninteressen aus etwaigen Folgeverträgen zu offenbaren hätte, wird er einen (Anlageberatungs-)Vertrag, der ihn zu einer solchen Offenlegung verpflichten würde, nur dann abschließen, wenn er entweder aus diesem Vertrag entsprechend vergütet wird, damit die spätere „Zwangslage" vermieden werden kann oder er es sich leisten kann, auf das Folgegeschäft zu verzichten, weil die unentgeltliche Beratung anderen Zwecken dient („Kundenbindung" etc.).[1193] Ist der Berater vor diesem Hintergrund dennoch die vertragliche Verpflichtung beschriebenen Inhalts eingegangen, kann er etwaige Geheimhaltungsinteressen nicht anführen, wenn er trotz dieser Verpflichtungen Eigeninteressen verfolgen möchte. Wird die Verpflichtung aber nur fiktiv angenommen und gilt damit auch für unentgeltliche Berater, können legitime Geheimhaltungsinteressen durchaus betroffen sein.

VI. Zwischenergebnis

Während der Beratungsvertragskonstruktion zunächst überwiegend eine „Hilfsfunktion" zukam, um Haftungslücken zu überdecken, übernahm sie im Finanzberatungsrecht die Stellung als dogmatischer Schlüssel, mit dem „Pflichten kreiert" werden.[1194] Häufig basiert der Vertragsschluss auf einer Fiktion. Die auf dieser Grundlage basierenden Rechtsprechungsergebnisse sind teilweise unstimmig, was wohl daran liegt, dass die Fiktionsfolgen „eingedämmt" werden sollen.[1195]

B. Aufklärungspflichten aus Auskunftsvertrag

I. Ausgangslage

Auskunftsverträge werden primär bei der Anlagevermittlung angenommen.[1196] Darauf basieren die Aufklärungspflichten über Innenprovisionen (einschließlich der

---

[1192] Ausführlich zum Vertragsschluss bei Verzicht auf eine Fiktion infra § 10 A.

[1193] Möglicherweise gewichtet der Intermediär die Geheimhaltungsinteressen auch geringer.

[1194] Vgl. auch *Buck-Heeb*, ZIP 2013, 1401, 1407 („[D]ieser Vertrag [ist] Dreh- und Angelpunkt der Haftung für fehlerhafte Beratung."); a.A. *Koch*, ZBB 2014, 211, 213 (Aufgabe des Beratungsvertrags würde in den praktischen Auswirkungen nur überschaubare Verwerfungen nach sich ziehen).

[1195] Vgl. aber auch *Bockelmann*, BKR 2012, 429, 430, der im Ergebnis schon jetzt von einer Gefährdungshaftung bei Aufklärungs- und Beratungspflichten ausgeht; ebenso *Hofmann*, Aufklärung und Anlageberatung, S. 165; *Langen*, NZG 2010, 816, 817; *Loritz*, NZG 2013, 411, 413; *ders./Wagner*, NZG 2013, 367, 368 und 372.

[1196] Vgl. aus der Rechtsprechung BGH (Innenprovisionen-I; Innenprovisionen-II; Innenprovisionen-IV), dazu supra § 5 A.; ferner *Hannöver*, in: Schimansky/Bunte/Lwowski, Bank-

15%-Grenze).[1197] Zwar ist die werthaltigkeitsbezogene Rechtsprechung unabhängig von der Person des Empfängers und insoweit nicht unmittelbar für Aufklärungspflichten wegen monetären Eigeninteressen *als solcher* relevant.[1198] Allerdings erfassen einige der „Innenprovisions-Urteile" Positionen, die heute als Rückvergütungen (nach dem XI. Zivilsenat) gelten müssten.[1199] Ferner sind die Kriterien, nach denen Auskunfts- und Beratungsverträge angenommen werden, mitunter austauschbar, was zu zeigen ist.[1200]

II. Rechtsnatur und normative Anknüpfung

Der unentgeltliche selbständige Auskunftsvertrag ist als Auftrag (§ 662 BGB) zu klassifizieren. Abhängig von den Umständen des Einzelfalls ist der entgeltliche Auskunftsvertrag Dienst- oder Werkvertrag (§ 611 bzw. § 631 BGB), bei der Anlagevermittlung aufgrund des wirtschaftlichen Bezugs Geschäftsbesorgungsvertrag (§ 675 Abs. 1 BGB).[1201]

III. Vergütungsbezogene Aufklärungspflichten

Der BGH argumentiert bei Aufklärungspflichten über monetäre Eigeninteressen maßgeblich auf der Basis von Interessenkonflikten. Dies geht Hand-in-Hand mit der Annahme eines Vertrags, der die ausschließliche Fremdinteressenwahrnehmung zum Gegenstand hat, nämlich eines Beratungsvertrags. Die interessenkonfliktbezogenen Aufklärungspflichten wurden daher nur in Beratungskonstellationen angenommen. Außen vor ist damit die Innenprovisionsrechtsprechung, die auf Werthaltigkeitsschutzerwägungen beruht.[1202]

Teilweise wird dennoch zumindest die gesamte Rückvergütungsrechtsprechung auf die Anlagevermittlung, mithin den Auskunftsvertrag übertragen.[1203] Das verkennt indes einen entscheidenden Unterschied, nämlich, dass der Anlagevermittler, anders als der Anlageberater, *keine* ausschließliche Fremdinteressenwahrung verspricht. Da der Vermittler keine Empfehlung bezüglich einer bestimmten Investiti-

---

rechts-Hdb.[4], § 110 Rn. 26; ausführlich zur Anlagevermittlung *Nobbe/Zahrte*, in: MünchKomm HGB[3], Anlageberatung, Rn. 325 ff.

[1197] Aber auch sonst treffen den Anlagevermittler aufgrund des Auskunftsvertrags diverse Pflichten, da er den Kunden vollständig und wahrheitsgemäß über die wesentlichen Umstände im Zusammenhang mit dem Anlageentschluss informieren muss, s. etwa BGH (Innenprovisionen-I) BGHZ 158, 110 = NJW 2004, 1732, 1733; BGH (Innenprovisionen-III) NJW-RR 2007, 925, Rn. 4; *Siol*, in: Schimansky/Bunte/Lwowski, Bankrechts-Hdb.[4], § 45 Rn. 9.

[1198] Dazu supra § 5 B. I. 4.

[1199] Vgl. zur Rückvergütungsdefinition ausführlich supra § 5 B. III. 1. a).

[1200] Dazu infra § 6 B. IV.

[1201] Vgl. zu alldem *Martinek*, in: Staudinger, Neubearbeitung 2006, § 675 Rn. C 12 m.w.N. und supra § 6 A. I. 4. b) zum Beratungsvertrag.

[1202] Vgl. supra § 5 B. I. 4.

[1203] *Siol*, in: Schimansky/Bunte/Lwowski, Bankrechts-Hdb.[4], § 45 Rn. 16.

on abgibt, ist sein Willensbeeinflussungspotential bezüglich des Anlegers nicht mit dem eines Anlageberaters vergleichbar. Insofern ist auch der Interessenkonflikt, sofern man diesen annehmen möchte, anders als bei einem Anlageberater gelagert. Während bei der Anlageberatung die Besorgnis (auch) dahin geht,[1204] dass ein *bestimmtes* Investment aufgrund erzielbarer Provisionen empfohlen wird, beschränkt sich der Konflikt beim bloßen Anlagevermittler darauf, dass er zumindest bei erfolgreicher Vermittlung einen Ertrag erwirtschaften wird. Der Vermittler muss die „wesentlichen" Informationen jedenfalls in Bezug *auf das Investitionsobjekt* mitteilen.[1205] Die Tatsache allein, dass der Vermittler für die Aufnahme eines Produkts in sein Anlageprogramm von dritter Seite eine Entlohnung erhält, kann indes nicht als wesentlich angesehen werden, denn er „lenkt" den Kunden nicht durch Empfehlungen zu einem bestimmten Investment, anderenfalls läge eine Beratungssituation vor.[1206] Relevant ist für den Anleger primär die Werthaltigkeit des Investments. Soweit die Werthaltigkeit durch Vertriebsprovisionen angegriffen wird und die 15%-Grenze überschritten wird, greift die darauf bezogene Rechtsprechung zu Innenprovisionen.

IV. Zum Zustandekommen des Auskunftsvertrags

Die „eigentliche" Tätigkeit des Vermittlers ist die „Weiterleitung von Kauf- oder Verkaufsanträgen an einen Dritten", wozu er Vermittlungsverträge abschließt.[1207] Die von den selbständigen Auskunftsverträgen erfassten Aufklärungspflichten betreffen das Vorfeld der Vermittlungsleistung.[1208] Die Auslagerung der mit der Vermittlung zusammenhängenden Aufklärungs- und Informationspflichten in einen selbständigen Vertrag unterliegt daher strukturell ähnlichen Bedenken, wie dies bei der Anlageberatung der Fall ist.[1209] Die Kriterien, anhand derer festgestellt werden soll, ob ein Auskunftsvertrag vorliegt, stellen darauf ab, ob die Auskunft für den Empfänger von *erheblicher Bedeutung* ist und er sie zur *Grundlage wesentlicher Entschlüsse* oder Maßnahmen machen will und, auf den Auskunftgeber bezogen, ob dieser *fachkundig* ist oder *eigene wirtschaftliche Interessen* mit der Auskunft verfolgt.[1210] Die Argumente, die gegen die Tauglichkeit dieser Kriterien sprechen,

---

1204 Zum unklaren Telos der Aufklärungspflichten supra § 5 B. I.

1205 Vgl. supra § 5 A. zu Anlagevermittlungskonstellationen.

1206 Damit ist nicht zugleich gesagt, dass die Einordnung als „nicht wesentlich" ebenfalls für Beratungssituationen und bei ihnen etwaig bestehenden Aufklärungspflichten aus c.i.c. gelten müsste. Selbst wenn man das aber so sähe, sollte man die Wertungen des Gesetzgebers bezüglich der Wesentlichkeit bestimmter Umstände, die in daran anknüpfenden expliziten Aufklärungspflichten zum Ausdruck kommen, nicht ignorieren, dazu infra § 11 C. 3. b).

1207 *Lange*, Informationspflichten von Finanzdienstleistern, S. 79.

1208 *Lange*, Informationspflichten von Finanzdienstleistern, S. 79 f.

1209 Vgl. *Buck-Heeb*, WM 2012, 625 (Fn. 2); *Wagner*, DStR 2003, 1757 f.; vgl. auch *Taubert*, Informationspflichten, S. 188 ff. (insb. S. 190 m.w.N.).

1210 Vgl. zusammenfassend *Taubert*, Informationspflichten, S. 189.

greifen auch hier.[1211] Deren Anwendung führt wiederum zu einem Automatismus, wonach mit der Auskunft ein Vertrag zustande kommt. Eine Anlagevermittlung ohne zusätzlichen Auskunftsvertrag ist kaum denkbar.

Da dieselben Kriterien für die Annahme von Beratungs- und Auskunftsverträgen herangezogen werden, die jeweils konkludent zustande kommen, werden die Unterschiede zwischen Beratung und reiner Anlagevermittlung nicht hinreichend deutlich. Letztlich muss die Willensübereinkunft im Fall der *Beratung* darauf gerichtet sein, dass der *Intermediär* unter Berücksichtigung der konkreten Umstände des Kunden *bewertend vorgeht* und dabei *allein die Kundeninteressen berücksichtigt*, insbesondere soweit eine Empfehlung ausgesprochen wird.[1212] Diese Unterscheidung kommt indes in den Ausführungen zum Zustandekommen von Auskunfts- bzw. Beratungsverträgen nur unzureichend zum Ausdruck.

Der III. Zivilsenat nimmt zum Zustandekommen eines Auskunftsvertrags wie folgt Stellung:

„Ein solcher [Auskunftsvertrag, der Verf.] mit Haftungsfolgen kommt im Rahmen der Anlagevermittlung zumindest stillschweigend zu Stande, wenn der Interessent deutlich macht, dass er, auf eine bestimmte Anlageentscheidung bezogen, die besonderen Kenntnisse und Verbindungen des Vermittlers in Anspruch nehmen will und der Anlagevermittler die gewünschte Tätigkeit beginnt. Ein solcher Vertrag verpflichtet den Vermittler zu richtiger und vollständiger Information über diejenigen tatsächlichen Umstände, die für den Anlageentschluss des Interessenten von besonderer Bedeutung sind."[1213]

Im konkreten Fall wurde eine „Private Renten- und Vermögensanalyse" durchgeführt und die persönlichen Umstände des Kunden insoweit berücksichtigt, als er mit der Fondsbeteiligung unter Ausschluss von Verlusten ausreichende Erträge erwirtschaften wollte, um zu einem bestimmten Zeitpunkt einen Kredit abzulösen.[1214] Der Senat geht allerdings selbst davon aus, dass die Berücksichtigung der persönlichen Verhältnisse eines Anlegers gerade *Ausdruck der Beratung* in Abgrenzung zur bloßen Vermittlung sei.[1215]

Der XI. Zivilsenat äußerte sich zum Vertragsschluss so:

„[D]ie Rechtsprechung [bejaht] regelmäßig dann den stillschweigenden Abschluß eines Auskunftsvertrages und damit eine vertragliche Haftungsgrundlage bei falscher Auskunft [...],

---

1211 Dazu supra § 6 A. I. d) aa) (2).

1212 Wie schwierig eine solche Abgrenzung ist, sieht man bei *Einsiedler*, WM 2013, 1109, 1110. Dort wird einerseits das „Bewertungskriterium" als Spezifikum des Beratungsvertrags hervorgehoben, andererseits aber solle etwa ein Gespräch über eine sinnvolle Steuergestaltung für den Kunden lediglich zu einem Auskunftsvertrag führen. Ein solches wird aber kaum ohne bewertende Elemente auskommen können. So nimmt denn auch *Roth*, in: MünchKomm BGB[6], § 652 Rn. 261, an, dass steuerliche Berechnungen und Kalkulationen zu einem Beratungsvertrag führen.

1213 BGH, Urt. v. 19.10.2006, Az.: III ZR 122/05, NJW-RR 2007, 348, 349; vgl. auch BGH (Innenprovisionen-III) NJW-RR 2007, 925, Rn. 4.

1214 Vgl. BGH, Urt. v. 19.10.2006, Az.: III ZR 122/05, NJW-RR 2007, 348, 349.

1215 Vgl. BGH, Urt. v. 13.5.1993, Az.:III ZR 25/92, NJW-RR 1993, 1114; BGH, Urt. v. 18.4.2013, Az.: III ZR 83/12, BeckRS 2013, 07848, Rn. 18.

wenn die Auskunft für den Empfänger erkennbar von erheblicher Bedeutung ist und er sie zur Grundlage wesentlicher Entschlüsse machen will. Dies gilt insbesondere in Fällen, in denen der Auskunftgeber besonders sachkundig ist oder ein eigenes wirtschaftliches Interesse bei ihm im Spiel ist".[1216]

Die jeweiligen Bemerkungen des III. und XI. Zivilsenats überschneiden sich maßgeblich mit den Ausführungen zum Zustandekommen von Beratungsverträgen, bei denen einzig zusätzlich gefordert wird, dass es „um eine Beratung gehen müsse" bzw. dass eine solche stattfinden müsse.[1217] Dann stellt sich die Frage, was nach Auffassung der Rechtsprechung faktisch eine Beratung ausmacht. Dafür könne schon ein Berechnungsbeispiel im Rahmen intensiver Vertragsverhandlungen ausreichend sein.[1218] Stimmt man dem zu, scheinen insbesondere komplexe Produkte, die regelmäßig intensive Vertragsverhandlungen mit sich bringen, um deren Vor- und Nachteile zu eruieren, nicht mehr ohne Beratung vertrieben werden zu können.[1219]

Ist man somit erstmal im Bereich der (fiktiven) vertraglichen Haftung angelangt, scheint es nur noch ein – ex ante in seinem Umfang schwer abschätzbarer – „kleiner Schritt" zu sein, um nach beratungsvertraglichen Grundsätzen verpflichtet zu werden.[1220] Dies gilt umso mehr, als bei Banken die Beratereigenschaft im Ergebnis vermutet wird, weil sie „regelmäßig" Beratung erbringen.[1221] Schon deshalb sollte auch bei der Anlagevermittlung auf Vertragsfiktionen verzichtet werden. Diese Ausführungen haben gezeigt, dass letztlich die faktische Beratung das ausschlaggebende Moment einer beratungsvertraglichen Haftung ist. In weitem Umfang sind Geschäftskontakte von Beratern und Vermittlern zu ihren Kunden ohne Abschluss von Auskunfts- und Beratungsverträgen auf Basis der derzeitigen Rechtsprechung kaum möglich. Wann aber ein „vertraglicher Auskunftskontakt" zu einem der strengeren Pflichtenbindung unterliegenden Beratungsvertrag „umschlägt", ist rechtssicher schwer zu bestimmen. Aufgrund der fast identischen Voraussetzungen von Auskunfts- und Beratungsvertrag ist nicht ausgeschlossen, dass (in gewissem Umfang) derzeitige „Beratungspflichten" auf Auskunftsverhältnisse erstreckt werden.[1222]

1216 BGH, Urt. v. 17.10.1989, Az.: XI ZR 39/89, NJW 1990, 513.

1217 Vgl. zum XI. Zivilsenat supra § 6 A. I. 4. d) aa) (2) und BGH, Urt. v. 8.4.2014, Az.: XI ZR 341/12, ZIP 2014, 1117, Rn. 14; zum III. Zivilsenat BGH, Urt. v. 18.4.2013, Az.: III ZR 83/12, BeckRS 2013, 07848, Rn. 18.

1218 BGH, Urt. v. 14.3.2003, Az.: V ZR 308/02, NJW 2003, 1811, 1812 und supra Fn. 880.

1219 Im Übrigen ist der BGH grundsätzlich streng, was die Selbstbezeichnung als Berater angeht (vgl. supra § 3 C. I. 1); allerdings hält der III. Zivilsenat es durchaus für möglich, dass ein als „Finanzberater" auftretender Vermittler „nur" einen Auskunftsvertrag abschließe, BGH, Urt. v. 12.5.2005, Az.: III 413/04, NJW-RR 2005, 1120, 1121.

1220 Vgl. *Benedict*, AcP 204 (2004), 697, 702 f.; *Spindler*, in: Langenbucher/Bliesener/Spindler, BankR-Komm., 33. Kap. Rn. 60.

1221 BGH, Urt. v. 8.4.2014, Az.: XI ZR 341/12, ZIP 2014, 1117, Rn. 14 und § 6 A. III. 5.

1222 Vgl. z.B. supra Fn. 1203.

V. Zwischenergebnis

Die interessenkonfliktbezogene, an den Intermediär als Empfänger anknüpfende Aufklärungspflicht über monetäre Eigeninteressen, kann nicht über selbständige Auskunftsverträge zwischen Kunde und Vermittler hergeleitet werden. Aufgrund weitreichender Übereinstimmung in den Voraussetzungen zur Annahme (häufig ebenfalls fiktiver) Auskunftsverträge mit Beratungsverträgen, erscheinen die Rechtsgrundlagen in gewissem Umfang jedoch faktisch austauschbar.[1223] Auch in der Rechtsprechung gehen die Vorstellungen hinsichtlich der Frage, wann eine über das Rechtsverhältnis entscheidende „faktische Beratung" vorliegt, durchaus auseinander, was eine ex ante verlässliche Ermittlung der geschuldeten Pflichten für den Intermediär erschwert.

C. Fazit

Der Beratungsvertrag stellt den dogmatischen Schlüssel in der Rechtsprechung des BGH zu vergütungsbezogenen Aufklärungspflichten dar. Während die Konstruktion früher vor allem ein Hilfsmittel zur Durchsetzung bestehender Pflichten darstellte, hat er sich in der Konturierung als Anlageberatungsvertrag zur Grundlage eigenständiger Pflichten entwickelt. Der BGH versteht den Anlageberatungsvertrag als ausschließlich fremdnutzenbezogenen Vertrag, nach dem der Berater ausschließlich die Kundeninteressen wahrnehmen muss. Allerdings wird der Vertragsschluss oft nur fiktiv angenommen, weshalb die Rechtsprechung im Ergebnis auf dogmatisch fragwürdige Einschränkungen zurückgreifen muss.[1224]

§ 7 Zusammenfassung der wesentlichen Ergebnisse aus Kapitel 2

Die Quantität der höchstrichterlichen Urteile zu vergütungsbezogenen Aufklärungspflichten unterstreicht die Praxisrelevanz der Problematik, aber auch, dass eine klare Konturierung des Aufklärungsregimes noch nicht gelungen ist.

Im Ergebnis verwundert das nicht, denn dem derzeitigen Rechtsprechungsregime fehlt der wertungskonsistente teleologische Unterbau. Zwar werden durchaus diverse Unterscheidungskriterien angeführt, anhand derer sich die Urteile bzw. Urteils-

---

[1223] Vgl. auch *Hannöver*, in: Schimansky/Bunte/Lwowski, Bankrechts-Hdb.⁴, § 110 Rn. 25 ff.; ferner *v. Buttlar*, in: Fandrich/Karper, MAH BKR, § 7 Rn. 219 (XI. Zivilsenat nehme fast immer Beratungsvertrag an; III. Zivilsenat „operiere" regelmäßig mit Auskunftsvertrag) und Rn. 262.

[1224] In der Begründung abweichend *Schelling*, Vergütungssysteme und Interessenkonflikte, S. 258, der die unstimmigen Ergebnisse der Rechtsprechung deshalb kritisiert, weil sie die „aufsichtsrechtlich tolerierte Marktpraxis" nicht beachte. Wurde aber ein (nicht fiktiver) Anlageberatungsvertrag geschlossen, aus dem von der Marktpraxis abweichende Pflichten folgen, ist eine objektiv festgestellte Marktpraxis irrelevant. Entscheidend ist dann, was die den Vertrag schließenden Parteien gewollt haben (Grundsatz der Privatautonomie).

gruppen unterscheiden lassen. Übergreifende „Oberpunkte", die diese strukturell gleich bzw. ähnlich gelagerten Konstellationen und die für sie etablierten Aufklärungspflichten stimmig erklären könnten, sind jedoch nicht ersichtlich.

Dies resultiert aus der dogmatischen Schwäche der bisherigen Rechtsprechung, die in weiten Teilen auf einer Fiktion beruht. Insoweit wird die Rechtsprechung in signifikantem Umfang eigenständig, d.h. neben den gesetzlichen Vorgaben, finanzmarktregulierend tätig.

Demnach ergibt sich folgende Ausgangslage: Das im Wege des *case law* gewachsene Normengefüge hat in der derzeitigen Ausgestaltung keine hinreichende Legitimität und bedarf daher einer Korrektur.[1225] Zu den dogmatischen Schwierigkeiten führt insbesondere die Verknüpfung der beratungsvertraglichen Pflicht zur alleinigen Fremdinteressenwahrnehmung mit deren Herleitung über eine Fiktion. Dass der BGH dem Beratungsvertrag eine solche Pflicht entnimmt, ist im Ausgangspunkt indes nicht zu beanstanden.[1226] Es ist eine klassische Aufgabe der Rechtsprechung, gesetzlich nicht geregelte Vertragstypen „mit Inhalt" zu füllen.[1227]

[1225] Vgl. *Ott*, Vorvertragliche Aufklärungspflichten im Licht des Güter- und Leistungsaustausches, S. 142, 143.

[1226] Vgl. auch *Krüger*, NJW 2013, 1845 („berechtigte hohe Erwartungen" an einen Beratungsvertrag).

[1227] Vgl. *Herresthal*, ZIP 2013, 1049, 1050, zur Notwendigkeit judikativer Rechtsfortbildung.

3. Kapitel

Aufklärungspflichten über monetäre Eigeninteressen im Dualismus aufsichtsrechtlicher Regulierung und privatrechtlicher Vereinbarung

Die bisherigen Ergebnisse dieser Untersuchung haben gezeigt, dass eine überzeugende Legitimation für das derzeit wertungsinkonsistente Aufklärungspflichtengefüge nicht besteht. Dieses Kapitel widmet sich daher der erforderlichen Neukonturierung und unterbreitet einen Vorschlag.

Zunächst wird zu zeigen sein, dass es ökonomisch betrachtet nicht zwingend erforderlich ist, (extensiv) vergütungsbezogene Aufklärungspflichten anzunehmen (§ 8). Freilich können solche schon aus Rechtsgründen in gewissem Umfang bestehen.

Das Rechtsprechungsmodell lässt sich unter der „verbindenden Klammer" der maßgeblichen „Interessenkonfliktbezogenheit" zusammenfassen. Unter diesem Aspekt ist daher zu überlegen, welche rechtlichen Anknüpfungspunkte die oben besprochenen, strukturell ähnlich gelagerten Fälle „situationsübergreifend" zu erfassen vermögen (§ 9).

Auch weiterhin wird sich an selbständige Beratungsverträge anknüpfen lassen. Deren Zustandekommen und den daraus folgenden Pflichten sowie ihrer Durchsetzung im Wege des Haftungsprozesses widmet sich ausführlich § 10.[1] Dabei ist das beratungsvertragliche Aufklärungspflichtenprogramm deduktiv aus der alleinigen Fremdinteressenwahrnehmungspflicht als „Eckpfeiler" der Beratungspflichten abzuleiten. Ferner kann auf das zwischen Berater und Kunde entstehende c.i.c.-Schuldverhältnis zurückgegriffen werden, das nach hiesigem Vorschlag die aufsichtsrechtlichen Vorgaben zur besprochenen Problematik integriert (§ 11). Erneut wird ein besonderes Augenmerk auf der Durchsetzungsebene liegen.

Schließlich nimmt § 12 Stellung zum Verhältnis der genannten maßgeblichen Grundlagen für vergütungsbezogene Aufklärungspflichten zueinander, bevor die Ergebnisse des dritten Kapitels in § 13 zusammengefasst werden.

[1] Verjährungsfragen bleiben allerdings ausgeklammert, vgl. zu den diesbezüglich für Anleger recht strengen Anforderungen des XI. Zivilsenats etwa BGH, Urt. v. 8.4.2014, Az.: XI ZR 341/12, ZIP 2014, 1117, Rn. 24 ff. m.w.N. Zu alternativ denkbaren Sanktionen, etwa einer Kündigungsmöglichkeit des Anlegers oder dem Verlust eines etwaigen Honoraranspruchs des Intermediärs nach dem Rechtsgedanken aus § 654 BGB s. *Sethe*, AcP 212 (2012), 80, 146.

§ 8 Überlegungen zur ökonomischen Notwendigkeit von Aufklärungspflichten über monetäre Eigeninteressen

Bereits im 1. Kapitel wurde die Informationstransformationsfunktion von Finanzintermediären herausgearbeitet.[2] Diese erfüllen sie insbesondere durch ihre beratende Tätigkeit. Beratungssituationen können indes für den Anleger mit potentiellen (Vermögens-)Gefährdungen einhergehen,[3] worauf die Rechtsordnung (auch) mit Aufklärungspflichten reagiert. Einige Überlegungen sollen nunmehr der Frage gewidmet werden, ob vergütungsbezogene Aufklärungspflichten im Zusammenspiel mit dem sonstigen Pflichtenregime als ökonomisch zwingend erforderlich erscheinen.[4] Eine vertiefte Berücksichtigung von *behavioral finance*-Gesichtspunkten kann hier unterbleiben,[5] da – wie gezeigt – das derzeitige Schutzmodell auf dem Informationsmodell beruht. Die folgende kontextspezifische Betrachtung ist deshalb auf der Basis der das Informationsmodell tragenden ökonomischen Grundlagen zu führen.[6]

A. Der Zweck vergütungsbezogener Aufklärungspflichten

I. Aufklärung und Ökonomie

Ein perfekter Markt existiert in der Praxis nicht. Beratungskunden befinden sich regelmäßig in einem Informationsdefizit.[7] Dies gilt – soweit sie nicht Beratungshonorare zahlen – auch für die wirtschaftlich von ihnen getragenen Kosten der Beratungsleistung, soweit diese mittelbar über Drittvergütungen gedeckt werden.[8] Dabei darf aber nicht übersehen werden, dass die Beratungsleistung als solche darauf ausgerichtet ist, Informationsdefizite bei der Anlageentscheidung selbst zu neutralisieren.[9] Insoweit sind die meisten die Berater treffenden Aufklärungspflichten auf *die Anlage* bezogen. Die „richtige Anlageentscheidung" ist das primäre Kun-

---

[2] Supra § 3 A.

[3] Supra § 3 E.

[4] Für umfassendere Darstellungen ökonomischer Grundlagen der Finanzintermediation sei hier auf Spezialliteratur verwiesen, z.B. *Päßler*, Interessenkonflikte in der Informationsintermediation (insb. S. 315 ff. zur Offenlegung von Interessenkonflikten); ferner *Dietrich/Vollmer*, Finanzverträge und Finanzintermediation; *Kaiser*, Finanzintermediation durch Banken und Versicherungen; allgemein zu ökonomischen Grundlagen im Kontext von Aufklärungspflichten *Rehm*, Aufklärungspflichten im Vertragsrecht, S. 23 ff.

[5] Dazu ausführlicher supra § 3 D. IV.; s. aber auch infra § 8 A. V.

[6] Ausführlich dazu *Kohlert*, Anlageberatung und Qualität, passim.

[7] Speziell zum Finanzdienstleistungsmarkt *Tiffe*, Struktur der Informationspflichten, S. 89 ff.; vgl. auch *Koller*, ZBB 2007, 197, 198; *Thieme*, Wertpapierdienstleistungen, S. 76 und supra § 3 E. II. 2. c).

[8] Dem steht nicht entgegen, dass die Beratungsleistung an sich kostenfrei ist, dazu supra § 5 B. VII. 2. b). Die Fälle, in denen der Intermediär keine Vergütung erhält, sind in die Kostenstruktur eingepreist; vgl. auch *Moloney*, How to Protect Investors, S. 338.

[9] Vgl. *Hellgardt*, Kapitalmarktdeliktsrecht, S. 170 f.; *Vogel*, Anlegerschutz, S. 31; kritisch unter

den(end)ziel,[10] die Beratung mithin nur ein Zwischenschritt.[11] Aufklärungspflichten über monetäre Eigeninteressen setzen bei diesem Zwischenschritt selbst an. Argumente, die die Aufklärungspflicht bezüglich der Anlageentscheidung betreffen (also solche, die produkt- und kundenbezogenen sind) und aufgrund der insoweit bestehenden Informationsasymmetrie gerechtfertigt werden,[12] können nicht ohne weiteres auf den davorliegenden Schritt der Beratung selbst übertragen werden. Hierauf bezogene Aufklärungspflichten bedürfen einer selbständigen Rechtfertigung.

Führen Informationsdefizite dazu, dass der Markt seine Koordinierungs- und Allokationsfunktion nicht mehr effizient erfüllen kann, wird von Marktversagen gesprochen.[13] Aus ökonomischer Sicht können Aufklärungspflichten (unter weiteren Voraussetzungen) dann sinnvoll sein, wenn sie dazu beitragen, Transaktionskosten[14] zu senken, etwa weil die Informationsbeschaffung für den Aufklärungspflichtigen mit geringeren Kosten verbunden ist als für den Aufklärungsadressaten.[15] Sie dienen dann der „Optimierung des Marktes an sich".[16]

II. Marktineffizienzen und Aufklärungspflichten

Aufklärungspflichten zu statuieren bedeutet letztlich nichts anderes, als Bedingungen zu beschreiben, bei deren Vorliegen der Aufklärungsadressat darauf vertrauen darf, dass sein Geschäftspartner bestimmte Erwartungen erfüllt, anderenfalls er dies dem Adressaten mitteile. Im hiesigen Kontext ist das Vertrauen vor allem auf die „Interessenkonfliktfreiheit" der Beratung gerichtet.[17] Werden darauf bezogene Aufklärungspflichten bejaht, wird dieses Vertrauen damit rechtlich geschützt.[18] Fraglich ist, ob ein rechtlicher Schutz in den untersuchten Konstellationen zur Verhinderung von Marktversagen über Aufklärungspflichten gewährleistet werden muss.

---

behavioral finance-Gesichtspunkten *Klöhn*, Kapitalmarkt, Spekulation und *Behavioral Finance*, S. 178 f.; ferner supra § 3 A. II. 3.

[10] Vgl. *Bamberger*, in: Hdb. zum dt. und europ. Bankrecht², § 50 Rn. 17 („Hauptinteresse" bestehe an der Anlage selbst); vgl. auch *Roth*, in: Kölner Komm WpHG², § 37d, f a.F. Rn. 21, zum Zweck der Informationsmitteilung.

[11] Vgl. bereits supra Kapitel 2 Fn. 938.

[12] Vgl. *Gemberg Wiesike*, Wohlverhaltensregeln, S. 32; *Hopt*, Kapitalanlegerschutz im Recht der Banken, S. 181 ff.; *Tiffe*, Struktur der Informationspflichten, S. 100 f.; ferner *Vogel*, Anlegerschutz, S. 22 ff.

[13] Vgl. *Tiffe*, Struktur der Informationspflichten, S. 85 f.

[14] Die Annahme von Transaktionskosten aufgrund asymmetrischer Informationsverteilung schlägt dabei den Bogen zur „Neuen Institutionenökonomik", vgl. *Decker*, Aufklärungspflichten, S. 31 f.

[15] Vgl. *Tiffe*, Struktur der Informationspflichten, S. 87; ferner *Bonavita*, 13 EBOR (2012), 271, 272, dazu, dass ein solches *empowerment*-Modell auch dem (bisherigen) Schutzkonzept des BGH entsprach.

[16] *Tiffe*, Struktur der Informationspflichten, S. 115.

[17] Dazu ausführlich supra § 5 B. I. 1.

[18] Vgl. *Schäfer/Ott*, Ökonomische Analyse⁵, S. 537.

1. Preisunsicherheit

Soweit nicht die Beratungsleistung über ein Honorar abgegolten wird, ließe sich durchaus argumentieren, dass der Kunde hinsichtlich der Kosten für die Beratungsleistung regelmäßig keine Kenntnis habe.[19] Aufklärungspflichten könnten insoweit Abhilfe schaffen. Indes muss berücksichtigt werden, dass die derzeit statuierten Aufklärungspflichten dazu führen, dass *unterschiedliche* Bestandteile der Preisgestaltung offenzulegen sind. Soweit Zahlungen von dritter Seite betroffen sind, ließe sich anführen, dass die „vollständigen" Konditionen, mithin der „tatsächliche Preis" der Intermediationsleistung bei einem Geschäft für den Kunden ersichtlich sein sollte.[20] Soweit aber auch eine Margenaufklärung gefordert würde,[21] ginge deren Kenntnis als einzelner Preisbestandteil über eine Kenntnis vom „Preis der Gegenleistung" hinaus.[22]

Die „Suchkosten" des Kunden sind derzeit – trotz etwaiger Aufklärungspflichten – als hoch zu veranschlagen, da letztlich erst nach Abschluss einer Beratung abschätzbar wird, in welcher Höhe potentielle Vergütungen beim Berater bei Geschäftsabschluss anfallen würden. Erst nach dieser Phase könnte der Anleger bei anderen Intermediären erfragen,[23] welche Vergütung diesen bei gleichartigen Geschäften zukäme. Dabei kann sich die Situation dann so darstellen, dass eine Beratung nicht mehr erforderlich ist, wenn der Kunde mit ganz konkreten Vorstellungen bezüglich des Anlagegeschäfts die Konditionen bei einem anderen Intermediär abfragt.[24] Da es nur selten die „eine richtige" Empfehlung geben wird, ist es nicht unwahrscheinlich, dass ein anderer Berater dem Kunden eine vom „Erstrat" abwei-

[19] Es sei noch einmal darauf hingewiesen, dass die Beratung unentgeltlich erfolgt. Dies wird über die Ausgestaltung der Abwicklung einer Anlageempfehlung „aufgefangen", supra § 5 B. VII. 2. b).

[20] Zu dieser „marktbezogenen Argumentation" bereits supra § 5 B. I. 5.

[21] Vgl. *Koller*, ZBB 2007, 197, 199 (Aufklärung über kalkulatorische Gewinne würde „Intransparenz aufhellen"; freilich sagt er sogleich, dass es nahe läge, eine solche Forderung als „absurd" anzusehen).

[22] Ferner ist daran zu erinnern, dass dem Kunden in solchen Situationen, in denen sein Intermediär Margen realisiert, die Konditionen des entsprechenden Geschäfts grundsätzlich bewusst sind, beispielsweise wenn er Festpreisgeschäfte abgeschlossen hat bzw. wenn ihm in einem Derivatevertrag „offengelegt" wurde, wie sich die von ihm zu zahlenden Zahlungsströme berechnen und was er als Gegenleistung erhalten wird.

[23] Gegebenenfalls ist auch der (andere) Intermediär seinerseits ohnehin zur Aufklärung verpflichtet, soweit die Voraussetzungen einer Aufklärungspflicht vorliegen.

[24] Darin werden sich dennoch die regelmäßig anfallenden Beratungskosten widerspiegeln, auch wenn eine Beratung im konkreten Fall ggf. nicht erforderlich ist. Dies unterstreicht, dass die Beratung im Grundsatz für den Kunden unentgeltlich ist. Selbst wenn der Kunde nämlich nun das Geschäft bei dem „Drittintermediär" abwickelt und dafür entsprechende Vergütungen bei diesem anfallen, lässt sich auf dieser Grundlage nicht argumentieren, dass die Beratung beim „ursprünglichen Intermediär" entgeltlich gewesen sei. Das Entgelt fällt dann nämlich gerade nicht beim Leistungserbringer an; a.A. diesbezüglich *Rehm*, Aufklärungspflichten im Vertragsrecht, S. 269 („gewisse Aussicht auf ein Entgelt" sei ausreichend).

chende Empfehlung geben würde.[25] Die Konditionen für deren Umsetzung, die ebenfalls die Beratungskosten (des zweiten Beraters) berücksichtigen, stellen den Kunden dann vor das Problem, dass er zwar verschiedene Konditionen zum Vergleich hat, diese sich aber auf verschiedene Empfehlungen hinsichtlich seiner Anlagewünsche beziehen. Damit wird er vor die Frage gestellt, welcher Beratung er den Vorzug geben will. Insofern könnte der Nutzen von Aufklärungspflichten hinsichtlich der Auflösung von Preisunsicherheit als begrenzt angesehen werden.

2. *Qualitätsunsicherheit*

Die unüberschaubare Vielfalt der Produkte am Finanzmarkt macht – auch im Wege der Beratung stattfindende – Informationstransformation unverzichtbar.[26] Unsicherheiten bei der Produktbewertung setzen sich für den Kunden zwangsläufig bei seiner Beurteilung der Beratung selbst fort: Wäre er in der Lage die Beratung „fachmännisch" hinsichtlich ihrer Qualität der Empfehlung zu beurteilen, bedürfte er einer Beratung erst gar nicht.

a) Finanzberatung als Vertrauensgut

Anders als bei sog. Such- oder Erfahrungsgütern ist bei der Finanzberatung für den Kunden weder eine ex ante- noch eine ex post-Qualitätskontrolle möglich, da ein Anlageerfolg bzw. -misserfolg von diversen Umständen abhängt und nicht allein auf die Empfehlung eines Beraters zurückzuführen ist.[27] Es handelt sich daher bei der Finanzberatung um ein sog. Glaubens- bzw. Vertrauensgut (*credence good*[28]), bei dem die Qualität für den Kunden kaum zuverlässig zu beurteilen ist.[29] Die ex post-Beurteilung einer Beratung beschränkt sich daher im Ergebnis auf die Frage der ex ante-Vertretbarkeit der Empfehlung.[30]

---

[25] Bei Banken ist das schon deshalb sehr wahrscheinlich, weil sie sich – zulässigerweise – auf zur Konzerngruppe gehörende Produkte in der Beratung beschränken dürfen, dazu supra § 6 A. III. 3.

[26] Dazu supra § 3 A. II. 3.

[27] Vgl. auch *Brandt*, Aufklärungs- und Beratungspflichten, S. 63 f.

[28] *Inderst/Ottaviani*, 13 EBOR (2012), 237, 241; *Oehler/Kohlert*, 32 J. Consum. Policy (2009), 91, 93.

[29] Vgl. *Brandt*, Aufklärungs- und Beratungspflichten, S. 64; *Gemberg Wiesike*, Wohlverhaltensregeln, S. 31; *Koller*, ZBB 2011, 361, 373; *Schäfer/Ott*, Ökonomische Analyse[5], S. 542; *Stahl*, *Information Overload* am Kapitalmarkt, S. 83; vgl. auch *Fleischer*, Informationsasymmetrie im Vertragsrecht, S. 118 ff.; *Kohlert*, Anlageberatung und Qualität, S. 132 ff.

[30] Ausdrücklich BGH, Urt. v. 21.3.2006, Az.: XI ZR 63/05, NJW 2006, 2041 (Leitsatz) („Die Bewertung und Empfehlung eines Anlageobjekts durch ein Kreditinstitut muss *ex ante betrachtet vertretbar* sein. Das Risiko, dass sich eine auf Grund anleger- und objektgerechter Beratung getroffene Anlageentscheidung im Nachhinein als falsch erweist, trägt der Kunde." [Hervorh. durch Verf.]). Nach *Möllers*, in: Bankrechtstag 2012, S. 81, 91, werde dies oft ignoriert.

Vertrauensgüter weisen besondere Probleme hinsichtlich der Überwindung von *principal-agent*-Konstellationen auf, da diverse „marktkonforme" Lösungen bei ihnen nicht gut funktionieren.[31] Darauf wird staatliche Regulierung des Beratungsvorgangs über Verbote und Gebote mitunter gestützt.[32]

b) Die Finanzberatung als Markt für Zitronen („market for lemons")

Die beschriebene Informationsasymmetrie hinsichtlich der Qualität der Beratung kann zu einer Situation führen, in der ihre Durchschnittsqualität sinkt („*race to the bottom*"), obwohl an sich eine Wettbewerbssituation vorliegt. Das beschreibt einen „Markt für Zitronen" im *Akerlofschen* Sinne.[33] Dabei haben, gerade weil die Finanzberatung ein Vertrauensgut darstellt, auch Anbieter „guter Qualität" *signalling*-Probleme[34], ihr „qualitativ überlegenes" Angebot auszuweisen.[35] Diese Dynamik *adverser Selektion* könnte zu einem Marktversagen führen, wenn sich die Nachfrageseite völlig vom Markt zurückzöge und der Markt zusammenbrechen würde.[36] Die Rechtsordnung hat auf dieses Phänomen u.a. durch die Statuierung diverser Gebote und Verbote reagiert.[37] Besonders hervorzuheben ist hierbei die Beratungspflicht zur Empfehlung ausschließlich für den Kunden „geeigneter" Finanzproduk-

---

[31] Dies gilt insbesondere für den im Rahmen der Informationsmediation besonders relevanten Reputationsmechanismus (vgl. dazu *Lerch*, BKR 2010, 402, 403; allgemein *Richter/Furubotn*, Neue Institutionenökonomik[4], S. 279 ff.), *Gemberg Wiesike*, Wohlverhaltenspflichten, S. 30 ff.; *Decker*, Aufklärungspflichten, S. 33 ff.; *Tiffe*, Struktur der Informationspflichten, S. 98 ff.; zur *principle-agent*-Problematik s. die Nachweise in Fn. 41.

[32] Dazu sogleich, ferner *Kohlert*, Anlageberatung und Qualität, S. 149 ff.; im Zusammenhang mit dem Zertifikatevertrieb *Köndgen*, in: FS Hopt (II), S. 2113, 2125; allgemein zur Legitimität regulatorischer Eingriffe in den Markt für Finanzintermediation *Päßler*, Interessenkonflikte in der Informationsintermediation, S. 217 ff.

[33] Vgl. dazu ausführlich *Akerlof*, 84 QJE (1970), 488 ff.; *Fleischer*, Informationsasymmetrie im Vertragsrecht, S. 121 ff.; *Schäfer/Ott*, Ökonomische Analyse[5], S. 370 ff.; ferner *Besold*, Aufklärungspflichten bei Vertriebsprovisionen, S. 61 f.; *Oehler/Kohlert*, 32 J. Consum. Policy (2009), 91, 97 ff., zu Schwierigkeiten der „Marktselbstheilungskräfte" im Kontext der Anlageberatung; s. auch supra Kapitel 1 Fn. 742.

[34] Vgl. *Fleischer*, Informationsasymmetrie im Vertragsrecht, S. 121 ff.

[35] Als Beispiel mag man auf den bisher in Deutschland nur mäßigen Erfolg der Honorarberatung verweisen, deren Anbietern es noch nicht in größerem Ausmaß gelungen ist, die Kunden von dem Mehrwert einer entgeltlichen Beratung zu überzeugen; vgl. auch *Tiffe*, Struktur der Informationspflichten, S. 93.

[36] Vgl. *Schäfer/Ott*, Ökonomische Analyse[5], S. 544 am Beispiel der Anlageberatung; *Decker*, Aufklärungspflichten, S. 47; *Tiffe*, Struktur der Informationspflichten, S. 91 ff.

[37] Alternative, marktimmanente Mechanismen, wie eine besondere Berufsethik oder Reputationsmechanismen sind von eher untergeordneter Bedeutung. Dies hängt mit der Eigenschaft der Beratung als Vertrauensgut zusammen. Auch (ex ante vertretbare) Empfehlungen von Beratern mit hohen ethischen Standards können zu Verlusten führen. Den „Mehrwert" der „ethisch korrekten" Beratung können Anleger kaum identifizieren (eine positivere Einschätzung findet sich bei *Schäfer/Ott*, Ökonomische Analyse[5], S. 544 f.) Alle Reputationsmechanismen leiden letztlich am selben Grundproblem: gute und schlechte Anlageergebnisse lassen sich jedenfalls regelmäßig nicht monokausal auf das Verhalten des Beraters zurückführen.

te, vgl. § 31 Abs. 4 Satz 1 und Abs. 4a Satz 1 WpHG und die Pflicht zur anleger- und objektgerechten Beratung aus dem „Bond-Urteil“, ferner nunmehr § 16 Abs. 1 Satz 3 FinVermV i.V.m. § 34g GewO.[38] Bis zu dieser „Geeignetheitsgrenze“ wurde die Qualitätsunsicherheit dadurch gesetzlich eliminiert.[39] Verstöße gegen diesen Mindestqualitätsanspruch sind zivilrechtlich über Schadensersatzansprüche sanktioniert.

c) Die Gefahr opportunistischen Verhaltens

Die dargelegte asymmetrische Informationsverteilung könnte es dem Finanzintermediär bei der Beratung grundsätzlich ermöglichen, das ihm entgegengebrachte Vertrauen zu missbrauchen, um dadurch eine „Opportunismusprämie“ zu vereinnahmen.[40] Bei der Finanzberatung wäre das etwa denkbar, wenn den Kunden „schlechte“ Produkte empfohlen würden, die aber für den Intermediär am lukrativsten wären. Es handelt sich hierbei um einen Anwendungsfall eines *principal-agent*-Konflikts.[41] Begründen ließe sich das auf zweierlei Weise: Beurteilt man die Finanzberatung als *Zwischenstufe* zur Investition,[42] läge die Problematik in sog. *hidden information*, die auf der ex ante-Unsicherheit des Kunden über bestimmte Eigenschaften des Beraters (konkret: die mögliche Beeinflussung durch Eigeninteressen) basieren. Man könnte aber ebenso auf *moral hazard*-Gesichtspunkte abstellen, soweit man die Beratung *selbständig* in den Blick nimmt. Auszugehen wäre dann von einer etwaigen ex post-Verhaltensunsicherheit bezüglich des Beraterverhaltens, da der Beratungsvertrag regelmäßig bereits vor einer potentiell konfliktbehafteten Empfehlung abgeschlossen wird.[43]

Da die Beratung die „geeignete Kundenempfehlung“ zum Ziel hat, ist der Mehrwert einer Aufklärungspflicht, die im Ergebnis nur den Hinweis auf die *potentielle Gefährdung* beinhaltet, dass die Empfehlung nicht *nur* an der „Kundeneignung“

---

[38] § 31 Abs. 4a WpHG ist rein deklaratorisch, vgl. *Koller*, in: Assmann/Schneider, Komm WpHG[6], § 31 Rn. 151; *Möllers*, in: Kölner Komm WpHG[2], § 31 Rn. 364; ferner *Eisele/Faust*, in: Schimansky/Bunte/Lwowski, Bankrechts-Hdb.[4], § 198 Rn. 58.

[39] Dies verkennt *Emmerich*, in: FS Möschel, S. 945, 947, wenn er davon ausgeht, dass ohne Aufklärungspflichten die Banken allein ihren Provisionsinteressen nachgehen könnten.

[40] Vgl. *Schäfer/Ott*, Ökonomische Analyse[5], S. 549 f.

[41] Allgemein zur *principle-agent*-Theorie *Richter/Furubotn*, Neue Institutionenökonomik[4], S. 225 ff. mit bibliographischen Nachweisen ab S. 294 ff.; im Kontext der Finanzintermediation *Gemberg Wiesike*, Wohlverhaltensregeln, S. 29 ff.; *Heybey*, BKR 2008, 353, 354; *Köndgen*, in: FS Canaris (II), S. 183, 197 ff.; *Moloney*, How to Protect Investors, S. 194; *Schäfer*, Ökonomische Analyse von Aufklärungspflichten, S. 117, 135 f. (auch auf Vermögensberater abstellend); *Sethe*, Anlegerschutz im Recht der Vermögensverwaltung, S. 141 ff.; *ders.*, AcP 212 (2012), 80, 83; *Thieme*, Wertpapierdienstleistungen, S. 74 ff. und 85; *Tiffe*, Struktur der Informationspflichten, S. 99.

[42] Vgl. OLG Frankfurt a.M., Urt. v. 5.7.2013, Az.: 10 U 166/1 BKR 2013, 391, 392 (Beratungsvertrag und anschließende Zeichnung seien „einheitliches Vermögensanlagegeschäft“).

[43] Vgl. zu beidem *Decker*, Aufklärungspflichten, S. 47; speziell zu *moral hazard* als Hauptproblem bei der Anlageberatung *Oehler/Kohlert*, 32 J. Consum. Policy (2009), 91, 95; zum Zeitpunkt des Beratungsvertragsschlusses supra § 6 A. I. 4. a) aa).

ausgerichtet sein könnte, – unabhängig von deren Begründung – aber fraglich. Würde sich diese Gefahr nämlich in einer ungeeigneten Empfehlung realisieren, löste das schon Schadensersatzpflichten aus.[44] Insoweit werden *moral hazard*-Gesichtspunkte bei der Beratung sowie Qualitätsunsicherheitsaspekte bezüglich einer konkreten Empfehlung jeweils bereits im rechtlichen Umfeld adressiert.[45] War eine Empfehlung dagegen für den Kunden trotz bestehender Eigeninteressen geeignet, hat sich die Gefahr opportunistischen Verhaltens offenbar nicht realisiert. Das Beratungsziel für den Kunden – eine geeignete Empfehlung – wurde erreicht. Ist also die Verfehlung des Anlageberatungsziels bereits sanktioniert, erschiene eine schadensersatzbewährte Verpflichtung zur Aufklärung über (nur) einen konkreten Aspekt unter vielen, die dieses Ziel in Frage stellen *könnten*, im Ergebnis als überschießend und *ohne zusätzlichen* auf das Beratungsziel bezogenen *Nutzen*.[46]

III. Rechtfertigung vergütungsbezogenen Vertrauensschutzes

Marktineffizienzen können regulatorische Vorgaben in Form von (gegebenenfalls auch richterrechtlich[47]) statuierten Aufklärungspflichten grundsätzlich rechtfertigen. Indes reicht die Diagnose von (potentiellem) Marktversagen dafür nicht aus.[48] Diverse Bedingungen müssen für einen Vertrauensschutz erfüllt sein, um ihn ökonomisch sinnvoll erscheinen zu lassen.[49] Allerdings dürfen sonstige Kundenschutzvorgaben für die Anlageberatung auch hier nicht außer Betracht bleiben.

1. Asymmetrische Informationskosten

Vertrauen ist prinzipiell Ersatz für aufgewendete Informationskosten, weshalb diese zunächst asymmetrisch verteilt sein müssen, um Aufklärungspflichten sinnvoll erscheinen zu lassen.[50] Dies ist in Bezug auf Aufklärungspflichten über vergütungsbezogene Eigeninteressen zu bejahen.[51] Der Informationsaufwand des Intermediärs zur Erlangung der relevanten Information ist jedenfalls kleiner als der, den

---

[44] Dazu bereits § 8 A. II. 2. b) a.E.

[45] Vgl. auch *Schäfer*, Ökonomische Analyse von Aufklärungspflichten, S. 117, 135 f., der auch am Beispiel von Vermögensberatern zeigt, dass nach der *principle-agent*-Theorie die Setzung von Berufsmindeststandards erforderlich sein kann.

[46] Vgl. zum Zusammenhang von „suitability rules“ und „commission/conflict-of-interest risk rules“ *Moloney*, How to Protect Investors, S. 235.

[47] Vgl. dazu supra § 3 D. V. 3.

[48] Vgl. *Schäfer/Ott*, Ökonomische Analyse^5, S. 543; zum Zusammenhang von Marktversagen und Informationsasymmetrie *Lenenbach*, Kapitalmarktrecht^2, Rn. 11.41.

[49] Die im Folgenden besprochenen Bedingungen sind *Schäfer/Ott*, Ökonomische Analyse^5, S. 557 ff., entnommen.

[50] *Schäfer/Ott*, Ökonomische Analyse^5, S. 557 f.

[51] Vgl. auch *Decker*, Aufklärungspflichten, S. 36 („Informationsmonopol“ des Gewährenden und Empfängers, ggf. noch der finanzierenden Bank).

der Kunde aufbringen müsste (sofern ihm dies überhaupt möglich wäre). Ein Vertrauensschutz ist daher möglicherweise ökonomisch geboten.[52]

2. Produktivität der Information über monetäre Eigeninteressen

Zusätzlich müsste die Information über das vergütungsbezogene Eigeninteresse „produktiv" sein. Eine Information ist produktiv, wenn ihr Nutzen für den Adressaten aus dessen Perspektive höher ist als die Kosten, die zur Beschaffung aufgewendet werden müssten, auch wenn er diese Kosten selbst tragen müsste.[53] Vorliegend müsste die Information geeignet sein, das Entscheidungsverhalten des Adressaten zu verändern.[54]

Aufgrund der gering zu veranschlagenden Kosten des Beraters für die Beschaffung der Information über das Eigeninteresse könnte man ausnahmeweise davon ausgehen, dass in Bezug auf diese konkrete Information der veranschlagte Kundennutzen generell höher liegen wird als der Beschaffungsaufwand des Intermediärs. Der Normalfall in einer Marktwirtschaft ist jedoch nicht die vollständige Information. Manche Informationen können *per se* unproduktiv sein, soweit sie strategisches Verhalten ermöglichen. Dazu könnte man etwa eine Information über Margen zählen, da diese zugleich die „persönliche Verhandlungslage" des Vertragspartners offenbart. Hingegen wäre eine genaue Kenntnis vom Preis einer angebotenen Dienstleistung für einen funktionierenden Wettbewerb produktiv. So ließe sich wohl für die Information über Drittprovisionen argumentieren, die dem Kunden die mittelbaren Beratungskosten offenlegen.[55]

Allerdings darf man sich nicht vor dem sonstigen rechtlichen Umfeld verschließen, das dem Berater bereits – haftungsbewährt – die Pflicht auferlegt, nur anleger- und objektgerechte Empfehlungen auszusprechen. Unabhängig von der konkreten Vorstellung über das Telos der Aufklärungspflicht über monetäre Eigeninteressen[56] geht es letztlich darum, inwiefern auf die ausgesprochene Empfehlung „Verlass sein darf". Dass sich der Kunde *unabhängig* von etwaigen Eigeninteressen auf die Empfehlung verlassen darf, wird durch die geschilderte Pflichtenlage aber bereits bis zur „Eignungsgrenze" abgesichert. Mehr darf der Kunde – auch nach der Rechtsprechung – nicht erwarten. Eine Veranlassung zur Verhaltensänderung besteht somit für ihn trotz mitgeteilter Eigeninteressen des Beraters an für sich nicht.[57] Ein zusätzlicher Nutzen lässt sich für den Kunden – abgesehen von der leichteren Abstoß-

---

[52] Vgl. *Schäfer/Ott*, Ökonomische Analyse[5], S. 558 Tabelle 17.1.

[53] *Schäfer/Ott*, Ökonomische Analyse[4], S. 546; etwas anders jetzt in der Definition *dies.*, Ökonomische Analyse[5], S. 574.

[54] Vgl. *Schäfer*, Ökonomische Analyse von Aufklärungspflichten, S. 117, 130.

[55] Vgl. zu alldem *Schäfer/Ott*, Ökonomische Analyse[5], S. 558 f.

[56] Dazu ausführlich supra § 5 B. I.

[57] Allenfalls könnte man hinsichtlich der potentiellen Schwierigkeiten, eine Verletzung der „primären Anlageberatungspflichten" nachzuweisen, daran denken, dass er vor diesem Hintergrund der Empfehlung möglicherweise nicht folgen wolle. Zu dieser Überlegung infra § 8 A. IV.

barkeit unliebsam gewordener Investments bei einer Aufklärungspflichtverletzung – mit der in Rede stehenden Aufklärungspflicht nicht erreichen.[58] Aus einer Aufklärungspflichtverletzung über monetäre Eigeninteressen kann eben nicht zwingend auf eine Verletzung der Pflicht zur anleger- und objektgerechten Beratung geschlossen werden.[59] An der Rechtsprechung lässt sich das indes kaum festmachen, da für diese eine praktische Notwendigkeit hinsichtlich der – regelmäßig aufwändigeren – Prüfung der anleger- und objektgerechten Beratung nicht mehr besteht, wenn eine Aufklärungspflichtverletzung nachgewiesen wurde.[60]

3. *Vorliegen einer Vertrauensprämie*

Die durch Aufklärungspflichten erreichte Informationskostensenkung für eine Partei korrespondiert in der Regel mit einer Informationskostenzuweisung an die andere Seite.[61] Soll es nicht bloß zu einer Umverteilung kommen, muss eine sog. Vertrauensprämie für den Aufklärungspflichtigen vorliegen. Dies ließe sich z.B. dadurch verwirklichen, dass der Preis der Dienstleistung entsprechend um den Informationsaufwand angehoben wird bzw. werden könnte.[62]

Bezüglich Aufklärungspflichten über monetäre Eigeninteressen ließe sich einerseits argumentieren, dass es den Anbietern von Finanzberatung ohne weiteres möglich wäre, ein Honorar zu erheben. Andererseits sind die Kunden, wie die bisher nur geringe Akzeptanz der Honorarberatung zeigt, offenbar kaum gewillt, Finanzberatung gesondert zu entlohnen. Beratenden Finanzintermediären steht indes über die beschriebenen Vergütungen von dritter Seite eine solche Entlohnung faktisch dennoch – bei einer erfolgreichen Empfehlung – in Aussicht.[63] Es scheint daher nicht ausgeschlossen, davon auszugehen, dass eine Vertrauensprämie vereinnahmt werden könnte.

---

[58] Mit anderen Worten führt auch die Mitteilung eines Eigeninteresses nicht zu abweichenden Anforderungen an die Beratungsleistung, weshalb die Aufklärung insofern auf die Anlageentscheidung keinen Einfluss haben muss, vgl. *Schäfer*, Ökonomische Analyse von Aufklärungspflichten, S. 117, 120 f. und 129 f.; zum Erfordernis „zusätzlichen Schutzes" als Rechtfertigung einer Aufklärungspflicht über Interessenkonflikte, soweit die uneigennützige Beratung und Aufklärung bereits schützend wirkt, *Hopt*, Kapitalanlegerschutz im Recht der Banken, S. 446.

[59] Zur Einordnung der vergütungsbezogenen Aufklärungspflichten ins Bond-System supra § 6 A. I. 4. c).

[60] Vgl. auch *Mülbert*, ZHR 177 (2013), 160, 190 f.

[61] *Schäfer/Ott*, Ökonomische Analyse^5, S. 559.

[62] Vgl. *Schäfer/Ott*, Ökonomische Analyse^5, S. 559 f.; ferner *Mansel*, in: GS Lüderitz, S. 487, 506 f.

[63] Vgl. *Schäfer/Ott*, Ökonomische Analyse^4, S. 546; ferner *Besold*, Aufklärungspflichten bei Vertriebsprovisionen, S. 54 f.

4. Opportunismusprämie übersteigt Vertrauensprämie

Die sog. Opportunismusprämie für Fehlverhalten müsste die Vertrauensprämie übersteigen, um Aufklärungspflichten zu rechtfertigen. Das wäre zumindest der Fall, wenn der beschriebene „*market for lemons*" vorläge, in der das Fehlverhalten des Einzelnen letztlich auf die gesamte Branche negative Auswirkungen hätte, mithin der einzelne „Qualitätsverschlechterer" nicht als solcher für sein Fehlverhalten sanktioniert würde.[64]

An dieser Stelle wird man zunächst die Überlegungen zur Vertrauensprämie noch einmal aufgreifen müssen. Ginge man davon aus, dass bei der unentgeltlichen Beratung letztlich nahezu keine Vertrauensprämie anfällt, könnte man zunächst argumentieren, dass die Opportunismusprämie in Gestalt der (Dritt-)Vergütungen für „schlechte Empfehlungen" die Vertrauensprämie übertreffe. Dies würde aber die Frage aufwerfen, inwiefern eine Aufklärungspflicht ohne bzw. bei sehr geringer Vertrauensprämie überhaupt gerechtfertigt werden kann. Argumentierte man hingegen im Rahmen der Vertrauensprämie mit den (Dritt-)Vergütungen als „faktischer Vertrauensprämie"[65] für die Empfehlung, können diese nicht zugleich die die Aufklärungspflicht über monetäre Eigeninteressen (mit)auslösenden Opportunismusprämien sein.

Bevor man versucht diese argumentative Zwickmühle aufzulösen, stellt sich aufgrund der sonstigen Rahmenbedingungen die Frage, ob vereinnahmte (Dritt-)Vergütungen überhaupt als Opportunismusprämie zu qualifizieren sind. Eine Opportunismusprämie ist letztlich ein „Sonderertrag", der sich aus der Qualitätsverschlechterung zu Lasten der Kunden ergibt. Wie beschrieben ist die Mindestqualität der Beratung – Anleger- und Objektgerechtigkeit – für den Kunden rechtlich abgesichert. Unter dieses Niveau darf die Qualität nicht absinken, anderenfalls haftet der Berater. Soweit dann aber eine (Dritt-)Vergütung die Anleger- und Objektgerechtigkeit einer Empfehlung nicht beeinflusst bzw. haftungsbewährt nicht beeinflussen darf, lässt sie sich nur schwer als Opportunismusprämie im aufgezeigten Sinn klassifizieren.

IV. Vergütungsbezogene Aufklärungspflichten als „Ausgleich" für Qualitätsbewertungsprobleme?

Die Qualitätsbeurteilung der Finanzberatung als Vertrauensgut ist schwierig. Dies gilt umso mehr, als es sich bei den Anlageobjekten, auf die sich die Beratung bezieht, ebenfalls um Vertrauensgüter handelt.[66] Dies könnte dagegen sprechen, wie in den bisherigen Ausführungen, der Pflicht zur anleger- und objektgerechten Beratung eine so maßgebliche Bedeutung hinsichtlich der ökonomischen Untersuchung

---

64 *Schäfer/Ott*, Ökonomische Analyse^5, S. 562.
65 So wohl *Schäfer/Ott*, Ökonomische Analyse^4, S. 546.
66 Vgl. *Gemberg Wiesike*, Wohlverhaltensregeln, S. 31.

von vergütungsbezogenen Aufklärungspflichten beizumessen. Durch vergütungsbezogene Aufklärungspflichten wird indes die Qualitätsbewertung nicht vereinfacht. Vielmehr dienen auch sie der Absicherung der „primären Beratungspflichten".[67] Da aber beispielsweise eine Beratung, die beim Berater zur Vereinnahmung von Drittvergütungen führt, trotzdem anleger- und objektgerecht sein kann, ist die bloße Tatsache, dass die Drittvergütung anfiel und nicht offengelegt wurde, bezüglich des Anlageberatungsziels nicht unmittelbar relevant. Führt eine solche Aufklärungspflicht gegebenenfalls dazu, dass die primäre Erfüllung des Anlageberatungsziels nicht mehr geprüft wird,[68] handelt es sich im Ergebnis um eine Haftung für *potentielle* Gefährdungen des Beratungsziels, unabhängig davon, ob diese sich im Ergebnis verwirklicht haben.[69]

Ob eine solche Vergünstigung allein darauf gegründet werden sollte, dass die Finanzberatung ein Vertrauensgut ist, scheint zweifelhaft. Denn die potentielle Gefährdung durch Eigeninteressen hat bei einer Aufklärung über dieselben keine weiteren Auswirkungen. Durch die bloße Aufklärung wird eine Gefährdung nicht (vollständig) beseitigt.[70] Auch ob die Empfehlung anleger- und objektgerecht erfolgte, wäre durch sie nicht leichter zu prüfen. Allenfalls ließe sich argumentieren, dass dem Kunden bei erfolgter Aufklärung bewusst wäre, dass bzw. in welchem Umfang eine solche Gefährdung bestünde und er entscheiden könnte, ob er dennoch der Empfehlung folgen möchte, obwohl der Nachweis einer etwaigen Fehlberatung trotz des bestehenden und offengelegten Eigeninteresses nicht erleichtert würde. Akzeptiert man, dass alle (unentgeltlich tätigen) Berater Eigeninteressen haben bzw. nicht altruistisch tätig werden,[71] ist für den Kunden letztlich, soweit der Berater seine Aufklärungspflicht erfüllt, weiterhin nur das Vertrauen auf eine anleger- und objektgerechte Beratung geschützt. Die Aufklärung ist daher für den Kunden insoweit von nur beschränktem Nutzen. Hinsichtlich der Qualitätsunsicherheit hilft ihm die Information nicht weiter.[72] Wird eine vergütungsbezogene Aufklärungspflicht hingegen verletzt, wird – soweit nicht der Finanzintermediär nachweist, dass der Kunde die Anlage bei Erfüllung der Aufklärungspflicht gleichfalls erworben hätte[73] – faktisch jedoch zugleich unwiderleglich vermutet, dass die Anforderungen an die anleger- und objektgerechte Beratung nicht erfüllt wurden. Da vergütungsbezogene Aufklärungspflichten nur eine die Primärberatungspflichten absichernde Funktion haben, scheint die Ermöglichung einer Rückabwicklung

---

[67] Vgl. insbesondere BGH (Kick-Back-II) supra § 5 A. VI.

[68] Es wäre auch irrelevant, ob der Berater nachweisen könnte, dass die Beratung tatsächlich alle Anforderungen an die anleger- und objektgerechte Beratung erfüllt.

[69] Zur Einordnung der Haftung als „Gefährdungshaftung" vgl. die Nachweise in Kapitel 2 Fn. 1195.

[70] Vgl. *Clouth*, ZHR 177 (2013), 212, 218 f.; *Grundmann*, WM 2012, 1745.

[71] Vgl. u.a. supra § 6 A. I. 4. d) aa) (1).

[72] Es existiert auch keine Vermutung, dass das Vorliegen eines Eigeninteresses beim Intermediär zugleich die Ungeeignetheit der Empfehlung nach sich zöge.

[73] Dazu infra § 10 E. III. 2.

eines Investments *unabhängig* von einer „Primärpflichtverletzung" als überschießend.[74]

V. Grenzen des Informationsmodells und Folgerungen

Während bisher Argumente, die gegen eine Aufklärungspflicht über monetäre Eigeninteressen sprechen, innerhalb des Informationsmodells aufgezeigt wurden, lassen sich ferner solche finden, die das *Informationsmodell an sich* in Frage stellen.[75] Zum Teil wird solche Kritik „nur" dazu herangezogen, um darzulegen, dass ein informationsbasierter Anlegerschutz *allein* jedenfalls nicht ausreichend sein könne, da bestimmte Risiken über eine Aufklärung nicht zu beseitigen sind. Man könnte insoweit argumentieren, dass das Interessenkonfliktrisiko nicht allein über eine Informationspflicht hinreichend adressiert werden könne, wenn dem Anleger als Aufklärungsreaktion nur übrig bliebe, auf das Anlagegeschäft zu verzichten.[76] Da die untersuchten Eigeninteressen in der gesamten Branche vorliegen, hilft die Wettbewerbssituation nicht weiter. In Folge dessen müsste das konkrete Verhalten der beratenden Finanzintermediäre geregelt werden. Allerdings wurde das u.a. mit den Wohlverhaltensregeln bereits umgesetzt.[77]

Eine solche Argumentation ließe sich in die vorherigen ökonomischen Überlegungen einbeziehen. Aufklärungspflichten werden durch die vorgebrachte Kritik nicht völlig in Frage gestellt, sondern deren Eignung punktuell für die Lösung *bestimmter* Probleme bestritten, weshalb sonstige Schutzmechanismen erforderlich seien. Letztlich geht eine solche Auffassung – wie hier vertreten – davon aus, dass die Betrachtung von Aufklärungspflichten nicht losgelöst von dem sonstigen „Pflichtenumfeld" betrachtet werden kann.[78] Ob ohne die bestehenden Wohlverhaltensregeln bzw. Pflichten zur anleger- und objektgerechten Beratung eine Aufklä-

---

[74] Vgl. auch *Mülbert*, ZHR 177 (2013) 160, 190f. Dies soll nicht heißen, dass nicht auch eine „geeignete Empfehlung" von Eigeninteressen des Intermediärs beeinflusst sein könnte, vgl. *Moloney*, How to Protect Investors, S. 256ff. Ist die „Geeignetheitsschwelle" aber bereits *rechtlich* abgesichert, besteht *ökonomisch* gesehen kein Grund für eine zusätzlich dieses Erfordernis absichernde Aufklärungspflicht. Dass diese aus *Rechts*gründen dennoch bestehen könnte, ist eine davon zu unterscheidende Frage und hängt mit der Dogmatik zusammen, dazu infra § 10 C.

[75] Vgl. auch *Koch*, BKR 2012, 485ff.; zur *behavioral finance*-Forschung *Buck-Heeb*, ZHR 176 (2012), 66, 94 m.w.N. („Das [...] Informationsmodell ist [...] im Anlegerschutz [...] an seine Grenzen gelangt und ausgereizt."); *Moloney*, How to Protect Investors, S. 196 („Disclosure is a severely limited tool."); ferner *Brandt*, Aufklärungs- und Beratungspflichten, S. 32ff.; *Kalss*, ZBB 2013, 126, 137; *Köndgen*, in: FS Hopt (II), S. 2113, 2131 und 2133ff.; *Lenenbach*, Kapitalmarktrecht², Rn. 11.44ff.; *Roth*, in: Assmann/Schütze, Hdb. Kapitalanlagerecht³, § 11 Rn. 93; *Tiffe*, Struktur der Informationspflichten, S. 103ff. und S. 339ff.; ferner supra § 3 D. IV. und V.

[76] Zur fraglichen Tauglichkeit einer Mitteilung von Interessenkonflikten, um Marktineffizienzen zu überwinden, bereits supra Kapitel 1 Fn. 632 (zu einem israelischen „Kick-Back-Experiment").

[77] Zu dieser Diskussion *Brandt*, Aufklärungs- und Beratungspflichten, S. 33; ferner *Moloney*, How to Protect Investors, S. 263 und S. 296ff.

[78] Vgl. auch *Moloney*, How to Protect Investors, S. 344.

rungspflicht über potentielle Interessenkonflikte zur Lösung dieses Problemfelds ausreichend wäre, ist hingegen eine Frage ohne Praxisrelevanz. Eine Beseitigung der bestehenden verhaltenssteuernden Beraterpflichten steht auf absehbare Zeit nicht zur Debatte.

Wird informationsbasierter Anlegerschutz allerdings *insgesamt* für untauglich befunden, basiert dies auf denselben Gründen, die gegen die Annahme eines aufgrund Information befähigten, rationalen Anlegers sprechen. Allerdings kann die Tauglichkeit des Schutzinstruments (Aufklärung) nicht insgesamt in Frage gestellt werden, ohne das Konzept selbst aufzugeben.[79] Zwar wäre eine Aufklärungspflicht über monetäre Eigeninteressen auch dann ökonomisch unsinnig, wenn das gesamte Schutzmodell versagt.[80] Dies würde dann aber für alle Informationspflichten gelten. Dieses Problem wäre nur durch noch weitergehende Gebote und Verbote durch den Gesetzgeber zu beheben.[81]

B. Ergebnis der ökonomischen Überlegungen

Aufklärungspflichten haben ihre Berechtigung, um durch Informationsasymmetrien verursachte Marktineffizienzen zu überwinden. Bei der Finanzberatung lassen sich Preis- und Qualitätsunsicherheiten der Kunden feststellen, zumal es sich bei der Beratung um ein Vertrauensgut handelt.

Insoweit erscheint eine ökonomische Rechtfertigung von vergütungsbezogenen Aufklärungspflichten nicht von vornherein ausgeschlossen. Allerdings muss bei der Analyse der (sonstige) Pflichtenkanon bei der Finanzberatung berücksichtigt werden, der eine Mindestqualität der Finanzberatung für den Kunden rechtlich verbürgt. Eine diese Mindestqualität ergänzend absichernde Aufklärungspflicht würde aber keinen zusätzlichen Nutzen liefern.[82] Weiter ist bereits zweifelhaft, ob die ökonomischen Voraussetzungen für Vertrauensschutz durch Aufklärungspflichten überhaupt im Übrigen vorliegen.

Soweit vergütungsbezogene Aufklärungspflichten aus Rechtsgründen bestehen, können ökonomische Erwägungen – soweit diese im Rahmen einer teleologischen Betrachtung Berücksichtigung finden sollten[83] – jedenfalls nicht für ein extensives Verständnis herangezogen werden.

---

[79] Vgl. *Ott*, Vorvertragliche Aufklärungspflichten im Licht des Güter- und Leistungsaustausches, S. 142, 151 f.; vgl. auch supra § 3 D. V. 1.

[80] Vgl. auch *Sethe*, in: FS Nobbe, S. 769, 773 ff., der ein Verbot von Drittvergütungen allgemein als ökonomisch sinnvollere Alternative begründen möchte.

[81] Eine Grundlage für Produktinterventionen hat der europäische Gesetzgeber im Rahmen der Überarbeitung der MiFID geschaffen, dazu *Cahn/Müchler*, BKR 2013, 45 ff.; vgl. auch *Buck-Heeb*, WM 2014, 385, 386; vgl. ferner Kapitel 1 Fn. 671 a.E.

[82] Vgl. aber auch *Moloney*, How to Protect Investors, S. 263.

[83] Dazu, dass das im Kapitalmarktrecht grundsätzlich angezeigt ist *Kalss*, in: Riesenhuber, Europäische Methodenlehre², § 20 Rn. 26h; ferner *Schäfer/Ott*, Ökonomische Analyse⁵, S. 4 f.

§ 9 Rechtliche Anknüpfungspunkte für situationsübergreifende, interessenkonfliktbedingte und vergütungsbezogene Aufklärungspflichten

A. Beratungsvertrag, culpa in contrahendo und Aufsichtsrecht

Beratungsverträge (§ 10) können sämtlichen Anlagegeschäften, die zur etwaigen Realisierung von Vergütungsinteressen des Beraters führen, vorgeschaltet sein. Insofern können sie als gemeinsames Moment verschiedener Investitionsgeschäfte angesehen werden, bei denen strukturell gleiche Probleme aufgrund vergütungsbezogenen Eigeninteressen auftreten können. Auch wenn eine Beratung nicht auf vertraglicher Basis stattfindet, erzeugt sie dennoch eine rechtliche Bindung zum Berater nach den Regeln der c.i.c., die im beschriebenen Sinne als „übergreifend" anzusehen wäre. Als Alternative zum beratungsvertraglichen Modell wird sie ausführlich zu betrachten sein (§ 11). Schließlich ist die Anlageberatung aufsichtsrechtlich geregelt, hingewiesen sei nur auf die sog. Wohlverhaltenspflichten. Dort sind mitunter spezielle Regelungen zu vergütungsbezogenen Interessenkonflikten zu finden (§ 31d WpHG; § 17 FinVermV i.V.m. § 34g GewO). Da nach hiesigem Vorschlag das Aufsichtsrecht die Pflichtenkonturierung nach der c.i.c. prägt, wird darauf ebenfalls (in § 11) näher einzugehen sein.

B. Anknüpfung an das „Grundgeschäft"

I. Ausgangslage und generelle Zweifel

Teilweise wird vorgeschlagen, Aufklärungspflichten auf das etwaig der Beratung nachfolgende „Grundgeschäft" zu stützen.[84] Diese Auffassung begegnet Bedenken einerseits hinsichtlich des Inhalts etwaiger Aufklärungspflichten aus den einzelnen Grundgeschäften, sowie hinsichtlich der generellen Tauglichkeit, die Problematik um monetäre Eigeninteressen *bei der Beratung* zu erfassen. Probleme wirft das Modell bereits auf, wenn im Anschluss an eine absatzbegleitende Beratung kein Folgegeschäft abgeschlossen wird. Dann kommt schon kein Grundgeschäft zustande, auf das sich etwaige Aufklärungspflichten stützen ließen. Soweit auf Vorfeldpflichten aus dem *potentiellen* Grundgeschäft abgestellt wird, berührt das den Bereich c.i.c.[85]

[84] Etwa *Arendts*, Haftung für fehlerhafte Anlageberatung, S. 14; vgl. *Buck-Heeb*, WM 2012, 625, 628; *Lange*, Informationspflichten von Finanzdienstleistern, S. 72 m.w.N. In Betracht kommen dabei, je nach Investment, insbesondere Kauf- und Kommissions-, daneben aber auch Derivatverträge und Maklergeschäfte. Soweit das Grundgeschäft zum Intermediär eine Kommission oder einen Maklervertrag darstellt, ist „das endgültige Investment" mit dem Grundgeschäft aus Kundensicht nicht identisch. Grundgeschäft und Investition decken sich hingegen, wenn das zu erwerbende Anlageprodukt vom Intermediär direkt erworben wird bzw. wenn der Intermediär selbst Vertragspartner eines OTC-Derivatgeschäfts wird.

[85] Zur c.i.c. infra § 11 A.; vgl. aber auch *Decker*, Aufklärungspflichten, S. 140; ferner *Lang/*

Darauf basiert auch ein weiteres Argument. Vergütungsbezogene Aufklärungspflichten schützen die *Willensbildung* des Kunden. Soweit Grundgeschäfte zwischen Berater und Kunde abgeschlossen werden, sind sie bereits Teil der Umsetzung des *zuvor gefassten* Willens. Kam ein Vertrag über ein Grundgeschäft zustande, sind Aufklärungspflichten unnütz, die in Bezug auf die Frage statuiert werden, ob – mit dem gegebenenfalls Eigeninteressen unterliegenden Intermediär – ein solches geschlossen werden soll.[86]

II. Differenzierung nach Art des Grundgeschäfts

1. Grundgeschäfte mit dem Berater als Vertragspartner des Anlagegeschäfts

Soweit ersichtlich wird nicht vertreten, dass die hier interessierenden Eigeninteressen auf *kaufvertraglicher* Basis aufklärungspflichtig wären. Vielmehr wird angenommen, dass diese kaufvertragliche Wertung Pflichten aus dem Beratungsvertrag „übertrumpfen" kann.[87] Die insoweit andere Auffassung leitet die Aufklärungspflicht über die aus einem Kaufvertrag stammende Marge beratungsvertraglich – und nicht kaufrechtlich – her.[88]

Kaufverträge sind prototypisch für Austauschverträge, bei denen jede Seite ihre eigenen Interessen vollumfassend selbst wahrnehmen muss.[89] Dass Käufer und Verkäufer abweichende Interessen verfolgen, entspricht dem Normalfall. Idealerweise führt das Geschäft dazu, dass beide Seiten im Ergebnis – trotz bzw. aufgrund der jeweiligen Wahrnehmung eigener Interessen – subjektiv ihre Position im Vergleich zu der vor dem „Tauschgeschäft" verbessern konnten.[90] Ansatzpunkt für interessenkonfliktbezogene Aufklärungspflichten über Vergütungsinteressen könnten sich in den vorliegend interessierenden Fällen daher nur ergeben, wenn die geschlossenen Verträge nicht rein kaufrechtlich, sondern als typengemischt mit kauf- und geschäftsbesorgungsrechtlichen Elementen verstanden werden.[91] Eine solche Argumentation würde jedoch den Boden einer rein grundgeschäftsbezogenen Betrachtung verlassen. Entsprechendes gilt für Derivategeschäfte.[92]

Bausch, WM 2010, 2101, 2105 f., die die Aufklärungspflicht (S. 2105) als Nebenpflicht aus dem konkreten Anlagegeschäft begreifen, sie aber (S. 2106) – zutreffend – der vorvertraglichen Sonderverbindung zuordnen.

[86] Vgl. *Lang/Bausch*, WM 2010, 2101, 2105 f.; *Lange*, Informationspflichten von Finanzdienstleistern, S. 76; i.E. auch *Grigoleit*, ZHR 177 (2013), 264, 292.

[87] Vgl. ausführlich supra § 6 A. III. 7.

[88] Supra § 6 A. III. 7. b).

[89] Vgl. etwa *Martinek*, in: Staudinger, Neubearbeitung 2006, Vorb. zu §§ 662 ff. Rn. 18, im Zusammenhang bzw. abgrenzend zur Geschäftsbesorgung; ferner *Bracht*, ZBB 2013, 252, 256.

[90] Vgl. nur *v. Hayek*, Die Verfassung der Freiheit[4], S. 181.

[91] *Sethe*, in: FS Nobbe, S. 769, 785 („kein gewöhnlicher Kaufvertrag" sondern „Vertrauensbeziehung"); zum Streitstand *ders.*, AcP 212 (2012), 81, 101.

[92] Dazu dass auch bei diesen im Grundsatz wechselseitig Leistungen „ausgetauscht" werden bereits supra § 3 B. V. 2. d).

2. *Kommissionsverträge als Grundgeschäfte*

Das Kommissionsverhältnis ist ein Interessenwahrungsverhältnis (§ 384 Abs. 1 Halbs. 2 HGB).[93] Daraus können sich nachfrageunabhängige Informationspflichten aus § 666 Var. 1 (i.V.m. § 675) BGB und § 384 Abs. 2 Halbs. 1 HGB ergeben.[94] Ob Vertriebsvergütungen als Verstoß gegen die kommissionsrechtliche Interessenwahrungspflicht einzuordnen sind, ist aber nicht eindeutig geklärt.[95] Teilweise wird argumentiert, dass Aufklärungspflichten dazu dienen, kommissionsrechtliche Herausgabeansprüche zu sichern.[96] Ob erlangte (Sonder-)Vergütungen kommissionsrechtlich nach § 384 Abs. 2 Halbs. 2 HGB (und beratungsvertraglich nach § 667 BGB) an den Beratungskunden herauszugeben sind, ist durchaus umstritten.[97] Der BGH erachtet Herausgabeansprüche hinsichtlich Beratungspflichtverletzungen jedenfalls als unerheblich.[98]

3. *Maklergeschäfte als Grundgeschäfte*

Mitunter wird die vermittelnde Tätigkeit der Finanzintermediäre generell als Maklerstellung begriffen.[99] Eine solche Einordnung könnte möglicherweise eine über-

[93] Vgl. auch *Häuser*, in: MünchKomm HGB³, § 384 Rn. 17; *Sethe*, in: FS Nobbe, S. 769, 785. Allerdings bedeutet Fremdnützigkeit nicht, dass die Verfolgung eigener Interessen komplett ausgeschlossen sein muss. Zur Verfolgung wirtschaftlicher Eigeninteressen bei der Kommission *Bausch/Kohlmann*, BB 2012, 2655 f.

[94] *Häuser*, in: MünchKomm HGB³, § 384 Rn. 39.

[95] Vgl. *Häuser*, in: MünchKomm HGB³, § 384 Rn. 26, der dies ablehnt, soweit die Ausführungsbedingungen für den Kommittenten nicht durch die Vergütung verschlechtert werden; s. ferner auch *Koller*, in: Staub, Komm HGB⁵, § 384 Rn. 22 f.

[96] OLG Stuttgart, Urt. v. 16.3.2011, Az.: 9 U 129/10, ZIP 2011, 803, 804 f; ferner *Kumpan*, Vorteilsabschöpfung bei Interessenkonflikten, S. 33, 46; *Sethe*, in: FS Nobbe, S. 769, 783; vgl. auch OLG Düsseldorf, Urt. v. 8.7.2010, Az.: I-6 U 136/09, ZIP 2010, 1583, 1588.

[97] Offen gelassen von BGH, Urt. v. 14.1.2014, Az.: XI ZR 355/12, BGHZ 199, 355 = NJW 2014, 924; ausführlich zum Problem *Koch*, ZBB 2013, 217 ff. Eine Herausgabepflicht bejahen *Assmann*, ZBB 2008, 21, 38 f. (aber abdingbar bei Aufklärung); *BAWe*, Wohlverhaltens-RL des BAWe, Ziff. 1.2 Abs. 3; *Buck-Heeb*, BKR 2010, 309, 314; *Emmerich*, in: MünchKomm BGB⁶, § 311 Rn. 119; *Kumpan*, Vorteilsabschöpfung bei Interessenkonflikten, S. 33, 41; *Möllers*, in: Kölner Komm WpHG, § 31 Rn. 146 f.; *Sethe*, in: FS Nobbe, S. 769, 777 und 783; *Weller*, ZBB 2011, 191, 198; s. ferner *Balzer*, ZIP 2001, 232, 234 (zum Vermögensverwalter); eine Herausgabepflicht lehnen ab BGH (Freier Anlageberater-III) ZIP 2011, 607, Rn. 20; LG Düsseldorf, Urt. v. 29.5.2012, Az.: 8 O 654/10, BKR 2013, 217, 220, Rn. 44 f.; *Grigoleit*, ZHR 177 (2013), 264, 292; *Hadding*, in: FS Nobbe, S. 565, 568; *ders.*, ZIP 2008, 529, 534 ff.; *Mülbert*, ZHR 172 (2008), 170, 192 ff.; *ders.*, ZHR 177 (2013), 160, 192; *Regenfus*, WM 2015, 209, 213; differenzierend *Göhmann*, Verhaltenspflichten von Banken, S. 280 ff. (keine Herausgabepflicht für Entlohnung von dritter Seite für universalbanktypisches Tätigwerden; Herausgabepflicht bei Rückvergütungen aus dem Kunden in Rechnung gestellten Aufwendungen); *Häuser*, in: MünchKomm HGB³, § 384 Rn. 73 ff. (keine Herausgabepflicht für Emissionsbonifikationen; Herausgabepflicht für Rückvergütungen; keine Herausgabepflicht bei erfolgter Aufklärung); vgl. ferner *Lenenbach*, Kapitalmarktrecht², Rn. 5.464 ff.; *Starke*, in: Kümpel/Wittig, Bank- und Kapitalmarktrecht⁴, Rn. 17.57 ff.

[98] Supra § 5 B. I. 3.

[99] So insbesondere *Benedict*, AcP 204 (2004), 697, 716 ff.; *ders*, ZIP 2005, 2129, 2133 ff.

greifende Erfassung der behandelten Fallkonstellationen ermöglichen, da sie zutreffend die notwendige Einbindung des Intermediärs in die Vertragsanbahnungsphase und das (regelmäßige) Handeln gegen Provision berücksichtigt.[100]

Allerdings muss die „maßgebliche Leistung" des Intermediärs nicht notwendig die Vertragsanbahnung sein, was dagegen spricht, alle Fallgestaltungen unter dem Maklerrecht zu erfassen.[101] Außerdem ist keineswegs gesichert, dass der Kunde nach Maklerrecht über Vertriebsvergütungen aufzuklären ist. Dies käme beim Zivilmakler, der seinem Auftraggeber über eine Treuepflicht verbunden ist (vgl. etwa § 654 BGB) in Betracht.[102] Die zentrale Frage lautete daher, wer Auftraggeber des Intermediärs ist.[103] Nach dem Wortlaut in § 652 Abs. 1 Satz 1 BGB wäre es naheliegend, daran anzuknüpfen, wer die Provision, mithin den Mäklerlohn, verspricht. Dies ist zunächst der Verkäufer.[104] Auch wirtschaftliche Betrachtungen führen zu keinem abweichenden Ergebnis: Die regelmäßig gegebene „faktische Provisionsabwälzung" im Anlagegeschäft setzt voraus, dass bereits vor der Abwälzung ein Auftraggeber identifizierbar ist. Dies ist der spätere Verkäufer, für den der Makler beispielsweise über die Berücksichtigung der Produkte des Verkäufers im „Anlageprogramm" tätig wurde. Daher ist „derjenige der Auftraggeber, der die Werbungshandlungen des Vermittlers veranlasst, nicht aber derjenige, der schließlich vom Vermittler geworben wird".[105] Dann würde die Treuepflicht indes *nicht gegenüber dem Anleger* greifen. Allenfalls soweit mit dem Kunden zusätzlich ein Maklervertrag bestünde, könnte gegebenenfalls über den Aspekt der unzulässigen Doppelmaklerei (vgl. § 654 BGB) eine Aufklärungspflicht begründet werden. Selbst das wäre jedoch nicht zwingend.[106]

---

[100] *Benedict*, AcP 204 (2004), 697, 717.

[101] A.A. *Benedict*, ZIP 2005, 2129, 2133; vgl. hingegen *Horn*, ZBB 1997, 139, 147 („Wer nur [...] vermittelt, wird als Makler, Kommissionär, Verhandlungsgehilfe oder Verkäufer [...] tätig.").

[102] Zur rechtlichen Einordnung des Maklervertrags *Benedict*, AcP 204 (2004), 697, 718 ff. Wäre der Kunde Auftraggeber, käme nach *Benedict* (S. 721 f.), eine Pflicht zur anleger- und objektgerechten Beratung im Rahmen der Bestimmung des Anlagegegenstands als „maklerrechtliches Gewährleistungsregime" in Betracht. Die anleger- und objektgerechte Empfehlung ist allerdings nicht vom Pflichtenbereich des Maklers umfasst, denn dieser soll nicht die eigenverantwortliche Entscheidung seines Kunden in Bezug auf das „Ob" und „Was" des Investments herbeiführen. Dass der Makler freilich das „liefern muss", was der Kunde (bereits) will, hilft nicht weiter, da die Frage der Beratung den vorgelagerten Willensbildungsprozess betrifft.

[103] *Benedict*, AcP 204 (2004), 697, 722 ff.

[104] Vgl. auch *Besold*, Aufklärungspflichten bei Vertriebsprovisionen, S. 135, der im Bereich des grauen Kapitalmarkts auf den Initiator abstellt.

[105] So überzeugend *Benedict*, AcP 204 (2004), 697, 726 f.; i.E. auch *Decker*, Aufklärungspflichten, S. 156.

[106] Vgl. *Roth*, in: MünchKomm BGB^6, § 654 Rn. 8 ff., mit eingehender Betrachtung von Rechtsprechung und Lehre. Gerade bei der regelmäßig unentgeltlichen Beratung [zur Unentgeltlichkeit supra § 5 B. I. VII. 2. b)] ist das fraglich; ähnlich *Besold*, Aufklärungspflichten bei Vertriebsprovisionen, S. 135 (Fälle der unerlaubten Doppelmaklerei seien nur schwer mit den Innenprovisions- bzw. Rückvergütungsfällen vergleichbar).

C. Anknüpfung an das „Deliktsrecht"

Das Deliktsrecht bietet primär potentielle weitere Durchsetzungsmechanismen, wenn Aufklärungspflichtverletzungen *bereits feststehen*. Zu denken ist insbesondere an § 826 BGB sowie § 823 Abs. 2 BGB i.V.m. mit einem Schutzgesetz. § 823 Abs. 1 BGB scheidet schon mangels tauglichen geschützten Rechtsguts aus, da reine Vermögensinteressen nicht erfasst sind[107] und die „Freiheit" i.S.v. § 823 Abs. 1 BGB nicht als Dispositionsfreiheit zu verstehen ist.[108]

§ 826 BGB statuiert eine Haftung für sittenwidrige vorsätzliche Schädigungen. Zwar ist nicht auszuschließen, dass eine Haftung nach dieser Norm angenommen werden kann, wenn die Verletzung von Aufklärungspflichten Teil der schädigenden Handlung war. Allerdings handelt es sich bei § 826 BGB um eine Generalklausel. Eine allgemeine Offenbarungspflicht besteht nach § 826 BGB nicht.[109] Hinsichtlich der Frage, ob Aufklärungspflichten bestehen, wären für die untersuchten Fälle auch (vor-)vertragliche Wertungen zu berücksichtigen. Anhand derer müsste festgestellt werden, ob eine Partei nach Treu und Glauben mit Rücksicht auf die Verkehrssitte von der anderen Seite Aufklärung erwarten darf.[110] Werden aber (vor-)vertragliche Wertungen herangezogen, um die Aufklärungspflicht nach § 826 BGB potentiell sogar zu erweitern, markiert die auf ihnen basierende Konturierung zugleich die Grenze für den Aufklärungspflichtenkanon nach § 826 BGB.[111] Demnach können § 826 BGB zumindest keine zusätzlichen Vorgaben, die über solche aus einem Beratungsvertrag bzw. c.i.c. hinausgehen, entnommen werden.[112]

---

[107] Vgl. nur *Krisl*, Schutzgesetzeigenschaft der Wohlverhaltenspflichten, S. 62; *Wagner*, in: MünchKomm BGB[6], § 823 Rn. 247 ff.

[108] S. etwa *Spindler*, in: BeckOK-BGB, Ed. 31, § 823 Rn. 38.

[109] *Oechsler*, in: Staudinger, Neubearbeitung 2009, § 826 Rn. 159.

[110] Vgl. *Oechsler*, in: Staudinger, Neubearbeitung 2009, § 826 Rn. 158 m.w.N. auch zur Rechtsprechung.

[111] Dies gilt, soweit nicht zusätzlich zu berücksichtigende Umstände vorliegen. Zu „originären Informationspflichten aus § 826 BGB" s. *Reiner*, Derivative Finanzinstrumente im Recht, S. 115 mit Fn. 165. Eine Haftung im hiesigen Kontext kommt insbesondere bei vorsätzlich anleger- und objektwidriger Beratung in Betracht, *Lang/Balzer*, in: FS Nobbe, S. 639, 778. Die bloße Annahme verschwiegener Provisionen ist für sich allein aber noch nicht sittenwidrig, *Witte/Hillebrand*, DStR 2009, 1759, 1766; vgl. auch *Horn*, ZBB 1999, 139, 145, der auf die Notwendigkeit der Herausbildung kapitalmarktspezifischer Verhaltenspflichten zur Begründung einer Haftung nach § 826 BGB verweist. § 31d WpHG zeigt jedenfalls, dass die provisionsbasierte Beratung nicht per se als „unzulässiges Verhalten" eingestuft werden kann; pauschal a.A. *Gundermann*, BKR 2013, 406, 411 (jeder Verstoß gegen § 31d WpHG sei sittenwidrig).

[112] Vgl. *Nobbe/Zahrte*, in: MünchKomm HGB[3], Anlageberatung, Rn. 409 m.w.N. Das schließt nicht aus, dass die (bereits etablierten) Aufklärungspflichten bei ihrer Verletzung unter Umständen eine Haftung nach § 826 BGB zur Folge haben können. Ähnlich *Lange*, Informationspflichten von Finanzdienstleistern, S. 97; vgl. auch *Lang*, Informationspflichten, S. 137; nach *Lenenbach*, Kapitalmarktrecht[2], Rn. 11.129, sei eine Verletzung der §§ 31 ff. WpHG sogar regelmäßig sittenwidrig; vgl. zu einer Haftung nach § 826 BGB bei der Verletzung von Verhaltenspflichten nach §§ 31 ff. WpHG *Förster*, Ad Legendum 2011, 197, 201 f.; ferner *Witte/Hillebrand*, DStR 2009, 1759, 1766; zu den besonderen Schwierigkeiten einer Haftung nach § 826 BGB im Kapitalmarktrecht *Förster* a.a.O. S. 202 ff.; vgl. auch *Rothenhöfer*, Anlegerschutz durch Schriftform, S. 67, der i.E.

Ganz ähnlich kann bezüglich § 823 Abs. 2 BGB argumentiert werden. Eine neue Wertung bzw. Rechtsquelle eröffnet der (bloße) Transmissionsriemen des § 823 Abs. 2 BGB nicht.[113]

D. Anknüpfung an Verfassungsrecht und „höhere Prinzipien"

I. Aufklärungspflichten und Verfassungsrecht

Das BVerfG hat in einem Kammerbeschluss[114] festgehalten, dass die Rechtsprechung des BGH zu Aufklärungspflichten über Rückvergütungen nicht gegen Art. 3 Abs. 1, 12 Abs. 1, 101 Abs. 1 Satz 2 und 103 Abs. 1 GG verstoße.[115] Sie ist verfassungsrechtlich also nicht verboten. Ihre Grundlage hat sie indes nicht im Verfassungsrecht. Zwar wird gelegentlich im Rahmen der Diskussion um diese Rechtsprechung auf Verfassungsrecht rekurriert.[116] Derartige Überlegungen können jedoch

---

ähnlich wie hier davon ausgeht, dass eine Haftung nach § 826 BGB im Wertpapiergeschäft die Ausnahme sein wird.

[113] Dies gilt auch für die ggf. relevanten Normen des Straf- und Ordnungswidrigkeitenrechts. In Rechtsprechung und Literatur werden im Zusammenhang mit der hier diskutierten Problematik insbesondere §§ 263, 266 StGB ins Spiel gebracht (s. insbesondere OLG Stuttgart, Urt. v. 16.3.2011, Az.: 9 U 129/10, BKR 2011, 250, Rn. 26; *Emmerich*, in: MünchKomm BGB[6], § 311 Rn. 119; dazu *Schäfer/Lang*, BKR 2011, 239ff. [von *Emmerich* a.a.O. Fn. 466 als „unhaltbar" bezeichnet]; *Schlösser*, BKR 2011, 465ff.; ferner *Balzer*, ZIP 2001, 232; *Witte/Hillebrand*, DStR 2009, 1759, 1766; zur Entwicklung der Diskussion *Loritz/Wagner*, NZG 2013, 367, 371 m.w.N.), zum Teil auch § 264a StGB [*Gallandi*, wistra 1996, 323, 324; explizit dagegen *Loritz/Wagner*, NZG 2013, 367, 370 („ohne jeden Gesetzesbezug"; „rechtsstaatlich unhaltbar")]. Aus dem Ordnungswidrigkeitenrecht kann hier auf § 39 Abs. 2 Nr. 15 und 17a WpHG verwiesen werden, wonach ordnungswidrig handelt, wer vorsätzlich oder leichtfertig Interessenkonflikte nicht in der geforderten Weise darlegt bzw. entgegen § 31d Abs. 1 Satz 1 WpHG eine Zuwendung annimmt. Aber auch die genannten strafrechtlichen Normen vollziehen im Wesentlichen Wertungen nach bzw. rekurrieren auf bereits bestehende Aufklärungspflichten. Die bisherige strafrechtliche „Kick-Back-Diskussion" betrifft anders gelagerte Fälle (vgl. *Gerst/Meinicke*, CCZ 2011, 96f.). Die Fragestellung lautet dort, ob eine zivilrechtlich als gegeben anzunehmende Aufklärungspflicht auch strafrechtliche Folgen nach sich zieht (vgl. beispielsweise *Schlösser*, BKR 2011, 465, 466 mit Fn. 1; vgl. auch *Lange*, Informationspflichten von Finanzdienstleistern, S. 97.). Soweit gegen § 31d i.V.m. § 39 Abs. 2 Nr. 17a WpHG verstoßen wird, knüpft die Norm nicht an die Nichtaufklärung, sondern die Annahme der Zuwendung entgegen § 31d Abs. 1 Satz 1 WpHG an. Selbst eine (zutreffende) Aufklärung kann also einen Verstoß gegen (sonstige) Voraussetzungen des § 31d Abs. 1 Satz 1 WpHG damit nicht „heilen", vgl. § 11 E. I. 2. Die Einführung der Ordnungswidrigkeitentatbestände begrüßt *Sethe*, AcP 212 (2012), 80, 156.

[114] BVerfG, Beschl. v. 8.12.2011, Az.: 1 BvR 2514/11, NJW 2012, 443f.

[115] Vgl. sehr kritisch zur „inhaltlichen Billigung" der BGH-Rechtsprechung durch das BVerfG *Herresthal*, ZBB 2012, 89, 90ff.; ferner *Hoffmann-Theinert*, EWiR 2012, 103, 104. Zur Diskussion, ob die Rechtsprechungspflichten zu vereinnahmten Provisionen eine rückwirkende Rechtsprechungsänderung darstellen, s. ausführlich *Pieroth/Hartmann*, ZIP 2010, 753ff. (Verurteilung von Filialbanken wegen Nichtaufklärung beim Vertrieb geschlossener Fonds verstoße gegen Art. 20 Abs. 3 GG); dagegen ausdrücklich BGH (Kick-Back-VI) ZIP 2010, 1335, Rn. 11; vgl. auch *Witte/Hillebrand*, DStR 2009, 1759, 1764f. Weitergehend noch *Suchomel*, NJW 2012, Editorial Heft 19, vom BVerfG gebilligte Beweislastgrundsätze des BGH verstießen gegen Art. 6 Abs. 1 EMRK.

[116] So etwa *Ellenberger*, in: FS Nobbe, S. 523, 525 [objektgerechte Beratung beinhalte Aufklä-

bereits innerhalb des Zivilrechts (etwa im Rahmen von § 241 Abs. 2 BGB[117]) berücksichtigt werden.[118] Ein direkter Rückgriff auf Verfassungsrecht ist schon deshalb nicht notwendig.[119] Ferner ist auch inhaltlich in Anbetracht der aufsichtsrechtlichen Regelungen eine „verfassungsrechtliche Ergänzung" der derzeitigen Rechtsprechungslage nicht erforderlich.[120]

II. Aufklärung als Verbraucherschutz?

Vergütungsbezogene Aufklärungspflichten werden häufig im Zusammenhang mit Verbraucherschutz genannt.[121] Allerdings ist Verbraucherschutz keine Rechtsquelle. Denkbar schiene, verbraucherschutzrechtliche Überlegungen z.B. in § 241 Abs. 2 BGB einfließen zu lassen. Unter diesem Gesichtspunkt ließe sich dann – je nachdem welchen Standpunkt man einnimmt – ein bestimmter Zuschnitt an Aufklärungspflichten legitimieren oder kritisieren. Dies zeigt, dass mit dem bloßen Hinweis auf einen – wie auch immer gearteten – Verbraucherschutz allein, weder „mehr" noch „weniger" Aufklärungspflichten zu rechtfertigen sind.[122]

III. Aufklärung aufgrund eines Anlegerschutzprinzips?

Ebenso wie das Verbraucherschutzprinzip könnte ein etwaig bestehendes Anlegerschutzprinzip[123] Aufklärungspflichten in einem bestimmten Umfang nicht rechtfer-

---

rung über Umstände, die eine „selbstbestimmte (Art. 2 Abs. 1 GG) Anlageentscheidung" ermögliche]; vgl. auch *Spindler*, WM 2009, 1821, 1826 f. (die „nicht immer friktionsfreie Fortsetzung der Bürgschaftsrechtsprechung" sei als Begründung für deren Anwendung im Finanzmarkt- und Wertpapierhandelsrecht nicht tragbar); *Tilp*, F.A.Z. v. 25.5.2011, S. B2 („Rechtsfigur des ‚strukturellen Ungleichgewichts'" habe Einzug in das Kapitalanlagerecht gehalten); dazu auch *Horn*, ZBB 1997, 139, 146 f.; ferner *Decker*, Aufklärungspflichten, S. 478; *Mülbert*, WM 2007, 1149, 1158 f.

117 Vgl. auch *Emmerich*, in: MünchKomm BGB⁶, § 311 Rn. 42.

118 Dies gilt auch für Aufklärungspflichten möglicherweise entgegenstehende Wertungen, vgl. etwa *Wagner*, BKR 2003, 649, der mit Art. 12 und 14 GG argumentiert.

119 Vgl. auch *Lenenbach*, Kapitalmarktrecht², Rn. 9.284 (verfassungsrechtliche Rechtsprechung zur gestörten Vertragsparität bei Lebensversicherungen mangels existentieller Risiken nicht übertragbar); ablehnend auch *Mülbert*, ZHR 177 (2013), 160, 177; *Spindler*, WM 2009, 1821, 1826; ferner *Roller/Elster/Knappe*, ZBB 2007, 345, 357 f. (Adressat solcher Überlegungen sei der Gesetzgeber).

120 Vgl. auch *Grigoleit*, Bankrechtstag 2012, S. 25, 40 f.

121 Vgl. auch *Assmann*, in: Assmann/Schütze, Hdb. Kapitalanlagerecht³, § 1 Rn. 3, wonach das „Anlegerschutzrecht auf dem Weg [ist], Verbraucherschutzrecht zu werden"; zum „Schutz des Kapitalanlegers als ‚Verbraucher'" *Edelmann*, in: Assmann/Schütze, Hdb. Kapitalanlagerecht³, § 3 passim.

122 Vgl. sehr kritisch *Edelmann*, in: Assmann/Schütze, Hdb. Kapitalanlagerecht³, § 3 Rn. 23, zur Tendenz, Gesetzesvorschriften „aus nicht näher konkretisierten Verbraucherschutzerwägungen heraus [...] entgegen jeglicher Auslegungskriterien teleologisch [nach] dem gewünschten Ergebnis auszulegen".

123 Ausführlich zu den Elementen eines Anlegerschutzprinzips *Hopt*, Kapitalanlegerschutz im Recht der Banken, S. 288 ff., 333 ff.; vgl. auch *Clouth*, ZHR 177 (2013), 212, 213.

tigen.[124] Daraus resultierende Erwägungen können aber prinzipiell zur Ermittlung von Pflichten im Rahmen konkreter Rechtsquellen (z.B. § 241 Abs. 2 BGB) argumentativ herangezogen werden.[125] Ein bestimmter Zuschnitt ließe sich dem Anlegerschutzprinzip indes nicht entnehmen.

IV. Offenlegung als Ausgleich für Marktunzulänglichkeiten?

Aufklärungspflichten sind denkbar, um imperfekte Märkte mit als notwendig erachteten Informationen zu versorgen.[126] Dies kann indes nur ein Ziel von Aufklärungspflichten sein, dessen Verwirklichung am besten beim Gesetzgeber aufgehoben ist.[127] Eine Rechtsquelle ist mit diesem Zweck von Aufklärungspflichten nicht verbunden, auch wenn dieses Prinzip möglicherweise klare Vorgaben für eine bestimmte Auskonturierung des Pflichtenregimes bereithalten könnte, die dann weitgehend ökonomischen Erwägungen zu entnehmen wären.

§ 10 Aufklärungspflichten und ihre Durchsetzung bei Beratungsverträgen

A. Zum fiktionslosen Zustandekommen von Beratungsverträgen

Ein Beratungsvertrag führt zumindest im postulierten Ausgangspunkt der Rechtsprechung zu einer vollständigen Subordination des Beraters unter die Kundeninteressen.[128] Fraglich ist, wann einem – regelmäßig schlüssigen – Verhalten des Beraters eine solche Willenserklärung entnommen werden kann.

I. Die Relevanz eines besonderen Beratungsentgelts

1. Vorliegen einer gesonderten Vergütung für die Beratung

Nach Auffassung der Rechtsprechung ist es für die Annahme eines selbständigen Beratungsvertrags unerheblich, ob der Anleger ein gesondertes Entgelt für seine Beratung entrichten muss.[129] Während nach dieser Auffassung mithin nicht mangels Vergütung auf das Nichtvorliegen eines Beratungsvertrags geschlossen werden

---

[124] Ebenso *Sethe*, AcP 212 (2012), 80, 91 („keine klaren Handlungsmaximen in konkreten Konfliktsituationen").

[125] Vgl. *Hopt*, Kapitalanlegerschutz im Recht der Banken, S. 347; zur Diskussion, ob Anlegerschutz eine „soziale Forderung" sein müsse *Thieme*, Wertpapierdienstleistungen, S. 76 (Fn. 23); vgl. auch *Besold*, Aufklärungspflichten bei Vertriebsprovisionen, S. 96.

[126] Vgl. supra § 3 E.

[127] Vgl. zu ähnlichen Überlegungen supra § 3 D. IV. 4.–5. und V. 3.

[128] Supra § 6 A. I. 4. a) bb).

[129] So schon ausdrücklich BGH, Urt. v. 4.3.1987, Az.: IV a ZR 122/85, NJW 1987, 1815, 1816; *Buck-Heeb*, WM 2012, 625, 628; *Gehrlein/Sutschet*, in: BeckOK-BGB, Ed. 31, § 311 Rn. 97; zum

darf, soll es nun zunächst um die umgedrehte Fragestellung gehen: Welche Auswirkungen hat es, wenn ein Beratungshonorar gezahlt wird?

a) Auswirkungen auf die Kundeninteressen

Ruft man sich die Interessen von Finanzintermediär und Kunde bei der Beratung in Erinnerung,[130] so ändert sich an der Interessenlage des Kunden bei einer Honorarzahlung erst einmal nichts Grundsätzliches. Dass er für die Beratung zahlt, verstärkt aber seine Interessen. Der Umstand der Bezahlung spricht dafür, dass der Kunde sich seiner Interessen auch konkret bewusst ist. Warum sollte er sonst ein Honorar zahlen, wenn er nicht selbst erkannt hätte, dass er aufgrund eines Informationsdefizits die Hilfe eines (unabhängigen) fachkundigen Experten benötigt.[131] In dem Moment, in dem er bereit ist, die Beratung zu vergüten, bringt er jedenfalls implizit zum Ausdruck, dass die ihm selbst bewusst gewordene eigene Interessenlage für ihn zur Motivation geworden ist, „bezahlte Hilfe“ in Anspruch zu nehmen. An einer Willenserklärung hinsichtlich eines selbständigen Anlageberatungsvertrags kann dann kaum gezweifelt werden. Ähnlich könnte man zwar bereits für das bloße Hinzuziehen eines Sachkundigen argumentieren.[132] Soweit es aber den Regelfall darstellt, dass Finanzprodukte bei einem beratenden Finanzintermediär bzw. über diesen erworben werden (müssen), kann aus dem bloßen Aufsuchen des – vorgeschriebenerweise[133] – sachkundigen Beraters eine rechtsgeschäftliche Erklärung noch nicht angenommen werden.

b) Auswirkungen auf die Beraterinteressen

Soweit eine Entgeltabrede vorliegt, ändert das die Motivationslage beim Berater erheblich. Dieser erbringt als am Wirtschaftsleben teilnehmender Intermediär Dienstleistungen gegen Entgelt. Während bei der unentgeltlichen Beratung die eigenen wirtschaftlichen Interessen gegen einen Verpflichtungswillen hinsichtlich eines im Sinne der Rechtsprechung konturierten Beratungsvertrags sprechen,[134] ist dies nunmehr anders. Zahlt der Kunde ein Entgelt *für die Beratung*, wird dem Berater damit zugleich klar, dass diese Entlohnung allein dafür gewährt wird, dass die ge-

---

Versuch einer umfassenden vertragsimmanenten Begründung von Aufklärungspflichten aus dem „Entgeltgedanken“ *Rehm*, Aufklärungspflichten im Vertragsrecht, S. 235 ff.

[130] Supra § 6 A. I. 4. d) aa) (1).

[131] Zu dieser Motivation eine Beratung in Anspruch zu nehmen *Veil*, ZBB 2008, 34, 36; vgl. wenig überzeugend *Reiter/Methner*, WM 2013, 2053 ff., die einerseits vorbringen, dass Kunden „mit Recht eine unabhängige Stellung des Beraters“ erwarten dürften, obwohl sie andererseits dessen Unabhängigkeit bezweifelten und überwiegend dennoch nicht bereit seien, für unabhängige Beratung zu zahlen; vgl. in diesem Kontext *Schäfer*, in: FS Nobbe, S. 725, 737 f.

[132] Vgl. *Benedict*, ZIP 2005, 2129, 2131.

[133] Zu Qualifikationserfordernissen infra § 11 A. II. 2. b) (1) (c).

[134] Supra § 6 A. I. 4. d) aa) (1) (b).

äußerten bzw. offen zu Tage tretenden Kundeninteressen von ihm wahrgenommen werden sollen.[135] Der Finanzintermediär kann und muss insofern überlegen, ob es für ihn betriebswirtschaftlich sinnvoll ist, zum vereinbarten Betrag diese Pflichten zu übernehmen. Beginnt er mit der Beratung, ist ihm eine Argumentation über „eigentlich" angestrebte Folgeprovisionen o.ä., weil das Beratungshonorar „nicht ausreiche", verwehrt. Der Kunde kann das Verhalten des Intermediärs kaum anders verstehen, als dass eine entgeltliche Übernahme der Beratungstätigkeit vorliegt, mithin ein Beratungsvertrag Grundlage der Geschäftsbeziehung sein soll.[136]

Es kann also festgehalten werden, dass in Fällen der Zahlung eines Honorars von einem Anlageberatungsvertrag (§§ 675 Abs. 1 i.V.m. 611 Abs. 1 bzw. ausnahmsweise § 631 Abs. 1 BGB[137]) ausgegangen werden darf.[138] Soweit Fälle der Honorarberatung vorliegen, wird in der Praxis ohnehin ein ausdrücklicher Vertragsschluss vorliegen, da die jeweiligen Vertragspflichten in der Regel schriftlich fixiert werden.[139]

2. Fehlen einer gesonderten Vergütung für die Beratung

Die „Unentgeltlichkeit einer Beratung" wird in der Diskussion mitunter argumentativ aufgegriffen. Teilweise wird vorgebracht, dass mit ihr zugleich die Offensichtlichkeit der Zahlung von (Dritt-)Provisionen feststehe.[140] Dies deckt sich mit einer Auffassung, die davon ausgeht, dass der Kunde generell von Drittvergütungen wisse.[141] Allerdings wurde bereits dargelegt, dass die Offensichtlichkeitsargumentation u.a. einer empirischen Bestätigung bedürfte, die indes nicht vorliegt.[142] Ferner zie-

---

135 Vgl. auch *Martinek*, in: Staudinger, Neubearbeitung 2006, Vorbem. zu §§ 662ff. Rn. 18 (jedenfalls die entgeltliche Geschäftsbesorgung führe zur Subordination).

136 Differenzierend hingegen *Brocker/Klebeck*, ZIP 2010, 1369, 1374, die die Kundenerwartungen betreffend Beratungspflichten von der Höhe des gezahlten Honorars abhängig machen wollen. Eine betriebswirtschaftlich sinnvolle Kalkulation fällt aber nicht in den Risikobereich des Anlegers, weshalb diese Abgrenzung abzulehnen ist.

137 Vgl. zur Rechtsnatur supra § 6 A. I. 4. b).

138 So auch *Arendts*, Haftung für fehlerhafte Anlageberatung, S. 13; *Buck-Heeb*, WM 2012, 625, 628; *Emmerich*, in: MünchKomm BGB[6], § 311 Rn. 69; *Gansel/Gängel*, NJ 2010, 312, 314; *Geibel*, ZBB 2003, 349, 354; *Haas*, LMK 2007, 208188; *Horst*, Kapitalanlegerschutz, S. 192; *Krebs*, in: Dauner-Lieb/Langen, BGB-Schuldrecht[2], § 311 Rn. 157; *Lange*, Informationspflichten von Finanzdienstleistern, S. 91 (Fn. 141); *Mansel*, in: GS Lüderitz, S. 487, 507 m.w.N.; *Veldhoff*, Haftung von Kreditinstituten, S. 99 (Fn. 426); vgl. ferner BGH (Börsenabofall) aus Kapitel 2 Fn. 863, wo mit der „entgeltlichen Beratungspflicht" argumentiert wurde; ferner *Schäfer/Schäfer*, BKR 2007, 163, 165, die auch heranziehen, dass der Anleger in Kick-Back-I aufgrund seiner Vergütung an den Vermögensverwalter ein allein an seinen Interessen ausgerichtetes Verhalten habe erwarten dürfe.

139 *Hannöver*, in: Schimansky/Bunte/Lwowski, Bankrechts-Hdb.[4], § 110 Rn. 21; *Krüger*, NJW 2013, 1845, 1846.

140 In diese Richtung argumentierend etwa LG Bremen, Urt. v. 28.1.2010, Az.: 2 O 2431/08 (Juris), Rn. 38 mit weiteren Rechtsprechungsnachweisen; *Habersack*, WM 2010, 1245, 1253.

141 So rechtfertigt sich u.a. die Rechtsprechung des III. Zivilsenats zu freien Anlageberatern, dazu supra § 5 B. VII. und infra § 10 C. II; tendenziell auch *Brocker*, BKR 2007, 365, 369f.

142 Dazu, auch zu den sonstigen Schwächen dieser Argumentationslinie, bereits supra § 5 B. II;

len solche Argumentationen auf die „falsche Ebene“: Zuvörderst ist nicht zu fragen, ob sich der Pflichtenkreis eines (fiktiven) Vertrags durch die Unentgeltlichkeit und daraus folgender Offensichtlichkeit der Eigeninteressen ändert,[143] sondern ob nicht gerade aufgrund der Unentgeltlichkeit der Vertragsschluss selbst in Zweifel zu ziehen ist.[144] Richtig ist zwar, dass ohne Beratungshonorar der oben herausgearbeitete Interessenwiderstreit zwischen Kunden- und Beraterinteressen bestehen bleibt.[145] Dies schließt die Annahme eines (konkludenten[146]) selbständigen Beratungsvertrags aber nicht von vornherein aus.[147]

Allerdings prägt die Unentgeltlichkeit der Beratung maßgeblich die Interessenlage des Beraters und spricht dagegen, seinem Verhalten einen Rechtsbindungswillen zu entnehmen.[148] Im Grundsatz ist daher davon auszugehen – soweit nicht besondere Umstände vorliegen, die den Rechtsbindungswillen eindeutig hervortreten lassen –, dass die Beratung in solchen Fällen nur *absatzergänzend* und nicht als selbständige Dienstleistung, mithin nicht auf beratungsvertraglicher Basis erbracht werden

a.A. im Kontext der Margenaufklärung *Herresthal*, ZBB 2012, 89, 100, da diese Offenkundigkeit der „Ausgangspunkt im Privatrecht einer wettbewerbsverfassten Marktwirtschaft“ sei und daher als normative Aussage keiner empirischen Begründung bedürfe. In diesem Ausgangspunkt ist ihm vollkommen zuzustimmen. Liegt aber ein (vermeintlich) privatautonomer Vertrag vor, dessen Pflichtenumfang die Realisierung von Eigeninteressen potentiell als vertragswidrig einstuft, ist eine solche Abweichung vom Ausgangspunkt bzw. Grundmodell unproblematisch, da sie von den Parteien für den Einzelfall „gewollt“ war. Das Problem liegt darin, dass ein solcher Vertrag mit diesem Inhalt regelmäßig auf einer Fiktion beruht, dazu ausführlich supra § 6 A. I. 4. d).

143 Nach der Rechtsprechung hat das grundsätzlich keine Auswirkungen; vgl. aber auch *Taubert*, Informationspflichten, S. 74f. und 103f., wonach der Pflichteninhalt des Geschäftsbesorgers auch von der Frage der Entgeltlichkeit der Beratungstätigkeit abhänge, was auch in der Rechtsprechung so sei. Für den hier untersuchten Bereich wird eine Differenzierung in der Rechtsprechung nicht vorgenommen. Möglicherweise könnte aber Kick-Back-XII (gesonderte Ordergebühr als „Pflichtenauslöser“), als Schritt in diese Richtung gesehen werden, dazu supra § 5 A. XXXIX.

144 Vgl. bereits supra § 6 A. I. 4. d); ferner allgemein zutreffend *Tiffe*, Struktur der Informationspflichten, S. 334 („Die wesentlichen Probleme liegen bei der Beratung nicht in der Ausgestaltung der Beratungspflicht, sondern wann ein Beratungsvertrag – konkludent – zustande [kommt].“).

145 Die Relevanz des Entgeltkriteriums hat insbesondere auch der III. Zivilsenat des BGH mit seiner Rechtsprechung zu freien Anlageberatern bestätigt, da diese auch davon abhängt, dass der Anleger die Beratung nicht gesondert vergütet. Allerdings verorten der Senat und die ihm zustimmende Literatur die Auswirkungen erst auf der dem Vertragsschluss nachgelagerten Ebene der Aufklärungspflichten; vgl. auch OLG Hamburg, Urt. v. 23.4.2010, Az.: 13 U 117/09, ZIP 2010, 973, 974; in anderem Kontext bezüglich (Herausgabe-)Pflichten des Beraters mit dem Aspekt der (Un-) Entgeltlichkeit argumentierend *Koch*, ZBB 2013, 217, 224f.

146 Fälle von ausdrücklichen unentgeltlichen Beratungsverträgen dürften in der Praxis nicht vorkommen. Sie wären jedenfalls hinsichtlich der Rechtsgrundlage unproblematisch: Es läge dann ein Anlageberatungsvertrag als Auftrag nach § 662 BGB vor, vgl. supra § 6 A. I. 4. b).

147 A.A. *Benedict*, ZIP 2005, 2129, 2133, der – für die Praxis zutreffend – feststellt, dass niemand „unentgeltlich (!) unkalkulierbare Pflichten“ übernähme, was die bloße Möglichkeit, dass das einmal so sein mag, aber nicht ausschließt; wie hier *Peters*, JZ 2000, 307, 308.

148 Ausführlich supra § 6 A. I. 4. d) aa) (1) (b); vgl. überspitzend auch *Looman*, F.A.Z. v. 4.5.2013, S. 22 („[A]ngesichts der ‚notorischen‘ Unlust, für finanzielle Aufklärung angemessene Preise zu bezahlen, ist es ein Unding, von Banken […] und Vermittlern, besonderes Wohlverhalten zu verlangen.“).

soll.[149] Insofern könnte man die bloß absatzbegleitende Beratung ohne beratungsvertragliche Verankerung als „*default*-Modus“ bezeichnen.

II. Sonstige für einen Beratungsvertrag sprechende Indizien

1. Der Außenauftritt der Finanzintermediäre

a) Werbung mit Beratung / Selbstbezeichnung als Berater

Manche gehen davon aus, dass ein Rechtsbindungswille hinsichtlich eines Beratungsvertrags beim Intermediär bereits dann unproblematisch anzunehmen sei, wenn mit dem Aspekt der Beratung geworben werde.[150] Plakativ wird auf den Slogan der von der Commerzbank übernommenen Dresdner Bank „Die Beraterbank“ verwiesen.[151] In gleicher Weise relevant sei, wenn das gute Abschneiden bei Tests der Stiftung Warentest hinsichtlich der Beratung herausgestellt werde.[152] Argumentativ wird weiter herangezogen, ob sich der Intermediär selbst als „Berater“ bezeichne bzw. ob von ihm verwendete Dokumente auf eine Beratungstätigkeit schließen lassen (z.B. „Beratungsfragebögen“).[153]

---

[149] I.E. auch *Tonner*, in: Hdb. zum dt. und europ. Bankrecht², § 4 Rn. 2; ferner *Decker*, Aufklärungspflichten, S. 476; *Mertens*, AcP 203 (2003), 818, 853 f.; *Roth*, in: Assmann/Schütze, Hdb. Kapitalanlagerecht³, § 11 Rn. 16; anhand des Entgeltlichkeitskriteriums differenziert auch *Heybey*, BKR 2008, 353, 362; s. ferner supra Kapitel 2 Fn. 995 zum Reziprozitätsgedanken; a.A. *Buck-Heeb*, WM 2012, 625, 628, da keine „schlüssige Begründung“ für die indizielle Wirkung der Nichtleistung eines Beratungsentgelts vorliegen würde; *Veldhoff*, Haftung von Kreditinstituten, S. 99. Wie gezeigt, werden die Interessen der Finanzintermediäre insbesondere durch die Frage der Entgeltlichkeit beeinflusst. Eine Auslegung schlüssigen Verhaltens muss diese Interessen berücksichtigen, um dem Verhalten eine bestimmte Willenserklärung zu entnehmen. Daher ist die vorgebrachte Kritik nicht überzeugend. Skepsis ist hingegen angebracht, ob der Frage der Entgeltlichkeit Relevanz hinsichtlich der Pflichtenkonturierung zukommen sollte, wenn ein Vertrag geschlossen wurde, ablehnend *Kluge*, Kick-backs, S. 62; anders *Grys/Geist*, BKR 2009, 126, 129; *Habersack*, WM 2010, 1245, 1253.

[150] *Buck-Heeb*, WM 2012, 625, 627; s. auch *Günther*, WM 2012, 2267, 2269; *Lange*, Informationspflichten von Finanzdienstleistern, S. 84 (Werbung mit Beratung als *invitatio ad offerendum*); zum Aspekt der Werbung ferner *Rehm*, Aufklärungspflichten im Vertragsrecht, S. 265.

[151] Etwa *Nobbe*, WuB I G 1. – 5.10, S. 123, 124; *Taubert*, Informationspflichten, S. 229; *Wiechers*, WM 2012, 477, 480.

[152] *Nobbe*, WuB I G 1. – 5.10, S. 123, 124; *Taubert*, Informationspflichten, S. 229; soweit *Stackmann*, NJW 2012, 2913, 2916, darauf hinweist, dass Kunden aufgrund der Imagewerbung mit Beratung durch die Banken erwarten dürften, dass diese ihre Beratungspflichten „peinlichst genau“ erfüllen, überzeugt diese besondere Verknüpfung nicht. Auch ohne Imagewerbung sind die Pflichten vom Verpflichteten zu erfüllen – das ist eine Selbstverständlichkeit. Eine rechtliche Steigerung von Pflichterfüllung („peinlichst genau“) gibt es nicht.

[153] Vgl. etwa OLG Brandenburg, Urt. v. 8.2.2012, Az.: 7 U 46/11, NJW 2012, 2449 f.; allgemein zur Relevanz von Außendarstellung und der Verwendung bestimmter Vertragsunterlagen BGH, Urt. v. 15.3.2012, Az.: III ZR 148/11, ZIP 2012, 1081, Rn. 17; ferner *Emmerich*, in: MünchKomm BGB⁶, § 311 Rn. 138.

b) Herausstellen der Unabhängigkeit und andere Spezifikationen

Beispielsweise der AWD wirbt damit, „unabhängiger Finanzoptimierer" des Kunden zu sein.[154] Nimmt man die Beratungsleistung nach Bond in den Blick, kann man dies gleich als „doppelte Steigerung" derselben auffassen: Einerseits wird die Unabhängigkeit (gleich wäre der Fall einer herausgehobenen Neutralität zu behandeln[155]) betont, andererseits eine Optimierung versprochen. Dies wirkt sich auf die Kundenerwartungen aus,[156] was rechtliche Folgen haben könnte.[157]

c) Stellungnahme zur Relevanz des Außenauftritts

Fraglich ist, inwiefern die genannten Aspekte hinsichtlich des objektiven Rechtsbindungswillens des Beraters relevant sein können. Man wird hierbei differenzieren müssen. Entscheidend dürfte sein, ob – trotz Werbung mit Beratung etc. – weiterhin die „eigentliche Anlageentscheidung", also das Folgegeschäft, im Vordergrund des Kunde-Berater-Verhältnisses steht oder ob sich aufgrund der Umstände des Einzelfalls die Situation so darstellt, dass im Ergebnis *die Beratung selbst* das prägende Element der konkreten Beziehung zwischen Kunde und Intermediär ist.

Das Primärinteresse des Kunden liegt regelmäßig auf der Investitionsentscheidung.[158] Aus Sicht des Beraters stellt sich das im Ausgangspunkt ebenso dar, denn er kann im Falle der bloß absatzbegleitenden Beratung nur über die (Abwicklung der) Investitionsentscheidung selbst verdienen. In diesem Umfeld findet die „typische Anlageberatung" statt. Trotz und wegen dieser Absatzorientierung ist der beratende Intermediär zur Einhaltung der kundenschützenden Pflichten aus Bond bzw. aus dem Aufsichtsrecht verpflichtet. Diesem Pflichtengefüge ist – unabhängig von durch Interessenkonflikten ausgelösten „Spezialproblemen" – nur mit erheblichem Aufwand nachzukommen. Die Einhaltung der Wohlverhaltenspflichten ist (auch bei grundsätzlich „gutem Willen") alles andere als profan.[159] Insofern ist es

---

[154] Vgl. auch *Brocker/Klebeck*, ZIP 2010, 1369, 1374; *Nittel/Knöpfel*, BKR 2009, 411, 413; ferner *Decker*, Aufklärungspflichten, S. 146, der aber davon ausgeht, dass solche Tätigkeiten gegen Entgelt erbracht werden. Das ist zwar möglich, aber nicht zwingend.

[155] Vgl. *Lang/Balzer*, FS Nobbe, S. 639, 662 (Fn. 161).

[156] *Nittel/Knöpfel*, BKR 2009, 411, 414; *Schäfer/Schäfer*, BKR 2007, 163, 165 f.; *Sethe*, in: FS Nobbe, S. 769, 772 und 780; *Wolf*, NVersZ 2001, 392, 393 f.; zur potentiellen Relevanz der Unabhängigkeit für den Kunden ferner *Assmann*, ZIP 2009, 2125, 2127; *Fuchs*, in: Fuchs, Komm WpHG, § 31d Rn. 52; *Möllers/Wenninger*, LMK 2007, 220857; vgl. auch *Decker*, Aufklärungspflichten, S. 141 f., der Rechtsanwälte und Steuerberater als „Prototypen" unabhängiger Berater untersucht.

[157] Vgl. zur Relevanz der „Unabhängigkeit eines Beraters" in der Rechtsprechung etwa BGH (Freier Anlageberater-VIII) ZIP 2013, 114, 115; OLG Stuttgart, Urt. v. 19.12.1995, Az.: 12 U 150/95, VuR 1996, 333 (Orientierungssatz 2); OLG Celle, Urt. v. 7.2.2008, Az.: 8 U 189/07 (Juris), Rn. 7, 18; OLG Stuttgart, Urt. v. 23.12.2010, Az.: 7 U 187/10 (Juris), Rn. 50 und 52; ferner *Herresthal*, ZBB 2012, 89, 96.

[158] Dazu supra Kapitel 2 Text bei und Fn. 938.

[159] Vgl. *Langen/Bauerschmidt*, BB 2012, 476 („[D]er Pflichtenkreis eines Anlageberaters [ist ...] nahezu unüberschaubar.").

verständlich, wenn Intermediäre ihre Qualität in diesem Bereich hervorheben möchten. Man mag dies umso mehr im Anlageberatungsbereich auf Provisionsbasis nachvollziehen, wenn gerade die Konkurrenz durch Honorarberater (und die öffentliche Diskussion) suggeriert, dass die absatzbegleitende Beratung aus Kundensicht nachteilig sei. Durch die bloße Werbung mit der Beratungsqualität wird jedenfalls die Beratung selbst noch nicht in den Mittelpunkt der Kunde-Intermediär-Beziehung gerückt. Vielmehr wird dem Kunden aufgezeigt, dass der jeweilige Anbieter (vermeintlich) besonders gut aus den Produkten seines Anlageprogramms das für den Kunden „richtige" finden wird.[160] Ein Alltagsbeispiel kann das illustrieren: Es wäre ähnlich zu beurteilen, wenn etwa das Autovermietungsunternehmen Europcar damit werben würde, dass es vom Deutschen Institut für Servicequalität für den besten Service ausgezeichnet wurde.[161] Dies mag Aufmerksamkeit für die Produkte des Unternehmens erzeugen. Dass aufgrund der Werbung nunmehr der *Service an sich* und nicht mehr die Autovermietung im Vordergrund stünde, wird jedoch niemand behaupten wollen.[162] In diesem Sinne ist es unerheblich, ob der Finanzintermediär zwecks Absatz bzw. absatzbegleitender Beratung seinerseits an den Kunden herantritt. Jeder Unternehmer weiß, dass es regelmäßig nicht ausreichen wird, „auf die Kunden zu warten".[163]

Anders stellt sich die Situation hingegen dar, wenn im Rahmen der Außendarstellung bzw. im Kontakt mit dem Kunden hervorgehoben wird[164], dass man ihn „neutral" bzw. „unabhängig" betreue oder gar eine „Optimierung" der Kundenfinanzen in Aussicht stellt. Schlägt man den Begriff „unabhängig" im „Duden" nach, präsentiert sich einem u.a. die Erläuterung „nicht von etwas beeinflusst".[165] Angewendet auf die Anlageberatung würde demnach eine unbeeinflusste Beratung versprochen. Dann dürften Drittinteressen keine Rolle mehr spielen. Nach den aufsichtsrechtlichen Pflichten dürfen Drittinteressen hingegen grundsätzlich „nur" nicht dazu führen, dass eine ungeeignete Empfehlung ergeht.[166] Bei einer Vielzahl geeigneter Empfehlungen wäre eine Berücksichtigung von Provisionsinteressen indes durch-

[160] Vgl. auch die Feststellung von *Emmerich*, in: FS Möschel, S. 945, 948, wonach die Selbstdarstellung als „Beraterbank" zumindest im Kreditgeschäft keine Auswirkungen habe; a.A. zur Relevanz der Werbung *Nobbe/Zahrte*, in: MünchKomm HGB^3, Anlageberatung, Rn. 80.

[161] http://www.n-tv.de/ratgeber/Europcar-ist-bester-Autovermieter-article3917386.html (zuletzt abgerufen am 25.6.2013).

[162] Es wäre eine unzulässige *petitio principii*, wollte man argumentieren, dass in solchen „Alltagssituationen" kein Beratungsvertrag vorläge und deshalb ein Vergleich nicht möglich sei, vgl. dazu supra § 6 A. III. 7. c) bb) (1). Vorliegend geht es gerade um die Frage, ob ein solcher anzunehmen ist.

[163] Ähnlich wie hier *Krüger*, NJW 2013, 1845, 1846.

[164] Kein Unterschied würde sich insofern ergeben, wenn der Kunde zum Ausdruck bringt, dass er genau dies wünsche und der Intermediär daraufhin mit der Beratung beginnt bzw. eine bereits begonnene Beratung fortsetzt.

[165] http://www.duden.de/rechtschreibung/unabhaengig#Bedeutung2b (Abruf vom 2.2.2014).

[166] Aus diesem Grund sollte nicht im Gegenschluss davon ausgegangen werden, dass eine im beschriebenen Sinne „abhängige Beratung" für den Kunden zwangsläufig nachteilig wäre; vgl. zur ähnlichen Diskussion im Rahmen der MiFID-Überarbeitung *Veil/Lerch*, WM 2012, 1605, 1608f.

aus möglich. Gerade diese müsste bei einer in Aussicht gestellten Unabhängigkeit unterbleiben. Anderenfalls wäre die „Steigerung" der Beratungsleistung durch das Adjektiv „unabhängig" bedeutungslos.[167] Aber auch (unmittelbare) Eigeninteressen, die das Beratungsergebnis in eine bestimmte Richtung lenken, scheinen mit einer postulierten Unabhängigkeit nicht vereinbar. Wer sich mit diesem „Label" schmückt, suggeriert, dass ohne jede Beeinflussung das für den Kunden „richtige" Ergebnis gefunden wird, ohne dass das Beratungsergebnis – aus welchen außerhalb der Kundensphäre liegenden Gründen auch immer – in eine bestimmte Richtung gelenkt würde.

In gleicher Weise relevant können Spezifizierungen wie versprochene „Optimierungen" sein. Das Ziel der „typischen Anlageberatung" ist die eigenverantwortliche Anlageentscheidung, wozu in der Regel zumindest *ein geeignetes Produkt* empfohlen wird. Zur Optimierung wäre dies jedoch nicht ausreichend: Die Empfehlung müsste das *am besten geeignete* Produkt enthalten, anderenfalls würde keine Optimierung vorliegen, allenfalls eine Verbesserung. Dass die zur Optimierung nötige Empfehlung auf ein im eigenen Anlageprogramm geführtes Produkt bezogen ist, scheint möglich, ist aber nicht zwingend.

Dies zeigt, dass bei einer unabhängigen Beratung bzw. einer versprochenen Ergebnisoptimierung, die Beratungsleistung selbst im Vordergrund steht (bzw. sie zumindest ein neben die Investitionsentscheidung tretendes „gleichwertiges Nebenziel" darstellt).[168] Das am besten geeignete Produkt stammt möglicherweise von der Konkurrenz oder (bei freien Vermittlern relevant) es besteht keine diesbezügliche Vertriebsvereinbarung. Wer „Unabhängigkeit" verspricht, wird sich von solchen Gesichtspunkten nicht mehr leiten lassen dürfen. Haben sich die Parteien über solche das „standardmäßige Beratungspflichtenprogramm" übersteigende Elemente verständigt – unabhängig davon, ob dies durch Nachfragen des Kunden oder das Anpreisen des Intermediärs zustande kam – ist ein selbständiger konkludenter Beratungsvertag anzunehmen. Werden nämlich die Erwartungen an die Beratung dermaßen „aufgeladen", dass im Ergebnis sogar offen bleiben muss, ob die Umsetzung bzw. Abwicklung der Empfehlung überhaupt durch den beratenden Intermediär erbracht werden kann, liegt es nahe, dass der Kunde für die Beratungsleistung eine vertragliche Grundlage wünscht. Die Beratung selbst ist dann nämlich neben der eigentlichen Investitionsentscheidung und deren Abwicklung ein gleichgewichtiger Teil der Kundeninteressen.

Auch für den beratenden Intermediär ist erkennbar, dass die (möglicherweise von ihm erzeugte) Erwartungshaltung des Kunden vom „Standardberatungsfall" zu unterscheiden ist. Er könnte sich dann nicht darauf berufen, dass er kein bzw. nur ein

---

[167] Vgl. aber auch *Maier*, VuR 2010, 25, 27, wonach *jeder* Anlageberater unabhängige Beratung schulde.

[168] Vgl. insofern auch OLG Stuttgart, Urt. v. 20.4.2011, Az.: 9 U 41/10, WM 2012, 1719, 1720 f., wonach Beratung „in der Regel als Nebenleistung" erfolge, wobei der Senat freilich daraus keine Schlüsse hinsichtlich der Annahme eines selbständigen Beratungsvertrags zieht.

geringes Entgelt für die Beratung vom Kunden erhielte.[169] Tritt die Erwartungshaltung des Kunden klar hervor und beginnt der Intermediär mit der Beratungstätigkeit, ist es ihm verwehrt vorzubringen, dass das Geschäft aus seiner Sicht unwirtschaftlich sei. Hat er selbst die beschriebene Erwartungshaltung geschürt, könnte er schon (künftig) durch entsprechende Anpassung seines Auftretens vermeiden, dass überhöhte Erwartungen an seine Leistung geweckt werden bzw. er muss gegebenenfalls ein Honorar dafür fordern. Der Anleger kann in den angesprochenen Fällen dem Verhalten des Intermediärs aber einen objektiven Rechtsbindungswillen bezüglich eines Anlageberatungsvertrags entnehmen.

Diese Überlegungen werden im Übrigen gestützt durch neuere europarechtliche Entwicklungen. So sind nach der MiFID II Anlageberater verpflichtet, den Kunden darauf hinzuweisen, ob sie ihn *unabhängig* beraten.[170] Sofern sie unabhängig beraten, ist der Pflichtenkreis der Anlageberatung verschärft, etwa im Hinblick auf die Auswahl der in Betracht gezogenen Produkte oder etwaige Provisionsannahmen.[171] Auch der europäische Gesetzgeber verbindet also mit der Kategorie der unabhängigen Beratung besondere Pflichten. Dies deckt sich damit, dass nach hier vorgeschlagener Überlegung diese Bezeichnung Erwartungen erzeugt, die die Beratung als zur eigentlichen Investitionsentscheidung gleichwertige Leistung erscheinen lassen. Für diese stellt der selbständige Anlageberatungsvertrag die vertragsrechtliche Grundlage dar.

Zusammenfassend lässt sich festhalten, dass die „Steigerung" der Kundenerwartungen an die Beratung – etwa mit Spezifizierungen wie „unabhängig" oder „Optimierung" – starke Indizien sind, die auf einen selbständigen Beratungsvertrag schließen lassen, sofern auf dieser Grundlage dann beraten wird.[172] Die bloße Wer-

---

[169] A.A. *Brocker/Klebeck*, ZIP 2010, 1369, 1374; dazu bereits supra Fn. 136. Nach der Neuregelung der MiFID erzeugte die Selbstbezeichnung als unabhängig ursprünglich die Pflicht, Provisionen entweder gar nicht erst anzunehmen bzw. nunmehr sie zumindest an den Kunden auszukehren, Art. 24 Abs. 7 b) MiFID II, vgl. zum ursprünglichen Vorschlag der Kommission *Veil/Lerch*, WM 2012, 1605, 1608.

[170] Art. 24 Abs. 4 a) (i) MiFID II, vgl. dazu *Veil/Lerch*, WM 2012, 1605, 1608 f.; ferner *Müchler/Trafkowski*, ZBB 2013, 101, 104.

[171] S. bereits Fn. 169; vgl. zur MiFID II auch infra § 10 D. II.

[172] I.E. ebenso *Wolf*, NVersZ 2001, 392, 393 f.; vgl. auch *Buck-Heeb*, WM 2012, 625, 632, die den „selbständig-unselbständigen Beratungsvertrag" des BGH von der „reinen neutralen" bzw. „unabhängigen Beratung" abgrenzt; *Einsiedler*, WM 2013, 1109, 1110; *Geibel*, ZBB 2003, 349, 354; *Habersack*, in: Bankrechtstag 2010, S. 3, 28 ff.; *Spindler*, WM 2009, 1821, 1825; vgl. ferner *Hopt*, Kapitalanlegerschutz im Recht der Banken, S. 389 f., zur Relevanz des Außenauftritts als „uneigennützig"; *Inderst/Ottaviani*, 13 EBOR (2012), 237, 245 (einerseits „adivsers with strong fiduciary duties", andererseits „advisers who are merely brokers"); *Schäfer/Schäfer*, BKR 2007, 163, 165 f. („objektive und nicht beeinflusste" Beratung muss vereinbart sein, um völlige Fremdinteressenwahrnehmung erwarten zu können); a.A. *Brocker/Klebeck*, ZIP 2010, 1369, 1374 (keine hinreichende semantische Prägung und Begriff sei kein Synonym für Altruismus); *Loidl/Burgin*, Recht der Finanzinstrumente 2012, 232 (Anlageberater würden ohnehin als unabhängig auftreten); vgl. auch *Herresthal*, ZBB 2012, 89, 93 (Fn. 54) („[D]er bloße Hinweis auf den Außenauftritt ‚der Banken' als unabhängige Berater" allein genüge nicht zur Annahme eines Rechtsbindungswillens beim Intermediär). Dem ist zuzustimmen. Im Rahmen einer „echten Prüfung" hinsichtlich des

bung mit Beratung bzw. die Selbstdarstellung als Berater ist hingegen nicht ausreichend.[173]

2. *Intensität der Beratung*

Teilweise wird aus der Intensität einer Beratung gefolgert, dass aus der faktischen Beratung eine „rechtsgeschäftlich geschuldete" werden könne.[174] Der Begriff der Intensität ist allerdings äußerst unbestimmt.[175] Entsprechend der bisherigen Überlegungen muss danach gefragt werden, ob die Intensität der Beratung dazu führen kann, dass die Beratung zur gleichwertigen Leistung neben der eigentlichen Investitionsentscheidung aufgewertet wird. Das wird man aber anhand ihrer Intensität kaum festmachen können. Auch eine „typische Anlageberatung" kann, wenn beispielsweise die Kundenvorstellungen mit dem Kundenrisikoprofil nicht „zusammenpassen", durchaus sehr intensiv sein, ohne dass dabei zugleich der Bereich verlassen werden müsste, indem der Finanzintermediär absatzbegleitend die ihm auferlegten Pflichten erfüllt, um durch Folgegeschäfte einen Ertrag zu erwirtschaften. Der Pflichtenkreis der (typischen) Anlageberatung ist vorab determiniert. Wie intensiv die Erfüllung der Pflichten wird, hängt maßgeblich ebenso vom Kunden ab. Aus einer größeren Intensität kann daher hinsichtlich des objektiven Rechtsbindungswillens des Beraters wenig gewonnen werden.[176]

3. *Vertrauensbeziehung zwischen Kunde und Intermediär*

Argumentativ wird häufig das besondere Vertrauen herangezogen, das Kunden Finanzintermediären üblicherweise entgegenbrächten.[177] Zu Recht verweist *Benedict* darauf, dass in Fällen der Vermittlerhaftung eine Vertrauensbeziehung immer begründbar ist, da der Anleger ohne Vertrauen in den Geschäftserfolg der empfohlenen Anlage diese nicht getätigt haben würde.[178] Wolle man diesen Vertrauenstatbestand „namhaft machen", sei er besondere Sachkunde zu nennen.[179] Dem ist zuzu-

---

Zustandekommens eines selbständigen Beratungsvertrags wäre die herausgestellte Unabhängigkeit indes indiziell auf beschriebene Weise zu berücksichtigen; s. ferner *Gansel/Gängel*, NJ 2010, 312, 314 und 317.

[173] A.A. *Schelling*, Vergütungssysteme und Interessenkonflikte, S. 67.

[174] *Buck-Heeb*, WM 2012, 625, 626; *Clouth*, in: Praktikerhdb. Wertpapier- und Derivategeschäft[4], Rn. 1222. Ein etwas anderes Verständnis der Intensität legt *Hopt*, Kapitalanlegerschutz im Recht der Banken, S. 101 ff., zugrunde, wo er hauptsächlich hinsichtlich der Umstände des Zustandekommens der Beratung differenziert (etwa: Einmalgeschäft oder ständige Geschäftsbeziehung); vgl. allgemein zur Intensität von Beziehungen zu Kreditinstituten *ders.* a.a.O. S. 421 ff.

[175] *Peters*, JZ 2000, 307, 308; *Singer*, in: FG Bundesgerichtshof, S. 381, 393.

[176] I.E. auch *Peters*, JZ 2000, 307, 308.

[177] Vgl. BGH, Urt. v. 14.3.2003, Az.: V ZR 308/02, NJW 2003, 1811, 1814; *Benedict*, ZIP 2005, 2129, 2131 f.; *Kluge*, Kick-backs, S. 64 m.w.N.; *Sethe*, in: FS Nobbe, S. 769, 785.

[178] *Benedict*, ZIP 2005, 2129, 2132; vgl. auch supra § 8 A. II. 2.

[179] *Benedict*, ZIP 2005, 2129, 2132.

stimmen. Dass das Sachkundekriterium allerdings hinsichtlich der Ermittlung des Rechtsbindungswillens nicht tauglich ist, wurde bereits besprochen.[180]

4. Wissensvorsprung

Auch soweit auf den Wissensvorsprung des Finanzintermediärs rekurriert wird,[181] kann weitgehend nach oben verwiesen werden. Denn das Informationsgefälle zwischen Anleger und Intermediär ist in der Regel nichts anderes als eine Umschreibung der Situation, in der nur eine Seite besonders fachkundig ist. Deshalb ist mit dem „Wissensvorsprungskriterium" eine Feststellung des Rechtsbindungswillens nicht zuverlässig möglich.[182]

5. Rollenüberschreitung

Ein selbständiger Beratungsvertrag wird teilweise dann für möglich gehalten, wenn der beratende Intermediär „seine Rolle" überschreite, z.B. wenn eine Bank baufachmännische Aussagen zu einem zu finanzierenden Immobilienobjekt mache.[183] Dies lässt sich in die hier vorgeschlagene Abgrenzung einfügen: Verlässt die Beratung, wie im Beispiel, den Rahmen der ursprünglich bei diesem Intermediär zumindest abstrakt avisierten Investitionsentscheidung (konkret: die *bloße Finanzierung* einer Anlage), könnte dies dafür sprechen, dass die weitergehende (also nicht nur die Finanzierung betreffende) Beratung bezüglich des „Hauptgeschäfts" im Verhältnis zum angestrebten Geschäft mit dem Intermediär (bloße Finanzierung) als gleichwertig erscheint, weil sie damit nicht notwendig zusammenhängt. Das kann indiziell für einen selbständigen Beratungsvertrag sprechen. Der Bereich des erforderlichen – gegebenenfalls in seinem Umfang vorgeschriebene – Informationsaustauschs in der Vertragsanbahnungsphase (im Beispiel: betreffend die Finanzierung),[184] der allein regelmäßig nicht zu einem selbständigen Beratungsvertrag führt, wird dann verlassen und die „erforderliche Beratung" insoweit entsprechend „aufgewertet".

---

180 S. supra § 6 A. I. 4. d) aa) (2) (b).

181 *Buck-Heeb*, WM 2012, 625, 626; *Veldhoff*, Haftung von Kreditinstituten, S. 99.

182 Vgl. die Ausführungen zur Sachkunde supra § 6 A. I. 4. d) aa) (2) (b).

183 *Ernst*, in: MünchKomm BGB[6], § 280 Rn. 128 m.w.N.

184 Vgl. *Ernst*, in: MünchKomm BGB[6], § 280 Rn. 128.

6. Negativindizien

Ein Beratungsvertrag soll dann zu verneinen sein, wenn der Kunde[185] oder der Finanzintermediär eine Beratung ablehnt[186] und es nicht zu einer Beratung komme. Dem ist zwar zuzustimmen, das ist aber völlig selbstverständlich. Würde man nicht so weitgehend mit der Fiktion eines Beratungsvertrags arbeiten, wäre es entbehrlich zu betonen, dass ein Vertrag nicht zustande kommt, wenn dies nur eine Seite ausdrücklich ablehnt.[187] Die generelle Einschränkung, dass es dann auch nicht zu einer Beratung gekommen sein darf, muss so verstanden werden, dass im Falle einer (trotz ursprünglicher Ablehnung) stattfindenden Beratung erneut im oben beschriebenen Sinne zu prüfen ist, ob diese Beratung auf Grundlage eines selbständigen Beratungsvertrags stattgefunden hat. Dies darf wiederum nicht unterstellt werden. Vielmehr liegen die Hürden für ein schlüssiges Verhalten dann tendenziell noch höher, wenn man berücksichtigt, dass vor dieser konkreten Beratung bereits die Tätigkeit als solche noch von mindestens einer Seite abgelehnt wurde. Hinsichtlich eine Beratung ablehnender Direktbanken (*Discount-Broking*) hat der BGH entschieden, dass eine solche ausdrückliche Ablehnung das Zustandekommen eines Beratungsvertrags regelmäßig verhindere,[188] allerdings mit der Aussage verknüpft, dass sich die Direktbank an „gut informierte und erfahrene Anleger" wende.[189] Hier blitzt wieder die vermeintliche Notwendigkeit der Beratungsvertragskonstruktion aus Anlegerschutzgründen auf. Aus rein vertragsrechtlicher Sicht und nach den Vorgaben des Informationsmodells ist die Aussage, keine Beratung anzubieten, eindeutig und für *jeden* Adressaten verständlich, unabhängig von seiner Professionalität.[190]

Ein Beratungsvertrag soll auch dann ausscheiden, wenn der Kunde bereits beraten sei.[191] Führt das dazu, dass schon keine Beratung stattfindet, gilt soeben Gesagtes. Wird der Kunde hingegen (nochmals) beraten, führt die vorherige Beratung nur dazu, dass der Kunde in die nunmehr vorliegende „Zweitberatungssituation" (vor-

---

185 *Buck-Heeb*, WM 2012, 625, 627; *Herresthal*, ZBB 2012, 89, 95; *Lang/Balzer*, in: FS Nobbe, S. 639, 656; *Ruland/Wetzig*, BKR 2013, 56, 57 m.w.N.; *Schefold*, in: Schimansky/Bunte/Lwowski, Bankrechts-Hdb.[4], § 116 Rn. 308; die bei *Ruland/Wetzig* a.a.O. zitierte Rechtsprechung betrifft Fälle, in denen der Kunde mit gezielten Aufträgen an den Intermediär herantrat; dazu auch *Arendts*, Haftung für fehlerhafte Anlageberatung, S. 13; *Veldhoff*, Haftung von Kreditinstituten, S. 99.

186 Etwa aufgrund mangelnder Kenntnis, vgl. BGH, Urt. v. 19.5.1998, Az.: XI ZR 286/97, NJW 1998, 2675, 2676; vgl. ferner *Lang/Balzer*, in: FS Nobbe, S. 639, 656; *Veldhoff*, Haftung von Kreditinstituten, S. 111.

187 Vgl. aber auch *Bracht*, ZBB 2013, 252, 254, der dem BGH lobend zustimmt, diese „überzeugende Grenze" des konkludenten Beratungsvertrags gezogen zu haben; *Buck-Heeb*, ZIP 2013, 1401, 1404.

188 Vgl. auch *Wieneke*, Discount-Broking und Anlegerschutz, S. 47 ff. und 187; ferner *Arendts*, Haftung für fehlerhafte Anlageberatung, S. 13; *Herresthal*, ZBB 2012, 89, 95; *Veldhoff*, Haftung von Kreditinstituten, S. 99; zum Discount-Broking auch *Lang/Balzer*, in: FS Nobbe, S. 639, 658 ff.

189 BGH, Urt. v. 5.10.1999, Az.: XI ZR 296/98, BGHZ 142, 345 = NJW 2000, 359, 361.

190 In diese Richtung auch *Balzer*, EWiR 2013, 365 f.; vgl. auch supra § 3 D. V. 1.

191 *Ruland/Wetzig*, BKR 2013, 56, 57.

aussichtlich) mit erhöhten Vorkenntnissen eintritt. Nach der Konstruktion des BGH dürfte dies keine Rolle spielen, da grundsätzlich bereits das Beratungsgespräch die Fiktion auslöst. Er hat entsprechend in einem Fall, in dem der Kunde von einem Vermögensberater bereits zuvor beraten worden war, nicht den Vertragsschluss selbst in Abrede gestellt, sondern das daraus folgende Pflichtenprogramm reduziert, da davon ausgegangen werden könne, dass der Kunde bereits informiert sei.[192] Nach hiesiger Auffassung können die Vorkenntnisse des Kunden im Rahmen der „Interessenbetrachtung"[193] zwar eine Rolle spielen. Ob dies aber für oder gegen ein besonderes *weiteres Beratungsinteresse* auf vertraglicher Grundlage spricht, hängt vom Inhalt der gewünschten Beratung ab und kann nicht allgemein formuliert werden.

Letztlich unterstreichen die hier vorgestellten „Negativindizien" nochmals, wie gering die Anforderungen an das (fiktive) Zustandekommen eines selbständigen Beratungsvertrags im Rechtsprechungsmodell sind. Selbst der Hinweis durch einen Finanzintermediär, dass nur ein sog. Ausführungsgeschäft (*execution only*) vorläge, solle nicht ausreichen, um einen Beratungsvertragsschluss abzuwenden. Erforderlich sei eine „ausdrückliche Vereinbarung", dass keine Beratung stattfindet.[194] Mit einer solchen Argumentation wird der allgemeine Teil des BGB, wonach Parteien durch ihre Erklärungen einen Vertrag zustande bringen, ins Gegenteil verkehrt: Gefordert wird eine Vereinbarung darüber, dass *kein* Vertrag zustande kommt. Liegt eine solche Vereinbarung nicht vor, wird weitgehend ein Vertrag aufgrund der (bloß absatzbegleitenden) Beratungstätigkeit angenommen.[195]

III. Zwischenergebnis

Die bisherige Untersuchung hat gezeigt, dass im nahezu umfassend beratungsvertragsrechtlich erfassten Gebiet der Anlageberatung in großem Umfang (bloße) Absatz- bzw. Verkaufsgespräche stattfinden, die aufgrund der Umstände des Finanzmarkts (z.B. der Komplexität der Produkte) und gesetzlicher Vorgaben beratende Elemente enthalten.[196] Die rechtliche Verselbständigung der Informationsleistung

---

192 BGH, Urt. v. 27.2.1996, Az.: XI ZR 133/95, NJW 1996, 1744.

193 Supra § 6 A. I. 4. d) aa) (1).

194 *Ruland/Wetzig*, BKR 2013, 56, 57; zu *execution-only Buck-Heeb*, WM 2012, 625, 627.

195 Missverständlich BGH (Accessio Wertpapierhandelshaus AG), Urt. v. 19.3.2013, Az.: XI ZR 431/11, BGHZ 196, 340 = ZIP 2013, 870, Rn. 17f., wo eine konkludente „Negativerklärung" hinsichtlich der Aufklärungsbedürftigkeit angenommen wurde, um zu begründen, weshalb kein Beratungsvertrag vorliege. Nach allgemeiner Vertragsschlusslehre ist dafür ausreichend, dass keine auf Abschluss eines Beratungsvertrags gerichtete Willenserklärungen vorliegen. Eine besondere, den Vertragsabschluss hindernde Erklärung ist dafür nicht notwendig. Kritisch zu bewerten ist daher auch die Aussage von *Buck-Heeb*, WM 2012, 625, 627, die Bank müsse den Kunden darauf hinweisen, wenn sie *keinen* Vertrag schließen wolle. Ebenso unglücklich aus anderer Perspektive *Roberts*, DStR 2010, 1082, 1083, wonach ein Beratungsvertrag zustande komme, wenn der Kunde das nicht ausdrücklich ablehne.

196 Vgl. auch *Grys/Geist*, BKR 2009, 126, 129.

im Vorfeld der Investitionsentscheidung läuft nur dann nicht auf eine Fiktion hinaus, wenn Elemente identifiziert werden können, die die Beratung aufwerten und sie im Verhältnis zur Investitionsentscheidung gleichrangig erscheinen lassen. Dies muss sich in den Interessen der Parteien widerspiegeln, die bei der Bestimmung des objektiven Rechtsbindungswillens maßgeblich relevant sind.

Eine solche Aufwertung ist im Fall der Honorarberatung anzunehmen.[197] Sofern keine entsprechende Vergütung gezahlt wird, kann insbesondere die „Qualifikation" der Beratungsleistung durch „Optimierungsversprechen" oder besonders betonte „Unabhängigkeit" der Beratung dafür sprechen, dass ihr im Vergleich zur bloßen Absatzbegleitung ein besonderes Gewicht zukommen soll.[198] Es ist naheliegend, dass eine solche verselbständigte Leistung vertraglich erfasst sein soll. Dazu ist eine intensive Prüfung des Rechtsbindungswillens des Intermediärs – insbesondere hinsichtlich der damit zusammenhängenden Subordination[199] – erforderlich, da die Unentgeltlichkeit der Beratung in starkem Maße gegen dessen Interesse an einem selbständigen Beratungsvertrag spricht.

Es soll noch einmal betont werden, dass die Ausführungen an dieser Stelle keinesfalls abschließend alle denkbaren Fälle erfassen können oder sollen. Vielmehr kommt es auch für die Frage des Anlageberatungsvertragsschlusses jeweils auf alle Umstände des konkreten Einzelfalls an.[200] Gerade in den Fällen der unentgeltlichen Beratung liegt eine erhebliche Begründungslast beim Anleger, will er das Verhalten des Intermediärs als schlüssige Erklärung bezüglich eines solchen Vertrages verstanden wissen. Berücksichtigung muss dabei auch die Professionalität des Kunden finden. Eine Willensübereinkunft, dass – soweit keine Vergütung gezahlt wird – von dem Intermediär ausschließlich und allein die Kundeninteressen wahrgenommen werden sollen, wird insbesondere im Wirtschaftsverkehr mit Unternehmen kaum einmal vorliegen. Der Abschluss von konkludenten, unentgeltlichen Beratungsverträgen ist zwar nicht a priori ausgeschlossen, bedarf aber sorgfältiger Prüfung im Einzelfall unter Berücksichtigung der Tauglichkeit dafür herangezogener Kriterien.[201]

---

[197] Vgl. auch *Krüger*, NJW 2013, 1845, 1847; zur Relevanz eines Beratungsentgelts auch *Nobbe/Zahrte*, in: MünchKomm HGB^3, Anlageberatung, Rn. 158.

[198] *Decker*, Aufklärungspflichten, S. 149, erkennt im Ausgangspunkt zutreffend, dass die „Selbstdarstellung des Intermediärs" sowie die „Art der Entlohnung" maßgebend sind, geht aber davon aus, dass Anlageberater „direkt vom Interessenten vergütet" werden, was dem Regelfall gerade nicht entspricht.

[199] Dazu supra § 6 A. I. 4. a) bb).

[200] Vgl. BGH (Bond) BGHZ 123, 126 = NJW 1993, 2433, zur Ausgestaltung des Umfangs der Beratungspflichten; zum Vertragsschluss und dabei relevanten Umständen auch *Herresthal*, ZBB 2012, 89, 96.

[201] A.A. *Roberts*, DStR 2010, 1082, 1086 (nach Bond sei ein Beratungsverhältnis zu unterstellen); zutreffende Einordnung dazu bei *Benedict*, ZIP 2005, 2129, 2130 („Die allgemeinen Regeln der Rechtsgeschäftslehre sind hier suspendiert."); sich *Benedict* anschließend *Krebs*, in: Dauner-Lieb/Langen, BGB-Schuldrecht^2, § 311 Rn. 180.

B. Aufklärungspflichten aus Auftrags- bzw. Geschäftsbesorgungsrecht

Der BGH leitet seine Aufklärungsrechtsprechung bezogen auf monetäre Eigeninteressen maßgeblich direkt aus der beratungsvertraglichen Pflicht ab, dem Anleger eine eigenverantwortliche Entscheidung zu ermöglichen, wobei im Rahmen dieser Tätigkeit allein die Anlegerinteressen zu berücksichtigen sind. Insoweit rekurriert er auf eine – insofern nicht unumstritten gebliebene – allgemeine zivilrechtliche Pflicht der Vermeidung vertragswidriger Interessenkonflikte.[202] Dogmatisch stimmig lassen sich Aufklärungspflichten bei selbständigen Beratungsverträgen bereits aus Auftrags- bzw. Geschäftsbesorgungsrecht herleiten.[203]

I. Aufklärungspflichten aus Auskunfts- und Rechenschaftspflichten

Auskunfts- und Rechenschaftspflichten ergeben sich für Anlageberatungsverträge aus § 666 (ggf. i.V.m. § 675 Abs. 1) BGB. Danach hat der Berater dem zu Beratenden die erforderlichen Nachrichten zu geben, auf Verlangen Auskunft zu erteilen und nach der Ausführung der Beratung Rechenschaft abzulegen. Die genannten Pflichten sollen allgemein dem Auftraggeber – also dem Kunden – ermöglichen, seine Rechte und Pflichten gegenüber dem Auftragnehmer – also dem Berater – und gegenüber Dritten wahrzunehmen. Auskunft und Rechenschaft sind dabei nur *auf Verlangen* zu geben.[204] Soweit die Pflicht betroffen ist, gegebenenfalls *unaufgefordert* über monetäre Eigeninteressen aufzuklären, kommt eine Subsumtion unter das Merkmal der „erforderlichen Nachricht" in Betracht. Erforderliche Nachrichten sind diejenigen unbekannten Informationen, die den Auftraggeber insoweit in Kenntnis setzten, dass er „seine Rechte wahrnehmen, Pflichten erfüllen und sachgerechte Entscheidungen treffen kann".[205] Er ist zu informieren, weil seine Entscheidung erforderlich wird.[206] Im Rahmen der Anlageberatung ist die Ermöglichung der eigenverantwortlichen Entscheidung des Anlegers ohnehin das Vertragsziel. Die Kontrollfrage, ob eine besondere Entscheidung des Anlegers nötig wird, hilft also nicht weiter, um zu bestimmen, ob nach § 666 Var. 1 BGB über monetäre Eigeninteressen aufgeklärt werden muss. Entscheidend ist deshalb im Ergebnis, ob die Information über monetäre Eigeninteressen des Beraters von Bedeutung[207] für die anstehende Anlageentscheidung ist.

---

202 Supra § 6 A. II.

203 Zur rechtlichen Einordnung selbständiger Anlageberatungsverträge supra § 6 A. I. 4. b).

204 Vgl. *Seiler*, in: MünchKomm BGB^{6}, § 662 Rn. 1 f.; sie sind dabei jeweils Teile eines umfassenden Informationsanspruchs des Auftraggebers, dazu *Fischer*, in: BeckOK-BGB, Ed. 31, § 666 Rn. 1 m.w.N. auch zur Rechtsprechung.

205 *Seiler*, in: MünchKomm BGB^{6}, § 662 Rn. 5.

206 *Fischer*, in: BeckOK-BGB, Ed. 31, § 666 Rn. 3.

207 Vgl. *Fischer*, in: BeckOK-BGB, Ed. 31, § 666 Rn. 4; *Schwab*, in: Dauner-Lieb/Langen, BGB-Schuldrecht^{2}, § 666 Rn. 3.

Zu berücksichtigen ist, dass solche Eigeninteressen nur realisiert werden, wenn der Anleger der Empfehlung des Beraters folgt. Ihre interessenkonfliktbegründende Wirkung für die Beratung entfalten sie aber bereits zuvor, da der Berater regelmäßig mit der Empfehlung das seinerseits Mögliche getan haben wird, um Folgeerträge aus späteren Geschäften zu erwirtschaften.[208] Selbst wenn sich derartige Eigeninteressen *de facto* nicht in der Empfehlung niederschlagen würden, kann man nicht leugnen, dass sich *aus Anlegersicht* das Risiko, der Empfehlung des Beraters zu vertrauen, erhöht hat. Das gilt insbesondere, wenn man mit dem BGH davon ausgeht, dass der Anleger eine *allein* an seinen Interessen ausgerichtete Beratung erwarten darf. Der Aspekt der *Risikoerhöhung* ist ein Auslöser von Benachrichtigungspflichten.[209] Unter der Prämisse des BGH müsste dies dann für sämtliche Eigeninteressen gelten, unabhängig von ihrer Ausgestaltung.[210] Diese Benachrichtigungspflicht entfällt nicht dadurch, dass die beschriebene Berücksichtigung von Eigeninteressen durch den Berater bereits eine beratungsvertragliche Pflichtverletzung darstellt.[211] Der Umstand, dass der „Auftragnehmer selbst" Ausgangspunkt der Risikoerhöhung für den Auftraggeber ist, kann ersteren von seiner Benachrichtigungspflicht nicht entbinden.[212]

Grigoleit lehnt eine Auskunftspflicht aus § 666 BGB ab, weil die Rückvergütung „ihre Basis in einem gesonderten Vertragsverhältnis zwischen dem Finanzdienstleister und dem Dritten" habe und aufgrund des Fehlens einer Entgeltabrede dieses Drittverhältnis „auch im Verhältnis Bank/Kunde stillschweigend zugelassen" sei.[213] Der erste Aspekt vermag schon deshalb nicht zu überzeugen, weil dies auf jedes Schmiergeld zutreffen würde, das immer auf einer gesonderten Vereinbarung, an der der Auftraggeber nicht beteiligt ist, beruht.[214] Das zweite Argument greift eben-

[208] Im Ergebnis a.A. OLG Frankfurt a.M., Urt. v. 5.7.2013, Az.: 10 U 166/12, BKR 2013, 391, 392, weil der Berater „allein aufgrund der Beratung keine Provisionen" erlange.

[209] *Fischer*, in: BeckOK-BGB, Ed. 31, § 666 Rn. 3 mit Verweis auf eine Reichsgerichtsentscheidung; vgl. auch *Schelling*, Vergütungssysteme und Interessenkonflikte, S. 46 ff., der die Interessenvermeidungs- bzw. Offenlegungspflicht als „gemeinsames Element aller Geschäftsbesorgungsverhältnisse" beschreibt. Aufgrund der konkreten Vorgaben des Beratungsvertrags durch den BGH ist ein solcher allgemeiner Rückgriff hier nicht erforderlich, vgl. § 10 C.

[210] Aus demselben Grund kann eine Aufklärungspflicht auch nicht mit dem Verweis auf eine etwaig die Anreizwirkung kompensierende Herausgabepflicht verneint werden, so *Decker*, Aufklärungspflichten, S. 136 f. Die Aufklärungspflicht basiert auf der Eigeninteressenwahrnehmung, weil sich deren Facetten dem Anleger in der Regel nicht völlig erschließen werden und sie vertragsgemäß gerade ausgeschlossen sein soll. Eine „monetäre Kompensation" über Herausgabepflichten ist ohnehin nicht für alle Eigeninteressen möglich; vgl. auch *Buck-Heeb*, DB 2011, 2825, 2828.

[211] Dazu § 10 C. I.

[212] Auch im Rahmen der Benachrichtigungspflicht des § 384 Abs. 2 HGB ist eine Aufklärungspflicht über Interessenkonflikte anerkannt, *Koch*, ZBB 2013, 217, 222; zum Interessenkonfliktpräventionstelos der Norm auch *Martinek*, in: Oetker, Komm HGB^3, § 384 Rn. 30.

[213] *Grigoleit*, ZHR 177 (2013), 264, 292.

[214] Vgl. *Häuser*, in: MünchKomm HGB^3, § 384 Rn. 73b. Damit soll nicht gesagt sein, dass Rückvergütungen „schmiergeldähnlich" seien; zu dieser Diskussion bereits § 5 B. I. 1. c) cc).

so wenig durch. Vor dem Hintergrund der versprochenen alleinigen Fremdinteressenwahrnehmung durch den Intermediär, wäre eine – nach *Grigoleit* stillschweigende – Abbedingung dieser maßgeblichen beratungsvertraglichen Pflicht nur plausibel, wenn dem Kunden vor Augen geführt würde, inwieweit er sich des ursprünglich vereinbarten Schutzes begeben würde. Das ist ohne Aufklärung kaum vorstellbar.[215] Aufgrund der häufig fiktiven Annahme von Beratungsverträgen ist *Grigoleit* in der Sache durchaus zuzustimmen. Innerhalb des dogmatischen Gerüsts des Beratungsvertrags ist eine solche Pflichteneinschränkung hingegen nicht überzeugend.

Nach alledem lassen sich unter dem Regime des Beratungsvertrags Aufklärungspflichten als Benachrichtigungspflichten stimmig aus § 666 Var. 1 BGB herleiten,[216] weil sie aus Anlegersicht ein Risiko schaffen, das vertragsgemäß nicht bestehen darf und womit der Anleger daher nicht rechnen muss.

II. Aufklärungspflichten aufgrund Herausgabepflichten?

Es ist denkbar, dass erlangte Vertriebsprovisionen nach § 667 Alt. 2 BGB (ggf. § 384 Abs. 2 Halbs. 2 HGB) herauszugeben sind.[217] Soweit dies der Fall wäre, könnte über deren Anfall eine Informationspflicht nach § 666 BGB bestehen, die maßgeblich der Realisierung von Pflichten nach § 667 BGB dienen würde.[218] Eine Herausgabepflicht besteht nunmehr jedenfalls nach § 31 Abs. 4c Nr. 2 WpHG i.d. Fassung des Honoraranlageberatungsgesetzes für Honorar-Anlageberater im aufsichtsrechtlichen Sinn.[219] Die Verknüpfung von Herausgabepflichten und Informationspflichten besteht allerdings zuvörderst über Auskunfts- und Rechenschaftspflichten,[220] die erst *auf Verlangen* des Auftraggebers entstehen und daher hier nicht weiterhelfen. Dies ist nachvollziehbar, da die Herausgabepflicht nach § 667 BGB als „Abwicklungsnorm" für die Zeit nach Durchführung des Auftrags konzipiert ist.[221]

---

[215] Vgl. *Decker*, Aufklärungspflichten, S. 138.

[216] I.E. auch *Geßner*, BKR 2010, 89, 91, allerdings mit dem unzutreffenden Hinweis, dass § 666 BGB nur nachträgliche Rechnungslegungspflichten beinhalte, wobei das Verlangen nach Rechnungslegung dann aber als konkludent vorliegend angenommen wird; anders BGH (Lehman-VII) BB 2012, 3036, Rn. 39, wonach (auch) § 666 BGB beim Kaufvertrag nicht zur Anwendung komme. Dies ist zwar richtig, blendet den parallel bestehenden Beratungsvertrag indes aus, dazu bereits supra § 5 A. XXXIV. 3.

[217] Bezüglich freien Beratern zweifelnd BGH (Freier Anlageberater-III) ZIP 2011, 607, Rn. 20; offen gelassen auch von BGH, Urt. v. 14.1.2014, Az.: XI ZR 355/12, BGHZ 199, 355 = NJW 2014, 924, Rn. 15 ff. mit Darstellung des Streitstandes; zur Diskussion ausführlich *Koch*, ZBB 2013, 217 ff.; vgl. auch Fn. 97.

[218] *Schulze*, in: Hk-BGB[8], § 666 Rn. 1; *Schwab*, in: Dauner-Lieb/Langen, BGB-Schuldrecht[2], § 666 Rn. 7.

[219] Die Annahme von Zuwendungen ist freilich bereits beschränkt auf Finanzinstrumente, die ohne den Anfall der Zuwendung nicht erhältlich wären.

[220] Vgl. *Martinek*, in: Staudinger, Neubearbeitung 2006, § 667 Rn. 4.

[221] *Martinek*, in: Staudinger, Neubearbeitung 2006, § 667 Rn. 2; zur kommissionsrechtlichen Grundlage *ders.*, in: Oetker, Komm HGB[3], § 384 Rn. 30.

Dass im Rahmen dieser Abwicklung auf etwaige herausgabepflichtige Positionen unaufgefordert hingewiesen werden muss, kann deshalb eine Aufklärungspflicht über die bloße Provisionsvereinbarung noch nicht rechtfertigen. Im hiesigen Kontext soll der Auftraggeber über das Zusammenspiel von §§ 666 Var. 3, 667 BGB so gestellt werden, wie er stünde, wenn die Konditionen des Geschäfts nicht zu seinen Lasten „verschoben" worden wären. Von einer solchen Verschiebung ist etwa bei Schmiergeldern auszugehen.[222] Insoweit liegt eine „ergebnisbezogene" wirtschaftliche Betrachtung vor.[223] „Bloße Gefahren" für die Interessen des Auftraggebers werden hingegen von § 666 Var. 1 BGB erfasst.[224] Insofern erschiene es zweifelhaft und nicht notwendig, eine auf etwaige Herausgabepflichten gestützte *nachfrageunabhängige* Aufklärungspflicht über monetäre Eigeninteressen *vor* Abgabe der Empfehlung zu begründen.[225]

C. Grundsatz: Aufklärungspflicht über alle (monetären) Eigeninteressen

I. Konsequenzen aus der alleinigen Fremdinteressenwahrnehmung

Der Abschluss eines Beratungsvertrags verpflichtet den Berater dazu, *allein* die Kundeninteressen wahrzunehmen, um dem Kunden eine eigenverantwortliche Investitionsentscheidung zu ermöglichen. Am Merkmal dieser alleinigen Fremdinteressenwahrnehmung ist daher jede Berücksichtigung von Eigeninteressen zu messen. Damit ist dann zugleich klar, dass *jegliche* Berücksichtigung von Eigeninteressen, erst recht von solchen, die mit Drittzuwendungen zusammenhängen,[226] gegen

---

[222] Vgl. *Fischer*, in: BeckOK-BGB, Ed. 31, § 667 Rn. 10; ferner *Koch*, ZBB 2013, 217, 220.

[223] Soweit der BGH Aufklärungspflichten (aus c.i.c.) über ein Provisionsversprechen annahm, wobei als Rechtsfolge Schadensersatz in Höhe der „zu teuer erworbenen Gegenleistung" gewährt wurde (BGH, Urt. v. 14.3.1991, Az.: VII ZR 342/89, BGHZ 114, 87 = NJW 1991, 1819, 1820), unterscheidet sich das im wirtschaftlichen Ergebnis ebenfalls nicht von der Situation, die nach Herausgabe der Provisionen eintreten würde.

[224] Dazu soeben supra § 10 B. I.

[225] I.E. auch BGH (Freier Anlageberater-III) ZIP 2011, 607, Rn. 20; *Decker*, Aufklärungspflichten, S. 139; *Schelling*, Vergütungssysteme und Interessenkonflikte, S. 54 f.; a.A. *Nittel/Knöpfel*, BKR 2009, 411, 415 f.; wohl auch *Emmerich*, in: MünchKomm BGB[6], § 311 Rn. 119, der auch auf § 667 BGB rekurriert, um die Offenlegungspflichten bei der Anlageberatung zu begründen, indes der Sache nach mit den „bekannten" Interessenkonflikt- bzw. Werthaltigkeitgesichtspunkten argumentiert. Vgl. auch BGH (Kick-Back-XII) WM 2013, 2065, Rn. 28, wonach das Bestehen kommissionsrechtlicher Herausgabepflichten nicht zu einer beratungsvertraglichen Aufklärungspflichtverletzung bei Nichtaufklärung führe; s. auch die weiteren Nachweise in Kapitel 2 Fn. 449; ferner (Kapitel 3) Fn. 210. Für den Anleger ist die Möglichkeit, Herausgabe zu verlangen, aber durchaus interessant: Richtet sich sein Interesse nicht auf Rückabwicklung, etwa weil die Investition an sich „lohnend" war, könnte er über die Herausgabepflicht dann möglicherweise einen „Zusatzertrag" erwirtschaften. Ferner ist auch an die Fälle freier Anlageberatung und an Konstellationen zu denken, in denen ein Schadensersatzanspruch aufgrund erfolgter Aufklärung ausscheidet, vgl. *Koch*, ZBB 2013, 217, 218.

[226] Zur Verknüpfung von Dritt- und Eigeninteressen bereits § 3 E. II. 2. b) bb).

die genannte Pflicht verstößt.[227] Ausgenommen werden kann hier einzig das ursprüngliche Honorarinteresse des Intermediärs.[228] Dieses muss der Kunde hinnehmen, da er darüber die Subordination des Beraters erst „erkauft".[229]

Ist eine solche strenge Pflichtenbindung erst einmal etabliert, geht von *Eigeninteressen jeder Art* dann ein Risiko hinsichtlich der versprochenen Wahrnehmung allein der Kundeninteressen (Neutralität im strengsten Sinn) aus. Deshalb ist über diese nach § 666 Var. 1 BGB aufzuklären.[230] Die oben aufgezeigten, diffizilen Abgrenzungen hinsichtlich Vergütungsarten und Fallgruppen in der Rechtsprechung[231] sind mit den deduktiv abgeleiteten Folgen der versprochenen vollständigen Subordination nicht vereinbar. Erfasst sein müssen von der Aufklärungspflicht ohne weiteres alle Provisionen (Rückvergütungen, Innenprovisionen und sonstige Provisionen),[232] unabhängig von der angewendeten Definition. Aber auch beispielsweise in Rabatten bzw. negativen Marktwerten zum Ausdruck kommende, weitere Eigeninteressen der Berater begründen eine Gefahr für die alleinige Fremdinteressenwahrnehmung. Allenfalls wenn ein konkretes Produkt, das zur Realisierung eines Eigeninteresses beim Berater führen würde, die einzig mögliche bzw. beste Empfehlung darstellte, schiene es möglich, dass die mit Eigeninteressen verknüpfte Empfehlung nicht pflichtwidrig wäre.[233] Da eine solche Einschätzung häufig nicht eindeutig sein wird, sollte die Aufklärungspflicht aber auch dann bestehen bleiben. Anderenfalls hätte es der Berater im Rahmen der potentiell ebenso interessenkonfliktbehafteten Einschätzung hinsichtlich der „besten Empfehlung" teilweise selbst in der Hand, die Aufklärungspflicht entfallen zu lassen.[234] Schließlich muss unerheblich sein, ob der Anlageberater „frei" im Sinne der Rechtsprechung des III. Zivilsenats ist. Soweit diese Berater nicht gesondert vergütet werden, ist zwar ein Beratungsvertragsschluss zweifelhaft.[235] Ist der Vertrag hingegen nach den hier entwickelten Grund-

---

[227] Vgl. auch *Buck-Heeb*, DB 2011, 2825, 2828; *Grigoleit*, Bankrechtstag 2012, S. 25, 33; *Koller*, ZBB 2011, 361, 362 („uneigennützige Beratung unter Ausschaltung aller Eigeninteressen"); in Bezug auf (alle) Provisionen von dritter Seite jetzt auch BGH (Innenprovisionen-V) BGHZ 201, 310 = BeckRS 2014, 14029, Rn. 36 ff., wo insoweit über das relevante Aufsichtsrecht hinausgegangen wird.

[228] Soweit Anleger- und Beraterinteressen „zufällig" übereinstimmen, ist das im Grundsatz unbedenklich. Der Berater darf den Anleger aber nicht in Richtung einer solchen angestrebten Übereinstimmung beeinflussen.

[229] Vgl. supra Kapitel 2 Fn. 947.

[230] Dazu supra § 10 B. I.

[231] S. ausführlich supra § 5.

[232] Insofern geht BGH (Innenprovisionen-V) BGHZ 201, 310 = BeckRS 2014, 14029, in die richtige Richtung. Problematisch bleibt freilich weiterhin die häufig fiktive Annahme eines Beratungsvertrags.

[233] Vgl. auch Fn. 228.

[234] Hiergegen ließe sich auch nicht mit dem Universalbankensystem argumentieren. Durch den Abschluss des Beratungsvertrags bringt der Berater zum Ausdruck, dass er seine Produktintermediärfunktion vollständig hintanstellen wird. Nach hiesigem Modell geht das auf seinen Willen zurück und ist insofern unproblematisch.

[235] Dazu supra § 10 A. I.

sätzen geschlossen und besteht die geschilderte Pflichtenbindung, werden freie Berater aber wie Bankberater der vollständigen Neutralitätspflicht unterworfen. Im Übrigen kann an dieser Stelle noch offenbleiben, ob auch dem Aufsichtsrecht eine pflichtenbegründende Funktion bei der vertraglichen Beratung zukommt. Darauf wird zurückzukommen sein.[236]

Eine Aufklärung allein lässt im Übrigen die Pflichtwidrigkeit nicht entfallen,[237] es sei denn, es handelte sich um die oben beschriebene „beste Empfehlung" für den Kunden. In allen anderen Fällen muss der Intermediär, um sich vertragskonform zu verhalten, das *Einverständnis des Kunden* zur Verfolgung von solchen Eigeninteressen einholen, die über das Honorar hinausgehen. Hiergegen ließe sich nicht anführen, dass der Berater dann, um auf der „sicheren Seite zu stehen", eigene Produkte außen vor lassen müsste. Er kann sie ohne weiteres berücksichtigen, wenn sie die für den Kunden besten sind. Will er Eigenprodukte aber auch sonst vorrangig berücksichtigen, ohne später eine gesonderte Zustimmung einholen zu müssen, muss er seinerseits dafür Sorge tragen, dass dies Bestandteil der Beratungsvertragsvereinbarung mit dem Kunden wird.

Die Aufklärung über monetäre Eigeninteressen ist damit einerseits echte selbständige Rechtspflicht aus § 666 Var. 1 BGB.[238] Andererseits ist sie notwendige „Vorstufe", um die aus Sicht des Intermediärs erforderliche Zustimmung des Kunden zur Verfolgung weiterer Eigeninteressen einzuholen. Gegebenenfalls muss der Kunde davon überzeugt werden, dass die Empfehlung eigener Produkte nicht auf den damit verbunden Eigeninteressen basiert.

II. Zur erforderlichen Zustimmung des Kunden

1. Monetäre Eigeninteressen als mittelbares Beratungshonorar?

Man könnte versuchen zu argumentieren, dass z.B. vereinnahmte Provisionen allgemein als Gegenleistung einzuordnen seien und daher von der Pflicht zur alleinigen Fremdinteressenwahrnehmung auszunehmen sind.[239] Selbst wenn man dies so sähe, würde dies nicht dazu führen, dass eine Offenlegung nicht mehr notwendig wäre. Denn der Kunde kann nur wissen, womit er die Leistung des Intermediärs vergütet, wenn das für ihn *im Zeitpunkt des Vertragsschlusses* erkenntlich ist.[240] Der Beratungsvertrag wird aber in der Regel abgeschlossen, bevor dem Kunden

---

[236] Dazu § 12 B. II. 2.

[237] Auch dazu bereits ausführlich supra § 6 A. III. 6. *Weller*, ZBB 2011, 191, 198; vgl. ferner *Köndgen/Sandmann*, ZBB 2010, 77, 93.

[238] *Ellenberger*, in: Hdb. Vermögensverwaltung, § 13 Rn. 1; *Sethe*, AcP 212 (2012), 80, 145.

[239] Vgl. supra Kapitel 2 Fn. 737 mit Stimmen, die die Anlageberatung aufgrund mittelbarer Vergütungen als „entgeltlich" ansehen. Soweit auf dieser Basis dennoch ein „vertragswidriger Interessenkonflikt" angenommen wird, ist das argumentativ nicht überzeugend, dazu bereits § 6 A. I. 4. d) aa) (2) (c).

[240] Vgl. in anderem Kontext *Koch*, ZBB 2013, 217, 223 und die Nachweise in Fn. 51 a.a.O.

etwaige Dritt- oder Eigenvergütungsbestandteile offengelegt werden; schließlich ist zu diesem Zeitpunkt meist nicht klar, worauf die spätere Empfehlung bezogen sein wird.[241] Denkbar wäre insoweit allenfalls, dass man allgemeine Hinweise und Aushänge bezüglich Provisionen ausreichen ließe, um daraus eine konkludente Einbeziehung in die Honorarvereinbarung zu konstruieren. Das würde nicht überzeugen. Zum Zeitpunkt des Vertragsschlusses wüsste der Kunde nicht, worauf die etwaigen Vergütungen „hinauslaufen" würden. Außerdem wäre das Honorar eine Art „Erfolgsprovision", die allerdings nicht an den Erfolg des Kunden mit der Anlage, sondern den des Intermediärs bei der Vermittlung anknüpfen würde. Mittelbare Vergütungen sind daher nicht als Honorar einzuordnen.[242]

2. Zustimmung des Kunden nach vollumfänglicher Aufklärung

Spricht der Berater eine Empfehlung aus, an der er selbst verdient, hat er seine Pflicht aus dem Beratungsvertrag in der Regel bereits verletzt.[243] Denn geschuldet ist die nur durch die Kundeninteressen determinierte und ansonsten unbeeinflusste Beratungsleistung. Auch wenn mit Eigeninteressen verknüpfte Produkte für den Kunden ebenso gut wie andere „passen" können, beseitigt das nicht die Gefahr, dass die Auswahl der berücksichtigten Produkte nicht allein anhand der Kundeninteressen erfolgte.[244] Zwar muss sich eine solche Gefahr nicht realisieren. Indes bezahlt der Beratungsvertragskunde mitunter dafür, dass er sich um diesen Gesichtspunkt „keine Gedanken machen" muss – versprochen wird ihm die alleinige Wahrnehmung seiner Interessen.[245] Soweit dem Kunden also Empfehlungen ausgesprochen werden, die bei Umsetzung dem Berater zusätzliche Erträge bringen, ist eine Genehmigung des pflichtwidrigen Verhaltens erforderlich.

Eine solche Genehmigung führt faktisch zu einer Rückverlagerung des Risikokomplexes, wie Interessenkonflikte des Beraters zu bewerten sind bzw. wie sie sich

---

[241] Vgl. bereits supra § 6 A. I. 4. a); a.A. ohne Begründung BGH (Kick-Back-XII) WM 2013, 2065, Rn. 27; dazu kritisch *Stumpf*, BB 2013, 2835. Aus diesem Grund greift auch das Argument von *Koch*, ZBB 2013, 217, 223 (im Kontext der Herausgabepflicht des § 384 HGB), nicht durch, dass der Kunde nicht auf eine Rechtsposition verzichte (bzw. hier: Zustimmung erteile), sondern dass die Parteien eine vom Gesetz abweichende „vorrangige Anordnung" treffen würden. Eine solche Anordnung ist hier vielmehr in der zuvor bestehenden Pflicht des Beraters zur alleinigen Fremdinteressenwahrnehmung zu sehen. Wird diese abgeschwächt, „verzichtet" der Kunde also sehr wohl auf etwas, weshalb ihm dieser Verzicht (bzw. hier: die Zustimmung) auch bewusst sein muss.

[242] Vgl. zur Diskussion bei der Frage der „Entgeltlichkeit" supra § 5 B. I. VII. 2. b).

[243] Zur denkbaren Ausnahme wenn dies die „beste Empfehlung" wäre supra § 10 C. I.

[244] Vgl. BGH (Kick-Back-II) BGHZ 170, 226 = NJW 2007, 1876, Rn. 23.

[245] Dies gilt auch für den unentgeltlichen selbständigen Beratungsvertrag, der aber nur ausnahmsweise einmal vorliegen wird, ausführlich supra § 10 A. I.

im Rahmen der Beratung auswirken,[246] auf den Anleger.[247] Eine Folge der beratungsvertraglichen Pflichten ist aber, dass dieses Risiko für den Beratungskunden keine Rolle spielen soll. Eine Genehmigung darf daher nicht vorschnell angenommen werden. Insofern ist dem BGH zuzustimmen, dass dem Einverständnis zu Provisionen im Wertpapiergeschäft kein Einverständnis zu Rückvergütungen entnommen werden kann.[248] Soweit der III. Zivilsenat für freie Anlageberater argumentiert, dass der Kunde die beschriebenen Eigeninteressen kenne und billige,[249] überzeugt das nicht. Der Anleger, der einen Beratungsvertrag abgeschlossen hat, muss schon nicht mit der Verfolgung weiterer Eigeninteressen durch seinen Intermediär rechnen. Noch weniger kann dann eine allgemeine Billigung angenommen werden. Dies kommt nur in Betracht, wenn dem Anleger konkret offenbart wird, in welchem Umfang vertragswidrige Eigeninteressen bei der Empfehlung verfolgt werden.[250]

Ein vollumfänglich aufgeklärter Kunde, dem so gleichsam die Pflichtverletzung mitgeteilt wurde, kann dann aber nach der erfolgten Aufklärung eigenverantwortlich selbst entscheiden, wie er damit umgeht. Erhebt er keine Einwände und führt mit dem Intermediär seine Geschäftsbeziehung fort, sodass beim Intermediär die aufgedeckten Positionen anfallen, wird man von einem stillschweigenden Einverständnis in die Vereinnahmung ausgehen dürfen.[251] Gegebenenfalls wird der Kunde sich mit dem Berater auf die (teilweise) Herausgabe der betroffenen Positionen verständigen. Die vorherige pflichtwidrige Berücksichtigung der Eigeninteressen wird dann „geheilt".[252]

---

[246] Man kann dabei auch nicht argumentieren, dass beispielsweise bei anderen Produkten der erzielbare Ertrag höher bzw. nicht geringer gewesen wäre und sich somit der Konflikt nicht realisiert habe, vgl. in diese Richtung etwa *Edelmann*, BB 2010, 1163, 1167; ferner *Preisig*, Vertrieb von Anlagefonds, S. 26. Denn einerseits ist nicht klar, ob der Kunde sich für ein anderes Produkt überhaupt hätte gewinnen lassen können. Andererseits werden mit solchen Argumenten bereits Überlegungen hinsichtlich des Interessenkonfliktrisikos angestellt, das für den Kunden gerade keine Rolle spielen sollte, schließlich hat er – mitunter auch deshalb – einen Beratungsvertrag abgeschlossen.

[247] Dazu bereits supra § 3 D. IV. 4. c).

[248] BGH (Kick-Back-VIII) ZIP 2011, 1559, Rn. 9; BGH (Kick-Back-X) BGHZ 193, 159 = NJW 2012, 2427, Rn. 23; zustimmend auch *Buck-Heeb*, jurisPR-BKR 9/2011 Anm. 2.

[249] BGH (Freier Anlageberater-III) ZIP 2011, 608, Rn. 20.

[250] Vgl. *Emmerich*, in: MünchKomm BGB[6], § 311 Rn. 119; *Weller*, ZBB 2011, 191, 195; ferner *Rusch*, WM 2012, 440, zur ähnlichen Frage des Verzichts auf die Herausgabe von Provisionen, wozu im Schweizer Recht nach der höchstrichterlichen Rechtsprechung die „Kenntnis der Parameter der Provisionszahlung verlangt [wird]"; die Kenntnis der „wirtschaftlichen Tragweite" hinsichtlich eines Provisionsverzichts fordert auch BGH, Urt. v. 14.1.2014, Az.: XI ZR 355/12, BGHZ 199, 355 = NJW 2014, 924, Rn. 23, 25, 31; a.A. im Kontext der Herausgabepflicht betreffend Provisionen *Regenfus*, WM 2015, 169, 175.

[251] Vgl. zu dieser Argumentation im Kontext der Herausgabepflicht von Provisionen *Assmann*, ZBB 2008, 21, 31; *Häuser*, in: MünchKomm HGB[3], § 384 Rn. 73e.

[252] Ob dem Kunden dabei bewusst sein muss, dass ihm die Eigeninteressen ggf. selbst bereits nach Geschäftsbesorgungsrecht zustehen – was freilich umstritten ist –, ist streitig, dazu *Koch*, ZBB 2013, 217, 223 f.

III. „Zustimmung" durch Allgemeine Geschäftsbedingungen

1. Zur Absenkung des Pflichtenprogramms durch AGB bei Beratungsvertragsschluss

Eine stillschweigende Absenkung des beratungsvertraglichen Pflichtenprogramms müsste dem Kunden darlegen, inwieweit das strenge Pflichtenprogramm des Beraters – trotz seines Versprechens zur *alleinigen* Fremdinteressenwahrnehmung – abgesenkt werden soll.[253] Insofern könnte man die Absicht des Beraters weiterhin Eigeninteressen zu verfolgen als so große Diskrepanz zum „eigentlichen Vertragsversprechen" ansehen, dass eine solche Klausel den Kunden „überrumpelt" und daher als überraschend i.S.v. § 305c Abs. 1 BGB schon nicht Vertragsbestandteil wird.[254]

Jedenfalls stellt die alleinige Fremdinteressenwahrnehmung eine Hauptleistungspflicht aus dem Beratungsvertrag dar.[255] Die Einschränkung dieser „zentralen Leistungserwartung"[256] des Kunden gefährdet den Vertragszweck. AGB-rechtlich kann das keinen Bestand haben, § 307 Abs. 2 Nr. 2 i.V.m. § 307 Abs. 1 Satz 1 BGB.[257] Soweit der BGH Behaltensklauseln durch AGB bezüglich Vertriebsprovisionen gebilligt hat, basiert das darauf, dass er es für ausreichend erachtet, wenn Kunden vor den jeweiligen Wertpapiergeschäften unaufgefordert über Provisionen informiert werden.[258] Jedoch stellt bei stringenter Anwendung der alleinigen Fremdinteressenwahrungspflicht aus dem Beratungsvertrag – nach hiesiger Konzeption – die Empfehlung einer mit Eigeninteressen des Beraters behafteten Anlage schon eine Pflichtverletzung dar.[259] „Rationalisierungsinteressen im Massengeschäft" und die weiterhin bestehende Entscheidungsfreiheit des Kunden[260] können daher die Vermutungswirkung des § 307 Abs. 2 Nr. 2 BGB für eine unangemessene Benachteiligung nicht entkräften.

---

[253] Vgl. BGH, Urt. v. 14.1.2014, Az.: XI ZR 355/12, BGHZ 199, 355 = NJW 2014, 924, Rn. 23, 25, 31 im Kontext von „Behaltensklauseln", wonach dem Anleger die „wirtschaftliche Tragweite" seines Verzichts klar sein müsse.

[254] Vgl. zu den Voraussetzungen *Basedow*, in: MüKo-BGB[6], § 305c Rn. 5 - 10.

[255] *Sethe*, AcP 212 (2012), 80, 84; s. auch *Herresthal*, ZBB 2012, 89, 93, der aber die aus der versprochenen alleinigen Fremdinteressenwahrnehmung folgende Aufklärungspflicht selbst als Hauptleistungspflicht ansieht; ebenso *Lampe*, NJOZ 2009, 4893, 4907; vgl. ferner *Ellenberger*, Umfassende Anlage- und Anlegergerechte Beratung, S. 59, 62; *Forschner*, Wechselwirkungen von Aufsichtsrecht und Zivilrecht, S. 109; *Veldhoff*, Haftung von Kreditinstituten, S. 97 und 106; schließlich *Brenncke*, Regelung der Werbung im Bank- und Kapitalmarktrecht, S. 1055. Man mag hier auch von einer „Kardinalpflicht" sprechen, vgl. *Bracht*, ZBB 2013, 252, 255; zu Kardinalpflichten im AGB-Recht *Coester*, in: Staudinger, Neubearbeitung 2013, § 307 Rn. 275 f.; a.A. *Taubert*, Informationspflichten, S. 191.

[256] *Coester*, in: Staudinger, Neubearbeitung 2013, § 307 Rn. 272 m.w.N. auch zu anderen „Abgrenzungsformeln".

[257] Vgl. auch *Hopt*, Kapitalanlegerschutz im Recht der Banken, S. 519 f.

[258] BGH, Urt. v. 14.1.2014, Az.: XI ZR 355/12, BGHZ 199, 355 = NJW 2014, 924, Rn. 47.

[259] Dazu bereits supra § 6 A. III. 6. und § 10 C. I.

[260] Vgl. zu diesen Aspekten BGH, Urt. v. 14.1.2014, Az.: XI ZR 355/12, BGHZ 199, 355 = NJW 2014, 924, Rn. 45 ff.

2. „Genehmigung" pflichtwidriger Empfehlungen durch „später unterbreitete" AGB

Schon aus der Natur von AGB ergeben sich Zweifel, ob eine pflichtwidrige Empfehlung durch AGB – z.B. aufgenommen in einen Zeichnungsschein oder ähnliches – genehmigt werden kann. Denn eine solche Genehmigung erfordert – wie gezeigt –, dass dem Kunden dargelegt wird, inwieweit der Berater gegen das vertragliche Pflichtenprogramm bereits verstoßen hat. Der ökonomische Sinn der AGB-Kontrolle ist auch darin zu sehen, dass der Kunde nicht jede einzelne Klausel lesen muss, da er über das AGB-Recht geschützt wird. Das reduziert den Transaktionsaufwand.[261] Damit steht jedoch zugleich fest, dass über eine Aufnahme in AGB in der Regel nicht sichergestellt werden kann, dass der Kunde *tatsächlich* von etwaigen Eigeninteressen Kenntnis erlangt.[262] Ohne Kenntnis ist aber keine stillschweigende Zustimmung anzunehmen.

Im Übrigen verstieße auch eine solche Klausel gegen eine Hauptleistungspflicht aus dem Beratungsvertrag.[263] Insoweit gelten die gleichen Erwägungen wie für eine Absenkung des Pflichtenprogramms durch AGB zu Beginn der Vertragsbeziehung. Im Übrigen wäre hier wohl erst recht davon auszugehen, dass eine solche Klausel überraschend i.S.v. § 305c BGB wäre.

D. Kongruenz zum HABG und zur MiFID bzw. MiFID II

I. Honoraranlageberatungsgesetz (HABG)

Mit dem Gesetz zur Förderung und Regulierung einer Honorarberatung über Finanzinstrumente (Honoraranlageberatungsgesetz) v. 15.7.2013[264] (HABG) hat der deutsche Gesetzgeber Regeln eingeführt, die unmittelbar die beratungsvertragliche Anlageberatung im hiesigen Sinne betreffen. Denn wird für eine Anlageberatung ein Honorar gezahlt, kann am selbständigen Abschluss eines Beratungsvertrags nicht gezweifelt werden.[265]

---

[261] Vgl. *Schäfer/Ott*, Ökonomische Analyse[5], S. 552 ff.; besonders deutlich a.a.O. S. 554 („Der [rationale Konsument] wäre eher ein rationaler Narr als ein mündiger Verbraucher, würde er sich auf die Lektüre von AGB einlassen.").

[262] Insofern unterscheiden sich AGB von einem Prospekt, den der Anleger im eigenen Interesse „sorgfältig und eingehend durchlesen" muss, BGH, Urt. v. 26.2.2013, Az.: XI ZR 345/10, BKR 2013, 283, Rn. 33 m.w.N.; vgl. auch *Krebs*, in: Dauner-Lieb/Langen, BGB-Schuldrecht[2], § 311 Rn. 210; *Nobbe*, WM 2013, 193, 194.

[263] Vgl. bereits Fn. 255.

[264] BGBl. I 2013/38, S. 2390. Das Gesetz trat größtenteils zum 1.8.2014 in Kraft.

[265] Dazu ausführlich supra § 10 A. I.; zur Regulierung der Honorarberatung im deutschen und europäischen Recht ausführlich *Müchler/Trafkowski*, ZBB 2013, 101 ff.

1. Der Honorar-Anlageberater nach dem WpHG

a) Anwendungsbereich

Das HABG statuiert besondere Regeln, die von solchen Beratern beachtet werden müssen, die „Honorar-Anlageberatung" erbringen.[266] Der Anwendungsbereich bleibt allerdings unklar, da der Gesetzgeber keine Definition der Honorar-Anlageberatung im Gesetz vorgesehen hat. Zur Bezeichnung verweist § 36d Abs. 1 WpHG n.F. darauf, dass die Begriffe „Anlageberatung und Honorar" und ihre Verknüpfungen nur von jenen verwendet werden dürfen, die in das neu geschaffene Register über Honorar-Anlageberater nach § 36c WpHG n.F. eingetragen sind.[267] Allerdings setzt § 36c WpHG n.F. den Begriff der Honorar-Anlageberatung voraus und definiert ihn nicht.

Man könnte einerseits annehmen, dass der Begriff als „besonderes Qualitätsmerkmal" für solche Berater gelten soll, die das beschriebene Label „Honorar-Anlagenberater" für sich in Anspruch nehmen. Andererseits wäre es denkbar, dass der Begriff lediglich eine Umschreibung für „Anlageberatung gegen Entgelt" darstellt und damit alle entgeltlichen Anlageberatungen den neuen Pflichten unterwerfe. Letztere Auffassung würde allerdings dazu führen, dass solche Vergütungsmodelle vom Markt verdrängt würden, bei denen die Beratung zwar ebenfalls entgeltlich erfolgt, dabei aber nicht allen „neuen Pflichten" entsprochen wird.[268] Eine solche Einschränkung des Beratungsangebots wäre sachlich nicht zu rechtfertigen. In diesem Sinne kann auch die Mitteilungspflicht nach § 31 Abs. 4b Satz 1 WpHG n.F., ob die Beratung auf „Honorar-Anlageberatungsbasis" erbracht wird, herangezogen werden (dazu sogleich), die anderenfalls kaum Sinn ergäbe: Dass eine Beratung entgeltlich ist, erkennt der Anleger schon daran, dass der Berater vorab klarstellt, dass und in welcher Höhe er ein Honorar verlangen wird. Daher ist davon auszugehen, dass Beratung gegen Entgelt außerhalb des HABG erbracht werden kann, wobei dann freilich keine Registrierung nach § 36c WpHG möglich ist.[269]

b) Besondere Pflichten nach dem HABG

Für solche Berater, die sich als Honorar-Anlageberater nach § 36c WpHG registrieren lassen wollen, gelten explizit niedergelegte Pflichten, die dem durch das HABG geänderten WpHG zu entnehmen sind. Die Wohlverhaltenspflichten sehen zunächst

---

[266] Es handelt sich beim HABG nicht um ein Artikelgesetz, vielmehr wird das Recht der Anlageberatung insbesondere im WpHG und der GewO angepasst.

[267] Ausführlich zum Bezeichnungsschutz *Tiefensee/Kuhlen*, WM 2014, 2105 ff.

[268] Das würde z.B. für sog. „*flat fee*"-Modelle gelten, bei denen für die entgeltliche Anlageberatung von vornherein Herausgabepflichten hinsichtlich Provisionen vereinbart werden, vgl. *Verband der Auslandsbanken in Deutschland e.V.*, Anmerkungen und Vorschläge zum Entwurf des Honoraranlageberatungsgesetzes, S. 5 f.

[269] So auch *Balzer* beim Bankrechtstag, zitiert nach *Breilmann/Fuchs*, WM 2013, 1437, 1444; vgl. auch *Herresthal*, WM 2014, 773, 775.

für *alle* Wertpapierdienstleistungsunternehmen, die Anlageberatung erbringen, eine Mitteilungspflicht gegenüber ihren Kunden vor, ob die Anlageberatung als Honorar-Anlageberatung erbracht wird oder nicht (§ 31 Abs. 4b Satz 1 WpHG n.F.). Soweit hier von Interesse, darf sich der Honorar-Anlageberater „allein durch den Kunden vergüten lassen", § 31 Abs. 4c Satz 1 Nr. 2 Satz 1 WpHG n.F. Nach § 31 Abs. 4c Satz 1 Nr. 2 Satz 3 WpHG n.F. dürfen monetäre Zuwendungen „nur dann angenommen werden, wenn das empfohlene Finanzinstrument oder ein in gleicher Weise geeignetes Finanzinstrument ohne Zuwendung nicht erhältlich ist." In solchen Fällen sind die Zuwendungen „unverzüglich und ungemindert an den Kunden auszukehren" (a.a.O. Nr. 2 Satz 4). Ist der als Honorar-Berater tätige Intermediär selbst Anbieter bzw. Emittent eines empfohlenen Produkts bzw. mit einem solchen eng verbunden oder wirtschaftlich verflochten, muss der Kunde in diesen Fällen u.a. auf das „Bestehen eines eigenen Gewinninteresses" am Geschäftsabschluss hingewiesen werden, § 31 Abs. 4d Satz 1 Nr. 3 WpHG n.F. Festpreisgeschäfte dürfen nur noch abgeschlossen werden, wenn der Anbieter bzw. Emittent des Finanzinstruments das Wertpapierdienstleistungsunternehmen selbst ist (a.a.O. Satz 2). Im Übrigen gelten die allgemeinen Anlageberatungsvorschriften, § 31 Abs. 4c Satz 2 WpHG n.F.[270]

Die beschriebenen Pflichten im Zusammenhang mit der Aufklärung über monetäre Eigeninteressen decken sich weitgehend mit den zivilrechtlichen Ausführungen von oben. Das HABG bestätigt im Grundsatz hiesige Auffassung, dass sämtliche Eigeninteressen schädlich sind, wenn ein selbständiger Beratungsvertrag vorliegt. Die Annahme von monetären Zuwendungen ist nur erlaubt, wenn keine gleich geeigneten Alternativen für den Anleger vorhanden sind. Das entspricht im Ergebnis der oben besprochenen „Ausnahme für die beste Empfehlung". Die mit Eigeninteressen verknüpfte Empfehlung ist nicht zwingend pflichtwidrig, aber nur ausnahmsweise zulässig und setzt jedenfalls Aufklärungspflichten voraus.[271] Der Aufklärungspflichtenkanon bei der selbständigen Anlageberatung lässt sich grundsätzlich friktionslos zu den Pflichten des HABG ausgestalten. Freilich können Honorar-Anlageberater im aufsichtsrechtlichen Sinne keinen Dispens für *aufsichtsrechtliche Pflichten* durch Zustimmung ihrer Kunden erlangen.

2. Der Honorar-Finanzanlagenberater nach der GewO

Für Berater im Rahmen der Bereichsausnahme nach § 2 Abs. 6 Satz 1 Nr. 8 KWG[272] führt das HABG die Definition eines „Honorar-Finanzanlagenberaters" in § 34h Abs. 1 Satz 1 GewO ein. Ein Honorar-Finanzanlagenberater ist ein Anlageberater, der Beratungsleistungen erbringt, „ohne von einem Produktgeber eine Zuwendung

---

[270] Vgl. zu den „neuen Pflichten" allgemein *Herresthal*, WM 2014, 773, 779 ff.

[271] Bei Zuwendungen folgt dies auch für die Honorar-Anlageberatung aus § 31d WpHG, da die sonstigen Anlageberatungsvorschriften weiterhin gelten, § 31 Abs. 4c Satz 2 WpHG n.F.

[272] Vgl. dazu auch Fn. 467.

zu erhalten oder von ihm in anderer Weise abhängig zu sein". Dem Wortlaut lässt sich entnehmen, dass das besondere Merkmal des Honorar-Finanzanlagenberaters die Unabhängigkeit ist, die etwa aufgrund Zuwendungen entfallen kann („oder in anderer Weise *abhängig*"). Honorar-Finanzanlagenberatung und Finanzanlagenvermittlung nach § 34f Abs. 1 GewO dürfen nebeneinander nicht erbracht werden, § 34h Abs. 2 Satz 1 GewO. Aus diesem Grund ist dann auch eine Hinweispflicht wie für Honorar-Anlageberater bezüglich der Art der Beratung hinfällig. Honorar-Finanzanlagenberater dürfen sich ihre Tätigkeit nur vom Anleger vergüten lassen, § 34h Abs. 3 Satz 1 GewO. Zuwendungen dürfen sie nur annehmen, wenn die empfohlene bzw. eine gleich geeignete Finanzanlage nicht ohne Zuwendung erhältlich ist. Sie sind dann unverzüglich und ungemindert auszukehren, § 34h Abs. 3 Satz 2 und 3 GewO.

Wiederum gibt es hinsichtlich der Aufklärungspflichten keine grundsätzlichen Friktionen zu den beschriebenen Aufklärungspflichten aus einem selbständigen Beratungsvertrag. Vergütungsbezogene Eigeninteressen sind im Ausgangspunkt schädlich und zu vermeiden, es sei denn, es greift die beschriebene „Ausnahme der besten Empfehlung". Jedenfalls besteht eine Aufklärungspflicht, selbst wenn die Empfehlung nicht pflichtwidrig sein sollte.

II. MiFID und MiFID II

Der MiFID lassen sich keine speziell beratungs*vertraglichen* Pflichten entnehmen. Vielmehr erfasst die Beratung nach MiFID die Beratungs*tätigkeit*.[273] Nach zutreffendem Verständnis setzen die Wohlverhaltensregeln nicht den Abschluss eines Beratungsvertrages voraus.[274] Die MiFID schränkt auch die Privatautonomie nicht ein.[275] Bei hinreichender Rückbindung an den beiderseitigen Rechtsbindungswillen ist eine strengere konkrete beratungsvertragliche Konturierung des Pflichtenprogramms daher nicht problematisch.[276]

---

273 Vgl. zur Differenzierung von Beratungstätigkeit und Beratungsvertrag *Buck-Heeb*, ZIP 2013, 1401, 1409; ferner supra Kapitel 2 Fn. 1002; zu pauschal und nicht überzeugend *Eberius*, Regulierung der Anlageberatung und behavioral finance, S. 94 („Anlageberatung [ist] ein Vertragsverhältnis"); ähnlich *Kohlert*, Anlageberatung und Qualität, S. 132.

274 Wie hier *Buck-Heeb*, ZIP 2013, 1401, 1409; *Krüger*, NJW 2013, 1845 mit Fn. 7 und S. 1847 (Fn. 30); *Möllers*, in: Kölner Komm WpHG, § 31 Rn. 44 (anders anscheinend aber a.a.O. § 32 Rn. 33); *Vogel*, Vom Anlegerschutz zum Verbraucherschutz, S. 187; in diese Richtung auch *Kluge*, Kick-backs, S. 64 f.; a.A. *BaFin/Deutsche Bundesbank*, Gemeinsames Informationsblatt der Bundesanstalt für Finanzdienstleistungsaufsicht und der Deutschen Bundesbank zum Tatbestand der Anlageberatung, Mai 2011, S. 3; *Lenenbach*, Kapitalmarktrecht², Rn. 11.143; *Mülbert*, The Eclipse of Contract Law, S. 299, 303; *Schwintowski*, in: FS Hopt (II), S. 2507, 2518. Zu den europarechtlichen Vorgaben, die ebenfalls keinen Vertrag voraussetzen, *CESR*, A European regime of investor protection, The harmonization of conduct of business rules, April 2002, Ref.: CESR/01-014d, S. 6; vgl. auch infra § 11 C. II. 2.

275 *Veil*, ZBB 2008, 34, 41 f.

276 Vgl. *Mülbert*, ZHR 172 (2008), 170, 183; *Herresthal*, WM 2012, 2261, 2265; *ders.*, ZIP 2013,

Das HABG greift u.a. Pflichten auf, die auf solche Anlageberater zukommen werden, die im Konzept der MiFID II „unabhängige Beratung" erbringen wollen.[277] Bezüglich Aufklärungspflichten besteht – wie nunmehr für Honoraranlageberater – die Pflicht, darauf hinzuweisen, ob die Anlageberatung „unabhängig" erbracht wird (Art. 24 Abs. 4 a) (i) MiFID II). Ist dies der Fall, sind daran – wiederum wie bei der Honorar-Anlageberatung – besondere Pflichten geknüpft (Art. 24 Abs. 7 b) MiFID II). Unter anderem dürfen Zuwendungen von „dritter Seite" nicht angenommen und behalten werden. Im Anwendungsbereich der unabhängigen Beratung nach MiFID II wird nach hiesiger Konzeption ein selbständiger Beratungsvertrag vorliegen, denn gerade die Unabhängigkeit spricht maßgeblich für dessen Annahme.[278] Das Provisionsannahme- bzw. Behaltensverbot deckt sich mit der beratungsvertraglich anzunehmenden Pflicht, allein die Kundeninteressen wahrzunehmen, weshalb eine Aufklärung über Eigeninteressen allein nicht ausreicht, aber jedenfalls erforderlich ist. Im Bereich der nicht drittzuwendungsbezogenen Eigeninteressen, der von der MiFID II nicht erfasst wird, respektive der Frage, wann überhaupt noch Produkte mit Zuwendungsanfall beim Intermediär empfohlen werden dürfen, bestehen ebenfalls keine Friktionen. Auch nach MiFID II wird ein mitgliedstaatliches Vertragsrecht vorauszusetzen sein, das solche Bereiche regelt, die von der Regulierung nicht erfasst werden.[279]

Soweit die Parteien eines Beratungsvertrags ausdrücklich von MiFID II-Pflichten für die unabhängige, d.h. nach hiesiger Konzeption vertragliche Beratung, Abweichendes vereinbarten, würden aufsichtsrechtliche Pflichten aus dem die Richtlinie umsetzenden Recht dadurch zwar nicht verdrängt.[280] Dass aber die MiFID II die Privatautonomie einschränken würde, ist nicht anzunehmen.[281]

E. Folgefragen für den Haftungsprozess bei Aufklärungspflichtverletzungen

Die in dieser Arbeit interessierenden Aufklärungspflichten über monetäre Eigeninteressen sind im Kontext des selbständigen Beratungsvertrags über § 666 Var. 1 BGB herzuleiten.[282] § 666 BGB ist eine selbständige Nebenpflicht.[283] Bei einem

---

1420, 1421; nach *Herresthal* a.a.O. S. 1421 f., sei indes die Frage, welche Anforderungen an eine solche rechtsgeschäftliche Vereinbarung zu stellen sind, dem EuGH vorzulegen, Art. 267 AEUV.

[277] Vgl. auch *Herresthal*, WM 2014, 773; zu MiFID II *Veil/Lerch*, WM 2012, 1605, 1608 f.; etwaige Friktionen können um Rahmen der MiFID II-Umsetzung behoben werden, vgl. zu Diskrepanzen zwischen MiFID II und HABG *Balzer*, in: Bankrechtstag 2013, S. 157 ff.; ausführlich zur unabhängigen Beratung nach MiFID II *Buck-Heeb*, ZBB 2014, 221, 229 ff.

[278] Dazu bereits ausführlich supra § 10 A. II. 1. b) und c).

[279] *Veil*, ZBB 2008, 34, 41 f.; *ders./Lerch*, WM 2012, 1605, 1611.

[280] Vgl. *Ekkenga*, in: MünchKomm HGB², Effektengeschäft, Rn. 76; *Veil/Lerch*, WM 2012, 1605, 1611; vgl. *Herresthal*, WM 2014, 773, 779.

[281] Dazu bereits *Veil/Lerch*, WM 2012, 1605, 1611; vgl. auch *Buck-Heeb*, ZBB 2014, 221, 227 („Primat der eigeverantwortlichen Kundenentscheidung bleibt weitgehend unangetastet").

[282] Dazu supra § 10 B. I.

[283] Vgl. etwa *Schulze*, in: Hk-BGB⁸, § 241 Rn. 4.

Verstoß gegen sie ist Schadensersatz nach § 280 Abs. 1 BGB geschuldet.[284] Neben dem im Beratungsvertrag liegenden Schuldverhältnis setzt die Anspruchsgrundlage eine – ebenso bereits untersuchte – Pflichtverletzung,[285] sowie einen Schaden und Vertretenmüssen des Schuldners voraus.[286] Schließlich muss die Pflichtverletzung für den Schaden kausal gewesen sein.

I. Verschuldensaspekte

1. Das Verschulden des Finanzdienstleisters

Im Grundsatz hat der Schuldner Vorsatz und Fahrlässigkeit zu vertreten (§ 276 Abs. 1 Satz 1 BGB). Nach § 280 Abs. 1 Satz 2 BGB wird das Verschulden vermutet. Der BGH geht in seiner Rechtsprechung davon aus, dass – soweit es auf einen bestimmten Verschuldensgrad ankommt (wie etwa bei § 37a WpHG a.F., der bei Vorsatz nicht greife[287]) – auch Vorsatz vermutet wird.[288]

Zur Exkulpation wurde von beklagten Finanzdienstleistern in den untersuchten Fällen der Einwand des unvermeidbaren Rechtsirrtums ins Feld geführt. Im Ergebnis konnten sie damit – zumindest für die Zeit nach 1984 – hinsichtlich Rückvergütungen nicht durchdringen.[289] Soweit im Rahmen der Neufassung der Rückvergü-

---

[284] *Bachmann/Roth*, in: MünchKomm BGB[6], § 241 Rn. 57; *Bamberger*, in: Hdb. zum dt. und europ. Bankrecht[2], § 50 Rn. 170; *Bracht*, in: Schwintowski, Bankrecht[4], § 18 Rn. 43; *Hannöver*, in: Schimansky/Bunte/Lwowski, Bankrechts-Hdb.[4], § 110 Rn. 93; *Junglas*, BKR 2013, 360, 361; *Krisl*, Schutzgesetzeigenschaft der Wohlverhaltenspflichten, S. 7; *Kühne/Schulz*, in: Praktikerhdb. Wertpapier- und Derivategeschäft[4], Rn. 19; *Mann*, WM 2013, 727, 728; *Nobbe/Zahrte*, in: MünchKomm HGB[3], Anlageberatung, Rn. 291; *Schwab*, BKR 2011, 450; *ders.*, NJW 2012, 3274; *Veldhoff*, Haftung von Kreditinstituten, S. 128 und 312; *Weller*, ZBB 2011, 191, 193; vgl. auch *Ellenberger*, in: Hdb. Vermögensverwaltung, § 13 Rn. 1; *Sethe*, AcP 212 (2012), 80, 145. Ginge man davon aus, dass die verletzte Aufklärungspflicht zugleich eine Schlechterfüllung der beratungsvertraglichen Hauptleistungspflicht wäre, müsste man den Schadensersatz § 280 Abs. 1, 3 i.V.m. § 283 BGB zuordnen, so etwa *Lenenbach*, Kapitalmarktrecht[2], Rn. 11.165; zutreffend hingegen *Schnauder*, JZ 2013, 120, 124, der darauf hinweist, dass diese Aufklärungspflichten nicht mit dem Leistungsinteresse zusammenhängen; vgl. aber auch *Schaub*, AcP 202 (2002), 757, 778; a.A. OLG Nürnberg, Urt. v. 19.8.2013, Az.: 4 U 2138/12, BKR 2013, 426, 429 (Schadensersatzanspruch aus Beratungsvertrag ergebe sich aus §§ 280 Abs. 1, 311 Abs. 2 Nr. 1, 241 BGB. Dies ist aber die Grundlage einer Haftung aus c.i.c.).

[285] Supra § 10 C.; die Darlegung einer Aufklärungspflichtverletzung wird vom BGH über eine sekundäre Behauptungslast des potentiell Aufklärungspflichtigen erleichtert, dazu *Sethe*, AcP 212 (2012), 80, 146 f.; *Veldhoff*, Haftung von Kreditinstituten, S. 318 f.

[286] Unzutreffend *Morlin*, AG-Report 2012, R241, der zusätzlich die Rechtswidrigkeit als Tatbestandsmerkmal des Schadensersatzanspruchs aus § 280 Abs. 1 BGB benennt. Das wäre mit der Privatautonomie nicht vereinbar.

[287] BGH (Kick-Back-IV) NJW 2009, 2298, Rn. 18; kritisch dazu *Zoller*, BB 2013, 520, 522.

[288] BGH (Kick-Back-IV) NJW 2009, 2298, Rn. 17; vgl. kritisch *Zoller*, BB 2013, 520, 522; vgl. aber auch OLG München, Urt. v. 27.3.2012, Az.: 5 U 4137/11, BKR 2013, 262, Rn. 18 ff.

[289] BGH, Urt. v. 15.7.2014, Az.: XI ZR 418/13, BKR 2014, 457 (Leitsatz 1); BGH (Kick-Back-VI) ZIP 2010, 1335, Rn. 5 f. (dort noch 1990); zur Diskussion um den Rechtsirrtum *Harnos*, BKR 2009, 316 ff.; *Schelling*, Vergütungssysteme und Interessenkonflikte, S. 239 ff.; *Veil*, WM

tungsdefinition an eventuelle Rechtsirrtümer zu denken ist, würde der BGH aller Voraussicht nach einen solchen Vortrag zurückweisen, da er lediglich von einer „Klarstellung" seiner Rechtsprechung ausgeht.[290] Allerdings geht der BGH von einem unvermeidbaren Rechtsirrtum hinsichtlich vereinnahmter Innenprovisionen ab dem 1.8.2014 aus.[291] Bei einer strikteren Ausgestaltung des Haftungskonzepts für die Vertragsberatung nach hiesigem Modell wird man die Frage des Rechtsirrtums aufgrund der – wie in Kapitel 2 gezeigten – „besonders zweifelhaften und schwierigen Rechtslage"[292] ähnlich zu beantworten haben.

Im Übrigen ist gegebenenfalls ein etwaiges *Organisationsverschulden* der beratenden Institution zu berücksichtigen, wonach der Geschäftsbetrieb so organisiert sein muss, dass das vorhandene Organisationswissen den Mitarbeitern zur Verfügung steht und genutzt wird.[293]

2. *Mitverschulden des Anlegers*

Ein etwaiges Mitverschulden des Anlegers (§ 254 BGB) spielt für die Anspruchsbegründung keine Rolle. Bezüglich des Umfangs des Schadensersatzes kann es erheblich sein. Allerdings wird nach der Rechtsprechung in Fällen der Beratungshaftung davon ausgegangen, dass dem Kunden in der Regel kein Mitverschulden zur Last falle, wenn er sich auf den Rat des Empfehlenden verlassen habe. Alles andere sei mit den Grundgedanken von Beratungs- und Aufklärungspflichten nicht vereinbar.[294] Deshalb sei sogar unerheblich, ob ein Kunde ein Produkt erwirbt, das er nicht verstanden hat.[295]

2009, 2193 ff.; vgl. aber auch LG Wiesbaden, Urt. v. 4.1.2012, Az.: 7 O 119/11, BKR 2013, 82, Rn. 39 f.; ferner *Zoller*, BKR 2012, 405, 409.

290 Ausführlich supra § 5 B. III. 1. c); vgl. aber auch *Buck-Heeb*, jurisPR-BKR 9/2011 Anm. 2, wonach innerhalb des Senats selbst unklar gewesen sei, was unter die bisherige Rückvergütungsdefinition fallen sollte. Soweit davon ausgegangen wird, dass die Rechtsprechung rückwirkend neue Pflichten statuiert habe, hätte das im Ergebnis eine verschuldensunabhängige Haftung zur Folge, vgl. *Loritz*, NZG 2013, 411, 412.

291 BGH (Innenprovisionen-V) BGHZ 201, 310 = BeckRS 2014, 14029, Rn. 22 ff.

292 Vgl. BGH (Innenprovisionen-V) BGHZ 201, 310 = BeckRS 2014, 14029, Rn. 25.

293 BGH (Kick-Back-IV) NJW 2009, 2298, Rn. 14; *Ellenberger*, Praktikerhdb. Wertpapier- und Derivategeschäft[4], Rn. 1076; kritisch zur dogmatischen Einordnung des BGH *Harnos*, BKR 2012, 185, 190 (Frage der Wissenszurechnung); vgl. zu Verschuldensfragen auch *Schäfer*, WM 2012, 1022 ff.

294 Vgl. BGH, Urt. v. 13.1.2004, Az.: XI ZR 355/02, NJW 2004, 1868, 1870; BGH (Innenprovisionen-V) BGHZ 201, 310 = BeckRS 2014, 14029, Rn. 46; zum Ausschluss des Mitverschuldenseinwands auch *Benedict*, ZIP 2005, 2129, 2132 f; *Braun/Lang/Loy*, in: Praktikerhdb. Wertpapier- und Derivategeschäft[4], Rn. 515; *Grigoleit*, Bankrechtstag 2012, S. 25, 56; ferner *Hannöver*, in: Schimansky/Bunte/Lwowski, Bankrechts-Hdb.[4], § 110 Rn. 103.

295 Vgl. BGH (Swap-Urteil) BGHZ 189, 13 = NJW 2011, 1949, Rn. 41; dazu *Lieder*, GWR 2011, 175, 177 f. Unter besonderen Umständen kann freilich auch dieser Grundsatz erschüttert werden. So wurde noch 1981 vom BGH entschieden, dass bei Hinzuziehung eines unentgeltlichen Beraters ggf. erkennbar sei, dass dieser auch im eigenen Interesse bzw. im Interesse der Kapitalsuchenden handele, weshalb ein Vertrauen diesem gegenüber nicht so weit reichen dürfe wie gegenüber unab-

II. Der Schaden des Beratungskunden (§ 249 Abs. 1 BGB)

Im Ausgangspunkt gelten die „allgemeinen Grundsätze" des Schadensrechts.[296] Während man davon ausgehen könnte, ein Schaden trete erst bei einer Vermögensverschlechterung aufgrund eines Investments ein,[297] steht die h.M. auf einem anderen Standpunkt. Bereits die „Eingehung der Anlage"[298] selbst stelle einen Schaden dar.[299] Unabhängig von der ursprünglichen Werthaltigkeit der Anlage „kann der auf einer fehlerhaften Auskunft beruhende Erwerb einer für den Anlageinteressenten nachteiligen, seinen konkreten Anlagezielen und Vermögensinteressen nicht entsprechenden Kapitalanlage bereits für sich genommen einen Schaden darstellen und ihn deshalb [...] dazu berechtigen, im Wege des Schadensersatzes die Rückabwicklung des Erwerbs der Anlage zu verlangen; der *Schaden entsteht* hierbei in der Regel *schon mit* dem unwiderruflichen und vollzogenen *Erwerb* der Kapitalanlage" [Hervorh. durch Verf.].[300]

---

hängigen Beratern, BGH, Urt. v. 25.11.1981, Az.: IVa ZR 286/80, NJW 1982, 1095, 1096 f.; dazu *v. Heymann/Edelmann*, in: Assmann/Schütze, Hdb. Kapitalanlagerecht³, § 4 Rn. 121. Allerdings lässt sich diese Auffassung auch bei erkennbarer Wahrnehmung von Dritt- bzw. Eigeninteressen schon nicht mehr mit der heutigen Pflichtenkonturierung der Aufklärungspflichten vereinbaren. Auf Basis der erweiterten Kick-Back-Rechtsprechung wären solche Umstände auf der Ebene des Mitverschuldens irrelevant (mit guten Gründen kritisch dazu *Herresthal*, ZIP 2013, 1049, 1056, insbesondere zu Situationen, in denen der Anleger ein Produkt nicht verstanden hat und es dennoch erwarb. Diesen internen Vorgang beim Anleger kann der Berater nicht erkennen.). Freilich können sie im Rahmen der Kausalität von Bedeutung sein, was noch zu betrachten sein wird, dazu infra § 10 E. III.

296 *v. Heymann/Edelmann*, in: Assmann/Schütze, Hdb. Kapitalanlagerecht³, § 4 Rn. 123; *van Look*, in: Vortmann, Prospekthaftung und Anlageberatung, § 1 Rn. 129.

297 In diese Richtung könnte BGH (Kick-Back-IV) NJW 2009, 2298, Rn. 22, gelesen werden („[B]ereits der *Erwerb der Kapitalanlage* auf Grund einer fehlerhaften Information [ist] *ursächlich für* den *späteren Schaden*" [Hervorh. durch Verf.]); so auch *Beule*, in: Assies/Beule/Heise/Strube, Hdb. des FA-BKR³, Kap. 7 Rn. 368; *Ellenberger*, Umfassende Anlage- und Anlegergerechte Beratung, S. 59, 87; vgl. auch supra § 5 A. X.

298 Vgl. zu den je nach Produkt relevanten Zeitpunkten *Stackmann*, NJW 2012, 2913.

299 BGH, Urt. v. 8.3.2005, Az.: XI ZR 170/04, BGHZ 162, 306 = NJW 2005, 1579, 1580 m.w.N.; BGH, Urt. v. 8.4.2014, Az.: XI ZR 341/12, ZIP 2014, 1117, Rn. 25; vgl. *Bracht*, in: Schwintowski, Bankrecht⁴, § 18 Rn. 55; *Brenncke*, Regelung der Werbung im Bank- und Kapitalmarktrecht, S. 1032; *Fullenkamp*, NJW 2011, 421, 422 und 424; *Hannöver*, in: Schimansky/Bunte/Lwowski, Bankrechts-Hdb.⁴, § 110 Rn. 98; *Krisl*, Schutzgesetzeigenschaft der Wohlverhaltenspflichten, S. 16 f.; *Müchler/Trafkowski*, ZBB 2013, 101, 102; *Nobbe/Zahrte*, in: MünchKomm HGB³, Anlageberatung, Rn. 298 ff.; *Schelling*, Vergütungssysteme und Interessenkonflikte, S. 282; *Tonner/Krüger*, Bankrecht, § 25 Rn. 75 (zur Rechtsprechung); dies entspricht auch der Rechtslage in Österreich, *Kalss*, 13 EBOR (2012), 211, 226; kritisch *Witte/Mehrbrey*, ZIP 2009, 744, 749.

300 BGH, Urt. v. 22.7.2010, Az.: III ZR 99/09, NZG 2011, 68, Rn. 12; BGH, Urt. v. 15.2.2012, Az.: IV ZR 194/09, NJW 2012, 2113, 2116, Rn. 31 m.w.N.; der Rechtsprechung zustimmend *Einsele*, Bank- und Kapitalmarktrecht², § 8 Rn. 43; vgl. aber auch *Witte/Hillebrand*, DStR 2009, 1759, 1762, mit Nachweisen, in denen der BGH zwar einen Vermögensschaden gefordert habe, „normativ betrachtend" aber dann oft zu denselben Ergebnissen gekommen sei, wie wenn man dies nicht für erforderlich halten würde. Kritisch zum Erfordernis eines Vermögensschadens *Einsele* a.a.O.; einen Vermögensschaden fordert *Brenncke*, Regelung der Werbung im Bank- und Kapitalmarktrecht, S. 1056.

Wurde allerdings „nur" eine Aufklärungspflicht über monetäre Eigeninteressen verletzt, die für die Werthaltigkeit der Anlage nicht erheblich war, scheint eine solche Argumentation über gefährdete Vermögensinteressen und Anlageziele[301] zweifelhaft. Soweit diese Pflichten außerhalb des ursprünglichen „Bond-Regimes" liegen,[302] ist es durchaus möglich, dass die Anlageziele und Vermögensinteressen des Kunden trotz der Aufklärungspflichtverletzung gewahrt wurden.[303] Eine Gefährdung der Kundeninteressen bzw. eine Nichteignung der Empfehlung darf auch bei einer Aufklärungspflichtverletzung nicht unterstellt werden.[304] Im Ergebnis gewährleistet die Ansicht, die den Schaden bereits im Erwerb der Anlage sieht, vielmehr einen potentiell vollumfänglichen Dispositionsschutz,[305] der von einer etwaigen Gefährdung durch eine nachteilige Empfehlung unabhängig ist. Geschützt wird der Anleger vor einer Anlageentscheidung auf fehlerhafter Entscheidungsgrundlage, mithin sein Integritätsinteresse. Dem entspricht eine Haftung, die den Vertragsabschlussschaden (wie bei der c.i.c.) erfasst.[306]

Andere gehen hingegen davon aus, dass als Schadensersatz nur etwaige Provisionen herauszugeben sind.[307] Diese Auffassung geht davon aus, dass der Kunde, wenn die zum Schadensersatz verpflichtende Aufklärungspflichtverletzung nicht vorliegen würde, das Produkt günstiger erhalten hätte,[308] während die h.M. unterstellt, dass der Vertrag nicht abgeschlossen worden wäre. Vor dem Hintergrund des selbständigen Beratungsvertrags, dessen Ziel es ist, dem Kunden eine eigenverant-

---

301 *Stackmann*, NJW 2012, 2913; vgl. auch *Clouth*, in: Praktikerhdb. Wertpapier- und Derivategeschäft^4, Rn. 1214.

302 Dazu supra § 6 A. I. 4. c).

303 In der Praxis spielt das freilich keine Rolle. Die Aufklärungspflichtverletzung ermöglicht die Rückabwicklung, weshalb die sonstige anleger- und objektgerechte Beratung regelmäßig nicht mehr geprüft wird, vgl. *Brinckmann*, BKR 2010, 45, 51; *Clouth*, ZHR 177 (2013), 212, 218 f.; *Grundmann*, WM 2012, 1745.

304 Vgl. auch supra § 8 A. IV.

305 Potentiell, weil noch das Merkmal der Kausalität erfüllt sein muss, dazu § 10 E. III.

306 Abweichend *Lenenbach*, Kapitalmarktrecht^2, Rn. 11.167, wonach die Verletzung von Informationspflichten einen Schadensersatzanspruch statt der Leistung zur Folge habe. Dies trifft zu, soweit Hauptleistungspflichten, etwa die Pflicht zur anleger- und objektgerechten Beratung, verletzt wurden. Soweit an die Pflicht zur allein fremdnützigen Empfehlung angeknüpft würde, käme ein Schadensersatzanspruch statt der Leistung aus §§ 280 Abs. 1, 3, 282 BGB in Betracht, vgl. *Möllers*, in: Kölner Komm WpHG^2, § 31 Rn. 445. Die Aufklärungspflicht über die Wahrnehmung von Eigeninteressen ist selbständige Nebenpflicht, supra § 10 E.; dort auch zur Anspruchsgrundlage (regelmäßig § 280 Abs. 1 BGB). Wie hier i.E. *Schnauder*, JZ 2013, 120, 124; dazu, dass auch das positive Interesse auf Rückabwicklung gerichtet sein kann *Schaub*, AcP 202 (2002), 757, 763.

307 Vgl. zu derartigen Überlegungen des OLG Köln BGH (Kick-Back-I) BGHZ 146, 235 = NJW 2001, 962, 963; ferner *Balzer*, ZIP 2001, 232, 234; *Edelmann*, BB 2010, 1163, 1169 f.; vgl. auch *Puszkajler*, in: Bankrechtstag 2010, S. 53, 63. Davon werden teilweise „marktgerechte Provisionen" noch ausgenommen, *Brocker*, BKR 2007, 365, 370.

308 Man mag hier auch von einem „Differenzschaden" sprechen. Zur Terminologie bezüglich der unterschiedlichen Arten der Schadensberechnung (Vertragsabschlussschaden vs. Differenzschaden) im Kontext des IKB-Urteils *Klöhn*, AG 2012, 345, 352. Es ist dabei nicht unproblematisch, die „Preisaufschläge" durch Provisionen ohne weiteres als Schaden anzusehen, vgl. in anderem Kontext *Heyers*, NJW 2012, 2548, 2550 f.

wortliche Entscheidung auf Basis einer allein auf seinen Interessen basierenden Empfehlung zu ermöglichen, vermag der Dispositionsschutz jedoch zu überzeugen.[309] Für diese Fälle ist der h.M. hinsichtlich der Schadensbestimmung zuzustimmen.[310] Der Kunde hat über den Abschluss des selbständigen Beratungsvertrags zum Ausdruck gebracht, wie hoch der Stellenwert einer völlig unvoreingenommenen Beratung für ihn ist.

III. Die Kausalität zwischen Pflichtverletzung und Schaden

1. Ausgangspunkt der herrschenden Meinung: Der Kunde in Beweisnot

Im Grundsatz liegt die Beweislast für die Kausalität der Aufklärungspflichtverletzung beim Kläger.[311] Problematisch kann für den Kunden aber sein, dass ihm kaum adäquate Beweismittel im Rahmen des Prozesses zur Verfügung stehen.[312] Besondere Schwierigkeiten bereitet der Nachweis der hier nur hypothetischen Kausalität dahingehend, dass der Anleger ein bestimmtes Produkt nicht erworben hätte, wäre er über die Eigeninteressen aufgeklärt worden.[313] Es wird befürchtet, dass die Haftung trotz etablierter Pflichtverletzung häufig leer liefe, würde man an den Grundregeln der ZPO festhalten.[314] Über alle Zweifel erhaben ist das freilich nicht, geht es doch um eine innere Tatsache beim Kunden (hypothetische Willenserklärung),[315] sodass eine (noch) größere Beweisnot diesbezüglich beim Berater vorliegt.[316]

---

[309] Vgl. BGH, Urt. v. 20.9.2011, Az.: II ZR 277/09, ZIP 2011, 2145, 2147, Rn. 26; wie hier auch *Bassler*, WM 2013, 544, 553 f. m.w.N.; *Fullenkamp*, NJW 2011, 421, 424; *Hofmann*, Aufklärung und Anlageberatung, S. 184; *Sethe*, AcP 212 (2012), 80, 147; *Veldhoff*, Haftung von Kreditinstituten, S. 320; a.A. *Witte/Hillebrand*, DStR 2009, 1759, 1762 f., die aber zugestehen, dass das Dispositionsinteresse betroffen sei.

[310] Vgl. zum ausnahmsweise denkbaren „proportionalen Schadensersatz" Fn. 343; ferner infra § 11 D. II. 2.

[311] Vgl. nur *Sethe*, AcP 212 (2012), 80, 146; *Veldhoff*, Haftung von Kreditinstituten, S. 312.

[312] Dazu *Veldhoff*, Haftung von Kreditinstituten, S. 312 ff.; ausführlich zu „Beweisschwierigkeiten des klagenden Anlegers" *Rothenhöfer*, Anlegerschutz durch Schriftform, S. 157 ff.

[313] Vgl. aber *Bassler*, WM 2013, 544, 547 ff. und *Dieckmann*, WM 2011, 1153, 1157 f., die die fehlerhafte Anlageberatung als „positives Tun" einordnen. Soweit es um die Nichtaufklärung über monetäre Eigeninteressen und daraus folgende (potentielle) Interessenkonflikte geht, ist an der h.M. festzuhalten („Unterlassen"), da damit nicht zwingend eine „ungeeignete" Empfehlung zusammenhängt; wie hier *Einsele*, Bank- und Kapitalmarktrecht^2, § 8 Rn. 43a; *Göertz*, BKR 2012, 375; *Heusel*, ZBB 2012, 461, 464; *Koller*, ZBB 2007, 197, 201; *Stackmann*, NJW 2009, 3265, 3266 f.; i.E. auch *Brenncke*, Regelung der Werbung im Bank- und Kapitalmarktrecht, S. 1069; *Nobbe/Zahrte*, in: MünchKomm HGB^3, Anlageberatung, Rn. 307; *Oetker*, in: MünchKomm BGB^6, § 249 Rn. 227.

[314] *Veldhoff*, Haftung von Kreditinstituten, S. 321.

[315] Vgl. *Rothenhöfer*, Anlegerschutz durch Schriftform, S. 163.

[316] *Möllers*, in: Bankrechtstag 2012, S. 81, 91; *ders.*, NZG 2012, 1019, 1020; eine Beweisnot des Anlegers wird ferner verneint von *Bassler*, WM 2013, 544, 555; *Hofmann*, Aufklärung und Anlageberatung, S. 205; *Medicus*, in: FS Picker, S. 619, 620 (Begründung über Beweisnot des Anlegers sei „geradezu paradox"); faktisch auch Schweizerisches Bundesgericht, dazu *Rusch*, WM 2012,

2. Die „Vermutung aufklärungsrichtigen Verhaltens"

a) Der Inhalt der Vermutung

Um den (vermeintlichen) Problemen des Anlegers abzuhelfen, vermutet die Rechtsprechung, dass die Aufklärungspflichtverletzung kausal für die Anlageentscheidung war (sog. Vermutung aufklärungsrichtigen Verhaltens),[317] was insbesondere auch für pflichtwidrig nicht offengelegte Rückvergütungen gelte.[318] Das Kausalitätsmerkmal ist vor allem im Zusammenhang mit als zu weit empfundenen Aufklärungspflichten von besonderer Relevanz.[319] Die Entwicklung dieser Vermutung basierte auf „zwei Pfeilern". Einerseits wurde mit einem Anscheinsbeweis aufgrund einer vermeintlichen Typizität des Ursachenzusammenhangs gearbeitet (so der III. Zivilsenat),[320] andererseits mit Schutzzweckerwägungen argumentiert, aus denen eine (echte) Beweislastumkehr folge (so der XI. Zivilsenat).[321] Soweit der XI. Zivilsenat ursprünglich noch forderte, dass für die Anwendung der Beweislastumkehr kein „Entscheidungskonflikt" beim Anleger vorgelegen haben dürfe, wäre er aufgeklärt worden, hat er dieses Erfordernis in Kick-Back-X ausdrücklich aufgegeben.[322]

b) Eine Frage der haftungsausfüllenden Kausalität

Liegt die Pflichtverletzung in der unterlassenen Aufklärung bzw. dem unterlassenen Einholen der Kundenzustimmung und ist der Schaden bereits in der „verbindlichen Investitionsentscheidung" zu sehen, betrifft der Ursachenzusammenhang zwischen Pflichtverletzung und Schaden die *haftungsausfüllende* Kausalität.[323] Dies

440, 442 ff.; unzutreffend daher *Heusel*, ZBB 2012, 461, 462, wonach über die strukturelle Beweisnot des Anlegers Einigkeit bestehe.

[317] BGH (Kick-Back-IV) NJW 2009, 2298, Rn. 22; BGH (Kick-Back-X) BGHZ 193, 159 = NJW 2012, 2427, Rn. 28 f.; dazu auch *Veil*, WM 2009, 2193, 2200; teilweise unterscheidet sich die Terminologie, z.B. wird von der „Vermutung beratungsgerechten Verhaltens" gesprochen, vgl. *Buchmann*, AG-Report 2012, R223, R224; *Rothenhöfer*, Anlegerschutz durch Schriftform, S. 167, spricht von der „Vermutung beratungsgemäßen Verhaltens"; nach *Möllers*, in: Bankrechtstag 2012, S. 81, 85, sei die Problematik eine der „umstrittensten Fragen des Bankrechts, ja des Rechts der freien Berufe".

[318] Vgl. nur BGH, Urt. v. 26.2.2013, Az.: XI ZR 345/10, BKR 2013, 283, Rn. 18 m.w.N.; zuletzt BGH, Urt. v. 8.4.2014, Az.: XI ZR 341/12, ZIP 2014, 1117, Rn. 20.

[319] Vgl. *Schäfer*, Ökonomische Analyse von Aufklärungspflichten, S. 117, 130.

[320] So aber auch noch *Ellenberger*, Umfassende Anlage- und Anlegergerechte Beratung, S. 59, 95 f.; vgl. auch *Piekenbrock*, WM 2012, 429, 439; ebenso *Eberius*, Regulierung der Anlageberatung und behavioral finance, S. 104, allerdings ohne auf die ausdrückliche andere Auffassung des XI. Zivilsenats einzugehen.

[321] Vgl. BGH, Urt. v. 8.4.2014, Az.: XI ZR 341/12, ZIP 2014, 1117, Rn. 20; ausführlich *Bassler*, WM 2013, 544, 545 f.; anders *Heusel*, ZBB 2012, 461 („Beweisregel eigener Art").

[322] BGH (Kick-Back-X) BGHZ 193, 159 = NJW 2012, 2427, Rn. 33; dazu *Bausch/Kohlmann*, BKR 2010, 410 ff.; *Göertz*, BKR 2012, 375 ff.

[323] Ausführlich und zutreffend *Bassler*, WM 2013, 544, 550 ff. (m.w.N. zu beiden Ansichten), der noch weitergehend davon ausgeht, dass der haftungsbegründenden Kausalität keine „Existenz im Schuldrecht" (a.a.O. S. 553) zugebilligt werden könne; *Göertz*, BKR 2012, 375, 377; *Ehlgen*,

hat zur Konsequenz, dass nicht § 286 ZPO (Vollbeweis), sondern § 287 ZPO einschlägig ist.[324] Dies entspricht auch der Rechtsprechung des VI. Zivilsenats zur Haftung von Notaren,[325] ebenso der des IX. Zivilsenats zur Haftung von Steuerberatern und Rechtsanwälten.[326]

c) Folgen für den Haftungsprozess

aa) Keine Grundlage für die Annahme eines Anscheinsbeweises

Der BGH beschreibt die Anwendung des § 287 ZPO wie folgt:

„[Es] reicht für die richterliche Überzeugungsbildung eine überwiegende, freilich auf gesicherter Grundlage beruhende Wahrscheinlichkeit. Das wirkt sich auch auf die Darlegungslast des Geschädigten aus. Es genügt, dass er Tatsachen vorträgt und unter Beweis stellt, die

---

Probabilistische Proportionalhaftung, S. 353 (zur Anwaltshaftung); dazu auch *Fleischer*, JZ 1999, 766, 768; ferner *Brocker*, BKR 2007, 365, 366; *Ekkenga*, in: MünchKomm HGB^3, Effektengeschäft, Rn. 430; *Hofmann*, Aufklärung und Anlageberatung, S. 159; *Lorenz*, Der Schutz vor dem unerwünschten Vertrag, S. 443; vgl. auch *Magnus*, in: Dauner-Lieb/Langen, BGB-Schuldrecht^2, Vorbem. zu §§ 249–255 Rn. 62; wohl auch *v. Buttlar*, in: Fandrich/Karper, MAH BKR, § 7 Rn. 177; a.A. die wohl h.M. (haftungsbegründende Kausalität), BGH (Kick-Back-X) BGHZ 193, 159 = NJW 2012, 2427, Rn. 39; *Bausch/Kohlmann*, BKR 2010, 410, 414; *Buck-Heeb*, WM 2012, 625, 629; *Dieckmann*, WM 2011, 1153, 1154; *Heusel*, ZBB 2012, 461, 462; *Medicus*, in: FS Picker, S. 619, 620; *Möllers*, WM 2008, 93, 99 f.; *Schäfer*, Darlegungslast, Beweispflicht und Tatsachenfeststellung im Prozeß, S. 351, 361. Die haftungsbegründende Kausalität würde jedoch die Frage zwischen dem schädigenden Verhalten und der Pflichtverletzung betreffen.

324 *Bassler*, WM 2013, 544, 554; i.E. nach ausführlicher Untersuchung auch *Geibel*, Kapitalanlegerschaden, S. 165 f., der § 286 ZPO auf die Frage beschränken will, ob die Dispositionsfreiheit des Anlegers verletzt wurde, was aber bereits dann angenommen werden müsste, wenn die Beratung „lückenhaft" gewesen sei. Die Frage, ob der Anleger vom Erwerb abgesehen hätte, unterfiele § 287 ZPO; a.A. BGH, Urt. v. 9.2.2006, Az.: III ZR 20/05, NJW-RR 2006, 685, Rn. 18 ff.; ferner *Stackmann*, NJW 2009, 3265, 3266, der neben der Pflichtverletzung anscheinend eine Rechtsgutsverletzung im Rahmen von § 280 Abs. 1 BGB fordert. Das ist mit der Privatautonomie der Vertragsparteien kaum zu vereinbaren. Jedenfalls aber, soweit er der haftungsausfüllenden Kausalität die Verknüpfung von „Disposition" und Vermögenseinbuße zuordnet, widerspricht das der h.M., die bereits die beeinträchtigte Dispositionsentscheidung als Schaden ansieht. Auf Basis der h.M. wäre die Prüfung, ob die Disposition und der Schaden kausal verbunden sind, sinnlos; vgl. dazu *Bassler* a.a.O. S. 551 f.; ferner *Bacher*, in: BeckOK-ZPO, Ed. 12, § 287 Rn. 5 („Entsteht der Schadensersatzanspruch unabhängig von der Verletzung eines Rechtsguts, gehört bereits der erste Schaden zur haftungsausfüllenden Kausalität. Dies gilt etwa für die Verletzung einer Beratungspflicht."); *Ehlgen*, Probabilistische Proportionalhaftung, S. 353 („[M]it der vertraglichen Pflichtverletzung ist der Haftungsgrund erfüllt, die Schadensverursachung ist demgegenüber zum Bereich der Haftungsausfüllung zu rechnen."); für eine Anwendung von § 287 ZPO auch *Faulenbach*, BKR 2014, 462, 464; *Hofmann*, Aufklärung und Anlageberatung, S. 205; *van Look*, in: Vortmann, Prospekthaftung und Anlageberatung, § 1 Rn. 132, wobei er freilich nicht bereits die Anlageentscheidung selbst als Schaden ansieht.

325 BGH, Urt. v. 5.3.1974, Az.: VI ZR 222/72 (Juris), Rn. 18.

326 BGH, Urt. v. 20.3.2008, Az.: IX ZR 104/05, NJW 2008, 2647, Rn. 12; BGH, Urt. v. 10.5.2012, Az.: IX ZR 125/10, BGHZ 193, 193 = NJW 2012, 2435, Rn. 36; vgl. etwa *Fischer*, DB 2011, 1905, 1907. Zu Gemeinsamkeiten und Unterschieden von Steuerberatern, Rechtsanwälten und Anlageberatern im hiesigen Kontext bereits supra § 6 A. I. 1.

für eine Beurteilung nach § 287 ZPO ausreichende greifbare Anhaltspunkte bieten. An die Darlegung eines hypothetischen Geschehens dürfen keine übertriebenen Anforderungen gestellt werden."[327]

Neben der reduzierten Darlegungslast wird der Maßstab an die richterliche Überzeugungsbildung im Vergleich zu § 286 ZPO reduziert. Ausreichend ist eine überwiegende Wahrscheinlichkeit, wobei in Fällen der hypothetischen Kausalität zu berücksichtigen ist, dass der Schädiger die Beweisschwierigkeiten verursacht hat.[328] Im Prozess ist damit fraglich, ob es bei vollständiger Aufklärung über die Eigeninteressen überwiegend wahrscheinlich gewesen wäre, dass der Anleger von der Investitionsentscheidung abgesehen hätte, wobei – in Anlehnung an die vergleichbare Steuerberater- und Rechtsanwaltshaftung – auf die Sichtweise eines „vernünftig urteilenden Anlegers" abzustellen ist.[329] Die Interessenlage und objektiven Umstände des Anlegers sind zu berücksichtigen.[330] Würde man vermuten, dass der vernünftige Anleger von der Investition abgesehen hätte, begründete man damit im Ergebnis einen Anscheinsbeweis. Dieser müsste sich auf eine allgemeine Lebenserfahrung stützen, nach der ein bestimmtes Verhalten – konkret die Entscheidung gegen die empfohlene Anlage – als Reaktion auf die hypothetische Aufklärung typisch wäre.[331] Der Anscheinsbeweis greift deshalb nicht, wenn mehrere gleich sinnvolle Handlungsmöglichkeiten bestanden hätten.[332] Die Informationsverarbeitung durch Anleger beinhaltet „sowohl rationale als auch irrationale, intellektuelle als auch emotionale Facetten".[333] Daher lässt sich regelmäßig keine Typik beschreiben, auf der ein Anscheinsbeweis für *alle* Anlageberatungsfälle basieren könnte.[334] Dies gilt auch für die Fälle, bei denen nach hier vorgeschlagener Lösung auf Basis eines selbständigen Beratungsvertrags beraten wird. In Betracht kommt hingegen eine am Schutzzweck orientierte Annahme einer Beweislastumkehr, was sogleich zu besprechen ist.

---

[327] BGH, Urt. v. 23.11.2006, Az.: IX ZR 21/03, NJW-RR 2007, 569, 571, Rn. 21. Der Fall betraf die Beratungshaftung eines Rechtsanwalts.

[328] BGH, Urt. v. 2.7.1992, Az.: IX ZR 256/91, NJW 1992, 2694, 2695; *Bacher*, in: BeckOK-ZPO, Ed. 12, Rn. 17 f.; *Prütting*, in: MünchKomm ZPO^4, § 287 Rn. 17.

[329] Auch hier zeigt sich wieder, dass die Annahme eines rationalen Anlegers in einem Aufklärungsschutzkonzept unverzichtbar ist; ausführlich supra § 3 D. III.-V.

[330] Vgl. zur Steuerberater und Rechtsanwaltshaftung *Prütting*, in: MünchKomm ZPO^4, § 286 Rn. 77.

[331] Vgl. *Bacher*, in: BeckOK-ZPO, Ed. 12, § 284 Rn. 94.

[332] BGH, Urt. v. 10.5.2012, Az.: IX ZR 125/10, BGHZ 193, 193 = NJW 2012, 2435, Rn. 36.

[333] *Hofmann*, Aufklärung und Anlageberatung, S. 187.

[334] *Hofmann*, Aufklärung und Anlageberatung, S. 165 ff.; *Rusch*, WM 2012, 440, 443; *Schwab*, NJW 2012, 3274, 3276; vgl. aber auch *Göertz*, BKR 2012, 375, 377; ferner *Rusch* a.a.O. S. 442 ff., mit Fallmaterial zum Schweizer Recht.

bb) Die Vermutung als Beweistlastumkehr bei selbständigen Beratungsverträgen

Im Rahmen der Beweiswürdigung ist u.a. das Verhältnis des Kunden zum Berater zu berücksichtigen.[335] Es muss daher bedacht werden, dass der Kunde einen Anlageberatungsvertrag abgeschlossen hat, der den Intermediär verpflichtet, allein die Kundeninteressen wahrzunehmen. Eigeninteressen bergen Interessenkonfliktpotentiale. Dass der Anleger sich der Frage, wie er mit solchen umgehen möchte – zumindest im Ausgangspunkt – nicht stellen möchte, hat er durch den Abschluss des selbständigen Beratungsvertrags bereits zum Ausdruck gebracht. Die Aufklärungspflicht über monetäre Eigeninteressen ist ein Instrument des Schutzes, den sich der den Berater in der Regel vergütende Kunde „erkauft hat". Jedenfalls aber ist in der Willensübereinkunft der Parteien klar zum Ausdruck gekommen, dass die *unabhängige Wahrnehmung* der Beratungspflichten von besonderer Bedeutung im konkreten Schuldverhältnis sein soll.[336] Effektiv kann dieser Schutz nur sein, wenn man im Rahmen der Kausalität im Ausgangspunkt davon ausgeht, dass der Kunde seiner „Unabhängigkeitspräferenz" derart „treu geblieben" wäre, dass er einem offenbarten Eigeninteresse des Beraters mit höchster Skepsis begegnet wäre.[337] Für die Fälle „fiktionsfrei" zustande gekommener Beratungsverträge, die einen Schwerpunkt der Kunde-Berater-Beziehung auf die Unabhängigkeit des Beraters legen, erscheint die Anwendung einer Beweislastumkehr damit im Ergebnis konsequent und gerechtfertigt. Das ist dann eine Konsequenz der Besonderheiten des konkreten Vertrags und des damit speziell (mitverfolgten) Schutzzwecks[338] und nicht nur Folge des Postulats, dass derjenige, der eine Aufklärungspflicht verletzt, die Beweislast bezüglich der (gegebenenfalls nicht anzunehmenden) Kausalität trüge.[339] Damit ist den beachtlichen Bedenken, die gegen die „Vermutung aufklärungsrichtigen Verhaltens" sprechen,[340] für den beratungs*vertraglichen* Bereich Rechnung getragen.

---

335 Vgl. auch *Hofmann*, Aufklärung und Anlageberatung, S. 192ff., freilich unter anderem Blickwinkel.

336 Dazu ausführlich supra § 10 A.; vgl. auch *Herresthal*, WM 2014, 773, 781.

337 Die Eigeninteressen interessieren den Kunden damit nicht nur „am Rande", so *Tiedemann*, BKR 2012, 426, 427; ähnlich OLG Frankfurt a.M., Urt. v. 28.10.2011, Az.: 19 U 98/11 (Juris), Rn. 28 (Widerlegung der Vermutung bei „Preisneutralität"); vgl. *Mülbert*, ZHR 177 (2013), 160, 197 („Offenlegung von Rückvergütungen [ermöglicht] dem Kunden keine sachgerechte, sondern allenfalls eine misstrauische Entscheidung."). Es erschiene sogar denkbar, die Vermutungswirkung auf die gesamte Geschäftsbeziehung, die der Pflichtverletzung nachgelagert ist, zu erstrecken, vgl. supra § 5 A. X. 3.

338 Vgl. *Canaris*, in: FS Hadding, S. 3, 24; ferner *Gehrlein/Sutschet*, in: BeckOK-BGB, Ed. 31, § 311 Rn. 117; *Schelling*, Vergütungssysteme und Interessenkonflikte, S. 275f.

339 Dazu *v. Heymann/Edelmann*, in: Assmann/Schütze, Hdb. Kapitalanlagerecht³, § 4 Rn. 116.

340 *Bassler*, WM 2013, 544, 555, hält sie sogar für verfassungsrechtlich nicht mehr legitimiert; kritisch zur Vermutung aufklärungsrichtigen Verhaltens bzw. Einschränkungen fordernd ferner *Bockelmann*, BKR 2012, 429, 430; *Brocker*, BKR 2007, 365, 370; *Buck-Heeb*, BKR 2010, 309, 315; *Grys/Geist*, BKR 2009, 127, 130; *Göertz*, BKR 2012, 375, 377; *Herresthal*, ZBB 2009, 348, 360; *Hofmann*, Aufklärung und Anlageberatung, S. 165; *Lang/Balzer*, ZIP 2007, 521, 523; *Möllers/Wenninger*, LMK 2007, 220857; *Mülbert*, ZHR 172 (2008), 170, 191 mit Fn. 65; *Nikolaus/d'Oleire*, WM 2007, 2129, 2132f.; *Schäfer*, in: Praktikerhdb. Wertpapier- und Derivategeschäft⁴, Rn. 1486;

Denn die Eigeninteressen des Beraters führen im Ergebnis dazu, dass der Vertragszweck für den Kunden teilweise vereitelt wird.[341] Es obliegt daher bei Beratungsverträgen dem Berater, die Nichtkausalität einer korrekten Aufklärung notfalls zu beweisen.[342] Hierfür gilt dann ebenso der Maßstab des § 287 ZPO.[343]

cc) Die Widerlegung der Vermutung durch den Berater

Auch wenn bei selbständigen Beratungsverträgen die Anwendung der Vermutung aufklärungsrichtigen Verhaltens als Beweislastumkehr zu rechtfertigen ist, darf sie dennoch nicht zu einem Haftungsautomatismus dergestalt führen, dass der Prozess für den Anleger mit dem Nachweis der Pflichtverletzung „schon gewonnen" wäre.[344] Das lässt sich nur verhindern, wenn den Anzeichen, die gegen eine Kausalität sprechen können, in der Beweisaufnahme besondere Aufmerksamkeit gewidmet wird. Mithin sind den Beratern Kriterien „an die Hand zu geben", anhand derer sie die Vermutung widerlegen bzw. den Beweis fehlender Kausalität führen können.

Der BGH hat in seinem Kick-Back-X-Urteil Ausführungen zur Widerlegung der Kausalitätsvermutung gemacht. Zunächst komme – neben einer jederzeit möglichen Parteianhörung (§ 141 ZPO)[345] – eine Parteivernehmung (§§ 445 Abs. 1, 447 ZPO; gegebenenfalls von Amts wegen nach § 448 ZPO[346]) in Betracht,[347] wenn der beklagte Berater vorträgt, dass der Kläger ein Produkt trotz Kenntnis der Eigeninteressen erworben hätte. Dieser Vortrag sei nicht weiter zu konkretisieren und zu

Schäfer/Schäfer, BKR 2007, 163, 166; *Witte/Hillebrand*, DStR 2009, 1759, 1763; *Zoller*, GWR 2010, 53, 55.

[341] Vgl. zu dieser Argumentation *Möllers*, in: Bankrechtstag 2012, S. 81, 98.

[342] Nach *Buck-Heeb*, jurisPR-BKR 9/2011 Anm. 2, sei es nahezu „unmöglich", die Vermutung in der Praxis zu widerlegen, vgl. insoweit auch *Bausch/Kohlmann*, BKR 2012, 410, 411; *Fuxman/John*, EWiR 2013, 407, 408. Allerdings berichtete im persönlichen Gespräch ein Mitglied einer Bankenkammer des Hamburger Landgerichts, dass eine Vielzahl der gegen die Anleger entschiedenen Fälle am Nachweis der Kausalität „gescheitert" seien.

[343] *Göertz*, BKR 2012, 375, 376. Ist überwiegend wahrscheinlich, dass der Kunde das Produkt trotz Aufklärung erworben hätte, können etwaige „Restzweifel" an dieser Annahme dazu führen, dass der Kunde einen beschränkten Schadenseratzanspruch hat, der auf seine „verlorene Chance", sich umzuentscheiden, als eigenständigen Schaden abstellt. Der Beratungs*vertrags*kunde darf insofern nicht schlechter stehen als Kunden, die bloß absatzbegleitend beraten wurden. Soweit die Nichtkausalität vom Berater nicht (im Rahmen von § 287 ZPO) bewiesen werden kann, bedarf er eines solchen Anspruchs freilich nicht. Ausführlicher zum Schadensersatz für „verlorene Chancen" infra § 11 D. II. 2.

[344] Vgl. *Heusel*, ZBB 2012, 461, 465.

[345] *Schäfer*, in: Praktikerhdb. Wertpapier- und Derivategeschäft[4], Rn. 1521.

[346] *Schwab*, NJW 2012, 3274, 3277.

[347] BGH, Beschl. v. 19.2.2013, Az.: XI ZR 404/11, NZG 2013, 502, Rn. 18 ff.; BGH, Urt. v. 26.2.2013, Az.: XI ZR 318/10, BKR 2013, 212, Rn. 21 ff.; vgl. auch *Kropf*, ZBB 2014, 331, 337 f.; *Schäfer*, Darlegungslast, Beweispflicht und Tatsachenfeststellung im Prozeß, S. 351, 372 ff.; ggf. muss auf eine Zeugenvernehmung (§§ 373 ff. ZPO) zurückgegriffen werden, wenn der Beratungskunde seinen Anspruch abgetreten hat, vgl. BGH, Urt. v. 26.2.2013, Az.: XI ZR 345/10, BKR 2013, 283, Rn. 21; *Ellenberger*, in: Praktikerhdb. Wertpapier- und Derivategeschäft[4], Rn. 1074.

substantiieren.[348] Dies müsse schließlich nicht wahrscheinlich sein.[349] Ein unzulässiger Ausforschungsbeweis liege erst vor, wenn keinerlei tatsächliche Anhaltspunkte für die Behauptung bestünden.[350] Als ausreichende Anhaltspunkte wurden die Motive des Klägers[351] (z.B. Steuerersparnis[352]; Renditechancen[353]) oder sonstige Erwerbe in Kenntnis von Provisionen genannt.[354] Insoweit wird also auf das Vor- und Nachverhalten des Kunden abgestellt.[355]

Ergänzend und weiter ausführend wird in der Literatur darauf hingewiesen, dass die Anlageentscheidung eher von Merkmalen wie der Produktqualität und den Gesamtkosten als von einer konkreten Kostenaufteilung beeinflusst würde.[356] Als (zusätzlich) relevante und im Rahmen der Kausalität zu berücksichtigende Kriterien werden das Verhältnis zwischen Anleger und Berater, das Vorwissen des Anlegers und eine positive „Anlagestimmung am Markt" benannt.[357] Auch soweit etwaige – bereits bekannte – Aufklärungsmängel im Prozess nur „nachgeschoben" würden, könne dies gegen eine Kausalität sprechen.[358] Einen etwas anderen Weg schlägt *Heusel* vor, der anhand der „Wesentlichkeit" der verletzten Aufklärungspflicht über

---

348 BGH (Kick-Back-X) BGHZ 193, 159 = NJW 2012, 2427, Rn. 39.

349 BGH (Kick-Back-X) BGHZ 193, 159 = NJW 2012, 2427, Rn. 39; gerade wenn selbständige Beratungsverträge vorliegen, bestehen erhebliche Zweifel, supra § 10 E. III. 2. c) bb).

350 Man wird mit *Schwab*, NJW 2012, 3274, 3277, sagen können, dass ein „Ausforschungsbeweis" jedenfalls dann nicht vorliegt, wenn mehrere „aufklärungsrichtige" Reaktionen auf die gebotene Aufklärung hin in Betracht kamen.

351 Zu etwaigen „vorrangigen Anlagezielen" *Bausch/Kohlmann*, BKR 2012, 410, 414; *Stumpf/Hettenbach*, BB 2012, 2582, 2584.

352 Das Motiv einer steueroptimierten Anlage steht für sich genommen der Kausalitätsvermutung nach dem BGH noch nicht entgegen, BGH, Urt. v. 26.2.2013, Az.: XI ZR 345/10, BKR 2013, 283, Rn. 26; BGH, Urt. v. 26.2.2013, Az.: XI ZR 425/10, BKR 2013, 253, Rn. 21 ff.; BGH, Beschl. v. 9.4.2013, Az.: XI ZR 337/10, BKR 2013, 260, Rn. 10 ff.; BGH, Urt. v. 28.5.2013, Az.: XI ZR 113/11, BKR 2013, 388, Rn. 20 ff.

353 Ggf. sind besonders renditeträchtige Produkte nur bei entsprechend hoher Provision am Markt erhältlich, vgl. *Möllers*, NZG 2012, 1019, 1021.

354 BGH (Kick-Back-X) BGHZ 193, 159 = NJW 2012, 2427, Rn. 40 f. und 52 ff.; vgl. auch BGH, Urt. v. 26.2.2013, Az.: XI ZR 45/10, BKR 2013, 506, Rn. 20 ff.; ferner *Stumpf/Hettenbach*, BB 2012, 2582, 2583.

355 Ausdrücklich BGH (Kick-Back-X) BGHZ 193, 159 = NJW 2012, 2427, Rn. 50 (unter Verweis auf *Ellenberger*, in: Praktikerhdb. Wertpapier- und Derivategeschäft⁴, Rn. 1073 f.); BGH (Kick-Back-XII) WM 2013, 2065, Rn. 39; *Schäfer*, in: Hdb. Vermögensverwaltung, § 21 Rn. 86; dazu auch *Bausch/Kohlmann*, BKR 2012, 410, 412 f.; vgl. auch BGH, Urt. v. 8.4.2014, Az.: XI ZR 341/12, ZIP 2014, 1117, Rn. 18, wonach es widersprüchlich sei, wenn einem Kunden auf Nachfrage die Höhe der Provision nicht mitgeteilt werde, der Kunde aber später darauf gestützt Schadensersatz verlange. Der BGH hat dies jedoch als Fall des *venire contra factum proprium* (§ 242 BGB) und damit außerhalb der Kausalität verortet.

356 Vgl. *Koch*, in: Schwark/Zimmer, KMRK⁴, § 31d WpHG Rn. 99; *Veldhoff*, Haftung von Kreditinstituten, S. 324 f.; *Zingel/Rieck*, BKR 2009, 353, 358; zu „untergeordneten Aufklärungsmängeln" *Bausch/Kohlmann*, BKR 2012, 410, 414.

357 Ausführlich *Hofmann*, Aufklärung und Anlageberatung, S. 191 ff.

358 *Bausch/Kohlmann*, BKR 2012, 410, 413 f.

die Anwendung der Vermutung entscheiden möchte, wozu er dann gleichfalls die soeben angeführten Kriterien prüfen will.[359]

Dies zeigt, dass verschiedene Ansatzpunkte denkbar sind, die gegebenenfalls dazu geeignet sein können, die Vermutung zu widerlegen. Wird einem Vortrag hinsichtlich der genannten Kriterien nicht nachgegangen, verletzt das den Anspruch des beklagten Beraters auf rechtliches Gehör (Art. 103 Abs. 1 GG).[360]

F. Zwischenergebnis

Der Abschluss eines selbständigen Beratungsvertrags verpflichtet den Berater, allein die Kundeninteressen wahrzunehmen. Daraus folgt eine Aufklärungspflicht über sämtliche Eigeninteressen des Intermediärs, die über das Beratungshonorar hinausgehen. Soweit ihm nicht in der Beratungsvereinbarung erlaubt wurde, zusätzliche Eigeninteressen zu verfolgen, muss er die individuelle Zustimmung des Kunden zu deren Realisierung einholen. Eine Aufklärungspflicht über das Eigeninteresse bleibt selbst dann bestehen, wenn das empfohlene Produkt das für den Kunden beste ist, wobei dessen Auswahl an sich dann keine Pflichtverletzung begründet.

Vor dem Hintergrund regulatorischer Entwicklungen – insbesondere HABG und MiFID II – lassen sich Friktionen mit dem dargestellten Aufklärungspflichtenkanon vermeiden, zumal die maßgeblichen Aspekte der Entgeltlichkeit (HABG) bzw. Unabhängigkeit des Intermediärs (MiFID II; HABG bei Honorar-Finanzanlagenberatern) genau jene Kriterien als Basis der verschärften regulatorischen Pflichten aufgreifen, die hier als stärkste Indizien bezüglich eines Beratungsvertragsabschlusses angenommen werden.[361] Die verschärften Vorgaben werden für die Berater damit auch von ihrem (Rechtsbindungs-)Willen abhängen, was zu begrüßen ist.

Im Schadensersatzprozess wegen fehlerhafter Aufklärung über die Eigeninteressen ist auf § 280 Abs. 1 BGB i.V.m. dem Beratungsvertrag zurückzugreifen. Der Schaden des Kunden ist in seinem verletzten Dispositionsinteresse zu sehen.

Ob ein Kausalnexus zwischen Aufklärungspflichtverletzung und Schaden vorliegt, ist eine Frage der haftungsausfüllenden Kausalität. Aufgrund der im Rahmen der Beratung auf vertraglicher Basis hohen Relevanz der Neutralität bzw. Unabhängigkeit des Beraters, ist es aus Schutzzweckerwägungen gerechtfertigt, die Vermutung aufklärungsrichtigen Verhaltens als Beweislastumkehr anzuwenden. Den Beratern obliegt es, eine mangelnde Kausalität nachzuweisen, wozu ihnen diverse Ansatzpunkte zur Verfügung stehen.

---

[359] *Heusel*, ZBB 2012, 461, 466 f.; kommt die Vermutung danach einmal zur Anwendung, steht zugleich fest, dass die Aufklärung für den Kunden wesentlich war. Insofern scheint eine Widerlegung dann allerdings kaum mehr vorstellbar.

[360] BGH, Urt. v. 20.11.2012, Az.: XI ZR 415/11 BKR 2013, 68, Rn. 15 ff.; BGH, Beschl. v. 26.3.2013, Az.: XI ZR 228/11, BKR 2013, 467, Rn. 14 f.

[361] Vgl. *Kuhlen/Tiefensee*, VuR 2013, 49, 50 zum HABG („konstitutiver Aspekt der Unabhängigkeit des Beraters“).

§ 11 Aufklärungspflichten und ihre Durchsetzung bei absatzbegleitender Beratung

A. Aufklärungspflichten aus culpa in contrahendo (§§ 311 Abs. 2 und 3, 241 Abs. 2 BGB)

I. Zur Herleitung von Aufklärungspflichten aus culpa in contrahendo

Es steht außer Frage, dass Aufklärungspflichten aus einem vorvertraglichen Schuldverhältnis entstehen können.[362] Auch der BGH argumentierte auf dieser Grundlage, soweit die Annahme eines Beratungsvertrags nicht möglich war bzw. bevor er diesen als bevorzugte Haftungsgrundlage heranzog.[363] Die Möglichkeit der Haftung für Verschulden bei Vertragsschluss bzw. -verhandlungen (culpa in contrahendo, c.i.c.) war bereits lange in der Praxis anerkannt, bevor sie vom Gesetzgeber in den §§ 311 Abs. 2 und 3, 241 Abs. 2 BGB kodifiziert wurde.[364] Die von der c.i.c. erfassten Fallgestaltungen sind disparat und nicht auf einen Grundgedanken zurückzuführen.[365] Zur Begründung einer Haftung ist das nicht erheblich: Die Voraussetzungen des Schuldverhältnisses ergeben sich bereits aus § 311 Abs. 2 bzw. 3 BGB, während der Inhalt daraus folgender Pflichten § 241 Abs. 2 BGB zu entnehmen ist.[366]

Nach hiesiger Konzeption kommt den Aufklärungspflichten aus c.i.c. eine hohe Bedeutung zu. Denn die vertragliche Beratung wird danach – auf der Basis der bisherigen Kundenpräferenzen – eher die Ausnahme sein, die vor allem in Fällen der Honorarberatung Anwendung findet, während die absatzbegleitende Beratung auf dem rechtlichen Boden der c.i.c. den Regelfall darstellen wird.

II. Die Voraussetzungen der c.i.c. im Kontext der Finanzberatung

1. Allgemeine Voraussetzungen der c.i.c.

Abhängig davon, ob es um ein Schuldverhältnis zwischen späteren Vertragsparteien geht oder zu Personen, die nicht selbst Vertragspartei werden sollen, ist zwischen

[362] Vgl. nur die Darstellungen bei *Emmerich*, in: MünchKomm BGB^{6}, § 311 Rn. 68 ff.; *Feldmann/Löwisch*, in: Staudinger, Neubearbeitung 2012, § 311 Rn. 117 ff.; *Gehrlein/Sutschet*, in: BeckOK-BGB, Ed. 31, § 311 Rn. 70 ff.; ferner *Horn*, ZBB 1997, 139, 144; im Kontext auch *Grigoleit*, Bankrechtstag 2012, S. 25, 31 f.

[363] Beispielhaft BGH, Urt. v. 16.2.1981, Az.: II ZR 179/80, BGHZ 80, 80 = NJW 1981, 1266; BGH, Urt. v. 6.4.1981, Az.: II ZR 84/80, NJW 1981, 1440; vgl. *Buck-Heeb*, WM 2012, 625; *Horn*, ZBB 1997, 139, 147.

[364] Vgl. auch *Mertens*, AcP 203 (2003), 818, 820; zur Entwicklung der c.i.c.-Haftung *Emmerich*, in: MünchKomm BGB^{6}, § 311 Rn. 35 ff. Es handelt sich dabei um eine gesetzliche Anordnung eines rechtsgeschäftsähnlichen Schuldverhältnisses. In diesem Duktus die amtliche Überschrift zu § 311 BGB; häufig wird deshalb auch von vertragsähnlicher Haftung gesprochen, vgl. *Emmerich* a.a.O. Rn. 35.

[365] *Emmerich*, in: MünchKomm BGB^{6}, § 311 Rn. 42 m.w.N.; im hiesigen Kontext berühren sich insbesondere Vertrauens- und Anlegerschutzaspekte.

[366] So zutreffend *Gehrlein/Sutschet*, in: BeckOK-BGB, Ed. 31, § 311 Rn. 37.

§ 311 Abs. 2 und Abs. 3 BGB zu unterscheiden. Der Abschluss eines späteren Vertrages ist jedoch keine Voraussetzung für ein vorvertragliches Schuldverhältnis.[367]

a) § 311 Abs. 2 BGB

Die Aufnahme von Vertragsverhandlungen (Nr. 1) stellt einen Realakt dar und führt immer zum Entstehen eines Schuldverhältnisses, wozu selbst unverbindliche Gespräche ausreichen können.[368] Das Wort „Verhandlungen" impliziert, dass jedenfalls ein „zweiseitiger Vorgang" gegeben sein muss.[369]Abzugrenzen sind Vertragsverhandlungen von rein informatorischen Gesprächen, die gemeinsame Interessen erst ausloten sollen, was aber eine Vertragsanbahnung i.S.v. Nr. 2 darstellen kann.[370] Die Vertragsanbahnung stellt den Grundtatbestand aus § 311 Abs. 2 BGB dar und wird weit ausgelegt. Neben den erwähnten „Auslotungsgesprächen" werden selbst einseitige Handlungen, wie z.B. die Eröffnung eines Geschäftsverkehrs („Ladenlokal"), erfasst.[371] Allerdings ist bei bloßen Vertragsanbahnungen gesondert festzustellen, ob im Hinblick auf eine etwaige rechtsgeschäftliche Beziehung dem anderen Teil die Möglichkeit zur Einwirkung auf Rechte, Rechtsgüter und Interessen gewährt oder anvertraut wird.[372] Diese Begriffe sind auszulegen wie in § 241 Abs. 2 BGB und umfassen somit auch das Vermögen und das Dispositionsinteresse.[373] Schließlich enthält § 311 Abs. 2 Nr. 3 BGB einen Auffangtatbestand, soweit ähnliche geschäftliche Kontakte vorliegen.[374]

---

367 S. nur *Jacoby/von Hinden*, Kropholler-Bürgerliches Gesetzbuch[14], § 311 Rn. 1.

368 *Gehrlein/Sutschet*, in: BeckOK-BGB, Ed. 31, § 311 Rn. 44f.

369 *Emmerich*, in: MünchKomm BGB[6], § 311 Rn. 46.

370 *Gehrlein/Sutschet*, in: BeckOK-BGB, Ed. 31, § 311 Rn. 45.

371 *Emmerich*, in: MünchKomm BGB[6], § 311 Rn. 47f.

372 Bei Vertragsverhandlungen sieht der Gesetzgeber dies immer als gegeben an, weshalb § 311 Abs. 2 Nr. 1 BGB letztlich einen Spezialfall von § 311 Abs. 2 Nr. 2 BGB darstellt, vgl. nur *Gehrlein/Sutschet*, in: BeckOK-BGB, Ed. 31, § 311 Rn. 44.

373 *Gehrlein/Sutschet*, in: BeckOK-BGB, Ed. 31, § 311 Rn. 42. Ein „strenges Korrektiv" stellt die erforderliche Einwirkungsmöglichkeit indes nicht dar, da eine zwangsläufige Verknüpfung mit der Vertragsanbahnung, wie sie etwa bei der Eröffnung von Geschäftsräumen vorliegt, ausreicht. Dies ist hinzunehmen, damit die spätere Pflichtenkonturierung im Rahmen von § 241 Abs. 2 BGB nicht vorweggenommen wird, *Emmerich*, in: MünchKomm BGB[6], § 311 Rn. 45; vgl. aber auch *Gehrlein/Sutschet* a.a.O. Rn. 46.

374 Wie groß der Anwendungsbereich von Nr. 3 noch ist, hängt von der Auslegung der Nr. 2 ab, ist im Ergebnis jedoch hinsichtlich der Rechtsfolgen unerheblich. Relevanz erhält Nr. 3 hingegen dadurch, dass sie verdeutlicht, dass in allen Varianten ein *geschäftlicher* Kontakt, also nicht ein bloß sozialer, erforderlich ist, *Canaris*, JZ 2001, 499, 520; *Emmerich*, in: MünchKomm BGB[6], § 311 Rn. 44.

b) § 311 Abs. 3 BGB

§ 311 Abs. 3 BGB betrifft die Eigenhaftung Dritter.[375] Gesondert genannt ist in § 311 Abs. 3 Satz 2 BGB der Fall, dass der Dritte in besonderem Maße *Vertrauen in Anspruch nimmt* und dadurch die Vertragsverhandlungen oder den Vertragsschluss *erheblich beeinflusst*. Ferner wird hier die Fallgruppe eines *eigenen wirtschaftlichen Interesses* als potentiell haftungsbegründend diskutiert. Schließlich wird die sog. Sachwalter-, auch Berufs- und Expertenhaftung als Ausprägung von Konstellationen genannt, in denen besonderes Vertrauen in Anspruch genommen werde.[376]

2. C.i.c. und Finanzberatung

a) Finanzberatung mit anschließendem Grundgeschäft

Soweit sich an eine Beratungssituation ein Grundgeschäft[377] zwischen Intermediär und Kunde anschließt, kann nicht zweifelhaft sein, dass die Voraussetzungen aus § 311 Abs. 2 BGB erfüllt sind. Unabhängig davon, ob ein Kommissions- oder Festpreisgeschäft oder ein Derivatvertrag zwischen den Parteien zustande kommt,[378] wird zuvor eine Vertragsanbahnungsphase durchlaufen bzw. sind Vertragsverhandlungen geführt worden. Damit besteht ein Schuldverhältnis mit potentiellen (Aufklärungs-)Pflichten nach § 241 Abs. 2 BGB.

b) Finanzberatung ohne anschließendes Grundgeschäft („reine Beratung")

aa) Antizipiertes Grundgeschäft wird nicht abgeschlossen

Das Entstehen eines Schuldverhältnisses nach § 311 Abs. 2 BGB hängt nicht davon ab, ob tatsächlich später ein Vertrag zustande kommt.[379] Es genügt diesbezüglich ein potentieller Rechtsbindungswille, um im Rahmen einer der Varianten des § 311 Abs. 2 BGB ein Schuldverhältnis entstehen zu lassen.[380] Das bedeutet, dass faktisch bei solchen Intermediären, die üblicherweise Grundgeschäfte mit ihren Kunden ab-

---

375 Wiederum handelt es sich um eine Kodifikation früherer Rechtsprechung, auf die auch nach dem Wortlaut (vgl. Satz 2 „insbesondere") weiterhin zurückgegriffen werden kann, vgl. nur *Emmerich*, in: MünchKomm BGB[6], § 311 Rn. 186 m.w.N.

376 Vgl. zu den verschiedenen Fallgruppen *Emmerich*, in: MünchKomm BGB[6], § 311 Rn. 185 ff.; *Gehrlein/Sutschet*, in: BeckOK-BGB, Ed. 31, § 311 Rn. 114 ff.

377 Vgl. supra § 9 B.

378 Zu Aufklärungspflichten vor Abschluss eines Kommissionsvertrags *K. Schmidt*, Handelsrecht[6], § 31 Rn. 63.

379 *Jacoby/von Hinden*, Kropholler-Bürgerliches Gesetzbuch[14], § 311 Rn. 1; vielmehr markiert der Abbruch von Vertragsverhandlungen ohne Abschluss eines Folgegeschäfts den Zeitpunkt, zu dem ein Schuldverhältnis aus c.i.c. endet, *Feldmann/Löwisch*, in: Staudinger, Neubearbeitung 2012, § 311 Rn. 112.

380 Vgl. *Feldmann/Löwisch*, in: Staudinger, Neubearbeitung 2012, § 311 Rn. 109.

schließen, bei einer Finanzberatung immer ein vorvertragliches Schuldverhältnis entsteht, aus dem sich Aufklärungspflichten ergeben können.[381]

bb) Reine Beratungskonstellation ohne antizipiertes Grundgeschäft

Es verbleiben somit solche Fälle, in denen der Intermediär nach seinem Geschäftsmodell ausschließlich berät. Das einzige Geschäft zwischen Berater und Kunde, dem dann ein vorvertraglicher Bereich zugeordnet werden könnte, wäre ein selbständiger Beratungsvertrag. Liegt ein solcher vor,[382] wäre es entbehrlich, auf den vorvertraglichen Bereich abzustellen, da die relevanten Aufklärungspflichten dann ohnehin dem selbständigen Beratungsvertrag zu entnehmen wären. Ohne Beratungsvertrag handelt es sich um einen Fall der rein absatzbegleitenden Beratung, die im Ergebnis für Dritte übernommen wird. Dann bleibt zur Begründung eines vorvertraglichen Schuldverhältnisses einerseits die Möglichkeit, an den antizipierten Vertrag zwischen Anleger und Partner des Hauptvertrags bzw. Grundgeschäfts anzuknüpfen und darauf bezogen eine Eigenhaftung nach § 311 Abs. 3 BGB anzunehmen. Es könnte sich andererseits um einen Fall des „geschäftsähnlichen Kontakts" zwischen Berater und Intermediär nach § 311 Abs. 2 Nr. 3 BGB handeln.

(1) Eigenhaftung des Beraters nach § 311 Abs. 3 BGB

(a) Eigenes wirtschaftliches Interesse?

Da die Kick-Back-Rechtsprechung auf der Vereinnahmung von Eigeninteressen verursachenden bzw. verstärkenden Vergütungen beruht,[383] scheint es vordergründig naheliegen, das Kriterium der wirtschaftlichen Eigeninteressen zu bejahen. Allerdings wird das Merkmal zu Recht eng verstanden. Der Dritte muss „eigentlicher Geschäftsherr" sein bzw. quasi wirtschaftlich „in eigener Sache" tätig werden.[384] Dazu reicht ein bloß mittelbares Interesse am Vertragsschluss, wozu auch etwaige Erfolgsvergütungen oder Provisionen gehören, nicht aus.[385]

---

[381] Fälle, in denen etwa ein Ladenlokal nur aufgesucht wird, um sich vor einem Unwetter zu schützen, und deren Einordnung in das System von § 311 Abs. 2 BGB spielen für diese Untersuchung keine Rolle, vgl. dazu etwa *Emmerich*, in: MünchKomm BGB^6, § 311 Rn. 47.

[382] Zu den Kriterien für die Annahme eines selbständigen Beratungsvertrags supra § 10 A.

[383] Zur Kick-Back-Rechtsprechung ausführlich supra § 5.

[384] Vgl. aus der Rechtsprechung BGH, Urt. v. 6.6.1994, Az.: II ZR 292/91, BGHZ 126, 181 = NJW 1994, 2220; aus der Literatur (mit weiteren Nachweisen) *Bamberger*, in: Hdb. zum dt. und europ. Bankrecht^2, § 50 Rn. 43; *Emmerich*, in: MünchKomm BGB^6, § 311 Rn. 188 ff.; *Feldmann/Löwisch*, in: Staudinger, Neubearbeitung 2012, § 311 Rn. 195 ff.; *Gehrlein/Sutschet*, in: BeckOK-BGB, Ed. 31, § 311 Rn. 118.

[385] BGH, Urt. v. 11.10.1988, Az.: X ZR 57/87, NJW-RR 1989, 110; *Horn*, ZBB 1997, 139, 144; vgl. auch die Literaturhinweise in Fn. 384.

(b) Inanspruchnahme besonderen Vertrauens?

In Betracht käme, unter dem Aspekt der Sachwalterhaftung anzunehmen, dass Anlageberater Anlegern für das Zustandekommen und die Erfüllung des Hauptvertrags in besonderer Weise Gewähr leisten.[386] Man könnte dies insbesondere an der Sachkunde der Intermediäre, die sie oft werbend herausstellen,[387] festmachen.[388] Würde man eine erhebliche Beeinflussung des Vertragsschlusses im Sinne einer Kausalität[389] verstehen, wäre das keine große Hürde, müsste man doch berücksichtigen, dass es geradezu notwendiges Element einer Beratung ist, auf die Willensbildung des Anlegers Einfluss zu nehmen.

Fraglich ist demnach vielmehr, ob die besondere „Funktion und Stellung" des beratenden Dritten ein besonderes, über das allgemeine hinausgehende Vertrauen begründet.[390] In der Rechtsprechung des BGH kann dazu eine „besondere wirtschaftliche und berufliche Stellung" eine Rolle spielen, wenn sich den Umständen (z.B. besonderer Fachkunde des Dritten) quasi eine „Garantenstellung" entnehmen lasse.[391] Personen seien dann Sachwalter, wenn ihre besondere Sachkunde staatlich anerkannt ist, wie das z.B. bei Wirtschaftsprüfern und Steuerberatern der Fall ist, und die „in dieser Eigenschaft" Gutachten erstellen. Verträge mit diesen Personen können daher drittschützende Wirkung entfalten.[392] Diesen „besonderen Fallkonstellationen" sei gemeinsam, dass „in typisierender Betrachtungsweise der beruflichen Stellung und Qualifikation regelmäßig eine maßgebliche und ausschlaggebende Bedeutung für die Willensentschließung des anderen Teils" zukomme.[393]

Der Gesetzgeber hatte primär Fälle im Blick, bei denen „Sachverständige und Auskunftspersonen", die kein eigenes Interesse am Vertragsschluss haben, aufgrund ihrer Objektivität und Neutralität durch ihre Äußerungen entscheidend zum Vertragsschluss beitragen.[394] Danach müsste man eine Eigenhaftung in Beratungssituationen ohne Beratungsvertrag ablehnen, denn ein Anleger darf, ohne einen Beratungsvertrag abzuschließen, keine vollständige Objektivität und Neutralität erwarten.[395] Anders könnte dies aber nach den angeführten Rechtsprechungsmaßstäben zu beurteilen sein. Die ausschlaggebende Bedeutung für die Willensent-

---

[386] Vgl. *Gehrlein/Sutschet*, in: BeckOK-BGB, Ed. 31, § 311 Rn. 115.

[387] Dazu supra § 10 A. II. 1.

[388] *Emmerich*, in: MünchKomm BGB[6], § 311 Rn. 191.

[389] Vgl. *Gehrlein/Sutschet*, in: BeckOK-BGB, Ed. 31, § 311 Rn. 117.

[390] Vgl. *Feldmann/Löwisch*, in: Staudinger, Neubearbeitung 2012, § 311 Rn. 175; *Gehrlein/Sutschet*, in: BeckOK-BGB, Ed. 31, § 311 Rn. 116; für eine auf Vertrauensaspekten basierende Begründung der Geschäftsverbindung zwischen Banken und ihren Kunden als gesetzliches Schuldverhältnis *Canaris*, in: Staub, Komm HGB[4], Bankvertragsrecht, Rn. 12 ff.

[391] Auf dieser Grundlage basiert auch die bürgerlich-rechtliche Prospekthaftung, vgl. *Heermann*, in: MünchKomm BGB[6], § 675 Rn. 125 ff.; allgemein zur bürgerlich-rechtlichen Prospekthaftung *Nobbe*, WM 2013, 193, 197 ff.

[392] Zusammenfassend BGH, Urt. v. 8.12.1994, Az.: III ZR 175/93, NJW 1995, 1213, 1214.

[393] BGH, Urt. v. 8.12.1994, Az.: III ZR 175/93, NJW 1995, 1213, 1214.

[394] Z.B. bei *„third party legal opinions"*, *Emmerich*, in: MünchKomm BGB[6], § 311 Rn. 192.

[395] Vgl. supra § 10 A.

schließung des Anlegers wird man für Anlageberater regelmäßig annehmen können. Allerdings geht der BGH zumindest bei „freier" unentgeltlicher Beratung davon aus, dass die Eigeninteressen der Berater offenkundig hervorträten.[396] Stützt sich der Anleger bei seiner Investitionsentscheidung auf die unentgeltliche Beratung eines solchen Intermediärs, der nach seinem Geschäftsmodell letztlich im Auftrag der kapitalsuchenden Seite handeln muss, ist ein „besonderes" Vertrauen i.S.v. § 311 Abs. 3 BGB nicht anzunehmen.[397] Mag der Anleger auch schutzwürdig erscheinen, erwächst daraus noch kein juristisches Argument.[398]

(c) Vertrauen aufgrund eines besonderen Berufsbildes?

Teilweise wird argumentiert, dass eine c.i.c.-Haftung aufgrund eines „harten berufsrechtlichen Status" möglich sei, der „legitimes Vertrauen in die besondere Sachkompetenz des Vermittlers" erzeuge.[399] Als Vorbild könne die Versicherungsvermittlerrichtlinie dienen.[400] Ein solches „legitimes Vertrauen", das auf gesetzlichen Vorgaben basiert, kann als typisierte besondere Vertrauensgrundlage i.S.v. § 311 Abs. 3 BGB aufgefasst werden. Betrachtet man die gesetzlichen Regelungen für den freien Vertrieb außerhalb des WpHG, stellt man fest, dass die Erlaubnis nach § 34f Abs. 1 GewO nach dessen Absatz 2 von nachgewiesener Zuverlässigkeit, Sachkunde und geordneten Vermögensverhältnissen, sowie dem Abschluss einer Berufshaftpflichtversicherung abhängt.[401] Man könnte daher gestützt auf das rechtlich abgestützte Berufsbild des „Finanzanlagenvermittlers" besonderes Vertrauen begründen.

---

396 Ausführlich zur Unterscheidung freier und bankgebundener Berater supra § 5 B. VII.

397 Das würde insoweit auch für die Bankberatung gelten, weil die „erwartbare Quersubventionierung" als Argument nicht überzeugt, dazu supra § 5 B. VII. Allerdings bieten Banken ohnehin Grundgeschäfte an, weshalb – wie gezeigt – ein Schuldverhältnis zustande kommt; vgl. auch *Emmerich*, in: MünchKomm BGB[6], § 311 Rn. 192, mit dem (recht pauschalen) Hinweis, dass einem Anlageberater (einer Bank) „ohnehin nur noch die wenigsten Anleger irgendein Vertrauen entgegenbringen dürften", wobei er sich auch auf ein Urteil des OLG Braunschweig, Urt. v. 13.9.1993, Az.: 3 U 175/92, ZIP 1993, 1457, 1458, beruft. Dort ging es allerdings um einen Fall, in dem die Eigenhaftung des zuständigen Bankberaters *neben* der beratungsvertraglichen Haftung der Bank geltend gemacht wurde. Die Eigenhaftung wurde – für den Regelfall zutreffend – verneint.

398 Vgl. *Benedict*, ZIP 2005, 2129, 2135.

399 *Benedict*, ZIP 2005, 2129, 2137, vgl. ferner *Reiner*, Derivative Finanzinstrumente im Recht, S. 118; allgemein zur Berufsethik als Mittel zur Überwindung von Informationsdefiziten *Schäfer/Ott*, Ökonomische Analyse[5], S. 544 f.; vgl. ausführlicher zu Berufshaftungsüberlegungen in der Literatur *Lang*, Informationspflichten, S. 139 ff.

400 Richtlinie 2002/92/EG des Europäischen Parlaments und des Rates vom 9. Dezember 2002 über Versicherungsvermittlung, ABl. L 9/3. Voraussetzungen für die Erlaubnis einer Versicherungsvermittlung sind angemessene Qualifikation, guter Leumund sowie geordnete Vermögensverhältnisse und eine Berufshaftpflichtversicherung, EG 14 und Art. 4. Sind diese Voraussetzungen erfüllt, sei die Inanspruchnahme besonderen Vertrauens i.S.v. § 311 Abs. 3 BGB nicht mehr erforderlich, *Benedict*, ZIP 2005, 2129, 2137.

401 Ausführlich zu den Voraussetzungen *Weisner/Friedrichsen/Heimberg*, DStR 2012, 1034 ff.; ferner *Friedrichsen/Weisner*, ZIP 2012, 756, 762.

Hinsichtlich der Anlageberater nach dem WpHG fordert § 34d Abs. 1 Satz 1 WpHG, dass die Anlageberater die nötige Sachkunde haben und die erforderliche Zuverlässigkeit aufweisen.[402] Im Übrigen enthalten die Voraussetzungen aus §§ 32, 33 KWG für die Zulassung des Instituts zum Geschäftsbetrieb u.a. Vorgaben zur finanziellen Ausstattung und gegebenenfalls erforderlichen Haftpflichtversicherungen. Die Neufassung des § 34d WpHG durch das Anlegerschutzfunktionsverbesserungsgesetz (AnlSVG) hat die stärkere Kontrolle und Überwachung der die Beratung durchführenden Personen im Blick, wozu eine Registrierung bei der BaFin erforderlich ist.[403]

Im Honoraranlageberatungsgesetz sind sowohl für den „Honorar-Anlageberater" nach dem WpHG und den „Honorar-Finanzanlagenberater" nach der GewO bestimmte Berufsbilder vorgesehen,[404] an die in beschriebener Weise angeknüpft werden könnte, um besonderes Vertrauen zu rechtfertigen.

Somit kann man festhalten, dass diverse Ansatzpunkte für eine Eigenhaftung der Berater über berufsrechtliche Erwägungen zur Verfügung stünden.[405] Heranziehen ließen sich in diesem Sinne auch die Wohlverhaltenspflichten selbst.[406] Eine Stellungnahme kann hier unterbleiben. Wie sogleich zu zeigen ist, führen eben jene Regelungen, die für ein Berufsbild herangezogen werden könnten, jedenfalls zu einem geschäftsähnlichen Kontakt i.S.v. § 311 Abs. 2 Nr. 3 BGB.

(2) Geschäftsähnlicher Kontakt nach § 311 Abs. 2 Nr. 3 BGB

Die „Auffanglösung" aus § 311 Abs. 2 Nr. 3 BGB wird sehr weit verstanden. Etwa Auskünfte ohne Auskunftsvertrag sollen hiervon erfasst sein.[407] In den vorliegend untersuchten Fällen bleibt es indes nicht nur bei einem „losen Kontakt" zwischen Anleger und Berater. Anlageberater – selbst „reine freie Berater"[408] – müssen aufsichtsrechtlich diverse kundenbezogene Pflichten im Kunde-Berater-Verhältnis er-

---

[402] Hierzu *Günther*, WM 2012, 2267 ff.; *Renz/Sartowski*, CCZ 2012, 67, 69 f., ferner *Günther*, BKR 2013, 9 f.

[403] *Renz/Sartowski*, CCZ 2012 67, 68.

[404] *Kuhlen/Tiefensee*, VuR 2013, 49, 50 f., im Ergebnis aber kritisch.

[405] Vgl. auch *Fuchs*, in: Fuchs, Komm WpHG, § 31 Rn. 33, der im Zusammenhang mit den Wohlverhaltensregeln von „berufsrechtlichen Verhaltensstandards" spricht; *Kropholler*, SK-BGB[11], § 675 Rn. 5 (Beratungshaftung sei „berufsspezifische Vertrauenshaftung"; weiterhin *Jacoby/von Hinden*, Kropholler-Bürgerliches Gesetzbuch[14], § 675 Rn. 5); *Rothenhöfer*, Anlegerschutz durch Schriftform, S. 61 f.; *Schäfer/Ott*, Ökonomische Analyse[4], S. 539 und 541 ff.; *Schwark*, in: Bankrechtstag 1995, S. 109, 120; *Sethe*, in: Hdb. Vermögensverwaltung, § 4 Rn. 275 („gesteigerte berufstypische Pflichten [...] im Kundenkontakt"); *Wieneke*, Discount-Broking und Anlegerschutz, S. 103 ff.; ferner *Teigelack*, Finanzanalysen und Behavioral Finance, S. 288 f.; *Zoller*, BKR 2012, 405, 408; s. schließlich die allgemeineren Überlegungen bei *Mansel*, in: GS Lüderitz, S. 487, 509 ff.

[406] Vgl. *Hopt*, ZGR 2004, 1, 7 f.; dazu kontextbezogen infra § 11 B.

[407] *Emmerich*, in: MünchKomm BGB[6], § 311 Rn. 49; *Gehrlein/Sutschet*, in: BeckOK-BGB, Ed. 31, § 311 Rn. 50; vgl. auch *Feldmann/Löwisch*, in: Staudinger, Neubearbeitung 2012, § 311 Rn. 109.

[408] Vgl. ausführlich infra § 11 B. sowie soeben § 11 A. II. 2. b) bb) (1) (c).

füllen. So werden beispielsweise die beratenden Mitarbeiter von Wertpapierdienstleistungsunternehmen gemäß §§ 31 ff. WpHG zu einer intensiven Interaktion mit dem Kunden im Rahmen der Exploration[409] verpflichtet. Diese Pflichten sind nur durch eine Kommunikation und Zusammenarbeit zwischen den Beratungsparteien zu erfüllen und stehen in ihrer Intensität Vertragsverhandlungen oder -anbahnungen i.S.v. § 311 Abs. 2 Nr. 1 und 2 BGB in „klassischen Verkaufskonstellationen" in nichts nach bzw. „übertreffen" diese sogar bei weitem. Konkret erfordert beispielsweise § 31 Abs. 4 Satz 1 WpHG, dass das Wertpapierdienstleistungsunternehmen „alle Informationen" über Kenntnisse und Erfahrungen der Kunden in Bezug auf Geschäfte mit Finanzinstrumenten und Anlageziele einholt, bevor die Wertpapierdienstleistung „Anlageberatung" erbracht werden darf (für freie Berater vgl. § 16 Abs. 1 Satz 1 FinVermV). Schließlich soll der Kunde in diesem Zusammenhang sogar nach seinen finanziellen Vermögensverhältnissen gefragt werden. All das zeigt, dass der Beratungskontakt in besonderer Weise rechtlich „verdichtet" ist.[410] Gerade im Vergleich mit den sonstigen Fallgruppen des § 311 Abs. 2 BGB stellt es sich als evident dar, dass die Schwelle zum c.i.c.-Schuldverhältnis bei der Anlageberatung überschritten ist. Insofern lässt sich dann auch tatsächlich argumentieren, dass der Intermediär beraten will und der Kunde beraten werden möchte.[411] Bereits die gesetzlichen Vorgaben erzeugen hier weitreichendes Vertrauen des Anlegers in seinen Berater, was eine wesentliche Grundlage vorvertraglicher Schuldverhältnisse darstellt.[412] Im Ergebnis sind Anlageberatungen daher zumindest als geschäftsähnlicher Kontakt i.S.v. § 311 Abs. 2 Nr. 3 BGB zu qualifizieren.

3. *Zwischenergebnis*

Soweit Finanzberatung – auch ohne Beratungsvertrag – erbracht wird, kommt ein vorvertragliches Schuldverhältnis nach § 311 Abs. 2 bzw. 3 BGB zustande.[413] Sind Finanzintermediäre betroffen, die selbst den Abschluss von Grundgeschäften mit dem Kunden anstreben, ist dies wenig problematisch, da die Beratungen dann zugleich Anbahnungen von Folgeverträgen darstellen. Bei Intermediären, die nach ihrem Geschäftsmodell keine Grundgeschäfte mit ihren Kunden abschließen, ließe

[409] Zur Kundenexploration s. Nachweise in Kapitel 2 Fn. 948.

[410] Vgl. auch *Möllers*, in: Kölner Komm WpHG², § 31 Rn. 445.

[411] Ein Vertragsschluss lässt sich allein deshalb indes nicht annehmen, supra § 10 A.

[412] Vgl. supra § 11 A. II. 1.; Vertrauensaspekte herausstellend *Beeger*, F.A.Z. v. 31.8.12, S. 23; *Benedict*, AcP 204 (2004), 697, 721 m.w.N.; *Gemberg Wiesike*, Wohlverhaltenspflichten, S. 67; *Hannöver*, in: Schimansky/Bunte/Lwowski, Bankrechts-Hdb.⁴, § 110 Rn. 36; *Herresthal*, ZBB 2012, 89, 94; *Ruland/Wetzig*, BKR 2013, 56, 57; *Sethe*, in: FS Nobbe, S. 769, 785; *ders.*, AcP 212 (2012), 80, 98; *Witte/Hillenbrand*, DStR 2009, 1759, 1761.

[413] Vgl. auch *Ekkenga/Bernau*, in: Hdb. zum dt. und europ. Bankrecht², § 57 Rn. 56; ferner *Veil*, WM 2007, 1821, 1825, im Kontext der Explorations- und Informationspflichten nach der MiFID („Sofern ein Beratungsvertrag noch nicht zustande gekommen sein sollte, kann eine vorvertragliche Haftung [...] begründet sein."); *Wieneke*, Discount-Broking und Anlegerschutz, S. 127 (Verletzung von Aufklärungs- und Beratungspflichten führe zu Anspruch aus c.i.c.).

sich argumentativ über gesetzlich abgesicherte „Berufsbilderwägungen" eine Eigenhaftung nach § 311 Abs. 3 BGB etablieren.[414] Jedenfalls aber verdichten die „berufsrechtlichen" Anforderungen und Vorgaben die Kunde-Berater-Beziehung zum geschäftsähnlichen Kontakt i.S.v. § 311 Abs. 2 Nr. 3 BGB. Diese umfassende vorvertragliche Erfassung des Beratungskontakts ist konsequent, da sich die Beratung für den Anleger nicht grundsätzlich dadurch unterscheidet, wer Vertragspartner bezüglich der Abwicklung der Investitionsentscheidung wird.

III. Anknüpfungspunkte zur Konturierung des Pflichtenkreises

1. Vorvertragliche Aufklärungspflichten

„Allgemeine" Auskunftspflichten unter Vertragspartnern sind dem deutschen Recht fremd.[415] Sie werden einzelfallbezogen angenommen.[416] Ausschlaggebend ist, ob „besondere zusätzliche Umstände" vorliegen, die beispielsweise die Erreichung des Vertragszwecks für den Vertragspartner gefährden könnten.[417] Allgemein sind Informationen über Umstände geschuldet, die bezüglich Zweck und Inhalt des (avisierten) Vertrags wesentlich sind[418] und über die daher nach Treu und Glauben aufzuklären ist.[419] Das ist ausfüllungsbedürftig.

2. Aufklärungspflichten im „beratungsvertragsfreien" Finanzrecht

a) Fallgruppen im Kreditgeschäft

Die Rechtsprechung nimmt im Kreditgeschäft regelmäßig keine Beratungsverträge an, obwohl auch dort überwiegend beraten wird. Insofern könnten sich diesen Konstellationen Hinweise für den Pflichtenumfang vergütungsbezogener Aufklärungspflichten bei der Anlageberatung entnehmen lassen.[420] Herausgebildet haben sich

---

[414] Deshalb ist auch ein eigenständiges Berufshaftungsregime unnötig, da daraus etwaig folgende Pflichten in den (vor-)vertraglichen Bereich inkorporiert werden können, vgl. *Rothenhöfer*, Anlegerschutz durch Schriftform, S. 61 f.; vgl. bereits *Canaris*, in: FS Larenz, S. 27, 83.

[415] Vgl. *Lorenz*, Der Schutz vor dem unerwünschten Vertrag, S. 416 f.

[416] Die Schwierigkeit liegt in der konkreten Ausgestaltung, um die c.i.c. nicht zu einem „Instrument zur Korrektur unerwünschter Verträge" zu machen, *Emmerich*, in: MünchKomm BGB[6], § 311 Rn. 45 und 68; vgl. ferner *Hopt*, in: Schimansky/Bunte/Lwowski, Bankrechts-Hdb.[4], § 1 Rn. 46; *Horn*, ZBB 1997, 139, 142.

[417] Vgl. *Emmerich*, in: MünchKomm BGB[6], § 311 Rn. 72; *Lorenz*, Der Schutz vor dem unerwünschten Vertrag, S. 417 ff.

[418] Etwa BGH, Urt. v. 14.3.2003, Az.: V ZR 308/02, NJW 2003, 1811, 1812 m.w.N.; BGH (Innenprovisionen-II) NJW 2005, 3208, 3209 f.; BGH, Urt. v. 20.9.2011, Az.: II ZR 277/09, ZIP 2011, 2145, Rn. 12 m.w.N.; BGH, Urt. v. 20.9.2011, Az.: II ZR 4/10, BeckRS 2011, 24539, Rn. 21; *Feldmann/Löwisch*, in: Staudinger, Neubearbeitung 2012, § 311 Rn. 117.

[419] Vgl. BGH, Urt. v. 14.3.1991, Az.: VII ZR 342/89, BGHZ 114, 87 = NJW 1991, 1819 m.w.N.; BGH, Urt. v. 11.11.2011, Az.: V ZR 245/10, ZIP 2012, 332, Rn. 6; ferner auch *Schäfer/Ott*, Ökonomische Analyse[5], S. 566 f.

[420] Die Annäherung der Kick-Back-Rechtsprechung an diese Konstellationen kritisierend

vier Fallgruppen, in denen Aufklärungspflichten angenommen werden.[421] Sie kommen in Betracht, wenn die Bank ihre Rolle als Kreditgeberin überschreite,[422] einen Gefährdungstatbestand für den Kunden schaffe,[423] einen konkreten Wissensvorsprung habe[424] oder sich in einem Interessenkonflikt befinde[425].

b) *Vergleich mit Beratungskonstellationen im Anlagegeschäft*

aa) *Konkreter Wissensvorsprung*

Im Kontext vergütungsbezogener Aufklärungspflichten kommt ein konkreter Wissensvorsprung bezüglich eines als wesentlich erkannten Umstands – ein bloßes Informationsgefälle ist insofern allein nicht ausreichend – hinsichtlich des Wertes der Anlage in Betracht. Im Kreditgeschäft wird auf diesen Umstand bezogen eine Aufklärungspflicht indes erst angenommen, wenn die Bank von einer sittenwidrigen Übervorteilung des Anlegers ausgehen muss.[426] Im Anlagegeschäft hat die Rechtsprechung bereits Aufklärungspflichten statuiert, wenn eine Grenze von 15% der Anlagesumme als (versteckte) wertmindernde Provision im Anlagebetrag enthalten ist und insoweit ein Wissensvorsprung bestehe.[427] Hinsichtlich der mitunter geforderten Margenaufklärung gilt, dass ein Käufer jedenfalls keinen Anspruch auf Erwerb zum Verkehrswert hat.[428]

bb) *Schaffung eines Gefährdungstatbestands*

Im Rahmen der Schaffung von Gefährdungstatbeständen zur Begründung von Aufklärungspflichten geht es im Kreditgeschäft um solche Gefahren, die mit der angestrebten Investition üblicherweise nicht verbunden sind.[429] Im Kontext dieser Unter-

---

Schnauder, jurisPR-BKR 1/2012 Anm. 1; *Deblitz*, EWiR 2012, 585, 586, erwägt die Anwendung der Kick-Back-Rechtsprechung auch auf finanzierende Banken; vgl. ferner supra § 6 A. I. 3.

[421] Vgl. zu den Fallgruppen auch *Besold*, Aufklärungspflichten bei Vertriebsprovisionen, S. 180f.; *Medicus*, Haftung von Kreditinstituten für Kredit- und Anlagenvermittler, S. 259, 264ff. Soweit teilweise zur Pflichtenkonturierung die Wertungen eines etwaigen Folgevertrags in die c.i.c. übernommen werden [so etwa BGH (Innenprovisionen-II) NJW 2005, 3208, 3209, vgl. auch *Fleischer*, Informationsasymmetrie im Vertragsrecht, S. 573ff.; *Lang*, Informationspflichten, S. 86f.], wäre auf dieser Basis eine „übergreifende Erfassung" der Interessenkonfliktproblematik nicht möglich, wie dies schon die Überlegungen zur Anknüpfung an das Grundgeschäft selbst gezeigt haben, dazu supra § 9 B.

[422] Etwa BGH, Urt. v. 18.11.2003, Az.: XI ZR 322/01, BKR 2004, 108, 109f.

[423] Etwa BGH, Urt. v. 20.3.2007, Az.: XI ZR 414/04, NJW 2007, 2396, Rn. 19.

[424] Etwa BGH, Urt. v. 29.4.2008, Az.: XI ZR 221/07, NJW-RR 2008, 1226, Rn. 14; vgl. auch *Horn*, ZBB 1997, 139, 146.

[425] Etwa BGH, Urt. v. 30.5.1995, Az.: XI ZR 180/94, NJW 1995, 2218.

[426] BGH, Urt. v. 18.11.2003, Az.: XI ZR 322/01, BKR 2004, 108, 110.

[427] Vgl. BGH (Innenprovisionen-II) NJW 2005, 3208, 3209f., dort auch zur a.A. des Berufungsgerichts, das noch die „Sittenwidrigkeitsgrenze" angewendet hatte.

[428] Dazu BGH, Urt. v. 14.3.2003, Az.: V ZR 308/02, NJW 2003, 1811, 1812 und supra § 5 A. II.

[429] BGH, Urt. v. 20.3.2007, Az.: XI ZR 414/04, NJW 2007, 2396, Rn. 19.

suchung fällt auf, dass insbesondere die auf c.i.c. zurückgreifende Kick-Back-I-Entscheidung in der Begründung maßgeblich auf die von der Bank geschaffene Kundengefährdung hinweist. Allerdings betraf dies den Fall der Aufklärungspflicht des „Vergütungsgebers", während die Aufklärungspflicht des Empfängers bei der Fallgruppe „Interessenkonflikte" zu verorten ist.[430]

cc) Interessenkonflikte

Im Kreditgeschäft sind nur schwerwiegende Interessenkonflikte aufklärungspflichtig. Solche liegen etwa vor, wenn die Bank von der Zahlungsunfähigkeit eines Bauträgers weiß und dennoch ein Darlehen ausreicht.[431] Aufzuklären ist ferner über Nachteile, wenn einem Darlehensnehmer der Verzicht auf Sicherheiten angeraten wird.[432] Die Kick-Back-Rechtsprechung sowie die Swap-Rechtsprechung basieren im Duktus der Rechtsprechung auf schwerwiegenden Interessenkonflikten.[433] Allerdings hinkt ein Vergleich, da in den beschriebenen Fällen im Kreditgeschäft bewusst zum Nachteil des Anlegers gehandelt wurde, während das Kundeninteresse bei der Anlageberatung bereits durch die Vorgabe, nur geeignete Produkte zu empfehlen, abgesichert ist.[434] Eine Aufklärungspflicht des Beraters über seine Eigeninteressen bietet daher nur einen beschränkten Nutzen.[435] Ferner ist im Ansatzpunkt der interessenkonfliktbezogenen Aufklärung außerhalb der Kick-Back- und Swap-Rechtsprechung maßgeblich gewesen, dass Eigeninteressen dazu führen können, dass bestehende Aufklärungspflichten nicht *eingeschränkt* werden, während sie im untersuchten Kontext eine Aufklärungspflicht erst begründen sollen.[436]

dd) Rollenüberschreitung

Der Aspekt der Rollenüberschreitung wird herangezogen, um Aufklärungspflichten zu statuieren, wenn die finanzierende Bank ihre auf die Finanzierung beschränkte Funktion nach außen erkennbar überschreite, etwa indem sie quasi als Partei eines Geschäfts bei der Durchführung des Projekts beteiligt ist.[437] In Bezug auf die vergütungsbezogenen Aufklärungspflichten kann auf das Swap-Urteil verwiesen werden, in dem der BGH herausstellte, dass die Bank ihre Beraterrolle verlassen habe und zur Wettgegnerin des Kunden geworden sei.[438]

---

[430] Ausführlich supra § 5 B. I. 1.

[431] BGH, Urt. v. 27.11.1990, Az.: XI ZR 308/89, ZIP 1991, 90, 91.

[432] BGH, Urteil v. 30.5.1995, Az.: XI ZR 180/94, NJW 1995, 2218 (Leitsatz).

[433] Dazu, dass letztlich auch nach der Innenprovisionen-V-Entscheidung weiterhin (drittzuwendungsbedingte) Interessenkonflikte die Aufklärungspflichten auslösen, s. supra § 5 B. I. 6.

[434] Zu dieser Argumentation auch supra § 8 A. II. 2.

[435] Vgl. bereits supra § 8 A. IV.

[436] Vgl. *Horn*, ZBB 1997, 139, 147.

[437] Vgl. BGH, Urt. v. 18.11.2003, Az.: XI ZR 322/01, BKR 2004, 108, 110.

[438] Ausführlich zur auch dort stattfindenden Intermediation supra § 3 B. V. 2. d) bb).

c) Bewertung der Vergleichsergebnisse

Die Begründungen für Aufklärungspflichten sowohl in Konstellationen mit und ohne Beratungsvertrag decken sich weitgehend. Angeführt werden Interessenkonflikte, die Schaffung von Gefährdungstatbeständen, Wissensvorsprünge und Rollenüberschreitungen.[439] Im Ansatz erschiene es daher denkbar, die bisherige Rechtsprechung auf anderer dogmatischer Grundlage (nämlich der c.i.c.) beizubehalten. Allerdings wäre eine vollständige Übertragung ohne Anpassungen sonstiger Rechtsprechungsgrundsätze nicht möglich.[440] So liegt eine Diskrepanz hinsichtlich der Aufklärungspflicht bei wertbeeinträchtigenden Zahlungen vor und auch die Rechtsprechung zu Interessenkonflikten hat im Kreditgeschäft einen anderen Ausgangspunkt als in den Beratungskonstellationen des Anlagegeschäfts. Hinsichtlich der „Wesentlichkeitsgrenze" betreffend Vergütungen wurde in der Rechtsprechung insbesondere darauf abgestellt, ob die Erfolgsaussichten der Anlage durch die Vergütung in Frage gestellt werden.[441] Daraus folgt, dass Aufklärungspflichten aus c.i.c. über monetäre Eigeninteressen im Anlagegeschäft nach den gegenwärtig herangezogenen Kriterien nicht ausgeschlossen sind. Eine konsistente Begründung und darauf basierende Präzisierung bleibt aber weiterhin erforderlich. Insoweit kann das Rechtsprechungskonzept nicht in die c.i.c. „überführt" werden, ohne – zusätzlich zu den bereits bestehenden – weitere Wertungsinkongruenzen mit sonstigen Aufklärungspflichten nach c.i.c. zu erzeugen.[442] Dennoch lässt sich der weitgehenden Übereinstimmung in den Begründungen der Aufklärungspflichten entnehmen, dass die untersuchte Problemstellung als solche ohne Brüche im Bereich der c.i.c. angesiedelt werden kann.

Vor dem Hintergrund der Eigenverantwortlichkeit der Kunden bei der Informationsbeschaffung und der sonstigen Kundenschutzvorschriften schiene eine restriktive Herangehensweise geboten,[443] zumal das Telos der vergütungsbezogenen Aufklärungspflichten in der Rechtsprechung derzeit nicht eindeutig geklärt ist.[444] Allerdings hat sich zum maßgeblichen Aspekt der Vermeidung von Interessenkonflikten der Gesetzgeber geäußert, was nicht ignoriert werden kann, wie sogleich zu zeigen sein wird.

---

439 Vgl. auch *Besold*, Aufklärungspflichten bei Vertriebsprovisionen, S. 218 ff.

440 I.E. auch *Buck-Heeb*, WM 2012, 625 und 628.

441 Vgl. BGH, Urt. v. 20.9.2011, Az.: II ZR 4/10, BeckRS 2011, 24539, Rn. 22, zum Urteil supra § 5 A. XXII.; vgl. auch *Hopt*, Kapitalanlegerschutz im Recht der Banken, S. 435.

442 Dies gilt, obwohl die Rechtsprechung bisher häufig neben dem Beratungsvertrag auch auf vorvertragliche Pflichten zur Begründung von Aufklärungspflichten verweist, vgl. *Reiner*, Derivative Finanzinstrumente im Recht, S. 121 f. m.w.N. Das gilt auch nach dem Begründungswechsel für vergütungsbezogene Aufklärungspflichten des XI. Zivilsenats in BGH (Innenprovisionen-V) BGHZ 201, 310 = BeckRS 2014, 14029, dazu supra § 5 A. XL.

443 I.E. auch *Herresthal*, ZBB 2012, 89, 94; vgl. ferner *Reiner*, Derivative Finanzinstrumente im Recht, S. 118.

444 Ausführlich supra § 5 B. I.

IV. Zwischenergebnis

Vergütungsbezogene Aufklärungspflichten lassen sich über vorvertragliche Schuldverhältnisse herleiten. Diese kommen bei einer Finanzberatung zumindest als geschäftsähnlicher Kontakt nach § 311 Abs. 2 Nr. 3 BGB zustande.[445] Der Umfang des Pflichtenkreises aus § 241 Abs. 2 BGB kann nicht einfach den bisherigen beratungsvertraglichen Pflichten entnommen werden.[446] Dogmatisch ist die Aufklärungsproblematik aber „bruchlos" in der c.i.c. zu verorten.[447]

B. Interessenkonfliktbedingte Aufklärungspflichten im Aufsichtsrecht

I. Gesetzlich angeordnete Aufklärungspflichten

1. Wertpapierhandelsgesetz (WpHG)

a) Anwendungsbereich

Die Wohlverhaltenspflichten des WpHG (§§ 31 ff. WpHG[448]) finden Anwendung auf anlageberatende Wertpapierdienstleistungsunternehmen, insbesondere Banken.[449] Soweit indes lediglich Anlageberatung bzw. -vermittlung über (bestimmte) Invest-

---

445 Vgl. auch *Mülbert*, ZHR 177 (2013), 160, 175 (Schutzpflichtverhältnis zwischen Berater und Kunde sei auch bei Ablehnung eines Beratungsvertrags nicht „erklärungsbedürftig").

446 Eine Konturierung bzw. Präzisierung leidet indes darunter, dass die teleologischen Grundlagen der beratungsvertraglichen Aufklärungspflichten über monetäre Eigeninteressen unklar sind. Insofern ist die Problematik zu vergütungsbezogenen Aufklärungspflichten auch nicht allein dem Anlageberatungsvertrag „zuzuordnen", so aber *Nittel/Knöpfel*, BKR 2009, 411; zur Schließung der wertungsmäßigen „Lücke" durch das Aufsichtsrecht infra § 11 C.; vgl. auch *Leisch*, Informationspflichten nach § 31 WpHG, S. 71, der weitergehend davon ausgeht, dass § 241 Abs. 2 BGB nicht benötigt würde, um den Wohlverhaltensregeln (konkret: § 31 WpHG) zivilrechtliche Wirkungen zu entnehmen. Für die Vertragsberatung hat der BGH das Aufsichtsrecht faktisch über eine Auslegung in den Pflichtenkreis inkorporiert, BGH (Innenprovisionen-V) BGHZ 201, 310 = BeckRS 2014, 14029, Rn. 36; dazu auch infra § 12 B. II. 2.

447 Ebenso *Clouth*, Praktikerhdb. Wertpapier- und Derivategeschäft[4], Rn. 1194; *Herresthal*, ZBB 2012, 89, 93 f.; i.E. auch *Schnauder*, JZ 2013, 120, 126, der indes die Pflichten aus § 241 Abs. 2 BGB dem Geschäftsbesorgungsrecht entnehmen möchte; *Taubert*, Informationspflichten, S. 128 und 230 ff.; insoweit ähnlich *Lang/Bausch*, WM 2010, 2101, 2106; vgl. auch *Buck-Heeb*, WM 2012, 625 sowie 628 und 630, die indes am Beratungsvertrag gerade deshalb festhalten will, weil die bisherigen Aufklärungspflichten anders nicht begründbar seien; ebenso *dies.*, ZIP 2013, 1401, 1407; ferner *Häuser*, in: MünchKomm HGB[3], § 384 Rn. 21c; *Veldhoff*, Haftung von Kreditinstituten, S. 102 f.

448 Zu den Ergänzungen der Wohlverhaltensregeln für Honorar-Anlageberater durch das Honoraranlageberatungsgesetz § 10 D. I.

449 Vgl. *Fuchs*, in: Fuchs, Komm WpHG, § 2 Rn. 132. Dies sind die in § 2 Abs. 4 WpHG genannten Unternehmen, die gewerbsmäßig bzw. in einem Umfang, der einen kaufmännischen Geschäftsbetrieb erfordert, Wertpapierdienstleistungen erbringen, insbesondere Kreditinstitute (§ 1 Abs. 1a KWG) und Finanzdienstleistungsinstitute (§ 1 Abs. 1a KWG). Relevante Wertpapierleistungen sind für diese Untersuchung die Anlageberatung und -vermittlung, sowie Eigenhandel und Eigengeschäfte, wobei auch Geschäfte erfasst sind, die ein Finanzinstrument erst schaffen (etwa Swaps), dazu *Lenenbach*, Kapitalmarktrecht[2], Rn. 9.217 f.

mentfondsanteile bzw. Vermögensanlagen im Sinne des VermAnlG als Wertpapierdienstleistung erbracht wird, kommt unter den Voraussetzungen des § 2a Abs. 1 Nr. 7 WpHG eine Bereichsausnahme in Betracht, die insbesondere sog. Fondsshops betrifft.[450]

b) Interessenkonfliktvermeidung

aa) § 31 Abs. 1 Nr. 2 WpHG

§ 31 Abs. 1 Nr. 2 WpHG statuiert eine Interessenkonfliktvermeidungspflicht. Wenn „nach vernünftigem Ermessen" eine Vermeidung von Interessenkonflikten über organisatorische Vorkehrungen[451] nicht ausreichend möglich ist, sind diese hinsichtlich ihrer allgemeinen Art und Herkunft eindeutig darzulegen. Die Vermeidungspflicht ist relativ und führt unter Berücksichtigung von Zumutbarkeits- und Verhältnismäßigkeitserwägungen nicht dazu, dass die Interessen des Wertpapierdienstleisters immer absolut hintanzustellen wären.[452] Lassen sich Interessenkonflikte nicht vermeiden, wird von unvermeidbaren Interessenkonflikten gesprochen, auf die die Aufklärungspflicht anwendbar ist.

Der Hauptargumentationsstrang des BGH bezüglich der Aufklärung über monetäre Eigeninteressen betrifft die Vermeidung bzw. die Aufdeckung von Interessenkonflikten.[453] In der Kick-Back-II-Entscheidung wurde ausdrücklich noch auf § 31 Abs. 1 Nr. 2 WpHG a.F. abgestellt. Der Umfang von Offenlegungspflichten über Eigeninteressen der Wertpapierdienstleister als solcher ist indes noch nicht abschließend geklärt.[454] Die Konkretisierung in § 13 Abs. 4 Satz 1 WpDVerOV, nach der die Information die Kundeneinteilung berücksichtigen muss und dem Kunden die Entscheidung über die Wertpapier(neben)dienstleistung auf informierter Grundlage ermöglichen soll, hilft insofern nicht weiter.

---

[450] Vgl. *Fuchs*, in: Fuchs, Komm WpHG, § 2a Rn. 19; vgl. zu Spezialvertrieben für Fonds *Schwintowski*, Neuorientierung bei den deutschen Finanzdienstleistern, S. 72 ff., wobei Banken davon ausgeschlossen sind, da sie auch andere Wertpapierdienstleistungen für ihre Kunden erbringen. Eine weitere Ausnahme besteht für „Annexanlageberatungen", die von Unternehmen als ausschließliche Wertpapierdienstleistung im Rahmen einer anderen beruflichen Tätigkeit ohne gesonderte Vergütung erbracht wird, § 2a Abs. 1 Nr. 11 WpHG. Die Norm ist im hiesigen Kontext nicht von Relevanz. Verstünde man „gesonderte Vergütung" als jede Zuwendung, also auch von Dritten, wäre sie von vornherein nicht einschlägig, vgl. *Kumpan*, in: Schwark/Zimmer, KMRK[4], § 2a WpHG Rn. 20.

[451] Die organisationsbezogenen Pflichten sind in § 33 Abs. 1 Satz 2 Nr. 3 WpHG geregelt.

[452] *Lange*, in: Schwintowski, Bankrecht[4], § 19 Rn. 120; *Möllers*, in: Kölner Komm WpHG[2], § 31 Rn. 134 ff.; *Rothenhöfer*, in: Schwark/Zimmer, KMRK[4], § 31 WpHG Rn. 48 ff., zu den Vermeidungsmöglichkeiten Rn. 57 ff.; vgl. auch *Braun/Lang/Loy*, in: Praktikerhdb. Wertpapier- und Derivategeschäft[4], Rn. 445; *Decker*, Aufklärungspflichten, S. 73 und 95; *Hopt*, ZGR 2004, 1, 40; strenger hingegen *Koller*, in: Assmann/ Schneider, Komm WpHG[6], § 31 Rn. 36; vgl. auch *Veldhoff*, Haftung von Kreditinstituten, S. 266; schließlich *Harnos/Rudzio*, BKR 2010, 259.

[453] Ausführlich supra § 5 B. I. 1.

[454] *Rothenhöfer*, in: Schwark/Zimmer, KMRK[4], § 31 WpHG Rn. 70 m.w.N.

Stellen die relevanten Eigeninteressen Zuwendungen dar, sind sie von § 31d WpHG erfasst, der eine Konkretisierung von § 31 Abs. 1 Nr. 2 WpHG für die dadurch verursachten „speziellen" Interessenkonflikte darstellt.[455]

bb) § 31d WpHG

Im Ausgangspunkt stellt § 31d Abs. 1 Satz 1 WpHG ein Verbot für Wertpapierdienstleistungsunternehmen auf, von Dritten, die nicht Kunden der Dienstleistung sind, Zuwendungen zu empfangen (oder diesen zu gewähren).[456] Umfasst sind alle Provisionen, Gebühren oder sonstige Geldleistungen sowie alle geldwerten Vorteile (§ 31d Abs. 2 WpHG). Von diesem Verbot werden Ausnahmen zugelassen. Die Zuwendung darf vereinnahmt werden, wenn bestimmte Kriterien erfüllt sind, wozu eine Offenlegung hinsichtlich Existenz, Art und Umfang der Zuwendung bzw. die Art und Weise ihrer Berechnung in umfassender, zutreffender und verständlicher Weise gehört (§ 31d Abs. 1 Satz 1 Nr. 2 WpHG).[457] Des Weiteren muss die Zuwendung darauf angelegt sein, die Qualität der Dienstleistung für den Kunden zu verbessern und sie darf der Erbringung der Dienstleistung im Kundeninteresse (§ 31 Abs. 1 Nr. 1 WpHG) nicht entgegenstehen, § 31d Abs. 1 Satz 1 Nr. 1 WpHG.

Im hiesigen Kontext bedeutet dies, dass zunächst zu prüfen wäre, ob eine bestimmte Zuwendungsart von § 31d Abs. 2 WpHG erfasst ist. Umstritten ist dies etwa bei Margen in Form von Rabatten.[458] Soweit dies der Fall ist, ist unter die Ausnahmevoraussetzungen nach § 31d Abs. 1 Satz 1 Nr. 1 WpHG zu subsumieren. Liegen diese vor, kann durch eine den Vorgaben von § 31d Abs. 1 Satz 1 Nr. 2 WpHG genügende Aufklärung die Verbotswirkung vermieden werden. Die Aufklärung kann in Form einer Zusammenfassung der wesentlichen Bestandteile der Vereinbarungen

---

455 *Möllers*, in: Kölner Komm WpHG², § 31 Rn. 58 und § 31d Rn. 4 a.E. und 12 (§ 31d WpHG sei *lex specialis*); außerdem *Decker*, Aufklärungspflichten, S. 96; *Harnos*, BKR 2014, 1, 5; *Heybey*, BKR 2008, 353, 354; *Koch*, in: Schwark/Zimmer, KMRK⁴, § 31d WpHG Rn. 2; *Koller*, in: Assmann/Schneider, Komm WpHG⁶, § 31d Rn. 4; *Kumpan*, in: Baumbach/Hopt, Handelsgesetzbuch³⁶, § 31 WpHG Rn. 2; *Langenbucher*, ZHR 177 (2013), 679, 693; *Lenenbach*, Kapitalmarktrecht², Rn. 5.409 ff.; *Möllers/Poppele*, ZGR 2013, 437, 456; *Mülbert*, ZHR 172 (2008), 170, 190 f.; *Schelling*, Vergütungssysteme und Interessenkonflikte, S. 92; *Schumacher*, Provisionen im Finanzinstrumentenvertrieb, S. 35 ff.; *Schwintowski*, Bank- und Kapitalmarktrecht³, S. 208 Ziff. 754; ähnlich auch *Besold*, Aufklärungspflichten bei Vertriebsprovisionen, S. 230; i.E. auch *Stahl*, *Information Overload* am Kapitalmarkt, S. 105; a.A. *Sethe*, in: FS Nobbe, S. 769, 775 f. (Zuwendungen seien kein Problem der Interessenkollision, sondern der Redlichkeit der Institute); zweifelnd auch *Grundmann*, WM 2012, 1745, 1748; vgl. ferner *Thieme*, Wertpapierdienstleistungen, S. 409 f. Die Redlichkeit kann aber auch durch Interessenkonflikte beeinflusst sein.

456 Zu beachten ist, dass § 31d WpHG auch für geeignete Gegenparteien gilt, soweit eine Anlageberatung erfolgt, § 31b Abs. 1 WpHG.

457 Vgl. auch *Möllers*, in: Kölner Komm WpHG², § 31d Rn. 2, der darauf hinweist, dass die Norm von Wertpapierdienstleistungsunternehmen häufig „primär als Transparenzvorschrift" begriffen werde. Terminologisch unglücklich ist die Bezeichnung der Verbotsausnahme a.a.O. als „Erlaubnisvorbehalt".

458 Vgl. eingehend *Schumacher*, Provisionen im Finanzinstrumentenvertrieb, S. 104 ff.

über Zuwendungen erfolgen, sofern das Wertpapierdienstleistungsunternehmen dem Kunden die Offenlegung näherer Einzelheiten anbietet und auf Nachfrage gewährt, § 31d Abs. 3 WpHG.[459]

c) Kostentransparenz

Gemäß § 31 Abs. 3 Satz 1 WpHG müssen Wertpapierdienstleistungsunternehmen ihren Kunden rechtzeitig und in verständlicher Form angemessene Informationen zur Verfügung stellen, damit diese nach vernünftigem Ermessen die Art und Risiken der ihnen angebotenen oder nachgefragten Finanzinstrumente oder Wertpapierdienstleistungen verstehen und auf dieser Grundlage ihre Anlageentscheidung treffen können. Dies kann in standardisierter Form erfolgen, § 31 Abs. 3 Satz 2 WpHG.[460] Nach § 31 Abs. 3 Satz 3 Nr. 4 WpHG müssen sich die Informationen auch auf die Kosten und Nebenkosten beziehen, wozu gemäß § 5 Abs. 2 Satz 2 Nr. 5 lit. a WpDVerOV[461] der Gesamtpreis, einschließlich aller Provisionen, Gebühren, Entgelte und Auslagen gehören. Die „in Rechnung gestellten Provisionen" sind separat aufzuführen. Der Wortlaut der konkretisierenden Verordnung,[462] der von „in Rechnung gestellten Provisionen" spricht, legt nahe, dass es sich bei den in Rede stehenden Provisionen nicht um Innenprovisionen im Duktus des XI. Zivilsenats handeln kann. Denn Innenprovisionen werden nicht *in Rechnung gestellt*, sondern sind im Anlagebetrag versteckt. Ferner deutet der Wortlaut darauf hin, dass es ohnehin um Provisionen gehen muss, die unmittelbar vom Kunden an das Wertpapierdienstleistungsunternehmen zu zahlen sind. Anderenfalls würde es sich nicht um eine *von dem Wertpapierdienstleistungsunternehmen dem Kunden* in Rechnung gestellte Provision handeln, sondern um Kostenbestandteile des Finanzinstruments, die *vom Veräußerer* in Rechnung gestellt werden und aus denen dann eine etwaige Rückvergütung fließt. § 5 Abs. 2 Satz 2 Nr. 5 lit. a WpDVerOV lässt zwar erkennen, dass dem Kunden sämtliche anfallenden Positionen ersichtlich gemacht werden sollen. Ziel ist, dass er den Gesamtpreis des Finanzinstruments erkennen kann. Am Gesamtpreis für den Kunden ändert sich aber nichts, wenn ein Teil der in Rechnung gestellten Positionen an den Berater fließt. Soweit der Intermediär direkter Vertragspartner des Kunden ist (etwa beim Verkauf von Zertifikaten oder bei Swap-Geschäften), wird dem Kunden der Gesamtpreis mit der vereinbarten Gegenleistungspflicht des Kunden offenbart, wobei gegebenenfalls enthaltene Entgelte nicht separat aufzuführen sind.[463] Insofern lässt sich festhalten, dass die Kostentransparenzpflicht aus

---

459 Dazu, wie ein insbesondere auf § 31d WpHG abstellendes Tatbestandsmodell für die c.i.c. aussehen könnte, s. infra § 11 C. III. 2.

460 Dies geschieht regelmäßig über allgemeine Preisverzeichnisse, *Fuchs*, in: Fuchs, Komm WpHG, § 31 Rn. 150.

461 Grundlage ist die Verordnungsermächtigung in § 31 Abs. 11 Satz 1 Nr. 2 WpHG.

462 Zwar gilt die Verordnung insoweit nur für Privatkunden. Über einen Erst-Recht-Schluss kann aber für professionelle Kunden nichts anderes gelten, *Decker*, Aufklärungspflichten, S. 93.

463 Vgl. auch *Koller*, in: Assmann/Schneider, Komm WpHG[6], § 31 Rn. 111.

§ 31 Abs. 3 Satz 3 Nr. 4 WpHG potentiell interessenkonfliktverursachende Eigeninteressen des Intermediärs nicht gezielt in den Blick nimmt.[464]

Gleiches lässt sich hinsichtlich der bei der Anlageberatung zur Verfügung zu stellenden Produktinformationsblätter[465] sagen (§ 31 Abs. 3a Satz 1 WpHG), die gemäß § 5a Abs. 1 Satz 2 Nr. 5 WpDVerOV übersichtlich und leicht verständliche Informationen über die mit der Anlage verbundenen Kosten liefern müssen. Präzisere Anforderungen – wie bei den Kosten und Nebenkosten i.S.v. § 31 Abs. 3 Satz 3 Nr. 4 WpHG – finden sich dort nicht. Erneut wird Kostentransparenz angestrebt. Die Kosten für den Anleger verändern sich aber nicht, wenn ein Teil der von ihm gezahlten Beträge – im Provisionsfall – an den Intermediär fließt oder – im direkten Anlagegeschäft mit dem Intermediär – eine Marge des Intermediärs darstellt. Als Grundlage vergütungsbezogener Aufklärungspflichten kommt die Norm nicht in Betracht.[466]

2. Gewerbeordnung (GewO) und Finanzanlagenvermittlungsverordnung (FinVermV)

a) Anwendungsbereich

Das Gesetz zur Novellierung des Finanzanlagenvermittler- und Vermögensanlagenrechts vom 6.12.2011 betrifft solche Berater und Vermittler, die weder bankgebunden sind, noch unter einem Haftungsdach arbeiten und unter die Bereichsausnahme des § 2 Abs. 6 Satz 1 Nr. 8 KWG fallen[467] (sog. Fondsshops[468]). Sie werden gemäß § 34f Abs. 1 Satz 2 GewO als Finanzanlagenvermittler bezeichnet. Insbesondere soll nach der zugehörigen Verordnungsermächtigung in § 34g Abs. 1 Satz 3 GewO hinsichtlich der Informations-, Beratungs- und Dokumentationspflichten ein dem Abschnitt 6 des WpHG vergleichbares Anlegerschutzniveau hergestellt werden.[469]

---

[464] A.A. *Besold*, Aufklärungspflichten bei Vertriebsprovisionen, S. 123 (Fn. 609) und S. 126, wonach § 5 Abs. 2 Satz 2 Nr. 5 WpDVerOV angeblich „explizit" zur Angabe von Rückvergütungen verpflichte. Dass von der Norm auch *vom Veräußerer* ursprünglich in Rechnung gestellte und dann ggf. weitergeleitete Vermittlungsprovisionen erfasst sein sollen, lässt sich ihr aber gerade nicht entnehmen. Vielmehr wird in Halbs. 2 sogar ausdrücklich von „von dem Wertpapierdienstleistungsunternehmen in Rechnung gestellten Provisionen" gesprochen, was auf Rückvergütungen nicht zutrifft. Insoweit trägt auch nicht der Verweis auf *Fuchs*, in: Fuchs, Komm WpHG, § 31 Rn. 150; i.E. wie hier *Decker*, Aufklärungspflichten, S. 92.

[465] Zu Produktinformationsblättern sowie sonstigen „Beipackzetteln" (VIBs, KIIDs und KIDs) *Schäfer/Schäfer*, ZBB 2013, 23 ff.; im Zusammenhang mit dem Kommissionsvorschlag zu *packaged retail investment products* (PRIPs) *Seitz/Junke/Seibold*, BKR 2013, 1 ff.

[466] Vgl. *Koller*, in: Assmann/Schneider, Komm WpHG[6], § 31 Rn. 125; *Preuß/Schmidt*, BKR 2011, 265, 268; *Schlee/Maywald*, BKR 2012, 320, 322.

[467] *Friedrichsen/Weisner*, ZIP 2012, 756, 761; *Weisner/Friedrichsen/Heimberg*, DStR 2012, 1034.

[468] Dazu bereits supra Fn. 450 zur Parallelvorschrift § 2a Abs. 1 Nr. 7 WpHG.

[469] BR-Drucks. 89/12 v. 16.2.2012, S. 1; vgl. auch *Brocker/Lohmann*, GWR 2012, 335, 337 f.; *Friedrichsen/Weisner*, ZIP 2012, 756, 762.

b) Interessenkonfliktvermeidung

aa) § 17 FinVermV

Die Verordnungsermächtigung schreibt in § 34g Abs. 1 Satz 2 Nr. 1 GewO ausdrücklich vor, dass in der Verordnung Informationspflichten gegenüber dem Anleger einschließlich einer Pflicht, Provisionen und andere Zuwendungen offenzulegen, enthalten sein müssen. Dies wurde in § 17 FinVermV[470] umgesetzt. § 17 FinVermV entspricht weitgehend § 31d WpHG,[471] insbesondere ist der Zuwendungsbegriff nahezu identisch, wobei § 17 FinVermV noch klarstellt, dass Zuwendungen die genannten Positionen sind, die der Intermediär vom Emittenten, Anbieter einer Finanzanlage oder von einem sonstigen Dritten für deren Vermittlung oder Beratung erhält. Die Voraussetzungen für die zulässige Annahme von Zuwendungen entsprechen § 31d WpHG, allerdings muss die Zuwendung nach § 17 Abs. 1 FinVermV nicht darauf angelegt sein, die Qualität der Dienstleistung zu verbessern. Hingegen ist nach § 17 FinVermV, anders als nach § 31d Abs. 3 WpHG, die Veröffentlichung in Form einer Zusammenfassung nicht möglich.[472] Davon abgesehen können bei § 17 FinVermV die zu § 31d WpHG entwickelten Kriterien herangezogen werden.[473]

bb) § 13 Abs. 5 FinVermV

Nach § 13 Abs. 5 FinVermV ist der Anleger rechtzeitig vor Geschäftsabschluss auf Interessenkonflikte hinzuweisen, die zwischen ihm und dem Gewerbetreibenden bzw. dessen Mitarbeitern oder anderen Anlegern bestehen. Nähere Angaben macht die Verordnung hierzu nicht. Es bietet sich daher an, auf die vergleichbaren Verhaltensanforderungen aus § 31 Abs. 1 Nr. 2 WpHG zurückzugreifen.[474]

c) Kostentransparenz

Gemäß § 13 Abs. 1 und 3 FinVermV müssen dem Anleger Informationen mitgeteilt werden, die den Gesamtpreis, einschließlich aller damit verbundenen Gebühren, Provisionen, Entgelte und Auslagen enthalten. Die *vom Gewerbetreibenden* in Rechnung gestellten Provisionen sind separat aufzuführen. Die Norm entspricht § 5 Abs. 2 Satz 2 Nr. 5 lit. a WpDVerOV, sodass nach oben verwiesen werden kann.[475]

---

[470] Verordnung zur Einführung einer Finanzanlagenvermittlungsverordnung v. 2.5.2012, BGBl. I 2012/19, S. 1006.

[471] Vgl. auch *Möllers/Hailer*, ZBB 2012, 178, 186 (Fn. 73); zu Unterschieden zwischen § 31d WpHG und § 17 FinVermV *Brocker/Lohmann*, GWR 2012, 335, 338, die darauf beruhend einen Verstoß gegen Art. 80 GG annehmen.

[472] Anders noch BR-Drucks. 89/12 v. 16.2.2012, S. 14.

[473] *Weisner/Friedrichsen/Heimberg*, DStR 2012, 1034, 1036 f.

[474] *Weisner/Friedrichsen/Heimberg*, DStR 2012, 1034, 1037; vgl. auch § 11 B. I. 2. b) bb).

[475] Supra § 11 B. I. 1. c).

3. *Weitere Vorschriften zur Kostentransparenz*

a) Vermögensanlagengesetz (VermAnlG)

Mit dem Gesetz zur Novellierung des Finanzanlagenvermittler- und Vermögensanlagenrechts v. 6.12.2011 hat der Gesetzgeber den Vertrieb im Bereich des sog. grauen Kapitalmarkts reguliert.[476] Vermögensanlagen i.S.v. § 1 Abs. 2 VermAnlG sind nunmehr gem. § 2 Abs. 2b WpHG Finanzinstrumente, mit der Folge, dass die oben dargestellten Pflichten aus § 31 Abs. 1 Nr. 2 und § 31d WpHG auf deren Vertrieb anwendbar sind, soweit er von Wertpapierdienstleistungsunternehmen übernommen wird. Dann ist statt eines Produktinformationsblattes gem. § 31 Abs. 3a Satz 3 Nr. 7 WpHG dem Kunden ein Vermögensanlagen-Informationsblatt nach § 13 VermAnlG auszuhändigen, soweit der Anbieter der Vermögensanlagen zur Erstellung verpflichtet ist. Nach § 13 Abs. 2 Satz 2 Nr. 5 VermAnlG müssen darin die mit der Vermögensanlage verbundenen „Kosten und Provisionen" enthalten sein. Die Produktinformationsblätter verlangen hingegen nur eine Angabe über die „mit der Anlage verbundenen Kosten", § 5a Abs. 1 Satz 2 Nr. 5 WpDVerOV. Man mag die Erwähnung der Provisionen im Vermögensanlagen-Informationsblatt so verstehen, dass damit Zuwendungen i.S.v. § 31d Abs. 2 WpHG gemeint sind, weil sich diese nicht unter den Kostenbegriff fassen ließen.[477] Dies ist allerdings nicht zwingend, da in § 5 Abs. 2 Satz 2 Nr. 5 lit. a WpDVerOV Provisionen auch unter den Kosten- und Nebenkostenbegriff gefasst werden. Jedenfalls geht es, da § 13 VermAnlG den Anbieter zur Erstellung eines Vermögensanlagen-Informationsblatts verpflichtet, selbst wenn man „Provisionen" als „Zuwendungen" verstünde, um von dem Anbieter gezahlte Zuwendungen. Dass der Empfänger explizit aufgedeckt werden müsste, lässt sich der Norm nicht entnehmen. Insofern ist das Vermögensanlagen-Informationsblatt unter Interessenkonfliktgesichtspunkten nicht weiterführend.

b) Investmentgesetz (InvG) und Kapitalanlagegesetzbuch (KAGB)

§§ 42 Abs. 2 Satz 1 Nr. 4, 137 Abs. 2 InvG regeln, dass in den „wesentlichen Anlegerinformationen", die beim Vertrieb von Investmentvermögensanteilen durch dem WpHG unterfallende Intermediäre dem Kunden statt des Produktinformationsblatts zu übergeben sind (§ 31 Abs. 3a Satz 3 Nr. 5, 6 WpHG), „Kosten und Gebühren" mitgeteilt werden müssen. Hier greift die Argumentation von oben. Bezüglich der speziellen Vertriebskosten kann auf § 41 Abs. 1 Satz 1 und Abs. 5 InvG verwiesen werden,[478] wonach in den Vertragsbedingungen bzw. im Verkaufsprospekt und Jah-

---

[476] Vgl. zu den Neuerungen *Zingel/Varadinek*, BKR 2012, 177 ff.; insbesondere sind nunmehr auch geschlossene Fonds als Finanzinstrumente erfasst; generell zu den Ausweitungen des Finanzinstrumentenbegriffs im Kontext der Anlageberatung *Bracht*, in: Schwintowski, Bankrecht[4], § 18 Rn. 14.

[477] *Preuße/Schmidt*, BKR 2011, 265, 268; *Zingel/Varadinek*, BKR 2012, 177, 181.

[478] Dazu *Schäfer*, in: FS Nobbe, S. 725, 732 f.

resbericht u.a. Angaben über an Dritte zu zahlende Vergütungen gefordert werden. All dies setzt indes nicht zwingend voraus, dass der empfangende Dritte benannt wird. Es geht wiederum um Kostentransparenz; Interessenkonflikte haben die Normen nicht im Blick.

Diese Einschätzung ändert sich nicht dadurch, dass das InvG zum 22.7.2013 vom KAGB abgelöst wurde.[479] Auch die nunmehr relevanten Normen (§§ 164, 166; 268, 270; 298 Abs. 1 Satz 2; 318 Abs. 5 KAGB) sollen Kostentransparenz ermöglichen. An wen Vergütungen fließen, ist insoweit unerheblich.

c) Generell: Kostenangaben in Prospekten

Soweit Vorschriften für bestimmte Prospektangaben vorsehen, dass angegeben werden muss, in welcher Höhe „insbesondere Vermittlungsprovisionen" geleistet werden (vgl. etwa § 4 Satz 1 Nr. 12 VermVerkProspV; ferner § 165 Abs. 3 Nr. 8 KAGB),[480] geht es entsprechend obiger Argumentation (nur) um Kostentransparenz. Die Angabe, in welcher Höhe solche Vergütungen gezahlt werden, beinhaltet nicht automatisch Informationen über den Empfänger. Diese Pflichten sind also nicht interessenkonfliktbezogen und knüpfen nicht an monetäre Eigeninteressen der vermittelnden Berater an.[481]

II. Zwischenergebnis

Im Aufsichtsrecht lassen sich interessenkonfliktbezogene Normen finden, die mitunter konkret an Zuwendungen anknüpfen und Aufklärungspflichten beinhalten (§§ 31 Abs. 1 Nr. 2 und 31d WpHG und §§ 13 Abs. 5, 17 FinVermV). Im Grundsatz können die beiden Normkomplexe gleich ausgelegt werden. Sonstige Vorschriften, die Kostentransparenz herstellen sollen, sind trotz etwaiger expliziter Aufnahme von Provisionen im Gesetzeswortlaut nicht auf Eigeninteressen bezogen. Vielmehr lässt sich die geforderte Kostentransparenz ohne Mitteilung des Empfängers anfallender Vergütungen ebenfalls erreichen.[482]

---

479 Zum neuen KAGB überblicksartig *van Kann/Redeker/Keiluweit*, DStR 2013, 1483 ff.

480 Vgl. *Spindler*, in: Langenbucher/Bliesener/Spindler, BankR-Komm., 33. Kap. Rn. 175 (Text nach Fn. 752).

481 Freilich kommt eine Haftung bei einer Vereinnahmung durch den Intermediär ohne Aufklärung nach der Rechtsprechung bei fehlender bzw. fehlerhafter Ausweisung in Betracht. Soweit es sich um Innenprovisionen handelt, mag dann zwar die 15%-Grenze nicht überschritten sein, aber ein allgemeiner Prospektfehler läge vor, über den aufzuklären gewesen wäre, vgl. supra § 5 A. IV. Ab dem 1.8.2014 greift eine Aufklärungspflicht bei vereinnahmten Innenprovisionen unabhängig von der Höhe aufgrund des kapitalanlagerechtlichem Transparenzgebots, BGH (Innenprovisionen-V), dazu supra § 5 A. XL.

482 Vgl. auch *Lampe*, NJOZ 2009, 4893, 4897, noch zu § 8f Abs. 1 VerkaufsprospektG a.F. i.V.m. § 4 Nr. 12 VermVerkProspV a.F.

C. Aufklärungspflichten bei der Anlageberatung aus c.i.c.

I. Erforderliche Neukonturierung des Pflichtenkreises

Soweit Beratungsverträge vorliegen, können Aufklärungspflichten deduktiv aus der geschuldeten alleinigen Fremdinteressenwahrnehmung abgeleitet und konturiert werden. Ein solcher klarer Maßstab fehlt für die bloß absatzbegleitende Beratung. Zwar wohnt jeder Beratungstätigkeit an sich (auch) eine Fremdinteressenwahrnehmung schon nach ihrer Natur inne, jedoch kann ohne selbständige vertragliche Grundlage keine *vollständige* Ausblendung der Eigeninteressen des unentgeltlich tätig werdenden Beraters erwartet werden.[483]

Letztlich ist deshalb weiterhin eine Präzisierung der Aufklärungspflichten nach § 241 Abs. 2 BGB durch die Rechtsprechung erforderlich. Die Ergebnisse einer solchen Herangehensweise lassen sich aber nicht voraussagen, selbst wenn diverse „bekannte" Anknüpfungskriterien aus dem Recht der c.i.c. verwendet werden können.[484] Die Aufgabe muss auch für c.i.c.-Pflichten lauten, ein übergreifendes und wertungsstimmiges System interessenkonfliktbedingter vergütungsbezogener Aufklärungspflichten zu etablieren.[485] Dafür könnte es sich anbieten, auf deren aufsichtsrechtliche Ausgestaltung zurückzugreifen, denn das Aufsichtsrecht adressiert diese Problematik mitunter ausdrücklich und könnte insofern als „Blaupause" dienen.[486]

---

[483] Vgl. dazu supra § 6 A. I. 4. d) und § 10 A.; a.A. wohl *Forschner*, Wechselwirkungen von Aufsichtsrecht und Zivilrecht, S. 113, der davon ausgeht, dass eine einheitliche Beurteilung von Aufklärungspflichten nach c.i.c. und Beratungsvertrag möglich sei.

[484] Dazu supra § 11 A. III. 2.

[485] Danach sollten Zufälligkeiten, wie beispielsweise die Ausgestaltung des Folgegeschäfts (vgl. BGH (Lehman-III) BKR 2012, 421, Rn. 44) nicht für den Pflichteninhalt maßgeblich sein, vgl. auch *Grundmann*, WM 2012, 1745, 1751 (unterschiedliche Behandlung von Zwei- und Drei-Personen-Verhältnis sei „nicht zu rechtfertigen"); ferner *Bracht*, ZBB 2013, 252, 256; *Sethe*, in: FS Nobbe, S. 769, 785 f.

[486] In der Begründung nunmehr ähnlich BGH (Innenprovisionen-V) BGHZ 201, 310 = BeckRS 2014, 14029, Rn. 36 f., allerdings für den beratungsvertraglich erfassten Bereich. Der BGH sieht es als unerheblich an, ob konkrete Sachverhalte überhaupt vom aufsichtsrechtlichen Pflichtenkanon erfasst sind. Eine die aufsichtsrechtlichen Grenzen überschreitende Verpflichtung der Berater ist im beratungsvertraglichen Bereich gerechtfertigt, weil die Berater dort aufgrund des Beratungsvertrags eine alleinige Fremdinteressenwahrnehmung schulden, womit der BGH in Innenprovisionen-V aber nicht argumentiert. Daher bleibt die in § 6 ausführlich behandelte Frage, wann ein solcher Vertrag anzunehmen ist, weiterhin in besonderem Maße relevant. Aus einem (auch aufsichtsrechtlich konturierten) c.i.c.-Pflichtenregime ergibt sich eine vollständige Subordinationspflicht nämlich gerade nicht.

II. Die zivilrechtliche Relevanz der Wohlverhaltenspflichten

1. Zwingende Berücksichtigung aufgrund (teilweiser) europäischer Herkunft?

§ 31d WpHG entspricht im wesentlichen Art. 26 MiFID-DRL, wobei die DRL selbst als Level-2-Maßnahme im Lamfalussy-Verfahren der Konkretisierung der MiFID als Rahmenrichtlinie (Level 1) dient. In Deutschland wurde er durch das FRUG eingeführt.[487] Auch im Übrigen sind die Wohlverhaltenspflichten des WpHG unionsrechtlich determiniert, was bei der Auslegung und bei der Frage, ob eine zivilrechtliche Bedeutung geboten sein kann, zu berücksichtigen ist.[488]

a) Argumente gegen eine zwingende zivilrechtlich Bedeutung (Überblick)

aa) Die MiFID als aufsichtsrechtliche Richtlinie mit aufsichtsrechtlicher Umsetzung

Ob die auf Europarecht basierenden Wohlverhaltenspflichten aufgrund dieser Determinierung für die Auslegung beratungsvertraglicher bzw. vorvertraglicher Pflichten relevant sein müssen, ist hochumstritten.[489] Mitunter wird vorgebracht, dass die MiFID eine nur aufsichtsrechtliche Richtlinie sei,[490] ferner, dass sich jedenfalls der deutsche Gesetzgeber für eine (rein) aufsichtsrechtliche Umsetzung entschieden habe.[491] Diese beiden Argumente sind nunmehr – insbesondere vor dem Hintergrund eines EuGH-Urteils vom 30. Mai 2013[492] – zu hinterfragen. Der EuGH hat entschieden, dass

„Art. 51 der Richtlinie 2004/39 zwar vorsieht, dass bei Verstößen gegen die gemäß dieser Richtlinie erlassenen Vorschriften gegen die verantwortlichen Personen Verwaltungsmaß-

---

[487] *Forschner*, Wechselwirkungen von Aufsichtsrecht und Zivilrecht, S. 20 ff.; *Fuchs*, in: Fuchs, Komm WpHG, § 31d Rn. 1 und 3; *Herresthal*, ZBB 2009, 348, 352; *Loidl/Burgin*, Recht der Finanzinstrumente 2012, 232, 235; *Möllers*, in: Kölner Komm WpHG², § 31d Rn. 7 ff.; *Nikolaus/d'Oleire*, WM 2007, 2129, 2134; *Rozok*, in: Clouth/Lang, MiFID Praktikerhandbuch, Rn. 501 und 511; *ders.*, BKR 2007, 217, 218; zum Lamfalussy-Verfahren und den Neuerungen („Lamfalussy-II") *Walla*, in: Veil, Europäisches Kapitalmarktrecht², § 4 Rn. 5 ff. Das FRUG sollte nach dem Willen der Regierungskoalition eine „Eins-zu-Eins"-Umsetzung der europäischen Richtlinien darstellen, *Forschner* a.a.O. S. 22; *Weichert/Wenninger*, WM 2007, 627, 628; a.A. *Grundmann*, WM 2012, 1745, 1748 (§ 31d WpHG habe „in dieser Ausdrücklichkeit kein Pendant auf [e]uropäischer Ebene").

[488] *Dieckmann*, AcP 213 (2013), 1, 7 und 13; *Forschner*, Wechselwirkungen von Aufsichtsrecht und Zivilrecht, S. 20; *Hannöver*, in: Schimansky/Bunte/Lwowski, Bankrechts-Hdb.⁴, § 110 Rn. 9 f.; *Krisl*, Schutzgesetzeigenschaft der Wohlverhaltenspflichten, S. 22 ff.; s. auch *Müchler/Trafkowski*, ZBB 2013, 101, 102.

[489] Vgl. nur *Schwark*, in: Schwark/Zimmer, KMRK⁴, Vorbem. zu §§ 31 ff. WpHG Rn. 12 ff. m.w.N.

[490] So ausdrücklich nach ausführlicher Betrachtung *Forschner*, Wechselwirkungen von Aufsichtsrecht und Zivilrecht, S. 47 (und S. 39, 42 und 60 f.); ferner *Kluge*, Kick-backs, S. 197 ff.

[491] BGH (Lehman-I) BGHZ 191, 119 = NZG 2012, 25, Rn. 47; *Ellenberger*, in: Praktikerhdb. Wertpapier- und Derivategeschäft⁴, Rn. 1100.

[492] EuGH (Genil), Urt. v. 30.5.2013, Rs. C-604/11, NZG 2013, 786.

nahmen ergriffen oder Verwaltungssanktionen verhängt werden können, die Richtlinie jedoch weder bestimmt, dass die Mitgliedstaaten vertragliche Folgen für den Abschluss von Verträgen vorsehen müssen, in denen Verpflichtungen missachtet werden, die sich aus den Bestimmungen des nationalen Rechts zur Umsetzung der Art. 19 IV und V der RL 2004/39 ergeben, noch, welche Folgen in Betracht kommen. In Ermangelung einer Regelung der Union hierzu kommt es der innerstaatlichen Rechtsordnung der einzelnen Mitgliedstaaten zu, die vertraglichen Folgen eines Verstoßes gegen diese Verpflichtungen festzulegen, wobei die Grundsätze der Äquivalenz und der Effektivität beachtet werden müssen."[493]

Es ist nicht ganz klar, weshalb der EuGH die Grundsätze der Äquivalenz und Effektivität in den Blick nimmt, da sie insbesondere Maßstäbe darstellen, an denen sich staatliche Umsetzungsmaßnahmen von Richtlinien messen lassen müssen.[494] Man könnte überlegen, ob ein solcher Maßstab nur Sinn ergäbe, wenn der EuGH davon ausginge, dass prinzipiell eine (rein) vertragsrechtliche Umsetzung der relevanten MiFID-Pflichten möglich gewesen wäre und eine solche mithin als Verwaltungsmaßnahme bzw. -sanktion i.S.v. Art. 51 MiFID gelten könnte.[495]

Es scheint aber fraglich, ob sich der zitierten Randnummer eine solche Aussage entnehmen lässt. Man kann die Randnummer so lesen, dass *jedenfalls* Verwaltungsmaßnahmen oder Verwaltungssanktionen ergriffen bzw. verhängt werden können müssen und darüber hinaus eine zivilrechtliche Umsetzung den Mitgliedstaaten völlig frei stehe.[496] Die Grundsätze der Äquivalenz bzw. Effektivität (vormals Diskriminierungs- und Vereitelungsverbot) sind dem Primärrecht (Art. 4 Abs. 3 Unterabs. 2 EUV) entnommen. Der Verweis im Urteil könnte schließlich lediglich ausdrücken, dass das (ergänzende) Zivilrecht unionsrechtlich bestimmte Sachverhalte nicht anders als innerstaatliche behandeln und die Verwirklichung des Unionsrechts (hier der MiFID) nicht wesentlich erschweren oder praktisch unmöglich machen darf (effet utile).[497]

Auch bei einer solchen Sichtweise ließe sich dem EuGH-Urteil entnehmen, dass das Unionsrecht zivilrechtlichen Wirkungen der MiFID zumindest nicht ablehnend, sondern (weitgehend) indifferent gegenübersteht.[498] Für Deutschland wird zwar argumentiert, dass den §§ 31 ff. WpHG keine Relevanz für das Zivilrecht zukomme, da die Umsetzung der MiFID durch den Gesetzgeber ausschließlich aufsichtsrecht-

---

493 EuGH (Genil), Urt. v. 30.5.2013, Rs. C-604/11, NZG 2013, 786, Rn. 57.

494 EuGH (Weber's Wine World u.a.), Urt. v. 2.10.2003, Rs. C-147/01, Slg. 2003, I-11365, Rn. 103 ff.; EuGH (MyTravel), Urt. v. 6.10.2005, Rs. C-291/03, Slg. 2005, I-08477, Rn. 17 f.; vgl. auch *Magiera*, in: Schulze/Zuleeg/Kadelbach, Europarecht², § 13 Rn. 35 f.

495 So *Herresthal*, ZIP 2013, 1420 f. (m.w.N. zur zivilrechtlichen Umsetzung in anderen Mitgliedstaaten).

496 Vgl. auch *Möllers/Poppele*, ZGR 2013, 437, 468 f.; *Roth*, ZBB 2012, 429, 434 f.

497 Vgl. *Hatje*, in: Schwarze/Becker/Hatje/Schoo, EU-Kommentar³, Art. 4 Rn. 36 m.w.N. auch zur EuGH-Rechtsprechung. Konkret könnte sich das etwa bei der Beurteilung der Schutzgesetzqualität der Wohlverhaltenspflichten auswirken, vgl. *Franck*, BKR 2012, 1, 5.

498 Das würde ebenso gelten, wenn man das Urteil so verstünde, dass die MiFID über zivil- oder aufsichtsrechtliche „Zuschläge" erst effektiv ausgestaltet werden müsste, da das Sanktionsregime nicht in der Richtlinie selbst geregelt ist; vgl. auch *Möllers*, in: Kölner Komm WpHG², § 31 Rn. 23 a.E.

lich erfolgt sei.[499] Dies mag so sein.[500] Damit wäre aber nicht zugleich ausgeschlossen, dass ein „*spillover*" der MiFID auf das Vertragsrecht „unionsrechtlich indiziert" sein könnte, um die Regelungsziele der MiFID nicht zu gefährden.[501] Richtlinienkonform muss nämlich *das gesamte nationale Recht* ausgestaltet sein,[502] nicht lediglich die Transformationsnormen.[503] Deshalb wäre nicht zuzulassen, dass ein Mitgliedstaat eine aufsichtsrechtliche Umsetzung im Ergebnis durch – häufig auf einer Fiktion basierende[504] – rechtsfortbildend ermittelte vertragsrechtliche Pflichten wieder konterkarieren könnte.[505] Denn insoweit faktisch zwingendes Vertragsrecht kann grundsätzlich aufsichtsrechtlich definierten Wohlverhaltenspflichten vergleichbare Anpassungskosten für die Marktteilnehmer erzeugen, die gleichsam als Marktzutrittsbarriere wirken könnten.[506] Die Wahl der „Umsetzungsebene" durch den deutschen Gesetzgeber ist kein „Freibrief" für die Rechtsprechung, auf Basis einer Fiktion potentiell gegenüber der MiFID strengere Pflichten zu konstruieren.[507] Soweit *Spindler* vorbringt, dass „verschärfte zivilrechtliche Pflichten" zu Gunsten des Anlegers den Harmonisierungszweck jedenfalls nicht unterlaufen würden,[508] trägt das nicht. Das wäre nur überzeugend, wenn der Anlegerschutz der überwiegende Zweck des Unionsrechts wäre. Mindestens gleichwertig wird jedoch auch bezweckt, einen integrierten Finanzmarkt im Rahmen des gemeinsamen Bin-

[499] Vgl. BGH (Lehman-IX) ZIP 2013, 2001, Rn. 22 und 26f.

[500] Zur Rechtsnatur der Wohlverhaltenspflichten infra § 11 C. II. 2. a).

[501] So *Franck*, BKR 2012, 1, 5; i.E. auch *Klöhn*, ZIP 2011, 2244, 2246.

[502] S. etwa EuGH (Faccini Dori), Urt. v. 14.7.1994, Rs. C-91/92, Slg. 1994, I-3325, Rn. 26; *Herresthal*, ZIP 2013, 1420, 1421 m.w.N. zur EuGH-Rechtsprechung; ferner *Klöhn*, ZIP 2011, 2244, 2246; *Stettner*, in: Dauses, EU-Wirtschaftsrecht, 35. EL, A. IV. Rn. 42; *Streinz*, Europarecht^{9}, Rn. 499.

[503] *Franck*, BKR 2012, 1, 5 (unter Verweis auf Art. 288 Abs. 3 AEUV; Art. 4 Abs. 3 Unterabs. 2 EUV).

[504] Ausführlich supra § 6 A. I 4. d).

[505] Dies gilt erst recht, wenn man mit *Herresthal*, ZIP 2013, 1420, 1421, davon ausginge, dass auch eine vollständige zivilrechtliche Umsetzung der MiFID in Betracht gekommen wäre; ferner *Sethe*, in: Hdb. Vermögensverwaltung, Rn. 250 (Maximalharmonisierung der Wohlverhaltensregeln strebe im grenzüberschreitenden Verkehr eine Vereinheitlichung an und strengere Vorgaben dürften nicht erlassen werden, wobei nicht zwischen Aufsichts- und Zivilrecht unterschieden werde).

[506] *Franck*, BKR 2012, 1, 5f.; es geht dabei auch nicht nur um unterschiedliche Haftungsnormen und -standards für dieselben Pflichten, vgl. *Forschner*, Wechselwirkungen von Aufsichtsrecht und Zivilrecht, S. 40.

[507] I.E. wie hier bzw. ähnlich *Ekkenga*, in: MünchKomm HGB^{2}, Effektengeschäft, Rn. 76 und 290ff.; *Franck*, BKR 2012, 1, 6; *Leisch*, Informationspflichten nach § 31 WpHG, S. 124f.; *Leuering/Zetzsche*, NJW 2009, 2856, 2859; *Möllers*, in: Kölner Komm WpHG^{2}, § 31 Rn. 12, 25 und 29ff.; *Mülbert*, WM 2007, 1149, 1157 und 1161f.; *ders.*, Auswirkungen der Art. 19ff. MiFID auf das Zivilrecht, S. 15ff.; *Nikolaus/d'Oleire*, WM 2007, 2129, 2134; *Roth*, ZBB 2012, 429, 436f.; *Zetzsche*, WM 2009, 1020, 1027; a.A. *Koller*, in: FS Huber, S. 821, 840 noch unter Geltung der WpDRiL; *Spindler*, in: Langenbucher/Bliesener/Spindler, BankR-Komm., 33. Kap. Rn. 27, vgl. auch *Köndgen*, in: FS Canaris (II), S. 183, 207; *Tison*, in: FS Hopt (II), S. 2621, 2632f.

[508] *Spindler*, in: Langenbucher/Bliesener/Spindler, BankR-Komm., 33. Kap. Rn. 27.

nenmarkts zu schaffen.[509] Dieses Ziel kann durch auf einer Fiktion basierendes zwingendes Zivilrecht beeinträchtigt werden.

Festzuhalten bleibt also: Eine Zivilrechtsharmonisierung ist durch die MiFID nicht vorgegeben.[510] Die Richtlinienvorgaben dürfen aber dennoch nicht von zwingenden zivilrechtlichen Pflichten, die im hiesigen Kontext auf einer Fiktion basieren, unterlaufen werden.[511]

bb) Die Relevanz der Harmonisierungsintensität des Unionsrechts

Ein strengeres nationales Regime wäre dann unproblematisch, wenn das Unionsrecht selbst dem Recht der Mitgliedstaaten „nach oben" keine Grenze setzen würde. Das richtet sich nach dem Harmonisierungsgrad der europäischen Regulierung. Einige argumentieren zwar, dass auch bei einer Vollharmonisierung[512] jedenfalls über privatautonome Vereinbarungen von den durch die MiFID definierten Wohlverhaltenspflichten abgewichen werden könne. Dazu hat sich der EuGH bisher nicht geäußert. Es ist indes nicht anzunehmen, dass die MiFID die Privatautonomie einschränkt.[513] Allerdings geht es vorliegend um Situationen, in denen nachweislich keine an einen beiderseitigen Parteiwillen anknüpfbare Vereinbarung vorliegt, der abweichende Pflichten zu entnehmen wären. Das Argument der zulässigen privatautonomen Abweichung liefe daher ins Leere.[514]

Soweit vorgebracht wird, dass durch die MiFID bloß eine Mindestharmonisierung erforderlich sei, die einem höheren nationalen Anlegerschutzlevel (durch Zivilrecht) nicht entgegenstünde,[515] ist dem zu begegnen, dass das Harmonisierungsniveau der MiFID bzw. der MiFID-DRL umstritten ist.[516] Entschieden wurde das vom EuGH noch nicht. Sollte die Frage entscheidungserheblich werden, wäre sie Frage dem EuGH vorzulegen.[517] Soweit das zivilrechtliche Pflichtenregime weniger

---

[509] Vgl. *Fleischer*, BKR 2006, 389, 391; zu den Verhaltensregeln für Finanzdienstleistungen *Veil*, ZBB 2008, 34, 41.

[510] Vgl. auch *Krisl*, Schutzgesetzeigenschaft der Wohlverhaltenspflichten, S. 54 ff.

[511] *Herresthal*, ZBB 2012, 89, 104; *Mülbert*, WM 2007, 1149, 1157; *Nikolaus/d'Oleire*, WM 2007, 2129, 2134; vgl. auch *Veil*, WM 2007, 1821, 1825 f.; *Weichert/Wenninger*, WM 2007, 625, 635 und supra § 6 A. I 4. d).

[512] Die Terminologie ist uneinheitlich; vgl. nur *Koller*, in: Assmann/Schneider, Komm WpHG[6], Vor § 31 Rn. 4; *Möllers*, in: Vollharmonisierung im Kapitalmarkt, S. 247, 250; *Mülbert*, ZHR 172 (2008), 170, 179, die von Maximalharmonisierung sprechen und von einer Vollharmonisierung zugleich innerstaatliche Vorgänge erfasst sehen.

[513] *Ellenberger*, in: FS Nobbe, S. 523, 537; *Koller*, in: Assmann/Schneider, Komm WpHG[6], Vor § 31 Rn. 6; *Veil*, ZBB 2008, 34, 41; dies gilt auch für die MiFID II, dazu *ders./Lerch*, WM 2012, 1605, 1611.

[514] I.E. auch *Mülbert*, Auswirkungen der Art. 19 ff. MiFID auf das Zivilrecht, S. 22. Dies wäre freilich anders, wenn man den Beratungsvertrag in der Ausgestaltung des BGH nicht als (regelmäßig) fiktiv ansähe, vgl. etwa *Schelling*, Vergütungssysteme und Interessenkonflikte, S. 152 f.

[515] So i.E. etwa *Assmann*, ZBB 2008, 21, 30; *Ellenberger*, in: FS Nobbe, S. 523, 536.

[516] Dazu infra § 11 C. II. 1. b).

[517] *Herresthal*, ZIP 2013, 1420, 1421.

streng ausgestaltet wäre, könnte es sich aber von vornherein nicht gegen aufsichtsrechtliche Pflichten „durchsetzen".[518] Hinsichtlich strenger ausgestalteten Zivilrechts ist die Frage jedoch zu beantworten.

b) Das Harmonisierungsniveau der MiFID und der MiFID-DRL

Nach obigem Überblick und der Berücksichtigung der vorherigen Ergebnisse dieser Untersuchung ist Folgendes zu konstatieren: Die vom BGH angenommenen beratungsvertraglichen Aufklärungspflichten gehen – zumindest in Teilen – über die Wohlverhaltenspflichten hinaus.[519] Sie haben indes bei der bloß absatzbegleitenden Beratung keine hinreichende Rückbindung an eine privatautonome Vereinbarung.[520] Deshalb ist klärungsbedürftig, ob sich ein strengeres nationales Pflichtenregime mit europäischem Recht vereinbaren lässt.

Die Frage kann nicht einfach damit beantwortet werden, dass MiFID und MiFID-DRL jedenfalls keine unmittelbare Anwendung fänden. Das wurde vom BGH – im Ergebnis – zwar zutreffend angenommen.[521] Vorliegend geht es aber

---

[518] *Buck-Heeb*, ZIP 2013, 1401, 1404; *Ekkenga*, in: MünchKomm HGB², Effektengeschäft, Rn. 76; *Fuchs*, in: Fuchs, Komm WpHG, Vor §§ 31 bis 37a Rn. 56; *Kalss*, in: Riesenhuber, Europäische Methodenlehre², § 20 Rn. 28; vgl. auch *Möllers*, in: Kölner Komm WpHG, § 31 Rn. 44. Ein Beispiel dafür könnte sein, wenn § 31d WpHG auch eine Aufklärung über Rabatte im Zertifikategeschäft erfassen würde. Eine solche zivilrechtliche Aufklärungspflicht bestünde nach BGH (Lehman-IX) ZIP 2013, 2001, Rn. 28, nämlich dennoch nicht; unpräzise *Herresthal*, ZBB 2012, 89, 103, wonach auch zivilrechtliche Normen mit geringerem Anlegerschutz bei einer Vollharmonisierung richtlinienwidrig seien. Dies träfe nur bei einer – nach *Herresthal* möglichen – rein privatrechtlichen Umsetzung durch einen Mitgliedstaat zu. Die Absicherung des Mindestschutzniveaus wird in Deutschland bereits durch das Aufsichtsrecht gewährleistet; s. dann aber auch *Herresthal* a.a.O. S. 104 i.E. wie hier (bei Vollharmonisierung könne die *über MiFID bzw. MiFID-DRL hinausgehende* zivilrechtliche Rechtsprechung keinen Bestand mehr haben); ebenso *ders.* WM 2012, 2261, 2265; a.A. *Lenenbach*, Kapitalmarktrecht², Rn. 11.125 (schwächere vertragliche Ausgestaltung verstoße gegen Europarecht); *Spindler*, in: Langenbucher/Bliesener/Spindler, BankR-Komm., 33. Kap. Rn. 28, unter Verweis auf die Ausstrahlungswirkung des zwingenden Aufsichtsrechts. Allerdings würde ein schwächeres Zivilrecht – anders als a.a.O. dargestellt – keine „Abänderung des Pflichtenkatalogs nach §§ 31 ff. WpHG" darstellen. Erst recht wird man aufgrund EuGH (Genil), Urt. v. 30.5.2013, Rs. C-604/11, NZG 2013, 786, Rn. 57, wonach zivilrechtliche Wirkungen durch die MiFID nicht vorgegeben und den Mitgliedstaaten überlassen sind, also auch ein völliges Absehen von zivilrechtlichen Konsequenzen möglich wäre, ein „schwächeres Zivilrecht" akzeptieren müssen. Dass ein Gleichlauf wünschenswert wäre, ist eine andere Frage, dazu § 11 C. II. 2. Allgemein und zutreffend gegen die These vom zwingenden Vorrang des Zivilrechts (vertreten insbesondere von *Assmann*, in: FS U.H. Schneider, S. 37, 51 ff.) *Sethe*, in: Hdb. Vermögensverwaltung, Rn. 258 f.; entgegen der ursprünglicher Einschätzung von *Enriques*, Conflicts of Interest in Investment Services, S. 321, 322, ist die Frage nicht nur theoretischer Natur. Er ging noch davon aus, dass *de facto* kein Mitgliedstaat weitere Vorgaben zu Interessenkonflikten machen würde, selbst wenn nur eine Minimalharmonisierung vorläge.

[519] Wie hier *Herresthal*, ZIP 2013, 1420; a.A. *Buck-Heeb*, ZIP 2013, 1401, 1410; vgl. auch § 11 C. III. 2. und § 14 A.

[520] Ausführlich supra § 6 A. I. 4. d).

[521] So BGH (Lehman-I) BGHZ 191, 119 = NZG 2012, 25, Rn. 46; s. aber die harsche Kritik an den unionsrechtlichen Ausführungen des BGH bei *Herresthal*, ZBB 2012, 89, 104 (Ausführungen

darum, ob das unionsrechtliche Normengefüge eine Obergrenze[522] für die Pflichtenfindung durch die Rechtsprechung statuiert. Wäre dies der Fall, bestünde eine „Sperrwirkung",[523] die darauf beruhen würde, dass das *gesamte Recht der Mitgliedstaaten* Vorgaben und Zielsetzungen der MiFID bzw. MiFID-DRL entsprechen müsste.[524] Das Unionsrecht gibt insoweit eine „Sachverhalt-Ergebnis-Relation" vor.[525] Es wäre deshalb nicht überzeugend, etwaige Auswirkungen auf das Zivilrecht bereits deshalb auszuschließen, weil die EU keine Kompetenz für eine Zivilrechtsangleichung hätte.[526] Es geht eben nicht um eine zwingende Zivilrechtsvereinheitlichung.[527] Nationales Recht darf in seiner Gesamtheit, was das Zivilrecht einschließt, die Vorgaben und Ziele der Richtlinie nicht konterkarieren. Dieser anerkannte unionsrechtliche Grundsatz wäre wirkungslos, würde man ihn auf die Gebiete beschränken, in denen die EU auch die Kompetenz zum Regelungserlass hätte. Insofern greift nicht durch, dass *Forschner* versucht, die Zielverbindlichkeit der MiFID vom nationalen Zivilrecht durch das Argument zu lösen, dass die Richtlinie die Vorgabe mache, dass ein (nur) aufsichtsrechtlicher Gegenstandsbereich beabsichtigt sei.[528]

---

gingen vollkommen fehl); *Roth*, ZBB 2012, 429ff. („wenig nachvollziehbare Aussagen des Senats zum Unionsrecht"; „[D]er Senat [scheint] die Bedeutung und Tragweite dessen zu verkennen, was in der ständigen Rechtsprechung des EuGH unter der unmittelbaren Wirkung von Richtlinien zu verstehen ist."); vgl. a.a.O. S. 431f. zur möglicherweise vertikalen unmittelbaren Anwendung der europäischen Richtlinien, soweit der „Staat" hinter einem Kreditinstitut stehe, was aber bei einer rein aufsichtsrechtlichen Umsetzung für den Kunden keine Relevanz habe.

522 Eine zur Vollharmonisierung gehörende „Untergrenze", die nicht unterschritten werden darf, wird bereits über das Aufsichtsrecht verwirklicht, das die MiFID bzw. MiFID-DRL umsetzt, s. bereits Fn. 518.

523 Dabei ist fraglich, ob eine solche Sperrwirkung auf in den Richtlinien enthaltene Bestimmungen begrenzt wäre. Für hiesige Untersuchung ist das nicht entscheidungserheblich, da Vorschriften zum Umgang mit Interessenkonflikten konkret im Unionsrecht vorliegen. Im Übrigen spricht viel dafür, dass MiFID und MiFID-DRL *nicht* das gesamte von ihnen erfasste Rechtsgebiet abschließend regeln wollen, vgl. *Roth*, ZBB 2012, 429, 438; *Veil*, ZBB 2008, 34, 41f.; zu möglichen ergänzenden Regelungen auch im Rahmen der MiFID II *ders./Lerch*, WM 2012, 1557, 1559; allgemeiner *Skouris*, ZEuP 2012, 1, 2 („Union Law [...] relies on existing national systems to produce its full effects.").

524 Etwa EuGH (Faccini Dori), Urt. v. 14.7.1994, Rs C-19/92, Slg. 1994, I-3325 = ZIP 1994, 1187, Rn. 26; EuGH (Pfeiffer), Urt. v. 5.10.2004, Rs. C-397/01 und C-403/01, Slg. 2004, I-8835, Rn. 115; *Herresthal*, WM 2012, 2261, 2264 m.w.N.; *ders.*, ZBB 2012, 89, 102f.; *Roth*, in: Riesenhuber, Europäische Methodenlehre², § 14 Rn. 15; *ders.*, ZBB 2012, 429, 434 (betonend, dass dazu auch das Richterrecht gehöre; dazu auch *Herresthal*, ZBB 2009, 348, 352); unberücksichtigt geblieben in BGH (Lehman-III) BKR 2012, 421, Rn. 25.

525 *Herresthal*, ZBB 2009, 348, 352.

526 So aber *Forschner*, Wechselwirkungen von Aufsichtsrecht und Zivilrecht, S. 28 („Wenn der Europäischen Union schon die Angleichungskompetenz im Bereich der zivilrechtlichen Haftung fehlen würde, wäre die Frage nach der zivilrechtlichen Wirkung der Vorschriften, die auf der Richtlinie basieren, leicht zu beantworten."); *Grigoleit*, ZHR 177 (2013), 264, 276.

527 Vgl. auch *Spindler*, in: Langenbucher/Bliesener/Spindler, BankR-Komm., 33. Kap. Rn. 26, der zutreffend darstellt, dass das „Kompetenz-Argument" die Frage der „unmittelbaren zivilrechtlichen Einordnung" betrifft.

528 *Forschner*, Wechselwirkungen von Aufsichtsrecht und Zivilrecht, S. 41f.

Die These von der Vollharmonisierung[529] der relevanten Regelungsbereiche der MiFID bzw. der MiFID-DRL muss sich, da die Harmonisierungsintensität nicht ausdrücklich in den Richtlinien festgehalten ist, auf eine Auslegung der entsprechenden Normen stützen.[530] Die rechtliche Ausgestaltung des Unionsrechts (Verordnung oder Richtlinie) präjudiziert das Harmonisierungsniveau nicht.[531]

aa) MiFID

Zunächst sei auf den Wortlaut der Art. 31 Abs. 1 Unterabs. 2, Art. 32 Abs. 1 Unterabs. 2, Art. 33 Abs. 2 MiFID hingewiesen, die Zugang und Tätigkeit von Wertpapierdienstleistern in anderen Mitgliedstaaten betreffen. Die Mitgliedstaaten dürfen hier ausdrücklich keine strengeren Pflichten vorsehen.[532] Im Rahmen der Auslegung lassen sich für eine auch im Übrigen vollharmonisierende Wirkung insbesondere die „Öffnungsklauseln" anführen (Art. 22 Abs. 2, 23 Abs. 6, 24 Abs. 3 und 4 MiFID), die nur im dort geregelten Umfang abweichende bzw. striktere mitgliedstaatliche Regelungen zulassen. Eine solche Regelung sei, so wird vorgebracht, im Falle einer angestrebten bloßen Mindestharmonisierung überflüssig.[533] Andere gehen davon aus, dass sog. Rahmenrichtlinien (Level 1 im Lamfalussy-Verfahren) ohnehin vollharmonisierend seien.[534] Ferner wird angeführt, dass Art. 4 Abs. 1 MiFID-DRL eine Konkretisierung des Harmonisierungslevels hinsichtlich einer Vollharmonisierung vornehme.[535] Schließlich spräche das Telos, einen integrierten Finanzmarkt zu schaffen, für eine Vollharmonisierung[536] und das in der MiFID verankerte Prinzip der Herkunftslandaufsicht solle dazu ein unionsweit gleichmäßig hohes Schutzniveau absichern.[537]

Roth zieht freilich daraus einen anderen Schluss: Die Wohlverhaltenspflichten der MiFID seien eine Minimalharmonisierung, was sich aus dem Herkunftslandprinzip ergebe, das „etwas völlig anderes" als eine Vollharmonisierung sei.[538] Das führe in

---

[529] Kritisch zum Begriff, weil eine Ergänzung durch nationales Recht jedenfalls erforderlich sei, *Grigoleit*, ZHR 177 (2013), 264, 271; das spricht freilich nicht gegen eine Vollharmonisierung. Die Zulässigkeit von Ergänzungen ist vielmehr eine Auslegungsfrage des vollharmonisierenden Rechtsakts, dazu *Veil/Lerch*, WM 2012, 1557, 1559.

[530] Zur erforderlichen Auslegung etwa *Walla*, in: Veil, Europäisches Kapitalmarktrecht², § 4 Rn. 31; ferner *Grigoleit*, ZHR 177 (2013), 264, 270; *Veil/Lerch*, WM 2012, 1557, 1559.

[531] *Walla*, in: Veil, Europäisches Kapitalmarktrecht², § 4 Rn. 30; ferner *Veil/Lerch*, WM 2012, 1557, 1559 mit Fn. 39 zur anscheinend a.A. der Europäischen Kommission.

[532] *Herresthal*, ZBB 2009, 348, 351; *Mülbert*, ZHR 172 (2008), 170, 176ff.

[533] *Herresthal*, WM 2012, 2261, 2262.

[534] So insbesondere *Möllers*, in: Vollharmonisierung im Kapitalmarkt, S. 247, 256f.; *ders.*, in: FS Hopt (II), S. 2247, 2261; ebenso *Herresthal*, WM 2012, 2261, 2262.

[535] *Forschner*, Wechselwirkungen von Aufsichtsrecht und Zivilrecht, S. 60.

[536] Insbesondere *Herresthal*, WM 2012, 2261, 2262; *Weichert/Wenninger*, WM 2007, 627, 628.

[537] *Herresthal*, ZBB 2009, 348, 351.

[538] *Roth*, ZBB 2012, 429, 438 (MiFID basiere auf „Herkunftslandprinzip verknüpft mit einer Minimalharmonisierung"); a.A. *Forschner*, Wechselwirkungen von Aufsichtsrecht und Zivilrecht, S. 51 („Prinzip der gegenseitigen Anerkennung bestimmt [...] nicht die Harmonisierungsintensi-

der Konsequenz dazu, dass für innerstaatliche Sachverhalte strengere zivilrechtliche Regelungen möglich seien, soweit die MiFID nicht durch die MiFID-DRL insoweit vollharmonisierend konkretisiert wurde.[539] Die Folge einer solchen Auffassung wäre, dass für alle Wertpapierdienstleister der konkretisierte Pflichtenkanon der MiFID-DRL gelten würde, im Übrigen aber der einzelne Mitgliedstaat als Tätigkeitsstaat des „fremden" Wertpapierdienstleisters durch das Herkunftsstaatsprinzip gebunden wäre, als aufsichtsführender Mitgliedstaat hingegen seinen „landeseigenen" Wertpapierdienstleistern strengere Pflichten vorschreiben dürfte.[540] Das erscheint nicht nur wenig praktikabel und würde eine enorme Rechtsunsicherheit erzeugen, sondern wäre dem Ziel der MiFID abträglich, ein hohes Schutzniveau auf einem *einheitlichen* integrierten Finanzmarkt sicherzustellen.[541]

Mitunter wird gegen eine Vollharmonisierung angeführt, dass die MiFID laut Erwägungsgrund 71 das Subsidiaritätsprinzip aus dem Unionsrecht wahre. Für die hier relevante Frage ist dem indes nichts zu entnehmen.[542] Eine Richtlinie, die gegen das Subsidiaritätsprinzip (Art. 5 Abs. 3 EUV) verstößt, ist primärrechtswidrig.[543] Insofern ist bedeutungslos, ob die vermeintliche Beachtung des Subsidiaritätsprinzips ausdrücklich in ihr festgeschrieben ist. Die Frage der Primärrechtswidrigkeit kann der betreffende Rechtsakt selbstverständlich nicht selbst durch entsprechende Aufnahme in den Text beantworten. Auch eine Auslegungsregel, nach der aufgrund des Subsidiaritätsprinzips im Zweifel von einer Mindestharmonisierung auszugehen wäre, gibt es nicht.[544]

---

tät"); *Kluge*, Kick-backs, S. 191 (MiFID sei Vollharmonisierung, die „vom Institut des Herkunftslandprinzips flankiert" werde); *Lenenbach*, Kapitalmarktrecht², Rn. 11.104 ff. (Ableitung einer Maximalharmonisierung aus dem Herkunftslandprinzip und Art. 4 MiFID-DRL, wobei damit nicht gesagt sei, dass auch das Vertragsrecht erfasst wäre).

539 Von einer vollharmonisierenden Wirkung der MiFID-DRL geht auch *Roth*, ZBB 2012, 429, 438 f., aus.

540 Vgl. in diesem Sinne *Roth*, ZBB 2012, 429, 439.

541 Allgemein zu diesem Ziel der MiFID *Gober/Jäger*, ZBB 2014, 40, 42; vgl. auch EG 2 MiFID, der das hohe Schutzniveau als gemeinsames Ziel benennt, mit der Möglichkeit für Wertpapierdienstleister, nach dem Prinzip der Herkunftslandaufsicht in der gesamten EU im Rahmen des Binnenmarkts tätig zu werden; *Herresthal*, WM 2012, 2261, 2262; zum Ziel eines integrierten Finanzmarkts auch EG 137 MiFID II im Kontext der notwendigen Behördenbefugnisse.

542 So aber *Ellenberger*, in: FS Nobbe, S. 523, 535 f.; offenbar auch *Spindler*, in: Langenbucher/Bliesener/Spindler, BankR-Komm., 33. Kap. Rn. 26; zum Inhalt des Subsidiaritätsprinzips *Forschner*, Wechselwirkungen von Aufsichtsrecht und Zivilrecht, S. 31.

543 Dementsprechend wird auch die sog. Subsidiaritätsklage (Art. 8 Abs. 1 SubsProt) als eine besondere Form der Nichtigkeitsklage nach Art. 263 AEUV verstanden, dazu *Bast/von Bogdandy*, in: Grabitz/Hilf/Nettesheim, Recht der Europäischen Union, 52. EL, Art. 5 EUV Rn. 64.

544 Kritisch auch *Herresthal*, WM 2012, 2261, 2262; *Kluge*, Kick-backs, S. 190 f. Soweit *Forschner*, Wechselwirkungen von Aufsichtsrecht und Zivilrecht, S. 31 m.w.N., darauf hinweist, dass nach dem Verhältnismäßigkeitsgrundsatz (Art. 5 Abs. 4 EUV) davon auszugehen sei, dass die EU die Regelung wählen wollte, die den Mitgliedstaaten den größtmöglichen Freiraum belässt, spricht auch das nicht zwingend für eine Mindestharmonisierung; s. *Kluge* a.a.O.

Das Harmonisierungsniveau der MiFID ist nach alledem zwar nicht eindeutig geklärt und letztlich vom EuGH zu entscheiden.[545] Im Ergebnis sprechen die besseren Argumente aber dafür, dass die MiFID jedenfalls bezüglich der Wohlverhaltenspflichten vollharmonisierend ausgestaltet ist.[546] Systematisch kann einer Gegenüberstellung von Art. 23 Abs. 6 MiFID[547] und Art. 3 MiFID[548] entnommen werden, dass auch innerstaatliche Sachverhalte erfasst sein sollen.[549] Das würde dem Ziel eines integrierten Binnenmarkts am besten dienen[550] und wäre am praktikabelsten umsetzbar.[551]

bb) MiFID-DRL

Hinsichtlich der MiFID-DRL gestaltet sich der Fall klarer. Art. 4 Abs. 1 MiFID-DRL lässt sich eine intendierte Vollharmonisierung eindeutig entnehmen.[552] Im Übrigen erscheint es nicht von vornherein ausgeschlossen, Art. 4 Abs. 1 MiFID-DRL weitergehend auch für eine Vollharmonisierung der MiFID argumentativ heranzuziehen.[553]

---

545 *Herresthal*, ZIP 2013, 1420, 1421.

546 I.E. ebenso *Enriques*, Conflicts of Interest in Investment Services, S. 321, 323; *Fuchs*, in: Fuchs, Komm WpHG, § 31 Rn. 18; *Herresthal*, WM 2012, 2261 m.w.N.; *Jordans*, WM 2007, 1827; *Kasten*, BKR 2007, 261, 267; *Kluge*, Kick-backs, S. 195; *Koch*, in: Schwark/Zimmer, KMRK⁴, § 31d WpHG Rn. 4; *Leuering/Zetzsche*, NJW 2009, 2856, 2858; *Möllers*, in: Kölner Komm WpHG², § 31 Rn. 36; *Nikolaus/d'Oleire*, WM 2007, 2129, 2134; *Pellens/Grunwald*, WM 2012, 778, 781; *Rothenhöfer*, in: Schwark/Zimmer, KMRK⁴, § 31 WpHG Rn. 16; *Sethe*, in: FS Nobbe, S. 769, 786, *Veil*, WM 2009, 1585, 1587; *Walla*, in: Veil, Europäisches Kapitalmarktrecht², § 4 Rn. 33; *Weichert/Wenninger*, WM 2007, 627, 628; *Witte/Mehrbrey*, ZIP 2009, 744, 748.

547 Striktere Anforderungen für vertraglich gebundene Vermittler können von den Mitgliedstaaten für die in ihrem Hoheitsgebiet registrierten Vermittler vorgeschrieben werden.

548 Keine Erwähnung potentieller Ausnahmen für innerstaatliche Sachverhalte bei den fakultativen Ausnahmen.

549 A.A. etwa *Mülbert*, Auswirkungen der Art. 19 ff. MiFID auf das Zivilrecht, S. 10 (nur „Maximal"-, aber keine Vollharmonisierung).

550 *Herresthal*, ZBB 2009, 348, 351; *Koch*, in: Schwark/Zimmer, KMRK⁴, § 31d WpHG Rn. 4; i.E. (unter Bezugnahme auf das Herkunftslandprinzip) ebenso *Roth*, ZBB 2012, 429, 437; a.A. *Habersack*, in: Bankrechtstag 2010, S. 3, 11 f.; *Kluge*, Kick-backs, S. 192. In der Praxis könnten strengere Anforderungen für „Heimatinstitute" unter Umständen einen beachtlichen Wettbewerbsnachteil darstellen.

551 I.E. auch *Decker*, Aufklärungspflichten, S. 127; *Möllers*, in: Vollharmonisierung im Kapitalmarkt, S. 247, 256 m.w.N. in Fn. 61.

552 Ausführlich und zutreffend *Forschner*, Wechselwirkungen von Aufsichtsrecht und Zivilrecht, S. 57 ff.; hinsichtlich der von *Ellenberger*, in: FS Nobbe, S. 523, 536 f.; *ders.*, in: Bankrechtstag 2010, S. 37, 44 f.; *ders.*, in: Praktikerhdb. Wertpapier- und Derivategeschäft⁴, Rn. 1101 f., vorgebrachten Gegenargumente (Hinweis auf EG 10 MiFID-DRL; Level 2-Maßnahmen seien nur „technische Umsetzungsmaßnahmen"; es sei fraglich, ob Level 2-Maßnahmen vor dem Hintergrund des Demokratieprinzips die Harmonisierungsintensität einer Level 1-Richtlinie bestimmen könnten), ist hier ebenfalls auf *Forschner* zu verweisen, der diese Erwägungen a.a.O. widerlegt; i.E. wie hier auch *Kluge*, Kick-backs, S. 195; a.A. *Mülbert*, Auswirkungen der Art. 19 ff. MiFID auf das Zivilrecht, S. 12 (Zwischenstufe zwischen Voll- und Maximalharmonisierung).

553 *Forschner*, Wechselwirkungen von Aufsichtsrecht und Zivilrecht, S. 60; *Lenenbach*, Kapi-

cc) Auswirkungen der MiFID II

Eine Änderung des Regulierungsansatzes lässt sich bei der MiFID II nicht feststellen.[554] Daher ist davon auszugehen, dass auch die MiFID II einen vollharmonisierenden Ansatz verfolgt, dessen Zielverbindlichkeit nicht auf das Aufsichtsrecht beschränkt bleibt.[555]

In diesem Zusammenhang soll auf Art. 69 MiFID II a.E. hingewiesen werden, wonach „[d]ie Mitgliedstaaten dafür sorgen, dass Mechanismen eingerichtet werden, um sicherzustellen, dass [...] für finanzielle Verluste oder entstandende Schäden aufgrund eines Verstoßes gegen [MiFID II oder MiFIR[556]] Entschädigungen gezahlt oder andere Abhilfemaßnahmen ergriffen werden können.“ Die Norm geht auf einen Änderungsvorschlag des Europäischen Parlaments zurück, in dem gefordert wurde, dass die Aufsichtsbehörden Entschädigungen oder Abhilfemaßnahmen „verlangen“ können sollen als Ausgleich für finanzielle Verluste oder sonstige Schäden *von Anlegern*, die aus Verstößen gegen MiFID II- oder MiFIR-Pflichten resultieren.[557] Man könnte diesen Vorschlag als „Aufruf zum *private enforcement*“ des Aufsichtsrechts verstehen, wenngleich der genaue Zweck der vorgeschlagenen Regelung unklar blieb.[558] Der ursprünglich klare Bezug der Entschädigungen zu etwaigen Anlegerverlusten ist in der letztlich verabschiedeten Fassung der MiFID II nicht mehr enthalten. Man kann der Norm wohl im Ergebnis keine „über das Aufsichtsrecht hinauswirkenden“ Elemente entnehmen. Zwar wäre es – trotz der Änderung – nicht ausgeschlossen, die finanziellen Verluste oder entstandenen Schäden auch auf (einzelne) Anleger zu beziehen. Es wäre ferner denkbar, unter die einzurichtenden „Mechanismen“ auch eine zivilrechtliche Haftung zu fassen. Dagegen spricht allerdings, dass die Regelung unter der Überschrift „Aufsichtsbefugnisse“ steht und Art. 72 Abs. 1 MiFID II offenbar davon ausgeht, dass die „Abhilfemaßnahmen“ nach Art. 69 jedenfalls unter Beteiligung der Behörde ergriffen werden. Derzeit lässt sich der genaue Inhalt der Norm aber nicht bestimmen.

c) Zwischenergebnis

Dem Unionsrecht lässt sich zwar keine Pflicht zur Zivilrechtsangleichung entnehmen. Die zivilrechtliche Sanktionierung des unionsrechtlichen Pflichtenprogramms

talmarktrecht², Rn. 11.106; *Nikolaus/d'Oleire*, WM 2007, 2129, 2134; a.A. *Ellenberger*, in: FS Nobbe, S. 523, 537; *Franck*, BKR 2012, 1, 7; vgl. auch *Kluge*, Kick-backs, S. 192 ff.

554 *Forschner*, Wechselwirkungen von Aufsichtsrecht und Zivilrecht, S. 62.

555 Vgl. bereits *Veil/Lerch*, WM 2012, 1557, 1559.

556 Verordnung (EU) Nr. 600/2014 des Europäischen Parlaments und des Rates vom 15. Mai 2014 über Märkte für Finanzinstrumente und zur Änderung der Verordnung (EU) Nr. 648/2012, ABl. L 173/84, im Folgenden als „MiFIR“ bezeichnet.

557 *Europäisches Parlament*, Ausschuss für Wirtschaft und Währung, Entwurf eines Berichts über die Neufassung der MiFID v. 16.3.2012, 2011/0298(COD), Änderungsvorschlag 158.

558 *Veil/Lerch*, WM 2012, 1605, 1613; zum *private enforcement* nochmals infra § 11 F.

wäre jedoch möglich gewesen.[559] Jedenfalls sind die Mitgliedstaaten verpflichtet, ihr gesamtes nationales Recht richtlinienkonform auszugestalten. Soweit die rechtsfortbildend gewonnenen zivilrechtlichen Beratungspflichten keine hinreichend privatautonome Rückbindung haben und zugleich über die unionsrechtlichen Vorgaben hinausgehen,[560] sind sie richtlinienwidrig.[561]

Aber selbst wenn man dies anders beurteilt, bleibt eine wertungsstimmige Aufklärungspflichtenbestimmung erforderlich, was ohnehin im Anwendungsbereich der nicht europarechtlich geprägten Normen zutrifft. Insofern liegt es selbst dann nahe, sich an den geschriebenen Wohlverhaltenspflichten zu orientieren, wenn man dies nicht – wie hier – bei der absatzbegleitenden Beratung im beschriebenen Umfang für europarechtlich indiziert hielte.[562]

2. Sinnhaftigkeit einer zivilrechtlichen Orientierung an Wohlverhaltenspflichten

a) Die Rechtsnatur der Wohlverhaltenspflichten

Wären die Wohlverhaltenspflichten ohnehin als Zivilrecht zu qualifizieren, wäre damit zugleich die Frage nach einer zivilrechtlichen „Inkorporierung" beantwortet. Das ist allerdings umstritten. Relevant ist die Frage im hiesigen Kontext zuvörderst für die Konturierung des zivilrechtlichen Pflichtenkanons hinsichtlich vergütungsbezogener Aufklärungspflichten, daneben auch für die etwaigen Rechtsfolgen eines Verstoßes gegen die Wohlverhaltenspflichten.[563] Die Diskussion wird maßgeblich anhand §§ 31 ff. WpHG geführt, wobei die neu eingeführten Pflichten für Finanzanlagenvermittler dieselben Probleme aufwerfen.[564] Die Frage nach der Rechtsnatur kann bezüglich der einzelnen Pflichten durchaus unterschiedlich zu beantworten sein.[565] Für den hier vornehmlich interessierenden Bereich der Aufklärungspflichten lässt sich aber eine einheitliche Betrachtung vornehmen.

---

[559] So bereits *Lenenbach*, Kapitalmarktrecht², Rn. 11.109 (zivilrechtliche Implementierung sei „sicherlich zulässig, aber nicht erforderlich").

[560] Vgl. etwa *Spindler*, in: Langenbucher/Bliesener/Spindler, BankR-Komm., 33. Kap. Rn. 158, wonach das zivilrechtliche Modell des Umgangs mit Interessenkonflikten über das aufsichtsrechtliche hinausginge.

[561] Wie hier *Herresthal*, ZIP 2013, 1420, 1421; wohl auch *Koller*, in: Assmann/Schneider, Komm WpHG⁶, Vor § 31 Rn. 6; ferner die Nachweise in Fn. 507; im Kontext des konkludenten Anlageberatungsvertrags *Lampe*, Die Informationspflicht des Wertpapierdienstleistungsunternehmens, S. 365 f.; *Mülbert*, ZHR 172 (2008), 170, 183 f.; a.A. *Forschner*, Wechselwirkungen von Aufsichtsrecht und Zivilrecht, S. 60 f.; *Grigoleit*, ZHR 177 (2013), 264, 276 f.; zu Abweichungen zwischen Rechtsprechung und Aufsichtsrecht auch § 11 C. III.

[562] Vgl. aber auch *Herresthal*, ZBB 2009, 348, 353 (mit dem Anwendungsbereich der MiFID korrespondiere im Privatrecht „ein Wechsel des Pflichtenregimes").

[563] Vgl. *Forschner*, Wechselwirkungen von Aufsichtsrecht und Zivilrecht, S. 64 f. m.w.N., dort auch mit zutreffender Ablehnung rein funktionaler Betrachtungen, die öffentliches Recht und Zivilrecht nicht mehr voneinander abgrenzen.

[564] Zu den insbesondere § 31d WpHG vergleichbaren Anforderungen supra § 11 B. I. 2.

[565] *Forschner*, Wechselwirkungen von Aufsichtsrecht und Zivilrecht, S. 63; z.B. ist § 34 Abs. 2b WpHG klar als zivilrechtlich zu qualifizieren, vgl. *Franck*, BKR 2012, 1, 2 mit Fn. 17.

aa) Die Wohlverhaltensregeln als Aufsichtsrecht

Vielfach werden die Wohlverhaltensregeln als reines Aufsichtsrecht qualifiziert.[566] Argumentiert wird insbesondere mit den Überwachungs- und Prüfungsmöglichkeiten der BaFin nach §§ 35 f. WpHG, die sich auf die Verhaltensregeln aus Abschnitt 6 des WpHG erstrecken.[567] In diesem Zusammenhang wird darauf verwiesen, dass die BaFin nach § 4 WpHG nur eine Missstandsaufsicht im öffentlichen Interesse übernehme, was auf das „beaufsichtigte" Recht als reines Aufsichtsrecht schließen lasse. Ferner passe die Richtlinienkompetenz der BaFin (§ 35 Abs. 4 WpHG) nicht zu zivilrechtlichen Normen.[568]

bb) Die Wohlverhaltensregeln als Zivilrecht

Andere gehen davon aus, dass die Wohlverhaltensregeln (rein) zivilrechtlich zu qualifizieren seien.[569] Argumentativ wird dafür u.a. die Subjekttheorie zur Abgrenzung von öffentlichem Recht und Privatrecht herangezogen und darauf verwiesen, dass Adressaten der Wohlverhaltenspflichten die Wertpapierdienstleister seien.[570] Mitunter wird der III. Zivilsenat als Vertreter dieser Auffassung angeführt, da er in der Freier Anlageberater-I-Entscheidung die Aufklärungspflicht nur insoweit verneint

---

566 So BGH (Swap-Urteil) BGHZ 189, 13 = NJW 2011, 1949, Rn. 22 und 32; BGH (Lehman-I) BGHZ 191, 119 = NZG 2012, 25, Rn. 47; BGH (Innenprovisionen-V) BGHZ 201, 310 = BeckRS 2014, 14029, Rn. 35; (zur Rechtsprechungslinie bezüglich der Rechtsnatur der Wohlverhaltenspflichten *Krisl*, Schutzgesetzeigenschaft der Wohlverhaltenspflichten, S. 31 ff.); ausführlich *Forschner*, Wechselwirkungen von Aufsichtsrecht und Zivilrecht, S. 63 ff. (Ergebnis auf S. 97), mit vielen weiteren Nachweisen auch zu abweichenden Auffassungen; ferner *Beule*, in: Assies/Beule/Heise/Strube, Hdb. des FA-BKR^3, Kap. 7 Rn. 147; *Brandt*, Aufklärungs- und Beratungspflichten, S. 182 ff.; *Buck-Heeb*, ZHR 176 (2012), 66, 69; *Decker*, Aufklärungspflichten, S. 127 (konkret zu § 31d WpHG); *Eisele/Faust*, in: Schimansky/Bunte/Lwowski, Bankrechts-Hdb.^{4}, § 109 Rn. 9; *Ekkenga*, in: MünchKomm HGB^2, Effektengeschäft, Rn. 263; *Fuchs*, in: Fuchs, Komm WpHG, Vor §§ 31 bis 37a Rn. 56 m.w.N. auch aus der zahlreichen Aufsatzliteratur; *Hannöver*, in: Schimansky/Bunte/Lwowski, Bankrechts-Hdb.^{4}, § 110 Rn. 16; *Kluge*, Kick-backs, S. 197 ff.; *Koller*, in: Assmann/Schneider, Komm WpHG^6, Vor § 31 Rn. 2; *Lang*, Informationspflichten, S. 120; *Nobbe/Zahrte*, in: MünchKomm HGB^3, Anlageberatung, Rn. 58; *Reiner*, Derivative Finanzinstrumente im Recht, S. 127; *Rothenhöfer*, Anlegerschutz durch Schriftform, S. 56 ff.; *Ruland/Wetzig*, BKR 2013, 56, 57 f.; *Schwark*, in: Schwark/Zimmer, KMRK^4, Vorbem. zu § 31 bis § 37a WpHG Rn. 15; *Spindler*, in: Langenbucher/Bliesener/Spindler, BankR-Komm., 33. Kap. Rn. 29; *Wieneke*, Discount-Broking und Anlegerschutz, S. 87; weniger eindeutig hingegen noch BGH, Urt. v. 5.10.1999, Az.: XI ZR 296/98, BGHZ 142, 345 = NJW 2000, 359, 361 („in erster Linie aufsichtsrechtlicher Natur, aber auch anlegerschützende Funktion").

567 *Ruland/Wetzig*, BKR 2013, 56, 57 f.

568 Vgl. zu den genannten Punkten *Forschner*, Wechselwirkungen von Aufsichtsrecht und Zivilrecht, S. 90 ff.; *Fuchs*, in: Fuchs, Komm WpHG, Vor §§ 31 bis 37a Rn. 56; *Kluge*, Kick-backs, S. 198; *Lenenbach*, Kapitalmarktrecht^2, Rn. 11.93.

569 So etwa *Einsele*, in: Bank- und Kapitalmarktrecht^2, § 8 Rn. 41; *Grundmann*, in: Ebenroth/Boujong/Joost, HGB^2, § 31 WpHG Rn. VI 270; *ders.*, WM 2012, 1745, 1752; vgl. dazu auch *Sethe*, AcP 212 (2012), 80, 125 f.

570 *Einsele*, in: Bank- und Kapitalmarktrecht^2, § 8 Rn. 41.

habe, wie § 31d WpHG nicht greife.[571] Allerdings führt eine vom III. Zivilsenat offenbar angenommene Relevanz der Wohlverhaltenspflichten für das Zivilrecht nicht zwangsläufig dazu, dass er § 31d WpHG als unmittelbar wirkendes Zivilrecht ansähe. Denkbar schiene ebenfalls, dass der BGH der Norm eine „Ausstrahlungswirkung" zuerkennt, was ebenso von vielen vertreten wird, die von einer aufsichtsrechtlichen Qualifizierung ausgehen.[572]

cc) Die Wohlverhaltensregeln als Normen mit „Doppelnatur"

Schließlich geht eine dritte große Strömung davon aus, dass die Wohlverhaltenspflichten als Normen mit sog. Doppelnatur zu qualifizieren seien, sie mithin zugleich öffentliches Recht und Zivilrecht darstellen.[573] Der hohe Detailierungsgrad der Wohlverhaltenspflichten und der Inhalt der Pflichten, der sich mit (vor-)vertraglichen decke, sprächen für eine solche Einordnung.[574]

dd) Stellungnahme

Ist man vor die Aufgabe gestellt, eine Norm einem Rechtsgebiet zuzuordnen, wird man herkömmlicherweise auf die „klassischen" Theorien (Interessen-, Subordinations- und [modifizierte] Subjektstheorie), gegebenenfalls auf eine Kombination

571 BGH (Freier Anlageberater-I) BGHZ 185, 185 = ZIP 2010, 919 (Leitsatz); den beschriebenen Schluss zieht *Forschner*, Wechselwirkungen von Aufsichtsrecht und Zivilrecht, S. 66.

572 Dazu infra § 11 C. II. 2. b).

573 So *Braun/Lang/Loy*, in: Praktikerhdb. Wertpapier- und Derivategeschäft[4]; Rn. 300; *Emmerich*, in: MünchKomm BGB[6], § 311 Rn. 113 und 116; *Gemberg Wiesike*, Wohlverhaltensregeln, S. 109 ff.; *Kalss*, in: Riesenhuber, Europäische Methodenlehre[2], § 20 Rn. 28 m.w.N.; *Leisch*, Informationspflichten nach § 31 WpHG, S. 66; *Lenenbach*, Kapitalmarktrecht[2], Rn. 11.98; *van Look*, in: Prospekthaftung und Anlageberatung, § 1 Rn. 68; *Möllers*, in: Kölner Komm WpHG[2], § 31 Rn. 24; *ders./Wenninger*, LMK 2007, 220857; *Nikolaus*, Durchsetzung der Wohlverhaltens- und Organisationspflichten, S. 232; *ders./d'Oleire*, WM 2007, 2129, 2130; *Roth*, in: Assmann/Schütze, Hdb. Kapitalanlagerecht[3], § 11 Rn. 11; *Roth*, ZBB 2012, 429, 436; *Roth*, in: MünchKomm BGB[6], § 652 Rn. 261; *Theißen*, Anlageberatung: Risiko oder Chance nach MiFID?, S. 193, 209; *Tiffe*, Struktur der Informationspflichten, S. 359; *Veil*, in Veil, Europäisches Kapitalmarktrecht[2], § 6 Rn. 6 und § 25 Rn. 16; *ders.*, WM 2007, 1821, 1825 f.; *ders.*, ZBB 2008, 34, 40; *Weichert/Wenninger*, WM 2007, 627, 635; wohl auch *Buck-Heeb*, ZHR 177 (2013), 310, 341; *Haar*, in: FS Hopt (II), S. 1865, 1880 (die insoweit aber die vermeintliche BGH-Auffassung anführt). Soweit *Kluge*, Kick-backs, S. 196, den III. Zivilsenat als Anhänger dieser Auffassung anführt, ist dieser Schluss nicht zwingend, da dessen Erwägungen zu § 31d WpHG auch bei einer „Ausstrahlungswirkung" zutreffen würden; vgl. auch den eigenständigen Weg von *Dieckmann*, AcP 213 (2013), 1, 28 ff., nach dem die §§ 31 ff. WpHG alle Voraussetzungen von Schutzgesetzen erfüllten und deshalb zugleich Verkehrspflichten nach § 823 Abs. 1 BGB und damit auch Schutzpflichten i.S.v. § 241 Abs. 2 BGB seien. Im Ergebnis seien §§ 31 ff. WpHG damit „zwingendes Vertragsrecht" (a.a.O. S. 43), wobei *Dieckmann* die Doppelnaturlehre dennoch ablehnt (insoweit daher unklar die Aussage auf S. 28, dass die „§§ 31 ff. WpHG [...] ausschließlich Normen des öffentlichen Rechts [sind]").

574 *Nikolaus/d'Oleire*, WM 2007, 2129, 2130; *Veil*, WM 2007, 1821, 1825 f.; *Weichert/Wenninger*, WM 2007, 627, 635; vgl. dazu auch *Forschner*, Wechselwirkungen von Aufsichtsrecht und Zivilrecht, S. 81 f.; *Fuchs*, in: Fuchs, Komm WpHG, Vor §§ 31 bis 37a Rn. 57.

derselben zurückgreifen wollen.[575] Dabei stellt sich jedoch die Frage, ob die einzelnen Normen bzw. Pflichten der Wohlverhaltensregeln für sich oder gemeinsam mit den Überwachungsbefugnissen der BaFin (insbesondere § 35 WpHG) zu betrachten sind. Die Anwendung der „klassischen Methoden" im hiesigen Kontext wirft daher Schwierigkeiten auf,[576] was bei der erforderlichen Auslegung des „Normenkomplexes Wohlverhaltenspflichten" zu berücksichtigen ist.[577]

Vor allem unter Berücksichtigung der Entstehungsgeschichte und dem „unübersehbaren Zusammenhang"[578] der Wohlverhaltenspflichten mit der Aufsicht durch die BaFin darf jedenfalls von einer aufsichtsrechtlichen Komponente der Wohlverhaltenspflichten ausgegangen werden.[579] Dann verbleibt zu klären, ob die Wohlverhaltenspflichten zusätzlich *originär zivilrechtlich* zu qualifizieren sind. Grundsätzlich ist nicht ausgeschlossen, dass Normen einen derartigen doppelten Charakter aufweisen.[580] Letztlich hängt die Frage vom Willen des Gesetzgebers ab.[581] Es besteht kein Grund ihn zu zwingen, denselben Sachverhalt durch zwei vom Regelungsgehalt identische Normen einmal öffentlich-rechtlich und zusätzlich privatrechtlich zu erfassen.[582] Gegen eine solche Qualifizierung kann deshalb nicht angeführt werden, dass dafür „kein Bedarf" bestünde. Entscheidend spricht jedoch hier das Telos gegen eine zusätzliche zivilrechtliche Qualifizierung. Unzweifelhaft ist Funktionsschutz durch die Wohlverhaltenspflichten bezweckt. Ob darüber hinaus individueller Anlegerschutz beabsichtigt wurde, ist aber einerseits streitig,[583] andererseits wäre ein bezweckter Individualanlegerschutz nicht zwingend ausschließlich

[575] Die Frage wird insbesondere im Kontext von § 23 EGGVG und § 40 VwGO aufgeworfen; vgl. etwa *Reimer*, in: BeckOK-VwGO, Ed. 29, § 40 Rn. 45 ff.

[576] Ausführlich *Forschner*, Wechselwirkungen von Aufsichtsrecht und Zivilrecht, S. 72 ff. und noch weitergehend insofern, dass eine Bestimmung anhand der „klassischen Theorien" nicht möglich sei; i.E. ebenso *Leisch*, Informationspflichten nach § 31 WpHG, S. 69; *Schelling*, Vergütungssysteme und Interessenkonflikte, S. 143; *Schwark*, in: Schwark/Zimmer, KMRK[4], Vorbem. zu § 31 bis § 37a WpHG, Rn. 15; implizit a.A. etwa *Dieckmann*, AcP 213 (2013), 1, 23 ff.; *Fuchs*, in: Fuchs, Komm WpHG, Vor §§ 31 bis 37a Rn. 58; *Einsele*, in: Bank- und Kapitalmarktrecht[2], § 8 Rn. 41; *Kluge*, Kick-backs, S. 198; *Lenenbach*, Kapitalmarktrecht[2], Rn. 11.94; *Nikolaus*, Durchsetzung der Wohlverhaltens- und Organisationspflichten, S. 218; *Rothenhöfer*, Anlegerschutz durch Schriftform, S. 57.

[577] *Dieckmann*, AcP 213 (2013), 1, 23 ff.; *Forschner*, Wechselwirkungen von Aufsichtsrecht und Zivilrecht, S. 80 ff.; *Wieneke*, Discount-Broking und Anlegerschutz, S. 76.

[578] *Leisch*, Informationspflichten nach § 31 WpHG, S. 70.

[579] *Forschner*, Wechselwirkungen von Aufsichtsrecht und Zivilrecht, S. 81 ff.; ferner *Leisch*, Informationspflichten nach § 31 WpHG, S. 69 f.

[580] Str., vgl. *Dieckmann*, AcP 213 (2013), 1, 21 ff.

[581] Zutreffend *Leisch*, Informationspflichten nach § 31 WpHG, S. 72; vgl. auch *Herresthal*, WM 2014, 773, 776.

[582] Dazu *Forschner*, Wechselwirkungen von Aufsichtsrecht und Zivilrecht, S. 70 ff.; *Leisch*, Informationspflichten nach § 31 WpHG, S. 68 und 69 ff.; a.A. *Fuchs*, in: Fuchs, Komm WpHG, Vor §§ 31 bis 37a Rn. 58.

[583] Gegen einen individuellen Anlegerschutz *Forschner*, Wechselwirkungen von Aufsichtsrecht und Zivilrecht, S. 89 ff.; dafür hingegen *Leisch*, Informationspflichten nach § 31 WpHG, S. 72 f. und 84 f.; *Möllers*, in: Kölner Komm WpHG[2], § 31 Rn. 4.

über eine zivilrechtliche Qualifikation zu erreichen.[584] Eine abschließende Antwort, die dagegen spräche die Wohlverhaltensregeln als Zivilrecht anzusehen, lässt sich aber nicht der angeordneten Überwachungstätigkeit der BaFin entnehmen, wie ein Seitenblick ins Kartellrecht zeigt.[585] Auch wenn die BaFin nur im öffentlichen Interesse tätig wird (§ 4 Abs. 4 FinDAG; vgl. auch § 4 WpHG), wäre es keine „Rosinenpickerei", würde man die Wohlverhaltensregeln zivilrechtlich qualifizieren. Davon wird zum Teil ausgegangen, weil sie dann im Verhältnis zum Staat keinen individualschützenden Charakter hätten, im Verhältnis der Marktteilnehmer hingegen schon.[586] Die genannten Normen beschränken insoweit aber lediglich die Aufsichtstätigkeit der Behörde. Aus der Kompetenz der BaFin zum Erlass norminterpretierender Verwaltungsvorschriften kann ebenso kein Argument gegen eine zivilrechtliche Qualifikation gezogen werden, da solche keine bindende Wirkung im Zivilrechtsverhältnis haben.[587] Die hohe Detailtiefe des Pflichtenregimes spricht hingegen wiederum nicht zwingend für eine zivilrechtliche Einordnung.[588]

Ferner bleibt auch eine Analyse des Wortlauts der Wohlverhaltenspflichten unergiebig, weil nicht eindeutig ist, ob die Verknüpfung mit der jeweiligen behördlichen Aufsicht berücksichtigt werden muss bzw. darf.[589]

Allerdings spricht die Gesetzeshistorie deutlich gegen eine zusätzliche zivilrechtliche Qualifizierung.[590] Man kann zwar vereinzelte Hinweise finden, die für eine zivilrechtliche Einordnung herangezogen werden könnten.[591] Fest steht aber, dass der deutsche Gesetzgeber die MiFID und die MiFID-DRL „eins-zu-eins" umsetzen wollte und keine über die insoweit erforderlichen Korrekturen hinausgehenden Änderungen vorgesehen hatte.[592] Nach MiFID und MiFID-DRL sind aber zunächst nur Änderungen des Aufsichtsrechts erforderlich gewesen; eine zivilrechtliche Um-

---

[584] Vgl. *Roth*, in: Assmann/Schütze, Hdb. Kapitalanlagerecht[3], § 11 Rn. 10. Diese Erwägung behält auch für die reformierte MiFID Gültigkeit: Selbst wenn Individualanlegerschutz durch sie bezweckt ist, muss dieser nicht zwingend durch eine zivilrechtliche Qualifikation der Wohlverhaltensregeln verwirklicht werden.

[585] *Schwark*, in: Schwark/Zimmer, KMRK[4], Vorbem. zu § 31 bis § 37a WpHG Rn. 15; vgl. auch *Einsele*, in: Bank- und Kapitalmarktrecht[2], § 8 Rn. 41.

[586] So *Forschner*, Wechselwirkungen von Aufsichtsrecht und Zivilrecht, S. 92.

[587] Vgl. dazu *Leisch*, Informationspflichten nach § 31 WpHG, S. 74; *Spindler*, in: Langenbucher/Bliesener/Spindler, BankR-Komm., 33. Kap. Rn. 32; abweichende Einschätzung bei *Assmann*, in: FS U.H. Schneider, S. 37, 47 (Ausstrahlungswirkung sei deshalb, soweit eine Konkretisierung des Zivilrechts angenommen werde, verfassungswidrig); *Forschner*, Wechselwirkungen von Aufsichtsrecht und Zivilrecht, S. 96 f.; *Lange*, Informationspflichten von Finanzdienstleistern, S. 304; kritisch auch *Sethe*, AcP 212 (2012), 80, 125.

[588] *Forschner*, Wechselwirkungen von Aufsichtsrecht und Zivilrecht, S. 82.

[589] S. Fn. 576.

[590] Dazu auch *Schelling*, Vergütungssysteme und Interessenkonflikte, S. 146 ff.; *Schwark*, in: Schwark/Zimmer, KMRK[4], Vorbem. zu § 31 bis § 37a WpHG Rn. 15 m.w.N. zur Gesetzeshistorie.

[591] Etwa BT-Drucks. 13/8933, S. 96 r. Sp.; dazu *Forschner*, Wechselwirkungen von Aufsichtsrecht und Zivilrecht, S. 94; *Leisch*, Informationspflichten nach § 31 WpHG, S. 72 f.

[592] BT-Drucks. 16/4028, S. 52 l. Sp.; vgl. auch ausführlich *Forschner*, Wechselwirkungen von Aufsichtsrecht und Zivilrecht, S. 82 ff.; ferner supra § 11 C. II. 1.

setzung ist den Mitgliedstaaten durch das Unionsrecht nicht zwingend aufgegeben.[593] Anders stellt sich das ebenso wenig unter Rückgriff auf den effet utile-Grundsatz dar.[594] Aufgrund des eindeutigen Willens des Gesetzgebers, bedürfte es klarer Anhaltspunkte, um das relevante Recht abweichend von den unionsrechtlichen Vorgaben auch als Zivilrecht zu behandeln.[595] Ob es trotz dieser Einschätzung sinnvoll wäre, die Wohlverhaltenspflichten ergänzend im Zivilrecht heranzuziehen, ist eine von der Frage nach der originär zivilrechtlichen Wirkung der Wohlverhaltenspflichten getrennt zu behandelnde Frage.[596] Zwingende Gründe, weshalb die Wohlverhaltenspflichten unmittelbar auch als Zivilrecht anzusehen sein sollten, sind jedoch nicht ersichtlich.[597] Diese Einschätzung muss dann ebenso für die Wohlverhaltenspflichten außerhalb des WpHG gelten, da der Gesetzgeber die Vergleichbarkeit mit dem WpHG-Regime ausdrücklich angestrebt hat.[598]

Die Wohlverhaltenspflichten sind folglich ausschließlich als öffentliches Aufsichtsrecht zu qualifizieren. Damit ist jedoch nicht abschließend über deren mögliche zivilrechtliche Wirkungen entschieden.

b) Fakultative Orientierung am Aufsichtsrecht („Ausstrahlungswirkung")

Überwiegend wird von einer „Ausstrahlungswirkung" des Aufsichtsrechts auf das Zivilrecht ausgegangen, auch soweit die Wohlverhaltensregeln als (reines) Aufsichtsrecht qualifiziert werden.[599] Die Bedeutung des Begriffs ist freilich un-

---

593 Dazu supra § 11 C. II. 1. Nicht verwechselt werden darf das mit der Frage, ob im Wege der Rechtsfortbildung geschaffene Pflichten, die nicht hinreichend privatautonom „rückkoppelbar" sind, aufgrund der bezweckten Vollharmonisierung des Unionsrechts angepasst werden müssen.

594 Vgl. *Leisch*, Informationspflichten nach § 31 WpHG, S. 84, wonach „die zivilrechtliche Sanktionierung europarechtlich nicht verbindlich gefordert wird", aber der „Grundsatz des effet utile [hingegen, der Verf.] für ein zivilrechtliches Verständnis" der Wohlverhaltensregeln spräche. Eine zivilrechtliche Haftung aufgrund des effet utile-Grundsatzes fordert *Tison*, in: FS Hopt (II), S. 2621, 2624; allgemein *Hellgardt*, AG 2012, 154, 157, wonach für ausdrücklich Anlegerschutz bezweckende Normen eine „haftungsrechtliche Bewährung" aufgrund des effet utile-Prinzips erforderlich sein dürfte. Auch wenn man dem Grundsatz keine zwingende zivilrechtliche Wirkung der kundenbezogenen Wohlverhaltensregeln entnähme, ließe sich das effet utile-Prinzip aber dennoch argumentativ heranziehen, wenn die zivilrechtliche Wirkung zur Wirksamkeit des Unionsrechts sachdienlich sei, vgl. *Wieneke*, Discount-Broking und Anlegerschutz, S. 93.

595 Vgl. *Sethe*, AcP 212 (2012), 80, 126.

596 Dazu sogleich § 11 C. II. 2. b); dabei können dann selbstverständlich auch all die Gründe angeführt werden, die für eine originäre zivilrechtliche Qualifizierung vorgebracht werden.

597 Vgl. *Fuchs*, in: Fuchs, Komm WpHG, Vor §§ 31 bis 37a Rn. 58, der freilich der Doppelnatur von Normen grundsätzlich skeptisch gegenüber steht; *Krisl*, Schutzgesetzeigenschaft der Wohlverhaltenspflichten, S. 38 ff.

598 Dazu supra § 11 B. I. 2.

599 *Bamberger*, in: Hdb. zum dt. und europ. Bankrecht², § 50 Rn. 106; *Beule*, in: Assies/Beule/Heise/Strube, Hdb. des FA-BKR³, Kap. 7 Rn. 148; *von Böhlen/Kan*, Die Zukunft des Anlegerschutzes in Europa, S. 83, 89 f.; *Bracht*, ZBB 2013, 252, 257; *ders.*, in: Schwintowski, Bankrecht⁴, § 18 Rn. 10; *Decker*, Aufklärungspflichten, S. 127 (konkret zu § 31d WpHG); *Döhmel*, in: Vortmann, Prospekthaftung und Anlageberatung, § 4 Rn. 17; *Eberius*, Regulierung der Anlageberatung und behavioral finance, S. 23; *Fuchs*, in: Fuchs, Komm WpHG, Vor §§ 31 bis 37a Rn. 60;

klar.[600] Es geht letztlich darum zu bestimmen, inwieweit (vor-)vertragliche Pflichten den geschriebenen Wohlverhaltenspflichten zu entnehmen sind.

aa) Die Adressierung desselben Problemkreises

Die zivilrechtlichen Aufklärungspflichten knüpfen maßgeblich an das Vorliegen von Interessenkonflikten an.[601] Das relevante Aufsichtsrecht, im WpHG also § 31d WpHG und § 31 Abs. 1 Nr. 2 WpHG, behandelt ebenfalls diese Problematik.[602] Das

Hannöver, in: Schimansky/Bunte/Lwowski, Bankrechts-Hdb.[4], § 110 Rn. 96 f.; *Harnos*, BKR 2012, 185, 190; *ders.*, BKR 2014, 1, 6 f.; *Hellgardt*, Kapitalmarktdeliktsrecht, S. 317; *Hopt*, ZGR 2004, 1, 22; *Horn*, ZBB 1997, 139, 149 f.; *Köhler*, in: Schwintowski, Bankrecht[4], § 21 Rn. 195; *Koller*, in: Assmann/ Schneider, Komm WpHG[6], Vor § 31 Rn. 3; *Köndgen*, in: FS Canaris (II), S. 183, 204 ff.; *ders./Sandmann*, ZBB 2010, 77, 93; *Krebs*, in: Dauner-Lieb/Langen, BGB-Schuldrecht[2], § 311 Rn. 157; *Lang*, Informationspflichten, S. 120 ff.; *Lenenbach*, Kapitalmarktrecht[2], Rn. 11.117 ff.; *Liappis*, Informationshaftung und Anlageberatung, S. 113, 126; *Nobbe/Zahrte*, in: MünchKomm HGB[3], Anlageberatung, Rn. 62; *Podewils/Reisich*, NJW 2009, 116, 119 f.; *Rothenhöfer*, Anlegerschutz durch Schriftform, S. 58 ff.; *Schwark*, in: Bankrechtstag 1995, S. 109, 113 f. und 120 ff.; *Schwintowski*, in: FS Hopt (II), S. 2507, 2521 f.; *Sethe*, AcP 212 (2012), 80, 130; *Spindler*, in: Langenbucher/Bliesener/Spindler, BankR-Komm., 33. Kap. Rn. 27 f.; *Taubert*, Informationspflichten, S. 149 (über Ausstrahlungswirkung bestehe „Einigkeit"); *Tonner/Krüger*, Bankrecht, § 25 Rn. 18; *Veldhoff*, Haftung von Kreditinstituten, S. 126; *Weller*, ZBB 2011, 191, 193; vgl. auch die weiteren Nachweise bei *Forschner*, Wechselwirkungen von Aufsichtsrecht und Zivilrecht, S. 113; ferner *Cherednychenko*, J. Consum. Policy 33 (2010), 403, 410; *Wieneke*, Discount-Broking, S. 88 ff.; a.A. BGH (Lehman-IX) ZIP 2013, 2001, Rn. 16 ff.; BGH (Innenprovisionen-V) BGHZ 201, 310 = BeckRS 2014, 14029, Rn. 35 (der Sache nach aber anders gehandhabt, vgl. supra § 5 A. XL.); *Burghardt/Bauer*, in: Terbille/Höra, Anwalts-Hdb. Versicherungsrecht[3], § 21 Rn. 182; *Grigoleit*, Bankrechtstag 2012, S. 25, 39; *Krisl*, Schutzgesetzeigenschaft der Wohlverhaltenspflichten, S. 51 ff.; *Lange*, Informationspflichten von Finanzdienstleistern, S. 303 ff.; rechtsvergleichend *Tison*, in: FS Hopt (II), S. 2621, 2625 ff.

[600] Vgl. *Roth*, in: Assmann/Schütze, Hdb. Kapitalanlagerecht[3], § 11 Rn. 10.

[601] Dazu ausführlich supra § 5 B. I. 1. Letztlich bleibt das Telos jedoch uneindeutig.

[602] Zu § 31d WpHG als „Norm zur Bewältigung von Interessenkonflikten" ausführlich *Schumacher*, Provisionen im Finanzinstrumentenvertrieb, S. 35 ff.; außerdem bereits supra § 11 B. I. 1. b); ebenso *Assmann*, ZBB 2008, 21, 23 (s. aber anders als hier S. 29: unterschiedliche Ausrichtung des Zivil- und Aufsichtsrechts sei „schwerlich zu übersehen"); *Besold*, Aufklärungspflichten bei Vertriebsprovisionen, S. 232; *Buck-Heeb*, BKR 2010, 309, 311; *Ekkenga*, in: MünchKomm HGB[2], Effektengeschäft, Rn. 344; *Heybey*, BKR 2008, 353, 354 (s. aber auch a.a.O. S. 357); *Zingel/Varadinek*, BKR 2012, 177, 179; allgemein zu Zuwendungen im Kontext der MiFID *Band*, 22 J.I.B.L.R. (2007), 88, 93; a.A. *Sethe*, in: FS Nobbe, S. 769, 775 f. (Zuwendungen seien nicht „Problem der Interessenkollision, sondern der Redlichkeit"); vgl. aber auch *Fuchs*, in: Fuchs, Komm WpHG, Vor §§ 31 bis 37a Rn. 59; *Spindler*, in: Langenbucher/Bliesener/Spindler, BankR-Komm., 33. Kap. Rn. 29, wonach Aufsichts- und Zivilrecht unterschiedliche Zielsetzungen verfolgen. Für die konkrete Fragestellung sind sie hinsichtlich der durch Zivil- und Aufsichtsrecht angestrebten Ergebnisse („Entscheidungsfreiheit des Kunden herstellen") aber vergleichbar, vgl. auch *Herresthal*, ZBB 2012, 89, 95; *Mülbert*, Auswirkungen der Art. 19 ff. MiFID auf das Zivilrecht, S. 22 (Zwecke stimmten „exakt überein"); *Veil*, ZBB 2008, 34, 36; *Wieneke*, Discount-Broking und Anlegerschutz, S. 127; allgemein zur Regelung der gleichen Sachfragen durch Wohlverhaltensregeln und Anlegerschutzrecht *Assmann*, in: FS U.H. Schneider, S. 37, 43 f. (Aufsichtsrecht als „funktionelles Zivilrecht"); *Lenenbach*, Kapitalmarktrecht[2], Rn. 11.98; *Sethe*, in: Hdb. Vermögensverwaltung, Rn. 249 (Aufsichtsrecht als „funktionales Zivilrecht"); s. auch die Nachweise in Fn. 455.

lässt sich an der Rechtsprechung des III. Zivilsenats zu freien Anlageberatern ablesen, deren „Begünstigung" nur gilt, soweit § 31d WpHG nicht anwendbar ist.[603] Das müsste dann ebenso für § 17 FinVermV gelten.[604] Im Kontext der Anlageberatung greifen die aufsichtsrechtlichen Wohlverhaltenspflichten unabhängig davon, ob ein Beratungsvertrag abgeschlossen wurde, da das Aufsichtsrecht die Beratungs*tätigkeit* und nicht deren rechtliche Grundlage betrifft.[605] Diese Pflichten sind von den Beratern also ohnehin zu befolgen.[606]

bb) Die gegenseitige Bezugnahme des Zivil- und Aufsichtsrechts

Anders als der obige Befund, dass die Wohlverhaltenspflichten allein aufsichtsrechtlich zu qualifizieren sind, möglicherweise vermuten ließe, ist die Entwicklung der jeweiligen aufsichts- und zivilrechtlichen Pflichtengefüge eng miteinander verknüpft.[607] In diesem Sinne hat die „aufsichtsrechtliche Ebene" immer wieder zivilrechtliche Pflichten einbezogen,[608] aber auch die zivilrechtliche Rechtsprechung hat sich am Aufsichtsrecht orientiert.[609] Im Grundsatz kann man von einer weitgehenden Entsprechung der Pflichtenkataloge ausgehen.[610] Das verwundert auch nicht, da

---

603 Dazu supra § 5 A. XII.

604 Dies gilt insbesondere auch deshalb, weil der Senat die Einschränkung in Bezug auf § 31d WpHG nicht mit europarechtlichen Erwägungen begründet hat; vgl. aber auch *Brocker/Lohmann*, GWR 2012, 335, 338, wonach der genannten Rechtsprechung nicht entnommen werden könne, dass bei einem Verstoß gegen § 31d WpHG bzw. § 17 FinVermV eine zivilrechtliche Haftung drohe. Jedenfalls soweit *Brocker/Lohmann* davon ausgehen, dass selbst im Anwendungsbereich der genannten Normen freie Berater über Provisionen erst ab der 15%-Grenze aufklären müssten, scheint dies äußerst zweifelhaft, da der III. Zivilsenat seine Rechtsprechung insoweit (Bestehen einer aufsichtsrechtlichen Aufklärungspflicht) eingeschränkt hatte. Entschieden ist das allerdings noch nicht. Zur Würdigung des Aufsichtsrechts durch den XI. Zivilsenats vgl. BGH (Innenprovisionen-V) BGHZ 201, 310 = BeckRS 2014, 14029, Rn. 32 ff.

605 Diesen Aspekt zu Recht betonend *Buck-Heeb*, ZIP 2013, 1401, 1410; vgl. i.Ü. Fn. 274.

606 Vgl. auch *Buck-Heeb*, jurisPR-BKR 6/2013 Anm. 2 a.E.

607 *Lang*, Informationspflichten, S. 124 m.w.N.; *Schelling*, Vergütungssysteme und Interessenkonflikte, S. 138 ff.; vgl. auch *Assmann*, in: FS U.H. Schneider, S. 37, 38 f.; *Seyfried*, in: Kümpel/Wittig, Bank- und Kapitalmarktrecht[4], Rn. 3.90 („Die aufsichtsrechtlichen Verhaltensregeln des WpHG sind immer auch im Zusammenhang mit den zivilrechtlichen Pflichten zu sehen."); ferner *Krebs*, in: Dauner-Lieb/Langen, BGB-Schuldrecht[2], § 311 Rn. 157; *Sethe*, Anlegerschutz im Recht der Vermögensverwaltung, S. 747; *ders.*, AcP 212 (2012), 80, 121.

608 Vgl. etwa *Balzer*, ZIP 2001, 232, 233; *Bamberger*, in: Hdb. zum dt. und europ. Bankrecht[2], § 50 Rn. 66; *Beck*, in: Bankrechtstag 2010, S. 65, 72 f.; *Fuchs*, in: Fuchs, Komm WpHG, Vor §§ 31 bis 37a Rn. 59 und 63; *Lang*, Informationspflichten, S. 106 f.; *Lange*, in: Schwintowski, Bankrecht[4], § 19 Rn. 106; *Nittel/Knöpfel*, BKR 2009, 411, 413 f.; *K. Schmidt*, Handelsrecht[6], § 31 Rn. 63; *Theißen*, Anlageberatung: Risiko oder Chance nach MiFID?, S. 193, 196; *Veil*, ZBB 2008, 34, 38; *Weisner/Friedrichsen/Heimberg*, DStR 2012, 1034, 1035 f.

609 Vgl. *Braun/Lang/Loy*, in: Praktikerhdb. Wertpapier- und Derivategeschäft[4], Rn. 2290; *Köndgen*, in: FS Canaris (II), S. 183, 202 ff.; *Schwark*, in: Bankrechtstag 1995, S. 109, 123; *Veldhoff*, Haftung von Kreditinstituten, S. 105; *Veil*, WM 2009, 1585, 1586; zur „Vorwegnahme" des § 31d WpHG durch die Rechtsprechung bereits supra Kapitel 2 Fn. 54. Jüngst wieder BGH (Innenprovisionen-V) BGHZ 201, 310 = BeckRS 2014, 14029, Rn. 32 ff.

610 *Forschner*, Wechselwirkungen von Aufsichtsrecht und Zivilrecht, S. 21 und 158 f.; beson-

es letztlich um Lösungen für dieselben Probleme ging.[611] Die „beiden Schienen", Aufsichts- und Zivilrecht, haben sich in der Vergangenheit grundsätzlich offen für ihre jeweiligen Erkenntnisse gezeigt. Eine Übernahme des aufsichtsrechtlichen Pflichtenkreises, soweit derzeit im Zivilrecht keine klaren Antworten auf die vom Aufsichtsrecht beantworteten Fragen[612] gegeben werden können, wäre als Fortsetzung dieser Entwicklung insofern nichts außergewöhnlich Neues.[613]

cc) Rechtssicherheit vor dem Hintergrund des Unionsrechts

Die zuwendungsbezogenen Regelungen des Aufsichtsrechts sind detailliert ausgestaltet,[614] mithin subsumtionsfähig.[615] Ein alternatives System, das etwaige vergütungsbezogene Aufklärungspflichten aus § 311 Abs. 2 bzw. Abs. 3 i.V.m. § 241 Abs. 2 BGB wertungskonsistent systematisiert, müsste erst noch entwickelt werden. Hingegen könnte ein Rückgriff auf das insoweit abgeschlossene aufsichtsrechtliche Modell[616] bereits jetzt den potentiell Aufklärungspflichtigen eine ex ante weitgehend zuverlässige Abschätzung ermöglichen, ob Aufklärungspflichten bestehen.[617]

---

ders deutlich auch *Lang/Balzer*, in: FS Nobbe, S. 639, 641 („In den Wohlverhaltenspflichten der §§ 31 ff. WpHG finden sich [...] die vom Bundesgerichtshof entwickelten Grundsätze praktisch bruchlos wieder."); ebenso *Kühne/Schulz*, in: Praktikerhdb. Wertpapier- und Derivategeschäft⁴, Rn. 19; *Sethe*, AcP 212 (2012), 80, 111; *Veldhoff*, Haftung von Kreditinstituten, S. 124; ferner *Fuchs*, in: Fuchs, Komm WpHG, § 31 Rn. 255; *Spindler*, in: Langenbucher/Bliesener/Spindler, BankR-Komm., 33. Kap. Rn. 54; *Veil*, ZBB 2008, 34, 38; a.A. *Schwintowski*, in: FS Hopt (II), S. 2507, 2508 ff. (anders aber *ders.*, Bank- und Kapitalmarktrecht³, S. 196 Ziff. 704; s. aber auch S. 198 f. Ziff. 712 und 715); zurückhaltender auch *Fuchs* a.a.O. Vor §§ 31 bis 37a Rn. 63 („nicht völlig deckungsgleich"); auch im Recht der Vermögensverwaltung decken sich die aufsichts- und privatrechtlichen Berichtspflichten regelmäßig, dazu *Ellenberger*, in: Hdb. Vermögensverwaltung, § 13 Rn. 2; *Sethe*, AcP 212 (2012), 80, 145.

611 Dazu soeben § 11 C. II. 2. b) aa).

612 Das bedeutet allerdings nicht, dass „die Antwort" des Aufsichtsrechts immer eindeutig ausfiele, dazu bereits § 11 C. III.

613 Vgl. auch *Veil*, WM 2009, 1585, 1587 („Das Zivilrecht mag von den Erkenntnissen des Aufsichtsrechts profitieren."); mit dem Gesichtspunkt der Einheit der Rechtsordnung argumentierend *Schumacher*, Provisionen im Finanzinstrumentenvertrieb, S. 30.

614 Vgl. zum Detaillierungsgrad der Wohlverhaltenspflichten *Tison*, in: FS Hopt (II), S. 2621, 2624; *Veil*, ZBB 2008, 34, 38 f.; *Weichert/Wenninger*, WM 2007, 627, 635.

615 Darauf hinweisend *Veil*, ZBB 2008, 34, 40 und 42; zustimmend *Lenenbach*, Kapitalmarktrecht², Rn. 11.121; zum Zusammenhang zwischen Detaillierungsgrad der Wohlverhaltensregeln und Rechtssicherheitsgesichtspunkten *Herresthal*, ZBB 2012, 89, 95; vgl. auch *Veil*, in: GS Walz, S. 769, 775, wo die Wohlverhaltensregeln als „fester Boden" im Kontext der privaten Rechtdurchsetzung im Kapitalmarktrecht bezeichnet werden.

616 Die Wohlverhaltensregeln stellen einen „zentralen Pfeiler" der Bankberatung dar, *Veil*, WM 2009, 2193, 2196.

617 Vgl. auch *Veil*, WM 2009, 1585, 1590, wonach es für das Zivilrecht ein „gewichtiges Indiz" gegen die Annahme zivilrechtlicher Pflichten sei, wenn bestimmte Themen vom Aufsichtsrecht nicht behandelt werden; ferner *Harnos*, BKR 2014, 1, 6; *Koch*, ZBB 2014, 211, 217; a.A. ohne Begründung BGH (Innenprovisionen-V) BGHZ 201, 310 = BeckRS 2014, 14029, Rn. 38.

Selbst wenn die aufsichtsrechtlichen Normen Zweifelsfragen aufwerfen, wäre die tatbestandsmäßige Erfassung von Sachverhalten unter Rechtssicherheitsgesichtspunkten aufgrund der regelmäßig klareren Maßstäbe und der strukturiert möglichen Prüfung wünschenswert.[618] Im hiesigen Kontext ist Rechtssicherheit aufgrund des – teilweise – europarechtlichen Ursprungs der Wohlverhaltensregeln umso mehr erforderlich, als die Wohlverhaltenspflichten der Verwirklichung eines integrierten Binnenmarktes dienen.[619] Die Wohlverhaltensregeln gelten im europäisch determinierten Umfang unionsweit. Eine Orientierung des Zivilrechts an diesen ist zwar nicht zwingend erforderlich, wäre als ein wichtiger Schritt hinsichtlich eines „*level playing fields*“[620] im Wertpapierdienstleistungssektor aber zu begrüßen.[621]

dd) Individualanlegerschutz durch Wohlverhaltensregeln

Die Wohlverhaltenspflichten dienen jedenfalls auch dem Anlegerschutz.[622] Allerdings könnte dieser bloß auf die Anlegergesamtheit bezogen sein.[623] Das ist hinsichtlich der Wohlverhaltenspflichten indes nicht anzunehmen. Denn selbst wenn vordergründig die Funktionsfähigkeit des Kapitalmarkts Schutzgegenstand der Wohlverhaltenspflichten wäre, ist das Mittel zur Zielerreichung ein „Optimum an Information und Markttransparenz für die Anleger“.[624] Dabei betreffen die Wohlverhaltensregeln das konkrete Kunde-Intermediär-Verhältnis.[625] Insofern ist der

---

618 Vgl. *Leisch*, Informationspflichten nach § 31 WpHG, S. 78 und 81; *Schelling*, Vergütungssysteme und Interessenkonflikte, S. 157; i.E. auch *Herresthal*, ZIP 2013, 1049, 1055; *Krüger*, NJW 2013, 1845, 1847.

619 Zu Recht wird dieser Aspekt von *Leisch*, Informationspflichten nach § 31 WpHG, S. 38, hervorgehoben; s. auch *Vogel*, Vom Anlegerschutz zum Verbraucherschutz, S. 189; *Zetzsche* beim Bankrechtstag, zitiert nach *Walz/Leffers*, WM 2012, 1457, 1461.

620 Vgl. *Möllers*, in: Vollharmonisierung im Kapitalmarkt, S. 247, 228; ferner *Assmann*, in: FS U.H. Schneider, S. 37, 41 f.

621 Vgl. auch *Wieneke*, Discount-Broking und Anlegerschutz, S. 93; a.A. *Forschner*, Wechselwirkungen von Aufsichtsrecht und Zivilrecht, S. 139, mit dem Argument, dass eine Orientierung des Zivilrechts am „träge[n] Regime“ des Aufsichtsrechts zu Gunsten der Rechtssicherheit der Rechtsprechung die Flexibilität nähme, die in der Vergangenheit „zu durchaus plausiblen Ergebnissen geführt“ habe. Bezugnehmend auf supra § 5 B., wonach eine wertungskonsistente Systematisierung der Rechtsprechung zu vergütungsbezogenen Aufklärungspflichten nicht möglich ist, muss dies zumindest für den untersuchten Bereich zurückgewiesen werden. Abgesehen davon ist das Aufsichtsrecht keineswegs so starr, dass die notwendige Flexibilität im Einzelfall nicht mehr gewährleistet werden könnte. Abweichend auch *Grigoleit*, ZHR 177 (2013), 264, 273, der eine „unabsehbare Zahl höchstrichterlicher Judikate“ zur Klärung von Rechtsfragen befürchtet. Der Verweis auf Kap. 2 dieser Untersuchung soll genügen, um zu belegen, dass das derzeitige System unter diesem Gesichtspunkt sicherlich kaum überlegen ist.

622 Zu §§ 31 ff. WpHG BGH (Lehman-IX), ZIP 2013, 2001, Rn. 23; ferner *Veldhoff*, Haftung von Kreditinstituten, S. 126.

623 So *Forschner*, Wechselwirkungen von Aufsichtsrecht und Zivilrecht, S. 151; *Lange*, Informationspflichten, S. 273 f.

624 *Koller*, in: Assmann/Schneider, Komm WpHG[6], § 31 Rn. 3.

625 Es handelt sich also um „kundenbezogene Wohlverhaltenspflichten“ in Abgrenzung zu blo-

Schutz des individuellen Anlegers nicht ein bloßer Rechtsreflex,[626] sondern notwendiger Nebenzweck,[627] um die primär erstrebten Ziele zu erreichen.[628]

ee) Effizienzsteigerung aufgrund Pflichtenvereinheitlichung

Derzeit ist es faktisch so, dass die Finanzdienstleister zwei nicht identische Pflichtenregime beachten müssen,[629] einerseits die Wohlverhaltensregeln und andererseits die zivilrechtlichen Bestimmungen. Das aufsichtsrechtliche Pflichtenprogramm muss ohnehin beachtet werden. Es erschiene deshalb ein geeignetes Mittel zur Effektuierung der Wohlverhaltensregeln zu sein, ihre Befolgung mit Vermögensinteressen der Anleger über eine zivilrechtliche Haftung zu verknüpfen.[630] Wären die vorvertraglichen Pflichten strenger ausgestaltet,[631] müssten die Finanzdienstleister diese befolgen, *de facto* also immer das strengere Regime beachten. Dies verursacht bereits in einem Tätigkeitsstaat zusätzlichen Aufwand, der sich potenziert, je mehr Länder die aufsichtsrechtlich erfassten Situationen abweichenden bzw. strengeren Pflichten durch das Zivilrecht unterwerfen.

ßen Organisationspflichten, s. dazu Text bei und Fn. 843. Nur für erstere ist fraglich, ob sie auch privatrechtlich wirken.

[626] So zu § 31d WpHG BGH (Lehman-IX), ZIP 2013, 2001, Rn. 24.

[627] Vgl. *Döhmel*, in: Prospekthaftung und Anlageberatung, § 4 Rn. 17.

[628] *Brandt*, Aufklärungs- und Beratungspflichten, S. 177 f.; *Dieckmann*, AcP 213 (2013), 1, 11; *Fuchs*, in: Fuchs, Komm WpHG, Vor §§ 31 bis 37a Rn. 53 und 82, § 31 Rn. 9; *Grundmann*, in: Ebenroth/Boujong/Joost/Strohn, Komm HGB², § 31 WpHG Rn. VI 269 (wonach der Individualanlegerschutz sogar im Vordergrund stünde); *ders.*, WM 2012, 1745, 1754; *Hellgardt*, Kapitalmarktdeliktsrecht, S. 316; *Koller*, in: Assmann/Schneider, Komm WpHG⁶, § 31 Rn. 3, *Lampe*, Die Informationspflicht des Wertpapierdienstleistungsunternehmens, S. 373; *Lang*, Informationspflichten, S. 126; *Lange*, in: Schwintowski, Bankrecht⁴, § 19 Rn. 106; *Lenenbach*, Kapitalmarktrecht², Rn. 11.95 und 11.97; *Möllers*, in: Kölner Komm WpHG², § 31 Rn. 4, 9 und 445; *ders./Poppele*, ZGR 2013, 437, 448; *Mülbert*, ZHR 177 (2013), 160, 172 f. („Individualschutz als Instrument des Funktionenschutzes"); *Roth*, in: Assmann/Schütze, Hdb. Kapitalanlagerecht³, § 11 Rn. 14; *Roth*, ZBB 2012, 429, 434 f.; *Schumacher*, Provisionen im Finanzinstrumentenvertrieb, S. 30; *Spindler*, in: Langenbucher/Bliesener/Spindler, BankR-Komm., 33. Kap. Rn. 10 und 66; *Thieme*, Wertpapierdienstleistungen, S. 104 (Individualanlegerschutz sei Parameter der europäischen Regulierung); vgl. auch *Ott*, Vorvertragliche Aufklärungspflichten im Licht des Güter- und Leistungsaustausches, S. 142, 152, wonach Anlegerschutz bezüglich der Willensfreiheit (und damit Individualanlegerschutz, vgl. *Hellgardt*, DB 2012, 673, 677) und Funktionsschutz identisch seien; vgl. auch *Schwintowski*, in: FS Hopt (II), S. 2507, 2522, der Wertungen aus dem VVG auf Bankkunden überträgt und infra § 11 E. II. 2.

[629] Vgl. *Gemberg Wiesike*, Wohlverhaltensregeln, S. 110; *Harnos*, BKR 2014, 1, 6; *Koch*, ZBB 2014, 211, 217; *Lenenbach*, Kapitalmarktrecht², Rn. 11.69 ff. und 11.121; vgl. ferner § 11 C. III. 2.

[630] Vgl. *Cherednychenko*, J. Consum. Policy 33 (2010), 403, 417 und 418 f.; *Rothenhöfer*, Anlegerschutz durch Schriftform, S. 49; *Veil*, in: Veil, Europäisches Kapitalmarktrecht², § 25 Rn. 12; *ders.*, WM 2007, 1821, 1825; zum *private enforcement* nochmals infra § 11 F.; vgl. in anderem Kontext zur kapitalmarktrechtlichen Rechtsdurchsetzung durch Private *Hellgardt*, AG 2012, 154 und 167. Dazu bedürfte es aber keiner verschuldensunabhängigen Haftung, vgl. aber *Grigoleit*, ZHR 177 (2013), 264, 272.

[631] Vgl. auch supra § 11 C. II. 1.

Würde man die Wohlverhaltenspflichten im Zivilrecht „spiegeln", wäre der Umgang mit monetären Eigeninteressen – im Anwendungsbereich der MiFID idealerweise unionsweit – den geschriebenen Wohlverhaltenspflichten zu entnehmen.[632] Offene Fragen wären tatbestandsbezogen – gegebenenfalls durch den EuGH – zu klären; eine kontinuierliche Auswertung der „Flut von Monographien und Aufsätzen"[633] und auch Urteilen[634] wäre sicherlich nicht mehr in gleichem Umfang erforderlich. Nach Praktikabilitätserwägungen wäre eine Kongruenz von Aufsichts- und Zivilrecht daher wünschenswert.[635]

ff) Ausgestaltung berufsrechtlicher Standards durch Wohlverhaltensregeln

Es wurde bereits aufgezeigt, dass das Schuldverhältnis zwischen Intermediär und Kunde über „berufsrechtliche" Erwägungen begründet werden könnte, die besonderes Vertrauen erzeugen können.[636] Dann liegt es nahe, den die Sonderverbindung mitbegründenden Pflichtenkanon gleichfalls zur inhaltlichen Konturierung der aus der c.i.c.-Sonderverbindung folgenden Pflichten heranzuziehen.[637]

gg) Argumente gegen eine Orientierung am Aufsichtsrecht

Soweit angeführt wird, dass sich den Wohlverhaltenspflichten kein „Anwendungsbefehl" für das Zivilrecht entnehmen ließe,[638] greift das hier ins Leere, da keine zwingende Orientierung am Aufsichtsrecht gefordert wird. Ausgangspunkt ist vielmehr die ohnehin erforderliche Neukonturierung im Zivilrecht aufgrund der nicht wertungskonsistenten Ausgestaltung der (erweiterten) Kick-Back-Rechtsprechung. Der Verweis auf letztere taugt deshalb ebenso wenig als Argument gegen eine zivilrechtliche Berücksichtigung der Wohlverhaltenspflichten.[639] Auch wenn nicht von einer verpflichtenden Berücksichtigung der Wohlverhaltensregeln ausgegangen wird, kann daraus nicht geschlossen werden, dass es „vom Gutdünken" des einzel-

---

[632] Zur „Abstimmung" von Aufsichts- und Zivilrecht auch *Fuchs*, in: Fuchs, Komm WpHG, Vor §§ 31 bis 37a Rn. 61; skeptisch hingegen *Cherednychenko*, J. Consum. Policy 33 (2010), 403, 422; zur zivilrechtlichen Wirkungen der MiFID in den Mitgliedstaaten vergleichend *Tison*, in: FS Hopt (II), S. 2621, 2625 ff.

[633] *Leisch*, Informationspflichten nach § 31 WpHG, S. 77.

[634] Vgl. *Harnos*, BKR 2009, 316; zu den höchstrichterlichen Urteilen, die sich auch mit der Frage von Vertriebsprovisionen beschäftigen, s. die Darstellung supra § 5 A.

[635] *Herresthal*, ZBB 2009, 348, 350; *ders.*, ZBB 2012, 89, 95; *ders.*, ZIP 2013, 1049, 1055; vgl. auch *Kalss*, in: Riesenhuber, Europäische Methodenlehre², § 20 Rn. 26h, zur „Effizienz als Maßstab des Kapitalmarktrechts".

[636] Dazu supra § 11 A. II. 2. b) bb) (1) (c).

[637] Vgl. bereits *Canaris*, in: FS Larenz, S. 27, 83; ferner *Horst*, Kapitalanlegerschutz, S. 197; *Lenenbach*, Kapitalmarktrecht², Rn. 11.119.

[638] *Krisl*, Schutzgesetzeigenschaft der Wohlverhaltenspflichten, S. 51 f.

[639] Ausführlich supra § 5 B.; a.A. *Krisl*, Schutzgesetzeigenschaft der Wohlverhaltenspflichten, S. 52. Dabei basiert gerade der Schritt des BGH hin zu einer verbesserten Wertungskonsistenz in Innenprovisionen-V (supra § 5 A. XL.) auf einer Orientierung am Aufsichtsrecht.

nen zur Entscheidung berufenen Richters abhinge, auf welche Weise der zivilrechtliche Pflichtenkatalog der Finanzdienstleister auszugestalten ist.[640] Im Ergebnis würden sich – wie bisher – die unteren Instanzen an der höchstrichterlichen Rechtsprechung orientieren. Dass durch eine zivilrechtliche Berücksichtigung der Wohlverhaltenspflichten mehr Rechtsunsicherheit entstünde und eine solche Berücksichtigung sogar verfassungswidrig sei,[641] erscheint fernliegend.

c) Konsequenz

Diverse Erwägungen sprechen dafür, aufsichtsrechtliche Pflichten im Wege einer „Ausstrahlungswirkung" im Zivilrecht fruchtbar zu machen, obwohl sie nicht unmittelbar zivilrechtlich zu qualifizieren sind.[642] Das bedeutet, dass sich im Ausgangspunkt die zivilrechtlich geforderte Aufklärungspflicht über Interessenkonflikte und vergütungsbezogene Eigeninteressen dem Aufsichtsrecht entnehmen lässt. Es wäre nicht überzeugend, würde sich das Vertragsrecht insofern „blind stellen".[643] Mit *Herresthal* ist davon auszugehen, dass „der Inhalt der gesetzlichen Schutz- und Sorgfaltspflicht dem der aufsichtsrechtlichen Pflicht entspricht" (widerlegliche Vermutung), soweit diese demselben Zweck dient – wie das im hiesigen Kontext der Fall ist.[644] Faktisch entspricht das – zumindest bis die Vermutung partiell hinsichtlich konkreter Einzelfragen (durch die Rechtsprechung) aufgehoben wurde[645] – den Ergebnissen der „Doppelnaturlehre".[646]

---

[640] So aber *Krisl*, Schutzgesetzeigenschaft der Wohlverhaltenspflichten, S. 53.

[641] So *Krisl*, Schutzgesetzeigenschaft der Wohlverhaltenspflichten, S. 53 (Verstoß gegen Art. 3, 12 Abs. 1, 19 Abs. 4 GG); s. aber auch die Aussage a.a.O., dass die zivilrechtliche Einbeziehung ein höheres „Maß an Rechtsstaatlichkeit" erzeuge.

[642] „Naheliegend" auch nach *Hopt*, ZGR 2004, 1, 22. Faktisch nun auch BGH (Innenprovisionen-V) BGHZ 201, 310 = BeckRS 2014, 14029, Rn. 31 ff.

[643] *Veil*, ZBB 2008, 34, 40; besonders deutlich auch *Herresthal*, ZBB 2012, 89, 95 („Die im Prinzip umfassende Trennung zwischen Aufsichtsrecht und zivilrechtlichen Pflichten bei der Anlageberatung vermag nicht zu überzeugen."); *Lenenbach*, Kapitalmarktrecht², Rn. 11.121 (anderes sei „nicht zu vermitteln"); dezidiert nunmehr auch *Schelling*, Vergütungssysteme und Interessenkonflikte, u.a. S. 250 ff.; ferner *Dieckmann*, AcP 213 (2013), 1, 8; *Ekkenga*, in: MünchKomm HGB², Effektengeschäft, Rn. 74; *ders./Bernau*, in: Hdb. zum dt. und europ. Bankrecht², § 57 Rn. 56; *Koller*, ZBB 2007, 197, 200 („Wertungen übernehmen"); *Köndgen*, in: FS Canaris (II), S. 183, 206; *Krüger*, NJW 2013, 1845, 1847; *Lehmann*, JZ 2011, 749, 752; *Sethe*, in: Hdb. Vermögensverwaltung, Rn. 255 (Gleichlauf der Pflichten sei „wünschenswert"); vgl. auch *Binder*, Aufklärungs- und Beratungspflichten bei der Finanzierung von Kapitalanlagen und Immobilien, S. 279, 303, wonach die §§ 31 ff. WpHG auch bei anderen Anlagen die c.i.c. konturieren sollten.

[644] *Herresthal*, ZBB 2012, 89, 95; *ders.*, ZIP 2013, 1049, 1055; *ders.*, WM 2014, 773, 777.

[645] Dies sollte indes – soweit möglich – vermieden werden. Soweit *Forschner*, Wechselwirkungen von Aufsichtsrecht und Zivilrecht, S. 116, feststellt, dass ein Gleichlauf von Aufsichts- und Zivilrecht auf andere Weise als durch die Ausstrahlungswirkung „besser konstruiert" werden könne, muss dem begegnet werden, dass das, was ggf. gewünscht ist, nicht zugleich auf die rechtliche Beurteilung durchschlagen darf.

[646] Ähnlich *Brandt*, Aufklärungs- und Beratungspflichten, S. 186; *Fuchs*, in: Fuchs, Komm WpHG, Vor §§ 31 bis 37a Rn. 59.

3. Methodische Umsetzung

Entscheidet man sich für eine auf die beschriebene Weise wirkende Ausstrahlungswirkung, ist dies umsetzungstechnisch wenig problematisch.[647] Zur Konturierung der ungeschriebenen Nebenpflichten im Rahmen der c.i.c. ist eine Auslegung des Schuldverhältnisses i.S.v. § 241 Abs. 2 BGB erforderlich.[648] Es handelt sich dabei letztlich um Rechtsfortbildung,[649] bei der sich die Rechtsprechung „alle denkbaren Anregungen und Vorbilder als materielle Substanz zu eigen machen kann".[650] Diese können auch dem Aufsichtsrecht entspringen.[651] Dagegen spricht nicht, dass ein Pflichtenkanon mit dem aufsichtsrechtlichen Umfang in Fortführung der bisherigen Rechtsprechung zu c.i.c.-Aufklärungspflichten nur schwer zu etablieren wäre.[652] Denn das aufsichtsrechtliche Pflichtenprogramm ist von den Beratern ohnehin zu befolgen und eine zivilrechtliche Wirkung ließe den Pflichtenkanon als solchen unberührt.[653]

Soweit die jüngere BGH-Rechtsprechung dem Aufsichtsrecht die Bedeutung für das Zivilrecht abspricht,[654] basiert das auf den Annahmen, dass das derzeitige Regime gleichfalls für Fälle der bloß absatzbegleitenden Beratung greife und hinsichtlich der Ausgestaltung vom Aufsichtsrecht völlig unabhängig sei. Erstere basiert auf einer Fiktion und ist daher abzulehnen.[655] Hinsichtlich der Ausgestaltung gilt, dass einerseits die unionsrechtlichen Pflichten nicht konterkariert werden dürfen[656] und andererseits der derzeitige Pflichtenkanon wertungsinkonsistent ist.[657] Bei der er-

---

[647] Vgl. auch *Schelling*, Vergütungssysteme und Interessenkonflikte, S. 157 ff.

[648] Vgl. *Grigoleit*, ZHR 177 (2013), 264, 271.

[649] Konkret zu Aufklärungspflichten über Innenprovisionen als Ergebnis einer Rechtsfortbildung *Assmann*, ZIP 2009, 2125, 2133.

[650] *Roth*, in: Assmann/Schütze, Hdb. Kapitalanlagerecht^3, § 11 Rn. 11; vgl. auch *Thomale*, JZ 2012, 716, 723.

[651] Vgl. *Lang*, Informationspflichten bei Wertpapierdienstleistungen, S. 122; *Möllers*, in: Kölner Komm WpHG^2, § 31 Rn. 51; *Wieneke*, Discount-Broking und Anlegerschutz, S. 89 ff.; vgl. auch *Decker*, Aufklärungspflichten, S. 127 f.; *Reiner*, Derivative Finanzinstrumente im Recht, S. 127 f.; *Sethe*, Anlegerschutz im Recht der Vermögensverwaltung, S. 747 f.; *ders.*, AcP 212 (2012), 80, 127; ferner *Fuchs*, in: Fuchs, Komm WpHG, Vor §§ 31 bis 37a Rn. 60; beispielhaft jüngst BGH (Innenprovisionen-V) BGHZ 201, 310 = BeckRS 2014, 14029, Rn. 36 ff.

[652] Vgl. supra § 11 A. III.; vgl. auch *Möller*, NZG 2012, 841, 845, wonach auch die c.i.c.-Pflichten gesetzliche Pflichten seien.

[653] Weitere Zusammenhänge zwischen Zivil- und Aufsichtsrecht können auch darin bestehen, dass aufsichtsrechtliche Pflichten im Rahmen der Begründung eines zivilrechtlichen Verschuldensvorwurfs (Vorsatz) herangezogen werden, vgl. im Kontext der Wohlverhaltensrichtlinie der früheren BAWe etwa *Nittel/Knöpfel*, BKR 2009, 411, 415 f.; *Stackmann*, NJW 2012, 2913, 2915 f.; s. aber auch *Veil*, WM 2009, 2193, 2197 und 2200.

[654] So BGH (Lehman-IX), dazu supra § 5 A. XXXVIII.; BGH (Innenprovisionen-V), dazu supra § 5 A. XL.; anders noch BGH (Kick-Back-II) BGHZ 170, 226 = NJW 2007, 1876, Rn. 18 [dazu *Veil*, ZBB 2008, 34, 40 („sybillinische Aussage")].

[655] Ausführlich supra § 6 A. I. 4. d).

[656] Dazu supra § 11 C. II.

[657] Ausführlich supra § 5 B.

forderlichen Neukonturierung ist die Orientierung am Aufsichtsrecht daher sinnvoll.[658]

III. Zur Ermittlung des Umfangs und der Reichweite vergütungsbezogener Aufklärungspflichten aus c.i.c.

1. Zum Erfordernis der Auslegung des gesetzlichen Tatbestand-Modells

Nach den bisherigen Ausführungen ist klar, dass an dieser Stelle keine abschließende Antwort hinsichtlich des Umfangs der Aufklärungspflichten über monetäre Eigeninteressen gegeben werden kann. Allerdings ist der Weg zur Konturierung des Regimes vorgegeben.

Faktisch bestimmt das Aufsichtsrecht, inwieweit Berater ihre Kunden über monetäre Eigeninteressen interessenkonfliktbedingt aufzuklären haben.[659] Unsicherheiten verbleiben vorerst, soweit das relevante Aufsichtsrecht noch nicht abschließend geklärte Fragen bereithält. Beispielsweise kann § 31d WpHG keineswegs als „eindeutige" Norm bezeichnet werden.[660] Ferner ist unklar, inwieweit § 31 Abs. 1 Nr. 2 WpHG über § 31d WpHG hinausgehende Pflichten bezüglich der benannten Eigeninteressen zu entnehmen sein können.[661] Ebenso ist speziell im deutschen Recht fraglich, inwiefern sich die Streichung der Vermutungsregel in § 31d Abs. 4 WpHG a.F. bezüglich einer anzunehmenden Qualitätsverbesserung der Dienstleistung für den Kunden durch Zuwendungen im Zusammenhang mit Anlageberatungen auswirkt.[662] Man könnte auch bereits in Frage stellen, ob eine Aufklärungspflicht überhaupt notwendig wäre, wenn eine Zuwendung aufsichtsrechtlich schon nicht zulässig ist, z.B. weil sie nicht zur Qualitätsverbesserung eingesetzt wird.

---

[658] Faktisch dann ebenso BGH (Innenprovisionen-V) BGHZ 201, 310 = BeckRS 2014, 14029, Rn. 36 ff.; vgl. in anderem Kontext *Krebs*, in: Dauner-Lieb/Langen, BGB-Schuldrecht², § 311 Rn. 202, der von einer „Anlehnung der Rechtsfortbildung an das gesetzliche Vorbild" spricht; ferner *Assmann*, in: FS U.H. Schneider, S. 37, 55 (eine solche richterliche Fortbildung im Lichte des Aufsichtsrechts sei zwar nicht geboten, aber durchaus denkbar).

[659] Insoweit abweichend BGH (Innenprovisionen-V) BGHZ 201, 310 = BeckRS 2014, 14029, Rn. 38, wo den Grenzen des Aufsichtsrechts keine Relevanz beigemessen wird.

[660] Vgl. sehr kritisch *Assmann*, ÖBA 2007, 40, 54 f.; ferner *Heybey*, BKR 2008, 353, 361; *Mülbert*, ZHR 172 (2008), 170, 207 f.

[661] Grundsätzlich erscheint dies möglich, *Koller*, ZBB 2007, 197, 199 mit Fn. 20, bezugnehmend auf *CESR*, CESR/06-687, Inducements under MiFID Public Consultation, S. 13; eine Pflicht zur Offenlegung von Gewinnmargen aber ablehnend *ders.*, in: Assmann/Schneider, Komm WpHG⁶, § 31 Rn. 27.

[662] Aufgrund der europarechtlichen Grundlage der Vermutung in den Erwägungsgründen der MiFID-DRL halten dies *Pellens/Grunwald*, WM 2012, 778 ff., für unbeachtlich; sich i.E. anschließend *Forschner*, Wechselwirkungen von Aufsichtsrecht und Zivilrecht, S. 178 f.; *Spindler*, in: Langenbucher/Bliesener/Spindler, BankR-Komm., 33. Kap. Rn. 167; a.A. *Buck-Heeb*, Kapitalmarktrecht⁶, Rn. 578; *Stahl*, *Information Overload* am Kapitalmarkt, S. 105, die sich aber nicht zu den Erwägungsgründen äußert. Vgl. auch *Möllers*, in: Kölner Komm WpHG², § 31d Rn. 11 und 42 f. (EG 39 MiFID-DRL sei nur noch für die Ermessensausübung der Aufsichtsbehörden relevant).

Allerdings ist die *Offenlegung* die *maßgebliche Reaktion auf den Interessenkonflikt* und Anknüpfungspunkt für Schadensersatzansprüche des Anlegers. Deshalb ist eine Offenlegungspflicht unabhängig von sonstigen Verstößen gegen aufsichtsrechtliche Vorgaben anzunehmen,[663] was selbst im unionsrechtlich harmonisierten Anwendungsbereich der MiFID wenig problematisch sein dürfte.[664]

Erforderlich ist nach hiesigem Vorschlag eine Klärung des Anwendungsbereichs und Regelungsinhalts des jeweils relevanten Aufsichtsrechts. Im Regelungsbereich des Unionsrechts ist bei Zweifelsfragen der EuGH anzurufen.[665] Im Übrigen wäre eine Orientierung der deutschen Rechtsprechung im verbleibenden nationalen Spielraum an der europäischen Rechtsprechung wünschenswert, da dies ein effizienter und praktikabler Weg zur Erreichung eines vergleichbaren Schutzniveaus ist.[666]

Die zunächst verbleibende Rechtsunsicherheit ist hinzunehmen, da sie durch die Rechtsprechung Stück für Stück beseitigt würde. Jedes Urteil trägt zur Klärung des gesetzlichen Tatbestandssystems bei, anhand dessen die Anlageberater ihre Pflichten bestimmen können.[667] Anders als bisher würde es maßgeblich um Subsumtionsfragen gehen und nicht um die Fragestellung, weshalb bestimmte Aufklärungspflichten überhaupt zivilrechtlich angenommen werden und wonach sie sich in den verschiedenen Konstellationen richten. Dieser Weg mag – auch aufgrund der durch das Aufsichtsrecht aufgeworfenen eigenständigen Probleme – mühsam sein. Er ist aber lohnenswert,[668] da über das bisherige System einer Fallgruppenrechtsprechung

---

663 I.E. ebenso *Koch*, in: Schwark/Zimmer, KMRK⁴, § 31d WpHG Rn. 94; *Koller*, ZBB 2007, 197, 200, allerdings ergänzt um die Mitteilung, dass die Vereinnahmung rechtswidrig sei; a.A. *Veldhoff*, Haftung von Kreditinstituten, S. 286, der in solchen Fällen stets – trotz etwaiger Aufklärung – eine Pflichtverletzung annehmen will. Da der Verbotstatbestand zivilrechtlich kein Pendant hat (s. dazu die Nachweise in Fn. 834), ist die hier vertretene Auffassung, anders als *Veldhoff* meint, jedoch nicht inkonsequent. Entsprechend ist *Koller* zu antworten.

664 Es ist keine „Marktzutrittsbarriere", dass ein Verstoß gegen eine aufsichtsrechtliche Pflicht (z.B. zur Verwendung der Zuwendung zur Qualitätssteigerung) nicht zugleich etwaige sonstige anlegerschützende Vorgaben (hier: Offenlegung) entfallen lässt, denn das sanktionierte Verhalten ist schon unionsrechtlich nicht zulässig; vgl. zu den europarechtlichen Vorgaben für das Aufsichtsrecht auch supra § 11 B.

665 Dazu sogleich § 11 C. III. 3.

666 Zu diesem Ziel der neuen Regulierung supra § 11 B. I. 2.; zum wünschenswerten Gleichlauf von rein nationalem und europarechtlich determiniertem Recht supra § 11 C. II. 2.

667 Vgl. auch *Leisch*, Informationspflichten nach § 31 WpHG, S. 84 (Fn. 501), zur Vorzugswürdigkeit einer tatbestandlich klar gefassten Norm als Grundlage für einen Schadensersatzanspruch aus Kundensicht.

668 A.A. *Assmann*, ÖBA 2007, 40, 55 (vor den aufsichtsrechtlichen Regelungen zu Interessenkonflikten und Zuwendungen müsse „rationale Rechtsanwendung kapitulieren"); schärfer noch *ders.*, ZBB 2008, 21, 32 (man könne nur hoffen, „dass sich die Rechtsprechung [nicht] von der Missgeburt des § 31d WpHG beeinflussen lässt"). Allerdings ist die inhaltliche Unzufriedenheit des (im weit verstandenen Sinne) Rechtsanwenders mit gesetzlichen Regelungen kein hinreichender Grund dafür, nach Wegen zu suchen, bestimmte Normen „außen vor" zu lassen (in *Assmanns* Worten: Abschottung). Das gebietet bereits der Respekt vor dem Gesetzgeber. Hingegen sind inhaltliche Argumente hilfreich im Rahmen einer Reformdebatte, wie etwaige Schwächen des Tatbestandssystems zu korrigieren sein könnten.

ohne übergreifend nachvollziehbare teleologische Grundlage auf absehbare Zeit Rechtssicherheit nicht zu erreichen ist.

2. Gegenüberstellung des Tatbestandsmodells und des status quo der Rechtsprechung

Trotz der aufgezeigten Unsicherheiten soll im Folgenden beleuchtet werden, wie das vergütungsbezogene Tatbestandsmodell aussehen könnte und auf welche Weise es sich damit von der gegenwärtigen Rechtsprechungslage unterscheidet.

a) Erfasste monetäre Eigeninteressen als „Zuwendungen"

aa) Zuwendungen von dritter Seite

Sowohl § 31d Abs. 1 Satz 1 WpHG wie auch § 17 Abs. 1 Satz 1 FinVermV erfassen „Zuwendungen von Dritten". Der Zuwendungsbegriff ist jeweils weit definiert als „Provisionen, Gebühren oder sonstige Geldleistungen und geldwerte Vorteile", wobei die Definition der FinVermV noch hinzufügt, dass diese „vom Emittenten, Anbieter einer Finanzanlage oder von einem sonstigen Dritten für deren Vermittlung oder Beratung" gewährt wird.[669] Von Intermediären vereinnahmte Provisionen können in mannigfaltiger Art ausgestaltet sein.[670] In der Rechtsprechung hat hinsichtlich der Rechtsfolgen insbesondere die Unterscheidung von Innenprovisionen und Rückvergütungen Diskussionen ausgelöst.[671] Solche in ihrer Konturierung diffizilen Unterscheidungen finden sich im relevanten Aufsichtsrecht nicht.[672] Insbesondere kommt es nicht darauf an, ob die Zahlung aus einer „offenen Quelle" geleistet wird oder ob sie eine „15%- Schwelle" überschreitet. Ferner ist die Umsatzabhängigkeit nicht entscheidend.[673] Es steht letztlich außer Frage, dass sämtliche von Dritten gezahlten Provisionen Zuwendungen im Sinne von § 31d Abs. 2 WpHG bzw. § 17 Abs. 2 FinVermV sind.[674] Die Vorschriften sind soweit möglich gleich auszule-

---

[669] Vgl. auch *Möllers*, in: Kölner Komm WpHG², § 31d Rn. 20 f.; *Veldhoff*, Haftung von Kreditinstituten, S. 280 ff.

[670] S. supra § 3 B. V. 2. und C. I. 2.

[671] S. supra § 5 B. III 1.

[672] Vgl. auch *Forschner*, Wechselwirkungen von Aufsichtsrecht und Zivilrecht, S. 179; *Krisl*, Schutzgesetzeigenschaft der Wohlverhaltenspflichten, S. 199 f.; a.A. anscheinend *Frisch*, EWiR 2012, 73, 74 (Rückvergütungen unterfielen § 31d WpHG; Innenprovisionen nicht).

[673] Vgl. *Forschner*, Wechselwirkungen von Aufsichtsrecht und Zivilrecht, S. 180; *Fuchs*, in: Fuchs, Komm WpHG, § 31d Rn. 60; *Koch*, in: Schwark/Zimmer, KMRK⁴, § 31d WpHG Rn. 94; allerdings hat der BGH mittlerweile seine diesbezügliche Anforderung anscheinend abgeschwächt, vgl. supra § 5 B. III. 1. a) bb) (1). Ab dem 1.8.2014 erfasst der XI. Zivilsenat alle „Zuwendungen Dritter an die beratende Bank" unabhängig von den genannten Einschränkungen, vgl. BGH (Innenprovisionen-V), dazu supra § 5 A. XL.

[674] S. zum WpHG *Koller*, in: Assmann/Schneider, Komm WpHG⁶, § 31d Rn. 6 f.; *Rozok*, in: Clouth/Lang, MiFID Praktikerhandbuch, Rn. 514 ff. und 545 ff.; *Schumacher*, Provisionen im Finanzinstrumentenvertrieb, S. 52; *Thieme*, Wertpapierdienstleistungen, S. 409 f. Fraglich ist allen-

gen, denn die Komparabilität zwischen ihnen ist ausdrücklich gewollt.[675] Zusammenfassend lässt sich daher festhalten, dass jedenfalls die in vorliegender Untersuchung behandelten Drittzahlungen, unabhängig von ihrer Ausgestaltung, vom Aufsichtsrecht erfasst werden.[676] Insoweit sei auch auf Art. 24 Abs. 4 c) MiFID II verwiesen, wonach generell „Zahlungen durch Dritte" zu den Kosten gehören, die dem Kunden gegenüber rechtzeitig zur Verfügung zu stellen sind. Denkbar wäre auch, diese zu den a.a.O. ebenfalls genannten – etwaig anfallenden – „Beratungskosten" zu zählen. Jedenfalls gilt auch in Zukunft, dass sämtliche Drittzahlungen an den beratenden Intermediär im Grundsatz aufsichtsrechtlich erfasst werden.

Das deckt sich mit der neuen Rechtsprechung des XI. Zivilsenats hinsichtlich Provisionen bei der beratungsvertraglichen Beratung.[677] Während dieses Ergebnis im Vertragskontext bereits über die stringente Anwendung der Pflicht zur alleinigen Fremdinteressenwahrnehmung durch den Berater herzuleiten gewesen wäre, er-

---

falls, wie sich § 31d Abs. 1 Satz 2 WpHG auswirkt (der Bundesrat hat sich ausdrücklich gegen diese ursprünglich auch für § 17 FinVermV vorgesehene Regelung entschieden, BR-Drucks. 89/12, Beschl. v. 30.3.2012, Ziff. 6.), wonach Zuwendungen nach dem WpHG nicht vorliegen, wenn die Zahlung an den Intermediär durch den vom Kunden „dazu" beauftragten Dritten erfolgte. Teilweise wird diese Norm so verstanden, dass davon nur Zahlungen auf die Schuld des Kunden erfasst seien [so ausführlich unter Auswertung der CESR-Empfehlungen zu Art. 26 Abs. 1 lit. a MiFID-DRL *Schumacher* a.a.O. S. 52 ff.; *ders.*, BKR 2007, 447, 448; ferner *Koller*, ZBB 2007, 197, 199 (dort Fn. 19)]. Sie würde dann maßgeblich solche Fälle betreffen, in denen etwa Buchhalter oder Vermögensverwalter „als Zahlstelle" des Kunden fungieren (*Schumacher*, BKR 2007, 447, 449). Andere sehen grundsätzlich die Möglichkeit, dass auch Vertriebsprovisionen von § 31d Abs. 1 Satz 2 WpHG erfasst sein können. Mit dem Wortlaut wäre das zu vereinbaren (*Assmann*, ÖBA 2007, 40, 50; *Fuchs*, in: Fuchs, Komm WpHG, § 31d Rn. 21). Erforderlich ist aber eine „spezielle Beauftragung" des Dritten gerade zur Zuwendungsgewährung, was im Wortlaut durch das Wort „dazu" Ausdruck findet (*Fuchs* a.a.O.; nach Rn. 22 f. scheint er auch die Bevollmächtigung des Wertpapierdienstleisters zur Annahme einer Vergütung unter § 31d Abs. 1 Satz 2 WpHG zu fassen. Die Vorschrift betrifft aber nur die Frage, wer als „Dritter" i.S.v. § 31d Abs. 1 Satz 1 WpHG gilt. Das kann das in Satz 1 ausdrücklich als Empfänger bzw. Gewährer der Zahlung an den Dritten genannte und damit personenverschiedene Wertpapierdienstleistungsunternehmen nicht sein. Hinsichtlich der Frage, ob Zuwendungen vorliegen [und etwaige Aufklärungspflichten], ist die Bevollmächtigung des Intermediärs daher unerheblich. Unter Rückgriff auf Art. 26 Abs. 1 lit. a MiFID-DRL ist die Auffassung von *Fuchs* vertretbar, eine richtlinienkonforme Auslegung sei nach *Decker*, Aufklärungspflichten, S. 100 ff., indes nicht möglich.). Diskutiert wird auch, ob eine solche Beauftragung konkludent oder formularmäßig erlangt werden könne, wobei dem die überwiegende Auffassung kritisch gegenübersteht (*Assmann*, ZBB 2008, 21, 26; *Fuchs* a.a.O. Rn. 22; *Heybey*, BKR 2008, 353, 360; *Koller* a.a.O. Rn. 26; *Rozok* a.a.O. Rn. 535; offen gelassen von *Lang/Balzer*, ZIP 2007, 521, 524 f.). Einig ist man sich im Ergebnis deshalb weitgehend, dass sich bezüglich Vertriebsprovisionen keine weitreichende Ausnahme aus § 31d Abs. 1 Satz 2 WpHG konstruieren lässt, dieser sei vielmehr restriktiv auszulegen (*Rozok* a.a.O. Rn. 536). Vor dem Hintergrund der Entstehungsgeschichte und dem Zweck der Vorschrift ist dem zuzustimmen (zu beidem *Schumacher*, Provisionen im Finanzinstrumentenvertrieb, S. 54 ff.).

675 BR-Drucks. 89/12 v. 16.2.2012, S. 40, spricht sogar von einer „Übernahme" des § 31d WpHG.

676 Vertriebsprovisionen sind auch nicht nach § 31d Abs. 5 WpHG bzw. § 17 Abs. 3 FinVermV vom Anwendungsbereich ausgeschlossen; zum WpHG *Decker*, Aufklärungspflichten, S. 100; *Schumacher*, Provisionen im Finanzinstrumentenvertrieb, S. 57.

677 Vgl. supra § 5 A. XL. 3.

scheint dies bei der absatzbegleitenden Beratung ohne Rekurs auf das Aufsichtsrecht nicht vorstellbar.

bb) Originäre Eigeninteressen

(1) Provisionen vergleichbare Positionen

Die aufsichtsrechtlichen Normen dienen der „Bewältigung drittzuwendungsbedingter Interessenkonflikte".[678] Dem Wortlaut nach ist es zumindest nicht ausgeschlossen, drittbezogene originäre Eigeninteressen in Form von Margen unter den Zuwendungsbegriff, etwa als geldwerten Vorteil, zu erfassen.[679] Hierunter könnten z.B. die „Einkaufsrabatte" aus der „Lehman-Rechtsprechung" fallen.[680] § 17 Abs. 2 FinVermV[681] betont sogar, dass alle geldwerten Vorteile, die für die „Vermittlung oder Beratung" einer Finanzanlage gewährt werden, erfasste Zuwendungen seien. Bei einem Preisabschlag vom Nominalwert ließe sich durchaus argumentieren, dass dieser einen geldwerten Vorteil darstellt, der für die Berücksichtigung im Anlageprogramm der Intermediäre und damit für Vermittlung oder (erfolgreiche) Beratung gewährt wird.[682] Allerdings hat der Intermediär den Abschlag gegebenenfalls bereits vor der Vermittlung und Beratung erhalten. Er vereinnahmt dann nur eine Vergütung vom Kunden und nicht von Dritten.[683] Insoweit handelt der Intermediär daher auch auf eigenes Risiko, falls seine Absatzbemühungen scheitern.[684] Wird ihm aber diese Möglichkeit vom Emittenten, wie etwa im Fall des kundenbezogenen Eigenhandels (§ 2 Abs. 3 Satz 1 Nr. 2 WpHG), erst „im Zusammenhang mit der Erbringung [der] Wertpapierdienstleistung" (§ 31d Abs. 1 Satz 1 WpHG) ermöglicht, ist es aus Intermediärssicht unerheblich, ob die (Dritt-)Vergütungsposition als Ra-

---

[678] Zum WpHG ausführlich *Schumacher*, Provisionen im Finanzinstrumentenvertrieb, S. 35 ff.; § 17 FinVermV ist dem nachempfunden, vgl. supra § 11 B. I. 2; und ferner § 3 E. II. 2. b).

[679] Anders *Roth*, ZBB 2012, 429, 430 (von Realisierung eines Gewinns im Wege des Eigengeschäfts sei „nicht die Rede". Das trifft zu, schließt aber nicht aus, dass dieser in bestimmten Konstellationen einen geldwerten Vorteil darstellen könnte.); ablehnend auch *Harnos*, BKR 2014, 1, 3 f. m.w.N.; vgl. auch *Schelling*, Vergütungssysteme und Interessenkonflikte, S. 224, der von Gewinnmargen mit und ohne „Drittbezug" spricht.

[680] So *Möllers*, in: Kölner Komm WpHG², § 31d Rn. 22; vgl. zur Unerheblichkeit der „Ausgestaltung der Provision" OLG Frankfurt a. M., Urt. v. 18.5.2011, Az.: 17 U 253/10, NZG 2011, 1154, 1156 f.

[681] Allerdings gehört es nicht zum Geschäftsmodell der freien Berater, Eigenhandel bzw. Eigengeschäfte durchzuführen, s. supra § 3 C. I. 1.

[682] Freilich können Großkunden häufig besondere Konditionen erlangen, die der Kunde nicht erzielen könnte. Diese stellen dann keine besondere Vergütung dar, *Bausch*, NJW 2012, 354, 357.

[683] Auf dieser Basis wird überwiegend die Anwendbarkeit des § 31d WpHG auf Preisabschläge verneint, dazu *Schumacher*, Provisionen im Finanzinstrumentenvertrieb, S. 106 m.w.N. zur h.M. in Fn. 255.

[684] Ähnliches gilt, wenn ein etwaiges Rückgaberecht nur zu schlechteren Konditionen eingeräumt ist, vgl. *Brinckmann*, BKR 2010, 45, 46; s. aber auch *Koller*, in: Assmann/Schneider, Komm WpHG⁶, § 31d Rn. 8.

batt oder Provision ausgestaltet ist.[685] Man kann hier nicht argumentieren, dass in Fällen der Ausgestaltung als Marge das Aufklärungsziel aus Kundensicht – aufgrund Offenkundigkeit der Gewinnerzielungsinteressen – erreicht sei. Das Aufsichtsrecht kennt „Offenkundigkeitsgrenzen" nicht[686] und fordert ferner eine Aufklärung über den Umfang der Zuwendung (§ 31d Abs. 1 Satz 1 Nr. 2 WpHG).[687] Es erscheint daher nicht ausgeschlossen, dass – wie teilweise angenommen – die Aufklärungspflicht nach § 31d WpHG auf diese Weise vereinnahmte Gewinnmargen erfasst.[688] Dies wird in Zukunft verbindlich durch den EuGH zu klären sein.[689] Letztlich geht es um die Frage, ob man die Grundannahme aus § 31d bzw. § 17 FinVermV teilt, dass Drittvergütungen – trotz sonstiger kundenschützender Vorschriften – besondere Gefahren für den Kunden erzeugen und deshalb über sie aufzuklären ist.[690] Schließt man sich dem an, erschiene es inkonsequent, der Ausgestaltung der Drittvergütung besondere Relevanz beizumessen.[691]

---

685 Vgl. *Schumacher*, Provisionen im Finanzinstrumentenvertrieb, S. 108 f.; ferner *Jahn*, F.A.Z. v. 29.11.2011, S. 11.

686 Vgl. auch *Forschner*, Wechselwirkungen von Aufsichtsrecht und Zivilrecht, S. 175 f.

687 Bei Rückvergütungen/Provisionen fordert das auch der XI. Zivilsenat, vgl. supra § 5 A.

688 Aus der Rechtsprechung beispielsweise OLG Frankfurt a.M., Urt. v. 1.12.2010, Az.: 17 U 3/10, BeckRS 2011, 11659 (Leitsatz); ausführlich und befürwortend *Schumacher*, Provisionen im Finanzinstrumentenvertrieb, S. 104 ff., der a.a.O. S. 109 f. darauf hinweist, dass im Finanzdienstleistungssektor besondere Interessenwahrungspflichten greifen (vgl. nur § 31 Abs. 1 Nr. 1 WpHG; § 11 FinVermV), die durch § 31d WpHG (bzw. § 17 FinVermV) verstärkt werden sollen; i.E. auch *Buck-Heeb*, DB 2011, 2825, 2829; *Eichhorn*, Umgang mit Provisionszahlungen im Wertpapiergeschäft unter MiFID, S. 175, 182; *Ellenberger*, in: Bankrechtstag 2010, S. 37, 39; *Lampe*, NJOZ 2009, 4893, 4908 f.; *Möllers*, in: Kölner Komm WpHG², § 31d Rn. 22; *Mülbert*, ZHR 172 (2008), 170, 173 f.; *ders.*, Auswirkungen der Art. 19 ff. MiFID auf das Zivilrecht, S. 20; *Schelling*, Vergütungssysteme und Interessenkonflikte, S. 96 f. und 221; *Veldhoff*, Haftung von Kreditinstituten, S. 303; vgl. auch *Koller*, in: Assmann/Schneider, Komm WpHG⁶, § 31d Rn. 8, der zwischen Handelsmargen und Rabatten differenziert; ferner *Frisch*, in: Hdb. zum dt. und europ. Bankrecht², § 52 Rn. 133; differenzierend zur zivilrechtlichen Aufklärungspflicht über Margen *Ekkenga*, in: MünchKomm HGB³, Effektengeschäft, Rn. 346a.

689 Dazu § 11 C. III. 3.; auch nach der MiFID-Reform wird die Frage relevant bleiben. Abzuwarten bleibt, ob und wie sich ESMA im Rahmen des weiteren Reformprozesses ggf. positionieren wird, vgl. Art. 24 Abs. 13 MiFID II; im Kontext der bisherigen Regelung *CESR*, CESR/10-295, S. 24; zu Level-2-Maßnahmen auf Grundlage des sog. Lamfalussy-II-Verfahrens vgl. *Walla*, in: Veil, Europäisches Kapitalmarktrecht², § 4 Rn. 10 ff.

690 Man kann in Frage stellen, dass die Interessenwahrungspflicht, die im Finanzberatungsbereich bereits durch die Pflicht nur „geeignete" Produkte zu empfehlen, abgesichert ist (§ 31 Abs. 4 Satz 1 und Abs. 4a Satz 1 WpHG; § 16 Abs. 1 Satz 3 FinVermV), durch Aufklärungspflichten flankiert wird (vgl. auch die ökonomischen Überlegungen supra ab § 8 A. II.). Diese rechtspolitische Entscheidung hat der Gesetzgeber indes getroffen. Insoweit ist die Norm zu respektieren. Die Aussage, dass der selbstverständliche Grundsatz, dass Margen in einer Marktwirtschaft nicht aufklärungspflichtig seien (*Bausch*, NJW 2012, 354, 357), reicht zur Begründung eines abweichenden Ergebnisses allein noch nicht aus. Dass anderenfalls Ergebnisse eintreten könnten, die sehr zweifelhaft erscheinen, liegt somit letztlich in der Norm selbst begründet. Der beschriebene „marktwirtschaftliche Grundsatz" wird im Ergebnis soweit eingeschränkt, wie der Anwendungsbereich des relevanten Aufsichtsrechts reicht. Dass freilich in der Praxis für eine restriktive Anwendung gestritten wird, erscheint verständlich.

691 Vgl. *Bracht*, in: Schwintowski, Bankrecht⁴, § 18 Rn. 71; vgl. auch OLG Stuttgart, Urt. v.

(2) Provisionen nicht vergleichbare Positionen

Soweit die Eigeninteressen der betroffenen Berater Drittvergütungen nicht vergleichbar erscheinen, sind sie auch nach teleologischen Erwägungen jedenfalls nicht aufgrund § 31d WpHG bzw. § 17 FinVermV aufklärungspflichtig, denn „reine Eigeninteressen" unterfallen deren jeweiligen Anwendungsbereichen nicht. Das wird man im OTC-Derivatgeschäft annehmen können, wenn der Intermediär unmittelbar Vertragspartner des Kunden wird.[692] Hier sind von vornherein keine Drittinteressen „im Spiel", die den Intermediär in eine bestimmte Richtung beeinflussen könnten.[693] Gleiches kann für Produkte gelten, die als Eigengeschäfte i.S.v. § 2 Abs. 3 Satz 2 WpHG erworben wurden.[694] Hat eine Bank beispielsweise ein an einen Kunden verkauftes Zertifikat ohne jeden Kundenbezug zuvor für ihren Eigenbestand zu einem „guten Preis" erworben, ist dieses Erwerbsgeschäft unabhängig von ihrem späteren Verhältnis zum Kunden. Der erste Kaufvertrag steht dann mit letzterem nicht im Zusammenhang.[695] Ähnlich kann für eigenemittierte Zertifikate argumentiert werden.[696]

b) Erfasste Finanzintermediäre

Die Rechtsprechung differenziert zwischen freien und bankgebundenen Beratern. § 31d WpHG hingegen gilt für alle Wertpapierdienstleistungsunternehmen nach § 2 Abs. 4 WpHG; § 17 FinVermV gilt für Finanzanlagenvermittler nach § 34f Abs. 1 Satz 1 GewO. Das Kriterium der „Bankgebundenheit" spielt als solches aufsichtsrechtlich keine Rolle.[697]

10.10.2012, Az.: 9 U 87/12, BKR 2013, 164, Rn. 17 (nach dem BGH hänge die „Aufklärungspflicht über *Rückvergütungen*" [Hervorh. durch Verf.] davon ab, ob ein Kaufvertrag oder ein Kommissionsgeschäft vorläge); *Grundmann*, WM 2012, 1745, 1751.

[692] Vgl. auch *Forschner*, Wechselwirkungen von Aufsichtsrecht und Zivilrecht, S. 183; a.A. *Gundermann*, BKR 2013, 406, 411, weil materielle Vorteile (bessere Konditionen) der Bank „am Markt" faktisch von Dritten herrührten. Bei konsequenter Argumentation auf dieser Basis scheinen „reine Eigeninteressen" dann kaum noch vorstellbar.

[693] Dem steht eine Einordnung des OTC-Derivatgeschäfts als Eigenhandel i.S.v. § 2 Abs. 3 Satz 1 Nr. 2 WpHG nicht entgegen, da der Swap erst mit Abschluss des Geschäfts entsteht, vgl. *Clouth*, in: Praktikerhdb. Wertpapier- und Derivategeschäft^4, Rn. 1188 mit Fn. 1431; vgl. auch *Lenenbach*, Kapitalmarktrecht^2, Rn. 9.217 f.

[694] So auch *Möllers*, in: Kölner Komm WpHG^2, § 31d Rn. 24.

[695] Von solchen Fällen geht *Bausch*, NJW 2012, 354, 357, aus, wenn er eine Aufklärungspflicht ablehnt. Soweit Rabatte wirtschaftlich hingegen *für* den Vertrieb gewährt werden (Gegenleistung) und insoweit als Vertriebsanreize dienen, könnte dies einen Zusammenhang herstellen, der die Interessen von Intermediär und Drittem „verquickt", vgl. auch supra § 3 E. II. 2. b). Indiziell könnten beispielsweise Rücknahmevereinbarungen wirken, die zeigen, dass das Produkt unmittelbar vertriebsbezogen durch den Intermediär vom Emittenten erworben wurde.

[696] *Veldhoff*, Haftung von Kreditinstituten, S. 303.

[697] Vgl. auch *Buck-Heeb*, ZHR 177 (2013), 310, 317; *Forschner*, Wechselwirkungen von Aufsichtsrecht und Zivilrecht, S. 175 ff.; *Krisl*, Schutzgesetzeigenschaft der Wohlverhaltenspflichten,

c) Erfasste Tätigkeiten der Intermediäre

In der zivilrechtlichen Diskussion ist entscheidend, ob eine auf einem Beratungsvertrag basierende Anlageberatung vorliegt. § 31d WpHG stellt hingegen allgemein auf erbrachte Wertpapierdienstleistungen ab, die gegenüber dem Kunden erfolgen. Dazu gehören nach § 2 Abs. 3 Satz 1 Nr. 4 und 9 WpHG Anlagevermittlung und Anlageberatung.[698] Zwar decken sich der zivilrechtliche und der aufsichtsrechtliche Anlageberatungsbegriff nicht vollständig,[699] was aber nicht entscheidend ist, da §§ 31 und 31d WpHG allgemein auf Wertpapierdienstleistungen abstellen und § 34f Abs. 1 GewO i.V.m. § 17 Abs. 1 FinVermV neben der Beratung ebenso das bloße „Vermitteln" erfasst.[700] Das Aufsichtsrecht erfasst sämtliche Vertriebsarten und, soweit mit der Wertpapierdienstleistung für den Kunden verbunden, alle denkbaren Erwerbsarten.[701] Das ist stimmig, weil jeweils Intermediärfunktionen gegenüber dem Kunden übernommen werden.[702]

d) Aufklärungsumfang

Während bei Rückvergütungen nach der Rechtsprechung die Höhe anzugeben ist, was auch für einen negativen Marktwert gilt, ist bei sonstigen Margen die bloße Erkennbarkeit ihrer Vereinnahmung ausreichend. Innenprovisionen sind ihrer Höhe nach erst bei Überschreiten der 15%-Grenze aufklärungspflichtig.[703] Das Aufsichtsrecht macht insoweit, wenn erst einmal „Zuwendungen" vorliegen, bezüglich der Rechtsfolge keinen Unterschied. Das deckt sich mit der jüngsten Rechtsprechung des XI. Zivilsenats in Innenprovisionen-V zu beraterseits vereinnahmten Provisionen bei der Vertragsberatung.

S. 202 ff.; vgl. zur „begrenzten Halbwertszeit" der Rechtsprechung zu freien Beratern *Lang*, EWiR 2012, 615 f.; ferner *Frisch*, EWiR 2012, 613, 614.

698 Vgl. auch *Koch*, in: Schwark/Zimmer, KMRK⁴, § 31d WpHG Rn. 96; *Lenenbach*, WuB I G 7. – 1.09, S. 375, 377.

699 Aufsichtsrechtlich ist zwingend eine Empfehlung erforderlich. Dazu im Kontext des WpHG *Buck-Heeb*, WM 2012, 625, 627; *Clouth*, ZHR 177 (2013), 212, 234; *Koller*, in: Assmann/Schneider, Komm WpHG⁶, § 31 Rn. 131; vgl. auch *Veil*, WM 2007, 1821, 1822. Da die hier untersuchte Problematik auf der potentiell eigeninteressengeleiteten Beeinflussung des Kundenwillens basiert, wird regelmäßig eine Empfehlung vorliegen.

700 Nach *Möllers*, in: Kölner Komm WpHG², § 31d Rn. 60, erfasse § 31d WpHG bei der Anlageberatung nicht solche Zuwendungen, die erst für die Ausführung einer Kundenorder anfielen. Ob diese aber „im Zusammenhang" (§ 31d Abs. 1 Satz 1 WpHG) mit der Wertpapierdienstleistung „Anlageberatung" stehen, ist eine Auslegungsfrage. Jedenfalls soweit die Ausführung der Kundenorder ihrerseits eine Wertpapierdienstleistung darstellt, greift § 31d WpHG.

701 *Schumacher*, Provisionen im Finanzinstrumentenvertrieb, S. 49 ff. m.w.N.; vgl. auch *Brocker*, BKR 2007, 365, 370; *Buck-Heeb*, ZHR 177 (2013), 310, 317; *Köndgen*, JZ 2012, 260, 261 f.; *Krisl*, Schutzgesetzeigenschaft der Wohlverhaltenspflichten, S. 201 f.; *Schelling*, Vergütungssysteme und Interessenkonflikte, S. 92; *Sethe*, AcP 212 (2012), 80, 103.

702 *Clouth*, in: Praktikerhdb. Wertpapier- und Derivategeschäft⁴, Rn. 1189.

703 Ausführlich zum zivilrechtlichen Pflichtenprogramm nach der Rechtsprechung supra § 5.

Gemäß § 31d Abs. 3 WpHG besteht aber die Möglichkeit, die Offenlegung nach § 31d Abs. 1 Nr. 2 WpHG (der gegebenenfalls die Offenlegung von Art und Weise der Berechnung ausreichen lässt) in Form einer Zusammenfassung der wesentlichen Bestandteile zu erbringen, soweit auf Nachfrage nähere Einzelheiten offenbart werden (sog. Zwei-Stufen-Modell).[704] Fraglich ist, ob es nach diesem Modell auf der „1. Stufe" ausreicht, dass nur die „wesentlichen Elemente der mit Dritten bestehenden Vereinbarungen über Zuwendungen" offenbart werden und erst die „2. Stufe" das konkrete Einzelgeschäft in den Blick nimmt.[705] Dezidiert spricht sich *Ellenberger* für eine Offenlegung der konkreten Höhe des Einzelgeschäfts bereits auf der 1. Stufe aus. Nach § 31d Abs. 3 WpHG sei es den Wertpapierdienstleistungsunternehmen nur erspart, ungefragt „komplizierte Berechnungsvorgänge" mitzuteilen. Sei die Höhe bzw. Größenordnung bekannt, könne kein anderer Zweck als die Täuschung des Anlegers für eine Nichtoffenlegung auf der „1. Stufe" herangezogen werden. Dies zu erlauben sei „absurd".[706] Letztlich handelt es sich um eine Normauslegungsfrage von § 31d WpHG.[707]

§ 17 FinVermV kennt eine solche Zusammenfassungsmöglichkeit nicht.[708] Die ursprünglich vorgesehene Übernahme der Regelung aus § 31d Abs. 3 WpHG wurde explizit abgelehnt, damit nicht erst auf einer etwaigen „2. Stufe" die konkrete Höhe der Zuwendung aufklärungspflichtig sei.[709] Im Ergebnis deckt sich das mit der oben geschilderten Literaturansicht.

e) „Auffangmöglichkeit" durch Interessenwahrungspflicht?

Ob von § 31d WpHG bzw. § 17 FinVermV nicht erfasste Eigeninteressen nach § 31 Abs. 1 Nr. 2 WpHG bzw. § 13 Abs. 5 FinVermV aufklärungspflichtig sein können, ist offen.[710] Die Offenbarungspflichten über Interessenkonflikte hängen mit der In-

---

[704] Vgl. ausführlich *Schumacher*, Provisionen im Finanzinstrumentenvertrieb, S. 99 ff.; ferner *Buck-Heeb*, ZHR 177 (2013), 310, 317; *Forschner*, Wechselwirkungen von Aufsichtsrecht und Zivilrecht, S. 181; *Fuchs*, in: Fuchs, Komm WpHG, § 31d Rn. 42 m.w.N.; *Rozok*, in: Clouth/Lang, MiFID Praktikerhandbuch, Rn. 565; *Seyfried*, in: Kümpel/Wittig, Bank- und Kapitalmarktrecht[4], Rn. 3.236.

[705] So OLG Schleswig, Urt. v. 23.5.2013, Az.: 5 U 140/12, BKR 2013, 294, Rn. 56; *Fuchs*, in: Fuchs, Komm WpHG, § 31d Rn. 42; *Fullenkamp*, NJW 2011, 421, 423; *Mülbert*, ZHR 172 (2008), 170, 189 f.; *Schumacher*, Provisionen im Finanzinstrumentenvertrieb, S. 102 (Angabe von Bandbreiten sei auf erster Stufe genügend).

[706] *Ellenberger*, in: Praktikerhdb. Wertpapier- und Derivategeschäft[4], Rn. 1095; i.E. auch *Grundmann*, WM 2012, 1745, 1749.

[707] Eine weitere Unterscheidung könnte sich ergeben, soweit für § 31d WpHG eine Bagatellschwelle gelten würde, die zivilrechtlich bisher nicht angenommen wird, vgl. dazu *Veldhoff*, Haftung von Kreditinstituten, S. 285 m.w.N.; ferner *Gundermann*, BKR 2013, 406, 408; *Möllers*, in: Kölner Komm WpHG[2], § 31d Rn. 23, im Übrigen zum Aufklärungsumfang Rn. 52 ff.

[708] Anders noch BR-Drucks. 89/12 v. 16.2.2012, S. 14.

[709] BR-Drucks. 89/12, Beschl. v. 30.3.2012, Ziff. 6.

[710] Vgl. *Koller*, in: Assmann/Schneider, Komm WpHG[6], § 31d Rn. 4, der einen Vorrang des § 31d WpHG annimmt; auch ob eine Aufklärung über den konkreten Grad der Gefährdung ver-

teressenwahrungspflicht der Intermediäre (§ 31 Abs. 1 Nr. 1 WpHG und § 11 FinVermV) zusammen. Allerdings führt die Fremdinteressenwahrnehmung nicht zugleich zu einer völligen Unterordnung unter die Kundeninteressen dergestalt, dass überhaupt keine Interessenkonflikte vorliegen dürften.[711] Nach § 31 Abs. 1 Nr. 2 WpHG sollen sich Wertpapierdienstleister um die „Vermeidung" von Interessenkonflikten bemühen. Der auf dem Vergütungsinteresse beruhende Interessenkonflikt lässt sich aber nicht vermeiden, sondern ist vielmehr Folge jeder wirtschaftlichen Tätigkeit. Soweit Vergütungsinteressen als aufklärungspflichtig erachtet werden, hat dies der Gesetzgeber in § 31d WpHG bzw. § 17 FinVermV ausdrücklich geregelt. Es wäre ein leichtes gewesen, weitere Vergütungsbestandteile hier zu erfassen. Deshalb erscheint es zweifelhaft, ob von ihrer Tragweite her potentiell weiter als die speziellen Regelungen reichende Aufklärungspflichten aus allgemeinen Interessenwahrungs- und Interessenkonfliktvermeidungsprinzipien hergeleitet werden können. Dann wären auch die schwierigen Abgrenzungsfragen im Rahmen der speziellen Tatbestände weitgehend nur Makulatur. Ein solches Ergebnis wäre schon aus Rechtssicherheitsgründen nicht wünschenswert. Eindeutig beantworten lässt sich das an dieser Stelle freilich nicht.

3. Klärung der Zweifelsfragen durch den EuGH

§ 31d WpHG basiert auf Art. 19 Abs. 1 MiFID[712] und Art. 26 MiFID-DRL. Bestehen im Rahmen der Normanwendung Zweifel,[713] etwa ob Preisabschläge erfasst sind[714] oder wie weit die „Beauftragung" nach § 31d Abs. 1 Satz 2 WpHG reicht, ist eine letztverbindliche Entscheidung nach Art. 267 AEUV dem EuGH vorbehalten.[715] Dies gilt zur Vermeidung einer gespaltenen Auslegung („Rechtsklarheit") und zur effektiven Durchsetzung der MiFID, obwohl die MiFID selbst zivilrechtli-

---

langt werden kann, ist streitig, vgl. *Rothenhöfer*, in: Schwark/Zimmer, KMRK[4], § 31 Rn. 71 m.w.N. zu beiden Ansichten.

[711] Vgl. bereits supra Fn. 452; vgl. aber auch *Buck-Heeb*, WM 2012, 625, 634.

[712] Vgl. zum neuen Recht Art. 24 Abs. 1 MiFID II.

[713] Solche Zweifel bestehen, vgl. nur die Überschrift bei *Schumacher*, Provisionen im Finanzinstrumentenvertrieb, S. 17, wonach § 31d WpHG eine „rätselhafte Vorschrift" sei; sehr kritisch zur Norm insgesamt *Assmann*, ÖBA 2007, 40, 54f.; vgl. auch *Decker*, Aufklärungspflichten, S. 123f.

[714] So hält etwa der frühere CESR Preisabschläge für aufklärungspflichtig, *CESR*, Report on good and poor practices v. 19.4.2010, CESR/10-295, S. 24 („example 2" und „comment").

[715] *Dieckmann*, AcP 213 (2013), 1, 9; so schon zu den Wohlverhaltenspflichten vor Umsetzung der MiFID *Wieneke*, Discount-Broking, S. 225; von *Grigoleit*, ZHR 177 (2013), 264, 273, als die „schwerwiegendste Auswirkung" einer Ausstrahlungswirkung bezeichnet. Negativbeispiel bei OLG Karlsruhe, Urt. v. 17.7.2012, Az.: 17 U 148/11, WM 2012, 2333, 2336, wo autonom ermittelt wurde, was unter den Zuwendungsbegriff des § 31d Abs. 2 WpHG falle. Aufgrund der unionsrechtlichen Determinierung der Norm (supra § 11 C. II. 1.) kann diese Frage von deutschen Gerichten nicht verbindlich geklärt werden.

che Folgen bei Verletzungen ihrer Pflichten nicht vorschreibt. Verbindlich kann ohnehin auch über diese Frage nur der EuGH entscheiden.[716]

§ 17 FinVermV soll ein § 31d WpHG vergleichbares Anlegerschutzniveau gewährleisten.[717] Ergibt sich aus § 17 FinVermV nichts Abweichendes, liegt es deshalb nahe, die Norm entsprechend § 31d WpHG auszulegen, der dasselbe Sachproblem im WpHG regelt.[718] Soweit § 17 FinVermV aufgrund der zeitlichen Abfolge von Entscheidungen anders ausgelegt würde als dies der EuGH möglicherweise später für die MiFID-Grundlagen zu § 31d WpHG entscheidet, wäre im Rahmen der verfassungsrechtlichen Grenzen auf eine (erneute) Konvergenz hinzuarbeiten.

Man könnte zweifeln, ob das möglicherweise zu prinzipienorientierte Aufsichtsrecht[719] für die Entscheidung der konkreten Einzelfälle geeignet ist. Allerdings trifft dieser Befund für die „unteren Stufen" der MiFID-Umsetzung im Lafalussy-Verfahren schon nur bedingt zu.[720] Das aufgezeigte Prozedere zeigt außerdem, dass im Ergebnis weiterhin ein im Einzelfall angerufenes Gericht, nämlich der EuGH, verbindliche Entscheidungen zu den Aufklärungspflichten treffen kann. Das Tatbestandsmodell, über dessen genaue Auslegung der EuGH gegebenfalls zu entscheiden haben wird, ist – insoweit abweichend vom status quo – in seinen Einzelheiten zuvor im Dialog mit den Aufsichtsbehörden, insbesondere der ESMA, zu erarbeiten. Anlegerklagen führen dazu, dass beständig Anlass zur Konkretisierung des Rechts im Rahmen des aufgezeigten Modus besteht. Mangelhafte Rechtsdurchsetzung und Rechtszersplitterung als Gefahren prinzipienorientierter Regulierung wären daher schon nicht in besonderem Ausmaß zu befürchten.[721] Vielmehr besteht nach alledem die Hoffnung, dass den „Rechtsanwendern im Einzelfall", also insbesondere den Marktteilnehmern und Gerichten, in absehbarer Zeit ein verlässliches Regelwerk zur Verfügung stehen würde, das verbleibende „Lücken und Unklarheiten" sukzessive schließt.

4. Zwischenergebnis

Der genaue Umfang vergütungsbezogener Aufklärungspflichten bei der c.i.c. lässt sich – derzeit – auch unter Anwendung des aufsichtsrechtlichen Tatbestandmodells noch nicht abschließend festhalten. Verbindliche Klärung kann letztlich nur der

---

716 *Harnos*, BKR 2014, 1, 8 f.

717 Dazu supra § 11 B. I. 2.

718 Vgl. auch supra § 11 B. I. 2.

719 Zum Begriff s. *Wundenberg*, in: Veil, Europäisches Kapitalmarktrecht², § 29 Rn. 5.

720 Zu erforderlichen Level-2-Maßnahmen nach MiFID II s. etwa Art. 24 Abs. 13 MiFID II; zum Lafalussy-II-Verfahren *Walla*, in: Veil, Europäisches Kapitalmarktrecht², § 4 Rn. 8 ff. Auch der BGH hat sich in Innenprovisionen-V in der Lage gesehen, dem Aufsichtsrecht konkrete Rechtsfolgen zu entnehmen, wenngleich er dem Aufsichtsrecht weiterhin eine Relevanz für das Zivilrecht abspricht, BeckRS 2014, 14029, Rn. 36 ff.

721 Zu diesen Gefahren im Kontext prinzipienorientierter Regulierung *Wundenberg*, in: Veil, Europäisches Kapitalmarktrecht², § 29 Rn. 12.

EuGH leisten. Es ist aber bereits absehbar, dass zwischen der bisherigen Rechtsprechung und dem relevanten Aufsichtsrecht mitunter erhebliche Divergenzen bestehen.[722]

D. Folgefragen für den Haftungsprozess auf Grundlage der c.i.c.-Pflichten

I. Gemeinsamkeiten mit der beratungsvertraglichen Haftung

Einige Überlegungen von oben gelten gleichermaßen für die Haftung aus einem c.i.c.-Schuldverhältnis. Anspruchsgrundlage für Schadensersatz ist § 280 Abs. 1 BGB[723], hier in Verbindung mit §§ 311 Abs. 2 bzw. 3, 241 Abs. 2 BGB.[724] Als verletzte Pflicht ist auf die dem Aufsichtsrecht zu entnehmende und im Zivilrecht auf beschriebene Weise[725] geltende Aufklärungspflicht abzustellen. Auch hinsichtlich des erforderlichen Verschuldens kann nach oben verwiesen werden.[726]

Die Haftung aus c.i.c. ist auf das negative Interesse gerichtet, d.h. der Anleger ist so zu stellen, als wäre der Folgevertrag nicht geschlossen worden.[727] Die aufsichtsrechtlich hergeleiteten Aufklärungspflichten dienen dazu, dem Anleger eine eigenverantwortliche Anlageentscheidung zu ermöglichen,[728] bei der er gegebenenfalls Interessenkonflikte des Beraters berücksichtigen können soll. Wenn gesetzliche, auf die Anlageentscheidung bezogene Aufklärungspflichten verletzt werden, ist deshalb anzunehmen, dass das Dispositionsinteresse des Kunden beeinträchtigt wurde.[729] Deshalb kann der Schadensersatzanspruch nicht dergestalt begrenzt werden, dass man eine Vermögensverschlechterung im Sinne eines „schlechten Geschäfts" für den Kunden als Schaden forderte oder nur die etwaig erlangten Zuwendungen als Schaden anerkennen würde. Die Aufklärungspflicht bezweckt, dass der

---

722 *Assmann*, in: FS U.H. Schneider, S. 37, 54; anders noch *Brocker*, BKR 2007, 365, 369 („weitgehende Kongruenz von aufsichtsrechtlichem und zivilrechtlichem Pflichtenprogramm"), allerdings zum Kick-Back-II-Urteil, das noch auf § 31 Abs. 1 Nr. 2 WpHG a.F. gestützt wurde und vor der Einführung von § 31d WpHG erging; dagegen *Zoller*, GWR 2010, 53, wonach schon damals das Zivilrecht bezüglich Aufklärungspflichten weit über die später umgesetzte MiFID hinausgegangen sei; vgl. auch *Lenenbach*, Kapitalmarktrecht², Rn. 11.84 („§ 31d WpHG weicht [...] nicht unerheblich [vom] vertraglichen Anlegerschutzrecht ab.").

723 S. auch *Forschner*, Wechselwirkungen von Aufsichtsrecht und Zivilrecht, S. 112; *Junglas*, BKR 2013, 360, 361.

724 In Finanzberatungskonstellationen kann stets ein Schuldverhältnis nach den Grundsätzen der c.i.c. angenommen werden, dazu bereits ausführlich supra § 11 A. II.; zur Haftung wegen Schutzgesetzverletzung infra § 11 E.

725 S. supra § 11 B. und C.

726 S. supra § 10 E. I.

727 Vgl. *Furrer/Körner*, Schadenersatz im Kapitalmarktrecht, S. 233, 262 f.; *Schiermann*, in: Staudinger, Neubearbeitung 2005, § 249 Rn. 195.

728 *Mülbert*, ZHR 177 (2013), 160, 190.

729 Vgl. konkret zu „Kick-Back-Zahlungen" *Witte/Hillebrandt*, DStR 2009, 1759, 1763.

Kunde selbst wohlinformiert über das „Ob" der konkreten Investition entscheiden kann. Geschützt wird somit das Dispositionsinteresse.[730]

II. Unterschiede zur beratungsvertraglichen Haftung

1. Keine Anwendung der Kausalitätsvermutung

Der Schutzzweck der aufsichtsrechtlichen Aufklärungspflicht geht nicht so weit wie bei Beratungsverträgen, bei denen sichergestellt werden soll, dass der Berater *allein* die Kundeninteressen wahrnimmt.[731] Klärt er beispielsweise über Zuwendungen i.S.v. § 31d Abs. 2 WpHG auf und sind die sonstigen Vorgaben der Norm erfüllt sind, ist ihm die Berücksichtigung solcher Eigeninteressen nicht verboten. Es obliegt in solchen Fällen dem Anleger zu entscheiden, wie er auf dieses ihm mitgeteilte Eigeninteresse reagieren möchte.

Das unterscheidet die Situation maßgeblich von solchen, bei denen die Beratung auf der Basis eines selbständigen Beratungsvertrags erfolgt. Dort haben Kunde und Intermediär bereits durch den Abschluss des Vertrags zum Ausdruck gebracht, dass die völlige Interessenkonfliktfreiheit zentraler Bestandteil der Beratungspflichten sein soll.[732] In den Fällen der bloß absatzbegleitenden Beratung hat der Intermediär dem Kunden hingegen nicht versprochen, einzig und allein dessen Interessen wahrzunehmen. Dies war für den Kunden nicht so wichtig, dass er – um eine solche Verpflichtung seines Vertragspartners zu erreichen – einen Beratungsvertrag abgeschlossen hätte, der freilich in der Regel eine Honorarvereinbarung enthalten würde.[733] Da der Kunde diese Möglichkeit nicht genutzt hat, ist es auch aus Schutzzwecksichtspunkten nicht sinnvoll zu unterstellen – was die Vermutung aufklärungsrichtigen Verhaltens aber macht –, dass der Kunde bei einer Aufklärung über die Eigeninteressen vom Geschäft Abstand genommen hätte.[734] Dies wird umso mehr gelten, wenn der Kunde sich nach der neuen „MiFID II-Information" über die Unabhängigkeit der Beratung auf den insoweit nicht unabhängig arbeitenden Berater eingelassen hat.[735] Die Aufklärung hätte den Kunden somit „nur" in die Lage versetzt, eine Entscheidung zu treffen, wie er mit den Eigeninteressen des Beraters, die

---

[730] Vgl. nur *Krebs*, in: Dauner-Lieb/Langen, Schuldrecht², § 311 Rn. 53; *Mertens*, AcP 203 (2003), 818, 847; ausführlich zum „unerwünschten Vertrag" als Schaden bei der c.i.c. *Lorenz*, Der Schutz vor dem unerwünschten Vertrag, S. 388 ff.; zum Vermögen als Schutzgut der c.i.c. *Emmerich*, in: MünchKomm BGB⁶, § 311 Rn. 66.

[731] Zu dieser Argumentation supra § 10 E. III. 2. c) bb).

[732] Dazu bereits supra § 10 E. III. 2. c) bb); vgl. ferner *Stumpf/Hettenbach*, BB 2012, 2582, 2585.

[733] Vgl. auch *Heusel*, ZBB 2012, 461, 466; *Looman*, F.A.Z. v. 4.5.2013, S. 22 („Die neutrale Beratung, die sich so viele Anleger wünschen, ist nur auf Honorarbasis möglich.").

[734] Vgl. *Schelling*, Vergütungssysteme und Interessenkonflikte, S. 265 f.; ferner LG Frankfurt a.M., Urt. v. 25.10.2010, Az.: 2-19 O 435/09, BKR 2011, 169, 172; vgl. auch infra § 11 II. 3.

[735] Vgl. *Grundmann*, WM 2012, 1745, 1753 und die Nachweise in Kapitel 2 Fn. 510.

er in gewissem Umfang hinnehmen muss,[736] umgegangen wäre.[737] Dafür kommen mehrere Verhaltensvarianten in Betracht.[738] Der Anleger könnte vom Geschäft Abstand nehmen, nach Alternativen fragen (mit gegebenenfalls geringeren Eigeninteressen des Beraters), eine Beteiligung an den Vergütungen des Intermediärs verlangen oder schlicht die Eigeninteressen akzeptieren, da er noch immer insoweit geschützt ist, als ihm gegenüber nur geeignete Empfehlungen ausgesprochen werden dürfen.[739]

Jedenfalls soweit die monetären Eigeninteressen des Intermediärs einen „üblichen Rahmen" nicht verlassen, steht damit keineswegs fest, wie sich der Anleger bei korrekter Aufklärung verhalten hätte.[740] Diese Entscheidung eigenverantwortlich zu treffen mutet der Gesetzgeber dem Anleger jedoch zu, da die Verfolgung von Eigeninteressen durch beratende Intermediäre bei der absatzbegleitenden Beratung nicht ausnahmslos verboten ist. Vor diesem Hintergrund ist es nicht plausibel, zu unterstellen, dass jedes mitgeteilte Eigeninteresse des Intermediärs den Kunden vom Geschäftsabschluss abgehalten hätte.[741] Entscheidend ist vielmehr die Qualität und Geeignetheit des Anlageprodukts.[742] Eine zur Beweislastumkehr führende „überragende Wichtigkeit" der Unabhängigkeit des Beraters darf hingegen nur im Fall eines selbständigen Beratungsvertrags grundsätzlich angenommen werden, weil nur so die daraus folgenden Vertragspflichten effektiv umzusetzen sind. Es

---

736 Insofern ist die Argumentation dem „Einwand rechtmäßigen Alternativverhaltens" ähnlich, wobei freilich nicht unterstellt werden darf, dass der Kunde bei korrekter Aufklärung das Geschäft dennoch getätigt hätte.

737 Vgl. auch OLG Frankfurt a.M., Urt. v. 24.6.2009, Az.: 17 U 307/08, WM 2010, 1313, 1317 (keine Kausalitätsvermutung, wenn Kunde abstrakt vom Interessenkonflikt wusste und nicht bezüglich der Höhe nachfragte).

738 Vgl. *Einsele*, Bank- und Kapitalmarktrecht², § 8 Rn. 43a; *Witte/Hillebrandt*, DStR 2009, 1759, 1763. Nach der ehemaligen BGH-Rechtsprechung führte ein solcher „Entscheidungskonflikt" dazu, dass die Vermutung nicht mehr anwendbar sein sollte. Das wurde aus Schutzzweckerwägungen in Kick-Back-X aufgegeben (dazu supra § 5 A. XXVIII.; dies begrüßt *Schwab*, NJW 2012, 3274, 3276). Allerdings ist der Schutzzweck – wie gezeigt – hinsichtlich unabhängiger und absatzbegleitender Beratung zu differenzieren. Bei letzterer geht es „nur" um die Absicherung der Primärberatungspflichten i.S.d. „anleger- und objektgerechten Beratung".

739 Zu den Handlungsmöglichkeiten des Anlegers auch *Rusch*, WM 2012, 440, 444; zur Relevanz des beschriebenen „Mindestschutzes" bei den ökonomischen Erwägungen supra ab § 8 A. II.

740 Vgl. *Möllers/Wenninger*, LMK 2007, 220857 (Kausalitätsvermutung nur bei „überhöhten" Provisionen); *Veil*, WM 2009, 2193, 2201; ferner *Blankenheim*, WuB I G 1. – 13.09, S. 821, 824; *Gansel/Gängel*, NJ 2010, 312, 320; *Grigoleit*, Bankrechtstag 2012, S. 25, 52; *Looman*, F.A.Z. v. 6.10.2012, S. 20 („Provisionen sind als Anlagekriterium überschätzt").

741 So aber *Maier*, VuR 2010, 25, 28; wie hier *Edelmann*, BB 2010, 1163, 1168; *Veil*, WM 2009, 2193, 2201; vgl. auch *Grigoleit*, in: Bankrechtstag 2012, S. 25, 31 (Vermutung sei „rechtsfolgenseitiger Brandbeschleuniger"); *ders.*, ZHR 177 (2013), 264, 294; *Heusel*, ZBB 2012, 461, 466; *Müller-Christmann*, in: Bankrechtstag 2012, S. 1, 8 ff.; *Stumpf/Hettenbach*, BB 2012, 2582, 2583; *Tiedemann*, BKR 2012, 421, 427; *Zoller*, GWR 2010, 53, 55.

742 *Möllers*, in: Bankrechtstag 2012, S. 81, 84; vgl. auch *Mülbert*, ZHR 177 (2013), 160, 197, der daher in Frage stellt, ob Rückabwicklung als Schadensersatz geschuldet sein solle, wenn nur über Rückvergütungen nicht aufgeklärt wurde.

muss deshalb dabei verbleiben, dass der Anleger die Kausalität einer Aufklärungspflichtverletzung für die spätere Anlageentscheidung im Prozess beweisen muss.[743]

2. Der „Verlust einer Chance" als jedenfalls eingetretener „Mindestschaden"

a) Vermeidung einer „Alles-oder-Nichts-Lösung"

Die dargestellte Problematik läuft – unabhängig davon, ob man die Frage der Haftungsbegründung oder -ausfüllung zuordnet[744] – auf eine starre „Alles-oder-Nichts-Lösung" zu, die für das deutsche Schadensersatzrecht typisch ist:[745] Entweder gelingt dem Anleger der Kausalitätsnachweis und er erhält vollen Schadensersatz oder er gelingt ihm nicht und der Kläger verliert vollumfänglich. Angesichts der aufgezeigten Probleme bei der Kausalitätsermittlung erscheint ein solches Ergebnis nicht selten unbillig.[746] Wird der Beratungskunde – von der fehlerhaften Aufklärung über monetäre Eigeninteressen abgesehen – pflichtgemäß beraten,[747] ließe sich die Situation als „verpasste Chance" dergestalt verstehen, dass ihm die Möglichkeit genommen wurde, über die Umsetzung einer für ihn geeigneten Empfehlung „nochmals" aufgrund der damit verknüpften Eigeninteressen seines Beraters zu entscheiden bzw. diese in seine Entscheidung einzubeziehen.[748] Für solche „verlorenen Chan-

---

[743] Vgl. auch *Gehrlein/Sutschet*, in: BeckOK-BGB, Ed. 31, § 311 Rn. 117 (Keine Kausalitätsvermutung bei allgemeiner Sachwalterhaftung, um Ausuferung zu vermeiden); im Kontext *Casper*, ZIP 2009, 2409, 2416 f.; *Hannöver*, in: Schimansky/Bunte/Lwowski, Bankrechts-Hdb.[4], § 110 Rn. 75; *Herresthal*, ZBB 2009, 348, 359 m.w.N.; *Möllers*, in: Bankrechtstag 2012, S. 81, 102 ff.; *ders.*, NZG 2012, 1019, 1021 f. [danach könne auf eine Vermutung verzichtet werden, wenn zugleich die Anforderungen an die Beweiswürdigung abgesenkt würden. Die hypothetische Kausalität sei bei schwerwiegenden Interessenkonflikten zu bejahen, beim bloßen Verschweigen von „Kick-Backs" aber nicht. Der BGH geht freilich davon aus, dass gerade auch Rückvergütungen einen schwerwiegenden Interessenkonflikt begründen, dazu supra § 5 B. I. 1. b) aa)]; *Veldhoff*, Haftung von Kreditinstituten, S. 324 m.w.N. aus der unterinstanzlichen Rechtsprechung und Literatur; *Veil*, WM 2009, 2193, 2201. Auch die höchstrichterliche Rechtsprechung aus Österreich und der Schweiz lehnt eine Kausalitätsvermutung in „Kick-Back-Fällen" ab, OGH, Beschl. v. 14.12.2011, Gz. 3 Ob 225/11a, S. 9 ff. Ziff. 3 (abrufbar unter http://www.ris.bka.gv.at/); BG, Urt. v. 7.10.1997, BGE 124 III 155, E.3.d.; vgl. im Übrigen supra § 10 E. III. 2. zur Kausalitätsvermutung im Rahmen von Beratungsverträgen.

[744] Vgl. *Fleischer*, JZ 1999, 766, 774, wonach ein „proportionaler Schadensersatz" (auch) nicht über § 287 ZPO hergeleitet werden könne; ferner *Schäfer/Ott*, Ökonomische Analyse[5], S. 298 („Eine Durchbrechung des Alles-oder-Nichts-Prinzips ist [mit § 287 ZPO] nicht verbunden.").

[745] Vgl. *Ehlgen*, Probabilistische Proportionalhaftung, S. 2 f.; *Fleischer*, JZ 1999, 766, 768; ferner *Heyers*, NJW 2012, 2548, 2551; *Koziol*, in: FS Stoll, S. 233, 237 f.; *Möllers*, in: Bankrechtstag 2012, S. 81, 91 f.; *Roth*, in: Kölner Komm WpHG, § 37d Rn. 200; *Schäfer/Ott*, Ökonomische Analyse[5], S. 297.

[746] So insbesondere *Jansen*, 19 OJLS (1999), 271, 274 („[A]ll-or-nothing solutions [...] are unsatisfactory and often unfair."); ferner *Koziol*, in: FS Stoll, S. 233, 238 m.w.N.

[747] Insbesondere dann stellt sich das Problem in voller „Schärfe". Durfte eine Empfehlung anleger- und objektgerecht nicht erfolgen, ist Schadensersatz in voller Höhe geschuldet. Dieser Fragestellung wird in der Praxis allerdings häufig dann nicht mehr nachgegangen, wenn Aufklärungspflichtverletzungen „im Raum stehen", dazu bereits supra Fn. 303.

[748] Vgl. *Rusch*, WM 2012, 440, 444, der treffend daher auch vom „Verlust einer Möglichkeit"

cen" halten andere Rechtsordnungen Lösungen parat, die von der deutschen abweichen.[749] Möglicherweise liefern diese für hiesige Problemstellung überzeugende Ergebnisse.[750]

b) Der „Verlust einer Chance" als Schadensposition

aa) Herkunft der Figur

Das Modell einer etwaige „Chancenverluste" berücksichtigenden Proportionalhaftung ist aus dem europäischen Ausland,[751] aber auch auf EU-Ebene bekannt.[752] Dieser Gedanke lässt sich ferner in internationalen Regelwerken finden[753] und selbst im deutschen Recht gibt es punktuelle Anhaltspunkte für eine Berücksichtigung von „Chancen" im Kontext von Schadensersatzansprüchen.[754] „Fallmaterial", in dem sich die Lehre der *„perte d'une chance"* bzw. der *„lost chances"* vor allem mit verlorenen Gewinn-, Heilungs- und Prozesschancen beschäftigt, kann insbesondere aus Frankreich und England (sowie den USA) herangezogen werden.[755]

---

spricht; vgl. aber auch *Schwab*, NJW 2012, 3274, 3276, der aus der Einräumung einer solchen „Überdenkensmöglichkeit" eine Beweislastumkehr folgert.

[749] Im deutschen Recht wird überwiegend angenommen, dass der bloße Verlust einer Chance keinen ersatzfähigen Schaden darstelle, *Heyers*, NJW 2012, 2548, 2551 m.w.N.

[750] Vgl. auch die ausführlichere Darstellung des Rechtsinstituts bei *Koziol*, Grundfragen des Schadensersatzrechts, S. 151 ff.; jüngst auch monographisch *Ehlgen*, Probabilistische Proportionalhaftung, passim, der sich mit der probabilistischen Proportionalhaftung und dem Schadensersatz für den Verlust von Chancen im Bereich des Arzt- und Anwaltshaftungsrechts ausführlich auseinandersetzt.

[751] So ist etwa aus dem englischen Recht die „*lost-chances*-Lehre" zu nennen, aus dem französischen die „*perte d' une chance*-Doktrin", sowie aus dem italienischen die „*perdita-della-possibilità*-Doktrin". Auch das niederländische Recht kennt einen Schadensersatz für verlorene Gewinn- und Heilungschancen, vgl. *Fleischer*, JZ 1999, 766 f.; *Jansen*, 19 OJLS (1999), 271, 274; *Koziol*, in: FS Stoll, S. 233, jeweils mit Quellennachweisen aus den genannten Rechtsordnungen; ferner *Hopt*, WM 2013, 101, 107.

[752] Vgl. Art. 2 Abs. 7 RL 92/13/EWG des Rates v. 25.2.1992 zur Koordinierung der Rechts- und Verwaltungsvorschriften für die Anwendung der Gemeinschaftsvorschriften über die Auftragsvergabe durch Auftraggeber im Bereich der Wasser-, Energie- und Verkehrsversorgung sowie im Telekommunikationssektor; zum Proportionalhaftungsmodell in den „Principles of European Tort Law" *Koziol*, Schadenersatz im Europäischen Privatrecht, S. 5, 9 f.

[753] Zu den „UNIDROIT-Principles of International Commercial Contracts" *Koziol*, in: FS Stoll, S. 233, 234.

[754] Etwa § 126 GWB, dazu *Koziol*, Schadenersatz im Europäischen Privatrecht, S. 5, 15; *Thüsing*, ZRP 2001, 126, 129.

[755] Ausführlich *Fleischer*, JZ 1999, 766 ff.; *Koziol*, in: FS Stoll, S. 233, 234 ff.

bb) Zur Anwendung auf Fälle fehlerhafter Aufklärung über monetäre Eigeninteressen

(1) Fallgruppenvergleich

Zunächst ist festzuhalten, dass es in den hier untersuchten Fällen im Ergebnis – auch wenn die Dispositionsfreiheit der Anleger betroffen ist – um Vermögensschäden geht.[756] In dieser Hinsicht ist eine Vergleichbarkeit zu Fällen der „verpassten Gewinnchancen" und – jedenfalls, soweit es um vertragliche Schadensersatzansprüche geht – zum Verlust von Prozesschancen festzustellen.

Allerdings wird nicht um einen entgangenen Vermögenszuwachs gestritten, sondern um die Möglichkeit, einen potentiellen Schaden zu vermeiden.[757] Insoweit besteht eine gewisse Ähnlichkeit der Beratungskonstellationen mit denen der „verlorenen Heilungschancen", bei denen es ebenfalls um die Vermeidung einer (weiteren) (Gesundheits-)Verschlechterung geht. Allerdings besteht ein wesentlicher Unterschied darin, dass im Rahmen der Heilungschancen das Problem auftreten kann, dass schon nicht beweisbar ist, ob überhaupt einmal eine Chance bestand.[758] Gelangte eine Proportionalhaftung in solchen Fällen dennoch zur Anwendung, würden mit ihr gleichsam „erkenntnistheoretische Unsicherheiten" hinsichtlich „tatsächlicher Bewirkungszusammenhänge" überwunden.[759] Bei fehlerhafter Aufklärung über monetäre Eigeninteressen des Beraters stellt sich dieses Problem nicht. Zwar ist regelmäßig nicht klar, wie der Anleger auf die Mitteilung des Eigeninteresses reagiert hätte. Dass aber von vornherein keine „echte Entscheidungsmöglichkeit" gegen das Investment bestanden hätte, kann nicht angenommen werden.[760]

---

[756] Wohl kaum wird ein Anleger eine gewinnbringende Anlage *nur* deshalb abstoßen wollen, weil (auch) sein Berater von der Empfehlung profitierte. Dies betont zu Recht *Möllers*, in: Bankrechtstag 2012, S. 81, 89 f. und 92.

[757] Dabei geht es um die möglicherweise ungünstige Entwicklung der Investition und nicht um die Beeinträchtigung des Dispositionsinteresses des Anlegers. Letzteres ist mit Erfüllung der Aufklärungspflicht bereits vermieden, sodass diesbezüglich keine weitere „Vermeidungs*chance*" erforderlich ist. Dazu dass auch die Vermeidung von Schäden eine relevante Chance darstellen kann *Jansen*, 19 OJLS (1999), 271, 279.

[758] Beispiel: Zwanzig von einhundert Patienten genesen bei einer rechtzeitigen Behandlung. Aufgrund besonderer Umstände des Organismus von Patient P ist eine Heilungschance für ihn von vornherein nicht gegeben, was zum Zeitpunkt der gebotenen Behandlung aber nicht diagnostizierbar gewesen wäre (eine derartige Feststellung ist in der Praxis normalerweise nicht möglich, was die Situationen im Ergebnis einander angleicht, vgl. *Koziol*, in: FS Stoll, S. 233, 243 f.). Dann kann nicht davon gesprochen werden, dass P eine Heilungschance von 20 % verloren habe. Anders wäre das, wenn auch für P eine Genesung möglich gewesen wäre. Dann ist die Situation grundsätzlich mit Wahrscheinlichkeiten zu beschreiben, vgl. *Jansen*, 19 OJLS (1999), 271, 279.

[759] Dazu *Fleischer*, JZ 1999, 766, 771 f., der daraus folgert, dass es beim Schadensersatz für Chancenverlust um „zwei Welten" ginge, nämlich einerseits (bei verlorenen Gewinnchancen) Schadensberechnung, andererseits (bei verlorenen Heilungschancen) Überwindung von Kausalitätszweifeln; dezidiert dagegen *Koziol*, in: FS Stoll, S. 233, 244 f. und 247.

[760] Vgl. auch Jansen, 19 OJLS (1999), 271, 286 f.

(2) Argumente für eine Anwendung in Anlageberatungsfällen

Würde man Schadensersatz für den Verlust der „Entscheidungschance" des Anlegers anerkennen, ließen sich starre Ergebnisse vermeiden, die die beschriebenen Unsicherheiten bei der Kausalität nicht adäquat widerspiegeln.[761] Eine Beweislastumkehr kommt außerhalb von Beratungsverträgen nicht in Betracht. Unter Anführung des Präventionsgedanken ließe sich deshalb für eine Anwendung des Schadensersatzes für verlorene Chancen plädieren, da anderenfalls die Aufklärungspflichtverletzung des Beraters gegebenenfalls keine Folgen zeitigen würde.[762] Aber auch der dem Schadensersatzrecht primär innewohnende Ausgleichsgedanke[763] könnte über eine „abgestufte Rechtsfolge" gegebenenfalls „besser" als im bisherigen Modell verwirklicht werden.[764] Zumindest ist es möglich, Gewinnchancen „gedanklich zu verselbständigen".[765] Wertungsmäßig ergibt es keinen Unterschied, ob die Chance auf einen „Zuwachs" ausgerichtet ist oder auf die Vermeidung eines Verlustes. Insoweit kann also die „Umentscheidungsmöglichkeit" des Anlegers als verselbständigte Möglichkeit verstanden werden, für deren Verlust Schadensersatz begehrt werden könnte.[766]

Es scheinen daher durchaus vernünftige Erwägungen dafür zu sprechen, die Anlegerchance als Schadensposition anzuerkennen. Freilich können wünschenswerte Ergebnisse[767] nicht allein ausschlaggebend zur Beantwortung der Frage sein.[768] Zu klären ist daher, ob und wie ein solches Konzept im Kontext vergütungsbezogener Aufklärungspflichten umgesetzt werden könnte.

(3) Argumente gegen eine Anwendung in Beratungskonstellationen

(a) Irrelevante Einwände

Im hiesigen Kontext nicht erheblich ist ein Argument aus dem Bereich der verlorenen Heilungschancen. Die Anwendung wäre vorliegend nämlich nicht damit ver-

---

761 Vgl. *Rusch*, WM 2012, 440, 444.

762 Vgl. *Jansen*, 19 OJLS (1999), 271, 293; *Koziol*, in: FS Stoll, S. 233, 247. Ohnehin würde auch eine Beweistlastumkehr nichts am „starren Ergebnis" ändern, außer das „im Zweifel den Schädiger die Haftung trifft", *Koziol* a.a.O. S. 237 f.; s. auch *Thüsing*, ZRP 2001, 126 und 129.

763 Vgl. *Koziol*, Grundfragen des Schadensersatzrechts, S. 75 ff.; *Magnus*, in: Dauner-Lieb/Langen, BGB-Schuldrecht, Vorbemerkung zu §§ 249 - 255 Rn. 8 ff.; *Thüsing*, ZRP 2001, 126; ausführlich *Ehlgen*, Probabilistische Proportionalhaftung, S. 68 ff.

764 *Fleischer*, JZ 1999, 766, 770, der zusätzlich rechtsökonomische Argumente heranzieht.

765 *Fleischer*, JZ 1999, 766, 769, am Beispiel eines Lotterieloses; zustimmend *Koziol*, in: FS Stoll, S. 233, 240; mit diesem Argument wird auch eine „Sperrwirkung" aus § 252 BGB abgelehnt.

766 Vgl. *Fleischer*, JZ 1999, 766, 769; *Rusch*, WM 2012, 440, 444; vgl. in anderem Kontext *Schwab*, NJW 2012, 3276.

767 Vgl. *Koziol*, in: FS Stoll, S. 233, 239 („[D]iese Lehre [ist] vom Ergebnis her geeignet, Befriedigung auszulösen, da sie [...] Extremlösungen [...] vermeidet.").

768 Vgl. *Jansen*, 19 OJLS (1999), 271, 281.

bunden, dass man den „Wert des Lebens" eines Menschen bewerten müsste.[769] Auch griffe der Einwand ins Leere, dass die Vorstellung einer „Chance" jedenfalls dann nur eine epistemische Illusion sei, soweit keine menschliche Entscheidung involviert sei.[770] Bei der Anlageberatung stehen menschliche Entscheidungen sogar im Mittelpunkt.

Teilweise wird davon ausgegangen, dass Schadensersatz für den Verlust einer Chance nur für „individuelle" und nicht bloße statistische Chancen in Betracht komme.[771] In den untersuchten Fällen geht es jedoch darum, dem einzelnen Anleger die Möglichkeit zu eröffnen, auf offenbarte Eigeninteressen zu reagieren. Diese Möglichkeit besteht real und ist mithin nicht nur statistisch.[772]

Soweit rechtspraktisch argumentiert wird, dass es gegebenenfalls nicht nötig sei die „verlorenen Chancen" anzuerkennen, wenn „weitreichende Beweiserleichterungen" bestehen,[773] kann nach oben verwiesen werden. Besondere Erleichterungen sind für die untersuchte Frage bei der absatzbegleitenden Beratung nicht geboten.[774]

(b) Die Gefahr der Haftungsausuferung

Würde man allgemein postulieren, dass verlorenen Chancen im Wege des Schadensersatzes liquidationsfähig seien, läge der Einwand nahe, dass dies zu einer enormen Haftungsausweitung mit einer potentiell unüberschaubaren Anzahl von mitunter spekulativen gerichtlichen Streitigkeiten führen würde („*floodgates argument*").[775]

(c) Widersprüche zum deutschen Haftungsrecht

Manche gehen davon aus, dass es mit der im deutschen Schadensrecht anzuwendenden Differenzmethode[776] nicht vereinbar sei, entgangene Chancen zu liquidieren[777] und ferner solche Chancen Ersatzpflichten nur auslösen könnten, wenn sie ein selb-

---

[769] Zu diesem Kritikpunkt im Zusammenhang mit verlorenen Heilungschancen *Jansen*, 19 OJLS (1999), 271, 294.

[770] Dazu *Jansen*, 19 OJLS (1999), 271, 280.

[771] Vgl. dazu *Fleischer*, JZ 1999, 766, 772; *Koziol*, in: FS Stoll, S. 233, 243; ferner *Jansen*, 19 OJLS (1999), 271, 280 f.; s. a.a.O. S. 286 f., zum ontologischen Hintergrund des Arguments.

[772] Kategorisch a.A. *Koziol*, in: FS Stoll, S. 233, 244 („Rückblickend ist jede Chance bloß eine statistische Chance.").

[773] Vgl. *Fleischer*, JZ 1999, 766, 774.

[774] § 11 D. II. 1.

[775] Dazu *Fleischer*, JZ 1999, 766, 769; *Jansen*, 19 OJLS (1999), 271, 294; vgl. schon zur Rückvergütungsrechtsprechung des BGH *Müller-Christmann*, in: Bankrechtstag 2012, S. 1, 5 (BGH habe „eine Schleuse geöffnet").

[776] Vgl. etwa *Magnus*, in: Dauner-Lieb/Langen, BGB-Schuldrecht, Vorbemerkung zu §§ 249 - 255 Rn. 109.

[777] *Koziol*, in: FS Stoll, S. 233, 242, zum Verlust von Gewinn- und Prozesschancen.

ständiges Rechtsgut seien.[778] Sähe man dies anders, sei eine Überkompensation zu befürchten, da beispielsweise ein Patient, dessen Heilungschance vernichtet worden sei, auch ohne eine Gesundheitsschädigung Schadensersatz erhalten müsste.[779] Überkompensation könnte ferner dadurch auftreten, wenn der Kläger – sollte ihm der Kausalitätsnachweis gelingen – vollen Schadensersatz erhält, anderenfalls aber zumindest anteiligen für den Chancenverlust.[780]

(d) Schwierigkeiten bei der Bewertung von Chancen

Soweit vorgebracht wird, dass zumindest rein „statistische Chancen" keinen Wert hätten,[781] ist dies hier – wie gezeigt – nicht erheblich. Richtig ist indes, dass die Bewertung verlorener Chancen Probleme aufwirft, die mit der erforderlichen hypothetischen Betrachtung zukünftiger Ereignisse zusammenhängen.[782]

(4) Stellungnahme

Die Gefahr einer Haftungsausuferung ist ein ernst zu nehmender Gesichtspunkt, zumal die Beratungshaftung ohnehin vielfach schon als (zu) weitgehend eingeordnet wird.[783] Allerdings ließe sich durch die konkrete Handhabung eine unkontrollierte Haftungsausdehnung durchaus vermeiden, wie sich rechtsvergleichend zeigt.[784] *Fleischer* fordert zur Haftungsbegrenzung, dass (Gewinn-)Chancen „bereits derart verdichtet sind, dass [ihnen] ein selbständiger Vermögenswert zukommt", wobei er auf die Formel des französischen Rechts der „*chance réelle et serieuse*" und den aus dem Bilanzrecht stammenden Begriff der „Greifbarkeit" abstellt, wobei eine „Einzelveräußerbarkeit" nicht erforderlich sein soll.[785]

Die Ausführungen von *Fleischer* betreffen Gewinnchancen, insofern sind sie hinsichtlich der Fälle fehlerhafter Aufklärung über monetäre Eigeninteressen etwas abzuwandeln. Auch für die untersuchten Fälle kann es freilich auf eine „Veräußerbarkeit" nicht ankommen, da es um (potentielle) Verlustvermeidungsmöglichkeiten für den konkreten Anleger geht. Diese basieren auf dessen „Umentscheidungsmöglichkeit" nach Mitteilung des Eigeninteresses des Beraters. Diese Möglichkeit ist

[778] Vgl. *Koziol*, in: FS Stoll, S. 233, 245 (Heilungschance sei kein Rechtsgut, weshalb Ersatzpflichten ausschieden); ebenso *Stoll*, in: FS Steffen, S. 465, 475 f.

[779] *Ehlgen*, Probabilistische Proportionalhaftung, S. 412 These 14; *Fleischer*, JZ 1999, 766, 773; *Koziol*, in: FS Stoll, S. 233, 245.

[780] *Fleischer*, JZ 1999, 766, 774 (in Bezug auf Schadensersatz für verlorene Prozesschancen); vgl. auch *Jansen*, 19 OJLS (1999), 271, 292.

[781] *Hill*, 54 Mod. L. Rev. (1991), 511, 516 ff.; dagegen *Jansen*, 19 OJLS (1999), 271, 293.

[782] Dazu *Jansen*, 19 OJLS (1999), 271, 293. Das Bewertungsproblem verschärft sich, soweit auch physische Schäden involviert sind (*Jansen* a.a.O.). Das spielt vorliegend keine Rolle; vgl. auch *Möllers*, in: Bankrechtstag 2012, S. 81, 88.

[783] Vgl. supra Kapitel 2 Fn. 1195.

[784] *Fleischer*, JZ 1999, 766, 769 f.; *Jansen*, 19 OJLS (1999), 271, 294.

[785] *Fleischer*, JZ 1999, 766, 770.

isolierbar und intersubjektiv erfassbar,[786] da sie – nach hiesiger Konzeption[787] – auf dem zwingenden Aufsichtsrecht basiert. Soweit eine Situation vorliegt, die nach den gesetzlichen Bestimmungen eine Aufklärungspflicht auslöst, ist damit zugleich die (Entscheidungs-)Chance beschrieben, die dem Anleger in Bezug auf die spätere Investition vom Berater einzuräumen ist. Die geforderte „Verdichtung" der Chance[788] basiert damit gleichsam auf dem Gesetz. Eine unkontrollierbare spekulative Ausweitung von Klagen kommt daher nicht in Betracht. Allenfalls soweit Anleger, die sich selbst keine Chancen auf einen vollen Kausalitätsnachweis ausrechneten, nun wegen des „Verlusts der Entscheidungsmöglichkeit" Klagen einreichten, wäre eine Zunahme denkbar. Das wäre dann freilich die Konsequenz daraus, dass dieser „bloßen Chance" vor dem Hintergrund sonst unbefriedigender „Alles-oder-Nichts-Lösungen" ein eigenständiger Wert zuerkannt wurde.[789]

Die durch die Aufklärungspflicht ermöglichte Entscheidungschance kann man nicht als Rechtsgut qualifizieren. Darauf kommt es aber hier nicht an.[790] Das hängt damit zusammen, dass die Frage der „schadensrechtlichen Chancenerfassung" eine solche der Haftungsausfüllung ist.[791] Schutzgegenstand der (vor-)vertraglichen Haftung bei Pflichtverletzungen sind nicht nur verletzte Rechtsgüter, sondern auch sonstige vermögenswerte Interessen.[792] Insoweit geht es damit im Ergebnis um eine Frage der Schadensbemessung und §§ 249 ff. BGB ist jedenfalls nicht zu entnehmen, dass verlorene Möglichkeiten nicht liquidierbar sein sollen.[793] Der Hinweis, dass die Differenzmethode einer Erfassung von Möglichkeiten beim Schadensersatz entgegenstehe, greift daher nicht durch. Denn nach der Differenzmethode ist zu fragen, wie der Geschädigte ohne die Schädigung stünde. Ordnete man der Chance ihren „Erwartungswert" zu,[794] kann man zum Zeitpunkt der Nichtaufklärung eine Schadensermittlung auf Basis der Differenzmethode durchführen.[795]

---

[786] Vgl. zu diesen dem Bilanzrecht entlehnten Kriterien zur Bestimmung der „Greifbarkeit" *Winnefeld*, in: Winnefeld, Bilanz-Handbuch^4, Rn. 421.

[787] Dazu supra § 11 B. und C.

[788] *Fleischer*, JZ 1999, 766, 770; *Koziol*, in: FS Stoll, S. 233, 241.

[789] Vgl. *Jansen*, 19 OJLS (1999), 271, 294.

[790] Auf die Rechtsgutqualität stellt hingegen *Koziol*, Schadenersatz im Europäischen Privatrecht, S. 5, 16 (im Kontext der Heilungschancen) maßgeblich ab; ferner *ders.*, in: FS Stoll, S. 233, 245 m.w.N.

[791] S. supra § 10 E. III. 2. b).

[792] Vgl. etwa *Gehrlein/Sutschet*, in: BeckOK-BGB, Ed. 31, § 311 Rn. 42.

[793] Vgl. *Jansen*, 19 OJLS (1999), 271, 291 f. Für einen etwaigen deliktsrechtlichen Schadensersatz (§ 823 Abs. 1 BGB) für entgangene Chancen wäre die Frage indes anders zu beurteilen. *Jansen* a.a.O. S. 292 f. hält die deliktsrechtliche Erfassung aber sogar für verfassungsrechtlich erforderlich; dagegen explizit *Koziol*, in: FS Stoll, S. 233, 245.

[794] „Wert des vermiedenen Verlusts" multipliziert mit der Wahrscheinlichkeit der Entscheidung für die verlustvermeidende Verhaltensvariante.

[795] Zu dieser Argumentation *Heyers*, NJW 2012, 2548, 2552, der daraus folgert, dass „verpasste Chancen" aufgrund dieses ermittelbaren Erwartungswertes liquidierbar sein müssen, ohne dass es dazu einer Anerkennung des hier betrachteten Rechtsinstituts bedürfe; anders *Jansen*, 19 OJLS

Von den Kritikern wird die Problematik der Überkompensation aufgeworfen. Denkbar sei, dass der „Geschädigte“ Kompensation für seine verlorene Chance selbst dann erlangen könne, wenn ein „finaler“ Schaden gar nicht eingetreten sei. Dieser Gesichtspunkt ist für die Fälle der fehlerhaften Aufklärung über Eigeninteressen aber nicht überzeugend und hängt mit der Art der Bemessung des Wertes der Chance zusammen.[796] Der Schaden tritt zwar bereits im Moment der vernichteten Möglichkeit ein,[797] allerdings ist für die Bemessung des Werts die spätere weitere Entwicklung der potentiell zu vermeidenden Folge für das Kundenvermögen mit einzubeziehen.[798] Darin liegt kein unzulässiger Wechsel des Beurteilungszeitpunkts,[799] wie folgende Kontrollüberlegung zeigt: Wäre die Kausalität der Nichtaufklärung vom Anleger (vollständig) nachgewiesen, wäre im Grundsatz ohne Bedenken der vollständige Schaden im Zeitpunkt der Geltendmachung des Schadensersatzanspruches liquidierbar, gegebenenfalls verbunden mit einer Feststellung, dass auch künftige Schäden zu ersetzen sind. Der hier betrachtete Verlust einer Möglichkeit einen solchen „finalen Schaden“ zu vermeiden, ist insoweit von diesem späteren endgültigen Schaden abhängig, es geht also gewissermaßen um eine derivative Position. Die Bewertung der Chance ist deshalb zwangsläufig abhängig von dem Wert der finalen Schadensposition. Ist ein solcher finaler Schaden nicht eingetreten (d.h. im Kontext, dass die Anlage Gewinn abwarf[800]), wäre der Wert der Chance negativ, da bei ihrer Realisierung ein Gewinn „vermieden“ worden wäre. Damit stellt die Chance dann keine *zusätzlich* liquidierbare Position dar.[801]

Problematischer könnte eine gegebenenfalls eintretende Überkompensation dergestalt sein, dass aufgrund der Liquidationsmöglichkeit für die verpasste Umentscheidungsmöglichkeit im Ergebnis entweder voller Schadensersatz (bei geglücktem Kausalitätsnachweis) oder anteiliger Schadensersatz (für die verpasste Möglichkeit) gefordert werden könnte, der Anleger also jedenfalls etwas erhalten würde.[802] Anders wäre dies, wenn die Umentscheidungsmöglichkeit bei „0 %“ läge. Angesichts der oben vorgebrachten Schwierigkeiten hinsichtlich der Kausalitätsermittlung, kann es nicht überraschen, dass die Annahme einer „0 %-Chance“ häufig ausscheiden dürfte. Der beschriebene Effekt würde deshalb wohl eintreten. Allerdings ist das kein zwingendes Argument gegen die Berücksichtigung von verlorenen Chancen im Schadensrecht, wenn man rekapituliert, dass Bewertungsfragen

(1999), 271, 292, der die Anerkennung in Deutschland für eine rechtspolitische Frage hält; vgl. aber auch *Schäfer/Ott*, Ökonomische Analyse[5], S. 302 f.

796 Dazu noch einmal infra § 11 D. II. 2. d).

797 *Kasche*, Heilungschancen, S. 231.

798 Vgl. auch *Kasche*, Heilungschancen, S. 228 ff.

799 So aber *Koziol*, in: FS Stoll, S. 233, 245 (Fn. 61).

800 Theoretisch ist freilich auch möglich, dass die Anlage die Vermögensposition des Anlegers völlig unbeeinträchtigt ließ, weil sie sich weder positiv noch negativ entwickelte.

801 Denkbar erschiene insoweit auch eine Argumentation auf Basis der Vorteilsausgleichung.

802 Vgl. auch *Ehlgen*, Probabilistische Proportionalhaftung, S. 414 These 14 („Alles-oder-zumindest-ein-Teil-Prinzip“).

eines Schadens betroffen sind, den der Berater durch die Nichtaufklärung verursacht hat. Die Bewertungsschwierigkeiten betreffen eine Situation, die nur deshalb eingetreten ist, weil er seine Pflichten verletzt hat.[803] Insofern wäre es keine unvertretbare Überkompensation, wenn sich diese Bewertungsschwierigkeiten potentiell zu seinen Lasten auswirken. Im Ergebnis handelt es sich um eine Konsequenz aus der Erkenntnis, dass der vereitelten Entscheidungschance selbst ein Wert innewohnt.[804] Aus den Schwierigkeiten bei der Bemessung der insoweit anerkannten Schadensposition[805] kann deshalb kein Argument entnommen werden, sie vollständig unberücksichtigt zu lassen.[806]

cc) Zwischenergebnis

Soweit es überhaupt diskutiert wird, verneint die überwiegende Meinung für Deutschland die Kompensationsfähigkeit von verlorenen Chancen/Möglichkeiten.[807] Das Konzept wäre indes im hiesigen Kontext geeignet, eine einseitige Lastenverteilung bei unklarer Beweislage hinsichtlich eines „finalen Schadens" zu vermeiden.[808] Die gegen die Berücksichtigung von Chancen beim Schadensersatz vorgebrachten Argumente greifen für hiesige Fälle nicht durch. Während die Art und Weise der Umsetzung einer Proportionalhaftung zwar streitig ist, ist sie im Ergebnis zu befürworten.[809] Für Fälle fehlerhafter Aufklärung über monetäre Eigeninteressen sollte der „Verlust der Umentscheidungsmöglichkeit" des Anlegers deshalb als Schadensposition anerkannt werden.[810]

---

803 Diese „Pflicht zur Chancenwahrung" wurde ihm vom Gesetz auferlegt, vgl. vor diesem Hintergrund *Ehlgen*, Probabilistische Proportionalhaftung, S. 411 These 13.

804 Auch in der gegenwärtigen Praxis ist die strenge Äquivalenztheorie über die Vermutung aufklärungsrichtigen Verhaltens bereits aufgelockert, vgl. im Kontext der Anwaltshaftung *Fleischer*, JZ 1999, 766, 774.

805 Zur Bewertung infra § 11 D. II. 2. d).

806 *Jansen*, 19 OJLS (1999), 271, 293.

807 Vgl. *Heyers*, NJW 2012, 2548, 2551 m.w.N.

808 Vgl. *Thüsing*, ZRP 2001, 126, 129. Regelmäßig wird auch die ökonomische Vorteilhaftigkeit eines Proportionalhaftungskonzepts argumentativ angeführt; dazu ausführlich *Ehlgen*, Probabilistische Proportionalhaftung, S. 95 ff., der a.a.O. S. 132 jedoch Zurückhaltung bei der Berücksichtigung derartiger Argumente anmahnt.

809 Ersatz für verlorene Chancen befürworten (zumindest teilweise) auch *Fleischer*, JZ 1999, 766, 775; *Jansen*, 19 OJLS (1999), 271, 296; *Rusch*, WM 2012, 440, 444; möglicherweise auch *Thüsing*, ZRP 2001, 126, 129; für eine Berücksichtigung von Erwartungswerten im Rahmen der Differenzhypothese *Heyers*, NJW 2012, 2548, 2551; für eine anteilige Berücksichtigung anhand des Gedankens der Mitverantwortung aus § 254 BGB *Koziol*, in: FS Stoll, 233, 247 ff.; zur Lösung von *Bydlinski*, der über eine „Schadensteilung" ebenfalls zu einer Proportionalhaftung gelangt *Möllers*, in: Bankrechtstag 2012, S. 81, 92.

810 Man könnte bereits jetzt die derzeitige Rechtsprechung in dieses Modell einordnen, wenn man die Beweislastumkehr als Bewertung der Wahrscheinlichkeit, mit der die Chance zu einem Nichtabschluss geführt hätte, mit 100% ansetzte, so *Rusch*, WM 2012, 440, 444. Im Ergebnis überzeugt diese Bewertung aber – wie gezeigt – nicht, supra § 11 D. II. 1.

c) Auswirkungen auf Kausalitätsfragen

Erkennt man die verlorene *Entscheidungsmöglichkeit* als Schaden an, muss sich *darauf* die Kausalität der Aufklärungspflichtverletzung *beziehen*. Diese ist dann unproblematisch zu bejahen. Wird der Kunde vom Berater nicht bzw. fehlerhaft über dessen Eigeninteressen informiert, entgeht dem Kunden damit zugleich die Möglichkeit, sich aufgrund der geforderten Mitteilung anders zu entscheiden. Mit *Rusch* kann man sagen, dass sich die fehlerhafte Aufklärung „mit absoluter Sicherheit kausal zum Verlust dieser Möglichkeit [verhält]".[811] Kausalitätsfragen hinsichtlich des „finalen Schadens" werden damit zu Bewertungsfragen des Möglichkeitsverlusts transformiert.[812]

d) Bemessung der Schadenshöhe

Grundlage der Schadensbemessung ist § 287 ZPO, der dem Gericht die Möglichkeit eröffnet, einen „nicht ziffernmäßig nachweisbaren" Schaden zu schätzen.[813] Orientiert man sich an den „Vorbildern",[814] enthält die Bewertung im Kontext des Chancenverlusts zwei Elemente: Zum einen ist relevant, mit welcher Wahrscheinlichkeit die Möglichkeit genutzt worden, d.h. also die Investition nicht getätigt worden wäre. Zum anderen benötigt man als Bezugsgröße den potentiell vermiedenen Endschaden.[815] Letzterer entspricht dem Schaden, der bei nachgewiesener Kausalität liquidierbar gewesen wäre und stellt daher eine Obergrenze dar. Dies trägt den Bedenken Rechnung, dass der Schadensersatz berechenbar bleiben muss.[816]

Eigene Schwierigkeiten wirft aber die Ermittlung der anzunehmenden „Nutzungswahrscheinlichkeit" der Entscheidungsmöglichkeit auf. Allerdings hat die Rechtsprechung auch sonst diffizile Bewertungsaufgaben zu lösen.[817] Als Anhaltspunkte und Indizien kommen alle Gesichtspunkte in Betracht, die im Rahmen der Kausalitätsbetrachtung hinsichtlich des finalen Schadens zu berücksichtigen sind.[818] Der entscheidende Unterschied liegt darin, dass nunmehr anhand dieser Gesichtspunkte nicht umfänglich für oder gegen den Schadensersatzanspruch geurteilt werden muss, sondern eine anteilige Bemessung möglich wird. Dass dies möglicherweise mit der Wirklichkeit nicht exakt übereinstimmt, wird vom Gesetz im Rahmen

811 *Rusch*, WM 2012, 440, 444 m.w.N.

812 *Jansen*, 19 OJLS (1999), 271, 282; *Koziol*, Schadenersatz im Europäischen Privatrecht, S. 5, 16; vgl. ferner *Roth*, in: Kölner Komm WpHG, § 37d Rn. 200; schließlich *Ehlgen*, Probabilistische Proportionalhaftung, S. 404.

813 *Rusch*, WM 2012, 440, 444.

814 Vgl. *Koziol*, in: FS Stoll, S. 233, 234 und 239; *Rusch*, WM 2012, 440, 444; *Schäfer/Ott*, Ökonomische Analyse[5], S. 299 f.

815 Vgl. auch supra § 10 E. II.

816 Vgl. *Thüsing*, ZRP 2001, 126, 129.

817 Vgl. *Fleischer*, JZ 1999, 766, 769 mit Verweis auf § 842 BGB; *Schäfer/Ott*, Ökonomische Analyse[5], S. 303.

818 Dazu supra § 10 E. III. 2. c) cc) und § 11 D. II. 1.

des § 287 ZPO hingenommen.[819] Vom Kläger ist – im Rahmen der ihm zur Verfügung stehenden Mittel – im Übrigen weiterhin zu fordern, dass er den Schaden in seiner Höhe hinreichend substantiiert. Zu berücksichtigen ist nämlich, dass er sich nicht für den Abschluss eines Eigeninteressen völlig ausschließenden Beratungsvertrags entschieden hatte. Deshalb ist im Ergebnis nicht davon auszugehen, dass mit hier vorgeschlagener Lösung faktisch eine Vermutung aufklärungsrichtigen Verhaltens „durch die Hintertür“ wieder eingeführt würde.

3. Der Geschäftsabschluss bei Dritten

Das im beratungsvertraglichen Kontext bereits besprochene Problem, wie sich die Haftung darstellt, wenn ein beratener Kunde (nur) nicht auf die Eigeninteressen des Beraters bei einer Empfehlung hingewiesen wurde und anschließend das empfohlene (später verlustbringende) Produkt bei einem Dritten erwirbt, kann auch bei der absatzbegleitenden Beratung auftreten. Oben wurde gezeigt, dass der vertragliche Berater haften muss,[820] denn die Beratungsleistung ist als solche selbständig und es ist in beratungsvertraglichen Beratungen von vornherein möglich, dass der Berater bzw. dessen Institut die spätere Empfehlung nicht selbst abwickeln kann.

Dies ist hier anders. Ohne Beratungsvertrag erfüllt die Beratung – für den Kunden erkennbar – eine bloß absatzbegleitende Funktion.[821] War die Beratung von der fehlerhaften Aufklärung im Übrigen „vorschriftsgemäß“, d.h. das empfohlene Produkt war für den Kunden geeignet, wäre eine beschriebene Haftung des Beraters nicht mehr vom Schutzzweck der Aufklärungspflicht gedeckt.[822] Denn dieser betrifft einen Interessenkonflikt beim konkreten Berater im Hinblick auf einen bei diesem bzw. über diesen stattfindenden Absatz von Finanzprodukten und ist gerade durch die Absatzorientierung dieser Beratung begründet. Findet ein solcher Absatz nicht statt, wäre ein allein auf die Nichtaufklärung bezogener Schadensersatzanspruch überschießend, da – anders als beim Beratungsvertrag – keine alleinige Fremdinteressenwahrnehmung geschuldet ist. Vielmehr wurde der Schutzzweck mit der im Übrigen „geeigneten Empfehlung“ erreicht.

---

[819] BGH, Urt. v. 16.12.1963, Az.: III ZR 47/63, NJW 1964, 589; BGH, Urt. v. 6.12.2012, VII ZR 84/10, NJW 2013, 525, Rn. 23; *Greger*, in: Zöller, ZPO Komm[30], § 287 Rn. 2; *Thüsing*, ZRP 2001, 126, 129.

[820] Dazu supra § 6 A. III. 8.

[821] Ausführlich supra § 10 A.

[822] Zur begrenzenden Wirkung des Schutzzwecks *Bamberger*, in: Hdb. zum dt. und europ. Bankrecht[2], § 50 Rn. 187; *Edelmann*, in: Assmann/Schütze, Hdb. KapitalanlageR[4], § 3 Rn. 115; *Nobbe/Zahrte*, in: MünchKomm HGB[3], Anlageberatung, Rn. 315; ausführlich auch *Geibel*, Kapitalanlegerschaden, S. 327 ff., insbesondere S. 344 ff.; vgl. auch supra § 11 II. 1.

E. Die deliktsrechtliche Bedeutung des Aufsichtsrechts

I. Praktische Relevanz

Obwohl die Frage nach der Schutzgesetzqualität kapitalmarktrechtlicher Normen „eine der meistdiskutierten Fragen des Kapitalmarktrechts“[823] darstellt, ist sie im untersuchten Kontext aufgrund der beratungsvertraglich angenommen Pflichten kaum praktisch relevant geworden.[824] Nach hiesiger Konzeption, nach der das Aufsichtsrecht faktisch den vorvertraglichen Pflichtenkatalog bestimmt,[825] stellt sich ebenso die Frage, inwiefern eine deliktsrechtliche Haftung über § 823 Abs. 2 BGB i.V.m. mit einer aufsichtsrechtlichen Aufklärungspflicht als Schutzgesetz für den Anleger noch von Bedeutung ist. Unter zwei Gesichtspunkten könnte sich die deliktsrechtliche Haftung nach § 823 Abs. 2 BGB für den Anleger günstiger darstellen als die (vor-)vertragliche Haftung.[826]

1. Zu den Auswirkungen auf den Kreis der potentiell Ersatzpflichtigen

Das denkbare Resultat, dass eine Qualifizierung als Schutzgesetz dazu führen würde, dass damit auch der „einfache Angestellte“ und die Leitungsorgane der Finanzdienstleister bei bloß fahrlässigen Verstößen haften müssten,[827] wäre aus Sicht des Anlegers günstig.[828] Der Gesetzgeber habe das aber nicht beabsichtigt, was der BGH als Argument gegen eine Schutzgesetzqualifizierung herangezogen hatte.[829]

In diesem Zusammenhang ist allerdings darauf hinzuweisen, dass die Entscheidung des BGH § 32 Abs. 2 Nr. 1 WpHG a.F. betraf, der noch die anlageberatenden Personen selbst adressierte, während nunmehr sämtliche Wohlverhaltenspflichten des WpHG ausschließlich an die Wertpapierdienstleistungsunternehmen gerichtet

[823] Vgl. aus der jüngeren Diskussion um die Schutzgesetzqualität von § 20a WpHG BGH (IKB), Urt. v. 13.12.2011, Az.: XI ZR 51/10, BGHZ 192, 90 = ZBB 2012, 222, Rn. 19 ff.; dazu *Schmolke*, ZBB 2012, 165, 168 ff.; *Spindler*, NZG 2012, 575, 576.

[824] *Forschner*, Wechselwirkungen von Aufsichtsrecht und Zivilrecht, S. 146; *Koch*, in: Schwark/Zimmer, KMRK[4], § 31d WpHG Rn. 105; vgl. auch *Brocker*, BKR 2007, 365, 368.

[825] Dazu supra § 11 C.

[826] Im Übrigen ist die (vor-)vertragliche Haftung insbesondere aufgrund der gesetzlichen Vermutung des § 280 Abs. 1 Satz 2 BGB für den Kunden vorzugswürdig. Möglicherweise bietet das Deliktsrecht auf der Rechtsfolgenseite bezüglich ersatzfähiger „Mindestzinsen“ Vorteile, dazu *Tilp* beim Bankrechtstag, zitiert nach *Walz/Leffers*, WM 2012, 1457, 1462. Ginge man – i.E. nicht überzeugend, dazu supra § 11 C. II. 2. – davon aus, dass die Wohlverhaltenspflichten für das vorvertragliche Verhältnis völlig irrelevant seien und bleiben sollten, gewönne die Fragestellung an Gewicht, vgl. *Krisl*, Schutzgesetzeigenschaft der Wohlverhaltenspflichten, S. 85 ff.

[827] Vgl. *Sethe*, Hdb. Vermögensverwaltung, § 4 Rn. 269 und 274 f.; ferner *Grigoleit*, ZHR 177 (2013), 264, 279 f.; *Wagner*, in: MünchKomm BGB[6], § 823 Rn. 388.

[828] Darauf ankommen wird es dem Kunden freilich nur, wenn sein „Beratungsinstitut“ insolvent ist, vgl. *Forschner*, Wechselwirkungen von Aufsichtsrecht und Zivilrecht, S. 149; vgl. auch *Krisl*, Schutzgesetzeigenschaft der Wohlverhaltenspflichten, S. 86 ff.

[829] BGH, Urt. v. 19.2.2008, Az.: XI ZR 170/07, BGHZ 175, 276 = NJW 2008, 1734, Rn. 16; vgl. auch *Forschner*, Wechselwirkungen von Aufsichtsrecht und Zivilrecht, S. 25 und 147.

sind. Für eine Generalisierung eignet sich die Argumentation daher nicht.[830] Ob dem Anleger daher tatsächlich ein erweiterter Kreis potentiell Haftpflichtiger zur Verfügung stünde, wenn man die Wohlverhaltenspflichen als Schutzgesetze einordnete, ist damit nicht gesichert.[831] Diese von der untersuchten Fragestellung nicht mehr erfasste Problematik kann hier nicht behandelt werden.

2. Ausdehnung des schadensersatzrechtlich sanktionierten Pflichtenkreises

Weiterhin könnte eine Schutzgesetzqualifizierung für den Anleger erheblich werden, wenn die verletzte Norm einen über den zivilrechtlichen Pflichtenkanon hinausgehenden Wirkbereich hätte. Dass dies der Fall sein kann, wird insbesondere anhand § 31d WpHG / § 17 FinVermV deutlich, die im Grundsatz Zuwendungsannahmeverbote statuieren,[832] wobei die „bloße Aufklärung" den Ausnahmetatbestand (zulässige Annahme von Zuwendungen) nicht auslöst.[833] Zivilrechtlich ist dem Aufsichtsrecht die Aufklärungspflicht zu entnehmen; der Verbotstatbestand findet hingegen zivilrechtlich kein Pendant.[834] Insoweit ist die Frage nach der Schutzgesetzqualität des Aufsichtsrechts nicht nur akademischer Natur.[835]

II. Aufsichtsrechtliche Normen als Schutzgesetze

1. Voraussetzungen der Anerkennung einer Norm als Schutzgesetz

Erforderlich ist zunächst eine Rechtsnorm i.S.v. Art. 2 EGBGB,[836] die ein bestimmtes Verhalten ge- oder verbietet und keine weitere Konkretisierung erfordert (etwa durch Verwaltungsakt).[837] Sie muss den Schutz eines anderen bzw. einzelnen be-

---

[830] *Wagner*, in: MünchKomm BGB⁶, § 823 Rn. 90 und 413; vgl. auch *Möllers*, in: Kölner Komm WpHG², § 31d Rn. 67.

[831] Dies mit guten Gründen ablehnend *Forschner*, Wechselwirkungen von Aufsichtsrecht und Zivilrecht, S. 150 f.; ebenso *Ekkenga*, in: MünchKomm HGB², Effektengeschäft, Rn. 288; sich ihm anschließend *Veldhoff*, Haftung von Kreditinstituten, S. 130 f.; ferner *Freitag*, ZBB 2014, 357, 363; *Koller*, in: Assmann/Schneider, Komm WpHG⁶, Vor § 31 Rn. 7; *Wagner*, in: MünchKomm BGB⁶, § 823 Rn. 90; a.A. *Krisl*, Schutzgesetzeigenschaft der Wohlverhaltenspflichten, S. 86 (Fn. 411), die die hier genannte abweichende Ansicht zwar sieht, inhaltlich aber nicht darauf eingeht. Eine Eigenhaftung des einzelnen Beraters ist freilich nach § 311 Abs. 3 BGB möglich, vgl. *Ekkenga* a.a.O.

[832] Dazu supra § 11 B. I.; *Decker*, Aufklärungspflichten, S. 129; *Koller*, ZBB 2007, 197, 200.

[833] Vgl. *Dieckmann*, AcP 213 (2013), 1, 9; *Koller*, ZBB 2007, 197, 200; *Veldhoff*, Haftung von Kreditinstituten, S. 280.

[834] *Koch*, in: Schwark/Zimmer, KMRK⁴, § 31d WpHG Rn. 106; vgl. auch *Forschner*, Wechselwirkungen von Aufsichtsrecht und Zivilrecht, S. 177 („Ein grundsätzliches Verbot von Zuwendungen lässt sich aus dem Beratungsvertrag kaum ableiten."); *Koller*, ZBB 2007, 197, 200; *Sethe* in: FS Nobbe, S. 769, 776 ff. und 786; *ders.*, AcP 212 (2012), 80, 128.

[835] Vgl. zu weiteren Konstellationen, in denen die Frage potentiell relevant wird, *Bracht*, in: Schwintowski, Bankrecht⁴, § 18 Rn. 64.

[836] S. nur *Spindler*, in: BeckOK-BGB, Ed. 31, § 823 Rn. 147.

[837] Vgl. etwa BGH, Urteil vom 9.12.1964, Az.: Ib ZR 181/62, NJW 1965, 2007; *Jacoby/von Hinden*, Kropholler-Bürgerliches Gesetzbuch¹⁴, § 823 Rn. 33.

zwecken,[838] weshalb ein individualschützender Rechtsreflex nicht ausreichend ist. Dies ist durch Auslegung zu ermitteln[839] unter Berücksichtigung, dass grundsätzlich bloße Vermögensinteressen nicht deliktsrechtlich geschützt sind. Insbesondere die Rechtsprechung stellt deshalb darauf ab, ob die Qualifizierung als Schutzgesetz im „haftpflichtrechtlichen Gesamtsystem" tragbar erscheint.[840] Um die Haftung nicht ausufern zu lassen, kämen daher – soweit die geschützten Rechtsgüter denen aus § 823 Abs. 1 BGB nicht vergleichbar seien – nur solche Normen als Schutzgesetze in Betracht, die ein sittenwidriges Verhalten sanktionieren oder nur vorsätzlich verletzt werden können und damit eine Nähe zu § 826 BGB aufwiesen.[841]

2. *Wohlverhaltensrechtliche Aufklärungspflichten als Schutzgesetze*

Die Normqualität der relevanten Vorschriften aus dem WpHG bzw. der FinVermV stehen als Gesetzes- bzw. Verordnungsrecht außer Zweifel. Sie enthalten Ge- und Verbote, die grundsätzlich nicht weiter konkretisierungsbedürftig sind, auch wenn ihr genauer Inhalt auslegungsbedürftig ist.[842] Entscheidend ist damit, ob unter Berücksichtigung des haftungsrechtlichen Gesamtsystems durch die Wohlverhaltenspflichten Anlegerschutz bezweckt wird. Dass die „kundenbezogenen Wohlverhaltenspflichten"[843] jedenfalls Anlegerschutz bezwecken, wird noch weitestgehend angenommen, unabhängig von der Beurteilung der Schutzgesetzqualität.[844] Anle-

---

[838] Nach *Wagner*, in: MünchKomm BGB^6, § 823 Rn. 391, sei § 823 Abs. 2 BGB bei der Umsetzung von Unionsrecht europarechtskonform so auszulegen, dass Individualschutz nicht bezweckt sein müsse, wenn auf andere Art und Weise „wirksame, verhältnismäßige und abschreckende" Sanktionen nicht gegeben seien. Vorliegend bestehen indes anderweitige „Sanktionsmechanismen, etwa des Straf-, Ordnungswidrigkeiten- oder Verwaltungsrechts.

[839] Mitunter macht auch der Gesetzgeber seine Intention klar, so etwa im Kontext von PIB (§ 31 Abs. 3a WpHG). Bei einer Verletzung der Minimalstandards soll eine deliktische Haftung nach § 823 Abs. 2 BGB begründet sein, Gesetzentwurf der Bundesregierung, BT-Drs. 17/3628, S. 21 r. Sp.; dazu *Schlee/Maywald*, BKR 2012, 320, 326; zu den insbesondere von der Rechtsprechung für relevant gehaltenen Kriterien *Spindler*, in: Langenbucher/Bliesener/Spindler, BankR-Komm., 33. Kap. Rn. 12.

[840] S. nur *Spindler*, in: BeckOK-BGB, Ed. 31, § 823 Rn. 155 f. mit Nachweisen zur diesbezüglichen ständigen Rechtsprechung.

[841] BGH, Urt. v. 19.2.2008, Az.: XI ZR 170/07, BGHZ 175, 276 = NJW 2008, 1734, Rn. 18 ff.; vgl. auch *Möllers*, in: Kölner Komm WpHG^2, § 31d Rn. 66.

[842] *Sethe*, in: Hdb. Vermögensverwaltung, § 4 Rn. 270; vgl. supra § 11 C. II. 2. b) und III.

[843] Die Differenzierung geht auf BGH (Kick-Back-II) BGHZ 170, 226 = NJW 2007, 1876, Rn. 19, zurück, wonach jedenfalls als Organisationspflichten ausgestaltete Wohlverhaltensregeln keine Schutzgesetze sein können. Zur Missverständlichkeit der Schutzgesetzausführungen a.a.O. *Schäfer/Schäfer*, BKR 2007, 163, 164 f.

[844] BGH, Urt. v. 5.10.1999, Az.: XI ZR 296/98, BGHZ 142, 345 = NJW 2000, 359, 361; BGH, Urt. v. 19.2.2008, Az.: XI ZR 170/07, BGHZ 175, 276 = NJW 2008, 1734, Rn. 17; *Wagner*, in: MünchKomm BGB^6, § 823 Rn. 413, betont, dass die Anlegerschutzkomponente vor dem europarechtlichen Hintergrund „unabweisbar" sei; auf das „gemeinschaftsrechtliche Regelungsziel" weist auch *Veil*, WM 2007, 1821, 1826, hin; ähnlich *Spindler*, in: Langenbucher/Bliesener/Spindler, BankR-Komm., 33. Kap. Rn. 66.

ger- und Institutionenschutz gehen aber regelmäßig „Hand in Hand“,[845] weshalb die relevante Fragstellung präziser lauten muss, ob durch die kundenbezogenen Wohlverhaltenspflichten „individueller Anlegerschutz“ gewährleistet werden soll.[846] Die Frage ist umstritten, weshalb auch die Schutzgesetzqualität unterschiedlich beurteilt wird.[847] Wie bereits gezeigt, lässt sich den kundenbezogenen Wohlverhaltens-

[845] Vgl. schon supra Kapitel 2 Fn. 1026; ferner *Sethe*, in: Hdb. Vermögensverwaltung, § 4 Rn. 272, der hervorhebt, dass die aufsichtsrechtliche Qualifizierung der Wohlverhaltenspflichten nicht zugleich einen Ausschluss von Sekundäransprüchen nach § 823 Abs. 2 BGB zur Folge habe; vgl. auch *Bachmann*, JZ 2012, 578, 579.

[846] *Forschner*, Wechselwirkungen von Aufsichtsrecht und Zivilrecht, S. 148; vgl. auch *Kämmerer*, „Enforcement“ europäischen Kapitalmarktrechts, S. 45, 49 f., wonach selbst dann nicht auszuschließen sei, dass Normen Schutzgesetze i.S.v. § 823 Abs. 2 BGB seien, wenn feststünde, dass die (deutsche, Unionsrecht umsetzende) Regulierung der Kapitalmärkte ausschließlich im öffentlichen Interesse erfolge.

[847] Bezüglich (bestimmter Pflichten aus) *§§ 31 ff. WpHG befürwortend Bamberger*, in: Hdb. zum dt. und europ. Bankrecht², § 50 Rn. 16; *Döhmel*, in: Vortmann, Prospekthaftung und Anlageberatung, § 4 Rn. 17; *Einsele*, Bank- und Kapitalmarktrecht², § 8 Rn. 42; *Ekkenga*, in: MünchKomm HGB², Effektengeschäft, Rn. 283 und 575 (widersprüchlich allerdings a.a.O. in der dritten Auflage); *ders./Bernau*, in: Hdb. zum dt. und europ. Bankrecht², § 57 Rn. 58; *Fuchs*, in: Fuchs, Komm WpHG, Vor §§ 31 bis 37a Rn. 82; *Hannöver*, in: Schimansky/Bunte/Lwowski, Bankrechts-Hdb.⁴, § 110 Rn. 16; *Hellgardt*, Kapitalmarktdeliktsrecht, S. 317; *Lampe*, Die Informationspflicht des Wertpapierdienstleistungsunternehmens, S. 374; *Lang*, Informationspflichten, S. 133 (m.w.N. auf S. 126 [Fn. 80]); *van Look*, in: Vortmann, Prospekthaftung und Anlageberatung, § 1 Rn. 26; *Reiner*, Derivative Finanzinstrumente im Recht, S. 128; *Rothenhöfer*, Anlegerschutz durch Schriftform, S. 62 f.; *Schwark*, in: Bankrechtstag 1995, S. 109, 122 f.; *Spindler*, in: Langenbucher/Bliesener/Spindler, BankR-Komm., 33. Kap. Rn. 66; *Wagner*, in: MünchKomm BGB⁶, § 823 Rn. 412; i.E. auch *Sethe*, in: Hdb. Vermögensverwaltung, § 4 Rn. 280, der allerdings entscheidend auf die Wertung aus § 39 Abs. 2 WpHG abstellt (zustimmend *Krisl*, Schutzgesetzeigenschaft der Wohlverhaltenspflichten, S. 68); in diese Richtung auch *Bracht*, in: Schwintowski, Bankrecht⁴, § 18 Rn. 66 (zu Informationspflichten); *Stackmann*, NJW 2012, 2913, 2916; vgl. auch *Balzer/Lang*, BKR 2008, 297, 298; a.A. BGH, Urt. v. 19.2.2008, Az.: XI ZR 170/07, BGHZ 175, 276 = NJW 2008, 1734, Rn. 15 ff. (dazu kritisch *Hopt*, WM 2009, 1873, 1880); *Brenncke*, Regelung der Werbung im Bank- und Kapitalmarktrecht, S. 1111; i.E. *Dieckmann*, AcP 213 (2013), 1, 14, auch wenn die §§ 31 ff. WpHG „alle Bedingungen von Schutzgesetzen“ erfüllen würden; *Forschner*, Wechselwirkungen von Aufsichtsrecht und Zivilrecht, S. 151; *Grigoleit*, ZHR 177 (2013), 264, 279; *Habersack*, in: Bankrechtstag 2010, S. 3, 35; *Köhler*, in: Schwintowski, Bankrecht⁴, § 21 Rn. 195; *Lange*, Informationspflichten, S. 308; *Lenenbach*, Kapitalmarktrecht², Rn. 5.138 und 11.112 ff.; *Möllers*, in: Kölner Komm WpHG², § 31 Rn. 16 und 447; *Nobbe/Zahrte*, in: MünchKomm HGB³, Anlageberatung, Rn. 400; *Rothenhöfer*, Interaktion zwischen Aufsichts- und Zivilrecht, S. 55, 64 f.; *Schäfer*, WM 2007, 1872, 1875 ff.; *Schelling*, Vergütungssysteme und Interessenkonflikte, S. 154 f.; *Schlee/Maywald*, BKR 2012, 320, 326; *Schwennicke*, WM 1998, 1101, 1102; bezüglich *§ 31d WpHG befürwortend Brocker*, BKR 2007, 365, 368; *Fuchs* a.a.O. § 31d Rn. 60; *Ekkenga*, in: MünchKomm HGB³, Effektengeschäft, Rn. 575; *Harnos*, BKR 2012, 185, 190; *ders.*, BKR 2014, 1, 5; *Koch*, in: Schwark/Zimmer, KMRK⁴, § 31d WpHG Rn. 106; *Krisl*, Schutzgesetzeigenschaft der Wohlverhaltenspflichten, S. 208; *Lang/Balzer*, ZIP 2009, 456, 459 f.; i.E. auch *Koller*, ZBB 2007, 197, 200; *Sethe*, in: Hdb. Vermögensverwaltung, § 4 Rn. 281, wiederum abstellend auf die ordnungswidrigkeitsrechtliche Erfassung in § 39 Abs. 2 WpHG; in diese Richtung auch *Stackmann*, NJW 2012, 2913, 2916; a.A. BGH (Lehman-IX) ZIP 2013, 2001, Rn. 21; *Assmann*, ZBB 2008, 21, 30 f.; *Beule*, in: Assies/Beule/Heise/Strube, Hdb. des FA-BKR³, Kap. 7 Rn. 315; *Schäfer*, WM 2007, 1872, 1878; *Witte/Hillebrand*, DStR 2009, 1759, 1765; zur Fragestellung auch *Lang/Balzer*, in: FS Nobbe, S. 639, 675 ff.; differenzierend nach dem Verschuldensgrad *Möllers*, in: Kölner Komm WpHG²,

pflichten, zu denen die Aufklärungspflichten gehören, eine individuelle Komponente aber nicht absprechen.[848] Die Vorschriften betreffen das bilaterale Verhältnis des Anlegers zum Intermediär, was den bezweckten Individualschutz im Wortlaut zum Ausdruck bringt.[849] Die Auffassung, die die kundenbezogenen Wohlverhaltenspflichten als Schutzgesetze ansieht, trifft daher zu. Dagegen spricht nicht das haftungsrechtliche Gesamtsystem.[850] Es ist zwar richtig, dass im Grundsatz primäre Vermögensschäden deliktsrechtlich nicht liquidierbar sind. Dieser Grundsatz greift freilich nur, soweit nicht die Voraussetzungen aus § 826 BGB oder § 823 Abs. 2 BGB vorliegen. Ist Individualrechtsschutz durch eine Norm bezweckt, trüge eine Argumentation gegen die Schutzgesetzqualität aufgrund der Grundsätze des Haftungssystems Anzeichen einer Zirkelschlussargumentation.[851] Auch etwaig konkurrierende Ansprüche aus (vor-)vertraglicher Haftung ändern dieses Ergebnis nicht.[852] Die kundenbezogenen Wohlverhaltenspflichten stellen somit Schutzgesetze dar, deren Adressaten die Finanzdienstleistungsunternehmen sind.[853]

3. Zurechnungsproblematik

a) Keine umfassende deliktische Zurechnung für fremdes Handeln

Im Regelfall nehmen Finanzintermediäre „als juristische Person" am Rechtsverkehr teil, was die Frage nach einer Zurechnung etwaiger Aufklärungspflichtverletzungen durch den konkret beratenden einzelnen (angestellten) Berater aufwirft.[854] Eine umfassende Haftung für fremdes Verschulden – wie sie nach § 278 BGB im Schuldrecht besteht – gibt es deliktsrechtlich nicht.[855] Die Repräsentantenhaftung über

---

§ 31d Rn. 66; vgl. im Übrigen die ausführliche Darstellung zu ausgewählten Normen der Wohlverhaltenspflichten bei *Krisl*, Schutzgesetzeigenschaft der Wohlverhaltenspflichten, S. 97 ff.

[848] Dazu supra § 11 C. 3. b) dd).

[849] Dies zu § 31 Abs. 1 WpHG betonend *Wagner*, in: MünchKomm BGB[6], § 823 Rn. 412 („Viel deutlicher kann der Individualschutzzweck eigentlich nicht mehr formuliert werden.").

[850] Vgl. BGH, Urt. v. 19.2.2008, Az.: XI ZR 170/07, BGHZ 175, 276 = NJW 2008, 1734, Rn. 18 ff.

[851] *Forschner*, Wechselwirkungen von Aufsichtsrecht und Zivilrecht, S. 150; vgl. auch *Hager*, in: Staudinger, Neubearbeitung 2009, § 823 Rn. G. 21; *Lampe*, Die Informationspflicht des Wertpapierdienstleistungsunternehmens, S. 373; scharfe Kritik auch bei *Koller*, ZBB 2007, 197, 200 (Die Rechtsprechung habe sich mit ihren Kriterien zur Schutzgesetzeigenschaftsbestimmung „den Spielraum geschaffen, um ergebnisorientiert die Schutzgesetzeigenschaft bestimmter Normen zu bejahen oder zu verneinen".); a.A. *Assmann*, in: FS U.H. Schneider, S. 37, 48 f. (rechtspolitische Frage, die die Gerichte ggf. beantworten müssen); *Wagner*, in: MünchKomm BGB[6], § 823 Rn. 410; vgl. auch *Sethe*, in: Hdb. Vermögensverwaltung, § 4 Rn. 274 f.

[852] Zutreffend *Sethe*, in: Hdb. Vermögensverwaltung, § 4 Rn. 273; *Wagner*, in: MünchKomm BGB[6], § 823 Rn. 405 und 413; a.A. *Witte/Hillebrand*, DStR 2009, 1759, 1765.

[853] *Ekkenga*, in: MünchKomm HGB[2], Effektengeschäft, Rn. 288; ferner *Veldhoff*, Haftung von Kreditinstituten, S. 130 f.

[854] Darauf schon hinweisend *Forschner*, Wechselwirkungen von Aufsichtsrecht und Zivilrecht, S. 150 f.

[855] Vgl. *Wagner*, in: MünchKomm BGB[6], § 831 Rn. 2 f.

§ 31 BGB wurde zwar immer weiter ausgedehnt,[856] allerdings wird man die „einfachen“ Berater hierunter nicht fassen können.[857] „Alternativ“ zur weiten Auslegung des Repräsentantenbegriffs des § 31 BGB wird in der Praxis eine Haftung der juristischen Person über sog. Organisationsverschulden begründet.[858] Letztlich geht es dabei darum, aus der Exkulpationsmöglichkeit des § 831 BGB resultierende Haftungslücken zu schließen.[859] Unabhängig davon, dass nicht jede im Einzelfall verletzte Aufklärungspflicht zugleich eine Verletzung von „Oberaufsichtspflichten“, die stets bei der Geschäftsleitung verbleiben (Zurechnung zum Finanzintermediär hier über § 31 BGB), begründet,[860] ist etwaiges Organisationsverschulden nach h.M. bei § 823 Abs. 1 BGB anzusiedeln und im Zusammenhang mit deliktischen Verkehrspflichten zu sehen.[861] Für eine solche Haftung fehlt indes eine taugliche Rechtsgutverletzung, was ebenso gelten würde, wenn man die Wohlverhaltenspflichten als deliktische Verkehrssicherungspflichten begreifen wollte.[862]

b) Folgen für interessenkonfliktbezogene Wohlverhaltenspflichten

Auch wenn die interessenkonfliktbezogenen Wohlverhaltenspflichten als Schutzgesetze zu qualifizieren sind, kommt eine deliktische Haftung nach § 823 Abs. 2 BGB demnach nicht in Betracht, wenn die verletzte Pflicht faktisch vom „einfachen Angestellten“ zu erfüllen ist. Dann fehlt es nämlich an einer Norm, die dessen Handeln dem Finanzintermediär zurechnet. Man könnte meinen, dass dies insbesondere für die Aufklärung gilt, die üblicherweise vom einzelnen Berater geleistet wird und sei es nur durch die Übergabe eines die Informationen enthaltenden Prospekts.

Allerdings ist zu beachten, dass die aufsichtsrechtlichen Zuwendungsannahmeverbote, die die Aufklärungspflichten nur mittelbar beinhalten, üblicherweise nicht dergestalt verletzt werden, dass der konkrete Berater für den Finanzintermediär eine Zuwendung vereinnahmt. Gerade die Annahme stellt das Verhalten dar, das im Interesse des konkret beratenen Anlegers verboten ist.[863] Die Realisierung entsprechender Positionen basiert in der Regel auf Vertriebsvereinbarungen, die etwaige

---

[856] Vgl. etwa *Reuter*, in: MünchKomm BGB^6, § 31 Rn. 3 ff.

[857] *Forschner*, Wechselwirkungen von Aufsichtsrecht und Zivilrecht, S. 151.

[858] Vgl. *Spindler*, in: BeckOK-BGB, Ed. 31, § 831 Rn. 6.

[859] Kritisch *Belling*, in: Staudinger, Neubearbeitung 2012, § 831 Rn. 21; *Forschner*, Wechselwirkungen von Aufsichtsrecht und Zivilrecht, S. 151.

[860] Vgl. *Belling*, in: Staudinger, Neubearbeitung 2012, § 831 Rn. 22.

[861] *Harnos*, BKR 2012, 185, 189 m.w.N.

[862] Vgl. dazu *Lang*, Informationspflichten, S. 134 ff. m.w.N. Soweit man eine solche Qualifizierung im Rahmen von § 826 BGB heranziehen möchte, ist darauf hinzuweisen, dass auch auf diesem Wege eine Fahrlässigkeitshaftung für Pflichtverletzungen bei der Anlageberatung nicht zu begründen ist. Ausreichend kann ggf. Leichtfertigkeit sein, *Lang* a.a.O. S. 137; anders anscheinend *Decker*, Aufklärungspflichten, S. 129, der wohl davon ausgeht, dass gegen Aufklärungspflichten nur vorsätzlich oder in sittenwidriger Weise verstoßen werden kann.

[863] *Decker*, Aufklärungspflichten, S. 128 f.; *Koller*, ZBB 2007, 197, 200.

Vertriebsprovisionen, Agio-Beteiligungen und Ähnliches regeln.[864] Mit der Abwicklung dieser Vereinbarungen wird der einzelne Berater kaum betraut sein. Es ist deshalb zu untersuchen, ob die für die Annahme verantwortlichen Mitarbeiter als Repräsentanten i.S.v. § 31 BGB angesehen werden können. Wäre dies der Fall, hätte das eine Haftungsüberleitung zur Folge. Angesichts der weiten Rechtsprechung, die potentiell bereits Filialleiter in diesem Sinne erfasst, scheint das nicht fernliegend.[865] Unerheblich ist, ob der Verbotstatbestand „nur" deshalb greift, weil die Aufklärungspflicht im Einzelfall nicht erfüllt wurde. Es ist im Ergebnis nämlich irrelevant, weshalb die grundsätzlich mögliche Ausnahme vom Zuwendungsannahmeverbot nicht einschlägig ist. Die fehlerhafte Aufklärung könnte man insofern als „gescheiterten Versuch" ansehen, in den Genuss der Ausnahmeregelung zu gelangen.[866] Das aufsichtsrechtlich relevante und gegebenenfalls über § 823 Abs. 2 BGB sanktionierte Verhalten bleibt aber die *Annahme der Zuwendung* und nicht die Aufklärungspflichtverletzung,[867] weshalb für letztere eine Zurechnungsnorm entbehrlich ist.

F. Beratungshaftung als private enforcement des Aufsichtsrechts

I. Befund

Der hier vorgeschlagene Weg zur Pflichtenbestimmung führt faktisch zu den Ergebnissen der Lehre, die die Wohlverhaltenspflichten als Normen mit Doppelnatur versteht.[868] Soweit das Zivilrecht mittels Individualansprüchen damit im Ergebnis Verstöße gegen öffentliches Recht sanktioniert, kann von einem *private enforcement* der aufsichtsrechtlichen Regeln gesprochen werden.[869]

---

[864] Dazu supra § 3 B. V. 2 und C. I. 2.

[865] Vgl. BGH, Urt. v. 12.7.1977, Az.: VI ZR 159/75, NJW 1977, 2259.

[866] Insofern kann auch auf die gesetzliche Beweislastverteilung („es sei denn") z.B. in § 31d WpHG verwiesen werden, vgl. dazu *Fuchs*, in: Fuchs, Komm WpHG, § 31d Rn. 61.

[867] S. auch § 39 Abs. 2 Nr. 17a WpHG. Wollte man dem über die bedingte Aufklärungspflicht aus § 31d WpHG (und auch § 17 FinVermV) hinausgehenden Gehalt keine Schutzgesetzwirkung beimessen, wird vorgeschlagen, die Aufklärungspflicht zivilrechtlich so auszuweiten, dass dem Kunden die Widerrechtlichkeit der Provisionsvereinnahmung ebenfalls mitgeteilt werden müsste, so etwa *Koller*, ZBB 2007, 197, 200.

[868] Dazu supra § 11 C. II. 2. a) cc); *Veil*, in: Veil, Europäisches Kapitalmarktrecht^2, § 6 Rn. 6 mit Fn. 15, erwähnt entsprechend sowohl die mögliche „Ausstrahlung" des Aufsichtsrechts wie auch die zum Teil angenommene „Eins-zu-Eins-Wirkung" im Zivilrecht unter dem Stichwort „Doppelnatur".

[869] Vgl. *Veil*, in: Veil, Europäisches Kapitalmarktrecht^2, § 6 Rn. 6f.; *ders.*, in: FS Hopt (II), S. 2641, 2650. Zum möglicherweise beabsichtigten *private enforcement* im Kontext der MiFID II vgl. auch supra § 11 C. II. 1. b) cc).

II. Bewertung

1. Private enforcement als Säule der Kapitalmarktregulierung

Die zivilrechtliche Haftung als Instrument der Durchsetzung kapitalmarktrechtlicher Pflichten ist in Deutschland nicht unbekannt. Sie basiert einerseits auf spezialgesetzlichen Grundlagen (etwa §§ 37b, 37c WpHG),[870] andererseits auf den allgemeinen bürgerlich-rechtlichen Vorschriften (zu denken ist an die Informationsdeliktshaftung, die auf § 826 BGB beruht[871]),[872] wozu die Schutzgesetzhaftung zu zählen ist.[873] Vor diesem Hintergrund wird man feststellen können, dass jedenfalls der deutsche Gesetzgeber bzw. das deutsche Recht keine grundsätzlichen Bedenken gegen eine Verknüpfung von kapitalmarktrechtlichen Verhaltensge- und Verhaltensverboten mit einem haftungsrechtlichen Anlegerschutz hat.[874]

Eine „wichtige Säule der Rechtsdurchsetzung" stellt *private enforcement* vor allem im Recht der Vereinigten Staaten dar.[875] Rechtsökonomische Studien ordnen die zivilrechtliche Haftung im Kapitalmarktrecht in ihrer Wichtigkeit für effiziente Kapitalmärkte mitunter noch höher als aufsichtsrechtliche Sanktionen ein.[876] Auch wenn andere dies bezweifeln,[877] kann privatrechtliche Rechtsdurchsetzung zumindest solange nicht als schädlich angesehen werden, wie sie nicht zu einer unerwünschten „Haftungsausuferung" führt.[878] Im hiesigen Kontext stellt die private Rechtsdurchsetzung des Aufsichtsrechts im Ergebnis „nur" die Folge der Übernahme des wohlverhaltensrechtlichen Pflichtenmaßstabs im Rahmen der ohnehin bestehenden Sonderverbindung (c.i.c.) zwischen Berater und Anleger dar.[879] Im derzeitigen Rechtsprechungskonzept besteht in erheblichem Umfang bereits eine Haftungsgefahr für die Berater. Insofern würde hiesiges Konzept die Aufklärungspflichten

---

[870] Dazu *Veil*, in: Veil, Europäisches Kapitalmarktrecht², § 12 Rn. 11.

[871] Dazu *Koch*, in: Veil, Europäisches Kapitalmarktrecht², § 19 Rn. 118 ff.; allerdings komme dem allgemeinen Zivilrecht keine „spezifische Ordnungsfunktion" für die Wirtschaft zu, *Knauff*, ZVglRWiss 112 (2013), 136, 139.

[872] Rechtsvergleichend *Veil*, in: Veil, Europäisches Kapitalmarktrecht², § 12 Rn. 9 ff.

[873] Vgl. *Hopt*, WM 2013, 101, 104 f.; ferner supra § 11 E.

[874] Mitunter hat der Gesetzgeber seine Vorstellungen von haftungsrechtlichem Schutz im Gesetzestext selbst „klargestellt", s. etwa § 15 Abs. 6 WpHG.

[875] *Hopt*, WM 2009, 1873, 1879; *Poelzig*, ZVglRWiss 110 (2011), 395, 398; *Veil*, in: Veil, Europäisches Kapitalmarktrecht², § 12 Rn. 3.

[876] *La Porta/Lopez-di-Silanes/Shleifer*, 61 J. of Fin. (2006), 1, 27 f.; dazu *Veil*, in: Veil, Europäisches Kapitalmarktrecht², § 12 Rn. 3.

[877] *Jackson/Roe*, Public and Private Enforcement of Securities Laws: Resource-Based Evidence, S. 34 ff.

[878] Vgl. zur Gefahr der Haftungsausuferung bereits supra § 11 D. II. 2. b) bb) (3) (b).

[879] Denkbar ist freilich auch die „bewusste Indienstnahme" Privater durch den Staat als „Durchsetzungshelfer", vgl. *Knauff*, ZVglRWiss 112 (2013), 136, 140. Tritt eine solche bewusste Einbeziehung der Bürger erkennbar hervor, kann dies ggf. auch als Argumentationstopos bei der Betrachtung etwaiger zivilrechtlicher Folgen von Verstößen gegen Normen des Wirtschaftsrechts herangezogen werden.

zwar abweichend bestimmen, eine untragbare Haftungsausweitung folgt daraus aber nicht.

2. Baustein im Rahmen der Europäisierung des Kapitalmarkt- und Finanzmarktrechts

Die Europäisierung des Kapitalmarkt- und Finanzmarktrechts schreitet voran.[880] Obwohl der haftungsrechtliche Anlegerschutz in den jüngsten Reformen bisher keine eigenständige Regelung erfahren hat, steht fest, dass eine Haftung die Durchsetzung von Pflichten insbesondere durch die damit einhergehende Präventivwirkung begünstigt.[881] Mitunter werden Klagerechte sogar für europarechtlich geboten gehalten.[882] Der EuGH erachtet zivilrechtliche (Haftungs-)Folgen bei Verstößen gegen Wohlverhaltensregeln der MiFID zwar nicht als zwingend.[883] Einer privatrechtlichen Durchsetzung von Unionsrecht steht er jedoch insgesamt positiv gegenüber.[884]

Ist eine Harmonisierung des Zivilrechts auch nicht unionsrechtlich vorgegeben, würde sich das vorgeschlagene Modell dennoch in zweifacher Hinsicht als Baustein in eine europäische Konzeption des Kapitalmarkt- und Finanzmarktrechts einfügen: Einerseits würde es den harmonisierten aufsichtsrechtlichen Pflichten über die gesteigerte Sanktionierung zusätzliches Gewicht verleihen.[885] Andererseits würde es dazu beitragen, dass sich Wertpapierdienstleistungsunternehmen bei ihrer Tätigkeit in Deutschland inhaltlich überwiegend an einem – insoweit europäisch determinierten – Pflichtenkanon orientieren könnten.[886]

---

880 Ausführlich *Veil*, in: Veil, Europäisches Kapitalmarktrecht², § 6 Rn. 3 ff. und § 32 Rn. 3 ff.; ferner *Assmann*, in: Assmann/Schütze, Hdb. KapitalanlageR⁴, § 1 Rn. 55; *Buck-Heeb*, ZBB 2014, 221, 232 („nicht aufzuhalten"); *Hopt*, WM 2009, 1873, 1881; *Möllers/Poppele*, ZGR 2013, 437, 438; *Veil/Lerch*, WM 2012, 1605, 1613; zu den Wohlverhaltensregeln als Beispiel der Europäisierung und Internationalisierung des Kapitalmarktrechts *Bumke*, Regulierung am Beispiel der Kapitalmärkte, S. 107, 126 ff.; mit kritischen Untertönen *U.H. Schneider*, AG 2012, 823 ff.; schließlich auch *K. Schmidt*, Handelsrecht⁶, § 35 Rn. 6 a.E.

881 *Poelzig*, ZVglRWiss 110 (2011), 395, 396; *Sethe*, AcP 212 (2012), 80, 146; *Veil*, in: Veil, Europäisches Kapitalmarktrecht², § 12 Rn. 35; *Wieneke*, Discount-Broking und Anlegerschutz, S. 93. Die Einbeziehung Privater zur Erreichung von Zielen des Unionsrechts wird insgesamt weiter verstärkt, wie sich beispielsweise an der geplanten Regelung zum „*whistleblowing*" erkennen lässt, dazu *Fleischer/Schmolke*, NZG 2012, 361 ff.; *Veil*, in: Veil, Europäisches Kapitalmarktrecht², § 12 Rn. 26.

882 Im Kontext des Marktmissbrauchsrechts *Hellgardt*, AG 2012, 154, 163 ff.; s. ferner *Wagner*, in: MünchKomm BGB⁶, § 823 Rn. 391 und 414.

883 Dazu supra § 11 C. II.

884 Vgl. *Knauff*, ZVglRWiss 112 (2013), 136, 140 f.; ferner *Möllers*, in: Kölner Komm WpHG², § 31 Rn. 21; vgl. auch zum positiven Bild der Kommission von zivilrechtlicher Haftung für fehlerhafte Wertpapierdienstleistungen als Mittel zum Ziel eines einheitlichen Anlegerschutzlevels in Europa *Krisl*, Schutzgesetzeigenschaft der Wohlverhaltenspflichten, S. 85; zum *private enforcement* der MiFID-Wohlverhaltensregeln auch *Tison*, in: FS Hopt (II), S. 2621, 2635 ff.

885 Vgl. auch *Fuchs*, in: Fuchs, Komm WpHG, § 31d Rn. 60.

886 Vgl. kritisch zu einem etwaigen „Auseinanderlaufen" von Aufsichts- und Privatrecht auch *Reiner*, Derivative Finanzinstrumente im Recht, S. 128; ferner *Brandt*, Aufklärungs- und Bera-

Soweit das nicht europäisch geprägte deutsche Recht ein vergleichbares Anlegerschutznivau gewährleisten soll,[887] kann und sollte insoweit ein weitgehender Gleichlauf mit dem Vorbild, d.h. den unionsrechtlich vorgegebenen Wohlverhaltenspflichten angestrebt werden.[888] Aus Anlegersicht wären Differenzierungen hier kaum einleuchtend. Ferner erscheint es sinnvoll, dass für funktional vergleichbare Tätigkeiten ein vergleichbarer Ordnungsrahmen besteht.

3. Sinnvolle Ergänzung des public enforcements durch die BaFin

Zur Durchsetzung der Wohlverhaltenspflichten ist nach §§ 4 und 40 WpHG die BaFin berufen.[889] Finanzanlagenvermittler benötigen eine gewerberechtliche Erlaubnis nach § 34f GewO. Allerdings stellt das Beratungsgeschäft ein Massengeschäft dar.[890] Auch ohne Aufsichtsdefizite ist deshalb davon auszugehen, dass die Überwachung im Ergebnis nur stichprobenartig erfolgen kann.[891] Das führt zu „Kontrolllücken", die unter den gegebenen Umständen durch die Einbeziehung der Anleger in die Rechtsdurchsetzung[892] reduziert werden könnten,[893] denn die Anleger stehen dem Marktgeschehen mitunter näher als die Aufsichtsbehörden.[894] Im Grunde ist das Informationsmodell bereits auf ein *„private law enforcement"* angelegt.[895] Eine zivilrechtliche Haftung der Berater für wohlverhaltensrechtliche Pflichtenverstöße würde ein wirkmächtiges Instrument darstellen, das dazu führen

---

tungspflichten, S. 185; *Fuchs*, in: Fuchs, Komm WpHG, Vor §§ 31 bis 37a Rn. 62; *Hopt*, WM 2009, 1873, 1881, der anmahnt, dass Überregulierung zu vermeiden sei. Auch unter diesem Gesichtspunkt ist die Reduzierung auf möglichst wenige pflichtenbegründende Rechtsquellen sinnvoll. Ein weiterer Schritt hin zu größerer Konvergenz der Finanzmärkte kann auch durch Leitlinien und Empfehlungen der ESMA erreicht werden. Kontextbezogen sei z.B. auf die ESMA-Leitlinien zu Vergütungsgrundsätzen und -verfahren (MiFID) hingewiesen, *ESMA*, ESMA 2013/606, S. 5 Ziff. 8.

[887] Dazu supra § 11 B. I. 2.

[888] Vgl. auch supra § 11 B. I. 2.

[889] Zur Durchsetzung der §§ 31 ff. WpHG a.F. durch die BaFin ausführlich *Nikolaus*, Durchsetzung der Wohlverhaltens- und Organisationspflichten, S. 176 ff.

[890] *Herresthal*, ZBB 2009, 348, 357; s. auch Kapitel 2 Fn. 839. Allerdings steht zu befürchten, dass sich aufgrund neuer Regulierung Anbieter zurückziehen werden und so insbesondere Kleinanleger möglicherweise nicht mehr „umfassend" mit Beratungsleistungen versorgt werden können, vgl. F.A.Z. v. 24.8.2013, S. 21.

[891] Vgl. *Sethe*, in: Hdb. Vermögensverwaltung, § 4 Rn. 275; ferner *Brinckmann*, BKR 2010, 45, 48 f.; *Koller*, ZBB 2011, 361, 373; *Stürner*, in: FS Canaris (I), S. 1489, 1499 (notwendige Beschränkung auf schwere Verstöße).

[892] Vgl. auch im Kontext der MiFID *Moloney*, How to Protect Investors, S. 57 („The empowered investor is also regarded as an agent of market discipline.").

[893] Vgl. *Krüger*, NJW 2013, 1845, 1849; ferner *Cherednychenko*, J. Consum. Policy 33 (2010), 403, 417 f. Auf diese Art und Weise funktioniert auch das „Beschwerderegister" bei der BaFin, da es auf die Mitteilung von Kundenbeschwerden angewiesen ist, die von den Finanzdienstleistern weitgeleitet werden; ausführlich dazu *Schäfer*, WM 2012, 1157 ff.

[894] Vgl. *Poelzig*, ZVglRWiss 110 (2011), 395, 397.

[895] *Stürner*, in: FS Canaris (I), S. 1489, 1499.

kann, dass durch die Realisierung von Eigeninteressen der Anleger im Schadensersatzprozess gleichsam öffentliche Interessen mitverfolgt werden.[896]

Da das *public enforcement* hier lediglich durch private Rechtsdurchsetzung flankiert werden soll, ist eine „Abhängigkeit des Staates von den jeweiligen Marktakteuren" nicht zu befürchten.[897] Das im hiesigen Modell „reflexartig" eintretende *private enforcement* ist daher, auch aufgrund der effizienzsteigernden Wirkung, insgesamt zu begrüßen.[898]

III. Erleichterte Durchsetzung nach der Reform des KapMuG?

Materielles Haftungsrecht muss durch ein „funktionsfähiges Prozessrecht flankiert" werden, um der eventuellen rationalen Apathie der Anleger entgegenzuwirken.[899] Da Anleger in den Fällen fehlerhafter Beratung Aussicht auf Schadensersatz in voller Höhe ihres negativen Interesses haben – es geht also nicht nur um die Liquidation von „Streuschäden" –, ist die Gefahr rationaler Apathie im untersuchten Kontext aber gering.[900] Dennoch soll das reformierte KapMuG,[901] das in Deutsch-

---

[896] *Dieckmann*, AcP 213 (2013), 1, 7; *Fuchs*, in: Fuchs, Komm WpHG, Vor §§ 31 bis 37a Rn. 62; *Hopt*, Kapitalanlegerschutz im Recht der Banken, S. 511 ff.; *Kämmerer*, „Enforcement" europäischen Kapitalmarktrechts, S. 45, 49; *Knauff*, ZVglRWiss 112 (2013), 136, 141 und 149; *Nikolaus*, Durchsetzung der Wohlverhaltens- und Organisationspflichten, S. 217 und 242; ferner *Lang*, Informationspflichten, S. 121; bewusst eingesetzt wird dieses „Instrument" im Kartellrecht, vgl. *Poelzig*, ZVglRWiss 110 (2011), 395, 397 f.; zum „retail investor as an agent of public policy" *Moloney*, How to Protect Investors, S. 47 ff.; aus Österreichischer Perspektive *Kalss*, 13 EBOR (2012), 211, 236.

[897] Dazu *Knauff*, ZVglRWiss 112 (2013), 136, 141, 150.

[898] Vgl. auch *Sethe*, in: Hdb. Vermögensverwaltung, § 4 Rn. 275; ähnlich wie hier *Gemberg Wiesike*, Wohlverhaltensregeln, S. 110; *Möllers/Wenninger*, LMK 2007, 220857, nach denen das Zusammenspiel von zivilrechtlicher Haftung und Finanzaufsicht zur effektiven Durchsetzung führen solle; *Hopt*, Kapitalanlegerschutz im Recht der Banken, S. 511, hält die Privatdurchsetzung des Unternehmensverhaltensrechts für unverzichtbar; ebenso *Leisch*, Informationspflichten nach § 31 WpHG, S. 82 ff. (alles andere sei „Rechtsanwendungsverweigerung" und kaum haltbar); *Veil*, in Veil, Europäisches Kapitalmarktrecht^2, § 25 Rn. 11; *ders.*, in: FS Hopt (II), S. 2641, 2655 („Zivilgerichte als willkommene ‚Kontrolleure'"); schließlich *Kalss*, ZBB 2013, 126, 137. *Hoffmann/Bartlitz*, ZIP 2014, 1505, 1509, weisen darauf hin, dass das Innenprovisionen-V-Urteil des BGH als „nicht zu unterschätzender Schritt für die privatrechtliche Durchsetzung von Transparenz im Kapitalanlagebereich" anzusehen sei.

[899] *Veil*, in: Veil, Europäisches Kapitalmarktrecht^2, § 12 Rn. 3.

[900] *Veil*, in Veil, Europäisches Kapitalmarktrecht^2, § 25 Rn. 12; vgl. aber auch *Moloney*, How to Protect Investors, S. 446 f.

[901] Der Eindruck, dass das KapMuG a.F. für die Probleme, die durch eine Vielzahl von Anlegerprozessen auf dem Gebiet des Kapitalmarktrechts auftraten, nur sehr begrenzt Lösungen parat hielt, war Ausgangspunkt der Reform, *Hopt*, WM 2009, 1873, 1880; vgl. auch *Schneider/Heppner*, BB 2012, 2703; *Veil*, in: Veil, Europäisches Kapitalmarktrecht^2, § 12 Rn. 11; s. aber auch *Bussian/Schmidt*, CFL 2012, 37 („grundsätzlich funktionsfähiges Modell"). Teilweise wurde die Einführung einer „echten" *class-action* vorgeschlagen (vgl. *Hopt*, WM 2009, 1873, 1880 mit Fn. 88), andere wollten u.a. den Anwendungsbereich auf die Beratungshaftung ausweiten (vgl. *Hopt* a.a.O.). Der Gesetzgeber hat sich mit der Reform zum 1.11.2012 für letzteres entschieden und dabei das Grundkonzept beibehalten, *Schneider/Heppner*, BB 2012, 2703.

land die Funktion einer Gruppenklage übernimmt,[902] nunmehr (Teile der) Anlageberatungskonstellationen erfassen.[903]

Der BGH hatte sich zuvor ablehnend hinsichtlich der Möglichkeit geäußert, auf die einzelfallbezogenen Beratungs- und Aufklärungspflichtverletzungen das KapMuG anzuwenden.[904] Nunmehr sind aber auch bürgerlich-rechtliche Schadensersatzansprüche „KapMuG-fähig", die auf der Verwendung einer falschen oder irreführenden öffentlichen Kapitalmarktinformation oder wegen einer Unterlassung der gebotenen Aufklärung darüber, dass eine solche falsch oder irreführend ist, beruhen.[905] Der Gesetzgeber hat sich damit ausdrücklich gegen den BGH gestellt.[906] Fraglich ist, ob das Auswirkungen auf die hier vornehmlich interessierenden Fälle der fehlerhaften Aufklärung über monetäre Eigeninteressen hat. Dieser Streitpunkt betrifft in der Regel keine öffentliche Kapitalmarktinformation, sondern einen konkreten Einzelfall, weshalb eine Klärung im „gruppenübergreifenden" Musterverfahren nicht sinnvoll möglich scheint.[907] Ferner schließt eine fehlerfreie Kapitalmarktinformation eine Beraterhaftung nicht notwendig aus,[908] deshalb ist nicht davon auszugehen, dass die KapMuG-Reform insoweit große Auswirkungen auf die Beraterhaftung haben wird.[909] Denkbar scheint allenfalls, dass die möglicherweise relevante Strukturierung von Finanzprodukten in Musterverfahren verbindlich geklärt werden wird.[910]

---

[902] Vgl. *Schneider/Heppner*, BB 2012, 2703; *Veil*, in: Veil, Europäisches Kapitalmarktrecht², § 12 Rn. 11.

[903] Vormals waren nur Ansprüche wegen falscher, irreführender oder unterlassener öffentlicher Kapitalmarktinformationen erfasst, § 1 Abs. 1 Nr. 1 KapMuG a.F. Dies schloss Klagen gegen Anlageberater aus, vgl. *Bussian/Schmidt*, CFL 2012, 37, 38.

[904] BGH, Beschl. v. 10.6.2008, Az.: XI ZB 26/07, BGHZ 177, 88 = NZG 2008, 592, Rn. 15; BGH, Beschl. v. 30.10.2008, Az.: III ZB 92/07, NZG 2009, 115, Rn. 11 ff.

[905] § 1 Abs. 1 Nr. 2 KapMuG n.F.; ausführlich zum erweiterten Anwendungsbereich *Bussian/Schmidt*, CFL 2012, 37, 39 f.

[906] Begr. RegE, BT-Drs. 17/8799, S. 14 r. Sp.; vgl. auch *Söhner*, ZIP 2013, 7 f.; *Wigand*, AG 2012, 845, 848; *ders.*; ZBB 2012, 194, 195 f.; *Wolf/Lange*, NJW 2012, 3751, 3752; positive Bewertung bei *Möllers/Seidenschwann*, NZG 2012, 1401, 1405 (Effektivitäts- und Anlegerschutzsteigerung durch Ausweitung des Anwendungsbereichs).

[907] *Schneider/Heppner*, BB 2012, 2703, 2712. Das gilt ebenso für andere nur individuell zu klärende Streitpunkte wie den individuellen Schaden und die Kausalität, ggf. auch das Mitverschulden, so bereits BGH, Beschl. v. 10.6.2008, Az.: XI ZB 26/07, NZG 2008, 592, Rn. 15; *Bussian/Schmidt*, CFL 2012, 37, 39 f.

[908] *Bernuth/Kremer*, NZG 2012, 890, 892; vgl. auch *Schneider/Heppner*, BB 2012, 2703, 2705.

[909] Kritisch *Bernuth/Kremer*, NZG 2012, 890, 892; *Sustmann/Schmidt-Bendun*, NZG 2011, 1207 f.; eine Einbeziehung solcher auf individuellen Umständen beruhenden Klagen in ein Musterverfahren könnte für den Anleger sogar nachteilige Folgen haben, vgl. *Bussian/Schmidt*, CFL 2012, 37, 39 f.; *Schneider/Heppner*, BB 2012, 2703, 2712.

[910] Vgl. *Bussian/Schmidt*, CFL 2012, 37, 38.

G. Zwischenergebnis

Beratungssituationen lassen eine c.i.c.-Sonderverbindung zwischen Kunde und Berater entstehen, der Aufklärungspflichten über monetäre Eigeninteressen entspringen können. Zur Konturierung derselben bietet es sich an, auf den aufsichtsrechtlichen Pflichtenkanon zurückzugreifen. Dies ist – einschließlich des unionsrechtlich determinierten Bereichs – zwar nicht zwingend geboten, aber sachdienlich.

Im Rahmen der Haftung nach §§ 280 Abs. 1, 241 Abs. 2 BGB greift keine Vermutung aufklärungsrichtigen Verhaltens. Allerdings wird der Anleger gegebenenfalls einen proportionalen Schadensersatzanspruch geltend machen können, der auf seine verlorene Chance abstellt, sich aufgrund des mitgeteilten Eigeninteresses des Beraters gegen die Investition zu entscheiden.

Die kundenbezogenen Wohlverhaltenspflichten sind als Schutzgesetze i.S.v. § 823 Abs. 2 BGB einzuordnen.

Das hier vorgeschlagene Modell stimmt im Ergebnis mit der sog. Doppelnaturlehre überein. Dadurch wird der Haftungsprozess des Anlegers gleichsam zum *private enforcement* des Aufsichtsrechts.

§ 12 Das Verhältnis der Beratungsmodelle und der aus ihnen folgenden Pflichten zueinander

A. Mögliche Überschneidungen im Anwendungsbereich

Nur wenn ein selbständiger Beratungsvertrag abgeschlossen wurde, stellt sich die Frage, wie sich die in § 10 dem Beratungsvertrag entnommenen und in § 11 dem Aufsichtsrecht entlehnten Pflichtenkreise zueinander verhalten. In den sonstigen Beratungskonstellationen besteht ausschließlich ein c.i.c.-Schuldverhältnis mit den in § 11 beschriebenen Pflichten.

B. Ausstrahlungswirkung bei vertraglicher Beratung

I. Unabdingbarkeit des Aufsichtsrechts

Es ist zunächst zu rekapitulieren, dass die Wohlverhaltenspflichten als öffentliches Anlegerschutzrecht[911] nicht abdingbar sind.[912] Sie sind von den Beratern also auch dann zu beachten, wenn die konkrete Beratung des Kunden zusätzlich durch einen

[911] Dazu supra § 11 C. II. 2. a).

[912] *Hannöver*, in: Schimansky/Bunte/Lwowski, Bankrechts-Hdb.[4], § 110 Rn. 49; *Leisch*, Informationspflichten nach § 31 WpHG, S. 126f.; *Möllers*, in: Kölner Komm WpHG[2], § 31 Rn. 27; *Wieneke*, Discount-Broking und Anlegerschutz, S. 218; s. ferner die weiteren Nachweise in Fn. 518. Rein zivilrechtlich ist eine Verschärfung wie auch eine Abmilderung bestehender allgemeiner Verhaltenspflichten durch besondere Vereinbarungen grundsätzlich möglich, vgl. *Roth*, in: Assmann/Schütze, Hdb. Kapitalanlagerecht[3], § 11 Rn. 16.

privatautonomen Vertrag erfasst wird. Dementsprechend stellt sich die Frage, ob die Wohlverhaltenspflichten eine zivilrechtliche Wirkung zusätzlich dann entfalten, wenn der von den Beratungsparteien geschlossene Vertrag eigenständige Vorgaben für die aufsichtsrechtlich geregelte Problematik bereithält.

II. Aufsichtsrechtliche Pflichten als zivilrechtliche Untergrenze

1. Keine c.i.c.-Haftung bei Abschluss eines selbständigen Beratungsvertrags

Eine Vertragshaftung ersetzt mit Abschluss des Beratungsvertrags eine solche aus c.i.c.[913] Bereits zuvor entstandene Ansprüche bleiben zwar bestehen,[914] jedoch determiniert der Beratungsvertrag die Aufklärungspflichten über monetäre Eigeninteressen, sodass regelmäßig vor Abschluss des Beratungsvertrags keine Ansprüche, die auf fehlerhafter Aufklärung basieren, entstanden sein werden.[915] Der Rückgriff auf das oben beschriebene c.i.c.-Modell der Aufklärungspflichten scheint daher entbehrlich, soweit sich dessen Anwendungsbereich mit dem aus dem Beratungsvertrag deckt.

2. Aufsichtsrechtliche Vorgaben als Ergänzung des beratungsvertraglichen Pflichteninhalts

Es verbleibt daher konzeptionell zu klären, ob das aufsichtsrechtliche Pflichtenregime insoweit Teil der beratungsvertraglichen Pflichten wird, wie sich der vertraglichen Vereinbarung keine Regelungen hinsichtlich vom Aufsichtsrecht adressierter Fragestellungen entnehmen lassen.

Wie gezeigt, führt die beratungsvertragliche Pflicht der alleinigen Fremdinteressenwahrnehmung[916] zu einer Verschärfung der aufsichtsrechtlichen Aufklärungspflichten. Diesbezüglich wäre damit das subsidiäre Heranziehen des aufsichtsrechtlichen Pflichtenregimes zur Konturierung der beratungsvertraglichen Pflichten weitgehend ohne Bedeutung. Grundsätzlich spricht jedoch einiges dafür, auf die aufsichtsrechtlichen Regelungen zurückzugreifen, soweit diese das Kunde-Berater-Verhältnis näher ausgestalten und dem Beratungsvertrag keine abweichenden Pflichten zu entnehmen sind. Die Argumente, die bereits für eine Inbezugnahme im Rahmen der c.i.c. vorgebracht wurden, gelten auch hier.[917] Insoweit steht wiederum eine „Ausstrahlungswirkung" im Raum. Während sie jedoch im Bereich der c.i.c.

---

[913] Vgl. *Herresthal*, ZBB 2012, 89, 94; allgemein *Feldmann/Löwisch*, in: Staudinger, Neubearbeitung 2012, § 311 Rn. 112.

[914] *Feldmann/Löwisch*, in: Staudinger, Neubearbeitung 2012, § 311 Rn. 112.

[915] Anders kann dies z.B. sein, wenn zunächst absatzbegleitend fehlerhaft beraten bzw. aufgeklärt wurde und erst im Anschluss ein selbständiger Beratungsvertrag abgeschlossen wird.

[916] S. ausführlich supra § 10 C.

[917] Vgl. im Kontext der Honoraranlageberatung *Herresthal*, WM 2014, 773, 778.

lediglich *faktischer* Natur war,[918] geht es nunmehr um die *rechtsgeschäftliche* subsidiäre Inkorporierung aufsichtsrechtlicher Pflichten in das Programm des Beratungsvertrags. Dies erscheint deshalb denkbar, weil – anders als bei der bloß absatzbegleitenden Beratung – eine vertragliche Abrede vorliegt, die der *Auslegung* zugänglich ist. Für den Erwartungshorizont des Kunden kann im Rahmen der beratungsvertraglichen Parteiabrede das aufsichtsrechtliche Pflichtenregime als (mit-)prägend charakterisiert werden.[919] *Funktional* ließen sich die kundenbezogenen Normen des Aufsichtsrechts zivilrechtlich qualifizieren.[920] Der Kunde darf und wird daher im Regelfall davon ausgehen, dass sich sein Berater an die dem Kundenschutz dienenden aufsichtsrechtlichen Pflichten halten wird.[921] Dies ist für den Berater auch erkennbar und es ist kaum vorstellbar ist, dass er auf irgendeine Weise zum Ausdruck bringen wird, sich nicht daran halten zu wollen. Eine solche typisierte Kundenerwartung setzt insoweit nicht einmal konkrete Kenntnis der relevanten Pflichten voraus, um in den Rechtsbindungswillen beider Beratungsparteien einbezogen zu sein.[922] Denn wie gezeigt ist der Ausgangspunkt der beratungsvertraglichen Pflichten, dass die Anforderungen an die Beratung durch das Versprechen des Beraters zur alleinigen Fremdinteressenwahrnehmung erhöht werden. Soweit man dieser Pflicht in bestimmten Konstellationen keinen expliziten Inhalt zuweisen kann, liegt es nahe, dass der Kunde zumindest so behandelt bzw. geschützt werden möchte, wie es das Gesetz, mithin das Aufsichtsrecht vorsieht. *Herresthal* bezeichnet das Aufsichtsrecht insoweit als „Typisierungsmaßstab".[923] Berücksichtigt man daneben, dass sich der Kunde auf die kundenbezogenen Wohlverhaltenspflichten im Rahmen der c.i.c. berufen kann und er durch den Abschluss des Beratungsvertrags keinen „Nachteil" erleiden will, erscheint es konsequent im Rahmen der Auslegung, das Schutzregime des Aufsichtsrechts grundsätzlich als „Sockel" anzusehen, unter den das vertragliche Schutzniveau nicht absinken soll. Soweit der BGH in Innenprovisionen-V faktisch das Aufsichtsrecht heranzog, um über das Aufsichtsrecht hinausgehende Pflichten zu statuieren, wäre das aber bei konsequenter Anwendung der Pflicht zur alleinigen Wahrnehmung der Kundeninteressen durch den Berater nicht erforderlich gewesen.[924]

---

918 Dazu supra § 11 C. II. 1.–2.

919 Zutreffend insoweit BGH (Innenprovisionen-V) BGHZ 201, 310 = BeckRS 2014, 14029, Rn. 37; *Forschner*, Wechselwirkungen von Aufsichtsrecht und Zivilrecht, S. 142 f.; ähnlich *Grigoleit*, ZHR 177 (2013), 264, 298; ferner *Faulmüller*, VuR 2012, 312, 315.

920 Vgl. *Herresthal*, WM 2014, 773, 775.

921 Vgl. schon *Medicus*, Haftung von Kreditinstituten für Kredit- und Anlagenvermittler, S. 259, 263; im Kontext der MiFID *Böhlen/Kan*, Die Zukunft des Anlegerschutzes in Europa, S. 83, 89; ferner *Schelling*, Vergütungssysteme und Interessenkonflikte, S. 158. Vgl. auch BGH (Innenprovisionen-V) BGHZ 201, 310 = BeckRS 2014, 14029, Rn. 37 (Der Anleger „kann voraussetzen, dass die beratende Bank die tragenden Grundprinzipien des Aufsichtsrechts beachtet.").

922 Zu alledem ausführlich *Forschner*, Wechselwirkungen von Aufsichtsrecht und Zivilrecht, S. 142 ff.

923 *Herresthal*, WM 2014, 773, 778.

924 Ausführlich zu den Pflichten bei der Vertragsberatung supra § 10 C.

Der Abschluss des Beratungsvertrags führt im Ergebnis, soweit nicht eine Verschärfung aufgrund der beratungsvertraglich versprochenen vollständigen Subordination unter die Kundeninteressen eintritt, nicht dazu, dass die zivilrechtliche Relevanz des Aufsichtsrechts entfiele. Vielmehr kann das Aufsichtsrecht Vertragsinhalt werden.[925] Insofern stellt das Aufsichtsrecht im Ausgangspunkt den „Mindestpflichtenumfang" auch bei der beratungsvertraglichen Variante der Anlageberatung dar, womit freilich nicht zugleich gesagt ist, dass eine vereinbarte Reduzierung dieser Pflichten *zivilrechtlich* unzulässig wäre.[926] Im Übrigen kann bei Beratungsverträgen das Aufsichtsrecht in oben beschriebener Weise[927] ergänzend deliktsrechtlich herangezogen werden.

§ 13 Zusammenfassung der wesentlichen Ergebnisse aus Kapitel 3

Es hat sich gezeigt, dass im Rahmen der erforderlichen Neukonturierung vergütungsbezogener Aufklärungspflichten bei der Anlageberatung zumindest ökonomisch eine extensive Pflichtengestaltung nicht notwendig erscheint. Die hier untersuchten Aufklärungspflichten sind nämlich nur ein ergänzendes Element im Rahmen einer ohnehin bereits bestehenden Absicherung einer „Mindestqualität" empfohlener Finanzprodukte für den Kunden.

Von den verschiedenen rechtlichen Anknüpfungsmöglichkeiten, um die unterschiedlichen Anlageberatungskonstellationen unter Interessenkonfliktgesichtspunkten übergreifend zu erfassen, sind im Ergebnis Beratungsverträge sowie die c.i.c. und schließlich das Aufsichtsrecht am besten geeignet.

Anlageberatungsverträge sind in Fällen der Beratung gegen Entgelt anzunehmen. Aber auch unter Verzicht auf eine Fiktion können grundsätzlich selbständige, unentgeltliche Beratungsverträge zustande kommen. Dies wird indes selten der Fall sein. Aufklärungspflichten über monetäre Eigeninteressen lassen sich dogmatisch stringent aus dem Auftrags- und Geschäftsbesorgungsrecht i.V.m. mit der Pflicht des Beraters, allein die Kundeninteressen wahrzunehmen, herleiten. Der anwendbare Pflichtenkanon lässt sich kongruent zu neueren gesetzlichen Entwicklungen ausgestalten. Bei der Rechtsdurchsetzung gilt die Vermutung aufklärungsrichtigen Verhaltens im Rahmen der haftungsausfüllenden Kausalität.

Bei rein absatzbegleitender Beratung kommt ein c.i.c.-Schuldverhältnis zustande. Die vergütungsbezogenen Aufklärungspflichten sind dem Aufsichtsrecht zu entnehmen. Dies ist nicht zwingend, aber sachdienlich. Dem Anleger steht bei der Kausalitätsbetrachtung im Prozess keine Vermutung zur Seite, da für ihn die Unab-

---

925 I.E. ebenso *Herresthal*, ZBB 2012, 89, 95.

926 So aber *Wieneke*, Discount-Broking und Anlegerschutz, S. 218 f.; wohl auch *Veldhoff*, Haftung von Kreditinstituten, S. 286; dagegen *Forschner*, Wechselwirkungen von Aufsichtsrecht und Zivilrecht, S. 144 f.; s. auch Fn. 912.

927 S. supra § 11 E.

hängigkeit des Beraters offenbar nicht wichtig genug war, um sich dieser mittels eines Beratungsvertrages rechtlich zu versichern. Allerdings ist ihm die Möglichkeit zu eröffnen, deshalb Schadensersatz zu fordern, weil ihm die Chance, sich aufgrund der mitgeteilten Eigeninteressen des Beraters noch einmal umzuentscheiden, genommen wurde.

Die kundenbezogenen Wohlverhaltenspflichten sind Schutzgesetze i.S.v. § 823 Abs. 2 BGB. Das vorgeschlagene Modell stellt sich als *private enforcement* des Aufsichtsrechts dar.

Soweit Beratungsverträge abgeschlossen wurden, markiert das Aufsichtsrecht die „Untergrenze" des Anlegerschutzes. Mangels abweichender Absprachen darf sich der Anleger – vertraglich abgesichert – darauf verlassen, dass diese Pflichten von seinem Berater eingehalten werden.

4. Kapitel

Fazit

§ 14 Konsequenzen der Untersuchungsergebnisse

A. Zur Kompatibilität mit dem „Rechtsprechungskonzept"

I. Kompatibilität hinsichtlich Aufklärungspflichten

1. Beratungsverträge

Liegen selbständige Beratungsverträge vor, ist der Pflichtenkreis strenger zu konturieren als bisher. Dies ist die Folge einer dogmatisch stringenten, deduktiven Ableitung aus der vom BGH vorgegebenen Pflicht zur alleinigen Fremdinteressenwahrnehmung. Jedes Eigeninteresse ist dann hinsichtlich Aufklärungspflichten zunächst von Bedeutung.[1] Derzeit entscheidungserhebliche Differenzierungen, wie z.B. die Bankgebundenheit der Berater oder die Abwicklung einer Empfehlung im Zwei- oder Drei-Personen-Verhältnis, sind nicht mehr relevant.

2. Orientierung am Aufsichtsrecht

Zwischen der bisherigen Rechtsprechung zu vergütungsbezogenen Aufklärungspflichten und dem relevanten Aufsichtsrecht bestehen Divergenzen.[2] Insofern ist auch das vorgeschlagene Modell der absatzbegleitenden Beratung – wie soeben bereits für die Vertragsberatung nach hiesiger Konzeption festgestellt – nicht mit dem Rechtsprechungskonzept kompatibel.

---

[1] Ausführlich supra § 10 C. In diese Richtung kann man ggf. jetzt auch BGH (Innenprovisionen-V) BGHZ 201, 310 = BeckRS 2014, 14029, verstehen, dazu supra § 5 A. XL.

[2] Supra § 11 C. III. 2.; *Assmann*, in: FS U.H. Schneider, S. 37, 54; anders noch *Brocker*, BKR 2007, 365, 369 („weitgehende Kongruenz von aufsichtsrechtlichem und zivilrechtlichem Pflichtenprogramm"), allerdings zum Kick-Back-II-Urteil, das noch auf § 31 Abs. 1 Nr. 2 WpHG a.F. gestützt wurde und vor der Einführung von § 31d WpHG erging; dagegen *Zoller*, GWR 2010, 53, wonach schon damals das Zivilrecht bezüglich Aufklärungspflichten weit über die später umgesetzte MiFID hinausgegangen sei; vgl. auch *Lenenbach*, Kapitalmarktrecht², Rn. 11.84 („§ 31d WpHG weicht [...] nicht unerheblich [vom] vertraglichen Anlegerschutzrecht ab."). Auch nach BGH (Innenprovisionen-V) BGHZ 201, 310 = BeckRS 2014, 14029, sind das Aufsichtsrecht und die zivilrechtlichen Aufklärungspflichten nicht deckungsgleich.

II. Kompatibilität bezüglich sonstiger Beratungspflichten

Die Problematik der Aufklärungspflichten ist freilich nur ein Aspekt des Beratungsverhältnisses, wenngleich sie in dieser Arbeit im Vordergrund steht. Allerdings könnte der geforderte Verzicht auf die Vertragsfiktion dazu führen, dass auch die „althergebrachten" sonstigen Grundsätze der beratungsvertraglichen Pflichten (anleger- und objektgerechte Beratung) potentiell ihre Geltung verlieren würden. Die Anwendung dieser Kriterien hat zur Strukturierung der Beratungspflichten beigetragen und sie dürfen nicht leichtfertig aufgegeben werden. Kommt nach hier vertretener Auffassung ein Beratungsvertrag zustande, ist es im Grundsatz weiterhin möglich, auf die bisherige Pflichtenkonstruktion im Ausgangspunkt zurückzugreifen. Allenfalls stellt sich die Frage, ob diese Ergebnisse unter Umständen aufgrund des Erfordernisses der alleinigen Fremdinteressenwahrnehmung sogar „verschärft" werden müssen, um dogmatische Brüche zu vermeiden.[3]

Anders könnte die Situation bei der absatzbegleitenden Beratung zu beurteilen sein. Allerdings haben die zivil- und aufsichtsrechtliche Pflichtenentwicklung wechselseitig aufeinander Bezug genommen.[4] Soweit die Anforderungen an die „geeignete Empfehlung" im Rahmen der Beratung in Frage stehen, erscheint es deshalb möglich, aufsichtsrechtlich ausfüllungsbedürftige Rechtsbegriffe „entlang" der bisherigen Rechtsprechung zu verstehen.[5] Ein vollständiger inhaltlicher Bruch mit der bisherigen Rechtsprechung wäre daher auch dann zu vermeiden, wenn auf die Fiktion eines Beratungsvertrages verzichtet[6] und stattdessen ein Schutzkonzept herangezogen würde, das auf der c.i.c. beruht.[7]

---

[3] Zu bezweifeln ist etwa die derzeit zulässige Beschränkung der Beratung auf konzerneigene Produkte, vgl. dazu bereits supra § 6 A. III. 3.

[4] Dazu supra § 11 C. II. 2. b) bb).

[5] Vgl. auch *Möllers*, in: Kölner Komm WpHG², § 31 Rn. 31 f.

[6] Gleiche Einschätzung bei *Krüger*, NJW 2013, 1845, 1847 f. und 1850 („Die Umorientierung der Rechtsprechung weg von der Fiktion des Beratungsvertrages [...] würde die *Kontinuität der Rechtsprechung* inhaltlich nicht wesentlich tangieren." [Hervorh. im Original]); außerdem *Brinckmann*, BKR 2010, 45, 48; *Clouth*, ZHR 177 (2013), 212, 262; *Einsele*, Bank- und Kapitalmarktrecht², § 8 Rn. 24 („[D]ie Pflichten des Anlageberaters nach der Bond-Rechtsprechung [dürften] denen gem. § 31 (insbes. Abs. 4) WpHG (im Wesentlichen) entsprechen."); *Grigoleit*, Bankrechtstag 2012, S. 25, 36; *ders.*, ZHR 177 (2013), 264, 267 und 281; *Koller*, in: Assmann/Schneider, Komm WpHG⁶, § 31 Rn. 151 (Maßstäbe der anleger- und objektgerechten Beratung können auch bei § 31 Abs. 4 WpHG herangezogen werden); *Krisl*, Schutzgesetzeigenschaft der Wohlverhaltenspflichten, S. 12 f.; *Möllers*, in: Kölner Komm WpHG², § 31 Rn. 361 f.; *Mülbert*, ZHR 177 (2013), 160, 203; *Schnauder*, JZ 2013, 120, 129 („uneingeschränkte Kongruenz"); vgl. auch *Beck*, in: Bankrechtstag 2010, S. 65, 76; *Dieckmann*, AcP 213 (2013), 1, 8; *Lampe*, Die Informationspflicht des Wertpapierdienstleistungsunternehmens, S. 362 ff.; von einer „anlage- und anlegergerechte[n] Beratung" im Kontext des Aufsichtsrechts spricht auch der *Finanzausschuss des Bundestages*, BT-Drs. 12/7918, S. 104; s. aber auch *Eberius*, Regulierung der Anlageberatung und behavioral finance, S. 104, der einen Unterschied darin sehen will, dass nur aufsichtsrechtlich die Empfehlung geeigneter Finanzinstrumente gefordert sei, zivilrechtlich hingegen nur ein Verbot ungeeignete Finanzinstrumente zu empfehlen bestünde.

[7] Beispiele für ein Heranziehen von Nebenpflichten als Grundlage der Beratung finden sich

Sollte in manchen Fällen eine solche Kontinuität nicht erzielbar sein, etwa weil das Aufsichtsrecht abweichende Vorgaben von den bisherigen Pflichten nach der Vertragsfiktion macht, oder weil gegebenenfalls europarechtlich eine bestimmte abweichende Auslegung erforderlich ist,[8] wäre das hingegen zu akzeptieren. Der Gesetzgeber hat sich des Anlegerschutzes mittlerweile schon deshalb in bemerkenswerten Umfang angenommen, weil dieser notwendig ist, um die Funktionsfähigkeit der Kapitalmärkte zu gewährleisten.[9] Ein zwingendes Erfordernis für über den gesetzlich festgeschriebenen status quo hinausgehenden Anlegerschutz gibt es nicht. Es erscheint zwar *rechtspolitisch* vertretbar, dies zu fordern. Für derartige Maßnahmen ist aber der Gesetzgeber zuständig.[10] Eine Schutzlücke, die durch faktisch zwingendes Richterrecht geschlossen werden müsste, liegt jedenfalls nicht (mehr) vor.[11] Dafür kann nicht angeführt werden, dass eine Pflicht zur Beratung einer vertraglichen Basis bedürfe.[12] Denn es geht nicht darum, ob eine Pflicht *zur* Beratung besteht, sondern welche Pflichten *bei* einer Beratung befolgt werden müssen.[13] Letztere können ihre Grundlage auch im vorvertraglichen Schuldverhältnis haben und entsprechend der aufsichtsrechtlichen Regelung ausgestaltet sein.[14]

B. Stärkung von Privatautonomie und Eigenverantwortung

Beratende Finanzintermediäre unterliegen strengen Pflichten. Dies ist vor dem Hintergrund einleuchtend, dass sie besonders geeignet sind, im Finanzsystem notwendige (Informations-)Transformationsleistungen zu erbringen, bei denen Anle-

---

bereits in der Rechtsprechung des Reichsgerichts, s. nur RG, Urt. v. 24.9.1898, Az.: Rep. I. 201/98, RGZ 42, 125, 131, dazu *Krüger*, NJW 2013, 1845, 1846.

[8] Auch hier ist der EuGH zur letztverbindlichen Klärung berufen.

[9] Vgl. auch *Krüger*, NJW 2013, 1845, 1849.

[10] Vgl. auch supra § 3 D. IV. 4.–5. und V.; anders *Buck-Heeb*, ZIP 2013, 1401, 1407, die offen damit argumentiert, dass die Vertragskonstruktion zur Etablierung als erforderlich erachteter Pflichten nötig sei. Mit Privatautonomie hat eine solche Argumentation nichts mehr zu tun.

[11] Flankierende zivilrechtliche Regelungen sind im aufsichtsrechtlich nicht vorgegebenen Bereich indes möglich und mitunter auch geboten, vgl. supra § 12. I.E. anders BGH (Innenprovisionen-V) BGHZ 201, 310 = BeckRS 2014, 14029, der seine Rechtsprechung über den aufsichtsrechtlich erfassten Bereich hinaus ausdehnt, wobei er das freilich an einer Beratungsvertragsauslegung festmacht. Zum häufig nur fiktiven Vertragsschluss ausführlich supra § 6.

[12] Dazu *Veldhoff*, Haftung von Kreditinstituten, S. 103 und supra § 2 C. II.; auch europarechtlich besteht keine Beratungspflicht, *Veil*, WM 2007, 1821, 1823.

[13] Weitergehend OLG Frankfurt a.M., Urt. v. 27.12.2010, Az.: 16 U 96/10, WM 2012, 1826, Rn. 46 („Aber selbst wenn man den Anspruch auf *culpa in contrahendo* […] stützen will, *besteht eine Beratungspflicht* der Beklagten als Finanzdienstleister. Auch der *Anbieter* von Finanztermingeschäften, der eigene Produkte anbietet, ist *verpflichtet*, seinen Kunden im Vorfeld des Vertragsschlusses *anleger- und objektgerecht zu beraten*." [Hervorh. durch Verf.]).

[14] I.E. auch *Brandt*, Aufklärungs- und Beratungspflichten, S. 85 f.; *Roth*, in: Assmann/ Schütze, Hdb. Kapitalanlagerecht³, § 11 Rn. 13 m.w.N.; *K. Schmidt*, Handelsrecht⁶, § 31 Rn. 63; vgl. auch dazu supra § 11 C. Insbesondere setzt die aufsichtsrechtliche Pflichtenbindung den Abschluss eines Beratungsvertrages nicht voraus, dazu supra Kapitel 3 Fn. 274.

gerschutz schon aus Systemschutzgründen unabdingbar ist.[15] Derzeit basiert „enttäuschtes Anlegervertrauen“ und mithin ein gegebenenfalls damit korrespondierender Schadensersatz regelmäßig darauf, dass das vermeintliche Versprechen, allein die Kundeninteressen wahrzunehmen, gebrochen wurde. Insofern erzeugt die *Vertragsfiktion* der Rechtsprechung zugleich eine im Ergebnis nicht durchzuhaltende *Illusion beim Kunden*, dass er gratis eine vollständige Subordination seines beratenden Finanzintermediärs erwarten dürfe.[16]

Verzichtete man – wie hier vorgeschlagen – auf die Vertragsfiktion, würde dies dem Kunden verdeutlichen, dass es – abgesehen vom regulatorisch vorgeschriebenen Mindestschutz – weiterhin in seiner Verantwortung liegt, dass seine Interessen in von ihm geschlossenen Verträgen zur Geltung kommen.[17] Möchte er, dass auch die Vertragsgegenseite – abweichend vom Regelfall (!) – allein seine Interessen berücksichtigt, wird er nicht umhin kommen, diese dazu vertraglich zu verpflichten, wofür dann freilich regelmäßig ein Honorar fällig werden wird.[18] Diese „Klarstellung“ der jeweiligen Erwartungen der Beratungsparteien wäre zu begrüßen, da sich die Kunden so nicht länger in vermeintlicher „umfassender Sicherheit“ wägen würden. Konform mit den Annahmen des Informationsmodells[19] ist dann gegebenenfalls – soweit das Aufsichtsrecht keine abweichenden Vorgaben macht – vom Kunden zu erwarten, dass er bei grundsätzlich bekannten abstrakten beratungsbezogenen Interessenkonflikten weiter nachfragt, sofern er diese Information – trotz des sonstigen Anlegerschutzrechts – für relevant hielte.[20]

Das vorgeschlagene Modell steht insofern auf dogmatisch soliderer Grundlage.[21] Eine vollumfängliche Fremdinteressenwahrnehmung unter Ausblendung sämtlicher Eigeninteressen erfordert eine vertragliche Vereinbarung der Parteien.[22] Wür-

---

[15] Vgl. auch *Hopt*, Kapitalanlegerschutz im Recht der Banken, S. 385 f. (ein „Teil der Mühe“ der Individualpublizität wurde von der Rechtsordnung den Kreditinstituten „aufgebürdet“); ferner F.A.Z. v. 22.7.2013, S. 19.

[16] Vgl. auch *Grigoleit* beim Bankrechtstag, zitiert nach *Walz/Leffers*, WM 2012, 1457, 1459.

[17] Vgl. auch *Krebs*, in: Dauner-Lieb/Langen, BGB-Schuldrecht^2, § 311 Rn. 181; ferner *Ellenberger*, Umfassende Anlage- und Anlegergerechte Beratung, S. 59, 61.

[18] Vergleiche die ähnliche Einschätzung der Problematik bei *Krüger*, NJW 2013, 1845, 1849 f.; ferner *Weber*, Kodex zur Anlageberatung, S. 13, wonach der Berater bei der Provisionsberatung sonst „schon fast ein Heiliger sein [muss], um ausschließlich die Ziele des Anlegers zu verfolgen“; a.A. *Köndgen/Sandmann*, ZBB 2010, 77, 88 f. (vollständige Unterordnung könne auch bei absatzbegleitender Beratung erwartet werden).

[19] Vgl. *Gemberg Wiesike*, Wohlverhaltensregeln, S. 70; *Micklitz*, in: MünchKomm BGB^6, Vor §§ 13, 14 Rn. 9 („[J]edes normative Leitbild [enthält] gesellschaftliche Aussagen über das Maß an Eigenverantwortung.“); *Wagner*, BKR 2003, 649, 656; ferner supra § 3 D. IV. 4.–5. und V.

[20] A.A. BGH (Kick-Back-VIII) ZIP 2011, 1559, Rn. 9. Insoweit wie hier im Ergebnis die Rechtsprechung des III. Zivilsenats zu freien Anlageberatern; zu Mitteilungspflichten über die Unabhängigkeit der Beratung nach MiFID II und HABG s. supra § 10 D.

[21] Zur Dogmatik als Grundlage von Gerechtigkeitserwägungen *Krüger*, NJW 2013, 1845, 1849; ferner *Herresthal*, ZBB 2012, 89, 91 f. („[M]it den dogmatischen Ergebnissen [sind] grundlegende Wertungsfragen verbunden. So ist insbesondere zwischen einem angemessenen Anlegerschutz und der Eigenverantwortung des Anlegers [...] eine adäquate Grenze zu ziehen.“).

[22] Vgl. aber auch *Hopt*, Kapitalanlegerschutz im Recht der Banken, S. 441 mit Fn. 107.

de diese Verpflichtung den beratenden Finanzintermediären ohne Berücksichtigung ihres (Rechtsbindungs-)willens auferlegt, könnte es zu einem empfindlichen Rückgang der Anbieterseite kommen, weil nur noch verminderte Anreize vorlägen, Beratungsleistungen zu erbringen.[23] Dies gilt umso mehr nach hiesiger Konzeption, die – dogmatisch stringent – die Pflichtenbindung bei Vorliegen eines selbständigen Beratungsvertrags strenger als den gegenwärtigen status quo ausgestaltet. Das vorgeschlagene Modell erscheint insofern ein Stück weit „ehrlicher", da es verdeutlicht, dass die weitreichende Pflichtenbindung der Berater im Grundsatz nur in den Fällen der Honorarberatung auf ihrem Willen basiert, im Übrigen aber auf Regulierung beruht.[24] Zur Konturierung des aufsichtsrechtlichen Ordnungsrahmens ist primär der Gesetzgeber berufen. Umso mehr Pflichten den Beratern auferlegt werden, desto weiter entfernt sich die Situation vom „Normalfall", in dem der Anleger grundsätzlich das Anlagerisiko allein tragen muss.[25] Insoweit nimmt der geforderte Fiktionsverzicht der Rechtsprechung zumindest das Argument, dass sie nur auslege, was privatautonom ohnehin gewollt und vereinbart gewesen sei.

C. Rechtssicherheit

Das hiesige Konzept zeigt einen Weg zu mehr Rechtssicherheit auf. Berater würden nicht mehr fortgesetzt damit „überrascht" werden, wozu sie sich vermeintlich vertraglich verpflichtet hätten. Soweit sie nicht auf Basis eines Beratungsvertrags beraten, sind ihre Aufklärungspflichten im Ergebnis den gesetzlich näher bestimmten Pflichten zu entnehmen. Zunächst mag Rechtsunsicherheit aufgrund von Unklarheiten im tatbestandlichen System zwar fortbestehen. Den aufsichtsrechtlichen Pflichtenkatalog weiter auszuleuchten, bleibt insofern Aufgabe von Rechtsprechung und

---

[23] Vgl. *Ferran*, 13 EBOR (2012), 247, 268; *Reiter/Methner*, WM 2013, 2053, 2055 („Kann gute Anlageberatung kostenlos sein? Nein."). Im persönlichen Gespräch berichtete ein Anlageberater der Deutschen Bank, dass aufgrund der Regulierung bereits heute unterhalb eines Anlagevolumens von ca. 50.000 € das Beratungsgeschäft kaum kostendeckend betrieben werden könne. Mitunter wird ab dieser Grenze bereits davon ausgegangen, dass das „*retail*-Kunden-Segment" verlassen werde, vgl. *Kohlert*, Anlageberatung und Qualität, S. 71 und 368.

[24] Vgl. auch *Thieme*, Wertpapierdienstleistungen, S. 79; *Koller*, in: Assmann/Schneider, Komm WpHG[6], § 31d Rn. 3, sieht freilich die Kunden auch aufgrund des aufsichtsrechtlichen Regimes in „trügerischer Sicherheit" gewogen; ebenso *Möllers/Poppele*, ZGR 2013, 437, 465.

[25] *Herresthal*, ZBB 2012, 89, 97; ferner *Hannöver*, in: Schimansky/Bunte/Lwowski, Bankrechts-Hdb.[4], § 110 Rn. 2 und 5 [„Anlegerschutz durch Information kann das Prinzip der Eigenverantwortung (Privatautonomie) nur ergänzen, nicht ersetzen."]. Die Eigenverantwortung des Kunden wird hingegen geleugnet von OLG Stuttgart, Urt. v. 14.12.2011, Az.: 9 U 11/11, WM 2012, 890, 892 („[D]er Senat [hat] es beanstandet, wenn Anlegern suggeriert wurde, sie könnten anhand eigener Zinsmeinungen für die Vertragslaufzeit eine verantwortbare Anlageentscheidung treffen."). Ob die Investitionsentscheidung „verantwortbar" ist, muss aber nach dem Informationsmodell bei zutreffender Information über das Geschäft allein beim Kunden verbleiben. Im Kontext auch *Zoller*, BKR 2012, 405, 408, der von einer „Entmündigung" spricht; vgl. ferner *Hopt*, WM 2009, 1873, 1879; *Ott*, Vorvertragliche Aufklärungspflichten im Lichte des Güter- und Leistungsaustauschs, S. 142, 145 und 161; schließlich *Knop*, F.A.Z. v. 20.8.2013, S. 15.

Literatur, wobei im unionsrechtlich determinierten Bereich auch der EuGH mit den relevanten Fragen zu befassen sein wird. Die vielen diffizilen, im Ergebnis indes oft fraglichen Unterscheidungen des bisherigen Systems, die wiederum in der Rechtsprechung verschiedener Senate mitunter unterschiedlich gewürdigt werden, können durch tatbestandlich vorgegebene Fragen ersetzt werden. Sollten in einem solchen Tatbestandssystem Ungereimtheiten auftreten, die von der Rechtsprechung nicht zu bewältigen wären,[26] müssten diese gegebenenfalls vom Gesetzgeber beseitigt werden. Das ist seine rechtspolitische Aufgabe.

D. Rückführung von Streitigkeiten auf wesentliche Anlagekriterien

Krisenzeiten folgen üblicherweise mit einigem Abstand Klagewellen nach. Sie betreffen regelmäßig Produkte, mit denen sich zuvor durchaus „Geld verdienen" ließ bzw. die ihre Zwecke erfüllten.[27] Vor diesem Hintergrund erscheint es problematisch davon auszugehen, dass (profitable) Geschäfte nur deshalb nicht eingegangen worden wären, weil daran auch der – üblicherweise nicht gesondert vergütete – Berater „verdient hat". Plausibel wäre das freilich dann, wenn die vertriebenen Produkte nicht zum Kunden „passten", es sich insofern um „schlecht geeignete" Empfehlungen handelte.[28] Gerade diese Fragestellung betreffend die Eignung der Produkte ist aus der ex ante-Anlegersicht die entscheidende. Sie kommt im gegenwärtigen, auf vermeintliche Interessenkonflikte fokussierten Regime regelmäßig zu kurz.[29] Mit dem Nachweis eines grundsätzlich aufklärungspflichtigen Eigeninteresses entfällt für die Praxis häufig das Erfordernis, die Kriterien der anleger- und objektgerechten Beratung zu prüfen.[30]

Dieser Missstand lässt sich mit einem Übergang zum vorgeschlagenen Modell beheben. Die Abwesenheit von Eigeninteressen ist prägendes Merkmal der Beratung auf selbständiger vertraglicher Basis. Zur Absicherung dieser Verpflichtung des Intermediärs ist eine weitreichende, eigeninteressenbezogene Aufklärungspflicht angebracht, die zur Effektuierung mit einer Beweislastumkehr im Rahmen der Kausalitätsermittlung verknüpft wird. Wird ein „echtes" Neutralitätsversprechen vom Intermediär gebrochen, ist das aus Anlegersicht zumindest ebenso relevant wie eine im Übrigen ungeeignete Empfehlung.[31]

---

26 Vgl. zu § 31d WpHG in diese Richtung argumentierend *Assmann*, ÖBA 2007, 40, 55.

27 Vgl. etwa Kapitel 2 Fn. 139.

28 Vgl. zu diesen Erwägungen bereits u.a. supra § 11 D. II. 1.

29 Vgl. auch *Köndgen*, JZ 2012, 260, 263.

30 Dazu supra Kapitel 3 Fn. 303; vgl. auch *Clouth*, in: Praktikerhdb. Wertpapier- und Derivategeschäft[4], Rn. 1209 („Fallkonstellationen, in denen es tatsächlich zur Empfehlung eines ‚ungeeigneten' Produkts gekommen ist, lassen sich in der Sache hingegen mit den ‚klassischen' Instrumenten der ‚Bond-Rechtsprechung' lösen, ohne dass es der Heranziehung des ‚schillernden' Interessenkonflikt-Arguments bedürfte.").

31 S. supra § 10 E. III. 2. c) bb).

Anders stellt sich die Situation bei der unentgeltlichen absatzbegleitenden Beratung dar. Dort darf der Kunde von vornherein nicht darauf vertrauen, dass ausschließlich seine Interessen wahrgenommen werden. Allerdings sind ihm anfallende monetäre Eigeninteressen im aufsichtsrechtlich vorgegebenen Umfang mitzuteilen. Hat sich ein Anleger gegen eine selbständige (Honorar-)Beratung entschieden, erschiene es jedoch nicht überzeugend davon auszugehen, dass ein mitgeteiltes Eigeninteresse ihn jedenfalls dazu veranlasst hätte, das Geschäft nicht abzuschließen. Plausibel erscheint das allenfalls, soweit besondere Umstände vorliegen, wie etwa „überhöhte Vertriebsvergütungen".[32] Dem trägt das vorgeschlagene Modell dadurch Rechnung, dass – dem gesetzlichen Regelfall entsprechend – keine Kausalitätsvermutung bei der bloß absatzbegleitenden Beratung zur Anwendung kommt.[33] Eine auch aus Wirksamkeitsgesichtspunkten des Aufsichtsrechts unbefriedigende Alles-oder-Nichts-Lösung wird dennoch verhindert, da eine Proportionalhaftung anerkannt wird, die auf dem Gedanken einer „verlorenen Entscheidungschance" des Anlegers als Schadensposition basiert.[34]

Entgegen der derzeitigen Lage wird damit bei der bloß absatzbegleitenden Beratung voller Schadensersatz auf der Grundlage nicht mitgeteilter Eigeninteressen nicht mehr den Regelfall darstellen. Begehrt der Kunde vollständige Rückabwicklung, wird er darlegen und beweisen müssen, dass die Empfehlung des Investments nicht für ihn geeignet war.[35] Geeignete Kundenempfehlungen sind das Ziel der Anlageberatung. Es erscheint deshalb nur konsequent, dass diese Frage den Schwerpunkt des Haftungsprozesses darstellen sollte.[36] Im Übrigen würde das vorgeschlagene Modell hinsichtlich des untersuchten Phänomens der Aufklärungspflichten über Eigeninteressen perspektivisch zu einer Vereinfachung führen (vgl. auch Schaubild 2, Anhang S. 488).

E. Beitrag im Rahmen der Europäisierung des Finanzmarktrechts

Auf einem integrierten Binnenmarkt spielt die notwendige Finanzintermediation durch Beratung eine entscheidende Rolle.[37] Die Effektivität der gemeinsamen Aufsichtsregeln würde durch ein flankierendes *private enforcement* erheblich gesteigert und diente insoweit der Herstellung eines *level-playing-fields* in Europa.[38] Diese

---

[32] Dazu supra § 11 D. II. 1.; vgl. auch *Casper*, ZIP 2009, 2409, 2417; *Klöhn*, ZIP 2011, 2244, 2245; *Rusch*, WM 2012, 440, 444.

[33] S. supra § 11 D. II. 1.

[34] S. supra § 11 D. II. 2.

[35] Vgl. z.B. *Ferran*, 13 EBOR (2012), 247, 251, wonach die maßgeblichen Fragestellungen im „PPI-Skandal" bei den „*suitability*-Risiken" angesiedelt sind.

[36] Es ist möglich, dass die Berater sekundäre Darlegungslasten treffen; vgl. *Hannöver*, in: Schimansky/Bunte/Lwowski, Bankrechts-Hdb.[4], § 110 Rn. 110; *Müller-Christmann*, in: Bankrechtstag 2012, S. 1, 20.

[37] Vgl. auch *Vogel*, Anlegerschutz, S. 189.

[38] Vgl. auch *Gemberg Wiesike*, Wohlverhaltensregeln, S. 16; *Veil*, WM 2007, 1821, 1824 f.; fer-

positiven Wirkungen sprechen im Rahmen einer erforderlichen Neukonturierung des Pflichtengefüges bei der absatzbegleitenden Beratung – die den Regelfall darstellt – dafür, wie vorgeschlagen auf das teilweise unionsrechtlich geprägte Aufsichtsrecht zurückzugreifen. Hiesiges Modell ist auch in der Lage, die europäische Reform der Anlageberatung durch die Neufassung der MiFID zu integrieren.[39] Während die künftige „unabhängige Beratung" zu einem Beratungsvertrag führen wird, der den strengsten Pflichtenumfang für den beratenden Finanzintermediär nach sich zieht, werden die Vorgaben für die „abhängige Beratung"[40] entsprechend für die hier als absatzbegleitend bezeichnete Beratung gelten. Hinsichtlich der Beratungspflichten für selbständige Beratungsverträge wird es möglich sein, diese entsprechend den Vorgaben aus der MiFID II auszugestalten und ferner die Vorgaben des HABG zu beachten.[41] Der Zeitpunkt für einen Systemwechsel scheint daher im Rahmen der ohnehin erforderlichen Anpassungen „günstig" zu sein.

§ 15 Ausblick

Diese Untersuchung hat gezeigt, dass das Aufklärungspflichtengefüge im Kontext monetärer Eigeninteressen der Anlageberater neu zu konturieren ist. Ein erster Schritt dahin wäre in der dogmatisch stringenten Umsetzung der beratungsvertraglichen Vorgabe der alleinigen Fremdinteressenwahrnehmung zu sehen. Soweit die Rechtsprechung allerdings an ihrer diesbezüglichen Vertragsfiktion festhalten sollte, könnte das aufgrund der dann nochmals verschärften Pflichten zu einem Marktrückzug der Anbieter führen.[42] Deren Individualinformationstransformationsfunktion ist jedoch von enormer Wichtigkeit für die Funktionsfähigkeit der Finanzmärkte,[43] weshalb eine solche Folge insgesamt negative Auswirkungen auch für die Anleger zeitigen könnte.[44] Schon deshalb sollte auf die Vertragsfiktion mit ihren

---

ner *Koller*, in: Assmann/Schneider, Komm WpHG[6], § 31 Rn. 11; rechtsvergleichend spielt das Aufsichtsrecht schadensersatzrechtlich beispielsweise bereits in Frankreich und dem Vereinigten Königreich eine große Rolle, dazu m.w.N. *Lehmann*, JZ 2011, 749, 752.

[39] Zur Europäisierung des Kapital- und Finanzmarktrechts bereits supra § 11 F. II. 2.

[40] Von MiFID II wird sie allerdings nicht als „abhängig" bezeichnet.

[41] Freilich wird das HABG auf seine Unionsrechtskonformität hin zu prüfen sein, vgl. dazu *Veil/Lerch*, WM 2012, 1605, 1609 f.

[42] Vgl. auch *Buck-Heeb*, ZHR 177 (2013), 310, 321 ff., die von einer „Reduktion des Anlegerschutzes durch Zunahme der Anlegerschutzregeln" spricht; ferner *Balzer* beim Bankrechtstag, zitiert nach *Treibmann*, ZBB 2013, 285, 296.

[43] Vgl. auch *Möllers/Poppele*, ZGR 2013, 437, 447 (für den Anleger führe in der Regel „kein Weg an Finanzintermediären vorbei").

[44] Vgl. auch *Buck-Heeb*, jurisPR-BKR 7/2011 Anm. 2; *Ferran*, 13 EBOR (2012), 247, 268; *Frühauf*, F.A.Z. v. 24.8.2013, S. 21 („Die Beratung wird vielen Banken zu riskant."); *Inderst/Ottaviani*, 13 EBOR (2012), 237, 242 f.; *Mohr*, F.A.Z. v. 31.8.2013, S. 11; *ders.*, F.A.Z. v. 7.12.2013, S. 11 („Im Ergebnis ist aber auch eine seriöse provisionsorientierte Beratung dem Nichtstun des Anlegers vorzuziehen."); *Rosenblum*, DB 2012, 1105, 1111.

weitreichenden Pflichten verzichtet werden.[45] Der Anleger steht außerdem selbst dann, wenn er keinen Beratungsvertrag abgeschlossen hat, nicht schutzlos da, kann jedoch eine vollständige Subordination des Beraters unter seine Interessen nicht mehr erwarten. Soweit monetäre Eigeninteressen vom Berater verfolgt werden, ist der Kunde aber – im Grundsatz – nach Maßgabe des Aufsichtsrechts aufzuklären.[46]

Das Anlegerschutzrecht steht auch künftig im Fokus der Regulierer.[47] Der Tendenz bzw. Forderung nach einer paternalistischeren Ausgestaltung[48] sollte aber mit großer Zurückhaltung begegnet werden. Insbesondere soweit die Grundannahme in Frage gestellt wird, dass Menschen in der Lage sind – gegebenenfalls aufgrund mitgeteilter Informationen – rational zu handeln, wären die Folgen kaum absehbar.[49] Wer dem Bürger im Finanzsektor „die Vernunft abspricht", wird keine Argumente finden, in Situationen mit vergleichbarer Informationsbelastung und von (mindestens) gleicher „Wichtigkeit" für die Betroffenen – etwa in Gesundheitsfragen – die Autonomie und Entscheidungsfreiheit des Einzelnen hochzuhalten.[50] Mit

[45] Im Übrigen ist (auch negative) Vertragsfreiheit ein Wert an sich und die Privatautonomie hängt unmittelbar mit der Wettbewerbsordnung und dem marktwirtschaftlichen System zusammen, vgl. *Riesenhuber*, Primärrechtliche Grundlagen der Kapitalmarkttransparenz, S. 23, 28 f. (Regulatorische) Eingriffe sollten als solche erkenntlich sein, weil dies die erforderliche Rechtfertigung für den Eingriff zum Ausdruck bringt. Das scheint umso mehr geboten, als das deutsche Zivilrecht sein klares Bekenntnis zur Privatautonomie mitunter bereits verloren hat, *Benedict*, AcP 204 (2004), 697, 699.

[46] Es ist auch nicht ausgeschlossen, dass Marktprozesse – freilich ggf. im Kontext drohender staatlicher Regulierung – zu kundengünstigen Lösungen führen, die über geltende gesetzliche Vorgaben hinausgehen. So hat die Bank Goldman Sachs mitgeteilt, dass sie nunmehr Kunden exakt mitteile, was sie an Transaktionen verdiene und welche Rolle sie in den Geschäften einnehme, *The Economist*, Vol. 409, Num. 8856 (October 5th-11th 2013), S. 61 f.; s. ebenso *DDV*, Fairness Kodex, Ziff. 4, wonach die Mitglieder des Verbands dem Kunden den vom Emittenten geschätzten Wert des Produkts (*issuer estimated value*) mitteilen (dazu auch *DDV*, Erläuterungen zum Fairness Kodex, Präambel und Ziff. 4). Diese Kennziffer soll seit dem 1.5.2014 in den Produktinformationsblättern enthalten sein, s. a.a.O. Ziff. 7.

[47] Vgl. *Hannöver*, in: Schimansky/Bunte/Lwowski, Bankrechts-Hdb.[4], § 110 Rn. 15 („Gesetzgebung in Permanenz"). Neben der MiFID II können hier auf europäischer Ebene die Vorgaben für sog. PRIPS (*packaged retail investment products*) genannt werden (dazu *Haar*, in: FS Hopt (II), S. 1865, 1889 f.; *Müchler*, WM 2012, 974 ff.). Letztere sind im Übrigen Ausdruck davon, dass auch weiterhin „rationale Anlageentscheidungen" für möglich gehalten werden, *Langenbucher*, ZHR 177 (2013), 679, 689; vgl. auch *Koch*, BKR 2012, 485 („hyperaktives Gesetzgebungsgespann in Deutschland und Europa"); ferner *Emmerich*, in: MünchKomm BGB[6], § 311 Rn. 113; vor Überregulierung warnt *Hopt*, WM 2009, 1873, 1881.

[48] Vgl. *Mülbert*, ZHR 176 (2012), 369, 376 f., der die MiFID II als teilweise paternalistisch einschätzt; ebenso *Buck-Heeb*, ZBB 2014, 221, 232; vgl. auch *Bonavita*, 13 EBOR (2012), 271, 279; *Wallach*, BB 2012, Heft 35, S. I.

[49] Vgl. *Ott*, Ökonomische Analyse von Aufklärungspflichten, S. 143, 152 („Soweit aber die Prämisse aufgegeben wird, daß Marktteilnehmer – speziell Verbraucher – auf der Grundlage von ausreichenden Informationen rationale Entscheidungen treffen, wird das Prinzip der Vertragsfreiheit selbst in Frage gestellt."); vgl. auch *Zimmer*, Weniger Politik!, S. V und 73. Zurückzuweisen ist daher die Forderung von *Koch*, BKR 2012, 485, 493, wonach es ggf. an der Zeit sei, dass der Paternalismusbegriff die negativen Konnotationen verliere.

[50] Einen kleinen Auswuchs solcher Vorstellungen sieht man z.B. derzeit in New York City, wo besonders große Limonadenbecher zum Schutz vor Fettleibigkeit nicht mehr verkauft werden dür-

Nachdruck muss es daher zurückgewiesen werden, wenn mitunter der „Schutz des Bürgers vor sich selbst" als Aufgabe des Rechts proklamiert wird.[51] Dabei darf nicht in Vergessenheit geraten, dass es in den im Vordergrund stehenden Fällen regelmäßig um reine Vermögensfragen von nicht existentieller Bedeutung geht.[52] Häufig streiten „überwiegend ältere, wohlhabendere und erfahrenere Investoren" mit ihren Beratern über vermeintliche Interessenkonflikte und fehlgegangene Anlagen.[53] Dies zum Ausgangspunkt einer Abkehr vom Bild eines grundsätzlich rationalen, eigenverantwortlich handelnden Bürgers zu machen, würde nicht überzeugen.[54] Ergänzt werden könnte der Anlegerschutz hingegen durch verstärkte „finanzielle Bildung" der Bevölkerung, die insoweit die Eigenverantwortung der Bürger respektiert und unterstützt.[55]

Mit Skepsis ist Vorschlägen zu begegnen, die für sich in Anspruch nehmen „libertär-paternalistisch" zu sein.[56] Auch wer anderen nur einen „Schubs" (*nudge*) in die „richtige Richtung" geben möchte, nimmt für sich in Anspruch, dass er weiß, was für den anderen richtig ist.[57] Ein Beispiel (freilich für „harten" Paternalismus) im hiesigen Kontext liefern Autoren, die einen erzwungenen Wechsel zur Honorar-

---

fen. Allerdings wurde dieses Verbot von der Justiz zunächst aufgehoben. Über den Einspruch der Stadt hat der Court of Appeals zu entscheiden. Vgl. in anderem Kontext ähnlich *v. Mises*, Human Action, S. 617.

[51] Im Kontext der Anlageberatung erachten *Möllers/Poppele*, ZGR 2013, 437, 462 und 476, einen solchen als notwendig. Die eintretenden Effekte dann geradezu auf den Kopf stellend a.a.O. S. 463, wonach Produkt*verbote* die Vertrags*freiheit* der Kunden absichern würden. Dass sich das Angebot für Kunden verringere sei „erfreulich". Zutreffend *Langenbucher*, ZHR 177 (2013), 679, 700 f., wonach Produktverbote als „typisch paternalistisches Instrument" von Juristen wie Ökonomen „nahezu einhellig" abgelehnt werden. Mit Vertrags*freiheit* haben sie nichts zu tun. Allenfalls ließen sich Aspekte der Vertrags*gerechtigkeit* anführen. Nicht überzeugend hingegen die Einschätzung von *Eberius*, Regulierung der Anlageberatung und behavioral finance, S. 54, wonach bereits die Informationserteilung über Informationsblätter Ausdruck eines Schutzes des Anlegers vor sich selbst sei. Vgl. auch *v. Mises*, Human Action, S. 733 f.

[52] Vgl. aber auch *Buck-Heeb*, ZHR 177 (2013), 310, 341 f.

[53] *Sethe*, AcP 212 (2012), 80, 144; ferner *Edelmann*, BB 2010, 1163, 1164.

[54] Zutreffende Einschätzung bei *Franck*, in: Europäische Methodenlehre[2], § 6 Rn. 42 ff. (insb. Rn. 47), der im Kontext der etwaigen Grenzen des Informationsmodells vor dem Hintergrund der *behavioral finance* anmahnt, „Steuerungsansprüche auf ein realistisches Maß zurück zu schalten".

[55] Vgl. *Looman*, F.A.Z. v. 10.3.2012, S. 21 („Die finanzielle Bildung in Deutschland ist ungenügend."); *Moloney*, How to Protect Investors, S. 285 f.; freilich würden sich positive Effekte nur verzögert einstellen, vgl. *dies.*, 13 EBOR (2012), 169, 184.

[56] Vgl. *Thaler/Sunstein*, 70 U. Chi. L. Rev. (2003), 1159 ff.; allein zum Begriff wäre einiges zu sagen. Ob es „libertären-Paternalismus" überhaupt geben kann, ist in höchstem Maße fraglich; vgl. auch *Zimmer*, Weniger Politik!, S. 4, 6, 69, 90 ff. und 103, der zutreffend beschreibt, dass der „libertäre-Paternalismus" entgegen seiner Behauptung in Wirklichkeit ein Instrument zur Umsetzung vermeintlich besseren Wissens zum Nutzen des Kollektivs darstellt; ferner *Langenbucher*, ZHR 177 (2013), 679, 686.

[57] Zum Problem der Wissensanmaßung supra Kapitel 1 Fn. 649; ferner zum „Wissensproblem der Paternalisten" zutreffend *Mülbert*, ZHR 177 (2013), 160, 174; paradigmatisch *van Randenborgh*, ZRP 2010, 76 („‚Zertifikate' gehören nicht in die Hand privater Anleger"); dagegen *Hannöver*, in: Schimansky/Bunte/Lwowski, Bankrechts-Hdb.[4], § 110 Rn. 3.

beratung gegebenenfalls verbunden mit Subventionen für Anleger fordern.[58] Die Mehrheit der Beratungskunden ist aber offenbar nicht gewillt, für eine Beratung unmittelbar zu zahlen.[59] Ob das gut oder schlecht ist kann nur auf der Basis eines persönlichen Werturteils beurteilt werden, wobei (einschließlich „libertäre") Paternalisten ihres verallgemeinern.[60] In einer freien Gesellschaft und (auch in einer „sozialen") Marktwirtschaft muss es deshalb dabei bleiben, dass die Konsumenten durch ihre einzelnen Entscheidungen die „letztgültigen Regulierungsentscheidungen" für den Markt treffen.[61]

Freilich ist Rechtsschutz für fehlerhafte Beratung von enormer Bedeutung für die Betroffenen und den Finanzmarkt insgesamt.[62] Im Vordergrund sollten dabei aber die Aspekte der anleger- und objektgerechten Beratung stehen, die grundsätzlich die Anlegerinteressen hinreichend schützen.[63] Diese Kriterien können gegebenenfalls monetäre Eigeninteressen der Berater erfassen, z.B. wenn überhöhte Vertriebskosten vorliegen.[64] Derzeit wird hingegen primär wegen der Verletzung von interessenkonfliktbasierten Aufklärungspflichten prozessiert.[65] An dieser Stelle schließt sich der Kreis: (Finanz-)Krisen ziehen Klagewellen und die Suche nach Verantwortlichen für erlittene Verluste nach sich.[66] Es bestehen deshalb kaum Zweifel, dass die mit der Beratungshaftung befassten Zivilsenate auch weiterhin die am stärksten

---

[58] So *Reiter/Methner*, WM 2013, 2053 ff. (insb. S. 2059); ferner *Möllers/Poppele*, ZGR 2013, 437, 465.

[59] Vgl. auch *Buck-Heeb*, ZHR 177 (2013), 310, 327 („schwer verständlich"); ferner *Grigoleit*, ZHR 177 (2013), 264, 297 („*all-inclusive*-Mentalität"); *Looman*, F.A.Z. v. 4.5.2013, S. 22 („Das liegt in erster Linie am Geiz vieler Privatleute."); vgl. auch *Mohr*, F.A.Z. v. 20.9.2013, S. 21, wonach laut einer Umfrage des Deutschen Instituts für Portfolio-Strategien trotz vielfach geäußerter Kritik an der Provisionsberatung nur 38 % der Befragten bereit waren, für eine unabhängige Beratung zu bezahlen; ferner *ders.*, F.A.Z. v. 2.10.2013, S. 21. Eine tns-infratest Studie kam 2012 zu dem Ergebnis, dass nur 19 % der Anleger bereit wären, für neutrale Beratung zu zahlen, von denen nur 31 % bereit wären, bis zu 150 € pro Stunde aufzubringen, *tns-infratest*, DZ Bank Anlegerindikator, Spezial Anlageberatung, S. 10 f.

[60] Vgl. paradigmatisch *Eberius*, Regulierung der Anlageberatung und behavioral finance, S. 113, am Beispiel einer „*opt-out*-Lösung" für die Organspende, weil diese ein „nach allgemeiner Ansicht sinnvolles Ziel sei". Die Sinnhaftigkeit einer Organspende wird kaum jemand bestreiten. Dass im Grundsatz jeder bereit sei als Spender zu fungieren, lässt sich daraus aber nicht schließen. Vgl. auch *v. Mises*, Human Action, S. 692.

[61] Vgl. ausführlich *v. Mises*, Human Action, insbesondere S. 240, 269 ff., 309, 511 und 674; ähnlich wie hier *Mülbert*, ZHR 177 (2013), 160, 174 („Im vorliegenden Kontext [Funktionenschutz und Schutz des individuellen Anlegers, der Verf.] führt dieser Ansatz [des libertären Paternalismus, der Verf.] freilich kaum weiter.").

[62] Vgl. *Mülbert*, ZHR 177 (2013) 160, 194; *Müller-Christmann*, in: Bankrechtstag 2012, S. 1, 2.

[63] Vgl. BGH (Lehman-I) BGHZ 191, 119 = NZG 2012, 25, Rn. 44; vgl. auch *Zoller*, BB 2013, 520, 523, der fordert, dass der Blick für inhaltliche Mängel der Beratung frei wird; ferner *Haar*, in: FS Hopt (II), S. 1865, 1887.

[64] Vgl. auch *Köndgen*, JZ 2012, 260, 262; *Krüger*, NJW 2013, 1845, 1849 („primär interessant" sei, wie viel Geld fließe, nicht von wem es komme).

[65] Vgl. so auch für die Situation in Österreich *Kalss*, ZBB 2013, 126, 130.

[66] Vgl. supra § 1 A.

belasteten bleiben werden.[67] Es wäre wünschenswert, wenn die in dieser Arbeit behandelte Fragestellung als regelmäßig nur nebensächlich relevante Problematik wieder in den Hintergrund treten könnte.[68] Ein Weg dahin wurde hier aufgezeigt.

§ 16 Zusammenfassung der wesentlichen Ergebnisse in Thesenform

Kapitel 1[69]

1. Die untersuchte Fragestellung ist schwerpunktmäßig im Kapitalmarktrecht angesiedelt, allerdings nicht darauf beschränkt. Vielmehr handelt es sich um eine finanzmarktrechtliche Problematik.

2. Ob vom Anleger oder Kunden gesprochen wird, ist eine Frage der Perspektive. Der Anlegerbegriff setzt die Person ins Verhältnis zum späteren Investment, der Kundenbegriff zum beratenden Finanzintermediär.

3. Mitunter werden Informationspflichten feingliedrig in Unterkategorien systematisiert. Dies ist im hiesigen Kontext nicht erforderlich, da es konkret um die Fragestellung geht, ob die (bloße) Tatsache, dass monetäre Eigeninteressen beim Berater vorliegen, offenbart werden muss. Abzugrenzen ist der Beratungsgriff, der über die Mitteilung einer Information hinausgeht. Die Beratungstätigkeit stellt eine Vermittlungsleistung des Beraters dar.

4. Bezüglich der hier untersuchten Vergütungsinteressen besteht terminologisch keine Einigkeit. Dieselben Begriffe werden teils als Unterscheidungskriterium, teils als Synonyme verwendet. Dies erschwert die Diskussion.

5. Informationsintermediation ist ein Strukturbestandteil von Finanzmärkten. Anlageberater erbringen Informationstransformationsleistungen, indem sie Individualpublizität herstellen. Dies dient dem Abbau von Informationsasymmetrien, die auf dem Finanzmarkt unvermeidlich entstehen.

6. Auch die sonstigen, im Kontext der Anlageberatung erbrachten Tätigkeiten der beratenden Finanzdienstleister stellen Intermediationsleistungen dar. Das „Spiel mit Kunden" gehört nicht zum Geschäftsmodell der beratenden Banken, wenngleich nicht völlig ausgeschlossen ist, dass einzelne Geschäfte „Spiele" im Rechtssinn darstellen können. Die Intermediationsleistung ist in diesen Fällen in der Gewährung von Marktzutritt für den Kunden zu sehen.

7. Dass diverse von Intermediären erbrachte Leistungen zusammenfallen, ist mitunter systembedingt (Universalbankensystem).

---

[67] So *Wiechers* über den XI. Zivilsenat beim Bank- und Kapitalmarktrechtstag, zitiert nach *Pytlinski*, WM 2013, 140, 141.

[68] Man kann *Müller-Christmann*, in: Bankrechtstag 2012, S. 1, 10, zustimmen, dass das Hauptanliegen des Anlegerschutzes nicht darin liege, den Kunden über Ertragsinteressen der Berater zu informieren.

[69] S. ferner die Zusammenfassung des 1. Kapitels in § 4.

8. Soweit „freie Anlageberater“ und Bankberater dieselben Tätigkeiten ausüben, unterscheiden sie sich nicht grundsätzlich voneinander. Dies gilt ebenso für die Vergütungspraxis. Ferner darf der Begriff „frei“ nicht unbesehen als „völlig unabhängig“ verstanden werden.

9. Insbesondere Banken sind zur Informationstransformation ideal geeignet. Insofern ist nachvollziehbar, dass kontextbezogene Regulierung häufig in besonderem Maße Banken adressiert. Diese erscheint vor dem Hintergrund diverser Risiken für den Anleger bei der Anlageberatung auch in gewissem Umfang notwendig. Von Relevanz sind aus Anlegersicht etwaige Interessenkollisionen der Intermediäre, die auf Eigen- und Drittinteressen beruhen können. Soweit sich die vom Aufsichtsrecht abweichende Rechtsprechung hinsichtlich des rechtlichen Umgangs mit diesen Interessenkonflikten nicht auf privatautonome Vereinbarungen der Beratungsparteien als Grundlage angenommener Pflichten stützen kann, wird sie finanzmarktregulierend tätig. Im Rahmen der Regulierung sind sämtliche betroffenen Interessen abstrakt abzuwägen und miteinander in Einklang zu bringen, weshalb dafür grundsätzlich der Gesetzgeber zuständig und am besten geeignet ist.

10. Im Beratungskontext vereinnahmte monetäre Eigeninteressen können mannigfaltig ausgestaltet sein. Im Grundsatz kann man zwischen Provisionen, Honoraren und Margen unterscheiden. Zu letzteren gehören anfängliche negative Marktwerte aus Kundensicht, deren Behandlung durch die Rechtsprechung auf zweifelhaften Annahmen bezüglich ihrer Aussagekraft beruht.

11. Im Beratungskundenkreis finden sich Anleger mit disparaten Erfahrungen und verschiedenen Fähigkeiten bzw. Vorkenntnissen wieder. Die Verbrauchereigenschaft des Kunden ist aber unerheblich. Grundsätzlich muss der Anlageberater auf seinen individuellen Kunden eingehen. Soweit allerdings über „Offenkundigkeitsgesichtspunkte“ argumentiert wird, beinhaltet dies eine – vom konkreten Anleger losgelöste – normative Aussage dahingehend, dass der Kunde bestimmte Dinge wissen muss. Eine solche, auch für andere Fragestellungen herangezogene Typisierung bedarf eines Anleger- bzw. Kundenleitbilds.

12. Aufklärungspflichten bei der Anlageberatung sind Ausdruck des Informationsmodells, das der Regulierung und Rechtsprechung zu Grunde liegt. Schutzkonzeptkonform muss daher als „Untergrenze“ angenommen werden, dass der Kunde ihm mitgeteilte Informationen nicht nur zur Kenntnis nimmt, sondern sie auch zutreffend bewertet und rational auf deren Basis handelt („aufklärungsfähiger Anleger“). Insoweit mag man ihn auch als „verständig“ bezeichnen.

13. Im Kontext der Anlageberatung lassen sich „Verhaltensanomalien“ beobachten. Erkenntnisse der *behavioral finance*-Forschung sind aber kaum in das Schutzkonzept des Informationsmodells integrierbar, da von ihr wesentliche Grundannahmen des Schutzmodells selbst in Frage gestellt werden. Ein alternatives Gesamtkonzept haben deren Vertreter derzeit nicht anzubieten. Schlussfolgerungen der benannten Forschungsrichtung sind häufig paternalistischer Art. Die Abkehr von der Konzeption des gegebenenfalls zwar informationsbedürftigen, im Übrigen in-

des eigenverantwortlich handelnden Anlegers, müsste als rechtspolitische Entscheidung vom Gesetzgeber ausgehen. Dies gilt umso mehr, als dieses Modell europäisch determiniert ist und eine (vollständige) Aufgabe im Rahmen des derzeit stattfindenden Reformprozesses nicht absehbar ist.

Kapitel 2[70]

14. Das mit Aufklärungspflichten über monetäre Eigeninteressen befasste Bankprivatrecht präsentiert sich in besonderem Maße als „*case law*" von beträchtlichem Umfang. Obwohl zum Teil dieselben oder strukturell gleich gelagerte Fragen mehrfach Gegenstand der höchstrichterlichen Rechtsprechung waren, ist ein Ende dieser Entwicklung nicht absehbar.

15. Das derzeitige Rechtsprechungskonzept basiert auf diversen angeführten Grundlagen. Ein einheitliches Telos lässt sich jedoch nicht erkennen. Die unklare teleologische Basis der untersuchten Rechtsprechung ist insbesondere im Hinblick auf Rechtssicherheitsaspekte ihr größtes Manko. Schwerpunktmäßig wird jedoch – in unterschiedlichen Facetten – auf Interessenkonflikte des Beraters abgestellt. Für die Zeit ab dem 1.8.2014 sollen zivilrechtliche Aufklärungspflichten über Provisionen auf einem kapitalanlagerechtlichen Transparenzgebot beruhen, das seinerseits mittelbar auf Interessenkonflikterwägungen basiert.

16. Nicht „geheilt" werden kann diese Einschätzung (These 15) durch sekundär heranzuziehende „Offenkundigkeitserwägungen", die mittlerweile in erheblichem Umfang Eingang in die Rechtsprechung gefunden haben. Im Übrigen ist zweifelhaft, ob das Offensichtlichkeitskriterium selbst zur Begrenzung einer im Ausgangspunkt weitreichenden Aufklärungspflicht geeignet ist.

17. Bis heute sind die Grenzen der von der Rechtsprechung vorgenommenen Unterteilung der Eigeninteressen in Rückvergütungen, Innenprovisionen und Margen nicht eindeutig geklärt. Selbst im vermeintlich „gesicherten Bereich" bleibt der wertungsmäßige Kern insbesondere der Differenzierung von Rückvergütungen und Innenprovisionen unklar. Allerdings stellt die jüngste Rückvergütungsdefinition keine Rechtsprechungsänderung des XI. Zivilsenats dar. Soweit der Senat künftig auf ein kapitalanlagerechtliches Transparenzgebot abstellt (These 15), entzieht er sich damit vermeintlich der Notwendigkeit, eine stimmige Begründung für die bisher nur schwer nachvollziehbare Differenzierung von Rückvergütungen und Innenprovisionen geben zu müssen.

18. Die Rechtsprechung produktbezogen erklären zu wollen, würde schon im Ansatz nicht überzeugen.

19. Vergütungsbezogene Aufklärungspflichten entspringen im Rechtsprechungskonzept im Wesentlichen einem selbständigen Beratungsvertrag. Selbst wenn ein solcher vorliegt, sind jedoch nicht alle Eigeninteressen aufklärungspflich-

[70] S. ferner die Zusammenfassung des 2. Kapitels in § 7.

tig, weshalb die Rechtsprechung allein mit der herangezogenen Rechtsgrundlage nicht zu erklären ist.

20. Aufklärungspflichten über monetäre Eigeninteressen des Beraters können sowohl im Zwei-, wie auch im Drei-Personen-Verhältnis bestehen.

21. Ein wesentliches Kriterium zur Konturierung der Aufklärungspflicht stellt im Rechtsprechungskonzept das Merkmal der „Bankgebundenheit" des Beraters dar. Dieses markiert zugleich die „Zuständigkeitsgrenze" zwischen dem III. und XI. Zivilsenat. Im Ergebnis haben die Senate abweichende Vorstellungen von vergütungsbezogenen Aufklärungspflichten bei der Anlageberatung. Der III. Zivilsenat hält provisionsbasierte Interessenkonflikte offenbar erst ab einer bestimmten Höhe für relevant. Die herangezogene Begründung zur Differenzierung trägt zumindest nicht und soll anscheinend vermeiden, den Großen Senat für Zivilsachen anrufen zu müssen.

22. Die untersuchte Rechtsprechung lässt sich zwar unter diversen Gesichtspunkten differenzieren. Eine fallgruppenübergreifende, wertungskonsistente Systematisierung ist jedoch nicht möglich.

23. Zu kritisieren ist das Rechtsprechungskonzept nicht nur bezüglich der unstimmigen Ergebnisse. Auch die primär gewählte rechtliche Grundlage – der Anlageberatungsvertrag als „dogmatischer Schlüssel" – zur Pflichtenkonturierung begegnet starken Bedenken. Zwar ist nicht zu beanstanden, dass die Rechtsprechung den gesetzlich nicht geregelten Anlageberatungsvertrag strengstmöglich als Subordinationsvertrag konturiert, der den Berater verpflichtet, *allein und ausschließlich* die Kundeninteressen wahrzunehmen. Vor dem Hintergrund der den Regelfall darstellenden unentgeltlichen Anlageberatung lässt sich ein so konturierter Vertrag jedoch regelmäßig nur fiktiv annehmen. Insbesondere sind die Kriterien, nach denen sich bestimmen soll, ob ein solcher Vertrag vorliegt, als solche wenig überzeugend.

24. Besonderheiten der „Finanzberatung" vermögen die herangezogene dogmatische Grundlage der Rechtsprechung nicht zu rechtfertigen.

25. Die vergütungsbezogenen Aufklärungspflichten in ihrer heutigen Gestalt gehen über die Beratungspflichten nach dem „Bond-Konzept" hinaus.

26. Soweit der BGH allgemein eine Pflicht der Vermeidung vertragswidriger Interessenkonflikte postuliert, begegnet das Bedenken.

27. Der BGH wendet die „alleinige Fremdinteressenwahrnehmungspflicht" des Beraters nicht konsequent an. Im Ergebnis mag das zu begrüßen sein, weil die Berater eine derart weitreichende Verpflichtung regelmäßig nicht willentlich übernommen haben (These 23). Dogmatisch lassen sich die Einschränkungen und Begrenzungen jedoch kaum stimmig erklären.

28. Auskunftsverträge können eine interessenkonfliktbezogene Aufklärungspflicht über monetäre Eigeninteressen nicht begründen. Allerdings sind die Kriterien, die zur Annahme eines Auskunfts- und eines Beratungsvertrags führen, weitgehend austauschbar. Dies erschwert aus ex ante-Sicht die Bestimmung des Pflichtenkreises des potentiell Aufklärungspflichtigen zusätzlich.

Kapitel 3[71]

29. Finanzberatung stellt ein Vertrauensgut dar. Daraus resultierenden Gefahren für den Anleger begegnet die Rechtsordnung insbesondere mit der Vorgabe, dass dem Beratungskunden nur „geeignete“ Investitionen empfohlen werden dürfen. Diese Pflicht sichert eine Mindestqualität der Beratung ab. Monetäre Eigeninteressen können eine Gefährdung dieser Pflicht darstellen. Allerdings macht sich der Berater bereits schadensersatzpflichtig, wenn er sie verletzt. Vergütungsbezogene Aufklärungspflichten haben daher insofern für den Kunden keinen zusätzlichen Nutzen, zumal sie ihm auch nicht helfen, die Qualität der Beratungsleistung als solche besser einzuschätzen.

30. Als Grundlage der von der Rechtsprechung adressierten Problematik der „interessenkonfliktbedingten, vergütungsbezogenen Aufklärungspflichten“ kommen verschiedene Ansatzpunkte in Betracht. Die untersuchten unterschiedlichen Situationen, die unter dem Blickwinkel dieser Untersuchung strukturell ähnlich gelagert sind, lassen sich übergreifend sinnvoll über Beratungsverträge, die c.i.c. und das Aufsichtsrecht erfassen.

31. Beratungsverträge können immer dann angenommen werden, wenn der Berater für seine Beratung ein Honorar erhält. Im Übrigen kommt es darauf an, ob andere Indizien dafür sprechen, dass die absatzbegleitende Beratung dergestalt aufgewertet wurde, dass sie aus Kundensicht im Vergleich mit der „eigentlichen Investitionsentscheidung“ als gleichwertig erscheint. Zu denken ist beispielsweise an eine angepriesene Unabhängigkeit der Beratung oder eine Optimierung des Beratungsergebnisses.

32. Unter dem Regime des Beratungsvertrags können vergütungsbezogene Aufklärungspflichten aus § 666 Var. 1 BGB hergeleitet werden. Erfasst sind im Grundsatz (außer einem etwaigen Honorar) sämtliche Eigeninteressen des Beraters, weil nur dies der versprochenen alleinigen Fremdinteressenwahrnehmung wirksam Ausdruck verleiht. In diese Richtung tendieren nunmehr auch die Ausführungen des XI. Zivilsenats zum kapitalanlagerechtlichen Transparenzgebot (These 15).

33. Eine Aufklärung lässt die Pflichtwidrigkeit der Verfolgung von Eigeninteressen im Vortragsverhältnis nicht entfallen. Erforderlich ist vielmehr eine Absenkung des geschuldeten Pflichtenumfangs, der der Kunde zustimmen muss.

34. Der Pflichtenkanon bei der beratungsvertraglichen Beratung ist deduktiv aus der höchstrichterlichen Ausgestaltung der „beratungsvertraglichen Grundpflicht“ (*alleinige* Fremdinteressenwahrnehmung) abzuleiten.

35. Die gesetzlichen Neuregelungen für die unabhängige Beratung i.S.v. MiFID II und Honoraranlageberater nach dem HABG lassen sich in ein solches Modell integrieren.

36. Bei Verletzung einer beratungsvertraglichen Aufklärungspflicht ist Schadensersatz nach § 280 Abs. 1 BGB geschuldet. Der Schaden des Kunden liegt be-

[71] S. ferner die Zusammenfassung des 3. Kapitels in § 13.

reits im Erwerb der Anlage. Im Rahmen der haftungsausfüllenden Kausalität zwischen Pflichtverletzung und Schaden greift die Vermutung aufklärungsrichtigen Verhaltens als Beweislastumkehr.

37. Die aufsichtsrechtlichen Vorgaben für die Finanzberatung führen auch bei nur absatzbegleitender Beratung zu einer rechtlichen Verdichtung des Beratungsverhältnisses dergestalt, dass ein Schuldverhältnis nach § 311 Abs. 2 bzw. 3 BGB zustande kommt. Diesem können Aufklärungspflichten entspringen.

38. Auch wenn die Rechtsprechung hinsichtlich vergütungsbezogener Aufklärungspflichten einige Fallgruppen von c.i.c.-Aufklärungspflichten aufgriff, lässt sich der derzeitige status quo nicht „in die c.i.c. überführen". Das wäre aufgrund der aufgezeigten Defizite ohnehin nicht wünschenswert.

39. Im Rahmen der erforderlichen Neukonturierung des Pflichtenumfangs sollten die aufsichtsrechtlichen vergütungsbezogenen und interessenkonfliktbedingten Aufklärungspflichten berücksichtigt werden.

40. Vergütungsbezogene Aufklärungspflichten sind zum Teil unionsrechtlich determiniert. Dem Unionsrecht lässt sich aber keine Pflicht entnehmen, die aufsichtsrechtlichen Vorgaben zivilrechtlich umzusetzen.

41. Die c.i.c.-Aufklärungspflichten sind „fakultativ" entsprechend den aufsichtsrechtlichen Vorgaben auszugestalten. Es ist zu vermuten, dass das Aufklärungspflichtenprogramm der absatzbegleitenden Beratung dem Aufsichtsrecht entspricht. Dieses Ergebnis deckt sich faktisch mit der sog. „Doppelnaturlehre".

42. Die unionsrechtlichen Vorgaben verhindern in ihrem Anwendungsbereich nicht, dass Parteien aufgrund privatautonomer Vereinbarung strengere Beratungspflichten etablieren. Ohne eine solche privatautonome Rückkopplung dürfen indes strengere, auf Richterrecht basierende Pflichten das Unionsrecht nicht konterkarieren. Die bloß aufsichtsrechtliche Umsetzung des Unionsrechts in Deutschland ändert an diesem Befund nichts.

43. Für die absatzbegleitende Beratung würde nach hiesigem Vorschlag ein Tatbestandssystem greifen, dessen genaue Grenzen künftig untersucht bzw. von der Rechtsprechung (gegebenenfalls durch den EuGH) und den Aufsichtsbehörden rechtssicher statuiert werden müssen.

44. Im Schadensersatzprozess wegen Aufklärungspflichtverletzungen bei der absatzbegleitenden Beratung greift keine Vermutung aufklärungsrichtigen Verhaltens.

45. Die untersuchte Fragestellung ist ein geeigneter Anwendungsfall für einen Schadensersatzanspruch, der auf die „verlorene Chance" des Kunden abstellt, sich nach mitgeteilten Eigeninteressen des Beraters „umzuentscheiden". So würde eine „Alles-oder-nichts-Lösung" vermieden.

46. Die interessenkonflikt- und kundenbezogenen sog. „Wohlverhaltenspflichten" dienen dem Individualanlegerschutz. Sie sind als Schutzgesetze i.S.v. § 823 Abs. 2 BGB zu qualifizieren.

47. Das vorgeschlagene Haftungsmodell für den Regelfall der absatzbegleitenden Beratung stellt im Ergebnis ein *private enforcement* des Aufsichtsrechts dar. Dies ist insbesondere im Kontext der Europäisierung des Finanzmarktrechts zu begrüßen.

48. Das Pflichtenprogramm bei der absatzbegleitenden Beratung greift ergänzend bei der beratungsvertraglichen Beratung als „Mindestschutz".

Kapitel 4

49. Das vorgeschlagene Modell ist mit dem derzeitigen status quo nicht kompatibel. Soweit (unter Fiktionsverzicht) Anlageberatungsverträge zustande kommen, ist der Pflichtenkanon dogmatisch stringent strenger auszugestalten. Bei der allein absatzbegleitenden Beratung entstammen die Pflichten dem Aufsichtsrecht, das ebenfalls vom Rechtsprechungsmodell abweicht.

50. Der Verzicht auf die fiktive Annahme von Beratungsverträgen stellt den Anleger nicht schutzlos. Einen „vollständiger Bruch" mit bisherigen, richterrechtlich etablierten (sonstigen) Anforderungen an die Beratungsleistung hätte ein solcher „Systemwechsel" nicht zwangsläufig zur Folge.

51. Das vorgeschlagene Modell stärkt die Privatautonomie der Beratungsparteien und die Eigenverantwortung des Anlegers.

52. Die „Umstellung" auf ein Tatbestandssystem zeigt einen Weg auf, in absehbarer Zeit Rechtssicherheit zu erzielen.

53. Vergütungsbezogene Interessenkonflikte der Berater sind im Grunde nur ein Nebenaspekt der Beratungsleistung. Es wäre wünschenswert, dass die damit zusammenhängenden Fragestellungen in der rechtlichen Auseinandersetzung um fehlgeschlagene Anlagen künftig an Bedeutung verlören. Die relevante Fragestellung lautet aus Anlegersicht, ob die ihm empfohlenen Investments aus ex ante-Sicht für ihn geeignet waren.

54. Der Zeitpunkt für einen Systemwechsel erscheint vor dem Hintergrund der weiteren Europäisierung des Finanzmarktrechts und den europäischen und nationalen Reformen günstig. Außerdem befindet sich die Rechtsprechung – vor allem des XI. Zivilsenats – erneut im Umbruch.

Schaubild 1: Aufklärungspflichten über monetäre Eigeninteressen

(Konzeption der Rechtsprechung des III. und XI. Zivilsenats bei unentgeltlicher Beratung; vereinfachte Darstellung)

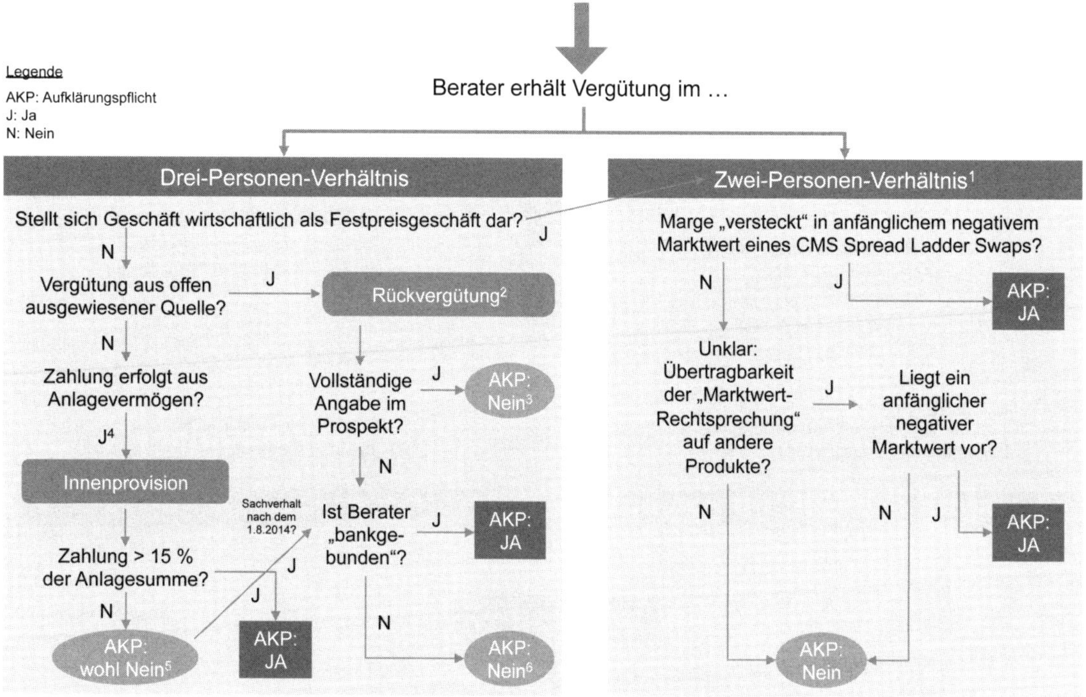

(1) In obergerichtlicher Rechtsprechung wird Eigenhandel z.T. als Drei-Personen-Verhältnis behandelt; a.A. BGH
(2) Zahlung ist regelmäßig umsatzabhängig
(3) Ggf. schon „tatbestandlich" keine Rückvergütung
(4) Eine AKP über sonstige Provisionen ist nach der Kick-Back-Rechtsprechung unklar; aufgrund der Innenprovisionen-V-Entscheidung wird man sie für bankgebundene Berater annehmen müssen
(5) Noch nicht entschieden; ggf. aber Haftung aufgrund fehlerhaften Prospekts; bis 1.8.2014 jedenfalls unvermeidbarer Rechtsirrtum bezüglich möglicherweise anzuwendender Kick-Back-Rechtsprechung auf Innenprovisionen
(6) Unklar für Innenprovisionen ab dem 1.8.2014; noch nicht entschieden

Schaubild 2: Aufklärungspflichten über monetäre Eigeninteressen

(Eigene Konzeption; vereinfachte Darstellung)

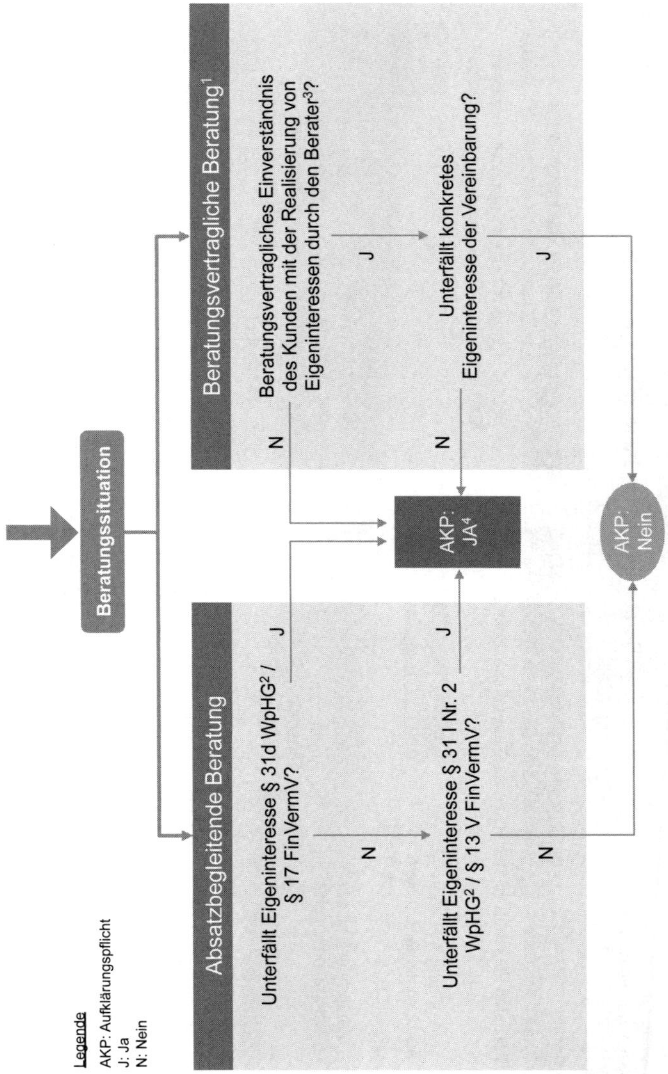

(1) Die privatrechtliche Vereinbarung entbindet nicht von aufsichtsrechtlichen Pflichten
(2) Europarechtlich determiniert, beachte Art. 267 III AEUV
(3) Zusätzlich zu einem etwaigen Beratungshonorar
(4) Bei Beratungsvertrag aus § 666 BGB; Aufklärung ggf. ferner als Grundlage wirksamer Zustimmung erforderlich

Literaturverzeichnis

Adams, Michael Die Usurpation von Aktionärsbefugnissen mittels Ringverflechtung in der „Deutschland AG", Vorschläge für Reformen im Wettbewerbs-, Steuer- und Unternehmensrecht, AG 1994, S. 148 ff.

Akerlof, George A. The Market for Lemons: Quality Uncertainty and the Market Mechanism, 84 QJE (1970), S. 488 ff.

Akerlof, George A. / Shiller, Robert J. Animal Spirits, How human psychology drives the economy, and why it matters for global capitalism, Princeton/Oxford 2009 (Animal Spirits)

Arendts, Martin Die Haftung für fehlerhafte Anlageberatung, München 1998 (Haftung für fehlerhafte Anlageberatung)

Assies, Paul H. Anmerkung zu OLG Köln, Urt. v. 8.6.2011, Az.: 13 U 55/10, WuB I G 1. – 22.11, S. 707 ff.

Assies, Paul H. / Beule, Dirk / Heise, Julia u.a. (Hrsg.) Handbuch des Fachanwalts Bank- und Kapitalmarktrecht, 3. Auflage, Köln 2012 (*Bearbeiter*, in: Assies/Beule/Heise/Strube, Hdb. des FA-BKR[3])

dies. Handbuch des Fachanwalts Bank- und Kapitalmarktrecht, 2. Auflage, Köln 2010 (*Bearbeiter*, in: Assies/Beule/Heise/Strube, Hdb. des FA-BKR[2])

Assmann, Heinz-Dieter Das Verhältnis von Aufsichtsrecht und Zivilrecht im Kapitalmarktrecht, in: FS U.H. Schneider, S. 37 ff.

ders. Die Pflicht von Anlageberatern und Anlagevermittlern zur Offenlegung von Innenprovisionen, ZIP 2009, S. 2125 ff.

ders. Interessenkonflikte aufgrund von Zuwendungen, ZBB 2008, S. 21 ff.

ders. Interessenkonflikte und „Inducements" im Lichte der Richtlinie über Märkte für Finanzinstrumente (MiFID) und der MiFID-Durchführungsrichtlinie, ÖBA 2007, S. 40 ff.

Assmann, Heinz-Dieter / Schneider, Uwe H. (Hrsg.) Wertpapierhandelsgesetz, Kommentar, 6. Auflage, Köln 2012 (*Bearbeiter*, in: Assmann/Schneider, Komm WpHG[6])

dies. Wertpapierhandelsgesetz, Kommentar, 4. Auflage, Köln 2006 (*Bearbeiter*, in: Assmann/Schneider, Komm WpHG[4])

Assmann, Heinz Dieter / Schütze, Rolf A. (Hrsg.) Handbuch des Kapitalanlagerechts, 4. Auflage, München 2015 (*Bearbeiter*, in: Assmann/Schütze, Hdb. Kapitalanlagerecht[4])

dies. Handbuch des Kapitalanlagerechts, 3. Auflage, München 2007 (*Bearbeiter*, in: Assmann/Schütze, Hdb. Kapitalanlagerecht[3])

Bachmann, Gregor Anmerkung zu BGH, Urt. v. 13.12.2011, Az.: XI ZR 51/10 (IKB), JZ 2012, S. 578 ff.

Balzer, Peter Rechtliche Rahmenbedingungen der Honorarberatung, in: Bankrechtstag 2013, S. 157 ff.

ders. Kurzkommentar zu BGH, Urt. v. 19.3.2013, Az.: XI ZR 431/11, EWiR 2013, S. 365 f.

ders. Anmerkung zu BGH, Urt. v. 19.12.2000, Az.: XI ZR 349/99, ZIP 2001, S. 232 ff.

Bamberger, Heinz Georg / Roth, Herbert (Hrsg.) Beck'scher Online-Kommentar BGB, 31. Edition, München 2014 (*Bearbeiter*, in: BeckOK-BGB, Ed. 31)

Band, Christa Conflicts of interests in financial services and markets. The regulatory aspects: Part 2, 22 J.I.B.L.R. (2007), S. 88 ff.

dies. Conflicts of interests in financial services and markets, 21 J.I.B.L.R. (2006), S. 677 ff.

Bassler, Moritz Die Vermutung aufklärungsrichtigen Verhaltens – kritische Würdigung der richterrechtlichen Beweislastumkehr im Kapitalanlageberatungsrecht, WM 2013, S. 544 ff.

Baum, Harald / Hellgardt, Alexander / Fleckner, Andreas u.a. (Hrsg.) Perspektiven des Wirtschaftsrechts, Deutsches, europäisches und internationales Handels-, Gesellschafts- und Kapitalmarktrecht, Beiträge für Klaus J. Hopt aus Anlass seiner Emeritierung, Berlin 2008 (*Autor*, in: Perspektiven des Wirtschaftsrechts)

Baumann, Anja / Bausch, Stephan Anmerkung zu OLG Hamm, Urt. v. 10.11.2010 – 31 U 121/08, BKR 2011, S. 74 ff.

Baums, Theodor / Wertenbruch, Johannes in Gemeinschaft mit Lutter, Marcus / Schmidt, Karsten (Hrsg.) Festschrift für Ulrich Huber zum siebzigsten Geburtstag, Tübingen 2006 (*Autor*, in: FS Huber)

Bausch, Stephan Beratung und Beratungshaftung von Banken im Lichte der Pilotentscheidungen zu Lehman-Zertifikaten, NJW 2012, S. 354 ff.

ders. Anmerkung zu OLG Stuttgart, Urt. v. 1.2. 2012, Az.: 9 U 57/11, BKR 2012, S. 303 ff.

ders. BGH billigt Nichtaufklärung über Ertragsinteresse – Beratende Banken können aufatmen, vorläufig jedenfalls, BB 2011 (Ausgabe 42), S. I

ders. Anmerkung zu Hanseatisches OLG Hamburg, Urt. v. 23.4.2010, Az.: 13 U 117/09 und 13 U 118/09, BKR 2010, S. 257 ff.

ders. LG erweitert die „Kick-Back“-Rechtsprechung des BGH, Anmerkung zu LG Hamburg, Urt. v. 23.6.2009, Az.: 310 O 4/09, BB 2009, S. 1832 ff.

Bausch, Stephan / Baumann, Antje Kommentar zu OLG Stuttgart, Urt. v. 27.10.2010, Az.: 9 U 148/08, BB 2011, S. 146 ff.

Bausch, Stephan / Kohlmann, Konstantin Fortentwicklung der Rechtsprechung zur Frage aufklärungspflichtiger Eigeninteressen beratender Banken, Kommentar zu BGH, Urt. v. 26.6.2012, Az.: XI ZR 316/11, BB 2012, S. 2655 f.

dies. Anforderungen an die Widerlegung der Schadensursächlichkeit nach der Rechtsprechungsänderung des XI. Zivilsenats, BKR 2012, S. 410 ff.

Bausch, Stephan / Schwenker, Benjamin Anmerkung zu OLG Celle, Urt. v. 27.2.2013, Az.: 3 U 66/12, BKR 2014, S. 43 f.

Bayer, Walter Aktuelle Entwicklungen im Europäischen Gesellschaftsrecht, BB 2004, S. 1 ff.

Bechtold, Stefan / Jickeli, Joachim / Rohe, Mathias (Hrsg.) Recht, Ordnung und Wettbewerb, Festschrift zum 70. Geburtstag von Wernhard Möschel, Baden-Baden 2011 (*Autor*, in: FS Möschel)

Beck, Heiko Die Zukunft der Anlageberatung – Reflektionen zur rechtspolitischen Diskussion –, in: Bankrechtstag 2010, S. 65 ff.

Bendermacher, Petra Kurzkommentar zu OLG München, Urt. v. 27.11.2012, Az.: 5 U 1345/12, EWiR 2013, S. 97 f.

Benedict, Jörg Die Haftung des Anlagevermittlers, Von der Vertrags-, Vertrauens- und Garantiehaftung zu einer Berufshaftung?, ZIP 2005, S. 2129 ff.

ders. Die rechtliche Einordnung des Anlagenvermittlers, Zeit für eine Klärung! – Zeit für den Großen Senat?, 204 AcP (2004), S. 697 ff.

Ben-Shahar, Omri / Schneider, Carl E. The Failure of Mandated Disclosure, John M. Olin Law & Economics Research Paper No. 516 (University of Chicago, The Law School) = Law & Economics, Empirical Legal Studies Center Paper No. 10-008 (University of Michigan Law School) (The Failure of Mandated Disclosure)

Berger, Klaus Peter Der Bankjurist und das Case Law, Brauchen wir ein Bankgesetzbuch?, in: FS Schimansky, S. 3 ff.

Berger, Klaus Peter / Borges, Georg / Herrmann, Harald u.a. (Hrsg.) Zivil- und Wirtschaftsrecht im Europäischen und Globalen Kontext, Festschrift für Norbert Horn zum 70. Geburtstag, Berlin 2006 (*Autor*, in: FS Horn)

Bernuth, Wolf H. / Kremer, René M. Das neue KapMuG: Wesentliche Änderungen aus Sicht der Praxis, NZG 2012, S. 890 ff.

Besold, Erik Aufklärungspflichten bei Vertriebsprovisionen im Bereich der Kapitalanlage, Unter besonderer Berücksichtigung der Innenprovisionen und Rückvergütungen, Zugl.: Univ. Diss. (Augsburg 2010), Frankfurt a.M., Berlin u.a. 2010 (Aufklärungspflichten bei Vertriebsprovisionen)

Bestmann, Uwe Börsen- und Finanzlexikon, 6. Auflage, München 2013 (Börsen- und Finanzlexikon[6])

Binder, Renate G. Aufklärungs- und Beratungspflichten bei der Finanzierung von Kapitalanlagen und Immobilien, in: Bankrecht 2000, S. 279 ff. (Aufklärungs- und Beratungspflichten bei der Finanzierung von Kapitalanlagen und Immobilien)

Blankenheim, Marcus Anmerkung zu LG Chemnitz, Urt. v. 26.6.2009, Az.: 7 O 359/09, WuB I G 1. – 13.09, S. 821 ff.

Blaurock, Uwe Regelbildung und Grenzen des Rechts – Das Beispiel der Finanzkrise, JZ 2012, S. 226 ff.

Blechschmidt, Carsten Untersuchung des Anlageverhaltens von Sparkassenkunden aus dem Blickwinkel der Behavioral Finance, Zugl.: Univ. Diss. (Halle 2007), Hamburg 2007 (Anlageverhalten aus dem Blickwinkel der Behavioral Finance)

Bockelmann, Frederik Anmerkung zu BGH, Urt. v. 8.5.2012, Az.: XI ZR 262/10, BKR 2012, S. 429 ff.

ders. Bericht zum 8. Tag des Bank- und Kapitalmarktrechts, ZBB 2011, S. 479 ff.

Böhlen, Andreas von / Kan, Jens Die Zukunft des Anlegerschutzes in Europa, in: MiFID-Kompendium, S. 83 ff. (Die Zukunft des Anlegerschutzes in Europa)

Böhlen, Andreas von / Kan, Jens (Hrsg.) MiFID-Kompendium, Praktischer Leitfaden für Finanzdienstleister, Berlin, Heidelberg 2008 (*Autor*, in: MiFID-Kompendium)

Bonavita, Jacob The Regulation of ‚Speculative Interest-Rate Bets' by the German Federal Court of Justice – New Dimensions of Market Intervention Hidden Behind the Old Information Model, 13 EBOR (2012), S. 271 ff.

Boos, Karl Heinz / Fischer, Reinfrid / Schulte-Mattler, Hermann (Hrsg.) Kreditwesengesetz, Kommentar zu KWG und Ausführungsvorschriften, 4. Auflage, München 2012 (*Bearbeiter*, in: Boos/Fischer/Schulte-Mattler, KWG[4])

Borchers, Jens Swapgeschäfte in Zivil- und Steuerrecht, Zugl.: Univ. Diss. (Göttingen 1992), Frankfurt a.M., Berlin u.a. 1993 (Swapgeschäfte)

Bracht, Hannes Grenzen des konkludenten Beratungsvertrags und Haftung für fehlerhafte Anlageberatung durch Dritte, Zugleich Besprechung von BGH, Urt. v. 19.3.2013, Az.: XI ZR 431/11, ZBB 2013, S. 252 ff.

Brandt, Markus Aufklärungs- und Beratungspflichten der Kreditinstitute bei der Kapitalanlage, Wertpapiergeschäftliche Informationspflichten im Spiegel kapitalmarktrechtlicher Effizienz, Zugl.: Univ. Diss. (Göttingen 2001), Baden-Baden 2002 (Aufklärungs- und Beratungspflichten)

Brandt, Sven Kreditderivate, Zentrale Aspekte innovativer Kapitalmarktprodukte, BKR 2002, S. 243 ff.

Braun, Franz / Loy, Andreas Richtige und vollständige Aufklärung, in: Fehlgeschlagene Wertpapieranlagen, S. 3 ff. (Richtige und vollständige Aufklärung)

Breilmann, Anja / Fuchs, Karl Bankregulierung, Insolvenzrecht, Kapitalanlagegesetzbuch, Honorarberatung – Bericht über den Bankrechtstag am 28. Juni 2013 in Berlin –, WM 2013, S. 1437 ff.

Brenncke, Martin Verständliche Risikoaufklärung und Schutz unkundiger Kleinanleger bei der Anlageberatung, ZBB 2014, S. 366 ff.

ders. Die Rechtsprechung des BGH zur Präsentation von Risiken bei der Anlageberatung, WM 2014, S. 1749 ff.

ders. Regelung der Werbung im Bank- und Kapitalmarktrecht, Zugl.: Univ. Diss. (Zürich 2013), Zürich u.a. 2013 (Regelung der Werbung im Bank- und Kapitalmarktrecht)

Brinckmann, Hendrik Lehman-Zertifikate und die Neuregelungen bei der Anlageberatung anlässlich der Reform des SchVG – Lässt sich eine vorsichtigere Beratungspraxis etablieren?, BKR 2010, S. 45 ff.

Brocker, Till Aufklärungspflichten der Bank bei Innenprovisionsgestaltungen, BKR 2007, S. 365 ff.

Brocker, Till / Klebeck, Ulf Rückvergütungen an „unabhängige" Anlageberater und Haftung beteiligter Dritter, Zugleich Besprechung BGH v. 15.4.2010 – III ZR 196/09, ZIP 2010, S. 1369 ff.

Brocker, Till / Langen, Markus Zu den Aufklärungspflichten des Anlagevermittlers bzw. -beraters über Innenprovisionen beim Vertrieb geschlossener (Immobilien-)Fonds, Anmerkung zu BGH, Urt. v. 25.9.2007, Az.: XI ZR 320/06, BKR 2008, S. 201 ff.

Brocker, Till / Lohmann, Oliver Die Aufsicht über den Vertrieb von Vermögensanlagen nach dem Vermögensanlagengesetz und der Gewerbeordnung, GWR 2012, S. 335 ff.

Brömmelmeyer, Christoph Der Ombudsmann im Finanzsektor, WM 2012, S. 337 ff.

Buchmann, Robert D. Unzureichende Exploration des Kundenprofils als schadensersatzbegründende Pflichtverletzung der Bank, AG-Report 2012, S. R223 f.

Büchting, Hans-Ulrich / Heussen, Benno (Hrsg.) Beck'sches Rechtsanwalts-Handbuch, 10. Auflage, München 2011 (*Bearbeiter*, in: Beck'sches Rechtsanwalts-Hdb.[10])

Buck-Heeb, Petra Aufklärung über Innenprovisionen, unvermeidbarer Rechtsirrtum und die Überlagerung durch Aufsichtsrecht, Zugleich Besprechung von BGH v. 3.6.2014, WM 2014, S. 1601 ff.

dies. Anlageberatung nach der MiFID II, ZBB 2014, S. 221 ff.

dies. Vertrieb von Finanzprodukten: Zwischen Outsourcing und beratungsfreiem Geschäft, WM 2014, S. 385 ff.

dies. Kreditberatung, Finanzberatung, BKR 2014, S. 221 ff.

dies. Verhaltenspflichten beim Vertrieb – Zwischen Paternalismus und Schutzlosigkeit der Anleger –, ZHR 177 (2013), S. 310 ff.

dies. Kapitalmarktrecht, 6. Auflage, Heidelberg 2013 (Kapitalmarktrecht[6])

dies. Die „Flucht" aus dem Anlageberatungsvertrag, ZIP 2013, S. 1401 ff.

dies. Aufklärungspflichten bei Anlageberatung und Verkauf von Indexzertifikaten im Wege des Eigengeschäfts, Anmerkung zu BGH, Urt. v. 16.10.2012, Az.: XI ZR 368/11, jurisPR-BKR 6/2013 Anm. 3

dies. Aufklärungspflichten bei Anlageberatung bzgl. Lehman-Zertifikaten, Anmerkung zu BGH, Urt. v. 16.10.2012, Az.: XI ZR 367/11, jurisPR-BKR 6/2013 Anm. 2

dies. Aufklärungspflichten über Rückvergütungen bei Outsourcing, jurisPR-BKR 2/2013 Anm. 3

dies. Vom Kapitalanleger- zum Verbraucherschutz, Befund und Auswirkungen auf das Recht der Anlageberatung, ZHR 176 (2012), S. 66 ff.

dies. Der Anlageberatungsvertrag – Die Doppelrolle der Bank zwischen Fremd- und Eigeninteresse -, WM 2012, S. 625 ff.

dies. Aufklärungspflichten der Bank bei Swap-Geschäften, Anmerkung zu BGH, Urt. v. 22.3.2011, Az.: XI ZR 33/10, jurisPR-BKR 7/2011 Anm. 2

dies. Aufklärungspflichten beim Vertrieb von Zertifikaten – Zugleich Besprechung der Lehman-Urteile des BGH vom 27.9.2011, DB 2011, S. 2825 ff.

dies. Aufklärung über Rückvergütungen, Anmerkung zu BGH, Beschl. v. 19.7.2011, Az.: XI ZR 191/10, jurisPR-BKR 9/2011 Anm. 2

dies. Keine Pflicht des freien Anlageberaters zur ungefragten Aufklärung über erwartete Provision, Anmerkung zu BGH, Urt. v. 15.4.2010, Az.: III ZR 196/09, jurisPR-BKR 7/2010 Anm. 2

dies. Aufklärungspflicht der Bank über Gewinnmarge und negativen Marktwert, Anmerkung zu OLG Celle, Urt. vom 30.9.2009 – 3 U 45/09, jurisPR-BKR 5/2010 Anm. 6

dies. Aufklärung über Rückvergütungen – Die Haftung von Banken und freien Anlageberatern, BKR 2010, S. 309 ff.

dies. Anmerkung zu OLG Frankfurt, Urt. v. 29.7.2009, Az.: 23 U 76/08, jurisPR-BKR 11/2009 Anm. 3

Bülow, Peter Ein neugefasster § 13 BGB – überwiegende Zweckbestimmung, WM 2014, S. 1 ff.

ders. Verbraucher, Konsument und Kleinanleger (Privatkunde), in: FS Nobbe, S. 495 ff.

Bumke, Christian Regulierung am Beispiel der Kapitalmärkte, in: Kapitalmarktgesetzgebung im Europäischen Binnenmarkt, S. 107 ff. (Regulierung am Beispiel der Kapitalmärkte)

Burgard, Ulrich / Hadding, Walther / Mülbert, Peter O. u.a. (Hrsg.) Festschrift für Uwe H. Schneider zum 70. Geburtstag, Köln 2011 (*Autor*, in: FS U.H. Schneider)

Bußalb, Jean-Pierre / Vogel, Dennis Das Gesetz über Vermögensanlagen – neue Regeln für geschlossene Fonds, WM 2012, S. 1416 ff.

Bussian, Wolf / Schmidt, Andreas Der Regierungsentwurf zur Reform von Kapitalanleger-Musterverfahren – Auf dem Weg zu Class Actions in Deutschland?, CFL 2012, S. 37 ff.

Cahn, Andreas / Müchler, Henny Produktinterventionen nach MiFID II, Eingriffsvoraussetzungen und Auswirkungen auf Pflichten des Vorstands von Wertpapierdienstleistungsunternehmen, BKR 2013, S. 45 ff.

Canaris, Claus-Wilhelm Die Vermutung „aufklärungsrichtigen Verhaltens“ und ihre Grundlagen, in: FS Hadding, S. 3 ff.

ders. Die Reform des Rechts der Leistungsstörungen, JZ 2001, S. 499 ff.

ders. Schutzgesetze – Verkehrspflichten – Schutzpflichten, in: FS Larenz, S. 27 ff.

Canaris, Claus-Wilhelm / Diederichsen, Uwe (Hrsg.) Festschrift für Karl Larenz zum 80. Geburtstag am 23. April 1983, München 1983 (*Autor*, in: FS Larenz)

Canaris, Claus-Wilhelm / Habersack, Mathias / Schäfer, Carsten (Hrsg.) Handelsgesetzbuch, Großkommentar, Begründet von Hermann Staub, Neunter Band, §§ 373–376, 383–406, 5. Auflage, Berlin 2013 (*Autor*, in: Staub, Komm HGB[5])

Canaris, Claus-Wilhelm / Schilling, Wolfgang / Ulmer, Peter (Hrsg.) Handelsgesetzbuch, Großkommentar, Begründet von Hermann Staub, Fünfter Band, Bankvertragsrecht, Erster Teil, 4. Auflage, Berlin 2005 (*Autor*, in: Staub, Komm HGB[4], Bankvertragsrecht)

Canaris, Claus-Wilhelm / Heldrich, Andreas / Hopt, Klaus J. u.a. (Hrsg.) 50 Jahre Bundesgerichtshof, Festgabe aus der Wissenschaft, Band I, Bürgerliches Recht, München 2000 (*Autor*, in: FG Bundesgerichtshof)

Casper, Matthias Aufklärung über Rückvergütungen: Zwischen Rechtsfortbildung und Verbotsirrtum, ZIP 2009, S. 2409 ff.

Cherednychenko, Olha O. The Regulation of Retail Investment Services in the EU: Towards the Improvement of Investor Rights?, 33 J. Consum. Policy (2010), S. 403 ff.

Clark, Robert Charles The four stages of capitalism: reflections on investment management treatises, 94 Harv. L. Rev. (1981), 561 ff.

Clouth, Peter Anlegerschutz – Grundlagen aus Sicht der Praxis –, ZHR 177 (2013), S. 212 ff.

ders. Rechtsfragen der außerbörslichen Finanz-Derivate, Produktstrukturen und Verlustrisiken, Beratung und Information durch Kreditinstitute, Zugl.: Univ. Diss. (Köln 2000), München 2001 (Rechtsfragen der außerbörslichen Finanz-Derivate)

Clouth, Peter / Lang, Volker (Hrsg.) MiFID Praktikerhandbuch, Köln 2007 (*Bearbeiter*, in: Clouth/Lang, MiFID Praktikerhandbuch)

Dauner-Lieb, Barbara / Langen, Werner (Hrsg.) Nomos Kommentar, BGB, Schuldrecht, Band 2, 2. Auflage, Baden-Baden 2012 (*Bearbeiter*, in: Dauner-Lieb/Langen, BGB-Schuldrecht²)

Dauses, Manfred A. (Hrsg.) Handbuch des EU-Wirtschaftsrecht, Band I, 35. Ergänzungslieferung, München 2014 (*Bearbeiter*, in: Dauses, EU-Wirtschaftsrecht, 35. EL)

Deblitz, Stephanie Kurzkommentar zu BGH, Urt. v. 5.6.2012, Az.: XI ZR 175/11, EWiR 2012, S. 585 f.

Decker, Leo Aufklärungspflichten über Innenprovisionen, Kick-backs und Retrozessionen bei der Kapitalanlage, Zugl.: Univ. Diss. (Tübingen 2009), Stuttgart 2010, abrufbar unter http://tobias-lib.uni-tuebingen.de/volltexte/2010/4513/ (Aufklärungspflichten)

Derleder, Peter / Knops, Kai-Oliver / Bamberger, Heinz Georg (Hrsg.) Handbuch zum deutschen und europäischen Bankrecht, 2. Auflage, Heidelberg 2009 (*Bearbeiter*, in: Hdb. zum dt. und europ. Bankrecht²)

Deutsch, Erwin / Klingmüller, Ernst / Kullmann, Hans Josef (Hrsg.) Festschrift für Erich Steffen zum 65. Geburtstag am 28. Mai 1995, Der Schadensersatz und seine Deckung, Berlin / New York 1995 (*Autor*, in: FS Steffen)

Deutsche Bundesbank Credit Default Swaps – Funktionen, Bedeutung und Informationsgehalt, Monatsbericht Dezember 2004

Deutscher Derivate Verband Fairness Kodex, Freiwillige Selbstverpflichtung von Emittenten zur Einhaltung von Standards bei Strukturierung, Emission, Marketing und Handel strukturierter Wertpapiere, 2013, abrufbar unter: www.deutscher-derivate-verband.de (Fairness Kodex)

ders. Erläuterungen zum Fairness Kodex, 2013, abrufbar unter: www.deutscher-derivate-verband.de (Erläuterungen zum Fairness Kodex)

Diamond, Douglas W. Financial Intermediation and Delegated Monitoring, 51 Rev. Econ. Stud. (1984), S. 393 ff.

Diamond, Douglas W. / Dybvig, Philip H. Bank Runs, Deposit Insurance, and Liquidity, 91 JPE (1983), S. 401 ff.

Dieckmann, Andreas Öffentlich-rechtliche Normen im Vertragsrecht, AcP 213 (2013), S. 1 ff.

ders. Die Vermutung aufklärungsrichtigen Verhaltens bei Beratungsfehlern von Banken, WM 2011, S. 1153 ff.

Dieckmann, Sabine Kurzkommentar zu BGH, Urt. v. 6.12.2012, Az.: III ZR 307/11, EWiR 2013, S. 339 f.

dies. Kommentar zu OLG Frankfurt a.M., Urt. v. 19.8.2009, Az.: 17 U 98/09, BB 2009, S. 2336 f.

Diederichsen, Almut / Faber, Christian Anmerkung zu BGH, Urt. v. 5.5.2011, Az.: III ZR 84/10, GWR 2011, S. 288

Dietrich, Diemo / Vollmer, Uwe Finanzverträge und Finanzintermediation, Grundlagen – Modelle – Übungen, Wiesbaden 2005 (Finanzverträge und Finanzintermediation)

Dörfler, Roman Kurzkommentar zu BGH, Beschl. v. 20.1.2009 – XI ZR 510/07, EWiR 2009, S. 193 f.

Dörfler, Roman / Pallasky, Ansgar Kurzkommentar zu BGH, Urt. v. 27.10.2009, Az.: XI ZR 338/08, EWiR 2010, S. 11 f.

Eberius, Robert Regulierung der Anlageberatung und behavioral finance. Anlegerleitbild, homo oeconomicus vs. Realität, Zugl.: Univ. Diss. (Jena 2013), abrufbar unter http://www.dechert.com/files/Uploads/Documents/Regulierung_der_Anlageberatung_behavioral_finance_Eberius. pdf (Regulierung der Anlageberatung und behavioral finance)

Edelmann, Hervé Die Kick-back-Rechtsprechung – ein Irrweg?, BB 2010, S. 1163 ff.

ders. Anmerkung zu BGH, Urt. v. 15.4.2010, Az.: III ZR 196/09, WuB I G 1. – 19.10, S. 577 ff.

Ehlgen, Christopher Bolko Probabilistische Proportionalhaftung und Haftung für den Verlust von Chancen, Zugl.: Univ. Diss. (Köln 2012), Tübingen 2013 (Probabilistische Proportionalhaftung)

Eichhorn, Jochen Umgang mit Provisionszahlungen im Wertpapiergeschäft unter MiFID, in: MiFID-Kompendium, S. 175 ff. (Umgang mit Provisionszahlungen im Wertpapiergeschäft unter MiFID)

Einsele, Dorothee Bank- und Kapitalmarktrecht, 2. Auflage, Tübingen 2010 (Bank- und Kapitalmarktrecht²)

Einsiedler, Mark Rückvergütungen und verdeckte Innenprovisionen, WM 2013, S. 1109 ff.

Ekkenga, Jens Anlegerschutz, Rechnungslegung und Kapitalmarkt, Eine vergleichende Studie zum europäischen, deutschen und britischen Bilanz-, Gesellschafts- und Kapitalmarktrechts, Zugl.: Univ. Hab. (Frankfurt a.M. 1995), Tübingen 1998 (Anlegerschutz)

Ellenberger, Jürgen Neue Rechtsprechung zur zivilrechtlichen Haftung beim Vertrieb von Kapitalanlagen, in: Bankrechtstag 2010, S. 37 ff.

ders. MiFID FRUG: Was wird aus Bond?, in: FS Nobbe, S. 523 ff.

ders. Umfassende Anlage- und Anlegergerechte Beratung, in: Fehlgeschlagene Wertpapieranlagen, S. 59 ff. (Umfassende Anlage- und Anlegergerechte Beratung)

Ellenberger, Jürgen / Schäfer, Frank A. (Hrsg.) Fehlgeschlagene Wertpapieranlagen, Haftung der Bank bei fehlerhafter Aufklärung und Beratung: Von der Beschwerde zum Rechtsstreit, Heidelberg 2006 (*Autor*, in: Fehlgeschlagene Wertpapieranlagen)

Ellenberger, Jürgen / Schäfer, Holger / Clouth, Peter u.a. (Hrsg.) Praktikerhandbuch Wertpapier- und Derivategeschäft, 4. Auflage, Heidelberg 2011 (*Autor*, in: Praktikerhdb. Wertpapier- und Derivategeschäft⁴)

Emmerich, Volker Anlegerschutz oder Bankenschutz, in: FS Möschel, S. 945 ff.

ders. Wettbewerbsbeschränkungen durch die Rechtsprechung, in: FS Gernhuber, S. 857 ff.

Enriques, Luca Conflicts of Interest in Investment Services: The Price and Uncertain Impact of MiFID's Regulatory Framework, in: Investor Protection in Europe, S. 321 ff. (Conflicts of Interest in Investment Services)

Fandrich, Andreas / Karper, Ines (Hrsg.) Münchener Anwalts-Handbuch, Bank- und Kapitalmarktrecht, München 2012 (*Bearbeiter*, in: MAH BKR)

Faulenbach, Florian Anmerkung zu BGH, Urt. v. 15.7.2014 – XI ZR 418/13, BKR 2014, S. 462 ff.

Faulmüller, Kai-Axel Anmerkung zu OLG Frankfurt a.M., Urt. v. 28.3.2012, Az.: 17 U 153/11, VuR 2012, S. 312 ff.

Ferran, Eilís Regulatory Lessons from the Payment Protection Insurance Mis-selling Scandal in the UK, 13 EBOR (2012), S. 247 ff.

Ferrarini, Guido / Wymeersch, Eddy (Hrsg.) Investor Protection in Europe, Corporate Law Making, the MiFID and Beyond, Oxford 2006 (Investor Protection in Europe)

Fichtner, Andreas / Hartlieb, Jan Unterschiede zwischen Swaps und Zertifikaten, DB 2013, S. 2519 ff.

Finance Trainer Zinsswaps, Skriptum für ACI Dealing und Operations Certificate und ACI Diploma, Stand: 2. April 2010, abrufbar unter http://www.financetrainer.com/fileadmin/inhalte/TOOLS_SKRIPTEN/0304_irs.pdf (Zinsswaps)

Fischer, Anne Versicherungsvermittlung im Internet – der Vertriebskanal der Zukunft?, BB 2012, S. 2773 ff.

Fischer, Detlev Die höchstrichterliche Rechtsprechung zur Haftung des steuerlichen Beraters in den Jahren 2009 bis 2011, DB 2011, S. 1905 ff.

Fischer, Reinfrid / Klanten, Thomas (Hrsg.) Bankrecht, Grundlagen der Rechtspraxis, 4. Auflage 2010, Köln 2010 (*Bearbeiter*, in: Fischer/Klanten, Bankrecht[4])

Fleischer, Holger Die Richtlinie über Märkte für Finanzinstrumente und das Finanzmarkt-Richtlinie-Umsetzungsgesetz – Entstehung, Grundkonzeption, Regelungsschwerpunkte –, BKR 2006, S. 389 ff.

ders. Behavioral Law and Economics im Gesellschafts- und Kapitalmarktrecht – ein Werkstattbericht, in: FS Immenga, S. 575 ff.

ders. Empfiehlt es sich, im Interesse des Anlegerschutzes und zur Förderung des Finanzplatzes Deutschland das Kapitalmarkt- und Börsenrecht neu zu regeln?, Kapitalmarktrechtliches Teilgutachten, Gutachten F für den vierundsechzigsten Deutschen Juristentag, in: Verhandlungen des Vierundsechzigsten Deutschen Juristentages (I), S. F5 ff. (Gutachten F)

ders. Informationsasymmetrie im Vertragsrecht, Eine rechtsvergleichende und interdisziplinäre Abhandlung zu Reichweite und Grenzen vertragsschlußbezogener Aufklärungspflichten, Zugl.: Univ. Hab. (Köln 1998/1999), München 2001 (Informationsasymmetrie im Vertragsrecht)

ders. Schadensersatz für verlorene Chancen im Vertrags- und Deliktsrecht, JZ 1999, S. 766 ff.

Fleischer, Holger / Schmolke, Klaus Ulrich Finanzielle Anreize für Whistleblower im Europäischen Kapitalmarktrecht? Rechtspolitische Überlegungen zur Reform des Marktmissbrauchsregimes, NZG 2012, S. 361 ff.

Forschner, Julius Wechselwirkungen von Aufsichtsrecht und Zivilrecht, Eine Untersuchung zum Verhältnis der §§ 31 ff. WpHG und zivilrechtlichem Beratungsvertrag, Zugl.: Univ. Diss. (Tübingen 2013), Tübingen 2013 (Wechselwirkungen von Aufsichtsrecht und Zivilrecht)

Förster, Christian Kapitalmarktrechtliche Haftung nach § 826 BGB, Ad Legendum 2011, S. 197 ff.

Fox, Joachim Unternehmerische Finanzierungsentscheidungen im Spannungsfeld zwischen Finanzintermediären und Finanzmärkten, Zugl.: Univ. Diss. (Bamberg 2006), Frankfurt a.M., Berlin u.a. 2006 (Unternehmerische Finanzierungsentscheidungen)

Franck, Jens-Uwe Unionsrechtliche Regulierung des Wertpapierhandels und mitgliedstaatliche Gestaltungsspielräume: Dokumentation der Anlageberatung als Paradigma, BKR 2012, S. 1 ff.

Freitag, Robert Überfällige Konvergenz von privatem und öffentlichem Recht der Anlageberatung, Zugleich Besprechung von BGH v. 3.6.2014 – XI ZR 147/12, ZBB 2014, S. 357 ff.

Friedrichsen, Sönke / Weisner, Arnd Das Gesetz zur Novellierung des Finanzanlagenvermittler- und Vermögensanlagenrechts – Wesentliche Neuerungen im Bereich geschlossener Fonds, ZIP 2012, S. 756 ff.

Frisch, Stefan Kurzkommentar zu BGH, Urt. v. 20.9.2011, Az.: II ZR 277/09, EWiR 2012, S. 73 f.

ders. Kurzkommentar zu BGH, Urt. v. 19.1.2012, Az.: III ZR 48/11, EWiR 2012, S. 613 f.

Fritsche, Ingo / Fritsche, Stefan Rechtliche Beurteilung von Swap-Geschäften zur Zinsoptimierung der Kommunen, LKV 2010, S. 201 ff.

Fuchs, Andreas (Hrsg.) Wertpapierhandelsgesetz (WpHG), Kommentar, München 2009 (*Bearbeiter*, in: Fuchs, Komm WpHG)

Fuchs, Andreas / Schwintowski, Hans-Peter / Zimmer, Daniel (Hrsg.) Wirtschafts- und Privatrecht im Spannungsfeld von Privatautonomie, Wettbewerb und Regulierung, Festschrift für Ulrich Immenga zum 70. Geburtstag, München 2004 (*Autor*, in: FS Immenga)

Fullenkamp, Josef Kick-Back – Haftung ohne Ende?, NJW 2011, S. 421 ff.

Furrer, Andreas / Körner, Alexandra Schadenersatz im Kapitalmarktrecht, in: Schadensersatz im europäischen Privat- und Wirtschaftsrecht, S. 233 ff. (Schadenersatz im Kapitalmarktrecht)

Fuxmann, Alexander / John, Pascal Kurzkommentar zu BGH, Urt. v. 26,2,2913, Az.: XI ZR 183/11, EWiR 2013, S. 407 f.

Gallandi, Volker Verborgene Innenprovision bei Kapitalanlagen, insbesondere beim Immobilienvertrieb (auch Entgegnung auf Loritz, WM 2000, S. 1831 ff., Wagner Beilage 11, BB 2000, S. 9 ff.), VuR 2002, S. 198 ff.

ders. Innenprovisionen als Betrug, wistra 1996, S. 323 ff.

Gansel, Timo / Gängel, Andreas Die Anforderungen an die Vermittlung von Kapitalanlagen und die Beratung von Kapitalanlegern, Eine kritische Betrachtung der Gesetzgebung und Rechtsprechung, NJ 2010, S. 312 ff.

Geibel, Stefan J. Schadensersatz wegen verdeckter Innenprovisionen und ähnlicher Zuwendungen, ZBB 2003, S. 349 ff.

ders. Der Kapitalanlegerschaden, Zugl.: Univ. Diss. (Tübingen 2002), Tübingen 2002 (Kapitalanlegerschaden)

Geier, Bernd M. / Schmitt, Christian Überarbeitung der Finanzmarktrichtlinie – Auswirkungen auf den Vertrieb von Finanzinstrumenten, insbesondere bezüglich der Beratung, EWS 2012, S. 264 ff.

Geist, Stefanie III. Zivilsenat schränkt Anwendbarkeit der Kick-back-Rechtsprechung ein, Kommentar zu BGH, Urt. v. 15.4.2010, Az.: III ZR 196/09, BB 2010, S. 1307 f.

Gemberg Wiesike, Alexander Wohlverhaltensregeln beim Vertrieb von Wertpapier- und Versicherungsdienstleistungen – Unter besonderer Berücksichtigung der USA, Großbritanniens und der Europäischen Union, Zugl.: Univ. Diss. (Berlin 2005), abrufbar unter http://edoc.hu-berlin.de/dissertationen/gemberg-wiesike-alexander-2005-04-14/PDF/Gemberg-Wiesike.pdf (Wohlverhaltensregeln)

Genzow, F. Christian / Grunewald, Barbara / Schulte-Nölke, Hans (Hrsg.) Zwischen Vertragsfreiheit und Verbraucherschutz, Festschrift für Friedrich Graf von Westphalen zum 70. Geburtstag, Köln 2010 (*Autor*, in: FS Westphalen)

Geßner, Timm Retrozessionen im Fokus der neueren Judikatur, BKR 2010, S. 89 ff.

ders. Aufklärungspflichten über Kick-Backs bei der Distribution von Restschuldversicherungsverträgen, VuR 2009, S. 243 ff.

Göertz, Susann Beweislastumkehr bei der Kausalität von Aufklärungspflichtverletzungen? – Anmerkung zu BGH, Urt. v. 8.5.2012, Az.: XI ZR 262/10, BKR 2012, S. 375 ff.

Göhmann, Lars Christian Die Verhaltenspflichten von Banken gegenüber ihren Kunden bei der Durchführung von Effektengeschäften, Zugl.: Univ. Diss. (Köln 2005), Baden-Baden 2006 (Verhaltenspflichten von Banken)

Gomber, Peter / Jäger, Benedikt MiFID: Eine systematische Analyse der Zielerreichung, ZBB 2014, S. 40 ff.

Grigoleit, Hans Christoph Anlegerschutz – Produktinformationen und Produktverbote –, ZHR 177 (2013), S. 264 ff.

ders. Grenzen des Informationsmodells, Das Spread-Ladder-Swap-Urteil des BGH im System der zivilrechtlichen Informationshaftung, in: Bankrechtstag 2012, S. 25 ff.

Grundmann, Stefan Wohlverhaltenspflichten, interessenkonfliktfreie Aufklärung und MiFID II – Jüngere höchstrichterliche Rechtsprechung und Reformschritte in Europa –, WM 2012, S. 1745 ff.

ders. Welche Einheit des Privatrechts?, Von einer formalen zu einer inhaltlichen Konzeption des Privatrechts, in: FS Hopt (I), S. 61 ff.

Grundmann, Stefan / Haar, Brigitte / Merkt, Hanno u.a. (Hrsg.) Unternehmen, Markt und Verantwortung, Festschrift für Klaus J. Hopt zum 70. Geburtstag am 24. August 2010, Band I, Berlin / New York 2010 (*Autor*, in: FS Hopt (I))

dies. Unternehmen, Markt und Verantwortung, Festschrift für Klaus J. Hopt zum 70. Geburtstag am 24. August 2010, Band II, Berlin / New York 2010 (*Autor*, in: FS Hopt (II))

Grunewald, Barbara / Schlitt, Michael Einführung in das Kapitalmarktrecht, 3. Auflage, München 2014 (Kapitalmarktrecht^3)

Grys, Anna / Geist, Stefanie Anmerkung zu BGH, Beschl. v. 20.1.2009, Az.: XI ZR 510/07, BKR 2009, S. 127 ff.

Gsell, Beate / Herresthal, Carsten (Hrsg.) Vollharmonisierung im Privatrecht, Die Konzeption der Richtlinie am Scheideweg?, Tübingen 2009 (Vollharmonisierung im Privatrecht)

Gundermann, Peter Zu den Anforderungen der Bankberatung bei strukturierten Finanzprodukten, BKR 2013, S. 406 ff.

Günther, Thomas Die Aufklärungspflicht der Bank über Zuwendungen gem. § 31d WpHG, MDR 2014, S. 61 ff.

ders. Qualitätskontrolle bei Anlageberatern – Der Sachkundenachweis gemäß § 34d WpHG in der Bankpraxis –, WM 2012, S. 2267 ff.

ders. Der Umgang mit Wertpapierbeschwerden i.S.d. § 34d WpHG – Das Schreckgespenst in der Bankpraxis –, BKR 2013, S. 9 ff.

Haar, Brigitte Anlegerschutz in geschlossenen Fonds – Kapitalmarkteffizienz, Behavioral Finance und Anlegerkoordination als Bausteine eines neuen Regulierungsparadigmas, in: FS Hopt (II), S. 1865 ff.

Haas, Matthias Rückwirkende Haftung für unterlassene Provisionsmitteilungen, NZG 2009, S. 1099 ff.

ders. Anmerkung zu BGH, Beschl. v. 20.1.2009, Az.: XI ZR 510/07, LMK 2009, 277068

Habersack, Mathias Die Pflicht zur Aufklärung über Rückvergütungen und Innenprovisionen und ihre Grenzen, WM 2010, S. 1245 ff.

ders. Anlegerschutz im Wertpapiergeschäft – Grundsatz und Praxisfragen –, in: Bankrechtstag 2010, S. 3 ff.

Habersack, Matthias / Mülbert, Peter O. / Nobbe, Gerd / Wittig, Arne (Hrsg.) Bankenregulierung, Insolvenzrecht, Kapitalanlagegesetzbuch, Honorarberatung, Bankrechtstag 2013, Berlin/Boston 2014 (*Autor*, in: Bankrechtstag 2013)

dies. Anlegerschutz im Wertpapiergeschäft, Verantwortlichkeit der Organmitglieder von Kreditinstituten, Bankrechtstag 2012, Berlin/Boston 2013 (*Autor*, in: Bankrechtstag 2012) dies. Schriftenreihe der Bankrechtlichen Vereinigung, Anlegerschutz im Wertpapiergeschäft, AGB in der Kreditwirtschaft, Bankrechtstag 2010, Berlin/Boston 2010 (*Autor*, in: Bankrechtstag 2010)

Habersack, Matthias / Joeres, Hans-Ulrich / Krämer, Achim (Hrsg.) Entwicklungslinien im Bank- und Kapitalmarktrecht, Festschrift für Gerd Nobbe, Köln 2009 (*Autor*, in: FS Nobbe)

Hadding, Walther Zu einer „Behaltensklausel" betreffend Vertriebsvergütungen an Wertpapierdienstleistungsunternehmen, in: FS Nobbe, S. 565 ff.

ders. Sind Vertriebsvergütungen von Emittenten an Kreditinstitute geschäftsbesorgungsrechtlich an den Kunden herauszugeben?, ZIP 2008, S. 529 ff.

ders. Zur Abgrenzung von Unterrichtung, Aufklärung, Auskunft, Beratung und Empfehlung als Inhalt bankrechtlicher Pflichten, in: FS Schimansky, S. 67 ff.

Hadding, Walther / Hopt, Klaus J. / Schimansky, Herbert (Hrsg.) Das Zweite Finanzmarktförderungsgesetz in der praktischen Umsetzung, Bankrechtstag 1995, Berlin/New York 1996 (*Autor*, in: Bankrechtstag 1995)

Hadding, Walther / Nobbe, Gerd (Hrsg.) Bankrecht 2000, Tagungsband zum RWS-Forum am 28. und 29. Februar 2000 in Berlin, Köln 2000 (Bankrecht 2000)

Hagen, Jürgen / von Stein, Johann Heinrich (Hrsg.) Obst/Hintner, Geld-, Bank- und Börsenwesen, Handbuch des Finanzsystems, 40. Auflage, Stuttgart 2000 (*Bearbeiter*, in: Obst/Hintner, Geld-, Bank- und Börsenwesen[40])

Hanke, Stefan Der offenkundige Interessenkonflikt in der Anlageberatung, BKR 2012, S. 493 ff.

Hanowski, Bernd Zins-Swap-Urteil des BGH – Auslöser einer neuen Finanzkrise?, NZG 2011, S. 573 ff.

Hanten, Mathias / Reinholz, Petra Das Vermögensanlagengesetz, ZBB 2012, S. 36 ff.

Harnos, Rafael Die Reichweite und zivilrechtliche Bedeutung des § 31d WpHG – zugleich eine Besprechung des BGH-Urteils v. 17.9.2013, Az.: XI ZR 332/12, BKR 2014, S. 1 ff.

ders. Das vorsätzliche Organisationsverschulden bei der Anlageberatung, BKR 2012, S. 185 ff.

ders. Rechtsirrtum über Aufklärungspflichten beim Vertrieb von Finanzinstrumenten, BKR 2009, S. 316 ff.

Harnos, Rafael / Rudzio, Moritz Anmerkung zu Hanseatisches OLG Hamburg, Urt. v. 23.4.2010, Az.: 13 U 117/09 und 13 U 118/09, BKR 2010, S. 259 ff.

Häuser, Franz / Hammen, Horst / Hennrichs, Joachim u.a. (Hrsg.) Festschrift für Walther Hadding zum 70. Geburtstag am 8. Mai 2004, Berlin 2004 (*Autor*, in: FS Hadding)

Hayek, Friedrich August von Die Anmaßung von Wissen (1974), abgedruckt in: Gesammelte Schriften in deutscher Sprache: Abt. A Band 1: Wirtschaftstheorie und Wissen. Aufsätze zur Erkenntnis- und Wissenschaftslehre, Aufsatz Ziff. 7, Tübingen 2007 (Die Anmaßung von Wissen)

ders. Die Verfassung der Freiheit, 4. Auflage, Tübingen 2005 (Erste Auflage 1971) (Die Verfassung der Freiheit[4])

ders. The Use Of Knowledge In Society, 35 AER (1945), S. 519 ff.

Heldrich, Andreas / Prölss, Jürgen / Koller, Ingo u.a. (Hrsg.) Festschrift für Claus-Wilhelm Canaris zum 70. Geburtstag, Band I, München 2007 (*Autor*, in: FS Canaris (I))

dies. Festschrift für Claus-Wilhelm Canaris zum 70. Geburtstag, Band II, München 2007 (*Autor*, in: FS Canaris (II))

Hellgardt, Alexander Praxis- und Grundsatzprobleme der BGH-Rechtsprechung zur Kapitalmarktinformationshaftung – Zugleich Besprechung des IKB-Urteils des BGH v. 13.12.2011, Az.: XI ZR 51/10, DB 2012, S. 673 ff.

ders. Europarechtliche Vorgaben für die Kapitalmarktinformationshaftung de lege lata und nach Inkrafttreten der Marktmissbrauchsverordnung, AG 2012, S. 154 ff.

ders. Kapitalmarktdeliktsrecht, Haftung von Emittenten, Bietern, Organwaltern und Marktintermediären – Grundlagen, Systematik, Einzelfragen –, Zugl.: Univ. Diss. (Hamburg 2007/2008), Tübingen 2008 (Kapitalmarktdeliktsrecht)

Hellwig, Martin Finanzmarktregulierung – Welche Regelungen empfehlen sich für den deutschen und europäischen Finanzsektor? – Finanzkrise und Reformbedarf –, Gutachten E, in: Verhandlungen des 68. Deutschen Juristentages (I), S. E5 ff. (Gutachten E)

Herresthal, Carsten Die vertragsrechtlichen Folgen der Honoraranlageberatung nach dem WpHG, WM 2014, S. 773 ff.

ders. Die Weiterentwicklung des informationsbasierten Anlegerschutzes in der Swap-Entscheidung des BGH als unzulässige Rechtsfortbildung, ZIP 2013, S. 1049 ff.

ders. Die Rechtsprechung zu Aufklärungspflichten bei Rückvergütungen auf dem Prüfstand des Europarechts, WM 2012, S. 2261 ff.

ders. Die Grundlage und Reichweite von Aufklärungspflichten beim Eigenhandel mit Zertifikaten – zugleich eine Besprechung von BVerfG 1 BvR 2514/11, BGH XI ZR 182/10 und BGH XI ZR 178/10, ZBB 2012, S. 89 ff.

ders. Die Pflicht zur Aufklärung über Rückvergütungen und die Folgen ihrer Verletzung, ZBB 2009, S. 348 ff.

ders. Anmerkung zu EuGH, Urt. v. 30.5.2013, Rs. C-604/11, ZIP 2013, S. 1420 ff.

Heun, Werner Finanzaufsicht im Wandel, JZ 2012, S. 235 ff.

Heusel, Matthias Der Anwendungsbereich der Vermutung aufklärungsrichtigen Verhaltens bei der Anlageberatungshaftung, ZBB 2012, S. 461 ff.

Heybey, Torsten A. Die neuen Bestimmungen über Interessenkonflikte bei Wertpapiergeschäften, insbesondere über Zuwendungen unter besonderer Berücksichtigung von Provisionsrückvergütungen, BKR 2008, S. 353 ff.

Heyers, Johannes Manipulation von Internet-Auktionen durch Bietroboter, Verbraucherrechte aus juristisch-ökonomischer Perspektive, NJW 2012, S. 2548 ff.

Hill, Timothy A Lost Chance for Compensation in the Tort of Negligence by the House of Lords, 54 Mod. L. Rev. (1991), S. 511 ff.

Hilp, Jürgen Zur Haftung bei der Vermittlung geschlossener Fonds, Eine Analyse aus ökonomischer und rechtlicher Perspektive, Zugl.: Univ. Diss. (Kassel 2010), Marburg 2010 (Haftung bei der Vermittlung geschlossener Fonds)

Himmelmann, Andreas Kurzkommentar zu BGH, Urt. v. 14.3.2003, Az.: V ZR 308/02, EWiR 2003, S. 681 f.

Hirte, Heribert / Möllers, Thomas M.J. (Hrsg.) Kölner Kommentar zum WpHG, 2. Auflage, Köln 2014 (*Bearbeiter*, in: Kölner Komm WpHG²)

dies. Kölner Kommentar zum WpHG, Köln u.a. 2007 (*Bearbeiter*, in: Kölner Komm WpHG)

Hoffmann, Jochen / Bartlitz, David Zeitenwende: Aufklärungspflicht auch über Innenprovisionen, Zugleich Besprechung BGH v. 3.6.2014 – XI ZR 147/12, ZIP 2014, S. 1505 ff.

Hoffmann-Theinert, Roland Kurzkommentar zu BVerfG, Beschl. v. 8.12.2011, Az.: 1 BvR 2514/11, EWiR 2012, S. 103 f.

Hofmann, André Aufklärung und Anlageberatung, Pflichtenmaßstab und Kausalität, Zugl.: Univ. Diss. (Köln 2006), Frankfurt a.M., Berlin u.a. 2006 (Aufklärung und Anlageberatung)

Hohloch, Gerhard / Frank, Rainer / Schlechtriem, Peter (Hrsg.) Festschrift für Hans Stoll zum 75. Geburtstag, Tübingen 2001 (*Autor*, in: FS Stoll)

Hopt, Klaus J. Die Haftung für Kapitalmarktinformationen – Rechtsvergleichende, rechtsdogmatische und rechtspolitische Überlegungen –, WM 2013, S. 101 ff.

ders. 50 Jahre Anlegerschutz und Kapitalmarktrecht: Rückblick und Ausblick, WM 2009, S. 1873 ff.

ders. Interessenwahrung und Interessenkonflikte im Aktien-, Bank- und Berufsrecht, Zur Dogmatik des modernen Geschäftsbesorgungsrechts, ZGR 2004, S. 1 ff.

ders. Vom Aktien- und Börsenrecht zum Kapitalmarktrecht? – Teil 1: Der international erreichte Stand des Kapitalmarktrechts, ZHR 140 (1976), S. 201 ff.

ders. Der Kapitalanlegerschutz im Recht der Banken, Gesellschafts-, bank- und börsenrechtliche Anforderungen an das Beratungs- und Verwaltungsverhalten der Kreditinstitute, Zugl.: Univ. Habil. (München 1973), München 1975 (Kapitalanlegerschutz im Recht der Banken)

Hopt, Klaus J. / Baumbach, Adolf (Hrsg.) Handelsgesetzbuch: mit GmbH & Co., Handelsklauseln, Bank- und Börsenrecht, Transportrecht (ohne Seerecht), 36. Auflage, München 2014, begründet von Adolf Baumbach (*Bearbeiter*, in: Baumbach/Hopt, Handelsgesetzbuch[36])

Hopt, Klaus J. / Veil, Rüdiger / Kämmerer, Jörn A. (Hrsg.) Kapitalmarktgesetzgebung im Europäischen Binnenmarkt, Tübingen 2008 (Kapitalmarktgesetzgebung im Europäischen Binnenmarkt)

Höra, Knut (Hrsg.) Münchener Anwalts-Handbuch, Versicherungsrecht, begründet von Terbille, Michael, 3. Auflage, München 2013 (*Bearbeiter*, in: Terbille/Höra, Anwalts-Hdb. Versicherungsrecht[3])

Horn, Norbert Die Aufklärungs- und Beratungspflichten der Banken, ZBB 1997, S. 139 ff.

Horn, Norbert / Lwowski, Hans-Jürgen / Nobbe, Gerd (Hrsg.) Bankrecht – Schwerpunkte und Perspektiven, Festschrift für Herbert Schimansky, Köln 1999 (*Autor*, in: FS Schimansky)

Horst, Peter Michael Kapitalanlegerschutz, Haftung bei Emission und Vertrieb von Kapitalanlagen, Eine juristische und ökonomische Analyse, Zugl.: Univ. Diss. (München 1986), München 1987 (Kapitalanlegerschutz)

Hull, John Optionen, Futures und andere Derivate, 8. Auflage, München 2012 (Optionen, Futures und andere Derivate[8])

Inderst, Roman / Ottaviani, Marco Regulating Financial Advice, 13 EBOR (2012), S. 237 ff.

Jackson, Howell E. / Burlingame, Laurie Kickbacks or Compensation: The Case of Yield Spread Premiums, 12 Stan. J.L. Bus. & Fin., S. 289 ff.

Jackson, Howell E. / Roe, Mark J. Public and Private Enforcement of Securities Laws: Resource-Based Evidence, 93 J. Fin. Econ. (2009), S. 207 ff., auch abrufbar unter: http://lsr.nellco.org/cgi/viewcontent.cgi?article=1427&context=harvard_olin (Public and Private Enforcement of Securities Laws: Resource-Based Evidence)

Jacoby, Florian / Hinden, Michael von Kropholler, Bürgerliches Gesetzbuch, Studienkommentar, 14. Auflage, München 2013 (Kropholler-Bürgerliches Gesetzbuch[14])

Jäger, Georg / Meuschke, Ina / Hartlieb, Jan Aufklärungspflicht über den anfänglichen negativen Marktwert bei anderen Finanzinstrumenten als Swaps?, BKR 2013, S. 456 ff.

Jansen, Nils The idea of a Lost Chance, 19 OJLS (1999), S. 271 ff.

Jesch, Thomas A. / Klebeck, Ulf BB-Gesetzgebungs- und Rechtsprechungsreport zur Fondsregulierung 2011, BB 2011, S. 1866 ff.

Jooß, Alexander Rückvergütungen vs. Innenprovisionen, WM 2011, S. 1260 ff.

Jordans, Roman Aufklärungspflichten über Einnahmen aus dem Vertrieb von Finanzprodukten – eine Übersicht über die Rechtsprechung zu Kick-Backs, Provisionen und Margen seit dem Jahr 2000, BKR 2011, S. 456 ff.

ders. Die Umsetzung der MiFID in Deutschland und die Abschaffung des § 37d WpHG, WM 2007, S. 1827 ff.

Joost, Detlev / Strohn, Lutz (Hrsg.) Handelsgesetzbuch : [Kommentar] / begr. von Karlheinz Boujong; Carsten Thomas Ebenroth; Detlev Joost, Band 1, §§ 1 - 342 e, 2. Auflage, München 2008 (*Bearbeiter*, in: Ebenroth/Boujong/Joost/Strohn, Komm HGB[2])

dies. Handelsgesetzbuch : [Kommentar] / begr. von Karlheinz Boujong; Carsten Thomas Ebenroth; Detlev Joost, Band 2, §§ 343 - 475 h : Transportrecht, Bank- und Börsenrecht, 2. Auflage, München 2009 (*Bearbeiter*, in: Ebenroth/Boujong/Joost/Strohn, Komm HGB[2])

Junglas, Benjamin Zur Erstattungsfähigkeit entgangener Anlagezinsen, BKR 2013, S. 360 ff.

Kaiser, Dirk Finanzintermediation durch Banken und Versicherungen, Die theoretischen Grundlagen der Bankassurance, Wiesbaden 2006 (Finanzintermediation durch Banken und Versicherungen)

Kalomiris, Alexander Kurzkommentar zu BGH, Urt. v. 26.6.2012, Az.: XI ZR 316/11, EWiR 2012, S. 587 f.

Kalss, Susanne Der zivilrechtliche Schutz der Anleger in Österreich – ein Überblick über die große Verfahrenswelle, ZBB 2013, S. 126 ff.

dies. Civil Law Protection of Investors in Austria – A Situation Report from Amidst a Wave of Investor Lawsuits, 13 EBOR (2012), S. 211 ff.

Kämmerer, Jörn Axel „Enforcement" europäischen Kapitalmarktrechts aus öffentlich-rechtlicher Perspektive, in: Übernahme und Kapitalmarktrecht in der Reformdiskussion, S. 45 ff. („Enforcement" europäischen Kapitalmarktrechts)

Kämmerer, Jörn Axel / Veil, Rüdiger (Hrsg.) Übernahme- und Kapitalmarktrecht in der Reformdiskussion, Tübingen 2013 (*Autor*, in: Übernahme- und Kapitalmarktrecht in der Reformdiskussion)

Kasche, Maria Verlust von Heilungschancen, Eine rechtsvergleichende Untersuchung, Zugl.: Univ. Diss. (Berlin 1999), Frankfurt a.M., Berlin u.a. 1999 (Verlust von Heilungschancen)

Kasten, Roman A. Das neue Kundenbild des § 31a WpHG – Umsetzungsprobleme nach MiFID & FRUG, BKR 2007, S. 261 ff.

Keller, Chistoph Kurzkommentar zu OLG Frankfurt/M., Urt. v. 30.12.2009, EWiR 2010, S. 275 f.

Kindhäuser, Urs / Neumann, Ulfrid / Paeffgen, Hans-Ullrich (Hrsg.) Strafgesetzbuch, Band 2 (§§ 146 - 358), 4. Auflage, Baden-Baden 2013 (*Bearbeiter*, in: Kindhäuser/Neumann/Paeffgen[4])

Kirchhof, Hans-Peter / Eidenmüller, Horst / Stürner, Rolf (Hrsg.) Münchener Kommentar zur Insolvenzordnung, Band 2, §§ 80–216, 3. Auflage, München 2013 (*Bearbeiter*, in: MünchKomm InsO[3])

Kittner, Oliver (K)eine Aufklärungspflicht über beim Verkauf von Zertifikaten erzielte Erträge („Gewinnmargen")?, Anmerkung zu OLG Frankfurt a.M., Urt. v. 18.1.2012, Az.: 17 U 120/11, BKR 2012, S. 215 ff.

Kleefeld, Joachim Anmerkung zu OLG Köln, Urt. v. 18.1.2012, Az.: 13 U 232/10, GWR 2012, S. 113

Klein, Nico C. Honorarberatung als "die einzig wahre Lösung"?, WM 2011, S. 2117 ff.

Klingenbrunn, Daniel Kapitalmarktrechtliche Produktverbote zugunsten von Finanzmarktstabilität, Zugl.: Bucerius Law School Diss. (Hamburg), im Erscheinen (Kapitalmarktrechtliche Produktverbote zugunsten von Finanzmarktstabilität)

Klöhn, Lars Wertpapierhandel diesseits und jenseits des Informationsparadigmas – Am Beispiel des „verständigen Anlegers“ im Sinne des deutschen und europäischen Insiderrechts –, ZHR 177 (2013), S. 349 ff.

ders. Die Haftung wegen fehlerhafter Ad-hoc-Publizität gem. §§ 37b, 37c WpHG nach dem IKB-Urteil des BGH, AG 2012, S. 345 ff.

ders. Anmerkung zu BGH, Urt. v. 27.9.2011, Az.: XI ZR 182/10, ZIP 2011, S. 2244 ff.

ders. Anmerkung zu BGH, Urt. v. 22.3.2011, Az.: XI ZR 33/10 (Swap-Urteil), ZIP 2011, S. 762 ff.

ders. Kapitalmarkt, Spekulation und *Behavioral Finance*, Eine interdisziplinäre und vergleichende Analyse zum Fluch und Segen der Spekulation und ihrer Regulierung durch Recht und Markt, Zugl.: Univ. Diss. (Göttingen 2005), Berlin 2006 (Kapitalmarkt, Spekulation und *Behavioral Finance*)

Kluge, Anna Kick-backs, Die zivilrechtliche Aufklärungspflicht nach Umsetzung der Finanzmarktrichtlinie, Zugl.: Univ. Diss. (Erlangen-Nürnberg 2012), Baden-Baden 2013 (Kick-backs)

Knauff, Matthias Wirtschaftsaufsicht zwischen Staat und Markt, ZVglRWiss 112 (2013), S. 136 ff.

Koch, Jens Das Nebeneinander aufsichts- und zivilrechtlicher Beratungsvorgaben im Anlegerschutz – Handlungsbedarf für den Gesetzgeber?, ZBB 2014, S. 211 ff.

ders. Provisionszahlungen als Gegenstand eines kommissionsrechtlichen Herausgabeanspruchs, ZBB 2013, S. 217 ff.

ders. Grenzen des informationsbasierten Anlegerschutzes, Die Gratwanderung zwischen angemessener Aufklärung und information overload, BKR 2012, S. 485 ff.

ders. Innenprovisionen und Rückvergütungen nach der Entscheidung des BGH vom 27.10.2009, BKR 2010, S. 177 ff.

Kohl, Helmut / Kübler, Friedrich / Ott, Claus u.a. (Hrsg.) Zwischen Markt und Staat, Gedächtnisschrift für Rainer Walz, München 2008 (*Autor*, in: GS Walz)

Kohler, Thomas Der Beitrag der Behavioral-Finance-Theorie zur Erklärung von Finanzanomalien, Zugl.: Dipl. Arbeit (Rostock 2004), abrufbar unter http://www.welcome-tourismus.de/wp-content/uploads/2008/08/diplom.pdf (Der Beitrag der Behavioral-Finance-Theorie zur Erklärung von Finanzanomalien)

Kohlert, Daniel Anlageberatung und Qualität – ein Widerspruch?, Zur Utopie qualitativ hochwertiger Anlageberatung im Retail Banking, Zugl.: Univ. Diss. (Bamberg 2008), Baden-Baden 2009 (Anlageberatung und Qualität)

Koller, Ingo Wertpapierberatung und Verkauf im Licht des WpHG, ZBB 2011, S. 361 ff.

ders. Zu den Grenzen des Anlegerschutzes bei Interessenkonflikten, Zugleich eine Besprechung von BGH, Urt. v. 19.12.2006 – XI ZR 56/05, ZBB 2007, S. 197 ff.

ders. Die Abdingbarkeit des Anlegerschutzes durch Information im europäischen Kapitalmarktrecht, in: FS Huber, S. 821 ff.

Komo, Daniel Kick-Back-Rechtsprechung des BGH – Aktuelle Entwicklungen, NZG 2011, S. 1178 ff.

Köndgen, Johannes Anmerkung zu BGH, Urt. v. 27.9.2011, Az.: XI ZR 182/10, JZ 2012, S. 260 ff.

ders. Structured Products from the Perspective of Investor Protection: Can the Courts Police the Market or Do We Need More Regulation?, in: FS Hopt (II), S. 2113 ff.

ders. Preis- und Vergütungsgestaltung im Wertpapierhandel– Zur Obsoleszenz des Kommissionsrechts –, in: FS Canaris (II), S. 183 ff.

Köndgen, Johannes / Sandmann, Klaus Strukturierte Zinsswaps vor den Berufungsgerichten: eine Zwischenbilanz, ZBB 2010, S. 77 ff.

Kotte, Madlen Keine Aufklärungspflicht der Banken über Rückvergütungen beim Vertrieb konzerneigener Produkte, BB 2014, S. 1353 ff.

Koziol, Helmut Schadenersatz im Europäischen Privatrecht, in: Schadensersatz im europäischen Privat- und Wirtschaftsrecht, S. 5 ff. (Schadenersatz im Europäischen Privatrecht)

ders. Grundfragen des Schadensersatzrechts, Wien 2010 (Grundfragen des Schadensersatzrechts)

ders. Schadensersatz für den Verlust einer Chance?, in: FS Stoll, S. 233 ff.

Krisl, Denise Die Schutzgesetzeigenschaft der Wohlverhaltenspflichten nach den §§ 31 ff. WpHG. Eine systematische Aufarbeitung des status quo seit Geltung des Finanzmarktrichtlinie-Umsetzungsgesetz (FRUG), Zugl.: Univ. Diss. (Augsburg 2013), Hamburg 2013 (Schutzgesetzeigenschaft der Wohlverhaltenspflichten)

Kropf, Christian Rechtliche Schranken im Rahmen der Kick-back-Rechtsprechung des BGH, Zugl. Besprechung von BGH, Urt. v. 8.4.2014 – XI ZR 341/12, ZBB 2014, S. 331 ff.

ders. Keine zivilrechtliche Haftung der Banken im beratungsfreien Anlagegeschäft – zugleich Urteilsanmerkung zu BGH v. 17.9.2013 = WM 2013, 1983 – WM 2014, S. 640 ff.

ders. Beratung durch Banken bei Abschluss von Swap-Geschäften, ZIP 2013, S. 401 ff.

Kropholler, Jan Bürgerliches Gesetzbuch, Studienkommentar, 11. Auflage, München 2008 (Bürgerliches Gesetzbuch[11])

Krüger, Ulrich Aufklärung und Beratung bei Kapitalanlagen – Nebenpflicht statt Beratungsvertrag, NJW 2013, S. 1845 ff.

Krüger, Wolfgang / Rauscher, Thomas (Hrsg.) Münchener Kommentar zur Zivilprozessordnung mit Gerichtsverfassungsgesetz und Nebengesetzen, Band 1, §§ 1–354, 4. Auflage, München 2013 (*Bearbeiter*, in: MünchKomm ZPO[4])

Kuhlen, Jan / Tiefensee, Johannes Zum Entwurf eines Gesetzes zur Förderung und Regulierung einer Honorarberatung über Finanzinstrumente, VuR 2013, S. 49 ff.

Kumpan, Christoph Vorteilsabschöpfung bei Interessenkonflikten, Am Beispiel der kommissionsrechtlichen Herausgabepflicht, in: Perspektiven des Wirtschaftsrechts, S. 33 ff. (Vorteilsabschöpfung bei Interessenkonflikten)

Kumpan, Christoph / Leyens, Patrick C. Conflicts of Interests of Financial Intermediaries – Towards a Global Common Core in Conflicts of Interest Regulation –, ECFR 2008, S. 72 ff.

La Porta, Rafael / Lopez-de-Silanes, Florencio / Shleifer, Andrei What Works in Securities Laws?, 61 J. of Fin. (2006), S. 1 ff.

Lacko, James M. / Pappalardo, Janis K. The Effect of Mortgage Broker Compensation Disclosures on Consumers and Competition: A Controlled Experiment, Federal Trade Commission, Bureau of Economics Staff Report, Februar 2004, abrufbar unter: http://www.ftc.gov/os/2004/01/030123mortgagefullrpt.pdf (The Effect of Mortgage Broker Compensation Disclosures)

Lampe, Barbara Die Informationspflicht des Wertpapierdienstleistungsunternehmens nach § 31 Abs. 3 WpHG, Zugl.: Univ. Diss. (Münster 2009), Hamburg 2011 (Die Informationspflicht des Wertpapierdienstleistungsunternehmens)

Lampe, Marc H. Anlageberatung und -vermittlung und Offenlegung von Rückvergütungen – Stand der Rechtsprechung, NJOZ 2009, S. 4893 ff.

Lang, Volker Kurzkommentar zu BGH, Urt. v. 19.7.2012, Az.: III ZR 308/11, EWiR 2012, S. 615 f.

ders. Informationspflichten bei Wertpapierdienstleistungen, Rechtliche Grundlagen, Typenspezifische Anforderungen, Haftung, Zugl.: Univ. Diss. (Leipzig 2002), München 2003 (Informationspflichten)

Lang, Volker / Balzer, Peter Die Rechtsprechung des XI. Zivilsenats zum Wertpapierhandelsrecht seit der Bond-Entscheidung, Eine Analyse der Folgerechtsprechung zum BGH, Urteil vom 6. Juli 1993 – XI ZR 12/93, in: FS Nobbe, S. 639 ff.

dies. Anmerkung zu BGH, Urt. v. 20.1.2009, Az.: XI ZR 510/07, ZIP 2009, S. 456 ff.

Lang, Volker / Bausch, Stephan Aufklärungspflicht über Gewinnmargen und Handelsspannen?, WM 2010, S. 2101 ff.

Lange, Hermann / Nörr, Knut Wolfgang (Hrsg.) Festschrift für Joachim Gernhuber zum 70. Geburtstag, Tübingen 1993 (*Autor*, in: FS Gernhuber)

Lange, Markus Informationspflichten von Finanzdienstleistern, Zivilrechtliche Vorfeldpflichten bei Anlagegeschäften an Finanz- und Terminmärkten unter Berücksichtigung der §§ 31, 32 WpHG, Zugl.: Univ. Diss. (Potsdam 1999), Berlin 2000 (Informationspflichten von Finanzdienstleistern)

Langen, Markus Praxis darf von einer Bestätigung der Urteile durch den BGH ausgehen, Kommentar zu OLG Hamburg, Urt. v. 23.4.2010, Az.: 13 U 117/09 und 13 U 118/09, BB 2010, S. 1946 ff.

ders. Die nachfrageabhängige Aufklärungspflicht der beratenden Bank über Kick-Backs, NZG 2010, S. 816 ff.

ders. BGH schwächt Beratungspflichten auch in Bezug auf Kick Backs ab, Kommentar zu BGH, Urt. v. 27.10.2009, Az.: XI ZR 338/08, BB 2010, S. 17 f.

ders. Kick-Back-Klagen nicht uneingeschränkt erfolgreich, Kommentar zu OLG Oldenburg, Urt. v. 11.9.2009, Az.: 11 U 75/08, BB 2009, S. 2392 f.

ders. Anmerkung zu OLG Celle, Urteil vom 30.9.2009 – 3 U 45/09, DB 2009, S. 2710 f.

Langen, Markus / Bauerschmidt, Steffen Anmerkung zu BGH, Urt. v. 1.12.2011, Az.: III ZR 56/11, BB 2012, S. 476

Langenbucher, Katja Anlegerschutz, Ein Bericht zu theoretischen Prämissen und legislativen Instrumenten, ZHR 177 (2013), S. 679 ff.

Langenbucher, Katja / Bliesener, Dirk H. / Spindler, Gerald (Hrsg.) Bankrechts-Kommentar, München 2013 (*Bearbeiter*, in: Langenbucher/Bliesener/Spindler, BankR-Komm.)

Lederer, Franz-Josef Überblick über aktuelle obergerichtliche Swap-Verfahren, AG-Report 2013, S. R95 f.

ders. Zinswette ist nicht gleich Zinswette, AG-Report 2012, S. R207 f.

ders. BGH äußert sich erneut zu Swaps, AG-Report 2012, S. R323 f.

Lehmann, Matthias Anmerkung zu BGH, Urt. v. 22.3.2011, Az.: XI ZR 33/10, JZ 2011, S. 749 ff.

ders. Zinsswaps der öffentlichen Hand: Vertragswirksamkeit und Beratungspflichten, BKR 2008, S. 488 ff.

Leisch, Franz Clemens Informationspflichten nach § 31 WpHG, Rechtsnatur und Inhalt, Zur zivilrechtlichen Geltung einer Norm des Wirtschaftsrechts, Zugl.: Univ. Diss. (Augsburg 2002), München 2004 (Informationspflichten nach § 31 WpHG)

Leiser, David / Gadsi, Nirit / Basher, Noa / Spivak, Avia Paradoxical effects of the disclosure of conflict of interest on the selection of a pension plan, abrufbar unter: http://ssrn.com/abstract=1720858 (Paradoxical effects of the disclosure of conflict of interest on the selection of a pension plan)

Lenenbach, Markus Kapitalmarktrecht und kapitalmarktrelevantes Gesellschaftsrecht, 2. Auflage, Köln 2010 (Kapitalmarktrecht²) *ders.* Anmerkung zu BGH, Beschl. v. 20.1.2009, Az.: XI ZR 510/07, WuB I G 7. – 1.09, S. 375 ff.

Lerch, Marcus P. Ratingagenturen im Visier des europäischen Gesetzgebers, BKR 2010, S. 402 ff.

Leuering, Dieter Die Neuordnung der gesetzlichen Prospekthaftung, NJW 2012, S. 1905 ff.

Leuering, Dieter / Zetzsche, Dirk Die Reform des Schuldverschreibungs- und Anlageberatungsrechts – (Mehr) Verbraucherschutz im Finanzmarktrecht?, NJW 2009, S. 2856 ff.

Liappis, Dimitrios Informationshaftung und Anlageberatung im Hinblick auf das MiFID-Regelwerk, in: Information als Schutzinstrument, S. 113 ff. (Informationshaftung und Anlageberatung)

Lieder, Jan Gesteigerte Beratungspflichten bei komplexen Anlageprodukten – Implikationen der „Zinswette"-Entscheidung des BGH, GWR 2011, S. 175 ff.

Lippe, Donovan / Voigt, Daniel Offenlegungspflichten der Anlageberater jenseits von Rückvergütungen – unterschiedliche Anforderungen an Anlageberater bei der Offenlegung von Innenprovisionen durch verschiedene BGH-Senate?, BKR 2011, S. 151 ff.

Lobinger, Thomas (Hrsg.) Festschrift für Eduard Picker zum 70. Geburtstag am 3. November 2010, Tübingen 2010 (*Autor*, in: FS Picker)

Loidl, Otilia Silvia / Burgin, Samantha RDR, MiFID II und Honorarberatung – das Ende der Provisionsberatung?, Recht der Finanzinstrumente 2012, S. 232 ff.

Lorenz, Stephan Der Schutz vor dem unerwünschten Vertrag, Eine Untersuchung von Möglichkeiten und Grenzen der Abschlußkontrolle im geltenden Recht, Zugl.: Univ. Hab. (München 1996/1997), München 1997 (Der Schutz vor dem unerwünschten Vertrag)

Loritz, Karl-Georg Rückwirkende Schaffung neuer Haftungstatbestände durch die Rechtsprechung im Kapitalmarktrecht – verfassungsrechtliche Grenzen, NZG 2013, S. 411 ff.

ders. Innenprovisionen bei Kapitalanlagen, insbesondere beim Immobilienvertrieb, WM 2000, S. 1831 ff.

Loritz, Karl-Georg / Wagner, Klaus-R. Geschlossene Fonds: Prospektdarstellung von „weichen" Kosten und Anlageberatungspflichten in der Rechtsprechung des BGH vor dem 1.7.2005 und danach, NZG 2013, S. 367 ff.

Maas, Gero / Jäger, Lars Geschlossene Fonds – Änderung im Prüfungsmaßstab und weitere Aspekte der Neuregulierung, BKR 2010, S. 316 ff.

Maier, Arne „Kick-Backs": Rückvergütungen als besondere Form von Innenprovisionen, Anmerkung zu OLG Frankfurt a.M., Urt. v. 19.11.2010, Az.: 17 U 29/10, VuR 2011, S. 62 ff.

ders. Die Aufklärungspflicht des Anlageberaters über vereinnahmte Provisionen (Rückvergütungen / "Kick-Backs"), VuR 2010, S. 25 ff.

Mallaby, Sebastian More Money than God: Hedge Funds and the Making of a New Elite, New York 2010 (More Money than God)

Mankiw, N. Gregory / Taylor, Mark P. Economics, London 2006 (Economics)

Mann, Marius E. Rückvergütungen, Provisionen und Gewinnmargen: Zur Aufklärungspflicht des bankgebundenen Anlageberaters nach der Entscheidung BGH WM 2012, 1520 – Lehman II, WM 2013, S. 727 ff.

Mansel, Heinz-Peter Reziprozität und Utilität als Auslegungselemente bei konkludentem Vertragsschluß – am Beispiel unentgeltlicher Informationsgewährung, in: GS Lüderitz, S. 487 ff.

Märker, Klaus Fehlerhafte Anlageberatung beim Vertrieb von Lehman-Zertifikaten – eine Zwischenbilanz, NJOZ 2010, S. 524 ff.

ders. Zur Funktionsweise von Lehman-Zertifikaten – zugleich Besprechung zum OLG Düsseldorf, Urt. v. 16.12.2010, Az.: I 6 U 200/09, BKR 2011, S. 147 ff.

Marsch-Barner, Reinhard / Schäfer, Frank A. (Hrsg.) Handbuch börsennotierte AG, Aktien und Kapitalmarktrecht, 3. Auflage, Köln 2014 (*Bearbeiter*, in: Marsch-Barner/Schäfer, Hdb. börsennotierte AG[3])

Maulshagen, Almut / Maulshagen, Olaf Rechtliche und bilanzielle Behandlung von Swapgeschäften, BB 2000, 243 ff.

Mayen, Barbara „Institutionalisiertes Zusammenwirken" – Verbraucherschutz und Bankenhaftung, in: FS Nobbe, S. 399 ff.

Medicus, Dieter Aufklärungsrichtiges Verhalten, in: FS Picker, S. 619 ff.

ders. Haftung von Kreditinstituten für Kredit- und Anlagenvermittler, in: Bankrecht 2000, S. 259 ff. (Haftung von Kreditinstituten für Kredit- und Anlagenvermittler)

Meesen, Karl M. Auf der Suche nach einem der Wirtschaft gemäßen Wirtschaftsrecht, ZVglRWiss 111 (2012), S. 273 ff.

Meller, Florian Banken als Intermediäre im traditionellen Bankgeschäft – Bedrohung durch Basel III?, CFL 2013, S. 92 ff.

Mertens, Bernd Culpa in contrahendo beim zustande gekommenen Kaufvertrag nach der Schuldrechtsreform, AcP 203 (2003), S. 818 ff.

Meschede, Thomas / Fuxman, Alexander Kurzkommentar zu OLG München, Urt. v. 26.11.2012, Az.: 19 U 2901/12, EWiR 2013, S. 309 f.

dies. Kurzkommentar zu OLG Frankfurt a.M., Beschl. v. 16.4.2013, Az.: 9 U 135/11, EWiR 2013, S. 667 f.

Meuschke, Ina Aufklärungspflichten bei Plain-Vanilla-Swaps, AG-Report 2013, S. R25 f.

Mises, Ludwig von Human Action, A Treatise on Economics, herausgegeben von Greaves, Bettina B., 4. Auflage 1996, Editorial Additions 2007, Irvington-on-Hudson, N.Y. 2007 (Erste Auflage 1949) (Human Action)

ders. Kritik des Interventionismus, Untersuchungen zur Wirtschaftspolitik und Wirtschaftsideologie der Gegenwart – Verstaatlichung des Kredits?, Darmstadt 1976 [Nachdruck des Originals Jena 1929] (Kritik des Interventionismus)

Möller, Jan Offenlegungen und Aufklärungspflichten beim Unternehmenskauf, System, Regelungskonzepte und Haftungsrisiken, NZG 2012, S. 841 ff.

Möllers, Thomas M. J. Vollharmonisierung im Kapitalmarkt. Zur Regelungskompetenz nationaler Gerichte und Parlamente, in: Vollharmonisierung im Privatrecht, S. 247 ff. (Vollharmonisierung im Kapitalmarkt)

ders. Die Rolle des Rechts im Rahmen der europäischen Integration, Zur Notwendigkeit einer europäischen Gesetzgebungs- und Methodenlehre, Tübingen 1999 (Die Rolle des Rechts im Rahmen der europäischen Integration)

ders. Rechtsprechungsänderung zur Vermutung aufklärungsrichtigen Verhaltens – Sackgasse oder Königsweg?, NZG 2012, S. 1019 ff.

ders. Die Vermutung aufklärungsgerechten Verhaltens, Inhaltliche und beweisrechtliche Fragestellungen, in: Bankrechtstag 2012, S. 81 ff.

ders. Anlegerschutz im System des Kapitalmarktrechts, Rechtsgrundlagen und Ausblicke, in: FS Hopt (II), S. 2247 ff.

ders. Vermögensbetreuungsvertrag, graue Vermögensverwaltung und Zweitberatung – Vertragstypen zwischen klassischer Anlageberatung und Vermögensverwaltung, WM 2008, S. 93 ff.

Möllers, Thomas M.J. / Hailer, Sabrina Management- und Vertriebsvergütungen bei Alternativen Investmentfonds – Überlegungen zur Umsetzung der Vergütungsvorgaben der AIFM-RL in das deutsche Recht, ZBB 2012, S. 178 ff.

Möllers, Thomas M. J. / Kernchen, Eva Information Overload am Kapitalmarkt – Plädoyer zur Einführung eines Kurzfinanzberichts auf empirischer, psychologischer und rechtsvergleichender Basis, ZGR 2011, 1 ff.

Möllers, Thomas M. J. / Poppele, Mauritz Christopher Paradigmenwechsel durch MiFID II: divergierende Anlegerleitbilder und neue Instrumentarien wie Qualitätskontrolle und Verbote, ZGR 2013, S. 437 ff.

Möllers, Thomas M.J. / Seidenschwann, Sabine Der erweiterte Anwendungsbereich des KapMuG, Neues und altes Recht unter Berücksichtigung von BGH, NZG 2012, 1268, NZG 2012, S. 1401 ff.

Möllers, Thomas M.J. / Wenninger, Thomas Anmerkung zu BGH, Urt. v. 19.12.2006, Az.: XI ZR 56/05, LMK 2007, 220857

Moloney, Niamh The Investor Model Underlying the EU's Investor Protection Regime: Consumers or Investors?, 13 EBOR (2012), S. 169 ff.

dies. How To Protect Investors, Lessons from the EC and the UK, Cambridge 2010 (How to Protect Investors)

dies. Building a Retail Investment Culture through Law: The 2004 Markets in Financial Instruments Directive, 6 EBOR (2005), S. 341 ff.

Morlin, János Die aktuelle Rechtsprechung des LG Düsseldorf zum anfänglichen Barwert bei Abschluss von Derivaten durch Kommunen, AG-Report 2013, S. R131 f.

ders. Der anfängliche Barwert eines Derivats als objektive Risikokennzahl, AG-Report 2013, S. R3 f.

ders. Kleine Ursache – große Wirkung: Neues Anforderungsprofil für den Kausalitätsnachweis in Kapitalanlagefällen, AG-Report 2012, S. R241 f.

Möslein, Florian Finanzinnovation als Rechtsproblem, Einordnung, Bewertung und Regulierung, ZBB 2013, S. 1 ff.

Müchler, Henny Die neuen Kurzinformationsblätter – Haftungsrisiken im Rahmen der Anlageberatung, WM 2012, S. 974 ff.

Müchler, Henny / Trafkowski, Uwe Honoraranlageberatung: Regulierungsvorhaben im deutschen und europäischen Recht, ZBB 2013, S. 101 ff.

Mülbert, Peter O. Anlegerschutz und Finanzmarktregulierung – Grundlagen –, ZHR 177 (2013), S. 160 ff.

ders. Regulierungstsunami im europäischen Kapitalmarktrecht, ZHR 176 (2012), S. 369 ff.

ders. Auswirkungen der MiFID-Rechtsakte für Vertriebsvergütungen im Effektengeschäft der Kreditinstitute, ZHR 172 (2008), S. 170 ff.

ders. Auswirkungen der Art. 19 ff. MiFID auf das Zivilrecht am Beispiel von Vertriebsvergütungen im Effektengeschäft der Kreditinstitute, abrufbar unter: www.institut-kreditrecht.de (Auswirkungen der Art. 19 ff. MiFID auf das Zivilrecht)

ders. Anlegerschutz bei Zertifikaten – Beratungspflichten, Offenlegungspflichten bei Interessenkonflikten und die Änderungen durch das Finanzmarkt-Richtlinie-Umsetzungsgesetz (FRUG) –, WM 2007, S. 1149 ff.

ders. The Eclipse of Contract Law in the Investment Firm-Client-Relationship: The Impact of the MiFID on the Law of Contract from a German Perspective, in: Investor Protection in Europe, S. 299 ff. (The Eclipse of Contract Law)

Mülbert, Peter O. / Böhmer, Jörg Ereignisbezogene Finanzprodukte – Zivil-, Kapitalmarkt-, Wertpapier-, Straf- und Öffentliches Recht – Teil I, WM 2006, S. 937 ff.

Müller-Christmann, Bernd Anlegerschutz im Wertpapiergeschäft: Die Sicht der Rechtsprechung, in: Bankrechtstag 2012, S. 1 ff.

Nasall, Wendt Wenn das Blaue am Himmel bleibt – Die Rechtsprechung des BGH zur Haftung des freien Anlageberaters, NJW 2011, S. 2323 ff.

Nettesheim, Martin (Hrsg.) Das Recht der Europäischen Union, begründet von Eberhard Grabitz, fortgeführt von Meinhard Hilf, Band I, EUV/AEUV, 52. Ergänzungslieferung, München 2014 (*Bearbeiter*, in: Grabitz/Hilf/Nettesheim, Recht der Europäischen Union, 52. EL)

Nieding, Klaus Aufklärungspflicht der Bank über Gewinnmarge bei Vertrieb von Lehman-Zertifikaten, Anmerkung zu OLG Hamburg, Urt. v. 23.4.2010, Az.: 13 U 117/09, jurisPR-BKR 5/2010 Anm. 4

Nikolaus, Max Die Durchsetzung der Wohlverhaltens- und Organisationspflichten nach den §§ 31 ff. WpHG, Zugl.: Univ. Diss. (Augsburg 2003), Aachen 2003 (Durchsetzung der Wohlverhaltens- und Organisationspflichten)

Nikolaus, Max / d'Oleire, Stefan Aufklärung über „Kick-Backs“ in der Anlageberatung: Anmerkungen zum BGH-Urteil vom 19.12.2006, WM 2007, S. 2129 ff.

Nittel, Matthias / Knöpfel, Tamara Die Haftung des Anlageberaters wegen Nichtaufklärung über Zuwendungen – die gar nicht so neue Rechtsprechung des BGH, BKR 2009, S. 411 ff.

Nobbe, Gerd Prospekthaftung bei geschlossenen Fonds – Ein Überblick über die Rechtsprechung des Bundesgerichtshofs –,WM 2013, S. 193 ff.

ders. Anmerkung zu BGH, Beschl. v. 9.3.2011, Az.: XI 191/10, BKR 2011, S. 302 ff.

ders. Anmerkung zu OLG Dresden, Urt. v. 24.9.2009, Az.: 8 U 1240/08, WuB I G 1. – 5.10, S. 123 ff.

Nordhues, Hans-Günther / Benzler, Marc Risikosteuerung durch Kreditderivate, WM 1999, S. 461 ff.

ohne Verfasser Basisinformationen über Finanzderivate, Stand: Juli 2008, Köln 2008 (Basisinformationen über Finanzderivate)

ohne Verfasser Basisinformation über Vermögensanlagen in Wertpapieren, Stand: November 2008, Köln 2008 (Basisinformationen über Vermögensanlagen in Wertpapieren)

ohne Verfasser Basisinformationen über Termingeschäfte, Stand: November 2008, Köln 2008 (Basisinformationen über Termingeschäfte)

Oehler, Andreas / Kohlert, Daniel Financial Advice Giving and Taking – Where are the Market's Self-healing Powers and a Functioning Legal Framework When We Need Them?, 32 J. Consum. Policy (2009), S. 91 ff.

Oetker, Hartmut (Hrsg.) Kommentar zum Handelsgesetzbuch (HGB), 3. Auflage, München 2013 (*Bearbeiter*, in: Oetker, Komm HGB[3])

Ott, Claus Vorvertragliche Aufklärungspflichten im Licht des Güter- und Leistungsaustausches, in: Ott/Schäfer, Ökonomische Probleme des Zivilrechts, S. 142 ff. (Vorvertragliche Aufklärungspflichten im Licht des Güter- und Leistungsaustausches)

Ott, Claus / Schäfer, Hans-Bernd (Hrsg.) Ökonomische Probleme des Zivilrechts, Berlin/Heidelberg 1991 (Ökonomische Probleme des Zivilrechts)

Palandt, Otto (Begr.) Bürgerliches Gesetzbuch: mit Nebengesetzen; insbesondere mit Einführungsgesetz (Auszug) einschließlich Rom I- und Rom II-Verordnungen sowie dem Haager Unterhaltsprotokoll, Allgemeines Gleichbehandlungsgesetz (Auszug), Wohn- und Betreuungsvertragsgesetz, BGB-Informationspflichten-Verordnung, Unterlassungsklagengesetz, Produkthaftungsgesetz, Erbbaurechtsgesetz, Wohnungseigentumsgesetz, Versorgungsausgleichsgesetz, Lebenspartnerschaftsgesetz, Gewaltschutzgesetz, 73. Auflage, München 2014 (*Bearbeiter*, in: Palandt[73])

ders. Bürgerliches Gesetzbuch: mit Nebengesetzen insbesondere mit Einführungsgesetz (Auszug), Allgemeines Gleichbehandlungsgesetz (Auszug), BGB-Informationspflichten-Verordnung, Unterlassungsklagengesetz, Produkthaftungsgesetz, Erbbaurechtsgesetz, Wohnungseigentumsgesetz, Lebenspartnerschaftsgesetz, Gewaltschutzgesetz, 68. Auflage, München 2009 (*Bearbeiter*, in: Palandt[68])

Pallasky, Ansgar Anmerkung zu OLG Bamberg, Urt. v. 20.10.2010, Az.: 3 U 98/09, GWR 2010, S. 556

Pap, Michael Haftungsfragen bei geschlossenen Fonds, BKR 2008, S. 367 ff.

Päßler, Nadja M. Interessenkonflikte in der Informationsintermediation, Eine ökonomische Analyse, Zugl.: Univ. Diss. (Köln 2007), Frankfurt a.M. u.a. 2007 (Interessenkonflikte in der Informationsintermediation)

Pellens, Sabine / Grunwald, Anja Provisionen in der Anlageberatung: Änderung durch Streichung der Vermutungsregel in § 31d Abs. 4 WpHG a.F.?, WM 2012, S. 778 ff.

Peters, Frank Anmerkung zu BGH, Urt. v. 23.6.1999, Az.: VIII ZR 84/09, JZ 2000, S. 307 ff.

Pfeiffer, Florian Der Schutz des (Klein-)Anlegers im Rahmen der Verhaltensregeln der §§ 31, 32 WpHG, Verbraucherschützende Aufklärungs- und Beratungspflichten der Banken, Zugl.: Univ. Diss. (Augsburg 1999), München 1999 (Schutz des (Klein-)Anlegers)

Pfeiffer, Thomas Was kann ein Verbraucher?, Zur Relevanz von Informationsverarbeitungskapazitäten im AGB-Recht und darüber hinaus, NJW 2011, S. 1 ff.

ders. Der Verbraucherbegriff als zentrales Merkmal im europäischen Privatrecht, in: Europäische Rechtsangleichung und nationale Privatrechte, S. 21 ff. (Der Verbraucherbegriff als zentrales Merkmal im europäischen Privatrecht)

Piekenbrock, Andreas Der Kausalitätsbeweis im Kapitalanlegerprozess: ein Beitrag zur Dogmatik der „ungesetzlichen" tatsächlichen Vermutungen, WM 2012, S. 429 ff.

Piekenbrock, Andreas / Ludwig, Thomas Claus Formalismus bei der Widerrufsinformation in Verbraucherdarlehensverträgen – zugleich Besprechung von BGH, WM 2011, 1799 –, WM 2012, S. 1409 ff.

Pieroth, Bodo / Hartmann, Bernd J. Verfassungsrechtliche Grenzen rückwirkender Rechtsprechungsänderungen, dargestellt am Beispiel der Aufklärung über Provisionen für den Vertrieb geschlossener Fonds, ZIP 2010, S. 753 ff.

Plumpe, Werner Wirtschaftskrisen: Geschichte und Gegenwart, 2. Auflage, München 2011 (Wirtschaftskrisen)

Podewils, Felix / Reisisch, Dennis Haftung für „Schrott"-Zertifikate? – Aufklärungs- und Beratungspflichten nach BGB und WpHG beim Erwerb von Zertifikaten, NJW 2009, S. 116 ff.

Poelzig, Dörte Privat(rechtlich)e Normdurchsetzung – Chance und Herausforderung auf globalen Märkten, ZVglRWiss 110 (2011), S. 395 ff.

Popper, Karl R. Die offene Gesellschaft und ihre Feinde II, Falsche Propheten: Hegel, Marx und die Folgen, herausgegeben von Kiesewetter, Hubert, 8. Auflage, Tübingen 2003 (Erste Auflage 1958) (Die offene Gesellschaft und ihre Feinde II[8])

Posser, Herbert / Wolff, Heinrich Amadeus (Hrsg.) Beck'scher Online-Kommentar VwGO, 29. Edition, München 2014 (*Bearbeiter*, in: BeckOK-VwGO, 29. Ed.)

Predota, Martin Finanzmärkte und Finanzintermediation, Wien 2011 (Finanzmärkte)

Preisig, Raphael Der Vertrieb von Anlagefonds durch Banken, Eine Untersuchung von Vertriebsentschädigungen unter besonderer Berücksichtigung der bundesgerichtlichen Rechtsprechung zu Retrozessionen, Zugl.: Univ. Diss. (Zürich 2010), Zürich / St. Gallen 2011 (Vertrieb von Anlagefonds)

Preuße, Thomas / Schmidt, Maike Anforderungen an Informationsblätter nach § 31 Abs. 3a WpHG, BKR 2011, S. 265

Puszkajler, Karl Peter Aktuelle Rechtsprechung der Oberlandesgerichte zum WpHG, in: Bankrechtstag 2010, S. 53 ff.

Pytlinski, Peggy Bericht über den 9. Tag des Bank- und Kapitalmarktrechts am 22. und 23.11.2012 in Berlin, WM 2013, S. 140 ff.

Regenfus, Thomas Auskunft und Herausgabe von Rückvergütungen – zwei allenfalls selten begründete Klageanträge, Teil I, WM 2015, S. 169 ff.

ders. Auskunft und Herausgabe von Rückvergütungen – zwei allenfalls selten begründete Klageanträge, Teil II, WM 2015, S. 209 ff.

Rehm, Gebhard M. Aufklärungspflichten im Vertragsrecht, Zugleich: Univ. Diss. (München 2002), München 2003 (Aufklärungspflichten im Vertragsrecht)

Reiner, Günter Derivative Finanzinstrumente im Recht, Zugl.: Univ. Habil. (Konstanz 2000/2001), Baden-Baden 2002 (Derivative Finanzinstrumente im Recht)

Reiner, Günter / Schacht, Johann A. Credit Default Swaps und verbriefte Kreditforderungen in der Finanzmarktkrise – Bemerkungen zum Wesen verbindlicher und unverbindlicher Risikoverträge – Teil 1, WM 2010, S. 337 ff.

dies. Credit Default Swaps und verbriefte Kreditforderungen in der Finanzmarktkrise – Bemerkungen zum Wesen verbindlicher und unverbindlicher Risikoverträge – Teil 2, WM 2010, S. 385 ff.

Reiter, Julius F. / Methner, Olaf Die Interessenkollision beim Anlageberater – Unterschiede zwischen Honorar- und Provisionsberatung –, WM 2013, S. 2053 ff.

Remien, Oliver (Hrsg.) Schadensersatz im europäischen Privat- und Wirtschaftsrecht, Würzburger Tagung vom 11. und 12.6.2010, Tübingen 2012 (Schadensersatz im europäischen Privat- und Wirtschaftsrecht)

Renz, Hartmut / Sartowski, Rafael Anlageberater, Vertriebsbeauftragte und Compliance-Beauftragte, Neue Regelungen des WpHG und der WpHGMaAnzVO sowie deren praktische Umsetzung, CCZ 2012, S. 67 ff.

Richter, Rudolf / Furubotn, Eirik G. Neue Institutionenökonomik, Eine Einführung und kritische Würdigung, 4. Auflage, Tübingen 2010 (Neue Institutionenökonomik^{4})

dies. Neue Institutionenökonomik, Eine Einführung und kritische Würdigung, 3. Auflage, Tübingen 2003 (Neue Institutionenökonomik^{3})

Riesenhuber, Karl Anleger und Verbraucher, ZBB 2014, S. 134 ff.

ders. Primärrechtliche Grundlagen der Kapitalmarkttransparenz, in: Kapitalmarktgesetzgebung im Europäischen Binnenmarkt, S. 23 ff. (Primärrechtliche Grundlagen der Kapitalmarkttransparenz)

Riesenhuber, Karl (Hrsg.) Europäische Methodenlehre, Handbuch für Ausbildung und Praxis, 2. Auflage, Berlin / New York 2010 (*Bearbeiter*, in: Riesenhuber, Europäische Methodenlehre^{2})

Riesenhuber, Karl / Klinck, Fabian u.a. (Hrsg.) Information als Schutzinstrument, Grundlagen und Grenzen, Baden-Baden 2013 (Information als Schutzinstrument)

Roberts, Julian Marktwert und Risikomanagement – Anmerkung zu OLG Stuttgart, Urt. v. 1.2.2012, Az.: 9 U 57/11, BKR 2012, S. 377 ff.

ders. Beratungsbedarf bei Finanzderivaten im Lichte neuerer Rechtsentwicklungen, DStR 2011, S. 1231 ff.

ders. Vertragliche Grundlagen von Finanzderivaten, Ein Beitrag zur Aufarbeitung der Krise?, NJOZ 2010, S. 1717 ff.

ders. Finanzderivate als Glücksspiel? Aufklärungspflichten der Emittenten, DStR 2010, S. 1082 ff.

Roller, Reinhold / Elster, Thomas / Knappe, Jan Christoph Spread-abhängige Constant Maturity (CMS) Swaps – Funktionsweise, Risikostruktur und rechtliche Bewertung, ZBB 2007, S. 345 ff.

Rosenblum, Bernd Überlegungen und Aspekte zum Anlegerschutz im Lichte aktueller gesetzlicher Regelungen – Unter besonderer Berücksichtigung der Anlageberatung von Wertpapierdienstleistungsunternehmen –, DB 2012, S. 1105 ff.

Rößler, Gernot J. Kick back – quo vadis?, NJW 2008, S. 554 ff.

Roth, Hartmut (Hrsg.) Verkehrsrecht - Zivilrecht, Versicherungsrecht, Strafrecht, Ordnungswidrigkeiten, Verwaltungsrecht, 3. Auflage, Baden-Baden 2012 (*Bearbeiter*, in: Roth, Verkehrsrecht[3])

Roth, Wulff-Henning Die „Lehman-Zertifikate"-Entscheidungen des BGH im Lichte des Unionsrechts, Anmerkungen zu den Urteilen des BGH vom 27.9.2011 und 26.6.2012, ZBB 2012, S. 429 ff.

Rothenhöfer, Kay Interaktion zwischen Aufsichts- und Zivilrecht, Dualismus der Wohlverhaltensregeln des WpHG unter besonderer Berücksichtigung der Vertriebsvergütungen, in: Perspektiven des Wirtschaftsrechts, S. 55 ff. (Interaktion zwischen Aufsichts- und Zivilrecht)

ders. Anlegerschutz durch Schriftform und Dokumentation bei Wertpapierdienstleistungen, Zugl.: Univ. Diss. (Hamburg 2006), Baden-Baden 2007 (Anlegerschutz durch Schriftform)

Rottwilm, Christoph Bankenvergleich – Vermögensverwalter für jedermann, abrufbar unter http://www.manager-magazin.de/finanzen/geldanlage/0,2828,522433,00.html (Vermögensverwalter für jedermann)

Rozok, Matthias Tod der Vertriebsprovisionen oder Alles wie gehabt?, Die Neuregelungen über Zuwendungen bei der Umsetzung der Finanzmarktrichtlinie, BKR 2007, S. 217 ff.

Ruland, Yorick M. / Wetzig, Marc S. Aufklärungs- und Beratungspflichten bei Cross-Currency-Swaps, BKR 2013, S. 53 ff.

Rusch, Arnold F. Auskehr in der Schweiz, Schadensersatz in Deutschland?, WM 2012, S. 440 ff.

Säcker, Franz Jürgen / Rixecker, Roland (Hrsg.) Münchener Kommentar zum Bürgerlichen Gesetzbuch, Band 1, Allgemeiner Teil, §§ 1–240, ProstG, AGG 6. Auflage, München 2012 (*Bearbeiter*, in: MünchKomm BGB[6])

dies. Münchener Kommentar zum Bürgerlichen Gesetzbuch, Band 2, Schuldrecht, Allgemeiner Teil, §§ 241–432, 6. Auflage, München 2012 (*Bearbeiter*, in: MünchKomm BGB[6])

dies. Münchener Kommentar zum Bürgerlichen Gesetzbuch, Band 3, Schuldrecht, Besonderer Teil, §§ 433–610, Finanzierungsleasing, HeizkostenV, BetriebskostenV, CISG, 6. Auflage, München 2012 (*Bearbeiter*, in: MünchKomm BGB[6])

dies. Münchener Kommentar zum Bürgerlichen Gesetzbuch, Band 4, Schuldrecht, Besonderer Teil II, §§ 611–704, EFZG, TzBfG, KSchG, 6. Auflage, München 2012 (*Bearbeiter*, in: MünchKomm BGB[6])

dies. Münchener Kommentar zum Bürgerlichen Gesetzbuch, Band 5, Schuldrecht, Besonderer Teil III, §§ 705–853, Partnerschaftsgesellschaftsgesetz, Produkthaftungsgesetz, 6. Auflage, München 2013 (*Bearbeiter*, in: MünchKomm BGB[6])

Salewski, Sabrina Zertifikate – reguläre Finanzinstrumente oder unerlaubtes Glücksspiel?, BKR 2012, S. 100 ff.

Schack, Haimo (Hrsg.) Gedächtnisschrift für Alexander Lüderitz, München 2000 (*Autor*, in: GS Lüderitz)

Schäfer, Frank A. Zivilrechtliche Konsequenzen der Urteile des BGH zu Gewinnmargen bei Festpreisgeschäften – Besprechung der Urteile des BGH v. 27.9.2011, XI ZR 178/10 und XI ZR 182/10, WM 2012, S. 197 ff.

ders. Vorsatz bei unterlassener Aufklärung über den Erhalt von Rückvergütungen, WM 2012, S. 1022 ff.

ders. Spread Ladder Swap- und Lehman Zertifikate-Urteile des BGH: Negativer Marktwert vs. Gewinnmarge, in: Bankrechtstag 2012, S. 65 ff.

ders. Die Pflicht zur Aufdeckung von Rückvergütungen und Innenprovisionen beim Vertrieb von Fonds in Rechtsprechung und Gesetzgebung, in: FS Nobbe, S. 725 ff.

ders. Sind die §§ 31 ff. WpHG n.F. Schutzgesetze i.S.v. § 823 Abs. 2 BGB?, WM 2007, S. 1872 ff.

ders. Zinsswaps und Zinscaps als Differenzgeschäfte gem. §§ 762, 764 BGB, ZIP 1986, S. 1304 ff.

Schäfer, Frank A. / Lang, Volker Wider die Kriminalisierung der Banken, Money – it's a crime (Pink Floyd – The Dark Side of the Moon), BKR 2011, S. 239 ff.

Schäfer, Frank A. / Schäfer, Ulrike Anforderungen und Haftungsfragen bei PIBs, VIBs und KIIDs, ZBB 2013, S. 23 ff.

dies. Anmerkung zu BGH, Urt. v. 19.12.2006, Az.: XI ZR 56/05, BKR 2007, S. 163 ff.

Schäfer, Frank / Sethe, Rolf / Lang, Volker (Hrsg.) Handbuch der Vermögensverwaltung, München 2012 (*Bearbeiter*, in: Hdb. Vermögensverwaltung)

Schäfer, Hans-Bernd Ökonomische Analyse von Aufklärungspflichten, in: Ott/Schäfer, Ökonomische Probleme des Zivilrechts, S. 117 ff. (Ökonomische Analyse von Aufklärungspflichten)

Schäfer, Hans-Bernd / Ott, Claus Lehrbuch der ökonomischen Analyse des Zivilrechts, 5. Auflage, Berlin u.a. 2012 (Ökonomische Analyse[5])

dies. Lehrbuch der ökonomischen Analyse des Zivilrechts, 4. Auflage, Berlin u.a. 2005 (Ökonomische Analyse[4])

Schäfer, Holger Beschwerde, Beschwerdebearbeitung und Beschwerdeanzeigen – ein Beitrag zur Auslegung der §§ 33 Abs. 1 Satz 2 Nr. 3 und 34d Abs. 1 Satz 4 und Abs. 5 WpHG, WM 2012, S. 1157 ff.

Schäfer, Ulrike Darlegungslast, Beweispflicht und Tatsachenfeststellung im Prozeß, in: Fehlgeschlagene Wertpapieranlagen, S. 351 ff. (Darlegungslast, Beweispflicht und Tatsachenfeststellung im Prozeß)

Schaub, Renate Beratungsvertrag und Sachmängelgewährleistung nach der Schuldrechtsmodernisierung, AcP 202 (2002), S. 757 ff.

Schelling, Holger Vergütungssysteme und Interessenkonflikte in der Anlageberatung. Eine Studie zum europäischen, deutschen und englischen Recht, Zugl.: Univ. Diss. (Hannover 2013), Berlin 2013 (Vergütungssysteme und Interessenkonflikte)

Schick, Michael Zur Übertragbarkeit der Swap-Rechtsprechung des BGH auf Zertifikate, AG-Report 2012, S. R307 f.

Schimansky, Hermann / Bunte, Hermann Josef / Lwowski, Hans-Jürgen (Hrsg.) Bankrechts-Handbuch, Band I, 4. Auflage, München 2011 (*Bearbeiter*, in: Schimansky/Bunte/Lwowski, Bankrechts-Hdb.[4])

dies. Bankrechts-Handbuch, Band II, 4. Auflage, München 2011 (*Bearbeiter*, in: Schimansky/Bunte/Lwowski, Bankrechts-Hdb.[4])

Schlee, Alexander / Maywald, Ian M. PIB: Ein neues Risiko im Rahmen der Prospekthaftung?, BKR 2012, S. 320 ff.

Schlösser, Jan Verdeckte Kick-back-Zahlungen von Fondsgesellschaften an Banken als strafbares Verhalten gegenüber dem Bankkunden? – zugleich Anmerkung zum Urteil des OLG Stuttgart v. 16.3.2011, Az.: 9 U 129/10, BKR 2011, S. 465 ff.

Schlüter, Uwe Wertpapierhandelsrecht, Handbuch für Banken und Finanzdienstleistungsinstitute, München 2000 (Wertpapierhandelsrecht)

Schmidt, Karsten Handelsrecht, Unternehmensrecht I, 6. Auflage, Köln 2014 (Handelsrecht[6])

Schmidt, Karsten (Hrsg.) Münchener Kommentar zum Handelsgesetzbuch, Band 1, Erstes Buch, Handelsstand, §§ 1–104a, 3. Auflage, München 2010 (*Bearbeiter*, in MünchKomm HGB[3])

ders. Münchener Kommentar zum Handelsgesetzbuch, Band 5, Viertes Buch, Handelsgeschäfte, Erster Abschnitt – Allgemeine Vorschriften, Zweiter Abschnitt – Handelskauf, Dritter Abschnitt – Kommissionsgeschäft, §§ 343–406, Wiener Übereinkommen über Verträge über den internationalen Warenverkauf – CISG, 3. Auflage, München 2013 (*Bearbeiter*, in MünchKomm HGB[3])

ders. Münchener Kommentar zum Handelsgesetzbuch, Band 5, Viertes Buch. Handelsgeschäfte Erster Abschnitt. Allgemeine Vorschrift §§ 343–372, Recht des Zahlungsverkehrs, Effektengeschäft, Depotgeschäft, Ottawa Übereinkommen über Internationales Factoring, 2. Auflage, München 2009 (*Bearbeiter*, in MünchKomm HGB[2])

Schmidt, Karsten / Hadding, Walther (Hrsg.) Münchener Kommentar zum Handelsgesetzbuch, Band 6, Bankvertragsrecht. Recht des Zahlungsverkehrs, Emissionsgeschäft, Anlageberatung, Effektengeschäft, Depotgeschäft, Ottawa Übereinkommen über Internationales Factoring, 3. Auflage, München 2014 (*Bearbeiter*, in: MünchKomm HGB[3])

Schmieder, Sandra Anmerkung zu OLG Frankfurt a.M., Urt. v. 27.12.2010, Az.: 16 U 96/10, WuB I G 1. – 16.12, S. 721 ff.

Schmitt, Christoph Aktuelle Rechtsprechung zur Anlageberatung bei OTC-Derivaten, BB 2011, S. 2824 ff.

Schmolke, Klaus Ulrich Die Haftung für fehlerhafte Sekundärmarktinformation nach dem „IKB"-Urteil des BGH, ZBB 2012, S. 165 ff.

Schnauder, Franz Auskunfts- und Beratungsvertrag beim Vertrieb von Kapitalanlagen, JZ 2013, S. 120 ff.

ders. Vergütungsbezogene Aufklärungspflicht beim Handel mit Zertifikaten, Anmerkung zu OLG Frankfurt a.M., Urt. v. 28.10.2011, Az.: 19 U 98/11, jurisPR-BKR 6/2012 Anm. 3

ders. Causa finita: Der Streit um die vergütungsbezogene Aufklärungspflicht der beratenden Banken, jurisPR-BKR 1/2012 Anm. 1

ders. Regimewechsel im Prospekthaftungsrecht bei geschlossenen Publikumsfonds, NJW 2013, S. 3207 ff.

ders. Pflicht zur Aufklärung über Rückvergütungen auch bei Auslagerung der Anlageberatung von Direktbank auf Bankentochter, Anmerkung zu OLG München, Urt. v. 15.2.2011, Az.: 5 U 4507/10, jurisPR-BKR 5/2011 Anm. 5

ders. Aufklärungspflichtige Rückvergütung oder „normale" Vertriebsprovision?, Anmerkung zu OLG Stuttgart, Urt. v. 29.10.2010, Az.: 6 U 208/09, jurisPR-BKR 3/2011 Anm. 3

ders. Aufklärungspflicht über eigene Gewinnmargen?, jurisPR-BKR 7/2010 Anm. 1

Schneider, Burkhard / Heppner, Heiko KapMuG Reloaded – das neue Kapitalanleger-Musterverfahrensgesetz, BB 2012, S. 2703 ff.

Schneider, Uwe H. Auf dem Weg in die europäische Kapitalmarktunion, Die Vertreibung aus dem Paradies – oder auf dem Weg ins kapitalmarktrechtliche Arkadien?, AG 2012, S. 823 ff.

Schröder, Matthias Aufklärungspflicht der Bank beim Erwerb von Indexzertifikaten von Lehman Brothers, Anmerkung zu BGH, Urt. v. 27.9.2011, Az.: XI ZR 182/10, jurisPR-BKR 1/2012 Anm. 2

Schulte-Nölke, Hans / Schulze, Reiner (Hrsg.) Europäische Rechtsangleichung und nationale Privatrechte, Baden-Baden 1999 (Europäische Rechtsangleichung und nationale Privatrechte)

Schulze, Reiner (Schriftleitung) Nomos Kommentar, Bürgerliches Gesetzbuch, Handkommentar, 8. Auflage, Baden-Baden 2014 (*Bearbeiter*, in: Hk-BGB[8])

Schulze, Reiner / Zuleeg, Manfred / Kadelbach, Stefan (Hrsg.) Europarecht, Handbuch für die deutsche Rechtspraxis, 2. Auflage, Baden-Baden 2010 (*Bearbeiter*, in: Schulze/Zuleeg/Kadelbach, Europarecht[2])

Schumacher, Florian Provisionen im Finanzinstrumentenvertrieb durch Kreditinstitute, Die Zulässigkeitsschranken des § 31d WpHG, Zugl.: Univ. Diss. (Mannheim 2010), Baden-Baden 2011 (Provisionen im Finanzinstrumentenvertrieb)

ders. Rückvergütungszahlungen von Investmentgesellschaften an Kreditinstitute – Keine Umgehung des § 31d Abs. 1 Satz 1 WpHG mittels eines Zahlungs-„Auftrags" des Kunden –, BKR 2007, S. 447 ff.

Schwab, Martin Die Vermutung aufklärungsrichtigen Verhaltens bei mehreren hypothetischen Entscheidungsmöglichkeiten, NJW 2012, S. 3274 ff.

ders. Provisionen, Rückvergütungen und der legitime Erwartungshorizont des Anlagekunden, BKR 2011, S. 450 ff.

Schwark, Eberhard Die Verhaltensnormen der §§ 31 ff. WpHG, in: Bankrechtstag 1995, S. 109 ff.

Schwark, Eberhard / Zimmer, Daniel (Hrsg.) Kapitalmarktrechts-Kommentar, 4. Auflage, München 2010 (*Bearbeiter*, in: Schwark/Zimmer, KMRK[4])

Schwartz, Robert J. / Smith, Clifford W. (Hrsg.) Derivatives Handbook, Risk Management and Control, New York 1997 (*Autor*, in: Schwartz/Smith, Derivatives Handbook)

Schwarz, Philip Neues aus der Rechtsprechung zum Anlegerschutz und die Verantwortlichkeit der Organmitglieder von Kreditinstituten – Bericht vom Bankrechtstag 2012, ZBB 2012, S. 314 ff.

Schwarze, Jürgen / Becker, Ulrich / Hatje, Armin / Schoo, Johann (Hrsg.) EU-Kommentar, 3. Auflage, Baden-Baden 2012 (*Bearbeiter*, in: EU-Kommentar[3])

Schwennicke, Andreas Die Dokumentation der Erfüllung von Verhaltenspflichten nach § 31 Abs. 2 WpHG durch die Bank, WM 1998, S. 1101 ff.

Schwintowski, Hans-Peter (Hrsg.) Bankrecht, 4. Auflage, Köln 2014 (*Autor*, in: Schwintowski, Bankrecht[4])

ders. Bank- und Kapitalmarktrecht, 3. Auflage, München 2011 (Bank- und Kapitalmarktrecht[3])

ders. Die Grundsätze der anleger- und objektgerechten Beratung im Lichte des Geeignetheitstests (§ 31 Abs. 4 WpHG), in: FS Hopt (II), S. 2507 ff.

ders. MiFID, VVR – Zeit für (die) Neuorientierung bei den deutschen Finanzdienstleistern, Baden-Baden 2007 (Neuorientierung bei den deutschen Finanzdienstleistern)

Sedláček, Tomáš Die Ökonomie von Gut und Böse, München 2012 (Ökonomie von Gut und Böse)

Seitz, Jochen / Juhnke, Adrian / Seibold, Sven PIBs, KIIDs und nun KIDs – Vorschlag der Europäischen Kommission für eine Verordnung über Basisinformationsblätter für Anlageprodukte im Rahmen der PRIPs-Initiative, BKR 2013, S. 1 ff.

Sethe, Rolf Treuepflichten der Banken bei der Vermögensanlage, AcP 212 (2012), S. 80 ff.

ders. Die Zulässigkeit von Zuwendungen bei Wertpapierdienstleistungen, in: FS Nobbe, S. 769 ff.

ders. Anlegerschutz im Recht der Vermögensverwaltung, Zugl.: Univ. Habil. (Tübingen 2001/2002), Köln 2005 (Anlegerschutz im Recht der Vermögensverwaltung)

Singer, Reinhard Fehler beim Kauf – Zum Verhältnis von Mängelgewährleistung, Irrtumsanfechtung und culpa in contrahendo, in: FG Bundesgerichtshof, S. 381 ff.

Skouris, Vassilios Towards a European Legal Culture, ZEuP 2012, S. 1 ff.

Smith, Adam Der Wohlstand der Nationen, Eine Untersuchung seiner Natur und seiner Ursachen, herausgegeben von Recktenwald, Horst C., 12. Auflage, München 2009 (nach der fünften Auflage 1789) (Der Wohlstand der Nationen)

Söhner, Matthias Das neue Kapitalanleger-Musterverfahrensgesetz, ZIP 2013, S. 7 ff.

Späth, Walter Lehman-Zertifikate im Fokus der Rechtsprechung der letzten 2 Jahre, VuR 2010, S. 451 ff.

Spindler, Gerald Haftung für fehlerhafte und unterlassene Kapitalmarktinformationen – ein (weiterer) Meilenstein, NZG 2012, S. 575 ff.

ders. Behavioral Finance and Investor Protection Regulations, 34 J. Consum. Policy (2011), S. 315 ff.

ders. Aufklärungspflichten im Bankrecht nach dem „Zins-Swap-Urteil" des BGH, NJW 2011, S. 1920 ff.

ders. Aufklärungspflichten eines Finanzdienstleisters über eigene Gewinnmargen? – Ein „Kick-Back" zu viel, WM 2009, S. 1821 ff.

Stackmann, Nikolaus Aufklärungsdefizite und Verjährung im Bankgewerbe, NJW 2012, S. 2913 ff.

ders. Probleme mit der Fiktion – Die Feststellung der Kausalität von Beratungsfehlern, NJW 2009, S. 3265 ff.

Stahl, Carolin Information Overload am Kapitalmarkt, Eine verhaltensorientierte Untersuchung der Notwendigkeit und der Möglichkeiten zur Deregulierung der Informationspflichten des WpHG, Zugl.: Univ. Diss. (Augsburg 2012), Baden-Baden 2013 (*Information Overload* am Kapitalmarkt)

Ständige Deputation des Deutschen Juristentages (Hrsg.) Verhandlungen des vierundsechzigsten Deutschen Juristentages, Berlin 2002, Band I, Gutachten Teil F und G, München 2002 (Verhandlungen des vierundsechzigsten Deutschen Juristentages (I))

dies. Verhandlungen des 68. Deutschen Juristentages, Berlin 2010, Band I, Gutachten, München 2010 (Verhandlungen des 68. Deutschen Juristentages (I))

Staudinger, Julius von (Begr.) Kommentar zum Bürgerlichen Gesetzbuch mit Einführungsgesetz und Nebengesetzen, Buch 1: Allgemeiner Teil (§§ 90–124, §§ 130–133; Allgemeiner Teil 3), Neubearbeitung 2011, Berlin 2011 (*Bearbeiter*, in: Staudinger, Neubearbeitung 2011)

ders. Kommentar zum Bürgerlichen Gesetzbuch mit Einführungsgesetz und Nebengesetzen, Buch 2: Recht der Schuldverhältnisse (§§ 249–254; Schadensersatzrecht), Neubearbeitung 2005, Berlin 2005 (*Bearbeiter*, in: Staudinger, Neubearbeitung 2005)

ders. Kommentar zum Bürgerlichen Gesetzbuch mit Einführungsgesetz und Nebengesetzen, Buch 2: Recht der Schuldverhältnisse (§§ 305–310; Recht der Allgemeinen Geschäftsbedingungen), Neubearbeitung 2013, Berlin 2013 (*Bearbeiter*, in: Staudinger, Neubearbeitung 2013)

ders. Kommentar zum Bürgerlichen Gesetzbuch mit Einführungsgesetz und Nebengesetzen, Buch 2: Recht der Schuldverhältnisse (§§ 311, 311a, 312, 312a-i; Vertragsschluss), Neubearbeitung 2012, Berlin 2012 (*Bearbeiter*, in: Staudinger, Neubearbeitung 2012)

ders. Kommentar zum Bürgerlichen Gesetzbuch mit Einführungsgesetz und Nebengesetzen, Buch 2: Recht der Schuldverhältnisse (§§ 652–656; Maklerrecht), Neubearbeitung 2010, Berlin 2010 (*Bearbeiter*, in: Staudinger, Neubearbeitung 2010)

ders. Kommentar zum Bürgerlichen Gesetzbuch mit Einführungsgesetz und Nebengesetzen, Buch 2: Recht der Schuldverhältnisse (§§ 657–704; Geschäftsbesorgung), Neubearbeitung 2006, Berlin 2006 (*Bearbeiter*, in: Staudinger, Neubearbeitung 2006)

ders. Kommentar zum Bürgerlichen Gesetzbuch mit Einführungsgesetz und Nebengesetzen, Buch 2: Recht der Schuldverhältnisse (§§ 823 E-I, 824, 825; Unerlaubte Handlungen 1, Teilband 2), Neubearbeitung 2009, Berlin 2009 (*Bearbeiter*, in: Staudinger, Neubearbeitung 2009)

ders. Kommentar zum Bürgerlichen Gesetzbuch mit Einführungsgesetz und Nebengesetzen, Buch 2: Recht der Schuldverhältnisse (§§ 826–829, ProdHaftG; Unerlaubte Handlungen 2, Produkthaftung), Neubearbeitung 2013, Berlin 2013 (*Bearbeiter*, in: Staudinger, Neubearbeitung 2013)

ders. Kommentar zum Bürgerlichen Gesetzbuch mit Einführungsgesetz und Nebengesetzen, Buch 2: Recht der Schuldverhältnisse (§§ 830–838; Unerlaubte Handlungen 3), Neubearbeitung 2012, Berlin 2012 (*Bearbeiter*, in: Staudinger, Neubearbeitung 2012)

Stiftung Warentest Finanztest 06/2006, Depotkosten, abrufbar unter http://www.test.de/Bankgebuehren-Den-Wechsel-wagen-1377442-1377559/ (Finanztest 06/2006, Depotkosten)

dies. Die Nagelprobe, Beratung in Baumärkten, test 2004, S. 58 ff.

Stoll, Hans Schadensersatz für verlorene Heilungschancen vor englischen Gerichten in rechtsvergleichender Sicht, in: FS Steffen, S. 465 ff.

Streinz, Rudolf Europarecht, 9. Auflage, Heidelberg u.a. 2012 (Europarecht[9])

Stumpf, Wolf BGH verschärft die ohnedies schon extensive Rechtsprechung zur Aufklärungspflicht über Vergütungen, BB-Kommentar zu BGH, Urt. v. 24.9.2013, Az.: XI ZR 204/12, BB 2013, S. 2835

ders. Kommentar zu BGH, Urt. v. 18.9.2012, Az.: XI ZR 344/11, BB 2012, S. 2910 f.

Stumpf, Wolf / Hettenbach, Dieter Zur (fehlenden) Kausalität unterlassener Aufklärung über Rückvergütungen, BB 2012, S. 2582 ff.

Stumpf, Wolf / Kotte, Madlen Offene Immobilienfonds als Adressat von Anlegerklagen – Resümee und Ausblick, BB 2013, S. 1613 ff.

Stürner, Rolf (Hrsg.) Jauernig, Bürgerliches Gesetzbuch mit Allgemeinem Gleichbehandlungsgesetz (Auszug), Kommentar, 15. Auflage, München 2014 (*Bearbeiter*, in: Jauernig, Komm BGB[15])

ders. Risikoauslagerung und Information in der kompetitiven Marktgesellschaft – Einige Bemerkungen zu systemimmanenten Schwächen des Informationsmodells –, in: FS Canaris (I), S. 1489 ff.

Suchomel, Jan-Ulf Menschenrechtsbeschwerde für Banken?, NJW 2012, Editorial Heft 19

Sunstein, Cass R. / Thaler, Richard H. Libertarian Paternalism Is Not an Oxymoron, 70 U. Chi. L. Rev. (2003), S. 1159 ff.

Sustmann, Marco / Schmidt-Bendun, Rüdiger Der Referentenentwurf zur Reform des Kapitalanleger-Musterverfahrensgesetzes (KapMuG), NZG 2011, S. 1207 ff.

Taghizadegan, Rahim Wirtschaft wirklich verstehen, Einführung in die Österreichische Schule der Ökonomie, 2. Auflage, München 2011 (Wirtschaft wirklich verstehen)

Taubert, Claudius Informationspflichten als Geschäftsbesorgungspflichten, Unter besonderer Berücksichtigung der Anlageberatung und Anlagevermittlung, Zugl.: Univ. Diss. (Trier 2008/2009), Köln 2009 (Informationspflichten)

Teigelack, Lars Finanzanalysen und Behavioral Finance, Zugl.: Bucerius Law School Diss. (Hamburg 2008), Baden-Baden 2009 (Finanzanalysen und Behavioral Finance)

Theißen, Michaela Anlageberatung: Risiko oder Chance nach MiFID?, in: MiFID-Kompendium, S. 193 ff. (Anlageberatung: Risiko oder Chance nach MiFID?)

Thieme, Juliane Wertpapierdienstleistungen im Binnenmarkt, Von der Wertpapierdienstleistungsrichtlinie zur MiFID, Zugl.: Univ. Diss. (Halle-Wittenberg 2008), Baden-Baden 2008 (Wertpapierdienstleistungen)

Thomale, Chris Der Maklervertrag als Hybrid der Vertragstypenlehre – Privatautonomie und gesetzliche Grenzen einer judikativen Ausgestaltung der §§ 652 ff. BGB, JZ 2012, S. 716 ff.

Thüsing, Gregor Das Schadensrecht zwischen Beständigkeit und Wandel, 5 Thesen zur Fortentwicklung der §§ 249 ff. BGB, ZRP 2001, S. 126 ff.

Tiedemann, Lutz Anmerkung zu OLG Düsseldorf, Urt. v. 7.10.2013, Az.: I-9 U 101/12, BKR 2014, S. 84 ff.

ders. Bundesgerichtshof entscheidet erneut zu Schadensersatzklagen von Lehman-Anlegern – Anmerkung zu BGH, Urt. v. 26.6.2012, Az.: XI ZR 316/11, BKR 2012, S. 426 ff.

Tiefensee, Johannes / Kuhlen, Jan Rechtsfragen zum Bezeichnungsschutz in der Honorarberatung, WM 2014, S. 2105 ff.

Tiffe, Achim Die Struktur der Informationspflichten bei Finanzdienstleistungen, Zugl.: Univ. Diss. (Bremen 2006), Baden-Baden 2006 (Struktur der Informationspflichten)

Tilp, Andreas W. Kurzkommentar zu OLG Stuttgart, Urt. v. 29.6.2010, Az.: 9 U 164/08, EWiR 2010, S. 597 f.

Tilp, Andreas W. / Wegner, Axel Anmerkung zu BGH, Urt. v. 24.9.2013, Az.: XI ZR 204/12, BKR 2014, S. 27 ff.

Tison, Michel The civil law effects of MiFID in a comporative law perspective, in: FS Hopt (II), S. 2621 ff.

tns-infratest DZ Bank Anlegerindikator, Spezial Anlageberatung, Februar 2012, unveröffentlicht (DZ Bank Anlegerindikator, Spezial Anlageberatung)

Tonner, Martin / Krüger, Thomas Bankrecht, Baden-Baden 2014 (Bankrecht)

Toussaint, Guido Kurzkommentar zu BGH, Beschl. v. 19.7.2011, Az.: XI ZR 191/10, EWiR 2011, S. 623 f.

Treibmann, Ralf Täglich grüßt die Regulierung: Bericht vom Bankrechtstag 2013 der Bankrechtlichen Vereinigung e.V. am 28. Juni 2013 in Berlin, Bankenregulierung, Insolvenzrecht – Kapitalanlagegesetzbuch, Honorarberatung, ZBB 2013, S. 285 ff.

van Kann, Jürgen / Redeker, Rouven / Keiluweit, Anjela Überblick über das Kapitalanlagengesetzbuch (KAGB), DStR 2013, S. 1483 ff.

van Randenborgh, Wolfgang „Zertifikate" gehören nicht in die Hand privater Anleger! – Zweifel an unvoreingenommener Anlageberatung der Banken, ZRP 2010, S. 76 ff.

Varadinek, Brigitta / Röh, Lars Anmerkung zu BGH, Urt. v. 27.10.2009, Az.: XI ZR 338/08, ZIP 2009, S. 2383 ff.

Veil, Rüdiger Auf dem Weg zu einem Europäischen Kapitalmarktrecht: die Vorschläge der Kommission zur Neuregelung der Transparenzregime, WM 2012, S. 53 ff.

ders. Aufsicht über die Kapitalmärkte in Europa, Regelungskonzepte und Grundlinien für die Entwicklung aufsichts- und zivilrechtlicher Instrumente, in: FS Hopt (II), S. 2641 ff.

ders. Aufklärungspflichten über Rückvergütungen – Zur Beachtlichkeit von Rechtsirrtümern im Bankvertragsrecht, WM 2009, S. 2193 ff.

ders. Aufklärung und Beratung über die fehlende Einlagensicherung von Lehman-Zertifikaten? – eine Analyse der zivil- und aufsichtsrechtlichen Pflichten bei der Anlageberatung, WM 2009, S. 1585 ff.

ders. Vermögensverwaltung und Anlageberatung im neuen Wertpapierhandelsrecht – eine behutsame Reform der Wohlverhaltensregeln?, ZBB 2008, S. 34 ff.

ders. Staatliche Aufsicht und Rechtsdurchsetzung durch private Dritte im Bank-, Kapitalmarkt- und Bilanzrecht – Strukturen und Entwicklungen –, in: GS Walz, S. 769 ff.

ders. Anlageberatung im Zeitalter der MiFID – Inhalt und Konzeption der Pflichten und Grundlagen einer zivilrechtlichen Haftung –, WM 2007, S. 1821 ff.

ders. Der Schutz des verständigen Anlegers durch Publizität und Haftung im europäischen und nationalen Kapitalmarktrecht, ZBB 2006, S. 162 ff.

Veil, Rüdiger (Hrsg.) Europäisches Kapitalmarktrecht, 2. Auflage, Tübingen 2014 (*Autor*, in: Veil, Europäisches Kapitalmarktrecht[2])

Veil, Rüdiger / Koch, Philipp Auf dem Weg zu einem Europäischen Kapitalmarktrecht: die Vorschläge der Kommission zur Neuregelung des Marktmissbrauchs, WM 2011, S. 2297 ff.

Veil, Rüdiger / Lerch, Marcus P. Auf dem Weg zu einem Europäischen Finanzmarktrecht: die Vorschläge der Kommission zur Neuregelung der Märkte für Finanzinstrumente – Teil I –, WM 2012, S. 1557 ff.

dies. Auf dem Weg zu einem Europäischen Finanzmarktrecht: die Vorschläge der Kommission zur Neuregelung der Märkte für Finanzinstrumente – Teil II –, WM 2012, S. 1605 ff.

Veldhoff, Dirk Hartmut Die Haftung von Kreditinstituten für die fehlerhafte Aufklärung und Beratung von Privatkunden beim Erwerb von Zertifikaten, Zugl.: Univ. Diss. (Bremen 2011), Baden-Baden 2012 (Haftung von Kreditinstituten)

Verband der Auslandsbanken in Deutschland e.V. Anmerkungen und Vorschläge zum Entwurf des Honoraranlageberatungsgesetzes, 15.3.2013, abrufbar unter http://www.bundestag.de/bundestag/ausschuesse17/a07/anhoerungen/2013/130/Stellungnahmen/18-Verb__d__Auslandsbanken.pdf (Anmerkungen und Vorschläge zum Entwurf des Honoraranlageberatungsgesetzes)

Vogel, Christian Vom Anlegerschutz zum Verbraucherschutz, Informationspflichten im europäischen Kapitalmarkt-, Anlegerschutz- und Verbraucherschutzrecht, Zugl.: Univ. Diss. (Bielefeld 2004), Baden-Baden 2005 (Anlegerschutz)

Vogt, Susanne Wie viel Information braucht der Durchschnitt, in: FS Westphalen, S. 741 ff.

Voigt, Daniel Behandlung selbständiger Beratungs-Unternehmen der „Finanzgruppe" einer Sparkasse als freie Anlageberater, Anmerkung zu BGH, Urt. v. 19.7.2012, Az.: III ZR 308/11, BB 2012, S. 2272

ders. Kommentar zu OLG München, Urt. v. 29.3.2011, Az.: 5 U 4680/10, BB 2011, S. 2708

Vortmann, Jürgen Aufklärungs- und Beratungspflichten der Banken, 10. Auflage, Köln 2013 (Aufklärungs- und Beratungspflichten[10])

ders. Kurzkommentar zu OLG Karlsruhe, Urt. v. 17.7.2012, Az.: 17 U 148/11, EWiR 2012, S. 689 f.

Vortmann, Jürgen (Hrsg.) Prospekthaftung und Anlageberatung, Handbuch, Stuttgart, Berlin, Köln 2000 (*Autor*, in: Vortmann, Prospekthaftung und Anlageberatung)

Vorwerk, Volkert / Wolf, Christian (Hrsg.) Beck'scher Online-Kommentar ZPO, 12. Edition, München 2014 (*Bearbeiter*, in: BeckOK-ZPO, 12. Ed.)

Voß, Thorsten Nach den stürmischeren Jahren der ersten Kick-Back-Urteile entsteht ein ausdifferenziertes Bild der Rechtslage, Kommentar zu BGH, Urt. v. 16.10.2012, Az.: XI ZR 367/11, BB 2012, S. 3039 ff.

Wagner, Klaus-R. Neue Entwicklungen zur Anlagevermittler-/ Anlageberaterhaftung (Teil I), DStR 2004, S. 18363 ff.

ders. Neue Entwicklungen zur Anlagevermittler-/ Anlageberaterhaftung (Teil II), DStR 2004, S. 1883 ff.

ders. Sind Kapitalanleger Verbraucher? – Zum Verhältnis von Kapitalanlagerecht zum Verbraucherschutzrecht, BKR 2003, S. 649 ff.

ders. Der stillschweigende Anlagevermittlungs-/-beratungsvertrag, DStR 2003, S. 1757 ff.

Wallach, Edgar AIFM-Umsetzungsgesetz, Das neue Kapitalanlagegesetzbuch: Erste umfassende Regulierung des deutschen Investmentrechts, BB 2012, Heft 35, S. I.

Walz, Thiemo / Leffers, Benedikt Anlegerschutz im Wertpapiergeschäft: Jüngste Entwicklungen, Verantwortlichkeit der Organmitglieder von Kreditinstituten – Bericht über den Bankrechtstag am 29. Juni 2012 in Frankfurt a.M. –, WM 2012, S. 1457 ff.

Weber, Martin Kodex zur Anlageberatung, Gute Sitten und optimale Entscheidungen, Forschung für die Praxis, Band 19, 2009, abrufbar unter: http://www.behavioral-finance.de/files/bf-band_19.pdf (Kodex zur Anlageberatung)

Weber, Sebastian Kurzkommentar zu OLG Nürnberg, Urt. v. 19.8.2013, Az.: 4 U 2138/12, EWiR 2013, S. 763 f.

Weichert, Tilman / Wenninger, Thomas Die Neuregelung der Erkundigungs- und Aufklärungspflichten von Wertpapierdienstleistungsunternehmen gem. Art. 19 RiL 2004/39/EG (MiFID) und Finanzmarkt-Richtlinie-Umsetzungsgesetz, WM 2007, S. 627 ff.

Weisner, Arnd / Friedrichsen, Sönke / Heimberg, Dominik Neue Anforderungen an Erlaubnis und Tätigkeit der „freien“ Anlageberater und -vermittler, DStR 2012, S. 1034 ff.

Weller, Marc-Philippe Die Dogmatik des Anlageberatungsvertrags - Legitimation der strengen Rechtsprechungslinie von Bond bis Ille ./. Deutsche Bank, ZBB 2011, S. 191 ff.

Westermann, Harm Peter Schlüssiger Beratungsvertrag und ausdrücklicher Haftungsausschluss, in: FS Horn, S. 143 ff.

Wiechers, Ulrich Aktuelle Rechtsprechung des XI. Zivilsenats des Bundesgerichtshofs, WM 2013, S. 341 ff.

ders. Aktuelle Rechtsprechung des XI. Zivilsenats des Bundesgerichtshofs, WM 2012, S. 477 ff.

ders. Aktuelle Rechtsprechung des XI. Zivilsenats des Bundesgerichtshofs, WM 2011, S. 145 ff.

Wiedemann, Herbert / Wank, Rolf Begrenzte Rationalität – gestörte Parität im Privatrecht, JZ 2013, S. 340 ff.

Wieneke, Laurenz Discount-Broking und Anlegerschutz, Zugl.: Univ. Diss. (Berlin 1998), Baden-Baden 1999 (Discount-Broking und Anlegerschutz)

Wigand, Johannes Zur Reform des Kapitalanleger-Musterverfahrensgesetzes (KapMuG), AG 2012, S. 845 ff.

ders. Kollektiver Rechtsschutz auf dem Gebiet des Kapitalmarktrechts – Regierungsentwurf zur Reform des Kapitalanleger-Musterverfahrensgesetzes (KapMuG), ZBB 2012, S. 194 ff.

ders. Anmerkung zu BGH, Urt. v. 19.7.2012, Az.: III ZR 308/11, BKR 2012, S. 433 ff.

ders. Kurzkommentar zu OLG Frankfurt/M., Urt. v. 29.6.2011, Az.: 17 U 12/11, EWiR 2011, S. 767 f.

Wille, Stefan / Fullenkamp, Josef Die Haftung der Banken bei Swap-Geschäften der Kommunen – neue Impulse durch das „Zinswette“-Urteil des BGH vom 22.3.2011 – XI ZR 33/10, KommJur 2012, S. 1 ff.

Winnefeld, Robert (Hrsg.) Bilanz-Handbuch, Handels- und Steuerbilanz, Rechtsformspezifisches Bilanzrecht, Bilanzielle Sonderfragen, Sonderbilanzen, IAS/US-GAAP, 4. Auflage, München 2006 (*Bearbeiter*, in: Winnefeld, Bilanz-Handbuch^4)

Winneke, Maik Telefonvertrieb von Zertifikaten im Wege des Festpreisgeschäfts – Bestehen eines Widerrufsrechts nach § 312d BGB?, BKR 2010, S. 321 ff.

Winter, Thomas Die Prinzipien der höchstrichterlichen Rechtsprechung zu Innenprovisionen, Rückvergütungen und Gewinnmargen, WM 2014, S. 1606 ff.

Witte, Jürgen Johannes / Hillebrand, Kim Haftung für die nicht erfolgte Offenlegung von Kick-Back-Zahlungen, Eine Bestandsaufnahme, DStR 2009, S. 1759 ff.

Witte, Jürgen Johannes / Mehrbrey, Kim Lars Haftung für den Verkauf wertlos gewordener Zertifikate – der Fall Lehman Brothers, ZIP 2009, S. 744 ff.

Wittig, Arne (Hrsg.) Kümpel/Wittig, Bank- und Kapitalmarktrecht, 4. Auflage, Köln 2011 (*Bearbeiter*, in: Kümpel/Wittig, Bank- und Kapitalmarktrecht[4])

Wolf, Christian / Lange, Sonja Wie neu ist das neue Kapitalanleger-Musterverfahrensgesetz, NJW 2012, S. 3751 ff.

Wolf, Manfred Kurzkommentar zu OLG Celle, Urt. v. 30.9.2009, Az.: 3 U 45/09, EWiR 2009, S. 763 f.

Wolf, Martin Pflichtenstandards bei der Kapitalanlagevermittlung durch den Versicherungsvertrieb, NVersZ 2001, 392 ff.

Wüstemann, Jens / Bischof, Janis / Koch, Christopher Regulierung durch Transparenz – Ökonomische Analysen, empirische Befunde und Empfehlungen für eine europäische Kapitalmarktregulierung, in: Kapitalmarktgesetzgebung im Europäischen Binnenmarkt, S. 1 ff. (Regulierung durch Transparenz)

Zerey, Jean-Claude (Hrsg.) Finanzderivate, Rechtshandbuch, 3. Auflage, Baden-Baden 2013 (*Bearbeiter*, in: Zerey, Finanzderivate[3])

Zetzsche, Dirk Objektbezogene Informationspflichten des Anlageintermediärs – eine Einordnung des DG-Fonds-Urteils des XI. BGH-Senats vom 7.10.2008, WM 2009, S. 1020 ff.

Zingel, Frank / Rieck, Daniela Die neue BGH-Rechtsprechung zur Offenlegung von Rückvergütungen, BKR 2009, S. 353 ff.

Zingel, Frank / Varadinek, Brigitta Vertrieb von Vermögensanlagen nach dem Gesetz zur Novellierung des Finanzanlagenvermittler- und Vermögensanlagenrechts, BKR 2012, S. 177 ff.

Zoller, Michael Das Ende des Kick-Back-Jokers im Kapitalanlagerecht, Grundlegende Gedanken zur Haftung anlageberatender Banken in Zusammenhang mit deren Vergütung, BB 2013, S. 520 ff.

ders. Die Haftung anlageberatender Banken bei Cross-Currency-Swaps, zugleich Anmerkung zu OLG München, Hinweisbeschl. v. 29.3.2012 – 5 U 216/12 und zu OLG Stuttgart, Urt. v. 1.2.2012 – 9 U 57/11, BKR 2012, S. 405 ff.

ders. Die Aufklärung über Vergütungen der Banken – (k)ein Ende der Diskussion?, GWR 2012, S. 27 ff.

ders. Keine Pflicht der anlageberatenden Bank zur Aufklärung über Gewinnmargen aus Fremdprodukten, BB 2011, S. 3088 f.

ders. Die drei großen Entscheidungen des BGH zum Thema Rückvergütungen und Innenprovisionen im Kapitalanlagerecht, GWR 2010, S. 53 ff.

ders. Anmerkung zu BGH, Urt. v. 27.10.2009, Az.: XI ZR 337/08 und XI ZR 338/08, GWR 2009, S. 466

Zöller, Richard (Begr.) Zivilprozessordnung mit FamFG (§§ 1–185, 200–270, 433–484) und Gerichtsverfassungsgesetz, den Einführungsgesetzen, mit Internationalem Zivilprozessrecht, EG-Verordnungen, Kostenanmerkungen, Kommentar, 30. Auflage, Köln 2014 (*Bearbeiter*, in: Zöller, ZPO Komm[30])

Verzeichnis der zitierten Gerichtsentscheidungen

Europäischer Gerichtshof

- EuGH, Urt. v. 30.5.2013, Rs. C-604/11 (Genil), noch nicht veröffentlicht
- EuGH, Urt. v. 28.6.2012, Rs. C-19/11 (Geltl), digitale Sammlung (Allgemeine Sammlung)
- EuGH, Urt. v. 6.10.2005, Rs. C-291/03 (MyTravel), Slg. 2005, I-08477
- EuGH, Urt. v. 5.10.2004, Rs. C-397/01 und C-403/01 (Pfeiffer), Slg. 2004, I-8835
- EuGH, Urt. v. 2.10.2003, Rs. C-147/01 (Weber's Wine World u.a.), Slg 2003, I-11365
- EuGH, Urt. v. 28.1.1999, Rs. C-303/97 (Sektkellerei Kessler), Slg. 1999, I-00513
- EuGH, Urt. v. 14.7.1994, Rs. C-91/92 (Faccini Dori), Slg. 1994, I-3325

Bundesverfassungsgericht

- BVerfG, Beschl. v. 31.7.2013, 1 BvR 130/12
- BVerfG, Beschl. v. 8.12.2011, 1 BvR 2514/11

Bundesarbeitsgericht

- BAG, Urt. v. 10.6.2010, 2 AZR 541/09 (Emmely), BAGE 134, 349

Bundesgerichtshof

- BGH, Urt. v. 15.7.2014, XI ZR 418/13
- BGH, Urt. v. 1.7.2014, XI ZR 247/12
- BGH, Urt. v. 3.6.2014, XI ZR 147/12 (Innenprovisionen-V), BGHZ 201, 310
- BGH, Urt. v. 15.4.2014, XI ZR 513/11
- BGH, Urt. v. 8.4.2014, XI ZR 341/12
- BGH, Urt. v. 14.1.2014, XI ZR 355/12, BGHZ 199, 355
- BGH, Urt. v. 24.9.2013, XI ZR 204/12 (Kick-Back-XII)
- BGH, Urt. v. 17.9.2013, XI ZR 332/12 (Lehman-IX)
- BGH, Urt. v. 28.5.2013, XI ZR 113/11
- BGH, Urt. v. 14.5.2013, XI ZR 431/10
- BGH, Urt. v. 18.4.2013, III ZR 225/12 (Freier Anlageberater-IX)
- BGH, Urt. v. 18.4.2013, III ZR 83/12
- BGH, Beschl. v. 9.4.2013, XI ZR 337/10
- BGH, Beschl. v. 26.3.2013, XI ZR 228/11
- BGH, Urt. v. 21.3.2013, III ZR 182/12
- BGH, Urt. v. 19.3.2013, XI ZR 431/11 (Acessio Wertpapierhandelshaus AG), BGHZ 196, 370
- BGH, Urt. v. 14.3.2013, III ZR 296/11, BGHZ 196, 340
- BGH, Urt. v. 1.3.2013, V ZR 279/11
- BGH, Urt. v. 26.2.2013, XI ZR 445/10
- BGH, Urt. v. 26.2.2013, XI ZR 425/10
- BGH, Urt. v. 26.2.2013, XI ZR 345/10

- BGH, Urt. v. 26.2.2013, XI ZR 318/10
- BGH, Beschl. v. 19.2.2013, XI ZR 404/11
- BGH, Beschl. v. 15.1.2013, XI ZR 8/12
- BGH, Urt. v. 6.12.2012, III ZR 307/11 (Freier Anlageberater-VIII)
- BGH, Urt. v. 6.12.2012, VII ZR 84/10
- BGH, Urt. v. 20.11.2012, XI ZR 415/11
- BGH, Urt. v. 16.10.2012, XI ZR 368/11 (Lehman-VIII)
- BGH, Urt. v. 16.10.2012, XI ZR 367/11 (Lehman-VII)
- BGH, Urt. v. 18.9.2012, XI ZR 344/11, BGHZ 195, 1
- BGH, Urt. v. 11.9.2012, XI ZR 363/10 (Kick-Back-XI)
- BGH, Urt. v. 19.7.2012, III ZR 308/11 (Freier Anlageberater-VII)
- BGH, Urt. v. 11.7.2012, IV ZR 164/11, BGHZ 194, 39
- BGH, Urt. v. 26.6.2012, XI ZR 356/11 (Lehman-VI)
- BGH, Urt. v. 26.6.2012, XI ZR 355/11 (Lehman-V)
- BGH, Urt. v. 26.6.2012, XI ZR 259/11 (Lehman-IV)
- BGH, Urt. v. 26.6.2012, XI ZR 316/11 (Lehman-III)
- BGH, Urt. v. 5.6.2012, XI ZR 175/11
- BGH, Urt. v. 10.5.2012, IX ZR 125/10, BGHZ 193, 193
- BGH, Urt. v. 8.5.2012, XI ZR 262/10 (Kick-Back-X), BGHZ 193, 159
- BGH, Urt. v. 15.3.2012, III ZR 148/11
- BGH, Urt. v. 15.2.2012, IV ZR 194/09
- BGH, Urt. v. 19.1.2012, III ZR 48/11 (Freier Anlageberater-VI)
- BGH, Urt. v. 13.12.2011, XI ZR 51/10 (IKB), BGHZ 192, 90
- BGH, Urt. v. 1.12.2011, III ZR 56/11
- BGH, Urt. v. 11.11.2011, V ZR 245/10
- BGH, Urt. v. 10.11.2011, III ZR 245/10 (Freier Anlageberater-V)
- BGH, Urt. v. 27.9.2011, VI ZR 135/10
- BGH, Urt. v. 27.9.2011, XI ZR 178/10 (Lehman-II)
- BGH, Urt. v. 27.9.2011, XI ZR 182/10 (Lehman-I), BGHZ 191, 119
- BGH, Urt. v. 20.9.2011, II ZR 277/09
- BGH, Urt. v. 20.9.2011, II ZR 4/10
- BGH, Beschl. v. 24.8.2011, XI ZR 191/10 (Kick-Back-IX)
- BGH, Beschl. v. 19.7.2011, XI ZR 191/10 (Kick-Back-VIII)
- BGH, Urt. v. 5.5.2011, III ZR 84/10 (Freier Anlageberater-IV)
- BGH, Urt. v. 22.3.2011, XI ZR 33/10 (Swap-Urteil), BGHZ 189, 13
- BGH, Beschl. v. 9.3.2011, XI ZR 191/10 (Kick-Back-VII)
- BGH, Urt. v. 3.3.2011, III ZR 170/10 (Freier Anlageberater-III)
- BGH, Urt. v. 17.2.2011, III ZR 144/10
- BGH, Beschl. v. 16.12.2010, III ZR 127/10 (Freier Anlageberater-II)
- BGH, Urt. v. 22.7.2010, III ZR 99/09
- BGH, Beschl. v. 29.6.2010, XI ZR 308/09 (Kick-Back-VI)
- BGH, Urt. v. 15.4.2010, III ZR 196/09 (Freier Anlageberater-I), BGHZ 185, 185
- BGH, Urt. v. 27.10.2009, XI ZR 338/08 (Kick-Back-V)
- BGH, Urt. v. 12.5.2009, XI ZR 586/07 (Kick-Back-IV)
- BGH, Urt. v. 24.3.2009, XI ZR 456/07
- BGH, Beschl. v. 20.1.2009, XI ZR 510/07 (Kick-Back-III)
- BGH, Urt. v. 18.12.2008, IX ZR 12/05
- BGH, Beschl. v. 30.10.2008, III ZB 92/07

- BGH, Beschl. v. 10.6.2008, XI ZB 26/07, BGHZ 177, 88
- BGH, Urt. v. 29.4.2008, XI ZR 221/07
- BGH, Urt. v. 20.3.2008, IX ZR 104/05
- BGH, Urt. v. 19.2.2008, XI ZR 170/07, BGHZ 175, 276
- BGH, Urt. v. 25.9.2007, XI ZR 320/06 (Innenprovisionen-IV)
- BGH, Urt. v. 22.3.2007, III ZR 218/06 (Innenprovisionen-III)
- BGH, Urt. v. 20.3.2007, XI ZR 414/04
- BGH, Urt. v. 19.12.2006, XI ZR 56/05 (Kick-Back-II), BGHZ 170, 226
- BGH, Urt. v. 23.11.2006, IX ZR 21/03
- BGH, Urt. v. 19.10.2006, III ZR 122/05
- BGH, Urt. v. 21.3.2006, XI ZR 63/05
- BGH, Urt. v. 9.2.2006, III ZR 20/05
- BGH, Urt. v. 6.2.2006, II ZR 329/04
- BGH , Urt. v. 22.11.2005, XI ZR 76/05
- BGH, Urt. v. 27.10.2005, III ZR 71/05
- BGH, Urt. v. 28.7.2005, III ZR 290/04 (Innenprovisionen-II)
- BGH, Urt. v. 12.5.2005, III ZR 413/04
- BGH, Urt. v. 8.3.2005, XI ZR 170/04, BGHZ 162, 306
- BGH, Urt. v. 30.9.2004, I ZR 89/02 (Steuerberater-Hotline)
- BGH, Urt. v. 13.7.2004, XI ZR 178/03, BGHZ 160, 58
- BGH, Urt. v. 1.3.2004, II ZR 88/02
- BGH, Urt. v. 12.2.2004, III ZR 359/02 (Innenprovisionen-I), BGHZ 158, 110
- BGH, Urt. v. 13.1.2004, XI ZR 355/02
- BGH, Urt. v. 18.11.2003, XI ZR 322/01
- BGH, Urt. v. 14.3.2003, V ZR 308/02
- BGH, Urt. v. 19.12.2000, XI ZR 349/99 (Kick-Back-I), BGHZ 146, 235
- BGH, Urt. v. 30.5.2000, IX ZR 121/99, BGHZ 144, 343
- BGH, Urt. v. 9.5.2000, XI ZR 159/99 (Fokker)
- BGH, Urt. v. 5.10.1999, XI ZR 296/98, BGHZ 142, 345
- BGH, Urt. v. 19.5.1998, XI ZR 286/97
- BGH, Urt. v. 12.6.1997, III ZR 278/95
- BGH, Urt. v. 27.2.1996, XI ZR 133/95
- BGH, Urt. v. 30.5.1995, XI ZR 180/94
- BGH, Urt. v. 26.1.1995, IX ZR 10/94, BGHZ 128, 358
- BGH, Urt. v. 8.12.1994, III ZR 175/93
- BGH, Urt. v. 6.6.1994, II ZR 292/91, BGHZ 126, 181
- BGH, Urt. v. 6.7.1993, XI ZR 12/93 (Bond), BGHZ 123, 126
- BGH, Urt. v. 13.5.1993, III ZR 25/92
- BGH, Urt. v. 2.7.1992, IX ZR 256/91
- BGH, Urt. v. 4.2.1992, XI ZR 32/91, BGHZ 117, 135
- BGH, Urt. v. 6.6.1991, III ZR 116/90
- BGH, Urt. v. 14.3.1991, VII ZR 342/89, BGHZ 114, 87
- BGH, Urt. v. 27.11.1990, XI ZR 308/89
- BGH, Urt. v. 17.10.1989, XI ZR 39/89
- BGH, Urt. v. 11.10.1988, X ZR 57/87
- BGH, Urt. v. 11.7.1988, II ZR 355/87, BGHZ 105, 108
- BGH, Urt. v. 17.3.1988, IX ZR 43/87
- BGH, Urt. v. 20.5.1987, IVa ZR 36/86

- BGH, Urt. v. 1.4.1987, IVa ZR 211/85
- BGH, Urt. v. 4.3.1987, IVa ZR 122/85, BGHZ 100, 117
- BGH, Urt. v. 27.6.1984, IVa ZR 135/83
- BGH, Urt. v. 27.6.1984, IVa ZR 231/82
- BGH, Urt. v. 2.2.1983, IVa ZR 118/81
- BGH, Urt. v. 25.11.1981, IVa ZR 286/80
- BGH, Urt. v. 6.4.1981, II ZR 84/80
- BGH, Urt. v. 16.02.1981, II ZR 179/80, BGHZ 80, 80
- BGH, Urt. v. 22.3.1979, VII ZR 259/77, BGHZ 74, 103
- BGH, Urt. v. 31.1.1979, I ZR 77/77 (Daktari)
- BGH, Urt. v. 8.2.1978, VIII ZR 20/77 (Börsenabofall), BGHZ 70, 356
- BGH, Urt. v. 29.9.1977, III ZR 164/75, BGHZ 69, 295
- BGH, Urt. v. 12.7.1977, VI ZR 159/75
- BGH, Urt. v. 5.3.1974, VI ZR 222/72
- BGH, Urt. v. 9.12.1964, Ib ZR 181/62
- BGH, Urt. v. 16.12.1963, III ZR 47/63

Reichsgericht
- RG, Urt. v. 28.6.1905, Rep. I. 559/04, RGZ 61, 153
- RG, Urt. v. 24.9.1898, Rep. I. 201/98, RGZ 47, 125

Oberlandesgericht Bamberg
- OLG Bamberg, Urt. v. 20.10.2010, 3 U 98/09
- OLG Bamberg, Urt. v. 11.5.2009, 4 U 92/08

Oberlandesgericht Brandenburg
- OLG Brandenburg, Urt. v. 25.4.2012, 4 U 63/11
- OLG Brandenburg, Urt. v. 8.2.2012, 7 U 46/11

Oberlandesgericht Braunschweig
- OLG Braunschweig, Urt. v. 13.9.1993, 3 U 175/92

Oberlandesgericht Celle
- OLG Celle, Urt. v. 21.4.2010, 3 U 202/09
- OLG Celle, Urt. v. 21.10.2009, 3 U 86/09
- OLG Celle, Urt. v. 30.9.2009, 3 U 45/09
- OLG Celle, Urt. v. 1.7.2009, 3 U 257/08
- OLG Celle, Urt. v. 11.6.2009, 11 U 140/08
- OLG Celle, Urt. v. 7.2.2008, 8 U 189/07

Oberlandesgericht Dresden
- OLG Dresden, Urt. v. 3.4.2012, 5 U 376/11
- OLG Dresden, Urt. v. 24.7.2009, 8 U 1240/08

Oberlandesgericht Düsseldorf
- OLG Düsseldorf, Urt. v. 7.10.2013, I-9 U 101/12
- OLG Düsseldorf, Urt. v. 19.4.2012, 6 U 52/11
- OLG Düsseldorf, Urt. v. 22.12.2011, I-6 U 201/10

- OLG Düsseldorf, Urt. v. 20.1.2011, I-6 U 9/10
- OLG Düsseldorf, Urt. v. 18.11.2010, 6 U 39/10
- OLG Düsseldorf, Urt. v. 8.7.2010, I-6 U 136/09
- OLG Düsseldorf, Urt. v. 30.11.2009, 9 U 30/09
- OLG Düsseldorf, Urt. v. 29.6.2009, 9 U 187/08

Oberlandesgericht Frankfurt a.M.

- OLG Frankfurt a.M., Urt. v. 8.7.2013, 23 U 246/12
- OLG Frankfurt a.M., Urt. v. 5.7.2013, 10 U 166/12
- OLG Frankfurt a.M., Urt. v. 5.7.2013, 24 U 131/11
- OLG Frankfurt a.M., Beschl. v. 16.4.2013, 9 U 135/11
- OLG Frankfurt a.M., Urt. v. 29.11.2012, 3 U 300/11
- OLG Frankfurt a.M., Urt. v. 10.8.2012, 10 U 85/11
- OLG Frankfurt a.M., Urt. v. 21.6.2012, 5 U 103/10
- OLG Frankfurt a.M., Urt. v. 28.3.2012, 17 U 153/11
- OLG Frankfurt a.M., Urt. v. 28.10.2011, 19 U 98/11
- OLG Frankfurt a.M., Urt. v. 19.10.2011, 17 U 34/10
- OLG Frankfurt a.M., Urt. v. 15.9.2011, 3 U 10/11
- OLG Frankfurt a.M., Urt. v. 29.6.2011, 17 U 12/11
- OLG Frankfurt a.M., Urt. v. 29.6.2011, 17 U 213/10
- OLG Frankfurt a.M., Urt. v. 29.6.2011, 19 U 130/10
- OLG Frankfurt a.M., Urt. v. 21.6.2011, 5 U 103/10
- OLG Frankfurt a.M., Urt. v. 18.5.2011, 17 U 253/10
- OLG Frankfurt a.M., Urt. v. 27.12.2010, 16 U 96/10
- OLG Frankfurt a.M., Urt. v. 19.11.2010, 17 U 29/10
- OLG Frankfurt a.M., Urt. v. 4.8.2010, 23 U 230/08
- OLG Frankfurt a.M., Urt. v. 1.2.2010, 17 U 3/10
- OLG Frankfurt a.M., Urt. v. 30.12.2009, 23 U 175/08
- OLG Frankfurt a.M., Urt. v. 20.10.2009, 14 U 98/08
- OLG Frankfurt a.M., Urt. v. 19.8.2009, 17 U 98/09
- OLG Frankfurt a.M., Urt. v. 29.7.2009, 23 U 76/08
- OLG Frankfurt a.M., Urt. v. 24.6.2009, 17 U 307/08

Hanseatisches Oberlandesgericht Hamburg

- OLG Hamburg, Urt. v. 23.4.2010, 13 U 117/09

Oberlandesgericht Hamm

- OLG Hamm, Urt. v. 14.7.2011, I-34 U 55/10
- OLG Hamm, Urt. v. 10.11.2010, 31 U 121/08

Oberlandesgericht Karlsruhe

- OLG Karlsruhe, Urt. v. 17.7.2012, 17 U 148/11
- OLG Karlsruhe, Urt. v. 30.3.2011, 17 U 133/10
- OLG Karlsruhe, Urt. v. 1.2.2011, 17 U 183/10
- OLG Karlsruhe, Urt. v. 2.11.2010, 17 U 62/10

Oberlandesgericht Köln

- OLG Köln, Urt. v. 18.1.2012, 13 U 37/11

- OLG Köln, Urt. v. 18.1.2012, 13 U 232/10
- OLG Köln, Urt. v. 8.6.2011, 13 U 55/10
- OLG Köln, Urt. v. 24.5.2011, I-24 U 57/10
- OLG Köln, Urt. v. 4.5.2011, 13 U 165/10
- OLG Köln, Urt. v. 13.4.2004, 8 U 90/03

Oberlandesgericht München
- OLG München, Urt. v. 27.11.2012, 5 U 1345/12
- OLG München, Beschl. v. 20.6.2012, 17 U 1392/12
- OLG München, Urt. v. 22.5.2012, 5 U 1725/11
- OLG München, Beschl. v. 29.3.2012, 5 U 216/12
- OLG München, Beschl. v. 27.3.2012, 5 U 4137/11
- OLG München, Beschl. v. 24.5.2011, 19 U 690/11
- OLG München, Urt. v. 15.2.2011, 5 U 4507/10
- OLG München, Urt. v. 8.2.2010, 17 U 2893/09
- OLG München, Urt. v. 6.10.2004, 7 U 3009/04
- OLG München, Urt. v. 22.3.2002, 21 U 2386/01

Oberlandesgericht Nürnberg
- OLG Nürnberg, Urt. v. 19.8.2013, 4 U 2138/12
- OLG Nürnberg, Beschl. v. 30.11.2012, 4 U 1514/12

Oberlandesgericht Saarbrücken
- OLG Saarbrücken, Urt. v. 22.12.2011, 8 U 465/10-128

Oberlandesgericht Schleswig
- OLG Schleswig, Urt. v. 23.5.2013, 5 U 140/12

Oberlandesgericht Stuttgart
- OLG Stuttgart, Urt. v. 10.10.2012, 9 U 87/12
- OLG Stuttgart, Urt. v. 27.6.2012, 9 U 140/11
- OLG Stuttgart, Urt. v. 1.2.2012, 9 U 57/11
- OLG Stuttgart, Urt. v. 14.12.2011, 9 U 11/11
- OLG Stuttgart, Urt. v. 28.10.2011, 19 U 98/11
- OLG Stuttgart, Urt. v. 20.4.2011, 9 U 41/10
- OLG Stuttgart, Urt. v. 16.3.2011, 9 U 129/10
- OLG Stuttgart, Urt. v. 23.12.2010, 7 U 187/10
- OLG Stuttgart, Urt. v. 30.11.2010, 6 U 2/10
- OLG Stuttgart, Urt. v. 29.10.2010, 6 U 208/09
- OLG Stuttgart, Urt. v. 27.10.2010, 9 U 148/08
- OLG Stuttgart, Urt. v. 4.3.2010, 13 U 42/09
- OLG Stuttgart, Urt. v. 26.2.2010, 9 U 164/08
- OLG Stuttgart, Urt. v. 24.2.2010, 9 U 58/09
- OLG Stuttgart, Urt. v. 6.10.2009, 6 U 126/09
- OLG Stuttgart, Urt. v. 12.8.2009, 9 U 21/09
- OLG Stuttgart, Urt. v. 19.12.1995, 12 U 150/95

Landgericht Berlin
- LG Berlin, Urt. v. 4.9.2013, 10 O 267/12
- LG Berlin, Urt. v. 7.6.2011, 10 O 538/10

Landgericht Bremen
- LG Bremen, Urt. v. 28.1.2010, 2 O 2431/08

Landgericht Düsseldorf
- LG Düsseldorf, Urt. v. 29.5.2012, 8 O 654/10
- LG Düsseldorf, Urt. v. 11.5.2012, 8 O 77/11

Landgericht Frankfurt a.M.
- LG Frankfurt a.M., Urt. v. 25.10.2010, 2-19 O 435/09
- LG Frankfurt a.M., Urt. v. 10.3.2008, 2-4 O 388/06

Landgericht Hamburg
- LG Hamburg, Urt. v. 10.7.2009, 329 O 44/09
- LG Hamburg, Urt. v. 1.7.2009, 325 O 22/09
- LG Hamburg, Urt. v. 23.6.2009, 310 O 4/09

Landgericht Itzehoe
- LG Itzehoe, Urt. v. 6.8.2009, 7 O 39/09

Landgericht München
- LG München, Urt. v. 30.4.2012, 28 O 14110/11

Landgericht Passau
- LG Passau, Urt. v. 9.12.2011, 4 O 877/10

Landgericht Stuttgart
- LG Stuttgart, Urt. v. 24.8.2011, 8 O 516/10

Landgericht Wiesbaden
- LG Wiesbaden, Urt. v. 4.1.2012, 7 O 119/11

Ausländische Entscheidungen
- Österreichischer Oberster Gerichtshof, Beschl. v. 14.12.2011, 3 Ob 225/11a
- Schweizerisches Bundesgericht, Urt. v. 7.10.1997, BGE 124 III 155, E.3.d

Sachverzeichnis

Absatzbegleitende Beratung 355, 382 ff.
Absatzförderung 260, 278 ff.
Abschlussvermittlung *s. Vermittlung*
Abwicklungs- und Verwaltungsrisiken 100
adverse selection *s. adverse Selektion*
Adverse Selektion 107 f., 326 f.
Agio 32 f., 43
Aleatorische Wertpapiergeschäfte 44 ff.
Allgemeine Geschäftsbedingungen 364 f.
Altruismus 3, 245
Anbahnungscharakter der Beratung 309
anchoring *s. Ankereffekt*
Ankereffekt 85
Anlage *s. Kapitalanlage*
Anlageberater als Verkäufer 307 f., 336
Anlageberatung
– als Alltagsgeschäft 109, 113
– als Intermediationsleistung 15
– durch Banken 23 ff., 26 f.
– durch Tochtergesellschaften *s. outgesourcte Bankberatung*
– freie *s. freie Anlageberater und -vermittler*
– Interessen der Parteien 275 ff.
– unentgeltliche 243 f., 278 f.
Anlageberatungsvertrag *s. Beratungsvertrag*
Anlageentscheidung, eigenverantwortliche 10, 18 f.,
Anlageentscheidung, konkrete 281 f.
Anlagegerechte Beratung *s. objektgerechte Beratung*
Anlagevermittlung *s. Vermittlung*
Anlagevermögen 220 f.
Anleger
– als Verbraucher 71 f., 95
– aufklärungsfähiger 74 f., 79, 92, 94, 111
– Begriff 7 f.
– durchschnittlicher 70 f.
– mündiger 80 f.
– verständiger 69 f., 79
Anlegergerechte Beratung 270
Anlegerleitbild 68 ff., 88 ff., 205
Anlegerschutz, individueller 416 f., 422 f.
Anlegerschutzprinzip 341 f.
Anrüchigkeit 194 f., 206, 215
Anscheinsbeweis 375 ff.
Anspruchskonkurrenz, freie 213
asset-backed-Derivate 86
Aufklärung, Begriff 8 ff.
Aufklärungsmodalitäten 233 ff., 251 f.
Aufklärungspflicht, Telos 16
Aufsichtsrecht 335, 394 ff., 403 ff., 469
Ausgabeaufschlag *s. Agio*
Auskunftsvertrag 313 ff.
Außenauftritt *s. Werbung*
Außenprovisionen 14
Ausstrahlungswirkung 418 ff., 464 f.

BaFin 414, 417, 461 f.
Bank
– als Empfängerin von Rückvergütungen 223 f.
– als Marktteilnehmerin 61
– Funktionen 20 f.
– Gewinnerzielungsinteresse 182
– Verdienstmöglichkeiten 29 ff., 59
Bankgeschäft, klassisches 29 f.
Bankunabhängige Berater und Vermittler *s. freie Anlageberater und -vermittler*
Barwert *s. Marktwert*
Bauherrenmodelle 261
behavioral finance-Forschung 80 ff., 88 ff., 93 f., 95 ff.
Beratung
– als Phänomen des Wirtschaftslebens 259 ff.
– Begriff 8 ff.

– Integrität der 184 ff.
Beratungsentgelt *s. Honorar(beratung)*
Beratungsintensität 351
Beratungsmodelle, Verhältnis zueinander 464 ff.
Beratungspflichten 258 ff.
Beratungsqualität 280
Beratungsvertrag 256 ff., 335
– Aufklärungspflichten im Bond-System 269 ff.
– Fälle selbständiger Beratungsverträge 256 ff.
– Fiktion 274 ff., 287 f.
– fiktionsloses Zustandekommen 342 ff.
– Interdependenz zu anderen Verträgen 303 ff.
– Pflichten 266 f.
– Rechtsnatur 267 ff.
– Vertragsschluss nach Bond 263 ff., 281 ff.
– Wertungswidersprüche 293 ff.
Berufshaftung *s. Sachwalterhaftung*
besonderes Interesse an Empfehlung 226
best execution 105
Bestandspflegeprovision 34
Betriebsgeheimnisse 312 f.
Beweislastumkehr 378 ff.
Beweisnot 374
Bindungen der Finanzintermediäre 241 ff.
Bond-Urteil 262 ff.

case law 114, 178, 254, 319
churning *s. Spesenreiterei*
CMS spread ladder swap *s. Swap-Urteil*
counterparty risk *s. Kontrahentenausfallrisiko*
credence good *s. Vertrauensgut*
credit-default-swaps *s. Kreditderivate*
cross-currency-swap *s. Zinswährungsswap*
culpa in contrahendo (c.i.c.) 335, 382 ff.

Darlehen 261, 283 f.
Deliktsrecht 339, 452 ff.
Depotgebühren 61
Derivate 42 f., 44, 58
Derivatemarkt 24
Differenzmethode 447
Discount-Broking 353
Doppelnaturlehre 415, 425
Doppelrolle 104 ff., 180
Drei-Personen-Verhältnis 13 f., 194, 214 f., 224 ff., 240 f.
Drittinteressen 195 f., 215
Dualismus von Aufsichtsrecht und privatrechtlicher Vereinbarung 321 ff.

economies of scale 21
economies of scope 21
Effektengeschäfte 23 ff., 69
Effizienzsteigerung 423 f.
Eigengeschäft 27 ff., 104
Eigenhaftung 385 ff.
Eigenhandel 27 ff., 104
Eigeninteresse 9, 282 f., 361 f., 385
Eigenkapitalbeschaffungskosten 220, 227 f., 229
Eigenverantwortung 98 f., 471 ff.
Einbehalten *s. Zahlungsweg*
Einstrukturierung von Gewinninteressen 184 ff., 207 ff.
Empfehlungen, persönliche 11
Europäisierung 460 f., 475 f.
execution only 354
Expertenhaftung *s. Sachwalterhaftung*

Fachkompetenz 260, 265, 282
Fallgruppenrechtsprechung 181
Falschangaben 197
Festpreisgeschäft 27 f.
financial engineering 47
Finanzanalysten 20
Finanzberatung, Besonderheiten bei 288 ff.
Finanzdienstleister, Begriff 12 f.
Finanzdienstleistungen, Begriff 12 f.
Finanzdienstleistungsinstitute *s. Finanzdienstleister*
Finanzintermediäre 20 ff., 109 f.
Finanzintermediationspreis 199, 324
Finanzkommissionsgeschäft *s. Kommissionsgeschäft*
Finanzmarkt
– Begriff 16
– Funktionen 16 ff.
– Finanzmarktkrise 1
Finanzprodukte 8
Finanzunternehmen *s. Finanzdienstleister*

Finanzvermittler *s. freie Anlageberater und -vermittler*
Fondsshops 398
framing *s. Rahmungseffekt*
free ride-Effekt 86
Freie Anlageberater und -vermittler
– Abgrenzung 223 f., 242 ff., 298 ff.
– Bindungen 66 f., 241
– Tätigkeiten 63 ff.
– Verdienstmöglichkeiten 65 ff.
Freier Anlageberater-I 133 f.
Freier Anlageberater-II 136
Freier Anlageberater-III 136 ff.
Freier Anlageberater-IV 145
Freier Anlageberater-V 155 f.
Freier Anlageberater-VI 156 f.
Freier Anlageberater-VII 164 ff.
Freier Anlageberater-VIII 169 f.
Freier Anlageberater-IX 170
Fristentransformation 18

Geeignete Gegenparteien 78
Geeignete Produkte 326 f.
Gefährdung von Kundeninteressen 192, 203 f., 332, 391 f.
Geschäftsabschluss bei Dritten 311 f., 451
Geschäftsähnlicher Kontakt 388 f.
Geschäftsbesorgungsverhältnis 245, 356 ff.
Geschäftsbeziehung, dauernde 242
Gewährleistungsregime 258 f., 260
Gewinnerzielungsinteresse 182, 184 f.
Gewinnmarge *s. Marge*
Glücksspiel 44 ff., 190
Grauer Kapitalmarkt 63
Großer Senat für Zivilsachen 251
Grundgeschäft 189, 335 ff., 384 ff.

Haftungsautomatismus 3
Handelsspanne *s. Marge*
Honorar(beratung) 35 f., 62, 93, 342 ff.
homo oeconomicus 69 f., 81, 92
hindsight bias *s. Rückschaufehler*
Herdenverhalten 86
hidden intentions 106
hidden information 327 f.
Herausgabepflicht 197, 358 f.
Hausbank 247 f.
Haftungsrisiko 279
Hauseigene Produkte 295 f.
Honoraranlageberatungsgesetz (HABG) 365 ff.
Honorar-Anlageberater 366 f.
Honorar-Finanzanlagenberater 367 f.
Haftungsprozess
– bei vertraglicher Beratung 369 ff.
– bei absatzbegleitender Beratung 438 ff.
Haftungsausfüllende Kausalität *s. Kausalität*
Harmonisierungsintensität von MiFID und MiFID-DRL 406 ff.
Haftungsausuferung 445, 446 ff.
Hedging 7, 8, 39 ff., 51, 53, 184, 190, 209, 293

Ille-Urteil *s. Swap-Urteil*
Individualanlegerschutz *s. Anlegerschutz, individueller*
Individualpublizität 3, 19
Information overload 19, 22, 86 f.
Informationsasymmetrie 3, 8, 21 ff., 30, 61, 80, 106 ff., 301, 322 f., 352, 391
Informationsbegriff 8 ff.
Informationsintermediäre 19 f.
Informationsmodell 16, 79, 90 f., 92, 96 f., 333 f.
Informationsrisiko 101 f.
Informationstransformation 18 ff.
Inhaberschuldverschreibungen *s. Zertifikate*
Innenprovisionen 14, 227 ff.
Innenprovisionen-I 118 ff.
Innenprovisionen-II 122 f.
Innenprovisionen-III 125 f.
Innenprovisionen-IV 127 f.
Innenprovisionen-V 175 ff.
Integrität der Beratungsleistung 184 ff., 189, 207, 289
Interessenkonflikte 102 ff.
– abstrakte 182, 205 f., 212
– allgemeine *s. Umsatzinteresse*
– aufgrund Drittinteressen 102 ff., 429 ff.
– Aufsichtsrechtliche Adressierung 395 ff., 399
– Ebenen 182, 212
– jenseits von Eigeninteressen 104 ff., 431 ff.
– Schutz vor 178 ff., 203 ff.

– schwerwiegende 180 ff., 392
– systembedingte 292 f.
Interessenvertretungsrisiken 101
Interventionsspirale 110
Investitionsentscheidung 276, 283, 347
Investitionsrisiko 3, 99
Investment 8

Kapitalanlage 8, 99
Kapitalanlagerechtliches Transparenzgebot 193, 201 f., 210 f.
KapMuG-Verfahren 462 f.
Kassainstrumente 40
Kausalität 374 ff., 450
Kausalitätsvermutung *s. Vermutung aufklärungsrichtigen Verhaltens*
Kick-Back-I 115 ff.
Kick-Back-II 123 ff.
Kick-Back-III 128 f.
Kick-Back-IV 130 f.
Kick-Back-V 131 f.
Kick-Back-VI 135
Kick-Back-VII 138 ff.
Kick-Back-VIII 145 f.
Kick-Back-IX 146 f.
Kick-Back-X 157 f.
Kick-Back-XI 166 f.
Kick-Back-XII 172 ff.
Kick-Back-Rechtsprechung
– Legitimationsgrundlage 113 ff.
– Urteilsbezeichnungen 14 (Fn. 62)
Kick-backs 14, 32
Kleinanleger 76
know your customer 270
know your merchandise 270
Kollusion 196
Kommissionsgeschäft 24 f., 337
Komplexe Produkte 188 f.
Kontoführungsgebühren 61
Kontrahentenausfallrisiko 99
Konzernkonstellationen 250, 297 f.
Kostentransparenz 221, 397 f., 399 ff.
Kreditderivate 55 ff.
Kreditgeschäft, Aufklärungspflichten im 390 ff.
Kunde, Begriff 7 f., 78 f.
Kundenakquise 260
Kundenerwartungen 67, 249 f., 280 f., 349 f.
Kundeninteressenwahrnehmung, alleinige 196, 267, 277, 295 f., 319, 321, 359 ff., 364,
Kundenleitbild *s. Anlegerleitbild*

Legitimation des Rechtsprechungskonzepts 256 ff.
Lehman Brothers 1, 84, 85, 114
Lehman-I 150 ff.
Lehman-II 155
Lehman-III 158 ff.
Lehman-IV 162
Lehman-V 162 ff.
Lehman-VI 164
Lehman-VII 167 ff.
Lehman-VIII 169
Lehman-IX 170 ff.
Losgrößentransformation 18
lost-chances-doctrine *s. Verlust einer Chance*

Makler 66, 337 f.
Marge 13, 28, 34, 36 ff., 57 f., 62, 186 f., 214, 236
Margenaufklärung 303 f.
market for lemons *s. Markt für Zitronen*
market making 104
Markt für Zitronen 326 f.
Marktineffizienzen 323 ff., 342
Marktteilnehmer 20, 69
Markttransparenz 199 ff.
Marktverhaltensrecht 75 ff.
Marktversagen 326 f.
Marktwert, negativer *s. negativer Marktwert*
Marktwirtschaft 109, 243, 297, 305, 329
Marktzugang 40 ff., 51, 57 f., 59, 61 f.
Mehrfachvertreter 66
MiFID 368 f., 403 ff., 409 f., 417 f.
MiFID II 94, 368 f., 412, 439
Mitverschulden des Anlegers 371
Monte-Carlo-Effekt 84
moral hazard 327 f.

negativer Marktwert 13, 37 ff., 185, 187, 209 f., 215
Neutralität 191, 192 f., 204 ff., 215, 360

Objektgerechte Beratung 270 ff.
Offen ausgewiesene Innenprovisionen 230 ff.
Offenkundigkeit von Eigeninteressen 67 f., 74, 98 f., 191, 211, 212 ff., 224 f., 254 f., 302, 310, 344 f.
Offensichtlichkeit von Eigeninteressen *s. Offenkundigkeit von Eigeninteressen*
Ökonomische Notwendigkeit von Aufklärungspflichten 322 ff.
Opportunismusprämie 331
Opportunistisches Verhalten 327 f.
Optionen/Optionsscheine 57
Ordnungspolitik 200 f.
Outgesourcte Bankberatung 248 ff., 297 f.
over-the-counter (OTC) 24, 26, 29, 36, 44

private enforcement 4, 412, 458 ff.
Privatkunde 76, 78, 95
private banking 24, 249
Platzierungsprovision 32 f.
Professionelle Kunden 78
prospect theory 83
overconfidence *s. Selbstüberschätzung*
Paternalismus 93, 97 f., 477 ff.
Prospekt 96, 182, 191, 233 f., 237, 401
Privatautonomie 98, 368, 471 ff.
principal-agent-Konflikt 107 f., 327 f.
Preiswettbewerb 200 f.
Produktintermediation 209 f.
Produktarten 238 f.
Pflichtenvermischung 294
Pflichtverletzung trotz Aufklärung 301 f.
Preisunsicherheit 324 f.
Produktive Informationen 329 f.
Parteianhörung 379 f.
Parteivernehmung 379 f.
Produktinformationsblätter 398
Pflichtenvereinheitlichung 423 f.
Proportionalhaftung *s. Verlust einer Chance*
public enforcement 461 f.
Provisionen 13, 31 ff., 62

Qualitätsunsicherheit 325 ff., 331 ff.
Quellenanknüpfung 219 ff.
Quersubventionierung 243 ff.

Rabatte 34 f., 431 ff.
Rahmungseffekt 83, 85
Ratingagenturen 20
rational choice-Theorie 80, 96
Rationalität
– eingeschränkte 81 f.
– Mindestmaß 216
reasonable investor *s. Anleger, verständiger*
Rechtliches Gehör 381
Rechtsanwälte 257 f.
Rechtsbindungswille 274 ff.
Rechtsgrundlagen für Aufklärungspflichten 239 f.
Rechtsirrtum 370 f.
Rechtspolitik 97, 200
Rechtsprechungskonzept 252 f., 469 ff.
Rechtssicherheit 178, 183, 421 f., 428 f., 473 f.
Regulierung durch Rechtsprechung 290
Repräsentativitätsheuristik 84 f.
Retail-Markt 24
Retrozessionen 14
Risiken bei der Finanzintermediation 100 ff.
Risikotransformation 18
Rollenüberschreitung 352, 392
Rückfluss *s. Zahlungsweg*
Rückschaufehler 85, 108
Rückvergütungen
– Abgrenzung zu Innenprovisionen 218 ff.
– Begriff und Definition 14, 219 ff.
– Rechtsprechungsänderung 230 ff.

Sachwalterhaftung 386 ff.
scalping 104
Schaden bei fehlerhafter Beratung 372 ff., 441 ff., 450 f.
Schmiergeldähnlichkeit 194 f., 206, 225
Schutzgesetze 453 ff.
Schutzmodell 74 ff., 91, 98 f., 216
Selbstüberschätzung 83 f.
soft commissions 35
Spekulation 45 f., 50 ff., 189 f.
Spekulative Produkte 189 f.
Spesenreiterei 100, 105 f.
Spiel *s. Glücksspiel*
Spielabsicht 50 ff.
Spieleinwand 47
Steuerberater 256 ff.

Strukturvertrieb 64
Subordination 280, 467
subprime loans 85
Substanzerhaltungsrisiko 100
Swap-Geschäft 28 f., 52 ff.
Swap-Urteil 141 ff.

Tatbestandsmodell, gesetzliches 427 ff.
Täuschung 181 ff., 191, 197, 204 ff.
Telos der Aufklärungspflichten 178 ff.
Termingeschäfte 24, 44 ff., 52 f.
Transaktionskosten 21, 81 f., 86
Transparenz 19
Transparenzgebot *s. kapitalanlagerechtliches Transparenzgebot*
Treuebruch 194 f., 205
Typisierung 67 f., 88 f., 216, 246 ff., 299 f., 466

Überkompensation 448 f.
Umsatzabhängigkeit 222, 378
Umsatzinteresse 40, 179 f., 203 f., 208, 210
Unabhängigkeit 347 ff.
Uneigennützigkeit 244
Universalbankensystem 20, 23, 65
Unkenntnis, vorwerfbare 216 f.

Verbraucherleitbild 73 f.
Verbraucherschutz 341
Verdeckte Umsatzinteressen 190 f., 209 f., 215
Verfassungsrecht 340 f.
Verfügbarkeitsheuristik 84 f.
Verhaltensanomalien 82 ff., 92 f.
Verlust einer Chance 441 ff.
Vermittlung
– Abschlussvermittlung 25
– als Intermediationsleistung 11 f., 17 f., 58, 62, 258 f.
– Anlagevermittlung 25
– Begriff 11 f.
Vermutung aufklärungsrichtigen Verhaltens 375 ff., 439 ff.
Verschulden 370 ff.
Vertraglich gebundene Vermittler 66, 250
Vertragsverhandlungen 383
Vertragswidrige Interessenkonflikte 223, 291 f., 301 f.
Vertrauen 192, 289, 351 f., 386 f., 387 f.
Vertrauensgüter 325 f.
Vertrauensprämie 330, 331
Vertrauensschutz 328 ff.
Vertriebserfolgsvergütung 32 f.
Vertriebsfolgeprovision 34
Vertriebsprovisionen, sonstige 236
Vertriebsvergütungen 105 f.
Vorlage an den EuGH 436 f.
Vorlaufen 100

Wahrscheinlichkeitsanomalie 84 f.
Weiche Kosten 121, 198
Werbung 243, 346 ff.
Werthaltigkeitsschutz 198, 202 f., 300
Wertpapierdienstleistungsunternehmen *s. Finanzdienstleister*
Wette 45
Wetteinsatz 185
Wettgewinne 44 ff.
Wissensvorsprung *s. Informationsasymmetrie*
Wohlverhaltenspflichten 347 f., 403 ff., 413 ff., 424, 454 ff.

Zahlungsweg 222 f.
Zertifikate 46 ff.
Zertifikatevertrieb 186
Zinsswaps 52 ff.
Zinswährungsswaps 54 f.
Zuführungsprovision 33
Zusätzliche Umsatzinteressen *s. verdeckte Umsatzinteressen*
Zustimmung des Kunden 361 ff.
Zuwendungen 429 ff.
Zwei-Personen-Verhältnis 28, 194, 208, 214 f., 240 f., 294 f.
Zwei-Stufen-Modell 435
Zweitberatung 353 f.

Schriften zum Unternehmens- und Kapitalmarktrecht

Herausgegeben von den Direktoren
des Instituts für Unternehmens- und Kapitalmarktrecht
der Bucerius Law School in Hamburg

Jörn Axel Kämmerer, Karsten Schmidt und Rüdiger Veil

Das Unternehmens- und Kapitalmarktrecht wird in besonderer Weise von der internationalen Wirtschaftspraxis und Erkenntnissen anderer Disziplinen, insbesondere der Wirtschaftswissenschaften beeinflusst. Die Globalität der Finanzmärkte spiegelt sich in einem hohen Grad internationaler Rechtsvereinheitlichung wider. Bei der Fortbildung des Rechts sind Gesetzgeber und Gerichte auf Erkenntnisse der Rechtsvergleichung angewiesen. Die *Schriften zum Unternehmens- und Kapitalmarktrecht* verfolgen das Ziel, zur Diskussion über grundlegende Themen dieser Rechtsgebiete, insbesondere an der Schnittstelle zu anderen Gebieten des Wirtschaftsrechts oder des Verfassungs- und Europarechts, beizutragen.

Die Reihe ist offen für Habilitationsschriften, herausragende Dissertationen und vergleichbare Monographien sowie die Forschungsergebnisse des Instituts für Unternehmens- und Kapitalmarktrecht (IUKR) der Bucerius Law School. Es werden auch Arbeiten aufgenommen, die nicht am IUKR betreut wurden.

Die lieferbaren Bände:

1 *Wundenberg, Malte:* Compliance und die prinzipiengeleitete Aufsicht über Bankengruppen. 2012. XVIII, 255 Seiten. Leinen.

2 *Köhler, Christian:* Die Zulässigkeit derivativer Finanzinstrumente in Unternehmen, Banken und Kommunen. Eine ökonomische und rechtliche Analyse. 2012. XXI, 437 Seiten. Fadengeheftete Broschur.

3 *Tasma, Martin:* Leveraged Buyout und Gläubigerschutz. 2012. XVI, 478 Seiten. Leinen.

4 *Kahnert, Tobias:* Rechtsetzung im Europäischen Gesellschaftsrecht. Harmonisierung, Wettbewerb, Modellgesetze. 2012. XV, 360 Seiten. Leinen.

5 *Bochmann, Christian:* Covenants und die Verfassung der Aktiengesellschaft. Aktienrechtliche Legitimationsbedürftigkeit und Legitimationsfähigkeit von Kreditsicherungsklauseln mit korporativen Bezügen. 2012. XXI, 268 Seiten. Leinen.

6 *Fuchs, Florian:* Close-out Netting, Collateral und systemisches Risiko. Rechtsansätze zur Minderung der Systemgefahr im außerbörslichen Derivatehandel. 2013. XXVI, 437 Seiten. Leinen.

7 *Preisser, Maximilian M.:* Sovereign Wealth Funds. Entwicklung eines umfassenden Konzepts für die Regulierung von Staatsfonds. 2013. XXVII, 463 Seiten. Leinen.

8 *Unternehmensrecht in der Reformdiskussion.* Herausgegeben von *Rüdiger Veil.* 2013. VIII, 178 Seiten. Fadengeheftete Broschur.

9 *Ulmrich, Jonas-Benjamin:* Investorentransparenz. Die Mitteilungspflichten für Inhaber wesentlicher Beteiligungen (§ 27a WpHG) auf der Grundlage ihrer US-amerikanischen und französischen Regelungsvorbilder. 2013. XXII, 434 Seiten. Fadengeheftete Broschur.

10 *Halmer, Daniel:* Gesellschafterdarlehen und Haftungsdurchgriff. Zur Rechtsökonomik beschränkter Haftung bei Unterkapitalisierung. 2013. XX, 264 Seiten. Leinen.

11 *Übernahme- und Kapitalmarktrecht in der Reformdiskussion.* Herausgegeben von *Jörn A. Kämmerer* und *Rüdiger Veil.* 2013. VIII, 261 Seiten. Leinen.

12 *Forschner, Julius:* Wechselwirkungen von Aufsichtsrecht und Zivilrecht. Eine Untersuchung zum Verhältnis der §§ 31ff. WpHG und zivilrechtlichem Beratungsvertrag. 2013. XVI, 230 Seiten. Leinen.

13 *Gietzen, Nicole:* Unternehmensmitbestimmung, Corporate Governance und der Deutsche Corporate Governance Kodex. 2013. XVII, 404 Seiten. Fadengeheftete Broschur.

14 *Pfisterer, Valentin:* Unternehmensprivatsphäre. Verfassungsrechtliche Grenzen der Pflichtpublizität im europäischen Unternehmensrecht – Eine Studie mit vergleichenden Bezügen zum Recht der Vereinigten Staaten von Amerika. 2014. XIX, 344 Seiten. Leinen.

15 *Reps, Markus:* Rechtswettbewerb und Debt Governance bei Anleihen. Eine rechtsökonomische, -vergleichende und -politische Untersuchung. 2014. XVII, 434 Seiten. Fadengeheftete Broschur.

16 *Holle, Philipp Maximilian:* Legalitätskontrolle im Kapitalgesellschafts- und Konzernrecht. 2014. XXVIII, 528 Seiten. Leinen.

17 *Angelé, Shiro:* Das Rating von CDOs. 2014. XII, 309 Seiten. Leinen.

18 *Schlimbach, Friedrich:* Leerverkäufe. Die Regulierung des gedeckten und ungedeckten Leerverkaufs in der Europäischen Union. 2015. XVIII, 261 Seiten. Leinen.

19 *Martin, Markus:* Der konkurrierende Bieter bei öffentlichen Übernahmeangeboten. 2015. XXIV, 286 Seiten. Leinen.

20 *Grünewald, Philipp:* Mehrheitsherrschaft und insolvenzrechtliche Vorauswirkung in der Unternehmenssanierung. 2015. XII, 443 Seiten. Leinen.

21 *Klein, Nico C.:* Die Beratungsprotokollpflicht im System des europarechtlich determinierten Anlegerschutzes. 2015. XXIX, 614 Seiten. Leinen.

22 *Krawinkel, Arne Christian:* Grenzen der Aktionärsautonomie bei der Notrekapitalisierung systemrelevanter Banken. Ein Plädoyer für die Wiedereinführung eines gesetzlich genehmigten Kapitals im Bankensektor. 2015. XXIV, 307 Seiten. Leinen.

23 *Lerch, Marcus P.:* Anlageberater als Finanzintermediäre. Aufklärungspflichten über monetäre Eigeninteressen von Finanzdienstleistern in Beratungskonstellationen. 2015. XXXVII, 536 Seiten. Leinen.

Mohr Siebeck, Postfach 2040, D-72010 Tübingen.
Aktuelle Informationen im Internet unter www.mohr.de